Fr. Friederike Brockmann
mit herzlichem Dank

Eng Braunfels.

Brunhölzl · Lateinische Literatur des Mittelalters II

Geschichte der lateinischen Literatur des Mittelalters

von

Franz Brunhölzl

Zweiter Band

Die Zwischenzeit vom Ausgang des
karolingischen Zeitalters bis
zur Mitte des elften Jahrhunderts

1992

Wilhelm Fink Verlag München

Gedruckt mit Unterstützung der Deutschen Forschungsgemeinschaft

Die Deutsche Bibliothek – CIP-Einheitsaufnahme

Brunhölzl, Franz:
Geschichte der lateinischen Literatur des Mittelalters /
von Franz Brunhölzl. – München: Fink.

Bd. 2. Die Zwischenzeit vom Ausgang des karolingischen
   Zeitalters bis zur Mitte des elften Jahrhunderts. – 1992
   ISBN 3-7705-2614-7

ISBN 3-7705-2614-7
© 1991 Wilhelm Fink Verlag, München
Herstellung: Ferdinand Schöningh GmbH, Paderborn

INHALT

Vorbemerkung 7

Drittes Buch. Die Zwischenzeit vom Ausgang des karolingischen Zeitalters bis zur Mitte des elften Jahrhunderts

Allgemeine Charakteristik des Zeitalters. Wesenszüge und Richtungen der lateinischen Literatur 11

Erster Abschnitt: Von der Karolingerzeit ins zehnte Jahrhundert ... 25

Zweiter Abschnitt: Die Zwischenzeit in den verschiedenen Teilen der lateinischen Welt 113

    Erstes Kapitel. Frankreich 115

    Zweites Kapitel. Das alte Lothringen 285

    Drittes Kapitel. Italien 324

    Viertes Kapitel. Deutschland. Anfang der lateinischen Kultur im Osten 399

    Fünftes Kapitel. England und Irland 505

    Sechstes Kapitel. Spanien 533

Bibliographischer Anhang 557

Register 649

VORBEMERKUNG

Mit dem Erscheinen des vorliegenden Bandes ist, allerdings nur hinsichtlich des zu behandelnden Zeitraums, etwas mehr als die Hälfte eines Versprechens eingelöst, das der Verfasser als junger Privatdozent seinem Lehrer Paul Lehmann, dem Schüler und Nachfolger Ludwig Traubes, auf dessen Aufforderung hin gegeben hat. Daß er nicht infolge eines Hindernisses, das in der Person des Verfassers liegt und von dem hier nicht zu reden ist, genötigt war, von der Fortsetzung Abstand zu nehmen, wird getreuen Helfern, älteren wie jüngeren, aus dem Kreise des Münchner Seminars für lateinische Philologie des Mittelalters verdankt, die ihn in jeder Phase der Arbeit unterstützt haben.

Möchte es uns vergönnt sein, die Darstellung zu dem vorgesehenen Ziel zu führen, aber auch die von mancher Seite mit Recht gewünschten „Quellen und Nachweise" zu den einzelnen Bänden, die im Kreise des Seminars erarbeitet werden, mit der notwendigen Sorgfalt und Gründlichkeit, doch ohne Verzug zu fördern und zu formen!

Der Verfasser.

Drittes Buch

DIE ZWISCHENZEIT
VOM AUSGANG DER KAROLINGERZEIT BIS
ZUR MITTE DES ELFTEN JAHRHUNDERTS

ALLGEMEINE CHARAKTERISTIK DES ZEITALTERS. WESENSZÜGE UND RICHTUNGEN DER LATEINISCHEN LITERATUR

Düster und unheildrohend beginnt das Zeitalter, das sich vom Ausgang des neunten Jahrhunderts bis zur Mitte des elften erstreckt. Unsicher waren die Grenzen, seitdem kein starker Herrscher mehr das alte Reich zu einen vermochte und die Völker vor andrängenden Feinden zu schützen imstande war, die von den Küsten der Nordsee und des Ozeans her, vom Mittelmeer und im Südosten das Land bedrohten. In den Jahren der Angst und Bedrängnis zerbrachen auch im Inneren feste Ordnungen, und unaufhaltsam schien das Ende einer ehedem so blühenden Kultur zu nahen. Aber schon im zehnten Saeculum erneuerte sich mit dem Aufstieg des sächsischen Herrscherhauses das Reich, und in der glanzvollen Reihe der Ottonen und der frühen Salier strebte das Kaisertum zum Höhepunkt seiner Macht. Die tiefste Erschütterung sodann der mittelalterlichen Welt, der Kampf der höchsten Gewalten, des Kaisertums und des Papsttums, führt eine neue Zeit herauf.

Im Blick auf die Literatur erscheint die Epoche vom Ende der Herrschaft der Karolinger bis auf Heinrich III. und kurz danach als eine ausgesprochene Zwischenzeit: ein Zeitabschnitt, der zwischen zwei Höhepunkten liegt, der karolingischen Erneuerung auf der einen, der vollen Entfaltung der mittelalterlichen lateinischen Welt auf der anderen Seite, ohne doch selbst einen Höhepunkt zu besitzen, eine Zwischenzeit aber auch, weil sie nicht von einer geradlinigen Entwicklung gezeichnet wird, sondern vieles von der voraufgegangenen karolingischen Bildung und Geistigkeit bewahrt und bewußt festgehalten, daneben aber auch manches von dem, was die folgende Epoche bringen sollte, vorbereitet hat.

Als das alte Reich zersplitterte, waren Frieden und Sicherheit der Völker, die einst ein mächtiger Herrscher zusammengeschlossen und geschützt hatte, auf mannigfache Weise bedroht. Die Normannen, deren Überfälle auf die Inseln schon im ausgehenden achten Jahrhundert begonnen und die im frühen neunten Jahrhundert und bis in die Mitte hinein immer wieder hatten zurückgeschlagen werden können, wurden zu einer ständigen Plage. Wo ein schwach gewordenes Königtum nicht mehr die Macht besaß, das Land und seine Bewohner zu schützen, und wo örtliche oder regionale Kräfte nicht genügten, da verwüsteten und plünderten die Nordmänner immer wieder Klöster und Bildungsstätten, nicht nur an der Küste der Nordsee und des Atlantischen Ozeans, sondern oft genug bis tief hinein ins Binnenland: den Rhein aufwärts bis in die Eifel, die Maas bis in die Gegend von Metz, die Seine bis vor Paris und die Loire über Orleans hinaus bis nach Fleury. Daß sie im Bewußtsein ihrer Kraft einst auch die Pyrenäenhalbinsel umschiffend ins Mittelmeer vordrangen, vom Osten her in der spanischen Mark, in der Gegend von Ampurias, erschienen, dann, nachdem sie von der Rhonemündung aus flußaufwärts bis in die Gegend von Valence vorgedrungen waren, weiter gen Osten segelnd die Stadt Luna, in der sie Rom selber vor sich zu haben wähnten, an der Grenze Liguriens zerstörten (859/860), blieb, wie es scheint, ein einmaliges Ereignis. Die Belehnung des Normannenführers Rollo mit dem Gebiet an der unteren Seine und die Errichtung eines normannischen Staates, der späteren Normandie, durch Karl den Einfältigen im Jahre 911 bedeutete das Ende der gefürchteten Plage. Häufiger wurden die Küsten des westlichen Mittelmeers, insbesondere Italiens, von räuberischen Sarazenen heimgesucht, die 882 Montecassino zerstörten.

Bedroht wie die Küsten der Nordsee und des Ärmelkanals, des Atlantischen Ozeans und des Mittelmeers war der Südosten des Reichs. Die jahrzehntelangen, für beide Seiten höchst verlustreichen Kämpfe nehmen einen Ausgang, der sie einfügt in eine Bewegung, durch welche der abendländischen Welt nach Osten hin neue Räume erschlossen, neue Völker gewonnen wurden.

Zunächst hatten die Ungarn immer wieder zurückgeschlagen werden können, bis sie in der Schlacht bei Preßburg den gesamten bayerischen Heerbann vernichteten. Schutzlos lag seitdem das Land südlich der Donau ihren Einfällen preisgegeben, die plündernden Reiterscharen vernichteten die Mehrzahl der alten Bildungsstätten; vereinzelt fielen sie in Sachsen ein, drangen im Süden bis in die Bodenseegegend, über den Rhein hinaus und noch im Jahre 955 sogar nach Lobbes vor, bis die Schlacht vor Augsburg am Laurentiustag des Jahres 955 mit der Vernichtung des ungarischen Heeres den Einfällen der Reiterscharen aus dem Osten ein für allemal ein Ende setzte.

Sobald es die eigenen Kräfte erlaubten, nahmen die bayerischen Diözesen die Verkündigung des christlichen Glaubens in den nunmehr auch für Missionare wieder zugänglichen Gebieten des Ostens von neuem auf; seit der Abtrennung der Bistümer nördlich der Alpen vom Patriarchat Aquileia (unter Karl dem Großen, 798) war der Raum zwischen Donau und Drau mit seiner offenen Grenze nach dem Osten das Missionsgebiet der Bistümer Salzburg, Freising, Passau gewesen. Das Geschehen der Mission, so still und unbemerkt es sich vollzog, die völlige Christianisierung jener Gebiete, umfaßt den südlichen Abschnitt des Vordringens der lateinischen Welt nach dem Osten, das sich in jener Zeit ereignete.

Die Ungarn wurden bald nach der Schlacht bei Augsburg seßhaft. Auch im Gebiet ihrer neugewonnenen Wohnsitze sind Glaubensboten aus Bayern tätig geworden, und sie haben vielleicht noch an die Bemühungen früherer Missionare aus Salzburg, die im neunten Jahrhundert westlich und südlich des Plattensees und des Bakonywaldes bis zur Donau gewirkt zu haben scheinen, angeknüpft. Byzantinischer Einfluß, der sich im Osten im Gebiet des Fürsten Ajtony (Siebenbürgen) in der Gründung eines griechischen Klosters bemerkbar machte, verstärkte sich im zehnten Jahrhundert durch die Mission unter Leitung des in Byzanz geweihten Bischofs Theophylaktos.

Aber noch waren die Ungarn weit davon entfernt, jenes Maß an innerer Einheit zu besitzen, das sie in den Stand gesetzt hätte, einen Staat zu bilden. Die Zersplitterung, die Streitigkeiten und eifersüchtigen Feindschaften der einzelnen Fürsten zu überwinden gelang erst dem Großfürsten Géza (971–997), einem Mann von ungewöhnlicher Tatkraft und Weitsicht. Géza öffnete sein Land den Missionaren, nahm Verbindung auf mit Otto dem Großen in dessen letzten Lebensjahren und ließ sich schließlich selber taufen. Entscheidend aber für die Folgezeit wurde es, daß er, der auch nach der Taufe nichts an der Haltung eines heidnischen Nomadenfürsten änderte, seinen Sohn Stephan taufen ließ – die Handlung nahm ein Priester des Bischofs Pilgrim von Passau vor – und später dessen Vermählung mit der bayerischen Prinzessin Gisela, der jüngeren Schwester des Herzogs Heinrich, des nachmaligen Kaisers, zustande brachte. Als Stephan dann nach dem Tod seines Vaters 997 die Regierung übernahm, zunächst noch als Großfürst, schritt er energisch auf dem von Géza eingeschlagenen Wege der Christianisierung und der Bindung an das Reich weiter. Beraten von seiner klugen Gemahlin, betrieb er die Einrichtung einer festen kirchlichen Organisation in Ungarn und errichtete Klöster. Ungarn war das einzige Land, in dem sowohl die byzantinische Kirche als auch – und dies in der Hauptsache – die lateinische festen Fuß gefaßt hatte. Noch waren keine fünf Jahrzehnte vergangen seit der Schlacht auf dem Lechfelde, als Kaiser Otto III. den ungarischen Großfürsten zum König erhob; Silvester II. sandte ihm die Krone. So wurde König Stephan, der nachmals den Beinamen des Heiligen erhielt, nicht nur der Gründer des ungarischen Reiches, sondern auch der Herrscher, dem die Ausdehnung der lateinischen Welt bis an die Ostgrenzen Ungarns zu danken war; noch zu seinen Lebzeiten entstand das erste literarische Werk auf ungarischem Boden.

Am Oktavtag von Epiphanie des Jahres 845 empfingen vierzehn böhmische Edle (duces) mit ihren Dienstmannen zu Regensburg die Taufe. Dem rückschauenden Blick mag das Ereignis als ein Vorzeichen der Orientierung Böhmens nach dem Reich und nach der abendländischen, lateinischen Welt hin erscheinen, welche für Böhmen in den folgenden Jahrhunderten bestimmend war. Damals freilich waren die böhmischen Stämme noch nicht geeint, entbehrten eines selbständigen Staatswesens. Seit Karls des Großen Awarensieg (806) dem fränkischen Reich tributpflichtig, wurden sie vielleicht eben zur Zeit des Regensburger Ereignisses oder auch etwas später – die Überlieferung sagt hierüber nichts Genaues – dem werdenden Mährischen Großreich eingegliedert, dessen Entstehung Ludwig der Deutsche vergeblich zu hindern suchte. In den späten sechziger Jahren flammten an der ganzen offenen Grenze von der mittleren Donau bis zur Elbe Unruhen auf, geschürt vom Mährenfürsten Rastislav, dem Ludwig selber zur Herrschaft verholfen hatte. Im Jahre 869 errang Rastislav einen großen Erfolg über ein vereinigtes ostfränkisches Heeresaufgebot, wurde aber im folgenden Jahr von seinem Neffen Svatopluk gefangengenommen und an Ludwig den Deutschen ausgeliefert, der ihn blenden ließ. Mit Svatopluk (871–894) aber trat ein Mann an die Spitze des Mährischen Reiches, der beweglich genug war, mit dem stärkeren Nachbarn ein gutes Verhältnis zu suchen, im übrigen aber das Ziel des Großreiches der Mährer umso energischer verfolgte.

In Mähren hatten seit den sechziger Jahren (863), seinerzeit vom Fürsten Rastislav aus Byzanz erbeten, die Brüder Konstantinos und Michael aus Thessalonike, als Mönche später Kyrillos und Methodios genannt, missioniert und die slavische Liturgie ihrer makedonischen Heimat eingeführt[1].

Die Einigung der böhmischen Stämme, unter denen fortan die Tschechen die Führung einnahmen, scheint im späten neunten Jahrhundert eingeleitet worden zu sein; nach dem sagenhaften Přemysl dem Pflüger, auf den die Dynastie ihren Ursprung zurückführte, wird als erster – bereits christlicher – Herrscher Bořivoj († um 894) genannt. Unter Herzog Wenzel, der auf Veranlassung seiner Großmutter Ludmilla, der Gemahlin Bořivojs, selbst lateinisch gebildet worden war, schloß sich Böhmen enger an das Reich an und ist seither immer mit diesem

---

[1] Methodios wurde nach dem Sturz des Rastislav 870 vor eine Synode der bayerischen Bischöfe, die vor ihm in Pannonien missioniert hatten und das Gebiet für sich beansprruchten, gestellt und nach Ellwangen verbannt, vgl. oben Band I, S. 364.

verbunden geblieben. Wenzel, bald nach seiner Ermordung (928) als Martyrer verehrt, wurde zum Inbegriff eines nationalen böhmischen Selbstbewußtseins. Die Entscheidung darüber, daß Böhmen fortan zur lateinischen Kirche und zur abendländischen Kultur gehören würde, war längst gefallen, als im Jahre 973 auf Betreiben Herzog Boleslavs II. mit Zustimmung des Bischofs Wolfgang von Regensburg Böhmen von des letzteren Bistum abgetrennt und ein eigenes Bistum Prag, der Metropole Mainz zugeordnet, errichtet wurde.

Zu literarischen Schöpfungen ist es in dem hier zu behandelnden Zeitraum in Böhmen noch nicht gekommen; die ältesten geschichtlichen Nachrichten sind außerhalb Böhmens entstanden.

Auch Polen ist in dem Zeitraum, mit dem wir uns hier zu befassen haben, in die Geschichte und in die lateinische Welt eingetreten. Nach einer nur sagenhaft überlieferten und aus dem Ergebnis zu erschließenden Vereinigung mehrerer slawischer Stämme erscheint um 960 erstmals ein polnisches Staatswesen unter Führung des Herzogs Mieszko I. (vor 963 bis 992). Über die Christianisierung als Voraussetzung der lateinischen Kultur fehlen Nachrichten. Feststeht lediglich, daß Mieszko nach der schmerzlichen Erfahrung seiner Zusammenstöße mit dem Markgrafen Gero, der ihn zweimal schlug, das Christentum angenommen haben muß[2].

Allem Anschein nach ist dann innerhalb eines runden Jahrzehnts das polnische Volk im wesentlichen christianisiert gewesen, und Mieszko wurde zum natürlichen Verbündeten des Kaisers gegen die im Heidentum verharrenden Slaven an der unteren Elbe und in anderen Gebieten. Die kirchliche Organisation, Voraussetzung auch einer lateinischen Bildung, erfolgte zunächst in Abhängigkeit von dem unter Otto dem Großen 962 bzw. 968 errichteten Erzbistum Magdeburg; später übernahm sie das Erzbistum Gnesen, das auf Ansuchen des Herzogs Boleslav I. Chrobry im Jahre 1000 durch Silvester II. und Otto III. errichtet worden war.

Was die schriftliche lateinische Kultur[3] angeht, so vergingen noch mehrere Generationen, bis deren Anfänge sichtbar werden. Zunächst sind unsere ältesten Zeugnisse und Aussagen über Polen die Geschichtschreiber Widukind und Thietmar; mit eigenen schriftlichen Werken tritt Polen dann im zwölften Jahrhundert hervor.

---

[2] Der Zeitpunkt ist nicht überliefert. Die übliche Annahme, Mieszkos Taufe sei 966 erfolgt, wird lediglich aus dem Umstand bezogen, daß der Herzog im folgenden Jahre als amicus imperatoris erscheint: Widukind III 69. Vgl. unten S. 421.
[3] B. Kürbis, Zur Vorgeschichte der lateinischen Schriftkultur in Polen; erscheint demnächst im Mlat. Jb. 24/25.

So hat denn die lateinische Welt in jener Zwischenzeit eine nicht unbeträchtliche Erweiterung nach dem Osten erfahren; der abendländischen Völkergemeinschaft, die bisher vorwiegend aus Romanen und Germanen nebst den keltischen Iren bestanden hatte, schlossen sich nunmehr neben den seßhaft gewordenen Magyaren erstmals auch slawische Völker an.

Nicht minder augenfällig als im Osten sind Veränderungen, welche die neue Zeit in den Gebieten herbeigeführt hat, die von jeher der lateinischen Welt angehörten.

Italien, das an der karolingischen Erneuerung nie so ganz teilgenommen hat, tritt im literarischen Leben stärker hervor, wenn auch noch nicht mit überragenden Leistungen. Als eine besondere Aufgabe fällt ihm die Vermittlung vor allem griechischen Schrifttums an die abendländische Welt zu – wiewohl zunächst noch in begrenztem Umfang –, eine Vermittlerrolle aber, die in manchem doch bereits eine Vorbereitung der großen Übersetzungsbewegung war, die dann im zwölften und bis ins dreizehnte Jahrhundert hinein wesentlich dazu beigetragen hat, das geistige Gesicht der abendländischen Welt zu verändern.

England, von den Dänen (wie hier die Normannen zumeist genannt werden) schwer heimgesucht, erstrebt kulturelle Beziehungen zum Kontinent und erlebt eine Reform des Mönchtums, die in der Folgezeit ihre Früchte für das geistige Leben des Inselreiches tragen wird. Einstweilen freilich bleibt sein Anteil am literarischen Leben noch recht bescheiden. Das mag damit zusammenhängen, daß man in England schon bald nach den ersten Anfängen einer lateinischen Kultur dem Übersetzen einen höheren Wert beigemessen hat als anderswo; es ist klar, daß auf solche Weise die Volkssprache besonders früh ein Gewicht erhielt, das ihr in der übrigen lateinischen Welt erst später zugestanden worden ist.

Spanien, nach wie vor zu einem großen Teil unter der Herrschaft des Islam, zeigt neben mannigfachen Erscheinungen der Anpassung, freilich oft auch des Erliegens, aufs Ganze gesehen eine bewundernswerte Widerstandskraft, und dort, wo die fremde Macht nie geherrscht, wo die Wiedergewinnung der Heimat begonnen hatte und mit zäher Kraft fortgeschritten war, nimmt man eine neue Besinnung auf die eigene Vergangenheit wahr, an einigen Stellen aber auch das Streben nach einer Verbindung, nach einer festeren und dauerhaften Wiederanknüpfung an die Kerngebiete der lateinischen Kultur. Und schon ist die Zeit nicht mehr ferne, da die Reconquista in ihre letzte und entscheidende Phase treten wird. –

‚Saeculum obscurum', ‚saeculum pessimum', ‚siècle de fer, de décadence' hat man, zuerst auf die Kirche blickend, auf den Niedergang des religiösen und sittlichen Lebens, den Verfall des Papsttums und großer Teile der hohen wie der niederen Geistlichkeit das zehnte Jahrhundert genannt. Gewiß trifft manches von dem, was mit jenen abschätzigen und abwertenden Bezeichnungen gemeint ist, zu. Aber arm und unbedeutend ist das zehnte Jahrhundert keineswegs gewesen. In Schulen und Bibliotheken wird das Erbe der karolingischen Erneuerung bewußt gepflegt, wiewohl infolge der Einfälle fremder Völker und der von den Eindringlingen verursachten Zerstörungen manches ausschied und für immer verschwand.

Insgesamt ist in dem uns beschäftigenden Zeitalter, wie gesagt, die Zahl hervorragender Erscheinungen vielleicht geringer geworden. Selten nur trifft man Gestalten des geistigen Lebens an, deren Persönlichkeit stark genug gewesen wäre, daß sie andere nach sich gezogen, daß sie eine Schule gebildet hätten, wie man dies bei Alkuin oder Hraban, bei Lupus oder Johannes Scottus beobachten kann. Aber es gibt auch in diesem Jahrhundert literarische Individualitäten mit starken und eindrucksvollen Zügen.

Das literarische Gesicht der Zeit bewahrt in vielem noch die Züge der voraufgegangenen Epoche, doch zeichnen sich in manchem bedeutende Veränderungen ab. Das Schrifttum bleibt vorwiegend geistlich; fast alle Autoren sind Geistliche oder doch aus geistlichen Schulen hervorgegangen. Auch im zehnten Jahrhundert ist die nach Karls des Großen Tode vielerorts sichtbar werdende Vergeistlichung des literarischen Lebens unverkennbar. Vorherrschend bleibt das religiöse Interesse, es prägt fast allem seinen Stempel auf, auch wenn die Verfasser weltliche Gegenstände oder Personen behandeln. Der christlich-religiöse Wesenszug des Zeitalters zeigt sich vor allem im Aufleben der religiösen und geistlichen Lyrik sowie der Hagiographie. Auf dem Gebiete der religiösen Lyrik wird nicht nur die alte Hymnenpoesie weiter gepflegt; es kommt als etwas völlig Neues die Ausbildung einer poetisch-musikalischen Form hinzu, die zwar nicht ihrer ersten Konzeption nach, aber noch in einem frühen Stadium ihrer Entwicklung durch einen großen Meister, durch Notker den Stammler von St. Gallen, zu einer Kunstgattung entwickelt wird, die ihrem Grundgedanken nach zu den großartigsten Schöpfungen der abendländischen Kultur gehört: die Sequenz. Ihre Verwendung auch für nicht geistliche, nicht religiöse Gedichte bereichert die weltliche Lyrik um eine wichtige und nach weiterer Entwicklung drängende Kunstform.

In der Hagiographie werden wie bisher die Sammlungen gepflegt, und die einzelnen Heiligenleben häufen sich. Mit der rein zahlenmäßigen Zunahme der hagiographischen Denkmäler aber verbinden sich charakteristische Veränderungen im Vergleich mit der voraufgegangenen Zeit. Konnte in den vorkarolingischen Jahrhunderten die relative Häufigkeit von Heiligenleben als ein Zeichen des allgemein niedrigeren literarischen Niveaus angesehen werden, das zu einer Bevorzugung der schlichteren Gattungen des Schrifttums führte, während in der Karolingerzeit andere Gattungen der Literatur größeres Gewicht gewannen und im hagiographischen Raum die formalen Bearbeitungen, nicht selten Versifizierungen beliebter wurden, so lassen die hagiographischen Schriften des zehnten und des frühen elften Jahrhunderts derart vereinfachende Zuordnungen nur noch in beschränktem Umfang zu. Man gewinnt den Eindruck, im ganzen sei das historische Gewicht der Heiligenleben und Translationen gestiegen. Wie weit ein Streben nach größerer historischer Treue, also eine Bevorzugung der historischen Richtung des hagiographischen Schrifttums innerhalb der Literatur insgesamt vorliegt, läßt sich schwer abschätzen. Feststeht, daß die Behandlung von Heiligen der einzelnen Bistümer, der Gründer oder Patrone der Diözesen, für diese selbst und für deren Geschichte in dem Maße an Bedeutung zunahm, als der Episkopat im Reiche der Ottonen Einfluß gewann. Nicht zu unterschätzen ist ferner, soweit es sich um die in monastischen Kreisen entstandenen Heiligenleben handelt, als ein auch die Hagiographie berührender und vielfach bestimmender Vorgang das Einsetzen der monastischen Reform seit dem frühen zehnten Jahrhundert. Neue Züge in der Darstellung der Heiligenleben sind die Folge. Vielfach wird die Schilderung des gottgefälligen und gotterfüllten Lebens eines Heiligen dadurch gefärbt, daß man nicht nur religiös erbauliche Ziele verfolgt, sondern das Alter und die politische Bedeutung eines Bischofssitzes oder eines Klosters literarisch zu beweisen sucht. Das Heiligenleben kann auf solche Weise Züge einer politischen Tendenzschrift annehmen; indes herrschen die im ganzen historisch zuverlässigen oder mit ehrlicher Absicht geschriebenen Darstellungen vor und bestimmen das Bild. Umgekehrt beobachtet man im zehnten Jahrhundert, daß typische, schematische, schablonenhafte Züge sich in zunehmendem Maße versteifen. Es entwickelt sich gewissermaßen eine bestimmte Form für das Leben eines Heiligen, der ein Bischof war, der Mönch war, der als Einsiedler lebte oder sich als Wundertäter der Erinnerung einprägte, Heiligenleben in einem bestimmten Typus für fromme Frauen und so fort. Das Schablonenhafte im Heiligenleben geht so weit, daß man nicht nur den Heiligen als Prototyp des Missionars, des Eremiten, des Wundertäters usw. darstellte, sondern daß man auch die einzelnen Lebensabschnitte nach einem bestimmten Schema vorführt; dabei kommt es vor, daß diese mit Motiven aus der Kindheit, der Jugend Jesu ausgestattet werden. Biographische Einzelheiten brauchen deshalb nicht zu fehlen.

Als eine weitere Folge der Entwicklung zum Schablonenhaften ist wohl die merkwürdige Erscheinung der Tugendkataloge anzusehen. An geeigneter Stelle in der vita wird ein Abschnitt eingelegt, in welchem die an dem Heiligen zu rühmenden Tugenden aufgezählt werden. Das kann in der Form geschehen, daß die einzelnen Tugenden abschnittweise durch je ein oder mehrere Beispiele aus dem Leben des betreffenden Heiligen illustriert werden; der Hagiograph kann sich aber auch mit einer schmucklosen Aufzählung begnügen. Vielleicht hängt diese Gepflogenheit mit einer Auffassung des Wunderbaren zusammen, die angesichts der fast grenzenlosen Wundergläubigkeit der Zeit übersehen zu werden pflegt. Seit der Wende zum zehnten Jahrhundert und dann besonders bei den frühen Cluniazensern taucht, vereinzelt zunächst, bei manchen Hagiographen der Gedanke auf, daß das Wunder als solches durchaus kein Beweis der Heiligkeit eines Menschen zu sein brauche; denn, so sagt man, wenn Gott schon ein Wunder durch Menschen zu wirken beabsichtige, so sei er natürlich frei in der Wahl des Werkzeugs. Nicht das Wunder, sondern allein das gottgefällige Leben könne daher die Heiligkeit eines Menschen beweisen. Es liegt nahe, in solcher Auffassung einen Grund für die katalogartige Aufreihung von Tugenden zu sehen, die sich dann zu einem mehr oder minder feststehenden, dem Stand und Charakter des jeweils in einer vita dargestellten Heiligen entsprechenden Schema verfestigt haben könnte.

Man kann die Hagiographie als eine Art populärer Theologie auffassen insofern, als durch sie die Lehren des christlichen Glaubens in einfacher, auch dem schlichtesten Gemüte verständlicher Form durch Beispiele dargestellt werden. Die Theologie selbst als das Durchdenken und Begründen der Glaubenslehre ist in den anderthalb Jahrhunderten vom Ausgang der Karolingerzeit bis in die Mitte des elften Jahrhunderts, bis zum Beginn der Frühscholastik, nicht vorangeschritten. Den wenigen Liturgikern diente zumeist Amalarius als Grundlage, soweit sie sich nicht auf Isidor oder einen anderen älteren Autor stützten; darüber hinausgegangen sind sie selten. Im allgemeinen begnügt man sich bis über die Mitte des elften Jahrhunderts hinaus in Theologie und Bibelexegese, in Dogmatik (soweit es eine solche gibt) und Liturgik mit dem Überkommenen: mit den Texten der Kirchenväter, die in den Bibliotheken lagen, und mit ihren frühmittelalterlichen und karolingischen Nachfolgern, mit Beda und Alkuin, mit Hraban und Walahfrid und anderen, aber man gibt keine neue Zusammenfassungen der Glaubenslehre in literarischer Form. Treten einzelne Schriftsteller als Theologen auf, wie Rather von Verona oder Atto von Vercelli, so stehen sie gleichsam abseits, äußern sich im Kampf gegen ihre geistigen und politischen Gegner zu theologischen Fragen, aber sie bilden Ausnahmen. Die Zeit ist religiös bestimmt, aber nicht fruchtbar in der Theologie.

Von den Gebieten, welche der Theologie nahestehen, ist das kirchliche Recht durch einige weitere Sammlungen allgemeiner, aber auch spezieller Art bereichert worden; im frühen elften Jahrhundert hat zum ersten Mal wieder Burchard von Worms eine zusammenfassende Darstellung versucht.

Eine Ausnahme unter den der Theologie nahestehenden Gebieten bildet die Kirchengeschichte. Sie wird weiter gepflegt und erweitert sich durch große Darstellungen der Geschichte einzelner Bistümer und ihrer Bischöfe. Das hängt zweifellos damit zusammen, daß seit etwa um 900 und dann besonders in der Zeit der sächsischen Kaiser die Bistümer, der Episkopat insgesamt an Bedeutung gewonnen haben, während in der Karolingerzeit doch die großen Klöster weithin das Gesicht auch des geistigen Lebens und der Literatur bestimmt hatten. Jetzt werden die Bistumsgeschichten immer häufiger, auch wenn daneben die Klöster ihre Gründungsgeschichten gepflegt haben. Und wie in der Hagiographie neben das rein Erbauliche mitunter doch auch das Politische tritt, so sind nicht selten Ehrgeiz und das Streben nach Macht Beweggründe für die Abfassung von Bistumsgeschichten gewesen. Man schreibt Bistumsgeschichte nicht in erster Linie aus historischem oder auch religiösem Interesse, sondern verfolgt die Geschichte eines Bischofssitzes in die ältesten Zeiten, oder führt sie auf die ältesten Zeiten zurück, um bestimmte Ansprüche historisch oder zuweilen auch scheinbar historisch zu begründen. Aus dem politischen Bestreben heraus entwickelt sich die Bistumsgeschichte seit dem Ende des neunten Jahrhunderts zu einer eigenen Gattung der Historiographie.

In der Geschichtschreibung schlechthin tritt die Weltchronik einstweilen stark zurück. Wie auf anderen Gebieten begnügt man sich auch in der Weltgeschichte mit dem, was sich an Eusebius, Hieronymus, Rufinus angeschlossen hatte, und schreibt bis zum elften Jahrhundert keine neuen Welt- und Universalchroniken mehr. Das hängt auch damit zusammen, daß infolge der politischen Entwicklung weite Teile Europas zunächst einmal außerhalb des Reichsgebietes lagen. Die Teile der lateinischen Welt streben auseinander, Frankreich scheidet sich stärker von Deutschland, und so haben die Bewohner und die Geistlichen Frankreichs längst nicht mehr wie früher das Interesse an einer Gesamtgeschichte der abendländischen Welt; sie beginnen vielmehr die Geschichte ihres Landes, ihres Volkes zu sehen. In Deutschland, wo der Reichsgedanke wieder auflebte, mußte durch die sächsischen Kaiser das Reich erst wieder geschaffen werden, ehe man langsam zu einer Reichsgeschichte kam. Zum letztenmal hat im lothringischen Gebiet Regino von Prüm, der bis 915 gelebt hat, eine Weltchronik geschrieben. Die Fortsetzung stammt aus einer anderen Feder, und sie zeigt nun schon, daß durch den Aufstieg der sächsischen Herrscher und die Neubelebung des Reiches universale Gesichtspunkte Raum gewinnen, während sich im westfränkischen Reich eine immer stärkere politische Absonderung vom Osten herausbildet. Indessen führt das unter Otto dem Großen erweiterte Gesichtsfeld noch nicht zu einer Universalgeschichte, sondern zu einer deutschen Reichsgeschichte mit Betonung des sächsischen, dann bayerischen Herrscherhauses. Schriftsteller wie Widukind von Corvey und eine Generation darauf Thietmar von Merseburg schreiben Reichsgeschichte; sie sind universeller, als man zur gleichen Zeit in Frankreich schreibt; aber auch sie werden bestimmt von dem Wunsch, die Geschichte ihres Stammes zu schreiben. Liudprand von Cremona schreibt auch Reichsgeschichte oder nähert sich ihr, aber unter dem Einfluß seiner eigenen Bindung an die ottonischen Herrscher, und sein Geschichtsbild erweitert sich, indem durch persönliche Beziehungen Byzanz in seinen Gesichtskreis tritt. Aber das ist persönliches Erleben. Erst im frühen elften Jahrhundert, im Lebenswerk des Hermann von Reichenau, wird wiederum der weltgeschichtliche Horizont erreicht.

In all den vorhergenannten Werken aber, bei denen das Universelle zurücktritt und die Reichsgeschichte erst allmählich sich entwickelt, desgleichen in den Bistumsgeschichten, die neben den Klostergeschichten aufkamen, macht sich ein Moment schon sehr viel stärker geltend als in der Karolingerzeit: die Lust am Erzählen. Ein Musterbeispiel schon an der Wende zum neuen Zeitalter bieten Notkers Gesta Karoli Magni.
Der historischen Biographie, bei der wir hiemit angelangt sind, dient zumeist Einhards Vita Karoli Magni als Vorbild. Aber wo immer er als Muster gewählt wird – und man begegnet im Mittelalter immer wieder seinen Spuren –, es wird doch kaum jemals das Gestraffte, das Klare, das Monumentale, das Einhard gerade angestrebt hatte, erreicht. Es verhält sich auch nicht so, daß Einhard als Ganzes zum Vorbild genommen worden wäre: vielmehr sind es die Einzelheiten, die man ihm abzusehen pflegt, beispielsweise die Personenbeschreibung. Es kommt von Einhard, wenn von Otto dem Großen oder später von Friedrich Rotbart eine Beschreibung ihres Äußeren gegeben, eine Schilderung ihrer Sitten und Gewohnheiten versucht wird. Aber historische Biographien werden zunächst nur den geistlichen Herren zuteil, nicht

den großen Laien. Selbst Otto der Große findet keinen Biographen. Das ganze literarische Handwerk liegt so fest in den Händen des Klerus, daß der Laie, selbst wenn er König oder Kaiser ist, keine Frucht davon hat. Die hexametrischen Gesta Oddonis der Hrotsvit sind keine historische Biographie, sondern eine Verherrlichung der Sachsendynastie mit Hervorhebung besonderer Höhepunkte im Leben Ottos des Großen. Die Freude am Erzählen, am Ausmalen des Details spielt auch in diesem Panegyricus eine wichtige Rolle. Einen Biographen findet der letzte Herrscher aus sächsischem Geschlecht, Heinrich II.; aber der beschreibt nicht das Leben und Handeln eines Königs, er sieht allein den Heiligen.

So stark indessen der Charakter der Literatur vom Geistlichen und von den Geistlichen her bestimmt wird, es sind im zehnten Jahrhundert doch die Anzeichen einer gewissen Verweltlichung nicht zu verkennen. Die Dichtung zum Beispiel, von der Hymnen und Sequenzen erwähnt wurden, bleibt nicht nur geistlich-religiös. Die Form, die man in der Sequenz gefunden hat, geht auch in die weltliche Dichtung über, und sie tritt uns entgegen in weltlichen Verserzählungen und den ersten Schwänken. Manches aus dem nichtgeistlichen Leben wird stärker betont. Man sieht dies etwa in dem erneuten Aufblühen der lateinischen Tierdichtung in dieser Zeit, im ersten Auftreten der Schwankerzählung, auch in der Form dessen, was man später Ballade nennen wird, während die epische Dichtung sich fast ausschließlich auf die Gestaltung biblischer Stoffe oder auf das Heiligenleben beschränkt.

Die Literatur der freien Künste steht trotz einzelner beachtlicher Leistungen im ganzen noch im Banne des neunten Jahrhunderts und der älteren Zeit. Erst kurz vor der Jahrtausendwende bahnt sich der Wandel an. Er wird hervorgerufen durch eine allmähliche Verlagerung der Gewichte im Unterricht der Schule. Auch wenn man seit der Mitte des neunten Jahrhunderts etwa die Fächer des Quadriviums stärker betont, so war doch im Grunde wie seit Jahrhunderten die Grammatik d i e Disziplin der Schule schlechthin geblieben. Nun aber, seit dem späteren zehnten Jahrhundert, gewinnt gleichzeitig an manchen Stätten Frankreichs, in Italien und in Deutschland die Dialektik größeres Gewicht, gefördert durch das Studium des Cicero (insbesondere der Schrift de inventione und der damals Cicero zugeschriebene Rhetorik ad Herennium) und des Boethius. Ganz allmählich bahnt sich eine Veränderung des Denkens, ja man könnte zugespitzt sagen: bahnt sich überhaupt das Denken an. Kurz vor der Jahrtausendwende finden wir die ersten tastenden Versuche, aus dem gleichsam linear addierenden Aneinanderreihen von Wissensgegenständen und Wissensstoff zu einer Ordnung, einer logischen Ordnung der Dinge zu gelangen. Aber diese vereinzelten und tastenden Versuche finden noch keine literarische Gestalt, und ihre Bedeutung liegt zunächst darin, daß sie den grundlegenden Wandel der Dinge in der Schule vorbereiten halfen, der zwei Menschenalter später die mittelalterliche Welt ergreifen sollte.

Deutlicher wird ein fortschreitendes Denken dort, wo eine Persönlichkeit vom Rang eines Gerbert oder auch eines Abbo von Fleury wirkt, am sichtbarsten wohl in den mathematischen Disziplinen.

Zu gedenken ist schließlich einer Erscheinung, die zunächst noch am Rande der Literatur steht: des geistlichen Spiels. Über seinen Ursprung ist noch keine sichere Erkenntnis gewonnen; feststeht, daß es ohne Zusammenhang mit dem antiken Drama als eine genuin mittelalterliche Schöpfung entstanden ist. Während literarische Werke wie die Dramen der Hrotsvit von Gandersheim nicht aufgeführt wurden und als reine Lesekomödien zu verstehen sind, ist das geistliche Schauspiel im Schoße der Liturgie erwachsen. An seinem Beginn steht das Bedürfnis, die Hochfeste des Kirchenjahrs noch feierlicher und einprägsamer zu begehen. Und so wäre es wohl natürlich, wenn die herkömmliche Ansicht zuträfe, daß der Besuch am Grabe des auferstandenen Herrn am Ostermorgen (die visitatio sepulchri) als das Umspielen des zentralen Ereignisses des christlichen Glaubens die Keimzelle der mittelalterlichen geistlichen Spiele gebildet habe. Aber aus der Vielzahl der zu verschiedensten Zeiten die verschiedensten Entwicklungsstufen enthaltenden Denkmäler läßt sich der Beweis schlechterdings nicht führen, und die Versuche einer genetischen Erklärung beginnen und endigen mit unbewiesenen Thesen, und sei es nur die, daß das Osterspiel am Anfang gestanden habe. Es kann auch ganz anders gewesen sein. Der Umstand, daß seit dem späten neunten Jahrhundert Erweiterungen feststehender liturgischer Texte, sogenannte Tropen, bekannt werden, sich in der Folgezeit häufen und starke Veränderungen erfahren, ist der Beantwortung der Frage wenig förderlich. Und wo die Tropen für das geistliche Spiel wichtig werden, nämlich um die Mitte des elften Jahrhunderts, da ist dieses längst vorhanden und verbreitet. Was das zehnte Jahrhundert für das geistliche Spiel bedeutet, ist in Wahrheit unbekannt. Die Geschichte pflegt sich nicht nach der Logik zu richten, und es ist durchaus ungewiß, was am Anfang stand: das Dogma oder das gläubige Gemüt.

Wir haben uns die Aufgabe gestellt, die Literatur eines Zeitalters zu erfassen, an dessen Beginn das Dahinschwinden der ehemals mächtigsten Dynastie steht, der unwiderrufliche Zerfall eines Großreiches und die Bedrängnis der Völker, die es einst getragen; das Schrifttum einer

Epoche, die dort enden soll, wo mit den ersten Saliern das mittelalterliche Kaisertum auf den Gipfel seiner Macht gelangt, ehe in den Jahrzehnten des vierten Heinrich die tiefste Kluft zwischen den beiden höchsten Gewalten der mittelalterlichen Welt aufbrechen wird; die lateinische Literatur einer Zeit, die ihre wesentlichen Züge aus dem Festhalten an einer Erneuerung empfängt, deren Kraft längst erloschen war. Gleichwohl hat dieses Zeitalter auf manchen Gebieten Neues geschaffen und läßt auf anderen doch Ansätze zu Neuem erkennen; gerade dadurch aber, daß es, das geistige Erbe bewahrend, dessen Güter in Routine verflachen läßt, beginnt es über sich selbst hinauszuwachsen und trifft so gleichsam die Vorbereitungen für einen neuen Anstieg, der in kurzer Frist zu ungeahnten Höhen führen wird. Versucht man angesichts der skizzierten Verhältnisse die Literatur des zu behandelnden Zeitraums in ihren disparaten Erscheinungen zu verstehen, so verbietet sich außer dem behutsamen Nachzeichnen ihres Werdens in den einzelnen Teilen der lateinischen Welt jeder andere Weg ihrer Betrachtung von selbst.

Wir beginnen dort, wo zum erstenmal literarische Schöpfungen beobachtet werden, die über das Karolingische hinausführen: im Bodenseegebiet.

Erster Abschnitt

VON DER KAROLINGERZEIT
INS ZEHNTE JAHRHUNDERT

Fernab von den äußeren Unruhen der Zeit, von den Einfällen beutelüsterner Normannen ebenso weit entfernt wie von der Heimsuchung durch räuberische Sarazenen, konnten die Klöster im Bodenseegebiet ihre kulturelle Tätigkeit im wesentlichen ungestört fortsetzen, ja, auf manchen Gebieten ihre Leistungen bedeutend vertiefen. War in der ersten Hälfte des neunten Jahrhunderts auf dem Felde des geistigen Lebens die Führung bei der Reichenau gelegen, so schob sich in den späteren Jahrzehnten desselben Jahrhunderts und im Anfang des folgenden eindeutig St. Gallen an die erste Stelle. Es hatte im Vergleich zu dem um ein gutes Jahrhundert jüngeren Pirmin-Kloster auf der Reichenau verhältnismäßig lange gedauert, bis aus der Niederlassung des Gallus – oder Gallo, wie er in der ältesten Überlieferung heißt – die nachmals so berühmte Pflegestätte des geistigen Lebens sich entwickelte. Nach herrschender, aber nicht unbestrittener Ansicht[1] war Gallus, nachmaliger Patron des Klosters, Landsmann und Jünger des Iren Columbanus, des Gründers von Luxeuil, krankheitshalber am Bodensee zurückgeblieben, als der Meister im Jahre 612 über die Alpen nach Oberitalien zog. Er wirkte einige Zeit als Missionar und Prediger in der Gegend und zog sich schließlich ins Tal der oberen Steinach zurück, wo er mit etlichen Gefährten als Einsiedler bis ans Ende seiner Tage lebte[2].

Die Niederlassung des heiligen Gallus muß frühzeitig zu einem Mittelpunkt des religiösen Lebens der Gegend geworden sein; denn als sie auszusterben drohte, sah sich der Tribun Waltram von Arbon dazu veranlaßt – wie berichtet wird: im Jahre 719 – den Priester Otmar mit dem Auftrag zu entsenden, die Leitung der Einsiedelei zu übernehmen. Otmar, der den praktischen Sinn des Alemannen besaß und das Reich Gottes nicht hinter den Sternen suchte, baute die Einsiedelei zu einer monastischen Gemeinschaft aus; er sammelte Mönche aus Rätien und Alemannien und verstand es, der also erneuerten Stätte religiösen Lebens Schenkungen und Rechte zuzuleiten, die den Fortbestand des Klosters sicherten. Auf Weisung Pippins führte er (im Jahre 747) die

---

[1] Gewichtige Gründe gegen diese Auffassung hat mit großem Scharfsinn K.-U. Jäschke: Kolumban von Luxeuil und sein Wirken im alemannischen Raum. Mönchtum, Episkopat und Adel zur Gründungszeit des Klosters Reichenau (Vorträge und Forschungen Bd. XX), Sigmaringen 1974, S. 77–130), geltend gemacht; dagegen im wesentlichen im Sinne der Tradition H. Löwe, Columbanus und Fidolius. Deutsches Archiv 37 (1981), S. 1–19.
[2] Über einen ihm zugeschriebenen *sermo habitus Constantiae* siehe unter Notker S. 45.

Benediktregel ein. Schon wenig später, seit den sechziger Jahren, erhalten wir die erste verläßliche Kunde von Büchern und von Schreibtätigkeit im Kloster St. Gallen, besitzen aus der Feder des ersten uns bekannten St. Galler Schreibers, des Mönchs und (seit 766) Dekans von St. Gallen Winithar, eine Anzahl von Proben seiner Schreibkunst, und können seit dieser Zeit das Wachstum der Bibliothek des Klosters und seine mannigfachen Beziehungen zu einer Reihe von Stätten des geistigen Lebens in nah und fern an vielen Zeugnissen beobachten und verfolgen. Daß immer wieder irische Mönche, wenn sie den Spuren ihres Landsmannes Columbanus folgend nach Rom pilgerten, St. Gallen aufsuchten, wird wohl richtig sein; der vielberufene irische Einfluß auf das geistige Leben im Galluskloster ist nach neueren und neuesten Feststellungen allerdings viel geringer gewesen, als man lange Zeit angenommen hat, und scheint über das Vorhandensein einer Gruppe von *libri scottice scripti*[3] nicht sehr weit hinauszugehen.[4] Was immer an Anregungen von außen gekommen sein mag: den Kern des Klosters bildete das einheimische alemannische Element und dieses verlieh ihm das geistige Gepräge. Seit der zweiten Hälfte des achten Jahrhunderts kennen wir die Namen einer Reihe von Persönlichkeiten, die reproduzierend wie schöpferisch den Namen St. Gallens in die Ferne und durch die Jahrhunderte getragen haben. Die zweite Hälfte des neunten Jahrhunderts aber wird in das Gedächtnis des Galluskosters eingehen als die goldene Zeit seiner ersten Blüte, als die Zeit des seligen Notker und des Tuotilo, des Ratpert und wie sie alle heißen mochten.

Der bedeutendste unter ihnen, N o t k e r mit dem Beinamen oder Spitznamen B a l b u l u s, „der Stammler", ist ein großer Dichter gewesen, nicht nur für St. Gallen und nicht nur für sein Jahrhundert: er ist eine der wahrhaft großen schöpferischen Gestalten des geistigen Europa. Er selbst hat von seinem Dichten wenig Aufhebens gemacht, und es mag wohl sein, daß er sein Dichtertum mit anderen Augen sah, als einer rückschauend vermuten könnte; Notker war aus ganzer Seele Mönch, und vor ihm stand das Wort der Regel seines Meisters: daß wahre Demut dem nur eigne, der nicht mit dem Mund

---

[3] Unter dieser Rubrik aufgeführt in dem großen Bibliothekskatalog aus der Mitte des 9. Jh.: Mittelalterliche Bibliothekskataloge Deutschlands und der Schweiz. 1. Bd.: Die Bistümer Konstanz und Chur, bearbeitet von Paul Lehmann, München 1918, S. 71.
[4] Hiezu vor allem Johannes Duft in verschiedenen Studien, insbesondere: J. Duft – P. Meyer, Die irischen Miniaturen der Stiftsbibliothek St. Gallen, Olten 1953; zuletzt J. Autenrieth, Insulare Spuren in Handschriften aus dem Bodenseegebiet bis zur Mitte des 9. Jahrhunderts. Paläographie 1981. Colloquium des Comité International de Paléographie, München, 15.–18. September 1981. Hrsg. von G. Silagi. München 1982, S. 145 ff.

allein sich den Geringsten nennte, sondern dies aus tiefstem Herzen glaubte[5].

Was wir von Notkers Leben wissen, beruht zu einem Teil auf seinen eigenen Briefen und gelegentlichen Bemerkungen in anderen Schriften; diese Angaben erfahren eine wichtige Abrundung zu einem vollen Lebens- und Charakterbild durch die liebevolle, überaus lebendige und an Anekdoten reiche, allerdings auch schon in manchem verklärende Darstellung, die etwa anderthalb Jahrhunderte später Ekkehart IV. in seiner Fortsetzung der St. Galler Hauschronik, den casus sancti Galli, von Notker und seinen Mitbrüdern gegeben hat, während die unter dem Namen Ekkeharts V. gehende vita Notkeri des 13. Jahrhunderts keine neuen Züge bringt.

Notker stammte aus einer im Thurgau, vielleicht im heutigen Jonschwil begüterten Familie und dürfte um 840 geboren sein. Anscheinend früh verwaist, wurde er – das ist nachmals für sein literarisches Schaffen von Bedeutung geworden – von einem alten Krieger namens Adalbert aufgezogen, der noch unter Karl dem Großen gegen Sachsen und Awaren gekämpft hatte; dann wurde er nach dem Willen seiner Eltern noch als Kind dem heiligen Gallus dargebracht. Auch ist von Bedeutung, daß sich im Kloster zunächst der Sohn jenes Adalbert, Werinbert, seiner besonders annahm, wie man ohne sichere Bezeugung glaubt, derselbe, der als junger Mönch in Fulda gewesen und Otfrid von Weißenburg nahestand. Notkers Lehrer aber waren vor allem Iso und Marcellus.

I s o, ein Landsmann Notkers, ist uns bekannt als einer der geschätztesten Lehrer von St. Gallen, der den Ruf der Schule wesentlich mitbegründet hat. Er leitete die sogenannte äußere Schule, die für die Heranbildung des Weltklerus, hauptsächlich der Söhne des Adels, bestimmt war. In späteren Jahren, die Zeit ist umstritten, wurde Iso ins Kloster St. Maria zu Münster-Granfelden (Moutier-Grandval) am Nordrande des Jura berufen, wo er in den siebziger Jahren, noch verhältnismäßig jung gestorben ist[6]. Wir besitzen von Iso noch zwei Bücher *de miraculis*

---

[5] *Septimus humilitatis gradus est* (von insgesamt zwölfen), *si omnibus se inferiorem et viliorem non solum sua lingua pronuntiet, sed etiam intimo cordis credat affectu, humilians se*: Regula sancti Benedicti VII. – Aus diesem Grunde ist die von Wolfram von den Steinen vorgeschlagene ehrende Benennung „Notker der Dichter" nicht nur nicht belegt, sondern unecht.

[6] Unsere einzige Quelle für Iso sind Ekkeharts casus sancti Galli cap. 30–32. Über die Historizität der Angaben G. Meyer v. Knonau zur Stelle und L. Traube, Computus Helperici. Neues Archiv 18 (1893) S. 73ff., hier S. 96 = ders. Vorlesungen und Abhandlungen III, München 1920, S. 150; vgl. Wattenbach, Geschichtsquellen I[7] (1904) S. 270. Daß Heiric von Auxerre Isos Nachfolger in Grandval gewesen sei, wie Traube

sancti Otmari, die er aus Anlaß der Erhebung der Gebeine des zweiten Klostergründers, die im Jahre 864 vorgenommen wurde, verfaßt hat. Nachdem er in einer fast schwülstig zu nennenden Einleitung an Walahfrids vita s. Otmari angeknüpft hat, berichtet er im ersten Buch in schlichter Sprache über die Wunder der folgenden Zeit, solange sich die Gebeine des Heiligen noch in der Peterskirche befanden; in dem kurzen zweiten Buch erzählt er die nach der Übertragung der Reliquien in die neuerbaute Otmarsbasilika beobachteten Wunder.

Der zweite, der als Lehrer Notkers genannt wird, M a r c e l l u s, war ein Ire, der eigentlich Moengal hieß. Er war, wie die casus berichten, zunächst mit seinem Oheim, einem irischen Bischof namens Markus, auf dem Rückweg von einer Pilgerreise nach Rom in St. Gallen geblieben und hatte später die Leitung der inneren Schule, der eigentlichen Klosterschule, erhalten. Aufgewachsen in der geistigen Welt seiner Heimat, ist Moengal-Marcellus für uns einer der ganz wenigen, in denen wir das irische Element unmittelbar greifen können. Aber es war doch nicht so, daß davon ein tieferer Einfluß auf das literarische Schaffen ausgegangen wäre; zumal die gelegentlich bis in jüngste Zeit erhobene Behauptung, es habe seit dem Auftreten der beiden Iren Studien des Griechischen in St. Gallen gegeben, erweckt falsche Vorstellungen. Geschätzt wurde Marcellus als Lehrer, vor allem aber auch wegen seiner Pflege der Musik.

Von solchen Lehrern also und vom Leben in der Gemeinschaft des Klosters ist Notker geprägt worden. Er wird uns als ein Mann von zarter Konstitution geschildert, mit einem Zahnschaden, der ihn beim Sprechen hinderte (*edentulus* nennt er sich einmal) und ihm den Spitznamen des Stammlers eintrug. Ein stiller und liebenswürdiger Mensch, ganz dem geistigen wie dem geistlichen Leben hingegeben, doch mit der Gabe eines köstlichen Humors ausgestattet, der immer wieder mit unbekümmerter Freiheit in seinen Schriften aufblitzt, ihn aber auch unbekümmert über eigene Schwächen scherzen läßt, hat Notker sein ganzes Leben als schlichter Mönch zugebracht, ohne jemals ein höheres Amt zu bekleiden. Wir treffen ihn an als Schreiber von Urkunden und Büchern, zeitweise ist er Bibliothekar, auch Gastpater gewesen, vor allem aber, wir wissen nicht wie lange, war er als Lehrer tätig, und in dieser Eigenschaft kamen seine Gaben voll zur Geltung. Ein enges Verhältnis verband ihn mit seinen Schülern, unter denen der berühmteste der ebenso begabte wie ungebärdige Salomo war, der nachmals als dritter seines Namens Bischof von Konstanz wurde. Alles in allem also

---

a.a.O. annahm, ist von ihm selbst durch Zurücknahme der Gleichsetzung Heirics mit Helpericus implicite aufgegeben worden, vgl. hier Bd. I S. 482 mit Anm. 181.

war es ein Leben ohne größere äußere Ereignisse, das unauffällige Leben eines Mönchs, das im Jahre 912 am 6. April zu Ende ging.

Was Notker an literarischen Arbeiten hinterlassen hat, ist wohl zum größten Teil, aber sicher nicht ganz vollständig auf uns gekommen. Von dem Erhaltenen steht die Echtheit nicht in allen Teilen zweifelsfrei fest, wird wohl auch nie mit voller Sicherheit ermittelt werden können. Die Chronologie ist trotz allen Bemühungen zumeist ziemlich unsicher. An Prosa besitzen wir vor allem eine Anzahl von Briefen, denen zum Teil literarischer Rang zukommt, und, neben ein paar Kleinigkeiten, die durchweg anonym überlieferten, lange Zeit unter dem Namen eines monachus Sangallensis gehenden gesta Karoli Magni; teils in Prosa teils in Versen eine unvollendete Gallus-Vita, und den liber ymnorum, das Buch der Sequenzen.

Der *liber ymnorum* vor allem hat Notkers Dichterruhm begründet; er ist, soviel wir wissen, sein Erstling gewesen, begonnen ungefähr um 860, also von dem etwa Zwanzigjährigen, und abgeschlossen wahrscheinlich im Jahre 884. In dem vorangestellten Widmungsbrief an den Bischof Liutward von Vercelli macht Notker im einzelnen zwar keineswegs genaue, aber doch in ihrer gesamten Aussagekraft überaus wichtige Angaben. Den Inhalt bilden, trotz des Titels, der dem sonstigen mittelalterlichen und heutigen Gebrauch widerspricht, nicht Hymnen, sondern Sequenzen oder Prosen. So enthält das Buch die erste Sammlung von Werken einer Gattung geistlicher Poesie, die sich nicht nur durch den Reichtum an Denkmälern auszeichnet und bis in die frühe Neuzeit hinein lebendig gewesen und gepflegt worden ist und die lateinische Liturgie mit einem – freilich recht bescheidenen, doch gewichtigen – Restbestand bis in die jüngste Vergangenheit als ein Schmuck von besonderer Schönheit zierte, sondern die vor allem zu den selbständigsten und großartigsten Schöpfungen mittelalterlicher Kunst schlechthin gehört, einer Gattung, die frühzeitig über ihren eigentlichen, den sakralen Raum hinausgedrungen ist und auch die weltliche Lyrik stark beeinflußt hat. Notker selbst ist nicht der Erfinder der Sequenz und er sagt das mit aller Deutlichkeit. Aber er ist ihr erster großer Meister, der die voraufgegangenen tastenden Versuche vollendet und der Sequenz ihre klassische Form verliehen hat. Des Verständnisses wegen muß hier etwas weiter ausgeholt werden.

Man versteht unter S e q u e n z im strengen Sinn eine liturgische Dichtung oder vielmehr einen liturgischen Gesang, der in verschiedener Hinsicht das Gegenstück zum Hymnus darstellt und sich von diesem in charakteristischer Weise sowohl nach seiner Form und der Art des Vortrags wie auch nach seiner Verwendung unterscheidet. Der Hymnus im strengen Sinn bildet einen Bestandteil des liturgischen Stundengebets oder Officiums (des Breviers); er ist stets als Strophenlied gestaltet, sei er nun in rhythmisch-akzentuierenden oder metrisch-quantitierenden Versmaßen gebaut: alle Strophen weisen dieselbe Form auf und werden auf dieselbe Melodie gesungen.

Die Sequenz ist ursprünglich und in strenger Verwendung ein Teil der Liturgie der Messe. Formal gesehen kann sie als ein Sonderfall des Tropus betrachtet werden. Tropen in liturgischem Sinne sind Einschübe (oder Fortsetzungen) feststehender liturgischer Texte und Formeln. Da sie der festlicheren Gestaltung der Gottesdienste dienten, treten sie vorwiegend in den gesungenen Teilen der Liturgie auf; doch gibt es grundsätzlich Erweiterungen aller Texte, sogar des Kanons. Das Tropieren ist spätestens in karolingischer Zeit aufgekommen; in den folgenden Jahrhunderten haben die Tropen sowohl in textlicher als auch musikalischer Hinsicht eine reiche, in zunehmendem Maße selbständige Entwicklung erfahren. Die Sequenz hat ihren Platz hinter der Epistel, näherhin im Anschluß an den auf das Graduale folgenden Alleluiavers, den sie fortsetzt; sie bildet den letzten der Zwischengesänge zwischen den Lesungen der Epistel und des Evangeliums und zugleich, in künstlerischer Hinsicht, deren Höhepunkt. Als musikalisches Gebilde wurzelt die Sequenz in dem Sinne, wie sie hier gemeint ist, im gregorianischen Choral, der ihre Anfänge und ihre Entwicklung prägt. Im Gegensatz zum Hymnus wird sie abwechselnd von zwei Halbchören so vorgetragen, daß etwa in einem Kloster die eine Hälfte des Konvents einen Abschnitt, ein strophenartiges Gebilde vorträgt, das dann von der anderen Hälfte nach der gleichen Melodie, aber mit neuem Text wiederholt wird.

Wichtig wäre es, über die Anfänge der Sequenz mehr zu wissen, als man nach vielfältigen Bemühungen in langen Jahren hat ermitteln können. Die Ansichten gehen in manchen Punkten ziemlich weit auseinander. Das rührt davon her, daß es für die Zeit vor Notker an sicherer, zweifelsfrei zu deutender Überlieferung fehlt und der Phantasie reichlich Spielraum bleibt, besonders dort, wo es um die musikalische Entwicklung geht, für die man auf die Auslegung spärlicher Hinweise oder auf Aufzeichnungen angewiesen bleibt, die in der Regel erst einen viel späteren Zustand widerspiegeln.

Am Anfang steht das Bestreben, die Liturgie der Messe an den hohen Festtagen des Kirchenjahres auch musikalisch feierlicher zu gestalten. Völlig ausgeschlossen von Eingriffen war in einer objektiven Liturgie natürlich der Kanon, der den zentralen Teil des Mysteriums umschloß. Den größten Spielraum bot die Vormesse und hier wiederum war die am besten geeignete Stelle das festliche Alleluia, dessen Platz zwischen den Kernstücken der Vormesse, den Lesungen der Epistel und des Evangeliums war. Im Alleluia erklang der Jubelruf des gläubigen Volkes, in ihm symbolisierten sich Freude, Glück und Dankbarkeit für die Erlösung, in seinem Gesang fand freudigen Ausdruck der Lobpreis Gottes, in dem die gläubige Menschheit in all ihrer Schwäche, in all ihrem Elend und ihrer Not doch der Erlösung gewiß, sich mit der ganzen Schöpfung, der sichtbaren wie der unsichtbaren, jubelnd vereinigte. Natürlich gab es je nach dem Liturgietyp – dem Mailänder, dem gallikanischen, dem römischen, dem altspanischen, um nur die wichtigsten zu nennen – verschiedene Gestaltungen und Sangesweisen des Alleluia. In der römischen Liturgie – sie wurde für die Sequenz am wichtigsten[7], – in der unmittelbar auf die Epistel das Graduale folgte, ein vorwiegend aus Psalmenstellen gefügter Zwischengesang, umrahmte das Alleluia, zweimal gesungen, einen kurzen Alleluiavers (versus alleluiaticus). Eine erste Erweiterung scheint nun in der Weise erfolgt zu sein, daß man das zweite Alleluia in einer Melodienfolge fortklingen ließ, die auf dem auslautenden -a, zunächst ohne Text, gesungen wurde, einen sogenannten Jubilus. Verlängerung des Jubilus und Wiederholung der einzelnen Abschnitte dieser Melodien, für die sich dann auch die Bezeichnung ‚sequentiae' einbürgerte, bildeten die nächste Stufe; dies ist bereits die musikalische Grundform der Sequenz. Wann dieser Stand erreicht war, entzieht sich unserer Kenntnis; feststeht, daß noch Notker ihn kannte. Er weist ausdrücklich auf die Schwierigkeit hin, welche die Ausführung dieser *longissimae melodiae* dem Gedächtnis bereite, und erinnert sich, daß er oft darüber nachgesonnen habe, wie man diese Melodien wohl „festbinden" könne (*quomodo eas potuerim colligare*[8]).

Spätestens um die Mitte des 9. Jahrhunderts wagte man, um die angedeutete Schwierigkeit zu überwinden, den nächsten Schritt: nämlich die Melodienfolgen mit Texten zu unterlegen. Die durch die herkömmliche Sangesweise vorgegebene Wiederholung der einzelnen Abschnitte der fortschreitenden Melodien hatte den Parallelismus der unterlegten Texte zur natürlichen Folge. Damit war die Urform der Sequenz als Sprachgebilde geschaffen. Auf westlichen, französischen Ursprung dieser Übung schließt man einmal aus dem Umstand, daß, wie später noch des näheren zu zeigen sein wird, Notkers Vorbilder französisch waren. Zum andern daraus, daß wir aus dem Westen eine Anzahl sehr altertümlicher, wenn auch erst in jüngerer Überlieferung

---
[7] Natürlich ist hier nicht die stadtrömische gemeint, sondern die nachmals, nach dem Verschwinden der Mehrzahl der anderen Liturgien verbreitete.
[8] So im Widmungsbrief des liber ymnorum.

erhaltener sogenannter Initialsequenzen besitzen. Die uns bekannten ältesten westlichen Sequenzen weisen die folgenden Merkmale auf: Der Text ist Prosa (und davon hat sich in Frankreich auch die Bezeichnung ‚prosa' bzw. ‚prose' für die Sequenz eingebürgert). Darüber hinaus zeigen die Texte weder gedankliche Tiefe noch sprachliche Kunst, ja nicht einmal Klarheit der Formulierungen; es ist, als sei es den Verfassern schon genug erschienen, wenn nur die Worte an das Fest und dessen Grundgedanken erinnerten, dem die Sequenz gewidmet war, und im übrigen die noch bescheidenen Forderungen der Form erfüllt waren. Überliefert ist die umfangreichste Sammlung dieser westlichen Sequenzen in einer Handschrift des zehnten Jahrhunderts aus dem Kloster Saint-Evre (Sancti Apri) in Toul, die im Mittelalter in St. Emmeram in Regensburg lag (heute Clm 14843); es sind die folgenden Sequenzen (in der Reihenfolge der Handschrift): *Alma sancta voce canora*[9] für einen Sonntag; *Christe tua agmina iubilant*[10] für einen Sonntag; *Gloriosa dies adest*[11] auf das Fest des hl. Stephanus; *Nostra tuba regatur fortissima*[12] für den Samstag vor Septuagesima; *Rex nostras Christe laudes*[13] für Lichtmeß; *Haec est sancta sollemnitas cunctis veneranda*[14] für das Fest eines Martyrers oder Bekenners; *Christi hodiernae pangimini*[15] für das Weihnachtsfest; *Iam redeunt gaudia festa lucent clara*[16] für das Osterfest; *Semper regnans patris sinu*[17] für einen Sonntag; *Pange deo debitum lingua modulando plectrum*[18] für einen Sonntag; *Ecce iam venit nostra redemptio*[19] für das Weihnachtsfest; *Beata tu virgo Maria mater Christi gloriosa*[20] für ein Marienfest[21].

Von dieser westlichen Sequenz hatte man in St. Gallen oder hatte jedenfalls die Mehrzahl der St. Galler Mönche, unter ihnen Notker, keine Kenntnis, als sich jene Begebenheit zutrug, welche für die weitere Entwicklung der Sequenz die größte Bedeutung erlangen sollte. Im Widmungsbrief des liber ymnorum an den Bischof Liutward von Vercelli gibt Notker selbst hinlänglich klaren Bericht:

---

[9] Analecta hymnica 49, 273.
[10] Analecta hymnica 53, 154.
[11] Analecta hymnica 53, 351.
[12] Analecta hymnica 53, 58.
[13] Analecta hymnica 37, 61.
[14] Analecta hymnica 53, 381.
[15] Analecta hymnica 53, 25.
[16] Analecta hymnica 49, 224.
[17] Analecta hymnica 42, 49.
[18] Analecta hymnica 42, 47.
[19] Analecta hymnica 37, 15.
[20] Analecta hymnica 53, 191.
[21] So ganz zweifelsfrei ist die herkömmliche Annahme des alleinigen Ursprungs der Sequenz im Westen vielleicht doch nicht. In der älteren Bamberger Handschrift der Musica enchiriadis (Var. 1 [HJ. IV. 20] s. X) ist in den Text eingeschoben die Sequenz *Rex caeli Domine*, die ihrer Form nach weder mit den Notkerschen Sequenzen noch den alten westlichen zu verbinden ist.

„Als ich noch ein junger Mensch war und die überlangen Melodien, die ich so oft dem Gedächtnis eingeprägt hatte, aus dem unbeständigen Herzelein wieder entrannen, fing ich im Stillen an zu überlegen, auf welche Weise ich sie wohl festbinden könnte. Zu dieser Zeit geschah es, daß ein Priester aus dem unlängst von den Normannen zerstörten Jumièges zu uns kam, der sein Antiphonar mitbrachte; darin war eine Art von Versen den Melodienfolgen nach dem Alleluia (ad sequentias) angepaßt. Es waren schon damals reichlich verderbte Verse, und wie ihr Anblick mir erfreulich schien, so war ihr Geschmack mir bitter. Immerhin begann ich, in Nachahmung derselben zu schreiben: ‚Lobsinge vor Gott die ganze Erde, die gnadenhaft erlöst ist', und weiterhin: ‚Der Drache, Adams Betrüger'. Als ich diese Verse meinem Lehrer Iso darbrachte, hat er unter Glückwünschen für meinen Eifer und in Mitleid mit meiner Unerfahrenheit zwar was gut erschien gelobt, das minder Gute jedoch berichtigen wollen, indem er sagte: „Jede einzelne Melodiebewegung muß eine einzelne Silbe für sich haben." Wie ich das hörte, habe ich Silben, die auf das -ia kamen, glatt ausgebessert, dagegen die auf den -le- und -lu- als eher unmöglich nicht einmal in die Hand nehmen mögen, da ich doch auch dies nachmals durch Übung als ganz leicht erkannte, wie die Melodien ‚Dominus in Syna' und ‚Mater' bezeugen. Auf solche Weise ausgerüstet, dichtete ich alsbald in zweitem Ansatz: ‚Psalmen singe die Kirche, die unversehrte Mutter'. Als ich diese Verslein meinem Lehrer Marcellus vorlegte, sammelte er sie voll Freude auf Einzelblättern und gab sie den Schülern, den einen diese, den andern jene, zum Singen auf. Wenn er mir dann sagte, ich solle sie zu einem kleinen Buch vereint einem der Großen als Geschenk darbringen, so ließ ich mich, von Scham gehemmt, niemals dazu bewegen. Als mich aber kürzlich mein Bruder Othari bat, ich möchte doch etwas zu Eurem Preise schreiben, und ich mich einem solchen Werk mit gutem Grunde nicht gewachsen erachtete, war ich mühsam und ungern endlich doch so weit ermutigt, daß ich dies winzige und wertlose Bändchen Eurer Hoheit zu widmen mir erlaubte. Sollte ich erfahren, es sage Euch, gütig wie Ihr seid, in dem Maße zu, daß Ihr jenem meinem Bruder bei unserem Herrn, dem Kaiser, behilflich seid, so werde ich das metrische Gedicht, das ich eben über das Leben des heiligen Gallus beharrlich auszuarbeiten mich bemühe, obschon ich es meinem Bruder Salomo zuerst versprochen habe, Euch eilig übersenden, daß Ihr es prüfen, besitzen und ihm auslegen könnt"[22]. Der Wichtigkeit halber sei der Text im Wortlaut beigefügt:

---

[22] Übersetzung mit geringfügigen Änderungen nach Wolfram von den Steinen (siehe bibl. Anhang).

> Cum adhuc iuvenulus essem et melodiae longissimae, saepius memoriae commendatae, instabile corculum aufugerent, coepi tacitus mecum volvere, quonam modo eas potuerim colligare.
> Interim vero contigit, ut presbyter quidam de Gimedia, nuper a Nordmannis vastata, veniret ad nos, antiphonarium suum deferens secum: in quo aliqui versus ad sequentias erant modulati, sed iam tunc nimium vitiati. Quorum ut visu delectatus, ita sum gustu amaricatus. Ad imitationem tamen eorundem coepi scribere: *Laudes deo concinat orbis universus, qui gratis est redemptus,* et infra: *Coluber Adae deceptor.* Quos cum magistro meo Isoni obtulissem, ille studio meo congratulatus imperitiaeque compassus, quae placuerunt laudavit, quae autem minus, emendare curavit dicens: Singulae motus cantilenae singulas syllabas debent habere. Quod ego audiens, ea quidem quae in *ia* veniebant, ad liquidum correxi: quae vero in *le* vel *lu,* quasi inpossibilia vel attemptare neglexi, cum et illud postea usu facillimum deprehenderim, ut testes sunt *„Dominus in Syna"* et *„Mater".* Hocque modo instructus, secunda mox vice dictavi: *Psallat ecclesia mater illibata.*
> Quos versiculos cum magistro meo Marcello praesentarem, ille gaudio repletus in rotulas eos congessit; et pueris cantandos aliis alios insinuavit. Cumque mihi dixisset, ut in libellum compactos alicui primorum illos pro munere offerrem, ego pudore retractus numquam ad hoc cogi poteram. Nuper autem a fratre meo Othario rogatus, ut aliquid in laude vestra conscribere curarem, et ego me ad hoc opus imparem non immerito iudicarem, vix tandem aliquando aegreque ad hoc animatus sum, ut hunc minimum vilissimumque codicellum vestrae celsitudini consecrare praesumerem. Quem si in eo placitum vestrae pietati comperero, ut ipsi fratri meo apud domnum imperatorem sitis adminiculo, metrum quod de vita sancti Galli elaborare pertinaciter insisto, quamvis illud fratri meo Salomoni prius pollicitus fuerim, vobis examinandum, habendum ipsique per vos explanandum dirigere festinabo.

Was sich aus dem Widmungsbrief – von etlichen Einzelheiten abgesehen, die offenbleiben müssen – für die Notkersche Sequenz erkennen läßt, ist dies: In der französischen Sequenz, die Notker nachzuahmen suchte, war der Text nicht syllabisch einer Melodie unterlegt. Wir wissen nicht, ob Iso die westliche Sequenz bereits vorher kannte oder erst durch das Antiphonar aus Jumièges kennenlernte; ob er von sich aus die Schwächen dieser Art von Prosen durchschaute oder ob ihm am Ende Sequenzen von der Art des *Rex caeli Domine,* das bereits strenge Responsion neben syllabischer Melodienführung aufweist, im Ohr klangen, von deren Ursprung wir keine sichere Kunde haben, von denen mitunter vermutet wird, daß sie in Nordostfrankreich entstanden sind, und die jedenfalls zu Isos Zeit schon vorhanden waren, wie es die eingehende Behandlung eben der genannten Sequenz in der ungefähr gleichzeitigen musica enchiriadis[23] beweist: wie immer es sich verhalten

---

[23] Siehe unten S. 90. – Die Frage ist gerade im Hinblick auf die Gruppe um das *Rex*

haben mag, Iso stellte dem Schüler die Aufgabe, diese Schwäche zu überwinden. In Wahrheit enthielt die isonische Regel, wie man des Lehrers Forderung auch genannt hat, weit mehr als eine nebensächliche formale Besserung. Sie befreite den Text von seiner untergeordneten Funktion als bloßer Stütze für die Melodie, löste die Sequenz von ihrer inneren Unausgewogenheit und regte damit jenen entscheidenden Schritt an, den dann der Dichter selbst vollzog, indem er Wort und Musik zu innerer Einheit verband. Das Ergebnis war, von Notker selbst nur angedeutet, die Schöpfung der klassischen Sequenz. Ihr Grundgedanke ist von einer Schlichtheit und Klarheit, wie sie nur dem wahrhaft großen Kunstwerk eignet. Sie verbindet im Ideal in vollkommener Einheit von Wort und Melodie ein Höchstmaß an Freiheit mit dem strengsten Gesetz.

Des näheren läßt sich die Form folgendermaßen darstellen: Den äußeren Rahmen bildet, wie in der westlichen Sequenz, der liturgische Gesang mit der Responsion zweier Halbchöre. Der Dichter, der zugleich Komponist ist, schließt sich an eine vorhandene Melodie des Jubilus in etwa an, ohne sich in allen Einzelheiten an sie zu binden. Er ist nicht gehalten, ein bestimmtes Versmaß anzuwenden, die Sequenz ist und bleibt in ihrer klassischen Form reine Prosa. Die Möglichkeit, an der vorgegebenen Melodie gewisse Veränderungen vorzunehmen, sie zu erweitern oder zu variieren, ferner das auch schon in der westlichen Sequenz vorhandene Prinzip, daß die zur Wiederholung bestimmten strophenartigen Abschnitte verschiedenen Umfang aufweisen können, gewährt dem Dichter höchste Freiheit in der Formulierung eines Gedankens. Aber eben damit, daß er von dieser Freiheit Gebrauch macht, gibt er sich selbst das strengste Gesetz: denn nun muß nach der isonischen Regel oder vielmehr deren innerer Konsequenz die von dem anderen Halbchor zu singende Wiederholung dem in Freiheit erfundenen Gebilde soweit wie nur irgend möglich entsprechen. Im Idealfall wird der Gedanke der „Strophe" in der „Antistrophe" mit anderen Worten wiederholt oder parallel weitergeführt, seine Gliederung ist in beiden Teilen dieselbe, syntaktisch sowohl wie in der Anordnung der Satzteile, ihrem Umfang und ihrer rhythmischen Gliederung bis ins einzelne Wort hinein. Im folgenden „Strophenpaar", das den Gedanken in ungezwungener Folge weiterführen soll, wiederholt sich dasselbe Spiel der frei gewählten gesetzlichen Entsprechungen, bis am Ende sich die Halbchöre in einer gemeinsam gesungenen Strophe vereinigen, so wie sie beide die Sequenz gemeinsam begonnen haben.

---

caeli Domine, die Wolfram von den Steinen völlig außer Acht gelassen hat, von Grund auf neu zu prüfen; sie steht infolge der Entwicklung der gelehrten Bemühungen vielleicht zu stark unter dem Eindruck der überragenden Dichtergestalt Notkers.

Von nicht wenigen Sequenzen haben wir die Melodie nicht direkt durch Neumen in Verbindung mit dem Text überliefert, sondern in der Form von heute so genannten Melodietiteln. Solche können nach dem Initium des Alleluiaverses des betreffenden Fests oder Sonntags oder einem in diesem Initium vorkommenden bemerkenswerten Wort benannt sein, z.B. ‚Dominus in Syna' oder ‚Captiva', nach dem Vers *Dominus in Syna in sancto ascendens in altum captivam duxit captivitatem*[24]. Andere Benennungen sind mehr oder minder willkürlich von ihrem Komponisten bzw. vom Schöpfer der Sequenz gewählt worden. Über die Entstehung einiger solcher Melodietitel berichtet um die Mitte des elften Jahrhunderts Ekkehart IV. in den casus sancti Galli[25]. Er erzählt da von zwei römischen Sängern, Petrus und Romanus, die Papst Hadrian I. auf Veranlassung Karls des Großen ins Frankenreich geschickt habe, damit die liturgischen Gesänge in der fränkischen Kirche den römischen angepaßt werden könnten. Petrus kam nach Metz, Romanus nach St. Gallen. Petrus schuf in Metz Alleluiamelodien, die er die „Metzer" *(Metensis)* nannte, während Romanus für die St. Galler die Alleluiamelodien *Romana* und *Amoena* komponierte. Notker hat nachmals den genannten Sequenzen Texte unterlegt und für selbstgedichtete und komponierte Sequenzen die Melodietitel *Frigdora* und *Occidentana* als Benennung gewählt[26].

Als Beispiel einer klassischen Sequenz sei Notkers frühe Prosa für das Kirchweihfest angeführt; der Überschrift folgt, wie zumeist, der Melodientitel.

A
Psallat ecclesia,
mater illibata
Et virgo sine ruga,
honorem huius ecclesiae!

1	Haec domus aulae caelestis probatur particeps	In laude regis caelorum et cerimoniis	2
3	Et lumine continuo aemulans civitatem sine tenébris	Et corpora in gremio confovens animarum quae in caelo vivunt.	4
5	Quam dextra protegat dei	Ad laudem ipsius diu!	6
7	Hic novam prolem gratia parturit foecunda spiritu sancto:	Angeli cives visitant hic suos et corpus sumitur Jesu.	8

---

[24] Graduale Romanum *in die Ascensionis Domini:* R. J. Hesbert, Antiphonale Missarum Sextuplex, Brüssel 1935, n. 102 a. (Nach Psalm 67,19; Eph. 4,8).
[25] c. 47 (S. 106 Haefele).
[26] *Fecerat quidem Petrus ibi iubilos ad sequentias, quas Metenses vocat. Romanus vero Romanae nobis econtra et Amenae de suo iubilos modulaverat. Quos quidem post Notker quibus videmus verbis ligabat. Frigdorae autem et Occidentanae quas sic nominabat iubilos illis animatus etiam ipse de suo excogitavit.* Ekkeh. casus s. Galli 47.

Ins zehnte Jahrhundert

9	Fugiunt universa corpori nocua:	Pereunt peccatricis animae crimina. 10
11	Hic voc laetitiae personat:	Hic pax et gaudia redundant. 12

Hac domo
trinitati
laus et gloria
semper resultant.

Psalliere die Kirche, die unversehrte Mutter und Jungfrau ohne Falte, zu Ehren dieser Kirche hier!

1 Dies Haus erweist sich dem himmlischen Hofhalt zugehörig, da es im Preise des Himmelskönigs und mit seinen Begehungen
3 Und mit seinem ewigen Lichte der Stadt ohne Finsternis nacheifert und in seinem Schoße Körper von Seelen hegt, die im Himmel leben.
5 Möge die Rechte Gottes sie zu seinem eigenen Preise lang beschützen!
7 Hier gebiert die Gnade neuen Nachwuchs, befruchtet vom heiligen Geist; die Engel besuchen hier ihre Mitbürger, und man nimmt den Leib Jesu.
9 Es flieht jederlei dem Körper Schädliches: Es schwinden die Vergehen der sündigen Seele.
11 Hier tönt die Freudenstimme hindurch, hier wogen Friede und Jubel zurück.
z In diesem Hause widerhallen der Dreifaltigkeit immer Preis und Gloriensang.

(Wolfram von den Steinen)

Und die herrliche Pfingstsequenz:

A   Sancti spiritus
        assit nobis gratia,

1	Quae corda nostra sibi faciat habitaculum,	Expulsis inde cunctis vitiis spiritalibus. 2
3	Spiritus alme, illustrator hominum:	Horridas nostrae mentis purga tenebras. 4
5	Amator sancte sensatorum semper cogitatuum:	Infunde unctionem tuam, clemens, nostris sensibus. 6
7	Tu purificator omnium flagitiorum, spiritus,	Purifica nostri oculum interioris hominis, 8
9	Ut videri supremus genitor possit á nobis,	Mundi cordis quem soli cernere possunt oculi. 10
11	Prophetas tu inspirasti, ut praeconia Christi praecinuissent inclita:	Apostolos confortasti, uti tropheum Christi per totum mundum veherent. 12
13	Quando machinam per verbum suum fecit deus caeli terrae marium,	Tu super aquas foturus eas numen tuum expandisti, spiritus. 14

15	Tu animabus
vivificandis
aquas foecundas:	Tu aspirando
das spiritales
esse homines.	16
17	Tu divisum
per linguas mundum et ritus
adunasti, domine,	Idolatras
ad cultum dei revocans,
magistrorum optime.	18
19	Ergo nos supplicantes tibi
exaudi propitius,
sancte spiritus,	Sine quo preces omnes cassae
creduntur et indignae
dei auribus.	20
21	Tu qui omnium
saeculorum sanctos	Ipse hodie
apostolos Christi	22
II	Tui numinis docuisti
instinctu amplectendo, spiritus,	Donans munere insolito
et cunctis inaudito saeculis	II

Hunc diem gloriosum
fecisti.

A		Des heiligen Geistes
Gnade sei mit uns,	
1	Die unsre Herzen als ihr Tempel-
haus
sich erwählen wird,	Wenn ihnen alle Geistgebrechen
erst
ausgetrieben sind.	2
3	O Geist des Segens,
der die Menschen leuchten macht:	In unsrer Seele
läutre die grause Finsternis.	4
5	Du Hehrer, der die immer rege
sinnenden Gedanken liebt:	Gelinde gieße deinen Balsam
tief in unsre Sinne ein.	6
7	Du Verklärer, Sühner
aller Schändlichkeiten, hoher Geist,	Sühne und verkläre
unsres innern Menschen Augen-
licht,	8
9	Daß zu sehen
den höchsten Vater
wir ermächtigt sind,	Den zu schauen
nur reinen Herzens
Augen mächtig sind.	10
11	Profeten hast du begeistert,
daß den Heldenruhm Christi
vorausbesang ihr Heroldslied:	Apostel hast du gefestigt,
daß die Siegfahne Christi
ihr Arm in alle Länder trug.	12
13	Als durch sein Wort einst
den ganzen Weltenbau
Gott erschaffen
von Himmel, Erde und Meer,	Da über die Wasser
hast deinen Odem du,
sie beglutend,
ausgebreitet, hoher Geist.	14
15	Du, in den Seelen
Leben zu zeugen,
befruchtest die Wasser:	Du mit dem Geisthauch
spendest den Menschen
das geistige Wesen.	16
17	Die durch Sprachen und Sitten
getrennten Völker –
du hast sie vereinigt, Herr,	Götzendiener dem Dienste
Gottes gewinnend,
bester aller Lehrer du.	18

19 Und nun uns, die auf zu dir rufen,   Ohne den alle Bitten leer sind,   20
    erhöre, geneige uns,   unwürdig, vor den Ohren
     heiliger Himmelsgeist,   Gottes dazusein.

21   Der du Heilige   Und nun selber heut   22
     aller Erdenzeiten   an die Jünger Christi
     Durch umfangenden   Die unfaßliche
     Einstrom deines Odems   und den Zeiten allen
     tief belehrt hast, hehrer Geist,   unerhörte Spende gabst –

    Hast diesem Tag die Glorie   z
     verliehen.

            (Wolfram von den Steinen)

Es ist eine herbe Kunst, der wir in Notkers Sequenz begegnen; sie fordert viel vom Künstler, und Notker selbst hat nur in einigen wenigen Stücken die Vollkommenheit erreicht, nach der er strebte, ja sie vielleicht auch gar nicht immer erreichen wollen. Es war nicht seine Art, sich sklavisch an eine Form zu binden, und der Gedanke stand für ihn immer obenan; nicht zuletzt unterscheidet sich gerade darin seine Sequenz von der französischen. Um des Gedankens und seiner angemessenen inneren Form willen, nicht technischer Schwierigkeiten halber, die er, wie er selber sagt, bald überwunden hatte, erlaubte er sich manche Freiheiten im einzelnen. Die notkersche Sequenz erschließt sich nicht dem flüchtig Lesenden, schon gar nicht dem, der Neues sucht. Denn Notker hat nicht nach Originalität gestrebt, er hat sie vielmehr weit von sich gewiesen. Seine Sequenz lebt aus dem überkommenen Gedankengut der christlichen Welt, in dem die Menschen seit Jahrhunderten gelebt, und aus dem zarten innigen Gemüt des Dichters, das sich der strengen Zucht einer objektiven liturgischen Poesie unterwirft. Sie erfüllt sich im Symbol der immer wieder sich erneuernden vollkommenen Lösung der zeitlosen Spannung von Gesetz und Freiheit.

Wir wissen nicht genau, wieviele Sequenzen Notker gedichtet hat. Der auf ihn zurückgehende liber ymnorum erscheint in den Handschriften nicht e i n m a l in der ursprünglichen Gestalt, wie ihn Notker dem Bischof Liutward überreicht hat, sondern in der Regel – auch in den Handschriften, welche den Widmungsbrief mit überliefern – untermischt mit Sequenzen anderer Verfasser, solchen aus der Schule Notkers sowohl wie fremden Ursprungs, mitunter erheblich jüngeren, und zumeist ist auch die Reihenfolge der einzelnen Stücke eine verschiedene. Es hat daher jahrzehntelanger Bemühungen bedurft, bis es gelang, den Umfang des originalen Werkes zu bestimmen – oder vielmehr ihn so überzeugend darzustellen, daß ein Widerspruch nur schwer möglich scheint. Denn auch die heute wohl allgemein akzeptierte Festlegung des originalen liber ymnorum auf etwa vierzig Sequenzen kann sich nicht auf eindeutige historische Zeugnisse oder nur zum Teil auf solche stützen; zu einem wesentlichen Teil beruht sie allein auf dem, was man die Kunst der Interpretation nennen mag mit all ihren Vorzügen und Grenzen. Die Ansichten über die Echtheit gingen weit auseinander: zwischen einem guten Dutzend (Paul von Winterfeld), nicht ganz fünfzig (Jakob Werner) und grundsätzlichem Zweifel an der Möglichkeit einer Entscheidung überhaupt (Clemens Blume)[27] schwankte das Urteil. An der Echtheit des *prooemium Notkeri,* die auch schon starke Bedenken hervorgerufen hat[28], wird heute kaum noch jemand zweifeln wollen. Anders verhält es sich natürlich mit der Frage der Echtheit der einzelnen Sequenzen; sie wird mit letzter Sicherheit niemals entschieden werden können.

Notkers Sequenzen haben eine starke Wirkung ausgeübt. In St. Gallen und überhaupt im Bodenseegebiet hat sich eine Reihe von Sequenzendichtern an ihn angeschlossen; man kann in diesem Sinne von einer „Notkerschule" sprechen. Aber auch andernorts, namentlich in Süddeutschland bis hin an die Ostgrenze der lateinischen Welt, desgleichen am Rhein finden wir den liber ymnorum verbreitet und als das beherrschende Sequenzencorpus vornehmlich im 10. und 11. Jahrhundert. Dann freilich, als der Geschmack sich änderte und eine weichere, mildere Art von Poesie sich durchsetzte, die den Reim und das ungestörte Gleichmaß liebte, wurden die Sequenzen Notkers und seiner Schule von anderen abgelöst und verdrängt. Einzelne Stücke freilich außerhalb des Hymnenbuchs haben ihre Wertschätzung bewahrt, ja es scheint, daß sie sich gerade erst vom 12. Jahrhundert an einen Wirkungsbereich eroberten, den das Hymnenbuch selbst nie erlangt hatte: Sequenzen wie die Pfingstsequenz *Sancti spiritus assit nobis gratia,* die Apostelsequenz *Clare sanctorum senatus apostolorum* oder die Kirchweihsequenz *Psallat ecclesia* haben sich auch in den Niederlanden und in Frankreich,

---

[27] Paul von Winterfeld, Welche Sequenzen hat Notker verfaßt?, in: Zeitschrift für deutsches Altertum und deutsche Literatur 47 (1904) S. 321–399.
Jakob Werner, Notkers Sequenzen. Beiträge zur Geschichte der lateinischen Sequenzendichtung, aus Handschriften gesammelt. Aarau 1901.
Clemens Blume, Analecta hymnica 53 (1911); dazu auch die Einleitung zu Band 54 und 49.
[28] Zuerst wohl bei Peter Wagner, Einführung in die gregorianischen Melodien. I. Leipzig 1895. S. 251 ff., dessen These von der völligen Abhängigkeit der Sequenz von byzantinischen Vorbildern die Unrichtigkeit der Angaben des Widmungsbriefes zur Voraussetzung hatte. Mit anderen Gründen Zweifel an der Zuverlässigkeit des Widmungsbriefes bei C. Blume, Analecta hymnica 53 (1911) S. XIII.

ja in der ganzen lateinischen Welt verbreitet und zum Teil bis ins ausgehende Mittelalter behauptet.

Der liber ymnorum ist d a s poetische Werk Notkers. Keine der übrigen Dichtungen Notkers erreicht den poetischen Rang der Sequenzen, keine auch nur annähernd deren Verbreitung oder Bedeutung für die Folgezeit. Vom Gegenstand her stehen den Sequenzen am nächsten vier H y m n e n zu Ehren des Protomartyrs Stephanus. Notker dichtete sie auf Wunsch seines Mitbruders Ruodbert, der im Jahre 883 Bischof von Metz geworden war – Stephanus war der Patron der Metzer Kathedrale –, vermutlich nicht lange nach dessen Erhebung, vielleicht noch im selben Jahr 883. Die Hymnen besingen in metrischen Versen das Martyrium des heiligen Stephanus (I; 11 sapphische Strophen[29]), die Wiederauffindung des Leichnams oder der Gebeine (II; 21 Phaläceen, in Strophen zu je drei Versen zusammengefaßt wie Prud. perist. 6), sodann Berichte von Wundern in Afrika (III; 15 sapphische Strophen) und solchen vornehmlich in Gallien (IV; 13 sapphische Strophen). Ihrem Inhalt nach stimmen die Hymnen jeweils mit dem betreffenden Abschnitt der Apostelgeschichte (6,8 ff.: I), dem Brief des Lucianus de revelatione corporis Stephani martyris in der Übersetzung des Avitus von Bracara[30] (II), dem Bericht Augustins in der civitas Dei (XXII, 8: III) und dem einschlägigen Kapitel in Gregors von Tours de gloria martyrum (cap. 33: IV) überein; daß wenigstens für den dritten Hymnus Augustinus die Quelle war, deutet Notker selbst an. Die Lieder sind nicht viel mehr als geschickte Versifizierungen ihrer Prosavorlagen, zeigen als solche allerdings ein recht beachtliches Maß an Gewandtheit und Sprachbeherrschung. Von den sonst üblichen Hymnen unterscheiden sie sich durch eine bestimmte persönliche Note insofern, als Notker wiederholt im zweiten und im vierten Hymnus selber spricht, zumal im letzten, wo er dem Adressaten auch persönliche Wünsche übermittelt.

Ein ebenso anmutiges wie merkwürdiges Werk ist Notkers *vita sancti Galli*. Es handelt sich zweifellos um jenes *metrum*, von dem Notker in dem Widmungsbrief des Sequenzenbuches an Bischof Liutward von

---

[29] In der Form des Prudentius: Zäsur gewöhnlich nach der fünften Silbe, ausgenommen 4,3; 8,2; 10,1 nach der vierten Silbe des Hendekasyllabus.
[30] Der griechisch abgefaßte Brief, mit dem der Presbyter Lucianus die durch ihn im Jahre 415 in Kaphar Gamala bei Jerusalem erfolgte Auffindung der Gebeine des Erzmartyrers Stephanus bekannt machte, wurde von dem vorübergehend in Palästina weilenden Avitus von Bracara ins Lateinische übersetzt und seinem Landsmann Orosius samt einigen Reliquien an den Bischof Balconius von Bracara mitgegeben; Text der Revelatio corporis Stephani martyris in der Revue des études byzantines 4 (1946) 178 ff. – Daß St. Gallen zur Zeit Notkers eine Abschrift des Briefes besaß, wird wahrscheinlich gemacht durch die etwas jüngeren Sangallenses 174 und 280.

Vercelli bemerkt, daß er noch damit beschäftigt sei, es ihm aber später dedizieren werde. Die anscheinend einzige vollständige Handschrift des vielgerühmten Werkes, die im frühen 16. Jahrhundert noch vorhanden gewesen zu sein scheint, ging in den Wirren der Reformationszeit verloren; wir besitzen lediglich noch Fragmente der vita, die immerhin ausreichen, eine Vorstellung von dem Werk zu vermitteln. Ursprünglich waren es drei Bücher; ob das Werk damit abgeschlossen war, ist unbekannt. Wenn Notker selber an der erwähnten Stelle von einem *metrum* spricht, so bezeichnet er damit die tatsächliche Form der vita nur ungenau; in Wahrheit handelte es sich um ein Prosimetrum. Das Merkwürdige daran aber ist, daß es nicht von Notker allein stammt. Notkers Absicht war es gewesen, die vita sancti Galli des Walahfrid Strabo, an der er manches auszusetzen fand, neu zu bearbeiten. Er stand bereits in reiferen Jahren, in den Vierzigern[31], als er in seinem jungen Schüler und Freund Hartmann das Talent des Dichters entdeckte. Und nun geschieht, was sich selten vor unseren Augen vollzieht und so deutlich wird, daß wir es noch nach tausend Jahren im Werk erkennen: das Wollen und Streben des Dichtermönchs wird eins mit dem Anliegen des Lehrers in der Liebe des väterlichen Freundes. In Versen – es sind neun sapphische Strophen – fordert Notker den jungen Mitbruder auf, seine Gabe nicht brach liegen zu lassen, sondern sie zu nutzen mit einer Dichtung über das Leben des heiligen Gallus. Und wann immer ihm die Aufgabe zu schwer erscheine, so werde er, Notker, ihm helfend zur Seite stehen, daß sie gemeinsam, einander ablösend, den heiligen Vater besängen. Denn was nütze es, die kurze Zeit des Erdenlebens sich dem Studium der Bücher hinzugeben, den gebrechlichen Leib zu kasteien, wenn einer nichts wage?

> *Quid prodest temet studiis librorum*
> *Tam brevis vitae morulas dicasse*
> *Corpus ac fractum macerasse tantum,*
> *Si nihil audes?*

Zögernd, ein wenig schüchtern antwortet Hartmann, in einfachen Dimetern (6 ambrosianischen Strophen), er sei trotz seines Bedenkens, mit einem so großen Dichter gemeinsam sich zu bemühen, bereit, dem Wunsche des Lehrers zu folgen. Und nun beginnt jener reizvolle Wechselgesang zwischen dem Lehrer und seinem Schüler, in dem jeder der beiden ein Stück aus dem Gallusleben erzählt, bald in Versen verschiedenen Maßes, bald in Prosa. Zwei Bücher kamen auf diese Weise zustande. Dann starb Hartmann, und es verging ein rundes Jahrzehnt, bis Notker sich widerum der vita des Klosterpatrons zuwandte, diesmal

---
[31] Die Abfassungszeit der Bücher I u. II ist 883/84, vgl. W. von den Steinen, S. 493.

im poetischen Austausch mit dem jungen Ratpert. So kam das dritte Buch des Werkes zustande. Literarische Werke in Versen und Prosa sind wohlbekannt, vielfach war die consolatio philosophiae des Boethius das Vorbild. Aber daß zwei Dichter, daß ein Lehrer und sein Schüler gemeinsam auf diese Weise ein Prosimetrum zu schaffen unternehmen, gehört in der lateinischen Literatur zumindest zu den seltensten Erscheinungen.

Vielleicht gehörte, jedenfalls nach einer alten Angabe, in diese vita hinein auch ein von Notker verfaßter *sermo sancti Galli,* eine Predigt, die Gallus in Konstanz gehalten haben soll; sie behandelt die Taten Gottes von der Schöpfung bis zur Sendung des Heiligen Geistes und ging bis in neuere Zeit unter dem Namen des Gallus selber.

Die vita sancti Galli hatte Notker ursprünglich einem seiner Schüler, dem etwa zehn Jahre jüngeren Salomo, später als dritter seines Namens Bischof von Konstanz, versprochen. Es ist anders gekommen. Aber auch die Verbindung mit Salomo hat literarischen Niederschlag gefunden. Salomo und sein Bruder Waldo stammten aus hohem alemannischen Adel; von Jugend auf für Prälatenstellen bestimmt, waren sie durch ihren Großoheim Salomo I. – denselben, der vor Antritt seines Bischofsamtes Mönch in Fulda gewesen war und dem Otfrid von Weißenburg seine Evangelienharmonie gewidmet hat – der äußeren Schule von St. Gallen übergeben worden, damit sie neben wissenschaftlicher Bildung auch benediktinische Zucht empfingen. Ihr Lehrer war der uns schon bekannte Iso. Notker war zu ihrer besonderen Betreuung bestellt worden. Das war kein leichtes Amt, denn die beiden jungen Herren, hochbegabt und voll des Selbstbewußtseins, hielten nicht viel vom Klosterleben. Es zog sie hinaus in die Welt, und zumal der ungebärdige, lebenslustige Salomo – von einer jungen Adeligen hatte er eine Tochter – ist alles andere denn der Musterzögling einer Klosterschule gewesen, und Notker hatte mit ihm manchen Kummer. Gleichwohl schätzte er die beiden, zumal Salomo hoch; und es war die väterliche Zuneigung des Lehrers zu einem besonders begabten, aber besonders schwierigen Schüler, die zu mancher persönlichen, uns heute noch anrührenden Äußerung Notkers in Briefen wie auch in Gedichten Anlaß gab. Später, als die beiden in hohe geistliche Ämter gelangten – Salomo als Abt von St. Gallen und zugleich 890 bis 919 als Bischof von Konstanz, der ältere Waldo als Bischof von Freising 883 bis 906 – da mochten sie zwar die Mönche nicht lieber als in früheren Jahren, aber ihren alten Mentor Notker haben sie zeitlebens nicht vergessen. Auch fürs geistige Leben zeigten sie in späteren Jahren mehr Anteilnahme denn als junge Menschen. Von Waldo wissen wir zum Beispiel, daß er aus Weißenburg ein Exemplar von Otfrids Evangelienharmonie entlieh, das dann in Freising kopiert wurde (Cgm 14 mit der Subskription des Schreibers Sigihart, Handschrift F). An Salomos Wirken erinnert ein in seinem Auftrag hergestelltes Psalterium quadruplex, das in St. Gallen am Anfang des zehnten Jahrhunderts geschrieben wurde. Die Handschrift enthält die drei Formen der lateinischen Psalmenübersetzung: das Psalterium Romanum, das Gallicanum und das Psalterium iuxta Hebraeos, daneben in der vierten Kolumne den Text der Septuaginta. Psalterien, die alle drei lateinischen Formen nebeneinander stellten, hat es schon im achten Jahrhundert gegeben; für die Hinzufügung des Griechischen ist Salomos Psalter das älteste Beispiel, das später auch manche Nachahmung fand. Vermutlich ist die Handschrift gelegentlich eines Besuches Kaiser Ottos III. in St. Gallen diesem mit anderen St. Galler Codices mitgegeben worden, nachher durch Erbschaft an Heinrich II. gelangt und von diesem der Dombibliothek des neugegründeten Bistums Bamberg übergeben worden (heute Bamberg, Staatliche Bibliothek Bibl. 44).

Es gehörte zur Vorbereitung der beiden Brüder auf ihr bischöfliches Amt, daß Salomo (wahrscheinlich 878) auf Wunsch seines Oheims zeitweise zum Bischof Witgar nach Augsburg gesandt, darauf beide Brüder nach Konstanz geholt wurden und sodann einige Zeit am Hof des Bischofs Liutbert in Mainz verbrachten. Man hat lange Zeit angenommen, daß die Brüder während ihres Aufenthaltes in Mainz eine Sammlung von Urkunden und Musterbriefen angelegt hätten, die unter dem Namen der *Formulae Salomonis* bekannt ist. Tatsächlich handelt es sich um eine Arbeit Notkers. Sie knüpft an eine alte Gepflogenheit an, die in der Folgezeit eine womöglich noch größere Bedeutung für die formgerechte Abfassung von Briefen und Urkunden gewinnen sollte. Ein bemerkenswertes, auch literarisch wertvolles Beispiel bieten die Variae Cassiodors. Aus dem Gallien etwa des siebten Jahrhunderts hat man die Sammlung eines Marculfus. Diesen sogenannten formulae Marculfi, die in zwei Büchern 40 Urkunden und 52 Musterbriefe an Personen verschiedensten Standes vereinigen (die Namen der betreffenden Personen sind gewöhnlich getilgt und mit *ille* ersetzt wie üblich), schließt sich eine ganze Reihe von weiteren frühmittelalterlichen, zumeist im Frankenreich entstandenen Sammlungen an; die Gepflogenheit, solche Musterbücher anzulegen, breitete sich auch in den dem Frankenreich eingegliederten Gebieten aus; sie scheinen insgesamt recht zahlreich gewesen zu sein. Aus Bayern besitzen wir noch Reste von Formelbüchern, die schon in der Zeit Tassilos in Salzburg entstanden sind; eine berühmte Sammlung ließ Arn (Bischof 785–821[32]) anlegen.

---

[32] Siehe Band I, S. 548.

Aus dem alemannischen Raum kennen wir Sammlungen von der Reichenau, dem achten Jahrhundert entstammend, noch wenig selbständig und zum großen Teil mittelbar oder unmittelbar aus Marculfus entnommen; die Urkunden darin sind ausschließlich sogenannte Chartae pagenses, d.h. solche Urkunden, die im Grafengericht aufgesetzt werden. Weiter fortgeschritten ist eine Murbacher Sammlung, die auch schon Anfänge von Königsurkunden enthält; beide Sammlungen gehören noch in die Zeit Karls des Großen. Nach der Trennung des ostfränkischen Reichsteils vom westlichen traten auch in den Rechtsformen die westlichen Einflüsse mehr und mehr zurück; die Folgen werden in den Formelbüchern faßbar. Die erste Formelsammlung aus St. Gallen, von der wir Kunde haben, wurde von Iso um die Mitte des neunten Jahrhunderts angelegt; sie ist nur in Resten auf uns gekommen.

In dieser Tradition steht das Formelbuch, das früher unter dem Namen Salomos III. ging und nach heute wohl allgemein akzeptierter Ansicht von Notker für seinen ehemaligen Schüler im Jahre 890 anläßlich von dessen Erhebung zum Bischof von Konstanz und zum Abt von St. Gallen zusammengestellt wurde „als ein Buch der Erinnerung, der Anregung und auch des praktischen Nutzens in der Kanzlei". Notker vereinigte in dem Werk etliche fingierte Königsurkunden, die er wohl selbst für diesen Zweck verfaßt hatte, klösterliche Musterurkunden, die zumeist auf St. Galler Originalen beruhten, bischöfliche Musterbriefe, zum Teil auf Grund der Korrespondenz Salomos II. gemeinsam mit Waldo und Salomo in den frühen siebziger Jahren zusammengestellt, ferner seine eigene Korrespondenz mit Waldo und Salomo, unter der sich auch seine Briefgedichte an die beiden Brüder befinden, und als bedeutendstes Stück die sogenannte Notatio.

Es handelt sich bei der letzteren Schrift um zwei Lehrbriefe, die Notker 885 an Salomo gerichtet hatte. In den Handschriften außerhalb der Sammlung werden die beiden Briefe als *Notatio de viris illustribus* oder ähnlich bezeichnet. Dem ersten Buch von Cassiodors Institutiones vergleichbar, behandeln sie die Ausleger der Heiligen Schrift und andere kirchliche Autoren und Werke. Anders als die meisten Verfasser von Schriften de viris illustribus schöpft Notker seine Kenntnis nicht aus älteren Werken der Art oder anderen mittelbaren Quellen, sondern aus eigener Vertrautheit mit den Werken, die er zitiert. Dabei stützt er sich vorwiegend natürlich auf die St. Galler Klosterbibliothek, daneben aber auch, wo diese nicht ausreiche, auf die Büchersammlung der nahegelegenen Reichenau[33]. Auf Grund dieser unmittelbaren Vertrautheit mit

---

[33] E. Rauner, Notkers des Stammlers ‚Notatio de illustribus viris', Mittellateinisches Jahrbuch 21 (1986) 34–69.

den Werken – davon empfängt die Schrift ihren spezifischen Wert und Charakter – gibt Notker zu jedem der erwähnten Texte eine erläuternde Charakterisierung, die sich durch ihre Originalität ebenso wie durch ihre Lebendigkeit auszeichnet. Er geht dabei zuerst die Reihe der biblischen Bücher des Alten und Neuen Testaments durch, geordnet nach den üblichen Gruppen der historischen Bücher, der Hagiographen, der Weisheitsbücher und so fort, bis zu den katholischen Briefen, und gibt zu jedem biblischen Buch die vorhandenen und geeigneten Kommentare an; als knappe Erklärung zu einzelnen Stellen der ganzen Bibel (Glossulae) empfiehlt er Hrabanus Maurus. Sodann führt er Autoren an, die sich beiläufig zu einzelnen Teilen biblischer Bücher geäußert haben, und spricht darauf von weiteren christlichen Autoren, deren Lektüre ihm für das bischöfliche Amt nützlich erscheint. Bei dieser Gelegenheit kommt er auch auf Dichtung zu sprechen; ohne jede Polemik gegen profanantike Literatur bemerkt er lediglich, daß für Salomo die gentilium fabulae nicht notwendig seien und empfiehlt dafür die längst zu Klassikern gewordenen christlichen Dichter der Spätantike: Prudentius vor allem und Avitus; die Hymnen des Ambrosius und die Bibeldichtungen des Juvencus und Sedulius seien ihm ohnedies vertraut. Und er ist frei genug, zum Abschluß zu bemerken, daß Salomo in der Lektüre weiterer christlicher Dichter es nicht zu weit zu treiben brauche, es gebe immer noch genug bis ans Ende der Tage. Der Wissensdurst Salomos freilich – so beginnt der zweite Brief – sei so unersättlich wie die Hydra, der für ein abgeschlagenes Haupt immer tausend neue nachwüchsen, oder wie das Feuer in einem Scheiterhaufen, das, je mehr Holz es erfaßt hat, nur um so gieriger um sich greife, daß er, Notker, sich zu weiteren Hinweisen veranlaßt fühle. Und nun spricht er von weiteren Schriften Augustins, Prospers, von hagiographischen Schriften, von den kirchengeschichtlichen Darstellungen des Eusebius und Hieronymus, der historia tripartita des Cassiodor, gibt dabei eine Art Abriß der Kirchengeschichte und empfiehlt am Ende, wenn sein ehemaliger Schüler doch noch nichtchristliche Literatur lesen wolle, den Priscian und zur historischen Unterrichtung den Josephus und dessen lateinische Bearbeitung, den Hegesippus. Die Briefe sind von hohem bildungsgeschichtlichen Interesse, besonders deshalb, weil Notker immer wieder darauf Bezug nimmt, ob Salomo eine Schrift schon gelesen, also während seines Unterrichts in St. Gallen kennengelernt hat oder nicht, und weil er darüber hinaus den einen besonders warm empfiehlt, von einem andern eher abrät. Das Wesentliche aber liegt doch in der bei aller Sachlichkeit immer p e r s ö n l i c h e n, ganz und gar auf die Bedürfnisse und Eigenart des Empfängers ausgerichteten und von der Erfahrung und tiefen Menschlichkeit des Lehrers geprägten Art, in welcher die Schrift abgefaßt ist. Dem ersten Lehrbrief hat Notker gleichsam als Nachtrag einen zweiten folgen lassen; in der selbständig überlieferten Notatio sind beide Briefe vereinigt.

Nicht gesichert ist Notker als Verfasser der anonym in derselben St. Galler Handschrift, welche unter anderen die Hymnen Notkers auf den Protomartyr Stephanus enthält, überlieferten *versiculi de septem liberalibus artibus* (inc.: *Cogor amore tuo iuvenilem tollere clavam*); er müßte sie jedenfalls nach der einleitenden Selbstbeschreibung des Dichters erst in späteren Lebensjahren an einen jungen Schüler gerichtet haben, so daß Salomo, an den man als Empfänger gedacht hat[34], kaum in Betracht kommt. Es handelt sich um ein Lehrgedicht von 104 Versen, elegischen Distichen, das nach einer persönlich gehaltenen Einleitung die sieben freien Künste in Anlehnung an Martianus Capella so behandelt, daß das Ganze gewissermaßen als Inhaltsangabe der nuptiae Mercurii et Philologiae erscheint.

Lassen sich für Notkers Verfasserschaft bei dem letztgenannten Gedicht noch gute Gründe anführen, so sind andere, kleinere Dichtungen sicher zu Unrecht unter den Namen Notker geraten. Neben etlichen kurzen Gedichten von Lehrern an ihre Schüler, die hier nicht im einzelnen zu behandeln sind, gehören dazu vor allem etliche Fabel- und Scherzgedichte, die in St. Galler Handschriften erhalten und durch deutsche Nachdichtungen in weiteren Kreisen bekannt geworden sind. Als erstes „Der Wunschbock" (inc.: *Tres iuvenes fratres uno de patre creati*, über 43 Hexameter), die Verse von den drei Brüdern, die einander mit ihren Wünschen zu übertrumpfen suchen; sodann die reizvolle Fabel, die unter dem Titel „Der kranke Löwe" bekannt ist (inc.: *Aegrum fama fuit quondam iacuisse leonem*; 68 Verse, elegische Distichen): Der Versammlung der Tiere bei dem kranken Löwen ist allein der Fuchs fern geblieben. Der Bär sucht ihm einen üblen Streich zu spielen, indem er dem König rät, mit einer frisch abgezogenen Fuchshaut die Krankheit zu vertreiben. Der Fuchs aber, als er davon erfährt, ersinnt eine List: Mit einem Pack zerrissener Schuhe auf der Schulter tritt er vor den König, bringt ihn zum Lachen und erzählt ihm, wie er die ganze Welt nach einem Arzte suchend durchwandert und erfahren habe, daß allein eine frisch abgezogene Bärenhaut den König heilen könne. Der Bär wird seines Felles beraubt, der König gesund, und der Fuchs verspottet seinen Feind. Die überaus geschickt, mit knapp andeutenden Strichen und dramatischen Akzenten vorgetragene Fabel ist früher dem Paulus Diaconus zugeschrieben worden, für den sich indessen keine besseren Argumente haben finden lassen als für Notker. Ähnlich verhält es sich

---

[34] P. von Winterfeld, in den Neuen Jahrbüchern für das klassische Altertum 5 (1900) 352; dagegen K. Strecker MGH Poetae IV 1092 Anm.; zweifelnd, aber eher positiv W. von den Steinen, Notker der Dichter, S. 495.

mit der Fabel „Vom Kalb und dem Storch" (inc.: *Quaerebat maerens matrem per prata vitellus;* 10 Verse, Distichen) und der vergnüglich-witzigen „Vom Podagra und dem Floh" (inc.: *Temporibus priscis pulix lacerasse potentes;* 14 Verse, Distichen); auch sie hat man Paulus Diaconus und Notker zuschreiben wollen; was gegen den letzten spricht, ist der Umstand, daß wir nicht ein einziges Fabelgedicht besitzen, das mit Sicherheit ihm zugeschrieben werden könnte.

Allgemein und zweifellos zu Recht wird heute die Ansicht abgelehnt, daß Notker den vielgerühmten, eindrucksvollen Gesang *Media vita in morte sumus* geschaffen habe. Es fehlt nicht nur jeder Hinweis auf ihn als Verfasser, sondern auch auf den oft behaupteten St. Galler Ursprung. Feststeht lediglich, daß er im elften Jahrhundert bereits vorhanden war; die Form scheint darauf hinzudeuten, daß der Gesang in der Tat nicht viel älter ist. Ob und inwieweit Media vita als Schlachtgesang gedient hat, läßt sich nicht eindeutig erkennen[35]. Jedenfalls handelt es sich um eine Antiphon bzw. ein Responsorium, das aus der Antiphon, drei zum Teil durch Tropen erweiterten Psalmversen sowie dem Trishagion besteht; ob man des letzten wegen zu Recht gallikanische oder byzantinische Vorbilder vermutet hat, steht dahin. Ihr liturgischer Ort steht zwar nicht fest, doch beweist den liturgischen Charakter neben der Überlieferung der Umstand, daß das Media vita in der Missa pro pace Verwendung fand. Beim Volk erfreute sich die Antiphon großer Beliebtheit; man schrieb ihr besondere Kraft gegen Tod und Krankheit zu. In dieser Wertschätzung mag der Grund dafür liegen, daß eine wohl im 15. Jahrhundert entstandene deutsche Übersetzung zu den frühesten w ä h r e n d der Messe gesungenen Lieder gehörte. Diese Übersetzung bildete die Grundlage für Martin Luthers wohlbekannte neue Bearbeitung des

> Mitten in dem Leben sind
> wir vom Tod umfangen ...

und schon die ältesten, noch wenig umfangreichen Gesangbücher der beiden Konfessionen (Johann Walther 1524, prot., und Michael Vehe 1537, kath.) nahmen das von tiefem Ernst erfüllte Lied in ihr Repertoire auf.

---

[35] Einschränkend P. Lehmann, Vom Leben des Lateinischen im Mittelalter. Bayerische Blätter für das Gymnasialschulwesen 65 (1929) S. 65 f., wiederabgedruckt in desselben Erforschung des Mittelalters Band I 1944, S. 73 f.

Das berühmteste und bedeutendste unter den Prosawerken Notkers sind die sogenannten *gesta Karoli Magni*. Sie sind anonym und unvollständig auf uns gekommen; der übliche Titel ist nicht für Notker bezeugt, sondern geht auf die Erstausgabe des Heinrich Canisius von 1601 zurück. Dem Mittelalter blieb der Verfasser völlig unbekannt, und auch in der Neuzeit wußte man bis zu Beginn unseres Jahrhunderts nur, daß er Mönch in St. Gallen gewesen sein mußte, was sich aus mehrfachen Andeutungen im Text ergab, weshalb man ihn schlichtweg den monachus Sangallensis zu nennen pflegte. Die Zuweisung an den Sequenzendichter stützt sich neben der Beobachtung stilistischer Verwandtschaft mit den Briefen Notkers vor allem auf die charakteristische Art, von seinen körperlichen Gebrechen (*ego balbus et edentulus* I 17 S. 84,16 Haefele) zu reden – und die menschliche Unzulänglichkeit zu meinen. In der handschriftlichen Überlieferung erscheint das Werk, von vereinzelten Ausnahmen, die sich als sekundär zu erkennen geben, abgesehen, nur als drittes und viertes Buch eines Gesamtwerkes über Karl den Großen, in welchem die vita Karoli des Einhard und die sogenannten annales Einhardi, d.h. die von Karl Martell 741 bis zum Tode Karls des Großen reichende überarbeitete Fassung der Reichsannalen, die beiden ersten Bücher bilden. Von diesem Gesamtwerk, das in den Handschriften ‚gesta Karoli' oder ähnlich[36] hieß, scheint Canisius den Titel auf die Karlsgeschichten Notkers übertragen zu haben, und so bürgerte er sich ein[37].

Wie es zur Abfassung der gesta kam, erfahren wir von Notker selbst. Im Dezember des Jahres 883 hatte sich Karl III. ein paar Tage im Galluskloster aufgehalten. Dabei hatte Notker dem Kaiser so viel von dessen Urgroßvater Karl dem Großen erzählt, daß jener den Wunsch äußerte, die Geschichten in einem Buche vereinigt zu sehen. In den folgenden Jahren, also von 884 an, sind die gesta entstanden; sie waren bis zur Absetzung Karls III. im November 887 noch nicht abgeschlossen; ob sie je zu Ende geführt wurden, steht dahin. In dem uns vorliegenden Text fehlt die Vorrede zum ersten Buch Notkers, auf welche dieser in der praefatio seines zweiten Bezug nimmt, ferner der Schluß des zweiten Buches, das geplante dritte Buch ganz. Soviel ist im voraus klar und macht manches historische Fehlurteil früherer Zeit überflüssig: Dem kaiserlichen Auftraggeber ging es nicht um Geschichte, von der er aus Einhard und den Annalen genug und Besseres erfahren konnte

---

[36] Daß Bezeichnungen wie *de virtutibus Karoli imperatoris* oder *de moribus et studiis virtuosis Karoli Magni* für die beiden letzten Bücher, also für Notkers gesta, auf den Verfasser zurückgehen, ist unwahrscheinlich.

[37] Der Fall ist ein typisches Beispiel für die Fragwürdigkeit mancher Gattungstheorien, die sich auf bloße Titel stützen zu können glauben.

als von dem St. Galler Mönch; er wollte gerade das hören, wovon die Geschichte nichts berichtete, die kleinen scheinbar unbedeutenden Begebenheiten, die man sich von seinem Urgroßvater zu erzählen wußte und mit denen ihn Notker offenbar so gut unterhielt, daß er sie aufgezeichnet wissen wollte. Damit aber erübrigt sich im Grunde auch die Frage nach den Quellen Notkers und ihrer Glaubwürdigkeit im historischen Sinne; sie wird, für das Verständnis des Werkes ungleich bedeutsamer, zur literarischen Frage insofern, als ihre Beantwortung zu zeigen vermöchte, wie Notker den ihm vorliegenden Stoff verändert und geformt hat.

Wir haben keinen Grund, an seiner eigenen Versicherung zu zweifeln (praefatio zu Buch II), daß er sich nur auf drei Gewährsmänner gestützt habe und einer von ihnen, sein Mitbruder Werinbert, nun gestorben sei. Werinbert war der Sohn von Notkers Ziehvater Adalbert, einem alten Kriegsmann Karls des Großen, der noch an den siegreichen Kämpfen gegen die Awaren 795/796 teilgenommen und in den Sachsenkriegen mitgefochten hatte; der Alte hatte dem Knaben viel von dem großen Karl erzählt, oftmals zu dessen geringer Freude, wie Notker selbst erwähnt. Der dritte Gewährsmann wird nicht genannt: Es wäre müßig nach ihm zu fragen, da er, dem Aufbau des Vorhandenen nach zu schließen, offenbar in erster Linie für das ohnehin fehlende dritte Buch in Betracht kommt.

Den Stoff gliedert Notker im großen und ganzen so, daß das erste Buch die kirchlichen Angelegenheiten und Karls Verhalten dabei behandelt, das zweite von kriegerischen und politischen Maßnahmen des Herrschers erzählt, während das dritte – sofern es wirklich in Notkers Absicht lag, ein solches hinzuzufügen, was sich nicht mit Sicherheit aus seinen Worten ablesen läßt – dem mehr privaten Leben Karls gewidmet sein sollte.

Den Stoff des ersten Buches hat in der Hauptsache Werinbert dem Verfasser zugebracht, die Erzählungen des zweiten gehen im wesentlichen auf Adalbert zurück. Nach diesem Grundplan erzählt Notker Geschichte um Geschichte, Anekdote um Anekdote, anschaulich, lebendig, humorvoll, fesselnd, und mit gelegentlich aufblitzender feiner Ironie. Aber auch innerhalb der einzelnen Bücher reiht er die Geschichten nicht willkürlich aneinander, wie es dem flüchtigen Blick erscheinen mag. Mehr oder weniger deutlich läßt sich eine gewisse Ordnung erkennen – besonders im ersten Buch – die jedoch keineswegs so sklavisch festgehalten wird, daß Notker sich nicht da und dort einen Nachtrag zu bereits Erzähltem, ja sich sogar die Einfügung von Geschichten erlaubte, die mit Karl in keinem Zusammenhang mehr stehen (I 19–25). Man erkennt als Hauptgruppen: Bildung und Unterricht und

Karls Sorge für sie (I 1–4); Anekdoten von Bischöfen (5–25); besonders bei diesen geht die Lust am Erzählen so weit, daß der Verfasser mehrere Geschichten erzählt, die sich von Karl ganz und gar entfernen (20–25); den Höhepunkt gewissermaßen des ersten Buches bildet sodann Karls Eintreten für den geblendeten Papst Leo, was ihm mit der Kaiserkrone gelohnt wird; nach einer Abschweifung ein Blick auf die Bautätigkeit Karls, vornehmlich in Aachen (28–Ende).

Neben dieser Gruppierung scheint eine zweite, mehr geographische Ordnung einherzugehen, der zufolge die Geschichten, im äußersten Westen beginnend, allmählich in weitem Bogen das Reich durchmessen. Die geographische Ordnung scheint auch im zweiten Buch, das den Feldzügen und politischen Handlungen Karls gewidmet ist, bestimmend gewesen zu sein; doch ist sie deutlich gelockert und einer mehr zwanglosen Folge des Erzählens gewichen, wie denn überhaupt der vorherrschende Eindruck, den das Werk bewirkt, der einer bunten Folge von einzelnen Geschichten ist.

Unter den vielen Geschichten und Anekdoten finden sich so berühmte wie jene, wo Karl der Große nach der Rückkehr von einem Feldzug die Schule des Iren Clemens in Gallien besucht und, als er mit Überraschung feststellt, daß die Kinder einfacher und armer Eltern ihre Lektionen vorzüglich gelernt, die Söhne der Adeligen aber faul und unwissend waren, jenen für die Zukunft hohe Ämter und Bischofssitze verheißt, diese aber mit Spott und Hohn und den härtesten Vorwürfen überschüttet[38]. Oder die Anekdote wie die von dem Führer einer fränkischen Gesandtschaft in Byzanz, der beim Kaiser zu Tische geladen, den vorgesetzten Fisch auf die andere Seite wendet, nicht ahnend, daß dies bei Todesstrafe verboten war, und der dann die Griechen übertölpelt, indem er sich als letzten Wunsch ausbittet, daß derjenige geblendet werden solle, der ihn das Verbrechen habe begehen sehen – ein Motiv übrigens, das im späteren Mittelalter noch mehrfach

---

[38] Innerhalb der Bischofsanekdoten des ersten Buches (I 13) findet sich die Erzählung von jenem Grafen Ulrich, der im Linz- und Argengau reiche Güter besaß und, als er nach dem Tod († 783) seiner Schwester Hildegard, der ersten Gemahlin Karls des Großen, wegen eines Vergehens seiner Lehen entsetzt wurde, doch als ein *scurra* (Spielmann?) den König an den Vorgang und zugleich an seine verstorbene Gemahlin erinnerte, die Lehen wieder erhielt. Die Rückübersetzung der bei Notker lateinisch angeführten Worte des scurra durch Moriz Haupt ergab einen althochdeutschen Spielmannsreim, der unter die ältesten deutschen Sprachdenkmäler aufgenommen und von da aus weiter erörtert wurde: Müllenhoff-Scherer, Denkmäler deutscher Poesie und Prosa aus dem VIII. bis XII. Jahrhundert, bearb. von E. Steinmeyer, 3. Ausgabe, Berlin 1892 no. VIII (mit Anmerkungen in Bd. II); über den daran sich knüpfenden Streit P. Piper, Die Spielmannsdichtung. Erster Teil. Stuttgart o. J. (Kürschners deutsche Nationalliteratur Bd. 2, a. Abteilung) S. 54 m. Anm. Haefele S. 17 Anm. 4.

literarisch verwendet worden ist (II 6)[39]. Man liest Berichte wie den von Karls eigenwilliger Strenge in der Durchführung der Liturgie, wenn er etwa gebietet, daß eine liturgische Lesung unmittelbar auf ein von ihm gegebenes Zeichen unverzüglich und in der richtigen Kadenz zu beendigen sei, wobei er sich die Freiheit nahm, den jeweiligen Lektor selbst auszuwählen (I 7); oder die Anekdote von dem Schimmelkäse, den ein Bischof dem Herrscher vorsetzte, der überraschend an einem Freitag bei ihm eintraf. Da habe *moderatissimus Karolus ubique et in omnibus institutus,* um die seiner Meinung nach peinliche Situation zu überspielen, behutsam mit dem Messer den Schimmel entfernt, dann aber, als ihn der erschreckte Bischof auf den Irrtum aufmerksam gemacht habe, an dem Käse so großen Genuß gefunden, daß er dem Bischof befahl, ihm alljährlich eine Wagenladung von dem vortrefflichen Käse an den Hof zu senden (I 15). Hier steht aber auch die Sage von dem eisernen Karl, dessen Herannahen inmitten seines gewaltigen Heeres von dem Langobardenkönig Desiderius und dem zu ihm geflüchteten Franken Otker von einem hohen Turm aus beobachtet wird, wie er, von dem Langobarden ein ums andere Mal vergeblich in einer der Abteilungen des riesigen Heerzuges vermutet, endlich erscheint, ganz in Eisen gehüllt, in der hochgereckten Faust die eiserne Lanze, mit Eisen gepanzert das Roß, inmitten von Eisen starrenden und blinkenden fränkischen Kriegern, und wie bei seinem Anblick Otker ausruft: „Da ist er, nach dem du so lange gefragt!" – und wie entseelt zu Boden stürzt. Solche und viele andere Geschichten fügt Notker in seinen gesta zu einem Ganzen, das durch die Fülle des Inhalts, die Lebendigkeit und Anschaulichkeit der Darstellung den Leser auf jeder Seite fesselt.

Das alles ist so anschaulich, frisch und lebendig erzählt, als habe Notker die Begebenheiten selbst miterlebt. Und doch: kaum eine von diesen Geschichten dürfte sich in Wirklichkeit genauso zugetragen haben, wie Notker sie erzählt. Man muß, wenn man die Frage der historischen Zuverlässigkeit des von Notker Berichteten ins Auge faßt, folgendes bedenken: Es ist nicht nur der zeitliche Abstand, aus dem Notker seine Geschichten erzählt, zu groß, als daß sich nicht im Gedächtnis der Berichterstatter – sei es Werinberts, der ohnehin nur nach den Erzählungen vorwiegend seines Vaters hat berichten können,

---

[39] Im späten zwölften Jahrhundert bei Alexander Neckam und im 14. Jahrhundert in Zusätzen zu den Gesta Romanorum. Vergl. hiezu J. Schneider, Die Geschichte von dem gewendeten Fisch. Beobachtungen zur mittelalterlichen Tradition eines literarischen Motivs. Festschrift B. Bischoff zu seinem 65. Geburtstag dargebracht, Stuttgart 1971, S. 218–225.

sei es Adalberts, der ein alter Mann war und von Ereignissen sprach, die ein halbes Jahrhundert und mehr zurücklagen – das tatsächliche Geschehen hätte verschieben oder verfärben müssen. Es kommt hinzu, daß Notker selbst nicht ohne Tendenz erzählt oder vielmehr, daß er doch ein bestimmtes Bild von Karl in sich trug, nach dem sich in seinem Geiste die Geschehnisse formen mußten, selbst wenn er dies nicht beabsichtigt haben sollte. Nicht selten wird es sich so verhalten wie mit Alkuin, von dem Notker berichtet, daß er, einmal am Hofe, sein Leben lang bis zuletzt in der unmittelbaren Umgebung des Herrschers geweilt und nur während dessen Feldzügen sich in seiner Abtei St. Martin zu Tours aufgehalten habe, wo wir doch wissen, daß Alkuin beileibe nicht seine letzten Tage am Hof des Königs verbracht und die Abtei des heiligen Martin – neben anderen – erst gegen Ende seiner Tätigkeit im Dienste Karls empfangen hat.

Wichtiger aber als die Frage nach der historischen Zuverlässigkeit der einzelnen Erzählungen, die man in jedem Falle sorgfältig und behutsam zu prüfen hätte, ist es, sich klarzumachen, w i e Notker erzählt. Das augenfälligste Element seiner Darstellung ist, wie gesagt, das Erzählen, die allenthalben zu Tage tretende Fähigkeit des Verfassers, den Leser anzusprechen, ihn zu unterhalten und zu fesseln. Das geschieht auf eine wie unmittelbar wirkende, lebhafte und doch ein wenig zögerliche Weise, woraus man entnehmen mag, daß es dem Autor doch nicht nur ums Erzählen und Unterhalten geht, und daß auch der feine Humor, mit dem er das Werk durchwebt, nicht die letzte der Schichten bildet, welche sein eigentliches Anliegen umhüllen.

Gleich zu Beginn des Werkes steht jene Geschichte von den zwei irischen Gelehrten, die zu Schiff mit britischen Kaufleuten aufs Festland gekommen seien und, da sie nichts zu verkaufen gehabt, ihre Gelehrsamkeit feilgeboten hätten, bis der König Karl von ihnen gehört und die Fremdlinge an seinen Hof habe rufen lassen; wie dann beim Volk der Angeln Alkuin von der Liebe des Frankenherrschers zu den Wissenschaften Kunde empfangen, ein Schiff bestiegen und desgleichen sich zu jenem auf den Weg gemacht habe; sinnbildhafte Verdichtung eines Geschehens von überragender Bedeutung für die abendländische Welt, der geistigen Erneuerung im Zeitalter Karls, die sich im Zusammenwirken der Besten aus den verschiedenen Teilen des Reiches und von außerhalb vollzog, begünstigt und gefördert durch den Frankenkönig selbst. Karls Besuch in der Schule, der nachmals und von hier aus wie zum festen Bestandteil seines Bildes geworden ist, kennzeichnet ihn als den um die Bildung des Volkes bemühten König; in seiner eigenwilligen Strenge bei der Durchführung der Liturgie, seinem Eingreifen in den Gang der geistlichen Verrichtungen, wo einer nicht das Rechte tut, erkennt man den frommen König, der in stets aufmerksamer Sorge über den rechten Vollzug des Gottesdienstes in seinem Reiche wacht. In den Erzählungen von Karls Umgang mit den Bischöfen, die einen großen Teil des ersten Buches einnehmen, in seinem mitunter recht überraschenden Verhalten gegenüber guten und schlechten Hirten der Kirche, die der Herrscher belohnt oder bestraft je nach ihrem Verdienst, meint man etwas gespiegelt zu sehen von der sakralen Würde des Königtums, die Karl als göttliche Aufgabe wahrzunehmen strebte, und die sich aufs Höchste entfaltet dort, wo Karl dem geblendeten Papst Leo zu Hilfe eilt und, gleichsam zum Zeichen göttlichen Lohnes wie als Bestätigung seines herrscherlichen Amtes, aus den Händen des Papstes die Kaiserkrone empfängt.

Betrachtet man die sogenannten gesta Karoli im Zusammenhang der Literatur des ausgehenden neunten Jahrhunderts, so beobachtet man, daß Notker mit ihnen seiner Zeit weit vorausgeeilt ist. Ähnlich wie er in der Sequenzendichtung aus dem Vorhandenen eine vollkommenere, höhere Form geschaffen und mit ihr die Entwicklung dieser Dichtungsart für die folgenden Jahrhunderte geprägt hat, so hat er auch in seinem Werk über Karl den Großen vieles vorweggenommen, was in größerem Umfange erst zwei, drei Jahrhunderte später Raum gewinnen konnte: indem das Werk ihm so geriet, daß das Erzählen von Geschichten, Anekdoten und ähnlichen unterhaltsamen Gegenständen, was von anderen – seit der Antike – nur wie Beiwerk gewagt worden war, zum Wesentlichen, Eigentlichen wurde.

Von weiteren historischen Arbeiten Notkers ist zu erwähnen die Fortsetzung des *breviarium Erchanberti*. Letzteres ist eine Art Volksgeschichte der Franken, mit dem Tod ihres ersten Königs Faramund beginnend bis zum Jahr 827, der in der einzigen bekannten Handschrift (Stuttgart, cod. iur. 4° 134, aus Weißenau) der Name eines sonst unbekannten Erchanbert vorangesetzt ist. Älteren Volksgeschichten wie der des Paulus Diaconus oder des Gregor von Tours, die doch beide gern erzählen und uns nicht zuletzt wegen der zahlreichen eingefügten Volkssagen und lebensvollen Erzählungen kostbar sind, als Darstellung weit unterlegen, bot sie nicht viel mehr als eine nüchterne, auf einen knappen Bericht der wichtigsten Ereignisse sich beschränkende Übersicht. Vor allem aus stilistischen Gründen, aber auch wegen Übereinstimmungen der allgemeinen Auffassung gilt heute Notker Balbulus als Verfasser der im Jahre 840 einsetzenden continuatio, die bis 881, bis zur Kaiserkrönung Karls III. geführt ist, von dessen Regierung sich der Verfasser viel erhoffte, vor allem die Beseitigung der ständigen Bedrohung von seiten der Normannen, sei es durch ihre Bekehrung[40], sei es durch ihre Vernichtung.

---

[40] *donec ... ad principe \<m\>* (statt *-es*) *terrestrium conversi* ist bei Pertz 330, 28 zu lesen.

Schließlich verfaßte Notker noch ein *Martyrologium*. Es handelt sich um eines der letzten Beispiele der sogenannten historischen Martyrologien, also einen jener in der Nachfolge Bedas entstandenen Heiligenkalender, in denen man über die Lebensumstände der einzelnen Heiligen noch manches erfahren konnte. Der letzte, der ein solches historisches Martyrologium verfaßt hatte, war der Bischof Ado von Vienne in den siebziger Jahren gewesen. Ado, ein Schüler des Lupus von Ferrières übrigens, neigte offenbar zur Eitelkeit und nahm es mit der Wahrheit nicht allzu genau. Seinem Martyrologium lag dasjenige des trefflichen Florus von Lyon zugrunde, und Ado sprang mit diesem in recht bedenkenloser Weise um, wobei er noch als angebliche Quelle ein uraltes römisches Martyrologium erfand. Notker konnte davon natürlich nichts ahnen, als Ado den St. Gallern sein Martyrologium übersandte. Nachdem er zunächst das Ado-Martyrologium überarbeitet hatte, schrieb er sein eigenes, im wesentlichen auf der Grundlage des adonischen, wobei er Angaben aus dem ebenfalls unselbständigen und inhaltlich wenig bedeutenden Martyrolog des Hrabanus Maurus hinein verarbeitete. Das Werk, mit dem Notker 896 noch beschäftigt war, wie sich aus einer Bemerkung zum 25. April ergibt[41], ist im wesentlichen eine Kompilation und als solche wohl Notkers gelehrtes Hauptwerk; inwieweit er dabei selbständig vorgegangen und eigene Vorstellungen zur Geltung gebracht hat, wäre im einzelnen noch darzulegen; sehr groß scheint sein Anteil nicht gewesen zu sein. Die Verfasserschaft des anonym überlieferten, unvollständig (vom 1. Januar bis 26. Oktober) erhaltenen Werkes, ergibt sich nur aus einem St. Galler Exzerpt des 13. Jahrhunderts[42].

Unter den Gedichten an Salomo befindet sich, nur in einer Handschrift des Formelbuches, nämlich der Tegernseer[43] überliefert, ein merkwürdiges „Pelzgedicht", inc.: *Egregio iuveni Salomoni fidus amicus* (38 Verse, Distichen), in dem sich Notker, offenbar nach längerem Schweigen, für einen Pelzmantel bedankt, den ihm Salomo geschenkt hatte. Mit den in der Blütezeit der lateinischen Lyrik seit dem späteren elften Jahrhundert in großer Zahl auftretenden Mantel- und Pelzgedichten, die auf ein dem Poeten erstattetes „Honorar" bezugnehmen, hat das Notkersche nicht mehr als den Gegenstand gemein; es ist vielmehr

---

[41] Migne PL 131, 1070 C.
[42] St. Gallen, Stiftsbibl. cod. 620; siehe Scherrer, Verzeichnis der Handschriften der Stiftsbibliothek St. Gallen S. 201.
[43] Clm. 19413. Dümmler, Formelbuch S. 80f. und Erläuterungen ebenda S. 162; W. von den Steinen, Notker der Dichter, Textband S. 140 und 188; dazu derselbe, Notkers des Dichters Formelbuch. Zeitschrift für schweizerische Geschichte 25 (1945) S. 482f.

der poetisch gestaltete Brief eines Freundes an den Freund und verbindet, beginnend mit einem launigen Zwiegespräch des Dichters mit seiner Muse, den Dank für das Geschenk mit einem Gebet für den Freund und ehemaligen Schüler.

Von den Altersgenossen und Mitbrüdern Notkers, des Sequenzendichters, ist literarisch vor allem R a t p e r t hervorgetreten. Er war der Überlieferung nach der Oheim jenes Ratpert, der nach Hartmanns frühem Tode mit Notker das dritte Buch der vita sancti Galli dichtete. Von seinem Leben sind uns keine Daten überliefert, wir wissen lediglich, daß er aus Zürich stammte, wie Notker zu den Schülern des Iso und des Moengal-Marcellus gehörte, später selbst Lehrer an der inneren Schule des Klosters wurde und an einem 25. Oktober nach 884, vielleicht erst gegen 900 starb. Doch gewinnen wir aus jenem Teil der St. Galler Hauschronik, den casus sancti Galli, die Ekkehart IV. schrieb, sowie aus Ratperts eigenen Schriften ein relativ klares Bild seiner Person. Ratpert war demnach der geborene Lehrer und Schulmann, ein Mensch von ganz anderer Art als sein Mitbruder Notker, der liebenswürdige, warmherzige, mit feinem Humor begabte Poet. Dagegen war Ratpert eine ernste und strenge Natur, wohl auch zur Pedanterie geneigt, ein Mann, der das Kloster nicht verließ und kaum jemals mehr als die nächste Umgebung gesehen hat und der seiner Lehrtätigkeit mit solchem Eifer nachging, daß er darob sogar das Chorgebet versäumen konnte. Man meint, ein wenig von diesem wackeren Ernst und Eifer auch in seinem literarischen Werk zu verspüren.

Am wenigsten trifft dies natürlich für seine *Gedichte* zu. Die kleine Zahl von Dichtungen, die wir von ihm kennen, erweckt den Eindruck, als sei Ratpert, der Schulmeister, so etwas wie ein Hauspoet seines Klosters gewesen, dessen Können man gern in Anspruch nahm, wenn es galt, für eine festliche Gelegenheit ein Gedicht zu verfassen. Zum Teil waren die Gedichte für die Liturgie oder für paraliturgische Zwecke bestimmt. So schuf Ratpert einen Prozessionshymnus (inc. *Ardua spes mundi solidator et inclite caeli*) für die Sonntage. Das Lied, ist formal insofern etwas auffällig, als der erste Teil (26 Verse) aus Distichen mit teilweise einsilbigem leoninischem Reim besteht, der zweite, der den Fürbitten am Ende der – in die frühchristliche Zeit zurückgehenden – Allerheiligenlitanei entsprechende, in Hexametern gebildet ist. Während dieser Hymnus vom frühen Mittelalter bis ins zwölfte Jahrhundert hinein in Süddeutschland mit gelegentlichen Umformungen und Zusätzen verbreitet gewesen zu sein scheint, ist ein ähnliches Prozessionslied zum Fest des heiligen Gallus anscheinend über das Kloster hinaus nicht bekannt geworden. Der Hymnus (inc.

Annua sancte dei celebramus festa diei – Ecce dies populis micat haec sanctissima nostris) preist den heiligen Gallus, der dem Volk die christliche Lehre verkündet, aus einer Wildnis und einem Sitz des Heidentums eine Stätte des Glaubens und der Kultur geschaffen habe, erfleht den Schutz des Heiligen für die Klostergemeinde und klingt mit einer Doxologie aus. Formal gesehen besteht der Gesang aus zwölf mit zumeist einsilbigem leoninischem Reim gebundenen Distichen und einem ebensolchen, nach jedem Distichon zu singenden Refrain:

Annua, sancte Dei, celebramus festa diei,
qua, pater, e terris sidera, Galle, petis.

Es ist dies wohl die beliebteste Form des Prozessionsgesanges, die uns besonders eindrucksvoll im frühen neunten Jahrhundert in dem berühmten, durch alle Jahrhunderte bis auf unsere Zeit im Gebrauch gebliebenen Hymnus des Theodulf von Orléans für den Palmsonntag *(Gloria laus et honor tibi sit rex Christe redemptor)*[44] begegnet, vermutlich aber viel weiter hinaufreicht und von Gesängen wie dem berühmten Osterhymnus des Fortunatus aus dem späten sechsten Jahrhundert und dessen mannigfachen Umgestaltungen und Adaptationen[45] geprägt worden sein mag. In neuerer Zeit hat ungleich mehr Aufmerksamkeit gefunden ein weiteres Prozessionslied Ratperts, sein *Lobgesang auf den heiligen Gallus,* der in deutschen Versen abgefaßt, also für den Volksgesang bestimmt war. Den Inhalt des Gesanges bildete das Leben des Heiligen in weitgehender Übereinstimmung mit der vita des Walahfrid Strabo, wobei jedoch auch volkstümliche Überlieferung darüber hinaus Berücksichtigung fand. Der Prozessionshymnus, eines der ältesten deutschen Kirchenlieder, von dem wir wissen, ist offenbar viel gesungen worden. Noch drei, vier Generationen später übertrug ihn Ekkehart IV. von St. Gallen ins Lateinische, und nur in dieser Übertragung ist er auf uns gekommen. In der eigenhändigen Niederschrift dieser Übersetzung, in der Handschrift seines liber benedictionum, dem St. Galler Codex 393, hat er dem Gedicht eine kurze Vorbemerkung vorangestellt, die das Wichtigste über den Autor und die Eigenart des Liedes sowie die von ihm erstrebte, möglichst getreue Übersetzung angibt; es ist bezeichnend für die Stellung der Volkssprache in der Zeit Ekkeharts IV. und muß wohl im Zusammenhang mit der merkwürdigen, nach Otfrid über anderthalb Jahrhunderte hin sich erstreckenden Lücke im althochdeutschen Schrifttum gesehen werden, daß Ekkehart die Übersetzung des – wie er schreibt – *carmen barbaricum,* das heißt des

---

[44] Siehe oben Band I, S. 298 f.
[45] Siehe oben Band I, S. 124 f.

volkssprachlichen Gesanges, deshalb vorgenommen hat, damit die süße Melodie auch in lateinischer Sprache erklinge, so als erhalte sie erst durch diese die gebührende Weihe. In der Tat meint man, in den siebzehn Strophen zu je fünf Langzeilen mit ihrem dem Geschmack der Zeit entsprechenden zweisilbigen, Cäsur und Versende verbindenden Reim den Klang der deutschen Verse noch unmittelbar zu vernehmen.

Des Gegenstandes wegen muß wohl als eine Besonderheit ein unter Ratperts Namen gehendes Kommunionslied *Laudes omnipotens ferimus tibi dona colentes* angesehen werden; Andachtslieder dieser Art, die im frühen Mittelalter ziemlich selten vorkommen, werden allgemein erst seit dem 13. Jahrhundert üblich.

Heutzutage ist Ratpert vor allem dadurch bekannt, daß er die St. Galler Hauschronik zu schreiben begann, die *casus sancti Galli.* Das Galluskloster war bei weitem nicht die erste monastische Stätte, die sich auf ihre Geschichte besann, und es gibt recht verschiedenartige Aufzeichnungen, die uns über die Frühzeit und die Entwicklung von Klöstern unterrichten. Beda hatte die Geschichte seines Klosters mit der Beschreibung des Lebens und Wirkens der ersten Äbte begonnen; auch in Fulda stehen Abtsviten am Beginn; in Fleury an der Loire begann man mit dem Bericht der Übertragung der Reliquien des heiligen Benedikt und der Erzählung von wunderbaren Begebenheiten an seinem Grabe[46]; Cluny wird im zehnten Jahrhundert mit stark hagiographisch gefärbten Viten der Äbte seine Geschichte beginnen. Eine regelrechte Hauschronik, fortlaufend die Ereignisse berichtend, finden wir sonst kaum. Ratpert sah seine Aufgabe in erster Linie in einer Darstellung der äußeren Geschicke des Klosters. Er begann mit der Gründung und führte seine Darstellung bis zum Ende des Jahres 883; er schließt mit dem Kaiserbesuch im Dezember jenes Jahres. Als Quellen für die frühe Zeit dienten ihm die Lebensbeschreibungen des Columbanus von Jonas, der heiligen Gallus und Othmar, für die letzten Jahre lagen ihm Urkunden vor; für die ganze Zeit aber zwischen der Gründung und den selbst erlebten Jahrzehnten hielt sich Ratpert an die Klostertradition. Er war ein ehrlicher Berichterstatter, aber natürlich sind in Anbetracht der Quellen seine Angaben in manchem einseitig. Dazu kommt, daß Ratpert sich vor allem für die wirtschaftlichen Verhältnisse des Klosters und dessen rechtliche Stellung gegenüber dem Bischof von Konstanz interessierte, die er mit dem für ihn kennzeichnenden Eifer verteidigt. So gut wie gar nicht kümmert er sich um das innere Leben und die geistige Entwicklung des Konvents. Selbst der

---

[46] Siehe unten S. 168 ff.

Bestand der Bibliothek des Klosters unter den Äbten Grimald und Hartmut wird nicht als Ausdruck für ein blühendes geistiges Leben angesehen, sondern als Zeichen des Besitzes aufgefaßt und aufgeführt. So ist der von Ratpert verfaßte Teil der casus wichtig als Geschichtsquelle; er ist auch als Darstellung schätzenswert, die Sprache einfach und klar. Freilich mit dem anschließenden, von Ekkehart IV. verfaßten Teil der casus, mit dessen ungemein lebendiger, farbenreicher Darstellung der Personen und Verhältnisse im Galluskloster kann sich Ratperts nüchterner Bericht, so wertvoll er im übrigen auch sein mag, doch nicht messen.

Ratpert steht für uns, verglichen mit seinem etwas jüngeren Mitbruder Notker, in der literarischen Rangordnung in allem auf einer niedrigeren Stufe, aber wenn auch dem wackeren Schulmeister der feine Geist und die geniale Begabung des Dichters fehlte, wenn sein Werk des Glanzes entbehrt, so sollte man doch nicht übersehen: Es sind nicht die großen, ihre Zeit überragenden Erscheinungen allein, die das Gesicht ihres Zeitalters prägen. Männer wie Ratpert haben, ein jeder auf seine Weise, ihren Anteil am geistigen Leben des Gallusklosters in den Jahrzehnten seiner schönsten Blüte, und es wäre ungerecht, den pflichttreuen Lehrer, den formbewußten Hauspoeten und Geschichtschreiber seines Klosters deshalb gering zu schätzen, weil er nicht alle anderen überragte, weil er in Ernst und Redlichkeit und mit voller Hingabe den Platz ausfüllte, der ihm zugewiesen war. Aus dem geistigen Leben seines Konvents in den Tagen des großen Notker ist ein Ratpert nicht hinwegzudenken.

Es war gerade die Vielfalt der Begabungen und der Charaktere, auf denen die Blüte St. Gallens zu jener Zeit sich gründete. Einer jener Männer, deren Namen das Gedächtnis der Jahrhunderte bewahrt hat, war der Mönch T u o t i l o, ein Alemanne, der etwa ein Jahrzehnt jünger gewesen sein mag als Notker und bis 913 gelebt hat. Mit diesem und Ratpert war er Schüler des Iso gewesen. Seine Bedeutung liegt weniger auf literarischem Gebiet. Das Epitaphium[47] und namentlich die casus sancti Galli, in diesem Teil von Ekkehart IV. verfaßt, rühmen ihn als Lehrer, Architekten und Maler, als Schöpfer von Reliefs in Metall und Elfenbein, als Dichter und Musiker. Von seinen kunsthandwerklichen Arbeiten, die er außer für St. Gallen selbst für Konstanz, für Metz und Mainz schuf, haben sich noch Elfenbeinschnitzereien auf Deckeln St. Galler Handschriften erhalten[48]; es sind die ältesten Bei-

---

[47] MGH Poet. V, 330.
[48] Stiftsbibl. codd. 53. 60.

spiele von Schnitzereien im deutschen Kulturraum, von denen wir den Namen des Künstlers kennen. In unserem Zusammenhang sind besonders die T r o p e n zu erwähnen, die Tuotilo geschaffen hat. Es handelt sich zunächst um eine bestimmte Art der Ausschmückung liturgischer Gesänge; sie konnte durch Voranstellen und Einschieben sowohl rein melismatischer Partien wie auch von Texten erfolgen, die den bereits vorliegenden Melismen unterlegt oder zu neu geschaffenen melodischen Partien neu verfaßt wurden. Der Ursprung dieses liturgischen Tropus ist vermutlich im Raum der gallikanischen Liturgie zu suchen. Die Übung war jedenfalls längst allgemein bekannt, als Tuotilo seine Tropen schuf. Sie hat in der Folgezeit stark um sich gegriffen, ihre inhaltliche und formale Blüte im 10./11. Jahrhundert erreicht, aber auch noch in der Folgezeit, über die eigentlichen Gesangspartien (mit Ausnahme des Traktus) hinausgreifend und für manche Feste sogar Epistel und Evangelium erfassend, das ganze Mittelalter hindurch und bis ins 16. Jahrhundert weitergelebt. Tuotilo ist also nicht der Schöpfer oder Erfinder, sondern nur der erste uns mit Namen bekannte Verfasser und Komponist von Tropen gewesen. Erhalten haben sich von Tuotilos vor allem ihrer Melodien wegen berühmten Tropen nur wenige, nämlich drei zum Introitus zu Weihnachten *(Hodie cantandus est)*, für das Fest des Evangelisten Johannes *(Quoniam Dominus)* und für Lichtmeß *(Omnipotens genitor)* sowie zwei zum Offertorium des Stephanusfestes *(Omnium virtutum)* und von Ostern *(Gaudete)*.

Man spricht zuweilen von einer „Notkerschule" und meint damit alle diejenigen St. Galler, die in der Nachfolge Notkers des Stammlers und von ihm angeregt, Sequenzen nach seinem Muster gedichtet, in weiterem gelegentlich wohl auch alle diejenigen, welche, ohne selbst in St. Gallen gelebt zu haben, Sequenzen der älteren, das heißt also der Notkerschen Art geschaffen haben. Unter den erstgenannten sind am bekanntesten die beiden Ekkeharte.

E k k e h a r t I. von St. Gallen, genannt der Dekan, stammte aus adeliger Familie im Thurgau, der heutigen Ostschweiz, und dürfte um 910 geboren sein. Er hat sonach bei seinem Eintritt ins Kloster St. Gallen Notker Balbulus nicht mehr erlebt, doch war sein Lehrer Gerald noch ein Schüler und Freund des Sequenzendichters gewesen. Später lehrte Ekkehart selbst an der Klosterschule, doch muß er auch in anderer Hinsicht sich besonderen Ansehens unter seinen Mitbrüdern erfreut haben. Er wurde zum Dekan – heute würde man sagen: Prior – gewählt und vom Abt Craloh als Abt vorgeschlagen. Schon leitete er nach Cralohs Tod 958 das Kloster, da brach er sich bei einem Sturz vom Pferd, noch ehe die königliche Bestätigung eintraf, Fuß und Schienbein, wovon er hinkend blieb. Er verzichtete auf die Würde und erreichte, daß an seiner Statt Purkhard, einer seiner vier Neffen, die er ins Kloster gebracht hatte, zum Abt gewählt wurde. Von einer Romreise brachte Ekkehart Reliquien des von ihm besonders verehrten Johannes des Täufers mit, für die er eigens eine neue Kirche erbauen ließ. Er starb am 14. Januar des Jahres 973.

Was wir von Ekkehart I. wissen, beruht ausschließlich auf den Nachrichten, die der vierte Ekkehart in dem von ihm verfaßten Teil der casus sancti Galli[49] überliefert. Aus ihnen ergibt sich, daß Ekkehart sich schon frühzeitig durch literarische Versuche hervortat. So wußte man, daß er noch für seinen Lehrer eine *vita Waltharii manufortis* verfaßte, die später von Ekkehart IV., dem Berichterstatter, verbessert wurde; über die Fragen, welche sich an diese Jugendarbeit knüpfen, wird alsbald zu sprechen sein. Im Kreise seiner Mitbrüder ist Ekkehart vor allem als Autor geistlicher Dichtungen geschätzt worden. Wir besitzen wohl noch zum größten Teil die G e d i c h t e, um derentwillen Ekkehart im Gedächtnis des Klosters lebte. Zu ihnen gehört ein kurzer Hymnus auf das Fest eines Martyrers, inc. *O martyr aeterni patris,* der, ganz in der Tradition der Hymnendichtung stehend, in drei ambrosianischen Strophen mit nicht ganz regelmäßig durchgeführtem Reim der Endsilben die preisende Anrufung des Martyrers und der göttlichen Personen mit einer Bitte um Fürsprache verbindet. Von etlichen Antiphonen, die Ekkehart verfaßt hat, ist keine erhalten oder erkannt. Den Kern seiner geistlichen Dichtung bilden mehrere Sequenzen; das Verzeichnis der Initien in den casus ist vielleicht nicht vollständig und stimmt auch nicht in jedem einzelnen Falle. Die Sequenz *Prompta mente trinitati canamus individuae* behandelt die Glaubenslehre von der göttlichen Trinität; Gedanken und Formulierungen stammen wohl in allem Wesentlichen aus der herkömmlichen Theologie, laden mit schlichten Worten den Hörenden und Singenden zum Betrachten ihm wohlvertrauter Glaubenswahrheiten ein und schließen wie üblich mit einer Doxologie. Seinem Lieblingsheiligen Johannes dem Täufer widmete Ekkehart die große Sequenz *Summum praeconem Christi collaudemus laeti.* Mit deutlich hörbarem Anklang an Notkers Himmelfahrtssequenz (inc. *Summi triumphum regis prosequamur laude*) und schon zu Beginn und auch im Aufbau an jene sich anschließend, umschreibt er Lebensweg und heilsgeschichtlichen Auftrag des Täufers und bittet um Führung auf dem Lebensweg; daß er gelegentlich griechische Worte in den Text einflicht *(odon ad anthropon corda parat)* mag als Ergebnis jener eigentümlichen mittelalterlichen Vorstellung,

---
[49] c. 80.

daß durch Worte aus der anderen „heiligen" Sprache sich die Rede schmücken ließe, zu verstehen sein und ist in jedem Falle auch charakteristisch für die Dichtung Ekkeharts. Mit der Johannessequenz in mehrfacher Hinsicht verwandt ist die zu Ehren des heiligen Benediktus, inc. *Qui benedici cupitis;* in einfacher Sprache – auch hier wieder ein Graecum: *agio pneumati se vas exhibuit* – wird der Vater des abendländischen Mönchtums seinen Jüngern, aber auch allen, die ihn zu verehren bereit sind, als Vorbild dargestellt, indem Ekkehart einzelne Züge aus seinem Leben, insbesondere eine Reihe von Wundererzählungen, die zuerst in Gregors dialogi berichtet werden und deren Kenntnis bei den Hörern erwartet werden durfte, vor Augen stellt und den Heiligen mit biblischen Gestalten wie Moses, Elias und dem Apostel Petrus vergleicht, worauf wiederum ein kurzes Gebet um Hilfe das Ganze beschließt. Während die Benediktussequenz mit einem Wortspiel auf den Namen des Heiligen begann, so hebt die Sequenz zum Fest des heiligen Columbanus *A solis occasu usque ad exortum* statt dessen mit einem Lobpreis Gottes an, für den sich der Dichter eines jedem mittelalterlichen Hörer sogleich ins Ohr fallenden Anklangs an den berühmten Weihnachtshymnus des Sedulius bedient, und fügt die zur Zeit Ekkeharts schon wohlbekannte etymologisierende Ausdeutung des Namens des Heiligen *(Hic Columbanus nomine columbinae vitae fuit)* dort ein, wo er Leben und Wirken des Columbanus zu umschreiben beginnt; auch hier wieder finden wir den Vergleich des gefeierten Heiligen mit biblischen Gestalten, mit Abraham und Johannes dem Täufer, Moses und Josua, Elias, Daniel und den Aposteln, wie das abschließende kurze Gebet. Als Melodietitel ist *Metensis minor* überliefert, derselbe also wie für die alte westliche Zöllnersequenz *Stans a longe*[50] und mehrere Sequenzen aus dem Kreise der Notkerschule. Die umfangreichste aller uns bekannten Sequenzen Ekkeharts ist dem Apostel Paulus gewidmet zu dessen Gedächtnis am 30. Juni inc.: *Concurrite huc populi,* nach der Melodie *Liddii Carlomannici*[51] zu singen, einer offensichtlich deutschen Weise, die auch sonst gelegentlich vorkommt[52]; Ekkehart scheint sich also in der Struktur seiner Sequenz im wesentlichen an eine schon vorhandene Form angeschlossen zu haben. Auch hier haben wir wieder am Beginn die Aufforderung an die Hörer, sich zum Preise des Heiligen zu versammeln, sodann einen biographischen Teil, in dem zunächst der Gegensatz Saulus-Paulus ausgeführt, darauf die wichtigsten Begebenheiten aus dem Leben des Völkerapostels angedeutet werden; wie

---

[50] s. unten S. 278
[51] So (zumeist fälschlich *Liddy* gedruckt) beim Hymnus überliefert; Ekkehart IV. in den casus schreibt *lidius Charlomannicus.*
[52] Siehe unten S. 502 zum *modus qui et Carelmanninc* in den Cambridger Liedern.

die vorausgegangenen Teile ist auch das abschließende Gebet diesmal reicher ausgestaltet[53]. Ekkeharts I. Sequenzendichtung wirkt gegenüber derjenigen des Notker Balbulus insgesamt einheitlicher, vielleicht ein wenig strenger, oder richtiger: sie entbehrt mancher Freiheit, die jener sich erlaubt hatte; man meint, die Übung der Sequenz schon gefestigt, durch die Gewohnheit geregelt, zu einer Form der Dichtung gewachsen zu sehen, die – bis zu einem gewissen Grade freilich nur – erlernbar geworden ist.

Noch in der Schule, also als junger Mensch, hatte Ekkehart, wie die casus berichten, für seinen Lehrer eine *vita Waltharii manufortis* in metrischen Versen, das heißt sicherlich in Hexametern, verfaßt, die nachmals im Auftrag des Erzbischofs Aribo von Mainz von Ekkehart IV. während seines Mainzer Aufenthalts verbessert wurde. Lange Zeit glaubte man – und manche Gelehrte halten auch heute noch an dieser Ansicht fest – jene vita sei nichts anderes gewesen als das berühmte Heldenepos von Walther und Hildegund, der Waltharius. Wahrscheinlicher als die Gleichsetzung der Jugendarbeit des ersten Ekkehart mit dem Epos, dessen Bezeichnung als vita zumindest sehr ungewöhnlich wäre und auch in keiner der Handschriften vorkommt und dessen Held nirgends ‚Waltharius manufortis' genannt wird, ist die Annahme, daß wir jene vita nicht mehr besitzen, und daß ihr Held ein ganz anderer war als derjenige des Epos. Am ehesten dürfte es sich um die Lebensgeschichte jenes christlichen Ritters Waltharius handeln, von dem uns die Chronik von Novalese im zehnten Jahrhundert berichtet[54]. Danach war dieser Walther in der Zeit seines ritterlichen Lebens ein recht wilder Haudegen gewesen. Als er sich altern fühlte, da gedachte er, sich zur Buße in ein Kloster zurückzuziehen, aber nur in ein solches, das seiner bußfertigen Gesinnung angemessen wäre. Als er nun letzteres in Novalese antraf, lebte er dort friedfertig als Gärtner. Als nun eines Tages die Zinspflichtigen des Klosters, welche die Abgaben herbeibringen sollten, von Räubern überfallen wurden, da entsandte der Abt den Waltharius, den er als einen starken Kämpfer kannte, daß er den Räubern das Gut wieder abnehme, gebot ihm jedoch auf sein Befragen, alle Beschimpfungen und was ihm sonst jene antun würden, geduldig zu ertragen, nur die Hosen brauche er sich nicht abnehmen zu lassen. Beim Zusammenstoß mit dem Gesindel verhält sich Waltharius über die Maßen geduldig; als ihm aber jene auch die Hosen ausziehen wollen, da hat für ihn die Prüfung der Geduld ein Ende, und der alte Kämpe

---

[53] Über die Ekkehart I. früher zugeschriebene Afra-Sequenz *Laudes Deo perenni* siehe unten S. 68.
[54] Chronicon novaliciense c. 7–13.

drischt so herzhaft und lustvoll auf die Räuber ein, daß er sie mit blanker Faust allesamt in die Flucht schlägt und die gesamten erbeuteten Fuhrwerke mit den Abgaben für das Kloster dem Abte zuführt, worauf er sich wieder der gewohnten friedfertigen Tätigkeit des Gärtners widmet bis an sein seliges Ende. Die Geschichte von Walther mit der starken Faust scheint größere Verbreitung gefunden, insbesondere der Kampf um die Hosen manchen Leser erfreut zu haben; unter anderen nimmt ihn im ersten Drittel des elften Jahrhunderts Egbert von Lüttich in die prora seiner fecunda ratis (Vers 1717–35) auf.

In jüngster Zeit ist Ekkehart I. die *vita Wiboradae virginis et martyris* zugeschrieben worden[55], die bisher als Werk des zu Ende des zehnten Jahrhunderts wirkenden St. Galler Mönches Hartmann gegolten hat. Es ist die ältere der beiden auf uns gekommenen Lebensbeschreibungen der Wiborada. Hartmanns Verfasserschaft war im Grunde nie eindeutig bewiesen. Allerdings sind auch die Gründe, die für Ekkehart I. angeführt werden, nicht zwingend, da möglicherweise die von ihm verfaßte vita verloren ist[56]. Die Heldin der vita ist jene Wiborada, die sich, aus alemannischem Adel stammend, etwa 912 eine Zelle in St. Georgen bei St. Gallen hatte anweisen, einige Jahre später bei St. Mangen als Incluse hatte einschließen lassen und beim Ungarneinfall 926 erschlagen wurde. Als Ratgeberin bei Volk und Adel hoch geschätzt, wurde sie nach ihrem Tod als Martyrin verehrt. Die vita bietet im ganzen wie in ihren Einzelheiten eine zuverlässige Darstellung, ist jedoch von vornherein durchaus hagiographisch aufgefaßt. Dem Geschmack der Zeit entsprechend, bedient sich der Verfasser einer gehobenen Sprache; die bildhafte, zur Fülle neigende Ausdrucksweise rückt den Inhalt der Erzählung aus der Sphäre des nur Berichteten hinaus und verleiht dem Werk einen eigenartigen Schimmer der Entrücktheit; sie entzieht auch die alltäglichen Geschehnisse gleichsam ihrer zeitlichen Gebundenheit und läßt dem Leser die irdischen Dinge wie auf zeitlosem Bilde gemalt erscheinen.

Auch Ekkehart II., genannt Palatinus „der Höfling", ist noch als Nachfolger in der Sequenzendichtung Notkers hervorgetreten. Der Sohn einer Schwester Ekkeharts I. mag um 970 geboren sein. Frühzeitig nahm ihn die Gemeinschaft der Jünger des heiligen Gallus auf; der

---

[55] W. Berschin in der Zeitschrift f. Schweizerische Kirchengeschichte 66 (1972), S. 250–277.
[56] Wie schon Mabillon, Acta sanctorum Ordinis s. Benedicti Saec. V. Paris 1685, S. 42–61, so auch Eva Irblich, Die Vitae sanctae Wiboradae, ein Heiligen-Leben d. 10. Jhs. als Zeitbild. Schriften. d. Vereins f. Gesch. d. Bodensees u. seiner Umgebung 88 (1970), 1–208.

eigene Oheim und Gerald wurden seine Lehrer. Viel Rühmliches weiß der vierte Ekkehart in seinen casus von ihm zu berichten, und es ist seltsam: an erster Stelle erwähnt er das Äußere, das ungewöhnlich schöne Angesicht, den hohen Wuchs, die edle Gestalt, dann erst die Gewandtheit des Ausdrucks und der Sprache und des Auftretens und die Tugenden des Mönchs, die ihn auszeichneten. Als Lehrer war Ekkehart an der inneren wie an der äußeren Klosterschule von St. Gallen tätig; die casus wissen lobend zu berichten, daß von seinen Schülern nicht weniger als sechs Bischöfe geworden seien, einer gar, Willigis, Erzbischof von Mainz. Eine ungewisse Zeit lang unterrichtete Ekkehart Hadwig, die Witwe des Herzogs Burchard II. von Schwaben auf dem Hohentwiel. Von Hadwig wiederum wurde er an den Hof empfohlen; dort soll er noch Otto I. erlebt und Otto II. unterrichtet haben. Später finden wir Ekkehart II. als Dompropst in Mainz, und dort ist er am 23. April des Jahres 990 gestorben: ein Mann, der in seltener Weise Mönchtum, Gelehrsamkeit und Weltgewandtheit in sich vereinigt.

Das literarische Werk Ekkeharts II., das ausschließlich geistliche Dichtungen und Gesänge umfaßt, ist trotz seines verhältnismäßig geringen Umfangs nicht in allen Teilen erhalten oder gesichert. Das einzige einigermaßen zuverlässig für Ekkehart II. in Anspruch genommene Werk ist die Sequenz auf den heiligen Desiderius von Vienne, inc. *Summis conatibus nunc Deo nostro* – sofern die Bemerkung in den casus sancti Galli c. 108 f., wonach die Sequenz gelegentlich der von Otto I. angeordneten Visitation des Klosters (etwa in den Jahren 964/966) gesungen worden sei, wirklich die uns vorliegende Sequenz meint. Es handelt sich um jenen Martyrerbischof aus der Zeit Gregors I. und Columbans, dessen Biographie der Westgotenkönig Sisebut verfaßt hatte[57]; für Gallus, der die Austreibung aus Luxeuil durch Brunihilde miterlebt hatte, war jener so etwas wie ein Mitstreiter gewesen. Er hatte Reliquien des Desiderius erworben, und nach ihm haben dann auch die St. Galler Mönche das Gedächtnis des Desiderius bewahrt. Die Sequenz, in der Melodie (Simphonia) und somit auch im formalen Aufbau von Notkers Lichtmeßsequenz *Concentu parili hic te, Maria* angeregt, weist dieselbe Gliederung auf wie die Sequenzen des ersten Ekkehart: Aufruf zur Verehrung des Heiligen – Erinnerung an die wichtigsten Begebenheiten aus seinem Leben – Anrufung Gottes auf Grund der Fürsprache des Heiligen, seinen Gläubigen zu helfen. Formal besteht insofern ein gewisser Unterschied zu den Sequenzen Notkers wie des ersten Ekkehart, als der Schöpfer der Desideriussequenz sich

---

[57] Siehe oben Band I, S. 94 f.

um die rhythmische Gliederung innerhalb der Parallelstrophe wenig zu kümmern scheint und jede Strophe mit -a ausklingen läßt, wie das in der westlichen Sequenz üblich war. Über St. Gallen scheint sie nicht hinausgedrungen zu sein.

Auch die früher dem ersten Ekkehart zugeschriebene Afra-Sequenz inc. *Laudes Deo perenni* der Melodie *Amoena* folgend, stammt, wie heute allgemein angenommen wird, vom Palatinus; sie weist ebenfalls am Strophenende das ausklingende -a (mit Ausnahme der Schlußstrophe sogar -ia) auf. Auch sie scheint nur in St. Gallen gesungen worden zu sein. Nicht mehr als eine Möglichkeit ist es, daß uns in der Sequenz auf die römischen Martyrer Gordianus und Epimachus *Gaudendum nobis suadent* (Melodietitel *Romana*) eine Schöpfung des zweiten Ekkehart vorliegt; der a-Ausklang an den Strophenenden könnte immerhin für seine Verfasserschaft sprechen. Möglicherweise sind auch die Antiphonen für das Fest der heiligen Afra, die in den casus[58] dem ersten Ekkehart zugeschrieben werden, in Wahrheit vom Palatinus verfaßt. Allerdings ist keine von diesen erhalten oder wiedererkannt worden.

Mit dem oben genannten W a l t h a r i u s[59] (inc. *Tertia pars orbis fratres Europa vocatur,* 1453 Hexameter) oder dem Waltharilied, wie man früher gern sagte, verhält es sich folgendermaßen:

Die erste vollständige Ausgabe des Waltharius durch Jacob Grimm im Jahre 1838 – eine unvollständige und unzulängliche des 18. Jahrhunderts war ihr vorausgegangen – fiel in eine Zeit, da man sich zumal in Deutschland mit besonderer Liebe der Vergangenheit des eigenen Volkes zuwandte, und so nahm man die vom Herausgeber dem ersten Ekkehart von St. Gallen zugeschriebene Dichtung gern und unbefangen für ein Stück echter germanischer Heldensage, die, im zehnten Jahrhundert in lateinische Verse gegossen, der Nachwelt erhalten blieb:

Als Geiseln Attilas leben zur gleichen Zeit am Hunnenhofe Walther, der Sohn König Alphars von Aquitanien, der edle Franke Hagen an seines unmündigen Königs Statt, und Hiltgund, König Heririchs von Burgund einzige Tochter, Walthers Verlobte. Walther ist zu einem gewaltigen Recken herangewachsen, als auf die Kunde, daß im fernen Frankenland der junge Gunther mündig und König geworden sei, als erster Hagen flieht. Walther, der in den Jahren der Gefangenschaft seine Verlobte nie allein zu Gesicht bekommen hat, trifft nach einem Sieg, den er für Attila errungen, mit ihr zufällig zusammen und verein-

---

[58] c. 80 Mitte, dann träfe Liutold von Augsburg als Empfänger zu.
[59] Siehe oben S. 65.

bart die gemeinsame Flucht bei der Siegesfeier. Das Wagnis gelingt, die Furcht vor Walthers unbezwinglicher Stärke hält die Hunnen von der Verfolgung ab. Als die beiden nach vierzigtägiger Flucht den Rhein erreichen und Walther den Fährmann, der sie übersetzt, mit einem Fisch entlohnt, den dieser dem Koch des Königs verkauft, beginnt sich das Schicksal zu wenden: während Walther sich im Reich der Franken der Gefahr entronnen glaubt, wird am Hofe Gunthers, wo Hagen aus der Beschreibung des Fremden, der den unbekannten Fisch gebracht, voll Freude seinen Gefährten aus der Zeit der Gefangenschaft im Hunnenland erkennt, Walthers Untergang beschlossen. Gegen Hagens dringenden Rat befiehlt der König zwölf seiner tapfersten Gefolgsleute, darunter Hagen, Walther zu überfallen und ihm den mitgeführten Schatz abzunehmen. Im Wasgenwald, wo der Aquitanier mit der Braut an günstiger, von einem Mann zu verteidigender Stelle rastet, kommt es zum Kampf, in dessen Verlauf Walther in zwölf Einzelkämpfen alle Gegner erschlägt, unter ihnen auch Hagens Neffen; nur Hagen selbst und der König bleiben übrig. Am folgenden Tag weiterziehend, wird Walther auf freiem Felde von Gunther und Hagen gemeinsam überfallen; nachdem Walther im Kampf die rechte Hand, der König ein Bein und Hagen ein Auge und die halbe Kinnlade verloren hat, versöhnen sich die drei, und Walther kehrt mit der Braut und den Schätzen in die Heimat zurück, wo er nach dem Tod seines Vaters noch glücklich und in Frieden regiert.

Längst war die Sage von Walther und Hiltgund zu einem Bestandteil der germanischen Heldensage und – zumindest im deutschen Sprachraum – zu einem Besitz der Gebildeten geworden, längst war der lateinische Waltharius von den Gelehrten nach verschiedenen Richtungen hin durchleuchtet[60] und zu einem Klassiker der mittellateinischen Dichtung geworden, als eine neue These die scheinbar so unverrückbaren Erkenntnisse in Frage stellte[61]. Dabei ging es zunächst nur um die Frage der Datierung und der geistesgeschichtlichen Einordnung des Werkes, ob nämlich das Werk nicht eher in karolingischer als in ottonischer Zeit entstanden zu denken sei. Selbstverständlich war mit dem Vorschlag der Umdatierung auch Ekkehart I. als Dichter in Frage gestellt, und es wurden in der Folgezeit die verschiedensten Auffassungen vertreten.

---

[60] Den „Bischof Tifrid den Dicken von Keinstadt", der sich am Ende der Abschrift im Parisinus lat. 8488 nennt *(explicit liber Tifridi episcopi crassi de civitate nulla)*, hat man nicht auch noch in die Erörterungen einbezogen.
[61] Vortrag von Alfred Wolf (Uppsala) im Berliner Germanischen Seminar 1938; vgl. Strecker, MGH Poetae VI 1 S. 1.

Eine wichtige Rolle spielte in diesem Zusammenhang der in einigen Handschriften dem eigentlichen Epos vorangestellte hexametrische Prolog (inc. *Omnipotens genitor summae virtutis amator*, 22 Verse), in dem ein Geraldus einem summus pontifex Erkanbaldus das Werk oder eine Abschrift desselben widmet. In Erkanbald, der in jedem Fall ein höherer Prälat sein muß, wurde zumeist der Bischof von Straßburg dieses Namens (965–991) gesehen, der ein literarisch interessierter Mann und selbst Dichter gewesen ist. Wir besitzen von ihm, was sicher nur ein Teil des von ihm Verfaßten ist, nebst einer Reihe von Bucheinträgen, Tituli und Epitaphien vor allem eine knapp gefaßte metrische Geschichte der Bischöfe von Straßburg, ein Werk ähnlich den versifizierten Metzer Bischofsgeschichten aus karolingischer Zeit[62]. Bei Erkanbald ist den 31 ersten Bischöfen jeweils ein Vers, den folgenden bis herab zu Erkanbald selber mehrere, bis zu sechzehn Versen gewidmet; diesen zweiten Teil bilden elegische Distichen (einmal, Nr. 39, reziproke Distichen), etliches ist Prosa. Die Gedichte zeichnen sich bei nur gelegentlicher Verletzung der metrischen Regeln durch beachtliche Gewandtheit aus, gehen jedoch – in den erhaltenen Stücken – nirgends in die Tiefe, sind auch über den engsten Kreis des Verfassers hinaus kaum bekannt geworden.

Neben Erkanbald von Straßburg ist der gleichnamige Bischof von Eichstätt († 912) als möglicher Empfänger erwogen, aber auch ein unbekannter Träger des Namens nicht ausgeschlossen worden.

Was nun den Waltharius betrifft, so war der Geraldus-Prolog gemäß der Auffassung Grimms, die von manchen weiterhin festgehalten wurde, immer so verstanden worden, daß Geraldus lediglich ein Exemplar einer Abschrift dem Erkanbald gewidmet habe. Soweit auf Grund der neuen These die Entstehung des Waltharius in karolingischer Zeit angenommen wurde, wurde entweder an der bisherigen Deutung des Geraldus als Dedikator einer Abschrift festgehalten oder es wurde, sei es als die notwendige Folge einer Umdatierung, sei es wegen der Schwierigkeiten, welche die ‚vita Waltharii manufortis' in den casus S. Galli Ekkeharts IV. verursachte, neben der Belassung des Geraldus als Dedikator der Abschrift auch die Möglichkeit, daß er selbst der Dichter des Epos sei, erwogen. Einmütigkeit ist nirgends erreicht worden.

Ein bisher unbeachteter Sachverhalt führt zu einem ganz anderen Ergebnis. Der Waltharius weist in der uns vorliegenden Form an verschiedenen Stellen eindeutig Interpolationen auf, durch welche bewirkt wird, daß Walther, der in einer durch und durch heidnischen Welt lebend dargestellt wird, Eigenschaften und Handlungen zugeschrieben

---

[62] Vgl. Band I, S. 261f.

werden, die zu dem übrigen Gesamtbild seiner Person in offenem Widerspruch stehen. Die Beschaffenheit dieser Interpolationen und die Art, wie sie in den lateinischen Text verwoben sind, nötigen zu dem Schluß, daß der uns vorliegende Waltharius nicht, wie man bisher anzunehmen pflegte, eine originale Dichtung, auch nicht eine Überarbeitung, sondern die Übersetzung eines voll ausgeführten, volkssprachlichen Werkes ist, am ehesten einer althochdeutschen Dichtung[63]. Diese entsprach im wesentlichen Vers für Vers unserer lateinischen Fassung, und unterschied sich von dieser nur darin, daß ihr die erwähnten christlich-mittelalterlichen Interpolationen noch fehlten. Daß der Übersetzer bei seinem Bemühen, die volkssprachlichen Verse ins gelehrte Latein zu übertragen, sich gern in seiner Formulierung an profanantike Dichter, vorzugsweise Vergil, anlehnte, ist ebensowenig auffällig wie die Imitationen bei anderen Schriftstellern und Gelehrten der Zeit. (Den Interpolationen sind im übrigen auch solche Stellen zuzurechnen, die wie die Anfangsverse (1–11) auf mittelalterlichem Schulwissen beruhen.)

Was die Person des Übersetzers angeht, so liegt kein Grund vor, daran zu zweifeln, daß der im Prolog sich selbst als jungen und unerfahrenen Menschen bezeichnende Geraldus selber es war, der das Werk, so gut es eben gehen mochte, in die gelehrte Sprache übertrug. Es war eine mühsame und langwierige Arbeit (*larga cura,* Vers 11 des Prologs), und verbessert hat der etwas naive Geraldus mit seinen Interpolationen gewiß nichts. Aber er hat sich ein hohes Verdienst damit erworben, daß er mit seinem Übersetzungswerk eine große Dichtung aus germanischer Frühzeit, die ohne sein Bemühen untergegangen wäre wie viele andere, bewahrte.

Als ein Werk, das ebensogut in der ausgehenden Karolingerzeit wie im zehnten Jahrhundert, in welchem unsere handschriftliche Überlieferung einsetzt, entstanden sein kann, ist die e c l o g a T h e o d u l i zu nennen. Bezüglich der Entstehungszeit und des Entstehungsortes fehlen nähere Hinweise; denn was man sich im Mittelalter vom Leben des Verfassers zu erzählen wußte, daß er von christlichen Eltern in Italien geboren, in Griechenland studiert, und daß er, des Griechischen wie des Lateinischen mächtig – *utraque lingua eruditus* – in Athen die Heiden mit den Christen habe streiten hören, die Argumente beider Parteien aufgeschrieben und nach seiner Rückkehr in die italienische

---

[63] An sich könnte wegen der freundlichen Zeichnung Attilas und der Hunnen im Gegensatz zu der wenig achtungsvollen Charakterisierung der Franken auch an eine gotische Vorlage gedacht werden; die Frage ist hier nur, ob zu der in Betracht kommenden Zeit der Übersetzung noch irgend jemand hätte gotisch verstehen können.

Heimat eine allegorische Ekloge daraus gedichtet habe: solche Geschichten erweisen sich als phantasievolle Erfindung auf Grund von Eigenschaften des Gedichtes. Allein der Umstand, daß der ungebräuchliche Verfassername Theodulus wohl auf die Gräzisierung eines Gottschalk deutet, – was natürlich nicht zu bedeuten braucht, daß das Gedicht auch nur das geringste mit dem Sachsen Gottschalk zu tun habe, an den man der Gleichheit des Namens wegen gedacht hat –, dürfte darauf hinweisen, daß das Gedicht eher im ostfränkischen Raum oder in Lothringen als in Westfranken entstanden ist. Die überlieferte Bezeichnung als ecloga trifft hier auf eines der wenigen Beispiele von Dichtungen zu, die sich in Form eines Dialoges vollziehen und in ein Hirtenmilieu verlegt sind; doch steht das Werk der im Mittelalter nach vereinzeltem Auftreten in der Karolingerzeit beliebt gewordenen Gattung der Streitgedichte näher als derjenigen der ecloga.

Das allegorische Gedicht inc. *Aethiopum terras iam fervida torruit aestas,* stellt in 344 einsilbig gereimten leoninischen Hexametern, die sich in vierzeilige Strophen gliedern, die Überlegenheit des Christentums über die antike Mythologie dar. In klarem Aufbau wird der Grundgedanke dargelegt. Ein einleitender Abschnitt (Vers 1 – 36) schafft die bukolische Szenerie. An einem Abend im Hochsommer, nahe einer Quelle, fordert der Ziegenhirt Pseustis, dessen Name „die Lüge" bedeutet, mit seiner Hirtenflöte die schöne Schäferin Alithia, die Wahrheit, die am andern Ufer des Bächleins ihre Schafe weidet und die Harfe schlägt, zu einem Wettstreit auf; auf seinen Vorschlag, der Sieger solle das Instrument des andern erhalten, geht das Mädchen unter der Bedingung ein, daß die eben vorbeigegangene Fronesis, die Vernunft, des Richteramtes walte. Im Hauptteil des Gedichts (Vers 37–336) tragen die beiden Wettstreitenden ihre Anschauungen vor. Das geschieht nicht in der Weise, daß Argumente einander gegenübergestellt, daß die eine oder andere Religion verteidigt oder begründet oder angegriffen würde; vielmehr setzen die Dialogpartner jeweils lediglich Geschichten gegeneinander: Pseustis erzählt eine Begebenheit aus der antiken Mythologie, Alithia antwortet mit einer nach Möglichkeit ähnlichen aus dem Alten Testament. Die Verbindung wird nach echt mittelalterlicher Weise oft nur durch eine Äußerlichkeit, einen wie nebensächlich erscheinenden Umstand herbeigeführt. Die Anordnung der Geschichten wird, wiewohl Pseustis jeweils den Anfang macht, doch nach der Reihenfolge der erzählten Geschichten aus der Bibel bestimmt. So entspricht dem Goldenen Zeitalter der Menschheit unter Saturnus das Paradies mit dem Sündenfall, wird der Mythos von dem durch Jupiters Adler entführten und zum Mundschenk der Götter erhobenen Ganymed typologisch mit dem Raben verbunden, der aus der Arche entflog, ohne wieder zurückzukehren, und mit der Taube, die den Ölzweig im Schnabel zurücktrug; der Flug des Daedalus und Icarus und der Absturz des Sohnes wird als Vorbild für das Opfer Abrahams gedeutet; Hippolytus und Phaedra erhalten als biblisches Pendant die Geschichte von Joseph in Ägypten und dem Weib des Putiphar, während die Geschichte von Europa mit dem Stier zu dem Goldenen Kalb, das die Kinder Israels umtanzten, in Parallele gesetzt wird. Mit Danae, die sich durch Gold betören ließ, mit Niobe, die für ihre lästerlichen Reden bestraft wurde, mit Medea, der Giftmischerin, und Scylla, die aus Begehren nach Minos, dem Feinde, ihren Vater verriet, führt Pseustis eine Reihe nichtswürdiger Frauengestalten vor, offenbar, um Alithia zu verletzen. Diese hält ihm, nach der recht vordergründigen Beantwortung des Danae-Mythos mit Daniel in der Löwengrube, den der Prophet ernährt, die tugendhaften Gestalten der Susanna, Esthers und Judiths entgegen. Als schließlich Pseustis eine Niederlage befürchtet, ruft er die Fronesis als Schiedsrichterin an, die aber der Alithia den Sieg zuerkennt.

Das Ganze ist trotz der beabsichtigten Lebhaftigkeit doch recht schulmäßig abgefaßt, die Verse oft gezwungen und infolge des Strebens nach inhaltlicher Dichte vielfach gequält und verschroben, so daß man hat sagen können, der Autor habe mit dem Streitgedicht zugleich eine Belehrung über antike Mythologie verbinden wollen. Nach allem kann sich in dem Streitgedicht keine wirkliche Auseinandersetzung mit der Fülle von mythologischen Erzählungen vollziehen, welche da zu poetischer Form geronnen sind, und auch die Worte der Schäferin laufen zum Teil mehr auf eigener Bahn neben dem einher, was der Hirt vorzutragen hat, als daß sie ihm unmittelbar entgegneten. Die antiken Götter waren keine Gegner mehr, und auch die Frage des Verhältnisses zur antiken Bildung war längst zugunsten ihrer Aufnahme entschieden. Aber die Frage, ob es denn erlaubt sei, den ganzen Apparat der antiken Götterwelt in literarischen Werken so zu gebrauchen, als sei jene noch lebendig, mochte doch immer wieder bedenklich erscheinen und hat begreiflicherweise vielfach Mißbehagen erweckt und zu den ärgsten Skrupeln geführt. Die gemessene Form, in welcher das Streitgespräch geführt wird, und die fast an ein liturgisches Spiel erinnernde, im voraus in allen Einzelheiten festliegende Abfolge war eine Antwort auf alle solchen Fragen, und aus diesem Grunde haben die mittelalterlichen Ausleger mit der ihrem Zeitalter eigenen schlichten Selbstverständlichkeit gesagt, was sie als den eigentlichen Sinn der Ekloga ansahen: ethice supponitur.

Was immer das unmittelbare Anliegen des unbekannten Verfassers gewesen sein mag, sein Werk wurde Schulbuch, ging wahrscheinlich schon sehr bald nach seiner Entstehung unter die Autoren ein, die allenthalben gelesen zu werden pflegten, und behielt, nach einem gewissen Rückgang in der scholastischen Zeit, doch sein Ansehen bis ans Ende des Mittelalters und wurde noch in der Zeit der Frühdrucke in die beliebte Sammlung der auctores octo aufgenommen; in deren Verband, aber auch als selbständiges Werk ist die Ecloga allein im ersten Jahrhundert des Buchdrucks an die fünfzigmal veröffentlicht worden. Es steht ganz außer Zweifel, daß ein solches Werk, das im Unterricht eine so wichtige Rolle gespielt hat, wesentlich die positive Haltung gegenüber antiker, wenngleich heidnischer Bildungstradition gefördert hat.

Im übrigen süddeutschen Raum scheint in den Jahrzehnten des ausgehenden neunten und zu Anfang des zehnten Jahrhunderts das geistige Leben kontinuierlich, jedoch ohne bedeutende literarische Leistungen verlaufen zu sein. Vermutlich darf die passio s. Quirini martyris, die wohl gegen Ende des neunten Saeculum in Tegernsee entstanden ist, als eine für die Zeit charakteristische Schöpfung angesehen werden. Für den ältesten Bericht über den römischen Martyrer lagen dem unbekannten Verfasser nur die mündliche Überlieferung (und allenfalls noch eine bei den Reliquien befindliche Notiz über die Zeit des Martyriums, *temporibus Claudii,* d.h. unter Claudius II. Gothicus, 268–270) vor. Mit dem kurzen Hinweis auf die Enthauptung des Quirinus und auf die Bestattung seines Leichnams, der in den Tiber geworfen und bei der Insel Lycaonia angetrieben sei, verbindet die Erzählung die Gründungsgeschichte von Tegernsee; wie die beiden Brüder Adalpert und Otkar an dem Ort, wo sie zu fischen pflegten, die ersten Gebäude für ein Kloster errichtet hätten, dann nach Rom gereist seien und von dort die Reliquien des Heiligen mitgebracht hätten, worauf noch weitere Taten der Gründer berichtet werden. Weit mehr Raum und Gewicht also wird der Gründungsgeschichte zugebilligt als der passio selbst. Das kleine Werk ist naiv und ohne literarischen Anspruch abgefaßt und berührt gerade durch seine schlichte Natürlichkeit sympathisch.

Sprachliche Korrektheit und Glättung der Erzählung ohne Künstelei ist beispielsweise auch das Ziel einer Überarbeitung, wie sie die vita Corbiniani des Arbeo etwa um die Jahrhundertwende erhalten hat.

In den bayerischen Raum gehören zwei Schriften, die in literarischer Hinsicht keinen oder nur sehr geringen Wert besitzen, jedoch als Quellen geschichtlicher Erkenntnis von Bedeutung sind und deshalb vielfaches Interesse auf sich gezogen haben. Ein Zeugnis für die Blickrichtung nach dem Osten bildet der sogenannte Geographus Bavarus, der in einfacher Aufzählung wertvolle Nachrichten über slavische Völkerschaften und ihre befestigten Plätze (*civitates*) enthält. Wo das Verzeichnis abgefaßt wurde – im bayerischen Nordgau, am Königshof oder in der Salzburger Gegend – ist umstritten; auch über die Zeit seiner Entstehung (873 oder früher?) besteht keine Sicherheit. Als Verfasser hat man Grimald, Abt von Weißenburg und von St. Gallen, der Erzkaplan und zeitweise Kanzler Ludwigs des Deutschen war, in Betracht gezogen.

Um 870 pflegt man die c o n v e r s i o B a g o a r i o r u m e t C a r a n t a n o r u m anzusetzen, die sicher in der Salzburger Diözese entstanden ist; die romanisierende Schreibung des Stammesnamens (*Bago-* statt *Baio-*) läßt an einen Landfremden als Urheber denken. Das in schlichtester Sprache abgefaßte Werk enthält im ersten Teil eine vita Hrodberti, die Lebensbeschreibung des Wormser Bischofs Rupert, der auf Ansuchen des Herzogs Theodo als Missionar nach Bayern kam und hier als Bischof von Salzburg wirkte; den zweiten Teil bildet eine Liste der Salzburger Bischöfe und Äbte, woran sich als dritter und umfangreichster Abschnitt die Darstellung der Christianisierung der Slovenen anschließt. Der bescheidene literarische Rang der Schrift steht weit unter ihrem Wert als Quelle für die Geschichte des Ostalpenraumes; allerdings ist die verfälschende Einseitigkeit, mit welcher die missionarische Tätigkeit der Nachbardiözesen einfach verschwiegen und selbst die Christianisierung Bayerns allein Salzburg zugeschrieben wird, immer in Rechnung zu stellen.

Zu der Zeit, da St. Gallen mit Notker, Ratpert, Tuotilo und wie sie alle hießen, seine erste Blüte erlebte, in den Jahren König Arnulfs, trat das im Süden des fränkischen Stammesgebiets gegen Schwaben hin gelegene Kloster Herrieden erstmals als Stätte literarischer Tätigkeit in Erscheinung. Was zu dieser Zeit entstand, war nicht nur ein Anknüpfen und Fortführen karolingischer Tradition, sondern daneben auch das deutliche Bemühen, Überkommenes und Wohlbekanntes weiterzuführen und in einer Weise zu formen, die später ihre Früchte tragen sollte.

Um 790 als Benediktinerkloster gegründet, wurde die Abtei von König Arnulf – nach Einziehung der am Rhein gelegenen Ländereien – dem Bistum Eichstätt übergeben. Bischof Erchanbald (883–902), der bekannteste und bedeutendste unter den älteren Eichstätter Oberhirten, setzte – *inter innumera pietatis et virtutis opera*, wie ein Chronist später schrieb[64] – an Stelle der Benediktiner Augustiner-Chorherren ein, die fortan dort bis zur Aufhebung des Klosters 1803 verblieben. Einer der letzten Professen aus dem Benediktinerorden muß ein Mönch W o l f -

---

[64] Anon. Haserensis 8 (p. 256 Bethmann).

hard von Herrieden gewesen sein, der sich selbst nur presbyter nennt und uns als hagiographischer Schriftsteller bekannt ist. Nicht allzulange nach 893 – in welchem Jahre die Übertragung eines Teils der Gebeine der heiligen Waldburga nach Monheim (im Bistum Eichstätt gelegen) vorgenommen wurde – verfaßte Wolfhard ein Werk über *vita et miracula sanctae Waldpurgis abbatissae,* das er in vier (kurze) Bücher gliederte und mit einem inhaltlich armen, aber formal reichlich und nicht ohne Originalität ausgeschmückten Widmungsbrief dem Bischof Erchanbald dedizierte. Die Angelsächsin Waldburg war eine Schwester Willibalds und Wynnebalds und, wohl schon damals Nonne, den beiden Glaubensboten als Helferin in ihr Missionsland gefolgt, war dann Äbtissin in Heidenheim[65] gewesen, wo sie zuletzt auch das Männerkloster leitete, und starb hochbetagt im Jahre 779. Wolfhard berichtet in seiner vita nur kurz von Waldburgs Leben, wobei er sich auf die von Hugeburc verfaßten Viten gestützt zu haben scheint. Den Hauptinhalt bilden wunderbare Begebenheiten, welche man der Fürbitte der Heiligen zuschrieb. Wolfhard erzählt sie frisch und lebendig; dabei bedient er sich einer gepflegten, der Mode der Zeit mit ihrer Neigung zu geziertem Schwulst in den einleitenden Partien folgenden, sonst jedoch verhältnismäßig ungezwungenen Sprache und bietet somit ein Beispiel der recht beachtlichen Bildung im Herrieden des späten neunten Jahrhunderts.

Die miracula sind, wie man vermutet, im zehnten Jahrhundert von einem nicht näher bekannten Adalbold (nicht dem von Utrecht) verkürzend bearbeitet worden. Eine Versbearbeitung (inc. *Walpurgae sacrae tot signis glorificatae* bzw. *Paraclite sancte veni, perfla hortum cordis mei*) in einsilbig gereimten rhythmischen Fünfzehnsilblern (8–⌣ + 7⌣–) mit hexametrischem Prolog (zweisilbig leoninisch) schuf vermutlich noch im elften Jahrhundert ein sonst nicht bekannter Medibardus. Merkwürdigerweise hat auch der Abt Gezo von Tortona im späteren zehnten Jahrhundert ein Kapitel der miracula in seinen Eucharistietraktat aufgenommen.

In literarhistorischer Hinsicht ist ein anderes Werk Wolfhards wichtiger. Auf Wunsch Bischof Erchanbalds, von dem wohl auch die Idee stammt, verfaßte Wolfhard ein hagiographisches Werk, das in seiner Art eine Besonderheit darstellt. Der *liber passionalis,* nach Stoff und Aufbau den historischen Martyrologien zugehörig, jenen Heiligenkalendern mit biographischen Angaben, von denen uns erst unlängst das des Notker Balbulus begegnet ist, nimmt unter den Vertretern dieser Gattung eine Sonderstellung ein insofern, als er mit dem 1. Januar

---

[65] Siehe oben Bd. I, S. 240, wo die nähere Ortsangabe zu Heidenheim zu verbessern ist.

beginnt und jeden Tag mit einem Heiligenfest zu besetzen sucht. Von seinen Hauptquellen, dem Martyrologium des Ado (in dessen zweiter Fassung) und dem des Notker wählt er gewöhnlich die inhaltsreichere Darstellung, zumeist mit geringfügigen formalen Retouchen, aus; wo die genannten Vorbilder fehlen, benützt er einzelne Viten oder Passiones, die er im Umfang etwa den übrigen anpaßt. Ein Vorwort zu jedem Monat, nach der Sitte der Zeit rhetorisch gehoben und in Reimprosa, trägt dazu bei, die Einheit des Werkes zu betonen. Es ist im Hinblick auf die Entwicklung des Schrifttums sehr wohl von Belang, daß Wolfhard ausdrücklich darauf hinweist, daß es ihm auf eine e r z ä h l e n d e Darstellung ankommt, weshalb er einerseits eine stichwortartige Aufzählung von Fakten, andererseits aber auch zu große Ausführlichkeit vermeidet, wie sie eben doch manchen Viten anhaftet. Die Rücksicht auf den Leser also wirkt bestimmend auf die Form des Werkes, das seiner Intention nach eigentlich ein kurzgefaßtes Legendar darstellt. Als solches ist der liber passionalis ein frühes Beispiel einer Gattung unterhaltsam-erbaulicher Literatur, die ihre volle Entfaltung eigentlich erst im 13. Jahrhundert finden wird; daß sie sich weit früher, in jener Zwischenzeit, mit der wir uns hier zu befassen haben, an den verschiedensten Stellen und auf die verschiedenste Weise angebahnt hat, zeigen Notkers Gesta Karoli Magni ebenso wie der liber passionalis des Wolfhard. Es entspricht durchaus dem Gang der Dinge, wenn das Buch rund dreihundert Jahre nach seiner Entstehung gegen Ende des zwölften Jahrhunderts, in dem großen in Süd- und Südostdeutschland verbreiteten Legendar (dem sogenannten Magnum Legendarium Austriacum) kräftig benützt worden ist.

Von Wolfhard selbst aber berichtet jener Chronist[66], er sei in späteren Jahren bei Bischof Erchanbald in Ungnade gefallen und gefangengesetzt worden. Da habe er im Kerker Gedichte auf die heilige Walburga verfaßt (*factis... historicis de sancta Walpurga carminibus:* ein Reimoffizium?), sei daraufhin freigelassen worden und habe „das neue Responsorium" mit lauter Stimme vor dem Bischof gesungen. Der habe ihm verziehen und ihn wieder in Gnaden angenommen.

Wenden wir den Schritt weiter gen Norden, so treffen wir in der Mitte des alten lothringischen Gebietes das ehrwürdige Kloster Prüm in der Eifel. Das im Jahre 721 gegründete Kloster, zunächst mit Mönchen aus Echternach besiedelt, dann von Pippin dem Jüngeren, der ein Enkel der Stifterin Bertrada war und zur Wiederbelebung Mönche aus St. Faro in Meaux hatte kommen lassen, reich beschenkt, von den

---

[66] Anon. Haserensis 10 (p. 256 Bethmann).

nachfolgenden Herrschern in besonderer Weise gefördert, genoß gewissermaßen die Stellung eines Familienklosters der Karolinger. Neben einer starken wirtschaftlichen Stellung, die dem Kloster sein ausgedehnter Grundbesitz und der Schutz des Königs gewährte, hat sich Prüm in der ausgehenden Karolingerzeit dank seiner Beziehungen zu anderen geistigen Zentren sowie hervorragender Äbte auch zu einer bedeutenden Stätte der Pflege des geistigen Lebens entwickelt. Die ältesten schriftlichen Erzeugnisse aus Prüm selbst, von denen wir Kunde haben, sind annalistische Aufzeichnungen, die im Laufe des neunten Jahrhunderts entstanden und bis etwa 860 geführt worden sind. Man trifft solche, für unsere Geschichtskenntnis natürlich höchst wichtige, aber über den reinen Zweck der Aufzeichnung als bedeutend angesehener Ereignisse hinaus nicht geformte Annalen an zahlreichen Stätten der lateinischen Welt an; manche sind untereinander insofern verbunden, als man vielerorts ältere Teile von anderswoher übernahm und dann im eigenen Kloster fortsetzte. Literarhistorisch gewinnen diese wertvollen Geschichtsquellen erst dann Bedeutung, wenn sie, ihre Gebundenheit an den bloßen Zweck verlassend, als selbständiges Geschichtswerk konzipiert werden. Das ist, soweit wir sehen können, zum ersten Mal in Prüm geschehen, wovon gleich nachher die Rede sein wird.

Als ersten Schriftsteller aus Prüm kennen wir den Mönch W a n d a l b e r t. Was man von ihm weiß, beruht ausschließlich auf den eigenen Angaben Wandalberts in seinem Werk. Danach war Wandalbert im Jahre 813 geboren. Zu unbekannter Zeit, wahrscheinlich in jungen Jahren, wie es üblich war, nahm er in Prüm das Kleid St. Benedikts; dort empfing er auch die Weihe zum Diakon, und diesen Grad hat er sein Leben lang nicht überschritten. Zeitweise lebte er in Köln. Wandalbert scheint kein hohes Alter erreicht zu haben; sein Tod wird in die Zeit um 870 gesetzt. Zu literarischen Arbeiten wurde er von seinem Abte Markward (829–853), der seinerseits Mönch in Ferrières gewesen und mit Lupus verwandt war, angeregt. Wir kennen ihn aus der Korrespondenz des Lupus. Auf Veranlassung Markwards also entstand Wandalberts erstes Werk, die *vita sancti Goaris.* Es ist die Bearbeitung der anonymen, im achten Jahrhundert entstandenen vita des in der Zeit Childeberts I. (511–568) lebenden Missionars, der lange Jahre hindurch in seinem Klösterlein an dem Orte des später nach ihm benannten Städtchens am Rhein gewirkt hat. Schon die alte vita zeigt eine reservierte, ja ablehnende Haltung gegenüber dem Vertreter eines verweltlichten Episkopats, wie man ihn in der Merowingerzeit wohl oft genug antraf; schon sie zeichnet aber, wiewohl mit ungeschickten Strichen, das Bild eines Heiligen, der das Maß der Heiligkeit nicht im Buchstaben vorgezeichnet, sondern im Gebot der Liebe enthalten fand; sie wies aber auch schon jene stark legendären Züge auf, welche für die anmutige vita charakteristisch sind und deren besonderen Reiz ausmachen: Der Aquitanier Goar errettet nicht nur, beim Bischof von Trier wegen seiner ungewöhnlichen Gastlichkeit verklagt, die ihn abholenden Kleriker unterwegs mit der Milch herbeigerufener Hirschkühe vor dem Verschmachten, er hängt auch, vom Bischof Rusticus ungnädig empfangen, seinen Mantel an einem Sonnenstrahl auf und bringt ein neugeborenes Findelkind, dessen Eltern ausfindig zu machen ihn der Bischof böswillig geheißen hat, zum Sprechen, worauf das Kind den Bischof selber und seine Geliebte Flavia als die Eltern benennt. Wandalberts Bearbeitung besteht neben gelegentlicher behutsamer Betonung des hagiographischen Elements im wesentlichen darin, daß er die insgesamt holprige Ausdrucksweise der alten vita, aber auch unklare Partien erweiternd, verständlicher macht; dabei schreckt er auch vor stärkeren Eingriffen in den Text der Vorlage nicht zurück. Er gibt dem Ganzen eine sprachlich sehr gepflegte, ja elegante Form, die ihn als einen vortrefflichen Stilisten ausweist, eine Form aber auch, die den Gang der Erzählung so sehr ins Gleichmaß der gewandten Darstellung und anstoßfreien stilistischen Glätte überführt, daß ihr Kern beinahe überdeckt, das Lebendige der an sich reizvollen Erzählung fast zu sehr dem Ideal einer schon routinierten Form unterworfen wird. Es ist dies keine vereinzelte Erscheinung; wahrscheinlich handelt es sich um eine Entwicklung der Hagiographie, ja weithin der Prosaliteratur überhaupt, die als Folge der allenthalben eingetretenen Festigung des karolingischen Bildungsgutes und seiner mehr und mehr selbstverständlichen, routinemäßigen Anwendung in vielem das folgende Jahrhundert und darüber hinaus prägt.

Bis zu einem gewissen Grade scheint sich solches auch im dichterischen Werk unseres Wandalbert zu spiegeln. Es waren schon einige Versuche vorausgegangen, als er gelegentlich des erwähnten Aufenthalts in Köln von dem Kleriker Otric dazu ermuntert wurde, ein poetisches *Martyrologium* zu verfassen; das Werk wurde 848 oder 849 noch in Köln oder bereits wieder in Prüm abgeschlossen. Der Gegenstand als solcher lag so ferne nicht; es war die Zeit, da die Abfassung von Martyrologien gewissermaßen im Schwange war. Aber daß für ein solches Werk die poetische Form schon von seiten des Anregenden her gewünscht wurde, ist ein Hinweis auf den Stand der literarischen Entwicklung in der ausgehenden Karolingerzeit, und Wandalbert hat durch den Gebrauch verschiedener Versformen das Seinige dazu getan, dem Formalen besonderes Gewicht zu verleihen. An den Anfang stellt er eine umfangreiche, als Widmungsbrief an Otric gerichtete Vorrede; sie ist in gewandter und gleich der vita s. Goaris mit rhythmischem

Cursus geschmückter Prosa abgefaßt und legt den Anlaß zur Abfassung, die Hauptquelle sowie den merkwürdigen Aufbau des Werkes mit seinen mannigfachen Formen dar. Das Werk beginnt mit einer *invocatio* (scil. dei, in 44 Asklepiadeen), die in erster Linie von Prudentius (cathem. 5) angeregt sein dürfte, aber auch Anklänge an verschiedene metra der consolatio des Boethius erkennen läßt. Die folgende *allocutio*, d.h. die Anrede an die Leser, (in 68 als katalektische daktylische Tetrameter aufgefaßten Versen, in Wahrheit katalektischen Asklepiadeen[67]) und eine *commendatio* (in 36 phaläkischen Hendekasyllabi), ferner eine *Anrede an den Kaiser* (in 42 adoneischen Versen), eine kurze *propositio*, vom Verfasser selbst als Inhaltsangabe gekennzeichnet (10 Hexameter), und eine ebenfalls hexametrische Übersicht über die wichtigsten chronologischen Verhältnisse leiten das eigentliche Martyrologium ein. Die eigentümliche Art, wie hier dem Werk, das es doch zu verfassen galt, nämlich dem Martyrologium einleitende Texte teils in Prosa, teils in Versen vorangestellt werden, entspricht weitgehend dem, was man bei Heiric von Auxerre in der vita sancti Germani antrifft[68], wo ebenfalls einer commendatio sequentis operis, hier in Prosa, eine invocatio und eine allocutio, diese jeweils in verschiedenen Versmaßen, folgen, ehe die vita selbst anhebt. Der Umstand, daß Wandalberts Abt Markward lange Zeit in Ferrières ein Mitbruder des Lupus gewesen und andererseits Heiric ein Schüler desselben Lupus war, legt die Vermutung nahe, es möchte sich in beiden Fällen um eine auf den berühmten Philologen und Verehrer des Altertums zurückgehende Schultradition handeln[69].

Nach dieser reichlich umständlichen Einleitung von insgesamt nicht weniger als zweieinhalbhundert Versen folgt das eigentliche Martyrologium von Anfang Januar bis Ende Dezember den Heiligenkalender so

---

[67] Das ist wohl die übliche mittelalterliche Auffassung nach Beda de arte metrica, Gramm. lat. VII 255 Keil, der sich dafür auf das wohlbekannte, und von ihm dem Ambrosius von Mailand zugeschriebene Gebet um Regen *Squalent arva soli pulvere multo* (z.B. Anal. hymn. 27, 279) beruft, das seinerseits von F. J. E. Raby im Medium Aevum 16 (1947) 1–5 zusammen mit verwandten Hymnen als nicht mozarabisch, sondern italienisch erwiesen worden ist, vgl. dazu zuletzt Szövérffy, Annalen der lateinischen Hymnendichtung I S. 102ff. – Die zuweilen vertretene Ansicht, daß das seit der karolingischen Zeit ziemlich häufige Metrum auf Boethius cons. I m. 2 zurückgehe, ist wenig wahrscheinlich, weil es sich im letzteren Fall um die Verbindung Hemiepes + Adoneus handelt, während bei Wandalbert wie bei den genannten Hymnen die Basis stets spondeisch ist. Insofern also hat D. Norberg, Introduction à l'étude de la versification latine médiévale S. 79 recht, wenn er nach L. Traube Poet. III 185 von einem halben Asklepiadeus als erstem Bestandteil des Terentianeus spricht (der freilich für sich nicht existiert).

[68] Siehe oben Bd. I, Seite 484f.

[69] Die Rhythmen de vita et miraculis et translatione sancti Germani aus der Zeit König Odos (888–898) dürften in Kenntnis der vita des Heiric gedichtet worden sein.

durchführend, daß jedem einzelnen Heiligen bzw. Fest, entsprechend der knappen Fassung der Vorlage, ein oder höchstens zwei bis drei Verse gewidmet werden. Insgesamt sind es 870 Hexameter; als Vorlage diente das Martyrologium des Florus von Lyon[70]. Den Abschluß bildet eine allgemein gehaltene *conclusio* in acht künstlichen, von Wandalbert selber erfundenen Strophen, denen man die Bezeichnung metrum choriambicum rhompalicum geben könnte: Die erste der jeweils drei Zeilen besteht aus einem Glyconeus, die zweite aus einem kleinen, die dritte aus einem großen Asklepiadeus, einem Schema, das Wandalbert selbst geschaffen zu haben scheint. Daran schließt sich ein Hymnus auf alle Heiligen in sapphischen Strophen (wie üblich sieben mit Doxologie). Es folgt eine Beschreibung der zwölf Monate (insgesamt 366 Hexameter), der jeweils die Erklärung des Monatsnamens, die jeweiligen Sternbilder und die für den betreffenden Monat charakteristischen Tätigkeiten beigegeben werden. Als *horologium per duodecim mensium punctos* schließt Wandalbert ein Gedicht von 40 Hexametern an, die nach Auffassung der Zeit für die jeweiligen Monate zutreffenden Aufgangs- und Untergangspunkte der Sonne und die Dauer des Tages behandeln, wobei er auf die verschiedenen Verhältnisse in verschiedenen geographischen Breiten und Längen ausdrücklich unter Angabe verschiedener Orte verweist. Die Länge des Schattens, den der menschliche Körper in den verschiedenen Monaten zu den verschiedenen Stunden wirft, gemessen nach Fuß, wird in dem folgenden Gedicht (50 Hexameter) angegeben. Den Abschluß des ganzen Zyklus, der sich um das Martyrologium rankt, bildet ein Gedicht *de creatione mundi*, das in 285 Pherekrateen nach einem Lobpreis der göttlichen Dreieinigkeit als des Ursprungs der Welt das Sechstagewerk der Schöpfung besingt.

Der lehrhafte Inhalt all dieser Gedichte reiht sie in die Gattung der didaktischen Poesie ein. Daß sie alle zusammengehören und vom Autor als ein Werk gedacht sind, daran läßt die gemeinsame Vorrede keinen Zweifel. Merkwürdig bleibt die Vielfalt der Metren, die in einem Lehrgedicht höchst ungewöhnlich wirkt. Daß Wandalbert deshalb den großen Dichtern zuzurechnen sei, wird man gleichwohl nicht behaupten wollen, auch wenn er sich im Gebrauch dieser Formen als sehr geschickt erwiesen hat. Das Merkwürdigste aber sind doch wohl jene Verse am Beginn der *propositio*, wo Wandalbert den eitlen Ruhm als die Triebkraft seiner früheren dichterischen Versuche bezeichnet, während er jetzt, da er das Martyrologium verfasse, den wahren Ruhm (*veram laudem*) und ewige Gnade (*aeternum favorem*) zu gewinnen hoffe:

---

[70] Siehe oben Bd. I, S. 433.

> *Carmine qui vacuas captavi saepius auras*
> *Rumores vulgi quaerendo stultus inanes,*
> *Adgrediar tandem veram de carmine laudem*
> *Quaerere et aeternum mihi conciliare favorem.*

Es klingt ein befremdlicher Ton in diesen Versen mit. Mag sein, daß bei den poetischen Versuchen früherer Jahre, von denen wir nichts wissen, die Eitelkeit mit im Spiele war: wirkliche innere Abkehr von weltlicher Gesinnung solcher Art hätte einer so nicht ausdrücken können. Näher schon liegt es, in den leicht dahingeredeten Worten von Ruhm und Gnade eine fast schon ins Triviale abgleitende Nachbildung und Umformung eines Gedankens zu hören, den Wandalbert am Beginn der consolatio des Boethius hatte finden können[71]. Man liest Wandalberts Gedichte mit Freude an der Form der Verse, vielleicht mit einem gewissen Genuß oder mit Erstaunen über die Vielfalt, die Wandalbert zu Gebote stand; aber in die Tiefe dringt sein Dichten nie. Er ist ein Zeuge, wie weit und in welche Richtung die karolingische Erneuerung führen konnte, nachdem sie einmal voll und ganz durchgedrungen und verbreitet war, und wir sehen vor allem auch, wie weit und bis zu welchem Grade der Selbständigkeit das Literarische sich zuweilen schon hat entwickeln können. Von Wandalbert aus war der Schritt zu einer nur noch im Formalen sich genügenden Dichtung, zur bloßen Routine nicht mehr weit.

In anderem Licht erscheint uns Wandalberts jüngerer Mitbruder R e g i n o; er weist mit seinem Werk deutlich in die folgende Zeit hinüber. Nach sehr jungen Prümer Aufzeichnungen (aus dem 16. Jahrhundert) soll Regino als Sohn adliger Eltern in Altrip bei Speyer geboren sein; die übliche Annahme, daß dies um 840 gewesen sei, beruht auf bloßer Schätzung. Über seine früheren Jahre haben wir keine Nachricht, vermutlich ist Regino, wie es üblich war, in jungen Jahren ins Kloster eingetreten. Das Gleichmaß des monastischen Lebens zerschnitten die Ereignisse der Zeit: 882, am Epiphaniefest, wurde das Kloster von einer Horde räuberischer Normannen, die über Aachen und Malmedy herangezogen kam, geplündert und in Brand gesteckt. Zehn Jahre darauf, im Februar 892, suchten die Normannen abermals das reiche Eifelkloster heim, verwüsteten es und erschlugen mehrere Mönche, die sich nicht rechtzeitig durch Flucht hatten retten können, sowie die Mehrzahl der Klosterleute. Da resignierte Abt Farabert mit Zustimmung des Königs. Die Mönche aber wählten in dieser schwierigen Lage Regino zum neuen Oberen. Regino blieb nicht lange im Amt des Abtes. Schon

---

[71] Boeth. cons. I m. 1, 1.

899 mußte er – vermutlich wegen Intrigen von außen, die ins Kloster hineinwirkten; man hat hierüber keine volle Klarheit – sein Amt einem Nachfolger überlassen, der dem Adel aus der näheren Umgebung angehörte. Regino begab sich zu Erzbischof Ratbod nach Trier, der ihn zum Abt von St. Martin bei Trier bestellte und mit der Restauration des ebenfalls von den Normannen verwüsteten Klosters betraute. Im Jahr 915 ist Regino gestorben.

Regino gilt als einer der gelehrtesten Männer seiner Zeit. Daß er indes nichts weniger als ein Stubengelehrter war, zeigt sein schriftstellerisches Werk, das zu einem wesentlichen Teil aus der Erfahrung seines Lebens herausgewachsen und für die Praxis bestimmt war. Auf drei Gebieten hat er sich hervorgetan: auf dem Gebiete der Kirchenmusik, in der Pflege des kirchlichen Rechts und in der Geschichtschreibung.

Um die Unsicherheit und Unordnung im liturgischen Gesang, die er in verschiedenen Kirchen der Trierer Diözese beobachtet hatte, zu beseitigen und eine sowohl der Tradition als auch den Gesetzen der Musik entsprechende Pflege des liturgischen Gesangs zu sichern, stellte er die Antiphonen des Antiphonale sowie die Introitus-Antiphonen und die gängigen Responsorien nach ihren Tönen (Tonarten) geordnet zusammen und schuf so seinen *liber tonarius,* das erste Werk dieser Art im Mittelalter, von dem wir Kunde haben. Als Ergänzung und erklärende Einleitung gab er dem Tonar eine Darstellung der theoretischen Grundlagen des kirchlichen Gesanges bei. Gemäß einer seit der Väterzeit häufig zu beobachtenden Gepflogenheit gab er diesem *de armonica institutione* handelnden Teil die Form einer Briefabhandlung, die er dem Erzbischof Ratbod widmete. Das Werk ist Kompilation; als Hauptquelle diente Regino die Musik des Boethius; daneben benützte er Macrobius (in somnium Scipionis), Martianus Capella und Remigius von Auxerre. Trotz ausgiebiger Quellenbenützung erweist sich der Autor als ebenso gewiegter, erfahrener Praktiker wie als kluger und kenntnisreicher Theoretiker. Insgesamt scheint Regino den allgemeineren Zusammenhängen der Musik größere Aufmerksamkeit geschenkt zu haben als die Mehrzahl der Verfasser von Musiktraktaten, woraus man denn den Schluß ziehen könnte, er sei im Grunde doch mehr ein philosophischer Kopf gewesen. Als Neuerer auf dem Gebiet der Musiktheorie zeigt er sich allemal, wiewohl er doch ausdrücklich betont, daß er nur die Tradition des kirchlichen Gesanges habe herstellen wollen. Ausgehend von Erscheinungen, wie sie eigentlich nur der Cantor eines Konvents mit solcher Sicherheit beobachten und bestimmen konnte, behält Regino einerseits zwar die antike, durch Boethius vermittelte Musikauffassung bei, nach welcher sich die Musik in drei Arten gliedert: eine musica mundana, das ist die durch die Himmelskörper erzeugte kosmische oder Sphärenharmonie, und diejenige der Elemente, eine musica humana, die in der Übereinstimmung der Teile des menschlichen Körpers sowie der Harmonie von Leib und Seele besteht, und eine musica instrumentorum, die durch Instrumente gleich welcher Art zustande gekommene Musik. Neben dieses System aber, welches der vornehmlich auf Gesang gegründeten mittelalterlichen, insbesondere liturgischen Musik in keiner Weise Rechnung trug, stellte Regino ein anderes, zweigliedriges System, nach dem die Musik in eine musica naturalis und eine musica artificialis geschieden wird. Dabei verstand er unter der ersteren eine Musik, die ohne Instrument als eine vom Schöpfer eingegebene Gabe erklinge – und er meint damit sowohl die Sphärenharmonie als auch den menschlichen Gesang – als musica artificialis aber bezeichnet er die Instrumentalmusik[72]. Insgesamt erweist sich in seinem Musiktraktat Reginos vielfältige Erfahrung und große Sicherheit in der Musikausübung, die sich bei ihm mit reichen theoretischen Kenntnissen und der ausgeprägten Neigung verknüpfte, Fragen, die sich in der Praxis ergeben mögen, selbständig und kritisch zu durchdenken. Daß der Traktat als Briefabhandlung abgefaßt ist, hat seine Form nur am Anfang, in der Anrede des Empfängers sowie am Ende in der Schlußformel beeinflußt.

Dieselbe Art, wenn auch auf ganz anderem Gebiete, zeigt Regino in einem zweiten Werk, das gewöhnlich *de synodalibus causis et disciplinis ecclesiasticis* genannt wird, aber auch unter Titeln wie *de ecclesiasticis disciplinis et religione christiana*, als *manuale* oder *enchiridion visitationis dioecesis* erscheint und spätestens im Jahre 906 abgeschlossen wurde. Das Werk setzt die Gepflogenheit der bischöflichen Visitationen voraus, die, nachdem sie im Osten seit dem fünften, in manchen Teilen des Westens seit dem sechsten Jahrhundert üblich waren, im Frankenreich seit dem achten Jahrhundert nachweisbar sind, sowie die Einrichtung des im Laufe des neunten Jahrhunderts aus den Visitationen hervorgegangenen Send (synodus) oder Sendgerichts; als wichtigstes Werkzeug in der Hand des Bischofs zur Durchführung und Aufrechterhaltung der kirchlichen Disziplin in seiner Diözese und für alle Gläubigen zuständig, urteilte das Sendgericht über alle öffentlich begangenen Verfehlungen gegen die Zehn Gebote und die Gebote der Kirche, die mit Kirchenstrafen geahndet wurden. Als Handbuch für die Durchführung dieser Visitationen und Sendgerichte war das Werk Reginos bestimmt; es gliedert sich gemäß dem Verfahren der Visitationen, in zwei Bücher, von denen das erste die Geistlichkeit, das zweite die Laien betrifft. Jedes der beiden Bücher ist so angelegt, daß den ersten Teil

---

[72] de armon. inst. IV (Gerbert I 233).

ein Verzeichnis der Fragen bildet, die bei der Visitation bzw. dem Sendgericht zu stellen waren (95 für den Klerus, 89 für die Laien); als zweiter Teil und Kernstück des Ganzen folgt jeweils, in etwa dem Gang der Fragen sich anschließend, eine Zusammenstellung derjenigen kirchenrechtlichen Bestimmungen, vorwiegend aus Konzilsakten, durch welche die vorangestellten Fragen begründet waren. Als Quellen dienten Regino ältere kanonistische Sammlungen, vor allem die sogenannte collectio hispana und die Dionysiana; aber auch jüngeres kirchenrechtliches Material, insbesondere die Akten fränkischer Synoden des neunten Jahrhunderts sind in reichem Maß herangezogen; jedem einzelnen Zitat ist eine genaue Bezeichnung des Ursprungs vorangestellt. Das ganze Werk zeigt eine beachtliche Kenntnis des kirchlichen Rechts und ist, wenn auch nicht literarisch zu nennen, doch als eine handbuchmäßige Darbietung des Stoffes eine imponierende Leistung. Kein Wunder, daß Reginos zunächst nur für den Trierer Sprengel bestimmte Arbeit in der Folgezeit weit über diesen hinaus gewirkt hat. Soweit man die Überlieferung derzeit übersehen kann, scheint sich das Werk vor allem im deutschen Sprachraum verbreitet und hier als das wichtigste Handbuch für die Zwecke der kirchlichen Visitationen und Sendgerichte gedient zu haben, bis diese im elften Jahrhundert eine deutliche Umwandlung erfuhren. Bis in diese Zeit ist das Werk Reginos das einzige seiner Art, ja die einzige kirchenrechtliche Sammlung größeren Umfangs überhaupt geblieben. Größere Bedeutung vielleicht als durch seine handschriftliche Verbreitung erlangte das Werk de synodalibus causis dadurch, daß schon im zehnten Jahrhundert zum Teil sehr umfangreiche Stücke aus ihm in andere Sammlungen deutschen Ursprungs aufgenommen wurden, so in die Helmstedter Sammlung (Wolfenbüttel, Helmst. 454 saec. X^{ex}), die vier Bücher umfassende Canones-Sammlung der Kölner Dombibliothek (cod.124, saec. X^{ex}), die 98-Kapitel-Sammlung (Wien 2198 saec. X; Bamberg Canon.9, saec. X), in der nicht weniger als 59 Kapitel aus Regino stammen, sowie in zwei Teilsammlungen einer kanonistischen Kollektion in Salzburg (St. Peter a IX 32), von denen die zweite im Rhein-Mosel-Gebiet entstanden ist. Vor allem aber hat dann im frühen elften Jahrhundert Burchard von Worms große Partien aus Regino in sein Decretum übernommen, durch welches Werk der liber de synodalibus causis mittelbar großen Einfluß auf das Kirchenrecht der folgenden Zeit ausgeübt hat.

Erweisen die liturgisch-musikalische Schrift und das kirchenrechtliche Werk Regino als einen mit seinen ganzen Kenntnissen und Fähigkeiten in erster Linie den kirchlichen Aufgaben sich widmenden Praktiker und Gelehrten und hat Regino namentlich durch das letztgenannte Werk wohl am stärksten über seine Zeit hinaus gewirkt, so wurde seine bedeutendste gelehrt-literarische Arbeit doch ein Geschichtswerk, die *chronica*[73] oder wie er selber das Werk bezeichnet hat, der *libellus de temporibus dominicae incarnationis*. Man kann wohl schon an der Widmung erkennen, welches Gewicht Regino seinem Werk beimaß: Sie richtet sich an den Bischof Adalbero von Augsburg, jenen hervorragenden Kirchenfürsten, dem schon König Arnulf die Erziehung seines Sohnes anvertraut hatte, und der in den Jahren des unmündigen Königs Ludwig IV. (des Kindes) mit Hatto von Mainz zu dem engsten Kreise der Männer gehörte, in deren Händen de facto die Regierung des Reiches lag. In dem für die karolingische Literatur und für Regino im besonderen charakteristischen Streben nach Knappheit und nüchterner, um nicht zu sagen trockener Sachlichkeit, welche die Person des Verfassers fast ganz zurücktreten ließ, vielleicht aber auch aus der dem gelehrten Abte eigenen Bescheidenheit heraus hat Regino seine Auffassung der Geschichte und sein Anliegen als Geschichtschreiber im Widmungsbrief nur knapp angedeutet, und erst das Werk selber läßt sowohl die veränderte Geisteshaltung, wie auch den veränderten Horizont eines Geschichtschreibers, der seine Zeit bewußt erlebte, in vollem Ausmaß deutlich werden. Regino schreibt nicht Weltgeschichte, wie es an seiner Statt ein geistig noch ganz in der Karolingerzeit verwurzelter Autor getan hätte; man liest nichts von Weltzeitaltern und Epochen der Heilsgeschichte, die seit Isidor und Beda dem Weltbild der mittelalterlichen Geschichtschreiber zugrunde lagen. Daß dieses Weltbild für Regino selbstverständliche Gültigkeit besaß, lehrt der Anfang seines Werkes, das mit Christi Geburt, dem üblichen Beginn des sechsten und letzten Weltalters, einsetzt. Aber der Blickwinkel ist ein anderer geworden. Hebräer, Griechen und Römer, so sagt er, hätten ihre Geschichte der Nachwelt überliefert; es sei unrecht, von der eigenen Zeit *(de nostris temporibus)* zu schweigen, als hätten sich in ihr keine Ereignisse zugetragen, welche der Aufzeichnung würdig seien. So liegt denn von vornherein das Schwergewicht des Interesses auf der für Regino neueren, zumal der jüngsten Zeit, die er, jenes Weltbilds eingedenk, gleichwohl nicht isoliert betrachtet, sondern als Teil der Geschichte des christlichen Zeitalters darstellt. Die zwei Bücher, in welche er sein Geschichtswerk gliedert, behandeln die Geschichte von Christi Geburt „im zweiundvierzigsten Jahre der Regierung des Kaisers Octavianus" bis zum Jahre 741 und vom Tode Karl Martells bis 906; da Regino im Widmungsbrief ausdrücklich das Jahr 908 als Endpunkt seines Werkes nennt, ist die

---

[73] So (als Femininum Singular) gebraucht Regino das Wort, nicht in der Form chronicon, wie die beiden kritischen Editionen der MGH und danach die üblichen Handbücher glauben machen.

Chronik möglicherweise am Ende verstümmelt auf uns gekommen. Den Aufbau des Werkes im einzelnen bestimmt ein streng annalistisches Schema, zu welchem die gerade in Prüm schon vor Regino, zu seiner Zeit und nach ihm eifrig gepflegte Annalistik ebenso die Anregung gegeben haben dürfte wie es der Eigenart eines Mannes entsprach, der auch als Kanonist gewöhnt war, die einzelnen Angaben mit genauen Daten zu versehen. Daß er den Stoff des ersten Buches durchweg aus uns bekannten Quellen nahm, liegt auf der Hand. Wichtigster Gewährsmann ist Beda, dessen Chronik in den früheren Partien die überwiegende Masse des Stoffes bietet; vieles stammt aus dem Martyrologium des Ado, dem liber historiae Francorum und aus der Langobardengeschichte des Paulus Diaconus; daneben sind die gesta Dagoberti, der liber pontificalis, an einzelnen Stellen die collectio hispana und eine stattliche Reihe von Heiligenleben benützt. Die Auswahl versucht, die wichtigeren Ereignisse der politischen und der Kirchengeschichte in knapper Übersicht darzubieten; gelegentlich, wie bei Gregor dem Großen, wird sogar literarischer Werke gedacht. Der Wortlaut der Quellen ist fast durchweg gestrafft. Ein Papstkatalog und ein rekapitulierender Rückblick am Ende des ersten Buches betonen die Einordnung des Ganzen in die Geschichte der christlichen Kirche.

Das zweite Buch soll nach dem Willen des Autors vornehmlich die Geschichte der Fürsten, die politische Geschichte behandeln. Unter den Quellen stehen hier in den früheren Partien Annalenwerke wie die sogenannten Lorscher Annalen im Vordergrund; von 815 an bilden annalistische Aufzeichnungen aus Prüm selbst, die uns nicht erhalten sind, die nahezu einzige Quelle; nur für die vergleichsweise sehr ausführliche Behandlung der Eheangelegenheiten König Lothars II. von Lothringen stand Regino offenbar eine Sammlung von Urkunden und Briefen zu Gebote, aus der er mehrere Stücke (ab a. 864) einrückt. Für die Beschreibung der Ungarn (ab a. 889), die von Regino zwar nicht, wie von den meisten der zeitgenössischen und späteren Autoren, den Hunnen gleichgesetzt, aber doch – vermutlich nach dem Vorgang des Jordanes – wie diese den Skythen zugerechnet werden, ist als anscheinend einziges profanantikes Werk die Epitome des Justinus aus den historiae Philippicae des Pompeius Trogus ausgiebig benützt. Daß Justinus darüber hinaus im zweiten Buch bis zu einem gewissen Grade überhaupt als Muster gedient zu haben scheint, gehört zu den Merkmalen, die Regino enger mit der Geschichtschreibung des zehnten Jahrhunderts verbinden als mit derjenigen des karolingischen Zeitalters. Regino berichtet, je mehr er sich der eigenen Zeit nähert, umso eingehender, schreibt freier und, zumal in den letzten Partien, vorwiegend aus eigener Kenntnis der Ereignisse.

Es war freilich unrichtig oder nur bedingt richtig, wenn man lange Zeit behauptete, Regino habe, anders als etwa Frechulf von Lisieux in der Zeit Ludwigs des Frommen, gar nicht den Versuch gemacht, seine Quellen zu verarbeiten, sondern sich mit wörtlichem Abschreiben begnügt. Im Gegenteil, auch wo Regino wörtlich ausschreibt, hebt er zumeist nur die wichtigeren Sätze heraus und nicht selten gibt er umfangreichere Partien nur dem Hauptinhalt nach wieder, wiewohl gern unter Verwendung der Worte des Gewährsmannes[74].

Wichtiger ist, daß Regino, wie schon bemerkt, zumal im zweiten Buch, sich auch stilistisch von Justinus in gewissem Maße beeinflussen läßt. Es wäre ungerecht, den sehr bescheiden auftretenden und umsomehr die Wahrheit liebenden Autor allein mit den Maßstäben moderner Quellenkritik zu messen. Wenn Regino, wie zum Beispiel für die Schilderung der Ungarn, Anleihen macht bei den Darstellungen, die Justinus, und Paulus Diaconus von den Skythen gegeben haben, oder wenn er den Grafen Odo von Paris und späteren König mit Worten schildert, die Justinus auf die Paladine Alexanders des Großen angewandt hatte, so ist das eine Sache des Stils, den Regino ganz offensichtlich sucht. Wir haben Untersuchungen über die Quellen Reginos, auch ein weniges über die Sprache; die wichtigere Frage aber, w i e Regino seine Quellen verarbeitet, wie er und nach welchen Gesichtspunkten er sie umgestaltet, wie er überhaupt geschrieben hat, diese Frage ist noch kaum beachtet.

Die Geschichtswissenschaft beurteilt in der Regel Regino mit einer Art respektvoller Nachsicht. Gewiß, ein großer Teil dessen, was Regino berichtet, ist aus wohlbekannten Quellen geschöpft und vermehrt nicht unser Wissen. Wichtig für die Geschichtserkenntnis wird Regino darum erst dort, wo er von seiner Zeit redet oder verlorene Quellen uns ersetzt. Auch beobachtet man, daß der kluge Geschichtschreiber inmitten des lotharingischen Reichs infolge der politischen Verhältnisse den Blick auf das ganze alte Reich doch weithin verloren hat, daß ihn die Ereignisse im Osten viel weniger zu berühren scheinen, als er sich über die Vorgänge im Westen unterrichtet zeigt. Ganz unverkennbar ist dies eine Folge der politischen Entwicklung in der späten Karolingerzeit, und Regino spiegelt uns die Verhältnisse wohl auch so wider, wie seine Zeit sie erlebt hat. Was ihn heraushebt, was ihm den Rang des bedeutendsten Geschichtschreibers seiner Zeit verleiht, ist die Weite des geistigen Horizontes. Als Miterlebender einer enger gewordenen Zeit stellt Regino die Begebenheiten seiner Tage, die aufzuzeichnen

---

[74] Das müßte untersucht werden; die Ausgaben führen irre, wenn sie einfach die Quelle notieren.

doch sein eigentliches Anliegen war, hinein in den Zusammenhang des Weltgeschehens und deutet sie, indem er sie im Rahmen des sechsten Weltzeitalters sieht, als ein Stück Weges im Gang der Heilsgeschichte. Und wenn die Geschichtswissenschaft rügt, daß Regino durch Anwendung des annalistischen Schemas nicht wenige chronologische Ungenauigkeiten und Fehler sich habe zuschulden kommen lassen, aber auch den Zusammenhang der geschichtlichen Vorgänge gestört habe, so ist dem gegenüber nicht nur festzustellen, daß Regino immer wieder versucht, über die Begrenzung des annalistischen Schemas durch Verweise hinauszugreifen und Verbindungen herzustellen. Vor allem aber muß gesehen werden, daß es Regino war, der als erster – zumindest als erster in seiner Zeit – die Annalistik über ihr doch im Grunde formloses Dasein, so wertvoll dies für die Geschichtsforschung sein mag, hinausgehoben und hineingeführt hat in die große Geschichtschreibung. Und es ist ferner nicht zu übersehen, daß Regino auch dort, wo er uns Bekanntes wiederholt, vor allem im ersten Buch, keineswegs nur wörtliche Auszüge mosaikartig aneinander gefügt, sondern – was die kritischen Ausgaben nicht erkennen lassen – seine Quellen verarbeitet und in dem Rahmen, den er sich selbst gezogen, eine fortlaufende, lesbare Darstellung erreicht hat. Die behutsame, doch sehr bewußte Nachahmung der Schreibweise eines antiken Vorbilds, hier des Justinus, verdeutlicht überdies den literarischen Anspruch, den Regino erhoben und erfüllt hat.

Man hätte erwarten mögen, daß ein Werk, das so sehr aus dem Geiste seiner Zeit geschrieben und das auch der Darstellung nach mehr dem zehnten Jahrhundert anzugehören scheint als der voraufgegangenen karolingischen Epoche, bei den zeitgenössischen Gelehrten größeren Anklang gefunden hätte. Aber als älteste Spur des Werkes finden wir erst im späteren zehnten Jahrhundert eine *Fortsetzung der Chronik* für die Jahre von 907 bis 967; sie stammt von dem St. Maximiner Mönch Adalbert, der nachmals erster Erzbischof von Magdeburg wurde. Diese Fortsetzung, als historische Quelle für einen großen Teil des zehnten Jahrhunderts hochgeschätzt, zeigt deutlich die fortschreitende Hinwendung zur Reichsgeschichte, wie sie für die Historiographie des zehnten Jahrhunderts charakteristisch ist. Hinsichtlich ihrer literarischen Gestalt allerdings bedeutet sie einen Rückschritt zur formlosen Annalistik. Die handschriftliche Überlieferung der Chronik Reginos wird für uns seit dem späten zehnten Jahrhundert faßbar: Das Werk hat sich, wie es scheint, vorzugsweise im deutschen Sprachgebiet mit Einschluß der Schweiz und der Niederlande ausgebreitet; im späteren Mittelalter anscheinend seltener geworden, erfreute sich die Chronik zu Beginn der Neuzeit wieder beachtlicher Wertschätzung.

Es ist nicht ausgeschlossen, daß man in dem großen karolingischen Kloster Werden (an der Ruhr), das von dem angelsächsischen Missionar und nachmaligen ersten Münsteraner Bischof Liudger vor 800 gegründet wurde, den Ort der Entstehung und in dem Werdener Abte Hoger, der bis 902 gelebt hat, den Verfasser eines der bedeutendsten Werke der abendländischen Musiktheorie, der m u s i c a e n c h i r i a d i s , zu sehen hat. Die Vermutung der Verfasserschaft des Werdener Abtes beruht auf der seit dem neunten Jahrhundert in Handschriften mehrfach auftretenden Nennung eines Hogeri abbatis in Verbindung mit dem Werk. Die Bezeugung ist damit nicht besser und nicht schlechter als die sehr vieler Schriften mittelalterlicher Autoren; gleichwohl ist es zur Zeit üblich, die musica enchiriadis als anonym[75] und als ihr Entstehungsgebiet den niederrheinisch-niederländisch nordostfranzösischen Raum zu betrachten[76].

Das Werk, dessen gräzisierender Titel leicht preziös auf die handbuchmäßig knappe Darbietung des Stoffes hinweist – im Mittelalter hat man aus dem Graecum bisweilen einen Verfasser Enchirias herausgelesen – enthält die erste theoretische Darstellung mehrstimmiger Musik, des sogenannten Organum. Das Werk bezeichnet somit jene Stelle in der Geschichte der abendländischen Musik, wo diese aus der traditionellen Musikübung heraustretend oder vielmehr über diese hinauswachsend diejenige Richtung einzuschlagen begann, welche für das folgende Jahrtausend und darüber hinaus bestimmend werden sollte. Die allgemeine Überlegung der Theorie, der in der Regel die Praxis vorausgeht, aber auch die Art, wie der Verfasser seinen Gegenstand behandelt, läßt kaum einen Zweifel daran, daß die praktische Übung mehrstimmigen Musizierens bereits bestand und mindestens als Möglichkeit etwas Selbstverständliches war, als er die theoretische Erörterung in Angriff nahm. Im übrigen scheint der Verfasser weitgehend an bereits Vorhandenes angeknüpft zu haben. Das gilt für seine Musikauffassung im allgemeinen, die im wesentlichen auf den dem Mittelalter durch Boethius vermittelten Vorstellungen der Bedeutung der Zahl und der Zahlenverhältnisse beruht. Für die Darstellung der Mehrstimmigkeit bedient sich der Verfasser eines eigenen Zeichensystems, der sogenannten Dasiazeichen; auch sie werden so eingeführt, daß man den Eindruck gewinnt, sie seien dem Verfasser bereits bekannt gewesen und nicht erst von ihm erfunden worden. Das System, das in der musica

---

[75] Das Verhältnis zu Regino de armonica institutione, das man im Sinne einer Priorität der musica enchiriadis zu sehen pflegt, scheint bisher nicht zweifelsfrei geklärt zu sein. Man vergleiche auch, was unten zu cap. 19 der mus. ench. gesagt ist (S. 91f.).

[76] Die Unsicherheit rührt wahrscheinlich daher, daß früher Hucbald von St. Amand als Verfasser galt, der es mit Sicherheit nicht ist, dann Dom G. Morin erst an einen französischen Autor dachte, ehe er auf Hoger von Werden hinwies.

enchiriadis erörtert wird, beruht auf vier aufeinanderfolgenden, durch die Lage der Halbtöne voneinander verschiedenen Tetrachorden und zwei weiteren Tönen; seine Darstellung erfolgt auf Linien und mit Hilfe von achtzehn Zeichen, die von der Dasia, einem der archaischen Form des griechischen spiritus asper (H) gleichenden Zeichen, abgeleitet sind und, wie die späteren Schlüssel an den Anfang der Zeilen gesetzt, die jeweilige Lage der einzelnen Tonsilben andeuten. Das Werk zeichnet sich durch streng folgerichtige und das Wesentliche hervorhebende Darbietung des Stoffes sowie durch wohlüberlegte, klare und einprägsame Formulierung aus. Zahlreiche Beispiele und schematische Darstellungen im Text dienen der weiteren Erläuterung und Veranschaulichung der über die traditionelle Musiktheorie hinausgehenden Lehren. Für denjenigen, der mit dieser Musiktheorie, ihren Anschauungen und ihrer Terminologie vertraut war, mußte das Werk eine vortreffliche Einführung in die Grundlagen der Kunst des Organum darstellen.

Am Ende aber dieses Werkes, das so streng und konzentriert, ohne überflüssiges Beiwerk nur mit gelegentlichem Hinweis auf ein Problem und eine mögliche andere Auffassung ein System entwickelt und dem Lernenden vorstellt, spricht der Verfasser einen Gedanken aus, der den Inbegriff seiner Auffassung von Musik und Kunst überhaupt enthält; ihn auszusprechen genügte ihm das schmucklos schlichte Wort nicht mehr, mit dem er seine Lehre vorgetragen. Er griff zum Mythos, zum Mythos von Orpheus und Eurydike. Er war dem Mittelalter außer durch Ovid vor allem durch den Kommentar des Servius (zu Aen. 6, 119), aber auch durch Fulgentius (5. Jahrh.) und andere Mythographen vermittelt worden und gehörte mindestens seit der Karolingerzeit zum Schulwissen. Seine allegorische Deutung auf die Musik und den Künstler schlechthin war bereits von Fulgentius vorgenommen worden, Gelehrte wie Johannes Scottus sowie einzelne Musiktheoretiker haben ihn aufgenommen. Keiner aber deutete den Mythos so selbständig und so tief wie der Verfasser der musica enchiriadis: Eurydike, Symbol der Musik, der wahren Kunst, stirbt am Biß der Schlange, weil profane Hände sie nicht berühren dürfen, dem nur Rationalen ist die Kunst verschlossen, unerreichbar, tot. Orpheus nur, der wahre Künstler, darf und kann sie ins Leben zurückrufen, aber selbst ihm, dem Künstler, wird die Geliebte entzogen, wenn er sie im Licht des Tages zu sehen glaubt, selbst ihm entschwindet die Kunst, wenn er sie rational zu begreifen meint.

Eigenwilliger und schöner ist der Orpheusmythos nie gedeutet worden[77]. Wer eine streng sachliche Darstellung von der Art der musica

---

[77] Auch nicht von Johannes Scottus, der, was die Interpretation der Stelle angeht,

enchiriadis zu schreiben, wer eine neue Kunst gleichsam in Zahlen zu bannen vermochte und doch die Freiheit besaß, in also kühner Auslegung des wohlbekannten Mythos das Wesen wahrer Kunst auszudrükken, der war mehr als nur Gelehrter.

Schon in den ältesten Handschriften ist mit der musica enchiriadis ein Werk ähnlichen Inhalts verbunden, die s c o l i c a e n c h i r i a d i s. Trotz des Titels[78] handelt es sich nicht um formlose Scholien, sondern um einen durchgängig in Dialogform gehaltenen Traktat; Gesprächspartner sind M(agister) und D(iscipulus). Der wesentliche Unterschied gegenüber der musica besteht darin, daß die scolica auf einer mehr elementaren Stufe mit den Grundbegriffen der Musiktheorie beginnen, aber auch weniger konsequent und vor allem weniger straff in der Gedankenführung fortschreiten; die Zahl der Beispiele ist größer, und insgesamt fehlt dem Traktat der streng logische Aufbau der musica. Ob er von demselben Verfasser stammt wie jene, ist bisher nicht bewiesen. Auch das Verhältnis der scolica zur musica enchiriadis bedarf noch näherer Erörterung[79]. Man könnte sich sehr wohl vorstellen, daß die scolica in Wahrheit nicht eine erläuternde, simplifizierende Behandlung des Stoffes darstellen, von dem die musica handelt, sondern eine Vorarbeit, ein Entwurf gewesen sind, den der Autor niederschrieb, ehe er sich an das eigentliche, streng durchgearbeitete Werk wagte.

Auf einige weitere Musiktraktate, die in der handschriftlichen Überlieferung häufig mit der musica enchiriadis verbunden erscheinen, kann hier nur hingewiesen werden; keiner erreicht den auch in literarischer Hinsicht bedeutenden Rang der musica enchiriadis.

Nicht bei allen Schriftstellern des alten Karolingerreiches wird im späteren neunten Jahrhundert und um die Wende zum zehnten Neues, in die Zukunft Weisendes sichtbar. Oft genug beobachtet man nur, wie das in Generationen eingebürgerte karolingische Bildungswesen und Geistesleben, das Ergebnis einer tiefgreifenden Bewegung der

---

durchaus im Rahmen des Üblichen bleibt und daher Reginos Deutung des Mythos (arm. inst. 18: Gerbert I, 246a = Migne PL 132, 501A) näher steht. Daß Johannes Scottus nicht als Quelle für die mus. enchir. gedient hat, zeigt schon die andere Orthographie des Graecums in der Etymologie des Namens: Der Ire (dessen Griechischkenntnisse zumeist überschätzt werden) hat das anscheinend selbst hervorgebrachte zwittrige OPIOC (Iohannis Scotti annotationes in Marcianum ed. C. E. Lutz 193 im Apparat, die Schreibung ist im Text korrigiert), während Fulgentius (myth. 3, 10) und offenbar nach ihm der Verfasser der mus. enchir. korrekt nach byzantin. Aussprache orea transkribieren. – Die Stelle ist einer der deutlichsten Hinweise darauf, daß die mus. enchir. nicht in die Nähe des Johannes Scottus gehört.

[78] Zur Form *scolica enchiriadis* vgl. die scolica graecarum glossarum des Martin von Laon: oben Bd. I S. 570 und hier S. 120.

[79] Sie ist zu erwarten von dem Herausgeber der musica enchiriadis H. Schmid.

Erneuerung, gleichsam in der Selbstverständlichkeit seiner Existenz sich genügend, im nur Traditionellen verharrend, zu erstarren scheint. Nun ist freilich neben anderem auch diese fest und sozusagen notwendig gewordene Ordnung des geistigen Lebens eines der Kennzeichen der folgenden anderthalb Jahrhunderte, die dem von fernher kommenden Blick als eine Zeit zwischen zwei Epochen der höchsten Kraftentfaltung in Wissenschaft und Literatur erscheint, und insofern mag auch dort, wo man scheinbar nur das Festhalten am Überkommenen, seine mehr oder minder routinemäßige Anwendung wahrnimmt, bereits der Eintritt in die nachkarolingische Epoche erfolgt sein. Man darf im übrigen die Bedeutung dieses Festhaltens nicht unterschätzen. In Wahrheit ist auch dies ein wichtiger, ja vielleicht der wichtigste Vorgang im Leben einer Kultur, das wie alles Leben ohne den Vorgang des selbstverständlichen Wiederholens nicht denkbar wäre. Doch hierüber an anderer Stelle. Kennzeichnend für die Verhältnisse sind im Norden des alten Lothringen und im Nordosten des westfränkischen Reichs Männer wie Radbod von Utrecht und Hucbald von St. Amand.

Nach der ein knappes Jahrhundert jüngeren, betont hagiographischen, aber doch im ganzen wohl historisch zuverlässigen, mitunter etwas antikisierend stilisierten anonymen Vita stammte Radbod aus adeligem Frankengeschlecht; ein Urahn mütterlicherseits war der Friesenherzog Radbodo gewesen. Er mag etwa um die Mitte des neunten Jahrhunderts geboren sein[80]. Erziehung und erste Ausbildung empfing er bei Erzbischof Gunther von Köln, seinem Oheim; nach dessen Absetzung kam er zu weiterer Ausbildung an den Hof Karls des Kahlen[81]. Später, nach Karls Tod, widmete er sich unter der Leitung des hochangesehenen Abtes Hugo von St. Martin in Tours, der ein Oheim des Kaisers war, weiteren Studien, vor allem der Rhetorik und Dialektik. Gegen Ende des Jahre 899, nach dem Tod des Bischofs Odilbald, wurde Radbod zum Bischof von Utrecht erhoben; nach siebzehnjährigem Wirken in diesem Amt starb Radbod am 29. November des Jahres 917.

Die Jahre des bischöflichen Wirkens waren für Radbod bestimmt von der Unruhe und Bedrängnis seiner Zeit. Wir besitzen eine Notiz

---

[80] Daß er aus der Gegend von Namur stammte, kann, worauf P. von Winterfeld (MGH Poet. IV 160 n. 4) mit Recht aufmerksam macht, aus der Bemerkung in der vita (MGH Script. XV 569, 43) *suos visitaturus patriam rustice Lomochanum* (Namur) *nuncupatam adiit* nicht mit Sicherheit geschlossen werden.

[81] Sein dortiger Lehrer Manno wird *philosophus* genannt (MGH Script. XV 569, 22); wie sich aus dem weiteren Zusammenhang der vita eindeutig ergibt, ist damit der Lehrer in der Dialektik und Rhetorik gemeint. Die Bezeichnung, hinter der man in solchem Zusammenhang nicht anderes suchen darf als ein Pendant zum grammaticus, scheint in der späteren Karolingerzeit aufgekommen und mindestens in manchen Gegenden der lateinischen Welt weiterhin üblich gewesen zu sein.

von ihm, die er kurz nach der Erhebung zum Bischof noch 899 niederschrieb und die etwas von der eigentümlichen Atmosphäre jener Zeit andeutet: „Am Himmel erschien ein wundersames Zeichen. Man sah Sterne, die allenthalben vom Himmel auf den Horizont herabzufließen schienen, in der Gegend des Himmelspoles, und sie liefen gewissermaßen alle aufeinander zu. Diesem Vorzeichen folgten schlimme Ereignisse: schwere Unwetter, wiederholte furchtbare Stürme, Überschwemmungen verheerenden Ausmaßes. Im gleichen Jahre wurden Erzbischof Fulko von Reims und König Zwentibold ermordet. Nur wenige Tage zuvor wurde ich, Radbod, der Sünder, unter die Diener der heiligen Kirche von Utrecht aufgenommen." – Und dann dichtet er sich selbst die Grabschrift: ein Gebet an Christus, die Speise der Seelen. Es dauerte nicht lange, da wurde bei einem Einfall der Normannen Utrecht verwüstet, Radbod selber mußte fliehen und residierte von da an in Deventer, seine Bischofsstadt nur gelegentlich zu Visitationen aufsuchend.

Nach allem was wir von ihm wissen, hat Radbod sein bischöfliches Amt sehr ernst genommen, und er war ein Mann von tiefer Religiosität. Aber er war kein Theologe, und der Klerus, insbesondere die Domgeistlichkeit, scheint ihn dies des öfteren haben fühlen lassen. Er selbst war sich dieses Mangels sehr wohl bewußt, und es war nicht Koketterie, wenn er im Blick auf die Clerici seiner Umgebung sich mehr als einmal einen rusticus nannte. Auf der anderen Seite verhehlte er mitnichten sein tiefes Eindringen in die weltliche Bildung jener Zeit und seine Vertrautheit mit der antiken Komponente des karolingischen Bildungswesens, und wo ihn seine Klugheit und das Bewußtsein der Verantwortung dazu drängten, scheute er sich nicht, seiner Überzeugung in Wort und Schrift klar und entschieden, wo es nottat, selbst mit Schärfe Ausdruck zu verleihen.

Das Schrifttum Radbods wurzelt in seiner religiös – nicht geistlich – geprägten Grundhaltung. Den weitesten Raum darin nehmen hagiographische Gegenstände ein. Aber es ist eine eigentümliche, eigenwillige Art der Hagiographie: Radbod ist wie kein anderer Schriftsteller seines Jahrhunderts der verbreiteten Wundersucht entgegengetreten, indem er ihr eine tiefere Auffassung vom Wesen des Heiligen gegenüberzustellen suchte. In der Literatur trifft man Vergleichbares erst wieder im zwölften Jahrhundert an bei Schriftstellern von ausgeprägter Individualität und Selbständigkeit des Urteils wie Guibert von Nogent. Was Radbod dazu befähigte, auf dem genannten Felde seiner Zeit vorauszueilen, war gerade nicht das Studium der Theologie, die sich mit solchen Fragen kaum befaßte; er verdankte seine tiefere Auffassung, die im Grunde dem, man könnte sagen: statischen Denken seiner Zeit weitgehend fremd erscheinen mußte, in erster Linie dem persönlichen Bemühen um das Verständnis der Bibel, zumal der Schriften des Neuen Testaments, aus denen er oft und gern zitiert. Die Mittel, deren er sich in seinen Schriften bedient, und die Art und Weise, in welcher er seinen Vorstellungen Ausdruck zu verleihen sich bemühte, sind auf der einen Seite ebenso einfach, wie sie den Theologen der Zeit dilettantisch erscheinen mochten; auf der anderen Seite zeigen sie eben jene Verwurzelung in der karolingischen Bildungstradition, welche die profanen Studien der Jahre vor Übernahme des bischöflichen Amtes in ihm hatten wachsen lassen. In Radbods vergleichsweise wenig umfangreichem literarischem Nachlaß nehmen hagiographische Schriften einen breiten Raum ein. Sie gelten nahezu ausschließlich Heiligen, die im Bistum Utrecht besondere Verehrung genossen.

Den Kerngedanken seines *sermo de gemina felicitate confessoris et episcopi Christi Servatii* – gemeint ist der im späteren vierten Jahrhundert wirkende erste Bischof von Tongern, dessen legendenumwobenes Leben zuerst Gregor von Tours geschrieben hatte – enthält der für Radbod so charakteristische Satz: *Iste quod ad regulam nostrae religionis pertinet et fecit et docuit* – im Handeln nach dem Glauben liegt das Wesen des Heiligen, nicht in den Wundern, und deshalb verdient er Verehrung[82].

Ein *sermo de sancto Suitberto* ist dem angelsächsischen Benediktiner und Missionsbischof Suitbert gewidmet, der als Begleiter Willibrords zunächst in Friesland missioniert, dann im Lande der Brukterer an Lippe und Ruhr den christlichen Glauben gepredigt, nach Zerstörung der dortigen Mission durch die Sachsen sich auf fränkisches Gebiet hatte zurückziehen müssen und in Kaiserswerth ein Kloster gründete, wo er im Jahr 713 starb; es ist nicht notwendig anzunehmen, daß Radbod sich für den kurzen sermo auf den Bericht Bedas in der historia ecclesiastica[83] stützte, sowenig wie er sich für den *sermo de vita s. virginis Christi Amelbergae* auf eine schriftliche Quelle zu stützen brauchte. Für uns enthält der sermo Radbods die älteste Nachricht über Amelberga, deren Lebenszeit ins achte Jahrhundert fällt. In allgemein gehal-

---

[82] Anal. Boll. 1 (1882) 105, 12. Trotzdem erzählt er, doch eben nur als Beispiele, nicht als Beweis der Heiligkeit, die zwei bekanntesten Wunderberichte: die Voraussage des Wandaleneinfalls in Gallien (die ganz natürlich auf die Kenntnis der Absichten derselben zurückgeführt wird: *compertum est ... Hunnos velle irrumpere* a.a.O. cap. 3 p. 106, 27) und die Erscheinung des Apostels Petrus, wobei R. den mutmaßlichen Inhalt der Gespräche wiedergibt (*ipsa ratio persuadet* cap. 5 p. 107, 27).
Übrigens nennt Servatius – das heißt hier: Radbod – das zur Strafe für die Sünden der Bevölkerung in Gallien von Osten her einbrechende Volk schlichtweg *Hunnos ferocissimos* (cap. 3 p. 106, 28), was aus der Sicht des Servatius, der noch im Mannesalter die Zeit Attilas erlebt haben muß, durchaus natürlich ist.
[83] V 11.

tene Ausführungen über den Sinn der Heiligenverehrung fügt Radbod eigentlich nur einen Ausschnitt aus Amelbergas Leben ein: Wie König Karl mehrmals vergeblich um Amelberga geworben, die allein mit ihrem Bruder auf dem väterlichen Besitz gelebt habe; wie sie, die als sponsa Christi unter dem Gelöbnis der Jungfräulichkeit stehend, beim persönlichen Erscheinen des Königs vor ihm in die Hauskapelle geflohen sei und jener ihr, aus Zorn über die Mißachtung seiner Person, auf roheste Weise den Arm aus dem Gelenk gebrochen habe, der ihr dann von Christus wieder geheilt worden sei. Auch in der *homilia de sancto Lebuino* wird das Leben des angelsächsischen Missionars, der wie Suitbert unter den Friesen, aber auch unter den Sachsen den Glauben gepredigt hat und um 780 in Deventer, wo er die erste Kirche erbaut hatte, gestorben ist, im ganzen nur beiläufig behandelt; bemerkenswert ist in diesem Falle eine gewisse Nähe zu der im zehnten Jahrhundert üblichen Form der Viten, in denen auch die Tugendkataloge eine nicht unwichtige Rolle spielen.

In allen sermones Radbods bemerkt man die Neigung des Autors, die besondere Begebenheit, ja die Geschichte des Heiligen aus Betrachtungen allgemeiner Art zu entwickeln oder sie in solche hinüberzuführen. Das biographische Element tritt deshalb vielfach zurück, weiter zurück als üblich, zugunsten der belehrend erbaulichen Komponente des Hagiographischen. Dies aber vollzieht sich in einer Weise, die man als zwanglosen Plauderton bezeichnen könnte, trüge sie nicht ein gut Teil der feinen Bildung eines Mannes an sich, der in langen Jahren des Umgangs mit den allgemeinbildenden Disziplinen sich eine Freiheit der Sprache und des Denkens erworben hatte, die in ihm das karolingische Bildungsideal, insoweit es ein humanistisches war, zu unerwarteter Blüte brachte. Radbod trägt nicht, wie mancher andere, seine Belesenheit und gelehrte Kenntnis zur Schau, indem er bei diesem oder jenem Autor wörtliche Anleihen macht, vielmehr scheint sein Denken und Sprechen wie selbstverständlich immer wieder in Bahnen einzumünden oder von ihnen herzukommen, auf denen vor ihm antike Autoren geschritten waren[84].

Diese Züge beschränken sich nicht auf die Sermones. Ähnlich diesen ist auch Radbods *vita sancti Bonifatii* – nach der des Willibald[85] die zweitälteste der uns bekannten Bonifatiusviten[86] – im Grunde mehr

---

[84] Man vergleiche das unten S. 99 zum miraculum s. Martini Bemerkte. Der ganze Komplex, bei dem es nicht nur um Anklänge an antike Literatur geht, sondern auch um den Wortschatz sowie um Neubildungen wie *Carolidae* = Carolini (Migne PL 132, 551D), bedürfte der Untersuchung.
[85] siehe Bd. I, S. 239.
[86] An der Verfasserschaft Radbods ist kaum zu zweifeln. Abgesehen von der schon in

eine Predigt als ein Heiligenleben. Am bemerkenswertesten ist die in
einer vita ungewöhnlich langgedehnte und scheinbar weitabschweifende Einleitung. Den zahllosen Übeln in der Welt könne nur, so
bemerkt Radbod, durch das Gute begegnet werden, so wie in der
Medizin der Grundsatz gelte, daß contraria contrariis zu behandeln
seien. Dieses Gute sei von den Heiligen in vorbildhafter Weise getan
worden: von den Aposteln und Martyrern, zumal aber vom heiligen
Martin in Tours, den sich Gallien und Germanien zum Schilde gewählt
hätten. Und nun erst kommt der Verfasser zu Bonifatius. Die eigentliche
vita fügt gemäß der Neigung Radbods, die einzelne Gestalt oder auch
die einzelne Begebenheit wie beispielhaft in einem größeren Rahmen
zu sehen, das Wirken ihres Helden ein in den Zusammenhang der von
den Angelsachsen ausgegangenen großen Missionsbewegung, die entsprechend dem Anliegen des Verfassers – trotz der Berufung auf Bedas
Kirchengeschichte Englands und trotz der Erwähnung einzelner Glaubensboten wie Willibrord – nicht eigentlich als historisches Geschehen,
sondern, sein Wesen tiefer erfassend, als ein primär vom Religiösen
her bestimmter Vorgang dargestellt wird. Anders als bei dem biederen
Willibald wird in der verhältnismäßig kurzen Erzählung der Lebensgeschichte das Wirken des Menschen Bonifatius für seine Aufgabe, das
Ertragen aller Mühsal, aller Last im Dienste des großen Werkes dargestellt, und sein gewaltsamer Tod erscheint nicht als das beherrschende
Ereignis im Leben eines Heiligen, der als Martyrer verehrt wurde, so
wie es in der Mehrzahl der passiones üblich war; vielmehr wird das
Martyrium gesehen als die Krönung eines Lebens, das in sich die
Bewährung und Erfüllung trug. In ganz ungewöhnlicher Weise, ja mit
Schärfe wendet sich Radbod gegen jene aus dem Kreise seiner Mitbrüder, die Wunder und Zeichen als Ausdruck der Heiligkeit von ihm zu
hören wünschten, und in einer Auseinandersetzung, die äußerlich gesehen fast mehr Raum einnimmt als die eigentliche vita, bemüht sich
Radbod, ein offenbar längst zur Gewohnheit gewordenes, stereotypes
Bild vom Heiligen als dem Wundertäter als einseitig, oberflächlich und
verzerrend zurückzuweisen. Es ist dies eine ganz ungewöhnliche Weise
hagiographischer Darstellung, mochte sie nun formal eigenständig oder
im Rahmen einer Predigt erfolgen. In ihrer mitunter fast polemischen
Art spiegelt sich besonders deutlich die sonst übliche Tendenz der

---

den ersten Zeilen zu Tage tretenden unverwechselbaren Eigenart, einen Gegenstand
anzugehen, ist auf den in hagiographischer Literatur zumindest an solcher Stelle
höchst ungewöhnlichen, in ein Gebet einmündenden Wunsch, die vita in rechter
Weise schreiben zu können (cap. 5 p. 65, 22 sqq. Levison) hinzuweisen, der an
Formulierungen der Notiz vom Jahr 899 (siehe oben S. 94) erinnert; vielleicht liegen
beide Texte zeitlich nicht weit auseinander.

Hagiographie, die im zehnten Jahrhundert mehr und mehr das typische Bild des Mönchs, des Missionars, des Bischofs und so fort zu zeichnen sich übt und dabei jene eigentümliche Entwicklung erfährt, die in bedeutenden Werken ihre Helden zu monumentaler Größe erhebt, in schwachen sie zu starren Figuren werden läßt. Radbod, der vor seiner Erhebung zum Bischof Laie war und die Studien eines Laien gepflegt hatte und der darum wohl so manches Mal von solchen, die sich etwas auf ihre theologischen Studien zugute hielten, den Vorwurf der rusticitas, auf den er des öfteren in seinen Werken anspielt, zu hören bekam: er, der nicht eigentlich theologisch, aber um so besser in den artes gebildet war, tut es mit stark biblisch, neutestamentlich bestimmten Gedanken und bedient sich einer Form, die sowohl stilistisch wie in der Anlage seiner Werke die klare und feste Haltung eines fein gebildeten Mannes zu erkennen gibt, der zwar nicht ganz der in seiner Zeit sich entwickelnden Richtung des Geschmackes auf das Gekünstelte, zuweilen Schwülstige hin sich entzog, aber doch alle Zeit das Maß gewahrt hat und immer er selber geblieben ist.

Einen besonderen Platz im literarischen Werk Radbods nehmen die dem heiligen Martin von Tours gewidmeten Werke ein; man wird annehmen dürfen, daß sie insgesamt auf die persönliche Verbindung Radbods mit Abt Hugo von St. Martin, der seine späteren Studien geleitet hatte, zurückgehen. Die zeitliche Ein- und Anordnung dieser Texte ist nicht gesichert; die Annahme, daß sie alle erst nach Antritt des Bischofsamtes in Utrecht entstanden seien[87], gründet sich allein auf den Umstand, daß in den Handschriften Radbod jeweils als Bischof bezeichnet wird. Eine nicht näher zu bestimmende *oratio ad sanctum Martinum* (inc. *Sis pius oro mihi;* 10 Verse, epanaleptische Distichen) um Hilfe in der Not wird gekennzeichnet durch stark antikisierende Sprache und Bilder; die längst legitime Anwendung von Begriffen, von Worten und Namen wie *Olympus* und *Cocytus* (letzteres für metrisch gleichwertiges *infernus* oder *infernum*), wirkt in einem sonst ganz persönlich gehaltenen Gebet doch etwas ungewöhnlich. So wie die Sammlung der Werke Radbods heute vorliegt, pflegt man in sie auch das *officium in translatione sancti Martini episcopi* aufzunehmen, dessen Authentizität immerhin schon durch die nur wenig jüngere anonyme vita Radbodi[88] bezeugt wird. Bemerkenswert ist eine mit dem Officium verbundene *in translatione sancti Martini sequentia* (inc. *Ave summa*

---

[87] So P. v. Winterfeld, Poet. IV, 161. Man könnte mit ebenso viel Recht auch vermuten, daß sie in Zusammenhang stehen mit der gleich oben im Text zu erwähnenden Rückführung der Reliquien nach Tours nach dem Abzug der Normannen, also nicht lange nach dem Jahr 903.
[88] cap. 6 (7) (MGH Script. XV 1, 571, Holder-Egger).

praesulum eia; Melodie *beatus vir qui timet*[89]). Die Sequenz weist Züge der westlichen Form auf; die Responsion ist nur in allgemeiner Weise durchgeführt, die einzelnen Glieder klingen in -a aus. Auch in diesem Falle wird Radbods Verfasserschaft durch die anonyme vita bezeugt[90].

Von Seiten der Geschichtswissenschaft hat unter Radbods Schriften am meisten Aufmerksamkeit gefunden das *miraculum sancti Martini episcopi*. Den Kern bildet die Errettung der Stadt Tours vor der normannischen Belagerung im Jahre 903, die man der wunderbaren Hilfe des heiligen Martin zuschrieb. Da die geringe Zahl der Verteidiger keine Aussicht hatte, die Stadt gegen das Heer der belagernden Normannen zu halten, hatte man in äußerster Bedrängnis den Schrein mit den Reliquien St. Martins ans Stadttor getragen. Die Normannen, die den Vorgang beobachteten, gerieten in Panik, die Belagerten aber, ermutigt, wagten einen Ausfall, der die Feinde vollends vertrieb. Radbod hatte, wie er ausdrücklich erklärt, keinen Miterlebenden sprechen können, seine Angaben über die Zahlen der Toten seien daher ungenau, aber er schildert den Hergang des Ereignisses so lebendig und farbenreich, als habe er selber die wunderbare Errettung der Stadt erlebt. Die Erzählung dieses Ereignisses nimmt kaum ein Viertel des Ganzen ein; eingerahmt von einer Rede zum Lobpreis St. Martins, die zum Teil in eine allegorische Erzählung von einem kostbaren Edelstein, der sich im Besitze Galliens befinde, gekleidet ist, hat das ganze miraculum im Grunde wiederum die Form einer Predigt erhalten.

Indem Radbod nun dieses selbe miraculum auch in poetischer Form behandelte, schloß er sich der Tradition der zumal in der Hagiographie beliebten Doppelfassungen an; daß er dies nicht bei einem Heiligenleben tat, sondern mit dem Bericht über eine einzelne wunderbare Begebenheit, ist ungewöhnlich und wohl auch als Ausdruck der ihn kennzeichnenden Selbständigkeit und Eigenwilligkeit zu deuten; überdies mag man in der Erscheinung ein Beispiel für die Offenheit der Gattung sehen. Wenigstens in einer der beiden Handschriften des sechzehnten Jahrhunderts wird Radbod als Verfasser des *Martine beate sacerdos* beginnenden Gedichts bezeichnet, das in 172 katalektischen anapästischen Dimetern die oben erwähnte wunderbare Errettung der Stadt Tours vor der Belagerung durch die Normannen behandelt. Und hier nimmt der Leser auch den Unterschied der poetischen von der Prosafassung wahr. Hier erst entfaltet die lebendige und in der Stärke der Bilder und Farben an Prudentius erinnernde Darstellung, aber auch die eigen-

---

[89] Vgl. die etwa im 2. Viertel des neunten Jahrhs. entstandene St. Galler Sequenz *Sacerdotem Christi Martinum:* W. v. d. Steinen, Notker d. Dichter. Textband S. 125.
[90] Siehe oben S. 93 Anm. 80.

artig antikisierende Vorstellungsweise ihre volle Kraft und Wirkung. Schier unmittelbar erlebt der Leser, wie die Sünden des Volkes zum Himmel geschrien und ans Ohr des himmlischen Senates gedrungen, der sogleich dem König davon Bericht erstattet habe, worauf dieser zur Vergeltung all der Übel, die in Gallien geschehen, das wilde Volk der Normannen – sie werden hier *Dani* oder wie es heißt mit dem üblichen Namen *Sueni*[91] genannt – ins Land gerufen habe; wie dann ein grausiges Rauben und Morden begonnen, die Zahl der Erschlagenen sich so gemehrt habe, daß Wölfe und Adler das gewohnte Aas zu fressen verschmähten; und wie dann die Flotte der kriegsgewohnten Feinde Schiff an Schiff gedrängt die Stadt Tours zu belagern sich anschickt, und wie man bei wachsender Bedrohung sich des heiligen Martin besonnen und seine Hilfe angefleht, und dann, als die Gebeine erhoben und in den Turm gebracht worden seien, der Feind voll Schrecken abgezogen sei. Ungewöhnlich ist an dem Gedicht nicht nur die Art der Schilderung, sondern auch der fast herrisch, befehlend zu nennende Ton, in welchem die Bürger der Stadt ihren Patron nicht etwa demütig flehend, sondern geradezu vorwurfsvoll wie einen, der ihnen Hilfe schuldet, anrufen.

Undenkbar wäre es nicht, daß Radbod mit der Anwendung der Mittel, welche ihm seine ausgedehnten profanen Studien boten, jenen Geistlichen, die ihn einen *rusticus* nannten, auf seine Weise eine Antwort habe erteilen wollen.

Eine in der Karolingerzeit nicht erst erfundene, aber gern geübte Art der hagiographischen Schriftstellerei sind die versifizierten Heiligenleben oder auch Verslegenden gewesen; mitunter handelt es sich um Doppelfassungen. Auch Radbod hat neben den prosaischen Heiligenleben – bei ihm handelte es sich um sermones hagiographischen Inhalts – einige in poetischer Form behandelt. So steht neben seiner Suitbertpredigt ein *carmen allegoricum de sancto Suitberto* in 44 Distichen. Man könnte das Gedicht am ehesten als einen Panegyricus auf Suitbert bezeichnen, der als Missionar und insbesondere als Apostel der Friesen, des Volkes also, dem sich Radbod seiner Herkunft nach besonders verbunden fühlte, gepriesen wird. Als carmen allegoricum wird das mit viel Gelehrsamkeit beladene Gedicht wohl deshalb bezeichnet, weil in ihm das Wirken Suitberts mit Hilfe von zahlreichen Bildern, Vergleichen, Allegorien und ähnlichen Mitteln, wie sie schulmäßige Rhetorik

---

[91] Möglicherweise liegt eine Caesar-Reminiszenz vor, mirac. s. Mart. 4 (MGH Script. XV 2, 1242, 27 Holder-Egger) *Dani Suevique* (besser wohl *Suenique*, vgl. Winterfeld Poet. IV, 165ª, Str. 34), *quos Theotisci lingua sua Northman id est aquilonales homines appellant.* – Bezüglich des Verhältnisses zum Klerus vgl. die scharfen Bemerkungen in der vita Bonif. cap. 18 p. 74, 10 sqq. Levison.

bieten konnte, rühmend dargestellt wird. Die Benennung stammt wahrscheinlich ebenso wie die dem Werk beigefügten Glossen, unter denen sich mehrere Graeca finden, von Radbod selbst; es gibt solches in der Zeit des öfteren.[92]

Wie über Suitbert, so haben wir auch zu Ehren des Friesenapostels Lebuinus außer dem prosaischen sermo eine Dichtung, der wohl Radbod selbst[93] den Titel *egloga ecclesiastica de virtutibus beati Lebuini et de sancto nomine eius quod non sine quodam futurorum praesagio sortitus esse creditur* gegeben hat. Die ungewöhnliche Benennung als *egloga ecclesiastica* verbindet das Gedicht kaum mit dem, was das Mittelalter bisher an Eklogen hervorgebracht hatte, so wenig bestimmt die Grenzen einer Literaturgattung sein mochten; es fehlt nicht nur das formale Element des Dialogs, sondern auch jegliche Andeutung eines bukolischen Milieus, und es ist nicht ausgeschlossen, daß dem Begriff, was auch sonst in der Zeit vorkommt, lediglich eine Verwechslung mit elogium zugrunde liegt[94]. Im Gedicht selbst klingt die Liebe Radbods zum friesischen Stamm durch. Die Gedanken mehr assoziativ aneinanderreihend als logisch ordnend, besingt Radbod das Leben und vor allem das Wirken des Friesenapostels, der dem Volk der Friesen den Glauben verkündet und den Frieden gebracht habe; er sei reich an Tugenden gewesen, vor allem aber habe er sein Werk aus Liebe zu Gott und den Menschen getan, weshalb ihm auch von ihrer Seite liebende Verehrung gebühre. Nach einer Auslegung der angelsächsischen Namensform Liafwin, die als *carus amicus* Christi erklärt und nach echt hagiographischer Weise als auf das künftige Leben vorausweisend gedeutet wird, schließt eine Aufforderung, Lebuins Fürbitte anzurufen, und ein persönlich geformtes Gebet an ihn das Gedicht ab. Auch in diesem Werk ist die für Radbod charakteristische Auffassung festgehalten und in der Vermeidung der Wundererzählungen das Eigentliche des Heiligen im Leben Lebuins und dessen Hingabe an seine aus religiösen Motiven ergriffene Lebensaufgabe dargestellt. Aus einer stark bildhaften, vom Rüstzeug rhetorischer Tropen und Figuren unterstützten und mit antiken Namen und Begriffen durchwebten Sprache empfängt das Gedicht seine eigentümliche, ja persönliche Gestalt. Wahrscheinlich ist es auch hier Radbod selbst gewesen, der die zum Teil nicht ohne weiteres verständlichen Stellen durch Glossen erläuterte.

Nicht fremd und ungewohnt, aber in freundlichem, hellerem Licht erscheint uns Radbods poetische Art in der Idylle von der Schwalbe,

---
[92] Vgl. o. Bd. I, S. 485 zu Heiric von Auxerre; hier S. 120ff. (Abbo von St. Germain).
[93] Weil doch nur der Bischof selbst sich die Bezeichnung *famulus ecclesiae Traiectensis*, die hier immer wieder auftritt, geben konnte.
[94] Siehe u. S. 111 zu Hucbald.

den *versus de hirundine* (inc. *Est mihi corporeae species aptissima formae;* 44 Verse, Distichen). Es ist das anmutigste unter seinen Gedichten. Die Schwalbe redet von sich selbst: Sie spricht von ihrer Unscheinbarkeit, daß sie ihrer Kleinheit wegen niemand lästig falle, daß sie unter den Menschen wohne, in Kirchen und Häusern niste, den Bauern künde, wann es an der Zeit sei, das Feld zu bestellen, und von dem geheimen Wissen, das ihr die Natur verliehen und um das Pythagoras selber sie beneiden müsse: ihre Kenntnis von einem Kraut, mit dem sie, die Schwalbe, ihren Jungen das Augenlicht geben könne, und das darum ihren Namen auf Griechisch trage, das *chelidonium* (Schöllkraut). Sie spricht von ihrem Dasein als Zugvogel, von der Aufzucht der Jungen und schließt mit einer Mahnung an den Menschen: Ich bin nur ein kleines Tier, hab keinen Verstand, du aber bist reich an Verstand; mein Leben ist von kurzer Dauer, mit dem Tod ist es zu Ende, du aber lebst über den Tod hinaus; so wie du mich an Gaben übertriffst, so sollst du mich auch im Gehorsam gegenüber dem Schöpfer übertreffen. Es ist ein anmutiges Gedicht und trotz eines Schmäckleins nach Gelehrsamkeit und der unverhüllten, doch nur kurz und nicht ohne Humor angedeuteten Moral am Ende von bezwingender Frische und Natürlichkeit. Selten nur besingt ein Dichter die Schwalbe. Der Leser tut gut daran, sich der Bedrängnis jener Zeiten zu erinnern und der ernsten Anliegen, die sonst den Inhalt der Dichtung Radbods bilden, will er die Verse auf einen Vogel so recht würdigen und erfühlen, was zu Zeiten Poesie bedeuten konnte.

So steht denn Radbod in seltsamer Weise zwischen den Zeiten. Auf der einen Seite fest in der karolingischen Bildungstradition mit einer betont antikisierenden Komponente verwurzelt, auf der anderen Seite dort, wo er selber literarisch tätig wurde, nach eigenen Wegen suchend und – wenn auch auf begrenztem Gebiete – seiner Zeit voraneilend, ist er doch nicht zu einem Wegbereiter geworden in eine neue Epoche. Seine in ihren Grenzen doch stark ausgeprägte Individualität führte ihn einen Weg, der nicht in der allgemeinen Richtung lag. So fand denn auch sein Werk nur geringe Verbreitung, und zumal die Gedichte sind über die weitere Umgebung von Utrecht kaum hinausgelangt.

Gaben die Werke der bisher genannten Autoren mehr oder minder deutlich zu erkennen, daß das Zeitalter der Erneuerung und deren unmittelbaren Auswirkungen vorüber waren und eine veränderte Geisteshaltung Raum zu gewinnen begann, die auch der Literatur einen anderen Ausdruck verlieh, so scheint an einer Stätte wie Saint-Amand das literarische Leben noch bis ins zehnte Jahrhundert hinein im karolingischen Geist weiter gepflegt worden zu sein.

Wiederholt war das Kloster Saint-Amand seit der Mitte des neunten Jahrhunderts von den Normannen heimgesucht und geplündert worden. Die Schule befand sich in jenen Jahrzehnten unter der Leitung des trefflichen Milo. Bei seinem Lehrer Haiminus (oder Aimoinus) hatte M i l o sich vortreffliche Kenntnisse angeeignet und zumal in der Verskunst, die das höchste Ziel des Unterrichts in den Fächern des Triviums bildete, große Gewandtheit erlangt. In der *vita sancti Amandi confessoris,* einer hagiographischen Dichtung von nicht ganz zweitausend Hexametern, die er, wie er selbst sagt, nach der Zahl der Evangelien in vier Bücher gliederte, besang er den Gründer und Patron seines Klosters. Das Leben und Wirken des Aquitaniers Amandus, der, nachdem er fünfzehn Jahre als Inkluse gelebt, in Belgien und Flandern das Evangelium gepredigt hatte, dann Bischof von Maastricht geworden war und sich schließlich in das nachmals nach ihm benannte Kloster zurückgezogen hatte, wo er im Jahre 672 oder 684 starb, war mindestens zweimal schon in Prosa dargestellt worden, von seinem Jünger Baudemundus und von einem unbekannten Aquitanier. Milo beruft sich zwar auf jene und stellt sein Werk damit in die Reihe der zumal in der Karolingerzeit so beliebten Doppelfassungen; aber er geht weit über eine solche hinaus, versucht das Wirken seines Heiligen in die Heilsgeschichte einzuordnen, indem er mit der Geburt Christi und der Tätigkeit der Apostel beginnt, an die er Amands Wirken anreiht, vor allem aber dehnt er seine Darstellung weniger durch inhaltliche Erweiterung als durch umständliche Breite des Erzählens wie auch durch Betonung des Panegyrischen bis zum etwa vierfachen Umfang der alten vita aus, was seinem Werk trotz sprachlicher Gewandtheit nicht zum besten gereicht, um so weniger, als die Beherrschung der Kunstmittel den Dichter nicht selten zu einem nicht angebrachten oder übertriebenen Pathos verleitet. Milo hat das Werk zuerst seinem Lehrer Haiminus gewidmet. Eine zweite, von Milo durch zwei Figurengedichte vorbereitete Widmung an Karl den Kahlen wurde, offenbar nach Milos Tode, durch seinen Neffen Hucbald unter Hinzufügung eines eigenen Gedichts vorgenommen.

In Milos letzten Lebensjahren entstand das Werk *de sobrietate,* eine allegorisch-moralische Lehrdichtung von rund zweitausend Hexametern, die sich in zwei Bücher annähernd gleichen Umfangs gliedert. Das erste behandelt anhand von Beispielen aus dem Alten, das zweite von solchen aus dem Neuen Testament die Tugend der Mäßigung und die aus Maßlosigkeit erwachsenden Laster. Trotz der Klarheit der Sprache und obwohl Milo durch die von ihm selbst beigegebenen Inhaltsangaben für die einzelnen Kapitel dem Leser die Übersicht erleichtert, bleibt manches unklar, und es wird nirgends so recht deutlich gesagt, ob er eigentlich, was man annehmen könnte, in der Mäßigung das oberste Prinzip der praktischen Moral gesehen und im Überschreiten des Maßes die Wurzel aller Übel erblickt oder ob nicht doch die moralische Auslegung der zahlreichen Exempel und ihre Vereinigung zu einer allgemeinen Morallehre das eigentliche Anliegen war; jedenfalls tritt immer wieder über weite Strecken hin der Gedanke der sobrietas völlig in den Hintergrund. So ist nicht ohne Grund die Vermutung geäußert worden, Milo sei durch den Tod an einer Überarbeitung des Werkes, das formal abgeschlossen vor uns liegt, gehindert worden. Es fragt sich allerdings, ob Milo, der zwar ein formgewandter Poet, aber nach allem was wir von ihm kennen, nicht eigentlich ein tiefer Denker gewesen ist, die Kraft besessen hätte, den umfangreichen Stoff zu einem innerlich geschlossenen Werk zu formen, oder ob er, dessen Begabung, was auch die vita sancti Amandi zeigt, doch offensichtlich mehr darin lag, einem vorliegenden Gedanken die glatte poetische Form zu verleihen, sich nicht vielmehr eine Aufgabe gestellt hatte, die mehr an Tiefe und vor allem mehr Kraft zur Durchdringung und Ordnung eines reichen und mannigfaltigen Stoffes erfordert hätte. Vermutlich hat Milo die Anregung, über sobrietas zu schreiben, von einem Werk wie Aldhelms Dichtung de virginitate empfangen. Aber während jener mit dem besonderen Blick auf die Nonnen, denen er sein Werk gewidmet hat, die eine und vorzügliche Tugend der Jungfräulichkeit an Beispielen darlegte, und damit die von Anfang bis Ende dem Leser vor Augen tretende innere Geschlossenheit erreichte, versuchte Milo eine ganze Reihe von Tugenden und Lastern in seinem Werk zu behandeln, ohne daß er in jedem Fall eine klare Verbindung zur Mäßigung hergestellt oder angedeutet hätte. Es kommt dazu, daß er die Deutung der einzelnen biblischen Beispiele und Erzählungen natürlich aus der Fülle der überkommenen exegetischen Literatur von den Kirchenvätern an, von Augustinus, Hieronymus, Gregor dem Großen über die wenig ältere karolingische Exegese entnahm – der Nachweis der benützten Literatur im einzelnen ist schwierig, weil Milo nur ausnahmsweise wirkliche Anspielungen erkennen läßt. So bleibt am Ende doch der Eindruck eines inhaltsreichen, aber in sich wenig geschlossenen, trotz der Glätte der Verse unfertigen, weil nicht hinlänglich verarbeiteten Werkes. Milo steht vor unserem geistigen Auge als ein gelehrter Dichter, dem der Schatz der karolingischen Bildung mit ihrer biblischen und patristischen Überlieferung zu Gebote stand und der gelegentlich, wenn es ihm in einer praefatio etwa angemessen erschien, auch profanantike Kenntnisse zu zeigen wußte, dem aber doch die äußere Form, das heißt, Sprache und poetische Ausdrucksweise mehr zu bedeuten schienen als das eigentliche Durchdringen und innere Verarbeiten des Stoffes, den darzubieten er gewagt hatte. In Milo erkennt man den späten Zustand einer geistigen Bewegung; ein Ansatz für eine kommende Zeit, ein Gedanke, der in die Zukunft wiese und ihr neue Impulse böte, ist bei ihm nicht wahrzunehmen.

Sein schon genannter Neffe H u c b a l d ist unter Milos Leitung im Kloster St. Amand herangewachsen. Er steht in dem Rufe, neben Remigius der bedeutendste Gelehrte und Lehrer des westfränkischen Reichs gegen Ende des neunten und in den ersten Jahrzehnten des zehnten Jahrhunderts gewesen zu sein. Da er nach der Überlieferung ein Alter von neunzig Jahren erreichte und im Jahre 930 oder 931 starb, so muß er um 840 geboren, also ein Altersgenosse Notkers, des Sequenzendichters, und des Remigius von Auxerre gewesen sein. Den ersten Unterricht empfing er in St. Amand unter seinem Oheim Milo, der damals die Klosterschule leitete. Es wird berichtet, daß der hochbegabte junge Mönch bald seinen Oheim auf allen Gebieten überflügelt habe; man weiß auch von einem Zerwürfnis zwischen den beiden zu erzählen, durch welches Hucbald gezwungen worden sei, nach Nevers auszuweichen. Feststeht lediglich, daß er zur Vervollständigung seiner Ausbildung nach Auxerre geschickt wurde, wo er neben anderen mit dem erwähnten Remigius zu Füßen des berühmten Lupusschülers Heiric saß. Nach St. Amand zurückgekehrt, erhielt Hucbald spätestens nach seines Oheims Tode 872 die Leitung der Klosterschule. Er muß sich in diesen Jahren einen bedeutenden Ruf erworben haben; 889 erbat sich der Laienabt Radulfus (Rodulfus) von St. Bertin, der keinen ausreichend gebildeten Mönch in seinem Kloster hatte, den angesehenen Hucbald zu seiner persönlichen Unterweisung. Einige Jahre später, vermutlich 893, berief Erzbischof Fulco von Reims, der Nachfolger Hincmars, die beiden ehemaligen Studiengenossen von Auxerre, Hucbald und Remigius, nach Reims mit dem Auftrag, die heruntergekommenen Schulen für die Kanoniker und den Weltklerus zu reformieren. Nach Fulcos Ermordung kehrte Hucbald in sein Heimatkloster zurück, wo er bis zu seinem Tode verblieb.
Nach seinem Bildungsgang wie auch nach seiner geistigen Gesamthaltung erscheint uns Hucbald als ein letzter Vertreter karolingischer Bildung und Geistigkeit, für deren späte Phase es charakteristisch ist, daß das antike Element, das zur Zeit der noch jugendlichen Erneuerungsbewegung vorzugsweise nur als Ergebnis der allgemeinen Hebung des geistigen Niveaus erscheint, sich fester verwurzelt erweist, aber auch mit innerer Unabhängigkeit und größerer Freiheit verwendet wird. Bezeichnend dafür ist, was Hucbald seinem Kloster hinterließ: achtzehn Codices, von denen einige noch in Valenciennes erhalten sind.

Unter ihnen findet man neben einigen patristischen Texten vor allem profanantike Literatur: einen Vergil, Priscian, den Timaeus des Platon in der Übersetzung des Calcidius, Martianus Capella, den Abriß der römischen Geschichte des Eutropius, die sogenannten proverbia Senecae und die vergleichsweise seltene Apocolocyntosis (als „Ludus de morte Neronis") sowie einiges andere. Als Schriftsteller ist Hucbald in erster Linie Hagiograph und Gelehrter.

Das wichtigste unter seinen hagiographischen Werken ist seine *vita sanctae Rictrudis.* An sich ist die Geschichte von der adeligen Rictrud aus dem siebenten Jahrhundert verhältnismäßig einfach: Sie schenkte, von ihren Eltern einem jungen Franken vermählt, diesem vier Kinder, schlug nach seinem frühen Tod die Werbung des Königs Dagobert aus und führte in dem von ihr als Eigenkloster gegründeten Marchiennes ein zurückgezogenes, verinnerlichtes Leben bis zu ihrem Tod im Jahre 687. Eine umfangreichere Darstellung vermöchten diese wenigen Ereignisse kaum zu tragen. Ein Radbod würde eine kurze Begebenheit erzählt und eine Darlegung seiner Auffassung vom Sinn der Heiligenverehrung dem ganzen vorangestellt oder der Geschichte haben folgen lassen. Hucbald sind schon durch seinen Auftrag – die Nonnen von Marchiennes[95] hatten ihn um Neubearbeitung der alten vita ihrer ersten Äbtissin gebeten – verhältnismäßig enge Grenzen gezogen. Er beginnt mit der Erinnerung daran, wie das Volk der Franken, einst aus dem Geschlechte der Trojanerkönige entsprossen, zur Zeit des Königs Chlodwig durch den Bischof Remigius zum christlichen Glauben geführt worden, darauf manche Heilige hervorgebracht, von denen sich Rictrudis ausgezeichnet habe. Und dann erzählt er, mit gelegentlichen kurzen Blicken auf die Ereignisse – er läßt auch immer erbauliche Bemerkungen einfließen – mit einer, man möchte meinen, fühlbaren Wärme das Leben dieser Frau. Mit besonderer Aufmerksamkeit und Sympathie spricht er von ihrer Vermählung: von einer Liebe sozusagen auf den ersten Blick (*R. puella ... iam facta nubilis videtur, diligitur atque eligitur*[96]) und von ihrer glücklichen, mit vier Kindern gesegneten, aber kurzen Ehe; von dem wie von dunklen Ahnungen erfüllten Abschied von ihrem Gatten, als er zu seinem Ritt in die Gascogne aufbrach, wo er den Tod fand. Gewiß sind solche Ausführungen auch deshalb eingelegt, weil es zu jener Zeit noch ungewöhnlich war, ein Heiligenleben einer Frau zu widmen, die in ihrer Familie gelebt und erst dann sich aus der Welt zurückgezogen hat. Das Ganze ist in einer gepflegten, aber keineswegs gekünstelten Sprache, in ruhigem, eher zu

---

[95] *rogitatus apponere novum ad conscribendum gesta ipsius natorumque eius calamum* Acta SS Maii III (1680) 81 D.
[96] a.a.O. 83 C.

einer gewissen Behaglichkeit neigendem Tone geschrieben, ein Werk, das auch einen Leser unserer Tage anzusprechen vermöchte.

Über Hucbalds *vita sancti Lebwini* kennen wir zeitgenössische Äußerungen: Zwei Briefe, die, voneinander unabhängig, beide des höchsten Lobes voll sind. Der eine überaus zierlich und gekünstelt geschrieben von dem seiner Würde sehr wohl bewußten Archidiakon Petrus von Cambrai, der andere in liebenswürdigem Tone und aufrichtiger Demut verfaßt von dem Mönch Odilo von St. Medard in Soissons, den wir u.a. als Verfasser einer translatio sancti Sebastiani et Gregorii, eines sehr ausführlichen Berichtes über die wenige Jahre zuvor erfolgte Überführung der Gebeine von Rom nach Soissons, kennen. In einem Briefgedicht von achtzehn Distichen (inc. *In primis Baldrice vale*) empfahl ein Schüler Hucbalds namens Iudio dem Bischof Baldericus von Utrecht die vita Leboini seines Lehrers. Die drei genannten Zeugnisse, so verschieden sie im einzelnen sich ausdrücken, geben doch insgesamt ein recht deutliches Bild von dem, was der Geschmack der Zeit von einem Heiligenleben forderte und was, wenn man das Zeugnis des Iudio in Erwägung zieht, wohl auch Hucbald selbst sich als Aufgabe gestellt hat. Demnach sollte das Werk ein Lebensbild des Heiligen bieten von seiner Abstammung an bis zu seinem Tode; es sollte dies in zweifacher Weise erfolgen, indem es sowohl den äußeren Lebensgang als auch die innere Haltung des Heiligen behandelte (was man sonst wohl vitam et conversationem nennt), und das alles sollte mit Sachkenntnis *(prudenter)* geschehen. Darüber hinaus sollte der Verfasser beweisen oder doch zu erkennen geben, daß er auf den verschiedenen Gebieten auch des weltlichen Wissens bewandert sei, mit anderen Worten, er durfte nicht das Heiligenleben als eine literarische Gattung von geringerer Art betrachten, das auf niedrigerer geistiger Stufe stünde; und vor allem sollte das Werk in seiner sprachlichen Gestalt auch darin die Bildung seines Verfassers in den weltlichen Disziplinen zum Ausdruck bringen, daß es in einem kunstvollen Stil *(ornate)*, d.h. unter Anwendung von Tropen und Figuren nebst sonstigen Kunstmitteln der Rhetorik abgefaßt würde. Daß dazu auch eine Orientierung an biblischer Erzählweise, an patristischen wie profanantiken Autoren gehörte, mag man als eine besondere Forderung zunächst Hucbalds ansehen; sie ist, wie immer man solche Hinweise verstehen mag, in jedem Falle ein Zeichen dafür, in welchem Maße die Hagiographie von der Entwicklung der literarischen Kunst zu jener Zeit bereits erfaßt und bewußt in sie hineingestellt war.

Hucbald hat als Vorlage eine für uns anonyme vita Lebuini benützt, die aller Wahrscheinlichkeit nach um die Mitte des neunten Jahrhunderts in Werden entstanden war. Er tat dies unter ständiger Beachtung der vom Heiligenleben geforderten Erbaulichkeit, doch mit Geschmack und klugem Takt. Und er bediente sich einer Form des sprachlichen und stilistischen Ausdrucks, der die Schulung an antiker Literatur nicht verbarg, aber doch durch und durch mittelalterlich war – hiezu gehört auch der wiederholte Übergang in die Reimprosa –, einer Form, die in ihrer Art und für ihre Gattung schlechterdings als vollendet, um nicht zu sagen als klassisch angesehen werden konnte.

Es bedeutete wohl auch die Erfüllung eines Anspruchs der Zeit, daß Hucbald mit einer an Routine grenzenden Gewandtheit eine über weite Strecken hin inhaltsarme Lebensgeschichte, wie sie ihm vorlag, zu einem hagiographischen Werk formte, in welchem der fast nur mit stereotypen Zügen ausgestattete Glaubensbote – dessen angelsächsischer Name Liafwin als „Gutes verheißend" gedeutet wird von Hucbald wie von anderen – in den Zusammenhang der Geschichte der angelsächsischen Mission auf dem Kontinent eingeordnet erscheint, die ihrerseits mit einem Blick auf die frühe Geschichte des Christentums in England und einer Beschreibung Britanniens verbunden wird. Auch sonst benützt Hucbald gern die Gelegenheit zu geographischen, ethnographischen und historischen Ausführungen, die weit über die eigentliche Lebensgeschichte und die Person des Heiligen hinausgreifen: Er spricht von dem Volk der Sachsen, seiner dreifachen Gliederung in *edlingi, frilingi* und *lassi*[97], von ihren alljährlich stattfindenden Zusammenkünften an der Weser und beschreibt eine sächsische Landesversammlung[98]. Gelegentlich einer solchen Versammlung tritt Lebuinus auf: Als die Versammelten sich anschicken, ihren Göttern zu opfern, drängt sich der Missionar Lebuinus vor in ihre Mitte und hebt mit lauter Stimme (*exaltat vocem suam ut tuba annuntians palam*[99]) zu predigen an; dabei verheißt er ihnen drohend ihre nahe bevorstehende Züchtigung durch einen großen und mächtigen König. – Man trifft in der vita Lebuini manch interessante Bemerkung, doch gilt die vita als Ganzes für historisch unergiebig. In rein hagiographischer Hinsicht – und das will hier besagen, sofern man das Hagiographische nicht primär als Literatur betrachtet – scheint sich in dem also erreichten Stande eine gewisse Entfernung, nicht Entfremdung von dem ursprünglichen Anliegen der Hagiographie auszu-

---

[97] *quod in latina sonat lingua nobiles, ingenui et servi* fügt Hucbald hinzu cap. XI (Migne PL 132, 877 C) Letzteres stimmt nicht ganz: *lassi* sind die anderswo *liberti* genannten Halbfreien, so Rudolf von Fulda in der translatio sancti Alexandri filii Felicitatis (MGH Script. II 675, 16 ff.); die Unfreien oder Knechte gehören in die von Hucbald nicht genannte vierte Klasse. Auch Widukind I, 14 spricht von einer dreifachen Gliederung und zählt dabei die Unfreien nicht mit. Vgl. auch die bei Widukind ed P. Hirsch (1935) S. 23 Anm. 4 zur Stelle genannte Literatur.
[98] ebda. 887 D ff.
[99] ebda. 888 D.

drücken, indem diese doch darauf gerichtet war, die christliche Glaubens- und Sittenlehre am Beispiel des Lebens und Wirkens heiliger Männer und Frauen zu veranschaulichen und zu deren Nachahmung anzuregen. Der zunächst dem hagiographischen Schrifttum anhaftende Charakter einer populären Theologie wird durch ein Heiligenleben, wie es von Hucbald angestrebt und erreicht worden war, im Grunde aufgegeben. Indem sich zu der erbaulichen Erzählung eines Heiligenlebens der betont literarische Anspruch in einem Maße und mit einer Höhe der Forderungen gesellt, den in der richtigen Weise nur noch ein Schriftsteller vom Range eines Hucbald voll zu erfüllen vermochte, wird das Heiligenleben einer Grundforderung mittelalterlicher Ästhetik, die ihrerseits freilich wieder auf die Antike zurückgeht, nach welcher die Form eines literarischen Werkes, insbesondere seine sprachliche und stilistische Gestalt dem Range des dargestellten Gegenstandes zu entsprechen habe, unterworfen. Das ist im Grunde nicht neu. Schon die karolingischen Überarbeitungen älterer Heiligenleben, in deutlicherer Weise die Versifizierung oder auch poetischen Bearbeitungen von Viten in Prosa verfolgten dieses Ziel. Hucbald aber, dessen Auffassung wir nicht nur aus seinem eigenen Werk erkennen, sondern aus den Urteilen mehrerer Zeitgenossen von ganz verschiedener Herkunft und persönlicher Eigenart als dem Empfinden der Zeit entsprechend erfahren, ist einen deutlichen Schritt weitergegangen, ohne doch ein Neuerer zu sein. Alles, was wir bei ihm antreffen, ist karolingisches Erbe; aber dieses überkommene Bildungsgut, ehedem die Errungenschaft einer tiefgreifenden Erneuerung der geistigen Welt, ist im Laufe von Generationen zu einem mehr oder minder selbstverständlichen Besitz geworden. Das Zeitalter der Erneuerung und der Verbreitung des neuen Bildungsgutes ist zu Ende, und man „erwirbt, was man ererbt von seinen Vätern hat". Ein Hucbald vermochte in solcher Lage und Begrenztheit Werke von Rang zu schaffen. Geringeren Geistern drohte die Gefahr, dem Schema, der Routine, der Schablone zu verfallen. Nicht zuletzt in der Hagiographie wird dies ein Merkmal einer neuen Zeit des Übergangs.

Neben einigen weiteren Heiligenleben besitzen wir von Hucbald einen Traktat *de harmonica institutione* (in der gelehrten Literatur häufig musica Hucbaldi genannt), der in unserem Zusammenhang nur beiläufig zu erwähnen ist. Es handelt sich um eine für die Praxis geschriebene Einführung in die traditionelle Theorie der einstimmigen Musik, in deren Mitte die Behandlung des Monochord und der Lehre von den Intervallen steht. Der Bestimmung der Schrift gemäß beginnt der Verfasser mit den einfachsten Gegebenheiten und behandelt seinen Gegenstand anschaulich und klar; vorausgesetzt wird, wie üblich, die

Vertrautheit mit den Melodien des mittelalterlichen liturgischen Gesanges, dem sämtliche Beispiele entnommen sind. Hucbalds Ansehen als eines der namhaftesten Vertreter der mittelalterlichen Musiktheorie beruht allerdings nicht so sehr auf der vorliegenden Schrift als auf dem Umstand, daß ihm lange Zeit die musica enchiriadis und die dazugehörigen Traktate zugeschrieben worden waren.

Daß Hucbald auch gedichtet hat, versteht sich bei einem Gelehrten seiner Zeit fast von selbst und ist bereits bei Milos Werken bemerkt worden. Als einzige selbständige Dichtung hat er uns die *egloga de calvis* hinterlassen, ein kleines Werk, das in verschiedener Hinsicht ein Kuriosum darstellt. In einer an den Erzbischof Hatto I. von Mainz († 913) gerichteten praefatio von 54 Hexametern (*versus Hucbaldi calvorum laude canendi,* inc. *Musa decus vatum, moderato, Polimnia, gressum*), die nach Art großer epischer Dichtung mit einem Anruf der Musen beginnt, erinnert Hucbald an Vergil, Ovid, Optatianus Porphyrius und andere antike Dichter, die alle von ihren Gönnern reiches Honorar empfangen hätten. Wohin, so fragt er, käme es mit der Dichtkunst, wenn solches heutzutage nicht mehr geschähe? Und wer sollte dann noch die Kahlköpfe besingen?

Candiduli calvi, concurrite, ferte iuvamen!

In 136 Versen wolle er die Kahlköpfigkeit rühmen und begehre dafür keinen anderen Dichterlohn als den, daß der große Bischof ihn seiner Aufmerksamkeit würdige *(Carmina convitii cerritus carpere calvos).*

Ähnlich wie in Radbods egloga ecclesiastica[100] ist auch in diesem Gedicht von der üblichen Form der Ekloge nichts vorhanden und wiederum die Verwechslung mit Elogium vorauszusetzen. Formal besteht die nächste Verwandtschaft mit Catulls epithalamium (carm. 62: *Vesper adest iuvenes consurgite*) mit dem abschnittsweise wiederholten Refrain

Carmina clarisonae calvis cantate Camenae.

Im übrigen ist die egloga ein verstechnisches Kunststück. Sämtliche Wörter der 136 Verse beginnen mit C, dem Anfangsbuchstaben der calvities, der Kahlköpfigkeit. Hucbald beginnt nach einer Anrufung der Musen seinen Preisgesang mit der Feststellung, daß die Kahlköpfigkeit eine besondere Vorbedeutung enthalte, indem sie auf die Zugehörigkeit zum Klerus hinweise; es gebe kahlköpfige Kantoren, Äbte,

---

[100] s. oben S. 101.

Gelehrte, Bischöfe, Mönche, Grammatiker und Dichter, man wisse von kahlköpfigen Königen und Kaisern, Konsuln, Gesetzgebern und Richtern, es habe kahlköpfige Feldherren und tüchtige Heerführer mit kahlen Köpfen gegeben, die vortrefflichsten Kenner der Heilkunst, der Arzneikunde oder der Chirurgie hätten kahle Köpfe gehabt usf. Nach einer Zurückweisung des Spottes über die Kahlköpfe zeigt der Dichter dessen Haltlosigkeit an den Beispielen berühmter Kahlköpfe aus der Bibel, nämlich des Elisäus und des Apostels Paulus, und gelangt am Ende zu der Feststellung, daß der Kahlkopf ein Abbild des Himmelsgewölbes, des Kosmos, daß er in Wahrheit ein Mikrokosmos sei, worauf ein Abgesang die Dichtung beschließt. Das ganze ist nach Art einer schulmäßigen Übung der Rhetorik aufgebaut, über eine solche jedoch durch die strengen formalen Forderungen, die der Verfasser sich gestellt hat, bedeutend hinausgehoben. Das Lob der Kahlheit erfolgt nicht ohne Humor, und man mag sich denken, daß Hucbald selbst seiner Glatze wegen manchen Spott zu ertragen hatte, vielleicht auch, daß Erzbischof Hatto der Zierde des Haupthaares entbehrte. Als bloßer Scherz aber wäre das Werk viel zu anspruchsvoll, und so wird man die egloga de calvis wohl am ehesten als eine mit Witz und Humor, aber auch mit ungewöhnlicher Sprachbeherrschung und zugleich mit Geist vorgetragene Belehrung und Mahnung anzusehen haben, daß der Mensch nicht gedankenlos, töricht und lieblos über den körperlichen Mangel eines anderen spotten solle. Das Gedicht fand schon seiner kunstvollen Form wegen vielfach Gefallen und wurde bis ins zwölfte Jahrhundert hinein nicht selten abgeschrieben.

Die Belehrung war ein Lebenselement Hucbalds, und er mag wohl noch manches an lehrhaften Gedichten verfaßt haben, von denen wir nichts wissen. Unter seinem Namen gehen *versus de diebus aegyptiacis* (inc. *Prima diem primam Iani frons aspicit atram*), ein didaktisch-mnemotechnisches Gedicht von 12 Distichen, die eine Aufzählung der dies aegyptiaci, d.h. der unglückbringenden Tage im Lauf eines ganzen Jahres nach spätantiker Tradition enthalten, vielleicht direkt nach dem Vorbild eines *Bis deni binique dies scribuntur in anno* beginnenden Gedichts der Anthologie (680a Riese^2) verfaßt.

In seiner Reimser Zeit dichtete Hucbald, wie wir einem noch erhaltenen Brief entnehmen können, auf Veranlassung des Konvents der Benediktiner von St. Theodorich zwei *Hymnen* für das Fest des heiligen Theodorich, des ersten, im Jahre 533 verstorbenen Abtes ihres noch von Remigius gegründeten Klosters. Der eine Hymnus ist in ambrosianischen Strophen (inc. *Festiva Christo cantica nunc turma fratrum concinat*) abgefaßt, der andere (inc. *Exultet domino mente serena*) weist die ebenfalls recht häufige Form katalektischer Asklepiaden (oder

Terentianeen) auf, die zu vierzeiligen Strophen gebunden sind. Beide stehen nach Aufbau, Gedankenführung und sprachlicher Gestalt durchaus in der Tradition der Hymnendichtung.

Mit Notker Balbulus und seiner Schule der Sequenzendichtung ist der deutsche Südwesten, mit Regino das alte Lothringen, mit dem Verfasser der musica enchiriadis das niederrheinische Gebiet auf dem Weg in die neue Zeit entschieden vorangegangen, und der lothringische Raum wird es sein, von dem wenige Jahrzehnte später mit der Klosterreform auch auf dem Gebiete der Literatur neue Impulse ausgehen werden.

Zweiter Abschnitt

DIE ZWISCHENZEIT
IN DEN VERSCHIEDENEN TEILEN DER
LATEINISCHEN WELT

ERSTES KAPITEL

FRANKREICH

Der Westen hält diesmal mit der allgemeinen Entwicklung offenbar nicht Schritt und ist zunächst nicht imstande, durch Schöpfungen neuer Art auf dem Gebiete der lateinischen Literatur und Bildung anregend zu wirken. Die allgemeinen Verhältnisse, vor allem die ständige Beunruhigung durch die Normanneneinfälle, nicht nur an den Küsten, sondern auch bis tief ins Innenland hinein, haben dazu beigetragen, daß sich Zahl und Rang der literarischen Neuschöpfungen in Frankreich einstweilen noch in sehr engen Grenzen halten und vor allem ein Weitergehen über die karolingische Überlieferung hinaus zunächst noch nicht beobachtet werden kann.

Eine Ausnahme bildet möglicherweise ein Werk, von dem wir nur durch ein Bruchstück Kunde haben, das sogenannte Haager Fragment. In einer Handschrift der gesta regum Francorum (Haag, Kgl. Bibl. 921) findet sich am Ende, fol. 49^r – 51^v (auf der letzten Seite nur einige Zeilen) das Bruchstück einer epischen Dichtung im Umfang von etwa 150 Hexametern. Freilich sind diese Hexameter nicht in ihrer originalen Fassung erhalten, sondern in einer – vermutlich als Schulübung entstandenen – Umformung in Prosa, welche die Verse noch erkennen läßt und eine wenigstens teilweise Rekonstruktion derselben erlaubt. Allem Anschein nach handelt es sich um das Fragment eines Epos, in welchem der sagenhafte Feldzug Karls des Großen gegen die Mauren behandelt war; ob an ein regelrechtes Karlsepos gedacht werden darf, steht dahin. Das erhaltene Fragment enthält einen Ausschnitt aus der Beschreibung des Kampfes um eine Stadt oder Burg, die von dem Heiden Borell verteidigt, von den Franken unter ihrem Führer Ernoldus (Ernaldus) bestürmt wird. Soweit die Verse einigermaßen sicher rekonstruiert werden können, deuten sie auf ein recht gewandt und mit guter Verstechnik geschriebenes Epos, das noch in fester karolingischer Tradition zu stehen scheint. Das wäre, wenn die Beobachtungen im wesentlichen zutreffen, eines der frühesten Zeugnisse der Karlssage in ihrer westlichen Ausformung; in den Erörterungen um die Entstehung der

Chansons de geste hat es als Hinweis auf die älteste Dichtung dieser Art eine Rolle gespielt.

Unter den verhältnismäßig wenigen kulturellen Zentren des westfränkischen Reiches, die in den letzten Jahrzehnten der Karolinger und der Zeit des Übergangs zum Herrscherhaus der Kapetinger mit nennenswerten literarischen Leistungen hervorgetreten sind, ragt Saint-Germain-des-Prés hervor.

Um die Mitte und im dritten Viertel des neunten Jahrhunderts treffen wir unter den Mönchen des heiligen Germanus zwei Männer an, die vermutlich beide mit der Schule zu tun hatten und beide mit literarischen Werken von einiger Bedeutung hervorgetreten sind: Usuard und Aimoin. Allem Anschein nach ist Usuard von St-Germain der jüngere von beiden gewesen. Wir kennen nur ein Datum aus seinem Leben: das Jahr 858, in dem das bedeutendste äußere Ereignis im Leben dieses Mönchs sich zutrug: seine Reise nach Spanien. Im Auftrag des Konvents von St-Germain, der zu jener Zeit noch nach seinem alten Schutzpatron den Namen St. Vinzentius führte, begab sich Usuard, mit einem Empfehlungsschreiben Karls des Kahlen ausgestattet, in Begleitung eines Mitbruders Odilard nach Spanien, um aus der von den Mauren zerstörten Kirche zu Valencia, wo der Leib des Heiligen ruhte, diesen für St-Germain zu erwerben. Als Usuardus indessen erfuhr, daß die gesuchten Gebeine des Heiligen bereits von dem Bischof Senior von Saragossa unter dem Namen des heiligen Marinus nach Saragossa gebracht worden seien, reiste er mit Odilard weiter nach Cordoba, um dort andere Reliquien für sein Kloster zu gewinnen. Unterstützt von dem Priester Leovigild und dem Abte Samson von Pinnamelaria erwarben die beiden Mönche die Leiber der Heiligen Georgius und Aurelius sowie das Haupt der heiligen Natalia. Mit diesen Schätzen zogen sie im Geleit eines maurischen Heerhaufens nach Toledo, von dort nach Barcelona und kehrten dann über Narbonne in die Heimat zurück. Inzwischen aber war St-Germain von den Normannen verwüstet, die Mönche zur Flucht in das Kloster Emant in der Diözese Sens gezwungen worden, und sie kehrten erst 863 wieder nach St. Germain zurück, wo dann endlich die aus Spanien erworbenen Gebeine ihre Ruhestätte fanden. Die Geschichte dieser Translation ist von Usuards Mitbruder Aimoin aufgezeichnet worden.

Daß Usuard an der Schule von St-Germain unterrichtet hat, kann seit etlichen Jahren als wahrscheinlich angenommen werden. In zwei spanischen Handschriften des zehnten Jahrhunderts aus Ripoll ist eine lateinische *Grammatik* entdeckt worden, die einem *Karissimo fratri Aimonio Usuardus conlevita et monachus* widmet; es ist kaum zu bezweifeln, daß es sich um Aimoin und seinen Mitbruder Usuard aus St-Germain handelt. Usuards Traktat hat den Charakter einer Anfängergrammatik; er ist besonders durch den Reichtum an Flexionsparadigmen sowie äußerste Zurückhaltung in der Anführung von Zitaten gekennzeichnet und scheint aus den Erfahrungen der Praxis erwachsen zu sein.

Usuards Beteiligung an der vorhin erwähnten Reliquienübertragung veranlaßte Karl den Kahlen, ihn um die Abfassung eines *Martyrologiums* zu ersuchen. Usuard benutzte als Quellen das wenige Jahre zuvor entstandene Martyrologium des Ado von Vienne, von dem bald zu sprechen sein wird, ferner das sogenannte Martyrologium Hieronymianum sowie Beda und Florus. Das Werk ist also eine Kompilation und beruht nicht auf selbständigen Studien. Unter den historischen Martyrologien ist Usuards Werk nicht nur das umfangreichste, sondern auch das bedeutendste geworden. Es fand rasche Verbreitung, wurde in den Benediktinerklöstern, aber auch in den anderen Kirchen der abendländischen Welt aufgenommen. Wegen der gestrafften, aber doch nicht zu knappen Form der einzelnen Passiones und Viten für die Verwendung in den liturgischen Lesungen des Offiziums (d.h. in der Matutin) besonders geeignet, verdrängte Usuards Werk die anderen Martyrologien und bestimmte zu einem wesentlichen Teile das Bild der Heiligen und ihres Wirkens durch die folgenden Jahrhunderte. Auch auf die späteren Martyrologien übte das Werk starken Einfluß aus. Dank seiner längst üblich gewordenen Benutzung in den Lesungen des Breviers wurde das Usuardsche Martyrologium zur Grundlage des von Gregor XIII. 1584 zum offiziellen Gebrauch vorgeschriebenen Martyrologium Romanum, das bis in die jüngste Zeit Gültigkeit besaß.

Im späteren neunten Jahrhundert treffen wir als Lehrer, vielleicht als Leiter der Klosterschule von Saint-Germain-des Prés, also in jedem Falle einen der Männer, die das geistige Leben geprägt haben, jenen genannten A i m o i n. Wir kennen ihn als Verfasser mehrerer hagiographischer Werke. Die zwei Bücher *de miraculis sancti Germani* beruhen auf den Aufzeichnungen, die, einem Wunsche Karls des Kahlen entsprechend, der damalige Abt Ebroin durch zwei Mönche von Saint-Germain hatte vornehmen lassen; später hatte Abt Gozlin den Aimoin damit beauftragt, das Werk sprachlich zu überarbeiten und stilistisch auszuschmücken. Der Bericht beginnt mit dem Jahre 845 und der Schilderung der politischen Unruhen der Zeit infolge der Teilung des Reichs, der Schutzlosigkeit der Bevölkerung wegen der mangelnden Kampfbereitschaft der Fürsten und vor allem der Grausamkeiten und Verwüstungen der Normannen, die das Land heimsuchten. Aimoin berichtet immer wieder von den Ereignissen der Zeit, und so ist sein Werk im späteren elften Jahrhundert eine wichtige Quelle für die Normannengeschichte des Wilhelm von Jumièges geworden. Aimoin, der vielleicht auch als Notar in seinem Kloster tätig war, bedient sich einer gezierten, zur Künstlichkeit neigenden, doch im ganzen korrekten Sprache, die nicht selten den häufigen Umgang des Verfassers mit Urkunden zu erkennen gibt. Im übrigen ist es für seine geistige Haltung bezeichnend, daß er in der praefatio Formulierungen gebraucht, die wörtlich in einer gelehrten karolingischen Kompilation welcher Art auch immer stehen könnten.

Aimoin hat ferner eine *inventio et translatio beati Vincentii levitae et martyris* in zwei Büchern verfaßt, worin er die Übertragung der Gebeine des Martyrers Vincentius von Saragossa nach dem südfranzösischen Benediktinerkloster Castres beschreibt, die auf Grund des Gesichtes eines Mönchs Hildebertus von dessen Mitbruder Audaldus im Jahre 864 vorgenommen worden war. Audaldus selbst hatte dem Aimoin die abenteuerliche Geschichte erzählt, in der die nächtliche Entführung der Gebeine, ein bestochener Sarazene, eine neugierige Frau, ein gewalttätiger Bischof, ein ebenso standhafter wie pfiffiger Mönch, mißtrauische und gehässige Mitbrüder, ein käuflicher Maurenfürst und angeblich in Spanien verstorbene Verwandte, deren Gebeine man anstelle des Martyrers in die Heimat zu bringen vorgibt, die tragenden Gestalten und Begebenheiten bilden. In einer Versbearbeitung von zweimal dreißig Hexametern Umfang hat Aimoin dieselbe Geschichte noch einmal behandelt; dabei ist freilich infolge der allzu großen Gedrängtheit der Darstellung der erzählerische Reiz der Prosafassung völlig verlorengegangen.

Ein Schüler dieses ganz und gar in der karolingischen Tradition der Hagiographie stehenden wackeren Aimoin war Abbo von St-Germain[1]. Er stammte aus dem Gebiet zwischen Seine und Loire, also vielleicht gar nicht allzuweit von dem Orte, in dem er Mönch wurde. Auch in seinem Leben spielten die Normannen eine wichtige, für das Gedächtnis, das ihm die Geschichte widmet, die entscheidende Rolle. Abbo war wohl noch ein recht junger Mönch, als er Augenzeuge der im Spätherbst 885 beginnenden und bis tief in das folgende Jahr hinein sich erstreckenden Belagerung der Stadt Paris durch die Normannen wurde. Dieses Ereignis hat Abbo, wahrscheinlich nicht all-

---

[1] In der älteren gelehrten Literatur erscheint er des öfteren als Abbo Cernuus. Der zu preziöser Ausdrucksweise neigende Mann hat zwar die Bezeichnung des öftern selbst gebraucht (für humilis), aber sie ist nie Beiname gewesen.

zulange danach, in einem Epos mit dem Titel *bella Parisiacae urbis* in zwei Büchern von 660 und 618 Hexametern besungen; ein drittes Buch (anderen Inhaltes, wovon nachher die Rede sein wird) ist von ihm nachträglich hinzugefügt worden. Von historischer Seite wird anerkannt, daß Abbo sich um wahrheitsgetreue, objektive Darstellung bemüht hat, die bella somit als wertvolle Geschichtsquelle gelten dürfen. Was die Darstellung angeht, so versucht Abbo den als Augenzeugenbericht an sich nicht uninteressanten Stoff anziehender zu gestalten, ohne die Objektivität seines Berichtes aufzugeben: Er bedient sich poetischer Kunstmittel, strebt nach Abwechslung und sucht das Ganze zu beleben, indem er gern die handelnden Personen ihre Gedanken in direkter Rede äußern läßt. Abbo scheint die Dichtung Stück für Stück seinem Lehrer Aimoin zur Prüfung übergeben zu haben, der offensichtlich wenig zufrieden war und weidlich daran herumkorrigierte. In den vorangestellten *versiculi ad magistrum* (inc. *O pedagoge sacer meritis;* 22 katalektische daktylische Tetrameter) spielt Abbo darauf an. Das Epos setzt nach einer mit einer phantastischen Etymologie des Namens Paris beginnenden Beschreibung der Stadt mit dem ersten Auftauchen der Normannen vor Paris ein; das zweite Buch beginnt mit dem für die Normannen verlustreichen, aber nicht entscheidenden Eingreifen des Sachsenherzogs Heinrich, behandelt den Sieg des Grafen Odo von Paris über die Normannen und deren Abzug und anschließend den weiteren Verlauf der westfränkischen Geschichte. Ohne inneren Zusammenhang mit den vorausgehenden zwei Büchern und nur, um die Dreiheit zu erfüllen, fügt Abbo ein drittes Buch an, das, wunderlich genug an dieser Stelle, Lehren für Geistliche enthält, Lebensweisheiten, aber auch Ermahnungen zur geistigen und wissenschaftlichen Bildung.

Seltene, obsolete und vor allem Fremdwörter griechischen Ursprungs treten hier in solcher Dichte auf, daß die Verse, so wie sie dastehen, schlechterdings unverständlich wären, hätte ihnen nicht der Verfasser selbst Glossen in großer Zahl beigeschrieben. Seine zu Beginn angegebene Absicht, die clerici zu belehren, bezieht sich denn auch weniger auf den Inhalt der Verse als auf ihre Formulierung, und man hat nicht ohne Grund die Auffassung vertreten können, Abbo habe in Wahrheit mit dem dritten Buch seiner bella lediglich ein zum Zwecke der leichteren Einprägung versifiziertes Glossar bieten wollen. Die lehrhafte Absicht des Autors ist außerdem an dem sinnreichen System der Markierungen zu erkennen, die Abbo so den einzelnen Glossen beigefügt hat, daß jeweils Genus und Deklination der griechischen Wörter dem Leser mitgeteilt werden. Zweifellos ist das System, das Abbo hier anwendet, wohlüberlegt und verrät ein nicht geringes Geschick. Dem Epos angefügt nimmt sich das Buch grotesk aus, und es ist wohl überhaupt nur in einer Zeit möglich gewesen, so disparate Dinge zu einem Ganzen zu verbinden, in welcher eine in mancher Hinsicht vielleicht größere Gewandtheit, ja der Routine sich nähernde Technik mit dem rapid fortschreitenden Verlust des literarischen Geschmacks einherging.

Gewidmet hat Abbo das Gesamtwerk mit einer überaus künstlich verschnörkelten Dedikationsepistel, in der er unter anderem auch auf metrische Details eingeht, seinem Mitbruder, dem Diakon Gozlin.

Es hat seinen guten Grund, wenn Aimoin am Werk seines Schülers gar manches auszusetzen fand; konnte er doch den Eindruck gewinnen, Abbo habe zwar nicht wenig gelernt, das Wesentliche aber nicht verstanden. Was nämlich an diesem Epos die Aufmerksamkeit am meisten erregt und sogleich ins Auge fällt, ist die sprachliche Form. Kennzeichnend für sie ist Abbos Neigung – man kann sie als eine Modeerscheinung ansehen, aber auch als eine Marotte –, so oft wie möglich entlegene Vokabeln und, wo immer es anging, auch griechische Fremdwörter zu gebrauchen; es ist wahrscheinlich gemacht worden, daß er sich hierfür eines Hilfsmittels bediente, das den aus dem Unterricht des Iren Martin von Laon stammenden scolica graecarum glossarum[2] recht ähnlich war. Ein zweites, auf dieselbe Neigung zum Ausgefallenen zurückgehendes, die Sprache aber viel tiefer prägendes Merkmal kommt hinzu: Er verwechselt epische Poesie mit sprachlicher Künstelei, gehobenen Stil mit unmotiviertem Pathos und Kunst der Prosa mit mechanisch schülerhafter Anwendung rhetorischer Figuren und Tropen. Wenn etwas an Abbo als neu zu beobachten ist, beschränkt es sich auf die Form: das Überschwengliche, Gespreizte, Hochtrabende wird vielfach zu einem Ideal in der Prosa im folgenden Jahrhundert, in den Geschichtswerken und in der Hagiographie.

Das Epos über die Belagerung von Paris ist fast nur durch einen Zufall erhalten geblieben in einer Handschrift des zehnten Jahrhunderts aus St. Germain selbst; lediglich das dritte Buch hat seines belehrenden Charakters wegen Gefallen und für sich allein eine gewisse Verbreitung gefunden.

Gewöhnlich wird angenommen, daß wir von Abbo auch noch eine *Predigtsammlung* besäßen. Trifft die Annahme zu, so müßte der Dichter der bella Parisiacae urbis in späteren Lebensjahren ein angesehener, weit über St-Germain hinaus geschätzter Prediger geworden sein – was man nicht ausschließen kann. Der Verfasser der sermones, der von den Bischöfen Froterius von Poitiers (900–936) und Fulrad von Paris (922–926 oder 927) zur Sammlung seiner Predigten als Muster aufge-

---

[2] Siehe oben Bd. I, S. 475 und 570.

fordert wurde, ist Mönch in St-Germain gewesen, wie er selbst bemerkt, und auch die Handschrift, die uns einzig das Corpus als Ganzes bewahrt hat, stammt dorther. Aber zwischen dem Epos und der Predigtsammlung liegt ein Zeitraum von immerhin dreißig bis vierzig Jahren, in denen der Dichter für uns völlig stumm bleibt. Ob der Verfasser der Predigten wirklich mit ihm identisch oder ein jüngerer Mitbruder gleichen Namens gewesen ist, muß zum mindesten gefragt werden[3]. Soweit die sermones – vollständig oder in Auszügen – bekannt sind[4], zeigen sie zwar eine gewisse Neigung zu einer gezierten Ausdrucksweise, aber eine solche wird Mode in jener Zeit. Handelte es sich um den Dichter, so müßte dieser die ihm eigene Verschrobenheit, die er für Dichtung hielt, und die kaum noch zu übertreffende Sucht nach dem Entlegenen gründlich überwunden und sich eines Stiles befleißigt haben, der durchaus im Rahmen des Üblichen blieb. Daß wir außer der zufälligen Namensgleichheit allein auf stilistische Merkmale angewiesen sind, macht die Entscheidung über die Identität oder Verschiedenheit der Personen nicht leichter. Die Predigten zeigen Vertrautheit mit patristischem Gedankengut und erscheinen insofern als ein bemerkenswertes Zeitdokument, als sie, wo sich die Gelegenheit dazu bietet, nicht nur den betont westfränkischen Standpunkt und Horizont ihres Verfassers erkennen lassen, sondern – was man anderswo kaum zu dieser Zeit antrifft – sich bis zu leidenschaftlichen Äußerungen des erwachenden französischen Patriotismus steigern[5].

Wahrscheinlich in St-Germain und zur Zeit des Königs Odo, also in den Jahren 888/897, ist die rhythmische Dichtung *de vita et miraculis et de translatione sancti Germani* entstanden (praefatio inc.: *Bene supra terminatis lector constantissime*; vita inc.: *Pagus olim gemmam nobis protulit clarissimam*). Der Verfasser ist unbekannt[6]. Nach einer praefatio von 28 Versen besingt der Dichter in 118 vierzeiligen Strophen von

---

[3] Im letzteren Falle wäre auch die übliche Annahme, der Dichter sei nach 921 gestorben, in Frage zu stellen.
[4] Nur fünf hat d'Achery herausgegeben, Auszüge aus etlichen weiteren bei J. Leclercq, Revue du Moyen Age Latin 3 (1947) 113–140.
[5] Man vergleiche die von J. Leclercq a.a.O., hier bes. S. 117ff. hervorgehobenen Partien.
[6] Gaudenzi in seiner Edition der Vita, miracula, translatio sancti Germani secundum Fortunatum et translationem Pippinianam rhythmis conscripta (Bologna 1886 p. 8) hatte Abbo oder Aimoin als Verfasser vorgeschlagen; Winterfeld MGH Poet. IV 123 lehnte Abbo (aus sprachlichen Gründen) entschieden ab. Zieht man die Möglichkeit in Erwägung, daß Abbo seinen Stil geändert habe, wie es die bisher unbestrittene Zuweisung der vorerwähnten Predigtsammlung an ihn voraussetzen würde, so träte er doch wieder in den engeren Kreis der möglichen Verfasser. Gelegentliche Gräzismen wie *oroma* für visio (transl. 19, 2 p. 133 Winterfeld) sprächen jedenfalls nicht dagegen.

abwechselnd 8- bzw. 7-silbigen Versen mit trochäischem Tonfall[7] das Leben des heiligen Germanus von Paris, wobei er sich an die alte vita des Fortunatus aus dem Beginn des sechsten Jahrhunderts anschließt. Es folgen 49 ebensolche Strophen in Kurzzeilen *de certis praetermissis miraculis* (inc.: *Fortunatus vitam scripsit ipsius clarissimam*). Der Dichter erzählt darin eine Anzahl von Wundergeschichten, die Fortunatus in seiner alten vita nicht berichtet hatte. Sie beziehen sich vorzugsweise auf St-Germain. Er erzählt lebendig und frisch, ohne besonderen Anspruch, in der dem beliebten Rhythmus entsprechenden volkstümlichen Weise. In demselben Versmaß folgt sodann, nach einer *praefationis alloquutio* (von sechs Strophen, inc.: *Credo rex vos delectari*), in ziemlich engem Anschluß an die ältere Prosadarstellung, eine dritte, den Zyklus abschließende Verserzählung, die *translatio beatissimi Germani praesulis* (inc.: *De sancti translatione prosequamur brevibus;* 64 Strophen); sie beschreibt die Übertragung der Gebeine des heiligen Germanus an ihre endgültige Ruhestätte in St-Germain, unter Abt Lantfred, der dazu durch eine Erscheinung des heiligen Germanus selbst aufgefordert wird. Die unbekümmert frische, beinahe heiter beschwingte Art, in welcher die einzelnen Begebenheiten vorgetragen werden, verleiht der translatio ihren eigenen Reiz.

Was wir bei Abbo sehen, mag bis zu einem gewissen Grade symptomatisch sein für die zunehmende Veräußerlichung des Formalen, für die Erscheinung, daß die sprachliche Form, je mehr sie zur Routine wird, desto mehr von der inneren Einheit mit dem Gegenstande verliert. Indes trifft man im westfränkischen Raum namhafte literarische Erscheinungen erst wieder im fortgeschrittenen zehnten Jahrhundert an. Noch deutlicher ist diese Stagnation in den südlichen Teilen Frankreichs zu erkennen. Hier ist für längere Zeit die letzte bedeutende Erscheinung der Bischof A d o v o n V i e n n e gewesen. Aber Ado ist nicht Südfranzose, er stammt aus dem Bistum Sens. Auch er gehörte dem Orden St. Benedikts an, war Mönch in Ferrières und ein Schüler des Lupus. Als sein älterer Mitbruder Markward zum Abt von Prüm gewählt wurde, erbat er sich Ado als Lehrer für die dortige Klosterschule. Eifersüchteleien scheinen Ado veranlaßt zu haben, alsbald nach Markwards Tode (853) das Eifelkloster zu verlassen. Wir treffen ihn in den folgenden Jahren in Rom, in Ravenna, dann in Lyon, wo er als

---

[7] Paul von Winterfeld druckt die Verse in den Monumenta als Paare von trochäischen Septenaren bzw. rhythmischen Fünfzehnsilblern mit Zäsur nach der achten Silbe; das entspricht nicht der Auffassung des Dichters, der – ein wenig schulmeisterlich – am Ende der folgenden miracula ausdrücklich darauf hinweist, daß er seine Verse als akatalektische bzw. katalektische Dimeter aufgefaßt hat.

Seelsorger wirkte, bis er im Jahre 860 zum Erzbischof von Vienne erhoben wurde. Bemüht um die innere Erneuerung seiner Diözese, in den Eheangelegenheiten König Lothars auf der Seite Papst Nikolaus I. stehend und auch sonst auf verschiedene Weise in die politischen Wirren der Zeit hineingezogen, ist Ado im Dezember 875, im 76. Lebensjahre, gestorben.

Nicht alles, was wir von seiner Person und von seinem Werke wissen, liegt klar und eindeutig vor uns. Schon zu seiner Zeit sind offenbar die Meinungen über ihn zum Teil recht weit auseinander gegangen. Während man ihn in seiner Diözese bald nach dem Tod als Heiligen verehrte, hatten andere ihn als *gyrovagus*[8] beschimpft. Das beste und zuverlässigste Zeugnis, ein Brief des Lupus[9] an den Grafen Gerhard von Vienne[10], der sich gelegentlich der Wahl Ados zum Erzbischof bei dessen früherem Abte über die Person des Kandidaten erkundigt hatte, enthält zwar eine eindeutige Ehrenrettung für Ado, ist aber doch mit zuviel abwägender Behutsamkeit abgefaßt, als daß man auf gewisse Fragen, die im Zusammenhang mit dem literarischen Werk auftauchen, eine befriedigende Antwort erhielte.

Diese Fragen betreffen in erster Linie ein Werk, das weniger als literarische Leistung denn als gelehrte Arbeit Ados zu sehen ist, hier jedoch um seiner allgemeineren Bedeutung für das geistige Leben nicht übergangen werden kann: sein *martyrologium*. Es handelt sich um eines der seit Beda beliebten sogenannten historischen Martyrologien, und Ado nennt diesen und Florus von Lyon ausdrücklich als seine Vorgänger. Aus geistlichen Kreisen war an ihn die Bitte herangetragen worden, er möchte die im Kalender – gemeint war im Martyrologium des Florus – zwar notierten, aber nicht mit einem Heiligenfest ausgestatteten Tage auffüllen. Ado entnahm aus allen ihm zugänglichen Passiones und Heiligenleben die ihm notwendig erscheinenden Angaben und fügte sie dem Martyrologium des Florus ein, ergänzte auch die schon vorhandenen Daten, damit, wie er bemerkt, die im Lesen weniger geübten Mitbrüder ein bequemes Hilfsmittel zur Hand hätten. Bei der Entscheidung über die in den Passionen und Martyrologien oft stark divergierenden Angaben über den jeweiligen Festtag sei ihm, so berichtet er weiter, ein *venerabile et perantiquum martyrologium*, das einstmals vom Papst einem Bischof von Aquileia übersandt worden sei, sehr

---

[8] d.h. als streunenden Mönch von der Art, wie sie in der Benediktregel cap. 1 als verabscheuenswürdig gebrandmarkt werden.
[9] Lupi epist. 122 Dümmler = 110 Levillain S. 150 ff.
[10] Oder Gerard von Roussillon. Anonyme vita des 11. Jahrh. hrsg. von Paul Meyer, Romania 7 (1878) 178 ff. An seine Person knüpft die Chanson de geste „Girart de Roussillon" aus dem 12. Jahrhundert an.

zustatten gekommen; er, Ado, habe gelegentlich seines Aufenthalts in Ravenna durch einen Mönch die Möglichkeit erhalten, jenes Martyrologium, das er an den Anfang seines eigenen Werkes stelle, sorgfältig zu kopieren. Nun hat sich herausgestellt, daß jenes alte römische Martyrologium in Wahrheit nichts anderes war als eine verkürzte Fassung des Martyrologiums des Florus, und daß es nicht wenige Angaben enthält, die offenbar von Ado selbst herrühren, und so hat man behauptet, Ado habe jenes *vetus* oder *parvum martyrologium Romanum* schlichtweg erfunden oder vielmehr selbst gefälscht. So ganz einfach freilich, wie man sich dies vorgestellt hat, liegen die Dinge vielleicht doch nicht. Gesetzt den Fall – und man wird Ado nicht von vornherein des Betruges zeihen dürfen – man habe ihm jenes Martyrologium tatsächlich, sei es in gutem Glauben überlassen, sei es aus irgendeinem Grunde, etwa in der Absicht, auf solche Weise den eigenen Festkalender durchzusetzen, in die Hände gespielt: welche Möglichkeit hätte der Gelehrte des neunten Jahrhunderts überhaupt besessen, den wahren Charakter des Werkes zu erkennen? Und wenn er selbst es war, der nachträglich das von ihm für alt gehaltene *parvum Romanum* aus dem eigenen Material ergänzte, so würde ihm ein anderer Begriff von geistigem Eigentum als der unsrige und ein anderes Verhältnis zum Original als dasjenige unserer Tage sein Tun gewiß nicht weniger berechtigt haben erscheinen lassen als die Ergänzung zahlreicher antiker Plastiken. Was den Inhalt des Martyrologiums des Ado angeht, so sind die den einzelnen Heiligen gewidmeten Abschnitte recht unterschiedlich, je nach der von Ado benützten Quelle zum Teil knapp gefaßt, in anderen Fällen, wo er eine vollständige vita oder passio heranzog, vielfach ziemlich umfangreich ausgefallen. Ados Werk hat in der Folgezeit eine starke Wirkung ausgeübt. Schon bald nach seiner Entstehung wurde es in St-Germain von Usuard und in St. Gallen von Notker Balbulus, wie bereits bemerkt, für deren Martyrologien benützt; darüber hinaus hat es sich vor allem in Frankreich stark verbreitet, ist in allen Jahrhunderten bis zum Ausgang des Mittelalters abgeschrieben worden, ohne freilich jemals die Häufigkeit und Bedeutung des Usuardschen Martyrologiums zu erreichen, das seinerseits dadurch, daß Usuard vieles aus Ado entnahm, diesem noch zu mittelbarem Einfluß auf das Martyrologium Romanum von 1584 verhalf.

Als Kompilation ein typisches Beispiel karolingischer Gelehrsamkeit, wird das Martyrologium Ados übertroffen von seinem zweiten, auch in literarischer Hinsicht bedeutenden Werk, seiner Weltchronik *de sex aetatibus mundi,* wie er selbst es genannt zu haben scheint. Ado beginnt mit der Erinnerung an seine Vorläufer in der christlichen Weltgeschichtschreibung: an den „Vater der christlichen Chronographie", an Iulius

Africanus, der in der Zeit des Marcus Aurelius Antoninus (d.i. Elagabal 218–222) gelebt habe[11], von dessen griechisch abgefaßtem, in fünf Bücher gegliederten Abriß der Weltgeschichte wir nur noch Fragmente besitzen; an Eusebius, an Hieronymus und schließlich an Victor, den Bischof von Tunnuna[12]. Über den Anlaß und die Absicht, die er mit seinem Geschichtswerk verfolgt, äußert sich Ado nicht. Er beginnt die Darstellung mit der Erschaffung der Welt und führt sie ins Jahr 870. Den Stoff gliedert er entsprechend der von Beda übernommenen, über Isidor von Sevilla letzten Endes auf Augustinus zurückgehenden Lehre von den Weltaltern in sechs Bücher, von denen jedes einem Weltalter gewidmet ist: I. von der Erschaffung der Welt bis zur Sintflut; II. von der Sintflut bis zur Geburt Abrahams; III. von Abraham bis David; IV. von der Herrschaft Davids bis zur Babylonischen Gefangenschaft; V. von der Babylonischen Gefangenschaft bis auf Christus; VI. von Christi Geburt an bis zum Ende der Zeiten. Neben den Text hat Ado, wie er eingangs bemerkt, jeweils die Jahre seit der Erschaffung der Welt am Rande notiert. Eine Besonderheit erhält die Chronik dadurch, daß Ado jeweils am Ende eines Buches, also einer aetas, ein allegorisch-exegetisches Kapitel einfügt (natürlich noch nicht nach dem VI. Buch), in welchem Ado von Personen oder Vorgängen in der Bibel handelt; die Absicht, die ihn dabei geleitet hat, war wohl die, die Bedeutung und den Sinn des jeweiligen Weltzeitalters im Ablauf der Heilsgeschichte, als welche die Weltgeschichte natürlich auch bei Ado gesehen wird, zu veranschaulichen. Das Werk insgesamt ist eine Kompilation von der in der Karolingerzeit üblichen Art. Wie Frechulf für die älteren Teile die Chronik des Hieronymus, so hat Ado die Chronik des Beda als chronologisches Gerüst benützt, dem er die aus anderen Quellen entnommenen Auszüge einfügt. Unter diesen Quellen, zu denen selbstverständlich auch die historischen Bücher der Bibel selbst zu rechnen sind, sind neben Beda und der größeren Chronik des Isidor vor allem Orosius zu nennen, die Schrift des Hieronymus de viris illustribus mit der Fortsetzung des Gennadius, Augustinus de civitate Dei und die historia tripartita des Cassiodor. Für die fränkische Geschichte benützt Ado den liber historiae Francorum – nicht die Chronik des sogenannten Fredegar und deren Fortsetzung – sowie kleine Annalen, die der Gruppe der annales sancti Amandi und Tiliani verwandt sind; dazu treten die sehr ausgiebig herangezogenen annales regni Francorum, jedoch nur bis zum Tode Karls des Großen, von wo an Ado selbständig

---

[11] So auch Hier. vir. ill. 63 *sub imperatore Marco Aurelio Antonio, qui Macrino successerat* (welchen für das Verständnis notwendigen Zusatz Ado allerdings wegläßt).
[12] Der Druck hat fälschlich *Victor Turonensis ecclesiae episcopus*.

zu arbeiten beginnt. Ergänzt werden die genannten Quellen durch solche lokalgeschichtlichen Inhalts, nämlich über die Bischöfe von Vienne sowie Auszüge aus Ados eigenem Martyrologium. Ados Verfahren und Darstellung in den selbständigen Teilen zeigt, soweit man es bisher untersucht hat, daß ihm auf Grund seiner persönlichen Verstrickung in die Ereignisse und seiner inneren Nähe zu dem Bistum Vienne, das zu regieren seines Amtes war, wohl manche Irrtümer unterlaufen, von ihm auch manches einseitig dargestellt worden ist, daß er aber doch in ehrlicher Absicht und Überzeugung die Geschichte geschrieben und somit seine Chronik auch in diesem Teil als eine wertvolle Geschichtsquelle, wenngleich im einzelnen Falle der kritischen Beurteilung bedürftig, zu gelten hat.

Man beobachtet immer wieder, daß mittelalterliche Autoren, denen man lange aufs Wort geglaubt, deren einzelne Äußerungen man unbesehen als die reine Wahrheit angenommen hatte, dann von einer kritischen Geschichtswissenschaft so manches Mal falscher Angaben, ja der bewußten Fälschung und des Betruges geziehen wurden; nicht selten aber lehrte ein tieferes Eindringen und Verstehen der Verhältnisse, der äußeren Möglichkeiten jener Zeit, aber auch ihrer besonderen Auffassungen, daß es der späte Leser war, der bald zu wenig der Kritik, bald aber zu wenig an Verständnis einer uns fern gerückten Welt aufgebracht hatte. An Ados literarischem Werk und der Geschichte der gelehrten Beschäftigung mit ihm erkennen wir das eine wie das andere.

Außer dem Martyrologium verfaßte Ado zwei selbständige hagiographische Schriften, die sich beide mit Heiligen von Vienne befassen. Die *vita sancti Theudarii* sandte Ado als Bischof den Mönchen des von Theudarius gegründeten und ihm geweihten Klosters in Vienne (St-Chef genannt). Theudarius stammte aus einer wohlhabenden Familie in Vienne, hatte sein Vermögen an die Armen verteilt, wurde von seinem Vorhaben, in Lerins Mönch zu werden, von Caesarius, dem Bischof von Arles, abgebracht und zum Priester geweiht, der es jedoch nicht verhindern konnte, daß Theudarius wiederum die heimatliche Gegend um Vienne aufsuchte. Unweit der Stadt Vienne errichtete er zunächst für sich eine Zelle, gründete sodann weitere Klöster in der Umgebung, wurde dann nach St. Laurentius auf dem Quirinal zu Vienne beordert mit der besonderen Verpflichtung, für das Volk zu beten, und starb um 575. Ados vita, dreihundert Jahre später entstanden, ist im durchaus hagiographischen Stile gehalten, gibt aber wohl die wichtigsten Vorgänge im ganzen historisch richtig wieder. Bemerkenswert ist, daß bei dem Bericht von des Theudarius Rückkehr in die Heimat Ado eine Beschreibung von Vienne einrückt, wobei es ihm besonders auf die Befestigungsanlagen ankommt.

Sein zweites selbständiges Heiligenleben, die *passio sancti Desiderii* ist die Bearbeitung eines älteren Werkes, das sich als erste Lebensbeschreibung des Desiderius gibt, in Wahrheit aber schon von der passio des Sisebut[13] abhängt und diese mit der alten anonymen passio verquickt. Ado hat seine Vorlage stark verkürzt; im übrigen folgt er auch hier dem Stil hagiographischen Schrifttums in seiner Zeit.

Es ist nicht ganz leicht, ein klares und zuverlässiges Bild von der Persönlichkeit und vom literarischen Werk Ados zu gewinnen. Das liegt nicht daran, daß uns sein Werk vor unlösbare Fragen stellte. Seit der radikalen Kritik am parvum Romanum steht Ado nun einmal in dem Ruf zumindest des unehrlichen Gelehrten, und auch wenn von historischer Seite ein entsprechender Vorwurf gegen ihn bezüglich der Chronik nicht erhoben wird, so steht Ado aber doch immer in einem gewissen Zwielicht, das mit letzter Sicherheit nur ein von Lupus erwähntes Schreiben beseitigen könnte, in dem der Abt, wie er selbst bemerkt, ein ungeschminktes Urteil über Ado abgegeben hat[14]. Daß Lupus dem Grafen von Vienne gegenüber, in dessen Augen Ado als entschiedener Anhänger Karls des Kahlen auf der Seite der Feinde stand, sich vorsichtig ausdrücken mußte, liegt auf der Hand. Aber auch angesichts der unbestreitbaren Erkenntnis bezüglich des Martyrologiums darf nicht außer acht gelassen werden, daß zu jener Zeit die Begriffe von Originalität und geistigem Eigentum andere gewesen sind als die unsrigen und vor allem als die des 19. Jahrhunderts. Daß Kritik nicht seine stärkste Seite war, daß er auch dort, wo er Partei nehmen zu müssen überzeugt war, zu einseitiger Beurteilung neigte: wer vermöchte dies zu verurteilen? Als Schriftsteller und Gelehrter aber hat Ado getan, was viele andere Gelehrte seiner Zeit taten und mit gutem Grund für recht halten durften. Er ist als Metropolit in seiner Zeit gestanden und hat an den kirchenpolitischen Vorgängen den lebhaftesten Anteil genommen. Ado ist aber auch als gelehrter Schriftsteller durchaus anderen karolingischen Autoren zu vergleichen und unter ihnen wahrlich nicht einer der geringsten. So wenig er selber in die Zukunft weist, so stark und vielfältig hat auf der anderen Seite sein Werk nachgewirkt.

Wie in Süddeutschland und in den südlicheren Teilen Lothringens die Einfälle der Ungarn, so haben in Frankreich die Raubzüge der

---

[13] Siehe oben Bd. I, S. 94 und 522.
[14] Das verlorene Schreiben ist in dem oben S. 123 genannten Brief an den Grafen Gerard von Vienne erwähnt.

Normannen zwar das geistige und literarische Leben nicht zum Erliegen gebracht, aber doch große Leistungen verhindert. In Frankreich kommt es zu einem Erstarken der literarischen Kräfte erst wieder im Laufe des zehnten Jahrhunderts. Schwerpunkte bilden sich in Reims, in Fleury und im Einflußgebiet von Cluny.

Im Vertrag von Verdun 843 war Reims an Westfranken gefallen. Von den Normannen war die Stadt zwar immer verschont geblieben, die Feinde hatten sich auf Plünderungen in der Umgegend beschränkt. Doch ohne ausreichende Befestigung – Erzbischof Ebo hatte die Mauern schleifen lassen, um die Kathedrale zu erneuern – blieb sie bedroht; Erzbischof Hincmar mußte noch am Ende seines Lebens (er starb im Dezember 882) mitsamt den Reliquien des heiligen Remigius fliehen. Sein Nachfolger Fulco (882–900) ließ alsbald die Befestigung wieder herstellen, so daß die Stadt zur Zufluchtsstätte für Bedrängte, vor allem für Mönche aus den Klöstern der näheren und weiteren Umgebung wurde. Der Abzug der Normannen, die nach ihrer Rückkehr einige Jahre später sich in dem von ihnen beherrschten Raum anzusiedeln begannen, brachte nur eine scheinbare Beruhigung. Denn an die Stelle des äußeren Feindes traten nunmehr die Zwistigkeiten unter den Großen des Landes, die unter schwachen Königen lang genug die Hauptlast des Widerstandes gegen die Normannen getragen hatten und nicht gesonnen waren, die Macht, die sie errungen, leichten Kaufes wieder preizugeben. Um die Wende des Jahres 893/94 hatte Erzbischof Fulco Karl III. gekrönt und damit wiederum einem Karolinger den Vorzug vor Odo, dem Sohn Roberts des Tapferen und Verteidiger von Paris, gegeben. Reims stand nun jahrelang im Mittelpunkt der folgenden Auseinandersetzungen. Odo belagerte die Stadt, es herrschten Raub und Mord, bis der Kaiser mit einem Heer heranrückte. Es sind die Jahre, da auf Veranlassung Fulcos Remigius von Auxerre und Hucbald von St-Amand in Reims wirkten.

Allen Unruhen zum Trotz ist Reims in den folgenden Jahrzehnten zu einer Stätte geworden, die auch als geistiges und literarisches Zentrum Bedeutung gewann. Mitten in den Wirren erfolgt die Geburt jenes F l o d o a r d v o n R e i m s, der nachmals als einer der bedeutendsten gelehrten Schriftsteller des zehnten Jahrhunderts in die Geschichte eingehen soll. Geboren wahrscheinlich 893 oder 894 als Sohn einer nicht unvermögenden, aber anscheinend nicht adligen Familie in der Nähe von Reims, wurde Flodoard nach erster Unterweisung bei einem Geistlichen namens Gundacer an der Domschule unterrichtet; Remigius von Auxerre oder Hucbald von St-Amand, welche die Schule kurz zuvor erneuert hatten, hat er nicht mehr gehört; wir wissen also nichts Näheres über Lehrer und Bildungsgang. Von Erzbischof Heriveus in den Domklerus aufgenommen, ist Flodoard zeitlebens mit der Reimser Metropolitankirche verbunden geblieben, hat die Unruhen der Jahrzehnte des Übergangs vom Herrscherhaus der Karolinger zur Dynastie der Kapetinger als geschichtsbewußter Mensch miterlebt, aber auch die Kämpfe um den Reimser Bischofsstuhl seit der Mitte der zwanziger Jahre. Nach dem Tod des Erzbischofs Seulf 925 drängte Graf Heribert III. von Vermandois der Metropole seinen Sohn Hugo, ein kaum fünfjähriges Kind, als Bischof auf und fand dabei die Unterstützung Rudolfs von Burgund, des Gegenkönigs gegen Karl III. den Einfältigen. Flodoard mit all den andern, welche dem Eindringling widerstanden, verlor seine Pfründe und wurden aus der Stadt vertrieben. Als sich im Jahre 931 der Burgunder und der Graf überwarfen, nahm Rudolf Reims ein und bestellte – auch nicht ohne Gewalt – den Mönch Artold aus dem Kloster St. Remigius in Reims zum Erzbischof. Flodoard schloß sich mit der Mehrzahl der anderen dem neuen Metropoliten an. Im Jahre 936 reiste er im Auftrag Artolds nach Rom, wie man gemeint hat, um den Papst Leo VII. für Artold zu gewinnen; wahrscheinlicher, um von ihm die üblichen geweihten Brote als Unterpfand des päpstlichen Segens für den neuen König Ludwig IV. zu erbitten, dessen Krönung der Reimser Erzbischof vorzunehmen hatte. Flodoard selbst empfing in Rom die Priesterweihe. Wenig später aber brachte der Graf Heribert von Vermandois wiederum Reims in seine Gewalt, vertrieb den Erzbischof und ließ auf der Synode von Soissons seinen Sohn Hugo als Erzbischof inthronisieren. Flodoard, der einige Zeit gefangen gehalten worden war, flüchtete mit Artold nach Deutschland, nahm 948 an der Synode von Ingelheim teil, die Papst Agapet II. einberufen hatte, um dem König Ludwig IV. (d'Outremer) den Thron von Frankreich und dem Erzbischof Artold wiederum die Metropole zu verschaffen. Also durch die höchste Autorität bestätigt, übertrug Artold seinem getreuen Flodoard die Verwaltung des Reimser bischöflichen Archivs und verschaffte ihm damit die beste Gelegenheit, die man sich denken konnte, zur Bearbeitung seiner historischen Werke. 951 wird Flodoard zum Bischof von Noyon gewählt, unterliegt aber einem Gegenkandidaten. Er stirbt zu Reims im Jahre 966.

Flodoards Schriftstellerei und ihre Eigenart werden bestimmt und getragen von einem starken historischen Interesse. Er ist hervorgetreten auf dem Gebiete der Geschichtsschreibung und der hagiographisch-kirchenhistorischen Dichtung; auf beiden Gebieten hat er Leistungen von hohem Rang geschaffen, ein Werk, das im zehnten Jahrhundert kaum seinesgleichen findet.

Dem Historiker Flodoard verdanken wir zwei bedeutende Werke: Annalen und eine Darstellung der Reimser Kirchengeschichte.

Die *Annales* umfassen die Jahre von 919 bis 966, sie haben also Flodoard ein halbes Jahrhundert hindurch begleitet, und er hat die Begebenheiten annähernd gleichzeitig aufgezeichnet. Allgemein gelten diese Annalen als die beste Geschichtsquelle für den Zeitabschnitt, den sie behandeln; die neuere Geschichtswissenschaft schätzt vornehmlich die Reichhaltigkeit und Ausführlichkeit dieser Annalen, in denen bald die Ereignisse von mehr lokalem Interesse, bald Begebenheiten von allgemeiner historischer Bedeutung in bunter Fülle geboten werden, und sie rühmt vor allem die Zuverlässigkeit und die „fleckenlose Wahrheitsliebe" des Verfassers. Naturgemäß berücksichtigt Flodoard in erster Linie Westfranken und Lothringen, aber seine Annalen sind auch für die deutsche Geschichte wichtig. Im Zusammenhang der Annalistik gesehen, läßt das Werk von Anfang an erkennen, daß sich Flodoard mit ihm in die Linie stellt, die von den fränkischen Reichsannalen her über deren Fortsetzung durch Prudentius von Troyes und Hincmar von Reims führt. Man begreift, daß ein Werk solcher Art in den Augen des Historikers höchste Wertschätzung genießt, umso mehr, als wir gleichwertige Zeugnisse der Zeit überhaupt nicht besitzen, so daß wir die Geschichte jener Jahrzehnte weitgehend mit den Augen Flodoards sehen. Wenn nun aber unter dem Eindruck der Bedeutung die Annalen als Flodoards Hauptwerk bezeichnet werden[15], so mag das Urteil für den Historiker gelten, der nach dem sachlichen Gehalt, nach der Ergiebigkeit geschichtlicher Erkenntnisse, nach der Zuverlässigkeit der gebotenen Nachrichten fragt. Literarisch-künstlerisch gesehen stellen die Annalen keine besondere Leistung dar. Sie reihen im alten Annalenstil Bericht an Bericht, ohne das Ganze darstellerisch irgendwie zu verarbeiten.

Auf eindeutig höherer Stufe steht in dieser Hinsicht Flodoards zweites großes historisches Werk, seine *historia Remensis ecclesiae*. Die Entstehungszeit ist nicht genau festzulegen; sie fällt mit Sicherheit in die späteren Jahre Flodoards, mindestens nach 952, das als letzterwähntes Jahr im ersten Buch genannt ist. Flodoard widmet die Geschichte der Reimser Kirche einem Bischof R., nach heute wohl allgemeiner Auffassung dem Erzbischof Rotbert von Trier. Daß dieser die Darstellung angeregt habe, kann aus dem Widmungsbrief nicht geschlossen werden; Flodoard scheint vielmehr im Bewußtsein seiner Kenntnisse und Möglichkeiten von sich aus den Entschluß zu einer solchen Darstellung gefaßt zu haben[16]. Das Werk reicht von der Gründung der Stadt

---
[15] Wie es Robert Holtzmann in seiner Neubearbeitung von Wattenbachs Geschichtsquellen I S. 291 getan hat.
[16] So gegen die herkömmliche Ansicht mit überzeugenden Gründen Jacobsen, Flodoard (siehe bibl. Anhang) S. 59f.

Reims bis zum Ende des Bischofsstreites im Jahre 948. Das erste Buch, zum großen Teil dem Wirken des heiligen Remigius gewidmet, führt bis zu dessen Tode im Jahr 535; das zweite bis zur Vertreibung des Erzbischofs Ebo 835; das dritte Buch ist ganz dem Episkopat Hincmars (835–883) gewidmet, das vierte Buch dessen Nachfolgern bis zu den Synoden von Ingelheim und Trier im Jahre 948, die den Streit um den Reimser Erzstuhl beendeten. Flodoard entfaltet in diesem Werk alle die Eigenschaften und Vorzüge, die sein historisches Schaffen auszeichnen. Die Voraussetzungen waren die denkbar günstigsten: Flodoard schreibt zu einer Zeit, da die Impulse, die von der Erneuerung der Schulen ausgegangen waren, gewiß noch lebendig waren, so daß er mit dem karolingischen Bildungsgut in vollem Umfang vertraut gemacht worden war. Sodann standen ihm die Bücherschätze der seit alters berühmten Reimser Kathedralbibliothek, die unter Hincmar noch besonders gepflegt und vermehrt worden war, zur Verfügung. Und schließlich hatte Flodoard wie kein anderer ungehinderten Zugang zu den reichen urkundlichen Beständen des bischöflichen Archivs. Flodoard hat von diesen Möglichkeiten den ausgiebigsten Gebrauch gemacht. Charakteristisch für sein Werk ist einerseits der deutliche Niederschlag seiner ausgebreiteten Lektüre alter, aber auch neuerer Schriftsteller bis herab auf zeitgenössische Literatur und noch mehr das ungewöhnlich starke Heranziehen des urkundlichen, des archivalischen wie des epigraphischen Materials der Reimser Überlieferung für seine Darstellung. Auch hier stellte Hincmars große Korrespondenz über politische und kirchenpolitische, aber auch rein kirchliche Fragen dem Historiker Flodoard ein reiches Material für die Geschichte, die er schrieb, zur Verfügung. Die Urkundlichkeit Flodoards ist ein Vorzug, den vor, neben und nach ihm nur wenige Geschichtschreiber des Mittelalters besitzen. Wohl gab es Vorbilder: Rufinus, die historia tripartita, die von Cassiodor redigiert worden war, Bedas Kirchengeschichte von England; aber gerade die Historiker der Karolingerzeit haben wie so viele andere Geschichtschreiber des Mittelalters die Frage nach der Zuverlässigkeit der Quellen nicht in den Vordergrund gestellt, haben sich mit ganz wenigem, oft einseitig gerichtetem Material begnügt und oft auch ihre Quellen nicht genannt. Wohl ist bei Flodoard die Benützung der Quellen noch etwas roh, das Material noch nicht recht verarbeitet und er erreicht noch nicht die Höhe, auf der im elften Jahrhundert Adam von Bremen mit seiner Geschichte des Bistums Hamburg stehen wird. Aber für die Entwicklung der historischen Methode ist Flodoard und seine Reimser Kirchengeschichte wichtig gewesen. Es finden sich auch Ansätze zu historischer Kritik. Gleich zu Beginn des ersten Buches, in dem Flodoard über längere Strecken hin auf alte und literarische Quellen angewiesen ist, erklärt er die Lokalsage von der Gründung der Stadt Reims durch Remus, den Bruder des Romulus. Er weist die Meinung zurück, daß Remus direkt der Gründer sei, die immerhin auch Hincmar geglaubt zu haben scheint, und denkt an Krieger des Remus, die ausgewandert seien und in Gallien die Stadt Reims gegründet hätten. Reich und bunt sind die literarischen Quellen, die Flodoard benützt. Sie reichen von Caesars bellum Gallicum und Livius (?), der Pharsalia des Lucan über den spätantiken Abriß der römischen Geschichte des Eutropius, die historia adversum paganos des Orosius bis hin zu Gregor von Tours und der Kosmographie des Aethicus; dazu kommen Heiligenleben von Venantius Fortunatus, die anonyme vita s. Remigii und andere Heiligenleben.

Daß man das Bistum als eine Einheit empfindet und diese historisch darstellt, ist in der abendländischen Geschichtschreibung noch nicht sehr lange in Gebrauch. Man hatte Bistumsgeschichten versucht für Rom im liber pontificalis, für den Exarchat Ravenna (Agnellus), im Frankenreich hatte den Anfang Paulus Diaconus mit seiner Geschichte der Bischöfe von Metz gemacht. Mit der größeren Bedeutung, welche die Bistümer im zehnten Jahrhundert erlangen, mehren sich die Bistumsgeschichten. In ihren Zusammenhang gehört die historia Remensis ecclesiae des Flodoard; sie ist von allen Bistumsgeschichten, die bis dahin geschrieben worden waren, historiographisch und literarisch gesehen die bedeutendste. Trotzdem sind ihre Schwächen nicht zu übersehen: Flodoard ist nicht zu einer wirklichen Verarbeitung der Quellen gekommen; eine wirkliche Erfassung der Zustände und Verhältnisse, aus denen heraus das Bistum erwachsen ist, gelingt ihm nicht; er scheint sie auch noch nicht eigentlich anzustreben, sowenig wie eine Charakteristik der führenden Persönlichkeiten, und Flodoard hat bei all seinen ehrlichen Bemühungen um eine wahrheitsgetreue, gut bezeugte und gewissenhaft abgefaßte Bistumsgeschichte doch seine Grenzen; er bleibt trotz echtem und warmem Empfinden für seine Kathedrale, für sein Bistum, für seine Stadt als Geschichtschreiber im Grunde doch etwas äußerlich. In die Tiefe geschichtlichen Erfassens zu dringen war ihm nicht gegeben.

Flodoard schreibt einen vom Wortbestand her verhältnismäßig schlichten, klaren Stil. Aber er liebt die Verschränkung, die ungewöhnliche Wortstellung, die er vornehmlich durch häufigen Gebrauch des vielfach sehr weit gespannten Hyperbatons erreicht. Ein Teil davon mag der Mode zuzuschreiben sein, doch ist dem Kanoniker eine gewisse Neigung zur Geziertheit doch nicht ganz fremd gewesen.

Die historia Remensis ecclesiae scheint sich im Mittelalter einer in Anbetracht des Gegenstandes doch sehr bemerkenswerten Aufmerksamkeit erfreut zu haben. Daß sich ihre Benützung, soweit sie bisher nachgewiesen ist, auf Autoren und Werke beschränkt, die in irgendeiner Weise mit dem Gebiet der Reimser Metropole zu tun haben, ergibt sich von selbst; sie beginnt im späten zehnten Jahrhundert mit Richer, der sich ausdrücklich auf Flodoard beruft, und reicht über verschiedene Geschichtswerke bis zu Sigebert von Gembloux zu Anfang des zwölften Jahrhunderts. Daß darüber hinaus die Wertschätzung des Werkes innerhalb des von der Sache gegebenen Umkreises bis ins späte Mittelalter angehalten hat, beweisen die Handschriften sowie eine französische Übersetzung aus dem 16. Jahrhundert.

Die geschichtlichen Werke Flodoards sind im großen und ganzen am besten bekannt und haben ihres reichen Inhalts und ihrer sonstigen Vorzüge wegen in der neueren Geschichtswissenschaft immer großes Ansehen genossen. Weniger bekannt und beachtet war lange Zeit die hagiographische Dichtung Flodoards, sein großer Zyklus *de triumphis Christi*. Über die Abfassungszeit können nur Vermutungen angestellt werden; eine gewisse Wahrscheinlichkeit hat der Gedanke für sich, Flodoard habe die Arbeit zu Anfang der vierziger Jahre begonnen, das heißt zu einer Zeit, da Graf Heribert III. von Vermandois in Reims das Regiment führte und um die Einsetzung seines Sohnes Hugo zum Erzbischof bemüht war, und der dem abgesetzten Erzbischof Artold ergebene Kanoniker beiseite geschoben und zeitweise in Haft gehalten wurde. Gewiß darf man gerade in diesem Werk mehr als ein bloß gelehrtes, mit künstlerischem Anspruch gefertigtes Werk sehen; der Gedanke, daß heilige Männer und Frauen, die in der Welt gestanden, ihr Schicksal getragen und in der Festigkeit ihrer Überzeugung eben den Triumph Christi in der Welt und über die Welt verkörperten, mag Flodoard gerade in jenen schweren Jahren, da er beiseite geschoben, seiner Pfründen und aller Einkünfte beraubt, einer ungewissen Zukunft entgegensah, zum tiefen Erlebnis geworden sein.

Man kann nur vermuten, daß die drei Dichtungen *de triumphis Christi sanctorumque Palaestinae, de triumphis Christi Antiochiae gestis* und *de Christi triumphis apud Italiam,* die man früher zumeist als einzelne Werke betrachtet hat, in Wahrheit Bruchteile einer großen epischen Dichtung sind und als solche gedacht waren. Aus der metrischen Form des Werkes läßt sich freilich kein Hinweis auf die Einheit des Ganzen gewinnen. In der weitaus überwiegenden Zahl der Verse handelt es sich – wie nicht anders zu erwarten – um Hexameter. Zuweilen aber wechselt doch das Metrum: so ist das Buch VI der triumphi Christi apud Italiam in jambischen Senaren abgefaßt, im neunten Buch ein Abschnitt über die Heiligen Januarius, Gordianus und ihre Gefährten (IX 12 Migne PL 135, 761C/762C) in Zweizeilern, bestehend aus jambischem Senar und Dimeter. Das Gesamtwerk ist offenbar nie vollendet worden, und was Flodoard später schrieb, seine annalistischen Aufzeichnungen und die große Darstellung der Reimser Kirchengeschichte, blieb schon der Konzeption nach hinter den triumphi zurück: vielleicht, weil der Impuls der bedrängenden Not, der ihn am Beginn beflügelt, dem Gleichmaß eines Lebens in Sicherheit gewichen war.

Schon der äußere Umfang dieses Werkes ist imponierend. Eine gemeinsame Vorrede fehlt: das deutlichste Zeichen dafür, daß dieses Werk noch unvollendet auf uns gekommen ist. Nach einer hymnischen invocatio, in der Gott angerufen und um seinen Beistand für den Weg durch die heiligen Stätten angefleht wird, beginnt der erste Teil, de triumphis Christi sanctorumque Palaestinae, der drei Bücher mit insgesamt 2940 Versen umfaßt; der zweite Teil, de triumphis Christi Antiochiae gestis, gliedert sich in zwei Bücher mit zusammen 2490 Versen, der dritte, de Christi triumphis apud Italiam, hat vierzehn Bücher mit 14509 Versen. Man begreift, daß der Dichter nach solcher Riesenarbeit darauf verzichtete, noch eine je entsprechende Zahl von Büchern für Spanien, das Frankenreich und die Inseln, woran er ursprünglich vielleicht gedacht haben mag, hinzuzufügen, um das Werk abzurunden. Im wesentlichen war das Anliegen des Verfassers klar, auch wenn es im Verlauf der Arbeit eine gewisse Verschiebung erfahren hat: die Verherrlichung des Sieges Christi durch die Heiligen in allen Ländern der bekannten Welt. Demgemäß beginnt der Dichter in Palästina mit Christus selber und seinem Erdenleben, erzählt von Maria und einigen Wundern, die man an manchen Stätten von ihr berichtet; Johannes der Täufer führt die Schar der Apostel an, es folgen der Erzmartyrer Stephanus, der greise Simeon, Narzissus, Alexander und viele andere Heilige, unter ihnen die von Herodes ermordeten Kinder von Bethlehem, aber auch Hieronymus, die Eremiten Paulus, Antonius usf. Auch der zweite Teil, de triumphis Christi Antiochiae gestis, beginnt mit einer hymnischen Einleitung, diesmal in zehn sapphischen Strophen, worauf der Dichter das alte Damaskus und das neue Antiochia als Hauptstädte von Syrien einander gegenüberstellt. Und darauf folgt die Reihe der syrischen Heiligen: Martyrer, Mönche, Propheten, Bekenner, Bischöfe. Der dritte Teil, de Christi triumphis apud Italiam, beginnt mit einem Rückblick auf die Geschichte des alten Rom (in 38 Asklepiadeen); die eigentliche Darstellung setzt ein mit dem Bericht von dem Wettstreit zwischen dem Apostel Petrus und Simon dem Magier. Im allgemeinen versucht Flodoard in etwa geschichtlich vorzugehen, was angesichts der Undatierbarkeit zahlreicher Heiligenleben und Passionen nur mit starken Einschränkungen möglich ist. Es wäre wohl nicht richtig zu sagen, Flodoard sei es um eine bloße Heiligengeschichte gegangen, um eine Sammlung von Passionen und Viten. Nicht nur der Versuch einer im allgemeinen chronologischen Anordnung, soweit eine solche überhaupt möglich ist, sondern auch das Hereinnehmen anderer Personen in den Kreis derer, die in den triumphi behandelt werden, läßt die eigentliche Konzeption erkennen: Flodoard versuchte – und hierin zeigt sich schon früh der Geschichtschreiber in besonderer Weise – eine Darstellung der Heilsgeschichte, insofern diese im Leben und Wirken der als heilig verehrten Männer und Frauen sichtbar wird. Deutlicher als in den Chroniken und Geschichtswerken tritt dieser Grundgedanke der Heilsgeschichte, so stark er auch die Historiographie des Mittelalters überhaupt bestimmen mag, hier bei Flodoard in seinem großen Epos über die triumphi Christi zutage. Flodoard hat mit großem Geschick diese keineswegs immer leicht in ihrem Aufbau zu durchschauenden Werke ausgewertet und hat es verstanden, durch Ergänzungen aus anderen Quellenschriften, die verstreute Nachrichten enthielten, in sich geschlossene Bilder der einzelnen Gestalten zu zeichnen.

Groß ist die Zahl und mannigfaltig sind die Quellen, aus denen Flodoard den reichen Stoff seines epischen Zyklus schöpft; Konzeption und Aufbau des Ganzen werden von kirchengeschichtlichen und anderen historischen Werken bestimmt; die stofflichen Quellen sind vorwiegend hagiographischer Art. Für die palästinensischen und antiochenischen triumphi bildet die Grundlage die Kirchengeschichte des Rufinus, vom fünften Jahrhundert ab tritt an deren Stelle die historia tripartita des Cassiodor. Aus Rufins historia ecclesiastica entnahm Flodoard großenteils auch, was er über die palästinensischen Bischöfe berichtet. Im dritten Teil, den triumphi Christi apud Italiam, bildet die Hauptgrundlage die historia adversum paganos des Orosius; mit ihr wird auch die Geschichte der römischen Kaiser eine Komponente des Aufbaus. Daneben spielt der liber pontificalis eine wichtige Rolle. Unter den Werken, denen Flodoard den Stoff der einzelnen Geschichten entnahm, sind die hagiographischen Schriften Gregors von Tours, im dritten Teil auch die dialogi Gregors des Großen von besonderer Bedeutung. In allen drei Teilen sind daneben Martyrologien, einzelne Heiligenleben, aber auch Quellen anderer Art wie Briefe, Epitaphien und sogar ein Werk wie die pseudo-isidorischen Dekretalen benützt.

Flodoard verwob voneinander abweichende Angaben oder sich überschneidende Berichte der benützten Texte mit Takt und klugem Verständnis zu innerlich und formal geschlossenen Darstellungen, gestaltete kurze Vergleiche zu poetischen Bildern und erreichte durch diese und ähnliche Kunstgriffe, daß die triumphi in Ansehung der Benützung und Verarbeitung der Quellen einen weit höheren Stand erreichten als die vielgerühmte Reimser Kirchengeschichte. Es sind nicht mehr die

Quellen, denen er folgt, das geschichtliche und hagiographische Material, dem er sich anschließt; es ist die eigene Konzeption, die er in dem riesigen Werk festgehalten und der er die Fülle des herangezogenen Materials dienstbar gemacht hat. Bedenkt man, daß zu dieser Beherrschung des Stoffes noch eine nicht allenthalben anzutreffende Sicherheit im sprachlichen Ausdruck und in der Anwendung der poetischen Technik kommt, dazu eine maßvolle, aber von souveräner Meisterung zeugende Anwendung der poetischen und rhetorischen Kunstmittel, so erscheint uns der Zyklus der triumphi als der gewaltige Torso eines epischen Zyklus, dem wenig, sehr wenig Gleichwertiges zur Seite gestellt werden kann, Flodoard selbst aber als eine literarische Gestalt, die ihr Höchstes nicht, wie man ihn zu sehen pflegt, in der Geschichtschreibung, sondern als epischer Dichter geschaffen hat.

Es kam, wie so oft in der Geschichte, daß auch unter den Späteren nicht viele waren, welche die Größe sahen. Nur in einigen wenigen Handschriften, die aus Reims oder der weiteren Umgebung stammen, sind Flodoards triumphi auf uns gekommen. Dank der Ausführlichkeit der Reimser Kirchengeschichte erfahren wir von einer Dichtung Flodoards, die in die Zeit nach dem Abbruch der triumphi fallen dürfte. Gelegentlich des Berichtes über die Erneuerung der Reimser Kathedrale durch Hincmar erwähnt er Marienwunder, die sich in jener Kirche zugetragen hätten, und bemerkt dabei, daß er selbst eine Anzahl ihm glaubwürdig bezeugter Wunderheilungen vor längerer Zeit in Versen behandelt habe. Wir erfahren weder Näheres über die Form noch über den Umfang dieser *miracula sub honore beatae virginis Mariae in ecclesia Remensi patrata;* vermutlich handelt es sich um ein Werk geringeren Umfangs, sicherlich nicht eine lokale Fortsetzung der triumphi.

Der letzte Erzbischof von Reims, den Flodoard noch erlebte, war Odelrich (962–969); er stammte aus Oberlothringen und ward in Metz gebildet. Sein Nachfolger Adalbero, ebenfalls Oberlothringer von Geburt, hatte eine vortreffliche Bildung im Kloster Gorze empfangen; beide Metropoliten waren an einer guten Bildung ihres Klerus lebhaft interessiert und sorgten für die Hebung der Schule an ihrer Kathedrale. Adalbero vor allem dadurch, daß er ihre Leitung in die Hände eines Mannes legte, der mit mehr Recht als irgend einer den Ruhm genoß, der größte Gelehrte der Christenheit zu sein: Gerbert von Aurillac. Sein Wirken führt weit über Reims hinaus, und so mag uns hier zunächst ein Schüler Gerberts beschäftigen, dessen Werk und dessen Eigenart, an der des Flodoard gemessen, deutlicher in Erscheinung tritt.

Von der Person des R i c h e r   v o n   R e i m s wissen wir nur, daß er zu Reims Mönch im Kloster des heiligen Remigius war (weshalb er oft auch Richer von St-Remi genannt wird) und bis nach 998 gelebt hat. Er widmete sich mit großem Eifer dem Studium der artes. Auf Einladung des Klerikers Heribrandus, der in Chartres lehrte, begab er sich für einige Monate studienhalber dorthin, wo er unter anderem die Aphorismen des Hippocrates kennenlernte. Vor allem aber studierte Richer in Reims unter Gerbert Dialektik, Medizin und Mathematik. Und Gerbert war es, der ihn zur Abfassung einer zeitgeschichtlichen Darstellung anregte. Das Ergebnis war ein Werk, das unter der Bezeichnung *historiae* oder *historiarum libri quattuor* angeführt zu werden pflegt; das hier glücklicherweise erhaltene Autograph Richers, der einen förmlichen Abschluß offenbar nicht erreicht hat, weist keinerlei Titel auf[17]. Den Gegenstand bildet die Geschichte des letzten Jahrhunderts, die Zeit von 882 an bis 995, die wichtige Epoche des Übergangs vom karolingischen Herrscherhaus zu den Kapetingern. Spürten wir in den Geschichtswerken Flodoards immer wieder, daß der Verfasser in der karolingischen Tradition verwurzelt war, daß er in einer Geisteshaltung lebte, die auch in den Jahrzehnten, da das karolingische Reich zerbrach, deutlich supranationale Züge trug, so ist Richer bewußt Franzose, französischer Geschichtschreiber. Es spiegelt sich damit in ihm ein Wandel der Zeiten, der auch sonst in der Geschichte erkennbar wird: ein Abtrennen, Auseinanderwachsen der Teile des alten Reiches und ein Bewußtwerden der Unterschiede unter den Menschen und Völkern östlich und westlich des Rheins. Aber auch persönlich unterscheiden sich die beiden Geschichtschreiber. Flodoard ist als Historiker vor allem Sammler, der eifrig in Bibliotheken und Archiven sucht und das Gefundene aneinanderreiht, vielfach ohne es eigentlich zu verarbeiten. Richers Streben ist ein anderes. Gewiß, aus Quellen schöpft auch er, aber es genügt ihm nicht, das ihnen Entnommene schlicht zusammenzufügen. Er strebt nach künstlerischer Form, bemüht sich um eine stilistisch durchgestaltete Geschichtserzählung und stellt bewußt das literarische Anliegen neben, ja zuweilen noch über das der historisch zuverlässigen Berichterstattung. Richer ist ferner universal gebildet, besitzt Kenntnisse auch in Medizin und Mathematik – das ist bezeichnend für sein Jahrhundert – und er schreibt Z e i tgeschichte. Auch Flodoard war vortrefflich gebildet, er trug das geistige Erbe der Heiric, Hucbald und Remigius in sich, den Inbegriff karolingischer Bildung; auch er war zeitgeschichtlich interessiert, aber in seinem eigentlichen Geschichtswerk – die Annalen sind im Grunde ja nur Notizen – wächst

---

[17] Die übliche Benennung stammt von Pertz, dem ersten Herausgeber; von Richer rührt die Gliederung in vier Bücher sowie die weitere Einteilung in Kapitel nebst deren Überschriften her.

die Geschichte der selbst erlebten Zeit doch erst ganz langsam aus der Vergangenheit heraus. Für Flodoard ist die große, beherrschende Gestalt seines Geschichtswerkes Hincmar gewesen, also ein Mann der Vergangenheit; für Richer hat eine vergleichsweise Bedeutung nur, was sich unmittelbar auf seine Gegenwart bezieht, was er selbst erlebt und gesehen hat. Flodoard ist der gewissenhaft nach Urkunden, Inschriften und dergleichen arbeitende Historiker, Richer erweist sich in erster Linie als darstellender Historiker, gelehrter Geschichtschreiber, Literat.

So wird denn Richer in vielem unzuverlässig, einseitig und parteiisch. Er denkt und fühlt als Franzose und ist den Deutschen nicht gewogen. Spricht er z.B. von Heinrich I., so ist das ein obskurer Fürst von jenseits des Rheins, der gar nicht des Königstitels gewürdigt wird und der längst nicht die Beachtung findet, die der Verfasser westfränkischen Königen zuteil werden läßt. Diese Einstellung ändert sich nur dort, wo einer der Ottonen in Verbindung mit Gerbert erscheint. In seinem politischen Wollen, nur westfränkische Interessen zu verteidigen, verzerrt Richer nicht selten das Bild der Geschichte. Doch dieser Geschichtschreiber, der seiner durch Enge des Blickfeldes verursachten Einseitigkeit wegen als Gewährsmann immer mit Vorsicht zu benützen ist, wird, vom literarischen Standpunkt aus gesehen, bedeutender als der nüchterne, aber gewissenhafte Flodoard. Richer hält sich etwas zugute auf seinen vortrefflichen Stil; er schreibt gewandt, ist sich seiner Sprachbeherrschung sicher und weiß sich knapp auszudrücken, versteht es, sich in rhetorischen Gegensätzen zu bewegen, und es gelingt ihm vorzüglich, die an sich schon farbigen Schilderungen, die er gibt, durch geschickte Anlehnung, besonders an Sallust, zu beleben. Durch diese Anlehnung wird einerseits die rhetorische Prägung des Werkes verstärkt, andererseits die Darstellung in manchem ausführlicher, so daß sie sich immer mehr von der historischen Wahrheit entfernt. Denn angeregt von Sallusts Catilina und Iugurtha – die im übrigen nicht die einzigen antiken Vorbilder sind – schiebt Richer in seine Darstellung alle möglichen Reden von französischen Königen und anderen Persönlichkeiten ein, die in dieser Form nie gehalten worden sind. Das letztere ist freilich weniger für Richer selbst charakteristisch denn eine Mode des Jahrhunderts: die beiden Monographien des Sallust haben die geschichtlichen Darstellungen des zehnten Jahrhunderts sehr stark beeinflußt. Auf solche Weise dringen bei Richer wie bei anderen Historikern Fiktionen ein. Darüber hinaus bemüht er sich auch, die Ergebnisse und die Personen, die in seinem Werk vorkommen, zu verstehen und zu erklären: gewiß an der Oberfläche haftend, gewiß noch öfter das Wahre in seiner Tendenz verzerrend, aber mit Geschick und sicherem Gespür für das literarisch Wirksame.

Richer erklärt es in der insgesamt etwas flachen Vorrede an Gerbert als seine Absicht, die Geschichte der Völker Galliens *(Galliae populorum mores et actus)* der letzten hundert Jahre bis auf seine Zeit zu schreiben. Zeitlich knüpfte er, wie er bemerkt, an die von Hincmar geführten Annalen an; als Quelle habe er außerdem ein Werk des Flodoard benützt, das er jedoch mit eigenen Worten wiederzugeben sich bemüht habe. Richer hebt an mit einer Beschreibung des Schauplatzes der Geschichte: Er spricht von den Erdteilen, von Europa, von Gallien und dessen Gliederung, wobei man sich an Caesar erinnert fühlt (I 1–2). Darauf folgt eine Beschreibung der handelnden Personen, indem der Autor eine Charakterisierung der gallischen oder, wie man bei ihm schon sagen könnte, der französischen Bevölkerung (I 3) gibt. Sodann beklagt er, daß, nachdem zu Karls des Kahlen Zeiten Ordnung geherrscht habe, infolge der Schwäche der Könige die Normannen das Land heimgesucht hätten (I 4). Damit erst ist Richer am Gegenstande angelangt[18]. Die eigentliche Darstellung beginnt (I 5) mit der zu Ende Februar des Jahres 888 erfolgten Krönung des Grafen Odo von Paris zum König von Frankreich. Das erste Buch schließt mit dem Tod König Rudolfs (von Burgund) im Januar 936. Buch II setzt ein mit der Wahl Ludwigs IV. zum König und behandelt dessen Regierungszeit bis 954. Buch III ist den Jahren der Herrschaft Lothars III. (954–986) gewidmet. Das IV. Buch endet unvollständig im Jahr 995, weitere Notizen führen noch in das folgende Jahr.

Richer steht unter dem Eindruck des Geschehens seiner Zeit, die er als eine Epoche der Unruhe und Verwirrung, der Ängste und Bedrohungen erlebt. Die schützende Macht erblickt er im Königtum, und so wird für ihn der König zur zentralen Gestalt der Geschichte; daran ändert auch nichts, daß von der Mitte des dritten Buches an (III 43 ff., d.i. von den Ereignissen des Jahres 972 ab) die Gestalt Gerberts von Aurillac beinah wie eine alles andere überstrahlende Erscheinung in den Vordergrund tritt. Der König als Inbegriff der Ordnung ist für Richer, dem sich der Blick längst viel mehr verengt hat als seinerzeit einem Flodoard, der König von Frankreich. Das wird von Anfang an deutlich. Zu Beginn des Kapitels, mit dem die eigentliche Darstellung anhebt, spricht Richer von der Abstammung Odos, des ersten Königs aus dem Hause der Robertiner, das später mit Hugo Capet zum französischen Königsgeschlecht wurde, und nennt Odos Vater, Robert den Tapferen, und seinen angeblichen Großvater väterlicherseits, Witichi-

---

[18] Es trifft also keineswegs zu, was R. Holtzmann in seiner Bearbeitung von Wattenbachs Geschichtsquellen I S. 298 gesagt hat, daß der Anfang des Werkes planlos sei, weil dem Autor hier die Quellen gefehlt hätten.

nus, der als *advena Germanus* bezeichnet wird; schon hier fügt er eine Charakterisierung des Herrschers ein, der um seiner Tapferkeit willen, vor allem wegen seines unermüdlichen und immer erfolgreichen Einsatzes zum Schutz der Bevölkerung vor den normannischen Räubern hoch gerühmt wird. Es ist bezeichnend und mehr als eine Äußerlichkeit, daß Richer in der Überschrift dieses Abschnittes nur von *regis genus atque fortuna* spricht, ohne den Namen des Herrschers zu erwähnen.

Richer besitzt ein natürliches Empfinden für das literarisch Wirksame. So legt er, wie bereits gesagt, die Grenzen der einzelnen Bücher so, daß sie mit dem Ende oder mit dem Beginn der Regierungszeit eines französischen Königs zusammenfallen. Aber diese historische Gliederung wird durch die besondere Art des jeweiligen Endes oder Beginns literarisch überhöht und ins Dramatische gesteigert. Das erste Buch beendet der Bericht von einem Nordlicht, das im Jahr 934 gesehen wurde, darauf bricht eine Pest aus, der im folgenden Jahre der König erliegt. Nicht minder wirkungsvoll ist der Schluß des zweiten Buches: Der König reitet gen Reims. Da erblickt er einen Wolf, jagt ihm wie unter magischem Zwange nach, des eigenen Pferdes nicht schonend, bis es stürzt. Auf den Tod verletzt, wird der König von dannen getragen und stirbt nach langem, qualvollem Siechtum, kaum sechsunddreißig Jahre alt. Oder der Abschluß des dritten Buches mit dem Tode Lothars III., der einer schweren und schmerzhaften inneren Krankheit erlag, die Richer mit dem scharfen Blick des Arztes und dem für ihn bezeichnenden Interesse für medizinische Dinge beschreibt. Es liegt etwas Unheimliches über diesen Schilderungen. Aber was der Leser als literarische Steigerung empfinden mag, scheint in Wahrheit Ausdruck der Auffassung zu sein, die Richer von der Geschichte Frankreichs hatte. Er liebt es, nicht nur erzählte Geschichte vorzutragen, sondern deutet, wo immer sich die Gelegenheit bietet, Hintergründe an, deren Beschaffenheit und Tiefe er jedoch im Dunklen läßt. Das ist gewiß nicht die Art des Sallust, den man als Richers wichtigstes historiographisches und stilistisches Vorbild zu sehen pflegt, und mit dem sich sonst in der Tat genug Verwandtschaft findet. Suchte man nach einem antiken Vorbild für die gelegentlich zu beobachtende Hintergründigkeit in Richers Darstellung, so wäre ein solches am ehesten bei einem Historiker von der Art des Tacitus zu finden. Bei alledem fällt auf, wie wenig dieser Mönch des heiligen Remigius von der für die Geschichtsschreibung des Mittelalters selbstverständlichen Auffassung der Geschichte als Heilsgeschichte spüren läßt; seine Darstellung könnte einer säkularisierten Geisteshaltung entsprungen sein, wären da nicht jene Züge, die, dem Eingreifen dunkler Mächte Raum gewährend, an das Nachwirken heidnischen Schicksalsglaubens denken lassen.

Wie bereits bemerkt, zeigt Richer eine besondere Aufmerksamkeit für medizinische Dinge, so daß er beispielsweise die Krankheiten von Königen eingehend und mit Kenntnis der medizinischen Terminologie beschreibt[19].
Außer den genannten Krankheitsbeschreibungen erhalten wir von Richer einen Beitrag besonderer Art zur Geschichte der Medizin wie des ärztlichen Standes mit der Anekdote von der Rivalität der beiden Leibärzte Ludwigs IV. von Frankreich, von denen der eine der Bischof Deroldus von Amiens war, der andere, auf den die Königin große Stücke hält, ein Arzt aus Salerno, der erste Vertreter der nachmals so berühmten Ärzteschule, von dem wir außerhalb Italiens hören; der Versuch des Salernitaners, den geistlichen Rivalen unter den Augen des Königs zu vergiften und die Rache des Bischofs, der seinerseits dem ärztlichen Kollegen am Tisch des Königs Gift in die Speise mischt, ihn aber durch Verabfolgung des entsprechenden Gegengiftes vom Tode bewahrt und sich damit als der bessere Arzt erweist, ist auch als Anekdote ein Kabinettstück der Erzählkunst Richers[20]. Es hängt mit der oben erwähnten, gegenüber Flodoard so deutlich wahrnehmbaren Verengung des Blickfeldes zusammen, daß für Richer die ihm aus welchen Gründen auch immer nahestehenden Personen an Größe gewinnen. Das mag für den Historiker nicht ganz unbedenklich sein und trägt zweifellos zu der bemerkten Parteilichkeit des Geschichtschreibers bei, fördert aber auf der anderen Seite die Lebendigkeit der Erzählung und die Bildkraft der Darstellung. Wie für Richer die Könige Frankreichs so viel Gewicht besitzen, so sehr zur legitimen Institution schlechthin geworden sind, daß er auch dann, wenn er über einen von ihnen nur wenig Lobenswertes zu berichten hat, für sie Partei ergreift, während er den deutschen Königen zumeist nicht einmal den Titel zuerkennt, sondern sie mit bloßem Namen nennt, so tritt für ihn, den Mönch des heiligen Remigius, Reims, das in der Tat zu jener Zeit wohl kaum von einer anderen Stadt Frankreichs übertroffen wurde, besonders stark in den Vordergrund. Käme dem Autor nicht die Geschichte selbst zu Hilfe, man müßte ein besonderes literarisches Raffinement darin sehen, wie Richer das Auftreten Gerberts, den der Erzbischof Adalbero zum Vorstand der Kathedralschule berufen hatte, vorbereitet: Adalbero, selbst aus dem Benediktinerorden hervorgegangen, in Gorze gebildet, dem ersten Zentrum der monastischen Reform des zehnten Jahrhun-

---
[19] Besonders genau die Krankheit, an der Lothar III. starb, III 109. – Man kann die medizinisch bemerkenswert exakten Beschreibungen nicht mit dem Gebrauch des stilistischen Kunstmittels der fingierten Rede auf eine Stufe stellen.
[20] III 59.

derts neben Cluny, beruft zur Einführung der Reform in den Klöstern seiner Kirchenprovinz eine Abtssynode nach Reims. Die Synode selbst konzentriert sich auf zwei Personen: den Metropoliten, der, wiewohl gräflicher Abkunft (er war der Sohn Gottfrieds, des Grafen von den Ardennen), von Richer zweifellos ganz bewußt als ein Mann von königlichem Adel (als *vir regalis nobilitatis*) gerühmt wird, und den von den Äbten gewählten Primas, der kein anderer ist als Richers eigener Abt Rudolf von St-Remi. Dreimal ergreift der Erzbischof das Wort zur Rüge in feierlicher Rede, und dreimal antwortet ebenso der Primas. Noch steht der Leser unter dem Eindruck des also dramatisch geschilderten Vorgangs, noch sinnt Adalbero darüber nach, wer wohl befähigt sei, auch das geistige Leben an seiner Kathedralschule zu heben, da erscheint von „der Gottheit" selbst gesandt – *ipsa divinitate directus*[21] – Gerbert, der große Gelehrte, der im folgenden zu einer der zentralen Gestalten wird. Darauf wird Gerberts Lebensgang bis zu seiner Ankunft in Reims berichtet sowie in einem mehrere Kapitel umfassenden bildungsgeschichtlich wichtigen Abschnitt Gerberts Wirken als Vorsteher der Kathedralschule beschrieben, und zwar so, daß wir einen vortrefflichen Einblick in den Unterricht an jener Schule zur Zeit Gerberts erhalten.

Wir erfahren da, welche Bücher und in welcher Reihenfolge der berühmte Gelehrte sie zu benützen für richtig hielt; daß er mit der Isagoge des Porphyrios in der Übertragung des Marius Victorinus und mit dem Kommentar des Boethius begann, das Studium mit den Kategorien des Aristoteles, Periermenias und den Topica ebenfalls in der Bearbeitung des Boethius fortsetzte und daran die Topica Ciceros anschloß; es folgten die Syllogismi des Boethius – und, wenn man Richers Bericht in dieser Hinsicht für zuverlässig halten darf – erst jetzt die antiken Autoren: Vergil, Statius, Terentius, Juvenalis und Persius, die Satiren des Horaz und das Epos des Lucanus über den Bürgerkrieg. In der praktischen Ausbildung der Rhetorik zog Gerbert, was uns von anderen Stätten nicht berichtet wird, einen sophista heran, mit dessen Hilfe die Schüler in der praktischen Kunst des Argumentierens sich üben sollten. Besonders hebt Richer die Pflege der Mathematik und der anderen rechnenden Disziplinen des Quadrivium durch Gerbert hervor: die Musik – gemeint ist die Musiktheorie – sei in Gallien lange Zeit unbekannt und erst durch Gerbert zur vollen Kenntnis gebracht worden[22]; insbesondere die Kenntnis der Astronomie habe er durch seine Lehre

---

[21] III 43.
[22] *musicam multo ante Galliis ignotam notissimam effecit* III 49, eine für Richer charakteristische Übertreibung.

und durch die Herstellung verschiedener Geräte zur Veranschaulichung gefördert, worauf eine feste Sphäre, die Gerbert aus einer großen Holzkugel anfertigen ließ mit Darstellung der Ekliptik und der Sternzeichen, beschrieben wird; auch über die Herstellung eines Astrolabiums (mit einer Gradeinteilung von 30° von Pol zu Pol), einer Armillarsphäre zur Darstellung des Laufes der Planeten, sowie weiterer Sphärenmodelle, aber auch über die Verfertigung eines Abacus werden nähere Angaben gemacht. Die folgenden Berichte Richers über Gerbert, die Verbreitung seines Ruhmes, seine Verbindung mit Otto III., eine berühmt gewordene Disputation mit dem Philosophen Otric in Gegenwart des Kaisers verleihen zusammen mit dem, was zuvor über den Gelehrten und Lehrer an der Kathedralschule in Reims gesagt worden war, der Gestalt Gerberts eine Bedeutung, die im Rahmen des Gesamtwerkes der eines französischen Königs, also einer der Gestalten, die für Richers Geschichtsauffassung bestimmend waren, kaum nachsteht.

Das Werk, das trotz mancher wertvollen Angaben, wie bereits bemerkt, als Geschichtsquelle immer mit Vorsicht zu gebrauchen ist, steht als literarische Schöpfung auf beachtlicher Höhe. Zur Lebhaftigkeit und Eindringlichkeit der Darstellung tritt das entschiedene Bemühen des Verfassers, seinen Berichten eine gepflegte, an antiken Vorbildern orientierte sprachliche Form zu verleihen. In diesem Antikisieren, das, über den bloßen Gebrauch antiker Termini für mittelalterliche Dinge hinausgehend, wesentliche Züge der inneren Haltung des Verfassers sichtbar macht, geht Richer vielfach so weit, daß seine Art sich auszudrücken mehr einem säkularisierten Humanismus zu entsprechen scheint als derjenigen eines Klerikers und Mönches im zehnten Jahrhundert. Vielleicht hat Richers Klassizismus dazu beigetragen, daß sein Werk keine Verbreitung fand und überhaupt nur durch einen Zufall erhalten geblieben ist. Die einzige Handschrift, die zugleich das Autograph des Verfassers ist, gelangte aus dem Nachlaß Gerberts in den Besitz Kaiser Ottos III., von diesem an Heinrich II., der es zusammen mit anderen Büchern seines Vorgängers an die Dombibliothek des von ihm neugegründeten Bistums Bamberg übergab. Dort wurde das Werk gegen Ende des 11. Jahrhunderts von dem Michelsberger Mönch Frutolf für seine Weltchronik benützt, die dann, wenig später, von Ekkehard von Aura überarbeitet wurde. Es ist dies die einzige Spur einer Kenntnis des Werkes im Mittelalter, von der wir wissen. Erst vierhundert Jahre nach Frutolf und Ekkehard wurde Richer wiederum zitiert von dem gelehrten Sponheimer Abte Johannes Trithemius, der seine Kenntnis aus der Chronik Frutolfs schöpfte. Die Handschrift selbst lag unbeachtet, bis sie Georg Heinrich Pertz und Johann Friedrich Böhmer 1833 in Bamberg entdeckten, und der Text erstmals veröffentlicht wurde.

Es war nicht bloße Lobrednerei, wenn Richer der Persönlichkeit Gerberts einen so breiten Raum, vor allem so viel Gewicht in seinem Geschichtswerk einräumte. In der Tat entfalteten Schule und geistiges Leben in Reims ihren vollen Glanz durch G e r b e r t v o n A u r i l l a c, wie man ihn nach seiner Herkunft zu nennen pflegt, den späteren Papst Silvester II. Als Lehrer und vertrauter Ratgeber Kaiser Ottos III. und als Oberhaupt der Kirche ist Gerbert eine internationale Erscheinung. Er ist dies auch durch das Schrifttum, das er hinterlassen hat. In seinem gelehrten Bemühen ein Mann von ungewöhnlicher Vielseitigkeit und Originalität, zählt Gerbert unstreitig zu den größten gelehrten Gestalten des Mittelalters, ein Mann, der nicht nur dem französischen Volk und Land, sondern der abendländischen Christenheit insgesamt angehört. Ein Mann des Suchens nach Erkenntnis, strebte Gerbert danach, das geistige Erbe der Antike sich anzueignen, trachtete er danach, die Weisheit des Christentums in sich aufzunehmen, aber er richtete darüber hinaus seine Blicke auch auf die nichtchristliche Welt. Er ist als junger Mensch in Spanien gewesen, hat wenigstens die Grenzgebiete zur arabischen Welt gesehen und wenigstens so viel dort erlebt, daß er einen Begriff auch von arabischer Kultur empfing. Er gewann ein Wissen, vor allem auf dem Gebiete der Mathematik und der Naturerkenntnis, das erst allmählich wieder im Abendland Eingang und Anklang fand. Dies gereichte ihm zum höchsten Ruhm, ist aber auch seinem Namen schädlich geworden. Die Legende hat ihn zu einer dunklen Gestalt gemacht, zu einem, der im Bunde stand mit geheimen Mächten und Kräften: Gerbert wurde zum Zauberer, der mit dem Teufel einen Pakt geschlossen hatte.

Wir lernen Gerbert kennen aus seinen eigenen hinterlassenen Schriften, aus dem Bericht seines Schülers Richer und aus einer umfangreichen Briefsammlung.

Gerberts Leben war erfüllt und geprägt von ernstem Streben und brennendem Ehrgeiz. Erfolg und Anerkennung sind ihm in hohem Maß zuteil geworden. Aber die Jahrzehnte des reifen Lebens waren gezeichnet von schweren Schlägen und herber Enttäuschung.

Gerbert stammt aus einfachen Verhältnissen – seine Eltern waren weder arm noch reich, wie er einmal sagt – und ist etwa 940 in der Auvergne geboren. Im Benediktinerkloster St. Gerald zu Aurillac (im Süden der Grafschaft Auvergne), das ein halbes Jahrhundert zuvor, im Jahre 893, von dem Grafen Geraldus von Aurillac gegründet worden war, empfing Gerbert den ersten Unterricht.

Die örtlichen Bildungsmöglichkeiten scheinen über die Grammatik, allenfalls noch die anderen Fächer des Triviums nicht hinausgegangen zu sein. Als daher gelegentlich einer Wallfahrt zum Grabe des heiligen

Geraldus der Graf Borell von Barcelona sich kurze Zeit im Kloster St. Gerald aufhielt, gab man ihm Gerbert zum Begleiter, damit er in der spanischen Mark höhere Ausbildung empfinge (967). Hier in der unmittelbaren Nachbarschaft zur arabischen Welt erwarb sich der hochbegabte wissensdurstige junge Mönch unter der Obhut des Bischofs Hatto von Vich die Grundlagen jener mathematischen und astronomischen Kenntnisse, auf denen sein späterer Ruhm in diesen Wissenschaften beruht; ob dabei der nicht näher bekannte Joseph Hispanus, den Gerbert immer mit dem Zusatz sapiens erwähnt, eine Rolle gespielt hat, steht dahin. Eine entscheidende Wende im Leben Gerberts wurde damit eingeleitet, daß Hatto, der Bischof, und Graf Borell den ihnen Anvertrauten auf eine Pilgerreise nach Rom mitnahmen. Wie immer es geschehen sein mag, der Papst – es war Johannes XIII. – wurde auf den tüchtigen jungen Gelehrten aufmerksam und empfahl ihn Otto I.; dies war der Anfang der Bindung an das sächsische Herrscherhaus, an der Gerbert fortan sein ganzes Leben hindurch festhielt. Da ihm aber an einer vertieften Ausbildung in der Logik gelegen war, verwies ihn der Kaiser an den zufällig ebenfalls in Rom anwesenden Archidiakon Gerannus von Reims, der im Rufe eines vortrefflichen Logikers stand. Gerbert folgte ihm an die Metropole, die in den folgenden Jahren die Mitte seines eigenen Wirkens bilden sollte. Schon bald aber ernannte ihn der neue Erzbischof Adalbero (969–989) zum Lehrer an der Kathedralschule, für die nun die große Zeit begann. Seit langem hoch angesehen, wird die Kathedralschule von Reims durch Gerbert zu einem leuchtenden Mittelpunkt einer umfassenden, neben Philosophie vor allem auch die Mathematik und die Naturwissenschaften pflegenden Stätte, die von weither die Wissens- und Bildungshungrigen anlockt. Mit seinem Erzbischof Adalbero unternimmt Gerbert 981 eine Romreise, kommt in Pavia an den Hof Ottos II., mit dem er zu Schiff nach Ravenna gelangt, wo auf Veranlassung des Kaisers und in seiner Gegenwart eine öffentliche Disputation zwischen ihm, Gerbert, und dem Magdeburger Domscholaster Otric, der schon vorher an Gerberts Wissenschaftssystem Kritik geübt hatte[23], über das System der Wissenschaften stattfindet[24]. Der Kaiser ehrte Gerbert mit der Ernennung zum Abt von Bobbio 982. Damit tritt der Gelehrte für kurze Zeit an die Spitze eines Klosters, das als Sammelpunkt antiker Literatur bedeutend gewesen ist, aber er tritt auch ein in die Reihe der Großen des

---

[23] Ein Sachse hatte bei Gerbert gehört und Otric berichtet; nach Richers Darstellung (III 55) wäre der sächsische Studierende von dem Magdeburger Scholaster nach Reims geschickt worden, um Gerbert auszuhorchen.

[24] Man muß sich auch hier vor übertriebenen Vorstellungen, was neue Wege und Originalität betrifft, hüten; es handelt sich vorwiegend um Begriffe und Gedanken, die sich bei Boethius im Kommentar zur Isagoge des Porphyrios finden.

Reiches, und damit bahnt sich ein entscheidender Wandel in seinem Leben an. Jedoch Gerbert, gewohnt im Reich des Geistes zu herrschen, kann sich gegen den italienischen Adel, dessen Raubgier dem Kloster schweren Schaden zugefügt hat, nicht durchsetzen. Nach dem frühen Tode des Kaisers (am 7. Dezember 983) wird seine Stellung unhaltbar. Er kehrt nach Reims zurück, wird Berater und engster Mitarbeiter Erzbischof Adalberos in den gefahrvollen Jahren der Unmündigkeit Ottos III., dem der Reimser Metropolit wie schon sein Vorgänger die Treue hielt. Und er erlebte mit, wie sein Erzbischof noch im letzten Lebensjahr König Lothars wegen dieser Treue zum Kaiserhaus des Hochverrats bezichtigt, gefangengesetzt und erst nach Ludwigs V. Tod freigesprochen wird. Gerbert war aber auch der nächste Berater des Reimser Metropoliten, als dieser maßgeblich zur Wahl Hugo Capets beitrug und mit dessen Salbung zum König am ersten Tag des Juni 987 das Haus auf den Thron brachte, welches Frankreich fortan durch acht Jahrhunderte regieren sollte. Adalbero, der anderthalb Jahre später, im Januar 989 starb, hatte zuvor noch Gerbert als Nachfolger designiert. König Hugo aber brachte den Karolinger Arnulf, einen natürlichen Sohn König Lothars, auf den erzbischöflichen Stuhl von Reims und ließ erst, als der letztere drei Jahre darauf von der Synode wegen Untreue gegen den König abgesetzt wurde, Gerbert zum Erzbischof wählen. Aber nun versagte der Papst die Zustimmung. Gerbert wurde suspendiert, verließ seine Diözese, suchte und fand Hilfe bei Otto III., der ihn zu sich nach Magdeburg lud. Er wurde der Lehrer des jungen Königs und zog mit ihm 996 über die Alpen nach Rom, wo dieser aus der Hand Gregors V. die Krone empfing. Freilich, ihm selbst gestand auch der neue Papst sein Erzbistum nicht zu, verlieh ihm aber 998 gleichsam zur Entschädigung das Erzbistum Ravenna mit dem Exarchat. Zehn Monate später starb Gregor V., und nun wurde auf Wunsch Ottos III. sein Lehrer Gerbert zum Papst gewählt. Als erster Franzose auf dem Stuhl Petri regiert er unter dem Namen Silvester II. die Kirche noch vier Jahre. In die kurze Zeit seines Pontifikats fällt nicht nur die Verteidigung des von ihm selber zuvor bekämpften Primats, sondern vor allem so wichtige Ereignisse wie die Organisation der polnischen Kirche durch Gründung des Erzbistums Gnesen und der ungarischen durch Errichtung der Metropole Gran sowie die Übersendung der Königskrone an Stephan I., durch welche Maßnahmen die Eingliederung dieser Länder in die lateinische, die abendländische Kultur mit einem äußeren Zeichen besiegelt wurde.

Ein Jahr nach Ottos III. frühem Hinscheiden folgt Gerbert seinem kaiserlichen Schüler, Freunde und Gönner im Tode nach, am 12. Mai des Jahres 1003.

Scandit ab R Gerbertus in R post papa vigens R soll Gerbert selber auf Reims, Ravenna, Rom als die wichtigsten Stationen seiner hierarchischen Laufbahn anspielend im Scherz gedichtet haben. In der Tat war kaum je einer aus so bescheidenen Verhältnissen so geradlinig Stufe für Stufe aufgestiegen zur höchsten Würde der Christenheit. Es war ein Leben voll Erfolg und Ruhm, das Leben eines Mannes, dem die Zeitgenossen alles zutrauten im Guten wie im Bösen; es ist kaum vorstellbar, daß ein solches Leben nicht begleitet war von brennendem Ehrgeiz. Aber wer wüßte zu sagen, wie ein Mann von seiner Art, der Kronen vergab und Kaiser lenkte, der – was mehr ist – gewohnt war, im Reich des Geistes der Erste zu sein, wie er die Rückschläge und Enttäuschungen erlebte, die seinen Weg zeichneten: nach der ruhmvollen Disputation unter den Augen des Kaisers der klägliche Mißerfolg als Abt, der sich in dem Augenblick nicht mehr zu helfen wußte, als sein Gönner starb; die Laune eines Königs, dem er selbst auch zur Krone verholfen und der ihm, dem Designierten, den Karolingerbastard vorzog; und dann, als er wirklich gewählt wird, diesmal mit dem Willen des Königs Hugo Capet selber, das Verhalten des Papstes, der ihm das Erzbistum weigert, so daß er wiederum bei dem jugendlichen Kaiser Schutz suchen muß: was ist dies für einen Mann vom Schlage Gerberts?

Über Gerberts Lehrtätigkeit unterrichtet uns ziemlich genau Richer im dritten Buch seines Geschichtswerkes[25].

Das Schrifttum Gerberts umfaßt mathematisch-naturwissenschaftliche Abhandlungen, eine Schrift zur Logik und eine umfangreiche Briefsammlung, dazu kommen Synodalakten, die er redigiert hat.

Zur erstgenannten Gruppe gehören die *regulae de numerorum abaci rationibus,* zuweilen auch nach den beiden Teilen *regulae multiplicationis* bzw. *regulae divisionis* (handschriftlich auch *lectiones* oder *regulae super abacum*) genannt. Die kurze Abhandlung ist dem mit Gerbert befreundeten Mönch Constantinus von Fleury, der später Abt in Micy (St-Mesmin bei Orléans) war, gewidmet; sie stammt aus der Zeit, da Gerbert Domscholaster in Reims war, ist aber, wiewohl offenbar die älteste der mathematischen Schriften, die wir besitzen, erst um 980 geschrieben[26]. Ihren Gegenstand bildet eine Anweisung zur Multiplikation und Division mit Hilfe des Abacus, wobei Gerbert das Dezimalsystem zugrunde legt. Die Anweisung, deren schriftliche Quelle wir nicht

---

[25] Siehe oben S. 142f.
[26] Das ergibt sich aus der Bemerkung Gerberts im Widmungsbrief: *cum aliquot lustra iam transierint, ex quo nec librum nec exercitium harum rerum habuerimus:* Bubnov, Gerberti opera mathem. 6.

kennen, ist so knapp gefaßt, daß sie ohne Erläuterungen eines mit dem Verfahren Vertrauten kaum verständlich war; so hat denn im elften Jahrhundert ein Unbekannter einem ihm vorliegenden Exemplar des Gerbertschen Textes eine paraphrasierende Erweiterung zuteil werden lassen, so daß uns die Schrift in zwei Fassungen überliefert ist.

In die Jahre der Tätigkeit an der Reimser Domschule fällt die *Beschreibung eines Himmelsglobus* zur Darstellung der Himmelskreise und Sternbilder, die Gerbert demselben Constantinus von Fleury übersandte[27].

Die vergleichsweise umfangreichste Abhandlung auf mathematischem Gebiete ist die gegen Ende der ersten Reimser Zeit Gerberts, etwa 980/82 entstandene *geometria*, auch *isagoge geometriae* genannt. Das Handbuch beginnt mit der Einreihung der Geometrie an die dritte Stelle der mathematischen Disziplinen, der Etymologie des Begriffes *(a terrae mensura)*, einem Hinweis auf den Ursprung der Geometrie bei den Ägyptern, die durch die fortwährenden Überschwemmungen des Nils zu frühzeitiger Ausbildung einer Feldmeßkunst gezwungen worden seien, und einer Definition der Geometrie als der Lehre von den Größen und Formen und deren Verhältnissen. Der Wert der Geometrie liege vor allem darin, daß die Beschäftigung mit ihr schön und angenehm sei (*exercitio iucunda* und etwas später *iucundissima*) und geeignet sei, ein tieferes Verständnis der Schöpfung Gottes zu vermitteln. Die Darstellung der Geometrie selbst geht aus von einer Definition des Körpers, der Fläche, der Geraden und des Punktes; nachdem zahlreiche Längen-, Flächen- und Raummaße behandelt sind, wird die Lehre vom Dreieck ausführlich dargelegt. Immer wieder gebraucht Gerbert neben der lateinischen auch die griechische Terminologie. Daß er verschiedene Quellen benutzt habe, betont der Autor selbst; sie sind größtenteils antik (ohne daß man im einzelnen diese genau bezeichnen könnte), dazu kommt eine anonyme Geometrie des neunten oder zehnten Jahrhunderts sowie eine zweite, ebenfalls anonyme frühmittelalterliche ars geometrica, die im wesentlichen aus der großen astronomisch-komputistischen Enzyklopädie abgeleitet ist, die im achten Jahrhundert bei den Angelsachsen entstanden, frühzeitig aufs Festland gekommen war und zuerst bei Heiric von Auxerre faßbar geworden ist. Die erstgenannte geometria incerti auctoris ist in den älteren Ausgaben mit der Geometrie Gerberts als Kapitel 14–94 vereinigt.

Eine Reihe von mathematischen Fragen hat Gerbert in Brieffom

---

[27] Richer III 50 beschreibt dasselbe Gerät, jedoch in einfacherer Ausführung, d.h. so, daß an die Stelle der hölzernen Hohlkugel Metallkreise traten; das dürfte die spätere Konstruktion Gerberts gewesen sein.

oder beiläufig in *Briefen* an befreundete Gelehrte erörtert. So führt uns in das Hin und Her des Austausches von geometrischen Aufgaben ein Brief Gerberts an Adalbold von Utrecht, in dem auf eine vorangegangene Anfrage des Adressaten bezüglich einer von Gerbert übersandten Aufgabe, der Berechnung eines gleichseitigen Dreiecks von neunzig Fuß Seitenlänge, eingegangen wird.

All diese sicher echten Schriften Gerberts lassen sich erklären, ohne daß man die von ihm während seines Aufenthalts in der spanischen Mark eventuell geknüpften Beziehungen zur arabischen Welt in Anspruch nehmen müßte. Eine Ausnahme bildet allein der *liber de astrolabio,* eine Abhandlung über den Gebrauch des Astrolabiums, jenes alten, vielleicht von den Griechen erfundenen, jedenfalls bei den Arabern und Persern sehr beliebten astronomischen Instrumentes, das durch die Beobachtung und Bestimmung der Höhe der einzelnen Sterne die Lösung verschiedener astronomischer Fragen, u.a. auch die Bestimmung der Zeit des Tages oder der Nacht, erlaubte. Der liber de astrolabio setzt die Kenntnis einer von dem Bischof Lupitus von Barcelona aus dem Arabischen übersetzten Astronomie voraus; allerdings ist Gerberts Verfasserschaft für den in Rede stehenden Traktat über das Astrolabium nicht gesichert.

Den Dialektiker oder, wie man damals schon sagt, Logiker Gerbert lernen wir, von Berichten über ihn abgesehen, nur aus einer einzigen Schrift kennen: *de rationali et ratione uti.* Die Abhandlung ist Otto III. gewidmet und knüpft an jene Disputation an, die Gerbert seinerzeit mit Otric zu Ravenna geführt hatte. Den Gegenstand bildet die damals offenbar nicht erledigte Frage, wie es möglich sei, daß von dem Vernunftwesen *(rationale)* der Vernunftgebrauch *(ratione uti)* ausgesagt werden könne. Ein erster Versuch, die Frage dadurch zu lösen, daß der Vernunftgebrauch als ein Aktuelles (als eine *potestas cum actu*) höheren Rang besitze als das Vernunftwesen (die *potestas sine actu*), wird abgelehnt, weil der Vernunftgebrauch vom Dasein des Vernunftwesens abhänge, folglich nicht ein Höheres sein könne. Die Argumentation läuft darauf hinaus, daß der Vernunftgebrauch ein Tun, mithin ein Accidens des Vernunftwesens sei, in dem angeführten Satze also in Wahrheit nicht ein Subjekt-Prädikatsverhältnis vorliege. Man hat die Umständlichkeit der Beweisführung sowie die Beschränkung der Begründung auf das Formale gerügt. Zu Unrecht, zumindest was das letzte angeht; schon die Frage selbst war keine mittelalterliche, sie war vielmehr durch einen Satz des Porphyrios veranlaßt und durch seine Formulierung wie den Kommentar des Boethius zur isagoge in die entsprechende Richtung gelenkt worden. Es ist das ein charakteristisches Beispiel für die Situation der Logik und der Philosophie überhaupt im frühen Mittelalter, die weitgehend von der spätantiken Logik bestimmt war, ehe der neue Aristoteles im ersten Drittel des zwölften Jahrhunderts bekannt wurde.

Das in literarischer Hinsicht wichtigste und bedeutendste Werk Gerberts ist seine *Briefsammlung*. Sie besteht aus 220 Stücken und umfaßt den Zeitraum von 983 bis 997, also die Zeit Gerberts in Bobbio und die Jahre des zweiten Reimser Aufenthalts. Aus Bobbio stammen fünfzehn Briefe, darunter vier an den Kaiser (Otto III.), einer an die Kaiserin Adelheid, die anderen an Bischöfe und Äbte sowie weltliche Große der Umgebung, einer auch in die Heimat an den Erzbischof Adalbero. Klagen über die Mißstände und über die Schwierigkeiten, mit denen Gerbert in Bobbio zu ringen hatte, bilden den Hauptinhalt. Nicht minder bunt ist die Reihe der Adressaten der großen Zahl von Briefen, die Gerbert während des zweiten Reimser Aufenthalts verfaßt hat, am bemerkenswertesten ist, daß nur ein Teil von Gerbert in eigenem Namen geschrieben, nahezu die Hälfte im Namen anderer Personen *(ex persona)* verfaßt worden ist; über fünfzig davon für Erzbischof Adalbero von Reims, sechs für dessen Nachfolger Arnulf. Diese Schriftstücke sind nicht privater Natur, sondern betreffen zum Teil Verwaltungsangelegenheiten, zu einem anderen haben sie politischen Inhalt von großer Wichtigkeit. Auch von den rund achtzig Briefen der Sammlung, die Gerbert in der Zeit der Erzbischöfe Adalbero und Arnulf in eigenem Namen schrieb, hat eine nicht geringe Zahl politischen Inhalt, und man erkennt, wie stark Gerbert als engster Berater und Mitarbeiter der Reimser Metropoliten mit deren politischem Wirken verbunden war. Nur ein verhältnismäßig kleiner Teil der Briefe Gerberts ist persönlichen Inhalts; sie richten sich vornehmlich an Freunde, gelehrte Bekannte, mit denen Gerbert in wissenschaftlichem Austausch stand. Bemerkenswert sind einige Briefe, in denen wir Gerbert als Büchersammler kennenlernen. Einige wenige Briefe gehen auch an Mönche seines Klosters Bobbio, dem sich Gerbert offenbar auch nach seiner Flucht noch verbunden gefühlt hat. 42 Briefe stammen aus der Zeit, da Gerbert selber Erzbischof war. Auch unter diesen befinden sich noch einige, wenn auch nur eine geringe Zahl, die Gerbert im Auftrag anderer verfaßte, nämlich vier für Otto III., je einen für König Hugo und für eine Bischofssynode.

Die Briefsammlung besitzt, wie schon der kurze Überblick verdeutlicht, in verschiedener Hinsicht hohen Wert. Sie ist zum ersten eine überaus wichtige Quelle für die Geschichte jener Jahre und Jahrzehnte, über welche uns kein zweites Zeugnis von vergleichbarer Zuverlässigkeit überliefert ist. Sie gewährt uns ferner einen Einblick in die Praxis der Epistolographie jener Zeit, indem sie uns veranschaulicht, welches

Gewicht man auf die zutreffende und angemessene Formulierung von Briefen, besonders von amtlichen Schriftstücken gelegt hat, so daß man nicht den Nächstbesten mit ihrer Abfassung beauftragte, sondern offenbar darum bemüht war, die Abfassung von Schriftstücken, die man für wichtig ansah, in die Hände besonders dazu befähigter Personen zu legen. Das wertvollste Zeugnis aber legen die Briefe für Gerbert selber ab. Sie stellen uns nicht nur einen wichtigen Abschnitt aus seinem Leben in den besten Mannesjahren vor Augen; sie führen uns vielmehr, trotz der verhältnismäßig geringen Zahl der persönlichen Briefe und trotz des Überwiegens der amtlichen und überhaupt nur für andere Personen verfaßten Schriftstücke, so nahe wie kein anderes Dokument an den Menschen Gerbert heran. Bezeichnend für die Briefe ist die Neigung zur Kürze, zur Konzentration auf das Wesentliche, vor allem in der großen Zahl der nicht persönlichen Briefe. Bemerkenswert ist sodann die ungewöhnliche und sehr bestimmte Gepflegtheit des Stils, die allenthalben die Schulung durch antike Vorbilder verrät. Durch Gerbert selbst erfahren wir, welch großen Wert er auf die stilistische Gestaltung seiner Äußerungen gelegt hat, und daß es vor allem Cicero gewesen ist, von dem er zu lernen sich bemühte; Muster waren ihm nicht nur die üblicherweise bekannten und studierten rhetorischen Schriften, d.h. de inventione und die unter Ciceros Namen gehende Rhetorik ad Herennium, sondern auch die bis auf Gerberts Zeit kaum beachteten Reden, vorzugsweise die catilinarischen sowie die ebenfalls dem Cicero zugeschriebene Invektive gegen Sallust. Dennoch wird man – was allerdings eine nähere Untersuchung erforderte – nicht behaupten können, daß Gerberts Ausdrucksweise ciceronianisch sei; vielmehr scheint es, als habe Gerbert auf Grund seiner breiten Kenntnis der antiken Literatur sich seinen eigenen, stark antikisierenden, aber durchaus persönlichen Stil erarbeitet. Daß solches Bemühen bei einem Mann von der Bewußtheit und Bestimmtheit eines Gerbert weit mehr gewesen ist als etwa eine Sache des guten Geschmacks, dürften wir auch dann annehmen, wenn er es nicht selbst ausdrücklich bezeugte. Innere Haltung und sprachlicher Ausdruck sind, wie Gerbert an den Abt Eberhard von Tours schreibt (epist. 44), für ihn untrennbar: Er habe zeitlebens an dem einen wie dem anderen gearbeitet[28].

Es ist nicht nur die bei Gerbert zu beobachtende besondere Gestalt der Kunstprosa, die ihn von der allgemeinen Entwicklung der Zeit unterscheidet; auch seine ausgesprochen humanistische Haltung hebt ihn über die Zeitgenossen hinaus. Dem soeben Bemerkten gegenüber

---

[28] *cumque ratio morum dicendique ratio a philosophia non separentur, cum studio bene vivendi semper coniuncxi studium bene dicendi.*

erscheint es wie eine Äußerlichkeit, daß wir zahlreiche Zitate aus antiker Literatur beobachten: nicht nur, wie bei vielen anderen, Zitate aus Vergil, Horaz oder Ovid, sondern auch aus Plinius, vor allem aber aus Cicero mit der erwähnten Ausdehnung auf die Reden, ferner aus den Digesten und eine ganze Reihe von Anführungen aus den verschiedensten Schriften des Boethius; auch das seltene astronomicon des Manilius wird, wie es scheint, in allgemeiner Form erwähnt[29]. Von christlichen Schriftstellern findet man außer Bibelstellen und den auch sonst häufig zitierten Kirchenvätern wie Augustinus, Gregor, Ambrosius, seltenere wie Lactantius oder Lucifer von Cagliari.

Gerbert war ein die Zeitgenossen weit überragender wissenschaftlicher Kopf. Er teilte die Pflege der Mathematik und der Astronomie wie anderer Naturwissenschaften, aber auch die eines guten Stiles mit Zeitgenossen und Nachfolgern, wenn er auch die meisten von ihnen übertrifft. In philologischer und literarhistorischer Hinsicht bemerkenswert ist die Entwicklung, welche der Prosastil bei Gerbert genommen hat. Seit dem zehnten Jahrhundert erfährt die lateinische Kunstprosa eine bedeutende Wandlung, die sich zwar in Anlehnung an die antike Kunstprosa, zumal an Sallust und an Cicero gebildet hat, die aber doch versucht, von solchen Anregungen aus zu einer eigenen, durch und durch mittelalterlichen Form zu gelangen. Im zehnten Jahrhundert, das sei hier ausdrücklich bemerkt, sind auch die Anfänge der Erzählkunst und der Erzählsprache des Mittelalters zu suchen, die Anfänge auch jener stilistischen Leistungen, die man im zwölften und dreizehnten Jahrhundert in der ars dictaminis, in Formelsammlungen und Musterbriefen des guten Stils erreicht hat. Hier wird in der Kunst der Prosa Neues geschaffen, das deutlich über den in der Karolingerzeit erreichten Stand hinausführt und in die zukünftige Richtung des lateinischen Stiles vorausweist. Gerbert nimmt in dieser Entwicklung eine bedeutende Stellung ein, er ist einer ihrer hervorragenden Exponenten.

Der Ruf Gerberts als Gelehrten drang weit über die Reimser Diözese

---

[29] Gerbert erwähnt in epist. 130 (vom September 988) an den Mönch Rainardus von Bobbio unter den Büchern, von denen er sich eine Abschrift erbittet, einen *M. Manlius de astrologia*. Damit könnte Manilius gemeint sein, wie seit den Gerbert-Ausgaben von Masson (Paris 1611) und Duchesne (Paris 1636) angenommen wird. Eine Schwierigkeit entsteht jedoch dadurch, daß Gerbert in epist. 8 (von 983) an Erzbischof Adalbero von Reims, den er *octo volumina Boetii de astrologia* für ihn zu erwerben bittet, möglicherweise dasselbe Werk gemeint hat: Wir hören sonst nichts von einer umfangreicheren astrologia des Boethius, eine Verwechslung des im Mittelalters so gut wie unbekannten Manilius aber mit Manlius Boethius läge so ferne nicht, umso mehr, als die fragliche Astronomie sowohl bei Gerbert epist. 130 als auch in dem Bobbieser Katalog des zehnten Jahrhunderts (Becker 32, 399ff.) in unmittelbarer Nachbarschaft zu Victorius de rhetorica und Demosthenis ophthalmicus (in Bobbio nur: Demosthenis liber I) erscheint.

hinaus. Namhafte Schüler mehrten sein Ansehen, und er selbst hat, bei all seiner Neigung zu Schroffheit und Arroganz, doch nicht versäumt, Verbindungen zu Gelehrten, die ihm nützlich schienen, aufzunehmen und zu pflegen.

Es war während Gerberts zweiter Reimser Zeit, als er dem Abte Adso von Montier-en-Der zur Kenntnis brachte, der Erzbischof wünsche ihn zu einem bestimmten Zeitpunkt zu sprechen. Die Bekanntschaft zwischen ihm und dem etwa eine Generation älteren Adso bestand damals, 986, bereits seit mehreren Jahren. Die beiden Männer waren spätestens im Jahre 980 einander begegnet, als sie den Erzbischof Adalbero auf seiner Romreise begleiteten; Adso hatte im folgenden Jahre der berühmten Disputation Gerberts mit dem Magdeburger Otric zu Ravenna beigewohnt, und während seiner Abtszeit in Bobbio (983) hatte Gerbert den Erzbischof darauf hingewiesen, daß von Adso ein Exemplar von Caesars *istoria* – gemeint ist wohl das bellum Gallicum – zu erhalten sei[30]. Auch diesmal schrieb der Reimser, Adso möge bei seinem Besuch Bücher mitbringen, an denen ihnen beiden, dem Abte wie dem Schreiber des Briefes, viel gelegen sei (*carissima vobis ac nobis volumina librorum*[31]). Offenbar waren es Adsos vortreffliche Bildung und seine literarischen, besonders auch der Antike zugewandten Interessen, die ihm den Respekt des sonst recht kurz angebundenen Gerbert verschafft hatten. In der Tat ist erst durch Adso von den karolingischen Klöstern und Bildungsstätten Lothringens das im siebenten Jahrhundert gegründete monasterium Dervense, Dervus, Montier-en-Der erstmals mit bemerkenswerten literarischen Schöpfungen hervorgetreten.

Adso stammte aus hochadliger, im Jura, im Königreich Hochburgund begüterter Familie und war im zweiten Jahrzehnt des zehnten Jahrhunderts geboren. Als puer oblatus dem Kloster Luxeuil übergeben, war er im Jahre 934 von Bischof Gauzlin von Toul zum Leiter der Schule zu Saint-Evre berufen worden, welche der Bischof nach dem Vorbild von Fleury zu erneuern beabsichtigte. Aber schon im folgenden Jahr folgte Adso seinem Mitbruder Alberich, als dieser von Gauzlin in das bischöfliche Eigenkloster Montier-en-Der als Abt berufen wurde, und wurde nach Alberichs Tod im Jahre 968 dessen Nachfolger. In dem Vierteljahrhundert seines Wirkens scheint Adso viel für sein Kloster getan zu haben: Es wird berichtet, daß er die Kirche neu erbauen ließ

---

[30] Gerberti epist. 8 (p. 30 Weigle). Die dort angeführte Vermutung von M. Manitius, es handle sich um einen Caesar in St-Evre zu Toul, ist wirklich nur eine solche.
[31] Gerberti epist. 81 (p. 110 Weigle).

und sich in mannigfacher Weise um die Mehrung des Besitzes gekümmert habe; auch scheint er sich in kirchlichen wie in gelehrten Dingen nicht geringen Ansehens erfreut zu haben. Er stand in Verbindung, wie oben bemerkt, mit Gerbert, desgleichen mit Abbo von Fleury. Bischof Bruno von Langres (980–1016), ein Schüler Gerberts, versuchte Adso zur Reform des Klosters Saint-Bénigne zu Dijon zu gewinnen; doch kehrte Adso bald wieder nach Montier-en-Der zurück. Er war ein Greis um die achtzig, als er eine Pilgerreise nach Jerusalem antrat; in seiner Begleitung befand sich Graf Hilduin, Bruder des Bischofs Manasse von Troyes, den Adso zur Pilgerfahrt bewogen hatte. Sein Biograph berichtet, wie er dem Mitbruder, der ihn noch bis zum Hafen begleitet hatte, einen Abschiedsbrief an seine Mönche in Montier-en-Der mitgab an dem Tag, da er die Fahrt „ins Heidenland", *ad portum urbis Babylonicae* antrat. Noch auf hoher See starb der Abt; man bestattete ihn auf einer Insel, die das Schiff am fünften Tag danach erreichte. Es war im Jahre 992.

Als der greise Abt jene Reise angetreten hatte, von der er – wie wohl vorauszusehen war – nicht mehr zurückkehrte, fand man zu Hause, im Kloster von Montier-en-Der, in der Truhe des Abtes dreiundzwanzig Codices, die seine private Handbibliothek gebildet hatten. Das erhaltene Verzeichnis deutet auf einen Mann von vortrefflicher, stark antik bestimmter Bildung, der nicht nur einen vollständigen Vergil mit Kommentar des Servius zu allen Werken oder einen Terenz zur Hand zu haben wünschte, der nicht nur die zu seiner Zeit grundlegenden Werke der Dialektik, die Isagoge des Porphyrius und die aristotelischen Kategorien mit dem Kommentar des Boethius und die Rhetorik anhand des *auctor ad Herennium* studiert, sondern auch ein umfassendes und inhaltsreiches Geschichtswerk wie die Weltchronik des Frechulf von Lisieux immer bei sich hatte. Daß er von Grammatiken den Donatkommentar des Muridach besaß, mag mit Adsos auch sonst in seinem literarischen Werk zutage tretenden Beziehungen zu Metz zusammenhängen, wo seit der Zeit des Bischofs Drogo (826–855), eines Sohns Karls des Großen, die Iren anscheinend mit dem Mittelpunkt zu St. Symphorian sich besonderer Wertschätzung erfreut und Gelehrte wie Kaddroe und eben jener Muridach[32] gewirkt hatten.

Man kennt Adso in erster Linie als Verfasser der berühmten *epistula de ortu et tempore Antichristi*, welche der Verfasser an die Königin Gerberga, die Gemahlin Ludwigs IV. von Frankreich, eine Schwester Ottos des Großen, auf deren Ersuchen hin übersandt hat. Die Briefab-

---

[32] Ein paar gelehrt hölzerne Verse von ihm zum Lobpreis von Metz und seines Bischofs bei B. Bischoff, Mittelalterliche Studien Band II. Stuttgart 1967. S. 52.

handlung oder vielmehr der als Brief gegebene Bericht bietet, wie Adso mehrfach betont, nur überlieferte Aussagen; es sind in erster Linie Bibelstellen, Äußerungen von Kirchenvätern und als Hauptquelle der wahrscheinlich im siebenten Jahrhundert ins Lateinische übersetzte Pseudo-Methodios, dazu noch einige wenige Bemerkungen bei frühmittelalterlichen Autoren, alles jedoch in selbständiger Formulierung. Adso, der sich der Königin gegenüber mit bemerkenswerter Gewandtheit und Sicherheit ausdrückt und auch im übrigen die lateinische Sprache vortrefflich handhabt, aber doch wohl mit Rücksicht auf die Empfängerin sich einer gewissen Einfachheit befleißigt, versteht es, gerade in der bewußten Schlichtheit und Schmucklosigkeit seiner Rede ein Bild jener Erscheinung des Bösen am Ende der Zeiten zu entwerfen, welches den Menschen jener Zeit, denen wie Gerberga das erwartete Ende des Jahrtausends und mit ihm der Weltuntergang so nah erschien, die entfesselte Macht Satans als schaurige Wirklichkeit in bedrohlich nahegerückter Zukunft vor Augen stellte. Adso zeichnet den Antichrist als eine bestimmte Person, als eine Person, die in ihrem ganzen Wesen, aber auch nach Ursprung und Lebensgang bis in die Einzelheiten hinein das in die vollkommene Bosheit und Verneinung verzerrte Gegenbild Christi sein würde: als Sohn Satans von einem durch und durch vom Geist des Bösen durchdrungenen menschlichen Weibe aus dem Stamme Dan, „der Schlange am Weg, der Viper neben dem Pfade", zu Babylon, der berühmten Stadt des Heidentums, geboren, zu Bethsaida und Corozain, über welche der Herr sein Wehe gerufen, erzogen und von Magiern, Zauberern, Wahrsagern nach der Eingebung Satans unterwiesen, würde er, von den Dämonen und allen bösen Mächten unterstützt, in Jerusalem seine Herrschaft errichten, den Tempel zerstören und zu seiner Ehre wiedererrichten, Könige und Fürsten zu sich bekehren, und durch sie ihre Völker unterwerfen; denn er werde unerhörte Wunder tun und alle Kräfte der Natur in ihr Gegenteil verkehren. Gar viele würden seine Helfer sein, jene aber, die sich ihm nicht fügten, werde er grausam verfolgen; die Christen in jenen Tagen würden entweder ihren Glauben verleugnen oder vom Antichrist und seinen Verbündeten durch das Schwert oder durch Feuer oder durch Schlangen oder durch wilde Tiere oder durch irgendeine Art von Peinigung getötet werden, wenn sie in ihrem Glauben verharrten. Was aber den Zeitpunkt betreffe, da dies alles geschehen solle – und nun verbindet sich die Prophetie vom Antichrist mit der Sage vom Endkaiser –, so werde der „Sohn des Verderbens" *(filius perditionis)* erst auftreten, wenn das Römische Reich, das letzte unter den Reichen der Erde, das zwar in vielem zerfallen sei, das aber in seinem Königreich, dem Reich der Franken, noch fortlebe, von dem seine einstige Würde noch immer bewahrt werde, zu Ende gekommen sei. Der letzte Kaiser aber, so lehrten manche, werde der größte sein. Er werde noch einmal das Reich vereinigen, dann aber gen Jerusalem pilgern und Krone und Zepter auf dem Ölberg niederlegen; darauf werde der Antichrist erscheinen und sich über alle Götter der Heiden und über Gott selbst erheben und sich den Messias nennen. Aber sein Kommen werde die Menschen nicht überraschen, denn es würden zwei große Propheten, Enoch und Elias, die ehedem gen Himmel Entrückten, wiederkehren, dreiundeinhalbes Jahr durch ihre Lehre die Menschen zum Kampf gegen den Antichrist stärken und viele Söhne Israels zum Glauben an Christus bekehren. Darauf werde der Antichrist seine Herrschaft antreten, die Gläubigen zu Martyrern machen und auch Enoch und Elias töten. Nach drei Jahren aber und einem halben werde er selbst von Gott gerichtet. Nach der Vernichtung des Antichrist würden gemäß dem Propheten Daniel für die Auserwählten noch vierzig Tage der Buße eingeräumt werden; wie lange aber noch Zeit sei bis zum Tage des Gerichts, wisse niemand.

Dies der Bericht Adsos über Auftreten und Wirken des Antichrist, den er der Königin, wie er mehrmals betont, treulich nach der schriftlichen Überlieferung gab. Man pflegt anzunehmen, daß eben dies auch Adsos persönliche Vorstellung gewesen sei[33]. Es liegt kein Grund vor, daran zu zweifeln, daß auch für Adso die Erscheinung des Antichrist eine Realität war, daß auch er wie seine Zeitgenossen an die Entfesselung des Bösen am Ende der Zeiten geglaubt hat. Aber es hieße diesen überlegenen Geist, der auch und gerade dann, wenn es um Gegenstände des christlichen Glaubens ging, durch die Oberfläche hindurch in die Tiefe, zum Eigentlichen vorzudringen vermochte, doch gründlich mißverstehen, wollte man – wie es die Regel ist – aus dem Brief an Gerberga folgern, der Abt von Montier-en-Der habe sich den Antichrist wirklich als eine bestimmte geschichtliche Person mit all den von ihm berichteten Details vorgestellt.

Man übersieht zumeist, daß Adso sich sehr deutlich von dieser verbreiteten Auffassung distanziert hat. Gleich zu Beginn, nachdem er der Königin den Begriff des Antichrist erläutert hat, bemerkt er nicht nur, daß es gar viele Diener und Helfer des Antichrist gegeben habe und noch gebe, sondern erklärt ausdrücklich, daß alle diejenigen, welche sich dem Gesetz Gottes bewußt widersetzen, Antichristen seien[34]. Kla-

---

[33] So auch noch R. Konrad in seiner im übrigen wertvollen Abhandlung De ortu et tempore Antichristi. Antichristvorstellungen und Geschichtsbild des Adso von Montier-en-Der. (Münchener historische Studien. Abt. Mittelalterliche Geschichte. Bd. 1) Kallmünz 1964.

[34] *Quicumque enim sive laicus sive canonicus sive monachus contra iustitiam vivit et ordinis sui regulam inpugnat, et quod bonum est blasphemat, Antichristus est et minister Sathanae.* (p. 106 Sackur = p. 22, 13 sqq. Verhelst).

rer und entschiedener konnte er seine von der vordergründigen Bindung der Antichristvorstellung an eine geschichtliche Person mit all ihrer Verhaftung im irdischen Raum absehende Deutung nicht zum Ausdruck bringen. Freilich, dies hatte Gerberga, die Königin, wohl nicht gefragt; sie wollte, das darf man wohl annehmen, von einem gelehrten Manne bezüglich der verbreiteten Vorstellungen klare und bestimmte Auskunft erhalten. Und so geht er denn über zu seinem Bericht, nicht ohne noch einmal zu versichern, daß er das Folgende keineswegs erfunden habe und daß er es nicht nach eigenem Ermessen *(ex proprio sensu)* darlege. In dieser doppelsinnigen Weise sich auf seine schriftlichen Gewährsmänner berufend und zugleich sich von ihnen distanzierend, hebt er zu berichten an.

Man glaubt heute zu wissen, daß das Mittelalter sich den Antichrist stets als eine bestimmte geschichtliche Person vorgestellt habe. Auch bei Adso ist – wohlgemerkt: unter ausdrücklicher Berufung auf seine Vorgänger und Gewährsmänner – von einer bestimmten Person die Rede. Aber seit Jahrhunderten war es üblich, die Bibel, aber auch andere literarische Werke, nicht nur nach dem Wortlaut zu verstehen; die allegorische oder sonst übertragene Bedeutung war längst ein Erfordernis der Exegese, war durch Worte der Schrift selber geboten. Einer Zeit, deren Blick noch nicht durch naturwissenschaftliches Denken – „encheiresin naturae nennt's die Chemie" – für die Oberfläche geschärft und für die Tiefe stumpf geworden war, bedeutete die Verdichtung einer wie immer gearteten Wesenheit, Kraft, Erscheinung in das Bild einer Person keine Schwierigkeit, so wenig man auf der anderen Seite es für befremdlich angesehen hätte, daß ein Denker die Philosophie als Frau im zerrissenen Gewand erscheinen ließ oder Dichter die Natur als Göttin. So ist es für Adso offensichtlich nicht schwer gewesen, der Königin, zu der er mit aller gebührenden Ehrfurcht, aber doch wie zu einem Kinde redete, all die überlieferten Angaben über die Person des Antichrist vorzutragen und doch wie in einem Atem hinzuzufügen, daß der Antichrist gar viele Diener habe und viele ihm vorangegangen seien in der Welt wie Antiochus, Nero oder Domitian, ja, daß es viele Antichristen gebe, nämlich alle, die sich gegen Gott und seine Ordnung empörten. Und so wie er hier im Antichrist nicht mehr eine Person von höchster Bosheit, sondern die entfesselte Macht des Bösen an sich in jeder Gestalt und zu jeder Zeit erblickt, eine Macht, die sich dann, am Ende der Zeiten, aufs äußerste steigern werde, so fügt er jene Bemerkung zum Schluß, daß nach der Tötung des Antichrist zur Buße der von ihm Betörten noch die vom Propheten Daniel geweissagte Frist von vierzig Tagen gewährt, wieviel Zeit aber dann noch bis zum Untergang der Welt und zur Wiederkunft Christi vergehen werde, niemand wisse als Gott allein. Es läßt sich wohl nicht deutlicher zum Ausdruck bringen, wie sehr für Adso das konkrete geschichtliche Ereignis und das zeitlose Geschehen, die als Person gesehene Gestalt des Satanssohnes und die zum äußersten gesteigerte Macht des Bösen in der Welt in eins zusammenflossen.

Die Schrift des Adso, deren älteste handschriftliche Zeugen bis ins 10./11. Jahrhundert hinaufreichen, muß eine außerordentlich starke Verbreitung gefunden haben; von ihr sind die Antichristvorstellungen des Mittelalters seit der Jahrtausendwende beherrscht worden, allerdings, wie es scheint, nur zu einem Teil in unveränderter Gestalt. Zu Beginn des elften Jahrhunderts nämlich, also nicht allzu lange nach Adsos Tod, widmete ein sonst nicht näher bekanner Albwinus die Schrift des Adso unter nur geringfügiger Änderung des Prologs und Hinzufügung eines einzigen Satzes als sein eigenes Werk dem Erzbischof Heribert von Köln (999–1021). In dieser Gestalt, aber unter dem Namen des Albwinus, scheint die Schrift die stärkste Verbreitung in den folgenden Jahrhunderten gefunden zu haben. Sie geriet aber auch noch unter die Namen anderer Verfasser: des Alkuin, des Hrabanus Maurus, ja selbst Augustins. In einem Zweige der Überlieferung ist, anscheinend erst im späten Mittelalter, auch eine Interpolation aus der Prophetie der tiburtinischen Sibylle, die eine Variante bezüglich des Endkaisers enthielt, hinzugekommen. Die Antichristvorstellungen selber sind indessen, wie bereits bemerkt, das ganze Mittelalter hindurch von Adso bestimmt geblieben. Insbesondere ist zwei Jahrhunderte nach der Abfassung des Briefes an Gerberga, in den ersten Regierungsjahren Friedrich Barbarossas, das gewaltigste Drama des Mittelalters, der Ludus de Antichristo, auf der Grundlage der adsonischen Darstellung geschaffen worden.

Ungeachtet seiner außergewöhnlichen Wirkung hat der Brief an Gerberga im Schrifttum Adsos nur eine unbedeutende Stellung eingenommen. In erster Linie war der Abt als Schriftsteller doch Hagiograph und als solcher offenbar recht geschätzt. Aus verschiedenen Klöstern der Umgegend hat man sich an ihn gewandt mit der Bitte um eine vita des Klostergründers, des Patrons oder eines anderen besonders Verehrten. Wieviele solcher hagiographischer Schriften Adso verfaßt hat, wissen wir nicht genau; erhalten haben sich fünf.

Für die Mönche von Montier-la-Celle bei Troyes (monasterium Cellense) verfaßte Adso das Leben des Gründers und ersten Abtes, die *vita sancti Frodoberti*. Ob es schon eine ältere vita gegeben hat, ob man Adso irgendwelche schriftlichen Aufzeichnungen übergab, oder wie immer die Grundlage seiner Kenntnis beschaffen war, wissen wir nicht. Adsos vita ist ein Beispiel jener hagiographischen Denkmäler, deren Kern gute historische Nachrichten enthält, die auf der anderen Seite aber ein Zeugnis jener maßlosen Wundersucht darstellen, gegen welche sich Männer wie Radbod von Utrecht und vor allem die Cluniazenser, wenn auch nicht direkt, so doch durch Betonung der Bedeutung des Lebens, nicht der Wunder, mit umso größerem Nachdruck wenden werden. In der Auffassung Frodoberts selber offenbart sich eine Richtung der Hagiographie, die lange schon im Gange gewesen ist und offenbar im zehnten Jahrhundert abseits von den in die Zukunft weisenden, tiefer dringenden geistigen Bewegungen das Bild einer mehr populären Hagiographie bestimmt zu haben scheint. Frodobert, der aus der Gegend von Troyes stammt und in der Zeit des zweiten Chlodwig und des dritten Chlothar gelebt hat – man setzt seinen Tod in die Jahre um 673 – zeigt schon als Kind die Zeichen künftiger Heiligkeit, und sein erstes Wunder tut er an der Mutter, die er von Blindheit heilt. Erzogen beim Bischof Ragnegisil von Troyes, wird er Mönch im Kloster Luxeuil zur Zeit des Abtes Waldebert; und hier erscheint er als Verkörperung des Ideals der sancta simplicitas, der heiligen Einfalt. Weil er durch sein Tugendstreben auffällt, läßt ihn der Bischof von Langres durch einen Mönch, der Frodobert herausfordern soll, auf die Probe stellen, die von Frodobert glänzend bestanden wird. Aber die Mitbrüder meinen es nicht alle so ernst und treiben zuweilen ihren Schabernack mit ihm. So trifft Abt Waldebert eines Tages den großen und kräftigen Mann einen halben Mühlstein schleppend an, den ihm ein übler Scherz der Mitbrüder aufgeladen hat. Aber solches wird vom Hagiographen als Zeichen der Demut und der Geduld und Langmut gedeutet, durch welche Frodobert das Leben Christi nachgeahmt habe: ein Zug, den man auch sonst in den Heiligenleben der Zeit nicht selten antrifft. Später gründet Frodobert, der sich nach Einsamkeit sehnt, ein Kloster in einem sumpfigen Gelände, der sogenannten insula Germanica, welches ihm der König überlassen hat, da Frodobert sich nicht durch Empfang eines Grundstücks in die Abhängigkeit eines Adligen hatte begeben wollen. In den folgenden Jahren zeichnet er sich durch eine Reihe von Wundern aus, welche den zweiten Teil der vita bilden. Der vita ist eine Art Prolog in 26 meist einsilbig leoninisch gereimten Distichen (inc. *qui cupis in paucis perpendere grandia verbis*) vorangestellt, der im wesentlichen einen Überblick über die folgende vita enthält.

Von den anderen hagiographischen Schriften Adsos stellt die *vita sancti Basoli* eine Bearbeitung einer älteren, für uns anonymen vita dar.

Basolus, der bis etwa 620 gelebt hat, war aus der Gegend von Limoges nach Reims gekommen, dort von Bischof Aegidius dem kleinen Kloster in vico Viriciaco (Verzy) zugewiesen worden, wo er seine Ausbildung empfing, hatte sich dann in die Einsamkeit auf einen Berg mitten im

Walde zurückgezogen und daselbst vierzig Jahre als Einsiedler gelebt. Unter den wunderbaren Begebenheiten, welche man von ihm im Gedächtnis bewahrte, befindet sich das Schlagen einer Heilquelle aus dem Fels, ferner die Rettung eines von Jägern verfolgten Ebers, infolge deren die Einsiedelei des Basolus zu einer Zufluchtsstätte für alle wilden Tiere wird, und schließlich die Errettung eines am Galgen Hängenden.

Von der wohl nicht viel früher entstandenen, knapp gefaßten vita des Basolus, die Flodoard von Reims in seine historia Remensis ecclesiae[35] eingefügt hat, unterscheidet sich diejenige des Adso in mehrfacher Weise. Durch ihre typisierende Darstellung, den gleich nach der Jugendgeschichte eingelegten Tugendkatalog, der an späterer Stelle noch weiter fortgesetzt wird, erscheint die vita als ein für ihr Jahrhundert charakteristisches Denkmal. Hiezu gehört die Neigung zu einer fast ins Übermaß gesteigerten sprachlichen Stilisierung. Den erwähnten Tugendkatalog beispielsweise benützt der Verfasser dazu, die Nennung einer jeden Tugend in eine elegant und reich verzierte Periode zu hüllen; doch ist es die ungewöhnliche Gewandtheit Adsos, welche dem Stil zwar eine eigentümliche Richtung, aber eine doch in hohem Maße gepflegte Gestalt verleiht. Im übrigen ist es bemerkenswert, wie nachdrücklich der Verfasser in der Vorrede die Pflicht des Hagiographen zur sorgfältigen und wahrheitsgetreuen Berichterstattung betont.

Für sein eigenes Kloster verfaßte Adso die *vita Bercharii abbatis*, das Leben des Gründerabtes von Montier-en-Der, dessen Tod ins Jahr 685 gesetzt wird. Der aus aquitanischem Adel stammende Bercharius soll durch die Bemühung des Bischofs Nivardus von Reims für den geistlichen Stand gewonnen, am fränkischen Hof durch Remaclus[36] unterrichtet worden und dann in Luxeuil Mönch geworden sein. Wieder in Reims, gründet er eine Reihe von Klöstern. Zur Besiedlung eines Frauenklosters kauft er acht gefangene Mädchen frei und veranlaßt sie, als Nonnen einzutreten; dasselbe tut er mit acht gefangenen Männern, welche die ersten Mönche in Puteolum (Puisy) werden. Für dieses und das besonders hervorgehobene Montier-en-Der sowie andere von ihm gegründete Klöster bringt er von wiederholten Romreisen und einer Pilgerfahrt nach Jerusalem Reliquien, aber auch Elfenbeintafeln und anderes mit. Bercharius stirbt an den Folgen eines Messerstiches von der Hand seines unbotmäßigen und von ihm gezüchtigten Taufsohnes[37] nach langem Siechtum.

---

[35] hist. Remensis eccl. II (MGH Script. XIII p. 449).
[36] *procurator sacri scrinii palatii* wird er genannt (c. 5, Migne PL 137, 672 D); daß er, wie seit Mabillon angenommen zu werden pflegt, mit dem späteren Bischof von Utrecht und Abt von Stablo, † ca. 670, identisch sei, behauptet Adso selber nicht.
[37] *Itaque ex merito suae iniquitatis diabolo cum Iuda proditore traditus indigne ferens*

Daß es eine ältere vita des Bercharius gegeben habe, woran man denken könnte, wird durch die Art von Adsos Werk allerdings nicht bezeugt. Die vita scheint sich vor allem auf lokale Überlieferung zu gründen, zeigt jedoch auch Benützung älterer Heiligenleben, welche in die Darstellung verwoben werden. Überhaupt geht Adso nicht eben zaghaft mit seinen Quellen um.

Die Gründung von Montier-en-Der erfolgt auf Grund einer Vision oder vielmehr eines Vorzeichens in Gestalt einer Taube, die den Ort des künftigen Klosters umschwebt, indes der von Bercharius begleitete Bischof im Schatten einer Buche ruht. Wie hier die idyllische Szene durch adaptierte Vergilverse[38] geschmückt erscheint, so wird, um den Ruhm der Stätte, wo Bercharius Mönch gewesen, noch stärker leuchten zu lassen, die frühe Geschichte von Luxeuil von Columbanus Zeiten an, offensichtlich nach Jonas von Bobbio[39], gestrafft, doch wortreich erzählt.

Die *miracula s. Waldeberti abbatis* verfaßte Adso, damals schon Abt von Montier-en-Der, für Luxeuil, wo er als puer oblatus die ersten Jahre seines Mönchtums verlebt hatte. Waldebert war der dritte Abt von Luxeuil (um die Mitte des 7. Jahrhunderts) und Nachfolger des Columbanusjüngers Eustasius. Die zumeist recht lebendig und anschaulich erzählten Wundergeschichten beginnen mit einem Abriß der Biographie Columbans und einem Lebensbild des Waldebert, in welches bereits die ersten Wundergeschichten verwoben sind. Die folgenden miracula werden jeweils einzelnen Äbten zugeordnet, so daß eine Geschichte des Klosters Luxeuil zustande kommt, in deren Verlauf unter anderem von den Normanneneinfällen berichtet wird; auch hier ist von dem langen Herumziehen der Mönche mit den Reliquien des heiligen Waldebert die Rede. Die Darstellung ist bis in die Zeit Adsos geführt und eine nicht unwichtige kulturgeschichtliche Quelle.

Eine Sonderstellung im hagiographischen Schrifttum des Adso nimmt die sogenannte *vita Mansueti* oder, wie der Verfasser selbst das Werk zu nenen wünschte, der *Columbinus* ein, die im Auftrag des Bischofs Gerard von Toul († 994) geschrieben wurde. Sie galt dem Begründer der Kirche von Toul und ihrem ersten Bischof.

Es ist die Zeit des frühesten Christentums. Ein Jüngling von vornehmer Abkunft aus dem edlen Volk der Iren namens Mansuetus zieht

---

doctrinalia patris obiurgamina intumescente mascula sub pectore bili contendit insanus sanctum virum iniuste tradere neci. Adsonis vita Bercharii c. 19 (a.a.O. 684 C) ist Pers. sat. 5, 144 benützt.

[38] *haec alias inter tantum caput extulit alnos, quantum lenta solent inter viburna cupressi:* (a.a.O. 676 C) zu Verg. ecl. 1, 24 sq.

[39] c. 6 u. 8; hier auch das Bierwunder Ionas Bob. Columb. I 16 sowie die Geschichte vom verweigerten Segen an Brunechildens Kinder (I 19).

nach irischer Sitte als Pilger nach Rom, wird dort vom Apostel Petrus zum Priester und Bischof geweiht und nach Gallien zur Mission gesandt. In einem Wald in der Nähe der Stadt Toul sich niederlassend, predigt er immer wieder dem Volk den christlichen Glauben. Als sich gar die wilden Tiere bei einer Jagd des Königs zu Mansuetus flüchten, trachtet ihm dieser nach dem Leben, wird aber dadurch gestraft, daß sein einziger Sohn von einer Mauer des Palastes in die darunter vorbeifließende Mosel stürzt und ertrinkt. Nach tagelangem vergeblichen Suchen nach der Leiche wenden sich König und Königin an Mansuetus um Hilfe, der auf das Versprechen des Herrscherpaars, den christlichen Glauben anzunehmen, den toten Knaben erst an die Oberfläche des Flusses kommen läßt und dann, als die Eltern ihr Versprechen bekräftigen, zum Leben erweckt. Auf sein Geheiß berichtet der ins Leben zurückgerufene Knabe, daß er während der Zeit, da er tot gewesen, die Hölle und die Strafen der Verdammten gesehen habe, welche für ihn, seine Eltern und das ganze Volk bereitgehalten würden, wenn sie sich nicht dem Glauben an den Christengott beugten. Der König läßt sich und das ganze Volk taufen, Mansuetus wird ihr Bischof. – Als er nach einem tugendreichen Leben stirbt, wird sein Grab von vielen Gläubigen besucht, unter anderem auch vom heiligen Bischof Martin von Tours. Den Schluß des Buches bildet die wunderbare Geschichte von einem Iren, dem sein kostbarster Besitz, ein Ferkel, gestohlen wird; Mansuetus erweckt das bereits getötete Tier wieder zum Leben. – Das zweite Buch enthält weitere Wundergeschichten.

Es ist klar, daß es einen Heiligen der dargestellten Art nie gegeben, daß Adso ein hagiographisches Märchen geschrieben hat, und ebenso klar ist, daß auch die Quellen, auf die er sich beruft, – die *gesta Leucorum antistitum* vor allem – von ihm erdichtet wurden. Der Verfasser selbst hat durch handgreifliche Anachronismen schon von Anfang an den verständigen Leser darauf hingewiesen, daß dem Erzählten keine geschichtliche Wahrheit beizumessen sei. Demselben Ziele dient die Art, wie die Wunder erzählt werden: die stufenweise Totenerweckung nach Wunsch oder die launige Geschichte von dem gestohlenen und wieder lebendig gewordenen Ferkel. Es ist erstaunlich, mit welcher Freiheit und Leichtigkeit der Hagiograph des zehnten Jahrhunderts der Lust am Erzählen und Fabulieren Raum gibt. Daß Adso dafür eine besondere Begabung besaß und darüber hinaus auch souverän über die sprachlichen und stilistischen Kunstmittel verfügte, die zu seiner Zeit den vom hagiographischen Schrifttum erwarteten Ansprüchen genügten, verdient besonders hervorgehoben zu werden. Gleichwohl schrieb Adso seinen Columbinus nicht ohne ernstliche Bedenken.

Im Widmungsbrief an Bischof Gerard finden sich einige seltsame

Bemerkungen. Das gläubige Volk sei zum Gehorsam gegenüber den kirchlichen Oberen verpflichtet und könne dafür den ewigen Lohn erwarten; die Prälaten hätten für ihre Anweisungen vor dem himmlischen Richter Rechenschaft abzulegen. Im Bewußtsein dessen habe er, Adso, den Auftrag des Bischofs erfüllt und ein Heiligenleben verfaßt, von dem er hoffe, daß es dem Leser angenehm sein werde; für ihn selber sei es in jeder Hinsicht ein Anlaß zu peinigender Furcht. Als Grund dafür gibt Adso an, daß infolge des großen zeitlichen Abstandes von der Vergangenheit nur eine dunkle und unbestimmte Kenntnis vorhanden sei, während man über die sicher erkannten Vorgänge der Gegenwart nach Belieben sprechen könne[40]. Darauf bestimmt er, die Bezeichnung vita Mansueti vermeidend, für sein Werk den Titel Columbinus nach den verehrungswürdigen Verdiensten des heiligen Mansuetus, die, wie er sagt, vom Himmel herabgestiegen seien wie die Taube, als sich der Herr im Jordan taufen ließ.

Die Eleganz des hintergründigen Briefes verdeckt nur zu leicht, mit welcher Schärfe der Bischof, der den Auftrag an Adso gegeben hatte, angegriffen wird. Was war geschehen? Bischof Gerard hatte sogleich bei der Übernahme des Amtes den Plan gefaßt, seiner Diözese einen Patron zu geben, wie ihn alle anderen hatten, und er dachte, daß hierzu der Gründer und erste Oberhirte der Tullenser Kirche wohl geeignet wäre. Eben hier aber lag die Schwierigkeit: man wußte nichts über den Ursprung des Bistums, und auch der Name des ersten Bischofs war in Vergessenheit geraten. Ältere Aufzeichnungen waren nicht vorhanden. Da erinnerte sich Bischof Gerard an das halbverfallene Gemäuer einer Kapelle, die er beim Einzug in sein Bistum gesehen hatte. Sie war einem gewissen Mansuetus geweiht, dessen Gebeine auch dort ruhten. Wer dieser Mansuetus gewesen, ob ein Missionar, ein Einsiedler oder was sonst, wußte keiner von den Tullenser Klerikern zu sagen. Bischof Gerard zog die einfache Konsequenz: übertrüge man den Namen des unbekannten Mansuetus auf den ebenso unbekannten Gründer und ersten Tullenser Oberhirten, so wäre man aller Verlegenheit ledig, besäße einen ordentlichen Bistumspatron und nicht nur einen namenlosen, könnte auch seine Gebeine feierlich erheben und ihm die gebührende Ehre erweisen. Theologisch gesehen, ließe sich gegen die kleine Substituierung der Personen wohl nicht viel einwenden: Bistumspatron war allemal derjenige, der eigentlich gemeint war, nämlich der unbekannte Gründerbischof; ihm und nur ihm galt das einzurichtende

---

[40] *Opus assumpsi, legenti ut credo non omnimodis ingratum, auctori vero omnimodis formidandum, quia sicut decursis spatiis temporum obscura est notitia praeteritorum, ita quoque est libera certitudo praesentium rerum.* Migne PL 137, 619 B.

Patronatsfest und dessen Liturgie, und mit den Reliquien, die das Volk zu verehren wünschte, war es nicht anders[41].

Als Adso den Befehl Bischof Gerards auszuführen sich anschickte, gab es für ihn keinen Zweifel, daß die zu schreibende vita den Ansprüchen, welche die Zeit an ein Heiligenleben stellte, in inhaltlicher wie formaler Hinsicht entsprechen, zugleich aber dem Verständigen ihren Charakter als eine von Anfang bis Ende e r f u n d e n e Geschichte, als reine F i k t i o n enthüllen müßte. Daß ihm dann manche Partien unter der Hand geradezu zur Parodie gerieten, mag aus dem inneren Gesetz literarischen Schaffens zu erklären sein. So bewirkte der Zwang der Auftragsarbeit einen bedeutsamen Schritt, den zu beobachten die Geschichte der Literatur nur selten erlaubt.

Von jeher hatte die Hagiographie die Neigung und die Lust zum Erzählen gefördert, von jeher hatten die Hagiographen es für unbedenklich gehalten, für das gerade zu verfassende Heiligenleben ein Motiv, eine Begebenheit, die ihren eigentlichen Platz in einem anderen Werk hatte, zu entlehnen, wenn sie glaubten, auf solche Weise dem Ziele der Erbauung und sittlichen Belehrung besser dienen zu können. Denn immer hatten sie, ausgesprochen oder nicht, im Heiligenleben eine besondere Art der Predigt gesehen. In dem Columbinus des Adso ist von Erbaulichkeit nicht mehr viel wahrzunehmen. Das Heiligenleben ist zum rein literarischen Werk geworden. Im allgemeinen wird ein solches Maß an Selbständigkeit des literarischen Wollens erst im zwölften Jahrhundert erlangt, zu der Zeit, da sich das lateinische Schrifttum zu voller Blüte entfaltet. Adso ist mit seinem Columbinus der Entwicklung um Jahrhunderte vorausgeeilt.

Wie bei der vita Frodoberti ist auch der vita Mansueti eine Art praefatio in 22 Distichen (inc. *Inclita Mansueti clari natalibus orti*) vorangestellt, die eine knappe Übersicht über den Inhalt der vita und ein Gebet an Mansuetus und den heiligen Aper, der zu Beginn des sechsten Jahrhunderts Bischof von Toul gewesen war und als Patron der nach ihm benannten Abtei (St-Evre) Verehrung genoß, enthält.

Adso ist ein Meister des lateinischen Stils. Er beherrscht die Sprache mit einer Sicherheit wie wenige und versteht es, die mannigfachen Mittel des Ausdrucks souverän zu gebrauchen. Zweifellos hat seine reiche und vielseitige Belesenheit wesentlich dazu beigetragen, ihm diese Fähigkeit zu vermitteln. Er ist nicht nur in der Bibel wohlbewan-

---

[41] Gerard ging noch einen Schritt weiter. Er errichtete an der Stelle des alten Oratoriums S. Mansueti ein Kloster zu Ehren des – neuen – Diözesanpatrons. Wie er dafür den zu seiner Zeit schon den Mönchen von St. Aper gehörenden Grundbesitz gewann, siehe F. Brunhölzl, Adsonis Columbinus S. 160ff (s. Bibliogr. Anhang S. 579).

dert, in patristischer und frühmittelalterlicher Literatur belesen, sondern besitzt auch vortreffliche Kenntnisse im profanantiken Schrifttum. Von den Büchern, die ihn umgaben, und dem auffallend großen Anteil, den darin profanantike Autoren hatten, war bereits die Rede. Unter den Schriftstellern, die Adso in seinen Werken zitiert oder imitiert, ist neben dem im zehnten Jahrhundert häufig als Vorbild dienenden Sallust sowie Vergil besonders Persius[42] hervorzuheben, ein Autor, der dann vornehmlich im elften Jahrhundert an Beliebtheit gewinnen wird. Aber es ist nicht diese Vertrautheit mit antiker und patristischer Literatur, die das Charakteristische an Adsos Stil ausmacht. Adso besitzt die nicht allzu häufig anzutreffende Fähigkeit, je nach der Aufgabe, die er sich stellte, und je nach dem Gegenstand, den er behandelt, im besonderen Fall aber auch mit Rücksicht auf die Person oder den Personenkreis, an den er sich wendet, die angemessene Form und das geeignete Niveau der Sprache zu finden: schlicht und fast anspruchslos in der Schrift über den Antichrist an die Königin; im Ton natürlichen Erzählens in den einfach berichtenden oder anekdotenhaften Stücken seiner Viten; kunstvoll, wo es angezeigt schien, in einer an den antiken Asianismus gemahnenden Fülle des Wortes und in rhetorisch gehobenem Stil – *in pompa ornatuque sermonis*[43] – sich bewegend. Mit Gerbert verglichen steht Adso aus diesem Grunde gleichsam auf der anderen Seite der Kunstprosa. Aber die Meisterschaft, die Gerbert in der Klarheit, Schärfe und Prägnanz zu bieten vermochte, hat Adso in der Bewegtheit und Beweglichkeit, der Eleganz und überlegenen Mannigfaltigkeit des sprachlichen Ausdrucks erreicht, ja womöglich übertroffen.

Adso war einer der wenigen, vielleicht der einzige, vor dem der kühle, berechnende und hochfahrende Geist eines Gerbert seine Grenzen erfuhr. Im Abt von Montier-en-Der erkannte der Kluge den geistig Ebenbürtigen, den ihm an innerer Freiheit Gleichen, ja Überlegenen; der Gelehrte aber, der ob seines Wissens und Scharfsinnes Ruhm genoß, der in der gespannten Energie seines Ehrgeizes nach den höchsten Zielen strebende Mann, der Kirchenfürst, der, als es ihn opportun dünkte, sich dem Spruch des Papstes widersetzte und aus der Verehrung, die ihm ein Kaiser zollte, Gewinn zu ziehen sich nicht scheute, fand seinen Meister in Adsos still lächelnder Weisheit.

Zu denen, die direkt oder indirekt mit ihm in Beziehung standen, gehört auch Abbo von Fleury. Er war Mönch und später Abt an einer Stätte und in einem Konvent, der auf eine lange Geschichte zurück-

---

[42] s.o. S. 160 Anm. 37.
[43] Ruotgeri prol. in vitam Brunonis (p. 2, 19 Ott).

blicken konnte; sein Werk wird verständlich auf dem Hintergrund der Tradition der Floriacenser Schule und der literarischen Tätigkeit, die dort seit Generationen heimisch war.

Gegründet um die Mitte des siebenten Jahrhunderts durch den Abt Leodebod von Saint-Pierre-aux-Boeufs in Orléans (dem nachmaligen Kollegiatsstift Saint-Aignan) einige Wegstunden loireaufwärts, rühmte sich Fleury, die Gebeine des heiligen Benedikt von Nursia in seinen Mauern zu bergen. Es entwickelte sich zu einem der berühmtesten Wallfahrtsorte in Frankreich und nannte sich fürderhin Saint-Benoît-sur-Loire. Ganz unbezweifelt und unbestritten ist die Übertragung der Reliquien nach Fleury wohl nie gewesen. Als Monte Cassino nahezu anderthalb Jahrhunderte nach der Plünderung durch die Langobarden (581) und der Flucht der Mönche nach Rom durch Abt Petronax neu begründet wurde, behaupteten die Mönche dort nach wie vor, im Besitz der Gebeine ihres Stifters zu sein[44]. In Fleury jedenfalls war man davon überzeugt, die Reliquien St. Benedikts zu besitzen[45].

Wahrscheinlich stammt aus dem späteren achten Jahrhundert die älteste auf die Reliquienübertragung bezügliche Aufzeichnung, die *translatio corporis sancti Benedicti in Franciam* (inc. *In Christi nomine. Fuit in Frantia*). Als Verfasser hat man, der Herkunft der ältesten Überlieferung wegen, einen Mönch in Benediktbeuern vermutet[46]; neuere Erörterungen haben Entstehung des Textes in Fleury plausibel gemacht, allerdings nicht beweisen können[47]. Sollten sie das Richtige

---

[44] Eine Begründung dafür, daß die Übertragung St. Benedikts nach Fleury nicht stattgefunden habe, die Gebeine des Heiligen sich noch in Monte Cassino befänden, sahen die Casinenser u.a. darin, daß gemäß dem Translationsbericht derselbe Engel, der die Abgesandten von Fleury auf die Stelle des Grabes in dem – damals unbewohnten – Monte Cassino hingewiesen habe, zur nämlichen Zeit den Papst vor der drohenden Entführung der Reliquien gewarnt und dann auch noch diese selbst vor den Verfolgern geschützt habe. Das berichtet um 1100 der Casinenser Geschichtschreiber Leo (Marsicanus) im chronicon monasterii Casinensis (II 44 S. 252 Hoffmann). Der Chronist erzählt an derselben Stelle, Kaiser Heinrich II., der auch aus anderen Gründen von der Gegenwart der Gebeine St. Benedikts und seiner Schwester Scholastika überzeugt gewesen sei, habe die Floriacenser translatio demgemäß für offensichtlichen Schwindel gehalten und die Exemplare, die ihm seither zu Gesicht gekommen seien, verbrennen lassen.

[45] Auch Paulus Diaconus, unser gewichtigster Zeuge, setzt nach dem Wortlaut der betreffenden Stelle (hist. Lang. VI 2) keine Zweifel in die Überführung der Gebeine der Heiligen Benedikt und Scholastika ins Frankenreich. Aber er fährt in einem Tone fort, aus dem man recht deutlich heraushört, daß er es nicht für ratsam hielt, seine Meinung offen auszusprechen; er betont mit Rücksicht auf die Casinenser Mönche etwas verschleiernd tröstend die ständige Nähe, ja Präsenz ihres Vaters als das eigentlich Wichtige.

[46] R. Bauerreiss, Studien u. Mitteilungen OSB 62 (1950) 8–12; die in Rede stehende Handschrift ist München clm 6333.

[47] Goffart in der Revue Bénédictine 77 (1967) 121f. – Sollte Goffart recht haben, so wäre zu erwägen, ob das Erscheinen des Textes schon im 8. Jh. in Benediktbeuern

treffen, so wäre das Kloster an der Loire also schon im späten achten Jahrhundert in die lateinische Literatur eingetreten[48]. Eine Tradition jedenfalls hat sich daraus nicht entwickelt; das geschieht erst, nachdem durch den Bischof Theodulf von Orléans[49], der zugleich Abt von Fleury war, eine kräftige und offenbar nachhaltige Förderung der Schule und des geistigen Lebens bewirkt und das Kloster der karolingischen Erneuerung geöffnet worden war. In diese Zeit dürfte ein gewöhnlich als *Historia translationis sancti Benedicti et Scholasticae* bezeichneter Bericht gehören, dessen ursprünglicher Titel wohl *adventus exceptioque corporis beati Benedicti et Scholasticae sororis eius in agro Floriacensi* lautete. Der Verfasser wurde im elften Jahrhundert im Umkreis von Fleury und dann auch von Sigebert von Gembloux[50] und denen, die ihm nachgeschrieben haben, mit dem gleich zu behandelnden Adrevald von Fleury identifiziert, ist aber wahrscheinlich der Mönch A d a l - b e r t v o n F l e u r y († 853). Das in hohem Maße stilistisch aufgeputzte kleine Werk, in dem nicht wenige sonst nur in der Dichtung übliche Kunstmittel verwendet werden, und in dem durch die bilderreiche, überladen und vielfach gesucht wirkende Sprache das Erzählte oft genug wie in Nebelschwaden gehüllt erscheint, setzt eine ältere, den Ereignissen noch näher stehende Aufzeichnung voraus. Man glaubt die unmittelbare Vorlage in der translatio Scholasticae[51] gefunden zu haben. Der mit teils märchenhaften, teils abenteuerlichen Zügen ausgestattete Translationsbericht beginnt mit einer Schilderung der Verwüstung Monte Cassinos durch die damals noch heidnischen Langobarden (577), berichtet von der Gründung des Klosters Fleury unter Beteiligung Chlodwigs (II.) – es ist dies neben dem sogenannten Testament des Leodebod der älteste Bericht über die Anfänge des Klosters[52] – und beschreibt sodann höchst anschaulich und lebendig die eigentliche Geschichte der Translation, die im Auftrag des Abtes Mummolus durch eine Abordnung unter dem Mönch Aigulf erfolgte: wie die Floriacenser auf ihrem Weg nach Monte Cassino ebenfalls auf Reliquiensuche

---

nicht mit jener Verbindung des – mit Benediktbeuern als Doppelkloster verbundenen – Klosters Kochel nach dem Westen zusammenhängt, die mit der Bücherschenkung der fränkischen Prinzessin Kisyla an Kochel (Mittelalterliche Bibliothekskataloge Deutschlands und der Schweiz. Bd. III. bearb. von Paul Ruf. München 1932, S. 146 ff.) zum Ausdruck kommt.

[48] Die ersten bescheidenen Anfänge einer Bibliothek scheinen bereits in die Zeit des Mummolus, des ersten Nachfolgers des Gründers Leodebod, zurückzugehen: so Aimoin in der translatio s. Benedicti Migne PL 139, 799A/B.

[49] siehe oben Band I, S. 288.

[50] Sigeb. de viris illustr. 100 (Witte cap. 101).

[51] Nach Le Mans, BHL 7525. Goffart a.a.O.

[52] M. Prou – A. Vidier, Recueil des chartes de l'abbaye de Saint-Benoît-sur-Loire. I. Paris 1900. p. 4–11 das „Testament" des Leodebod.

befindlichen Reisenden aus Le Mans begegnen, in Monte Cassino durch einen geheimnisvollen Alten auf die anderen Menschen unbekannte Grabstätte, wo St. Benedikt und seine Schwester Scholastica ruhten, hingewiesen werden, wie sodann Aigulf und die andern Floriacenser mit ihren Weggefährten aus Le Mans, die Gebeine St. Benedikts und seiner Schwester mit sich führend, eilig die Rückreise antreten, unterwegs aber bemerken, daß sie verfolgt werden. Die vermuteten Feinde sind niemand anderer als der Papst, der von einer Vision, die ihm die drohende Entführung der kostbaren Gebeine anzeigt, aus dem Schlaf aufgeschreckt, ihnen mit einer Schar bewaffneter Langobarden nachsetzt, um ihnen den Raub wieder abzujagen. Aber auf das flehende Gebet der Geängstigten entzieht sie eine dunkle Wolke den Blicken der Verfolger, und sie kehren nach mancherlei Fährnissen in die Heimat zurück, wo man sie in feierlicher Prozession einholt. Die ungebetenen Weggefährten aus Le Mans hatten sie unterwegs mit den Gebeinen der heiligen Scholastica abgefunden. Es ist diese wohlstilisierte translatio einer jener Berichte, die nicht nur für die Kulturgeschichte manches Erwähnenswerte enthalten, sondern auch, und das ist im vorliegenden Zusammenhange wichtiger, zu einem nicht geringen Teil der Phantasie, der Lust am Abenteuer Ausdruck und der naiv liebenswürdigen Freude der Zeit an ihren kleinen Sensationen Raum gegeben haben.

Der erste namhafte Schriftsteller aber, den Fleury hervorgebracht hat, ist der bereits erwähnte Mönch A d r e v a l d gewesen, der um die Mitte des neunten Jahrhunderts im Kloster des heiligen Benedikt gelebt hat. Wir besitzen von ihm eine kleine Schrift *de corpore et sanguine Christi*, worin sich der Verfasser gegen die spiritualistische Auffassung der Eucharistie wendet. Der Traktat ist nichts anderes als eine Aneinanderreihung zahlreicher Stellen aus verschiedenen Schriften des Hieronymus, Augustinus und Gregors des Großen zu dem Gegenstand; trotz seiner Kürze und Knappheit dürfte er die umfassendste Sammlung patristischer Stellen zu dem Gegenstand enthalten. Als solcher ist er überdies ein Zeugnis der vortrefflichen Belesenheit Adrevalds in der patristischen Literatur.

Trotz dieser Kenntnis besaß er nicht den Ehrgeiz, ein theologischer Schriftsteller zu sein. Adrevalds literarische Bedeutung liegt ausschließlich auf dem Gebiete der Hagiographie. Darf man ihm oder vielmehr seinem Gewährsmann, dem Verfasser der historia translationis sancti Benedicti in Galliam – vielleicht Adalbert von Fleury – Glauben schenken, so war jener Aigulf, der die Übertragung der Benediktsreliquien aus Monte Cassino nach Fleury vornahm, kein anderer als der Heilige dieses Namens, dessen Leben schon früher ein Unbekannter – vielleicht ebenfalls ein Mönch von Fleury – in einer kürzeren Darstellung behandelt hatte. Adrevald kannte die alte anonyme vita Aigulfi, und er beginnt wie diese mit einer Erörterung des Begriffes des Martyriums, nach deren Ergebnis nicht nur der Tod für den Glauben, sondern auch für eine als religiöser Wert gelebte Tugend als Martyrium zu gelten habe. Er stellt sodann das für einen Mönch der Zeit sehr bewegte Leben Aigulfs dar, der aus Blois stammte, als junger Mensch in das eben gegründete Kloster Fleury eintrat[53], wo er sich durch eifrige Erfüllung seiner monastischen Pflichten auszeichnete, so daß er durch Abt Mummolus die Weisung erhielt, die Gebeine St. Benedikts von Monte Cassino nach Fleury zu überführen. Aigulf muß weithin bekannt gewesen sein: Die Mönche im fernen Lérins postulierten ihn zum Abt. Aigulf führte in dem berühmten und alten Kloster, das von innerer Zwietracht zerrissen war, die Benediktregel ein und bemühte sich mit Erfolg um die Wiederherstellung der Disziplin. Aber ein Teil der Mönche konspirierte gegen ihn, und als Aigulf den Rädelsführer aus dem Kloster verwiesen hatte, gelang es diesem mit Hilfe eines Adligen namens Mummolus, den Abt bei einem Bankett, das er zu Ehren des Mummolus gab, gefangenzunehmen und nach mancherlei Peinigung zusammen mit einer Anzahl seiner Anhänger zu ermorden. Diese Lebensgeschichte Aigulfs ist von Adrevald lebendig und anschaulich, jedoch von vornherein mit hagiographischer Absicht und in sorgfältig stilisierter Sprache dargestellt. Man hat an dem Umstande, daß Adrevald den Aigulf die Übertragung der Reliquien St. Benedikts vollziehen ließ, gezweifelt und demzufolge die Übertragung insgesamt in Frage gestellt: ohne triftigen Grund. Auch Paulus Diaconus, den man als Gegeninstanz angeführt hat, zweifelt in Wahrheit nicht an der Translation ins Frankenreich[54]. In literarischer Hinsicht aber zeigt die vita Adrevalds ein bemerkenswertes Niveau, das ohne die vorausgegangenen hagiographischen Arbeiten, von denen die Rede war, und ohne die doch schon Jahrzehnte während Arbeit der Schule in Fleury nicht zu denken ist.

Adrevalds bekanntestes Werk, die *miracula s. Benedicti*, enthält die erste Reihe von Aufzeichnungen über Wunder und ähnliche Begebenheiten, die sich in Fleury an der Grabstätte St. Benedikts und anderwärts oder auf seine Anrufung hin zugetragen haben sollen. Es trifft nur bedingt zu, wenn man zu sagen pflegt, Adrevald habe das erste Buch der miracula s. Benedicti verfaßt, welches Berichte über die Wunder,

---

[53] Nach der älteren, anonymen Vita wäre Aigulf sogar an der Gründung von Fleury beteiligt gewesen, indem er von Chlodwig II. ein Stück Land dafür erbeten habe: Acta SS Sept. I 744 E.
[54] Vgl. oben S. 166 Anm. 45.

die man dem Heiligen nach der Übertragung der Gebeine nach Fleury zuschrieb, enthält. Für den mittelalterlichen Hagiographen sind Wunder nach dem Tod des Heiligen nur eine Fortsetzung seines Wirkens zu Lebzeiten, gehören also zur vita. Dieser Vorstellung hat Adrevald mit aller Deutlichkeit Ausdruck verliehen. Nach einem Bericht über die vornehme Abkunft Benedikts von Nursia[55] erzählt er in kurzer Übersicht sein Leben und das seines Lieblingsjüngers Maurus, spricht von der Zerstörung des Klosters Monte Cassino durch die Langobarden (581), gibt einen knappen Bericht über die Übertragung der Gebeine durch Aigulf nach Fleury, bei welcher Gelegenheit er auch auf das Zeugnis des Paulus Diaconus verweist, und beginnt erst dann, nachdem er einen Blick auf die gleichzeitigen Verhältnisse im Frankenreich getan, mit der Erzählung der einzelnen wunderbaren Begebenheiten. Es ist bezeichnend für den literarischen Anspruch, den er mit der gesamten Darstellung erhebt, daß er, ähnlich wie man es in Geschichtswerken der Zeit zu tun pflegte, eine Beschreibung des Schauplatzes, nämlich Italiens, an den Anfang des Ganzen stellt; darin zeigt sich auch, daß er auf solche Weise das Werk als eine umfassendere vita s. Benedicti konzipiert hat. Wir können nicht behaupten, Adrevald habe von vornherein an eine Fortsetzung seiner eigenen Erzählung durch andere gedacht, wie sie nachher tatsächlich durch Aimoin und Andreas von Fleury und Radulfus Tortarius erfolgte; sollte er dies ins Auge gefaßt, seine vita demnach als von ihm gar nicht abzuschließend, sondern im Grunde bis zum Ende der Zeit durchzuführend gedacht haben, so wäre die Vorstellung, so befremdlich sie uns erscheinen mag, doch durchaus mittelalterlich. Natürlich hat Adrevald in den ersten Abschnitten, in denen er vom Leben Benedikts handelt bis einschließlich zur translatio, die älteren Quellen benützt, und er sagt dies ausdrücklich; die einleitende Beschreibung Italiens scheint zwar nicht unmittelbar nach einer bekannten Vorlage gearbeitet zu sein, enthält aber doch dieselben Provinzen, die bei Paulus Diaconus genannt werden. Übrigens spielt das Geschichtliche und der weitere Umkreis auch nach der translatio noch

---

[55] Die Stelle ist merkwürdig, schon Mabillon (Acta SS OSB II p. 370, danach Migne PL 124, 911 C/D) hat auf sie hingewiesen. Adrevalds Angaben gehen über das von Gregor d. Gr. Berichtete hinaus; sie nehmen u.a. Bezug auf die Ruinen eines palastartigen Gebäudes in der Nähe der Stadtmauer in Nursia, welches als Besitz von Benedikts Eltern galt. Die Bollandisten verwarfen den Hinweis als reine Fabel; Mabillon notierte ihn mit dem Verweis auf die sonst zu beobachtende Zuverlässigkeit Adrevalds gegenüber seinen Quellen. Ob diese im vorliegenden Fall ein uns unbekanntes Schriftwerk waren, oder ob Adrevald die Verhältnisse gelegentlich einer Reise am Ort selbst kennengelernt hat, stehe dahin, ebenso wie es sich mit jenem Bauwerk in Wahrheit verhielt. Das Folgern jedenfalls aus einem archäologischen Befund zur Zeit Adrevalds verdient Beachtung.

eine wichtige Rolle: Die durch knappe Angaben über die gleichzeitigen byzantinischen Kaiser zeitlich eingeordneten Verhältnisse in Gallien in der ausgehenden Merowingerzeit, die Wiedererrichtung Monte Cassinos unter Abt Petronax (um 720), die Ereignisse in Gallien unter Karl Martell und Pippin dem Jüngeren bis zu den ersten Regierungsjahren Karls des Großen und zur Eroberung des Langobardenreiches. Erst hier wird, gleichsam aus der allgemeinen Geschichte herauswachsend, das erste miraculum erzählt: Von dem Grafen Raho von Orléans, der, um sich selbst in den Besitz des Klosters (Fleury) zu setzen, den Abt Radulf heimtückisch zu ermorden versucht, dann aber, als jener, von einem Zwerg im Dienste des Grafen gewarnt, sich eilig in Sicherheit bringt, nach einer noch von ihm selbst, Raho, erzählten Erscheinung Benedikts, der ihm sein nahes Ende androht, in der darauffolgenden Nacht unter Qualen stirbt. Wie hier steht auch in den folgenden Geschichten das materielle, wirtschaftliche Interesse des Klosters stark im Vordergrund, und der heilige Benedikt, auf dessen besonderen Schutz die Floriazenser vertrauen, wird beinah zu ihrem Helfer im Bemühen um Abgabefreiheit oder Wahrung von Besitz. Was Adrevalds Werk insgesamt auszeichnet, ist das Interesse des Verfassers für geschichtliche Vorgänge, so daß die einzelnen Begebenheiten, wo immer es sich tun ließ, in einen größeren Zusammenhang hineingestellt erscheinen. So wird beispielsweise im Zusammenhang mit der Heilung eines Meineidigen, dem der ausgestreckte Arm zur Strafe starr geworden war, von dem Normanneneinfall des Jahres 865, bei welchem das Kloster geplündert und niedergebrannt wurde, und von dem mühsamen Wiederaufbau berichtet; und die letzte von Adrevald erzählte Geschichte von der Errettung eines Knaben, den ein Wolf mitten aus einer Schar spielender Kinder geraubt hat, gibt Anlaß, von der Not der Bevölkerung in der Zeit Karls des Kahlen zu sprechen, da immer wieder die Feinde einfielen, Hungersnot herrschte und zu allem Unglück die wilden Tiere aus den Wäldern hervorbrachen und die Menschen ängstigten. Durch diese Verbindung mit dem Geschichtlichen wirkt die Erzählung Adrevalds nicht als ein Aneinanderreihen unverbundener Mirakel, sondern eher wie das Gemälde einer Zeit, über welcher der Heilige von Fleury, St. Benedikt, als der große Helfer in aller Not und Bedrängnis der Menschen steht.

Adrevald schreibt in ruhigem, der Erzählung angemessenem Ton, zuweilen, wenn der Gegenstand es ergibt, lebhaft, ja bis zur Spannung sich steigernd, in gepflegter, dem Zeitalter entsprechend schon zur Fülle neigender, rhetorischer Kunstmittel sich jeoch mit Maß bedienender Sprache, die ein Streben nach klangvoller Bildung erkennen läßt, ohne daß regulärer Cursus oder gar Prosareim angewandt würden, und die durch ein gelegentlich erkennbares Suchen nach einem gewählten oder antikisierenden Ausdruck zuweilen einen Anflug von Geziertheit aufweist.

Von zwei am Ende angefügten Kapiteln abgesehen, die von einem Adelerius stammen, verging über ein Jahrhundert, bis wiederum eine längere Reihe von miracula durch Aimoin von Fleury hinzugefügt wurde.

Die letzten Jahrzehnte des neunten Jahrhunderts und die ersten des zehnten waren für die Abtei des hl. Benedikt wie für viele andere Stätten eine trübe Zeit. Im Jahr 865 hatten die Normannen das Kloster in Schutt und Asche gelegt. Die Mönche waren vorher geflohen, die Reliquien des heiligen Benedikt auf einer Tragtruhe mit sich führend. Drei Jahre später kehrten sie zurück und begannen den Wiederaufbau. Aber schon 878 kehrten auch die Normannen wieder. Diesmal brachte ihnen der tatkräftige Hugo Abbas eine Niederlage bei. Daß diese Verhältnisse der monastischen Zucht wenig günstig waren, liegt auf der Hand. Gleichwohl scheint doch leidlich Disziplin im Kloster geherrscht zu haben, als im Jahre 908 die Normannen ein drittes Mal wiederkehrten. Diesmal richtete sich ihr Herzog Reinald im Dormitorium häuslich ein, bis ihm St. Benedikt erschien und ihm den nahen Tod verkündete. Die Vorhersage ging in Erfüllung; seit der Zeit hatten die Normannen großen Respekt vor dem Heiligen, so daß Fleury fortan von ihnen verschont blieb. Aber in diesen Jahren muß denn doch die klösterliche Zucht arg geschwunden sein, so daß im Jahre 930 der Graf Elisiard sich von König Robert II. das Kloster erbat, um die Disziplin wiederherzustellen. Zwei Grafen, zwei Bischöfe und mit ihnen Abt Odo von Cluny, so wird der Vorgang beschrieben, begaben sich nach Fleury. Die Mönche griffen zu den Waffen. Darauf ritt ihnen der Abt allein entgegen. Den Erstaunten entfielen die Waffen und sie sanken vor ihm nieder. In wenigen Jahren hatte Odo Zucht und Ordnung im wesentlichen wiederhergestellt, so daß das Kloster kräftigen Zuwachs von Laien, Mönchen anderer Klöster, Kanonikern erhielt. In diesen Jahren des neuen Aufschwungs ist Abbo in Fleury eingetreten.

Durch Abbo von Fleury gewinnt das Kloster neue Belebung. Es empfängt Anregungen wissenschaftlicher Art, die von Reims ausgingen; sie treffen sich mit der inneren Erneuerung durch die monastische Reform, der sich Fleury schon seit längerem geöffnet hat. Infolge dieser Entwicklung entfaltet St-Benoît eine Wirkung, die erstmals weit über den engeren Umkreis des Klosters an der Loire und die unmittelbar mit ihm in Verbindung stehenden monastischen Gemeinschaften hinausgreift.

1. Kapitel: Frankreich

Abbo stammt aus der Gegend von Orléans und wurde um 940/950 geboren, ist also ein vielleicht um etliche Jahre jüngerer Zeit- und Altersgenosse Gerberts. Als Kind kam er in das Kloster zu Fleury und erhielt dort Erziehung und Unterricht. Schon in jungen Jahren wurde Abbo mit dem Lehramt an der Klosterschule betraut, dann aber zur weiteren Ausbildung nach Paris und Reims geschickt, wo er sich vornehmlich in der Astronomie weiterbildete; darauf begab er sich zur Vertiefung seiner Kenntnisse in der Musik nach Orléans. Nachdem Abbo wieder einige Jahre in Fleury gelehrt hatte, erbat sich ihn nach 982 der Erzbischof Oswald von York, der selbst Mönch in Fleury gewesen war und die dortige Schule schätzen gelernt hatte, für das von ihm gegründete Kloster Ramsey (in Huntingdonshire im westlichen Mittelengland gelegen), daß er die Leitung der dortigen Klosterschule übernähme. Abbo führte die monastische Reform in Ramsey ein und trug damit wesentlich zu einem engeren Anschluß der englischen Kirche an den Kontinent bei. Eine mittelbare Folge der erneuerten Verbindung war unter anderem, daß die in England bis dahin noch immer gebrauchte angelsächsische Schrift innerhalb einer verhältnismäßig kurzen Zeit von der auf dem Kontinent üblichen karolingischen Minuskel abgelöst wurde. In sein Heimatkloster zurückgekehrt, wurde Abbo im Jahre 988 zum Abt erwählt, als welcher er nicht nur auf die Erhaltung des hohen Niveaus der Schule bedacht war, sondern auch und vor allem sich mit solcher Energie, Zähigkeit und Leidenschaft den Zielen der monastischen Reform widmete, daß er als eine ihrer führenden Gestalten erscheint im Bemühen um die innere Erneuerung des Mönchtums weit über sein eigenes Kloster hinaus, aber auch im Kampf um die rechtliche Stellung, den Besitzstand sowie die institutionelle Unabhängigkeit der Klöster von Bischöfen und weltlichen Herren. Er nahm lebhaft an der Kirchenpolitik seiner Zeit teil, trat für die Suprematie des Papstes ein und widersetzte sich energisch den Bestrebungen des Königs, der im Verein mit dem ihm anhangenden Teil des Episkopats den Erzbischof Arnulf von Reims abgesetzt hatte; er verteidigte unerschrocken die Unabhängigkeit des Klosters gegen den Bischof von Orléans, und als er nach Rom gesandt wurde, um das dem Königreich drohende Interdikt abzuwenden, war er es, der den König Robert dazu bewog, die Ehe mit seiner Verwandten Bertha aufzulösen. Bei einer Visitationsreise, die er nach dem Priorat La Réole in die Gascogne unternahm, wurde er bei einem Tumult, der sich gegen sein Gefolge richtete, durch einen Lanzenstich verwundet und starb an den Folgen am 13. November des Jahres 1004.

Abbo war also alles andere als ein Stubengelehrter. Erfüllt von Eifer für die Wiederherstellung des echten Mönchtums, in dem er den dritten und höchsten unter den Ständen (neben den Laien und den clerici) erblickte, als Lehrer wie als Abt gleichermaßen hochgeschätzt, war er bei all seiner Beweglichkeit und Energie, bei all seinen Verflechtungen in kirchenpolitische Tätigkeit ein ebenso tüchtiger wie vielseitiger Gelehrter.

Freilich flossen ihm auch die Worte leicht in die Feder, und so ist Abbo ein rechter Vielschreiber gewesen. Wie Gerbert, dem er im übrigen reserviert gegenüberstand, zeigte Abbo starkes Interesse für mathematisch-naturwissenschaftliche Dinge, aber er befaßte sich auch mit Medizin und erwies sich überhaupt als ein Mann, der in allen Sätteln gerecht war. Bei Abbo verbindet sich Gelehrsamkeit, die der eines Gerbert nicht nachstand, mit der Tradition, welche an die Bibliothek der alten Schule von Fleury anknüpft. Er war kein sehr origineller Denker, aber daß seine Belesenheit diejenige der meisten, denen er begegnete, übertraf, wußte Abbo sehr wohl, und in jüngeren Jahren, mindestens noch in der Zeit seines Aufenthalts in England, ist er von sich selbst sehr überzeugt und nicht wenig eitel gewesen.

So behandelt er auf Wunsch der Mönche des englischen Klosters Ramsey eine Reihe von grammatischen und orthographischen Fragen in einer kleinen Schrift, der man heute die Bezeichnung *quaestiones grammaticales* zu geben pflegt. Dem eigentlichen Text stellt er, *Abbo genere Francus*, einen „an die in Christus geliebten Mitbrüder" gerichteten Brief voran, dessen absichtsvoll gekünstelte, wie auf Stelzen einherschreitende Sprache zu den folgenden grammatischen Detailfragen den wunderlichsten Kontrast bildet.

Abbo macht kein Hehl daraus, daß er nur in Erfüllung der Pflicht des Gehorsams nach England gekommen ist; in eigentümlicher Zwiespältigkeit zwischen Unsicherheit und herablassender Arroganz schreibt er das kleine Werk, dem er die Form einer Briefabhandlung gegeben hat.

Die quaestiones sind verhältnismäßig ausführliche Antworten auf die Fragen der Quantität und der Wortbetonung, aber auch solche der Aussprache des Lateinischen. Besonders die letzten sind von Interesse, weil sie Aufschluß geben über die Art der Aussprache in Abbos Heimat, zum Beispiel, daß er es für nötig hielt, ausdrücklich auf die Hörbarkeit der Konsonanten am Wortende hinzuweisen, oder auf die verschiedene Aussprache des C und dergleichen, wobei er gelegentlich, gegen die Gewohnheit der antiken und mittelalterlichen Grammatiker, auf die Artikulationsstelle hinweist[56]. Abgesehen aber von den Partien, wo

---

[56] Etwa das c vor a, o, u sei als Guttural *(in faucibus)* zu sprechen cap. 23, p. 235 Guerreau-Jalabert.

Abbo auf die Aussprache der Zeit eingeht, stammt alles aus uns bekannten antiken Quellen: Donat, Priscian, Servius.

Auf dem Gebiet der Arithmetik verfaßte Abbo neben einem *abacus*, einer knappen Erklärung der Multiplikation mit Zehnerpotenzen, einen *Kommentar zum calculus Victorii*, dem Rechenbuch eines Aquitaniers namens Victorius aus dem fünften Jahrhundert, in dem vor allem Tabellen für die Multiplikation und Division geboten waren. Den Stoff entnahm Abbo durchweg bekannten Quellen: Martianus Capella, Boethius, Macrobius in somnium Scipionis, Priscian, Isidor, darüber hinaus kennt und nennt Abbo eine Reihe weiterer antiker und frühmittelalterlicher Autoren, darunter, höchst ungewöhnlich für seine Zeit, den Grammatiker Virgilius Maro, den er aus Toulouse stammen läßt. Insgesamt zeigen die wissenschaftlichen Arbeiten Abbos vielseitiges Interesse, Gewandtheit und ausgedehnte Belesenheit. Daß er indessen sehr wohl auch zu schriftstellerischen Leistungen befähigt war, macht seine *passio sancti Eadmundi* deutlich. König Eadmund von Ostanglien war im Jahre 870 von heidnischen Dänen gefangengenommen und getötet worden; vom Volk wurde er als Martyrer verehrt, doch besaß man keinerlei Aufzeichnungen über ihn. Auf Bitten der Mönche von Ramsey verfaßte Abbo die erste vita des Königs. In seinem an den Erzbischof Dunstan von Canterbury gerichteten Widmungsbrief beruft er sich auf einen Vortrag Dunstans selber, der seinerseits in jüngeren Jahren die Geschichte König Edmunds aus dem Munde jenes damals schon betagten Mannes gehört hatte, der vor dem König Ethelstan unter Eid aussagte, daß er am Todestage König Edmunds dessen Waffenträger gewesen sei. Die Geschichte beruht demnach auf glaubwürdiger Überlieferung, wenn auch infolge des großen zeitlichen Abstandes im einzelnen sich die Erinnerung gelegentlich verschoben haben mag. Abbo beginnt mit einer Beschreibung Englands, des näheren Ostangliens zur Zeit der Däneneinfälle, stellt einer Charakterisierung des tüchtigen und gottesfürchtigen jungen Königs Edmund eine Schilderung des grausamen Wütens der dänischen Eindringlinge unter ihren Führern Inguar und Hubba, das der Bevölkerung den Mut zum Widerstand nahm, gegenüber und berichtet im Kernstück seiner Darstellung die letzten Ereignisse um König Edmund: Wie der König dem Ansinnen des Dänenführers, mit ihm die Herrschaft zu teilen, energisch widersprochen habe, wie Edmund, nur noch von wenigen Getreuen umgeben, von den Dänen gefangen, geschlagen, an einen Baum gefesselt, aufs Blut gepeitscht, durchhält und schließlich von Pfeilschüssen über und über durchbohrt, enthauptet wird. Dem vergleichsweise kurzen Kernstück folgt der Bericht über die nach dem Abzug der Dänen erfolgte Auffindung des Leichnams und des getrennt von diesem im

Dickicht liegenden, von einem Wolf bewachten Hauptes, das auf die Rufe der Suchenden antwortet; sodann der Bericht über die Beisetzung in Beodericsworth (dem nachmaligen Bury St. Edmund's) sowie weitere Bemerkungen über den unverwesten Zustand der Leiche und dergleichen.

Abbo erstrebt sachlich getreue Berichterstattung und bringt dies durch die Widmung an den Erzbischof, den einzigen noch lebenden, wenn auch nur mittelbaren Gewährsmann, zum Ausdruck. Aber er schreibt als Hagiograph, der die Verehrung des längst als Martyrer geltenden Königs zu fördern sucht. Dieses Ziel erreicht er nicht durch die spezifisch hagiographische Interpretation der einzelnen Handlungen des Königs, von denen ohnehin nicht mehr viel zu berichten war, auch nicht durch angehäufte Wundergeschichten, sondern dadurch, daß er dem tapferen Verhalten des Königs, der sein Leben für die Freiheit seines Volkes opfert, eine Begründung gibt, welche der schon üblichen Verehrung des Martyrers mehr zu entsprechen scheint: den Tod des Königs für seinen Glauben. So kann Abbo unbedenklich seiner Neigung zu realistischer Darstellung folgen und naheliegendes Heroisieren vermeiden, ohne daß dem Charakter des Heiligen Eintrag geschieht[57]. Aus Abbos eigenem Bericht und angesichts der allgemeinen Lage zur Zeit Edmunds muß man wohl folgern, der Dänenfürst Inguar habe dem König Edmund eine gemeinsame Regierung deshalb abzuringen versucht, um seine eigene Herrschaft in Ostanglien zu legitimieren, und Edmund habe eben dies im Interesse seines Volkes abgelehnt. Die Vereitelung seiner politischen Absichten erklärt auch das maßlose Wüten des Dänen gegen den an militärischen Kräften Unterlegenen. Bei Abbo erscheinen die Dänen nicht nur als raubende und plündernde und jegliche Gewalttat verübende Eroberer, sondern als eines jener Völker, die nach alter Prophezeiung am Ende der Tage den Antichrist begleiten und in seinem Namen alles Unheil verüben werden, und Edmund ist nicht ein christlicher König, der einem heidnischen Volke unterliegend für sein Volk stirbt, sondern er wird zum Martyrer für seinen Glauben. Die ganze passio ist vielleicht weniger mit Sorgfalt als mit schulmäßiger Gewandtheit durchstilisert. Dem äußeren Aufbau nach liegen die entscheidenden, den Leser oder Hörer am stärksten fesselnden Partien, nämlich der Abschnitt unmittelbar vor der Gefangennahme des Königs und dessen grausame Hinrichtung, in etwa in

---

[57] So läßt er beispielsweise den gepeinigten König *Christum invocando flebilibus vocibus* (Migne PL 139, 514 A/B) die Peitschenhiebe ertragen. – Drastischer und realistischer Schilderung zuliebe scheut Abbo auch vor Geschmacklosigkeiten nicht zurück, etwa, wenn er sagt, der König habe nach dem Pfeilhagel ausgesehen *velut asper hericius aut spinis hirtus carduus* (l.c. 514 B).

der Mitte; sie werden als Höhepunkt der gesamten passio durch fingierte Reden auch formal betont. Das mag auf den Einfluß des Sallust zurückzuführen sein, der auch in gelegentlichen Anklängen erkennbar wird; im übrigen gebraucht Abbo nicht ungern Wendungen aus antiken Dichtern, aus Vergil, Horaz und anderen. Insgesamt bedient sich Abbo eines gehobenen, zur Fülle neigenden Stils, der zwar den übertriebenen Schwulst, der sich in seiner Zeit bei vielen breit macht, vermeidet, der aber doch, mit Gerbert verglichen, eine andere Stilrichtung repräsentiert. Im übrigen zeigt auch dieses Werk, das unter Abbos bekannten Schriften wohl die beste ist, daß er, dem der sachliche Ernst gewiß nicht abzusprechen ist, durch Gewandtheit ersetzt, was ihm an Tiefe fehlt.

So liegt ihm, wie es scheint, im Grunde mehr das energische Eintreten für die Sache, der er sich verschrieben hat, und die Auseinandersetzung mit Gegnern. Gelegenheit genug, sich hierin zu bewähren, bot ihm das Amt des Abtes von Fleury, das ihm nicht lange nach seiner Rückkehr in die Heimat (988) übertragen wurde; ein charakteristisches Beispiel solcher Auseinandersetzungen stellt der *liber apologeticus* dar. Abbo war in der Verteidigung der Rechte der Klöster, zumal des eigenen, mit dem französischen Episkopat, und hier wiederum in erster Linie mit dem Bischof von Orléans in Konflikt geraten; es kam zu Tumulten, sogar zu Tätlichkeiten. Man warf ihm vor, er habe mit exkommunizierten Unruhestiftern weiterhin Verbindung gehalten, und wenigstens zeitweise muß er des festen Glaubens gewesen sein, daß man ihm nach dem Leben trachte: Seine Gegner, so schreibt er, würden ihn töten, wenn sich nur die Gelegenheit böte. In solcher Bedrängnis, da er allenthalben nur auf Mißgunst, Verleumdung und offenen Haß stieß, wandte er sich an die Könige Hugo Capet und Robert, um sich im apologeticus zu rechtfertigen. Aber das war nun nicht mehr jener von sich eingenommene, zur Eitelkeit neigende Mönch der früheren Jahre. Hier spricht ein Mann im Bewußtsein der Verantwortung seines Amtes. Diese Verantwortung aber erstreckt sich für Abbo, und das ist bezeichnend für die Stellung des Mönchtums zu jener Zeit, nicht nur auf sein Kloster, seinen Konvent; sie erstreckt sich auf alle Stände, nicht nur auf die Mönche, nicht nur auf den Klerus, sondern auch auf die Laien, sie erstreckt sich auf den ganzen Staat und, was in Abbos Augen dasselbe ist: auf die ganze Kirche. Bei dieser Gelegenheit stellt er ein System der Stände und ihre Rangordnung in der Kirche und im Staate vor. Danach gliedert sich jedes der Geschlechter in drei Stände, von denen jeweils der folgende „besser" ist und im Range höher steht als der vorausgehende. Im weiblichen Geschlechte bilden den ersten Stand die Verheirateten, den zweiten die Enthaltsamen oder die Witwen, den dritten die Jungfrauen und Nonnen. In entsprechender Weise gliedern sich die Männer in Laien, Kleriker und Mönche, welch letztere somit, als der *monachorum senatus,* wie Abbo an anderer Stelle sagt[58], den höchsten Rang in der Kirche einnehmen. Innerhalb der Laien wiederum gibt es den Nährstand (die *agricolae*) und den Wehrstand (die *agonistae*); die Kleriker gliedern sich in Diakone, Priester und Bischöfe, während die niedrigeren Weihegrade, *ex indulgentia* nicht zum Zölibat verpflichtet, eigentlich mißbräuchlich clerici genannt werden. Man erkennt, daß Abbos Ständesystem zum Teil aus entsprechenden Stellen des Neuen Testaments (wie 1 Cor. 7), zum Teil aus überkommenen kirchlichen Ordnungen abgeleitet ist und insofern als bekannt (*novimus* 465 B) bezeichnet werden konnte. Aber welche Kühnheit, eine Standesordnung aus Bibelstellen herauszulesen, die nur als eine moralische Wertung von Lebensformen gedacht sind! Welch Selbstbewußtsein des Mönchtums, an die höchste Stelle dieser Ordnung, auch noch über den Episkopat, sich selbst zu setzen! Verständlich wird solches nur aus der ungebrochenen Kraft des Willens zur monastischen Erneuerung, der sich mit der kämpferischen Haltung eines Abbo verband. Mit der dargestellten Ordnung jedenfalls rechtfertigt Abbo sein Verhalten, aber auch die Forderung nach dem Schutz des Königs für seine Person und für sein Handeln. Durchdrungen von dem Gedanken der geistigen Erneuerung, wie ihn die Reformbewegung vertrat, überzeugt davon, daß das Mönchtum als der vollkommenste unter den Ständen auch der äußeren Unabhängigkeit bedürfe, hat Abbo im apologeticus zu höchst aktuellen Gegenständen Stellung genommen. Er tut dies nicht in der Art einer ruhig sachlichen Erörterung, sondern als ein Streiter für seine Ideale. Dennoch erstrebt er mit dieser Schrift nicht publizistische Wirksamkeit; das verbietet allein schon der Rang des Abtes und die hohe Stellung, die Abbo dem monastischen Stande einräumt, der ein Recht darauf habe, daß der König ihn beschütze. So ist Abbo denn auch im apologeticus, wiewohl die Schrift unmittelbar aus seinem Eintreten für ein aktuelles Anliegen erwachsen ist, nicht als ein Vorläufer jener Tagesschriftstellerei anzusehen, wie sie das Zeitalter des Investiturstreits hervorbringen wird.

Schon im apologeticus hat Abbo gezeigt, daß er auch im kanonischen Recht wohlbewandert war. Wie den liber apologeticus, so widmete er den Königen Hugo Capet und seinem Sohne Robert dem Frommen eine *canones-Sammlung.* Im Widmungsbrief, der beiläufig auch auf den apologeticus Bezug nimmt, findet er anerkennende Worte für das dem Mönchtum gewogene Verhalten der Könige, betont aber zugleich ihre

---

[58] Migne PL 139, 461 C (u.ö.; cf. can. praef., a.a.O. 474 A).

Pflichten gegenüber den Klöstern, insbesondere natürlich denen des Benediktinerordens, dem Abbo angehörte, und erhebt mit Nachdruck den Anspruch auf eine weitgehende Immunität der Klöster. Dies alles gründet in Abbos schon im apologeticus ausgesprochener und hier noch einmal in Form juristischer Bestimmungen dargelegter Auffassung, daß das Mönchtum als der höchste unter den Ständen mit hoher Verantwortung ausgestattet, aber auch mit angemessener Freiheit von irgendwelcher Bevormundung, sei es durch den Staat, sei es durch den Episkopat, unabhängig bleiben müsse. Die Sammlung selbst umfaßt 52 Kapitel, von denen die meisten mehr als nur einen Text enthalten. Im Unterschied zu der Mehrzahl solcher kanonistischer Sammlungen handelt es sich nicht um eine bloße wörtliche Zusammenstellung von Bestimmungen, die mehr oder minder gut nach sachlichen Gesichtspunkten angeordnet sind; Abbo hat vielmehr in nicht wenigen Kapiteln den exzerpierten Rechtssätzen eigene Einleitungen oder erläuternde Bemerkungen vorausgeschickt, so daß zwar nicht ein fortlaufender Text entsteht, wohl aber die Zitate einem mit dem kirchlichen Recht sonst nicht vertrauten Leser in verständlichen Zusammenhang eingereiht erscheinen. Es handelt sich indessen nicht um eine umfassende Darlegung des kirchlichen Rechts. Abbo will vielmehr den Königen, an die er sich wendet, ihre Rechte und ihre Pflichten gegenüber dem Mönchtum vor Augen stellen, damit sie, die Könige, recht eigentlich zu Vögten und Schutzherren des Mönchtums würden. Abbo behandelt, vielleicht nicht immer ganz konsequent, aber in umfassender Weise das gesamte rechtliche Verhältnis der Geistlichkeit, insbesondere der Klöster zur weltlichen Macht. Er betont die Einheit der Interessen von Bürgern und Geistlichkeit *(unanimitas civium et cleri)*, rügt die Übergriffe der Vögte, die oft genug ihre Macht statt zum Schutze der ihnen Anvertrauten zum eigenen Vorteil gebrauchten, handelt vom Recht der Eigenkirchen und erörtert im einzelnen die die verschiedenen geistlichen Stände betreffenden rechtlichen Bestimmungen. Als Quellen benützte Abbo die Bibel, die collectio Dionysiana, die Hispana sowie einzelne canones fränkischer Konzilien, vorwiegend des 9. Jahrhunderts; bezeichnend ist für sein Verhältnis zur antiken Literatur, daß er sich gelegentlich auch von Cicero inspirieren läßt[59].

Von *Prosabriefen* Abbos besitzen wir, die Dedikationsepisteln nicht gerechnet, noch über ein Dutzend; unter ihnen befinden sich auch zwei Briefe Gregors V. an Abbo. Außer dem genannten Papst, an den mehrere Briefe Abbos gerichtet sind, sind die Adressaten in der Regel Konvente oder deren Äbte, darunter zum Beispiel Odilo von Cluny, gele-

---

[59] Cic. inv. 2, 67 zur Unterscheidung von *consuetudo* und *lex* in cap. 9 (a.a.O. 482 B).

gentlich auch einzelne Mönche. Den Gegenstand bilden vorzugsweise Fragen der monastischen Disziplin oder solche des kirchlichen Rechts, soweit es die Klöster betrifft, und man erkennt, daß Abbo zu seiner Zeit etwas wie ein viel gefragter Berater in verschiedensten Angelegenheiten gewesen sein muß. Im übrigen nimmt Abbo auch als Epistolograph einen nicht geringen Rang ein. Er pflegt seine Gedanken etwas ausführlicher darzulegen, beginnt in der Regel mit einem allgemeinen Gedanken, nicht selten mit einer Sentenz, bedient sich einer gepflegten, jedoch nicht in den zeitgemäßen Schwulst verfallenden Ausdrucksweise, legt gern Sentenzen auch aus antiken Autoren ein oder macht freie Anspielungen auf solche, und vielleicht ist gerade das freie Anspielen auf eine Stelle aus einem antiken Autor, welches dessen Kenntnis voraussetzt, für ihn charakteristisch. Und er schätzt die Variation auch dort, wo andere sich formelhafter Wendungen zu bedienen pflegen[60].

Ein Schüler Abbos ist A i m o i n v o n F l e u r y gewesen. Er stammt aus adligem Hause im Périgord und ist ad Francos (heute Francs an der Gironde) nach üblicher Schätzung um 965 geboren. Zu Anfang der achtziger Jahre ist er in Fleury, wo unter anderen Berno, der nachmalige bekannte Abt von der Reichenau, sein Mitschüler war. Aimoin gehörte zu den Begleitern seines Abtes Abbo, als dieser im Jahre 1004 jene Visitationsreise unternahm, auf welcher er den Tod fand. Aimoin selbst scheint ihn nicht allzulange überlebt zu haben; sein Todesjahr ist unbekannt.

Auf Veranlassung Abbos, des Lehrers und Abtes, verfaßte Aimoin sein Erstlingswerk, eine historia Francorum oder, wie vielleicht der originale Titel gelautet hat, *res gestae gentis sive regum Francorum* in vier Büchern. Es wäre möglich, daß Abbo, der zu jener Zeit vertrauter Berater König Roberts II. war, mit seinem Auftrag an den jüngeren Mitbruder die Absicht verfolgte, der jungen Dynastie der Kapetinger eine übersichtliche, gut lesbare, doch nicht allzu knappe Darstellung der Geschichte der fränkischen Könige an die Hand zu geben; ausdrücklich gesagt ist es nicht. Aimoins Werk reicht von den Anfängen der Franken germanischer Zeit bis in die Mitte des siebten Jahrhunderts, nicht, wie angekündigt, bis zum Regierungsantritt Pippins des Jüngeren. Man hat den vorzeitigen Abbruch damit zu erklären versucht, daß Abbo, der Auftraggeber, bei Hofe in Ungnade gefallen sei und deshalb das Werk nicht habe zu Ende führen lassen; das wäre denkbar, ist aber

---

[60] So nennt er beispielsweise einen Abt *pater conventus* oder *rector* mit dem Namen des betreffenden Klosters, sich selbst häufig *abbas Abbo amator amatorum Christi* und ähnlich.

nicht erwiesen. Da sich der Verfasser auf eine weit zurückliegende Zeit beschränkt, bietet er sachlich kaum Neues. Überhaupt ist das Werk weniger als Geschichtsquelle anzusehen denn von Bedeutung für die Geschichte der Historiographie; vor allem aber läßt es erkennen, welcher Rang zu der Zeit, zumindest in Fleury, dem Literarischen im Verhältnis zum rein Sachlichen bereits beigemessen wurde, und wie literarische Begriffe und Prinzipien sowohl in der Anlage des Ganzen wie auch im einzelnen vom Einfluß der Schule, ja von unmittelbarem Einfluß des Lehrers bestimmt sein konnten.

Im Widmungsbrief an Abbo gibt Aimoin Rechenschaft darüber, wie er nach den Vorstellungen des Lehrers und Abtes sein Werk aufgebaut habe. Wieviel bereits Konvention war, mag man daraus ersehen, daß Abbo großen Wert auf die Beschreibung des Schauplatzes der darzustellenden Geschichte gelegt hatte; Aimoin gibt sie, wie er sagt, nach Julius (d.i. Caesar), Plinius und Orosius. So bildet den Inhalt des ersten Buches eine ausführliche Darstellung de situ et moribus Germanorum nach den genannten Quellen, der eine ebensolche für Gallien und seine Bewohner vorzugsweise nach Caesar folgt. Die Wahl der Quellen, aus denen Aimoin seine Darstellung schöpft, führt dazu, daß er ein Bild von Germanien und Gallien bietet, das demjenigen der Römer entsprach. So werden bei ihm wohl die Vindeliker, die Cimbern und Teutonen genannt, Einhorn und Elch beschrieben, aber man liest nichts von den Bewohnern Germaniens etwa im siebenten oder achten Jahrhundert, und Ähnliches gilt für Gallien. Ein Prooemium zum zweiten Buch versucht eine Charakterisierung der Franken und ihrer Könige als der Abkömmlinge der Trojaner zu geben, worauf das zweite Buch selbst mit dem Auszug der Trojaner aus der zerstörten Stadt beginnt. Hauptquellen sind für Aimoin Gregor von Tours, Fredegar, die gesta Dagoberti und andere. Und doch unterscheidet sich Aimoins Darstellung von den üblichen Kompilationen, wie man sie seit der Karolingerzeit kennt. Er bemühte sich, und das gehörte ausdrücklich zu den Anweisungen Abbos, um eine durchgängig gepflegte Latinität.

Man wird Aimoin nicht zu den großen Geschichtschreibern des Mittelalters rechnen können. Er hat keine neuen Quellen verwendet, keine Urkunden und Archivalien herangezogen, wie es etwa Flodoard zur gleichen Zeit in Reims getan hat. Von Kritik an der Überlieferung ist bei ihm wenig zu spüren, die Erzählung zum Beispiel der im siebenten Jahrhundert literarisch auftretenden Sage vom trojanischen Ursprung der Franken wird wie eine absolut sichere und selbstverständliche geschichtliche Wahrheit wiedergegeben, was nicht alle getan haben, und Aimoin erweist sich im Sachlichen als durchaus von der jeweils benützten Quelle abhängig. Gewiß, Aimoin schreibt mit unüberhörbarem Stolz auf die Vergangenheit seines Volkes und seiner Könige und gibt dem Ausdruck mit Wendungen, die an die berühmten Römerverse des Vergil (Aen. 6,851 ff., *tu regere imperio* ...) erinnern. Aber man wird vergeblich nach einer bestimmten Geschichtsauffassung suchen, welche die Darstellung bestimmte wie etwa bei Gregor von Tours, den Aimoin ja gekannt und ausgiebig benützt hat, der Gedanke der gesta Dei per Francos. Diese Mängel indessen tadeln, hieße doch wohl die Absicht des Autors verkennen. Aimoin schreibt im Grunde gar nicht als Historiker; seine Leistung auf diesem Gebiet besteht nur darin, daß er versuchte, die Personen gleichen Namens durch Beifügung des Vaternamens oder durch Zusatz eines ‚iunior' oder ‚senior' zu unterscheiden, und er äußert nicht einmal den naheliegenden und bei den mittelalterlichen Historiographen oft wiederholten Gedanken, er wolle Geschichte schreiben, damit Zeitgenossen und Nachwelt etwas von der Vergangenheit erführen. Aimoin sieht vielmehr seine Aufgabe, und das ist sehr bezeichnend fürs zehnte Jahrhundert, in erster Linie als eine literarische, und als eine literarische war sie ihm von Abbo gestellt worden. Er will die Geschichte des fränkischen Volkes und seiner Könige, die in verschiedenen Büchern aufgezeichnet, aber formal nur ungenügend dargestellt schien, in einem zusammenhängenden Werk lesbar, in gepflegter und den stilistischen Ansprüchen der Zeit genügender Form darstellen: *ut ... res gestas gentis sive regum Francorum, quae et per diversos sparsae libros et inculto erant sermone descriptae, in unius redigerem corpus opusculi ac ad emendatiorem latinitatis revocarem formam*[61]. Aimoin bedient sich in der Tat einer sehr gepflegten, an klassischen Mustern geschulten, teilweise stark antikisierenden und doch durch und durch mittelalterlichen Prosa, einer Kunstprosa, die zwar nicht den bekannten Regeln des rhythmischen Satzschlusses folgt, wohl aber sich um eine – meist durch Hyperbaton erreichte – kunstvolle Wortstellung bemüht, und was man noch nicht beobachtet zu haben scheint, einsilbigen Reim oder wenigstens Assonanz am Ende paralleler Kola sucht. Der Stil wäre noch näher zu untersuchen; ebenso müßte im einzelnen geprüft werden, wie Aimoin mit seinen Quellen umgegangen ist. Direkte Reden beispielsweise, die er bei einem von ihm benützten Autor vorfand, scheint er in der Regel unter leichter Umstilisierung übernommen zu haben, um so die Darstellung zu beleben.

Die Betonung des Formalen beschränkt sich indessen nicht auf Sprache und Stil; sie bestimmt sogar die Verteilung des Stoffes, also den Aufbau des Werkes insofern, als Aimoin seine Darstellung nicht nach

---

[61] So im Widmungsbrief: Migne PL 139, 627 B.

historischen, sondern nach rein formalen Gesichtspunkten gliedert, so daß jeweils das folgende Buch umfangreicher ist und eine größere Zahl von Königen behandelt als das unmittelbar vorhergehende. Dies jedenfalls ist der ursprüngliche Plan Aimoins gewesen, und er hat ihn in den drei ersten Büchern durchgeführt, zumindest was den Umfang betrifft. Uns mag eine formale Gliederung der genannten Art wunderlich und schrullig erscheinen; aber sie ist kein Zufall, und Aimoin hat im Widmungsbrief ausdrücklich auf dieses sein Gliederungsprinzip hingewiesen[62]. Merkwürdig, wie stark bei Aimoin das formal-literarische Element hervortritt. Nicht etwa, daß es bei Früheren nicht vorhanden oder grundsätzlich vernachlässigt worden wäre. Aber daß ein Geschichtschreiber seine Aufgabe vor allem darin sieht, die mangelhafte Form eines älteren Werkes über denselben Gegenstand zu bessern, aus rohen oder ihm roh erscheinenden Darstellungen eine formal vollkommenere zu schaffen, das ist der Historiographie bisher fremd gewesen. Ganz neu ist die Erscheinung freilich nicht; wir treffen sie als eine durchaus häufige seit langem in der Hagiographie an, und so liegt die Vermutung nahe, die Hagiographie, von welcher die erzählende Literatur so vielfach befruchtet wurde, möchte auch für Aimoin hinsichtlich seiner stilistischen Ambitionen das Vorbild gewesen sein.

Übrigens war er ein recht geschickter Erzähler, der trotz eindeutiger Bevorzugung eines im allgemeinen eher nüchternen und sachlichen Berichtens die Darstellung zur rechten Zeit mit unterhaltsamen, den Leser anziehenden Geschichten zu würzen verstand. Zu diesen gehört etwa die Geschichte von Gelimer *(Childemerus)*, dem letzten König der Vandalen, der sich dem siegreichen Feldherrn Belisar erst ergibt, nachdem dieser ihm sein Wort gegeben hat, ihn weder mit Stricken noch mit eisernen Ketten, noch mit Riemen gefesselt vor den Kaiser zu führen, dann die Griechentreue erlebt, als man ihn mit silberner Kette gefesselt im Triumphzug mitführt, und schließlich von den Höflingen verspottet und geschlagen, sich vom Kaiser ausbittet, daß er gegen zwölf von jenen kämpfen dürfe, die er dann alle erschlägt.

Aimoin, der als Geschichtschreiber – wie gesagt – nichts Neues bietet und alles aus bekannten Quellen geschöpft hat, hat aber Neues geschaffen durch die Art der Darstellung, indem er aus den vielfältigen Vorlagen ein in sich geschlossenes und stilistisch einheitliches Werk zustande gebracht hat. Unterstützt wurde er in diesem Bemühen durch ein Verhältnis zur antiken Literatur, das enger war, als es in der Karolingerzeit

---

[62] Es wäre zweifellos verfehlt, über das vom Verfasser selbst genannte Prinzip der Einteilung des Stoffes hinaus einen tieferen Sinn in der gewählten Gliederung zu sehen. Absichten dieser Art, beispielsweise Zahlensymbolik, pflegt man im Mittelalter anzugeben: die mittelalterliche lateinische Literatur ist keine Kabbalistik.

zu sein pflegte, und Aimoin zeigt in der Benützung antiker Werke wie in Anspielungen auf sie, um wie viel sicherer und selbstverständlicher der Besitz antiken Schrifttums seither geworden war. Es mag das besondere Geschick seiner Darstellung gewesen sein, dem Aimoin seine Beliebtheit in den folgenden Jahrhunderten verdankte. Im elften Jahrhundert – bis 1015 – wurden die gesta regum Francorum in Sens fortgesetzt, im zwölften – bis 1165 – in Saint-Germain-des-Prés. Im dreizehnten Jahrhundert wurde das Werk in die für die französische Geschichte wichtigen Chroniques de France aufgenommen, aber noch bis ins späte Mittelalter, ja noch bis in die beginnende Neuzeit oft gelesen und dann auch frühzeitig gedruckt.

Die übrigen Schriften Aimoins gehören vorzugsweise ins Gebiet der Hagiographie. Eine *translatio patris Benedicti* in etwa 220 Hexametern, inc. *Fert animus linguam modulis laxare canoris*[63], behandelt die Übertragung der Reliquien St. Benedikts durch Aigulf unter Abt Mummolus im wesentlichen nach der Fleuriazenser translatio des neunten Jahrhunderts. Man könnte fast von einer Versifizierung sprechen; Aimoin scheint kaum Selbständiges hinzugefügt zu haben[64]. Die Verse sind korrekt und lassen Bemühen um eine antik gefärbte, jedoch nicht durch eine auffällige Zahl von Reminiszenzen bestimmte Sprache erkennen. Man wird Aimoin ob dieser Verse nicht zum Dichter erheben wollen; aber sie zeigen deutlich, auf welch beachtlichem Niveau sich die Schule von Fleury zu jener Zeit befand.

Wichtiger sind die *libri miraculorum sanctissimi patris Benedicti* (so vermutlich der originale Titel) in zwei Büchern, mit denen Aimoin die von Adrevald begonnene Reihe der Wunderberichte aus Fleury fortsetzte. Aimoin beginnt mit einem Widmungsbrief an den Abt Gauzlin und seine Mitbrüder in Fleury. Wie immer bescheiden auftretend und auf den Gehorsam sich berufend, erklärt Aimoin, daß er nicht nur die Wunder niederschreiben wolle, die sich in Fleury selber zugetragen hätten, sondern auch solche von anderen Orten. So wenig er in seinen gesta regum Francorum das eigentlich Geschichtliche gefördert, so sehr es ihm dort um das literarische Erzählen zu tun war, begnügt er sich doch hier wiederum nicht mit erbaulichen Geschichten, wie sie sonst die Sammlungen der miracula füllen, sondern blickt weit hinaus über den Raum der jeweiligen Begebenheit, beginnt mit der Schilderung der Normanneneinfälle in der Zeit Karls des Kahlen – womit er also an Adrevald anschließt – und beschreibt auch sonst immer wieder Vorgänge und Situationen, die den Hintergrund der einzelnen Begebenheit

---

[63] Trotz größerer formaler Nähe zu Ov. ars 3,467 wohl eher an met. 1,1 angelehnt.
[64] Ausgenommen vielleicht die Bemerkung über Schriften des Abtes Mummolus: Migne PL 139, 799 A.

bilden. Da die Ereignisse im wesentlichen chronologisch aufeinanderfolgen und das erste Buch von Karl dem Kahlen bis in die Zeit von Aimoins Lehrmeister Abbo geführt wird, das zweite mit dem Amtsantritt Abbos als Abt beginnt, so wird der Eindruck der geschichtlichen Darstellung oder vielmehr eines Werkes, das die gesta regum Francorum nach einer bestimmten Seite hin, vor allem der kulturgeschichtlichen, ergänzen könnte, verstärkt. Da Aimoin frei ist von ehrgeizigen Bestrebungen und Parteinahme eines Richer etwa, und an seiner persönlichen Ehrlichkeit zu zweifeln kein Anlaß besteht, so sind seine miracula eine wertvolle Quelle geschichtlicher, zumal kulturgeschichtlicher Erkenntnis. Als Darstellung zeigen sie wiederum die Fähigkeit des Mannes zum Erzählen und, vielleicht noch deutlicher als das Geschichtswerk, eine gute Kenntnis römischer Literatur, weniger in der Nachahmung einzelner Autoren als vielmehr in einem durchgängigen, immer wieder den Eindruck des Antikisierens erweckenden Nachbildens alter Autoren, wobei freilich als Muster neben Vergil nur spätantike Schriftsteller in Betracht kommen. Es scheint sich, was den Stil angeht, um eine Floriazenser Schultradition zu handeln, die auch darin zum Ausdruck kommt, daß Aimoin, ebenso wie Abbo und schon vor ihm Adrevald, eine unverkennbare Neigung zeigt, gängige Ausdrücke durch weniger gebräuchliche, aber an sich gut lateinische zu ersetzen.

Der Verehrung für den Ordensstifter, dem die miracula und die translatio gewidmet sind, hat Aimoin noch mit einem *sermo* für das Fest des Heiligen Ausdruck gegeben, in dem er besonders das wunderbare Wirken St. Benedikts rühmt. Der Vergleich mit Gestalten des Alten und Neuen Testaments führt ihn zu der Auffassung, daß Benedikt im Grunde allen Propheten des Alten Testaments und den anderen biblischen Heiligen überlegen sei[65]. An diese Ausführungen schließt sich, seltsam genug in einem sermo, eine ganze Reihe von *Gedichten* auf Benedikt an. Den Anfang macht, gleichsam als Einleitung, der Floriazenser Mönch Gauzbertus mit zwölf Distichen, inc. *Germine doctrina meritis ac nomine clari,* in denen bereits auf die Übertragung der Gebeine nach Fleury Bezug genommen wird. Es folgt eine Krankenheilung Benedikts aus der vita s. Mauri des angeblichen Faustus von Monte Cassino[66], der sich als jüngerer Mitbruder des Maurus, des

---

[65] *De antiquis patribus, quibus aut aequalis miraculis aut excellentior fuerit, satis dictum* (Migne PL 139, 868 D). – Nach Aimoin hat Gregor d. Gr. das dial. II 6 erzählte Wunder von dem aus dem Wasser geholten Beil mit dem ähnlichen, IV Reg. 6, 5–7 berichteten Wunder des Propheten Eliseus verglichen: a.a.O. 853 B. Gregor handelt an zwei Stellen von dem Eliseuswunder, nämlich moral. XXII 9 und in Ezech. hom. I 1,10, bringt aber an keiner der beiden Stellen den Vergleich mit Benedikt.
[66] II 15: Acta SS Ian. I 1041, am Ende gekürzt.

bekannten Lieblingsjüngers Benedikts, ausgibt. In Wahrheit war diese vita erst um die Mitte des neunten Jahrhunderts von dem Abte O d o von G l a n f e u i l (heute Saint-Maur-sur-Loire) verfaßt worden, der einen von seinem Vorgänger Gauzlinus von Glanfeuil erhobenen Mönch Maurus mit jenem identifiziert hatte, zunächst also selber einem Irrtum erlegen war, dann freilich auf Grund der wenigen vorliegenden Nachrichten eine vita und vor allem die Entsendung des Maurus durch Benedikt nach Gallien nebst einer Reihe von Wundergeschichten, aber auch der Gründung des Klosters Glanfeuil durch Maurus erfand. Die Vermutung drängt sich auf, daß dies mit Blick auf das längst zur berühmten Wallfahrtstätte gewordene Benediktuskloster zu Fleury erfolgt sein möchte.

Odo ist übrigens, wie mancher andere Klostervorsteher der Zeit, auf der Flucht vor den Normannen jahrelang mit seinem Konvent unter Mitnahme der Reliquien des heiligen Maurus herumgezogen, bis 868 die Gefahr vorüber schien; in dem Jahre wurde er Abt von Saint-Maur-des-Fossés. An das Prosaexzerpt aus der vita s. Mauri schließen sich die Verse des Mönchs Marcus von Monte Cassino aus dem achten Jahrhundert inc. *Caeca profanatas coleret dum turba figuras* an. Es folgt ein Abschnitt aus der historia Romana des Paulus Diaconus sowie dessen Lobgesang auf den heiligen Benedikt inc. *Ordiar unde tuos sacer o Benedicte triumphos* mit dem Hymnus desselben Paulus *Fratres alacri pectore* aus der historia Langobardorum, ein Gedicht des Smaragdus von Saint-Mihiel (*Quisquis ad aeternum mavult conscendere regnum*, carm. 2), sodann ein umfangreiches Zitat aus Aldhelm sowie der Hinweis auf die Floriazenser Sammlung der miracula; diese Texte bilden die Grundlage der Darlegung, daß Benedikt es im Grunde mit allen älteren Heiligen aufnehmen könne, ja ihnen überlegen sei.

Auf weit höherer Stufe steht das letzte Werk, das wir von Aimoin besitzen: die *vita vel martyrium sancti Abbonis abbatis*. Aimoin widmete sie Abbos früherem Mitbruder Herveus, der inzwischen Schatzmeister von St. Martin in Tours war. Das Werk bildet ein Musterbeispiel hagiographischer Schriftstellerei um die Jahrtausendwende und zeigt uns Aimoin auf der Höhe seines Schaffens. Die von Anfang an nach festen stilistischen Grundsätzen aufgebaute und durchgeführte vita beginnt mit einer praefatio, die – nach einem alten, seit Hieronymus beliebten Gedanken der profanantiken Geschichtschreibung die Verherrlichung der christlichen Martyrer gegenüberstellend – Abbo als den im folgenden zu rühmenden Martyrer nennt, worauf sich Aimoin gegen zwei mögliche oder zu erwartende Einwände bezüglich des Martyriums Abbos wendet: Den Einwand, Abbo sei ohne vorhergegangene Martern und Peinigungen getötet worden, beantwortet er mit dem

Hinweis darauf, daß auch in frühchristlicher Zeit viele ohne vorhergegangene Foltern den Tod für ihren Glauben erlitten hätten. Der zweite Punkt bezieht sich auf den Wunderglauben der Zeit. Wer daran Anstoß nehme, daß Abbo keine Wunder gewirkt habe – Wunder, die nicht selten auch von bösen Menschen vollbracht würden[67] –, möge in den Viten der Kirchenväter Augustinus und Hieronymus nachlesen, die ebenfalls keine Wunder enthielten; Heiligkeit äußere sich in der Reinheit des Lebens und der Lehre, nicht aber in Zeichen irdischer Vergänglichkeit.

Aimoin faßt somit seine Aufgabe von vornherein als eine hagiographische auf, in der Mitte steht nicht der Mönch Abbo, sondern der Erwählte, der Heilige. Das bedeutet mitnichten, daß Aimoin auf biographische Genauigkeit und vor allem Zuverlässigkeit verzichtete. Er beginnt mit der Herkunft Abbos aus Orléans, erzählt von der Oblation an das Kloster zu Fleury unter dem Abte Wulfald, von dem Unterricht, den er dort empfing, von den glänzenden Fortschritten des Knaben, vergißt aber auch nicht zu erwähnen, daß Abbo neben den geistigen Aufgaben auch seine monastischen aufs vollkommenste erfüllt habe. Er berichtet davon, wie Abbo sodann, selbst mit der Lehrtätigkeit beauftragt, einige Jahre hindurch in Fleury unterrichtet, dann aber die berühmten Bildungsstätten in Paris, Reims – aber offenbar nicht zur vollen Zufriedenheit – besucht habe, und man erfährt sogar solche Details wie dies, daß er für den heimlich genommenen Unterricht in Musik in Orléans viel Geld habe zahlen müssen[68], während er seine weiteren Studien auf dem Gebiete der Rhetorik und auch der Geometrie nur für sich selbst habe pflegen können. Man liest von der Entsendung Abbos nach England, von der durch Sturm verzögerten Überfahrt, bei der ein Teil der Schiffe dann doch noch sank, vergleichsweise wenig von der Zeit in England selbst, umso mehr aber dann wiederum von Abbos Wirken nach der Rückkehr, der Wahl zum Abt und schließlich der regen Tätigkeit im Dienste der monastischen Reform; dabei gedenkt der Verfasser auch der literarischen Tätigkeit Abbos. All dies geschieht im Ton der objektiven Berichterstattung. Gegen Ende freilich, wo Aimoin von den letzten Ereignissen im Leben Abbos spricht, gibt er seine Zurückhaltung auf. In geradezu dramatischer Weise erzählt er, wie der Abt, bei dem Versuch, die Streitenden zur Ruhe zu bringen,

---

[67] *prodigia temporalium signorum, quae faciunt plerumque mali* (in der praefatio, Migne PL 139, 388 B); man vergleiche hiezu die Bemerkung Odos von Cluny in der praef. zum zweiten Buch der vita Geraldi (Migne PL 133, 667 D) unten S. 208f. Es handelt sich offenbar um einen bei Autoren aus dem Reformmönchtum beliebten Gedanken.

[68] *musicae artis dulcedinem ... a quodam clerico non paucis redemit nummis* Migne PL 139, 390 C.

von einer Lanze getroffen, scheinbar unverletzt sich zurückzieht, dann aber, im Kreise der zusammengerufenen Mitbrüder, die erst jetzt seine tödliche Verwundung erkennen, stirbt. In diesen letzten Partien, wo Aimoin die Angst, die er bei jenen Vorgängen empfand, nicht verschweigt und seiner persönlichen Bindung an den verehrten Abt deutlichen Ausdruck verleiht, wird erst erkennbar, mit welch disziplinierter Zurückhaltung der Hauptteil der vita geschrieben war. Wie mit einem Schlage verändert sich die Situation: Der Leser wird gleichsam zum Augenzeugen, zum Miterlebenden jener Ereignisse. Aber auch Abbo selbst, der bisher bei aller Sorgfalt und Genauigkeit der Darstellung doch immer – und das ist zweifellos die Absicht des Schriftstellers gewesen – wie hinter einem Schleier oder wie in die Ferne gerückt erschienen war, steht nun, von der Verehrung, der menschlichen Wärme und Anteilnahme des Autors ins Greifbare gerückt, wie unmittelbar vor dem geistigen Auge des Lesers, der auf solche Weise noch nach einem Jahrtausend etwas von der düsteren Erregtheit, der unheildrohenden Spannung, aber auch der Würde jener letzten Stunden im Leben Abbos empfindet. Die vita des Aimoin ist dank der persönlichen Kenntnis des Autors und seiner nicht zu bezweifelnden Ehrlichkeit eine historische Quelle von großem Wert. Als literarisches Werk verbindet sie mit der Objektivität und Zuverlässigkeit des Berichtes im einzelnen eine das Augenblickliche, das an die Zeitumstände Gebundene ins überzeitlich Gültige hinaushebende Art der Darstellung, die gerade dem Hagiographischen so gut ansteht. Erreicht wird dies durch sprachliche und stilistische Kunstmittel, die, an sich keineswegs für die Hagiographie speziell entwickelt, für diese Literaturgattung besser geeignet erscheinen als für manche andere. So galt der einer entwickelten Hagiographie immer anhaftenden Neigung zum Panegyrischen die Fülle des Wortes, die im zehnten und elften Jahrhundert zu einer Mode geworden war, eher angemessen als etwa eine stilistische Richtung von der Art, wie sie ein Gerbert gepflegt hat. Die Kunstmittel im übrigen sind einfach, doch so beschaffen, daß ihr gewandter und sicherer Gebrauch, den man bei Aimoin antrifft, schwerlich ohne die Tradition der Schule gedacht werden kann: Es sind die alten Mittel der Abundanz durch reichliche Anwendung verwandter Begriffe in attributiver Bindung, nicht selten bei gleichzeitiger Vertauschung des Attributs mit dem näher bestimmten Nomen, verbunden mit ausgiebiger und oft sehr kühner Anwendung des Hyperbaton; einige Besonderheiten scheinen in ihrer Häufigkeit auf die Schule von Fleury beschränkt zu sein[69]. Dabei artet

---

[69] Hiezu gehört wahrscheinlich die oben S. 180 bereits erwähnte Neigung, geläufige Ausdrücke durch andere, die in gleichem Sinne weniger gebraucht werden, aber doch

die Anwendung solcher Figuren keineswegs in bloße Spielerei oder gar in Zuchtlosigkeit der Sprache aus. Im Gegenteil, man gewinnt bei Aimoin – bei ihm mehr als bei den älteren Floriazensern, obwohl auch diese schon vieles von den wesentlichen Zügen aufweisen – vielmehr den Eindruck einer Latinität, die an spätantiken Vorbildern sich orientiert, während Reminiszenzen an unmittelbare Muster im ganzen gesehen selten sind. Dem steht nicht entgegen, daß zuweilen profanantike Sentenzen oder einzelne Anspielungen oder auch einige andere in Florilegien sich findende Stellen eingefügt werden. Das Verhältnis zur Antike ist sicherer, freier und selbständiger geworden. Aimoins vita Abbonis ist nach Gehalt und Darstellung den wertvollsten Heiligenleben der Zeit zuzurechnen.

Fleury hat in der zweiten Hälfte des zehnten und im frühen elften Jahrhundert neben Abbo und Aimoin noch andere Schriftsteller hervorgebracht, so den schon erwähnten Gauzbertus, den Hagiographen Andreas von Fleury, der ebenfalls an den miracula sancti Benedicti geschrieben hat, oder den vielleicht aus Süddeutschland stammenden T h e o d o r i c u s, der nach den verschiedenen Klöstern, wo er sich aufgehalten haben soll, bald als Theodoricus von Fleury, bald von Hersfeld oder von St. Alban in Mainz erscheint, ein unsteter Mann, der zuerst als Weltgeistlicher, dann als Mönch in verschiedenen Benediktinerklöstern, zuletzt in Amorbach gelebt hat; auch in Rom hat er einige Jahre zugebracht. Er ist besonders als Hagiograph hervorgetreten. Für Fleury verfaßte er die *consuetudines;* das aufschlußreiche Werk, das lange als verschollen galt, ist in jüngster Zeit wieder aufgefunden worden.

Für Fleury selbst ist wichtiger H e l g a u d u s gewesen, der dort vor der Mitte des elften Jahrhunderts Mönch gewesen ist, Cantor war und cimeliarchus (für thesaurarius); er war künstlerisch tätig, fertigte unter anderem einen edelsteinverzierten und mit Silber beschlagenen Taktstock[70]. Daß er die *epitoma vitae regis Rotberti,* die Biographie König Roberts II. von Frankreich (996–1031), verfaßt hat, bezeugt Helgaud selbst und sein in den vierziger Jahren schreibender Mitbruder Andreas von Fleury[71]. An sich sind Lebensbeschreibungen von Herrschern und

---

gut lateinisch sind, zu ersetzen (etwa *abbas* durch *rector*) oder der weit ausgreifende Gebrauch partitiver und epexegetischer Genitive, z.B. *postulans aliquem sibi sapientum concedi virorum* Aimoin. vit. Abb. 4 (Migne PL 139, 390 D); *una dierum progressus ad portum* (ibid. 391 C).

[70] Eine *virga praecentorialis* (Andreae Flor. vit. Gauzlini 1,38 [= 47 Bautier]): sie war mit Silber beschlagen, auf dem 24 Hexameter eingeritzt waren; das obere Ende des Stabes trug einen von Edelsteinen umgebenen Kristall.

[71] Andreae vita Gauzlini abbatis I,17. – Allein der Bezeichnung *epitoma vitae* wegen

anderen weltlichen Großen im Verhältnis zur Fülle der Heiligenleben noch immer eine Seltenheit; aber was Helgaud schreibt, ist im Grunde gar keine Biographie, sondern ein Panegyrikus. Insofern besteht die Klage von historischer Seite zu Recht, daß Helgaud sich mehr für die Tugenden des zweiten Kapetingers interessiert als um seine Politik gekümmert habe. Tatsächlich geht es dem Verfasser auch nicht um ein Lebensbild seines Helden, er scheint vielmehr das eigentlich Biographische gleichsam so überspielen zu wollen, daß er es, so weit dies möglich war, durch eine Art systematischer Betrachtung ersetzt. So ist bereits zu Beginn, wo von der Abstammung Roberts die Rede ist, diese nicht als ein Anfang des Lebenslaufes aufgefaßt; sie erscheint vielmehr zusammengenommen mit dem folgenden Abschnitt, der eine Aufzählung der äußeren Eigenschaften Roberts enthält. Dann wird zwar auch über die Schulbildung Roberts gesprochen, die er vorzugsweise bei Gerbert in Reims empfing (hier wiederum der bekannte Vers *Scandit ab R. Gerbertus ...*[72]). Aber auch dabei werden katalogartig Roberts geistige und intellektuelle Vorzüge aufgezählt. Auch dort, wo einzelne Begebenheiten aus seinem Leben erzählt werden, besteht die Neigung, sachlich Verwandtes zusammenzufassen. Im übrigen ist das panegyrische Element so stark betont, daß der Verfasser den König selbst gegen die Vorwürfe, die gegen ihn wegen seiner kanonisch unerlaubten Ehe mit einer nahe Anverwandten erhoben wurden, in Schutz nimmt, nachdem Robert diese Ehe auf Drängen von kirchlicher Seite aufgelöst hatte. In sprachlich-stilistischer Hinsicht erklimmt gleichsam die epitoma vitae Rotberti des Helgaud eine noch weitere Stufe der Entwicklung: Es ist, als hätten sich in ihr, ihres ursprünglichen Sinnes entkleidet, erstarrte Elemente verschiedener Herkunft, die inhaltliche Dürftigkeit mit einem Schwall von Worten schlecht verhüllend, zu einem wohl nur in einer Zeit, die an solchen Äußerungen Gefallen fand, wirksamen Panegyricus vereinigt.

Dies alles rührt nicht aus der weltlichen Herrscherbiographie her, wie sie durch Einhard ihre ein für allemal klassische Gestaltung erfahren hat. Insgesamt steht die vita Rotberti des Helgaud dem Heiligenleben viel näher als irgendeiner weltlichen Biographie. Aber auch aus der Überlieferung der Floriazenser Heiligen sind die eigentümlichen Züge, die wir bei Helgaud antreffen, nur ungenügend zu erklären. Es scheint vielmehr, als handle es sich um das Ergebnis einer bis zu einem gewissen

---

eine frühere vita Rotberti zu postulieren, von welcher Helgaud einen Auszug gefertigt habe, wie gelegentlich angenommen wurde (so von Manitius II 367), liegt kein triftiger Grund vor; *epitoma vitae* dürfte lediglich die dem Helgaud als gewählter erscheinende Benennung („Lebensskizze", „Lebensabriß") sein.

[72] Siehe oben S. 147.

Grade zwangsläufigen Entwicklung: Hundert Jahre, nachdem Fleury sich der Reform von Cluny angeschlossen, hatte die Bewegung, die einst so faszinierend gewirkt, viel von ihrer ursprünglichen Anziehungskraft eingebüßt. Ihrer literarischen Äußerungen vor allem hatte sich zunehmend eine Erstarrung bemächtigt, welche die ursprüngliche Kraft der Gedanken zu schablonenhaften Gebilden sich verhärten ließ. Nach drei, vier Generationen sind dann offenbar nur noch Hervorbringungen von der Art der epitoma vitae regis Rotberti möglich gewesen. Das Werk des Helgaud ist nur in Fleury und seinem Umkreis gelesen worden. Außer auf wenigen Fragmenten beruht unsere Kenntnis auf einer einzigen zeitgenössischen Handschrift aus St-Benoît, die Korrekturen und Zusätze von der Hand des Verfassers aufweist; sie ist nach der Plünderung des Klosters durch die Hugenotten 1562 mit vielen anderen Floriacenses in die Hand des Orléanenser Juristen und Humanisten Pierre Daniel und auf wohlbekanntem Wege über Paul Petau und die Königin Christine in den Vatikan gelangt.

Die ihrer Richtung nach eindeutige, in der Darstellung eintönige und, wenn man so will, darum langweilige epitoma vitae regis Rotberti darf nicht den Eindruck fördern, die literarischen Äußerungen über König Robert den Frommen seien allesamt von solcher Art.

Helgaud kommt aus dem cluniazensisch geprägten St-Benoît, und der von ihm verherrlichte König war ein Freund eben jener vom einfachen Mönchtum ausgehenden und getragenen Reform. Andere dachten anders. Der Adel und vor allem der hohe Klerus suchten den König in eine ihren Vorstellungen genehmere Richtung zu lenken, und solche Bestrebungen haben gelegentlich auch literarischen Ausdruck gefunden. Davon wird zu gegebener Zeit die Rede sein[73].

Eine der bemerkenswertesten literarischen Erscheinungen jener Zeit ist der bereits genannte Andreas von Fleury gewesen, der bis etwa 1050 gelebt hat. Er stammte aus adliger Familie, die in der Gegend von Orléans ansässig war; seit wann er Mönch in St-Benoît war, ist unbekannt. Er setzte die Reihe der *miracula sancti Benedicti* mit vier Büchern (in der Gesamtreihe der miracula den Büchern IV – VII) in den vierziger Jahren fort. Sein Bericht wird als Geschichtsquelle hoch geschätzt. Die miracula greifen weit über die bloßen Wunderberichte mehr oder minder stereotyper Art hinaus und enthalten zahlreiche Nachrichten zur Geschichte des Klosters und der abhängigen Priorate; eine besonders wichtige Rolle spielt die ständige Auseinandersetzung mit dem Bischof von Orléans.

---

[73] Siehe unten S. 270 ff.

Umfangreiche Partien aus den miracula übernahm Andreas in sein zweites Werk, die *vita Gauzlini abbatis.* Sie stellt sich als eine eigentümliche Mischung von Biographie, Klostergeschichte und Hagiographie dar; das Werk ist größtenteils im Jahre 1041, jedenfalls vor den miracula abgefaßt. Gauzlin war der Nachfolger Abbos im Amte des Abtes und wurde 1012 zum Erzbischof von Bourges erhoben. Die vita, die mit einem Hymnenzitat[74] beginnt, sagt von Gauzlin selber zunächst nur wenig, so als dienten seine Regierungsjahre nur als Zeitbestimmung für das Folgende. Den Inhalt des ersten Buches bildet eine Darstellung der Blüte des Klosters zu Beginn des Jahrtausends. Andreas berichtet von den Schriftstellern, Dichtern und Künstlern, die Fleury zu jener Zeit hervorgebracht hatte: von Aimoin und seinen gesta Francorum, von den weniger bekannten Arnulfus, Odo, Giraldus, Vitalis, Isenbardus, der ein nicht erhaltenes puerorum speculum, anscheinend ein Lehrbuch für Schüler, verfaßte, ferner von Helgaudus und schließlich Constantinus, der Mönch in Fleury gewesen, später in Micy Abt wurde und eine historia patris Benedicti adventus gedichtet und vertont hatte. Dem Schriftstellerkatalog folgt eine lange Reihe von Berichten über namhafte Besucher der Grabstätte St. Benedikts und die mannigfachen reichen Geschenke, die dem Kloster oft von weither zuteil wurden, sogar von Spanien und aus England, wo man in Ramsey der alten Verbindung mit Fleury gedachte. Auch von den Künstlern, die in Fleury selbst zu jener Zeit lebten, Werke der Goldschmiedekunst und andere kunsthandwerkliche Schöpfungen hervorbrachten, wird erzählt, so daß ein eindrucksvolles Bild der kulturellen Blüte des Klosters in jener Zeit entsteht. Nachdem Andreas mit einem Bericht über eine Häresie, die in Orléans aufgetreten war[75], das erste Buch beschlossen hat, beginnt das zweite in fast dramatischer Weise, und zugleich tritt das hagiographische Anliegen deutlich hervor: solchem Wohlstand vermochte der alte Versucher nicht länger zuzusehen. Im Jahre 1026, kurz vor dem Fest St. Benedikts, die Nacht war soeben angebrochen, schleuderte er die Brandfackel – wir Heutigen würden wohl gesagt haben: da schlug der Blitz ein, denn es war ein heißer Sommertag gewesen, der 30. Juli jenes Jahres – in ein kleines Haus des Dörfleins neben dem Kloster. Rasch griffen die Flammen auf die anderen Häuser über und erfaßten

---

[74] Die zwei Achtsilbler (Mitte) *Aulam supernae patriae felici emptam sanguine* – Teil einer rhythmischen ambrosianischen Strophe mit einsilbigem Reim – müssen zu einem (bisher nicht aufgefundenen) Floriacenser Hymnus auf den als Martyrer verehrten Abbo gehören.

[75] Gemeint sind jene Kleriker, die in Orléans zu Anfang der zwanziger Jahre manichäische Lehren verkündigten und auf der Synode von 1022 zum Feuertod verurteilt wurden, vgl. Mansi XIX, 373.

das Kloster, jagten die Mönche aus dem Dormitorium, und sie vermochten mit knapper Not noch ihren kostbarsten Schatz, den Reliquienschrein, zu retten, ehe ein mächtiger Balken neben ihnen niederstürzte. Und nun erwächst Gauzlin, der Abt, der bis dahin im Hintergrund geblieben war, zu einer Gestalt von fast heroischer Größe: Während die anderen alle ihrer Niedergeschlagenheit und Trauer unverhüllt Ausdruck geben, bleibt er allein ungebeugt. Und wie einst Aeneas die Gefährten nach dem Schiffbruch ermutigt, steht der Abt[76] inmitten seiner Brüder und ermahnt sie auszuharren, fordert sie auf, das Werk der Vernichtung als Strafe für ihre Sünden und ihre Lauheit zu sehen. Und um den Brüdern ein Zeichen des Mutes und der Zuversicht zu geben, legt sich der Abt vor aller Augen zur Ruhe nieder. Die Anspielung auf den Herrn, der während des Sturms auf dem See inmitten seiner aufgeregten Jünger schlief, ist gewollt und unverkennbar. Nachdem im Licht des neuen Tages sich das ganze Ausmaß der Verheerung gezeigt hat, hält ihnen der Abt, dem selber die Tränen im Auge stehen (*humectantia oculorum deflectens lumina,* II 58a), noch einmal eine zum Ausharren und zum Neubeginn ermutigende Rede, worauf sogleich der Wiederaufbau in Angriff genommen wird; dabei erinnert der Autor an den Bau Karthagos, wie ihn Aeneas nach der Landung von seinem Hügel aus beobachtet (Aeneis I 421 ff.). Im folgenden wird die Wiedererrichtung des Klosters, die sehr rasch vonstatten ging, mit vielen bemerkenswerten Details, sogar mit Nennung der Namen einzelner Künstler, ausführlich dargestellt, verhältnismäßig kurz die weitere Tätigkeit Gauzlins als Erzbischof bis zu seinem Tod im Jahre 1030. Besonders bemerkenswert sind an der vita die zahlreichen eingelegten Gedichte, ferner eine lange Reihe von Versen, Hexametern und Distichen, die offenbar als tituli zu einzelnen Darstellungen von Szenen aus der Johannes-Apokalypse bestimmt waren[77]. Andreas schreibt mit großer Gewandtheit, die Neigung der Zeit zur rhetorischen und bildreichen Ausdrucksweise ist unverkennbar, gleichwohl nicht im Übermaß angewandt. Insgesamt ist das als Quelle überaus wertvolle Werk weniger eine vita als eine Geschichte von St-Benoît in den Jahren der Abtszeit Gauzlins.

Wenn die Abtei St. Benedikts über ein Jahrhundert hinweg eine literarische Blüte erlebte, so hatte die Voraussetzungen hiefür nicht die Wallfahrt zum Grabe des Vaters der Mönche geschaffen. Der eigentliche Grund der inneren Festigkeit und Beständigkeit, ohne die auch das

---

[76] *altum premens corde dolorem* II 57b zu Verg. Aen. I 209.
[77] Die heutige, auf Gauzlin zurückgeführte Fassade läßt dies nicht erkennen.

Schrifttum nicht hätte gedeihen können, lag in dem Umstand, daß sich die Abtei schon frühzeitig der monastischen Reform geöffnet hatte.

Nicht in allen Klöstern an der Loire ist die geistige und literarische Entwicklung so verlaufen wie in Fleury. Das uralte, eine Strecke von Orléans loireabwärts gelegene Kloster Micy (St-Mesmin, S. Maximini) scheint erstmals im frühen neunten Jahrhundert literarisch hervorgetreten zu sein. Das Kloster, das seine Gründung auf den Priester Euspicius und dessen Neffen, den heiligen Maximin, zu Anfang des sechsten Jahrhunderts, in die Zeit Chlodwigs zurückführte, war im Laufe des achten Jahrhunderts arg heruntergekommen. Theodulf von Orléans, zu dessen Diözese es gehörte, erneuerte es von Grund auf und führte bei dieser Gelegenheit die Benediktregel ein; auch gelang es ihm, Mönche wie Benedikt von Aniane für Micy zu erhalten.

Etwa zu dieser Zeit mag es gewesen sein, daß ein Unbekannter eine *vita sancti Maximini* verfaßte, in welcher er die Gründungsgeschichte des Klosters erzählte. Sie wurde von einem Mönch B e r t h o l d u s mit einem Gedicht von 43 Versen (inc. *Rex genus egregium sine quo nil nobile constat*) einem fränkischen König, hinter dem man ohne zureichenden Grund Karl den Kahlen vermutet hat, gewidmet[78]. Wahrscheinlich war es derselbe Berthold von Micy, der eine von ihm selbst verfaßte *vita sancti Maximini* mit begleitenden Versen (inc. *Hoc reverende sacer Iona percurre volumen,* 12 Distichen)[79] dem Bischof Jonas von Orléans (818–843)[80] widmete. Nicht weniger als viermal ist das Kloster in demselben Jahrhundert von den Normannen verwüstet worden.

Mehr als hundert Jahre später war in Micy der Mönch L e t a l d u s als Schriftsteller tätig. Letald, der wahrscheinlich aus der weiteren Umgebung von Micy stammte[81] und unter Abt Anno (942–972) als Kind dem Kloster St-Mesmin übergeben wurde, muß ein Mann gewesen sein, der sich nicht begnügte, seine Meinung etwa nur mit der Feder zu vertreten. Was ihm den Konflikt mit dem Bischof von Orléans und die unwürdige Behandlung durch diesen eintrug, die von Abbo von Fleury mit entschiedenem, ja fast scharfem Ton mißbilligt wird[82], wissen wir nicht. Aber Abbo, der Letald als Gelehrten schätzt, kennt ihn

---

[78] Mabillon, Acta SS OSB I 581–591, die Begleitverse Bertholds a.a.O. 580.
[79] ed. Strecker Poet. IV 1060, die vita bei Mabillon a.a.O. 591–597.
[80] Siehe oben Band I S. 403ff.
[81] Die in der gelehrten Literatur zuweilen geäußerte Vermutung, er sei aus Le Mans gekommen, ist wohl nur aus Letalds späterem Aufenthalt in Le Mans und der dadurch veranlaßten vita s. Iuliani abgeleitet.
[82] im apologeticus: Migne PL 139, 468 A.

auch als Haupt einer Rebellion der Mönche von Micy gegen ihren Abt Rodbert, den sie wegen – nicht genannter – Verfehlungen vertrieben hatten[83]. Der Abt kehrte zurück. Letald wich nach Le Mans aus (oder mußte sich dorthin begeben), und in Le Mans verfaßte er die *vita sancti Iuliani*, des Diözesanpatrons, und widmete sie dem Bischof Avesgaudus. Das war in den Jahren zwischen 1007 und 1010[84]; darüber hinaus führt keine Nachricht mehr, wir wissen nicht, ob Letald noch einmal nach Micy zurückgekehrt ist und wie lange er noch gelebt hat.

Von außen gesehen, wird man ihn zunächst als Hagiographen bezeichnen. Er ist es, jedoch in besonderer Weise. Das älteste seiner Werke, von dem wir Kunde haben, dürfte der *liber de miraculis sancti Maximini* gewesen sein, der nach üblicher Annahme zwischen 984 und 987 entstanden ist. Das Buch, offensichtlich von demjenigen Bertholds angeregt, beginnt mit einem kurzen Lebensbild der beiden Gründer Euspicius und Maximinus und führt sodann in lebendiger Folge der Erzählungen bis herab in Letalds eigene Zeit. Mehr noch als Berthold scheint der Verfasser die Gabe des Erzählens besessen zu haben, aber auch den Blick für das Geschichtliche.

Im Grunde sind die miracula eine inhaltsreiche, geschickt und lebhaft erzählte Geschichte des Klosters. Man könnte zuweilen meinen, Letald habe die Form der miracula eigentlich nur gewählt, um desto unauffälliger die Geschichte von St-Mesmin aufzuzeichnen, wie sie im Gedächtnis des Konvents lebte, eine Geschichte, die nicht jedem erfreulich klingen mochte. Vor allem der Bischof von Orléans konnte sich getroffen fühlen, dessen Vorgänger durch leichtfertige Übertragung der Abtswürde an einen durchaus ungeeigneten Adeligen das Kloster Micy an den Rand des Ruins gebracht, sich an der Vertreibung der Mehrzahl der Mönche und der unwürdigen Behandlung der wenigen Verbliebenen durch jenen mitschuldig gemacht und die Klagen der Mönche mit Spott und Beschimpfung beantwortet hatte. Die Mönche sammelten sich am Grab ihres Schutzheiligen und flehten um Hilfe. Der Bischof aber sah in einem schrecklichen Gesicht zwei ehrwürdige Männer in der Gestalt eines Bischofs und eines Abtes, die von ihm Rechenschaft forderten und, als er schwieg, ihn mit Geißeln schlugen, daß er schreiend erwachte, die Namen der Heiligen Evurtius und Maximinus stammelte und bald darauf starb.[85] Diese Ereignisse lagen bereits einige Zeit zurück, als Letald von ihnen schrieb; aber auch der regierende Bischof

---

[83] Abbonis epist. XI ad monachos Miciacenses: l. c. 438 A.
[84] Zur Datierung s. B. S. Bachrach, Robert of Blois. Abbot of Saint-Florent de Saumur and Saint-Mesmin de Micy, Revue Bénédictine 88 (1978), S. 123–146, hier S. 143f.
[85] III 19 (Migne PL 137, 805 sq.).

von Orléans scheint nicht der Mann gewesen zu sein, von dem das Kloster Gutes zu gewärtigen hatte, und so erklärt sich die zuweilen etwas verschleiernde Art des Letaldschen Berichts.

Unter den von Letald mit Lob erwähnten Bischöfen nimmt Theodulf, der uns bekannte Dichter, einen der ersten Plätze ein, weil er besonders viel für die Erneuerung des monastischen Lebens und Geistes in Micy getan hatte. Letald läßt auch nicht unerwähnt, daß Theodulf zu Germigny eine Basilika nach dem Muster der Pfalzkapelle zu Aachen hatte errichten lassen, für die er selbst auch die Weiheinschrift verfaßte[86]. Von Bischof Jonas[87] erwähnt er die Schrift gegen Claudius von Turin[88].

Es ist schwer zu sagen, ob ihm die früheren Partien, in denen eben die geschichtlichen Nachrichten im Vordergrund stehen, besser gelungen sind oder die späteren, in denen die Wundergeschichten den Kern ausmachen. Daß es Letald nicht nur um eine Aneinanderreihung von Notizen geht, liegt auf der Hand; der literarische Anspruch ist hoch genug gespannt, den Autor zwar nicht in Überschwenglichkeit des Tones verfallen zu lassen, ihm aber doch eine bewußt stilisierte Darstellung zu empfehlen, in welcher er beispielsweise bei dem Bericht von einer Seuche – es scheint sich um das sogenannte Antoniusfeuer[89] gehandelt zu haben, hinter welchem man eine brandige Form der Mutterkornvergiftung vermutet – die Menschen, die beim heiligen Maximin um Hilfe riefen, wohlformulierte Gebete sprechen oder vielmehr ausrufen läßt,[90] oder an anderen Stellen Eindringlichkeit durch aneinandergereihte rhetorische Fragen erstrebt.

Letald ist wohl schon ein Mann von einigem literarischen Ansehen gewesen, als er während der Zeit seines Aufenthalts in Le Mans, vermutlich nicht allzu lange nach seiner Ankunft, von dem dortigen Bischof Avesgaud um eine Neubearbeitung der im Gebrauch befindlichen alten *vita sancti Iuliani,* welche dem verwöhnten Geschmack der Zeit gar zu roh und ungeschliffen schien, ersucht wurde. Julian galt als einer der siebzig Jünger Christi sowie als Apostel und erster Bischof der Cenomanniker. Jene alte vita, den Andeutungen nach vielleicht der Merowingerzeit entstammend, ging, wie so oft, nachdem sie durch eine neue ersetzt war, verloren; doch wird im vorliegenden Falle das Fehlen einer Vergleichsmöglichkeit durch den Widmungsbrief Letalds an

---

[86] liber de mirac. s. Maximini c. III 13 (Migne PL 137, 802 BC) nach Mabillon; nach diesem von Dümmler MGH Poet. I 556 n. 3 abgedruckt.
[87] Siehe oben Bd. I, S. 406f.
[88] c. III 14 (l. c. 803 A.)
[89] c. XIX (l. c. 820 sqq.).
[90] c. XIX 49 (l. c. 820 D).

Avesgaud mehr als wettgemacht. Er gehört zu den ungewöhnlichsten seiner Art.

Letald ist der erste, der die Übereinstimmung vieler Wundererzählungen in verschiedenen Heiligenleben als Problem der Hagiographie klar erkannt und dargestellt hat; daß letzteres in einer wundersüchtigen Zeit besonderer Umsicht bedurfte, liegt auf der Hand. Den Ausgangspunkt bildet für Letald die Pflicht des Hagiographen zur Wahrheit, durch welche er, wie er bemerkt, gehalten sei, überlieferte Wunder wahrheitsgemäß zu berichten; seien Wunder doch niemals von den Heiligen gewirkt, sondern allein Taten Gottes[91], der die Macht besitze, an jedem Ort und durch jeden Menschen Wunder zu tun, und darum müßten sie aufgezeichnet werden. Es gebe aber manche, die, indem sie ihren Heiligen rühmen wollten, der Wahrheit Gewalt antäten, obwohl doch die Heiligen nur durch die Wahrheit – hier liegt wohl ein Wortspiel mit der mindestens seit Gregor dem Großen beliebten Personifizierung des Abstractum Veritas = Christus vor – zum Stande der Vollkommenheit hätten gelangen können. Die Schwierigkeit ergebe sich dann, wenn der Hagiograph feststelle, daß von seinem Heiligen Wundergeschichten erzählt würden, die sich auch in anderen Viten fänden. Er, Letald, vermöge in solchen Fällen nicht zu entscheiden, von welchem Heiligen die betreffende Geschichte ursprünglich und der Wahrheit gemäß berichtet worden sei, es sei denn, er werde durch eine zuverlässige und glaubwürdige Autorität vor Irrtum bewahrt. Im Falle Julians stimmten mehrere Wunderberichte sinngemäß, ja beinahe wörtlich mit entsprechenden Partien in den Viten der Martyrer Clemens und Dionysius sowie des Bekenners Furseus überein.

Es sind dies die klügsten und nüchternsten Gedanken zu einer Hauptfrage der Hagiographie, die vor der Jahrtausendwende und weit darüber hinaus geäußert wurden; Letald ist mit ihnen seiner Zeit um Jahrhunderte vorausgeeilt. Sich der Verantwortung des Hagiographen zu entziehen, kam ihm gleichwohl nicht in den Sinn.

Im Widmungsbrief folgt nun ein selbständiger Versuch Letalds, die Lebenszeit Julians mit Hilfe von Angaben bei Gregor von Tours und Eusebius sowie der Kombination mit einigen Heiligenleben auf die Zeit des Decius, also in die Mitte des dritten Jahrhunderts, festzulegen. Auch hier zeigt die Vorsicht und Unabhängigkeit des Urteils den kritischen Sinn eines überlegenen Kopfes. Es ist nach dem Vorangegangenen

---

[91] Derselbe Gedanke in der delatio corporis s. Iuniani in synodum Karrofensem (a. 989), d.h. Letalds Brief an den Abt Constantinus und seinen Konvent in Noaillé (Nobiliacum) Acta SS Aug. III 37 nr. 25–27: *nos opera Christi, quae per gloriosissimum confessorem suum Iunianum nostris temporibus operari dignatus est, revelare et confiteri convenit.*

nicht mehr überraschend, daß Letald in der vita selbst das Geschichtliche nicht nur formal an den Anfang rückt, sondern nach der Weise mittelalterlicher Geschichtschreiber die heilsgeschichtliche Einordnung der berichteten Ereignisse und mit ihr deren unmittelbare Verbindung mit dem Leben des Hörenden oder Lesenden, der sich selbst in dieser Heilsgeschichte stehen weiß, zur Grundlage seines Werkes wählt. Und so hebt Letald an, als erzähle er von ferner Zeit, und rekapituliert doch nur, was alle wußten: Damals, als die Welt noch in der Finsternis des Irrtums lag und der Teufel sie beherrschte, da sandte Gott seinen Sohn, die Menschheit, sein Geschöpf, zu retten. Der Sohn stiftete die Kirche, daß sie den Menschen den wahren Gott künde. Der alte Feind aber haßte die Kirche, weil sie ihm entzog, was er zu gewinnen wünschte, und so suchte er sie auf alle Weise zu vernichten, indem er die einen durch das Schwert, andere durch Feuer, wieder andere durch Hunger und durch Martern aller Art zu Tode brachte. Das dauerte dreihundert Jahre und darüber, und doch vermochte der böse Feind nichts auszurichten. Die Glaubensboten verbreiteten die Lehre von dem dreieinigen Gott und von der Erlösung, und so kamen sie auch nach Gallien, die Kirche dort einzurichten: Photinus zu den Lugdunensern, Trophimus zu den Arelatensern, Paulus nach Narbonne, Saturninus nach Toulouse, zu den Arvernern Austremonius, Martialis nach Limoges, Gatianus nach Tours, Dionysius nach Paris und Julianus zu den Cenomannikern. Nach dieser weit ausgreifenden, das Leben des zu behandelnden Heiligen geschickt in die allgemeine Geschichte einordnenden Einleitung bietet Letald ein Lebensbild Julians, das im Grunde nichts anderes ist als die Darstellung der typischen Gestalt eines Missionars, der auch Bischof war, so daß sich individuelle Züge eigentlich gar nicht finden. Daß die berichteten Wunder zum großen Teil aus anderen Viten übernommen sind, was bereits in der Vorlage geschehen war, hat Letald in dem oben erwähnten Widmungsbrief selbst bemerkt. Trotz der Tatsache, daß Letald von Julianus eigentlich nichts wußte, als daß er in der Gegend von Le Mans missioniert hatte und Bischof gewesen war, oder vielleicht gerade deshalb, weil seine tatsächlichen Kenntnisse vom Leben Julians so gering waren, ist ihm ein in sich geschlossenes, wohlstilisiertes, mit großer Gewandtheit, ja Eleganz geformtes Kunstwerk gelungen.

Wir wissen zu wenig von Letald, als daß wir mit Sicherheit zu sagen vermöchten, in welchen der Lebensabschnitte ein Werk gehört, das man ihm heute zuzuschreiben pflegt: die *vita sancti Martini Vertavensis* und die vom Verfasser selbst als zweites Buch bezeichneten miracula. Nach den Angaben des Verfassers hatten die Mönche von Vertou, welche die Gründung ihres Klosters auf den Anfang des siebten Jahrhunderts und auf eben jenen Martinus zurückführten, eine vita ihres Gründers besessen, die aber verloren gegangen war; was sich zu der Zeit, da Abt Rainald um die Abfassung einer neuen vita sich bemühte, noch vorhanden war, soll ein Büchlein mit carmina gewesen sein, über dessen Inhalt und Beschaffenheit nichts weiter gesagt wird, als daß sich darunter auch ein Gedicht befunden habe, das in kurzer Form über jenen Martinus berichtete. Dieses sei einzige Quelle des Verfassers unserer vita gewesen. Manches ist unklar; aber worauf es ankommt, ist dies:

Martinus, so heißt es in der vita, sei von vornehmer Abstammung gewesen, habe nach Empfang des Unterrichts als Einsiedler in der Nähe von Nantes gelebt und sei von dem Bischof Felix von Nantes zum Diakon geweiht worden. In der nächstgelegenen Stadt jenseits der Loire aber, Herbadilla mit Namen, habe das Heidentum geherrscht, und alle bisherigen Versuche, dort die christliche Religion einzuführen, seien fehlgeschlagen. Bischof Felix habe nun den Martinus mit der Predigt des Evangeliums in Herbadilla beauftragt. Gleich einem Jonas auf dem Wege nach Ninive habe sich Martinus aufgemacht; aber auch er habe keinen Erfolg gehabt und nur einen einzigen Bewohner von Herbadilla taufen können. Da habe er den Staub von den Füßen geschüttelt und zum Himmel gefleht, die Stadt, in welcher der Satan herrsche, möchte für immer von der Erde verschwinden. Da habe sich die Brücke gehoben, die Erde aufgetan und die Stadt verschlungen und ein See sich darüber ausgebreitet, reich an Fischen. Jener getaufte Gastfreund des Martinus habe sich nur mit Mühe bewegen lassen, mit dem Missionar die Stadt zu verlassen; seine Frau aber habe trotz der Warnung des Glaubensboten bei dem Getöse sich umgesehen und sei zu Stein geworden gleich Lots Weib. Martinus gründet in der Folgezeit noch Vertou (Vertavum) und einige andere Klöster. Soweit die vita. Das zweite Buch, die miracula, erzählen wunderbare Begebenheiten nach dem Tode des Martinus.

Letald – und es sprechen immerhin recht gute Gründe dafür, ihn als den Verfasser anzusehen – ist alles andere als ein naiver Schriftsteller gewesen. Daß eine Stadt Herbadilla niemals existiert hat, ist klar[92]. Der Verfasser vergißt auch nicht, an das Schicksal der Stadt wie an alles, was sich in der vita dafür eignet, kräftige Ermahnungen anzuknüpfen. Aber nicht darauf kommt es an. Es geht auch gar nicht um die Frage, ob Letald eine solche Sage bereits vorgefunden oder die Geschichte

---

[92] Das sagt schon das siebzehnte Jahrhundert (Mabillon. Annales OSB I 149). Von *fallacia auctoris* zu reden (B. Krusch in den MGH. Script. rer. Merov. III 565) blieb dem neunzehnten vorbehalten.

selbst erdichtet hat. Das Eigentliche ist vielmehr die Freiheit und Unbefangenheit, mit der ein Autor des zehnten Jahrhunderts – einer Zeit, da die Heiligenleben das Historische zu betonen pflegen – auf die Historizität verzichtet und der Neigung zum Erzählen Raum gibt, wenn ihm in die Hände kommt, was sich zum unterhaltsam erbaulichen Exempel eignet.

Die Unbefangenheit des Erzählers wird noch deutlicher dadurch, daß er die einzelnen Motive aus dem Alten Testament zusammenholt: Jonas den Propheten, Ninive die heidnische Stadt, und Lots neugieriges Weib.

Poetisches Talent schlechthin aber entfaltet offenbar Letald in der schwankhaften Verserzählung *de Within* oder den *versus de quodam piscatore, quem balena absorbuit* (208 Hexameter, gelegentlich mit einsilbigem leoninischen Reim, inc. *Si mihi Pindareae praestarent organa cordae*). Der Verfasser will die Begebenheit, von der er spricht, von einem verehrungswürdigen Alten, „dessen Angesicht" – wohl vom reichlich genossenen Weine – „wie rotes Gold glänzte" (Vers 9 sq.), erfahren haben. Es ist die köstliche Geschichte von dem edlen Fischer (*piscandi nobilis arte,* Vers 19) Within, dem „Erforscher der Flüsse und Meere" (*rimator fluvii, rimator et equoris alti,* Vers 20) – er stammte von der Insel Britannia im nördlichen Ozean, das ehedem Albion hieß und bewohnt war von wilden und kriegswütigen Männern, welche der heilige Gregor zu gesitteten Menschen machte – von Within, der mitsamt seinem Kahn von einem Meeresungeheuer verschluckt, im Bauch des Fisches seelenruhig sein Feuerchen machte von den Planken des Boots, sich täglich ein Stück von dem Fische daran briet, indes das Ungeheuer aus Nase, Ohren, Augen, Rachen qualmend, von der inneren Hitze höchst beunruhigt durch das Weltmeer fuhr, bis es, ob solchen Ungemachs sein Leben lassend, ans heimatliche Gestade des Fischers trieb, woselbst der Wackere, kahlköpfig zwar und schwarz vor Rauch geworden, nach mancher Irrung glücklich wieder den häuslichen Herd gewann. Die im Tone einer Parodie auf hohe Dichtung und mit Nennung Pindars und des Orpheus anhebenden, leider etwas matt endenden Verse sind ein frühes Beispiel lateinischer Schwankdichtung im Mittelalter und eines der wenigen seiner Art, deren Ursprung mit Sicherheit in einer monastischen Gemeinschaft liegt.

Letald scheint in Micy keinen Nachfolger gleichen Ranges gefunden zu haben, und auch wenn die Geschichte zu berichten weiß, daß das Kloster des heiligen Maximin seit dem späten zehnten Jahrhundert einen inneren Aufstieg erlebt und eine bedeutende Schule besessen habe, so hören wir doch fürderhin bis in die Zeit des Hundertjährigen Krieges und darüber hinaus bis zur Zerstörung des Klosters durch die

Hugenotten nichts mehr von einem Schriftsteller, dessen die Literaturgeschichte zu gedenken hätte.

Im späten neunten und frühen zehnten Jahrhundert war das Mönchtum weithin im Niedergang begriffen, vor allem im westfränkischen Raum; infolge der großen Zahl der Klöster und ihrer kaum zu überschätzenden Bedeutung für das geistige Leben hatte der Verfall eben dieser Einrichtung für das Ganze die schlimmsten Folgen. Gewiß trugen die Einfälle der Normannen und im Süden die der Sarazenen dazu bei, daß vielerorts die Disziplin verfiel. Als tiefere Ursache aber pflegt man die Entwicklung anzusehen, welche das Klosterwesen unmittelbar und auf Dauer zu schädigen geeignet war: die Abhängigkeit der Klöster und ihre Schutzlosigkeit gegenüber geistlichen und weltlichen Herren, gegenüber Bischöfen, Grafen und anderen Großen, denen mehr an Einkünften und Machtzuwachs gelegen war als an monastischem Leben. Ein Jahrhundert nach der Reform des Benediktinerordens durch Benedikt von Aniane setzte eine Erneuerungsbewegung ein, die von Anfang an darauf gerichtet war, nicht allein das monastische Leben in alter Ordnung wiederherzustellen, sondern weit über die Klöster hinaus die allgemeinen Mißstände der Zeit an der Wurzel zu treffen. Im Jahre 909 gründete Herzog Wilhelm I. von Aquitanien († 918) im Verein mit Abt Berno von Baume und Gigny im stillen Tal der Grosne (im heutigen Departement Saône-et-Loire) das Kloster Cluny. Berno, der Mönch in St. Martin zu Autun gewesen und dann mit der Reform des von Columbanus gegründeten Baume beauftragt worden war und selbst 890 Gigny errichtet hatte, bemühte sich von vornherein, die neugegründete Abtei in der Idee der Erneuerung zu formen. Grundlage des monastischen Lebens bildete die strenge Beobachtung der Benediktregel im Sinne Benedikts von Aniane. Dazu kamen, schon in der Gründungsurkunde festgelegt, jene Freiheiten, welche für Cluny und die später ihm zugeordneten Klöster charakteristisch sind: insbesondere die freie Wahl des Abtes, Unabhängigkeit vom König oder vom Grafen, Unabhängigkeit auch von einem bischöflichen Feudalherren oder von der Familie des Stifters wie sonstiger Laien, alleinige Gewalt des Abtes im Bereich des Klosters, das unmittelbar dem päpstlichen Schutz unterstand. Cluny blühte rasch auf, und es wuchs die Zahl der Klöster, die sich, nicht selten auf Wunsch der Bischöfe oder der weltlichen Herren, der Reform anschlossen. Ein besonderes Mittel dazu war die über die Benediktregel hinausführende Einrichtung des Klosterverbandes, der Kongregation, unter der Leitung des Abts von Cluny, die von Bernos tatkräftigem Nachfolger Odo in der Praxis bedeutend gefördert wurde, aber erst unter dem vierten Abt, Maiolus, Rechtsform erhielt. Schon ein Jahrzehnt nach Bernos Tod 927 gehörten siebzehn Klöster dem Verband von Cluny an; beim Tod des Maiolus († 994) waren es 37, und ihre Zahl stieg bis zum Tode Abt Odilos († 1048) auf 65; nachdem die Reform als eine geistige Erneuerung nach der Mitte des elften Jahrhunderts ihren Höhepunkt überschritten hatte, wuchs die Zahl der Konvente, die sich ihr anschlossen, noch gewaltig an (im zwölften Jahrhundert schon weit über tausend).

Es versteht sich, daß eine solche Bewegung nicht nur dem Abt von Cluny eine außerordentliche Position verlieh, sondern auch einen tiefgreifenden Einfluß auf das geistige Leben der Zeit ausübte. Was die literarische Seite betrifft, so ist manches schon bei Abbo und Aimoin sichtbar geworden. Cluny selbst hat eine literarische Tradition besonderer Art entwickelt. Der erste Schriftsteller, den das Kloster zu verzeichnen hat, ist Bernos Nachfolger im Amte des Abtes, Odo von Cluny, gewesen. Er stammt aus adliger Familie, war etwa 879 geboren, am Hof Herzog Wilhelms von Aquitanien erzogen und wurde als junger Mensch von neunzehn Jahren Kanoniker bei St. Martin in Tours. Religiöser Eifer veranlaßte ihn, eine strengere Lebensform zu wählen; er trat etwa dreißigjährig ins Benediktinerkloster Baume ein. Berno designierte ihn zu seinem Nachfolger in Cluny, und Odo war es, der den eigentlichen Ausbau Clunys als Mittelpunkt der Reform in wirtschaftlicher wie in geistlicher Hinsicht durchführte, erfüllt vom Eifer für die Erneuerung und als Oberer ein Mann von strenger Gesinnung. Er erlebte den Anschluß zahlreicher Klöster in Burgund, in Aquitanien, in Nordfrankreich und in Mittelitalien, vermochte aber noch nicht die rechtliche Sicherung der Kongregation zu erreichen. Er starb zu Tours im November des Jahres 942.

In Tours, als Kanoniker, war Odo mit antiker Literatur bekannt geworden. In seinem eigenen Schrifttum freilich beschränkt er sich durchaus auf das Geistliche. Er beginnt mit einer großen, literarisch freilich wenig bedeutenden Arbeit: einem *Auszug aus den 35 Büchern der moralia in Iob* Gregors des Großen. Die scheinbar einfache Arbeit ist nicht ganz ohne Problematik: daß Odo einen Auszug aus den Moralia verfaßt hat, wird von seinem Biographen Johannes sowie durch alte Kataloge von Cluny und Limoges hinlänglich bezeugt[93]. Die Identität mit einem der erhaltenen Auszüge ist bisher nicht eindeutig erwiesen. – Die Verbreitung des Werkes war jedenfalls gering und seine Wirkung offensichtlich wenig nachhaltig.

Auf Wunsch des Bischofs Turpio von Limoges, der Odo zum Priester geweiht hatte, und mit dem er weiterhin in Verbindung blieb, verfaßte

---

[93] Delisle, Le Cabinet des Mss. II. S. 458 ff., 493 ff.

er in den Jahren seines Mönchtums in Baume die drei Bücher *collationes*. Der Titel ist zweifellos nach dem gleichnamigen Werk des Iohannes Cassianus gewählt, das zu den wichtigsten monastischen Erbauungsschriften gehörte und schon von Benedikt in der regula zur Lektüre besonders empfohlen war.[94] Aber welch ein Unterschied! Ruhig und gemessen, in einem Tone, welcher die Atmosphäre wiederzugeben scheint, wie er sie bei den Vätern in der Wüste Skiti erlebt haben mag, schreibt Iohannes Cassianus seine Gedanken über das monastische Leben nieder, immer im Blick auf die beschauliche Form eines Lebens, das fern vom Getriebe der Welt, in der Abgeschiedenheit und Stille die Vervollkommnung des Menschen sucht. Wie Odo zu dem Werk kam und welche Gedanken ihn bei der Abfassung leiteten, beschreibt er selbst in eindrucksvoller Weise. Bischof Turpio hatte ihn um die Abfassung eines Werkes gebeten, das geeignet sei, ihm, der schier Tag um Tag kampfbereit in der Rüstung zubringen müsse (*pene semper in procinctu*), innere Stärkung zu gewähren. Der junge Mönch, vom Geiste der Demut, den ihm die Regel gebot, zutiefst erfüllt, hielt sich für nicht befähigt, den Bischof zu belehren, und hatte noch keine Zeile geschrieben, als ihm der Abt mit der Ankündigung, er werde ihn demnächst nach Limoges entsenden, eine Frist von vierzehn Tagen für die Abfassung der Schrift setzte. Also in die Pflicht des Gehorsams genommen, gedachte Odo der Worte des Bischofs, der ihm anvertraut hatte, wie sehr er unter der Bedrängnis der Zeit, unter der Angst und Schutzlosigkeit der ihm Anvertrauten und unter der Falschheit und Heuchelei derjenigen, die sich eigentlich dem Dienste Gottes weihen sollten, in Wahrheit nur dem eitlen Ruhm nachjagten, leide. Und nun wendet Odo, was der Bischof zum persönlichen Trost erbeten hatte, in eine Betrachtung über die tieferen Ursachen der Mißstände, der Übel und des Bösen in der Welt und den Sinn des Unglücks der Menschheit. Das Werk ist, zumal in Anbetracht der Kürze der Zeit, in der es abgefaßt wurde, eine bewundernswerte Leistung und zeugt von einer vorzüglichen Kenntnis der patristischen Literatur, welche die Grundlage des Ganzen bildet. Was Odo, der neben der Bibel vor allem Gregor, Augustinus und Hieronymus heranzieht, und unter dem Drängen des Abtes, der, wie Odo am Beginn des dritten Buches erwähnt, *nimis imperiose* die Abreise wünschte, zusammentragen konnte, muß ihm längst vorher vertraut gewesen sein. Es läßt sich derzeit ohne eine gründliche Untersuchung des Werkes nicht erkennen, wie Odo seinem Anliegen gerecht geworden ist. Feststehen aber dürfte, daß er die Exzerpte nicht einfach aneinanderreiht, sondern daß er aus dem Schatze seiner Belesenheit

---

[94] Reg. s. Benedicti 42,3.5 und besonders 73,5.

und auf Grund voraufgegangenen Durchdenkens des Gegenstandes geschrieben haben muß. Aus der Lebendigkeit, mit der er die Fragen, und sei es noch so sehr mit Hilfe von Exzerpten, behandelt, aus der zusehends wachsenden Freude am Gegenstand, ja der Begeisterung, die ihn erfüllt, erkennt man den Rang Odos als geistlichen Schriftstellers, ebenso wie den des künftigen Oberhauptes von Cluny. Der Grundgedanke, der das Werk beherrscht, ist der christlichen Lehre entnommen: Die Ursünde des Menschen, welche die Menschheit für alle Zeit hätte ins Unglück stürzen müssen, wird durch die Güte Gottes insoweit gemildert, als dem Menschen nicht nur immer wieder irdisches Glück, wenn auch nur für kurze Zeit, zuletzt aber doch das ewige Glück verheißen und geschenkt werde. Weil aber der Mensch sich an das Glück und die Freude der Welt gewöhne und dazu neige, über dem irdischen Wohlergehen seinen eigentlichen Sinn zu vergessen, so seien all die Übel in der Welt notwendig, ja für den Gläubigen ein Zeichen des Heils. Eine tiefe Bewegtheit durchzieht das Werk und läßt, vor allem gegen Ende, den Autor mehr und mehr in den Ton drängender Ermahnung und Ermutigung sich steigern bis hin zu einem geradezu leidenschaftlichen Aufruf, all das Elend der irdischen Wanderung, all die Peitschenschläge des Lebens – immer wieder erscheint hier das Wort *flagella* – anzunehmen als das, was sie doch eigentlich seien: als die Züchtigungen, welche ein Vater dem Sohn nicht erspare, den er liebt, und sie darum mit Freuden zu ertragen nach dem Wort im Buche Iob: *Beatus homo qui corripitur a domino* (5,17).

Indes, was Odo auch an Tiefe der Gedanken, an innerer Bewegtheit und drängender Ermahnung seinem Werk mitgegeben hat, es muß doch bezweifelt werden, ob es je über den engeren Kreis von Cluny hinaus eine nennenswerte Wirkung ausgeübt hat.

Der Versuch, die alte Frage der Menschheit nach dem Ursprung und dem Sinn des Übels und des Bösen in der Welt und nach seiner Überwindung zu beantworten, wie ihn Odo in den collationes unternommen hatte, geht insofern, als jene Frage sich unmittelbar auf die Verhältnisse der Zeit des Verfassers bezog, weit hinaus über das, was an sich den Mönch hätte beschäftigen müssen. Die konkrete Veranlassung ihrer Erörterung durch den Bischof von Limoges, vor allem aber der Umstand, daß Odo seinen Gegenstand ja nicht als eine theologische Abhandlung auffaßt, daß er in ihm beinahe mit jeder Zeile, die er schreibt, mehr und mehr eine brennende Frage der Zeit erkennt, läßt einen Grundgedanken der monastischen Erneuerung sichtbar werden, die sich schon in ihren Anfängen nicht auf eine bloße Reform des Klosterwesens beschränkte, sondern ihre letzte Aufgabe in einer allgemeinen geistigen Erneuerung erblickte. Von diesem Ziele her empfing die Bewegung ihre innere Stärke und ihre staunenswerte Anziehungskraft. Odo selbst hat sich mit dem Gedanken, den er in den collationes vorzugsweise aufgrund patristischer Literatur und unter dem Zwang des Gehorsams literarisch behandelt hatte, noch ein zweites Mal und in weit selbständigerer Weise schriftstellerisch auseinandergesetzt. Daß dies in poetischer Form geschah, verdient besonders hervorgehoben zu werden; ist doch darin nicht nur eine persönliche Neigung zur Poesie bei Odo zu erkennen, sondern gewiß auch ein Zeichen der Wertschätzung, deren sich die Dichtung als die höchste Form sprachlicher Kunst im frühen Cluny erfreute. Die *occupatio,* wie Odo das Werk selbst genannt zu haben scheint, ist ein geistliches Lehrgedicht in sieben Büchern. Auch hier geht es um die Frage des Übels und des Bösen in der Welt, um seinen Sinn und um seine Überwindung, ähnlich wie in den collationes, aus denen Odo manches übernommen hat; doch ist die Anlage im ganzen eine andere. Die Bücher I – VI enthalten eine Art Heilsgeschichte unter dem genannten Aspekt: Buch I und II behandeln die Erschaffung des Menschen und der Engel, den Engelssturz und den Fall des Menschen; Buch III legt das Verhalten der Menschen nach der Vertreibung aus dem Paradiese dar und zeigt ihr zunehmendes Verfallensein an das Böse. Buch IV handelt von der Vorbereitung der Erlösung durch die Patriarchen und von der Verheißung des Messias; Buch V besingt die Weissagungen der Propheten, die Ankündigung Christi durch Johannes den Täufer; Buch VI hat die Erlösung selbst vom Abendmahl bis zur Auferstehung Christi und zur Gründung der Kirche zum Gegenstand; das VII. und letzte redet von dem Bösen in der Geschichte der christlichen Kirche bis in die Zeit Odos, deren Unsitten und Schlechtigkeit er der Vergangenheit gegenüberstellend aufs schärfste anprangert. Den einzelnen Büchern hat Odo Einleitungen in verschiedenen metrischen Kompositionen vorangestellt. Nun mag der Grund dafür, daß er den Gegenstand der collationes noch einmal in poetischer Form behandelte, darin zu sehen sein, daß er selbst sich dessen sehr wohl bewußt war, wie wenig er seinerzeit den Stoff hatte ordnen können. Man hat auch an der occupatio Schwächen der Komposition gerügt und Odo Sprunghaftigkeit vorgehalten; zweifellos aber ist der Aufbau des Werkes insgesamt ungleich konsequenter als derjenige der in Eile abgefaßten collationes. Und doch, betrachtet man beide Werke unter literarischem Gesichtspunkt, so wirken jene unmittelbarer und lebendiger, natürlicher und vom Schwung, den die allmählich wachsende Erkenntnis der Frage dem Autor selbst vermittelt, getragen, als dies bei der occupatio der Fall ist. Hier, wo dem Autor der ganze Stoff zu Gebote stand, wo es ihm in erster Linie darum ging, ihn zu ordnen und in poetische Form zu gießen, geht gerade jene Unmittelbarkeit und damit auch ein wesentliches Element der Wirkung verloren. Denn Odo lag es nicht, einen so umfangreichen und weitgespannten Stoff, wie er ihn zu behandeln gedachte, in großer Linie durchzuführen; seine Denkweise scheint eher eine meditative zu sein: immer wieder kehrt er zu dem schon Behandelten zurück, wiederholt es in veränderter Form und führt es dann erst weiter. So macht er es dem Leser schwer, die Linie, die er selbst wohl verfolgt, immer vor Augen zu haben. Das Werk wirkt breit, eintönig und umständlich, und da Odo keineswegs auf poetischen Schmuck, auf Bilder, Vergleiche und anderes von der Art verzichtet, und des weiteren seine Sprache, wo er in Versen redet, der Glätte und Eleganz entbehrt, so geht, was Odo auch im einzelnen an Gefälligem und poetischem Reiz gelungen sein mag, der occupatio als Ganzem verloren. Sie ist im Grunde eben doch ein Werk, an dem sich der Zwang erkennen läßt, den die mittelalterliche Literarästhetik ausübte, nach welcher die poetische Form die höchste des sprachlichen Ausdrucks ist, die Form aber dem Rang des Gegenstandes entsprechen muß. Dies hat Odo erstrebt, und aus demselben Grunde meinte er auch seine Rede mit griechischen und gräzisierenden Vokabeln, seltenen und obsoleten Wörtern, ja gelegentlich auch mit Neologismen (von der Art wie *montescere* 3,544; 4,856) schmücken zu sollen. Im Rahmen jener Ästhetik und nur in diesem ist Odo Dichter gewesen. Sie ist es auch, welche der Dichtung in Cluny ihren legitimen Raum verschafft.

Auf Wunsch des späteren Abtes Aymo von St. Martial in Limoges verfaßte Odo sein letztes umfangreicheres literarisches Werk, die *vita sancti Geraldi confessoris*. Daß ein Laie einer vita gewürdigt wurde, war außerhalb der Herrscherbiographie bisher höchst selten vorgekommen, und ein Angehöriger des niederen Adels hatte noch nie eine vita erhalten. Daß ausgerechnet der Abt von Cluny den Anfang damit machte, betont die Sonderstellung der vita Geraldi. Nun war Graf Gerald von Aurillac, der im Jahre 909 im Alter von über fünfzig Jahren starb, in der Tat eine ungewöhnliche Erscheinung gewesen. Man erzählte sich Dinge von ihm, die viele für reine Phantasie hielten. Odo, dem als Abt auch von Aurillac an der Feststellung der Wahrheit gelegen sein mußte, stellte mit vier Personen, die Gerald noch persönlich gekannt hatten, ein regelrechtes Verhör – zusammen und einzeln – an, so daß von seinem Bericht der höchstmögliche Grad von Zuverlässigkeit erwartet werden darf. Gleichwohl haben wir es nicht mit einer Biographie zu tun, so glaubwürdig im einzelnen die Nachrichten sein mögen, sondern mit einem durch und durch hagiographischen Werk; denn Odo gelangte nach seiner Prüfung zu dem Ergebnis, daß Gerald ein Mann ganz nach dem Sinne der Cluniazenser gewesen und ein Heiliger sein müsse. Es wirkt im Hinblick auf den Wahrheitsgehalt von Odos Bericht vertrauenerweckend, wenn er beispielsweise von einem die künftige Größe des Kindes verheißenden Traum, den der Vater vor Geralds Geburt gehabt habe, erzählt und diesen nun nicht, wie es mancher andere getan hätte, sogleich als Vorzeichen deutet, sondern zurückhaltend bemerkt, es komme wohl vor, daß Träume auch ein Stück Wahrheit enthielten; im vorliegenden Falle aber liege keine ausreichende Bestätigung vor. Gerald, der als Kind schwächlich und von anfälliger Gesundheit gewesen war, was er später völlig überwunden zu haben scheint, empfing eine Ausbildung in den Wissenschaften gleich einem Geistlichen, und als er nach dem Tod der Eltern das väterliche Erbe zu verwalten und die Grafschaft zu regieren hatte, tat er dies nur mit innerem Widerstreben. Er war ein Mann von großer Milde und von einer für die Zeit schier unbegreiflichen Versöhnungsbereitschaft, der Gewalt, soweit es nur irgend möglich war, vermied und nur im äußersten Notfall es bis zu einem Kampf mit den Waffen kommen ließ. Erwies sich der Kampf dennoch als unvermeidlich, so bediente sich Gerald einer, wie Odo ausdrücklich betont, zunächst als lächerlich empfundenen neuartigen Taktik, die offenbar darauf beruhte, daß er seine Leute in geschlossener Formation mit eingelegter Lanze den Angriff des Gegners abwehren ließ. Trifft der Bericht Odos, der auf diesem Gebiet wohl über wenig Erfahrung verfügte, zu, so liegt in seiner vita Geraldi der älteste Beleg einer Taktik vor, die später von den Schweizern und den Landsknechten angewendet wurde[95]. Im übrigen lebte Gerald wie ein Mönch, blieb unverheiratet und folgte auch sonst in einer für seinen Stand ganz ungewöhnlichen Weise asketischen Idealen; auch berichtet Odo von seiner Wohltätigkeit und der Stiftung des Klosters Aurillac.

Deutlicher als in vielen Heiligenleben wird hier das hagiographische Anliegen bestimmend für die Darstellung, ohne daß die Zuverlässigkeit der Angaben im einzelnen beeinträchtigt würde: Nachdem nämlich der Verfasser den bisher berichteten Lebensabschnitt im großen und ganzen chronologisch erzählt hat, geht er nunmehr zu einer in etwa systematischen Behandlung des Stoffes über, indem er zur Darstellung einzelner Tugenden Geralds bestimmte Begebenheiten und Handlungen aus dessen Leben erzählt und erläutert und auf solche Weise die Aufmerksam-

---

[95] *Aliquoties autem cum inevitabilis ei praeliandi necessitas incumberet, suis imperiosa voce praecepit mucronibus gladiorum retroactis hastas inantea dirigentes pugnarent. Ridiculum hoc hostibus foret, nisi Geraldus, vi divina roboratus, mox eisdem hostibus intolerabilis esset. Quod etiam suis valde videbatur ineptum, ni experimento probassent, quod Geraldus, quem pietas in ipso praeliandi articulo vincebat, invincibilis semper esset. Cum ergo viderent, quod novo praeliandi genere mista pietate triumpharet, irrisionem vertebant in admirationem.* Odonis vita Geraldi I 8 (Migne PL 133, 646 D/647 A).

keit auf die inneren Vorzüge seines Helden lenkt. Die Maßstäbe, die er dabei anlegt, sind so streng, als habe er es mit einem Mönch seines Klosters zu tun. So dient die Beschreibung der äußeren Vorzüge Geralds, seiner Schönheit, seiner Kraft und Behendigkeit eigentlich nur dem Zweck, zu verdeutlichen, daß ihm Stolz auf solche Dinge fremd gewesen; oder ein Rendez-vous, das überhaupt nicht zustande kommt – Gerald reitet sogleich wieder durch die eiskalte Nacht nach Hause, schenkt dem Mädchen ein Grundstück und drängt bei ihrem Vater auf ihre baldige Verheiratung – wird als Grund dafür gedeutet, daß Gerald zur Bestrafung seiner Augenlust ein Jahr lang das Augenlicht verliert. So enthält die vita eine Fülle von biographischen Einzelheiten, die alle in der genannten Weise gedeutet werden. Das Verfahren ist in der Hagiographie keineswegs neu und ungewohnt. Was hervorgehoben zu werden verdient und, wie sich in Bälde zeigen wird, für die Entwicklung der Hagiographie wichtig geworden ist, ist die konsequente Anordnung der Vorgänge und Begebenheiten unter dem Aspekt einer Tugendreihe. Das andere, was diese vita auszeichnet, ist in der Person Geralds selbst begründet, der Odo eben jene beispielhafte Verwirklichung eines Ideals, dem er und die von ihm regierten Mönche nacheiferten, darbot. Wenn Geraldus am Ende seines Lebens sieben Jahre lang völlig erblindet und dies nicht nur mit Gelassenheit und Würde, sondern in jener Haltung trägt, die Odo seinerzeit in den collationes gefordert hatte, daß die flagella, die Peitschenschläge des Lebens, als die Züchtigungen eines liebenden Vaters zu ertragen seien, so wird Gerald für ihn auch zum sichtbaren Beispiel der Überwindung des Übels in der Welt schlechthin, – auch hierin, und zwar an weithin sichtbarer Stelle im Reichtum an äußeren Gütern und im hohen Amt des Grafen, – ein Muster der Verwirklichung dessen, was die Reform von Cluny in ihrer Zeit erstrebte.

Je mehr Odo in Gerald einen Mann erblickte, der eben jene letzten Ziele der Cluniazenser verwirklichte, um so mehr mußte ihm daran gelegen sein, daß das Außergewöhnliche am Leben dieses Menschen als durchaus im Rahmen des Möglichen liegend verstanden wurde. So klingt es fast ärgerlich, wenn er in der Vorrede zum zweiten Buch bemerkt, er habe nun wohl ausreichend dargetan, daß Gerald sich durch sein L e b e n als Heiliger erwiesen habe. Dennoch gebe es Menschen, die nach wie vor an ihm herummäkelten, ihn nicht für einen Heiligen hielten, weil er keine Wunder getan habe. So wollte er denn auch berichten über jene Dinge, die man der Fürbitte Geralds zugeschrieben habe. Und nun folgen im zweiten und dritten Buch miracula. Es ist wichtig, sich das eigentliche Anliegen Odos vor Augen zu halten; denn er wird es sein, dessen Beispiel spätere Cluniazenser Schriftsteller,

Hagiographen, gefolgt sind; manches, was dann eine vielleicht mehr schematische Wendung nehmen wird, ist nur verständlich aus der Sicht, wie sie Odo vom Grafen Gerald gehabt hatte.

Sigebert von Gembloux[96] berichtet um 1100, Odo sei ein vortrefflicher Sänger und vor allem ein Komponist geistlicher Lieder gewesen; wir haben von ihm zwölf Antiphonen auf das Martinsfest in Prosa sowie vier Hymnen. In den ersten drei (inc. I. *Rex Christe Martini decus;* II. *Martine par apostolis;* III. *Martine iam consul poli;* jeweils vier ambrosianische Strophen nebst Doxologie) tritt die Bitte, der Heilige möge, so sündig auch die seien, die zu ihm riefen, Hilfe gewähren, auffällig stark hervor; dabei wird die Anrufung jeweils nur auf eine einzige Begebenheit im Leben Martins – zumeist in der dritten Strophe – bezogen. Diese Übereinstimmung und das Zitat des ersten der Hymnen durch jenen Johannes von Cluny, der die vita Odonis verfaßte, machen es ziemlich sicher, daß wir es trotz zumeist getrennter Überlieferung mit authentischen Dichtungen des Abtes zu tun haben. Soviel man derzeit sehen kann, sind die Hymnen in benediktinischen Kreisen im zehnten und elften Jahrhundert beliebt, der dritte auch im späten Mittelalter bis ins 15. Jahrhundert im Gebrauch gewesen. Der Martinshymnus inc. *Martini renitet en speciosa dies* unterscheidet sich von den genannten deutlich nach Form und Inhalt. Daß Odo den kunstvoll konzipierten, aber der letzten Feile entbehrenden Hymnus – acht Strophen zu je drei Asklepiadeen in der Form von Boethius II m. 2 und einem Glykoneus mit einsilbigem Reim zwischen Zäsur und Endsilbe der Asklepiadeen – in den letzten Lebenstagen, buchstäblich auf dem Sterbebett gedichtet habe, wie es die brevis historia sancti Iuliani Turonensis berichtet, ist hier nicht, wie manche Erzählung dieser Art, fromme Legende, sondern wird in der Schlußstrophe vom Dichter selbst bezeugt, der am 18. November, dem Octavtag des Festes seines Lieblingsheiligen starb. Und so ist dieser Hymnus die einzige Stelle, die uns einen Blick tun läßt in das Innere dieses merkwürdigen Mannes, der seinerzeit als junger Mönch in Baume in so sympathisch freier und unbekümmerter Art von seinen Schwierigkeiten geredet, der den Gesang geliebt hatte und die Kunst, und der dann, selbst Abt geworden und unumschränkter Herr über mehr Klöster als je ein Mensch vor ihm, gleichsam verstummt war, schweigsam geworden und streng, kein Wort mehr von sich selbst gesprochen hatte, ganz und gar zurücktretend hinter seinem Werk, nun aber gleichsam wieder frei geworden, einen Hymnus singt, der ein einziger Jubel ist, der mit keinem Wort mehr erinnert an Schuld und Hilfsbedürftigkeit und nur einmal wie

---

[96] de viris illustr. 124 (Witte, cap. 125)

beiläufig den Gedanken aufklingen läßt: Laß sie Frieden halten untereinander.

Auch das ist Cluny, und vielleicht ist, was uns hier in dem eigentlichen Begründer jener Erneuerung begegnet, die über Generationen hinweg und Jahrhunderte so faszinierend gewirkt hat und die mit solchem Anspruch aufgetreten war, wie er von einem Abbo erhoben werden wird, vielleicht ist dies das eigentliche, das echte Cluny.

Weil man aus der schon genannten Bemerkung des Sigebert von Gembloux, aber auch durch Vinzenz von Beauvais, der natürlich den letzteren gekannt und auch die vita aus der Feder des Johannes gelesen hat, erfährt, daß Odo ein vorzüglicher Musikus gewesen sei, so hat ihm der treffliche Martin Gerbert, Fürstabt von St. Blasien, einen *Tonarius* zugeschrieben; ein *dialogus de musica* wird ihm bereits vom Anonymus Mellicensis zugewiesen. Beide Traktate gehen in den Handschriften unter dem Namen eines Odo (oder Oddo) abbas. Der dialogus, der manches musikhistorisch Bemerkenswerte enthält, wie eine Erörterung der Halbtöne sowie der Gliederung einer Melodie in kleinere Abschnitte, stammt sicher nicht von dem Abt von Cluny. Desgleichen sind die ihm zugeschriebenen *regulae super abacum* unecht.

Man wird Odo von Cluny nicht zu den großen Schriftstellern rechnen, und er selbst hat seine Aufgabe nicht auf literarischem Gebiet gesehen. Seine Werke sind nicht frei von Schwächen, und doch ist etwas von der Kraft dieses eindrucksvollen, starken und von dem brennenden Eifer um die Erfüllung des Zieles der Erneuerung erfüllten Mannes auf sein Werk übergegangen, und darin liegt dessen eigentümliche Anziehungskraft. Odo gehört zu jenen Gestalten des geistigen Lebens, deren Schrifttum eigentlich erst aus ihrem Werk, aus ihrer Aufgabe erwachsen ist und dieser dient, die aber dann keinen Zweifel daran lassen, daß ihnen das Streben nach dem sprachlichen Kunstwerk nicht als eine Äußerlichkeit, als ein Sich-Zieren mit eitlem Schmuck erscheint, sondern als das Suchen nach der einzigen angemessenen Form, in welcher der Geist sich ausspricht. Das ist Kultur, ist höchstes menschliches Bemühen. Mit Odo beginnt die literarische Tätigkeit in Cluny. Sie ist unter den ersten Äbten vorwiegend biographisch-hagiographischer Natur.

Odo selbst erhielt eine vita von dem Cluniazenser Mönch J o h a n - n e s, der nach seinen eigenen Angaben im Jahre 939 zu Rom von dem damals sechzigjährigen Odo für das monastische Leben gewonnen und nachmals zu dessen besonderem Jünger und Reisebegleiter geworden war. Zur Abfassung der Lebensgeschichte veranlaßten ihn ein älterer Mitbruder namens Adelhard und ein als „exactor sacri palatii" von

Salerno bezeichneter Johannes. Erfüllt von liebevoller Verehrung für seinen verstorbenen Abt und Meister berichtet der Mönch Johannes aufs gewissenhafteste, was er im Gedächtnis behalten hat, wobei er, einer ganz ungewöhnlichen Art der Darstellung sich bedienend, die Herkunft und Jugend Odos bis ins neunzehnte Lebensjahr jenen selbst in der ersten Person berichten läßt. Statt nun aber, was möglich oder zu erwarten wäre, diese partielle Rahmenerzählung in einem von ihm selbst gegebenen biographischen Bericht weiterzuführen, spricht Johannes zunächst von den Studien Odos in Tours, vor allem denjenigen der Heiligen Schrift, erwähnt aber auch seine Beschäftigung mit Priscian sowie die Absicht, sich näher mit Vergil zu befassen, von deren Ausführung er jedoch durch eine später berühmt gewordene Vision abgehalten wird: Er erblickt ein Gefäß, von außen wunderschön anzuschauen, inwendig aber voll von Schlangen, von denen er sich mit einem Mal rings umzingelt sieht, ohne gebissen zu werden; und er weiß, als er erwacht, daß die Schlangen nichts anderes sind als die Lehren der heidnischen Dichter, das Gefäß aber, welches sie birgt, das Werk des Vergil. Da läßt er das Studium der heidnischen Poeten, greift zum Evangelium und den Propheten. Johannes aber unterbricht die Beschreibung des Lebensganges, um die Tugenden – wie es Odo selbst in der vita Geraldi getan hat – darzustellen, durch welche Odo sich ausgezeichnet: die Geduld, die Geringschätzung aller irdischen Dinge, die Sorge um das Heil der anderen. Man erkennt nun schon zum zweiten Mal die Bedeutung der Tugendreihe für das Heiligenleben, dessen Darstellung vor dem Höhepunkt durch einen Tugendkatalog unterbrochen wird. Der Ursprung ist klar: Er liegt in dem für die Cluniazenser charakteristischen Anliegen, dem durch die Wundersucht der Zeit verzerrten, entstellten Begriff des Heiligen einen anderen gegenüberzustellen, den nämlich des Auserwählten, der sich durch ein Leben der Tugend in besonderer Weise bewährt hat. Die verschiedenen Äußerungen seit Odo lassen keinen Zweifel daran, daß auch die Tugendreihen im Dienste des Anliegens dem Heiligenleben einverleibt wurden. – Johannes führt das erste Buch der vita Odonis bis zur Erwählung zum Abt gegen Ende von Bernos Leben. Auch das zweite Buch enthält größere Abschnitte, in denen eine Tugend, wiederum vor allem die Geduld und Nachsicht, im Vordergrund steht. Das Buch behandelt im übrigen vorzugsweise das Wirken Odos als Abt in Cluny. Das verhältnismäßig kurze dritte Buch spricht von seinen Reformbemühungen in anderen Klöstern und endet mit Odos Tod. Die vita ist, abgesehen von ihrer Glaubwürdigkeit, ein gutes Beispiel der neuen Cluniazenser Hagiographie. Es ist bemerkenswert, wie weit die oben erwähnte veränderte oder vielmehr wiederhergestellte Auffassung des Heiligen die hagiographische Darstellung der biographischen angenähert hat. Daß es sich dennoch um eine hagiographische handelt, ist der Grundhaltung nach, die Johannes einnimmt, nicht zu bezweifeln. Johannes erzählt mit einer gewissen Neigung zur Ausführlichkeit, eher gemächlich als lebhaft, jedoch anschaulich und einprägsam, in einer gepflegten, der Mode der Zeit entsprechend zur Fülle neigenden, jedoch nicht als schwülstig zu bezeichnenden Sprache.

Von nun an erhält jeder der Cluniazenser Äbte seine vita, ausgenommen der dritte Abt, Odos Nachfolger, der tüchtige Aymardus (auch Aimarus), der von 942 (oder 943) an regierte und ihm Jahr 963 starb. Gleichwohl wird nur Lobendes über ihn berichtet; Aymardus scheint vorzugsweise ein Mann von praktischem Verstande gewesen zu sein, dem es vor allem darauf ankam, die äußeren, wirtschaftlichen Grundlagen des Klosters zu sichern und zu stärken. Daß in der Folgezeit die wirtschaftliche Macht Clunys nicht hinter seiner geistigen Führungsstellung zurückblieb, wird vor allem Aymardus zugeschrieben. Ein Jahrzehnt nach der Übernahme der Würde erblindete der Abt; er behielt die Leitung der Abtei und der mit ihr verbundenen Klöster bei, nahm jedoch seinen Mitbruder Maiolus als Koadjutor an. Maiolus stand in den Fünfzigern, als Aymardus starb und das Vertrauen der Brüder ihn an die Spitze des Klosters stellte. Die reiche Erfahrung, die Maiolus noch unter seinem Vorgänger hatte sammeln können, und die Reife der Jahre bewirkten, daß die drei Jahrzehnte, die Maiolus allein regierte, zu den bedeutendsten und erfolgreichsten für Cluny und die Kongregation wurden; die Zahl der dem Verband angehörenden Konvente stieg in der Zeit des Maiolus auf nahezu das Doppelte an. Der Abt selber genoß in hohem Maße das Vertrauen des Kaisers, Ottos I., und der Kaiserin Adelheid, die ihn für die Papstwahl des Jahres 974 in Erwägung zogen; Otto II. schätzte ihn nicht minder hoch.

Es war ein sonst nicht näher bekannter S y r u s, ein Cluniazenser, der in den frühen Jahren des Abtes Odilo (994–1048) auf Veranlassung seines Mitbruders Warnerius die *vita Maioli abbatis* verfaßte. Noch hatte Syrus die vita nicht vollendet, als er von seinem Abt nach Italien entsandt, Warnerius gleichzeitig ins Elsaß geschickt wurde, wohin er den bereits niedergeschriebenen Teil der vita auf losen Blättern mitnahm. Als Warnerius in Murbach starb, übergab man dort die unfertige vita dem Abte Odilo, der sie mit dem Auftrag, das bereits Geschriebene zu korrigieren und das Werk endlich abzuschließen, an Syrus zurückgab.

Die etwas umständliche Entstehungsgeschichte der vita Maioli des Syrus ist nicht die einzige Komplikation, die im Zusammenhang mit diesem Werk auftritt. Die vita liegt nämlich in zwei oder vielmehr drei Fassungen vor, die sich durch teilweise nicht unbeträchtliche Zusätze voneinander unterscheiden. Daß wir überhaupt die Originalfassung des Syrus besitzen, ist mit gewichtigen Gründen bestritten und statt dessen die Auffassung vertreten worden, daß bereits die als original geltende Fassung eine Überarbeitung sei. Auf jeden Fall wurde die vita von einem Mitbruder des Syrus namens A l d e b a l d, der noch ein Zeitgenosse des Maiolus war, durch Zusätze von Verspartien, einzelnen Versen und Versteilen vornehmlich aus der vita sancti Germani des Heiric von Auxerre ergänzt. Inwieweit andere Autoren herangezogen sind, wäre noch zu prüfen. In einer zweiten Bearbeitung hat Aldebald noch weitere Zusätze mindestens aus Heiric angebracht, gelegentlich auch Glossen Heirics, die aus dem Werk periphyseon des Iohannes Scottus entnommen waren. In den von einem Mönch Reimbaldus verfaßten Einleitungsversen zur zweiten Ausgabe des Aldebald wird auf die Überarbeitung hingewiesen[97]. Wie immer es sich mit den verschiedenen Fassungen verhalten mag, es ist deutlich zu erkennen, daß ihr Anlaß der Wunsch war, einer stilistischen Mode der Zeit, die eine reichere formale Ausschmückung erstrebte, zu entsprechen[98]. Dabei ist Syrus alles andere als wortarm und ungeschickt im sprachlichen Ausdruck gewesen. Der in Reimprosa abgefaßte Widmungsbrief an Abt Odilo, der mit einer von Cicero inspirierten Wendung beginnt[99], und ihrem Inhalt nach geläufige, aber durchaus selbständig und mit entschiedener Neigung zum Antikisieren formulierte Beteuerungen des eigenen Unvermögens enthält, bringt mit bemerkenswerter Klarheit nicht nur das hagiographische Anliegen zum Ausdruck, sondern hebt wie selbstverständlich die Darstellung der Tugenden des Heiligen als die eigentliche Aufgabe des Hagiographen hervor.

Diese Haltung gegenüber dem Gegenstand ist nun aber nicht das einzige, wovon die vita Maioli bestimmt wird. Das bereits mehrfach erwähnte Streben der Cluniazenser, die Erzählung von Wundern als Bestätigung der Erwähltheit durch die Darstellung des sittlich untadeligen Wandels und der Tugendübung zu ersetzen, hatte schon bei Odo in der vita Geraldi und bei Johannes in der vita Odonis zu jener merkwürdigen Zuordnung der einzelnen Handlungen, Begebenheiten und

---

[97] Acta SS Maii II, 669.
[98] Vielleicht steckt dieser Gedanke schon in der von Syrus selbst berichteten Bemerkung Odilos (die vermutlich nur die Unzufriedenheit des Abtes rücksichtsvoll umschreiben sollte), er, Syrus, möge doch das von Abschreibern entstellte Werk (notabene: es war damals noch gar nicht vollendet!) in seinen früheren Zustand versetzen und Fehlendes hinzufügen: MGH Script. IV, 650.
[99] *Saepe michi multumque cunctanti* ... cf. Cic. inv. 1,1 *Saepe et multum hoc mecum cogitavi;* de oratore 1,1 *Cogitanti mihi saepe numero et memoria vetera repetenti.*

Eigenschaften zu bestimmten Tugenden des Heiligen geführt, von welcher das biographische Ordnungsprinzip mehr oder minder stark durchbrochen worden war. Ein Menschenalter später, bei Syrus in der vita Maioli, ist die Entwicklung einen deutlichen Schritt weitergegangen. Noch entschiedener ist das Biographische dem Hagiographischen untergeordnet, wobei das letztere in der für die Cluniazenser charakteristischen Weise die Tugenden betont und sie auch formal als das bestimmende Element in den Vordergrund stellt. Etwas zugespitzt ließe sich sagen, das Biographische habe fast nur noch als gliederndes Element Verwendung gefunden, so daß das erste der drei Bücher mit dem Namen, der Herkunft und Geburt des Maiolus, das zweite mit seiner Erhebung zum Abt von Cluny beginnt, das dritte mit dem Bericht von seiner Gefangennahme durch die Sarazenen, denen er bei der Rückkehr von der Reformierung eines Klosters in die Hände gefallen war, einsetzt und mit seinem Tode endet.

Wunderberichte fehlen in der vita nicht ganz; aber es ist bezeichnend, daß sie weder in einer größeren Folge zusammengestellt erscheinen noch auch nur entfernt die Rolle spielen, welche den Tugenden zukommt. Gelegentlich ist auch von der prophetischen Gabe des Maiolus die Rede.

Daß im zweiten Buch wiederholt Verspartien eingelegt sind und das dritte Buch insgesamt den Eindruck eines Prosimetrums erweckt, ist, wie schon angedeutet, wohl nicht dem Syrus selber zuzuschreiben, sondern ein Ergebnis der Überarbeitung durch Aldebald. Was die sprachliche Form betrifft, so ist – auch wenn uns die originale Fassung aus der Feder des Syrus nicht vorliegen sollte – doch so viel klar: Syrus, der die Sprache vortrefflich beherrschte und sehr gewandt zu schreiben wußte, hat dem Geschmack der Zeit nicht mehr genügt, und alles, was an Änderungen und Zusätzen beigefügt worden ist, weist in die Richtung der modischen Fülle, des vollen Klangs, der Überladenheit des Ausdrucks. Alles zusammengenommen ist auch das Maiolusleben des Syrus ein wertvolles Dokument der Zeit, dem man nicht gerecht wird, wenn man es allein unter dem historischen Aspekt, dem es bisher unterworfen war, sieht und würdigt.

Die verschiedenen Fassungen haben, soviel man einstweilen sehen kann, unterschiedliche Aufnahme gefunden. Die älteste, originale des Syrus scheint über Cluny hinaus nicht bekannt geworden zu sein. Auch die erste Überarbeitung durch Aldebald hat sich offenbar kaum verbreitet. Erst seine zweite, also die seinerzeit modernste, ist mehrfach abgeschrieben, also auch in größerem Umfang gebraucht worden. Über ihr Weiterwirken im Verhältnis zu der bald danach von Odilo verfaßten vita Maioli läßt sich einstweilen nichts Näheres sagen.

Wie seine Vorgänger erhielt auch Abt Odilo, der über ein halbes Jahrhundert hindurch, von 994–1048, den Klosterverband regiert und zutiefst geprägt hat, seine vita. Der Verfasser der älteren vita Odilonis – man kennt zwei Biographien – ist der Cluniazenser Mönch Jotsaldus.

Nach den Bearbeitungen der vita Maioli des Syrus durch Aldebald verfaßte in den dreißiger Jahren des elften Jahrhunderts Abt O d i l o ebenfalls eine *vita Maioli*. Veranlassung dazu hatte sein Aufenthalt im Jurakloster Romainmôtier gegeben, das, wahrscheinlich um die Mitte des fünften Jahrhunderts gegründet, nach der Zerstörung durch die Alemannen im Jahre 610 von dem Herzog Chranmelinus noch zu Lebzeiten Columbans mit Mönchen aus Luxeuil wiederbesiedelt, im Jahre 928 als Priorat dem Abte von Cluny unterstellt worden war. Als Odilo zu Ostern 1033 in Romainmôtier weilte, war die allgemeine Lage alles andere als ruhig und sicher. Nachdem im September 1032 König Rudolf der Träge von Burgund gestorben war und die burgundischen Großen seine Krone und die Lanze des heiligen Mauritius und die anderen Insignien an Kaiser Konrad II. übersandt hatten, war Konrad am Lichtmeßtag 1033 in der Marienkirche zu Peterlingen, das seit seiner Gründung (962) dem Abte von Cluny unterstand, zum König von Burgund gewählt und gekrönt worden. Indes aber hatte sich Graf Odo von der Champagne, der sich als nächster Erbe betrachtete, der wichtigsten Städte von Niederburgund: Lyon, Vienne, Arles bemächtigt und, unterstützt von einer vorzugsweise in den romanischen Teilen des Landes verbreiteten Partei, die lieber einen französischen Großen als den deutschen König auf dem Thron von Burgund gesehen hätte, auch in Hochburgund, in Murten und Neuenburg, Fuß gefaßt, während der Kaiser des ungewöhnlich kalten Winters wegen vorerst hatte abziehen müssen; daß er im darauffolgenden Sommer durch einen Angriff gegen Odos Stammlande der Champagne diesen in die Knie zwingen und den Kampf um Burgund zu seinen Gunsten entscheiden würde, war damals nicht vorauszusehen. Odilo, der um die Zukunft Romainmôtiers bangte, erinnerte sich seines Vorgängers Maiolus und hielt sich für verpflichtet, ein Werk zu dessen Ruhm zu verfassen.

So wohnt der durch und durch hagiographisch aufgefaßten vita, die Odilo einem nicht näher bezeichneten Hugo[100] und einem Mitbruder namens Almann widmet, von Anfang an eine stark panegyrische Tendenz inne, oder vielmehr Odilo stellt sich in einer Art bewundernden Meditierens die Größe des Maiolus vor das geistige Auge. Der Abt erscheint bei ihm eingeordnet in eine zunächst chronologische, zugleich

---

[100] Man nimmt gewöhnlich an, es handle sich um Odilos späteren Nachfolger in der Abtswürde; ob mit Recht, steht dahin. Hugo war damals ein Kind von neun Jahren.

aber auch rangmäßige Abfolge von Zeugen des Glaubens: der Apostel und Evangelisten, der Martyrer der christlichen Frühzeit, der Glaubensboten, der Mönche, unter denen nächst St. Benedikt und Maurus die Cluniazenser hervorgehoben werden. Daß Odilo die vita des Syrus kannte, wissen wir aus dieser; direkte Benützung im Sinne der Abhängigkeit von einer Quelle braucht nicht angenommen zu werden.

Das biographische Element bestimmt die vita eigentlich nur bis zur Wahl des Maiolus zum Abt; von da an sind es seine Tugenden, die in den Vordergrund treten. Ihre gruppenweise, nach bekannten Schemata – acht Seligkeiten, vier Kardinaltugenden usf. – vorgenommene katalogartige Aufzählung wirkt in solchem Maße allgemein und typisierend, daß es schwer hielte, gerade aus ihnen etwas für Maiolus Charakteristisches zu erkennen. Aber es ist nicht zu übersehen, daß in den Augen Odilos eben die Tugenden seines Helden das Wesentliche sind, daß der Verfasser entschieden gegen die Wundersucht seiner Zeit Stellung nimmt. Die Ablehnung des Wunders als Nachweis der Erwähltheit, wiederholt schon bei den Cluniazensern beobachtet, geht so weit, daß Odilo selbst im letzten Teil, wo er gewissermaßen gedrängt von der schier grenzenlosen Wundergläubigkeit und dem Verlangen nach Wundern dem üblichen hagiographischen Schema gemäß, sehr deutlich gegen seinen Willen auch miracula zu erwähnen für nötig hält, zuerst noch einmal auf die Untadeligkeit des Lebens und die Übung der Tugenden durch Maiolus verweist und dann erst ganz allgemein auf wunderbare Hilfe, die den Menschen in verschiedenen Nöten auf die Fürbitte des Maiolus hin zuteil geworden sei, zu sprechen kommt.

Dem panegyrischen Grundzug der vita entspricht der Stil. Odilo bedient sich in ausgedehntem Maße der ihm bekannten rhetorischen Kunstmittel: in wortreicher Fülle, in dichtgedrängter Folge von Kola zumeist mäßigen Umfangs, die denselben Gedanken mehrfach umspielen, variieren, erweitern, zumeist mit ein- oder mehrsilbigem Endreim gebunden, nicht selten durch Wortspiele im Innern verschlungen und um des reicheren Klanges willen gar oft mit weniger gebräuchlichen, aber dafür voller tönenden Worten bereichert, Kola, die bisweilen dem Gesetz der wachsenden Glieder folgen – und dies alles in einer gewandten und sicheren, die Mittel der Sprache mühelos ausschöpfenden Rede: so ergießt sich in rauschendem Strom der Lobpreis des Heiligen, den eigentlichen Lebensgang eher überspülend, aber den Leser aufrüttelnd, drängend, ermahnend und belehrend. Das ist, auch wenn die berichteten Fakten im biographischen Teil zutreffen, mitnichten ein historisches Lebensbild. Ein solches zu verfassen, war der wackere Syrus wohl der geeignete Mann. Aber was er wollte, entsprach nicht dem Geschmack der Zeit und den Vorstellungen seines Abtes. Der schrieb eine Predigt, eine Predigt für die Mönche von Cluny und der mit ihm verbundenen Konvente.

Nach Abschluß der vita fügte Odilo einen merkwürdigen Nachtrag an. Im biographischen Teil hatte er ein wichtiges Ereignis aus dem Leben des Maiolus übergangen. Als nämlich Maiolus von einer Romreise zurückkehrte, wurde er – wie schon Syrus berichtet hatte – von den Sarazenen, die zu jener Zeit in die Provence eingefallen waren, gefangengenommen, später von seinen Mitbrüdern freigekauft. Dem Einfall der Sarazenen war eine Wolfsplage in jenen Gebieten vorangegangen. Um seine Leute vor den hungrigen Tieren zu schützen, hatte der Vater des Maiolus, Folcherius, des Nachts gerüstet und mit Schaffellen behängt, den Angriff der Wölfe erwartend, das ihn anspringende Leittier lebendig gefangen und ins Dorf geschleppt. Als man am andern Tag das Tier tötete, fanden sich in seinem Magen noch ganze Menschenteile. Der Anblick des an einen Pfahl gehängten toten Leittiers aber jagte den andern Wölfen derartigen Schrecken ein, daß sie von Stund an die Gegend mieden. Diese Vorgänge verbindet Odilo in eigentümlicher Weise. So wie Folcher, der Laie, die sichtbaren Wölfe vertrieb, so sollte der Mönch Maiolus in der Zukunft den unsichtbaren Wolf, den alten bösen Feind, als dessen Helfer die Sarazenen in die Provence eingefallen waren, aus dem Lande vertreiben. Denn so wie ehedem Christus am Volk der Juden, das ihn getötet, Vergeltung übte, indem er sie durch die Hand der römischen Feldherrn Vespasianus und Titus vertreiben ließ, so erfuhren nachmals die Sarazenen durch die Hand Wilhelms von Aquitanien, der sie schlug und aus dem Lande trieb, die Strafe für die ungerechte Gefangennahme des Maiolus.

Man erkennt in diesem Nachtrag eine sehr eigentümliche Entwicklungsstufe der Hagiographie. Odilo verbindet Ereignisse miteinander, zwischen denen an sich ein unmittelbarer Zusammenhang nicht erkennbar ist – die Wolfsplage und die Tat des Folcher auf der einen Seite, die Vertreibung der Sarazenen auf der andern – in der Weise, daß das eine als Vorzeichen des anderen aufgefaßt wird. Er wendet damit ein Verfahren, das in der Bibelexegese als allegorische Deutung seit langem legitim und üblich war, in extensiver Weise an. Indem er sodann die Vertreibung der Sarazenen aus der Provence durch den Herzog von Aquitanien als Vergeltung für die ungerechte Gefangennahme des Maiolus deutet und sie zugleich als eine Nachahmung der Vertreibung des jüdischen Volkes durch die Römer als Vergeltung für die Kreuzigung Christi betrachtet, bedient er sich einer Art hagiographischer Interpretation, wie man sie im hohen und besonders im späten Mittelalter häufig antrifft, nämlich der Nachbildung von Begebenheiten aus dem Leben Jesu im Heiligenleben. Im Grunde ist dies nichts anderes als die Übertragung des heilsgeschichtlichen Denkens auf das einzelne Heiligenleben. Aber Odilo geht einen Schritt weiter, indem er die geschichtlichen Umstände völlig außer acht und nicht einmal ahnen läßt, in welchem zeitlichen Abstand voneinander die von ihm in Verbindung gesehenen Ereignisse sich zugetragen haben. Das Abstrahieren von der Geschichte, das gleichsam zeitlose, weltentrückte Betrachten an sich historischer Vorgänge entspricht genau dem, was in der Cluniazenser Hagiographie in der Auflösung des Biographischen und der einer sachlichen Disposition unterworfenen Auslegung einzelner Begebenheiten gemäß den Tugendschemata geschieht. Daß solches in einem Heiligenleben so sichtbar wird, ist ein höchst bemerkenswerter Ausdruck der konsequenten, umfassenden und unbedingten Aufnahme cluniazensischen Denkens und seines Niederschlags im literarischen Werk. Es scheint allerdings, als sei damit ein gewisser Höhepunkt erreicht gewesen. Als im frühen zwölften Jahrhundert der Cluniazenser Mönch Nalgod das Leben des Maiolus noch einmal bearbeitete, erschienen ihm die Darstellungen des elften Jahrhunderts offensichtlich wegen der mehrfach erwähnten Anordnung nach Tugenden als unklar und verworren[101], und seine eigene vita Maioli bedeutete eine entschiedene Wendung in Richtung auf eine mehr dem geschichtlichen Ablauf folgende Biographie.

Seit den späteren Jahren Ottos des Großen, seit dem Abte Maiolus, standen die Cluniazenser in Verbindung mit dem kaiserlichen Hof und dem sächsischen Herrscherhaus; insbesondere war es Kaiserin Adelheid, die, ebenso gebildet wie klug, die Bedeutung der monastischen Reform erkannte und ihr aufgeschlossen gegenüberstand. Als die Kaiserin wenige Tage vor dem Weihnachtsfest des Jahres 999 in dem nicht lange zuvor von ihr gegründeten elsässischen Kloster Selz im Alter von 68 Jahren starb, war es der Abt von Cluny, Odilo selber, der ihr ein literarisches Denkmal setzte, indem er wohl nicht allzu lange nach ihrem Tod das *epitaphium domne Adalheide auguste* verfaßte. Dem uns vorliegenden Text steht ein Widmungsbrief an den Abt Andreas und seinen Konvent im Kloster San Salvatore zu Pavia voran; möglicherweise haben auch die Äbte der anderen von Adelheid geförderten Klöster, nämlich von Peterlingen und besonders des von ihr gegründeten Selz, gleichlautende Exemplare erhalten.

An sich war es eine ungewöhnliche Aufgabe, vor die sich Odilo gestellt sah: höchst selten war bisher einer dem Laienstand angehören-

---

[101] *vitam beatissimi patris Maioli confusa diffusione dispersam potius quam digestam, ut simplici brevitate colligerem et expedirem, fratrum studiosa caritas imperavit.* Nalgodi in vitam Maioli prologus. Acta SS Maii II (1680) 658.

den Frau eine Schrift dieser Art zuteil geworden, und man hätte vermuten können, daß eben dies dem Abte Bedenken verursachte. Aber die Pflicht der Dankbarkeit, den von der Kaiserin geförderten Konventen ausdrücklich in Erinnerung gerufen, ließ keinen Zweifel an der Notwendigkeit eines literarischen Nachrufs aufkommen. Ein bewährtes Verfahren zur Begründung oder Rechtfertigung neu oder ungewohnt erscheinender Gedanken und Formen aufgreifend, wählt Odilo ein patristisches Vorbild: die Nekrologe oder, wie ihr Verfasser selbst sie bezeichnet hat, die Epitaphien des Hieronymus, mit welchen der Kirchenvater das Andenken ihm nahestehender Personen, zumeist von Frauen, die ihm aus Rom gefolgt waren, um in Bethlehem ein asketisches Leben zu führen, verherrlichen wollte: Das Epitaphium auf Paula, an deren Tochter Eustochium gerichtet (epist. 108), das der Marcella, auf Veranlassung von deren jüngerer Freundin Principia abgefaßt (epist. 127), auf Fabiola (epist. 77) und auf Blesilla, die älteste Tochter der genannten Paula (epist. 39), sowie für Nepotianus (epist. 60), die häufig, um nicht zu sagen vorzugsweise für sich, außerhalb der Sammlung der Briefe des Hieronymus, abgeschrieben wurden. Im einzelnen geht die Imitation bei Odilo wohl nicht so weit; immerhin ist das Vorbild für seine Auffasung wenigstens zu einem Teil bestimmend gewesen. Er selbst freilich hält sich, wie er im Widmungsbrief und zu Beginn des Werkes bemerkt, nicht für berufen, eine umfassende Biographie der Herrscherin zu schreiben; darum wolle er lediglich die wichtigsten ihm bekannten Begebenheiten aus ihrem Leben in Kürze zusammenstellen zur Anregung für einen, der besser als er befähigt sei, die einer Frau vom Range Adelheids gebührende Lebensbeschreibung zu verfassen. Daß eine solche Schrift dann auch anderen Fürstinnen zu Nutz und Frommen gereichen könne, fügt er nicht ohne einen Unterton des Tadels hinzu[102]. Bescheiden und in ruhigem Selbstbewußtsein zugleich, tritt er an seine Aufgabe heran, wohl wissend, daß er, der Abt, dem die Kaiserin in ihren letzten Jahren so nah gestanden, vor anderen verpflichtet sei, ihr einen ehrenden Nachruf zu verfassen, aber auch in dem Bewußtsein, daß seine literarischen Fähigkeiten ihre Grenzen hatten: man müsse schon den Cicero aus der Hölle herauf- oder den Kirchenvater Hieronymus vom Himmel herabholen, wenn man eine angemessene Biographie Adelheidens erhalten wollte[103].

---

[102] *Imperatricum ac reginarum sonet in auribus, ut dum magna de magnis audierint et eam, de qua loquimur, gressibus honestatis studuerint, saltem per eas cura domestica vigeat, sicut per eam res publica longe lateque valebat.* Epit. Adelh. praef. (ed. Paulhart, S. 27, 13–16).

[103] *Si enim vis expectare virum tanta eloquentia vel sapientia preditum, qui huius femine possit convenienter describere vitam, necesse est aut Cicero rethor revocetur ab inferis aut Hieronymus presbiter transmittatur e superis.* Epitaph. Adalheidae Einl. (a.a.O. S. 28, 16–19).

Zweifellos hat er, was die berichteten Ereignisse aus Adelheids Leben angeht, das allermeiste von ihr selbst gehört. Man könnte daraus auf einen besonders hohen Quellenwert dieser Darstellungen im historischen Sinne schließen. Aber Odilo berichtet gerade in dieser Hinsicht verhältnismäßig wenig. Zwar erfahren wir manches aus Adelheids Leben, vor allem die Geschichte ihrer Jugend, hören von den drei Jahren ihrer Ehe mit König Lothar II. von Italien († 950), von den Mißhandlungen, die sie durch Berengar von Ivrea erfuhr, von ihrer Gefangennahme und ihrer abenteuerlichen Flucht bis zur Verheiratung mit Otto dem Großen. Danach spricht Odilo fast nur noch von den Tugenden und frommen Werken der Kaiserin; von ihrem Einfluß auf die Politik vernehmen wird so gut wie gar nichts. Auch persönliche Dinge, die mittelbar auf das politische Geschehen eingewirkt haben, wie die Entfremdung Ottos II. von seiner Mutter nach jahrelanger gemeinsamer Regierung oder das gespannte Verhältnis zu Theophanu, Vorgänge, unter denen Adelheid schwer gelitten hat, werden im Grunde nur berichtet als leidvolle Prüfung, an der sich die Tugend der Kaiserin bewähren sollte.

Odilo besitzt für politische Vorgänge, ja auch Ereignisse, die nachher geschichtliche Bedeutung erlangen sollten, nur geringes Verständnis; sie sind letztlich nicht viel mehr als Umstände, Zeitbestimmungen, Verhältnisse, unter denen etwas geschieht, was viel wesentlicher ist: Handlungen, die sich aus Adelheids innerer Haltung ergeben, Taten, in denen sich ihre Tugend erweist.

Die Verwandtschaft mit den Cluniazenser Abts- und Heiligenviten ist unverkennbar, und so kommt es, daß Adelheid eigentlich auf eine Stufe gestellt wird mit jenen Frauen, die dem Hieronymus nach Bethlehem gefolgt waren und ihr Leben als Asketinnen beschlossen hatten. Aber eben dadurch wird Odilo einer Gestalt vom Range der Kaiserin eigentlich nicht gerecht. Bei aller Verehrung und Bewunderung, die Odilo für die Kaiserin besaß, blieb der Blick des Cluniazensers doch beschränkt auf eine Seite ihres Wesens. Die Größe jener Frau an der Seite des Kaisers hat er nicht erfaßt und – entgegen seiner erklärten Absicht – auch einem eventuellen späteren Autor das Material für eine umfassende Biographie nur sehr unzulänglich in die Hand gegeben. Im übrigen schreibt Odilo keineswegs ohne literarischen Anspruch. Das zeigt schon die gelegentliche Einlage eines Abschnitts in Versen: rhythmischen Achtsilblern („iambischen Dimetern") in cap. 3, Hexametern in cap. 4 und 13. Er bemüht sich im allgemeinen um eine knappe, auf das Wesentliche sich beschränkende Darstellung, vermeidet ausschmückende Beschreibungen oder eigene Erörterungen, abgesehen lediglich davon, daß er zuweilen das berichtete Geschehen mit knappen

Worten zu deuten versucht. Dabei verzichtet er nicht auf stilistischen Schmuck, beschränkt sich aber auf einfache und klar erkennbare Kunstmittel wie Parallelität der Glieder, Chiasmus und Prosareim, der gewöhnlich einsilbig ist, sich jedoch in der Form der Assonanz auch bis auf drei Silben erstrecken kann.

Das epitaphium Adalheide scheint sich über die mit der Kaiserin näher verbundenen Konvente hinaus nur wenig verbreitet zu haben[104]. In einigen Handschriften ist dem Werk ein *epitaphium maximi Ottonis augusti imperatoris* (in 37 Hexametern, inc.: *Hoc tegitur loculo divus et maximus Otto*) vorangestellt; für die Annahme, daß auch dieses Epitaphium von Odilo stamme, wie man zuweilen gemeint hat, liegt kein ausreichender Grund vor.

Im übrigen ist der Umfang seines literarischen Werkes nicht gesichert. Seit alters gehen unter seinem Namen mehrere Hymnen, deren Authentizität durchaus nicht über jeden Zweifel erhaben ist. Ein Hymnus in assumptione beatae Mariae in sechs (mit Doxologie sieben) ambrosianischen Strophen, inc. *Adest dies laetitiae,* der den Gedanken des Festes mit bildhaften Vorstellungen in der Art eines Himmelfahrtsgemäldes umschreibt, ist handschriftlich seit dem elften Jahrhundert aus Cluny überliefert. Ein anderes Marienlied, inc. *Oritur sidus inclitum,* von dem sich nur eine einzige Strophe erhalten zu haben scheint, auf das Fest Mariae Geburt, ist in einem Codex des 12. Jahrhundert erhalten. Unsicher ist die Zuweisung eines Hymnus auf die hier als Heilige verehrte Kaiserin Adelheid (in fünf ambrosianischen Strophen einschließlich Doxologie, inc. *Anni voluto tempore festiva lux Adalheidae*), in dem Adelheid wegen ihrer Frömmigkeit als Kaiserin, ihrer Mildtätigkeit und ihrer Dienstbereitschaft gepriesen wird. Da der Hymnus erst aus dem 15. Jahrhundert und zum Teil in Verbindung mit dem epitaphium Adalheidae überliefert ist, wird man ohne triftigen Grund nicht an Odilo, sondern eher einen Jüngeren, in einer der von Adelheid besonders geförderten oder sie in besonderer Weise verehrenden Stätten wie dem von ihr gegründeten Selz oder Romainmôtier zu denken haben. Daß eine Reihe von Hymnen auf den heiligen Maiolus, die man sich über ein ganzes Officium eines ganzen Tages verteilt denken könnte, cluniazensischen Ursprungs sind, darf man vermuten, auch wenn die handschriftlichen Zeugen, zwei Pariser Codices sowie ein Oxforder, nicht aus Cluny stammen. Der erste Hymnus, inc. *Victoris agni sanguine,* zehn ambrosianische Strophen mit zumeist einsilbigem Reim,

---

[104] Die ihm früher zugeschriebenen, in einigen Handschriften und in den älteren gedruckten Editionen als zweites Buch dem Epitaphium Adalheidae zugefügten miracula s. Adalheidae sind, wie heute allgemein angenommen wird, 1051/57 verfaßt worden.

wiederholt zweisilbiger Assonanz, scheint eher ein adaptierter Osterhymnus zu sein. Auch der zweite, vier sapphische Strophen, inc. *Christe cunctorum via lux sanctorum,* ist ein allgemeines Gebet um Hilfe, dem jede individuelle Kennzeichnung fehlt. Desgleichen der dritte Maiolus-Hymnus, fünf ambrosianische Strophen einschließlich Doxologie, inc. *Maiole consors procerum* sowie der vierte, sechs sapphische Strophen, inc. *Christe cunctorum pariter tuorum* sind so allgemein gehalten, daß sie beinahe für jedes beliebige Heiligenfest Verwendung finden könnten. Über den Umstand, daß Maiolus der Vorgänger Odilos war, hinaus ist keine Verbindung mit dem letzteren zu erkennen.

Odilo ist unter den Cluniazenser Äbten einer der angesehensten und einflußreichsten gewesen. Die lange Dauer seines Lebens und seiner Regierung verschafften ihm außerordentliches Gewicht und ließen ihn als die Verkörperung des Abtes von Cluny schlechthin erscheinen. Als Schriftsteller hielt er sich in dem engen Rahmen dessen, was sein Amt unmittelbar erforderte, und auch innerhalb dieser Grenzen hält er sich streng an die Konventionen, welche sich für die betreffende Art der literarischen Darstellung gebildet hatten, ohne darüber seine Individualität zu verleugnen. Sein Ansatz auf dem Gebiete der weltlichen Biographie hätte vorbildhaft wirken können; doch fand er, zunächst jedenfalls, Nachahmung wiederum nur im Rahmen der Hagiographie, wie denn Odilo überhaupt mehr durch seine Persönlichkeit als durch sein literarisches Werk gewirkt hat, dessen Verbreitung kaum über die von der cluniazensischen Bewegung erfaßten Klöster hinausgegangen zu sein scheint.

Als Odilo hochbetagt nach einer über ein halbes Jahrhundert währenden Regierung in den letzten Tagen des Jahres 1048 starb, ahnte wohl niemand, daß sich unter den Mönchen, die zu seiner Zeit Novizen geworden waren, zwei Männer befanden, die schon wenige Jahrzehnte später, auf dem Höhepunkt des Kampfes zwischen Kaisertum und Papsttum, nebeneinander stehen würden: der eine als Oberhaupt der Kirche, den König bannend, der andere als das hochangesehene Haupt der Cluniazenser, für ihn bittend. Nichts von alledem, nichts von dem heraufziehenden Unheil, welches die seit Jahrhunderten trotz mancher Auseinandersetzung immer bestehende Einheit der beiden höchsten Gewalten der abendländischen Welt zutiefst erschüttern sollte, nichts von den geistigen Bewegungen der anbrechenden Zeit, von dem bald aufflammenden Abendmahlsstreit oder gar von dem tiefgreifenden Umbruch der geistigen Welt, nichts von alledem ist in der *vita* zu ahnen, welche Odilo von seinem jüngeren Mitbruder J o t s a l d u s erhielt. Sie ist überhaupt ein Musterbeispiel dafür, in welcher Richtung sich die Cluniazenser-Hagiographie entwickelt und wie weit sie sich von einer eigentlich historischen Betrachtungsweise entfernt hatte. Nicht als ob Jotsald bewußt die geschichtliche Wahrheit verfälschte – er ist im Gegenteil ein durchaus zuverlässiger Berichterstatter –, aber es fehlt schlichtweg der historische Aspekt. Der Mönch hat seinen Abt im Jahre 1046 begleitet, als dieser nach Rom reiste, wo er die vom Kaiser gewünschte Wahl Clemens II., des vorherigen Bischof Suidger von Bamberg, unterstützte; bis zum Tode Odilos scheint ihm Jotsald besonders nahegestanden zu sein. Der vita selbst stellt Jotsald noch einmal eine *praefatio vel deploratio* voraus, eine Klagerede, die mit den Worten des Propheten Jeremias (9,1) über das bevorstehende Verderben seines Volkes anhebt; schon hier wird nicht nur die persönliche Anteilnahme Jotsalds am Leben seines Meisters, sondern auch der starke Einfluß, den er dem rhetorischen Element gewährt, sichtbar. Die vita selbst zeigt deutlich das Vorbild der Cluniazenser Viten, zumal der vita Maioli des Odilo. Nachdem in Kürze Herkunft und Jugend Odilos, seine Begegnung mit Maiolus, die ihn zum monastischen Leben führte, sowie seine Designation zum Nachfolger durch Maiolus berichtet sind, folgt eine Beschreibung von Odilos äußerer Erscheinung, seinem Aussehen, seiner Sprache, seinen Auftritten und der Wirkung auf die ihm Begegnenden. Was den anschließenden Hauptteil der vita betrifft, so erkennt man den Einfluß sowohl wie die Schwierigkeiten, die auf der typisch cluniazensischen Auffassung beruhen: Die Abwendung von der zur Veräußerlichung führenden, sonst die Hagiographie zumeist bestimmenden Vorstellung, daß das Wunder den Heiligen erweise, hatte im Lauf der Generationen, die seit dem Beginn der Reform verstrichen waren, eine immer festere Prägung in der Richtung erfahren, daß die Tugenden das eigentlich Beweisende seien, und dies mußte zwangsläufig in der hagiographischen Darstellung seinen Ausdruck finden. So ist es ganz unverkennbar, daß Jotsaldus sich bemüht, ein Tugendschema zur Grundlage des Aufbaus des Kernstückes zu machen; in diesem Falle sind es die vier Kardinaltugenden. Nach einer allgemeinen Feststellung, daß Odilo sie besessen habe, werden nacheinander prudentia, iustitia, fortitudo und temperantia so behandelt, daß am Anfang jeweils eine Definition gegeben wird und dann entsprechende Handlungen und Verhaltensweisen aus dem Leben Odilos angeführt werden. Die Schwierigkeit, ein ganzes Leben in dieser Weise darzustellen, leuchtet ein. Jotsaldus hat sich damit geholfen, daß er zwischen die einzelnen Abschnitte nicht nur Beispiele für andere Tugenden, die Barmherzigkeit, die Freigebigkeit usw., sondern auch sonstige kurze Berichte aus Odilos Leben, auch wenn sie nicht genau zu der jeweils darzustellenden

Tugend paßten, einschob. Den Abschluß des Buches bildet der Bericht vom Tode Odilos und von zwei Erscheinungen. Aber hier sind es nicht die Ereignisse selbst, auf deren Beschreibung es dem Verfasser ankommt. Das Krankenlager, an das Odilo vier Monate hindurch gefesselt war, gibt dem Jotsald Anlaß, in panegyrischem Ton von der Geduld, aber auch dem überaus hohen Ansehen des Abtes zu sprechen. Das Geschehen der letzten anderthalb Lebensjahre, die dem greisen Abte noch beschieden waren, die Sorge um die ihm anvertrauten Klöster und Konvente, vor allem aber die Vorbereitung auf den eigenen Tod bilden den Gegenstand eines umfangreichen, im Ton einer Predigt gehaltenen Abschnitts, wie denn auch das Hinscheiden Odilos und alles, was dabei geschah, einer Leichenrede vergleichbar beschrieben sind. Dabei erinnert die Aufmerksamkeit, mit welcher Odilo sich der Betrachtung vornehmlich des Lebens und Leidens Jesu zu widmen pflegte, eher an spätmittelalterliche Erbauungsschriften als an die hagiographische Literatur, wie sie bis auf Jotsalds Zeiten üblich war. Der Unterschied wird besonders augenfällig angesichts eines recht genauen Berichtes im zweiten Buch über das Siechtum Odilos in Rom (zu Anfang des Jahre 1047), das durch einen Sturz vom Pferd auf abschüssigem Weg verursacht wurde. Es folgen – nach nochmaliger ausdrücklicher Betonung der erwähnten, von den Cluniazensern mit Nachdruck vertretenen Auffassung, daß eben nicht das Wunder, sondern die Tugend den Heiligen ausweise – wunderbare Begebenheiten aus Odilos Leben; in einem dritten Buch folgen ähnliche Berichte von der Zeit nach dem Tode Odilos. So sehr sich Jotsaldus durch die genannte Auffassung und die sich aus ihr ergebenden Forderungen für die Darstellung gebunden fühlen mochte, so eifrig ist er im zweiten und dritten Buch darauf bedacht, an Geschichten zusammenzutragen, was als wunderbar zu verstehen war und auch der Lust am Erzählen Raum gewährte. Manches ist hier aus Jotsalds eigener Erinnerung und eigenem Erleben eingeflossen; man empfindet, wie stark ihn die Nähe Odilos, aber auch die Reise, die er mit ihm nach Rom unternommen, beeindruckt hatten. Bei alledem ist die Entwicklung des Stils nicht zu übersehen: eine zunehmende Gewandtheit, die sich in unverkennbarer Neigung zum Wortreichtum äußert, wobei Jotsaldus sich indessen nicht von der Strömung seiner Zeit zum Übermaß, zu Schwulst und Übertreibung erfassen läßt, so daß seinem oft falsch beurteilten Werk in der hagiographischen Literatur der Zeit ein bemerkenswerter Rang zukommt. Wie stark darin das Element des Literarischen bereits war, wie selbstverständlich es auch die Cluniazenser Hagiographie ergriffen hatte, verdeutlicht eine Stelle wie die, wo Odilo der Abt seine Mitbrüder durch einen eiskalten Fluß waten läßt und dann die Tropfnassen und Frierenden mit Worten ermutigt, die Ermahnungen des Aeneas an seine Gefährten bei Vergil in Erinnerung rufen.

In zwei Handschriften – die eine aus Saint-Arnoul (Crépy-en-Valois), die andere aus Moissac stammend – ist mit der vita eine Gruppe von *Gedichten* offensichtlich des Jotsaldus verbunden, die allesamt mit dem Tode Odilos zusammenhängen. Das erste ist ein *planctus de transitu domni Odilonis abbatis* in 145 Hexametern, inc. *Ad fletus voces extendat chorda sonoras,* der in verschiedener Hinsicht von den sonst üblichen Klagegesängen sich unterscheidet. Der Chorus, der in überschwenglichem Tone alle Länder, das Meer, das Weltall – die Sonne soll sich verfinstern, der Mond seine Hörner verlieren – zur Klage um den Verstorbenen aufruft, antwortet der Ratio: Odilo sei nicht gestorben, er lebe weiter in der Anschauung Christi, dessen Erdenweg er zeitlebens nachzuahmen gesucht habe. Es fällt auf, daß die Betrachtung vornehmlich des Leidens des Erlösers und seiner mitleidenden Mutter, die Odilo häufig geübt und bis zu mystischer Versenkung gesteigert haben muß, in ähnlicher Weise hervorgehoben wird wie in der vita; die Art der Hervorhebung solcher Form persönlicher Verinnerlichung erinnert an die Geistigkeit des späten Mittelalters mehr als an das, was man im zehnten und elften Jahrhundert wahrzunehmen pflegt. Sodann wird an Wilhelm von Saint-Bénigne (zu Dijon) erinnert, der – achtzehn Jahre vorher – ebenfalls am ersten Januar verschieden war, worauf die Klage hinübergeführt wird in eine an Vorstellungen des allegorisch ausgelegten Hohenliedes anknüpfende, aber auch bukolische Züge aufnehmende Schilderung des himmlischen Hochzeitsmahles, bei welchem Odilo, der Abt, mit Christus als dem sponsus vermählt wird. Der Pflicht des Gebets für den Verstorbenen mit einer verhältnismäßig kurz gehaltenen Anrufung Mariens und anderer Heiliger sich entledigend, schließt Jotsald den Planctus mit einer Bitte an Odilo, den nunmehr Heiligen, um Hilfe und Fürsprache für seine noch hier auf Erden lebenden Mitbrüder.

Man erfaßte den Sinn dieses eigentümlichen Planctus wohl nicht, sähe man in ihm nur die in panegyrischem Tone vorgetragene Ansammlung von Vorstellungen und Bildern, die zum Teil schlecht zueinander zu passen scheinen. Gewiß ist Jotsald von tiefer und lauterer Verehrung für seinen verewigten Meister erfüllt und sucht dieser Empfindung mit allen ihm zu Gebote stehenden Mitteln Ausdruck zu verleihen. Aber auch dies genügt nicht zum Verständnis. Was das Nebeneinander der verschiedenartigen Elemente überhaupt erst ermöglicht und rechtfertigt, ist die geistige Welt, aus welcher der Verfasser kommt: der Geist von Cluny. Wie in den Viten der Äbte das Geschichtliche oder das Biographische sich zu verflüchtigen und zum bloßen Beiwerk herabzusinken scheint, zur Angabe von Umständen, unter denen sich das Eigentliche und Wesentliche vollzieht, so ist auch hier der Dichter gleichsam entrückt; fernab all dem, was zu unserer Welt, der sichtbaren und wahrnehmbaren, gehört, wählt und verbindet er Vorstellungen und Bilder, die gleichsam nur noch nach einer Richtung, nach der jenseitigen Welt hin, offen sind, und fragt nicht mehr, was sie an unsere Welt noch bindet.

Es folgt ein Preisgedicht *ad villam Silviniacam* in elf epanaleptischen Distichen (inc. *Silviniaca tuas cogor nunc reddere causas*), in welchem der Dichter den Ort und das Kloster Souvigny rühmt, daß es, von Abt Maiolus[105] erbaut und zu dessen Grabstätte geworden, nunmehr auch die Gebeine Odilos in seinen Mauern berge. Nach einem *epitaphium ad sepulcrum domni Odilonis* (sechs Distichen) schließt ein Klagegesang in 28 vierzeiligen Strophen unregelmäßig gebauter rhythmischer Achtsilbler, inc. *Ad te namque mi dilecte nunc Almanne clarissime* den Kranz der Gedichte. Das beständige Nebeneinander von klagender und rühmender Erinnerung und vertrauensvoll hoffender Bitte wirkt hier besonders eindringlich. Daß das Gedicht für musikalischen Vortrag bestimmt war, lehrt die durchgängige Neumierung, die es in den Handschriften aufweist.

Es sind dies die einzigen Verse, die wir von Jotsaldus besitzen, und sie sind immerhin mit einem vergleichsweise recht beachtlichen Aufwand an poetischen Formen geschaffen worden. Bis dahin war keiner der Äbte von Cluny einer solchen Art des Gedenkens gewürdigt worden. Angesichts der Nüchternheit und Zurückhaltung gegenüber der Dichtung, die man bei den Cluniazensern im allgemeinen beobachtet, scheint in den Versen zu Ehren Odilos etwas von schlichter menschlicher Empfindung und Wärme erkennbar zu werden, die es nicht zulassen mochte, daß der geliebte und hochverehrte Abt nicht doch ein besonderes Zeichen des Gedenkens erfuhr.

Es ist hier wiederholt darauf hingewiesen worden, daß sich die Cluniazenser Hagiographie von anderen nicht nur durch eine spürbare Zurückhaltung gegenüber Wundererzählungen als Nachweis der Heiligkeit unterscheidet, sondern auch dadurch, daß sie zugunsten einer nicht am Lebensgang orientierten, mehr systematischen, katalogartigen Abhandlung der einzelnen Tugenden das eigentlich biographische Element in ihren Viten sehr stark zurücktreten läßt. Wie jene zu einer mehr nüchternen, sachlichen und darum vielleicht im einzelnen zuverlässigeren Betrachtung bestimmter Vorgänge, dafür freilich zu einer

---

[105] Aus Vers 5 der Verse ad villam Silviniacam sowie Vers 7 des anschließenden Epitaphiums geht hervor, daß man in Cluny *Maiōlus* las (dem bekannten romanischen Akzentuationsgesetz zufolge).

Beschränkung des eigentlich Erzählerischen zugunsten der erbaulichen Wirkung gelangt ist, so hat auf der anderen Seite die systematische, katalogartige Betrachtung mit dem Zurücktreten des eigentlich Biographischen auch zum Zurücktreten des Historischen geführt oder ist vielmehr Ausdruck der geringeren Einschätzung der historischen Beziehungen der behandelten Gestalten. Das liegt natürlich an der Grundhaltung der Cluniazenser, die wie keine andere Bewegung vor ihnen und kaum eine nach ihnen auf eine tief innerliche Verbesserung der Welt durch Abkehr von ihr und Hinwendung auf die jenseitige bleibende Welt angelegt war; das Merkwürdige ist nur, daß diese Geisteshaltung nicht allein in den Viten zu einer Zurückdrängung oder vielmehr geringen Einschätzung des Zeitbedingten geführt, sondern sich auch die heilsgeschichtliche Betrachtung selbst zu einer im Grunde geschichtslosen umgeformt hat, wie man dies an einem so merkwürdigen Werk wie der occupatio des Odo von Cluny beobachten kann. Es ist darum kein Wunder, daß über ein Jahrhundert hindurch in Cluny selbst kein Geschichtswerk entstanden ist. Die einzige Ausnahme im Raum der cluniazensischen Klöster, nämlich die Geschichtsdarstellung des Aimoin, stellt insofern einen besonderen Fall dar, als in Fleury eben doch schon seit dem neunten Jahrhundert, seit den Zeiten vor dem Anschluß an die cluniazensische Reform eine gefestigte Tradition des geistigen Lebens, die deutlich erkennbar von antiken Elementen mitbestimmt gewesen ist, lebendig war.

In Cluny selber ist, ein und ein Vierteljahrhundert nach der Gründung, der erste, der Geschichte zu schreiben unternahm, der Mönch R o d u l f u s G l a b e r gewesen. Allerdings war dieser dazu schon vorher, nämlich während seines Aufenthalts im Kloster St-Bénigne zu Dijon von dem dortigen Abte Wilhelm aufgefordert worden, und er hat das Werk auch nicht in Cluny selbst vollendet. Rodulfus, mit dem Beinamen „der Kahlkopf", stammte wahrscheinlich aus Burgund.
Im Alter von zwölf Jahren, es war um das Jahr 1000, wurde er einem Kloster übergeben. Aber er hat sich dort, wie es scheint, nicht eben gut betragen, so daß man ihn schließlich wegschickte. Um 1018 treffen wir ihn in Dijon im Kloster des heiligen Benignus, das zu jener Zeit unter Leitung des Abtes Wilhelm von Volpiano stand, der zu den führenden Männern der monastischen Reformbewegung zählte. In den zwanziger Jahren begleitete Rodulf den Abt auf einer Italienreise. Ein unruhiger Geist, hat sich Rodulf noch in mehreren anderen Klöstern aufgehalten, darunter während der frühen dreißiger Jahre in Cluny, in der letzten Zeit seines Lebens in St-Germain zu Auxerre, wo er anscheinend 1047 verstorben ist.

Daß er ein eigenwilliger und keineswegs sich nur dem Herkommen fügender Mensch gewesen sein muß, kommt in seinem Hauptwerk doch recht deutlich zum Ausdruck. Es ist eine Geschichtsdarstellung, *historiae,* die er seinem Abte, Odilo von Cluny, gewidmet hat. Darstellung der Geschichte seiner Zeit nennt er als seine Aufgabe, weil seit Beda und Paulus Diaconus, die die Geschichte ihrer Völker geschrieben hätten, keiner mehr solches gewagt habe, und dabei sei doch die Zeit um das Jahr 1000 in besonderem Maße der Erinnerung wert, da die zwei christlichsten und vortrefflichsten Könige die festländische Welt *(in nostro citramarino orbe)* regierten: Heinrich der Sachse, der nachmals das römische Kaisertum empfing, und Robert, der König der Franken.

Die fünf Bücher historiae behandeln den Zeitraum von den Anfängen des Hugo Capet bis 1044. Aber Rodulf schreibt nicht eigentlich als Historiker. Das liegt nicht nur daran, daß er den Stoff seines Werkes, den er zum Teil aus hagiographischen Quellen wie vermutlich der vita Maioli des Syrus (?)[106] und der navigatio sancti Brendani[107] geschöpft, zu einem nicht geringen Teil offenbar aus mündlichen Berichten empfangen zu haben scheint, kritiklos übernimmt. Man fragt sich, ob Rodulf die Geschichte, wie er sie erzählt, überhaupt als eine Folge irgendwie – und sei es nur zeitlich – zusammenhängender Vorgänge sah und darstellen wollte. Er greift aus dem historischen Ablauf einzelne Begebenheiten, die Geschichte einzelner hervorragender Gestalten heraus. Ihre Auswahl scheint auf den ersten Blick mehr von einem wunderlichen Interesse für das Düstere, Dunkle diktiert als von geschichtlichem Verständnis zu zeugen oder vom Streben nach einer einsichtigen Darstellung des Geschichtsablaufes, wie auch immer man ihn sich denken mag. Aber der Schein trügt. Wenn man glaubte, in der zunächst vielleicht konfus wirkenden, wunderlichen Erzählung das Charakteristische erfassen zu können, so wird man bei näherem Betrachten der fünf Bücher erkennen, daß sich die Ereignisse vorzugsweise um die Jahre 1000 und 1033 gruppieren: die Jahre, in denen sich das Jahrtausend seit der Geburt und seit dem Leiden Christi vollendete. Daß dies in der Absicht Rodulfs lag und damit auch einem Wunsche Wilhelms Rechnung getragen wurde, läßt sich aus dem Auftrag des letzteren erkennen, der ausdrücklich auf die Bedeutsamkeit der Ereignisse um das Jahr 1000 hingewiesen hatte.

Das war indessen nicht nur die Anschauung der beiden Mönche. Seit den Tagen der frühen Christenheit war es allgemeiner Glaube, daß,

---

[106] II 7 (Prou, S. 41).
[107] II 2 (a.a.O. S. 27ff.).

wie es die Apokalypse des Johannes kündete, nach tausend Jahren Satan auf eine kurze Zeit würde losgelassen werden und daß er ausziehen werde, die Völker an den vier Enden der Erde zu verführen (Apoc. 20, 2sqq., 7), und daß dann der Jüngste Tag anbrechen und der Herr wiederkommen werde zum Gericht. Dieser eschatologische Gedanke, der in den Menschen jener Zeit lebendig war, verband sich nun auch mit den Prophetien über die Ereignisse, welche dem Ende vorausgehen sollten: dem die Geister verwirrenden Auftreten des gleisnerischen Verführers, des Antichrist, seinen Aufstieg zu höchster Macht und seinen Sturz für immer, aber auch dem tröstlichen Erscheinen der friedenbringenden Gestalt des Endkaisers. Sie bilden den Inhalt sibyllinischer Orakel, fanden sich in den Sprüchen der tiburtinischen Sibylle, des mirabilis liber und anderer gerade vor und um die Jahrtausendwende wieder stärker verbreiteten, ja zum Teil erst jetzt aus alten Orakelsprüchen neu formulierten sibyllinischen Schriften. Die Vorstellungen als solche waren bekannt und verbreitet, auch dort, wo die Schriften nicht selber gelesen wurden, sie waren zugegen und bestimmten das Weltbild[108]. Sie sind auch Grundlage der historiae des Rodulfus Glaber. Daher rührt die eigentümlich pessimistische Stimmung, welche das Werk durchzieht; daher die Neigung des Autors, solche Begebenheiten auszuwählen, mit denen sich unheildrohende, unheimliche Geschehnisse verbanden oder verbinden ließen; daher die Gewohnheit, immer wieder auf die Schlechtigkeit und Bosheit hinzuweisen, die sich in der Geschichte und im Handeln so vieler Menschen offenbare, auf der anderen Seite aber auch die Hervorhebung lichtvoller Herrschergestalten wie Kaiser Heinrichs II. oder Roberts II. von Frankreich. Bedenkt man, daß der Kampf gegen die Herrschaft des Bösen in der Welt, gegen die sich häufenden Übel und die zunehmende Schlechtigkeit der Menschen von Anfang an ein großes, ja vielleicht das größte Anliegen der Cluniazenser war, die auch ihrerseits den eschatologischen Gedanken nicht fernstanden, so wird klar, wie weit das Werk Rodulfs, das zunächst mit dem sonstigen Schrifttum der Cluniazenser wenig zu tun zu haben scheint, im Grunde doch in ihrem Denken verwurzelt war.

Dies zeigt sich auch – und womöglich noch deutlicher – an einer anderen Eigenart des Werkes. Es wirkt auf den ersten Blick schon ein wenig skurril und steht gewiß im Dienste jener Absicht der Wirkung, wenn Rodulfus seine Geschichte mit einem Kapitel *de divina quaterni-*

---

[108] K. Grund hat in seiner sonst sehr verständigen Dissertation über Rodulfus Glaber (siehe unten Bibliographie S. 588), der ersten Studie, die überhaupt zu einem Verständnis des Werkes vorgedrungen und im wesentlichen nicht überholt ist, unnötigerweise die Benützung von Beatus' Apokalypsenkommentar und anderer frühmittelalterlicher exegetischer Werke durch Rodulfus postuliert.

tate beginnt. Man wird aufmerksam, um dann freilich sogleich zu erkennen, daß Rodulf natürlich nicht entfernt daran denkt, eine neue Theologie aufzustellen, welche der christlichen Lehre von der Trinität widerspräche, sondern daß er lediglich Vierergruppen behandelt, welche, wie er sagt, die *patres Grecorum catholici non mediocriter philosophi* erörtert hätten und in denen sie Wege zur Gotteserkenntnis gesehen hätten. Die Vierergruppen selbst, von denen sodann recht ausführlich die Rede ist, ergeben ein System von Analogien, das sich mindestens zum Teil in die patristische Zeit hinauf verfolgen läßt und auf eine dem Rodulf bereits vorliegende Zusammenstellung zurückgehen dürfte[109]. So werden in Beziehung gesetzt die vier Evangelien und der vierfache Schriftsinn der Exegese als Wege zur Gotteserkenntnis. Die vier Elemente, die vier Sinne – sie kommen dadurch zustande, daß Gesicht und Gehör als e i n Sinn behandelt werden – und die vier Kardinaltugenden werden miteinander und mit den vorgenannten Gruppen in der Weise verbunden, daß einem jeden Glied der einen Vierergruppe ein entsprechendes der anderen zugeordnet wird. Auf solche Weise entsteht ein System der Analogien, welches die gesamte Wirklichkeit, um mit Rodulf zu reden, den *mundus corporalis* und den *mundus intellectualis,* auch *rationalis* genannt, umfaßt. Im Hinblick auf die Geschichte ist es wichtig, daß Rodulf auch die Zeit in sein Analogiesystem einbezieht. So gliedert er die Weltgeschichte nicht gemäß der allgemeinen Gepflogenheit in sechs Weltalter, sondern in deren vier, die durch paarweise Zusammenfassung der vier ersten der üblichen Weltalter zustande kommen.

Nicht minder eigentümlich als die allgemeine Weltauffassung des Rodulfus Glaber ist der Rückblick auf die Geschichte oder vielmehr die Einordnung seiner Zeitgeschichte, die er an den Anfang der eigentlichen Darstellung setzt. Die Welt, der er sein Augenmerk zuwendet, ist, wie er sich ausdrückt, der *orbis Romanus.* Er war beherrscht von den Kaisern, deren gefürchtete Macht in dem Maße zurückging, als die Gerechtigkeit Christi sich ausbreitete und christliche Fürsten in den Staaten außerhalb des römischen Reichs zur Herrschaft gelangten. Die mächtigsten unter diesen aber waren die Franken, deren Könige Karl der Große und Ludwig der Fromme selber Kaiser der Römer wurden und eine Dynastie begründeten. Mit dem Ende dieser Dynastie, mit der Erzählung der Gefangennahme König Karls des Einfältigen durch den Grafen Heribert von Vermandois beginnt das eigentliche

---

[109] Die Verwandschaft mit dem entsprechenden Kapitel des irischen (pseudoisidorischen) liber de numeris aus dem achten Jahrhundert – hiezu Robert E. McNally, Der irische Liber de numeris. (Diss.) München 1957, besonders S. 72ff. – ist unverkennbar; er ist jedoch nicht die Quelle gewesen.

Geschichtswerk. Wie hier, so schließen sich auch sonst die schrecklichen oder unheimlichen Geschichten zumeist an den Bericht von Ereignissen um einen Herrscher an, als wollte der Autor gleichsam im Weggehen und Weitergehen, wenn er bereits Abschied genommen, noch einmal den fahlen Schein wolkenverhangenen Mondlichts auf sie werfen oder den das Gemüt beklemmenden Schatten düsteren Unheils. Dem Glanz der Sachsenkaiser, des ersten und zweiten Otto, folgt die Geschichte vom Aufstand des jüngeren Crescentius (Nomentanus), die Erhebung des Gegenpapstes durch ihn, die Belagerung des Empörers in der Engelsburg durch das eilig herangeführte kaiserliche Heer, die grausame Verstümmelung des Gegenpapstes, der erzwungene Todessturz des Crescentius von den Zinnen. Oder es stirbt Heinrich von Burgund, Bruder des Hugo Capet[110], und am Himmel erscheint ein riesiger feuriger Drache. Dem folgen Einfälle von Normannen und Sarazenen[111], und an einem Orte in Burgund begibt sich das unheimliche Vorzeichen, daß Steine vom Dach „tropfen", ohne jemanden zu verletzen oder etwas zu beschädigen. Ein andermal wird von der Herrschaft König Stephans von Ungarn und Roberts des Frommen von Frankreich erzählt[112]; ein Komet aber kündet Unheil[113]; Kirchen und Klöster werden erneuert; aber auf Anstiften eines streunenden Mönches[114] wird „der Fürst von Babylon" veranlaßt, die Grabeskirche zu Jerusalem zu zerstören (*anno nono post prefatum millesimum*)[115].

Diese und viele andere geheimnisumwitterte Ereignisse, die Rodulf erzählt, werden auch dadurch in eine innere Verbindung gebracht, daß sie sich zu dem Bilde der Endzeit, wie es im Matthaeusevangelium (24,4 ff.) gezeichnet wird, zusammenfügen: Krieg, Hunger, Pest, falsche Propheten, die Greuel der Verwüstung am heiligen Ort, Sonnenfinsternis usw.

Wenn nach der merkwürdigen Einleitung der historiae mit jener schematischen Welterklärung nach dem Prinzip der analogischen Systeme das herkömmliche Geschichtsbild, nach welchem die Geschichte der Menschheit Heilsgeschichte ist, zwar keineswegs aufgegeben oder eingeschränkt, aber doch eindeutig einem System der Weltordnung – dem der analogen Vierergruppen – untergeordnet erscheint, so liegt hier ein ähnliches Verhältnis vor wie in den Cluniazenser Abts- und Heiligenviten, in welchen das Biographische vom Schema der Tugenden überlagert, ja diesem als dem Höherrangigen zugeordnet

---

[110] Im Jahre 1002; nach Rodulf *anno tertio de supradicto millesimo* II 8.
[111] II 8.9.
[112] III 1.2.
[113] III 3.
[114] *corruperunt girovagum;* III 7.
[115] III 7.

erscheint. Bedenkt man, daß es Wilhelm von Dijon war, der die Abfassung anregte, und Odilo von Cluny, dem nach Wilhelms Tode das Werk gewidmet wurde, so wird man nicht fehlgehen mit der Deutung, daß uns in den Historien des Rodulfus der typische Ausdruck cluniazensischer Einstellung gegenüber der Geschichte sichtbar wird.

Obwohl also Rodulfs Anliegen nicht dasjenige des Geschichtschreibers ist und seine Angaben im einzelnen immer der Nachprüfung bedürfen, so sind seine Historien doch eine nicht unwichtige Quelle geschichtlicher und vor allem kulturhistorischer Erkenntnis für eine Zeit, aus welcher andere Quellen spärlich fließen. Man mag die angedeuteten Eigenschaften des Werkes, insoweit es dem historiographischen Schrifttum zugerechnet wird, als Schwächen rügen. Der unbefangene Leser, der nicht in erster Linie fragt, was man vom dem Autor lernen könne, wird das Werk des Rodulfus nicht aus der Hand legen können, ohne von den geschickt erzählten, lebendig dargestellten und zumeist mit geheimer Spannung erfüllten Geschichten gefesselt zu sein. Vergegenwärtigt man sich, daß solche Wirkung, die ungleich stärker als den späten Betrachter den Zeitgenossen ergreifen mußte, dem die berichteten Vorgänge und ihr immer wieder sein Gemüt bedrängender geistiger Grund erlebte Wirklichkeit waren, daß solche Wirkung zustande kommt in einem Werk, das doch eigentlich eine geistliche Deutung der Zeit versucht und, was ganz zweifellos damit verbunden ist, zu mahnen und aufzurütteln strebt, so wird man Rodulf – ungeachtet mancher Schwächen, die nicht verschwiegen werden sollen – zu den bedeutendsten Schriftstellern seines Jahrhunderts zählen dürfen[116].

Rodulfus Glaber schreibt einen gepflegten eigenwilligen Stil, der sich durch eine gewisse Neigung zu ungewöhnlicher Wortstellung, aber auch weniger gebräuchlichen Vokabeln und Wendungen von anderen unterscheidet, jedoch immer klar und verständlich bleibt.

Rodulf hatte erst einen Teil seines Werkes vollendet, als seine Arbeit durch die Nachricht vom Tode des Abtes Wilhelm von St-Bénigne (1. Januar 1031) und die Bitte der Mönche seines Klosters um Abfassung einer vita des Verewigten unterbrochen wurde. Mit der *vita Willelmi* des Rodulf trat eines der ältesten Klöster Frankreichs in die lateinische Literatur ein.

Der Klosterpatron Benignus, einer der alten Glaubensboten Galliens, der in Burgund das Evangelium verkündete, soll aus Kleinasien gebürtig und ein Schüler des Bischofs Polykarp von Smyrna gewesen, schließlich in Dijon angeblich unter Kaiser Aurelianus als Martyrer gestorben

---

[116] Monique-Cécile Garand, Un manuscrit d'auteur de Raoul Glaber, Scriptorium 37 (1983), S. 5–28.

sein; doch gelten die näheren Umstände seines Lebens als legendär. Im Jahre 512 hatte der Bischof Gregor von Langres[117] an der Grabstätte des Benignus das diesem geweihte Kloster errichtet, das später, man weiß nicht seit wann, der Benediktregel folgte. Der genannte Abt Wilhelm führte das Kloster zu seiner höchsten Blüte. Wie man aus Rodulfs sehr eingehender und auf guter Kenntnis beruhender vita erfährt, kam Wilhelm aus Italien. Sein Großvater, ein schwäbischer Kriegsmann, war dorthin ausgewandert, sein Vater, Graf Robert von Volpiano, stand im Dienste Berengars II., und Wilhelm wurde in der Zeit des Kampfes zwischen diesem und Otto I. 962 in einer Burg bei Novara, in welche sich Berengars Gemahlin geflüchtet hatte, noch während der Kaiser die Burg belagerte, geboren. Und nun erzählt Rodulf den Lebensgang Wilhelms: wie der Siebenjährige von den Eltern dem Kloster Locedio (in der Diözese Vercelli) übergeben, später von dort aus zur weiteren Ausbildung nach Vercelli und Pavia entsandt wird und, nach dem Tod der Mutter, seinen Vater zum Eintritt ins Kloster bewegt; er berichtet, wie Wilhelm die Priesterweihe als simonistisch ablehnt, weil der Bischof von Vercelli sie ihm nur gegen die eidliche Verpflichtung der Ergebenheit in allen geistlichen und weltlichen Dingen zu erteilen bereit ist; wir erfahren von der folgenreichen Begegnung Wilhelms mit dem Abte Maiolus, die zum Übertritt des eifrigen jungen Mönchs in das strengere Cluny führt. Es folgt, wenige Jahre später, die Erhebung Wilhelms zum Oberen mehrerer Klöster: zuerst von St. Saturninus an der Rhône unweit von Avignon; sodann St. Benignus in Dijon, wo Wilhelm die monastische Disziplin wiederherstellte und die Lebensformen der Cluniazenser einführte; ferner die Berufung durch den Herzog Richard II. von der Normandie an das Kloster Fécamp (nordöstlich von Le Havre), das ursprünglich (660 etwa) als Nonnenkloster gegründet, im neunten Jahrhundert von den Normannen zerstört worden war. Die Wiedererrichtung im Jahre 990 als Männerkloster durch Herzog Richard I. von der Normandie hatte nur einen beschränkten Erfolg gezeigt: Als Wilhelm dort eingeführt wurde, lebte in Fécamp ein loses Völkchen von Klerikern in recht weltlicher Weise, wie sich der Verfasser der vita ausdrückt (*more vivens carnali iugo soluta regulari clericorum levis conciola*, c. XIII). Wilhelm erreichte in verhältnismäßig kurzer Zeit, daß die Zahl der Mönche auf das Dreifache anwuchs und die Zucht im Kloster wiederhergestellt wurde. Die folgenden Abschnitte der vita behandeln Wilhelms Wirken wiederum von Dijon aus, sprechen von der Reform weiterer Klöster, vor allem auch von der Gründung des

---

[117] Großvater der Mutter Gregors von Tours, derselbe, zu dessen Ehren der Geschichtschreiber seinen Namen änderte.

Klosters Fructuaria in der Nähe von Volpiano, der Heimat der Familie Wilhelms im Piemont, dem er auch die nachmals berühmt gewordenen consuetudines nach dem Muster von Cluny gab; man liest von der Begegnung Wilhelms mit Odilo, dem späteren Abt von Cluny, der durch Wilhelm zum Eintritt in Cluny bewogen wurde. Die Auffassung der vita insgesamt ist hagiographisch, doch wird die Darstellung im wesentlichen vom Historischen und Biographischen bestimmt, so daß das Werk Rodulfs auch für geschichtliche Erkenntnis als eine überaus wertvolle und von Einzelheiten abgesehen sehr zuverlässige Quelle gelten kann. Der Unterschied gegenüber den cluniazensischen Viten ist offenkundig. Einzelne der hagiographischen Tradition entstammende Wendungen ausgenommen, vermeidet Rodulf alles Schematische, vor allem jene katalogartigen Aufzählungen oder Behandlungen von Tugenden, läßt die Eigenart der Persönlichkeit Wilhelms mehr in ihrem Wirken erscheinen als in der Beschreibung seiner Eigenschaften, wodurch freilich auch die große Gestalt dieses Erneuerers des Mönchtums wiederum ein wenig ferngerückt bleibt. Aber auch dies entspricht dem hagiographischen Stil. Rodulf bedient sich einer schlichten, zumeist natürlich wirkenden, aber doch gepflegten Sprache; inwieweit gewisse stilistische Eigenheiten (die jedoch in der vita weniger stark hervortreten als in den Historien) mit Rodulfs langem Aufenthalt in Dijon oder sonstigen Klöstern zusammenhängen oder schlichtweg persönliche Eigenheiten darstellen, ist einstweilen schwer zu erkennen. – Die vita, in Cluny verfaßt, scheint über den Kreis der von Wilhelm reformierten Klöster hinaus kaum bekannt geworden zu sein; erhalten ist der Text allein in einem aus Fécamp stammenden Exemplar des späteren elften Jahrhunderts.

In der lateinischen Literatur ist Sens, die alte Hauptstadt der keltischen Senonen, Bistum seit dem fünften Jahrhundert und Erzbistum seit dem siebenten, bisher nur vereinzelt hervorgetreten: im fünften Jahrhundert mit dem Bischof A g r o e c i u s und seinem *Handbüchlein der Orthographie,* im neunten, näherhin der Zeit Ludwigs des Frommen, mit dem *fons vitae* des merkwürdigen Senonenser Chorbischofs A u d r a d u s M o d i c u s ; aber von einer festen literarischen Tradition ist nicht die Rede. Doch haben wir leidlich zuverlässige Kunde von einer bemerkenswerten Pflege des geistigen Lebens im Kloster St-Pierre-le-Vif (S. Petri Vivi), das gegen Ende des zehnten Jahrhunderts durch den Abt Rainardus (979–1015) wiederhergestellt worden war. Der Abt soll sich um die Erneuerung, mit der ihn Erzbischof Seguinus von Sens beauftragt hatte, sehr bemüht haben; man spricht von einer Begründung der Bibliothek durch ihn, außerdem habe er auf den Unterricht großen Wert gelegt, zeitweise selbst unterrichtet. Unter Rainardus ist jener O d o r a n n u s, von dessen vielseitiger Begabung uns sein Nachlaß Zeugnis gibt, Mönch geworden. Wann dies geschah, wissen wir nicht; von Odorannus selbst erfahren wir, daß er im Jahre 1045, als er die Sammlung seiner opuscula vornahm, sechzig Jahre alt war. Er muß sonach 984/85 geboren sein. Das Bemerkenswerteste an ihm ist, daß er nicht nur literarisch gebildet und ein tüchtiger Schriftsteller war, sondern auch als Goldschmied bedeutende Fähigkeiten besaß; man weiß zum Beispiel von Reliquiaren, die er für König Robert II. und dessen Gemahlin Konstanze anfertigte.

Robert selbst war es, der auf Veranlassung des Erzbischofs Leothericus die Abfassung des ersten Kapitels oder Teils der Sammlung anregte: *Die Geschichte der Königin Teudechildis,* der Gründerin des Klosters S. Petri. Der Art des Berichtes nach handelt es sich mehr um ein Stück Chronik als um eine Biographie. Odorannus benützte als Quelle Gregor von Tours oder den liber historiae Francorum, daneben bietet er eine Abschrift des Grabsteins jener Teudechilde (oder nach dem Stein: Techildis), der bis zur französischen Revolution noch in der Kirche von St-Pierre vorhanden war, zitiert außerdem ein Gedicht des Fortunatus auf sie (carm. VI 3 inc. *Inclita progenies regali stirpe coruscans*) und beruft sich auf eine Urkunde, welche angeblich die Schenkungen der Teudechildis verzeichnete. Der durch solche Angaben entstehende Eindruck einer außergewöhnlichen historischen Genauigkeit wird nun freilich dadurch gestört, daß nach ihm jene Teudechildis eine Tochter Chlodwigs sein müßte, als welche sie sich nicht nachweisen läßt; außerdem glaubt man die Urkunde als Fälschung erweisen zu können[118].

Den zweiten Teil der Sammlung bildet eine *Chronik von St-Pierre-le-Vif* vom Jahre 668 bis 1032. Die Geschichte des Klosters selbst erscheint eingebettet in die allgemeine Geschichte; es ist in gewissem Maße für Ordorannus bezeichnend, daß er sich auch für Persönlichkeiten des geistigen Lebens interessiert zeigt und beispielsweise das Todesjahr Bedas, den er „historiographus Anglorum" nennt, oder das des Alkuin anführt. Bezüglich der Quellen, die Odorannus benützte, unterscheidet man zwei Teile: im ersten, der von 668 bis 1015 reicht, könnten die annales sancti Columbae Senonensis[119] aus dem neunten Jahrhundert und die historia Francorum Senonensis[120] von etwa 1015, möglicherweise aber ein anderes, heute verschollenes Werk benützt worden

---

[118] Gemeint ist doch wohl jene Theodechildis, die Tochter eines Schafhirten, die König Charibert (561–567) zur Kebse nahm: Greg. Tur. Franc. 4, 26.
[119] ed. G. H. Pertz, MGH Script. I, 102–109.
[120] ed. A Du Chesne, Historiae Francorum Scriptores III, 349–354.

sein, das allen dreien als Quelle gedient hat; dazu kommen Angaben über Schenkungen und Privilegien des Klosters St-Pierre. Gelegentlich der Erwähnung des Erzbischofs Seguinus von Sens (977–999) wird dessen Auszeichnung mit dem Titel eines Primas von Gallien[121] besonders hervorgehoben, zum Jahre 982[122] ist bei Erwähnung des Todes Ludwigs V. (*qui nihil fecit*) auf das Ende der Karolingerdynastie hingewiesen: *hic deficit regnum Karoli Magni*.

Im zweiten Teil, der die Zeit von 1015 an behandelt, spricht Odorannus vom Wirken des (bereits erwähnten) Abtes Rainardus, der das Kloster von Grund auf wiederherstellte, aber auch von seiner eigenen künstlerischen Tätigkeit, der Herstellung eines Kruzifixes für das Kloster und des Brunnens, ferner von Intrigen seitens eines Teils der Mitbrüder, die ihn zwangen, für einige Jahre nach St-Denis auszuweichen; und dann wird die Erwähnung des Königs Robert II. (1031) zum Anlaß genommen, die Vision der Königin und andere Vorgänge, welche zur Anfertigung des Reliquienschreines für den heiligen Savignianus im Kloster S. Petri zu Sens durch Odorannus selber führten, nebst weiteren Begebenheiten von lokaler Bedeutung sehr breit zu erzählen. Die Worte der Bescheidenheit, derer sich der Verfasser bedient, wenn er von sich selber spricht, können doch nicht darüber hinwegtäuschen, daß Odorannus einiges daran lag, seine künstlerische Tätigkeit dem Gedächtnis der Nachwelt zu überliefern.

Der dritte Teil der opuscula ist an den Abt Wilhelm von St-Denis gerichtet. Den Inhalt bildet eine *kanonistische Sammlung*, bestehend aus Konzilskanones, Dekretalen und Exzerpten aus Kirchenvätern; den Abschluß bildet ein Brief Gregors des Großen an Secundinus de reparatione sacerdotis[123] und ein Schreiben Isidors von Sevilla an den Bischof Masso über dasselbe Thema[124]. Die Sammlung war offenbar dazu bestimmt, dem Abte nachträglich – Odorannus befand sich bereits wieder in Sens – die kanonische Rechtfertigung dafür zu bieten, daß er dem durch Intrigen und falsche Zeugenaussagen aus seinem Kloster vertriebenen Mönch in St-Denis Aufnahme gewährt hatte. Sie zeigt an einem praktischen Beispiel die Anwendung des kirchlichen Rechts, scheint aber auch deutlich zu machen, daß Odorannus doch nicht eigentlich Kanonist gewesen ist.

Das corpus der opuscula enthält noch einige weitere, das Kirchen-

---

[121] *primatum Gallie suscepit:* der volle Titel lautet wohl *primas Galliarum et Germaniae*, vgl. A. Fliche, Seguin archevêque de Sens, primat des Gaules et de Germanie (977–999). Bulletin de la Société archéologique de Sens 24 (1909) 149–206.
[122] Richtig 987.
[123] Migne PL 77, 982ff.
[124] Migne PL 83, 899–902.

recht betreffende Texte, die Kapitel IX und X, die hier, da ohne literarische Bedeutung, nicht zu behandeln sind. Ähnliches gilt auch für die theologischen exegetischen Stücke unter den opuscula IV, VII und XII. Das erstgenannte (IV), an einen nicht näher bekannten Geistlichen Everardus gerichtet, erörtert drei exegetische Fragen: den Götzendienst Salomos, das Schicksal der totgeborenen, ungetauften Kinder, und den Ursprung der Seele. Die Fragen werden durchweg mit patristischen Exzerpten, vorwiegend aus Augustinus, Hieronymus und Ambrosius behandelt; der letztgenannten quaestio ist ein umfangreicher Abschnitt aus der apotheosis des Prudentius (Verse 782–951) als Abschluß angefügt[125].

Mit den genannten am nächsten verwandt ist eine kleine Gruppe von Schriften pastoralen und liturgischen Inhalts; es sind die opuscula XI und XII; auch sie sind nur zur Charakterisierung des Gesamtwerkes, nicht ihrer literarischen Bedeutung wegen hier anzuführen. Kapitel XI ist eine Mahnschrift des Odorannus an die Mönche von Massay, die Odorannus im Einvernehmen mit dem Abt Ingo von Massay, der sein Kloster verlassen und St-Pierre-le-Vif aufgesucht hatte, ohne die Sorge darum aufzugeben, an den Konvent gerichtet hat. Das Kapitel XII behandelt eine spezielle Frage der geistlichen Praxis, nämlich, ob eine Gebetsverbrüderung mit bestimmten Aufgaben einzurichten sei.

Mehr Aufmerksamkeit, wiewohl ebenfalls vorwiegend um ihres Gegenstandes willen und wiederum nicht als literarische Schriften, beanspruchen die Stücke zur Musiktheorie wie zur musikalischen Praxis. Opusculum V, einem Mönch Robert gewidmet, ist ein *Tonar* nach Art desjenigen des Regino. Nach einer Einleitung, in welcher das von Boethius (de musica III, 3) und Martianus Capella (im VIII. Buch) formulierte und von zahlreichen mittelalterlichen Musiktheoretikern gebrauchte System in der alphabetischen Ordnung der zur Bezeichnung der Intervalle verwendeten Buchstaben aufgeführt wird, beginnt unter der Bezeichnung *formae regularium modorum* das Verzeichnis der in der Liturgie gebräuchlichen Melodien, nach Tonarten geordnet, mit ihren Initien und Schlüssen. Vom Gegenstande her steht dem Tonarius am nächsten das Opusculum VI de divisione monochordi, das an die Mönche von St-Germain in Auxerre gerichtet ist. Der im Mittelalter häufig behandelte Gegenstand der Monochordteilung wird mit praktischen Ratschlägen für die Herstellung des einfachen Instruments eingeleitet und bietet eine ziemlich vollständige Behandlung des Gegenstandes.

---

[125] In der originalen Handschrift des Odorannus folgt ein Kapitel über die Verwendung der Buchstaben des griechischen Alphabets als Zahlzeichen.

Odorannus, der das zu seiner Zeit wohl für das geistige Leben bedeutendste Mitglied seines Konvents gewesen ist, erscheint uns in seinem schriftlichen Nachlaß und in dem, was wir sonst von ihm wissen, weniger als Schriftsteller, in welcher Eigenschaft er eigentlich nur die Chronik seines Klosters verfaßt hat, denn als ein auf verschiedenen Gebieten wohl bewanderter, vielleicht auch gelehrter Praktiker.

Um die Zeit, da der spätere König Robert II. der Fromme in Reims zu Füßen Gerberts saß, befand sich unter seinen Mitstudierenden auch ein junger Italiener, einfacher Leute Kind, dem seine hohe Begabung und charakterliche Vorzüge die Empfehlung an den berühmten Gelehrten verschafft hatten: F u l b e r t, nachmals Bischof von Chartres. Mit ihm tritt eine Stätte, die seit langem wohlgeordnete Unterrichtsverhältnisse besessen, aber nie zuvor einen Schriftsteller oder Gelehrten von Rang hervorgebracht hatte, erstmals mit nennenswerten schriftstellerischen Leistungen hervor; insofern – und nur insofern – steht dieser am Anfang einer Schule, die in den folgenden Generationen zu einem Begriff für eine besondere Art der Pflege des geistigen Lebens werden sollte, auch wenn deren Eigenart bei Fulbert selbst noch nicht zum Ausdruck kommt.

Wir sind über die früheren Lebensjahre Fulberts nur ungenau unterrichtet. Daß er um 960 geboren wurde, kann lediglich auf Grund seines weiteren Lebensganges angenommen werden. Über seine Herkunft ist viel gestritten worden; man hat an Aquitanien, an die Gegend von Chartres und an Rom oder dessen Umgebung gedacht; letzteres hat mehrfachen Anspielungen in Fulberts Briefen zufolge die größte Wahrscheinlichkeit für sich. Feststeht dagegen, weil von ihm selbst bezeugt, daß er aus bescheidenen Verhältnissen stammt. Daß er dem Benediktinerorden angehört habe, wie man gelegentlich vermutet hat, ist dagegen durch nichts bezeugt. Wer ihn an Gerbert empfohlen hat, wissen wir nicht. In Reims, bei Gerbert, war er Mitschüler des späteren Königs Robert II. des Frommen, mit dem er zeitlebens in freundschaftlicher Verbindung blieb. Vermutlich wurde er in verhältnismäßig jungen Jahren Lehrer an der Kathedralschule zu Chartres, wo er zahlreiche Schüler in den artes liberales unterrichtete. Er übte diese Tätigkeit wohl schon seit längerer Zeit aus, als er im Jahre 1004 zur Pfründe des Domherrn auch das Amt des Kanzlers übertragen erhielt. Zwei Jahre später, im November 1006, wurde auf Betreiben König Roberts Fulbert selbst zum Oberhirten der Diözese erhoben; er hatte dieses Amt 23 Jahre lang inne, einer der trefflichsten Bischöfe seiner Zeit, geliebt von seinen Diözesanen, hochgeachtet, ja verehrt, wo immer man von ihm hörte und sprach. Er stand in Verbindung mit den angesehensten Gelehrten seiner Zeit, aber auch mit gekrönten Häuptern: außer mit König Robert II. dem Frommen mit Knut dem Großen von Dänemark und Stephan I. von Ungarn. Fulbert erbaute die Kathedrale von Chartres. Die Lehrtätigkeit an der Domschule nahm er auch als Bischof noch wahr, soweit das Amt dies erlaubte. Er starb am 10. Apil des Jahres 1028.

Es wäre, wie bereits angedeutet ein Irrtum, wollte man annehmen, daß mit ihm, der als Begründer der Schule von Chartres betrachtet wird, diese erstmals ihre charakteristische Gestalt empfangen habe. Man wird überhaupt nicht sagen können, daß Fulbert im geistigen Leben irgendwo neue Wege eingeschlagen, daß er eine bestimmte Schulrichtung, die sich von anderen wesentlich unterschied, bevorzugt habe. Wenn etwas für ihn charakteristisch ist, dann wäre es sein entschiedenes Festhalten am überkommenen Bildungsgut und an den Traditionen der kirchlichen Lehre. Was indessen die eigentümliche Faszination dieses Mannes ausmacht, was ihn groß erscheinen läßt in den Augen der Zeitgenossen, daß ein jeder, der von ihm redet, nur mit höchster Achtung seinen Namen nennt, war nicht die Originalität der Gedanken, waren nicht neue Methoden oder auch ein imposantes literarisches Werk. Es war die ihn zutiefst durchdringende, sein ganzes Wesen prägende und darum so überzeugend wirkende innere Wahrheit, die Einheit und die Ausgewogenheit all der Fähigkeiten und Vorzüge, die ihn zum ebenso bestimmten wie frommen Oberhirten seiner Diözese, zum gelehrten und angesehenen Lehrer und zum hochgebildeten, durch und durch kultivierten Menschen gemacht haben.

Der literarische Nachlaß Fulberts ist dem Umfang nach nicht groß, aber auch nicht in allen Teilen gesichert. So muß, wenn Fulbert einem gängigen Urteil gemäß als der größte Theologe des frühen elften Jahrhunderts gerühmt wird, sogleich festgestellt werden, daß von den unter seinem Namen gehenden Abhandlungen der Traktat zu Act. Ap. XII, 1: *Misit Herodes rex manus ut affligeret quosdam de ecclesia* etc. nicht von Fulbert, sondern aller Wahrscheinlichkeit nach von dem Augustiner-Chorherren Richard von St. Victor († 1173) stammt, während andererseits ein lange Zeit unter dem Namen Augustins gehender tractatus de assumptione beatae Mariae virginis nur mit einiger Wahrscheinlichkeit unserem Fulbert zugeschrieben werden kann.

Es ist charakteristisch für Fulbert, daß er gern einen einzigen Gegenstand, eine bestimmte Frage aus einem größeren Zusammenhang heraus in einer speziellen Abhandlung erörtert. Das gilt auch für seine Schrift *contra Iudaeos,* die in der langen Reihe christlicher Schriften, welche sich mit den Juden auseinandersetzten, insofern einen besonderen Platz einnimmt. Unter den Argumenten, mit denen man auf christlicher Seite zu demonstrieren suchte, daß in Christus in der Tat der Messias gekommen, hatte die Prophezeiung des Patriarchen Jakob (Genesis 49, insbesondere Vers 10) eine Rolle gespielt, wonach die Königsherrschaft nicht von Juda sollte genommen werden, bis der kommen würde, der gesandt sei und auf den die Völker warteten. Auf diesen Gedanken pflegte man auf jüdischer Seite zu entgegnen, daß eine zeitweilig nicht vorhandene Königsherrschaft bei den Juden nichts so Außergewöhnliches sei; es sei um ihrer Sünden willen ja auch in den Jahrzehnten der babylonischen Gefangenschaft so gewesen, und überdies könne es unbekannte Gebiete auf der Erde geben, wo noch ein jüdischer König herrsche. Ferner lebten gewiß irgendwo Juden, die mit Klugheit und Kraft ihr Haus und ihr Gesinde regierten, so daß also das Szepter nicht von Juda genommen. Mit diesen jüdischen Einwänden, die Kenntnis der zugrunde liegenden Bibelstellen natürlich voraussetzend, beginnt Fulbert seine Abhandlung, indem er sogleich erwidert, daß bei solcher Auffassung der genannten Bibelstelle der Messias überhaupt erst am Jüngsten Tag würde auftreten können, womit die Prophezeiung selbst entwertet und als die törichte Äußerung eines Greises hingestellt würde. Daß sie im Gegenteil besonderes Gewicht besitze und die Deutung des sceptrum regni als eine beliebig hier oder dort auftretende Machtausübung dem Sinn der Stellen widerspreche, bekräftigt Fulbert auf eine sehr geschickte und überlegene Weise durch Interpretation sowohl der Prophetie als auch des Begriffes des sceptrum regni aus dem Zusammenhang und aus deren Stellung im Ganzen des Alten Testaments. In einem folgenden Abschnitt (II.) stellt Fulbert, von dem gemeinsamen Glaubensgut der Christen und Juden ausgehend, die Lehre von der Trinität als den ersten und entscheidenden Unterschied heraus. Da die Juden ihr zufolge nicht an die Gottheit Christi glaubten, ja überhaupt bestritten, daß der Messias bereits gekommen sei, so bildet eben dies den Kernpunkt der folgenden Ausführungen Fulberts. Als einen der zahlreichen Beweise für die bereits erfolgte Ankunft des Messias führt er wiederum jene Prophezeiung des Jakob an, die nicht nur dadurch besonderes Gewicht erhalte, daß sie von Moses wieder aufgegriffen worden sei, sondern schon durch die besonderen Umstände, unter denen sie erfolgte, als überaus gewichtig dargetan werde: ausgesprochen nämlich von Jakob zu einer Zeit, da sich die Israeliten noch in der Knechtschaft der Ägypter befanden und an einen König in Juda nicht zu denken war. Auf solche und ähnliche Weise wird durch Interpretation einer Reihe von Bibelstellen der Glaube an die bereits erfolgte Ankunft Christi gestützt und die besondere Vorrangstellung Jesu dargelegt, wobei natürlich immer nur die Stellen aus dem Alten Testament als die von den Juden allein akzeptierten herangezogen werden. Es folgt sodann eine längere Darlegung, in der es Fulbert nun darum geht,

1. Kapitel: Frankreich

den Juden vor Augen zu führen, daß der Messias in der Tat bereits in Christus gekommen sei. Der ganze Abschnitt liest sich wie eine Wiederholung des Voraufgegangenen; da sich an seinem Beginn Fulbert selber nennt[126], so ist an seiner Authentizität nicht zu zweifeln; doch wäre zu prüfen, ob es sich nicht etwa um eine Überarbeitung des Ganzen handelt. Was die ganze Abhandlung contra Iudaeos kennzeichnet, ist der bemerkenswert ruhige und sachliche Ton. Kein Wort eines Angriffs oder der Geringschätzung der Gegenseite, keine Spur von Vorwurf oder gar Gehässigkeit läßt sich in diesen Sätzen entdecken. Fulbert redet mit seinem Gegenüber wie mit einem ihm Nahestehenden, den er nicht zu überreden, sondern mit Argumenten von der Wahrheit seines, Fulberts, Standpunkts zu überzeugen sucht. Und so endet auch der ganze Traktat, der in schlichter, aber doch gepflegter Sprache ohne Künstelei als die Darlegung eines gebildeten, sein Gegenüber respektierenden Mannes erscheint mit jener alles Drängen vermeidenden Offenheit und Freiheit, die es dem anderen überläßt und seiner Entscheidung, wie er sich nun weiterhin verhalten wolle.

Eine Reihe von *sermones,* neun an der Zahl, zeigen Fulbert als bischöflichen Lehrer; die Kürze der einzelnen sermones und die Art, wie der jeweilige Gegenstand nur kurz angedeutet, Überleitungen und Einführungen zu neuen Gedanken vorgetragen werden, läßt keinen Zweifel daran, daß es sich um Entwürfe für Volkspredigten handelt, die dann in der Volkssprache gehalten wurden; sie sind hier nicht näher zu betrachten. Beachtenswert erscheint, daß einige – sofern sie echt sind – für Marienfeste bestimmt waren: für Lichtmeß, Mariä Geburt, Verkündigung, Unbefleckte Empfängnis. Dabei scheint erstmals das apokryphe Evangelium de nativitate Mariae[127] benützt zu sein, vielleicht auch der Liber de ortu beatae Mariae et infantia Salvatoris, das sogenannte Evangelium Pseudo-Matthaei[128], eine, wie heute angenommen wird, im sechsten Jahrhundert entstandene abendländische Bearbeitung des apokryphen Jacobus-Evangeliums und der Kindheitsgeschichte im Thomasevangelium. Beide Apokryphen haben die Vorstellungswelt und das Frömmigkeitsleben das ganze Mittelalter hindurch und weit darüber hinaus stark beeinflußt und nicht zuletzt die bildende Kunst auf die mannigfachste Weise angeregt. Die Benützung apokrypher Texte in Predigten und dergleichen ist an sich nicht auffällig; zu beachten ist vielmehr, daß auch hier bei Fulbert ein Beispiel für die Erscheinung vorliegt, daß etwa seit der Jahrtausendwende apokry-

---

[126] Migne PL 141, 313 D.
[127] Tischendorf, Evang. apocrypha 113 sqq.
[128] a.a.O. S. 51–112.

phe Texte überhaupt im Abendland stärker denn je zuvor ins Bewußtsein treten. Bei Adso ist Ähnliches bemerkt worden.

Von besonderer Bedeutung und demgemäß auch hochgeschätzt ist die Sammlung der *Briefe* Fulberts. Es handelt sich bei den 131 auf uns gekommenen Stücken um einen wesentlichen Teil der echten Korrespondenz Fulberts, also weder um Briefabhandlungen, wie man sie seit der Väterzeit häufig antrifft, noch um Schriftstücke, die etwa als Formelbuch eine besondere Bearbeitung erfahren hätten. Sie enthalten mit Ausnahme des ersten, ins Jahr 1004 zu datierenden Stückes Briefe aus den Jahrzehnten des Episkopats, näherhin von 1008 bis in Fulberts letztes Lebensjahr. Unter den Adressaten finden sich neben Angehörigen des hohen Klerus, die wohl am häufigsten auftreten, Personen der verschiedensten Stände; überaus mannigfaltig sind die Gegenstände, von denen die Briefe handeln. Hier finden sich Teile der offiziellen Korrespondenz des Suffragans Fulbert mit seinem Metropoliten, dem Erzbischof Leuthericus von Sens (epist. 2 = XI[129]; 3 = XII; 4 = XIII; 6 = XIV; 18 = XV u. a.), Briefe an Bischöfe der Nachbardiözesen in verschiedenen Angelegenheiten, Ermahnungen an Adlige, dem König die Treue zu halten (z. B. epist. 27 = XXIV), Mahnschreiben an Lehensleute des Bischofs, sich bei Androhung von Kirchenstrafen pflichtgemäß zu verhalten (z. B. epist. 16 = XVIII), oder ein Schreiben an den Normannenfürsten Richard, in dem mit dem Dank für Schenkungen an die Kirche von Chartres die Bitte verbunden wird, Übergriffe gegen Eigenleute des Bischofs von Chartres durch Untergebene des Normannen zu verhindern (z. B. epist. 83 = XXIII), oder der Rat an den König Robert, das kommende Weihnachtsfest (1024) nicht in dem durch Brand verwüsteten und außerdem im Bann stehenden Orléans zu feiern oder rechtzeitig für Rekonziliation zu sorgen, nebst Vereinbarungen über Fulberts eigenen Dienst am Königshof (epist. 94 = XXVII). Mit dem Dänenkönig Knut kommt er in Verbindung durch eine Schenkung, die jener der Kirche von Chartres gemacht hatte (z.B. epist. 37 = LXIX). Oder man beobachtet die einflußreiche Stellung Fulberts als Kirchenfürst etwa in den Briefen an Herzog Wilhelm von Aquitanien (z.B. epist. 107 = LXXI; 122 = LXXII; 119 = LXXIII). Von besonderem Interesse sind Briefe, welche die Hochschätzung zum Ausdruck bringen, deren sich Fulbert als Gelehrter erfreute. So beantwortet er einmal (epist. 125 = LXXX) die Frage König Roberts, ob es irgendwelche Berichte über Blutregen gebe und ob die Erscheinung als Vorzeichen zu gelten habe, mit dem Hinweis auf Livius, Valerius Maximus und

---

[129] Zitate nach Behrends (siehe bibliogr. Anhang unten S. 590), die römischen Ziffern geben die Zählung bei Migne.

Orosius, bei denen er entsprechende Bemerkungen gefunden habe, und gibt sodann ein längeres Zitat aus Gregor von Tours mit Angabe der Stelle (Hist. VI, 14) über einen ungewöhnlich früh einsetzenden Frühling mit Gewittern, die Erscheinung eines Kometen, die Beobachtung eines Nordlichts in Soissons und eines echten Blutregens in mehreren Orten der Umgebung von Paris; darauf seien an verschiedenen Orten – immer noch nach Gregor – schwere Seuchen aufgetreten. Was man aus dem Bericht Gregors und der vorhergenannten antiken Autoren schließen müsse, sei jedenfalls, so fährt Fulbert fort, daß das Auftreten eines Blutregens auf ein künftiges Unglück im Volke weise. Die folgende Auslegung aber macht deutlich, in welchem Maße Fulbert – dies war wohl die Regel in seiner Zeit – auch in solchen Dingen von der üblichen Art der Exegese sich leiten ließ. Wenn nämlich, so bemerkt er, dem König berichtet worden sei, daß der neuerdings beobachtete Blutregen, wenn er auf Stein oder auf den menschlichen Körper gefallen sei, sich nicht habe entfernen lassen, von Holz jedoch leicht abzuwaschen gewesen sei, so deute dies auf verschiedene Arten von Menschen hin, je nach der Beschaffenheit des Stoffes: auf die Harten und Gottlosen, auf die Unzüchtigen und Weichlichen und schließlich auf diejenigen, die weder das eine noch das andere seien. Die Harten und die Weichlichen könnten, wenn sie sich besserten, vom ewigen Tode gerettet werden; die anderen aber, die weder hart noch weichlich, würden durch die Not des Todes und durch die Gnade des Richters vor dem ewigen Verderben bewahrt.

Eine weitere Gruppe, unter die übrigen gemischt, bieten die Briefe mehr persönlichen Inhalts: Briefe der Freundschaft zuweilen, oder Briefe, wie sie der Lehrer seinem früheren Schüler Hildegarius senden konnte, worin dann auch von dem Lorbeerbaum im Garten des Bischofs geredet werden mochte, über dessen Gedeihen sich Fulbert so sehr freute. Hieher gehört aber auch der älteste Brief der Sammlung, der einzige an Abbo, den bekannten Abt von Fleury (epist. 1 = II), dem Fulbert ausführlich über die höchst unkanonische Einsetzung des neuen Abtes im Kloster Sancti Petri zu Chartres berichtet. Noch während der Krankheit, an welcher der regierende Abt starb, hatte sich ein Mönch, Magenardus mit Namen, des Nachts heimlich aus dem Kloster gestohlen und den Grafen von Blois, der zugleich designierter Bischof (von Chartres) war, aufgesucht, um von diesem mit der Abtei begabt zu werden, was denn auch geschah. Den Mönchen, die sich, als der alte Abt wenige Tage später verschieden war, aufs heftigste gegen die Erhebung des von ihnen nicht gewählten und nicht geschätzten Magenard zur Wehr gesetzt hatten, war dieser vom Grafen mit Gewalt aufgezwungen worden, so daß die meisten Mönche sich zum Verlassen ihres Klosters genötigt gesehen hatten. Mit der eindringlichen Klage, daß kein Bischof von solchen Mißständen Kenntnis nehme, daß es keinen Dionysius, keinen Martin, keinen Hilarius mehr gebe, und mit der beschwörenden Bitte an Abbo, seinen Einfluß geltend zu machen, schließt der farbenkräftige, überaus lebendig geschriebene, zuweilen mit bitterem Humor gewürzte Brief.

Einige unter den Briefen zeigen, welch hohen Ansehens sich Fulbert weithin als Kenner der Heilkunst erfreute: so einer an einen Bischof F. (epist. 24 = IX), dem Fulbert aus persönlichem Vorrat eine Salbe schickt, während er an Adalbero von Laon (epist. 47 = IV), der ihn brieflich wegen allerhand körperlicher Beschwerden konsultiert hatte, verschiedene Arzneien – darunter eine *gera* (d.i. hiera) *Galieni*, eine *tiriacae diatesseron*[130] – mit dem Bemerken übersendet, er möge sich über Wirkung und Anwendungsweise selber in einem Antidotarium unterrichten.

Ein in bildungsgeschichtlicher Hinsicht bemerkenswertes Zeugnis enthält ein Brief Fulberts (den man heute ins Jahr 1023 datieren zu können glaubt, epist. 82 = I) an seinen Amtsbruder Bonipertus, ersten Bischof des 1009 von König Stephan I. errichteten Bistums Fünfkirchen (Pécs), der dem Benediktinerorden angehörte und in einem unbekannten fränkischen Kloster Mönch gewesen war. Fulberts Versprechen, ihm ein Exemplar der Grammatik des Priscian zu übersenden, ist ein bemerkenswerter Hinweis auf die Bildungsbemühungen des Bonipert in Ungarn und eines der frühesten Zeugnisse der beginnenden Eingliederung des magyarischen Königreichs in die lateinische Welt. Eines der persönlichsten Zeugnisse und gewiß ein ergreifendes Selbstbekenntnis Fulberts findet sich in einer bruchstückhaft erhaltenen Korrespondenz mit Odilo von Cluny, welche in die Sammlung der Briefe eingegangen ist. Niedergebeugt von der Last des Amtes und im Bewußtsein der eigenen Armseligkeit wendet sich der Bischof an den Abt (epist. 49 = CVI), ob er, nachdem er ihn, Fulbert, mit Arzneien aufgerichtet, – Odilo hatte ihm zwei Fläschchen mit heilender Arznei übersandt – ihm nicht auch in allem andern Helfer und Wegweiser seines Lebens sein wolle. Es gibt einen Brief Odilos (epist. 50 = CXI), der (nicht ohne gewisse Schwierigkeiten[131]) sich mit dem eben genannten verbin-

---

[130] Hiezu H. Sigerist, Studien u. Texte zur frühmittelalterlichen Rezeptliteratur. Studien z. Geschichte der Medizin 13. Leipzig 1923, Register.

[131] Die Edition von Behrends macht die Schwierigkeit nicht deutlich. Es bleiben Zweifel, ob die beiden Briefe (49 und 50) wirklich aufeinander folgen. Daß ihre Abfolge in den Handschriften eine chronologische sei, ist reines Postulat. Genau besehen, beruht die Datierung aller Odilo betreffenden Briefe in der Sammlung Fulberts, auch die relative Chronologie, auf Kombinationen, bleibt somit durchaus unsicher.

den ließe. Odilo rühmt Fulberts Verdienste und Lebenswandel, ermutigt ihn, läßt aber in beinahe schroffer Weise keinen Zweifel daran, daß Fulbert sich der Verantwortung, die ihm nun einmal aufgebürdet sei, nicht entziehen, sie nicht auf ihn, Odilo, abwälzen dürfe[132].

Fulbert war ein sehr gewandter Epistolograph, und er hat als solcher seinen eigenen Stil entwickelt. Wie Gerbert liebt er es, ohne Umschweife den eigentlichen Gegenstand vorzutragen; aber er zeigt ungleich mehr Beweglichkeit und Konzilianz. So kurz und energisch er auf einer Forderung bestehen, einen Tadel aussprechen kann, wenn einer seinen Erwartungen nicht entsprach oder eine wirtschaftliche Angelegenheit des Bistums nicht in der promptesten Weise geregelt zu sein schien, so liebenswürdig und geschickt weiß er einen Wunsch oder eine sehr bestimmt vorgetragene Bitte zu äußern, wenn es darum geht, etwa einen Fürsten, der ihm nicht verpflichtet ist, geneigt zu stimmen. So sind denn auch die Briefe Fulberts von sehr unterschiedlichem Umfang, viele kurz und knapp, manche ausführlich und einläßlich, bis nahe an die Grenze des gemächlichen Plauderns, von der er jedoch immer noch ein Stück entfernt bleibt. Zumeist schreibt er einfach und ohne Umschweife, bedient sich aber auch wohl, wenn er Verständnis auf der anderen Seite erwarten zu können glaubt, manch elegant verhüllender Wendung, manch kühnen Vergleiches. Schwülstig und überschwenglich schreibt er nie.

In literarischer Hinsicht wird man den höchsten Rang unter dem, was Fulbert geschrieben hat, seinen *Gedichten* zuzusprechen haben. Ihre Zahl ist wahrscheinlich nicht groß, die Echtheit zumeist schlecht gesichert. Da Fulbert selbst offenbar keine Gesamtausgabe seiner Dichtungen veranstaltet hat und auch aus seinem Nachlaß keine geschlossene Sammlung hergestellt worden zu sein scheint, die handschriftliche Überlieferung zum Teil sehr dünn, zum Teil, wo es sich um verbreitetere Gedichte handelt, ein recht ungleichartiges Bild bietet, so steht man insgesamt auf schwankendem Boden. Von den Gedichten findet sich zwar die Mehrzahl in der wichtigsten und ältesten, noch in die Mitte des elften Jahrhunderts gehörenden Handschrift der Briefsammlung[133], die schon für die editio princeps des Charles de Villiers von

---

[132] Eine in den alten Drucken unter die Briefe geratene Briefabhandlung de tribus quae sunt necessaria ad profectum christianae religionis (= epist. V, olim I) – gemeint sind der Glaube an die göttliche Dreifaltigkeit, die Taufe und das Sakrament der Eucharistie – ist höchstwahrscheinlich unecht: dafür spricht nicht nur die handschriftliche Überlieferung (vgl. Behrends S. LXII), sondern auch die Formulierung der Anrede, in der sich der Absender als *Fulbertus exiguus* bezeichnet, was in den sicher echten Briefen nicht vorkommt; nur in Briefen an Höhergestellte: Erzbischöfe, den König oder den Papst nennt er sich *Fulbertus humilis* (oder *humillimus*), gewöhnlich mit dem Zusatz *episcopus*.

[133] Paris, Bibl. Nat. lat. 14167.

1608 benützt worden war. Aber es ist recht unsicher, was von den weiteren Gedichten, die im Laufe der Zeit mit mehr oder minder guten Gründen Fulbert darüber hinaus beigelegt wurden, tatsächlich von ihm stammt. Die Frage der Echtheit bedürfte der Untersuchung von Grund auf.

In zwei Gedichten hat Fulbert von sich selbst gesprochen. Sie sind nicht nur eine wichtige Quelle für die Kenntnis seiner Lebensgeschichte, wofür man sie heranzuziehen pflegt. Entstanden wahrscheinlich nicht allzulange nach Übernahme des Episkopats, sind diese Gedichte gewissermaßen ein Schlüssel zum Verständnis Fulberts: Das ernsteste und tiefste Bekenntnis eines Mannes, der, auf der Höhe des Lebens stehend, im Besitz eines Amtes, das vielen als das höchste Ziel erschien, und im Bewußtsein der Verantwortung über sein Leben nachsinnend mit seinem Gott redet. Das erste der Gedichte, 16 Hexameter, inc. *Angele consilii magni te consulo Christe*[134], ist ein Gebet des Bischofs um göttliche Hilfe in der Ausübung seines Hirtenamtes, dem er sich aus eigener Kraft nicht gewachsen fühlt, das er aber annimmt im tiefsten Vertrauen auf die erbetene Hilfe und im Bewußtsein, daß ihm, dem Nichtadeligen, die Bischofswürde nach dem Willen Gottes übertragen worden sei. Daß die Verse zum Teil an Horazens sermones anklingen und man an die reifen Gedichte des gerade um hundert Jahre jüngeren Marbod in seinem Zehn-Kapitel-Buch erinnert wird, mag den Rang dieses kleinen Gedichts und die innere Nähe Fulberts zu der ihm bekannten Antike gerade in einem solchen Werk verdeutlichen. In dem zweiten, wahrscheinlich viel später und jedenfalls erst nach einer Reihe von Jahren des Episkopats abgefaßten persönlichen Gedicht – es sind 15 Hexameter[135], inc. *Te de pauperibus natum suscepit alendum* – hält Fulbert Rückschau auf sein Leben. Er gedenkt seiner Abkunft aus bescheidenen Verhältnissen, seiner Begabung und der Lehrer seiner Jugend, des Aufstiegs zum Bischof und seines hohen Ansehens bei Königen, Bischöfen und dem einfachen Volk. Er aber habe viele Sünden auf sich geladen, doch lasse Gott ihn weiterleben, auf daß er Lauheit durch Eifer und Sünde durch gute Werke ersetze. Schlichte Frömmigkeit und, aus ihr hervorgehend, wahre Demut und zugleich das ruhige und sichere Bewußtsein, zu einer Aufgabe gerufen zu sein, die ihm in aller menschlichen Begrenztheit und Schwäche zu erfüllen aufgetragen war, bestimmen dieses einfache und wahre Gedicht.

Einer gewissen inneren Verwandtschaft wegen wird man in die Nähe

---

[134] 132 B(ehrends), ohne den ersten Vers inc. *Mi factor mea vita salus fiducia sola* = carm. XV Migne PL 141, 346 C, wovon kürzere Fassung bei Pfister S. 4.
[135] 133 B. = carm. XVI Migne 141, 347 A.

der genannten etliche Stücke meditativ-belehrenden Inhalts stellen. Wie stark hier und überhaupt in Fulberts Dichtung das literarische Anliegen bestimmend war, zeigen jene Gedichte, in denen Fulbert denselben Gegenstand wiederholt behandelt hat. So spricht er de timore spe et amore zuerst in 28 Hexametern (inc. *Trinus ab inlicitis hominum se continet ordo*)[136]. Wird hier der Grundgedanke, daß der Mensch vom Bösen entweder durch Furcht vor Strafe, durch Hoffnung auf Belohnung oder aus Liebe zu Gott abgehalten werde, somit also Furcht, Hoffnung und Liebe die wesentlichen Triebkräfte menschlichen Handelns seien, vergleichsweise breit ausgemalt, so versucht er in einem zweiten Gedicht denselben Gegenstand (inc. *Tres causae faciunt homines peccata cavere,* 9 Hexameter)[137] in einer auf ein Drittel reduzierten Fassung darzustellen, um sodann in einem weiteren Versuch den Grundgedanken in knappester epigrammatischer Form in drei Versen auszusprechen (inc. *Probra cavet vel flagra pavens vel premia captans*)[138]. Dieselbe Art der formalen Bändigung eines Gedankens in fortschreitend geprägterer Fassung hat Fulbert auch sonst zuweilen versucht, und so wird man nicht fehlgehen, wenn man Fulberts Dichtung in die Reihe jener poetischen Schöpfungen stellt, die man seit dem späten Altertum immer wieder antrifft, bei Eugenius von Toledo so gut wie bei Aldhelm, bei Alkuin oder einem anderen Karolinger, wie später bei einem Dichter der Blütezeit, einem Marbod oder Hildebert, denen Fulbert nicht nachsteht. Es kommt bei dieser Art von Dichtung gar nicht so sehr auf das einzelne opusculum an und auch gar nicht so sehr darauf, ob einer fünf oder fünfzig von der Art geschrieben hat: dem einen fällt es leicht, der andere müht sich hart. Worauf es ankommt, und was den Wert gerade solcher, für sich oft ganz unbedeutender Kleindichtung ausmacht, liegt in ihrer Präsenz, dem immer wieder neu aufgenommenen Streben und Ringen um die Form des Gedankens, den sie emporhebt über die Gemeinheit des Allbekannten, des Alltäglichen, hinein in den Raum des in Freiheit spielenden Geistes.

Aus derselben Haltung sind, von einer Anzahl kleinerer epigrammatischer Stücke abgesehen, bei Fulbert wohl auch jene in formaler und inhaltlicher Hinsicht der Gattung der Lehrgedichte zugehörigen Stücke *de libra et partibus eius* (inc. *Libra vel as ex unciolis constat duodenis,* 8 Hexameter) oder *de untia et partibus eius* (inc. *Uncia viginti scripulos et quattuor ambit;* 12 Hexameter)[139] zu erklären. Natürlich sind in

---

[136] 137 B. = carm. XIII Migne 141, 345 D (inc. *Primus*...):
[137] 138 B. = carm. XIV Migne 141, 346 B.
[138] 139 B. nicht bei Migne 141.
[139] 146 B.; Pfister, S. 35.

Fällen wie dem zuletzt angeführten die Grenzen zum echten Lehrgedicht fließend. Um ein solches handelt es sich bei den Versen *de signis et mensibus et diebus et horis compendium computi* (inc. *Annum sol duodena means per signa rotundat;* 56 Hexameter)[140]. Daß sich Fulbert überhaupt mit solchen Dingen befaßt, daß er auch ein paar Distichen auf das astrolabium verfaßt hat (falls die Zuweisungen überhaupt in Ordnung sind), deutet zwar auf ein Interesse auch für diese Dinge, aber man darf – im Gegensatz zu früheren Vorstellungen – bei Fulbert nicht mehr an Kenntnissen auf dem Gebiete der Astronomie und Naturwissenschaften erwarten, als sie eine allgemeine gute Ausbildung in den artes liberales zu bieten vermochte.

Einmal, in einem Gedicht *pre gaudio pacis* (inc. *Sanctum simpliciter patrem cole pauperum caterva*)[141], hat Fulbert ein archilochisches System, bestehend aus je einem Archilochius und einem katalektischen jambischen Trimeter, angewandt; das formale Vorbild des ziemlich seltenen Metrums dürfte bei Prudentius[142] zu suchen sein. Das Gedicht, Ausdruck des Dankes und der Bitte zugleich, beginnt mit der allgemeinen Aufforderung, Gott die Ehre zu geben, der allein die Macht besitze, die Welt zu erneuern; es rühmt den Frieden als den Zustand, da die Mächtigen, das heißt für die Zeit: die Fürsten und der Adel, auf ihr gewohntes Recht der Selbsthilfe verzichten und nach Gesetz und Ordnung handeln; den Zustand der allgemeinen Sicherheit, da keiner Raub und andere Gewalttat zu fürchten brauche, weil strenge Strafe den Verbrecher erwarte; den Zustand, in welchem jener inneren Ruhe und Sicherheit zufolge allgemeiner Wohlstand herrsche; die Verse schließen mit der Bitte um das ewige Heil für alle Menschen, göttliche Strafe aber für jene, welche den inneren Frieden störten. Die formale Hervorhebung des Friedensgedichts entspricht der Bedeutung, welche die Grundgedanken, die es umschreibt, zu jener Zeit hatten. Das Lob des Friedens, in der Dichtung bis dahin in solcher Verallgemeinerung kaum auftretend, ist ein typischer Ausdruck der geistigen Haltung des elften Jahrhunderts, da die wachsende Macht der Kirche die Voraussetzungen jener mittelalterlichen Friedensbewegung schuf, die seit der Mitte und vor allem dann seit den achtziger Jahren des elften Jahrhunderts als treuga Dei oder Gottesfrieden für bestimmte Regionen oder festgesetzte Zeiten ein absolutes Friedensgebot durchsetzte. Man weiß, daß diese Bemühungen, den Frieden im Reich zu gewinnen, eine wesentliche Voraussetzung für die Durchführung der Kreuzzüge geworden sind.

---

[140] 147 B. = carm. XVII Migne PL 141, 347 B.
[141] 149 B. = carm. XX Migne 141, 349 B; Pfister S. 69.
[142] Prud. perist. 12 (Passio apostolorum Petri et Pauli).

Ein Gedicht in 37 Hexametern auf das Kreuz *Christi de sancta cruce* (inc. *Vexillum regis venerabile cuncta regentis*[143]) verbindet mit Gedanken, die das Kreuz Christi rühmen und seine heilbringende Wirkung preisen, ein Gebet um die Früchte der Erlösung für den Dichter und alle, die ihm nahestehen. Andere Begriffe des Christlichen wie die Tugend oder einzelne Tugenden, aber auch praktische Lebensregeln hat Fulbert (falls diese Verse wirklich von ihm stammen) mehrfach, zum Teil nur in epigrammatischer Form behandelt.

Eine nicht unwichtige Rolle scheinen in Fulberts Dichtung die Rhythmen gespielt zu haben. Eine ganze Reihe der unter seinem Namen gehenden Gedichte ist in Fünfzehnsilblern mit trochäischem Tonfall und Zäsur nach der achten Silbe, das heißt der rhythmischen Nachbildung des alten trochäischen Septenars abgefaßt. Das Versmaß, das sich, als Verbindung zweier Kurzzeilen aufgefaßt, besonderer Beliebtheit in der Hymnendichtung erfreute, eignet sich vortrefflich dazu, den Leser oder Hörer einzustimmen: Es wirkt volkstümlich, schlicht und natürlich und unterstützt aufs glücklichste die leicht dahinfließende Erzählung, ohne grundsätzlich auf diese beschränkt zu sein. Indes, wenn man nach gemeinsamen Zügen der vermutlich Fulbertschen Rhythmen sucht, so ist es wohl am ehesten dies: Vielleicht ließe sich sagen, daß die Haltung des scheinbar anspruchslosen Dahinplauderns, das in Wahrheit aber doch den wohlüberlegten Vortrag der jeweils vom Dichter ausgesprochenen Wahrheit darstellt, von vornherein die Anlage des einzelnen Gedichts bestimmt. So ist ein *rithmus de fide spe et caritate* (18 Fünfzehnsilbler), inc. *Incorporeae personae gratia colloquii*[144] nicht, woran man denken könnte, nach der Art einer kleinen Abhandlung oder Betrachtung dargeboten, sondern in eine schlichte Erzählung gekleidet. Drei körperlose Personen, so heißt es, seien eines Tages in die Stube eines Schreibers getreten, und er habe es für angezeigt gehalten, ihre Namen und was sie von sich selber sagten, aufzuzeichnen, worauf dann eine jede – es sind drei Tugenden – ihr Wesen selber kundtut. In einem *rithmus de sententiis philosophorum de summo bono* (26 Fünfzehnsilbler), inc. *Inter illa quae profani bona putant maxime*[145] werden der Reihe nach in knappester Form die verschiedenen Ansichten antiker Philosophen über das höchste Gut aufgezählt. Während die Vertreter der meisten Richtungen und diese selbst als Lehrer der Lebensweisheit ungenannt bleiben, wird Platon seines Gottesbegriffes wegen gerühmt. Die Gedanken erinnern an den ersten Teil des achten

---

[143] 134 B. = carm. XII Migne 141, 345 B; auch Anal. hymn. 50, 284.
[144] 150 B.; Pfister S. 5.
[145] 151 B.; Pfister S. 33.

Buches der civitas Dei Augustins, besonders c. 1–10, und können als Formulierung einer Grundvorstellung mittelalterlicher Gelehrter in Bezug auf antike Philosophie betrachtet werden. Eine ähnliche Anlage weist der *rithmus de trinitate* (21 Fünfzehnsilbler, d.h. rhythmische „Septenare"), inc. *Verbum Dei spiritumque legifer in genesi*[146] auf. Das offenbar nicht vollendete Gedicht führt die in den Büchern des Alten Testaments enthaltenen Aussagen über die göttliche Dreifaltigkeit vor; es hat den Anschein, als seien die Verse auf Grund einer systematischen Sammlung der einschlägigen Bibelstellen, die sich in einer Gruppe der Handschriften mit den Gedichten Fulberts findet, angelegt worden.

Wie hier theologischer Wissensstoff in eine gefällige poetische Form gebracht ist, so wird in dem *rithmus de distantia dialectice et rethoricae* (21 Fünfzehnsilbler, rhythmische „Septenare"), inc. *Multi rhetores vocantur atque dialectici*[147] offenbar in Auseinandersetzung mit einer anderen Schule der im Gegenstand, in der Art der Frage, der Darbietung und dem Ziele liegende grundsätzliche Unterschied zwischen Dialektik und Rhetorik behandelt; wer mit jenen gemeint ist, von denen gesagt wird, sie hielten sich etwas darauf zugute, Rhetorik und Dialektik zu vermischen, weil sie in den Büchern des Cicero und des Aristoteles gelesen hätten, muß offen bleiben.

Nicht geringe Unsicherheit besteht bezüglich der Authentizität einiger geistlicher Dichtungen, die unter den Namen Fulberts gestellt zu werden pflegen. Eine Weihnachtssequenz, inc. *Sonent regi nato nova cantica*[148], die der handschriftlichen Überlieferung nach zu urteilen zwar nie sehr häufig, aber doch das ganze Mittelalter hindurch und weithin verbreitet gewesen zu sein scheint, rühmt die wunderbare Menschwerdung des Gotteswortes, die Geburt von der Jungfrau, und fordert alle Menschen und die gesamte Schöpfung auf, den von Sehern und Propheten Verkündigten zu lobpreisen. Die Form der Sequenz – reimlos, mit einer Bevorzugung des -a in der letzten Silbe der einzelnen Strophen und Antistrophen – würde einer Verfasserschaft Fulberts nicht widersprechen. Auf völlig unzureichende Gründe stützt sich die übliche Zuweisung einiger Hymnen in sapphischen und ambrosianischen Strophen auf Epiphanie und Pfingsten, Mariae Geburt und Martinsfest. Selbst einer der bekanntesten und reizvollsten Rhythmen, den man gerne für den Bischof von Chartres in Anspruch nehmen möchte, entbehrt nicht nur der sicheren Bezeugung, sondern stammt mit großer Wahrscheinlichkeit von einem unbekannten französischen Dichter,

---

[146] 155 B. = carm. IV, Migne PL 141, 342 D.
[147] 152 B.; Pfister S. 6.
[148] carm. III, Migne PL 141, 342 C; Anal. hymn. 50, 282.

muß allerdings schon recht bald in die Lande östlich des Rheins gelangt sein, wo das Gedicht noch in der ersten Hälfte des elften Jahrhunderts in die Sammlung der sogenannten Cambridger Lieder aufgenommen wurde. Es sind die humorvoll weisen Verse vom kleinen Mönch Johannes (inc. *In gestis patrum veterum quiddam legi ridiculum*[149]; dreizehn Strophen von je vier rhythmischen Achtsilbern, von denen je zwei durch einsilbigen Reim gebunden sind), der mit einem Gefährten in der Wüste lebt und, mit der üblichen Härte des Anachoretenlebens sich nicht begnügend, der Warnung des Gefährten zum Trotz allein noch tiefer in die Wüste zieht, um allen irdischen Bindungen und Bedürfnissen zu entsagen. Sieben Tage hält er's aus, dann treibt ihn der Hunger zurück, und Einlaß flehend pocht er an die Tür der Zelle:

,*Frater*', appellat, ,*aperi!*'

Der andere denkt nicht daran, ihm aufzutun:

,*Iohannes factus angelus,*
miratur caeli cardines,
ultra non curat homines.'

Und so bringt er noch einmal die kalte Wüstennacht im Freien zu. Des andern Morgens mit kräftigem Spott aufgenommen, hat er nur noch Augen für das trockene Stück Brot, das ihm gereicht wird. Die Moral steht am Ende:

cum angelus non potuit,
vir bonus esse didicit.
Er ward, zum Engel halt zu schwach,
ein guter Mensch so nach und nach.
(nach Paul von Winterfeld)

Die kleine Geschichte, die Anekdote, die so natürlich und unmittelbar klingt, ist nicht vom Dichter erfunden. Er las sie in den Berichten aus dem Leben der Wüstenväter, unter den sogenannten verba seniorum[150], und so handelt es sich scheinbar nur um die Versifizierung eines vorgegebenen Textes. Aber um wieviel mehr wird aus der bloßen Übertragung in der Hand des Dichters!

Wohl zu Unrecht hat man lange Zeit unserem Fulbert ein Heiligenle-

---

[149] 153 B.; Carmina Cantabrigiensia ed. Strecker S. 97 (nr. 42); weiteres Schaller, Initia 7846.
[150] vitae patrum 5, 10, 27 (Migne PL 73, 916 D).

ben, die *vita sancti Autberti,* zugeschrieben,[151] die indessen wohl erst gegen 1050 von Bischof Gerhard I. von Cambrai (1012–1051) angeregt wurde und von einem anderen Fulbert verfaßt worden zu sein scheint.

Es handelt sich um jenen Autbertus, der im späten 7. Jahrhundert, zur Zeit Dagoberts I., Bischof von Cambrai gewesen und als eifriger Förderer der Heidenmission und des Klosterwesens in Flandern in die Kirchengeschichte eingegangen ist. Ob es eine ältere, uns nicht erhalten gebliebene vita Autberti gegeben hat, wie man angesichts des großen zeitlichen Abstandes von dem Helden des Werkes annehmen möchte, steht dahin; so wie die vita uns vorliegt, hat es den Anschein, als seien dem Verfasser nur ungefähre Nachrichten über das Leben Autperts vorgelegen, nicht aber eine ausgearbeitete vita. In einer verhältnismäßig breit angelegten Vorrede erinnert der Verfasser, einen wohlbekannten Gedanken der Hagiographie variierend, daran, daß die Alten durch Lebensbeschreibungen sich ein Nachleben zu verschaffen gesucht hätten, während die Christen wüßten, daß dies dem Dargestellten gar nichts nütze, auf der anderen Seite aber auch ein Heiliger nicht einer Lebensbeschreibung bedürfe, eine solche vielmehr erbaulichen Zweck habe und die Leser zur Nachahmung anregen könne. Sodann weist der Verfasser darauf hin, daß er in Ermangelung von Nachrichten nicht über alle Lebensabschnitte seines Heiligen in gleicher Weise berichten könne. Gleichwohl scheint das Genus doch einen gewissen Umfang erfordert zu haben, und dies begründet die eigenartige Anlage der vita: Mit dem Leben Autperts nämlich wird die Geschichte mehrerer flandrischer Heiliger verbunden. So soll der heilige Landelin von den Eltern dem Bischof Autpert zur Erziehung übergeben worden sein; und weil ihm dies aber wenig behagte, entschloß sich Landelin, nachdem er herangewachsen, ein Räuberdasein zu führen, stieg zum Hauptmann einer Bande auf und führte ein wüstes Leben, bis er bei der Vorbereitung eines Raubüberfalls den Tod eines Komplizen erlebte, der ihn zutiefst erschütterte. Auf die Fürbitte des Bischofs Autpert sei ihm ein Engel erschienen und habe ihm die Höllenstrafen vor Augen geführt, die jenen Räuber und auch ihn selbst erwarteten. Landelin bekehrte sich, wurde Mönch und gründete Lobbes und St. Crispin, die er als erster Abt leitete. Aus Griechenland, aus Athen gebürtig – so die Legende, in Wahrheit vermutlich fränkischer Herkunft –, gelangte der heilige Gislenus ins Bistum Cambrai, wo er in Ursidungen eine Zelle gründete,

---

[151] Die in diesem Teil aus dem späten 11. Jh. stammenden gesta episcoporum Cameracensium nennen einen *Fulbertus doctor clarissimus* (I 77) als Verfasser. Zur Verbindung mit dem obengenannten Gerhard vgl. L. van der Essen, Les vitae des saints Merovingiens dans l'ancienne Belgique, 1907, S. 273ff.

aus der das spätere St. Ghislain hervorging, und als Einsiedler lebte. Autbertus, in dessen Diözese sich das Erwähnte zutrug, wird als ein Mann geschildert, der mehrfach Visionen hatte. Er trägt sich mit dem Gedanken, dem heiligen Vedastus eine würdige Grabstätte zu errichten. Als er eines Tages nach nächtlichem Gebet ins Freie tritt, erblickt er auf der anderen Seite des Flüßchens Trientio einen Mann, der mit einem Stabe messend umhergeht. Er weiß, daß jener den Grundriß für die zu errichtende Basilica abmißt, holt, bestärkt durch dieses Gesicht, den heiligen Audomar, der zu jener Zeit das Bistum Terouanne innehat, herbei und nimmt zusammen mit ihm die Übertragung der Gebeine des heiligen Vedastus an die Stätte der künftigen Basilica vor. So erweist sich die vita Autberti in ihrer Zusammenschau berühmter Heiliger und Bischofsgestalten aus Flandern als ein Denkmal einer Richtung der Hagiographie, die scheinbar Geschichte und geschichtliche Zusammenhänge darbietet, während sie doch zu einem nicht geringen Teil Geschichtskonstruktionen und schlichtweg als legendär zu bezeichnende Begebenheiten vorträgt; es ist klar, daß in solchem Zusammenhang der Neigung zum Erzählen breitester Raum gegönnt wird. Im flandrischen und belgischen Raum wird solches häufiger als anderwärts bemerkt. Die zur Schlichtheit tendierende Sprache, die als besondere Eigentümlichkeit die Paraphrase einfacher Worte und Begriffe mit Hilfe attributiver Wendungen aufweist, zeigt einen fortgeschrittenen Stand der Entwicklung, wenn diese auch in anderer Weise zutage tritt als in zahlreichen Denkmälern der Zeit, die der Neigung zum Schwulst huldigen. Insgesamt steht die vita Autberti mit der charakterisierten Eigenart in starkem Gegensatz etwa zu der von Cluny geprägten Hagiographie.

Wie immer es sich mit der Frage der Verfasserschaft der vita Autberti verhalten mag, man erkennt insgesamt, daß die Bedeutung Fulberts, die von den Zeitgenossen und von den Späteren auf so mannigfache Weise hervorgehoben wird, nicht eigentlich in seinem literarischen Werk liegt. Bedeutender als das, was er selbst geschrieben hat, muß er als Lehrer gewesen sein – eine Tätigkeit, der er sich auch noch in den Jahren seines Episkopats gewidmet hat, und am wichtigsten war wohl die unmittelbare Wirkung eines Mannes, der, im Gegensatz zu den meisten Bischöfen in seiner Zeit aus einfachen Verhältnissen stammte, die Vorstellungen, die man sich von einem Bischof machen konnte, in geradezu vollkommener Weise in seiner Person verwirklichte.

Im Laufe des zehnten Jahrhunderts waren zumal im Norden Frankreichs bedeutsame Veränderungen eingetreten. Seit dem Ausgang des neunten Jahrhunderts hatten sich die Normannen an der unteren Seine festgesetzt. Ihrem Führer Rollo gelang es, im Vertrag von St-Clair-sur-Epte (911) unter Annahme der Taufe und Anerkennung des französischen Königs als Lehnsherrn von Karl III. das Land an der unteren Seine, die spätere Normandie, als Lehen zu erhalten. Bezeichnend für die tatsächlichen Machtverhältnisse ist jene Anekdote, in der berichtet wird, wie einer der normannischen Großen, von Rollo beauftragt, an seiner Statt dem König den Fuß zu küssen, in ungebeugter Haltung das Bein des sitzenden Königs hochreißt, so daß dieser unter allgemeinem Gelächter die Huldigung auf dem Rücken liegend empfängt. In der Tat hatte Karl lange feilschen müssen, ehe sich die hochfahrenden Normannen, denen das als Ackerland angebotene Flandern zu sumpfig erschien, wie berichtet wurde, mit der Zusage der Bretagne zufrieden gaben; die Auslegung und die Gültigkeit dieser Bestimmung ist dann der Anlaß der jahrhundertelangen und oft mit kriegerischen Mitteln geführten Auseinandersetzungen zwischen der Normandie und den Bretonen geworden. Wie immer der Vertrag beurteilt werden mochte, die Normannen waren auf dem Kontinent seßhaft geworden; sie bedrohten nicht mehr das Land, auch wenn sie das Gebiet, das ihnen im Vertrag von St-Clair zugebilligt war, in den darauffolgenden Jahrzehnten noch erweiterten. Ihr Land war zu einem Herzogtum, ihre Führer zu Herzögen und Vasallen des französischen Königs geworden. Das hinderte nicht, daß sie fortan ihr Land selbständig regierten, es nach eigenen Vorstellungen ausbauten und zentralistisch organisierten. Die Normannen nahmen die Sprache und den Glauben der einheimischen Bevölkerung an, was eine allmähliche Änderung des Verhältnisses derselben zu den germanischen Ankömmlingen zur Folge hatte, wiewohl diese es verstanden, der Normandie für alle Zukunft ein eigenes Gepräge zu verleihen. Der Festigung und Verwurzelung ihrer Herrschaft war es ohne Zweifel dienlich, daß sie die alten monastischen Niederlassungen, die ehedem von ihren räuberischen Vorfahren verwüstet oder zerstört worden waren, wiederherzustellen sich bemühten. Schon Rollos Nachfolger Herzog Wilhelm I. (928–943) begann das Werk der Erneuerung, und seine Nachfolger taten desgleichen. Jumièges, um 654 vom heiligen Philibert auf dem von der Königin Bathildis der Angelsächsin gestifteten Grund an der unteren Seine errichtet, war seit 841 mehrmals von den Normannen heimgesucht und verwüstet worden. Um 940 stellte Wilhelm I. das Kloster wieder her.

Auch das ehemalige Frauenkloster Fécamp nördlich von Le Havre, ein großer Konvent – gelegentlich ist von 300 Nonnen die Rede – war im selben Jahr der normannischen Verwüstung zum Opfer gefallen. Von Herzog Richard I. 932 wieder aufgebaut, wurde Fécamp zunächst Sitz von Klerikern, bis es nach der Jahrtausendwende den Benediktinern übergeben wurde.

1. Kapitel: Frankreich

Auf dem mons sancti Michaelis in periculo maris (Mont-Saint-Michel), an der Grenze zwischen der späteren Normandie und der Bretagne, hatte seit der Zeit des Bischofs Autbertus von Avranches (um 704–725) ein Heiligtum bestanden, mit dem ein Kollegiatstift verbunden war; die Wallfahrt dorthin war die größte in Frankreich nächst derjenigen zum Grab des heiligen Martin in Tours. Herzog Richard I. übergab 966 das Kollegiatstift den Benediktinern, die er aus Fontenelle (Saint-Vandrille) holte; auch dieses war vor der Mitte des siebten Jahrhunderts gegründet, 862 der Zerstörung durch die Normannen zum Opfer gefallen und erst um 960 wiederhergestellt worden, wenige Jahre, bevor es Mönche auf den Mont-Saint-Michel entsandte.

Wilhelm von Dijon, von Herzog Richard II. gerufen, reformierte nacheinander Fécamp (1001), Jumièges (1004) und führte die Reform von Fruttuaria in diesen Klöstern ein.

Im zweiten Viertel des zehnten Jahrhunderts, unter Herzog Wilhelm Langschwert (928–943), stellte ein Unbekannter, der möglicherweise Mönch in Jumièges war, die wichtigsten Ereignisse aus der Geschichte des um 925 wiederhergestellten Klosters in einem gewöhnlich als c a r - m e n d e m o n a s t e r i o G e m m e t i c e n s i bezeichneten Gedicht (inc. *Siste gradum stabilem prudens* bzw. *Secula sex Phoebus cum lustris volverat octo,* 170 bzw. 185 Hexameter) dar. Er berichtet von der Gründung durch den heiligen Philibert, der das Kloster mitten in der Wildnis errichtet habe; beschreibt in lebhafter Darstellung die Zerstörung durch die Normannen, die er ins Jahr 840 setzt, und die Wiedererrichtung durch Wilhelm I. Während der Dichter die älteren Begebenheiten auf Grund einer allgemeinen Erinnerung, die Zerstörung des Klosters zum Beispiel, mit Hilfe der Formulierungen vor allem aus Vergil zu beschreiben sucht – die Normannen verfügen über antike Belagerungsmaschinen – weiß er von der Wiedergründung eine reizvolle Geschichte von zwei Mönchen zu erzählen, die in der Nähe der Ruinen des Klosters als Einsiedler leben. Der Herzog, der auf der Jagd zufällig in die Gegend kommt, verschmäht die kärgliche Bewirtung der Mönche, wird beim weiteren Jagen von einem Eber angefallen und übel zugerichtet. Von seinen Verletzungen genesen, sucht er die Einsiedler wieder auf, nimmt diesmal die Gastlichkeit willig an und läßt das Kloster mit der Kirche zu Ehren Mariens wiederaufbauen. Es war dies die erste Wiedererrichtung eines von Normannen zerstörten Klosters durch die Normannen. Wie der Dichter und wie wohl auch der Kreis, dem er angehörte, den Vorgang beurteilten, ist recht auffällig: des Herzogs Begegnung mit den Mönchen ist eine Fügung. Aber der Herzog verachtet zuerst die Mönche, wird dafür auf der Stelle gestraft, leistet Genugtuung für seine persönliche Schuld, und dazu gehört auch die Wiederherstellung des Klosters. – Im übrigen verraten die Verse, von gewissen Härten der Darstellung abgesehen, eine bemerkenswerte Vertrautheit vor allem mit Vergil, den der Dichter in sehr gewandter Weise zu imitieren versteht; man muß annehmen, daß er an einer Stätte gebildet wurde, wo man im frühen zehnten Jahrhundert die karolingische Bildungstradition festzuhalten oder wiederzugewinnen sich bemühte.

Es gibt aber auch eine Art des Festhaltens an überkommenen Bildungstraditionen, die auf das Äußere, das rein Formale der Bildungsgüter keineswegs verzichten, aber eben dadurch, daß sie nur dem Äußeren verhaftet bleibt, ohne das Wesentliche zu erfassen, auf eine Bahn gelangt, die sich vom Eigentlichen, von dem was die karolingische Erneuerung bewirken sollte und zumeist bewirkt hat, diametral entfernt.

Im späten zehnten und zu Anfang des elften Jahrhunderts lebte in Rouen, vielleicht im Kloster Saint-Quentin, W a r n e r i u s, der offenbar als Lehrer tätig war und dem Erzbischof Robert I. von Rouen (989–1037), einem Sohn Herzog Richards I., zwei seiner Gedichte gewidmet hat. Das eine wie das andere ist ein so elendes Machwerk, daß man den Warnerius nicht in der Literaturgeschichte zu erwähnen hätte, läge nicht in seinen Erzeugnissen ein früherer, freilich übel geratener Versuch einer Dichtungsart vor, die in naher Zukunft große Bedeutung gewinnen sollte: die Satire.

Das erste der Gedichte (inc. *Roberto domino subnixo presulis ostro*; 498 Verse, einsilbig gereimte leoninische Distichen) ist eine scharfe, persönlich gerichtete Satire gegen einen Iren namens Moriuht, der offenbar als Lehrer des Triviums den Ärger, um nicht zu sagen die Wut des Warnerius auf sich gezogen hatte. Von Anfang an ist der Ton auf Verunglimpfung des Iren, seiner Heimat und seines Volkes, seines Schicksals – Moriuht war wiederholt von den Normannen verschleppt und verkauft worden – und all seines Tuns gestimmt. Der Versuch aber, durch eine bis dahin kaum dagewesene Invektive den Iren, der sich auch als Dichter ausgibt, zu treffen, mißlingt gründlich: indem Warnerius, vor Unflätigkeiten nicht zurückscheuend, das sittenlose Verhalten des Moriuht rügt, zugleich aber über das unverschuldete Unglück des Mannes seinen Spott ausgießt, die Verschleppung des Unglücklichen und seiner Frau, die von Warnerius verächtlich mit dem Hetärennamen Glycerium (nach der Andria des Terenz) bedacht wird, mit Hohn belädt, weckt er eine Anteilnahme für den Unglücklichen, die dem Iren nach des Verfassers Willen gerade nicht zuteil werden sollte. – Bemerkenswert ist, daß die Anregung, ein Gedicht solcher Art zu versuchen, das persönlich schmähen und verunglimpfen sollte, aller Wahrscheinlichkeit nach von einer Lektüre des Juvenal – insbesondere der sechsten Satire – ausgegangen ist.

Auch das zweite von Warnerius bekannte Gedicht, inc. *Rotberto doctis fulgenti semper alumnis* (160 Verse, Distichen) ist von satirischer Art. Es ist dem Erzbischof Robert gewidmet wie jenes und in dialogischer Form gehalten; als Gesprächspartner treten der Autor selbst und das Objekt seines Angriffs Franbaldus auf. Dieser, aus Mont-Saint-Michel gekommen, unterrichtet in Rouen Musik, insbesondere Musiktheorie, worauf er sich einiges zugute hält, wird von Warnerius wegen seiner mangelnden Kenntnisse der Grammatik gerügt, aber auch weil er Geld für seinen Unterricht annimmt und so fort. Der Ton steht an Derbheit dem Moriuht-Gedicht nur wenig nach, nähert sich jedoch, da der Angegriffene auch erwidert, einem Streitgedicht, das es eigentlich aber doch nicht ist. Was der Verfasser an der Satire aufgefaßt hat, war offenbar allein der Angriff eines Gegners; darüber hinaus fehlt eigentlich alles[152].

In beiden Gedichten hat er versucht, seiner Abneigung gegen einen Rivalen Ausdruck zu verleihen und den als Gegner betrachteten Kollegen oder Konkurrenten mit literarischen Mitteln zu bekämpfen, ihn herabzusetzen und durch seine Angriffe ihm zu schaden. Die Literatur hat Sujets dieser Art bisher nicht gekannt. Wie immer man die poetischen Versuche des Warnerius beurteilen mag, sie setzen eine Haltung voraus, die gegenüber dem, was wir aus der Karolingerzeit und dem unmittelbar von ihr beeinflußten geistigen Raum kennen, deutlich verändert ist. Als glücklich wird man diese Veränderung gegenüber der karolingischen Bildung auch dann nicht bezeichnen können, wenn schon wenige Jahrzehnte später in anderem Zusammenhang und aus anderen Anlässen der Angriff gegen einen Gegner, der persönliche Angriff eine in der Literatur verbreitete Erscheinung wird, so sehr, daß man ihn unter die charakteristischen Merkmale eines Zeitalters wird rechnen müssen.

Ein rundes Jahrhundert nach dem Frieden von Saint-Clair-sur-Epte und der Gründung eines Normannischen Staates auf dem Kontinent erhielten die Herzöge der Normandie ihr erstes großes Geschichtswerk.

---

[152] Nicht gesichert ist, ob zwei weitere Gedichte, die gewöhnlich dem Warnerius zugeschrieben werden, weil sie in der einzigen Handschrift auf die beiden oben behandelten Satiren folgen, von ihm stammen: eines auf Jezabel (nach 3 Reg. 16, 31 ff.), als den Inbegriff des lasterhaften Weibes, das zweite auf Semiramis, der ganz ähnliche Charakterzüge zugeschrieben werden. Die Invektiven erschöpfen sich in endlosen Variationen desselben Gegenstandes.

Sein Verfasser war D u d o, Kanoniker und Dekan zu Saint-Quentin.

Schon früher einmal hatte ein Geschichtschreiber seinen Blick auf die Nordleute gerichtet. Ein Unbekannter, vermutlich Angehöriger eines nordfranzösischen Klosters, hatte zu Anfang des zehnten Jahrhunderts eine Art normannischer Chronik verfaßt, die man als *chronicon de gestis Normannorum in Francia* zu bezeichnen pflegt. Sie behandelt die Normanneneinfälle auf dem Kontinent, vorzugsweise an der Nordküste Frankreichs, von 820 bis in die Zeit des Normannenherzogs Rollo und die Belehnung der Normannen mit einem Gebiet an der Seinemündung durch Karl den Einfältigen 911. Das Ganze ist bis auf wenige Zeilen, die gelegentlich eingeschoben sind, ein wörtlicher Auszug aus den Annalen von St-Bertin (bis 882), von da an ein ebensolches Exzerpt aus den Annalen von St. Vaast, ist demgemäß ohne literarischen Anspruch geschrieben und betrachtet die Ereignisse ganz unter dem Aspekt eines Bewohners der bedrohten Küste. Die Verbreitung beschränkte sich aus naheliegenden Gründen auf den Raum, in dem die kleine Schrift entstanden sein wird; immerhin war die Chronik noch im zwölften Jahrhundert bekannt, in welchem sie zu Saint-Omer eine auf die Lokalgeschichte bezügliche Interpolation erfuhr und von dem Kanoniker Lambert in seinen liber floridus aufgenommen wurde. Wegen einiger historischer Nachrichten hat das chronicon in jüngster Zeit verstärktes Interesse erfahren.

Unter ganz anderen Verhältnissen sind die vier Bücher *de moribus et actis primorum Normanniae ducum* des Dudo von Saint-Quentin abgefaßt; das Werk beruht auf den besonderen Verbindungen, die der Autor zum normannischen Herrscherhaus hatte. Schon als einfacher Kanoniker war Dudo von dem Grafen Adalbert von Vermandois – Saint-Quentin war der Hauptort der Grafschaft – zu dem Normannenherzog Richard I. entsandt worden, um diesen zur Vermittlung zwischen dem Grafen und dem König zu veranlassen. Später hatte Dudo, oder vielmehr hatten die Kanoniker von Saint-Quentin von den Normannen reiche Geschenke empfangen, und zwei Jahre vor seinem Tod (996) hatte Richard den mittlerweile zum Dekan berufenen Kanoniker um eine Geschichte seiner normannischen Vorfahren seit Rollo gebeten. Dudo schob die Abfassung hinaus, und es bedurfte des Drängens Richards II. und seines Bruders Rudolf, Grafen von Ivry, bis das Werk etwa gegen 1020 zum Abschluß kam.

Das Werk ist, rein formal gesehen, ein Monstrum: Die Vorsatzstücke, welche der eigentlichen Geschichte vorangehen, nehmen ungefähr den anderthalbfachen Raum des ersten Buches ein, das zweite ist viermal so lang wie das erste, und das dritte hat den mehr als dreifachen Umfang des zweiten. In der uns überlieferten Gestalt bildet den Anfang ein umfangreicher Widmungsbrief an Bischof Adalbero von Laon, in welchem der Autor nach einem ungewöhnlich wortreichen, schwülstigen und überschwenglichen Lobpreis des Bischofs über die Entstehung des Werkes Aufschluß gibt. Dem Widmungsbrief folgt eine Reihe von Gedichten, welche die Stelle einer praefatio einnehmen: eine *allocutio ad librum; versus ad Richardum magni Richardi filium* in fünfzehn phaläkischen Hendekasyllabi (die mit Ausnahme der vier letzten alle mit O beginnen); sodann bringt eine *futurae materiei trepidatio et dissuasio* in 50 Hexametern die sonst gewöhnlich in eine Formel der Bescheidenheit gebrachte Äußerung der Unzulänglichkeit von seiten des Verfassers gegenüber seinem Werk zum Ausdruck, einen Gedanken, der sodann in dreißig Distichen eindringlicher wiederholt wird. Die folgenden *versus ad comitem Rodulfum huius operis relatorem,* 26 Hexameter, unterrichten in der Form einer Huldigung darüber, daß Graf Rodulf von der Normandie, der Bruder Herzog Richards II., dem Autor den Inhalt der Geschichte im wesentlichen mitgeteilt habe. Damit könnte die sozusagen aufgelöste praefatio als abgeschlossen gelten. Die unter der Rubrik *item ad Rodbertum archiepiscopum* stehenden Versreihen – 32 Elfsilbler aus Hemiepes mit folgendem Adoneus (oder katalektischen Asklepiadeen); 35 katalektische daktylische Tetrameter und 130 Adonier – enthalten im großen und ganzen das in den vorausgehenden Gedichten Gesagte; sie werden durch eine Doxologie, die aus zehn durch Hexameter mit kleinem Asklepiadeus gebildeten Distichen besteht, abgeschlossen. Offensichtlich handelt es sich um die Widmung eines für den Erzbischof von Rouen bestimmten Exemplars, die sich zufällig in unserer Überlieferung erhalten hat. Die Art der Vorreden zeigt deutliche Verwandtschaft mit jenen in Gedichte verschiedener metrischer Form aufgelösten spätkarolingischen praefationes, wie man sie bei Heiric von Auxerre, Abbo von Saint-Germain und anderen spätkarolingischen Autoren antrifft.

Das eigentliche Geschichtswerk, vom Inhalt her nach Normannenherrschern gegliedert, beginnt mit einem geographisch-ethnographischen Überblick, der nur zum Teil Berührungen mit Vorstellungen aufweist, wie sie seit Jordanes bei mittelalterlichen Geschichtsschreibern vorkommen, sehr bald aber schon selbständig wird. Dudo spricht von der dreigeteilten Erde, in deren drittem, Europa genannten Teil sich die weit ausgedehnte, von zahlreichen Flüssen durchzogene und vielen wilden Völkern bewohnte Germania befinde, von der Insel Scandza im nördlichen Ozean, woselbst die Gethen oder Gothen, die Alanen und zwischen ihnen die Daker *(Daci)* – so heißen bei Dudo die Normannen – ihre Sitze gehabt hätten. Da bei den Dakern die Vielweiberei im Schwange, die Zahl der Kinder daher überaus groß gewesen und es immer wieder zu Streit und heftigem Kampf um den Besitz gekommen sei, so würden bei ihnen seit Menschengedenken die jungen Männer, sobald sie herangewachsen, dazu gezwungen, in Scharen, wie das Los sie zusammenführte, auszuwandern, daß sie gleich den Gethen oder Gothen sich in fernen Reichen Land und Lebensunterhalt erwürben, wo sie dann allzeit in Frieden leben könnten. Vor ihrem Auszug opferten sie dem Gotte Thor (Dudo schreibt *Thur*), dem sie keine anderen Opfer als das Blut geschlachteter Menschen darbrächten, wobei den hiezu durch Los Erwählten mittels eines Rinderjochs mit einem gewaltigen Schlag der Schädel zertrümmert, aus ihrer Halsader aber das Blut getrunken werde, mit welchem sie sich auch die Gesichter bemalten. Und so segelten sie hinaus aufs Meer, wohl wissend, daß ihre Heimat sie verstoßen habe und sie Vater und Mutter niemals wiedersehen würden.

Ein gelehrter Zusatz zur normannischen Volksüberlieferung, der zuerst bei Dudo greifbar wird, aber nicht unbedingt von ihm herrühren muß, ist es, wenn ähnlich der fränkischen Trojanersage auch die Normannen – die sich selbst, wie er berichtet, Danaer *(Danai)* oder Dänen *(Dani)* nennten – sich auf trojanischen Ursprung zurückführten und für Nachkommen des Antenor hielten, der nach der Zerstörung Trojas den Achaiern entkommen und mit seinen Söhnen nach Illyrien gelangt sei[153]. Die Angabe als solche beruht offensichtlich auf Servius[154].

An den geographisch-ethnographischen Abschnitt schließt sich als zweiter Teil des ersten Buches eine Darstellung, die man die Geschichte der heroischen Zeit der Normannen nennen könnte. Die Berichte über die zahllosen Überfälle und Raubzüge der Normannen an den Küsten Frankreichs und bis tief ins Innere des Landes hinein ranken sich um die Gestalt des berühmtesten unter den normannischen Kriegern, des Hasting (*Anstignus* bei Dudo genannt), der als ein wahres Ungeheuer von Wildheit und Gewalttätigkeit, von Grausamkeit und Tücke erscheint. Nach zahlreichen Raubzügen, die in ihm die Vorstellung wecken, er und seine Kriegsmannen seien die Herren des Frankenreichs, beschließt er, Rom selber anzugreifen. Da die Stadt Luna[155], die er für Rom hält, von den Bewohnern verteidigt wird, beschließt er, sie durch eine List von besonderer Infamie in seine Hand zu bringen: Er läßt sich taufen, sodann durch gespielte Trauer des gesamten normannischen Kriegsvolks seinen Tod verkünden, sich auf der Bahre in die Kirche

---

[153] I 3 (p. 130 Lair).
[154] Oder vielmehr auf den scholia Danielis: Serv. auct. in Aen. I 242 (p. 90 Hagen).
[155] I 5 sq. (p. 132 sq. Lair).

tragen, in der er angeblich bestattet zu werden wünschte, und, nachdem der Bischof unter zahlreicher Beteiligung der Bevölkerung das Requiem für ihn gehalten und man sich soeben anschickt, den Normannen ins Grab zu senken, da springt der vermeintlich Tote auf, und es beginnt ein fürchterliches Gemetzel, dem, nach dem Bischof und der in der Kirche versammelten Geistlichkeit, die ganze männliche Bevölkerung zum Opfer fällt, während Frauen und Kinder verschleppt werden. Auch sonst werden in diesem Buch die Normannen keineswegs in einem für sie günstigen Licht dargestellt, vielmehr ihre Überfälle und Raubzüge mit allen Schrecken ausgemalt und die Verwüstung des Landes, die sie allenthalben hinterließen, eindringlich beschrieben. Den Abschluß des ersten Buches bildet der Vertrag, den Karl der Einfältige gegen den erklärten Willen der Großen des Reichs, von seinen Ratgebern bewogen, im Jahre 911 mit Anstignus und seinen Normannen schloß, wodurch diese zu Vasallen des französischen Königs wurden.

Es ist merkwürdig, daß Dudo, der zwar nicht gerade im normannischen Auftrag schreibt, aber doch durch die Geschenke ihres Herzogs veranlaßt, die Normannen keineswegs in hellerem Lichte erscheinen läßt, als ein Bewohner des Frankenreiches, der ihre Raubzüge erlebt hatte, sie sehen konnte. Vielleicht findet die zwiespältige Haltung des Kanonikers von Saint-Quentin eine Erklärung im letzten Kapitel des ersten Buches, in dem er die Heimsuchungen durch die Normannen als die verdiente Strafe des französischen Volkes für seine Sünden deutet. So erhalten in seinen Augen die grausamen Taten der fremden Räuber und die Verwüstungen, die sie angerichtet, einen tieferen Sinn: sie werden Mittel der Buße und Sühne, die Nordmänner selbst Werkzeuge der göttlichen Vorsehung zum Heil des von ihnen heimgesuchten Volkes.

Wenn Dudo das zweite, der Geschichte des Normannenherzogs Rollo gewidmete Buch, mit einer 46 elegische Distichen umfassenden praefatio einleitet, in welcher der Mythos von Dädalus und Ikarus[156] behandelt wird, so verfolgt er damit keine andere Absicht als die, sich der Größe des Unterfangens nicht gewachsen zu bezeichnen: eine Form des Bescheidenheitstopos, die alles Übliche weit übersteigt; daß dadurch auch die Gestalt des Rollo mittelbar noch mehr gehoben wird, liegt auf der Hand. Das zweite Buch selbst berichtet sodann über die Herkunft Rollos, seine ersten kriegerischen Unternehmungen, zu denen ein Einfall in England gehört, vor dessen Beginn dem Rollo in einem

---

[156] Dudo, der auch sonst gern mit griechischen Brocken prunkt, nennt die griechische Insel Kreta in praef. II, 1 *ecatopolis* (so lese ich mit einigen der Handschriften; *hectopolis* Lair), natürlich statt *hecatompolis*, was er bei Servius in Aen. II, 106 finden konnte, den er neben Vergil auch sonst benützt zu haben scheint. Übrigens findet sich das nächste Graecum gleich im folgenden Vers: *dives opumque laum*.

Traumgesicht seine Zukunft, darunter auch, daß er das Christentum annehmen werde, geweissagt wird; die Expedition endet mit einem Bündnis der Normannen mit Alstemus – das ist wohl Alfred der Große –, König der Angelsachsen. Es folgen weitere Züge Rollos und seiner Krieger ins Frankenreich, bei denen Bayeux, Evreux und Chartres belagert werden. Den dramatischen Höhepunkt des Buches, ja vielleicht des ganzen Werkes, bildet die feierliche Belehnung Rollos mit der Normandie und, wie es hier mit Nachdruck geschrieben steht, der Bretagne durch König Karl III. den Einfältigen im Vertrag von Saint-Clair-sur-Epte (im Departement Seine inferieure)[157] im Jahre 911 und in Verbindung damit die Vermählung Rollos mit Gisela, der Tochter Karls III., und Rollos von Dudo ins folgende Jahr datierte Taufe. Es war dies die erste und umso ungewöhnlichere Belehnung eines normannischen Führers mit einem großen Landgebiet auf dem Kontinent. Eine Beschreibung der Regierung Rollos in den folgenden Jahren bis zu seinem Tod, wahrscheinlich im Jahre 927, bildet den Abschluß des Buches. Buch III, das wiederum mit einer metrischen praefatio, diesmal in 82 Asklepiadeen sowie einer oratio von 44 Versen, die sich aus elf vierzeiligen Strophen von je einem Adoneus, einem Archilochius, einem Pherecrateus und einem Glyconeus zusammensetzen, eingeleitet wird, behandelt das Leben und die Regierung des zweiten Herzogs der Normandie unter fränkischer Lehenshoheit, des Wilhelm Langschwert (Wilelmus Longa Spatha), der bis 942 gelebt hat.

War im zweiten Buch Rollo als ein germanischer Kriegsheld gezeichnet worden, so ändert sich mit Wilhelm Langschwert die Darstellung tiefgreifend. Wilhelm, bereits christlich erzogen, fühlt sich zum monastischen Leben gezogen und gelobt, in Jumièges Mönch zu werden, wird jedoch von den normannischen Großen zum Nachfolger des greisen Rollo gewählt. Man hört von seiner milden Regierung, von der Verschwörung des Riulf und seiner Anhänger gegen ihn, die von Wilhelm energisch niedergeschlagen wird, von der Beteiligung des Normannenherzogs an der Rückführung von Karls des Einfältigen Sohne Ludwig IV. d'Outremer aus England bis hin zur meuchlerischen Ermordung Wilhelms durch den Grafen Arnulf von Flandern im Jahre 943, die von Dudo als Martyrium aufgefaßt und dargestellt wird. Demgemäß ist das ganze Buch eigentlich nach hagiographischer Weise stilisiert.

Den hagiographischen Ton des voraufgegangenen Buches aufnehmend, beginnt Dudo mit dem Bericht von der Geburt Richards zu der Zeit, da Herzog Wilhelm Langschwert gegen Riulf kämpfte, dann freilich, schon wo er von der Erziehung des künftigen Herzogs spricht,

---

[157] II 26–31, besonders 28 f. (S. 168 f. Lair).

geht er in den Ton behaglich breiten, fast märchenhaften Erzählens über. Man bemerkt hier, welch großen Wert Wilhelm darauf legte, daß sein Sohn und Erbe nicht nur durch bewährte treue Normannen in heimischer Sitte erzogen wurde, sondern auch den sicheren Gebrauch der normannischen Sprache von Kindheit an erlernte, weshalb er eigens in Bayeux, nicht in dem französisch sprechenden Rouen gebildet wurde[158]. Man liest von der Bestimmung des noch im Kindesalter stehenden Richard zum künftigen Herzog der Normandie; sodann nach dem Tode Wilhelms von der Entführung des unmündigen Richard durch König Ludwig IV. an den Hof, von seiner heimlichen Befreiung und Rückführung in sein normannisches Herzogtum, erfährt von den späteren Kämpfen der Normannen gegen den französischen König, von ihrer Unterstützung durch König Haigrold von Skandinavien bis hin zum Tode Richards im Jahre 996. Am Ende wird auch die eingangs berichtete Gesandtschaft Dudos im Auftrag Richards erwähnt. Auch dieses Buch wird von einem epilogus (in 21 Hexametern) beschlossen. Buch IV, der Regierungszeit des Herzogs Richard I. gewidmet und demgemäß als Ricardus betitelt, ist von Dudo besonders reich mit Vorsatzstücken ausgestattet worden: einer *exhortatio ad musas ut canant Ricardum* in fünf elegischen Distichen, worauf der Dichter die einzelnen Musen der Reihe nach auftreten und von ihrer Aufgabe im Zusammenhang seines Werkes sprechen läßt, eine jede in lyrischen Versmaßen: Clio in 12 Asklepiadeen, Euterpe in 10 phaläkischen Hendecasyllabi, Melpomene in 10 Asklepiadeen, dann Thalia in 10 sapphischen Hendecasyllabi, Polihymnia in 10 jambischen Senaren, sodann Erato in 10 katalektischen daktylischen Tetrametern, Terpsychore in 11 Glykoneen, darauf Urania in 9 Pherektrateen und schließlich Kalliope in 28 katalektischen Asklepiadeen, worauf ein *concentus musarum* in 25 katalektischen daktylischen Tetrametern den Musenchor abschließt. Hinzu kommen noch einige praefationes an den Erzbischof von Rouen: die erste in 28 katalektischen jambischen Dimetern[159], eine weitere in 25 trochäischen Septenaren[160]; vor der dritten praefatio eine oratio in 12 katalektischen daktylischen Tetrametern in

---

[158] Die Stelle ist wichtig als Zeugnis für den Sprachgebrauch in der Normandie; ich setze sie im Wortlaut hieher. (Wilhelm spricht zu dem in Aussicht genommenen Erzieher Botho): *Quoniam quidem Rotomagensis civitas Romana potius quam Dacisca utitur eloquentia et Baiocacensis fruitur frequentius Dacisca lingua quam Romana; volo igitur ut ad Baiocensia deferatur quantocius moenia et ibi volo ut sit, Botho, sub tua custodia et enutriatur et educetur cum magna diligentia, fruens loquacitate Dacisca eamque discens tenaci memoria ut queat sermocinari profusius olim contra Dacigenas.* IV, 68 p. 221 sq. Lair.
[159] Wie Boeth. III m. 7.
[160] Lair (p. 214f.) druckt die Verse weniger glücklich als Kurzverse.

bisyllabam, und schließlich eine praefatio in 43 elegischen Distichen – der allerdings noch eine in Prosa folgt. In der eigentlichen Behandlung des Lebens und der Regierungszeit Herzog Richards I. ist der schon früher stark panegyrische Ton so weit gesteigert, daß zuweilen der Eindruck entstehen könnte, Dudo habe ein Heiligenleben verfassen wollen. Auch das Ende des IV. Buches wird wiederum durch Verspartien bezeichnet: zunächst durch einen Gesang von 26 Hexametern, welcher die Wiederherstellung des Klosters Fécamp als Männerkloster durch Richard I. rühmt, und dann durch einen wohl vom Autor als eine *apostropha clausula huius operis* bezeichneten hymnischen Gesang, der schon in der Anlehnung an das berühmte Carmen III 9 der consolatio des Boethius keinen Zweifel daran läßt, wie hoch der Autor seinen Gegenstand oder seine Helden zu heben sich bemühte.

Es ist hier nicht über die historische Zuverlässigkeit der Quellen Dudos im einzelnen zu sprechen. Auseinandersetzungen hierüber haben den größten Teil der gelehrten Beschäftigung mit dem Werk ausgemacht. Immerhin wird heute bei aller Reserve, die man zumeist gegenüber dem Wahrheitsgehalt der Darstellung übt, doch wohl zugegeben, daß Dudo selbst in ehrlicher Absicht, wenn auch gewiß die Normannenherrscher verherrlichend und vielleicht mitunter mehr, als der Sache gut tat, rühmend, doch in der Absicht, die Wahrheit zu schreiben, sein Werk abgefaßt hat, und daß wir auf der anderen Seite wohl recht wahrheitsgetreu ein Bild der normannischen Frühgeschichte erhalten, wie es im Bewußtsein der Herzöge der Normandie zur Zeit Dudos lebte. In literarischer Hinsicht erscheint das Werk vielleicht noch ungewöhnlicher. Hat Dudo mit dem prosimetrum eine spätantike und in der Karolingerzeit wieder belebte Form aufgegriffen, so hat er sich in den zahlreichen, zumeist in Verse wechselnder Form gebrachten Vorsatzstücken zu den einzelnen Büchern an spätkarolingische Vorbilder angeschlossen, sie aber übertroffen und an eine Grenze geführt, die schwerlich noch eine Überschreitung zuließe. Es kommt dazu, daß Dudo sich stellenweise einer gleichsam kurzatmigen Prosa bedient, die er offenbar ganz bewußt als ein im Rang zwischen der erzählenden Prosa und den von ihm zumeist apostropha genannten Verseinlagen stehendes sprachliches Kunstmittel betrachtet. Diese Partien unterscheiden sich von ihrer Umgebung auch dadurch, daß sie die Erzählung, den Gang der Handlung wenig oder gar nicht weiterführen, vielmehr in der Regel wenige Gedanken durch die meist kurzgebaute, parallele Gliederung variierend umspielen. Der stark lyrische Charakter dieser Stellen, die erwähnten und nicht selten auch durch Alliteration und Ähnliches verstärkten Kunstmittel lassen es als nahezu sicher erscheinen, daß Dudo mit ihnen normannische Lieder, wie er sie vom Grafen Rodulf von Ivry gehört haben mochte, wiederzugeben suchte. Kampf und Krieg, Fahrt über das einsame Meer, Ferne der Heimat, der Ruhm eines bedeutenden Führers sind die bevorzugten Gegenstände dieser Dichtungen, in denen man altgermanische Heldenlieder in lateinischem Gewand wird widergespiegelt sehen dürfen.

Der hohe formale Anspruch, den Dudo mit seinem Werk erhebt, kommt nicht nur in der Wahl des Prosimetrums und den mannigfachen metrischen Versmaßen, die er für Vorsatzstücke, aber auch für die Verseinlagen innerhalb des Werkes verwendet hat, sondern ebenfalls im Darstellungsstil zum Ausdruck. Daß er innerhalb seiner im Grunde stark zu Übertreibung neigenden panegyrischen Darstellungsweise zwischen mehr erzählenden Partien, zumal des ersten Buches, auch solche lyrischen Charakters in Prosa eingefügt hat, ist bereits erwähnt worden. In allen Büchern aber ist die Neigung des Verfassers zu erkennen, die handelnden Personen in direkter Rede, nicht selten auch im Dialog, ihre Gedanken und Beweggründe vortragen zu lassen. Es versteht sich fast von selbst, daß ein Autor, der mit seinem Werk so mannigfachen formalen Anforderungen zu genügen strebt, sich um eine gepflegte Sprache bemüht. Das Stilideal, dem Dudo in dieser Hinsicht nacheifert, forderte offensichtlich den Gebrauch seltener Wörter und Wortformen an Stelle der üblichen, ihm abgeschliffen erscheinenden. Hieher gehört auch der Gebrauch griechischer Fremdwörter, die man in allen Büchern und zumeist so antrifft, daß an einzelnen Stellen mehrere nacheinander auftreten. Aber hier, im Bemühen um eine gepflegte Sprache, werden auch die Grenzen Dudos am deutlichsten sichtbar. Nicht selten nämlich gebraucht er auch geläufige Wörter in einer ungewöhnlichen Bedeutung, die beim Leser fast zwangsläufig zunächst irrige Vorstellungen erwecken. Das häufigere Auftreten dieser Erscheinungen, die einem Sprachgebrauch zukommen, wie man ihn am ehesten bei Autodidakten antrifft, ließe sich erklären, wenn angenommen werden dürfte, daß der Verfasser in einer Umgebung gelebt hat, in welcher der Gebrauch des Lateinischen sich in sehr engen Grenzen hielt, mit andern Worten: die sprachliche Kultur seiner Umgebung ein recht bescheidenes Niveau nicht überstieg. Ein Wunder wäre es nicht, wenn in Saint-Quentin wie in anderen Stätten, die jahrzehntelang immer wieder die Überfälle und Plünderungen der Normannen oder doch die Bedrohung durch sie erlebt hatten, das geistige Leben eben auf einen Stand abgesunken wäre, der dann die angedeuteten Erscheinungen bei einem Schriftsteller, der nun erst recht das Maß der ihn umgebenden geistigen Kultur zu übertreffen strebte, hervorgerufen hätte.

Man erkennt sowohl aus unserer handschriftlichen Überlieferung, die bis in die Zeit des Autors hinaufreicht, wie auch aus anderen Hinweisen, daß sich das Werk Dudos offenbar als die erste normannische Geschichte von Anfang an großen Ansehens erfreut haben muß. Daß sich die Aufmerksamkeit vorzugsweise im normannischen Raum und im Nordosten Frankreichs auf ihn gerichtet hat, liegt in der Natur der Sache. Immerhin besitzen wir aus diesem Gebiet schon eine Reihe von Handschriften des elften und zwölften Jahrhunderts. Noch wichtiger aber wird es sein, daß Dudo allen künftigen Darstellungen der Normannengeschichte, angefangen von Wilhelm von Jumièges, der seine Normannengeschichte Wilhelm dem Eroberer gewidmet hat, für die ältere Zeit die Grundlage gegeben, aber auch anderen Werken, die sich mit dem nordischen Altertum befaßten, wie um 1200 der Saxo Grammaticus, als vorzügliche Quelle gedient hat. Das Bekanntwerden im angelsächsischen Raum hängt wohl mit der erwähnten Geschichte des Wilhelm von Jumièges zusammen. Im übrigen hielt sich das Ansehen Dudos das ganze Mittelalter hindurch bis in die beginnende Neuzeit. Seit dem frühen 17. Jahrhundert aber veränderte sich die gelehrte Einstellung gegenüber Dudos Werk schlagartig. Die Ursachen hiefür lagen nicht auf dem Felde der Wissenschaft, sondern in Politik und Patriotismus. Jahrhundertelang hatten die Herzöge der Normandie das Recht der Lehenshoheit über die Bretagne beansprucht, und es war aus diesem Grunde immer wieder zu Kriegen zwischen den beiden Provinzen gekommen. Als die Waffen ruhten, nahmen die gelehrten Patrioten den Streit mit der Feder auf. Dabei spielte Dudo insofern eine wichtige Rolle, als er es war, der gelegentlich seines Berichtes über den Vertrag von Saint-Clair-sur-Epte zwischen Rollo und Karl dem Einfältigen die Zugehörigkeit der Bretagne zur Normandie ausdrücklich betont hatte. Einen Höhepunkt erreichte der gelehrte Streit um 1700, als der Benediktiner Lobineau, Bretone von Geburt und eifriger Patriot, in seiner „Histoire de Bretagne" nicht nur den Rechtsanspruch der Normannen auf die Bretagne für unbegründet, sondern die ganze Normannengeschichte des Dudo für Schwindel erklärte. Am folgenreichsten aber wurde es, daß der Mauriner Martin Bouquet, der Auffassung Lobineaus folgend, das Werk des Dudo aus seinem für Jahrhunderte maßgeblich gewordenen „Receuil des historiens des Gaules" ausschloß und an seine Stelle die Normannengeschichte des Wilhelm von Jumièges aus dem späten elften Jahrhundert aufnahm, die für die ältere Zeit ausschließlich auf Dudo beruht, so daß der Epitomator an die Stelle des Originals trat. Erst im Laufe des fortgeschrittenen 19. Jahrhunderts bahnte sich eine maßvollere Beurteilung Dudos an, wenngleich bis heute nicht in allen Punkten Einmütigkeit erzielt ist, und vor allem in literarischer

Hinsicht die Bedingungen und die geistige Umwelt Dudos zu wenig
Berücksichtigung zu finden pflegten.

Einige Zeit nach Dudo, etwa 1041, schrieb in Flandern im Kloster
Saint-Bertin zu Saint-Omer ein ungenannter Mönch ein Geschichtswerk. Wenn der Titel G e s t a C n u t o n i s regis oder g e s t a C n u -
t o n i s M a g n i der ursprüngliche sein sollte[161], so bezeichnet er den
Inhalt ungenau. Tatsächlich handelt es sich um eine Zeitgeschichte, die
so angelegt ist, daß das erste der drei Bücher mit König Svens (Gabelbart, 986–1014) Tode schließt, das zweite bis zum Lebensende Knuts
des Großen (1035) führt und das dritte mit Harteknuts frühzeitigem
Hinscheiden (1042) beschlossen wird. Da die altenglischen Annalen
für den behandelten Zeitraum vergleichsweise wenige Nachrichten enthalten, gilt das Werk als eine wichtige Geschichtsquelle, deren Bedeutung allerdings dadurch stark gemindert wird, daß dem Verfasser eigentlich alles fehlt, was ihn zum Historiker machen würde. Es ist seine
erklärte Absicht, die Königin Emma, auf deren Wunsch er das Werk
abgefaßt und der er es gewidmet hat, zu preisen, und er entschuldigt
die Widmung durch einen Vergleich mit der Aeneis, die der Dichter
auch dem Octavianus dediziert habe, obwohl dieser im Epos selbst
kaum vorkomme. Das Rühmen der Königin und natürlich Knuts selbst
führt dazu, daß in der Darstellung alles unterbleibt, was für das Herrscherpaar nachteilig sein könnte, und so entstehen, ohne daß der Verfasser eigentlich die Unwahrheit schriebe, doch mitunter rechte Unge-
reimtheiten oder einfach Lücken, welche den Zusammenhang schwer
verständlich machen. Im übrigen zeigt der Mönch offensichtlich Freude
an eindrucksvollen Szenen wie der Versammlung der großen Flotte
der Wikinger vor König Svens Überfahrt nach England; er beschreibt
den prächtigen Anblick der Wikingerschiffe mit ihren Wappenzeichen,
den Löwen, den Stieren, den Drachen mit feuerspeienden Nüstern und
anderen seltsamen Tiergestalten; schaudernd schildert er grausame Szenen wie die Blendung und heimtückische Ermordung von Knuts jün-
gerem Sohne Alfred durch seinen Stiefbruder, den Usurpator Harald
– mit Abscheu und doch wieder, ohne sich davon trennen zu können;
und er kann sich des Lobes nicht genug tun, wenn es gilt, die Wohltaten
Knuts an Klöstern und Kirchen zu rühmen. Von historischen Ereignissen, welche in den gesta berichtet werden, sind die wichtigsten die
Eroberung Englands durch die Dänen und Knuts von den Unterworfenen willig angenommene Herrschaft. Merkwürdig nach dem Bericht
über die Einnahme Londons durch die Wikinger Knuts Brautwerbung,
die beschrieben wird, als suchte der König auf der ganzen Welt nach

---

[161] Die von den Herausgebern gebrauchte Form *encomium Emmae* ist unmittelalterlich
und geht wahrscheinlich erst auf die Ausgabe von Duchesne 1619 zurück.

einer würdigen Königin, wo es doch allein darum ging, die Hand der Witwe des überwundenen (und verstorbenen) Königs Ethelred, die im Exil in der Normandie lebte, zu gewinnen. Knuts Romfahrt, von welcher der Verfasser nicht viel zu berichten weiß, tut er mit kurzen Worten ab, sagt nicht einmal, daß der König bei dieser Gelegenheit an der Kaiserkrönung Konrads II. teilnahm[162]. So bleibt dem Historiker gewiß genug, was er zu ergänzen oder zu berichtigen hat. Die Darstellung aber, als historiographische Arbeit ein eigentümliches Gemisch von Naivität und Parteilichkeit, aber auch ehrlicher Absicht, gerät lebendig, ja in Anbetracht der Zeit, in der das Werk entstand, zuweilen spannend. Der Verfasser hat mit gutem Geschick die vom Zeitgeschmack geforderten antiken Reminiszenzen eingefügt, während er sich im ganzen am Vorbild des Sallust zu orientieren sucht, dem er auch das Stilmittel der eingelegten direkten Reden abgesehen hat. Trotz unverkennbarer und gar nicht zu bestreitender Mängel bietet das Werk weit mehr als der Titel erwarten läßt, auch wenn es dem Verfasser nicht gelingt, ein wirklich überzeugendes Bild von den in der Mitte stehenden Personen, insbesondere von Knut, zu zeichnen.

Auch jener Bischof A d a l b e r o (auch Azzelin oder Ascelinus, wie er sich zuweilen selber nannte) v o n L a o n, dem Dudo seine Normannengeschichte gewidmet hat, ist literarisch hervorgetreten, und dies in recht origineller Weise. Adalbero, der um die Mitte des zehnten Jahrhunderts geboren sein mag, entstammte einem in den Ardennen und in Lothringen begüterten, einflußreichen Adelsgeschlecht, dem in karolingischer wie in ottonischer Zeit Männer angehörten, deren Namen die Geschichte kennt. Unter anderen ist der bedeutende Erzbischof Adalbero von Reims sein Oheim gewesen. Einige Jahre war unser Adalbero Kanzler Lothars (III.) von Westfranken, der ihn im Jahre 977 zum Bischof von Laon erhob. In jenen wirren Jahren, da Hugo Capet und der karolingische Thronprätendent Karl von Niederlothringen um die Krone des westfränkischen Reiches stritten, wurde Adalbero zweimal, 987 und 988, von Karl aus seiner Bischofsstadt vertrieben, einmal auch von ihm gefangengenommen, worauf sich der Bischof durch nächtliche Flucht an einem herabgelassenen Seil befreit haben soll. Darf man der Darstellung des Richer, der freilich seiner ganzen Art nach mehr dazu neigte, um der eindrucksvolleren Wirkung willen die Ereignisse verdichtend zu dramatisieren als das sicher Bezeugte so objektiv wie möglich zu berichten, Glauben schenken, so wäre es vorwiegend ein Akt persönlicher Rache gewesen, wenn Adalbero mit einer für seine Zeit schier unglaublichen Skrupellosigkeit zuerst mit seinem

---

[162] Wiponis gesta Chuonradi 16 (p.36,23 sq. Bresslau)

eigenen Metropoliten, Erzbischof Arnulf von Reims, dem Neffen Karls von Niederlothringen, sich zum Schein aussöhnte, sodann mit dessen Hilfe seine Bischofsstadt Laon wiedergewann, den Karolinger, der als eine edle Gestalt von wahrhaft königlichem Verhalten geschildert wird, durch Abbitte alles Vergangenen und den feierlichsten Eid künftiger Treue in Sicherheit wiegend, nachdem er dem Arglosen des nachts heimlich die Waffen genommen, mitsamt dem Neffen an Hugo Capet auslieferte. Wie dem auch sei, ob nun Adalberos Vorgehen mit Wissen und Billigung des Königs Hugo Capet geschehen war oder nicht: die Schande traf nicht diesen und seine Dynastie, die letzten Endes die feste Sicherung ihrer Herrschaft durch die endgültige Ausschaltung des karolingischen Hauses jenem üblen Intrigenspiel verdankte, sondern Adalbero, der fortan bei den zeitgenössischen Geschichtschreibern und denen der folgenden Jahrhunderte mit dem Makel des Verräters behaftet blieb. Aus seinen späteren Lebensjahren wissen wir, daß er zwar treu zu König Robert II., seinem ehemaligen Mitschüler bei Gerbert, stand, aber doch einer der entschiedensten Gegner der cluniazensischen Bewegung war, die vom König gefördert wurde; daß einem Mann seiner Herkunft und sippenmäßigen Bindung das cluniazensische Mönchtum mit seinen so ganz anders gerichteten Zielen und dem universalen Anspruch, der hinter ihm stand, zutiefst verabscheuungswürdig erscheinen mußte, nimmt nicht wunder; auch seine literarischen Versuche haben zum Teil hierin ihren Ursprung. Adalbero starb im Jahr 1030.

Seine Verfasserschaft ist, entgegen der üblichen Ansicht, nicht für alle der ihm zugeschriebenen Werke gesichert. Feststeht, daß Adalbero eine Dichtung *de summa fidei* verfaßt und König Robert II. gewidmet hat. Wann diese 327 Hexameter, inc. *Regi Rotberto sic presul Adalbero plaudit*, entstanden sind, ist durchaus ungewiß; daß der König um ihre Abfassung gebeten hatte, wird man auf Grund der einleitenden Verse annehmen dürfen, das Ganze setzt jedenfalls einen nicht nur für theologische Dinge interessierten, sondern auch mit Sinn für Dichtung und literarischem Geschmack begabten Empfänger voraus. In der Form eines Dialogs zwischen dem Bischof, der als der Fragende auftritt, und der personifizierten Fides, welche die belehrenden Antworten erteilt, versucht Adalbero die Kernstücke der christlichen Dogmatik darzulegen, insbesondere die Lehre von der göttlichen Dreifaltigkeit. Selbst wenn das Gedicht nicht – was das Wahrscheinlichere ist – in die früheren Jahre von Adalberos Episkopat zu setzen sein sollte, wäre der Gegenstand und die Art seiner Behandlung angesichts des Entwicklungsstandes der Theologie der Zeit recht bemerkenswert, um nicht zu sagen ungewöhnlich. Man wird in eine Zeit geführt, in welcher die bis dahin doch vorzugsweise biblisch gerichtete, d.h. im wesentlichen noch immer „karolingische" Theologie sich jener Entwicklungsstufe zuwendet, in welcher die Dialektik als Mittel der logischen Durchdringung oder vielmehr des so weit wie möglich auch verstandesmäßigen Erfassens der überlieferten christlichen Glaubenslehren benützt werden wird. Noch ist bei Adalbero nicht von einem festen System die Rede, nicht einmal von einem konsequent fortschreitenden Bemühen um ein Erkennen. Der vorwiegende Eindruck, der beim Lesen dieser Verse entsteht, ist derjenige eines Suchens nach einem Weg des Verstehens, der über das rein Biblische hinaus ein anderer sein soll, ohne daß der Autor selbst sich über die Gangbarkeit dieses Weges und sein Ergebnis schon recht im klaren wäre; daher rührt das eigentümlich Tastende, zuweilen Sprunghafte in den Gedanken, daher wohl auch der Versuch, sich von Vorstellungen des Pseudo-Dionysius Areopagita leiten zu lassen, die gerade für den angestrebten Weg sich weniger eignen mochten. Aber das Gedicht ist ernst gemeint, und es verdient bei aller Unzulänglichkeit im Formalen wie im Gedankengang mehr Beachtung als man ihm hat zuteil werden lassen, als Zeugnis nicht nur der geistigen Haltung und Richtung eines Mannes, der vielleicht zu sehr unter dem Urteil einer gewiß nicht zu rechtfertigenden Tat steht, so daß es schwerfällt, seinem Bemühen auch auf anderen Gebieten immer gerecht zu werden, als selbständiges und originelles Zeugnis aber auch dafür, wie in der führenden Schicht der Zeit, im hohen Adel, so weit er dazu befähigt war, ja bis hinauf zum König, sofern dieser ein Mann von der Kultur Roberts II. war, die Ansätze einer geistigen Bewegung sichtbar werden konnten.

Größere Aufmerksamkeit hat von jeher und auch in jüngster Zeit ein zweites Werk Adalberos auf sich gelenkt, das sogenannte *carmen ad Rotbertum regem*. Die im Vergleich zur summa fidei nicht minder merkwürdigen und eigenwilligen Verse – es sind 436 Hexameter, inc. *Regi Roberto sic presul Adalbero scribo* – bieten sich in der Form des Dialogs zwischen Adalbero *(presul)* und Robert dem Frommen *(rex)* dar, wobei ähnlich wie in der summa fidei, mit welcher das Gedicht an verschiedenen Stellen Berührungen aufweist, der Dialog in erster Linie der Darstellung einander zuwiderlaufender Ansichten sowie der Weiterführung der Argumente dient. Nach einleitenden Worten, in denen der Bischof auf die Vorzüge des Königs hinweist, welche ihm neben dem Geschenk der adligen Abstammung verliehen seien, wogegen der König die Verpflichtung des ihm durch Abkunft zugefallenen Erbes betont, enthält der erste Hauptteil eine mit allen Mitteln der Übersteigerung und Übertreibung, der Kritik und Verzerrung arbeitende scharfe, bittere, ja zuweilen gehässig wirkende Satire auf das cluniazensische Mönchtum zur Zeit des Abtes Odilo, der ausdrücklich genannt wird. Im cluniazensischen Mönchtum sieht Adalbero das größte Übel in Kirche und Staat seiner Zeit; und was ihn besonders erbittert, ist der Anspruch der Cluniazenser, die Reform durch die Berufung auf alte kirchliche Rechtssätze, wie sie Abbo von Fleury in seinen Canones zusammengestellt hatte[163], zu rechtfertigen. Und so entwirft Adalbero ein Zerrbild der cluniazensischen Bestrebungen von so eindringlicher Farbigkeit, wie es nur ein Mann zu skizzieren vermochte – zumal angesichts einer Gestalt wie Odilo von Cluny –, dem tiefster Abscheu, ja Haß die Feder führte: Nun werde man wohl die Bauern, die nicht lesen und schreiben könnten, zu Bischöfen machen, Menschen ohne Kenntnis und Wissen die Ausübung des kirchlichen Rechts in die Hände geben, Bischöfe und Adel werde man aufs Feld schicken an den Pflug, Mönche würden zu Kriegern werden und alle Ordnung auf das sinnloseste verkehrt. Und Adalbero läßt einen Cluniazenser Mönch auftreten, der buchstäblich über Nacht zum bramarbasierenden Kriegsmann wird, läßt ihn bei den antiken Göttern fluchen, von einem Sarazenenüberfall auf Tours erzählen, bei welchem die Mönche zu den Waffen greifen wollten. Da sei ihr König Odilo hilfesuchend nach Rom gereist, dann habe er die kräftige Jugend auf langsame Ochsenkarren gesetzt und die Greise in vorderster Linie in den Kampf geschickt usf. Dem Phantasiebild einer durch die Cluniazenser aufs törichteste verkehrten Welt stellt Adalbero eine, wie er sich darzulegen bemüht, am Idealbeispiel des himmlischen Jerusalem orientierte Weltordnung gegenüber, in welcher den Ständen ihre traditionellen Aufgaben zugewiesen werden: dem Klerus die Lehre, dem Adel der Kriegsdienst und dem Bauern die Sorge um das tägliche Brot. In einer abschließenden längeren Rede des Königs läßt Adalbero diesen noch einmal die Würde seines Amtes und die Pflicht zu ausgleichender Gerechtigkeit betonen, dabei zugleich versichern, daß er keine gewaltsamen Änderungen vornehmen, sondern die erworbenen Rechte achten und schützen werde.

Es darf nicht übersehen werden, daß das Gedicht zu einer Zeit entstand, da der geistige Kampf zwischen Cluniazensern auf der einen Seite und dem adligen französischen Episkopat, der nicht gesonnen war, etwas von seinen seit Jahrhunderten erworbenen Rechten aufzugeben, auf der anderen, in vollem Gange war. Die Leidenschaft, mit welcher diese Auseinandersetzung geführt wurde, steigerte sich noch dadurch, daß ihr ein anderer Gegensatz gleichsam parallel lief, nämlich die Auseinandersetzung eines souveränen Papsttums und eines auf dem althergebrachten Gallikanismus bestehenden französischen Episkopats.

---

[163] Siehe oben S. 178f.

Die Klöster standen in der Auseinandersetzung naturgemäß auf der Seite des Papstes. Die Stellung König Roberts II. erscheint zwiespältig. Politisches Interesse, die persönliche Religiosität führten ihn an die Seite des Papstes und des reformfreudigen Mönchtums. Aber gerade von dieser Seite erfuhr er den stärksten Widerstand. Die auf strenge Beachtung des traditionellen kirchlichen Rechts bedachten Vertreter der Kirche betrachteten die Ehe Roberts mit Bertha von Beauvais, der Witwe des Grafen Odo II. von Blois, wegen zu naher Verwandtschaft als Inzest, forderten unnachsichtig ihre Trennung und veranlaßten den König, sich auf den in dieser Angelegenheit großzügigeren Episkopat zu stützen. Aber die überwiegende Mehrheit eben dieser französischen Bischöfe gehörte dem hohen Adel an, der die Macht des Königs paralysierte. Sei es nun aus Frömmigkeit und Ergebenheit gegenüber der Kirche, sei es, daß politische Erwägungen den Ausschlag gaben: nachdem Robert sich zuerst vorübergehend von Bertha getrennt, mit Konstanze von der Provence vermählt, wegen deren Unleidlichkeit, Habsucht und Eitelkeit aber wieder zu Bertha zurückgekehrt war, trennte er sich schließlich endgültig von dieser, gewann dadurch freiere Hand gegenüber dem Episkopat und besetzte fortan freiwerdende Sitze mit Geistlichen niedrigeren Standes. Es ist klar, daß diese Politik, zusammen mit der offenkundigen Sympathie Roberts für die monastische Reform, den Adel mit Mißtrauen und Besorgnis erfüllte, ja seine mehr oder minder bestimmte Opposition gegen die königliche Politik wie gegen das Mönchtum hervorrief. Adalbero von Laon, der sich in seinem Gedicht zum Sprecher dieser Opposition macht, läßt in seiner Theorie einer Gesellschaftsordnung, soweit sie die Kirche betrifft, den Episkopat die Grundlage bilden, soweit es um den Staat geht, den Adel. Freilich gebe es in der Kirche nur einen ordo, die Priester; ihre Aufgabe sei die Belehrung des Volkes in Sachen des Glaubens und der Sitte, und nichts anderes. In der Nichterwähnung des Papsttums einen Affront gegen diese Institution zu sehen, was auch vermutet worden ist[164], liegt in Anbetracht des Zusammenhangs kein Grund vor. Sicher aber zielt die Erwähnung der ausschließlichen Aufgabe der Belehrung und Sorge um Einhaltung der Lehre auf das reformierte Mönchtum, das nach Ansicht Adalberos seine eigentlichen Aufgaben überschritt. Im Staat unterscheidet er Kleriker und Laien, letztere geschieden in Adel und die Leibeigenen. An der Spitze des Adels stehen König und Kaiser, das Recht zu wahren. Dem Adel aber obliegt es, das Schwert zu führen und die Kirche zu schützen und die Masse der Bauern und des niedrigen Volkes (Vers 277 ff.). Daß der sonst so auf seine persönli-

---

[164] So Bezzola, Littérature courtoise (siehe Bibliographie) S. 314f.

chen und des Adels Rechte bedachte Kirchenfürst der Härte des Lebens der Leibeigenen gedenkt, ohne die – wie er sagt – die Unabhängigkeit der anderen Stände nicht bestehen könne (Vers 288 ff.), hat von jeher Beachtung gefunden. Daß der König, diese Ordnung Adalberos bestätigend, sich ausdrücklich auf den Glanz und die Größe Frankreichs beruft, die im Erbe der Väter begründet seien, sollte über all dem, was aus dem Gedicht herausgelesen und hineingelegt worden ist, nicht übersehen werden. Sicher und selbstbewußt wie bei Richer von Reims ist hier in deutlicher Abgrenzung vom Reich Frankreich, das *regnum Francorum* (Vers 395), als eine der Eigenständigkeit ihres Königtums sich bewußte Nation aufgefaßt. Im übrigen hat man in dem Gedicht eine auffällige Verwandtschaft mit dem Geist der älteren Chansons de geste finden zu können geglaubt[165]. – Es fragt sich, ob das viel erörterte Gedicht nicht stark überschätzt worden ist. Das Kernstück, die „Gesellschaftstheorie", nimmt als Ganzes wohl einen besonderen Platz ein; die Gedanken im einzelnen sind, vom Standpunkt Adalberos aus gesehen, wohl nicht eben originell und vermutlich in seinen Kreisen nicht ungewöhnlich gewesen. Dort aber, wo er selbständig wird, im satirischen Teil, geht er mit solcher Plumpheit zu Werk, daß es schwer verständlich ist, wie er sich bei dem offenbar feinsinnigen König eine günstige Wirkung versprechen konnte. Für einen Mann jedenfalls, der immerhin, wenn die herkömmliche Datierung zutrifft, schon ein Menschenalter lang Bischof war, ist dieses Erzeugnis gewiß keine rühmliche Leistung. Es kommt dazu, daß bei näherem Zusehen alles, was der Erklärung bisher Schwierigkeiten bereitet hat, nicht etwa auf der Tiefe der Gedanken beruht, sondern allein auf der mangelnden Fähigkeit Adalberos, sich klar und eindeutig auszudrücken, und auf seiner mäßigen Sprachbeherrschung[166]. So ist es wohl kein Zufall, daß das Gedicht uns nur in einer einzigen, vielleicht dem Verfasser mindestens zeitlich noch nahestehenden Handschrift erhalten ist[167].

In neuerer Zeit wird allgemein dem Adalbero von Laon als drittes Werk der sogenannte *rhythmus satiricus* zugeschrieben, ein Gedicht in 28 ambrosianischen Strophen (inc. *Orbis magni monarchiam dolus Landrici nititur*), eine heftige Invektive gegen den Grafen Landri von Nevers, einen erbitterten Feind Adalberos. Das Gedicht führt an den Hof König Hugo Capets. Der Graf Landri, Achitophel genannt nach

---

[165] Bezzola, S. 316, dessen Deutung – nicht Wertung – ich als der überzeugendsten im wesentlichen folge.
[166] Bezeichnend dafür der wiederholt vorkommende Gebrauch des Präsens, wo der Sinn unbedingt ein Präteritum erfordern würde; oder kleine Ungeheuer wie v. 35 *vi cogatur quod sponte negatur*, und dergleichen mehr.
[167] Die von Carozzi beigezogenen angeblichen späteren Nachwirkungen beruhen auf so vagen Ähnlichkeiten, daß sie nicht als bewiesen gelten können.

dem Ratgeber Davids, der dann der Verschwörung des Absalom sich anschloß, wird sogleich in der ersten Strophe angegriffen als Intrigant, Verräter und Zerstörer aller Ordnung, als ein neuer Catilina, als ein zweiter Jugurtha usf. beschimpft, als ein Mensch, dessen Namen man auf eine Bleitafel schreiben solle, auf daß er alle Zeit mit Schanden behaftet bleibe, wenn er dereinst auferstehe; er zerstöre ganz Europa, werde von Tag zu Tag schlechter und es sei viel zu spät, wenn er eines Tages stürbe. – Das Gedicht ist anonym überliefert, und es steht außer Zweifel, daß der Verfasser in die Verhältnisse am Hof Hugo Capets aufs beste eingeweiht, desgleichen, daß er, ein gebildeter Mann, mit der Bibel vertraut war und auch einiges von antiker Literatur, Sallust etwa, gewußt hat. Ob man jedoch Adalbero selbst als Verfasser betrachten darf, ist mindestens sehr zweifelhaft. Zwar steht die Invektive an Heftigkeit den satirischen Partien des carmen ad Rotbertum nicht nach; aber der Ton ist ein anderer, und auch das, was man allenfalls die innere Bewegung nennen könnte, unterscheidet den rhythmus von jenem. Vor allem, wenn die Datierungen zutreffen und der rhythmus satiricus erheblich älter ist als die anderen Gedichte, ist schwer vorstellbar, daß ein Autor, der zunächst mit innerer Leichtigkeit und Natürlichkeit zu dichten versteht wie der des rhythmus satiricus, zwanzig Jahre später in die stellenweise doch sehr fühlbare Schwerfälligkeit und derbe Plumpheit geraten sollte, die für das Gedicht an Robert bezeichnend sind. Wer in Wahrheit der Verfasser des rhythmus satiricus gewesen ist, etwa ein Geistlicher aus der Umgebung Adalberos, woran man ja schon früher gedacht hat, oder ein fahrender Sänger, die es gewiß zu der Zeit auch schon gab, im Auftrag des Bischofs die Verse zur Schmähung seines Feindes verfaßte, wird sich mit Sicherheit kaum entscheiden lassen. Es ist bezeichnend, daß auch dieses Gedicht seiner beschränkten Bedeutung und Tendenz wegen uns nur durch eine einzige, der Entstehungszeit wohl nicht allzu ferne Handschrift erhalten geblieben ist.

Es war Herzog Wilhelm I. von Aquitanien gewesen, der durch die Stiftung von Cluny die äußere Voraussetzung für eine der bedeutendsten Erneuerungsbewegungen im abendländischen Mönchtum und weit darüber hinaus geschaffen hatte. Aquitanien hat im zehnten und elften Jahrhundert in anderer Hinsicht für die Literatur Bedeutung gewonnen. Ein gelehrter Irrtum hatte im vorigen Jahrhundert dazu Anlaß gegeben, zunächst das Kloster Saint-Martial als westliches Gegenstück St. Gallen auf dem Felde der Sequenzdichtung entgegenzustellen, was wohl zu verengt gesehen worden ist. Während das Bistum Limoges sicherlich zu den ältesten Diözesen Galliens gehört und, falls für das Auftreten des heiligen Martialis in Gallien die übliche, auf Gregor von Tours[168]

---

[168] Franc. 1, 30 (p. 23, 6 Krusch-Levison).

zurückgehende Datierung in die Zeit des Decius zutrifft, immerhin noch im dritten Jahrhundert entstanden zu sein scheint, besteht über das Alter des Klosters Saint-Martial völlige Ungewißheit. Die frühesten Erwähnungen bei Gregor von Tours[169] wissen noch nichts von einem Kloster. Ein solches muß um die Mitte des neunten Jahrhunderts, als die älteste vita sancti Martialis verfaßt wurde, mindestens schon einige Zeit bestanden haben.

Was nun jene vermeintlich so große Bedeutung von Saint-Martial für die Sequenzendichtung betrifft, so war die Vorstellung dadurch entstanden, daß eine überraschend große Zahl liturgischer Handschriften, nicht weniger als sechzehn, vom zehnten bis zwölften Jahrhundert ein Repertoire von über 260 Sequenzen bot. Es stellte sich nun freilich im Verlauf weiterer Untersuchungen heraus, daß in Wahrheit von jenen Handschriften nur zwei oder drei aus Saint-Martial selber stammten, daß andere wahrscheinlich in die Gegend von Toulouse (wegen der starken Betonung des heiligen Saturninus) gehörten, wieder andere mit unbestimmten Stätten zu verbinden sind, und daß das ganze stattliche Repertoire, abgesehen von manchen Stücken fremden Ursprungs – dazu gehören u.a. auch einige Notkersche Sequenzen – bestenfalls als aquitanisch angesehen werden darf. Auch wenn letztere Bezeichnung noch zu eng sein sollte, und sie trifft gewiß nicht auf alle Sequenzen westlichen Ursprungs zu, welche das aquitanische Repertoire in sich vereinigt, so weisen sie doch eine Reihe von Merkmalen auf, durch welche sie sich von Prosen anderer Herkunft, vornehmlich des deutschen Kreises, unterscheiden.

Was den Bestand betrifft, so gibt es in Aquitanien Sequenzen auch für den Advent. Man könnte denken, daß in solcher Anwendung der Sequenz auch in der sonst allelujalosen Zeit eine unmittelbare Freude an der Schönheit des Sequenzengesanges zum Ausdruck kam, ohne daß auf den eigentlichen Sinn Rücksicht genommen wurde. Dazu würde in der Tat der Umstand stimmen, daß wir als ein zweites Charakteristikum jener aquitanischen Sequenz die häufige und offenbar erstrebte Rückkehr zu dem Vokal -a vor allem am Ende der Kola wahrnehmen, und damit verbunden die Betonung des Klanges gegenüber dem Gedanken, infolgedessen der westlichen Sequenz im Vergleich zu der deutschen, derjenigen des Notker vor allem und seines Kreises, in inhaltlicher Hinsicht der Zug des Leichten, um nicht zu sagen Seichten anhaftet. Weitere Merkmale beziehen sich in erster Linie auf die Sprache, den Wortschatz sowohl wie gewisse formale Erscheinungen, die am ehesten wohl aus dem Einfluß der Volkssprache erklärbar sind.

---

[169] a.a.O.

Wichtiger freilich erscheint, daß sich im aquitanischen Raum einige wenige in das Repertoire aufgenommene Sequenzen vermutlich fremden Ursprungs finden, die von Inhalt und Auffassung her einen besonders ausgeprägten lyrischen Charakter aufweisen[170]. Es gibt ihrer nur sehr wenige, und man glaubt, sie auf Grund ihrer Altertümlichkeit und ihrer früh einsetzenden Überlieferung noch ins spätere neunte Jahrhundert setzen zu dürfen, wiewohl auch das unbewiesen bleiben muß.

Als *prosa dominicalis* erscheint die berühmte *Zöllnersequenz*, inc. *Stans a longe qui plurima perpetrarat facinora*. Sie singt vom Zöllner des Evangeliums (Lukas 18, 13 ff.), der „von ferne" stand und nicht einmal seine Augen gen Himmel erheben wollte, da er seiner Sünden gedachte, der in Demut den Herrn um Vergebung seiner Sünden bat und gestärkt und getröstet nach Hause ging; und die Sequenz schließt mit der Aufforderung, dem Beispiel des Zöllners zu folgen und Verzeihung von Gott zu erbitten. Von einer poetischen Umformung der biblischen Parabel vom Pharisäer und vom Zöllner nach herkömmlicher Art unterscheidet sich die prosa dominicalis vor allem dadurch, daß sie nur die eine der auftretenden Personen, eben den Zöllner, ins Auge faßt und diesen allein, wenn schon in der dritten Person, sprechen läßt. Schlicht und keiner Erklärung bedürfend, ergreift die Sequenz gerade durch ihre bezwingende Einfalt das Gemüt und weckt das religiöse Empfinden.

Hält sich die Zöllnersequenz in den Gedanken und Bildern der biblischen Gleichnisse, verläßt sie kaum den Umkreis biblischer Sprache, so tritt die *Schwanenklage* nicht nur aus dem Rahmen der Liturgie heraus, sondern verläßt den sakralen Raum überhaupt. Gleich einem Spielmann hebt der Dichter an, in der ersten Person die Hörer aufzufordern[171]:

Clangam, filii
ploratione una

| *Alitis cygni,* | *O quam amare* |
| *qui transfretavit aequora.* | *lamentabatur, arida* |

---

[170] W. von den Steinen nennt sie „lyrische Sequenzen": Notker der Dichter. Textband S. 136 u. 217; genau genommen setzt der Begriff eine moderne Auffassung von Lyrik voraus, und darin liegt seine Fragwürdigkeit.

[171] Freilich ist gerade dieser Anfang kontrovers: Neben *Clangam* ist *Plangant* überliefert, für welches nach Blume, Anal. hymn. 53, 155; von den Steinen, Tausendjährige Hymnen S. 56 und 36; Anfänge der Sequenzendichtung Kap. 22 und Notker der Dichter, Textband S. 135 u. 570 eintritt. Aber *Clangam* (so schon richtig Dreves Anal. hymn. 7, 253) ist eindeutig lectio difficilior und betont noch deutlicher den lyrischen Charakter.

Se dereliquisse
florigera
et petisse alta
maria ...

　　　　　Singen will ich, meine Söhne,
　　　　　　　ein Klagelied

des Vogels Schwan,　　　　　　　　Oh wie bitter
der übers Meer hinausgeflogen　　　klagte er, daß er das feste Land
war.

verlassen hatte,
das blumenreiche,
und sich hinaus gewagt aufs hohe Meer ...

Und er beklagt sein trauriges Los, das er selbst verschuldet: Daß er hinausgezogen in die Einsamkeit und seine ermatteten Schwingen keinen Halt zu finden vermögen in der glasklaren Flut, hin- und hergeworfen von den Wellen und schier zerschlagen von den Stürmen, den sicheren Tod vor Augen, da er nicht mehr die Kraft besitzt, noch einmal aufzusteigen. Fische sieht er vor sich in Menge, aber er ist zu schwach, sich selber noch die Nahrung aus dem Meer zu holen. Sehnsuchtsvoll schweifen seine Blicke zum Aufgang und gen Untergang, daß das leuchtende Gestirn die nachtschwarzen Wolken doch verscheuchen möchte. Da, mit einem Mal, inmitten seiner Not und unsäglichen Traurigkeit erstrahlt leuchtend die Morgenröte, und alsbald wird der todesmatte Schwan von neuem mit Lebensmut und Kraft erfüllt. Mit einem Jubelruf regt er die Schwingen, hebt sich empor, beseligt und voll des Glückes, hinan zu den Sternen, und er fliegt hinweg über die Weite des Meeres, das ihm nun nicht mehr öde und beängstigend erscheint; süße Weisen ertönen aus seiner Kehle, indes er sich dem lieblichen Festland nähert.

Die Sequenz steht in liturgischen Büchern und ist mit dem Hinweis versehen, daß sie an den Sonntagen des Kirchenjahres zu singen sei. Es ist kein Zweifel: wer die ergreifende Dichtung mit ihren wundersamen Bildern und ihrer poetischen Sprache hörend oder singend aufnahm, der begriff in all seiner Einfalt mit der ungebrochenen Kraft jener fernen Zeiten Bild und Symbol, ohne vieler erklärender Worte zu bedürfen; er wußte, daß der Schwan in der Einsamkeit des Weltmeeres, in Angst und Todesnot kein anderer sei als der Mensch, als die Seele des Menschen, der, durch eigene Schuld Gott fern, in die äußerste Not und Angst geraten müsse, im Aufleuchten Christi aber, der wahren Morgenröte, sich kraftvoll über das Meer der irdischen Bedrängnisse hinweghebe, jubelnd hinein in das Licht des erlösenden Gottes. Und so schließt denn die Sequenz, als verstehe es sich von selber, mit dem

Aufruf: „Kommt herbei, ihr Vögel alle, und rufet im Verein: Dem großen König sei Ehre und Herrlichkeit!"

Selten wohl ist im Mittelalter Angst, Lebensangst als eine mögliche Situation des menschlichen Daseins so klar und bestimmt erfaßt und so eindrucksvoll im Bilde dargestellt worden wie in der Schwanensequenz. Daß sie nicht zur Verzweiflung führt, sondern in Jubel endet, ist die Lösung einer Zeit, die aus der Sicherheit des Glaubens lebte.

Es fehlt jede Angabe und, abgesehen von der altertümlichen Form, auch jeder Hinweis auf Entstehungszeit und -ort dieser ungewöhnlichen Dichtung. Nach heute herrschender Ansicht ist die Sequenz noch im neunten Jahrhundert entstanden. Daß sie sich in den ältesten Prosarien aus Aquitanien findet, besagt angesichts der vielen fremden Beimengungen allerdings nicht mehr als ihr Vorkommen in englischen Troparien des elften und zwölften Jahrhunderts, darunter einem berühmten aus Winchester. Lediglich auf Grund der Seebilder, welche der Dichter wachruft, wird man eher an einen Ursprung in Küstennähe denken als an einen solchen im Binnenland; und hier wiederum scheint die Vorstellung des Dunklen und Schrecklichen eher eine nördliche Region anzudeuten, vielleicht nicht allzuweit von jenem Gebiet, welches mit dem Antiphonar von Jumièges zum ersten Mal die Sequenz ins Bewußtsein rückte. Aber das sind alles nur Vermutungen.

Mit Limoges, insbesondere mit Saint-Martial, ist ein Schriftsteller verbunden, dessen Werk zwar nicht zu den bedeutendsten, aber doch zu den eigenartigsten und eigenwilligsten Schöpfungen gehört, die wir aus dem Frankreich des früheren elften Jahrhunderts kennen: A d e - m a r v o n C h a b a n n e s. Er stammte aus aquitanischem Adel; seine Großmutter mütterlicherseits war eine Nichte jenes Bischofs Turpio von Limoges, für den Odo von Cluny seinerzeit die occupatio verfaßt hatte. Geboren um 988, kam Ademar als Kind ins Kloster des heiligen Eparchius (Saint Cybard) zu Angoulême, wo er fortan den größten Teil seines Lebens verbrachte. Erziehung und Unterricht empfing Ademar zu Saint-Martial, wo von den Brüdern seines Vaters der älteste Dekan war, der nächstfolgende das Amt des Kantors ausübte; in den Händen des letzteren dürfte Ademars Erziehung vorwiegend gelegen sein. Ademar selbst ist mit Saint-Martial zeit seines Lebens eng verbunden geblieben, was in seinem Schrifttum deutlich zum Ausdruck kommt. In Angoulême empfing er auch die Priesterweihe. Von seiner eifrigen Schreibtätigkeit daselbst zeugt eine Reihe noch erhaltener Handschriften ganz oder zum Teil von seiner Hand, andere mit marginalen oder interlinearen Glossen und sonstigen Einträgen von ihm; mindestens die letzteren können mit etlichen frühmittelalterlichen, patristischen und einigen wenigen profanantiken Autoren als Zeugnis des – im übrigen nicht allzu weit gespannten – Kreises der geistigen Interessen und Literaturkenntnis des Mannes aufgefaßt werden. Ademar stand etwa in der Mitte der Vierziger, als er eine Pilgerreise ins Heilige Land antrat, von der er nicht zurückkehren sollte. Er starb in Jerusalem im Jahre 1034.

Wir besitzen von Ademar eine kurze Geschichte der Äbte von Limoges, die *commemoratio abbatum Lemovicensium basilicae sancti Martialis apostoli*. Das kleine Werk beginnt, ungewöhnlich genug, mit dem Bericht über die genau und mehrfach ins Jahr 848 datierte Umwandlung des ehemaligen Kanonikerstifts in ein Mönchskloster (nach der Benediktregel, was nicht ausdrücklich gesagt wird). Nicht ohne Stolz berichtet der Verfasser, daß die Umwandlung auf Wunsch des Abtes und des Konventes selbst, ohne Einwirkung von außen, erfolgt sei, und daß man eigens einen Mönch namens Dodo aus dem Kloster Saint-Savin (Gironde, südwestlich von Limoges) zum Abt gewählt habe, um auch in diesem Punkt die Regel zu erfüllen. Unter dem zehnten Abt Hugo wird ausführlich von einer Versammlung der Bischöfe Frankreichs in Gegenwart König Roberts II. berichtet, auf welcher die Frage, ob der heilige Martialis Apostel gewesen, verhandelt und in dem Sinne entschieden worden sei, daß es außer den Zwölfen noch andere Apostel gegeben habe und Martialis eben diesen zuzurechnen sei.

Das Hauptwerk aber ist eine in drei Bücher gegliederte *Frankengeschichte,* gewöhnlich *historiae* oder *chronicon* genannt; der Titel stammt nicht vom Verfasser. Das Werk, das von Ademar mehrfach überarbeitet wurde und uns in verschiedenen Rezensionen vorliegt, beginnt mit der Sage vom trojanischen Ursprung der Franken, ihrer Abstammung von Aeneas, erzählt von der Auswanderung der Trojaner nach den mäotischen Sümpfen, ihrer ersten Berührung mit den Römern zur Zeit des Kaisers Valentinianus und der Inbesitznahme Galliens und führt im ersten Buch die Darstellung bis zum Tode Pippins des Jüngeren; das zweite Buch ist den Regierungsjahren Karls des Großen gewidmet; das dritte reicht vom Tode Karls bis in die Zeit Ademars, etwa bis zum Jahr 1027. Es ist nun sehr bezeichnend, daß die beiden ersten Bücher und noch der Anfang des dritten im wesentlichen uns wohlbekannten älteren Geschichtswerken folgen: zunächst dem liber historiae Francorum, sodann von 739 an für einen kurzen Abschnitt der sogenannten Fredegarchronik, darauf, ab 749, den Lorscher Annalen bis zu deren Ende 829, welchen Werken Ademar nur ab und an einige eigene Stücke einfügt[172]. Erst von da an wird die Darstellung selbständig. Wenn

---

[172] Zu diesen gehört unter anderem der berühmte anekdotische Bericht über die Einfüh-

nun diese Bücher eine fränkische Reichsgeschichte enthalten, so bedeutet das nicht, daß Ademar tatsächlich eine solche geschrieben, daß er den Horizont besessen habe, Reichsgeschichte zu schreiben. Denn gerade von dem Zeitpunkt an, wo er selbständig wird, verengt sich offensichtlich sein Gesichtskreis und reicht kaum noch über Aquitanien hinaus. Selbst dann, wenn Ereignisse aus anderen Teilen der abendländischen Welt berichtet werden, geschieht dies vorzugsweise im Blick auf Aquitanien oder um irgend einer dorthin führenden Verbindung willen. So hört man von Otto III. und Gerbert, dessen Lebensgeschichte in knappen Zügen eingefügt wird, weil letzterer als Aquitanier galt. Man liest über die Anfänge von Cluny, von Odos und seines Mitbruders Teotolo Übertritt vom Stande des Kanonikers zu Tours in den Konvent von Cluny, weil das Kloster von Herzog Wilhelm I. von Aquitanien gegründet worden war. Aus demselben Grunde hört man von dem Grafen Gerald von Aurillac, der auch dann noch ehelos leben wollte, als ihm Herzog Wilhelm die Hand seiner Schwester antrug. Für die Geschichte dieses Raumes im zehnten und frühen elften Jahrhundert ist Ademars Darstellung eine wichtige Quelle, die freilich stets der kritischen Prüfung bedarf. Denn einmal liegt die Chronologie im argen, und zum andern ist Kritik und Sorgfalt nicht Ademars Stärke gewesen[173]. Im übrigen macht das Werk, in dem Nachrichten über Adelsfehden, Privilegien für Kirchen oder Klöster, Normanneneinfälle und Begebenheiten aller Art in bunter Fülle vorgetragen werden, einen wenig durchgearbeiteten unfertigen Eindruck, der durch die anspruchslose, von Romanismen nicht freie Sprache noch verstärkt wird. Von den Ergänzungen der Chronik spiegelt eine[174] die Entwicklung der Karlssage: Bei der von Otto III. vorgenommenen Exhumierung Karls in Aachen setzt sich einer der dortigen Kanoniker namens Adalbert, ein Mann von besonders stattlichem Wuchs, die Krone auf und befindet

---

rung des römischen Kirchengesanges im Frankenreich durch Karl den Großen mit der mehrfach zitierten Bemerkung Karls: ‚*Dicite palam: quis purior est et quis melior, aut fons vivus aut rivuli eius longe discurrentes?*' *Responderunt omnes una voce fontem vel capud et originem puriorem esse, rivulos autem eius, quanto longius a fonte recesserint, tanto turbulentos et sordibus [inmundiciis] corruptos. Et ait domnus rex Karolus:* ‚*Revertimini vos ad fontem sancti Gregorii, qui manifeste corrupistis cantilenam aecclesiasticam.*' (MGH Script. IV, 118)

[173] Bezeichnend dafür zum Beispiel eine Gelehrtengenealogie, die von Hrabanus Maurus, der von Übersee gekommen sei, ausgeht, und nach welcher sich die Lehrer-Schüler-Folge so darstellt: Beda – Simplicius (?) – Hraban – Alkuin (!) – Smaragd – Theodulf von Orléans – Elias, Bischof von Angoulême, ein Ire – Heiric – Remigius und Hucbald „der Kahle". Eine direkte Beziehung zu der bekannten διαδοχή der Grammatiker eines Gautbertus (10. Jh.) – siehe oben Bd. I, S. 476 Anm. 172 – scheint nicht vorzuliegen.

[174] Im Parisinus Lat. 6474.

sie als für sich viel zu weit; desgleichen sind seine Beine viel kürzer als die des alten Kaisers. Doch wird der Domherr für seine Kühnheit auf der Stelle bestraft, indem er sich das Bein bricht und die vierzig Jahre seines weiteren Lebens stets auf diesem Bein geschwächt bleibt[175].

Die anderen Schriften Ademars sind alle der Abtei Saint-Martial und ihrem Heiligen gewidmet, dessen Ansehen er geradezu mit Leidenschaft zu fördern suchte. Er brachte es fertig, daß sich nicht weniger als drei Synoden zu Limoges mit der Frage des Apostolats des Martialis befaßten, 1021, 1029 und noch einmal 1031, und die Entscheidung fiel schließlich in seinem Sinne. Erledigt war für Ademar die Angelegenheit mitnichten.

Nach Gregor von Tours war Martialis einer der sieben Bischöfe, die zur Zeit des Kaisers Decius von Rom aus nach Gallien geschickt worden waren, um dort den christlichen Glauben zu predigen. In der Folgezeit, spätestens im vorgeschrittenen achten Jahrhundert, muß sich die Vorstellung gebildet haben, daß Martialis mit zwei Priestern vom Apostel Petrus als Glaubensprediger gesandt worden sei. Aber es ging noch weiter: Im zehnten Jahrhundert machte man den Heiligen gar zu einem der 72 Jünger Jesu. Die zweite Limousiner Synode von 1029 entschied, daß Martial in der Tat als Apostel zu gelten habe. Man hatte sich auf eine vita verlassen, welche die Martialenser Mönche – vermutlich im guten Glauben – als alt ausgaben, während sie in Wahrheit dem neunten oder zehnten Jahrhundert entstammte. Aber es wollten doch nicht alle so recht an das hohe Alter des heiligen Martialis glauben. Besonders hatte sich ein lombardischer Mönch namens Benedikt aus Clusa (nicht der wohlbekannte Reformabt desselben Klosters, der zu der Zeit, da Ademar starb, im zartesten Kindesalter sich befand), der zufällig nach Limoges gekommen war, zwei Mönchen von Saint-Martial gegenüber mit Entschiedenheit gegen den Apostolat des Martialis ausgesprochen, worauf jene nichts Rechtes zu erwidern wußten. Dies war der Anlaß für Ademars *epistola de apostolatu Martialis*.

Der Brief ist eine leidenschaftliche Apologie der Limousiner Tradition, gekleidet in die Form einer Denkschrift, die Ademar an alle wichtigen Persönlichkeiten und in erster Linie an diejenigen richtet, von deren Sachverstand er Zustimmung und Unterstützung erwarten zu dürfen glaubt: an den Bischof Jordan von Limoges und den gelehrten Abt Odolric von Saint-Martial, an den Archidiakon Rainaldus als den Stellvertreter des Bischofs und alle gelehrten Kanoniker zu Limoges, die Mönche zu Saint-Martial, welche die artes liberales studiert haben, die Grammatiker Engelricus und seinen Bruder Theodardus von der Kathe-

---

[175] Waitz p. 130.

dralschule zu Le-Puy-en-Velay, an den Grammatiker Werno der Domschule zu Beaulieu, an die Äbte und Mönche der anderen Limousiner Klöster, weitere Grammatiker an den Kathedralschulen aquitanischer Bistümer, aber auch an solche weit darüber hinaus bis nach Metz und Rouen, kurzum an alle Gelehrten, die ihm einfallen; aber auch an Kaiserin Kunigunde und den Kaiser „Cono", das ist Konrad II., und – in dieser Reihenfolge – den Herzog Wilhelm (II.) von Aquitanien und, damit keiner übersehen sei, den Papst Johannes (XIX.). Vor allem diejenigen, mit denen er noch nicht gesprochen habe, nämlich die Kaiserinmutter, der Kaiser, der Herzog von Aquitanien, möchten sich nicht wundern, wenn er nun vom Apostel Martialis spreche. Und dann beginnt er mit größter Lebhaftigkeit zu erzählen, wie ihn, als er, von der Limousiner Synode nach Angoulême zurückkehrend, voll des Glückes darüber gewesen, daß nunmehr endlich dem Apostel Martialis die gebührende Ehre zuteil geworden sei, der Satan durch seine Helfer in solche Angst und Bekümmernis versetzt habe, daß er sich den Tod gewünscht oder doch wenigstens Flügel wie eine Taube, um zu ihnen, den Angeredeten, zu fliegen. Und er fährt fort in seiner Invektive, in der sich mit jedem Satz seine Empörung steigert bis zur leidenschaftlichsten Erregtheit, die sich in den heftigsten Vorwürfen und Beschimpfungen gegen seinen Gegner, jenen Mönch aus dem lombardischen Clusa äußert; nein, nicht einen Mönch, sondern einen Wolf im Schafspelz, einen Häretiker, einen Schismatiker, einen Teufel. Die zwei Mitbrüder des Ademar, die damals unterwegs nach einem anderen Kloster waren, hätten sich von der alten Schlange, vom Gift des Drachen verführen lassen. Während alle Rechtgläubigen davon überzeugt seien, daß Martialis eben ein Apostel und nicht einer von den noch neueren Heiligen und Bischöfen sei, habe ein Langobarde, mehr ein Ebionit als ein Coenobit, der seinen Namen (Benedictus, der Gesegnete) nicht verdient habe und richtiger Maledictus (der Verfluchte) heißen müßte, vor dem Konvent von Angoulême und anderen Mönchen, die zum Feste Mariae Geburt sich versammelt hätten, sein Gift auszuspeien sich nicht gescheut und behauptet, daß Martialis kein Apostel sei; Gebete zu einem Apostel seien sinnlos, die Meßformulare, die Abt Odolric an die Priester gegeben habe, seien Dreck und müßten verbrannt werden; die solche Messen läsen, seien Häretiker, eine Schande für Aquitanien, die aquitanischen Bischöfe dumme Bauern, wenn sie nicht, statt eine Kirchenversammlung zu halten, den ganzen Ort des heiligen Martialis exkommunizierten u.s.f. In der wiederholt und auf beiden Seiten überaus leidenschaftlich geführten Auseinandersetzung hatte Ademar als Argument für den Apostolat des Martialis u.a. dessen vita vorgebracht, die von dem Lombarden als Fälschung bezeichnet wird, da doch beim

Brande des Klosters hundert Jahre vorher alle älteren Aufzeichnungen verlorengegangen seien, worauf sich Ademar auf die in Limoges im Gebrauch befindlichen Hymnen beruft. Daß er sich mit der Bemerkung, es seien außer den zwölfen doch auch die siebzig Jünger, die Christus entsandt habe, Apostel gewesen, auf eine für ihn gefährliche Bahn begibt und mit dem Hinweis, daß doch auch ein Mann wie Gregor der Große den Ehrentitel eines Apostels der Angeln führe, eigentlich seine Position überhaupt preisgibt, scheint Ademar in seinem Eifer nicht bemerkt zu haben. – Der offenbar im Zustand starker Gemütsbewegung abgefaßte, kunstlose Brief stellt in seiner bis zur Grobheit gesteigerten Unmittelbarkeit, die sich auch in der Sprache spiegelt, mehr ein Kuriosum denn ein literarisches Werk dar, von dem wir nicht wissen, welche der Adressaten es tatsächlich erreichte, und das gewiß über den engeren Umkreis von Saint-Martial hinaus wenig Aufmerksamkeit gefunden haben und nur bedingt unter die Vorläufer jener polemischen Literatur, welche für das spätere elfte Jahrhundert charakteristisch sein wird, gerechnet werden dürfte.

Dagegen beweist eine Anzahl von *Gedichten* Ademars zwar keine besondere poetische Begabung, aber doch ein recht beachtliches Maß an Beherrschung poetischer Formen. Zwei Gedichte, das eine inc. *Tempora prisca Deus decorans pie lampade celsus,* in 41 epanaleptischen Distichen, deren Hexameteranfänge als Akrostichon den ersten Vers ergeben, und ein zweites in 64 Hexametern inc. *Tempora prisca Deus sanctis insigniter almis,* rühmen Eparchius, den Schutzheiligen von Ademars Kloster zu Angoulême, wobei das zweite Gedicht in einer Anrufung des Heiligen um seine Fürbitte und Hilfe mündet.

In derselben von Ademar geschriebenen (oder in seine unmittelbare Nähe gehörenden) Handschrift[176] findet sich eine Reihe von **Hymnen für ein Eparchius-Offizium**, die allesamt in quantitierenden lyrischen Maßen abgefaßt sind: Der erste inc. *Annua festa vigent rutilo,* acht (durch eine vom Autor angegebene *divisio* in zweimal vier gegliederte) Strophen zu je fünf durch einsilbigen Endreim gebundenen katalektischen daktylischen Tetrametern (oder hyperkatalektischen daktylischen Trimetern), wohl nach dem Muster des Prudentius (cath. 3; perist. 3), gibt der Festesfreude Ausdruck; es ist bezeichnend, daß Ademar in seinem schon fast skurrilen Bedürfnis, nach Möglichkeit einen Apostel zum Klosterpatron zu haben, ebenso Eparchius nicht nur unter die Martyrer, sondern auch – in der ersten Strophe des zweiten Teils, Vers 3 *ordine fulget apostolico, martiribus sotius numero* – unter die Apostel einreiht. Dieselbe Form weist der Vesperhymnus

---

[176] Paris Bibl. Nat. lat. 3784 f.99ᵛ, Abb. bei Delisle Tafel IV (s. Bibliographie S. 593).

Cuncta creans Dee verbigena auf, dessen acht fünfzeilige Strophen aus katalektischen daktylischen Tetrametern jeweils ebenfalls durch einsilbigen Reim in sich gebunden sind. Für die Oktav des Festes schrieb Ademar einen Hymnus in sechs ambrosianischen Strophen, inc. *In laudibus Eparchii*, die als formale Besonderheit anscheinend zweisilbig gemeinte paarweise Bindung durch Reim oder Assonanz aufweisen. Ein Hymnus zu den Nocturnen, inc. *Vita celestis sacra sanctitatis*, umfaßt einschließlich Doxologie vier sapphische Strophen. Für die phaläkischen Hendekasyllabi des Hymnus *Sollemni iubare nitet dies haec* mag trotz der Gliederung in vier vierzeilige Strophen doch wiederum Prudentius (cath. 4; perist. 6) das Vorbild gewesen sein, was sicherlich auch für die in Dreiergruppen zusammengefaßten archilochischen Verse des Hymnus zur Sext, inc. *Quam pia digne Deo praeconia rite sunt supremo* gilt (perist.12.13). Ein Hymnus zur Non inc. *Credimus te sacer Christi*, in den wohlbekannten diesmal rhythmischen Fünfzehnsilblern (der Nachbildung des trochäischen Septenars), sowie eine Reihe stichischer Adonier, inc. *Almi perenni* schließt mit einem Gebet an Christus den Hymnenzyklus ab. Ademar ist gewiß kein großer Dichter gewesen; aber seine Hymnen verdienen, obwohl sie ab und zu Verstöße gegen die Quantität aufweisen, wegen der Mannigfaltigkeit der quantitierenden lyrischen Formen Beachtung und Respekt, umso mehr als sich Ademar in einer Umgebung befunden hat, in der vor allem die rhythmische Dichtung gepflegt und geschätzt worden zu sein scheint. Dieser Umstand stimmt zu der Tatsache, daß Ademar sich auch in seiner Prosa gelegentlich offensichtlich um einen klassizistischen Ausdruck bemüht hat. Ein gewisser humanistischer Zug scheint dem absonderlichen Mann nicht fremd gewesen zu sein.

Zweites Kapitel

DAS ALTE LOTHRINGEN

Wie in Frankreich ist auch im alten Lothringen nach der Mitte und vornehmlich in den späteren Dezennien des zehnten Jahrhunderts das geistige Leben wieder in kräftigen Gang gekommen. Auch hier beobachtet man, daß neben den alten monastischen Zentren die Bischofssitze eine größere Rolle spielen als vordem und die Zeit der Kathedralschulen angebrochen ist.

Zu einem bedeutenden, vielleicht dem bedeutendsten Zentrum im niederlothringischen Raum hatte sich Lüttich entwickelt. Das alte, noch in die Spätantike hinaufreichende Bistum, das ehedem zunächst die civitas Tungrorum umfaßte und dessen Sitz im sechsten Jahrhundert von Tongern nach Maastricht verlegt worden war, hatte erst im frühen achten Jahrhundert Lüttich zum endgültigen Mittelpunkt erhalten, nachdem Bischof Hubertus 717/18 dorthin die Gebeine seines Vorgängers Lambertus, den das Volk als Martyrer verehrte, hatte überführen lassen. Lüttich selbst, damals ein größeres Dorf (villa regia), erfuhr unter den folgenden Bischöfen kräftige Förderung. Vom geistigen Leben erhalten wir zunächst noch keine Kunde. Ob der Aufenthalt des Sedulius Scottus und seiner Landsleute in der Zeit des Bischofs Hartgar um die Mitte des neunten Jahrhunderts mehr gewesen ist als eine Episode, muß dahin gestellt bleiben; wir hören von einer Irenkolonie in Laon, die mit Sedulius Scottus im Zusammenhang steht, aber nichts von einer solchen in Lüttich. Mindestens seit jener Zeit hatte das Bistum unter häufigen Einfällen der Normannen zu leiden. Das zehnte Jahrhundert sieht bedeutende Bischöfe, unter ihnen Rather, der als Oblat selber noch in Lobbes gebildet war, und Everaclus, von dem als erstem berichtet wird[1], daß er Schulen in Lüttich gründete.

Die Anfänge literarischer Tätigkeit scheinen bereits in der Zeit Bischof S t e p h a n s (901–920) zu liegen. Aus königlichem fränkischen Geschlecht stammend, hatte Stephan seine Bildung in Metz und an der

---

[1] Anselmi Leod. gest. 24 (MGH Script. VII 201).

Hofschule Karls des Kahlen empfangen und war zuerst Kanoniker in Metz und Abt einer Reihe von Abteien, darunter Saint-Mihiel sowie Lobbes, gewesen, als er zum Bischof von Lüttich erhoben wurde; man rühmte ihn vor allem wegen seiner Sorge um die Liturgie. Aus ihr sind seine gelehrt literarischen Bemühungen erwachsen.

Es war durchaus im Sinne der karolingischen Tradition und entsprach einer verbreiteten Übung auch seiner Zeit, daß Stephan die alte, noch dem achten Jahrhundert entstammende *vita sancti Lamberti* eines unbekannten Verfassers bearbeitete. Dabei kam es ihm, wie er in dem an Erzbischof Herimann von Köln, seinen Metropoliten, gerichteten Prolog ausführt, in erster Linie auf eine sprachliche und stilistische Besserung und Anpassung an den Zeitgeschmack an, da die alte vita auf Kritik und Spott *(cachinnalis derisio)* bei denjenigen seiner geistlichen Mitbrüder, die sich literarisch gebildet dünkten, gestoßen, ferner für das Lambertusfest bisher kein eigenes Offizium vorhanden gewesen sei. Stephanus, der gern mit seiner Bildung, nicht zuletzt in der Dialektik, prunkt, schafft mit seiner Bearbeitung ein in sich geschlossenes, lebendig erzähltes Heiligenleben. So sehr auf der einen Seite durch die bewußte Rücksicht auf die Verwendbarkeit der vita in den liturgischen Lesungen des Festoffiziums und durch Anwendung in der hagiographischen Literatur häufig vorkommender Redewendungen und Vorstellungen die Gestalt Lamberts dem irdischen Leben entrückt erscheint, so unmittelbar und lebendig wirkt die Erzählung anekdotenartiger Begebenheiten, etwa wie der aus seinem Bistum vertriebene und im Kloster Stablo lebende Bischof auf Weisung des Abtes die halbe Nacht in der eisigen Kälte außerhalb des Klosters stehend verbringen muß, weil ihm bei dem Versuch, sich zu nächtlichem Gebet in die Kirche zu begeben, ein Schuh aus den Händen geglitten und das Poltern Unruhe im Dormitorium hervorgerufen hatte.

Die vita ist insgesamt in Reimprosa gehalten; der, der Mode der Zeit entsprechend, einsilbige Reim fällt besonders an den Stellen, welche durch Reihen kurzer paralleler Kola betont werden, klingend ins Ohr. Der Eindruck der vollen Durchformung des Ganzen wird durch wiederholt die Prosa unterbrechende Einzelverse oder kleine Versgruppen noch verstärkt. Die Verse sind zum Teil aus Vergil, zum Teil aus Aldhelm de virginitate adaptiert übernommen, andere stammen aus dem vermutlich spätkarolingischen, sei es in Metz, sei es in der Gegend von Laon oder Saint-Quentin entstandenen carmen de Cassiano oder sind von letzterem angeregt.

Daß Stephan für das Lambertusfest auch Antiphonen und Responsorien geschaffen, also ein vollständiges *Offizium* verfaßt hat, berichtet die Lütticher Bischofsgeschichte des Anselm[2]; nach derselben Quelle stammen von Stephan auch die *Responsorien zum Fest der Auffindung des heiligen Stephanus* sowie zum *Dreifaltigkeitsfest,* wobei die letzteren einem gewissen Hubaldus (womit zweifellos Hucbald von Saint-Amand gemeint ist) zugeschrieben worden waren.

Der eigentliche Begründer aber des Ruhmes der Lütticher Schule und geistigen Blüte im Bistum St. Lamberts wurde N o t k e r, Bischof von 972 bis 1008.

Notker stammt aus adeligem alemannischem Geschlecht, dem sächsischen Herrscherhaus verwandt. Er war aller Wahrscheinlichkeit nach in St. Gallen gebildet und nach der Überlieferung[3] ebendort Propst, als er im Jahre 972 zum Bischof von Lüttich erhoben wurde. In den dreieinhalb Jahrzehnten seines Episkopats wirkte Notker so tatkräftig für die kirchliche Disziplin und zum Wohle seiner Diözese, aber auch im Dienste der Kaiser Otto II. und seines jungen Nachfolgers, daß er ins Gedächtnis der Nachwelt als der größte Bischof Lüttichs im Mittelalter eingegangen ist. In unserem Zusammenhang ist von höherer Bedeutung, daß Notker persönlich gelehrt und von dem Wunsche beseelt war, seinen Bischofssitz zu einer Stätte der Bildung und der Wissenschaft zu machen. Er ist der eigentliche Begründer und Ordner des Schulwesens in Lüttich, und auch wenn man in Rechnung stellt, daß die Lokalhistorie vielleicht ein wenig zu sehr das Verdienst dieses großen Mannes hervorhebt – eine Erscheinung übrigens, die man im zehnten und elften Jahrhundert, der Zeit eines verengten Horizontes in Geschichtschreibung und vergleichbarem Schrifttum immer wieder antrifft –, so ist doch ohne Zweifel richtig, daß Notker eine der hervorragendsten Gestalten unter den Kirchenfürsten seiner Zeit gewesen ist, und daß die Lütticher Schulen, insbesondere die von ihm gegründete und geförderte Domschule eine Reihe von bedeutenden Männern hervorgebracht haben.

Weniger klar ist, was wir von Notker an literarischen Werken besitzen. Man macht sich die alte, im Grunde schon ins 17. Jahrhundert zurückgehende Frage, wieviel eigentlich von den unter Notkers Werken gehenden Texten wirklich von ihm selber stammen, wohl etwas zu leicht, wenn man im Anschluß an die herrschende Meinung mehr oder minder stillschweigend annimmt, Notker selbst sei praktisch nicht als Schriftsteller tätig gewesen, habe vielmehr die unter seinem Namen

---

[2] gest. Leod. 20 (MGH Script. VII 200).
[3] *Nohtgerus, prepositus monasterii beati Galli, Leodicensis presul, ad Christum migravit* annales Hildesheimenses ad a. 1008 (ed. G. Waitz, MGH Script. rer. Germ. [8], p. 30).

gehenden und von ihm angeregten Werke durch seinen vertrauten Freund und Berater, den Mönch und späteren Abt Heriger von Lobbes, verfassen lassen und ihnen durch Beifügung seines bischöflichen Namens höhere Autorität verliehen. Es handelt sich um einige hagiographische Schriften, in erster Linie um die *vita Landoaldi* nebst miracula und Translationsbericht und zugehörigem Widmungsbrief und die vita Remacli, desgleichen mit einem als Prolog dienenden Widmungsbrief, dazu vor allem um den ersten Teil der Lütticher Bistumsgeschichte, der gesta episcoporum Tungrensium Traiectensium Leodiensium, die dann von anderen Autoren fortgesetzt wurden. Es kann nicht bestritten werden, daß die Abfassung eines Werkes durch einen anderen als den, der als Autor genannt wird, vorgekommen ist; in der Korrespondenz geistlicher und weltlicher Fürsten dürfte es die Regel sein, während regelrechte Auftragsdichtung unter dem Namen eines Herrschers im lateinischen Raum zu den seltensten Ausnahmen gehört. Was im Falle Notkers von Lüttich angenommen zu werden pflegt oder was man folgern müßte, wenn die heute üblichen Zuschreibungen zu Recht bestehen, nämlich daß er die von einem anderen, von einem Mönch verfaßten Werke regelrecht sich selbst zugeschrieben, daß er sogar Konventen oder Äbten, die sich an ihn gewandt hatten mit der Bitte um Abfassung eines Heiligenlebens, den Namen des wahren Autors, nämlich Herigers, verschwiegen, also ein schamloses Plagiat begangen, und dazu die Empfänger, denen es doch offensichtlich darum ging, die vita von i h m zu erhalten, belogen hätte, dafür ist bisher in der lateinischen Literatur kein Parallelfall bekannt geworden[4].

Die Frage, ob der Lütticher Bischof selbst die erwähnten Werke verfaßt habe oder der von ihm beauftragte vertraute Ratgeber, wäre an sich von geringer Bedeutung; aber von ihrer Beantwortung hängt nicht zum wenigsten ab, wie man sich die Entwicklung des geistigen Lebens in Lüttich in seiner Blütezeit vorzustellen hat: ob sie mehr oder minder aus eigener Kraft erfolgt oder doch zu einem nicht unwesentlichen Teil mit Einflüssen zu erklären sei, die mit Notker und seinem eigenen Bildungsgang zusammenhängen. Die früher betonte Verbindung mit St. Gallen in dem Sinne, daß Notker das St. Galler Geistesleben nach Niederlothringen verpflanzt habe, ist in neuerer Zeit stark eingeschränkt, ja völlig bestritten worden[5]. Es scheint indes, daß jene alte Ansicht doch so verfehlt nicht war.

---

[4] Ein so merkwürdiges Verhalten Notkers ließe sich nicht damit begründen, daß er seinen Namen den Werken zum Zweck der Bestätigung beigefügt habe (wie es in der letzten Auflage des Wattenbach von Dümmler und Traube (1904) S. 432 formuliert worden ist; eine Bestätigung des Bischofs mit Nennung des Namens des Verfassers hätte dann denselben Zweck erfüllt.)

[5] So R. Holtzmann in Wattenbach-Holtzmann Heft 1, S. 142 mit großem Nachdruck.

Auf Ansuchen des Konvents von St. Bavo zu Gent verfaßte Notker die *vita s. Landoaldi*. Anlaß dazu gab die Übertragung der Gebeine Landoalds von Wintershoven nach Gent im Jahre 980. Da ältere Aufzeichnungen offenbar verlorengegangen waren, sandten die Mönche einen Priester namens Sarabertus, der dem Bischof ihren Wunsch übermitteln und ihm zugleich Aufzeichnungen über das wenige, was man aus der Erinnerung noch über Landoald hatte zusammentragen können, aushändigen sollte. An der Zuverlässigkeit Saraberts und dessen, was sein Begleitbrief enthielt, hängt die geschichtliche Glaubwürdigkeit der vita im einzelnen. Tatsächlich wird von Landoald selbst nicht allzuviel berichtet; statt dessen führt der Autor den Leser hinein in das frühe siebente Jahrhundert, in die Jahrzehnte Chlothars I. und Dagoberts, die er als eine glückliche Zeit rühmt, weil damals zahlreiche Klöster und andere geistliche Einrichtungen in Gallien gegründet worden seien. Zum Zeitbild, das er am Beginn der vita entwirft, gehört die Erinnerung an den Missionsbischof Amandus († 679 oder 684) und sein Wirken vornehmlich in Flandern. Unter den geistlichen Helfern, die er sich gelegentlich eines Rombesuchs erbat, befand sich Landoald.

Trotz starker Bedenken von historischer Seite gegen die Glaubwürdigkeit der vita Landoaldi verdient hervorgehoben zu werden, daß Notker nicht der Versuchung erlegen ist, die Dürftigkeit der Nachrichten, die ihm zugekommen waren, zu einem abgerundeten Lebensbild zu ergänzen, wie es mancher andere Hagiograph getan haben würde. Unter dem wenigen, was er berichtet, findet sich die Mitteilung, daß der Patron von Lüttich, der heilige Lambert, von seinem Vater dem Landoald zur Erziehung übergeben worden sei, unter gleichzeitiger Übertragung des Gebiets von Wintershoven, wo er nachmals sein Begräbnis fand; dazu kommen einige Wundererzählungen: Das Erschließen einer klaren Quelle im sonst nur ungenießbares Sumpfwasser führenden Gelände sowie die wunderbare Wirkung des Gehorsams des jungen Landbert, der auf Weisung seines Meisters diesem im geschürzten Gewande das geforderte Feuer bringt.

Ähnlich wie der Konvent von St. Bavo erbat Abt Werinfrid von Stablo die Abfassung eines Heiligenlebens durch Notker, der *vita Remacli*, des Gründers und ersten Abtes von Stablo. Der Aquitanier Remaclus war zunächst Schüler des Bischofs Sulpicius (II.) von Bourges[6], dann Mönch in Luxeuil gewesen, hatte darauf das Kloster Solignac und nach mehrjährigem Aufenthalt in den Ardennen, wohl als Missionar, zusammen mit dem Bischof Eligius von Noyon die Klöster Mal-

---

[6] Von ihm stammen die Briefe I 13 und II 5 in der Briefsammlung des Desiderius von Cahors, den er geweiht hatte.

medy und Stablo gegründet, die er als erster Abt leitete. Später war er zum Missionsbischof geweiht worden. In der Lüttischer Überlieferung galt er als Nachfolger des heiligen Amandus im bischöflichen Amt. Da hier eine ältere vita aus dem neunten Jahrhundert bereits vorlag und es dem Abt Werinfried darum ging, eine ausführlichere und dem Geschmack der Zeit entsprechende vita zu erhalten, so bestand die Aufgabe Notkers vorzugsweise in der Bearbeitung des vorliegenden Textes. Er löste sie in der Weise, daß er zunächst den Lebensgang des Remaclus in Kürze erzählt, darauf einen Tugendkatalog folgen läßt und sodann die einzelnen Klostergründungen ausführlicher schildert. Daß der Verfasser bewußt stilisiert, wird alsbald klar. Neben den üblichen biblischen und patristischen Büchern hat er in ungewöhnlich reichem Maße profanantikes Schrifttum herangezogen. Als Remaclus unter Bestellung eines Nachfolgers sich in die Einsamkeit zurückzuziehen gedachte, kommt es zu Auseinandersetzungen mit seinen Mönchen, die in der Form von langen fingierten Reden, in welchen die einander gegenüberstehenden Parteien ihre Auffassungen darlegen, so wie man es bei Sallust antreffen konnte, gegeben werden. Die stilistische Höhe erfährt eine weitere Steigerung, wo Remaclus im Angesicht des Todes von seinen Jüngern Abschied nimmt. Erinnern diese Passagen als solche an die biblischen Abschiedsreden, zumal deren berühmteste und bedeutendste, die Abschiedsreden Jesu im Evangelium des Johannes (13,31–17,26), so verleiht Notker der Abschiedsrede des Remaclus ein besonderes Gepräge dadurch, daß er sie geradezu als einen Cento aus antiken Dichtern und Prosaschriftstellern anlegt: aus Horaz (vorzugsweise den Episteln, aber auch aus den sonst recht seltenen Oden), aus Vergil und Terenz und dem überaus seltenen Tibull[7]; dazu kommen von Prosaikern Cicero (Tusculanae und eine Stelle aus den catilinarischen Reden [4,3]) und Sallust.

Höchst bemerkenswert ist der zur vita Remacli gehörige Widmungsbrief an den Abt Werinfrid von Stablo, ein wahres Kabinettstück der Kunst des kenntnisreichen und gewandten Spiels mit Zitaten aus Bibel, Patristik und vor allem aus profanantiker Literatur, Dichtung wie Prosa.

---

[7] Angesichts der Zahl und Buntheit der Exzerpte wird man an ein Florilegium als Quelle denken, abgesehen vielleicht von Schriften des Sallust, die dem Autor auch unmittelbar bekannt sein mochten. Für die bekannteste der in Betracht kommenden Blütenlesen, nämlich das florilegium Gallicum, spräche das Auftreten von Tibull 3, 3, 21, welcher sentenziöse Vers genau in eine im florilegium Gallicum enthaltene Gruppe von Tibullversen, nämlich 3,3,16–21 passen würde. Über die Verse aus den Oden des Horaz besteht einstweilen noch keine Sicherheit. Sollte sich die Vermutung bestätigen, so wäre damit auch die neuerdings vorgetragene Meinung, das florilegium Gallicum sei erst im zwölften Jahrhundert entstanden, zugunsten der älteren These, welche es ins neunte Jahrhundert verlegt und mit Corbie in Verbindung bringt, eindeutig widerlegt.

Notker beginnt mit einem in der historischen Literatur der Zeit noch durchaus ungewöhnlichen Zitat aus den Tusculanen des Cicero (1,26)[8]. Es folgt ein bunter Kranz von Zitaten aus Horazens Briefen und sermones, aber auch aus den sonst so seltenen Oden eine ganze Strophe[9], Terenz und Martial, sodann aus Priscian und, was als recht bemerkenswert angesehen werden darf, aus Apuleius perihermenias sowie aus dem Kommentar des Boethius zu Ciceros topica[10].

Was den Inhalt des Briefes betrifft, so schreibt Notker, habe er im Zusammenhang mit der vita Remacli alles „zusammengekratzt" (er gebrauchte tatsächlich das Wort *corradere*), was ihm an Nachrichten über seinen, also den Lütticher Bischofssitz bekannt geworden sei.

Das dritte Werk, d.h. das erste nach herkömmlicher Meinung von Heriger verfaßte, hier dem Bischof Notker wieder selbst zuerkannte Buch der sogenannten *gesta episcoporum Tungrensium Traiectensium Leodiensium* beginnt mit einer heilsgeschichtlichen Betrachtung, die sehr geschickt und nicht minder eindrucksvoll von biblischen Gedanken und ihrer Auslegung durch Augustinus[11] ausgehend, Schöpfung, Erlösung und Ausbreitung des Christentums in einen großen Zusammenhang stellt; mit einer Verengung des Schauplatzes geht Notker zur eigentlichen Darstellung über, indem er von den ältesten Glaubensboten im Raume des nachmaligen Bistums Lüttich, Eucharius, im dritten Jahrhundert, vor allem und Maternus berichtet; sie wird geführt bis zum Tode des Bischofs Remaclus (nach 670). Der Verfasser reiht die Viten der einzelnen Bischöfe aneinander; wo ihm keine Nachrichten vorlagen, begnügt er sich mit einer bloßen Aufzählung. Den abschließenden Teil bietet Notkers eigene vita Remacli, die ein gutes Drittel der gesta einnimmt.

Es ist nun sehr bezeichnend, daß für die Vorrede der gesta episcoporum der Prolog der vita Remacli Notkers (bis auf einige wenige Zeilen am Ende) wörtlich übernommen ist. Daß dabei etliche Bemerkungen stehen blieben, die eigentlich nur zur selbständigen vita Remacli paßten, scheint darauf hinzudeuten, daß Notker die gesta nicht noch einmal redigiert oder überhaupt nicht abgeschlossen hinterlassen hat. Auf der

---

[8] Natürlich ist es Notker ebensowenig wie den mittelalterlichen Lesern bekannt gewesen, daß es sich um einen auf Platon, Phileb. 16c zurückgehenden Gedanken handelte. Über den weiteren Weg dieses Gedankens im Altertum und gegen die vermutete Abhängigkeit von Poseidonios s. Klaus Reich, Cicero. Gedanken über Tod und Unsterblichkeit. Hamburg 1969 (Philos. Bibliothek Bd. 273) S. 141 Anm. 61.
[9] carm. 4, 9, 25–28.
[10] R. Babcock, Heriger and the Study of Philosophy at Lobbes in the Tenth Century. Traditio 40 (1984) 307ff.
[11] Sap. 11, 21, dazu Aug. de genesi ad litteram 3, 1 (ed. Zycha CSEL 28, 1).

anderen Seite hatte er guten Grund, auf jenes Kabinettstück stolz zu sein.

Man wird im zehnten Jahrhundert nicht viele Autoren antreffen, die im Stande gewesen wären, einen Widmungsbrief zu einem Heiligenleben oder den Anfang einer Bistumsgeschichte mit Anspielungen auf Cicero und Sallust, auf Statius und den so überaus seltenen Tibull, auf Horaz, und hier nicht nur auf die sermones und Episteln, sondern auch auf die ebenfalls seltenen Oden und Epoden, zu schmücken oder die im Zusammenhang mit der Frühgeschichte eines Bistums sich auf die selbstverständliche Kenntnis der Apostelgeschichte und aller, wenn auch am Rande und als Quelle überhaupt noch in Betracht kommenden hagiographischen Texte und auch auf einschlägige Stellen aus der naturalis historia des Plinius, die Kenntnis des Jordanes und wenigstens von Ferne des Caesar hätten stützen können. Bei alledem sollen die Schwächen des Werkes nicht übersehen werden. So wie die gesta Notkers vorliegen, gewinnt man den Eindruck, der Verfasser habe kurzerhand die vita Remacli mit Einschluß des Widmungsbriefes zunächst als den Hauptteil der Bistumsgeschichte betrachtet, dann das „Zusammengekratzte" zwischen Widmungsbrief und eigentliche vita eingeschoben. Es ist nicht unwahrscheinlich, daß die Unausgewogenheit, die auf solche Weise entstand, denselben Grund hat wie das vorzeitige Abbrechen der Geschichte drei Jahrhunderte vor der eigenen Zeit. Man mag das eine wie das andere bedauern; aber so, wie Notker die Bistumsgeschichte hinterlassen hat, entspricht sie nicht dem Rang, der dem vortrefflichen Bischof, dem hochgebildeten und gelehrten Kirchenfürsten und eigentlichen Begründer des Lütticher Bildungswesens angemessen wäre.

Von den Männern, die zum Kreise Notkers gehörten, ist am bekanntesten wohl H e r i g e r geworden, der zuerst Mönch in Lüttich, dann Leiter der durch Notker gegründeten und geförderten Domschule war und schließlich von 990 bis zu seinem Tod im Jahre 1007 als Abt dem Kloster Lobbes (Laubach) vorstand. In den Lütticher Jahren seinem Bischof ein geschätzter Berater und vertrauter Freund, muß Heriger ein tüchtiger Schulmann und zugleich Gelehrter gewesen sein. Er scheint sich insbesondere für Arithmetik interessiert zu haben und hat auf diesem Gebiet sehr beachtliche Leistungen aufzuweisen. So besitzen wir von Heriger *regulae numerorum de abaci rationibus* und einen zweiten, denselben Gegenstand behandelnden Traktat unter der Bezeichnung *ratio numerorum abaci*. Behandelt werden darin das schwierige Verfahren der Multiplikation und der Division mit Hilfe des Abacus, und zwar auch mit hohen Zahlen. Bemerkenswert ist dabei, daß Heriger diese Anweisungen und Erklärungen gab, ohne von den etwa gleichzeitigen Arbeiten Gerberts Kenntnis zu haben, so daß auf diesem Gebiet sein Verdienst dem eines Gerbert nicht nachsteht.

An einen unbekannten Mönch namens Hugo richtet Heriger einen *Brief,* der in Beantwortung einer Anfrage jenes Mitbruders bezüglich der Differenzen in der Berechnung der Jahre nach Dionysius Exiguus und nach Beda Erläuterungen, die von vortrefflicher Kenntnis auf dem Gebiete der Chronologie zeugen, enthält. Ausgehend von der Feststellung, daß dem Evangelium der höchste Rang an Glaubwürdigkeit zukomme, macht er auf Irrtümer des Dionysius in der Zeitrechnung aufmerksam. Seine Angaben sind kurz und präzis, der Brief insgesamt klar gegliedert, die Folge der Gedanken straff und zwingend. Bei dieser Gelegenheit mag bemerkt werden: Es ist nach aller Erfahrung in hohem Maße unwahrscheinlich, daß der Verfasser der zweifelsfrei für Heriger bezeugten *epistula ad Hugonem* mit ihrer klaren, nüchternen, durchsichtigen und ganz und gar auf die Sache bezogenen Sprache identisch sein könnte mit dem Verfasser der gesta episcoporum Leodiensium und der hier dem Notker wieder zurückgegebenen Heiligenleben.

Wenn Heriger gelegentlich als *musicae artis peritus* bezeichnet wird[12], so besitzen wir dafür keinen konkreten Beleg, auch keinen Musiktraktat unter seinem Namen; daß eine musiktheoretische Schrift aber von ihm verfaßt wurde, wäre bei einem Mathematiker seiner Art immerhin nicht unwahrscheinlich. Aber schon die bloße Beschäftigung mit Musiktheorie im Unterricht könnte ausgereicht haben, Heriger diese ehrende Erwähnung zu verschaffen. Auch hier drängt sich die Erinnerung an Gerbert auf: Zwar ist zu bedenken, daß Richer, Gerberts Biograph, den Mund gern etwas voll nimmt, zumal wenn er von Gerbert redet. Aber er hätte wohl nicht ganz ohne Grund von Gerbert sagen können, er habe die Musiktheorie, die in Gallien vor ihm unbekannt gewesen sei, eigentlich erst bekannt gemacht[13].

Was die eigentlich literarische Tätigkeit Herigers angeht, so verbleiben nach dem Wegfall des heute wohl als Hauptwerk betrachteten ersten Teils der Lütticher Bischofsgeschichte noch einige Hagiographica. Keine der für ihn in Anspruch genommenen hagiographischen Schriften kann ihm mit Sicherheit beigelegt werden. Vergleichsweise noch am besten für ihn bezeugt[14] ist die metrische *vita s. Ursmari* (inc.

---

[12] Acta SS Mart. III 45.
[13] Richeri hist. III 49: *Inde etiam musicam multo ante Galliis ignotam notissimam effecit,* worauf Einzelheiten aufgezählt werden.
[14] Nämlich durch Nennung des Namens in den beiden Hss., welche den Text enthalten (von denen allerdings die eine nur eine Abschrift der Bollandisten von einer alten Hs. aus Gembloux ist, in welche die kopierenden Hagiographen erst von sich aus

Primo supremum mira vertigine celum; zwei Bücher, 798 bzw. 220 Hexameter), das Leben des im Jahre 713 verstorbenen Missionars, der vor allem in Flandern und Brabant gewirkt hatte, ehe ihn Pippin der Mittlere zum Abt von Lobbes bestellte. Zu Herigers Zeit lagen bereits zwei Viten in Prosa vor, die beide in Lobbes entstanden waren, von einem Anso die erste, nach der Mitte des achten Jahrhunderts (näherhin zwischen 751 und 768) verfaßt, die zweite, eine erst zwischen 939 und 944 hergestellte Bearbeitung der Ansonischen vita durch den bald nachher zu behandelnden Rather. Die in zwei Bücher gegliederte metrische vita ist im wesentlichen eine matte Versifizierung der Prosavita des Anso vermutlich in der Fassung, welche diese durch Ratherius erhalten hatte, mit Ausnahme einer die Zeit der Glaubensverkündigung in Gallien und die Anfänge von Lobbes betreffenden historischen Partie zu Beginn, die sich inhaltlich mit den gesta episcoporum Leodiensium berührt (I 53–200).

Der vita ist ein abecedarischer *Hymnus* (A–Z) in rhythmischen Fünfzehnsilblern (mit Zäsur nach der achten Silbe, d.i. der rhythmischen Nachbildung des trochäischen Septenars) beigegeben, von denen je drei zu einer Strophe vereinigt sind, inc. *Ave casta Christi sponsa o mater ecclesia;* zumeist sind Versschluß und die in Cäsur (richtiger: Diärese) stehende Silbe durch einsilbigen Reim gebunden, andernfalls (wie in Strophe I) weisen die drei Versschlüsse Gleichklang auf. Der Hymnus besingt, ausgehend von einem Lobpreis der Kirche als Mutter der Heiligen, das Leben Ursmars und einige hervorstechende Wunderheilungen durch ihn. Über den Dichter besteht keine Gewißheit; man hat an Ermino, einen der frühesten Äbte von Lobbes, für den ein abecedarischer Hymnus bezeugt ist, gedacht, aber auch Heriger in Erwägung gezogen[15].

Noch unsicherer ist der Ursprung der metrischen *vita Landelini* (inc. *Ingenitus genitor per verbum cuncticreator;* 529 Hexameter). Sie handelt von demselben schon von Notker gerühmten und ebenfalls in Lobbes verehrten Glaubensboten; auch diese vita übersteigt kaum den durchschnittlichen Rahmen einer Versifikation.

Überblickt man das Werk Herigers, wie es sich jetzt darstellt, so ist es nicht mehr die literarische Schöpfung eines Mannes, der, zurückgezogen und verborgen, die namhaften Werke eines Bischofs verfaßte. Es

---

den Namen Herigers eingetragen haben könnten. Strecker zweifelt an Herigers Verfasserschaft wegen der metrischen und sprachlichen Verstöße, die er ihm nicht zutraut.

[15] Was Strecker, MGH Poetae V 175 mit Nachdruck tut, gestützt vor allem auf die Meinung Levisons, daß im achten Jahrhundert ein solcher Hymnus nicht möglich gewesen sei. Das letztere ist zu bezweifeln; nur der Nachweis, daß tatsächlich die vita Ursmari in der Bearbeitung Rathers benützt sei, was Levison lediglich behauptet, wäre als Beweis für Herigers Verfasserschaft brauchbar.

ist überhaupt kein bedeutendes literarisches Werk von ihm erhalten. Selbst wenn die beiden metrischen Viten wirklich von ihm stammen sollten, ragte es nicht über den Durchschnitt hinaus. Wahrscheinlich liegt die eigentliche Bedeutung des Mannes, der doch von Zeitgenossen und Späteren so nachdrücklich gerühmt wird, nicht in dem, was er geschrieben hat, sondern mehr im Wirken des Lehrers und des Oberen seines Konvents. Einigermaßen klar sehen wir nur auf dem Gebiet der rechnenden Disziplinen des Quadriviums, was ein Zufall der Überlieferung sein kann. Hier aber steht Heriger auf einer Höhe, hier zeigt er seine Selbständigkeit und Originalität, die ihn an die Seite Gerberts stellt – nur daß er keinen Richer fand.

Das Bild des Schriftstellers Heriger würde eine nicht unwesentliche Bereicherung erfahren, wenn ein Eucharistietraktat, als dessen Verfasser von Sigebert von Gembloux Heriger genannt wird, und der nach dem Katalog der Bibliothek von Lobbes aus dem Jahre 1049 in Lobbes vorhanden war oder richtiger: dort als ein Werk des hundert Jahre zuvor gestorbenen hochangesehenen Abtes betrachtet wurde, so zuverlässig mit dem uns erhaltenen, unter dem Namen Gerberts von Aurillac gedruckten Traktat *de corpore et sanguine Domini,* inc. *Sicut ante nos dixit quidam sapiens* identifiziert werden dürfte, wie von theologischer Seite vielfach angenommen wird. In theologiegeschichtlicher Hinsicht gilt die Schrift als bemerkenswert insofern, als sie in der Abendmahlslehre in etwa die realistische Auffassung des Paschasius Radbertus teilt, nach welcher die Einheit des eucharistischen mit dem historischen Leib Christi im Sinne völliger Identität gelehrt wurde. Die Belege, welche die Schrift anführt, gehen freilich weiter zurück, etwa auf Ambrosius de sacramentis (180 B/C). Aber die Identifizierung des Verfassers mit Heriger steht auf schwachen Füßen. Ein stilistischer Vergleich der ursprünglich als Anonymus Cellotianus bezeichneten, dann Heriger (Jean Mabillon), dann Gerbert (Hieronymus Pez) zugeschriebenen Abhandlung mit sicher echten Schriften Herigers, etwa dem Brief an den Mönch Hugo über die Zeitrechnung, läßt eine Zuweisung an Heriger als nahezu ausgeschlossen erscheinen. So bliebe, wenn der von Sigebert und dem Katalog von Lobbes vom Jahre 1049 bezeugte Text zur Eucharistielehre nicht überhaupt verschollen oder verloren ist, nur ein zweiter im Zusammenhang mit Heriger genannter Text als sein mutmaßliches Eigentum übrig: eine reine, nicht verarbeitete Sammlung von Auszügen aus Kirchenvätern (als *exaggeratio plurimorum auctorum de corpore et sanguine Domini* in der Handschrift bezeichnet) in einer ehemals im Besitze des Klosters Lobbes befindlichen, jetzt Genter Handschrift saec. XI (Gent, Univ. Bibl. 909); die Exzerpte stammen aus Eusebius, Hilarius, Augustinus, Gregorius, Ambrosius, Leo papa (I.), Beda, Cyrillus (Alexandrinus), „centum quinquaginta qui in Epheso sunt congregati", Basilius, Johannes Chrysostomus und Paschasius Radbertus, die beiden letztgenannten ohne Nennung ihres Namens.

Als Heriger in Lobbes die Abtswürde übernahm, war in dem Kloster, das um die Mitte des 7. Jahrhunderts von dem fränkischen Adeligen (und ehemaligen Räuberhauptmann) Landelin und seinen Gefährten gegründet worden war, schriftstellerische Tätigkeit keineswegs etwas Neues. Ein rundes Jahrhundert nach der Gründung, in der Zeit Pippins des Jüngeren, schrieb der Mönch und spätere Abt A n s o, wie bereits erwähnt, die erste *vita Ursmari,* ein schlichtes, auch sprachlich ziemlich anspruchsloses, doch nach bestem Gewissen auf Grund ihm vorliegender älterer Aufzeichnungen abgefaßtes Lebensbild von Landelins Nachfolger im Amte des Abtes und trägt damit den Namen seines Klosters in die Literaturgeschichte ein. Von demselben Anso stammt übrigens auch die kurze *vita Ermini,* eine knappe Darstellung des Lebens und Wirkens von Ursmars Jünger und Nachfolger im Amte des Abtes und Bischofs, Erminus († 737). Das Bemerkenswerteste an der sonst recht wenig inhaltsreichen vita sind die mehrfachen Berichte von der Sehergabe Ermins, die ihn wiederholt geschichtliche Ereignisse voraussagen oder im Augenblick ihres Eintretens fern vom Ort des Geschehens mitteilen ließ[16].

Im neunten Jahrhundert waren die Äbte zeitweise Laien, von 885 bis 960 hatten die Bischöfe von Lüttich zugleich das Amt des Laubacher Abtes inne. Das Kloster wurde von den Normannen verwüstet, dann auch von den Ungarn heimgesucht. So ist es erst wieder im zehnten Jahrhundert der Abt F o l c u i n († 990), zuvor Mönch in St-Bertin, ein Nachkomme Karl Martells, der die Reihe der Laubacher Schriftsteller wiederaufnimmt. Schon als Mönch in seinem früheren Kloster hatte er die Geschichte der Äbte von St-Bertin, die sogenannten *gesta abbatum sancti Bertini Sithiensium,* (zu Anfang der sechziger Jahre) verfaßt und war insofern in geschichtlicher Darstellung nicht mehr ungeübt, als er, mit der Würde des Abtes zu Lobbes betraut, etwa um 980 die Geschichte der Äbte des ihm anvertrauten Konvents schrieb, die sogenannten *gesta abbatum Lobiensium* (die Titel sind modern).

Folcuin tritt an die Geschichte der Äbte von Lobbes oder vielmehr die Geschichte seines Klosters mit weitem Blick heran, und der Anspruch, den er erhebt, ist nicht gering: Er beginnt (im Prolog) mit

---

[16] Der einleitende Satz erinnert an Sallust, Iug. 4, 6. – In cap. 2 findet sich die Etymologie des Namens Laubach: *de monasterio quod derivative ex nomine fluvioli decurrentis per monasterium in amnem, qui proprie nuncupatur Sambra, vocatur Laubacus.*

Gedanken über den Ablauf der Zeit, über göttliche Weltregierung und den Sinn der Geschichte, ehe er nach der Weise der großen Geschichtschreibung den Schauplatz, also hier Lobbes und seine Umgebung beschreibt, den Namen erklärt[17] und mit der Gründung durch Landelin die eigentliche Abtsgeschichte beginnt. Neben Heiligenleben für die ältere Zeit, wie der alten (anonymen) vita Landelini und der vita Ursmari des Anso, ist wohl die lebendige Klostertradition – ob es schriftliche Aufzeichnungen gab, steht dahin – Hauptquelle der insgesamt recht ausgewogen wirkenden Darstellung gewesen. Daß der Autor seinen Blick nicht nur auf die äußeren Ereignisse, soweit sie das Kloster selbst betrafen, richtet, wie die Einfälle der Normannen oder um die Mitte des zehnten Jahrhunderts der Ungarn, sondern bei solchen Gelegenheiten auch die Reichsgeschichte ins Auge faßt, ist von historischer Seite lobend hervorgehoben worden. Nicht minder beachtenswert sind Nachrichten, welche die Kulturgeschichte (etwa von der Glocke, die der von Corbie gekommene Abt Hartbert mit einer metrischen Inschrift versehen ließ) oder das geistige Leben betreffen (wie die Angaben über Rather und seine literarischen Werke). So ist das von dem nicht unbelesenen Abte[18] aus der Reife der Lebenserfahrung und nicht ohne Humor[19] verfaßte Werk als typisches Beispiel der in jenem Jahrhundert sich verengenden Geschichtschreibung gleichwohl ein Zeugnis dafür, daß einzelne ihren Blick noch über die selbstgewählten Grenzen hinaus zu richten vermochten, und dazu auch ein in seiner gepflegten Sprache schätzenswertes literarisches Denkmal.

Von Folcuins älterem Zeitgenossen Rather wird in anderem Zusammenhang zu sprechen sein. Folcuins unmittelbarer Nachfolger war der bereits genannte Heriger.

Von den Männern, die im Kreise des Bischofs Notker mit literarischen Werken hervorgetreten sind, ist am bekanntesten E g b e r t v o n

---

[17] Wobei er zugunsten der Ableitung vom Bache Laubach die volksetymologische Herleitung von einem für den König bei der Jagd errichteten Sonnendach ablehnt: *obumbraculum ad temperandum solis aestum quod lobiam vocant*, MGH Script. IV 56. Er selbst spricht sich für die Herleitung von ‚lo' = *obumbratio nemorum* und ‚bach' = *rivus* aus: *Teutones hoc astipulare videntur*.

[18] Er benützt und zitiert neben der Bibel und unmittelbar als Quelle herangezogenen Werken (bis herab auf Ruotger) auch Lucan.

[19] Man vergleiche etwa Bemerkungen wie die cap. 25, beim Sturm der Verschwörung gegen Otto den Großen müsse Jesus in den Herzen der Leibwächter wohl geschlafen haben: *Postea sub Ottone filio eius* (scil. *Heinrici*) *orta est tempestas dissensionis, dormiente puto Iesu in pectoribus vigilium ante fores domus domini excubantium, ita ut quidam socii sathanae regem conarentur extinguere* (cap. 25 p. 138 ff.) mit Anspielung auf Matth. 8, 24 (u. Parallelen), was die Herausgeber zu übersehen pflegen; allerdings steht der Scherz bereits bei Ruotger in der vita Brunonis 10.

Lüttich. Geboren um die Zeit, da Notker das bischöfliche Amt antrat, war Egbert als Weltgeistlicher an der Lütticher Domschule tätig. Das einzige, was wir von ihm besitzen, ist ein für den Unterricht in den Fächern des Triviums bestimmtes Werk, das er selbst *fecunda ratis,* d.h. das vollbeladene Schiff, nannte und das zu Anfang der zwanziger Jahre des elften Jahrhunderts entstanden ist. Es handelt sich um eine jener etwa seit der Jahrtausendwende recht beliebt gewordenen Spruchsammlungen, in welche man überliefertes Sprichwörtergut, zum Teil Zitate, also Sentenzen, aus älterer Literatur, aber auch im Mittelalter selbst, nicht selten im volkssprachlichen Raum entstandene Sprichwörter, mitunter auch selbst verfaßte, zusammenstellte. Zu ihnen gehören, neben anonymen Sammlungen, die uns erst in späterer, erweiterter Fassung erhalten sind, wie die proverbia Heinrici, die bald zu behandelnden delicie cleri eines Arnulf, die proverbia des Wipo und die des Otloh von St. Emmeram. Neu war das Vorhaben Egberts, der zu den frühesten (wenigstens unter den namentlich bekannten) Verfassern von Spruchsammlungen dieser Epoche gehört, keineswegs; immerhin hat schon die Karolingerzeit Sammlungen wie die (auch unter dem Namen Alkuins gehenden) monosticha Columbani gekannt. Gerade die in solchen Spruchsammlungen übliche Vereinigung von Lebensweisheiten und vergleichbaren Regeln kam der ausgesprochenen Neigung des Mittelalters zum Lehrhaften von jeher entgegen; sie erhielt freilich durch Egbert ein besonderes Gepräge.

Die fecunda ratis besteht, so wie sie uns vorliegt, aus gut 2370 reimlosen Hexametern, die sich auf zwei Bücher verteilen, von denen das erste, die *prora,* das Vorderschiff, mit 1768 Versen drei Viertel des Ganzen einnimmt, während auf die *puppis* mit 605 Versen gerade das letzte Viertel entfällt. Wie wir aus dem Schriftstellerkatalog des Sigebert von Gembloux erfahren[20], hatte Egbert ursprünglich den ersten Teil als eine selbständige Sammlung unter dem Titel de aenigmatibus rusticanis aus der Hand gegeben. Was den Inhalt betrifft, so bemerkt Egbert in der Widmung des Buches an seinen ehemaligen Mitschüler Adalbold von Utrecht, daß er zu einem Teil auch noch nicht in literarischer Form vorliegende Spruchweisheit und kurzgefaßte erzählende Stoffe in seinen Versen vereinigt habe.

Aber der Zusammenhang mit den erwähnten Spruchsammlungen ist doch nur partiell und bestimmt nicht die Eigenart des Werkes. Egbert wollte mit seiner fecunda ratis ein Lehr- und Lesebuch für den Unterricht im Trivium schaffen, und so hätte das vielgenannte Werk keinen Platz in einer Literaturgeschichte zu beanspruchen, hätte nicht der

---

[20] de viris illustr. 146 (Witte cap. 147).

Verfasser die Gegenstände und Gedanken, die er in sein Lesebuch aufzunehmen beabsichtigte, selbständig und neu formuliert und sich damit in die Reihe der Spruch- und Fabeldichter eingereiht. Denn diese beiden Gebiete bilden, wenn nicht den ausschließlichen, so doch den Hauptinhalt des Werkes. Es muß wohl so gewesen sein, daß Egbert, dem Vielerfahrenen, die üblicherweise verwendeten Texte für diese Unterrichtsstufe, nämlich die disticha Catonis, als eine Fundgrube von Lebens- und Weisheitsregeln nicht mehr genügten; und ebenso wenig ist er offenbar, angesichts des Schatzes an Fabeln und Märchen, die seine Zeit kannte, mit den üblicherweise als Schullektüre gebrauchten Fabeln des Avianus zufrieden gewesen[21]. Allem Anschein nach hat die Anregung durch diese beiden Werke im wesentlichen den Aufbau der fecunda ratis bestimmt, ohne daß sich Egbert ausschließlich an diese Vorbilder gebunden hätte. Im übrigen war es die Erfahrung des Lehrers, der er folgte. Er beschränkte sich auf die einfachste Versform, den Hexameter, und in einem ersten Hauptteil ordnete er das umlaufende Spruchgut, das er in seiner Sammlung aufzunehmen gedachte, so, daß er zunächst (Vers 1–596) nur einzeilige, darauf (Vers 597–1008) nur zweizeilige Sprüche zusammenstellte. Ein zweiter Hauptteil war für Stoffe mehr erzählender Art vorgesehen; hier ordnete der Verfasser die Gegenstände nach Gruppen von drei (Vers 1009–1074) sowie vier und mehr (bis zu zwanzig) Hexametern (Vers 1075–1708). Dies ist der Aufbau der *prora*. Auch in der *puppis,* in welcher kleinere Gedichte verschiedenen Umfangs, ähnlich wie im letzten Abschnitt der *prora,* vereinigt sind, herrschen die erzählenden Texte vor.

Die Bedeutung des Werkes liegt in erster Linie auf kultur- und bildungsgeschichtlichem Gebiet. Man erfährt, daß der Unterricht schon im Trivium mit dem bloßen Lernstoff Grundsätze und Verhaltensregeln für das Leben zu vermitteln suchte, und erkennt insbesondere, daß Egbert seine Aufgabe darin sah, den Schülern Lebensweisheiten im weitesten Sinne einzuprägen, welche die ihm anvertrauten jungen Menschen auch dann noch begleiten sollten, wenn einmal der Lehrer nicht mehr an ihrer Seite stehen würde. Darum stellt er neben das Spruchgut, das man als Besitz der Zeit bezeichnen könnte, das überlieferte in reichem Maße, fast durchweg in neuer Formulierung: aus der Bibel, mehr aus den Büchern des Alten Testaments als aus den Evangelien und den Apostelbriefen; aus der patristischen Literatur, wobei wie

---

[21] Nur in diesem Sinne einer Anregung und Anlehnung kann von einer Beziehung zu Avianus und den disticha Catonis gesprochen werden, auf keinen Fall von einer bewußten Opposition gegen die heidnisch-antiken disticha Catonis, wie man auch gemeint hat; eine Einstellung dieser Art würde dem Geist der Lütticher Schule zur Zeit Egberts entschieden widersprechen.

üblich die großen Kirchenväter Ambrosius, Hieronymus, Augustinus und Gregor der Große den stärksten Anteil stellen, daneben aber auch Lactantius, der sonst im Mittelalter nicht so häufig auftritt, die vitae patrum, Johannes Cassianus, Prosper von Aquitanien und Sedulius benützt zu sein scheinen; dazu kommen von frühmittelalterlichen Autoren Isidor von Sevilla, möglicherweise auch Eugenius von Toledo, ferner Paulinus von Aquileia, Hrabanus Maurus und Rather von Verona. Wichtiger ist, daß Egbert profanantikes Gut in seine Dichtung aufgenommen hat. So weit die auch hier vorgenommene Umformung eine annähernd sichere Aussage über die Quellen zuläßt, müßte es sich um einen recht stattlichen Kreis von Dichtern und Prosaschriftstellern handeln, wobei natürlich die Frage, inwieweit es sich um unmittelbare Kenntnis oder um Benützung von Auszügen, also etwa eines Florilegiums handelt – was man bisher nicht in Erwägung gezogen zu haben scheint –, schwer zu beantworten ist. Von Dichtern scheinen Plautus und Terenz, die Sprüche des Publilius Syrus und natürlich Vergil mit allen Werken, von Horaz außer den hexametrischen Dichtungen auch Carmina und Epoden benützt zu sein, ferner Phaedrus oder vielmehr dessen Prosaauflösung im sogenannten Romulus, dann Lucan, die Satiriker Persius und Juvenal, die disticha Catonis und die Fabeln des Avianus sowie etliche Stücke aus der anthologia latina; von Prosaschriftstellern haben Stellen aus Cicero und dem auctor ad Herennium, namentlich aber Sallust und Curtius[22] sowie solche aus spätantiken Grammatikern als Muster gedient. Neben der Benützung zahlreicher Quellen ist vor allem hervorzuheben, daß Egbert ältere Fabeln in der zu seiner Zeit üblichen Gestalt vorträgt. So spiegeln bei ihm beispielsweise die Geschichten von Fuchs und Wolf den Zustand wider, den die Tiersage im elften Jahrhundert erreicht hatte. Auch Märchen finden sich unter den Versen in kurzer Fassung, u.a. die älteste Form des Rotkäppchens. Was die Sprüche betrifft, so hat man nach Abzug der auf bekannte Quellen zurückzuführenden noch etwa zweihundert rein volkstümliche Sprüche ermittelt. Unter die also gekennzeichneten Gedichte hat Egbert Äußerungen über die Schule selbst, das Leben in der Schule zu seiner Zeit, die Leiden und Plagen eines Schulmeisters eingemischt, zuweilen nicht ohne Schärfe, nicht selten aber auch mit Humor und Witz. Nicht zu übersehen sind gelegentliche satirische und zeitkritische Äußerungen, beispielsweise gegen die Prälaten, die aus

---

[22] Daß Egbert noch das zweite Buch der Alexandergeschichte besessen, also erst das Mittelalter den heute verlorenen Teil des Werkes habe verkommen lassen, ist durch Vers 611f. (Voigt S. 119 und S. LIII) keineswegs bewiesen. Auch zu Vers 589 ist Seneca sicher zu Unrecht als Quelle angegeben.

bloßer Bequemlichkeit und um keine Unannehmlichkeiten zu ernten, die Vergehen der ihnen Anvertrauten nicht rügen.

Aber Egbert ist, das zeigen vor allem jene Abschnitte, deren erzählender Inhalt ihm freiere Entfaltung nahegelegt hätte, kein Dichter gewesen. Auch auf dem Felde der offenbar am nächsten liegenden Spruchdichtung wird man ihn nicht zu den Meistern rechnen dürfen; zu schwerfällig wirken nicht selten die Sprüche, in denen der Autor die geforderte Prägnanz nur auf Kosten der Klarheit und Eindeutigkeit hat erreichen können, und so kann der fecunda ratis in literarischer Hinsicht nur ein recht bescheidener Rang zuerkannt werden. Von einer Wirkung des Werkes über Lüttich selbst hinaus ist nichts bekannt.

Ebenfalls zur Lütticher Schule gehört Adalbold von Utrecht, wie man ihn nach seinem späteren Bischofssitz zu bezeichnen pflegt. Er ist aus der Lütticher Schule zur Zeit Notkers hervorgegangen, war dort selbst von etwa 993 bis 1003 scholasticus; im Jahr 1007 erscheint er als Archidiakon. Mit Egbert von Lüttich blieb er über die Zeit der eigenen Lehrtätigkeit hinaus verbunden; daß er mit Heriger von Lobbes, mit Gerbert und Berno von der Reichenau in freundschaftliche Beziehungen kam, ist wohl auf die gemeinsamen mathematisch-naturwissenschaftlichen Interessen zurückzuführen. Im Jahr 1010 wurde Adalbold zum Bischof von Utrecht erhoben; er starb 1026. In den Jahren seines Episkopats war Adalbold Schützer und Förderer der Reform der Klöster im niederlothringischen Raum. Es war das jene spezifisch lothringische Reformbewegung, die von derjenigen von Gorze, die ihrerseits auf die Reichsklöster übergriff und vor allem im Kerngebiet des Reiches Bedeutung gewann, ausgegangen war, aber im Unterschied zu jener doch auch von Cluny beeinflußt zu sein scheint. Aber sie entbehrte, wie die Gorzer, der (für Cluny so charakteristischen) Spitze gegen den Episkopat und erfreute sich so ebenfalls der Förderung von dessen Seite wie auch der durch den Adel. Das geistige Haupt der lothringischen Reform war Abt Poppo von Stablo, ein flandrischer Adliger, der zuerst als Ritter gelebt, dann nach einer ums Jahr 1000 durchgeführten Wallfahrt ins Heilige Land unter dem Eindruck eines religiösen Erlebnisses zu Reims im Kloster sancti Theodorici (St-Thierry) in den Benediktinerorden eingetreten und dann nach St-Vannes in Verdun gegangen war; von seinem nur wenig älteren Lehrmeister und Abt Richard von St-Vannes, der seinerseits durch Odilo von Cluny auf die Aufgabe der Erneuerung des Mönchtums gewiesen worden war, wurde Poppo als Prior mit der Wiederherstellung der Disziplin in St-Vaast in Arras und in Beaulieu in den Argonnen beauftragt, im Jahr 1020 von Kaiser Heinrich II. selber zum Abt von Stablo und Malmedy erhoben. Und nun begann die überaus erfolgreiche Reformtätigkeit Poppos, in deren Verlauf sich die Bewegung der monastischen Erneuerung über verschiedene Reichsklöster tief hinein ins Reichsgebiet ausbreitete und Stätten wie Prüm, Fulda, St. Gallen, aber auch St. Emmeram und Niederaltaich, um nur die berühmtesten zu nennen, erfaßte. Da sie von den Reichsklöstern auf die bischöflichen und adeligen Eigenklöster übergriff, so war die Zahl der erneuerten Konvente schon bei Poppos Tod im Jahre 1048 beträchtlich; sie stieg in den folgenden Jahrzehnten noch bis auf etwa 160 Klöster.

Hat man Adalbolds bischöfliches Wirken vor allem wohl auf dem Hintergrund dieser monastischen Bewegung zu sehen, so ist er selber in erster Linie mit gelehrten Schriften hervorgetreten. Die früheste schriftliche Äußerung des etwa dreißigjährigen Lütticher scholasticus, von der wir wissen, waren *quaestiones* unbekannten, vermutlich mathematischen Inhalts, die Adalbold zwischen 999 und 1003 an Papst Silvester II., also Gerbert, gerichtet hat. Der päpstliche Adressat reagierte nicht. Nach einer gewissen Zeit wandte sich Adalbold neuerlich an das gelehrte Oberhaupt der Kirche *(summo et pontifici et philosopho)* mit einer Briefabhandlung, die als *epistola Adalboldi ad Silvestrum papam* bekannt ist, vielfach auch unter der Bezeichnung epistola (oder libellus) de ratione inveniendi crassitudinem spaere angeführt wird. Der Inhalt der Abhandlung ist rein mathematisch: Adalbold bringt, an eine Bemerkung des Macrobius im Kommentar zum somnium Scipionis anknüpfend, in Analogie zum Würfel den Rauminhalt der Kugel mit dem Durchmesser in der Weise in Verbindung, daß er aus der Verdoppelung des Durchmessers den achtfachen Rauminhalt der Kugel gewinnt; ob er dies allgemein als eine Bestimmung des Verhältnisses von Rauminhalt und Durchmesser oder Radius im Verhältnis der dritten Potenz aufgefaßt hat, wird nicht ausdrücklich gesagt. Es ist fraglich, ob Gerbert, der die Knappheit und Klarheit des Ausdrucks liebte, an den wortreichen, in Wort- und Gedankenspielen sich gefallenden und doch zugleich mit dem Bibelwort von der unbegrenzten Verzeihung recht deutlich mahnenden Entschuldigungen Adalbolds diesmal soviel Gefallen fand, daß er ihn einer Antwort würdigte. Der Verfasser jedenfalls scheint das Seinige dazu getan zu haben, daß seine Abhandlung gegebenenfalls auch ohne eine Reaktion des berühmten Gelehrten auf dem päpstlichen Thron erhalten bliebe: Die Abhandlung ist in einer größeren Zahl von Abschriften auf uns gekommen, vorwiegend des 11. und 12. Jahrhunderts.

Wohl ebenfalls noch in die Lütticher Zeit gehört Adalbolds *Kommentar* zu dem berühmten carmen III 9 der consolatio philosophiae des Boethius, *O qui perpetua mundum ratione gubernas*, dem gedankenreichen Kernstück jenes Werkes. Adalbolds Kommentar folgt nach Art ausführlicher Scholien dem Text; er legt, im wesentlichen wohl im Sinne aller mittelalterlichen Erklärer, die Verse als eine christliche Kosmogonie aus, wobei seine Neigung zu den mathematisch-naturwissenschaftlichen Fächern besonders deutlich hervortritt.

In diesem Zusammenhang ist auch der gelegentlich erwähnten *musica Adalboldi* zu gedenken; die Schrift ist nichts anderes als ein Auszug aus der Musik des Boethius.

Von ganz anderer Seite erscheint Adalbold in dem dritten von ihm erhaltenen Werk, der *vita Heinrici II. imperatoris,* dessen Abfassung in Adalbolds letzte Lebensjahre, zwischen den Tod des Kaisers 1024 und seinen eigenen 1026 fällt; möglicherweise ist das Werk aus diesem Grund Torso geblieben. Soviel man aus dem Erhaltenen entnehmen kann, würde die Bezeichnung gesta wohl mehr dem Charakter des Werkes und der Absicht des Verfassers entsprechen. Nachdem Adalbold in der Vorrede die Pflicht des Autors, zumal des Biographen, zur Wahrheit, die sich von Sympathie wie von Abneigung und Mißgunst ebenso frei zu halten habe, betont, und als eine weitere Aufgabe den Nutzen des Lesers hervorgehoben hat, beginnt er die eigentliche Darstellung des Lebens und Wirkens Heinrichs II. mit einem Bericht über den Tod Ottos III. und die Vorgänge bei der Wahl Heinrichs. Er berichtet ausführlich offenbar alle ihm bekannt gewordenen Vorgänge und Ereignisse, wobei er sich vorzugsweise an die entsprechenden Abschnitte in der Chronik des Thietmar von Merseburg anschließt; die eigenen Beigaben sind, wie es scheint, sachlich von geringer Bedeutung. Es mag hervorgehoben werden, daß Adalbold selbst sich an die Mahnungen in seinem Prolog wohl insoweit hält, als er schwerlich mit Absicht ein falsches Bild zu zeichnen unternommen hat; auf der anderen Seite ist doch der fast panegyrische Ton, mit dem Heinrich gefeiert wird, kaum zu überhören. Gleichwohl hat Adalbold, soweit der unvollständige Zustand des Werkes ein Urteil erlaubt, zu der späteren Legendenbildung, durch welche das Bild Heinrichs völlig verzerrt wurde, keinen Anlaß gegeben. Sein Werk ist von Anfang an rein historisch ausgerichtet, völlig fern jeder hagiographischen Deutung, und bei ihm erscheint Heinrich noch nicht als der Heilige.

Ebenfalls in der Lütticher Domschule gebildet, aber etwa eine Generation jünger war A d e l m a n n v o n L ü t t i c h. Er stammte wohl aus dem wallonischen Teil der Diözese und scheint noch in den letzten Jahren des zehnten Jahrhunderts geboren zu sein. Zur Zeit des Bischofs Reginard, der Notker im Amte gefolgt war (1025–1038), war er Subdiakon. Einen Teil seiner Studien durchlief er in Chartres als Schüler

Fulberts. In dieser Zeit ist er mit Berengar von Tours, der nachmals den Anlaß zum zweiten Abendmahlstreit geben sollte, bekannt geworden und wohl auch befreundet gewesen. In einem Brief an den letzteren rechnet er sich zu den teutonici. Nach Lüttich zurückgekehrt (spätestens in den ersten Monaten 1028), erhielt er, man weiß nicht genau wann, spätestens 1044, das Amt des scholasticus. Nach Lehrtätigkeit in Speyer mit der gleichen Aufgabe, wurde Adelmann in seinen späten Lebensjahren, man nimmt an etwa 1057, Bischof von Brescia; er starb im Jahr 1061.

Was wir von ihm an literarischen Denkmälern besitzen, ist der schon erwähnte freundschaftliche *Brief* an seinen ehemaligen Mitschüler Berengar, der die Aufforderung enthält, seine theologischen Lehrmeinungen doch noch einmal zu überdenken und zur Orthodoxie zurückzukehren. Zum andern besitzen wir von Adelmann *ein abecedarisches Gedicht auf Fulbert und die Schule von Chartres*, inc. *Armoricae facultatis aspirante gracia* (in 70 rhythmischen Fünfzehnsilblern), Ausdruck der dankbarsten Erinnerung an die Studienjahre und den großen Lehrer, aber auch der Verbundenheit mit den anderen, die aus seiner Schule hervorgegangen sind. Für uns ist das Gedicht eine wichtige, ja die Hauptquelle unserer Kenntnis der Personen, die zur Schule von Chartres zur Zeit Fulberts gehört haben.

Zumeist wird in den niederlothringischen Raum, ins niederländisch-flämische Gebiet eine Schwankdichtung gesetzt, die vielleicht noch im zehnten Jahrhundert, spätestens im frühen elften, dort entstanden ist: das Gedicht vom Bauern Einochs, der Unibos. Das anonym und nur in einer einzigen Handschrift des elften Jahrhunderts erhaltene Gedicht mit der Bezeichnung d e u n i b o v e (inc. *Rebus conspectis seculi non satiantur oculi*), besteht aus 216 rhythmischen ambrosianischen Strophen, deren Verse paarweise einsilbigen Reim (manchmal auch nur Assonanz) aufweisen, und handelt von einem Bauern, der das Unglück hatte, nie mehr als einen einzigen Ochsen zu besitzen, und davon in seinem Dorfe den Spitznamen „Einochs" erhalten hatte. Seine Person verbindet die vier Schwänke, welche den eigentlichen Inhalt des Gedichts ausmachen. Im ersten Schwank wird erzählt, wie Unibos nach Verkauf der Haut seines letzten Rindes einen Schatz von vergrabenen Münzen findet, wodurch er die Habgier des Dorfschulzen, des Meiers und des Pfarrers weckt; die drei schlachten ihre Rinder, um die Häute in der Stadt zu verkaufen, aber statt des erhofften Gewinns werden sie obendrein bestraft. Aus Rache wollen sie den Einochs töten. Dieser – und das ist der zweite Streich – spielt ihnen vor, er habe seine Frau erstochen, und erweckt die zum Schein Tote mit Trompetenstößen zum Leben. Da des Einochs Weib den dreien verjüngt und verschönt erscheint, versuchen sie dieselbe Kur bei ihren Frauen. Wohl ahnend, daß sie sich an ihm rächen würden, präpariert der Einochs eine Stute, so daß das Tier zum Staunen der lauernden Feinde Silbermünzen von sich gibt. In ihrer Habsucht kaufen diese dem Unibos um teuren Preis die Stute ab, die sich aber nur noch auf natürliche Weise entleert. Und noch ein letztes Mal legt der Einochs die nun erst recht rachelüsternen Dorfoberen herein. Er nennt ihnen freiwillig die Art des Todes, den er sterben möchte: nämlich in ein Faß gesteckt und im Meer ersäuft zu werden. Aber es gelingt ihm, an seiner Stelle einen Hirten ins Faß zu locken, während er selber, mit dessen Schweineherde zurückkehrend, den drei habsüchtigen Feinden weismacht, daß er die Schweine vom Meeresgrund geholt habe, worauf die Dorfhonoratioren selber ins Meer springen.

Die Schwänke schließen abrupt mit der Moral:
*inimici consilia
non sunt credenda subdola.*

Man kann geteilter Meinung darüber sein, ob die Belehrung wirklich die eigentliche Absicht des Dichters war oder ob sie ihm nicht am Ende nur dazu diente, den bitteren Spott zu rechtfertigen, den er über die Bauern, deren Obrigkeit und den Geistlichen ausgießt. Denn dieser Spott ist so drastisch und derb, die Dummheit der auftretenden Personen, einschließlich des Pfarrers, so maßlos übertrieben, wie man das sonst kaum irgendwo antrifft. Der lateinischen Literatur jedenfalls sind Gedichte solcher Art bis dahin völlig fremd, finden aber auch in der späteren zeitkritischen und satirischen Literatur vom späten elften Jahrhundert an kaum eine Entsprechung. Der Unibos kommt aus dem volkssprachlichen Raum, wobei man allerdings nicht sagen kann, seit wann die entsprechenden Motive dort aufgetreten waren, und er hat auch nur im Volkssprachlichen nachgewirkt und Verbreitung gefunden: im Märchen vom Bürle zum Beispiel, aber auch in anderen Sprachen.

Der Verfasser bedient sich der lateinischen Sprache mit einer Gewandtheit und Leichtigkeit, die ihn den Dichtern des 11./12. Jahrhunderts an die Seite stellen würde, wäre da nicht die zuweilen schier unglaubliche Derbheit des Dargestellten.

Vermutlich gehört irgendwohin in den lothringischen Raum, man hat an die Gegend Maas–Mosel gedacht, die Versfabel G a l l u s e t v u l p e s (inc. *Stans apto consistorio*). Die 72 gereimten ambrosianischen Strophen gliedern sich in zwei Abschitte: der erste erzählt die Fabel von dem Hahn, der, auf dem Misthaufen krähend, von dem sich anschleichenden Fuchs dazu verlockt wird, zuerst zu tanzen und zu singen, dann dasselbe mit einem und darauf auch noch mit zwei geschlossenen Augen zu tun, worauf ihn der Fuchs packt. Von Hunden gehetzt, findet sich der mit dem Hahn flüchtende Fuchs auf einmal vor einem Haufen lärmender Bauern. Auf das Versprechen des nun mit einem Male schlau gewordenen Hahnes, für ihn zu reden, entläßt ihn der Fuchs aus den Zähnen, worauf der Hahn davonflattert. Im zweiten Abschitt wird das ganze Gedicht allegorisch mit Bezug auf biblische Texte sehr ausführlich gedeutet. Die mit liebenswürdigem Humor erzählte Fabel, die nach der Überlistung des Hahns für einen Augenblick durch den Hinweis unterbrochen wird, daß dies die Frucht des Stolzes sei, und die behaglich ausgesponnene Auslegung läßt an die Rolle der Fabel im Unterricht denken, wie sie uns von Egbert von Lüttich geschildert worden ist. Auf der anderen Seite erinnert die Erzählung eines unwahrscheinlichen Vorgangs, wie ihn die Überlistung des Fuchses durch den von Haus aus ziemlich einfältigen Hahn darstellt, nur zu dem Zwecke, daran eine Auslegung zu knüpfen, an die Erzählung unwahrscheinlicher Geschichten, wie sie im Unibos erfolgt. Beides nebeneinander macht die Entstehung des Gedichts im alten Lothringen, im niederrheinisch-niederländischen Raum recht wahrscheinlich; die Verstechnik, in welcher der einsilbige Reim die Regel ist, Zweisilbigkeit des Reims aber in Form von Assonanzen sich doch schon anzubahnen scheint, läßt ans fortgeschrittenere elfte Jahrhundert denken, aber wahrscheinlich noch nicht an dessen zweite Hälfte.

Im Vergleich zu Niederlothringen mit einem geistigen Zentrum vom Range Lüttichs scheint der oberlothringische Raum, der eines vergleichbaren Mittelpunkts entbehrt, auf dem Gebiete der Literatur zumindest auf den ersten Blick eine bescheidenere Rolle zu spielen. Tatsächlich gibt es auch hier eine ganze Reihe recht bemerkenswerter Erscheinungen.

Ein Kloster wie Gorze, drei Wegstunden südwestlich von Metz gelegen, ist freilich mehr durch seine Reform als durch literarische Werke bekannt geworden. Gegründet im Jahre 749 durch Bischof Chrodegang von Metz[23] und seither nach der Benediktregel lebend, war das Kloster im späteren neunten Jahrhundert, nicht zuletzt durch Laienäbte, arg heruntergekommen. Durch Bischof Adalbero I. von Metz (929–969), einen Sohn des lothringischen Pfalzgrafen Wigerich, war es 933 restituiert und fortan zum Mittelpunkt der lothringischen Reform geworden, einer spezifischen Weise der monastischen Erneuerung, die von Cluny unabhängig und dem Geiste der Benediktregel insofern getreuer war, als sie dem einzelnen Kloster seine Eigenständigkeit beließ und den

---

[23] Siehe oben Band I, S. 148.

Großabt nicht kannte. Die Bewegung der Reform breitete sich rasch aus und erfaßte in der Folgezeit an die 160 Konvente im ganzen Reichsgebiet, zu denen, wie schon erwähnt, Prüm, St. Emmeram, Niederaltaich, Fulda, Reichenau und St. Gallen gehörten.

Ein literarisches Denkmal, das sowohl die äußeren Vorgänge wie auch den Geist der Erneuerung in einer Person sichtbar werden läßt, besitzen wir in der Lebensbeschreibung eines Gorzer Abtes, die wir dem Abt Johannes von St. Arnulf in Metz († vor 984) verdanken. Er verfaßte – wahrscheinlich – eine *vita s. Glodesindis abbatissae*, die Lebensbeschreibung der nach der Überlieferung um 600 lebenden Äbtissin des später nach ihr benannten Metzer Frauenklosters. Das in den sechziger Jahren des 11. Jahrhunderts entstandene Werk, zu dem eine Bitte der Nonnen des besagten Klosters Anlaß gegeben hatte, war eine freie Bearbeitung der erhaltenen, etwa in die frühe Karolingerzeit zu setzenden anonymen vita, worin man vornehmlich des Johannes Neigung zu freierem, ausführlichem Erzählen erkennt. Eben diese Neigung bildet den Vorzug einer zweiten, vor allem kulturhistorisch bemerkenswerten Lebensbeschreibung, der *vita Iohannis abbatis Gorzensis*. Des St. Arnulfer Abtes wohl etwas älterer Namensvetter und Freund, der seit 967 Abt von Gorze war, ist einer der fähigsten und energischsten Vertreter der monastischen Reform gewesen; er vor allem hat der Gorzer Reform das Gepräge verliehen. In der vita, die einen vortrefflichen und lebensvollen Einblick in die Vorgänge und des Johannes Bemühen um die Erneuerung des monastischen Lebens gewährt, findet sich ein Bericht über die Gesandtschaftsreise, die Johannes im Jahre 953 im Auftrag Ottos des Großen zum Kalifen ʿAbdarraḥmān III. (912–961) nach Cordoba unternahm: ein historisches Denkmal von ungewöhnlicher Art und seltenem Reiz. Die Reise erwies sich als schwierig nicht nur wegen der Gefahren des weiten Weges – die Gesandtschaft wurde auf dem Hinweg tatsächlich von Räubern überfallen und kam mit knapper Not mit dem Leben davon –, sondern auch wegen bereits bestehender Verwicklungen. Eine vorausgehende Gesandtschaft des Kalifen nämlich war wenig freundlich empfangen und schließlich wegen mancher Vorwürfe gegen den christlichen Glauben drei Jahre lang festgehalten worden. Andererseits enthielt auch das von der Gesandtschaft zu übergebende Schreiben Ottos an den Kalifen kritische Äußerungen über den Islam. Als ʿAbdarraḥmān III., dem an guten Verhandlungen gelegen war, davon erfuhr, versuchte er, Johannes an der Übergabe des kaiserlichen Schreibens zu hindern, um nicht an ihm und seinen Begleitern, wie es das Gesetz befohlen hätte, unverzüglich die Todesstrafe vollziehen zu müssen. Aber was seine Vermittler auch in dieser Richtung unternahmen, mit gütlichem Zureden, aber auch Schikanen mannigfacher Art bis hin zu den härtesten Drohungen, der Mönch antwortete immer mit der gleichen Festigkeit, ja Hartnäkkigkeit, er sei nicht bereit, auch nur das Geringste an seinem Auftrag, den Brief dem Kalifen zu übergeben, zu ändern. Endlich fand er sich bereit, den Brief so lange zurückzuhalten, bis eine neuerliche Gesandtschaft ʿAbdarraḥmāns an den deutschen König mildere Botschaft brächte und ihn, Johannes, seines Auftrags entledigte. Es ist nicht minder eindrucksvoll wie köstlich zu lesen, welche Anstalten man zu treffen suchte, den Mönch in einen des Kalifen würdigen Zustand zu versetzen, als ʿAbdarraḥmān ihn unter Aufbietung allen orientalischen Prunkes wie einen hochgeschätzten Gast gleichen Ranges empfing. Es entspann sich ein fast freundschaftliches Gespräch, in dem sich ʿAbdarraḥmān ebenso liebenswürdig wie klug und aufs beste unterrichtet auch über die Verhältnisse im Reiche Ottos zeigte. Darin, so meinte er, müsse er aber den König Otto tadeln, daß er Macht und Besitz mit anderen teile, als ob diese ihm deshalb treuer gesinnt wären und bessere Untertanen, und gar das fremde Volk der Ungarn durch sein Reich schweifen lasse. – Der Bericht endet mitten in den Gesprächen zwischen dem Kalifen und dem Mönch: die einzige bekannte Handschrift hört mitten auf der Seite auf. Man hat zu Recht den fragmentarischen Zustand des Textes bedauert um so mehr, als er einen Bericht von ungewöhnlicher Lebensnähe und Zuverlässigkeit enthält.

Neben Metz und dem nahegelegenen Gorze als Zentrum der oberlothringischen Reform spielt in unserem Zeitraum die alte Bischofsstadt Toul und ihre Verbindung mit lateinischer Literatur eine Rolle.

Es mag ein bloßer Zufall der Überlieferung sein, daß wir aus dem Kloster St. Aper in Toul eine Handschrift des zehnten Jahrhunderts besitzen, die ein rundes Dutzend S e q u e n z e n offensichtlich westlicher Herkunft enthält, welche den Eindruck hohen Alters erwecken. Die Sequenzen, heute als Bestandteil eines kleinformatigen Sammelbandes aus St. Emmeram[24], wo er vermutlich erst im 15. Jahrhundert zusammengebunden wurde, stehen da als reiner Text ohne Neumen und stellen ein bemerkenswertes Repertoire alter Sequenzen dar. Einige dieser Gesänge gehören zu den weitverbreiteten: so ist die Weihnachtssequenz *Christi hodiernae pangimini* (aus Frankreich oder aus Italien stammend) seit dem 10. und 11. Jahrhundert in Italien wie in Frankreich

---

[24] München, Staatsbibl. clm 14843 (aus St. Emmeram) fol. 95^r–102^r. Von den Steinen nennt sie die Aper-Handschrift. Es ist die reichhaltigste Sammlung von Sequenzen der alten Art, die wir besitzen.

(und von da aus bis nach Ripoll) sehr beliebt. Die altertümlich wirkende Stephanssequenz *Gloriosa dies adest* eroberte sich im selben Zeitraum die romanischen Länder und drang nach England vor. Die vorzugsweise im deutschen Sprachraum vielgesungene, aber auch in Frankreich nicht unbekannte Sequenz *Nostra tuba regatur fortissima* scheint nach einer Periode hoher Schätzung nach dem 12. Jahrhundert außer Gebrauch gekommen zu sein. Merkwürdig zwei Sequenzen für Marienfeste, die Sequenz *Rex nostras Christe laudes* für Mariae Lichtmeß, die unter Anrufungen Christi in ihrem mittleren Teil sich an Maria wendet und in der Doxologie, mit der sie einem Hymnus gleich schließt, den Theodulfschen Vers *Gloria laus et honor tibi semper Christe redemptor* zitiert. Die zweite Sequenz, *Beata tu virgo*, ist vermutlich die älteste reine Mariensequenz; sie findet sich in verschiedenen Fassungen in Italien, Deutschland und Frankreich, scheint indes nach dem 11. Jahrhundert von den moderneren gereimten Sequenzen verdrängt worden zu sein[25].

In Toul, wenn auch vielleicht nicht im Kloster des heiligen Aper, ist nach traditioneller, keineswegs unbestrittener Ansicht eine Dichtung entstanden, die seit ihrer Entdeckung durch Jacob Grimm als das älteste Tierepos des Mittelalters Berühmtheit erlangt hat, die e c b a s i s c u i u s d a m c a p t i v i p e r t r o p o l o g i a m. Der Verfasser ist unbekannt, die Entstehungszeit umstritten, der übliche Titel durch Konjektur gewonnen und auch über die Deutung des Gedichtes ist keine Einmütigkeit erzielt worden. Sie hängt wesentlich ab von der Auffassung des inhaltlich mit der Erzählung nicht verbundenen Prologs (Vers 1–68).

Der Dichter verlegt die Handlung ins Jahr 812, in die vierzehnte Luna, – d.h. den ersten Frühlingsneumond, dem als erster Sonntag das Osterfest folgte – und zwar in die Vogesen. Die Hirten treiben Schafe und Schweine, Rinder und Pferde auf die Wiese; nur ein einjähriges Kälbchen wird im Stall zurückgelassen. Aus Sehnsucht nach der Muttermilch, nach den anderen, kaut und leckt es so lange am Riemen, bis es ihm gelingt, sich loszureißen. Nachdem es den ganzen Tag über nach Herzenslust sich getummelt, läuft es gegen Abend, müde geworden, in den Wald, wo es alsbald dem Förster Wolf, der (wie sich später herausstellt) als ein alter Mönch vorzustellen ist, begegnet. Der begrüßt das Kälbchen scheinheilig mit einem Hymnus, bietet ihm Quartier für

---

[25] In der Hs. finden sich *Iam redeunt gaudia* (Anal. hymnica 49, 224) für Ostern; vier Sequenzen für die Sonntage des Kirchenjahres, nämlich *Alma sancta* (Anal. hymnica 49, 273); *Christe tua agmina* (Anal. hymnica 53, 154); *Pange Deo debitum* (Anal. hymnica 42, 47) und *Semper regnans patris sinu* (Anal. hymnica 42, 49).

die Nacht an und teilt ihm mit, daß er es für sein Festmahl am Ostertag schlachten werde. Nachdem das Kalb in die Höhle des Wolfes gebracht ist, hält der Wolf fromme Reden über das enthaltsame Leben, das er schon seit Monaten führe, ohne Fleisch und ohne Wein. Nachdem das Kälbchen still für sich zu Jupiter um seine Rettung gefleht und für den Fall der glücklichen Heimkehr ihm und allen Göttern einen Geißbock zu opfern gelobt hat, bittet es den Wolf um eine Gnadenfrist bis nach der Frühmesse am Ostermorgen. Der Wolf stimmt zu und fordert das Kälbchen auf, eine Abendmahlzeit vom vorhandenen Gemüse einzunehmen, weil es ja bald sterben müsse. Die Mitternacht rückt heran; da kommen die zwei Hörigen des Wolfes, der Otter mit Fischen und der Igel mit allerlei Gemüse für ihren Herrn. Der Wolf lobt sie, prahlt wiederum mit seinen geistlichen Übungen und vermacht, weil er alt ist, den beiden Getreuen seinen ganzen Besitz: dem Igel die Wolfshöhle und dem Otter den darunter vorbeifließenden Bach mit all seinen Fischen. Jetzt erst bemerken die beiden die Anwesenheit des Kalbes, die ihnen vom Wolf erklärt wird. Darauf übernimmt der Otter die Überwachung des Kälbchens, der Igel aber, wiewohl er nicht musikbegabt ist und kein Instrument gelernt hat, singt dem Wolf ein Schlummerlied von der römischen Weltherrschaft, indes er sich selbst mit der Laute begleitet. Mittlerweile beschäftigt sich der Otter mit dem Kälbchen, versucht es zu trösten, gibt ihm zu essen und bemüht sich, es ganz nach monastischer Art mit einer Lesung de reparatione lapsi[26], der Wiederherstellung, der Erlösung des Sünders, und Gebeten auf seinen Tod vorzubereiten. Noch tief in der Nacht erwacht der Wolf. Er hat schrecklich geträumt: von Wespen, die ihn zerstachen, Hornissen, deren Stiche ihm den Hals zuschnürten, und wie ihn die Kräfte verließen, sah er das Kalb und den Fuchs Jubellieder singen über seinen Tod. Der fromme Otter, den der Wolf um Erklärung des Traumes bittet, deutet ihn auf sein schreckliches Ende und bittet ihn, das Kälbchen laufen zu lassen. Der Wolf indessen schwört, er werde das niemals tun, denn das Kalb habe sein Gemüse gefressen und den Wein getrunken und nichts übriggelassen. Der Igel, zugleich Kaplan und Koch, wird beauftragt, das Kälbchen um die sechste Stunde zu töten und es als Braten auf die Ostertafel zu bringen. Der Otter, der dies hört, macht dem Wolf ernstliche Vorwürfe, daß er sein Mönchsgelübde brechen wolle. Aber er redet zu tauben Ohren (Vers 69–321).

Bei der Herde ist inzwischen der Verlust des Kälbchens bemerkt worden. Vater Stier und Mutter Kuh suchen vergeblich nach dem

---

[26] Gemeint ist die alte anonyme Übersetzung der ersten der beiden Mahnschriften des Johannes Chrysostomus an Theodor von Mopsuestia.

Kinde. Aber der „Vogesenhund", der jeden Schlupfwinkel des Waldes kennt und der von Esau das Waidwerk gelernt hat, macht ihnen Hoffnung. Er habe am Abend noch das Geblök des Kälbchens in einer nicht allzu weit entfernten Höhle gehört, man werde es sicher retten können. Nun macht sich, geleitet von der Spürnase des Hundes, die ganze Schar der schwachen und wehrlosen Tiere auf, geführt von dem mächtigen Stier, und rückt unter gewaltigem Feldgeschrei zur Höhle des Wolfes heran (Vers 352). Aufgeschreckt aus dem Schlaf ruft der Wolf seine Vasallen herbei, die freilich in langem Frieden schon des Kampfes entwöhnt sind, und setzt ihnen in ermunternder Rede auseinander, daß ihm von dem ganzen Heerhaufen keiner, nicht einmal der Eber oder der Hirsch, Angst einzuflößen vermöge. Allein den Fuchs fürchte er, der nur auf eine Gelegenheit warte, seine Festung durch List zu zerstören. Die Vasallen versichern den Wolf ihres unerschütterlichen Mutes, wollen aber doch erst hören, warum der Fuchs dem Wolf so schrecklich sei. Damit ist der erste Teil der sogenannten Außenfabel (Vers 1–391) zu Ende; die nun folgende Erzählung des Wolfes, die seine Familiengeschichte enthält, bildet die sogenannte Innenfabel und nimmt als das Kernstück der Ecbasis mehr als die Hälfte des Umfangs ein.

Als Grundlage dient die alte Fabel vom kranken Löwen, der auf den Rat des Fuchses durch die frisch abgezogene Haut des Wolfes kuriert wird. Mit dieser Fabel wird nun eine Reihe anderer Tiergeschichten in der Weise verbunden, daß die letzteren zum Teil als Erweiterungen in den Gang der Handlung eingefügt, zum Teil als Exkurse nur lose mit ihr verbunden werden. Das Ganze erhält eine eigentümliche Färbung dadurch, daß die handelnden und redenden Tiere sich in einem monastischen Milieu zu befinden scheinen, zum Teil selber als Mönche, die nach der Benediktregel leben, gedacht sind. – Es ist im Frühling. In den rheinischen Wäldern[27] liegt König Löwe krank darnieder. Auf Befehl des Wolfes, der das Amt des Kämmerers inne hat, versammeln sich alle Tiere, um nach ihren Kräften etwas zur Linderung der Krankheit des Löwen beizutragen. Allein der Fuchs fehlt. Auf Betreiben vor allem des Wolfes soll er gefangen und sollen ihm die Glieder Stück um Stück aus dem Leibe gerissen werden, auch der Galgen steht schon bereit. Allein der Panther, von Mitleid ergriffen, sucht den Fuchs, um ihn zu warnen, worauf sie gemeinsam unter Psalmengesang den Berg, wo sich die Höhle des Löwen befindet, ersteigen. Während der Panther, mit einem Goldstück entlohnt, an einem Baume sitzend zurückgelassen

---

[27] *Renibus* (Vers 393) verstehe ich für *r(h)enensibus;* sowohl die Wortstellung als auch die Verse 398f. lehren, daß es sich nicht um eine Nierenkrankheit des Löwen handelt, wie man seit Voigt zu verstehen pflegt.

wird, begibt sich der Fuchs vorsichtig in die Höhle des Löwen und beginnt, von diesem in barschem Tone befragt, wo er sich denn herumgetrieben habe, seine Geschichte: Wie ihm am See Genezareth das Bläßhuhn ein Heilmittel für den kranken König verraten und ihn um eilige Rückkehr über Rom und Bordeaux gebeten, wie ihm sodann in Italien der Storch dasselbe anvertraut und ihn darüber hinaus an den heiligen Aper zu Toul empfohlen habe; wolle man ihn dafür tatsächlich bestrafen, so werde er sogleich des Himmels sich erfreuen. Mit solchem Hinweis auf seine Unschuld und auf die Beschwerlichkeiten der Reise, die er trotz des hohen Alters allein dem König Löwe zuliebe auf sich genommen habe, gelingt es dem Fuchs, mit einem Schlag alle Tiere zu seinen Gunsten zu stimmen und Frieden mit dem König zu erlangen. Auf ihr Drängen und scheinbar wider seinen Willen nennt der Fuchs endlich das Heilmittel, das ihm das Bläßhuhn geraten: Das frisch abgezogene Fell des höchsten Herrn am Hof, seines eigenen Gevatters; der Bär werde, unterstützt von zwei Luchsen, draußen vor der Höhle, damit der König nicht gestört werde, aufs schnellste dem Wolf, dem Feinde der Hirten, das Fell bis auf die Krallen ausziehen. Augenblicklich führt der Bär, von den Luchsen unterstützt, mit gewohntem Brummen die ihm geheißene Prozedur aus, der König wird gesalbt und in den noch warmen Wolfspelz gehüllt (Vers 511). Nachdem der Fuchs allen Anwesenden vor Augen gestellt hat, daß er wegen seiner Verdienste um den König von jeder Strafe verschont bleiben müsse, erteilt er dem kranken Löwen diätische Ratschläge, nur Speisen zu genießen, die einem Mönch anstehen[28]. Nachdem der Löwe dem Fuchs das Amt eines Haushofmeisters übertragen hat, verteilt dieser die verschiedenen Hofämter an die einzelnen Tiere, wobei es zu höchst reizvollen Szenen kommt, etwa wenn der Igel die ihm zugedachte Aufgabe, Äpfel, Nüsse und Mandeln herbeizuschaffen, als seiner Würde nicht entsprechend betrachtet: ‚*Magni sum gente Catonis!*‘ – worauf ihn der Leopard kurzerhand zum Küchenjungen degradiert[29]. Nachdem der Fuchs mit dem Seneschall, dem Leoparden, die Bestellung des noch immer an seinem Baume wartenden Panthers zum Psalmen- und Hymnensänger vereinbart und der König sich nach dem Verbleib des Panthers erkundigt hat, eilt der Fuchs von dannen, den Vermißten zu holen. Inzwischen rühmt der Leopard die Vorzüge des Panthers vor dem König, der jenen

---

[28] Die hier (Verse 539–551) aufgezählten Nahrungsmittel stammen aus dem sogenannten carmen de speciebus (das ist das Abschlußgedicht zum liber de medicamentis des Marcellus); vergl. den Apparat von Strecker.

[29] Es kennzeichnet die witzige Art des Dichters, daß er den ans Spülwasser verbannten Igel mit den Worten des Turnus aus der Aeneis (12, 677) antworten läßt: ‚*Quo deus et quo dura vocat fortuna sequamur*‘.

sogleich zu seinem Nachfolger bestellt. Darauf beginnt das Festmahl, während dessen das Einhorn – nach klösterlichem Brauch – als Tischlesung die vita Malchi des Hieronymus vorliest. Inzwischen kehren Fuchs und Panther, Psalmen und schließlich den Lobgesang der drei Jünglinge im Feuerofen singend, zurück. Auf die Frage des Löwen an den Panther nach seinem Verbleib erklärt dieser als gelehriger Schüler des Fuchses, er habe zum Heile des Königs die ganze Schar der singenden Vögel zusammengebracht, welche den König durch ihren Gesang ermuntern sollten. Darauf singen die Vögel der Reihe nach, vor allem die Nachtigall, die Heilsgeschichte und rühren damit alle zu Tränen, worauf sie der Panther, dem solch trauriger Gesang als durchaus ungeeignet für die Festesfreude erscheint, kurzerhand des Hofes verweist. – In der gegenüber dem Vorausgehenden stark abfallenden Schlußpartie der Innenfabel treten noch Papagei und Schwan auf; die Erzählung des Wolfes endet damit, daß alle auseinandergehen und das Reich des Löwen, der sich nach dem Schwarzwald begibt und nur noch den Osten behält, den verschiedenen Tieren zufällt: der Westen dem Panther, der Norden dem Schwan und Indien im Süden dem Papagei. Am Ende steht das aus Belehrungen und Schmähungen zusammengesetzte Epitaphium des Fuchses auf den nach dem Abziehen des Felles verendeten Wolf.

Nachdem die Geschichte des Wolfes, also die Innenfabel beendet ist (Vers 1097), sieht der Otter nach, was inzwischen draußen vor sich gegangen ist, und gewahrt zu seinem Schrecken, daß die Herde unmittelbar vor dem Bau angelangt ist und der Fuchs den Tieren die Königsurkunde, welche ihm den Besitz der Höhle des Wolfes zuspricht und dessen Helfern die schlimmsten Strafen in Aussicht stellt, vor Augen hält. Darauf nehmen Otter und Igel Reißaus, dem Fuchs aber gelingt es, den in der Höhle sich verborgen haltenden Wolf durch schmeichelnde Worte auf seine Schönheit herauszulocken, worauf der Stier sofort angreift und den Wolf an einen Baum spießt. Der Fuchs setzt dem Wolf eine Grabschrift und das Kälbchen kehrt wohlbehalten zu seiner Mutter zurück.

Das Verständnis des Gedichtes bereitet manche Schwierigkeiten, und seit seiner ersten Ausgabe durch Jacob Grimm im Jahre 1838 sind mehrerlei Erklärungen versucht worden. Die im Titel erscheinende (oder doch durch plausible Konjektur gewonnene) *tropologia* machte die Lösung nicht einfacher. Zumeist vermutete man in dem Werk insgesamt eine satirische Absicht des Dichters, der mit seinen Versen die Befreiung – vielleicht seine eigene – aus der Enge des Klosters habe schildern und dabei am Mönchtum seiner Zeit Kritik üben wollen.

Wer die Freiheit besitzt, die Ecbasis einmal ohne das oft so gewaltsam wirkende Bestreben zu lesen, diese oder jene Anspielung, diese oder jene Art von Kritik zu finden, dem mag sich die Ecbasis als ein Werk von anderer Art enthüllen. Es sind köstliche Bilder und Szenen, die der Dichter da vor Augen stellt, Bilder, die nach dem Stift des Zeichners rufen: der Wolf als Förster im Mönchshabit voll sehnsüchtiger Erwartung des Osterfestes, an dem er endlich das Kälbchen fressen darf, nachdem er die ganze lange Fastenzeit hindurch sich von Gemüse hat nähren müssen. Der gutmütige fromme Otter, wie er dasitzt und das Kälbchen auf seinen nahen Tod vorbereitet; das liebe dumme Kälbchen selber, das zum Jupiter betet und ihm einen Schafbock zu opfern verspricht, den es nicht hat; der Fuchs und der Panther, wie sie einträchtig nebeneinander, Psalmen singend, den Berg ersteigen; der Panther, wie er, das Hinterteil an einen Baumstamm gedrückt, artig sitzen bleibt bei dem Goldstück, das ihm der Fuchs geschenkt hat, bis dieser ihn holen kommt, und viele andere dieser Bilder bis hin zu dem Fuchs, der, seines Sieges gewiß, den gegen die Wolfsburg heranrückenden Tieren die Königsurkunde vorweist. Es liegt eine stille Heiterkeit über dem Werk, gleich dem Sonnenglanz lächelnden Humors, der selbst eine bedrohliche Szene, wie das Aufrichten des Galgens, an dem der Fuchs baumeln soll, nicht so recht ernst und finster geraten läßt oder auch auf ein grausames Geschehen, wie das Abhäuten des Wolfes, noch etwas von seinem freundlichen Lichte fallen läßt, wenn der Bär mit handwerksmäßiger Geschäftigkeit brummend, weil er eben ein Bär ist, mit der Arbeit beginnt, flankiert von den zwei Luchsen. Es ist eine ungewöhnliche Art, die Tiere zu sehen, eine liebenswürdige, man möchte sagen, humane Art der Darstellung, der es nicht um besserwissende Kritik zu tun ist, die vielmehr ihrer Freude über ein geheimes Einverständnis Ausdruck gibt.

So wäre denn des Dichters Anliegen nichts anderes gewesen, als eben diese Tiergeschichte in der Form des großen Epos zu erzählen. In der Tat war dies genug des Neuen in einer Zeit, die mitnichten das Originelle suchte, und, literarhistorisch gesehen, ein ganz ungewöhnliches Vorhaben. Tierdichtung war dem frühen Mittelalter nicht unbekannt: vortreffliche Erzähler wie Paulus Diaconus oder Sedulius Scottus haben einzelne Geschichten von Tieren erzählt und durch ihre Kunst die Tierfabel zu literarischem Rang erhoben. Aber keiner hat es vor dem Dichter der Ecbasis gewagt, eine Reihe von Tiererzählungen, von Episoden aus dem Tierleben zu einer zusammenhängenden Erzählung zu verbinden. Dadurch, daß er die von Fuchs und Wolf umlaufenden Fabeln zu einer geschlossenen Geschichte vereinigte und dies unter Anwendung des nicht ganz unbekannten, aber doch bis zu seiner Zeit höchst selten gebrauchten Mittels der Rahmenerzählung mit der wahrscheinlich ebenfalls schon bekannten Fabel vom entsprungenen Kälbchen[30] verband und die also gewonnene Gesamterzählung in Hexameter kleidete, schuf er das erste Tierepos der abendländischen Welt, und dies ist seine eigentliche Bedeutung.

Wie es dazu kam, berichtet der Dichter im Prolog (Vers 1–68). In einem bedauernden Rückblick auf Versäumnisse des eigenen Lebens bekennt er, daß er sich bisher nur mit poetischen Kleinigkeiten (*neniis, nugis*) beschäftigt und metrische Dichtung durch eigene Schuld nicht erlernt habe. Der Versuch, nun endlich doch auch ein von anderen anerkanntes Werk – was offenbar bedeutet: ein solches größeren Umfangs in Hexametern – zu verfassen, bereite ihm die größte Mühe, weil er im Gebrauch der Quantitäten durchaus unsicher sei. In dem vollen Bewußtsein der Forderungen, welche die epische Tradition an ihn stellt, stellt der Verfasser in Aussicht, sich ausgiebig formaler Vorbilder aus der profanantiken Literatur zu bedienen. In der Tat ist der Anteil der Zitate und Anspielungen auf antike Schriftsteller ungewöhnlich hoch: Ein rundes Fünftel aller Verse stammt teilweise oder vollständig aus Horaz, wobei Satiren, Episteln und die ars poetica, wie nicht anders zu erwarten, den Hauptanteil haben, an einigen wenigen Stellen auch Oden als Vorbilder in Betracht kommen; in weitem Abstand folgen Entlehnungen aus dem Werk des Vergil, aus Ovid und Terenz; einige Male ist das unter dem Namen des Marcellus gehende carmen de speciebus benützt. Von christlichen Autoren werden in erster Linie Prudentius und, wiederum in kräftigem Abstand dahinter, Sedulius und Juvencus herangezogen, in geringerem Maße wohl auch Arator und Venantius Fortunatus. Insgesamt geht die Anlehnung an ältere Autoren so weit, daß sich das Werk an manchen Stellen fast einem Cento nähert.

Recht bemerkenswert ist, was der Dichter bezüglich des Gegenstandes äußert. Hier distanziert er sich bewußt von dem, was nach seiner Auffassung vorzugsweise den Gegenstand epischer Dichtung ausmacht: geschichtliche oder doch dem Historischen nahestehende Sujets. Der Inhalt seiner Dichtung, so bemerkt er ausdrücklich, sei durch und durch fiktiv. Auch dies muß als eine sehr auffallende Äußerung angesehen werden: Wohl noch nie vor dem Dichter der Ecbasis hat einer mit solcher Bestimmtheit von seinem eigenen Werk geredet, mit solcher Entschiedenheit sich von der Tradition oder dem, was er dafür ansah,

---

[30] Dies jedenfalls muß aus dem in einer Reihe süddeutscher Handschriften des 10. und 11. Jhs. auftretenden Schreibervers *Infelix vitulus sudibus quam saepe ligatus* – B. Bischoff, Elemenarunterricht und probationes pennae, in: Quantulacumque. Classical and Medieval Studies in Honour of E. K. Rand 1939, stark erweiterter Abdruck in: Mittelalterliche Studien I. Stuttgart 1966, S. 74ff., hier S. 79. – geschlossen werden. Für die Datierung der Ecbasis ist der Vers eben deshalb ohne Belang.

in einem ganz bestimmten Punkte distanziert, nicht um willkürlich und unter Mißachtung des Überkommenen nach eigenem Gutdünken zu handeln, sondern im Zuge einer durchaus legitimen, entwicklungsgeschichtlich notwendigen Befreiung der dichterischen Persönlichkeit. Es ist klar, daß solches erst auf einem gewissen Stande der literarischen Entwicklung möglich ist und als notwendig empfunden wird; auch in dieser Hinsicht nimmt die Ecbasis einen besonderen Rang ein. Wie sehr sich auf der anderen Seite der Dichter an die Tradition gebunden, ihr verpflichtet weiß, zeigt bereits die folgende, wiederum auf den Gegenstand bezügliche Bemerkung, nämlich daß er lehrhaften Inhalt bieten wolle, und zwar, da ein einzelnes Stück vielleicht nur wenig Nutzen, ja vielleicht gar Schaden bringe, eine ganze Reihe von einzelnen Geschichten zu einer größeren vereinigen wolle. Dabei ist das belehrende Element im einzelnen Falle hinsichtlich der jeweiligen Fabel vielleicht gar nicht so von Bedeutung; dem Dichter scheint es in erster Linie darauf angekommen zu sein, der Forderung nach dem Nützlichen als einem allgemeinen Prinzip mittelalterlicher Ästhetik nachzukommen, und durch die Wahl von Fabeln als Gegenstand mochte er die Forderung von vornherein als erfüllt ansehen. So läge denn nach den Worten des Dichters – und wir haben keinen Grund sie zu bezweifeln – der merkwürdige Fall vor, daß in der Verbindung eines sehr bestimmten, sehr entschiedenen dichterischen Wollens mit einem Prinzip der mittelalterlichen Ästhetik, die nicht das delectare als gleichberechtigt und gleichwertig neben das prodesse setzte, sondern den im horazischen Sinne besonderen Fall des *omne tulit punctum qui miscuit utile dulci* zur prinzipiellen Forderung erhob, eine Dichtung neuer Art erwuchs, nämlich das Tierepos.

Verfehlt wäre es, in dem reuevollen Rückblick auf die in Leichtsinn verbrachte Jugend (Vers l ff.) ein frühes Beispiel des Auftretens eines Gedankens zu sehen, der in der Dichtung des 11./12. Jahrhunderts fast zum Topos wird. Der Ecbasisdichter wiederholt nämlich den Gedanken nicht nur am Ende des Prologs, er gibt ihm eine Wendung, die den Gemeinplatz ausschließt: Im Blick auf das vertändelte Leben wird ihm die Dichtung zur Arznei, zum einzig heilenden Mittel, in seinem nutzlos dahingebrachten Leben die letzte noch mögliche Wendung vorzunehmen. Das Kälbchen und dessen Sehnsucht nach der nährenden Mutter und dem heimischen Stall wird ihm – der, wer weiß es, vielleicht wirklich ein Vagant gewesen ist[31] – zum rührenden Sinnbild des eigenen Lebens und seiner Sehnsucht[32].

---

[31] Dafür spräche, daß der Ecbasisdichter offenbar in dem Milieu fahrender Sänger Bescheid weiß. Er zeigt einmal Kenntnis des modus florum, eines sehr frühen und charakteristischen Beispiels dieser Art Dichtung, von welcher noch zu reden sein

Es ist merkwürdig, wie viel Mühe der Dichter darauf verwendet hat, seiner Sprache durch viele Zitate und Anspielungen auf profanantike Literatur das ihm angemessen erscheinende Kolorit zu geben. Glücklich war dieses Bestreben gewiß nicht, und das Werk hätte zweifellos gewonnen, hätte der Dichter seine eigene Sprache geredet. Denn nicht zuletzt durch die oft gewaltsam eingebauten Zitate und Anspielungen werden der Ausdruck noch schwieriger, noch dunkler, die Verse noch holpriger und gequälter.

Was die Frage der Datierung betrifft, so ist es nicht ganz unbedenklich, sich auf bestimmte geschichtliche Verhältnisse, Ereignisse, Personen als Hinweise auf die Entstehungszeit des Werkes zu stützen, was man bisher zumeist getan hat. Die Ecbasis bleibt, wie mangelhaft auch immer die sprachliche Ausdrucksfähigkeit des Dichters sein mag, ein durch und durch literarisches Werk, für welches andere Gesetze gelten als etwa für eine Aufzeichnung historischen Inhalts. Gewiß wäre die Wahl der Königsnamen Konrad und Heinrich v o r Heinrich I. wenig wahrscheinlich; aber darüber hinaus sagen Anspielungen auf Ereignisse aus der Zeit gleichnamiger Herrscher wenig oder nichts. So wie die Dinge nach einem runden Jahrhundert immer wieder versuchter Bestimmung des Ursprungs zu liegen scheinen, bleibt wahrscheinlich überhaupt kein sicheres Argument für eine bestimmte Zeit nach dem genannten Herrscher. Lediglich eine allgemeine Richtung wird man aus gewissen Eigenschaften der Dichtung selbst entnehmen dürfen. Sie weisen alle auf eine frühere Entstehung. Einmal paßt der Umstand, daß die rhythmische Dichtung (eben die *neniae* und *nugae* im vierten Vers) geringwertiger angesehen wird im allgemeinen Urteil, eher zu einer früheren Entstehung, also im zehnten Jahrhundert, als zu einer im elften oder gar im vorgeschrittenen elften Jahrhundert. Zum anderen deutet auch die geringe Sprachbeherrschung, die den Dichter nicht daran hindert, sich doch in epischer Dichtung zu versuchen, weit eher auf das zehnte als auf das elfte Jahrhundert, zumal das vorgeschrittene, in dem ein Gedicht wie die Ecbasis sicherlich als schon recht altmodisch erschienen wäre. Alles Weitere, was über die Ecbasis gesagt oder vermutet werden mag, gehört ins Reich der Spekulation. Denn auch was den

---

wird. Im Prolog bei Vers 48 *mendosam profero cartam,* wo man *mendosum carmen* erwartet, das ohne Schwierigkeit statt *culpam* den Reim crimen-carmen ermöglichen würde, scheint eine kontaminierende Anspielung auf carm. Cantabrig. 16, 1, 1 mit 16, 4, 2 zu enthalten, sofern der Dichter nicht mit dem Gedanken an die Königsurkunde des Fuchses gegen Ende der ecbasis spielt, was ihm ebenfalls zuzutrauen wäre.

[32] Die gängigen Auffassungen mißdeuten den Prolog gründlich, wenn sie ihn auf gesellschaftliche Verhältnisse beziehen statt auf das, was (schon wegen *mendosam profero cartam,* Vers 40) einzig gemeint sein kann, nämlich literarische Tätigkeit, Dichtungsarten und Verwandtes.

Ort der Herkunft des Dichters angeht, so wird man allenfalls die auf das Kälbchen, d.h. auf den Dichter selbst bezügliche Nennung an sich sonst nicht beliebter und gebräuchlicher Ortsnamen wie Toul, wo das Kälbchen eingesperrt war, und die Vogesen, wo es aufgezogen worden, mit dem Dichter selbst in Verbindung bringen dürfen. Sicher ist das auch nicht.

Möglicherweise gehört in den lothringischen Raum ein Autor namens A r n u l f, von dem man nicht mehr weiß, als daß er Mönch gewesen ist und in den späteren Jahren Kaiser Heinrich III. eine *delicie cleri* betitelte Spruchsammlung gewidmet hat. Daß er aus dem französischen Raum gekommen ist, wird angenommen. Das kleine, insgesamt 835 Verse zählende Werk ist nach Inhalt und in literarhistorischer Hinsicht in die Reihe der im elften Jahrhundert beliebt gewordenen Spruchsammlungen zu stellen, verwandt mit den in Bälde zu behandelnden proverbia des Wipo, des Otloh und mehrerer Anonymer, unterscheidet sich jedoch von diesen in der Grundlage des Stoffes und in der Form. In der Überzeugung, daß dem Menschen, zumal dem Herrscher, nichts mehr nützen könne als die Weisheit der Jahrtausende, will Arnulf dem König die Weisheit des weisesten der Könige, des Salomo, vermitteln. Den Grundstock seiner Spruchsammlung bilden daher Sätze aus den dem Salomo zugeschriebenen biblischen Büchern der Proverbia und des Ecclesiastes, die er durch Sprüche aus anderen Autoritäten, zumeist wohl patristischen, ergänzt; da sie durchweg umgeformt in die zur Zeit des Arnulf besonders geschätzten einsilbig gereimten leoninischen Hexameter erscheinen, läßt sich die Quelle nicht in jedem Falle eindeutig bestimmen. Was das kleine Werk insgesamt betrifft, so verdient besonders der hohe literarische Anspruch hervorgehoben zu werden, den Arnulf mit seiner Spruchsammlung erhoben hat. Er äußert sich nicht in der poetischen Umformung der einzelnen Sprüche, sondern auch im Aufbau der ganzen Sammlung, die als ein in sich geschlossenes Werk gedacht ist. Eingeleitet von einem rhythmischen argumentum (fünf vierzeiligen Strophen nach der Art jambischer Dimeter, inc. *Iste multorum usibus*), das nicht unbedingt von Arnulf selber stammen muß, von einer salutatio an den König (*Orbis delicie Cesar per secula salve*) und einer ebensolchen an die Königin, beide in leoninischen Distichen, sodann einer propositio mit Angabe des Gegenstandes und des Autors und einer kurzen invocatio an Christus, beide in leoninischen Hexametern, wird der eigentliche Inhalt, die Spruchsammlung, in der Art einer Ermahnung des Vaters an seinen Sohn – nach dem Vorbild der disticha Catonis – vorgetragen. Eine anscheinend mehr formal aufgefaßte denn inhaltlich bedingte Gliederung in Gruppen von je zweimal fünf Distichen bewirkt den Eindruck einer wohlgeordneten Anlage, die jedoch in Anbetracht der Verschiedenartigkeit der Sprüche kaum durchführbar gewesen wäre. Nach Abschluß des Hauptteils durch einen kurzen epilogus und einer rhythmischen Überleitung[33] folgt, merkwürdig genug, unter der Bezeichnung *dialogica poete tetrastica* ein Zwiegespräch zwischen dem Dichter und seinem Buch, in welchem die Dialogpartner jeweils von vier zu vier Hexametern abwechseln. In diesem eclogenartigen, aber als Streitgespräch gemeinten, betont antikisierenden Gedicht, das dann in ein eigentümliches Wechselspiel von Aufgabe und Lösung *(problema – solutio)* übergeht, versichert der Dichter unter anderem, daß er sich keineswegs mit Vergil, dem *bucolices* und *georges*, noch mit Horaz *(Flaccus)* und auch nicht mit dem Orpheus, dem mäonischen Schwan, vergleichen wolle, und nennt gegen Ende noch einmal den Titel des Werkes delicie cleri. Nachdem der Verfasser in einer commendatio operis noch einmal den Wert seiner Dichtung betont und bei dieser Gelegenheit seinen Namen verschlüsselt *(fusnular)* angegeben, in einer confessio seine Sündhaftigkeit bekannt und ein Gebet gesprochen hat, bringt er mit einem abschließenden Dank an Gott sein wunderlich verschrobenes Werk glücklich zu Ende. Das Ganze ist ein seltsames Gemisch von ernstem Wollen, Bildungsdünkel und geschmackloser Eitelkeit, und man möchte sich versucht fühlen, dem sechsunddreißigjährigen Mönch (Vers 805 ff.), der manche Stellen seines mit ausgefallenen, griechischen und öfter gräzisierenden, nicht selten auch selbst erfundenen Vokabeln gespickten Erzeugnisses mit Glossen versehen hat, zuzutrauen, daß er möglicherweise auch das dem Ganzen vorangestellte argumentum in Prosa, das nach Art eines accessus auf die Besonderheiten des Werkes hinweist, selber verfaßt hat. Jedenfalls werden darin Details der Dichtung hervorgehoben und rühmend genannt, die schon eine recht genaue Kenntnis voraussetzen. Für die Zeit ist das Werk an sich eher schon etwas ungewöhnlich. Die geistige Haltung sowohl wie die Art seines Geschmacks in literarischen Dingen, die in ihm zum Ausdruck kommen, sind im übrigen häufiger im zehnten Jahrhundert anzutreffen. Daß die delicie cleri gelegentlich auch zusammen mit Schulschriftstellern und vereinzelt noch im späten Mittelalter vorkommen, darf nicht irreführen; allzu häufig und verbreitet sind sie – auch wenn gelegentlich das Gegenteil behauptet worden ist – nicht gewesen.

Ähnlich wie in Niederlothringen beobachtet man auch im oberlothringischen Raum ein starkes Interesse für Geschichtschreibung. Auch

---

[33] Vers 684 ist natürlich *domne* zu lesen.

hier ist das Blickfeld begrenzt auf das Gebiet, in welchem die Autoren leben, und es macht sich die Mittelstellung des alten Lothringen zwischen dem westlichen und dem östlichen Reich in einer gewissen Distanzierung von dem einen wie von dem anderen noch immer recht deutlich bemerkbar. Das wichtigste Zentrum ist zu dieser Zeit wohl Metz gewesen. Hier verfaßt im frühen elften Jahrhundert, nach 1005, der Abt C o n s t a n t i n des bei Metz gelegenen Klosters St. Symphorian eine *vita Adalberonis II. episcopi.* Adalbero II. hatte das Bistum Metz über zwei Jahrzehnte lang, 984 bis 1005 regiert, ein Kirchenfürst, dem die innere Erneuerung seiner Diözese mehr am Herzen lag als Reichspolitik, der die von seinem Oheim Adalbero I. begonnene Reform des Mönchtums in Lothringen fortsetzte, zumal das Kloster St. Symphorian restituierte, und seiner Sympathie für die Klöster wegen vor allem in monastischen Kreisen sich höchster Wertschätzung erfreute. Constantins vita, offenbar bald nach dem Tode des Bischofs und noch unter dem unmittelbaren Eindruck des Verlustes begonnen, läßt in ihrem stark panegyrischen Ton keinen Zweifel an der Sympathie und Verehrung, welche der Abt für Adalbero empfand, ist jedoch nicht hagiographisch, sondern als reine Biographie aufgefaßt, und gilt demgemäß als zuverlässige Geschichtsquelle. Wenn es dem Verfasser gelingt, trotz mancher formelhafter Züge, zumal in der Aufzählung der Vorzüge seines Helden, unter denen die edle Abkunft und die Verwandtschaft mit dem König besonders hervorgehoben werden, ein anschauliches Bild seines Helden zu geben, so liegt dies nicht zuletzt daran, daß er nach dem Vorbild Einhards und zum Teil in wörtlicher Anlehnung an dessen vita Karoli Magni eine Beschreibung von Adalberos Äußerem bietet. Dagegen mag die großenteils eher anekdotenhaft wirkende Art des Erzählens auf die allgemeine Entwicklung der Erzählfreude in der Zeit zurückzuführen sein; etwa die Geschichte von der Bischofssynode in Adalberos letztem Lebensjahr, bei welcher König Heinrich II. dem Episkopat schwere Vorhaltungen wegen der Duldung von Ehen zwischen nahen Verwandten im Adel macht, worauf Adalbero als einziger dem König zu widersprechen wagt. Zur Darstellung der gegensätzlichen Standpunkte bedient sich Constantin des in der Historiographie der Zeit auch sonst üblichen, vermutlich als mittelbare oder unmittelbare Anregung durch Sallust zu verstehenden Kunstmittels der fingierten Reden. Im weiteren Verlauf der vita freilich nähert sich die Darstellung zusehends dem Hagiographischen: nicht zwar in Anwendung der hagiographischen Interpretation, wohl aber durch den Gebrauch von Mitteln, welche im hagiographischen Schrifttum gerne angewandt werden, wie der Zuordnung bestimmter Handlungen oder Lebensabschnitte zu einer Tugend, im vorliegenden Fall der Güte und der Frömmigkeit des Bischofs, oder so, daß einzelne seiner Handlungen (etwa der Abschied des Bischofs von seiner Herde) als Imitation solcher aus dem Leben Jesu dargestellt werden. Die Auffassung insgesamt, zusammen mit der zu Wortreichtum und zum Überschwang der Gefühle neigenden, doch nicht schwülstigen Sprache rückt die vita in die Nähe jener Epitaphien des Hieronymus auf Nepotianus, Paula usw., die im Mittelalter des öfteren nachgeahmt worden sind. Aus verständlichen Gründen ist die vita kaum über die Diözese Metz hinaus bekannt geworden.

In einem Teil der Überlieferung sind mit der vita des Constantin ein Epitaphium auf Adalbero und kleinere Gedichte[34] eines Mönches K o n r a d aus (St. Avold) in Metz, also offenbar eines Zeitgenossen Adalberos, verbunden, mehr Zeugnisse des Bildungsstandes auch in dem genannten Kloster als von besonderer Bedeutung.

Im Kloster St. Symphorian bei Metz lebte im frühen elften Jahrhundert, zur Zeit des erwähnten Abtes Constantin ein Mönch namens Alpert (A l p e r t v o n M e t z), den wir als Geschichtschreiber kennen; von seinem weiteren Leben wissen wir nur, daß er seit den zwanziger Jahren in einem Kloster der Diözese Utrecht sich aufgehalten hat. Er verfaßte zwei historische Werke, die beide nur bruchstückhaft auf uns gekommen sind. In den Metzer Jahren, vor 1017, entstand eine Geschichte der Bischöfe von Metz (heute gewöhnlich *de episcopis Mettensibus libellus* genannt); das in einer einzigen Handschrift noch des elften Jahrhunderts erhaltene Werk behandelt, im Jahre 978 einsetzend, die spätere Zeit Bischof Dietrichs I. und die Anfänge Adalberos II. Die sehr eingehende, auf vorzüglicher Kenntnis beruhende, für die Zeit Dietrichs I. (978–984) auf die Angaben eines diesem nahestehenden Berichterstatters gestützte, sehr lebendige Darstellung zeigt das Bemühen des Verfassers um eine objektive Geschichtschreibung; doch ist kaum zu verkennen, daß seine Sympathie dem Kaiser, Otto I., nicht dem französischen König Lothar gehört. Das schon in seiner Kürze als Quelle wertvolle Bruchstück läßt den Verlust des übrigen umso mehr bedauern.

Alpert hielt sich bereits im Bistum Utrecht auf, als er sein zweites geschichtliches Werk verfaßte, die zwei Bücher *de diversitate temporum*; der Titel bedeutet etwa „allerlei Geschichten". Einem Mitbruder Immo gegenüber, dem er das Werk übersandt hatte, erklärt Alpert, er

---

[34] Das Epitaphium inc. *Lector fige gradum qui voto tendis in altum,* 16 Distichen; *O Ratramne pater venerabilis ore magister,* 15 Hexameter an den Abt Ratramnus von St. Nabor in Metz; *Cum iuvenis splendens fueram mutuatus adibam,* 19 Hexameter auf das Kloster St. Nabor in Metz.

habe das Werk geschrieben, um den Müßiggang zu vermeiden. Offenbar hat er dann selbst das Buch an Bischof Burchard von Worms geschickt, dessen Antwortbrief erhalten ist; der namentlich als Kanonist bekannte Bischof[35] äußert sich darin sehr anerkennend über Alpert. Das in verschiedener Hinsicht merkwürdige Werk selber hat vorwiegend zeitgeschichtlichen Inhalt, ohne jedoch als Zeitgeschichte gelten zu können, die offensichtlich auch nicht vom Verfasser beabsichtigt war; am Anfang ist der in einer einzigen Handschrift erhaltene Text verstümmelt. Man erkennt auf der einen Seite die für das Zeitalter charakteristische Verengung des Gesichtskreises insofern, als eigentlich nur von Ereignissen berichtet wird, von denen irgendwie der lothringische Raum berührt war; auf der andern Seite gewähren die vom Verfasser vorgetragenen Geschichten einen Einblick in die Verhältnisse im späten zehnten und beginnenden elften Jahrhundert, wie er in Geschichtswerken im engeren Sinn nur selten vermittelt wird. Da ist die Rede von der Rivalität und den Fehden zwischen dem mächtigen sächsischen Grafen Wichmann und dem vornehmlich in Niederlothringen reich begüterten Grafen Balderich und der Gräfin Adela, die in ihrer maßlosen Habsucht und Herrschgier vor Verrat und Gift nicht zurückscheute, die, ein Schrecken weit und breit, jeder Tücke und Gewalttat fähig war, bis es schließlich ihren zahlreichen Feinden – auch Bischof Adalbold von Utrecht soll sich mit einem Heerhaufen beteiligt haben – gelang, sie in ihrer Burg auf die Knie zu zwingen; Adela hatte diese nach der Flucht ihres Mannes allein verteidigt, wobei sie zuletzt auch noch die Mägde in Helmen auf die Mauer gestellt hatte. – Eingeschoben ist eine Geschichte von dem zum Judentum übergetretenen Kleriker Wezelin und ein Bericht über den zweiten Raubzug der Normannen, der glimpflich verlief, was man dem Wirken des Bischofs Ansfrid zuschrieb. Seine Erwähnung gibt Alpert den Anlaß, die Lebensgeschichte Ansfrids einzufügen, der zuerst als Ritter sich in manchem Kampf bewährt hatte, ehe man ihn zum Bischof wählte. Solche und ähnliche Geschichten kennzeichnen das lebendig und anschaulich, über längere Strecken hin spannend geschriebene Werk. Überhaupt kommt es dem Verfasser viel mehr darauf an, Geschichten zu erzählen als Geschichte zu schreiben, und er steht mit

---

[35] Über ihn unten S. 435 ff.; unter anderem bemerkt er, Alpert habe sich an die von Boethius in dem prooemium zur ersten Ausgabe seines Kommentars der isagoge des Porphyrios genannten Schritte gehalten und demgemäß Sinn und Zweck des Werkes, seinen Nutzen, den Aufbau, die Echtheit, sodann den Titel, darauf, welchem Gebiet der Philosophie das Werk seiner Absicht nach zuzuordnen sei, genannt: *Quae sit cuiusque operis intentio; secundo quae utilitas; tercio qui ordo; quarto si eius, cuius opus esse dicitur germanus propriusque liber est; quinto quae sit eius inscriptio; sexto est id dicere, ad quam partem philosophiae cuiuscumque libri ducatur intentio* (MGH Script. IV 701 sq.).

dieser Neigung, der eine natürliche Begabung entgegenkommt, mitten in der Entwicklung der Literatur seiner Zeit. Im übrigen ist er auch recht wohl belesen; er zitiert nicht nur die Bibel und ab und zu einen Kirchenvater, sondern imitiert da und dort einen antiken Autor, Caesar in der Normannengeschichte, Sallust, wenn er Adela oder andere eine längere Rede halten läßt, aber auch in Einzelheiten des Ausdrucks, und führt zuweilen ein Zitat aus Terenz oder Horaz an. Über eine weitere Verbreitung des Werkes, außer der Übersendung an Burchard von Worms, ist nichts bekannt.

Drittes Kapitel

ITALIEN

Anders als Frankreich und Lothringen hat Italien, wie bereits früher bemerkt, an der karolingischen Erneuerung nicht in gleichem Maße teilgenommen wie die Kernlande des fränkischen Reiches. So ist hier trotz der Bedeutung, die seinerzeit Männer wie Petrus von Pisa, Paulus Diaconus, Paulinus von Aquileia und andere gewonnen hatten, das geistige Leben insgesamt doch etwas anders verlaufen als in der übrigen lateinischen Welt. Es ist nur ein äußeres Symptom dieser bis zu einem gewissen Grade als eigenständig zu verstehenden Entwicklung Italiens, daß die südliche Hälfte, das alte Herzogtum Benevent, statt den Weg in die karolingische Minuskel zu nehmen, die im Gebrauch befindliche (jüngere) Kursive beibehielt und sie zu einer eigenen beneventanischen Schrift entwickelte, die dann Jahrhunderte später unter Umgehung der karolingischen Minuskel von der gotischen Schrift abgelöst werden sollte. Auch auf anderen Gebieten des geistigen Lebens nimmt man diese besondere Stellung und Entwicklung wahr.

Im ganzen neunten Jahrhundert ist Italien weit weniger fruchtbar an literarischen Persönlichkeiten als etwa Frankreich oder Deutschland. Das Bildungsniveau in den Klöstern und Domkirchen, zumal auch in Rom selbst, sinkt tief ab. Zum Teil ist dies eine Folge der politischen Verhältnisse: Italien wird beunruhigt und bedroht von den Sarazenen, die bis Rom und Montecassino vordringen, Klöster und Kirchen zerstören, viele von den zu geistiger Betätigung Befähigten vertreiben. In vielen Teilen Italiens greift Verarmung um sich. Die Unsicherheit der Verhältnisse wird erhöht durch die dynastischen Streitigkeiten um das Erbe der Herrschaft im Süden des karolingischen Reiches, überall entbrennen die Kämpfe, das Papsttum verliert seit der Mitte des neunten Jahrhunderts immer mehr an Boden.

Immerhin sind im späteren neunten Jahrhundert noch Persönlichkeiten von besonderer Eigenart aufgetreten, Männer, die mit der Kurie in Verbindung standen. In erster Linie sind das Anastasius Bibliothecarius und Johannes der Diakon; ihr Bemühen und ihre Ziele zeigen sie in enger Verbindung miteinander; was sie tun und erstreben, ist charakteristisch für den Anteil Italiens an der geistigen und literarischen Kultur jener Zeit.

Anastasius Bibliothecarius freilich, der bis 879 gelebt hat, bedeutet einen Sonderfall gelehrter Individualität. Als Schriftsteller und vor allem als *Vermittler griechischen literarischen Gutes* an die lateinische Welt verdient er Beachtung; menschlich gesehen ist er eine zwielichtige Gestalt. Geboren vor 817 in Rom, wahrscheinlich von griechischen Mönchen in einem der großen byzantinischen Klöster, die seit dem Ikonoklasmus dort bestanden, erzogen, besaß er eine Kenntnis der griechischen Sprache, die zu jener Zeit sehr selten war, und er hat sich darauf nicht wenig eingebildet; im übrigen scheint die Verbindung mit dem Griechischen eine Familientradition gewesen zu sein.

Im Jahr 847 wurde Anastasius von Leo IV. zum Kardinalpriester von St. Marcellus ernannt. Es ist schwer zu sagen, inwieweit zu jener Zeit bereits die später zu Tage tretenden Verbindungen mit den Kreisen, welche auf der Seite Kaiser Lothars, bzw. später Ludwigs II. standen, vorhanden waren; jedenfalls verging kaum ein Jahr, und Anastasius verschwand aus Rom. In der Folgezeit hielt er sich zumeist in der Diözese Aquileia auf, an der Spitze der kaiserlichen Gegner Leos IV., wurde, da er mehrfacher Aufforderung zur Rückkehr nicht Folge leistete, von einer römischen Synode 850 und dann noch einmal 853 exkommuniziert und laisiert. Nachdem im Sommer 855 Leo IV. verstorben und durch Volk und Klerus von Rom, um einer Einwirkung des Kaisers zuvorzukommen, in Eile Benedikt III. als Nachfolger[1] gewählt worden war, kehrte Anastasius als der von der kaiserlichen Partei gestützte Gegenpapst nach Rom zurück, versuchte den Gewählten mit Gewalt zu verdrängen, scheiterte jedoch am Widerstand der römischen Bevölkerung. Der milde und versöhnliche Benedikt III. hob das Anathem gegen Anastasius auf. Den folgenden Päpsten, Nikolaus I. (858–867), der ihm die Abtei Santa Maria in Trastevere übertrug, wo sich Anastasius eine Zeitlang zurückgezogener Arbeit widmete, und Hadrian II. (867–872), der ihn zum Bibliothecarius Romanae ecclesiae bestellte, d.h. ihm ein Amt übertrug, das vordem Bischöfe innegehabt hatten, war er ein wertvoller Helfer. Das gute Einvernehmen zu dem letzteren wurde vorübergehend empfindlich gestört, als des Anastasius Vetter Eleutherius 868 Gattin und Tochter des Papstes – dieser war

---

[1] An dieser Stelle, zwischen Leo IV. und Benedikt III., wurde von der spätmittelalterlichen Legende, die zuerst in der Martinschronik (d.i. der Weltchronik des Martinus von Troppau) im späten 13. Jahrhundert auftaucht, die angebliche Päpstin Johanna eingeschoben; weiteres s. Band IV.

vor seinem Eintritt in den Klerikerstand verheiratet gewesen – ermordete. Doch stellte sich die Unschuld des Anastasius heraus, und im folgenden Jahre reiste er im Auftrag Kaiser Ludwigs II. nach Konstantinopel und nahm dort an der letzten Sitzung des achten ökumenischen Konzils teil. Als Verfasser von Papstbriefen erscheint Anastasius auch noch in der Zeit Johannes VIII. (872–882), doch scheint sein Einfluß zu dieser Zeit zurückgegangen zu sein. Er starb um das Jahr 879.

Der Umfang des literarischen Werkes des Anastasius liegt nicht in allen Teilen fest. Den vergleichsweise geringsten Raum nehmen originale Werke ein. Gewöhnlich wird angenommen, daß ihn die enge Verbindung mit den Päpsten dazu in Stand gesetzt habe, in der seit dem sechsten Jahrhundert geführten offiziellen Papstgeschichte, dem liber pontificalis, die Biographie Nikolaus I. zu verfassen; früher hat man ihm auch noch die vita Benedikts III. und Hadrians II. zugeschrieben. Gesichert ist davon bis zur Stunde überhaupt nichts. Die *vita Nicolai*, dem Umfang nach eine der größten im liber pontificalis, dessen Anlage im ganzen sie sich natürlich anpaßt, zeichnet ein an hagiographischen Mustern orientiertes Bild des Papstes mit Tugendkatalog und in deutlich panegyrischem Ton, so daß auch die einzelnen Maßnahmen, von denen berichtet wird, etwa das Verhalten des Nikolaus gegenüber den Byzantinern in den etwas undurchsichtigen Vorgängen um den Patriarchen Photios von Konstantinopel mehr als eine rühmliche Tat des Papstes erscheint denn als ein historischer Vorgang dargestellt wird, wie er denn auch den rühmenden Ton bis zum Ende der Darstellung beibehält, wo er noch die Elemente (*quantum ad intemperantiam aeris, ipsa mundi elementa diu fleverunt*[2]) um den verstorbenen Papst trauern läßt. Sprachliche und stilistische Eigenheit lassen sich in sicher echten Schriften und Übersetzungen des Anastasius wiederfinden, auch gewisse Vulgarismen, aber sie sind allesamt nicht so bezeichnend, daß sichere Zuweisung und eindeutige Unterscheidung, etwa von der voraufgehenden vita Benedicti oder der folgenden vita Hadriani möglich wäre.

Nicht literarisch, aber ihres Inhalts wegen von besonderer Wichtigkeit sind die Aufzeichnungen des Anastasius über das achte ökumenische Konzil, das auf Wunsch des Kaisers Basilius I. in Konstantinopel vom Herbst 869 bis Ende Februar 870 stattfand und hauptsächlich die Beendigung des photianischen Schismas zum Gegenstand hatte. Anastasius, der im Auftrag Kaiser Ludwigs II. an der letzten Sitzungsperiode teilnahm, wußte sich, wie er selbst behauptet, die Aufzeichnungen über die voraufgegangenen Sitzungen zu beschaffen und übertrug sie

---

[2] Duchesne, liber pontificalis II 167.

ins Lateinische. Da bei der Wiedereinsetzung des Photios in seinem zweiten Patriarchat die Beschlüsse des achten Konzils von den Byzantinern annulliert wurden, ging die griechische Fassung verloren, so daß der Übertragung des Anastasius als der einzigen Quelle besonderes Gewicht zukommt.

Anastasius hat auch noch weitere Konzilsakten übersetzt, namentlich diejenigen des siebten ökumenischen Konzils, des zweiten von Nikaia unter Hadrian I. im Jahre 787 über die Bilderverehrung; solche und ähnliche Texte finden sich vereinigt in den *collectanea* des Anastasius und hängen zusammen mit seiner Übersetzungstätigkeit für den mit ihm befreundeten römischen Diakon Johannes. Seine Absicht war es zunächst, Unterlagen für eine umfassende Papst- und Kirchengeschichte zu beschaffen. Der Mangel eines solchen Werkes war schon von Cassiodor seinerzeit empfunden worden, und noch im neunten Jahrhundert war es so. Offenbar liegt eine Nachahmung der Cassiodorischen historia tripartita vor, wenn Anastasius als Grundlage für die geplante große Kirchengeschichte des Johannes die Werke dreier bedeutender byzantinischer Geschichtschreiber des frühen neunten Jahrhunderts übersetzte und zu einer *chronographia tripartita* vereinigte: das von dem Patriarchen Nikephoros von Konstantinopel (806–815) nach seiner Absetzung als Mönch verfaßte χρονογραφικὸν σύντομον, eine dürre tabellarische Übersicht der Weltgeschichte von Adam bis auf Kaiser Leon V. den Armenier, also bis in die Zeit des Nikephoros selber; sodann die ἐκλογὴ χρονογραφίας des Mönches Georgios Synkellos († nach 810), ein Abriß der Weltgeschichte von der Erschaffung der Welt bis auf Diocletian (284); das Werk gilt neben Eusebius als wichtigste Quelle für die Kenntnis der christlichen Chronologie. Das dritte von Anastasius für den genannten Zweck übersetzte Werk war die χρονογραφία des Theophanes Homologetes († 818), die dieser einst auf die dringende Bitte seines Freundes Georgios Synkellos als Fortsetzung von dessen Abriß der Geschichte geschrieben hatte. Das Geschichtsbuch des Theophanes ist wegen seines annalistischen Aufbaus sowie wegen des Strebens nach Nützlichkeit und Übersichtlichkeit der Darstellung für Anastasius besonders wichtig geworden. Dem Bibliothekar ging es bei seiner Übersetzung nicht um Vollständigkeit; er nahm vielmehr von vornherein Rücksicht auf die spätere praktische Verwertbarkeit des von ihm Übersetzten. Und so ließ er alles weg, was er bereits in den ihm vorliegenden lateinischen Werken fand. Dies betrifft vornehmlich die älteren Partien, so daß bis in die Zeit Justinians die benützten Werke nur stellenweise exzerpiert sind, von einer Übersetzung im eigentlichen Sinne erst von der Zeit Justins II. an gesprochen werden kann. Was die Übersetzung als solche betrifft, so hat sich

Anastasius an anderer Stelle[3] für eine sinngemäße, nicht wörtliche Übersetzung ausgesprochen; doch ist er überhaupt kein sorgfältiger Übersetzer gewesen, und man hat an ihm nicht nur gerügt, daß er zuweilen den Sinn absichtlich entstellt, sondern auch bemängelt, daß seine sprachlichen Fähigkeiten keineswegs so sicher waren, wie es die Begehrtheit seiner Übersetzungen im Westen vermuten läßt[4]; Männer mit ausreichenden Kenntnissen der griechischen Sprache waren eben im Westen seit langem so selten, daß man sich glücklich schätzte, einen Anastasius zu haben. Die chronographia tripertita sollte, wie bereits bemerkt, der größeren Kirchengeschichte des Johannes Diaconus einverleibt werden; der frühe Tod des Johannes vereitelte die Ausführung des Planes.

Ebenfalls der geplanten Kirchengeschichte dienten die Kollektaneen über die Monotheleten. Wichtiger, vor allem für die Folgezeit, sind des Anastasius Arbeiten zum *Corpus der pseudodionysischen Schriften* geworden. Daß er die zu Anfang der sechziger Jahre abgeschlossene Übersetzung des Johannes Scottus von Karl dem Kahlen erhalten habe[5] – näher läge in solchem Fall wohl die päpstliche Bibliothek –, ist eine bloße Vermutung. Jedenfalls übersandte Anastasius im Jahre 875 Karl dem Kahlen einen Codex mit den pseudodionysischen Schriften in der Übersetzung des Johannes Scottus nebst den von ihm, Anastasius, selber beigefügten Marginalglossen. Die Glossen setzen sich zusammen aus den Scholien des großen byzantinischen Theologen Maximos des Bekenners, der als unerschütterlicher Kämpfer gegen Monotheletismus und Monophysitismus 662 in der Verbannung starb (desselben übrigens, von dem Johannes Scottus die Ambigua übersetzt hatte), und den Scholien des Bischofs Johannes von Skythopolis in Palästina († etwa 550), des ersten Erklärers der Areopagitika; Anastasius selbst hat nur einige wenige Bemerkungen *(paucissima)* hinzugefügt. Der Brief (inc. *Inter cetera studia*) vom 23. März 875, mit dem der römische Bibliothekar Karl dem Kahlen das Corpus der pseudodionysischen Schriften samt seinen Glossen übersandte, bringt nicht nur den schlecht verhohlenen Ärger des eitlen Mannes, der sich für den einzigen befähigten Übersetzer hielt, darüber zum Ausdruck, daß ein anderer es gewagt, ein so schwieriges Werk ins Lateinische zu übertragen, gar *ille vir barbarus, ille qui in finibus mundi positus quanto ab hominibus conversatione, tanto credi potuit ab alterius linguae dictione longinquus*[6]; er

---
[3] In dem Brief an Karl den Kahlen bezüglich der Übersetzung des Pseudo-Dionysius durch Johannes Scottus: MGH epist. VII 431.
[4] Schon K. Krumbacher, Geschichte der byzantinischen Literatur ²1897, S. 345 bemerkte „die drolligsten Mißverständnisse".
[5] Dies vermutet Dom Maïeul Cappuyns, Jean Scot Érigène, Brüssel 1964, S. 161.
[6] MGH epist. VII 431, 18 ff.

übt auch Kritik an der Art des Übersetzens selber, indem er das Wort-für-Wort-Übertragen des Iren rügt und diesem Verfahren sein, des Anastasius, eigenes der sinngemäßen Übertragung gegenüberstellt. Allerdings, was den Pseudo-Dionysius betrifft, hat er von dieser Möglichkeit keinen Gebrauch gemacht. Das anastasianische Corpus, wie man die pseudo-dionysischen Schriften mit dem Kommentar des Anastasius zu nennen pflegt, hat in den folgenden Jahrhunderten weite Verbreitung, wenn auch nicht gerade eine beherrschende Stellung gegenüber anderen Übersetzungen erlangt; dabei war der Text, wie neuere Untersuchungen ergeben haben, nicht streng fixiert, so daß im Laufe der Jahrhunderte namentlich Varianten im Sinne einer fortschreitenden Latinisierung eintraten. Die größte Wirkung scheint das Corpus des Anastasius in der Zeit der Hoch- und Spätscholastik, im 13. und 14. Jahrhundert, an der Universität Paris gewonnen zu haben.

Ein Jahr nach der Übersendung der dionysischen Schriften an Karl schickte Anastasius dem Kaiser eine *vita sancti Dionysii*, die er, wie aus dem Begleitschreiben hervorgeht, aus dem Griechischen übersetzt hatte, nachdem ihm der Text schon als Kind von byzantinischen Gesandten bekannt geworden, er aber erst nach längerem Suchen in einer großen römischen Abtei das griechische Exemplar habe finden können. Er bemerkt des weiteren, daß dieser Text nun auch die Zweifel an der Identität des Areopagiten und Verfassers der mystischen Schriften mit dem Martyrerbischof von Paris, die von manchen Gelehrten geäußert worden seien, beseitige, nachdem sich herausgestellt habe, daß auch die Griechen von der Einheit der Dionysii überzeugt seien. Anscheinend ist Anastasius das Opfer eines Irrtums geworden. Die griechische vita nämlich, die er ins Lateinische übertrug, war ihrerseits nichts anderes als die Bearbeitung der erst vor wenigen Jahrzehnten angefertigten griechischen Übersetzung einer lateinischen passio (inc. *Post beatam et gloriosam*), die von einem Unbekannten – wenn die Überlegungen zutreffen, zwischen 821 und 833 – verfaßt worden und in den Osten gelangt war. Die anonyme passio[7] hat also offenbar als erste die Identität der Dionysii enthalten.

Das Prinzip der freien, sinngemäßen Übersetzung, für das Anastasius Karl dem Kahlen gegenüber eingetreten war, hatte er längst in seinen zahlreichen Übertragungen hagiographischer Texte geübt. Von den knapp zwei Dutzend Heiligenleben und ähnlichen hagiographischen Schriften, die er ins Lateinische übertragen hat, ist wahrscheinlich das bemerkenswerteste Stück die *vita Iohannis Elemosinarii*. Es handelt sich um den Erzbischof Johannes den Barmherzigen von Alexandria

---

[7] Danach ist oben Bd. I, 412f. zu berichten.

im frühen siebten Jahrhundert († etwa 620), der seiner Mildtätigkeit wegen schon zu Lebzeiten allgemeine Verehrung genoß und später einer der beliebtesten Heiligen wurde. Seine Lebensgeschichte verfaßte nach dem Enkomion seiner Freunde, Sophronios und Johannes Moschos, der Bischof Leontios von Neapolis auf Zypern († 638); auch er war mit dem Erzbischof bekannt gewesen. In seiner vita stützte er sich außerdem auf Nachrichten aus dem engeren Kreise des Verstorbenen sowie auf eigene Kenntnis. Das Werk gewann im byzantinischen Raum nicht zuletzt seines volkstümlichen Erzähltones wegen große Beliebtheit; es gilt heute namentlich wegen seines reichen Inhalts sowie seiner Zuverlässigkeit in historischen Dingen als kulturgeschichtliche Quelle ersten Ranges, so daß Anastasius in diesem Fall dem Abendland tatsächlich ein wertvolles und für die östliche Welt sehr charakteristisches Denkmal vermittelt hat. Die ursprüngliche Erzählfreude des Leontius und der volkstümliche Ton bleiben auch in der Übersetzung noch gut erkennbar; allerdings ist es Anastasius nicht gelungen, sich so weit von der Vorlage zu befreien, daß der fremdartige Charakter überwunden und ein echt lateinisches Werk entstanden wäre.

Es ist überhaupt, nachdem man lange Zeit die Leistung des Anastasius sehr hoch eingeschätzt hat – es war ihm Jahrhunderte hindurch der ganze liber pontificalis zugeschrieben worden –, in jüngster Zeit festgestellt worden, daß seine Kenntnisse des Griechischen keineswegs so zuverlässig und gründlich waren, wie man es von einem Übersetzer erwarten müßte, der anderen gegenüber mit einem solchen Selbstbewußtsein auftritt, wie es Anastasius getan hat. Er verfügt weder über einen großen griechischen Wortschatz noch besitzt er ausreichende Sicherheit in der griechischen Grammatik. Auch das Lateinische beherrscht er keineswegs so souverän, daß er imstande wäre, sich immer klar und eindeutig auszudrücken; und was seinen Stil angeht, so trifft man neben der unverkennbaren Neigung, sich gewählt, ja geziert auszudrücken, immer wieder Vulgarismen der simpelsten Art, wodurch seine Ausdrucksweise, weil eben doch die eigentliche Beherrschung der Sprache fehlt, etwas Gezwungenes und Affektiertes erhält.

Es würde zu weit führen, die Reihe der griechischen Heiligenleben, die Anastasius sonst noch durch Übersetzungen dem Abendland vermittelt hat, aufzuzählen. Original lateinisch sind von seinem Schrifttum außer der Biographie Nikolaus I. im liber pontificalis – falls sie wirklich von ihm stammt – eine Anzahl von Briefen und praefationes zu seinen Übersetzungen.

Anastasius ist also in erster Linie Übersetzer, Vermittler griechischen Gutes an die lateinische Welt. Man hat versucht, in dieser Übersetzertätigkeit mehr zu sehen als sozusagen vom Zufall bestimmte Arbeiten.

Man hat gemeint, Anastasius habe in vollem Bewußtsein eine Vermittlerrolle eingenommen zwischen dem als kulturell höher bewerteten Osten und dem Abendland. Dagegen spricht freilich, daß Anastasius sich von der klassischen Bildung, die sich gerade zu jener Zeit in der Gestalt des Patriarchen Photios in Konstantinopel noch einmal im alten Glanz repräsentierte, eigentlich überhaupt nicht berührt zeigt. Es wird schwer halten, dem selbstbewußten und ehrgeizigen, aber weder originellen noch in die Tiefe gehenden Mann etwas wie ein kulturelles Programm zuzuschreiben. Gleichwohl gehört Anastasius der Bibliothekar schon der Menge des Übersetzten wegen zu den bedeutendsten Vermittlern zwischen Ost und West in der Zeit vor der großen Übersetzungswelle, die zwei Jahrhunderte später einsetzen und tiefgreifende Veränderungen im geistigen Leben der abendländischen Welt hervorrufen sollte.

Zum Kreise des Anastasius gehört der römische D i a k o n J o h a n n e s, der sich gelegentlich, vielleicht unter dem Einfluß des philobyzantinischen Anastasius, Hymmonides (vermutlich „Sohn des Immo") nennt und bis 880 gelebt hat. Wie Anastasius steht er dem Papst nahe und hat mit Karl dem Kahlen Verbindung. Der große Plan einer umfassenden Kirchengeschichte, für die ihm Anastasius das griechische Material besorgen und die endlich wieder seit Cassiodors historia tripartita der römischen Kirche ein der byzantinischen Historiographie gleichwertiges kirchenhistorisches Werk schenken sollte, ist, wie bereits bemerkt, durch den frühen Tod des Verfassers vereitelt worden.
Wir kennen den Diakon Johannes vor allem als Hagiographen. Sein bedeutendstes Werk ist die *vita Gregorii Magni*. Dreihundert Jahre waren seit dem Tod des großen Papstes vergangen. Im siebten Jahrhundert hatte ein unbekannter Angelsachse, im späten achten der Langobarde Paulus Diaconus eine vita verfaßt. Liturgische Verwendung scheint keine dieser älteren Viten gefunden zu haben, jedenfalls nicht in Rom, und so erhielt der Diakon Johannes den päpstlichen Auftrag, eine vita Gregorii zu verfassen. Da der Mangel bei der Vigil des Festes empfunden worden war, so schloß der Auftrag wohl die hagiographische Auffassung des Gegenstandes in sich, ohne daß dies ausdrücklich gesagt zu werden brauchte. Johannes trug ihr Rechnung, indem er nicht, was bei biographischer oder historischer Auffassung wohl das Nächstliegende gewesen wäre, den Lebensgang zur Grundlage wählte, sondern sein Werk nach einem sachlichen Prinzip aufbaute: Er gliederte seinen Gegenstand in vier Bücher, gemäß den Büchern der einem jeden Kleriker wohlvertrauten regula pastoralis Gregors, so daß das Werk im ersten Buch darstellen sollte, wie er zum Amte des höchsten Hirten

gelangt, das zweite, wie er dieses Amt ausgeübt habe – hierin findet sich neben vielem anderen die berühmte Stelle über Gregors liturgische Reformen, insbesondere die des kirchlichen Gesanges[8] (II 6.7), von welcher die späteren Vorstellungen von der überragenden Bedeutung des Papstes für den gregorianischen Choral ausgegangen sind. Das dritte sollte zeigen, wie er die Aufgabe des geistlichen Lehrers erfüllt, und das vierte, wie er die eigenen Schwächen überwunden habe und zur Vollendung gelangt sei. Gewiß durfte der Verfasser annehmen, daß er auf solche Weise die Vorbildlichkeit Gregors als geistlichen Hirten besonders deutlich würde darstellen können. Er betont dies noch mehr, indem er versichert, er habe – mit Ausnahme des ersten Buches natürlich, das bereits einen in etwa dem zeitlichen Ablauf folgenden Bericht erforderte – sich nicht darum kümmern wollen, wann dieses oder jenes Ereignis geschehen sei, sondern habe sachlich Zusammengehöriges zusammengestellt. Dennoch kann seine vita Gregorii auch in inhaltlicher Hinsicht als ein zuverlässiges Denkmal gelten; Johannes betont, er habe nichts hinzugefügt, als was er in älteren Berichten vorgefunden habe, es sei denn, wunderbare Begebenheiten, die sich in neuester Zeit zugetragen und von glaubwürdigen Zeugen bestätigt worden seien. Da sich Johannes im ganzen recht getreu an seinen Plan gehalten hat, so ist die inhaltsreiche, im übrigen elegant und in sehr gepflegter, jedoch nicht gekünstelter Sprache abgefaßte vita zu einem wertvollen Heiligenleben geworden, das insgesamt die älteren Viten Gregors übertrifft; und doch wird Johannes trotz des großen Umfangs, trotz der Eindringlichkeit der Darstellung und seiner Bewunderung für Gregor der Bedeutung dieses überragenden Papstes nicht völlig gerecht. Immerhin ist seine vita eine der besten Papstbiographien aus alter Zeit. Das Mirakulöse hält sich in angemessenen Grenzen, und über dem Hagiographischen ist das Historische nicht vernachlässigt. Die vita hat Bedeutung gewonnen für die Lesung in der Liturgie der griechischen Kirche.

Ein zweites hagiographisches Werk hat Johannes nicht mehr vollenden können: die *vita sancti Clementis*. Bischof Gaudericus von Velletri, dessen Kathedrale dem heiligen Clemens I. (Romanus) geweiht war, hatte sich an Johannes mit der Bitte um Abfassung einer Lebensgeschichte sowie des Berichtes der Übertragung der Reliquien nach Rom

---

[8] An dieser Stelle wohl auch der älteste Beleg für *cantus Gregoriani* (Acta SS Mart. II 149), zunächst nur im Plural. Desgleichen ist hier dann von der Einführung des römischen Gesanges in der fränkischen Kirche unter Karl dem Großen die Rede, was – inhaltlich variiert – bei Notker in den gesta Karoli Magni (I 10), aber auch bei Ademar von Chabannes, historia Francorum II 8 (MGH Script. IV 117.118) wiederkehrt. R. van Doren, Étude sur l'influence musicale de l'abbaye de Saint-Gall. Louvain 1925. S. 49ff.; H.-F. Haefele zu Notkers gesta Karoli Magni S. 13, Anm. 3.

gewandt, die erst wenige Jahre zuvor, etwa 870, durch den Slavenapostel Kyrillos vorgenommen worden war: Anastasius der Bibliothekar hatte ihm bereits brieflich davon berichtet. Der Aufbau der vita zeigt die Handschrift des Johannes: Buch I behandelt die vornehme Abkunft des Clemens – angeblich stammte er aus dem slavischen Kaiserhaus, was nicht zutrifft – und sein Leben bis zum Papsttum; Buch II spricht von seiner Lehre und Buch III behandelt seine Verbannung und die Leiden der Verbannung; den Abschluß bildet die Übertragung der Reliquien. Mit Ausnahme des Schlußteils stammt alles aus den pseudoclementinischen recognitiones, dem allgemein für historisch gehaltenen Apostelroman wohl des vierten Jahrhunderts. Da Johannes der Diakon vor Vollendung des Werkes starb, wurde es von Gaudericus selber abgeschlossen. Die vita scheint sich nur in fragmentarischem Zustand erhalten zu haben.

Von einem römischen Diakon Johannes, der in der zweiten Hälfte des neunten Jahrhunderts gelebt hat und vielfach mit dem Kirchenhistoriker identifiziert wird[9], besitzen wir eine rhythmische Bearbeitung der sogenannten c e n a C y p r i a n i. Die unter dem Namen des Kirchenvaters und Martyrerbischofs Cyprianus von Karthago († 258) gehende, in Wahrheit von einem unbekannten Autor der frühchristlichen Zeit, vielleicht des fünften Jahrhunderts[10], stammende cena ist in schlichter Prosa abgefaßt und stellt die älteste Bibelparodie größeren Umfangs dar. Der Text setzt eine gute Bibelkenntnis voraus und natürlich die Bereitschaft und die Fähigkeit, über die zahllosen Anspielungen auf biblische Personen und Begebenheiten, gelegentlich auch solche in apokryphen Texten, was nicht unterschieden wird, frei und von Herzen zu lachen. Den Inhalt bildet die Beschreibung eines Hochzeitsmahles zu Chana in Galilaea. Wie durch die Nennung des Ortes die im Evangelium (nach Joh. 2) erzählte Hochzeit zu Chana, bei welcher der Herr

---

[9] Für die Identität mit dem Kirchenhistoriker gleichen Namens und Standes könnte die Erwähnung eines Gaudericus (in dem Schlußgedicht *Haec cantabat papa Tascius*, Strecker p. 899) sprechen, der vielleicht – so Strecker am angegebenen Ort in der Anmerkung – derselbe Bischof von Velletri ist, der dem Johannes die Abfassung einer vita Clementis auftrug, siehe oben S. 332; ferner die Nennung eines Anastasius, in der man natürlich den Bibliothekar sehen wird. Aber angesichts der Häufigkeit des Namens Johannes wird man doch nicht so ganz sicher sein dürfen.

[10] Das ist die übliche Meinung, eine offensichtliche Verlegenheitsdatierung, die stehengeblieben ist, nachdem man den Gallier Cyprianus, den Verfasser des heptateuchus und anderer kleiner Bibelepen, als Verfasser erwogen und wieder aufgegeben hatte. Weit besser als in ein Jahrhundert so lebhafter dogmatischer Auseinandersetzungen würde die cena in eine spätere Zeit passen, etwa in die Nähe der ioca monachorum, des Adrianus et Epictitus, auch wenn diese mehr belehrend gemeint sind, während an dem burlesken Charakter der cena kaum ein Zweifel besteht.

das Wasser in Wein verwandelte, nur in Erinnerung gerufen wird und gleichsam lediglich den Hintergrund bildet für die freie Phantasie des Scherzes, so ist auch das Geschehen selbst ein ganz anderes als das, was in den Evangelien berichtet wird. Der Anfang gleicht dem eines Märchens: „Es war einmal ein großer König im Orient namens Johel, der hielt Hochzeit zu Chana in Galilaea." Nachem die Vorbereitungen getroffen und das Mahl gerüstet ist, strömen die Gäste aus nah und fern herbei, und ein jeder sucht sich den für ihn angemessenen Platz sorgsam nach der Weise aus, die für ihn gemäß seiner Erscheinung in der Bibel charakteristisch ist: Adam nimmt als erster in der Mitte Platz, Mutter Eva setzt sich auf ihr Feigenblatt, Kain auf den Pflug, Abel auf den Melkkübel, Noah auf die Arche, der Pharao in den Sand, Daniel auf den Richterstuhl, Susanna in den Garten, Absalom auf einen Ast, Petrus auf die Kathedra, Judas auf die Geldkasse, während Paulus geduldig stehen bleibt, Esau murrt und Job traurig auf dem Misthaufen sitzt. Dann bringt Rebekka ihren Mantel, Judith ihren Schleier für Holofernes, Abrahams Kebse Agar einen Teppich, und die Noahsöhne Sem und Japhet, die ihren Vater entblößt im Zelte liegen sahen, bedekken damit die Gäste. Auch die Speisen werden nach Gebühr aufgetragen und verteilt: Der Prophet Isaias rupft Salat ab, Ezechiel pflückt Maulbeeren, der Pharao erhält eine Melone, Kain Disteln, Eva natürlich Feigen, Lia Zwiebeln, Rachel Pfirsiche und so fort. Der König tritt auf und verspricht jedem der Gäste ein Gewand als Geschenk; die herzueilenden Diener bringen alsbald dem Hohenpriester Aaron ein buntes Gewand, dem Daniel ein Löwenfell, Johannes dem Täufer eines aus Kamelhaar, dem betrunkenen Lot ein schwefelgelbes, der Dirne Raab ein purpurfarbenes und so fort. Auf Weisung des Königs Johel müssen die Gäste einander bedienen. Da bringt als erster Elias Feuer, Isaak trägt Holz, Rebekka einen Krug mit Wasser, Noah trägt Wein herbei, Agar einen Schlauch mit Wasser für ihre durstigen Zwillinge, Judas bringt Geld, Abraham ein Kälbchen und so fort. Beim Mahle selbst nimmt ein jeder, nachdem Herodias die Schüssel mit dem Braten hereingebracht hat, die ihm gemäßen Körperteile: Lia die Augen, Petrus das Ohr, Samson die Kinnbacken, Saul die Augenbrauen, Pharao das Herz, Eva ein Rippchen, und nachdem man den verschiedenen Weinsorten reichlich zugesprochen hat – Jesus Christus, qui passus est, trinkt passum, d.h. Sekt –, schlummert Vater Adam ein, Noah bekommt seinen Rausch, Holofernes liegt unter dem Tisch, den Petrus läßt der krähende Hahn nicht schlafen, Jesus Christus wird aufgeweckt, als das Boot zu sinken droht. Nachdem die Tafel aufgehoben ist, läßt Pilatus Wasser zum Waschen der Hände bringen, den noch immer vergnügten Gästen reicht Adam Äpfel, Samson bringt ihnen Honig, David fängt an auf

der Harfe zu spielen, Herodias, Judith und ihre Mägde tanzen, der
Zauberer Mambres zeigt seine Künste, der Pharao läuft seinem Volk
nach und fällt ins Meer, bis schließlich der König alle Gäste nach Hause
entläßt, worauf diese den ihnen von der Bibel zugewiesenen Beschäftigungen nachgehen. Des andern Tags sollen sie dem König Geschenke
bringen, was wiederum in der bekannten Weise geschieht: Abraham,
der Hirt, bringt einen Hammel, Noah eine trächtige Kuh, Rebekka ein
Kamel und so fort. Aber der König hat festgestellt, daß tags zuvor
gestohlen wurde. Tatsächlich hat Agar einen bunten Teppich, Judith
einen seidenen Schleier, Rachel ein goldenes Siegel, Thecla einen silbernen Spiegel, Thamar einen Ring, Abimelech gar die Frau eines anderen
gestohlen. Der König, darob ergrimmt, läßt an seinen diebischen Gästen
die gebührende Bestrafung vollziehen; auch hier ist für einen jeden die
ihm gemäße parat: zuerst wird Johannes der Täufer unschuldig enthauptet, dann die übrigen Gäste da und dort ausfindig gemacht, bis schließlich Achan, der Sohn des Charmi, als der eigentliche Dieb und Übeltäter
festgestellt, vom König Johel verurteilt und den Hochzeitsgästen zur
Bestrafung übergeben wird. Als erster tritt Moses den – in Wahrheit
unschuldig – Verurteilten mit Füßen, und nun fällt die ganze heilige
Gesellschaft über den Unglücklichen her: Jakob hält ihn fest, Thekla
reißt ihm die Kleider vom Leibe, Jesus geißelt ihn, Judas schlitzt ihm
den Leib auf und Eliezer durchbohrt ihn mit einer Lanze. Nachdem
man Achan feierlich bestattet hat, gehen alle nach Hause.

Johannes, der nicht die verkürzende Bearbeitung des Hrabanus Maurus, sondern die viel mehr verbreitete alte originale Fassung der Cena
vor sich hatte, setzte das Werk in rhythmische Fünfzeiler in trochäischem Tonfall (Zäsur nach der achten Silbe, also wiederum die beliebte
Nachbildung des trochäischen Septenars) um. Am Text hat er nicht
allzu viel geändert über das hinaus, was die Versifizierung erforderte.
Doch unterrichten ein von ihm dem Werk vorangestellter Prolog, der
sich an ein Publikum von Zuhörern wendet (inc. *Quique cupitis saltantem me Iohannem cernere;* sechs vierzeilige Strophen), und ein ähnlicher
Epilog ganz eindeutig über die unterhaltende Absicht des Autors. Im
einzelnen bleibt hier manches ungewiß. Sicherlich braucht man nicht
zu glauben, daß das Gedicht, wie gemeint worden ist, im Jahr 876 in
Gegenwart des Kaisers Karl des Kahlen und des Papstes beim römischen
Schülerfest vorgetragen worden sei, weil in dem Vorsatzstück diese
Personen genannt werden; der Autor mag sich vorgestellt haben, welche
Wirkung die tollen Späße der versifizierten cena auch auf so hohe
Herren wohl ausüben möchte. Er malt sich aus, wie Papst und Kaiser
sich vor Lachen biegen, stellt sich im Epilog vor, wie Gaudericus (der
Bischof von Velletri?) vor Lachen auf den Rücken fällt, während Ana-

stasius (der Bibliothekar?), der auch sonst immer alles besser wußte, belehrend den Finger hebt. Man darf sich bei einem Gedicht wie diesem an der zuweilen recht handgreiflichen Derbheit ebensowenig wie an dem burlesk-parodistischen Charakter stoßen. Die Zeitgenossen haben in solche Stücke weder anzüglichen Spott noch blasphemische Absicht hineingelegt und solche auch nicht aus ihnen herausgehört. Ein Zeitalter, dem die Welt des Glaubens sicherer stand als einem späten Jahrhundert die Ergebnisse der sogenannten exakten Wissenschaften, vermochte die gleichsam selbstverständliche Leichtigkeit aufzubringen, die allein es erlaubte, mit den heiligsten Dingen wie im Spiele umzugehen. Im übrigen ist die versifizierte cena des Johannes zwar nicht gerade eine Seltenheit ersten Ranges, aber doch bei weitem nicht so verbreitet und beliebt gewesen wie die Prosafassung, von der aus jedem Jahrhundert bis in die Zeit des Buchdrucks mehrere Exemplare auf uns gekommen sind. Im zwölften Jahrhundert hat die cena von dem Exegeten und Liturgiker Herveus von Déols († 1149/50) sogar einen Kommentar erhalten, der allerdings unvollendet blieb.

Wie Anastasius Bibliothecarius ist ein Vermittler griechisch-orientalischen Gutes an das lateinische Abendland der Diakon Paulus von Neapel (Paulus diaconus Neapolitanus) in der Zeit Karls des Kahlen gewesen. Er war kein großer Schriftsteller, aber bedeutend durch die Stoffe, die er der lateinischen Welt zugebracht hat. Im Jahre 876/77 – so wird der Widmungsbrief datiert – widmete Paulus Karl dem Kahlen zusammen mit einer Auswahl von päpstlichen Dekretalen zwei von ihm übersetzte Legenden, wobei er auf eine bereits früher erfolgte Übersendung der letztgenannten Texte Bezug nimmt, die jedoch in der Zwischenzeit verloren gegangen seien.

Das eine ist die Legende der Maria von Ägypten *(Maria Aegyptiaca)*, die Paulus, wie man annimmt, Karl dem Kahlen 876/877 widmete[11]. Den historischen Kern bildet die Geschichte einer Eremitin Maria in Palästina, die durch Kyrillos von Skythopolis im sechsten Jahrhundert – einen Hagiographen, dessen Mönchsbiographien trotz ihres legendären Gehaltes auch als Geschichtsquellen hochgeschätzt werden – bezeugt ist. Die griechische vita selbst stammt von einem Unbekannten, nicht, wie man gemeint hat, von dem Patriarchen Sophronios von Jerusalem (634–638). Bei diesem Anonymus ist die Geschichte der Büßerin mit der Lebensgeschichte eines Mönchs Zosimas verbunden;

---

[11] *Karolo regi*, MGH epist. VI 193; es käme wohl auch noch Karl III. in Betracht. An Karl den Kahlen denkt man wohl nur, weil man bei ihm literarisches Interesse voraussetzt.

ob dies der Wirklichkeit entsprach oder ein literarischer Kunstgriff war, steht dahin. Mit dem ihm, wie er am Ende bemerkt, aus der mündlichen Tradition des Klosters jenes Zosimas bekannt gewordenen Bericht hat der Unbekannte Motive aus der (frühzeitig ins Griechische übersetzten) vita Pauli des Hieronymus und solche aus den Lebensbeschreibungen von Anachoreten (d.h. aus den vitae patrum) verbunden. Was zustande kam ist eines der reizvollsten Heiligenleben, ein Meisterwerk der Erzählkunst, das offensichtlich an hellenistische Erzähltraditionen anknüpft.

Zosimas, der von Kindheit an im Kloster gelebt und sich, schon fast hundertjährig, in die Wüste begeben hat, um nach höherer Vollkommenheit zu streben, erblickt eines Tages ein seltsames Wesen, das bei seinem Herannahen vor ihm flieht. Wie der Alte dem Wesen nachsetzt und es schließlich fast erreicht, stellt sich heraus, daß es sich um niemand anderen handelt als eine Büßerin, eben jene ägyptische Maria, die schwarz gebrannt und nur noch von ihrem schütter gewordenen schneeweißen Haar bedeckt, seit 47 Jahren unter härtesten Entbehrungen in der Wüste gelebt hat. Sie selbst erzählt dem Zosimas ihre Lebensgeschichte. Als zwölfjähriges Mädchen entweicht sie dem Elternhaus und beginnt in Alexandria ein Leben hemmungsloser Ausschweifung, in dem sie sich siebzehn Jahre treiben läßt. Einer Laune folgend schließt sie sich Pilgern an, die in Jerusalem das Fest der Kreuzerhöhung begehen wollen. Als sie dort aus bloßer Neugier der Menge folgt, die zur Grabeskirche strömt, fühlt sie sich wie von unsichtbarer Hand auf der Stelle festgehalten; auch auf ihre Hilferufe hin vermag sie sich nicht zu bewegen. Mit einem Mal durchfährt sie die Erinnerung an ihre Sünden; sie empfindet tiefe Reue, erlangt sogleich den Gebrauch ihrer Glieder wieder und gelobt, fürderhin ihr Leben der Buße zu widmen. Nach dieser Lebensbeichte der Maria und erbaulichen Gesprächen trennen sich die Alten, Zosimas verspricht, nach Jahresfrist zurückzukehren und kommt gerade recht zu sehen, wie die Seele der verstorbenen Büßerin von Engeln in den Himmel getragen wird, indes zwei Löwen ihr das Grab schaufeln.

Die sehr anschaulich und mit großer Lebhaftigkeit dargestellte vita ist von Paulus dem Diakon ins Lateinische übertragen worden. Auch er strebt nicht nach wörtlicher Übersetzung, erreicht aber, anders als Anastasius der Bibliothekar, eine zwar noch das Griechische durchschimmern lassende, aber doch insgesamt gewandte und gut lesbare lateinische Form. Die vita beatae Maria Aegyptiacae scheint recht bald große Beliebtheit erlangt zu haben. Schon das zehnte Jahrhundert kennt die erste metrische Bearbeitung des Stoffes im Rahmen von Flodoards triumphi Christi sanctorumque Palaestinae (lib. III, Verse 626–984).

Später sind selbständige poetische Bearbeitungen vorgenommen worden, am bekanntesten ist die des trefflichen Hildebert von Le Mans vom Beginn des zwölften Jahrhunderts; aber auch das spätere und späte Mittelalter hat an dem fesselnden Stoff sich gern erfreut, wie mehrere Bearbeitungen und Auszüge verschiedenen Umfangs bis in die beginnende Neuzeit hinein beweisen. Nicht zuletzt hat die bildende Kunst Anregungen von der Legende der ägyptischen Maria empfangen.

Hinsichtlich der Nachwirkung hat noch größere Bedeutung erlangt ein zweites hagiographisches Werk, das von dem Diakon Paulus der lateinischen Welt vermittelt wurde: die *historia Theophili vicedomni*. Die griechische Legende, die etwa ins sechste Jahrhundert gehören mag, die Vorlage des Diakons Paulus, hat etwa folgenden Inhalt: Theophilus, der vicedomnus, auch oeconomus, der Kirche von Adana in Kilikien, etwa einem Kanzler, dem obersten Verwalter der weltlichen Geschäfte des Bistums vergleichbar, ist nach dem Tod des Bischofs, unter dem er gedient hat, durch das Vertrauen des Volkes selbst zum Bischof gewählt worden. Aus Demut, weil er sich des Amtes nicht würdig fühlt, schlägt er die Wahl aus. Der an seiner Statt gewählte neue Bischof entsetzt Theophilus seines Amtes und macht einen anderen zum vicedomnus. Da fährt der böse Geist in den bisher so demütigen Theophilus, er kann die Zurücksetzung nicht mehr ertragen und wendet sich an einen Hebräer in der Stadt, von dem man weiß, daß er mit finstern Mächten, gar dem Satan selbst im Bunde steht. Und so geschieht es, daß durch die Vermittlung jenes Hebräers ein Vertrag zustande kommt: Theophilus schwört feierlich Jesus Christus und der Jungfrau Maria ab, bestätigt dies durch seine Unterschrift[12] und erhält dafür vom Satan die Zusage unbedingter Hilfe. Sie beginnt damit, daß jener andere, der dem Theophilus vorgezogen worden war, seines Amtes enthoben und Theophilus mit allen Ehren wieder eingesetzt wird. Aber nun packt ihn die Reue. Dem Verzweifelnden erscheint die Jungfrau Maria, macht ihm die schwersten Vorwürfe, verheißt ihm aber für den Fall einer wahren Umkehr die Rettung der Seele. Theophilus tut, wie ihm geheißen, hält ein vierzigtägiges Fasten, bekennt öffentlich, was er getan und erhält als Zusicherung, daß der Bund mit dem Satan gelöst sei, auch die Urkunde wieder zurück.

Die Geschichte mit dem Teufelsbund hat, von Paulus von Neapel einmal in flüssiges Latein übertragen, die abendländische Welt in allen Jahrhunderten beschäftigt. Im zehnten Jahrhundert, in der Zeit Ottos des Großen, behandelt Hrotsvit von Gandersheim in einer Verslegende

---

[12] Hier noch ohne Blut, aber mit Siegel: *imposita cera signavit annulo proprio* Acta SS Febr. I (1658) 484 D.

den Stoff; im späten elften Jahrhundert verleiht Marbod von Rennes, eines der Häupter lateinischer Dichtung in der Zeit ihrer vollkommensten Entfaltung, dem Gegenstand eine neue Gestalt, und wenige Jahrzehnte später, um die Mitte des zwölften Jahrhunderts, ist es Radewin (Rahewin), der treue Helfer und gewandte Fortsetzer des Werkes Ottos von Freising, der die Legende von dem Teufelsbund abermals poetisch darstellt, diesmal in mannigfach gereimten Hexametern. Bedeutender aber als die unmittelbare Wirkung der genannten poetischen Bearbeitungen ist die Theophilus-Legende dadurch geworden, daß die Sage vom Teufelspakt im späten Mittelalter als Grundlage der Sage und des Volksbuches vom Doktor Faustus genommen wurde, mit dessen weiteren Entwicklungen und Formungen der Stoff zu einem Gegenstand der Weltliteratur werden sollte: ein lehrreiches Beispiel dafür, wie und in welchem Maße die Hagiographie des Mittelalters zur Entwicklung und Ausbildung neuerer Literatur und Dichtung beigetragen hat.

Einige Jahrzehnte später, im frühen zehnten Jahrhundert, ist zu Neapel ein Diakon Johannes (I o h a n n e s d i a c o n u s N e a p o l i t a n u s) schriftstellerisch tätig gewesen, der auch den Vermittlern griechischen Geistesguts ans Abendland zuzurechnen ist. Johannes ist einer der Verfasser der *Neapolitaner Bischofsgeschichte.* Ein erster Teil derselben, der wie eine Universalchronik mit Christi Geburt beginnt und, gestützt vor allem auf Hieronymus, Beda, Marcellinus comes und Isidor, bis in die Mitte des achten Jahrhunderts führt, lag aus der Feder eines unbekannten Autors bereits vor. Johannes setzte das Werk in recht ausführlicher und geschickter Darstellung von etwa 762 bis 872 fort. Es gelingt ihm, durch Erzählung von Einzelheiten ein Bild von den jeweiligen Bischöfen zu geben, und besonders gern geht er auf Bautätigkeit der Bischöfe und die künstlerische Ausstattung ihrer kirchlichen Bauwerke ein[13]. Im übrigen ist Johannes Hagiograph und hat neben einer *passio sancti Ianuarii,* einer Bearbeitung der Leidensgeschichte des Martyrers und Neapolitaner Stadtpatrons aus der Zeit Diocletians, die Übertragung der Überreste des heiligen Severinus aus dem zerstörten castellum Lucullanum in das Severinuskloster zu Neapel im Jahre 902 dargestellt, worin er ein recht anschauliches Bild der Verhältnisse in Unteritalien zur Zeit der Sarazenenherrschaft vermittelt.

Dazu kommen Übersetzungen zweier griechischer Heiligenleben.

---

[13] Für seine Erzählweise charakteristisch ist, wenn er beispielsweise berichtet, daß der Brand der Kirche S. Salvatoris (*ecclesia Stephania* nach dem Bischof genannt) durch die Flamme der riesigen Osterkerze entstanden sei, die sich, als alles schlief, durch Spinnweben bis an die Vertäfelung der Decke fortgesetzt habe (cap. 42, p. 426, 10 Waitz).

Das eine, die *vita et passio sanctae Febroniae* führt in die diokletianische Zeit. Sie berichtet von Asketinnen, die, fünfzig an der Zahl, in Mesopotamien in einem Kloster gelebt, dann, als die Verfolgung drohte, größtenteils geflohen waren. Die mit nur zwei Gefährtinnen verbliebene Febronia führt weiterhin ein Leben der strengsten Abtötung, wird eines Tages, nachdem sie das Eheangebot des Statthalters Lysimachus mit Berufung auf ihr asketisches Gelöbnis ausgeschlagen hat, vor den Richter geführt und, aufs grausamste gepeinigt, schließlich enthauptet. Die mit romanhaften Zügen ausgestattete griechische passio ist angeblich von einer Mitschwester der Febronia namens Thomais verfaßt, die als Miterlebende des Martyriums bezeichnet wird. Die Übersetzung des Johannes ist ziemlich wörtlich, aber doch durchaus im Geiste der lateinischen Sprache gehalten.

Während das Leben und Martyrium der Febronia durch Johannes zum ersten Mal dem Abendland bekannt wurde, existierten von der *passio XL martyrum Sebastenorum,* wie es scheint, schon zwei ältere, offenbar wenig bekannte passiones, ferner eine kurze Fassung aus der Feder des Gregor von Tours[14], dessen Quelle man nicht kennt. Es handelt sich um das Martyrium von vierzig Soldaten, die um ihres christlichen Glaubens willen bei eisiger Kälte, nackt und gefesselt auf einen Teich getrieben wurden, so daß sie in der folgenden Nacht erfroren, worauf man die erstarrten Leiber verbrannte. Die Mutter eines der Soldaten hatte ihren Sohn selbst zum Ausharren ermuntert. Die ausführlich und sehr lebendig, mit bestimmten hagiographischen Beifügungen erzählte passio – den Gefangenen erscheint des Nachts Christus selbst, um sie zum Martyrium zu ermutigen – schließt mit einer vorwurfsvollen Rede des Autors an die heidnischen Richter. Der lateinischen Hagiographie sind solche Züge fremd. Die Sprache des Johannes ist im allgemeinen gutes Latein, doch ist die griechische Vorlage noch an vielen Stellen deutlich zu erkennen.

Schließlich hat Johannes auch als erster die *vita sancti Nicolai* ins Lateinische übertragen, womit er am Anfang einer umfangreichen und sehr mannigfaltigen Gruppe von Nikolauslegenden steht.

Dieser Johannes, der auch noch andere Heiligenleben verfaßt bzw. aus dem Griechischen übersetzt hat, stand als Übersetzer in Neapel offenbar nicht allein. Zur selben Zeit, d.h. im frühen zehnten Jahrhundert, gab es in Neapel eine Gruppe von Klerikern, die vermutlich im Auftrag der weltlichen Obrigkeit als Übersetzer tätig gewesen sind: außer unserem Johannes ein Petrus subdiaconus, ein Bonitus subdiaco-

---

[14] Gregorii Turensis in gloria martyrum 95 (p. 102 sq. Krusch).

nus, ein Priester Ursus presbyter, vielleicht auch noch ein Gregorius clericus.

Man weiß insgesamt recht wenig von ihnen[15]. Der Fleißigste scheint der S u b d i a k o n P e t r u s († nach 960) gewesen zu sein. Wenn die Zuschreibungen stimmen, so hat er eine Reihe von Viten für neapolitanische Lokalheilige bzw. solche der näheren und ferneren Umgebung geschrieben. Ihm hat man auch die Übersetzung einer passio s. Catharinae Alexandrinae zuschreiben wollen, ferner eine Fassung der Georgslegende und die Christophoruslegende. Wieviel ihm davon wirklich gehört, ist schwer zu sagen. Von B o n i t u s hat man eine *passio sancti Theodori martyris*. Gemeint ist der als Martyrer unter Licinius (308–324) hingerichtete dux (*stratelates*), der mit dem Theodorus tiro, Martyrer von Amaseia († 306), zusammengebracht worden ist (auch Theodoros v. Euchaïta genannt). Aus dem Prolog des Bonitus geht hervor, daß er, noch ein junger Mann *(quintum aetatis percurrens lustrum)* von Gregorius (II.) Parthenopensis loci servator († 915/16), der dem herzoglichen Hause angehörte, beauftragt worden war, verschiedene Martyrerpassionen, die jener in der Kirche hatte verlesen hören und die, *rustico Achivorum stilo digestae,* bei den Gläubigen Spott und Heiterkeit herausgefordert hatten, zu bearbeiten. Die praefatio bezeichnet einen bemerkenswerten Stand der Hagiographie: Heiligenleben in vulgärem Griechisch – nur dies kann gemeint sein – nicht bloß stilistisch zu überarbeiten, sondern sie so umzuformen, daß in der lateinischen Fassung das erbauliche Anliegen besser als im griechischen Original erreicht würde, hieß doch wohl von aller Historizität Abstand nehmen und innerhalb des Hagiographischen eine primär literarische Aufgabe lösen. Theodor ist übrigens einer der Soldatenheiligen geworden. Die in seiner Legende erzählte Geschichte von der Tötung des Drachens ist, wie man annimmt, Vorbild für das entsprechende Motiv in der Georgslegende gewesen; erzählerisch steht sie der letzteren gewiß nicht nach.

Von U r s u s kennt man nur eine neue *Übersetzung* und Bearbeitung der *vita s. Basilii* des Pseudo-Amphilochius; vorher hatte schon Anastasius Bibliothecarius eine Übertragung vorgenommen. Ursus beruft sich auf den Auftrag des Herzogs, *Gregori princeps Neapolis* redet er ihn an.

Ein G r e g o r i u s c l e r i c u s hat die *Geschichte des Persers Anastasius,* der zuerst im Heere des Chosrau gedient hatte, in Jerusalem getauft, später Mönch im nahen Anastasioskloster geworden, das Kloster mit

---

[15] Das meiste steht bei F. Savio, Pietro suddiacono Napoletano, agiografo del s. X. In: Atti della R. Accad. delle Scienze di Torino 47, 1912. Vgl. auch Siegmund, Die Überlieferung der griech. christl. Literatur, S. 274ff., der seinem Ziel gemäß den Übersetzungscharakter betont.

Erlaubnis verlassen hatte, dann eingekerkert und mit siebzig Gefährten getötet worden war (628), ins Lateinische übertragen und bearbeitet; gewidmet ist sein Werk dem Neapolitaner Bischof Athanasius (I. oder II.).

Seine wie die anderen Neapolitaner Übersetzungen oder Bearbeitungen von griechischen Heiligenleben bedürften einer Untersuchung, die vor allem die Art der Übertragung und Bearbeitung ins Auge zu fassen hätte.

In die Reihe der Vermittler griechisch-orientalischen Gutes gehört sodann der Mönch Johannes von Amalfi (oft auch Johannes Monachus genannt), der in der zweiten Hälfte des zehnten Jahrhunderts in einem unteritalienischen Kloster gelebt hat. Bereits in hohem Alter stehend, hielt er sich zeitweise in Konstantinopel auf, wo er als Gast im Kloster Panagioton weilte. In dieser Zeit hat er unter anderem das *Leben der frühchristlichen Martyrin Irene* übersetzt. Dabei nimmt er in seinem Vorspruch Bezug auf ein Gespräch unter den Amalfitanern, die sich damals in Konstantinopel aufhielten, wobei aus Unkenntnis über das Leben der heiligen Irene die Vermutung aufgetaucht sei, es könne sich bei der in konstantinische Zeit zurückgehenden Basilika der heiligen Irene um eine Kirche, die dem Frieden Gottes, pax Dei, geweiht gewesen sei, handeln, ebenso wie die Kirche der sancta Sophia eben der Weisheit Gottes errichtet worden sei; dieser Meinung, die ihm als Ausdeutung des Namens und seines Sinnes wohlberechtigt erscheint, stellt Johannes die Geschichte einer wirklichen heiligen Irene entgegen.

Daß aber die Literaturgeschichte seiner gedenkt, verdankt der bescheidene Mann einer Frucht seiner griechischen Sprachkenntnisse. Zu dem wenigen, was wir von ihm wissen, gehört, daß er auf Wunsch des Grafen Pantaleon von Amalfi, der ebenso damals in Konstantinopel weilte, eine Sammlung von zweiundvierzig ursprünglich griechischen Mönchsgeschichten erstellte, die er *liber miraculorum* nannte. Die 42 Geschichten sind Übersetzungen aus dem Griechischen; es steht nicht fest, ob Johannes die Zusammenstellung selbst vorgenommen oder ob er die Texte lediglich aus einer einzigen Handschrift, in der bereits alle die von ihm ausgewählten Texte enthalten waren, übernommen hat. Während auf der einen Seite die von ihm wiederholt beklagten körperlichen Beschwerden und sein hohes Alter dafür zu sprechen scheinen, daß er nicht lange herumgesucht hat, könnte auf der anderen Seite die Anordnung der miracula, die offenbar nach bestimmten Tugenden: Keuschheit, Almosengeben, Weltentsagung usf. vorgenommen zu sein scheint, darauf hinweisen, daß er doch selbständiger bei seiner Kompilation verfahren ist. Wie dem auch sei, den Hauptbestandteil seiner miracula bilden Erzählungen aus dem pratum spirituale (λειμών; λειμωνάριον oder νέος παράδεισος) des orientalischen Wandermönchs Johannes Moschos, der im Jahre 619 (oder 634) in Rom gestorben ist, einer Sammlung erbaulicher, zum Teil biographischer Mönchsgeschichten, die außer ins Lateinische auch ins Slavische und mehrere orientalische Sprachen übersetzt wurden. Daneben aber hat Johannes von Amalfi auch noch andere griechische Quellen benützt oder Geschichten aus anderen Quellen bereits in seiner Vorlage gefunden. Die Geschichten aus dem pratum spirituale des Johannes Moschos sind dadurch kenntlich, daß sie als Erzählungen eines Abtes oder Bischofs an den Verfasser eingeführt werden. In all den hier versammelten Geschichten spielt das Wunderbare eine wichtige Rolle, und die Erbauung des Lesers ist als das eigentliche Anliegen des Verfassers oder Übersetzers zu sehen. Neben diesem aber tritt das Unterhaltende doch sehr stark in den Vordergrund. Damit steht der liber miraculorum des Johannes von Amalfi, der seine einzelnen Geschichten mit einem Prolog eingeleitet und wenigstens formal mit einer Schlußermahnung abgeschlossen hat, in einer Tradition des erzählenden Schrifttums, die vor allem im zwölften Jahrhundert sehr reiche Blüten treiben, im Schrifttum der Predigtmärlein und verwandter Texte eine Fülle von erbaulich unterhaltsamen Erzeugnissen der Literatur hervorbringen und dann im dreizehnten Jahrhundert in geschlossenen Werken wie dem dialogus miraculorum des Caesarius von Heisterbach auf der einen oder der legenda aurea des Iacobus a Voragine auf der anderen Seite einen Höhepunkt erleben wird, von da aus aber in ungebrochener Folge hinüberführt zu demjenigen Schrifttum, das in späterer Zeit den breitesten Raum einnehmen wird: der Unterhaltungsliteratur.

Wahrscheinlich hat Johannes von Amalfi, als er während seines Aufenthalts im Kloster Panagioton die von ihm im liber miraculorum zusammengestellten und übersetzten Texte kompilierte, auch aus einer ihm vorliegenden *Georgslegende* den Abschnitt vom *Drachenwunder* ins Lateinische übersetzt: hier befreit Georg die Bevölkerung einer Stadt von einem täglich sein Opfer fordernden Drachen, dem schließlich auch die Königstochter geopfert werden soll, durch das bloße Zeichen des Kreuzes, worauf das Untier ihm zu Füßen fällt. Die Geschichte ist sehr naiv und ungeschickt erzählt; bemerkenswert ist lediglich, wie hier durch Übersetzung in eine im Abendland längst vorhandene Legende zuweilen auch recht minderwertiges Erzählgut hineingetragen werden konnte[16].

---
[16] Die Georgslegende, lateinisch, wie vermutet wird, schon im fünften Jahrhundert vorhanden (Krumbacher, Der heilige Georg in der griechischen Überlieferung. Abh.

Aber solches ist eigentlich Zufall. Gewöhnlich hat sich der ehrliche und gutwillige Mann, der so bescheiden auftritt, schlicht und redlich um Ergänzung und Vervollständigung des bereits lateinisch Vorliegenden bemüht; irgendwelches Beurteilen lag ihm fern. So hat er wohl auch während seines Aufenthalts in Konstantinopel die Nikolauslegende durch Übersetzung eines letzten Abschnittes vervollständigt, welcher den Tod des Bischofs von Myra behandelt, ein Passus, der dem Johannes von Neapel noch nicht vorgelegen hatte.

Aber dieses Vermitteln, das für die Literatur Italiens des späteren neunten und des zehnten Jahrhunderts so charakteristisch ist, beschränkt sich nicht auf Heiligenleben und Legenden. Um die Mitte des zehnten Jahrhunderts, zwischen 944 und 959, wurde der Archipresbyter Leo von Neapel von seinem Herzog als Gesandter an den Hof von Konstantinopel geschickt. Ein gebildeter und belesener Mann, ein Freund der Bücher, sah sich Leo in der Hauptstadt des byzantinischen Reiches nach griechischen Werken um. Bei dieser Gelegenheit fand er den *Alexanderroman* des sogenannten Pseudo-Kallisthenes, das Werk eines Alexandriners des dritten Jahrhunderts v. Chr., wie man heute zu wissen glaubt; mit seinem phantastisch ausgeschmückten Bericht über die Anfänge und die siegreichen Feldzüge des Makedonen ist dieses Werk die wichtigste Quelle aller späteren Alexanderdichtungen und des Alexanderromans geworden. Wahrscheinlich im vierten Jahrhundert wurde es zum ersten Mal von Julius Valerius ins Lateinische übersetzt, dessen Übertragung weit häufiger in der Form einer Epitome als in der originalen Fassung verbreitet gewesen ist. Eine zweite, von Julius Valerius unabhängige lateinische Übersetzung stammt von dem genannten Leo.

Es verdient hervorgehoben zu werden, wie die Übersetzung zustande kam, und welche Gründe für ihre Anfertigung bestimmend waren. Im Prolog gibt Leo die erwünschte Auskunft: Herzog Johann von Neapel hatte nach dem frühen Tod seiner Gemahlin sich ganz den Büchern gewidmet. Er sammelte, ordnete, ließ Schäden ausbessern, neue Bücher schreiben und bemühte sich auf jede Weise, seinen Besitz an Büchern zu vermehren. Vor allem ließ er seine Pflege den biblischen Schriften angedeihen. Dazu verschaffte er sich auch den Josephus, den Livius,

---

d. K. Bayer. Akad. d. Wissenschaften 25, 3. 1911 S. 284f.), ist im frühen Mittelalter im Abendland an verschiedenen Stätten bekannt gewesen (in der Fassung des sog. Pseudo-Passecras, BHL 3363.) Die spätere Entwicklung im Abendland ist nach wie vor wenig bekannt; vgl. Siegmund, Die Überlieferung d. griech. christl. Lit., S. 218 – Über Georg als späteren Kriegsheiligen in der Zeit der Kreuzzüge siehe C. Erdmann, Die Entstehung des Kreuzzugsgedankens. Stuttgart 1935, S. 254ff.

den Dionysius *celestium virtutum optimum predicatorem* (d.i. wohl den Pseudo-Areopagiten) sowie eine Reihe nicht genannter Kirchenväter. Im Zuge dieser Bemühungen gedachte der Herzog seines Archipresbyters und daß dieser eine *historiam Alexandri regis* besitze. Er ließ ihn kommen und bat ihn, das Buch ins Lateinische zu übersetzen.

Der Anfang des nur in der Bamberger Handschrift des 11. Jahrhunderts[17] erhaltenen Prologs erweckt zunächst nicht geringe Erwartungen: nach ihm hat nicht Bildungshunger und Wissensdurst, auch nicht bloße Freude an einem die Aufmerksamkeit fesselnden Werk den Anstoß zu der Übertragung gegeben, sondern seltsam genug, ein betont seelsorgerliches Anliegen des geistlichen Übersetzers und das sittlich erzieherische Wollen des Herrschers. Denn die rühmenswerten Taten der Alten, so sagt Leo, verdienten von jedermann gelesen zu werden, auch wenn sie Heiden waren; denn man könne von ihnen gutes und rechtes Handeln lernen. Die Geistlichen, vor allem die höheren, sollten bedenken, wie untadelig und vorbildlich sich die Alten verhalten hätten, und daß sie ein Beispiel böten für die Christen, an die doch höhere sittliche Forderungen gestellt werden müßten. Wie freilich der gute Archipresbyter die wertebildende, erzieherische Wirkung des antiken Schrifttums gerade durch das von ihm übersetzte Werk erhoffen konnte, bleibt ungewiß. Der Pseudo-Kallisthenes, den Leo den Lateinern vermittelte, war doch ein Werk, das nicht nur der Gestalt Alexanders in keiner Weise gerecht wurde, sondern auch als literarische Schöpfung ein recht primitives Machwerk darstellt. Inwieweit durch die hölzerne, schmucklose, immer wieder das Griechische durchschimmern lassende Übersetzung die Dürftigkeit der Vorlage noch mehr ins Bewußtsein gerückt wurde, steht dahin.

Das Werk, dem Leo den Titel *nativitas et victoria Alexandri Magni regis* gegeben zu haben scheint[18], gliedert sich in drei Bücher. Den Anfang bildet die Geschichte von dem ägyptischen Zauberer Nectanebus, der nach Makedonien flieht, während der Abwesenheit des Königs in Gestalt des Gottes Ammon der Olympias beiwohnt und Alexander zeugt. Von der Jugend Alexanders wird einiges erzählt, von seinem Besuch in Theben und Korinth und – im zweiten Buch – in Athen, wo Demosthenes sich alle Mühe gibt, seinen Landsleuten die Unbezwinglichkeit des jungen Menschen zu beweisen. Die in einzelne Episoden aufgelöste Erzählung wird weitergeführt zum Sieg über Darius, der Eroberung des Perserreichs bis zu des Darius Hilfsgesuch an Porus, den König von Indien. Alexanders Zug nach Indien erzählt das dritte

---

[17] Hist. 3 (E. III. 14), italienischen Ursprungs; vgl. Leitschuh, S. 119ff..
[18] Pfister, Untersuchungen 1912, S. 8f.

Buch und führt bis zu seinem Tod; den Beschluß bildet eine Aufzählung der zwölf von ihm gegründeten Städte.

Leo hat nicht versucht, wie es viele Autoren seiner Zeit getan haben, durch Anleihen oder Zitate einzelner Stellen aus antiken Autoren seine Sprache zu bessern; aber auch biblisch kann man sie, entgegen herkömmlichem Urteil, nicht nennen. Was sie charakterisiert, sind Vulgarismen (oder Solözismen) von der Art, wie man sie im chronicon Salernitanum und vergleichbaren Denkmälern aus dem Süden Italiens antrifft.

Die Übersetzung des Leo von Neapel ist in der originalen Fassung nicht erhalten. Aber sie hat stark nachgewirkt in Gestalt verschiedener Bearbeitungen und Erweiterungen, welche den Titel *historia de preliis* führen; von diesen sind mindestens fünf Fassungen bekannt. Am nächsten dem Original steht die genannte Bamberger Handschrift des elften Jahrhunderts, die wahrscheinlich auf geradem Weg aus Neapel über Kaiser Heinrich II. in die Bamberger Dombibliothek gelangt ist, wo sie um 1100 von Ekkehart von Aura in seiner Weltchronik benützt wurde. Diese historia de preliis ist die wichtigste Quelle der Mehrzahl der Alexanderdichtungen des Mittelalters geworden.

Durch die Übersetzungen, die seit Anastasius Bibliothecarius namentlich im zehnten Jahrhundert in Neapel angefertigt wurden, Übersetzungen, die eine wichtige Bereicherung vor allem stofflicher Art zur Folge hatten, hat das Schrifttum im Unteritalien jener Zeit einen stark vom Zweck her bestimmten Zug erhalten, der die im engeren Sinn literarischen Werke fast zu überdecken droht. Das geschieht in noch stärkerem Maße dort, wo äußere Ereignisse den Anlaß zu Schriften gegeben haben, die in mancher Hinsicht auf das Schrifttum des späteren elften Jahrhunderts und der Folgezeit vorauszuweisen scheinen, durch welches der Grundcharakter der Literatur die bis dahin stärkste Veränderung erfahren sollte. Vor allem geschieht das in Schriften, die mit der sogenannten *causa Formosiana* zusammenhängen. Die Vorgänge werfen ein grelles Licht auf die Verwilderung der Sitten in Rom und in Italien in den letzten Jahrzehnten der Karolingerherrschaft. Formosus, als Nachfolger Stephans V. Papst von 891 bis 896, war ein Mann von großen Fähigkeiten und hatte schon als Bischof von Porto (864–876) unter Nikolaus I. (858–867) und Hadrian II. (867–872) sich in schwierigen kirchenpolitischen Aufgaben bewährt; von besonderer Bedeutung sind seine erfolgreiche Gesandtschaft zu dem Bulgarenfürsten Boris und seine Verdienste um die Christianisierung der Bulgaren (864), aber auch als Legat in Frankreich wie in Deutschland hat er sich seiner Aufgabe mit Geschick zu entledigen gewußt. Unter

Johannes VIII. (872–882) fiel Formosus in Ungnade. Er wurde mit schwersten Anklagen überhäuft, exkommuniziert (876) und aller Ämter entkleidet; die angeblichen Gründe, nämlich daß Formosus nach dem Papsttum gestrebt und gegen Kaiser und Reich sich verschworen habe, sind wohl nur ein Vorwand für die wahren politischen und wohl auch persönlichen Motive seiner Gegner gewesen. Formosus floh nach Frankreich zu Abt Hugo von Tours. Der Nachfolger des ermordeten Johannes, Marinus I. (882–884), löste Formosus vom Anathem und setzte ihn wieder in seine früheren Ämter ein. Und es war Formosus, der in jener Zeit der rasch einander ablösenden Päpste des Marinus zweiten Nachfolger, Stephan V. (885–891), konsekrierte. Aber so wenig seinerzeit die Exkommunikation des Formosus nur seinem angeblichen oder wirklichen Ehrgeiz gegolten hatte, so wenig waren die alten Gegensätze verstummt, als nach Stephans Tod 891 noch im selben Jahr Formosus selber, als Haupt der ostfränkischen Partei, den päpstlichen Thron bestieg. Stephan V. hatte sich noch in den letzten Monaten unter dem Druck der spoletinischen Partei genötigt gesehen, den Herzog Wido von Spoleto, der – nach einem vergeblichen Versuch als Nachfolger Karls III. die westfränkische Königswürde zu erlangen und nutzloser Krönung durch den Erzbischof Fulco von Reims – Berengar I. von Friaul die italienische Königskrone entrissen hatte, zum Kaiser zu krönen. Formosus, desgleichen unter dem Druck der Spoletiner stehend, dazu aber auch bedroht von den Sarazenen, mußte 892 die Krönung von Widos Sohn Lambert zum Mitkaiser vollziehen, sah sich aber durch das hochfahrende Verhalten der Spoletiner bald zu einem Hilferuf an den deutschen König Arnulf von Kärnten veranlaßt. Als dieser nach einem nur teilweise erfolgreichen Italienzug (894) endlich 896 nach Rom gelangte und die Stadt, die von der Witwe des kurz zuvor verstorbenen Wido verteidigt wurde, eroberte, war es ein Ereignis, das im fernen Prüm den Abt Regino zu dem nachdenklichen Eintrag in seine Chronik veranlaßte, daß solches – er vergaß des Alarich – seit dem Galliereinfall unter Brennus nicht mehr geschehen sei. Arnulf, nachdem er aus der Hand des Formosus die Krone empfangen, kehrte zu Tode siech in sein Stammland Bayern zurück. Noch im gleichen Jahr starb Formosus. Nach einem kurzen Pontifikat Bonifatius VI. gelang es der Partei Lamberts, einen der Ihrigen zur Würde des Papsttums zu bringen, Stephan VI., der, obwohl von Formosus zum Bischof von Anagni geweiht, von tiefem Haß gegen diesen erfüllt war. Und so hielt er im Februar 897 die berüchtigte Leichensynode ab. Man riß den toten Formosus aus dem Grabe, setzte ihn auf den päpstlichen Thronsessel und hielt schauerliches Gericht über den Toten, der des Meineids beschuldigt wurde, zugleich wurden die von ihm vollzogenen Weihen und alle seine Amtshandlungen für ungültig erklärt. Dann hackte man dem toten Formosus die drei Finger der rechten Hand ab, mit denen er zu segnen pflegte, riß ihm die päpstlichen Gewänder vom Leib, hüllte ihn in Laienkleider, schleifte ihn an den Füßen aus der Kirche und warf ihn in den Tiber. Stephan, das Werkzeug der spoletinischen Partei, wurde wenige Monate nach seiner Schandtat in den Kerker geworfen und erdrosselt.

Die Vorgänge stehen auf einem der dunkelsten Blätter der Kirchengeschichte. Wohl ließ Stephans VI. zweiter Nachfolger, Theodor II., auf einer neuen Synode das Totengericht für nichtig erklären, den Leichnam des Formosus, der, vom Tiber angetrieben, heimlich von einem Mönch bestattet worden war, ehrenvoll in St. Peter beisetzen; aber der Streit war mitnichten zu Ende. Noch ein Jahrzehnt später waren zumindest die Weihehandlungen des Formosus Gegenstand der leidenschaftlichsten Auseinandersetzungen. Zwei Männer vor allem haben literarisch eingegriffen: Eugenius Vulgarius und Auxilius.

Auxilius ist wahrscheinlich fränkischer Abkunft gewesen und hat im frühen zehnten Jahrhundert in Unteritalien, zumeist wohl in Neapel gelebt. Sein Leben, zumal sein schriftstellerisches Bemühen, ist zu einem nicht geringen Teil bestimmt von den kirchlichen und politischen Wirren seiner Zeit. Nach mehreren kurzen Pontifikaten war, dank dem Eingreifen Lamberts, mit Johannes IX. (898–900), der zuvor Abt des Benediktinerklosters zu Tivoli gewesen, endlich wieder ein würdiger Vertreter auf den apostolischen Thron gelangt, der sich um Klarheit und Erfüllung der eigentlichen Aufgaben bemühte. Doch nur für kurze Zeit. Mit dem skrupellosen Usurpator Sergius III. (904–911) bemächtigte sich wiederum ein erbitterter Gegner des Formosus des Papsttums, der von neuem dessen Weihehandlungen für ungültig erklärte. Auxilius, der zu den von Formosus geweihten Priestern gehörte, versuchte nun in einer Reihe von Streitschriften die Rechtmäßigkeit des Pontifikats des Formosus und die Gültigkeit seiner Handlungen zu erweisen.

Die Reihenfolge seiner Schriften steht im einzelnen nicht fest, auch gibt es inhaltliche Überschneidungen. In der Abhandlung *de ordinationibus a Formoso papa factis* versucht Auxilius auf Grund der bis dahin gültigen kirchlichen Gepflogenheiten und Rechtsbestimmungen den Nachweis zu führen, daß aus triftigem Grunde die Ordination eines Bischofs auch an einem Ort, der keinen Bischof habe, möglich sei, freilich nur mit Zustimmung des römischen Papstes, und daß folglich entsprechende Handlungen des Formosus rechtsgültig seien. Der für die Entwicklung des kirchlichen Rechts wichtige und auch später wiederholt erörterte Gedanke wird in einzelnen Abschnitten belegt, die jeweils aus einer Dekretale, aus Konzilsakten, aus Kirchenvätern wie Gregor dem Großen, Leo dem Großen, Augustinus, Hieronymus, aber auch aus Begebenheiten der Kirchengeschichte selbst entnommen sind. Mehr und mehr schiebt sich im Verlauf der Darlegungen der Gedanke in den Vordergrund, daß auch die Handlungen eines unrechtmäßig Ordinierten gültig seien, somit auch diejenigen des Formosus in jedem Falle anerkannt werden müßten. Die Darlegung insgesamt geschieht sachlich und in ruhigem Ton. Auf Veranlassung des Bischofs Leo von Nola, der sich ebenfalls seiner Ordination durch Formosus wegen mancherlei Schwierigkeiten ausgesetzt sah, ist der Traktat unter dem Titel *infensor et defensor* abgefaßt. Wiederum geht es im Grunde um dieselben Fragen wie in der erstgenannten Abhandlung. Aber hier sind sie in die Form eines Streitgesprächs zwischen dem Ankläger, dem infensor, und dem Verteidiger, dem defensor, gekleidet, und zwar so, daß in etwas mehr als dreißig Kapiteln jeweils ein Vorwurf erhoben und durch kanonistische oder patristische Autoritäten, nicht selten aber auch unter Anziehung von Bibelstellen vom defensor widerlegt wird. Der Ankläger beginnt mit dem alten Vorwurf, Formosus habe seine rechtmäßige Gemahlin verlassen und sich einer anderen zugetan, d.h. er habe sein Bistum Porto aufgegeben, um das römische zu erlangen; eigentlich werden die Anklagen immer wieder nur variiert. Der Ton ist auch hier, trotz der vom Verfasser gewählten Form des Streitgesprächs, insgesamt ruhig und sachlich. Es gibt noch nicht jene heftigen Auseinandersetzungen, wie sie wenige Jahrzehnte später in den Streitschriften des Investiturstreits so häufig sein werden.

Aus den beiden Schriften *in defensionem sacrae ordinationis papae Formosi libri duo* und *libellus in defensionem Stephani episcopi et praefatae ordinationis* könnte man den Eindruck gewinnen, als sei der Verfasser bereits weiter von der Sache selbst distanziert, der Gegenstand der Auseinandersetzungen, die Gesamtheit der Fragen, die sich an die Gestalt und den Pontifikat des Formosus knüpften, seien mehr zu einem Sujet rhetorischer und dialektischer Übung geworden. In beiden Disziplinen zeigt sich der Verfasser recht wohl geübt, dazu führt er gern Sentenzen an, kennt offensichtlich auch einiges an antiker Literatur und versteht es, der eigentlich zum Überdruß erörterten Angelegenheit doch eine nicht geringe Lebendigkeit in seiner Darstellung zu verleihen. Von seinen Ansichten geht er in keinem Punkte ab; man hat mit Recht seinen Freimut und seine Festigkeit als Vorzüge betont.

Gelegentlich hat sich Auxilius darüber beklagt, daß es Anhänger des Formosus gebe, die, aus welchen Gründen auch immer, ihren Standpunkt aufgegeben und zur anderen Seite übergelaufen seien. Es ist nicht ausgeschlossen, daß er damit eben jenen Eugenius Vulgarius meint, von dem wir ebenfalls Schriften in der Angelegenheit des Formosus kennen.

Eugenius Vulgarius, der in Unteritalien im späten neunten und im frühen zehnten Jahrhundert gelebt hat, ist vermutlich in Neapel Lehrer der artes liberales gewesen. Sein Prosa wie Verse enthaltendes Schrifttum hängt wie dasjenige des Auxilius zum Teil mit seiner Anhängerschaft gegenüber dem Papst Formosus zusammen, nimmt aber doch eine recht merkwürdige Wendung. Zunächst nämlich äußert sich Eugenius Vulgarius in der Angelegenheit ähnlich wie Auxilius. In den Schriften *de causa Formosiana* und *de Formosiana calamitate* behandelt er die wohlbekannten Fragen, wobei er zumal in der zweiten Schrift besonders die einzelnen Ereignisse hervorhebt und damit wertvolle Nachrichten über diese vermittelt, dabei aber den gegenwärtigen Papst, Sergius III., heftig angreift. Sergius war, wie bereits angedeutet, in jener dunklen Epoche der Kirchengeschichte einer der Päpste, welche ihres Amtes unwürdig waren. Unter Vertreibung seines Vorgängers, Christophorus (der nur wenige Monate regiert und seinem Vorgänger, Leo V., eben dasselbe zugefügt hatte, was er dann am eigenen Leib erfuhr), hatte Sergius sein Ziel nur mit Hilfe der mächtigen römischen Adelspartei, deren Haupt der Senator und Konsul – als solcher erscheint er in Quellen – Theophilactus war, erreichen können. In ihren Händen war er ein willenloses Werkzeug. Nicht minder ehrgeizig und machthungrig war Theodora, die Gemahlin des Theophilactus, und ihre beiden Töchter Marozia und Theodora die Jüngere. Aus der Verbindung des Sergius mit der übelbeleumdeten Marozia soll jener Johannes hervorgegangen sein, der nachmals als der Zehnte seines Namens ebenfalls den päpstlichen Thron bestieg. Dieser Sergius also entbot den Eugenius Vulgarius nach Rom. Offenbar nichts Gutes erwartend, machte der gewandte Autor Ausflüchte und bat den Papst um Absolution und um seinen Segen, hielt es aber offenbar doch für geraten, fürderhin nicht mehr der Sache, sondern der Nützlichkeit zu dienen: Er hängte seine frühere Überzeugung an den Nagel und verfaßte anhimmelnde *Gedichte* auf Sergius. Das Bemerkenswerteste an diesen inhaltlich ziemlich belanglosen Dingen ist ihre Form. Eugenius Vulgarius hat noch recht gut mit antiken Versmaßen umzugehen gewußt und es verstanden, auch noch einiges an poetischer Technik anzuwenden. Er gebraucht neben Hexametern, dem iambischen Dimeter (der ambrosianischen Strophe) und der sapphischen Strophe Pherekrateen, Asklepiadeen,

Paroemiaci und katalektische anapästische Dimeter, also durchweg Formen, die durch Prudentius oder Boethius dem Mittelalter erhalten waren. Zweifellos hat er mit den Figurengedichten, die unter seinen Produkten einen vergleichsweise nicht unbedeutenden Raum einnehmen, die Höhe seines Könnens erreicht. Besondere Beachtung hat der Umstand gefunden, daß Vulgarius offenbar die Tragödien des Seneca gekannt und mehrfach aus ihnen zitiert hat. Er muß das ungewöhnlich seltene Werk in einem Exemplar gesehen haben, das mit dem für uns wichtigsten Textzeugen, dem sogenannten codex Etruscus (Florenz, Laur. 37,13, saec. XI) nah verwandt war. Viel anzufangen wußte der nicht sehr einfallsreiche, eitle Mann mit den Tragödien allerdings nicht. Man erkennt immerhin, daß in einer Zeit und Umgebung, von welcher man auf Grund der geschichtlichen Nachrichten nur den Eindruck gewinnen konnte, daß es sich um eine Epoche des schlimmsten Verfalls handelte, sich die traditionelle Schulbildung recht gut hielt und noch am besten über die Heillosigkeit jener Zeit hinwegzutragen vermochte.

Die Schriften des Auxilius wie jene des Eugenius sind auch in dem Rahmen, in den sie hineingehörten, nicht allzu große Werke; auch der Gegenstand, mit dem sie sich beschäftigen, ist nicht von der Art, daß er nach Ausschöpfung der Quellen viel an bedeutenden Erkenntnissen zu geben verspricht. Wichtig ist allein, daß in Gestalt dieser beiden Männer, die vielleicht doch nicht die einzigen gewesen sind, die Literatur wieder einmal hinaustritt ins öffentliche Leben, und daß jene Beiträge geliefert haben zur polemischen und zur politischen Literatur. Sympathischer und menschlich ansprechender ist zumeist die stille und bescheidene Tätigkeit der Gelehrten, packender und die Aufmerksamkeit stärker fesselnd das Auftreten polemischer Schriftsteller. Sie schießen nicht selten über ihr Ziel hinaus, und ihre Triumphe sind so schnell vergessen wie ihre Niederlagen. Aber sie brachten Bewegung und ein Element des Fortschritts in ein Schrifttum, das dazu neigte, in einem übertriebenen Traditionalismus zu erstarren. Maßgebend für die mittelalterliche Literatur war immer die christlich-lateinische Überlieferung der Bibel, der lateinischen Liturgie und der Kirchenväter; dazu kam, daß man sich seit der Spätantike daran gewöhnt hatte, mehr und mehr an Stoffen, aber auch des Formalen aus der antiken Literatur zu entnehmen. Es bestand somit sowohl von geistlicher wie auch von weltlicher Seite her die Gefahr der Verknöcherung eines Schrifttums, das eben dadurch, daß es von Vorbildern lernte, daß es sich selbst an Autoritäten schulte, erst zu seinem eigentlichen Wesen gelangt war. Das gärende Element der an der Gegenwart und ihren Verwirrungen teilnehmenden Schriftsteller, die den Rahmen des Traditionellen überschreitend sich selber zeigten und nicht nur ihre Vorbilder, die ihre eigene Stellung zu den Fragen ihrer Zeit kundgaben und zu beweisen suchten, haben dem lateinischen Schrifttum in vielfältiger Weise genützt, auch dann, wenn ihre Erfolge nur von kurzer Dauer waren.

Es gab seit alters eine Art der Stellungnahme zu aktuellen Ereignissen oder zu zeitgenössischen Personen und ihren Taten, bei der es dem Schriftsteller nicht darum ging, Gegensatz, Mißbilligung oder Ablehnung auszudrücken, sondern seine Zustimmung oder Übereinstimmung in Form des Beifalls oder Rühmens kundzutun. Es ist dies die panegyrische, und sie hat sich außer in Prosa vor allem in der Dichtung ihren Raum geschaffen. Dem Mittelalter ist sie nicht fremd gewesen; bis zur Karolingerzeit und in dieser noch sehr selten, wird sie aufs Ganze gesehen in der hier zu behandelnden Epoche etwas häufiger, was damit zusammenhängen mag, daß panegyrische Literatur oder Dichtung eben doch nicht zum wenigsten davon abhängt, welchen Begriff sich die Herrscher – sie sind in der Regel doch die Gepriesenen – selber von Literatur und Dichtung machen. (Es ist bezeichnend, daß sich lange Zeit, was die Darstellungsweise betrifft, das panegyrische Element fast nur in der Hagiographie findet.)

Ein vergleichsweise gut bekanntes Denkmal aus der betrachteten Zeit in Italien sind die sogenannten gesta Berengarii imperatoris. Der übliche Titel ist sicher unecht – (er entstammt einer Beischrift des 15. Jahrhunderts) – und geeignet, moderne Gattungssucher in die Irre zu führen. Der Autor selbst nannte sein Werk *panegyricon Berengarii invictissimi Caesaris* oder die allein erhaltene griechische Form beibehaltend ἀρχέται τὸ ρανηγυρικὸν Βερεγγαρίου τοῦ ἀνικήτου Καίσαρος. Der Verfasser[19] hat sicher in Oberitalien gelebt; er ist vielleicht Laie, jedenfalls nicht Mönch und, wie eine Stelle gegen Ende der Dichtung vermuten läßt, ein Schulmann gewesen. Er rühmt in vier Gesängen (von je 270–290 in den ersten drei, von gut 200 Hexametern im vierten Gesang) die Verdienste Berengars I. von Italien. Da das Werk dem Kaiser gewidmet ist, fällt seine Entstehung zwischen die Jahre 915 und 924. Die Gewandtheit der Verse steht in starkem Gegensatz zu dem, was wir in derselben Zeit aus Unteritalien kennengelernt haben, und der Verfasser hat sich auf seine Gelehrsamkeit nicht wenig zugute gehalten. Buch I berichtet nach einer Schilderung der friedlichen und glücklichen Regierung Berengars in seinem Reich von dem Neid des Wido, Herzogs von Spoleto, der sich anschickt, Berengar die Krone Italiens zu entreißen. Buch II handelt von den Kämpfen Widos gegen Berengar bis zu

---

[19] Der Kanzler Berengars, Johannes, Bischof von Cremona, den man vorgeschlagen hat, kommt wegen der im folgenden genannten Hinweise im Werk selber kaum in Betracht.

dessen Niederlage. Das dritte Buch beschreibt neuerliche Kämpfe zwischen Wido und Berengar bis zum Tod Widos (Vers 191 f.) und zur Nachfolge Lamberts; Buch IV besingt die folgenden Ereignisse bis zur Kaiserkrönung Berengars im Jahre 915 und schließt mit einer nochmaligen Hervorhebung der unermeßlichen Ruhmestaten Berengars. Die Ausdrucksweise ist stark von Reminiszenzen an profanantike Dichter geprägt. An erster Stelle stehen unter den nachgeahmten Vergil, die Ilias latina und die Thebais des Statius, gelegentlich Juvenal, Prudentius (die apotheosis) und das carmen paschale des Sedulius. Wie der gelehrte Heiric von Auxerre oder vielleicht auch nach dem Vorbild des Abbo von Saint-Germain hat der Autor seine Dichtung selbst glossiert[20]. Man nimmt gewöhnlich an, der Verfasser des panegyrikon habe mit seiner Dichtung die Herrschaft Berengars in Italien rechtfertigen und festigen wollen. Der Gedanke an eine solche politische Absicht würde manches erklären. Eine andere Frage ist, wie sich der ruhmredige Poet die Verwirklichung seines Zieles vorstellt. Da ein öffentlicher Vortrag schon des Umfangs und der Schwierigkeit wegen nicht in Betracht kommt, darf man vielleicht – falls eine politische Absicht wirklich bestand – am ehesten an die Schule als die Stätte der erhofften Wirkung denken. Und so ließen sich in der Tat die abgeschmackten Verse am Ende mit einem Aufruf an die Jugend, sich den Taten Berengars zuzuwenden, verstehen. Über den tatsächlichen Erfolg hat die Geschichte geurteilt.

Gleichwohl ist das panegyrikon bis zu einem gewissen Grade als Geschichtsquelle nicht ohne Wert, auch wenn man sich dessen bewußt bleiben muß, daß der Dichter natürlich schon um seiner Absicht willen die Entwicklung einseitig und für Berengar in günstigem Lichte sieht. Aber nicht in der Verfärbung und Verwischung des historischen Bildes liegt die Schwäche, wie man gelegentlich gemeint hat[21], sie liegt vielmehr im rein Literarischen: Der Autor wird gleichsam zum Opfer einer seichten Kunstfertigkeit und bläht die Darstellung mit überlieferten Worten, Phrasen und Schilderungen in einer Weise auf, welche im

---

[20] Das war nicht unbestritten, siehe Winterfeld, MGH Poet. IV 1, S. 355. Winterfeld selbst glaubte, daß vom Autor nur die historische Worterklärungen enthaltenden Glossen stammten, die übrigen von einem anderen hinzugefügt worden seien, nämlich soweit in ihnen der Vergilkommentar des Servius benützt sei, ferner Isidor, Priscian, die Metrik des Maximus Victorinus, die Mythologien des Fulgentius, dazu Scholien zu Lucan, diejenigen des sogenannten Lactantius Placidus zur Thebais des Statius und die Epitome des Paulus Diaconus aus dem Lexikon des Festus; Zitate aus Terenz, aus Cicero, Horaz und Juvenal habe er aus den benützten Grammatikern entnommen, Verse aus Sidonius Apollinaris aus unbekannter Mittelquelle. Aber es ist nicht sicher, daß überhaupt ein zweiter Glossator neben dem Autor selbst angenommen werden muß.
[21] So Manitius I, S. 633.

Hinblick auf das Nachleben antiken Schrifttums interessant erscheinen mag, dem Werk als solchem aber nicht zugute kommt. Eine größere Wirkung hat das panegyrikon nicht ausgeübt; die einzige Handschrift des elften Jahrhunderts ist ein Zeichen für das räumlich wie zeitlich begrenzte Interesse, welches das Werk des eitlen Verfassers gefunden hat.

Es ist eingangs bemerkt worden, daß die Theologie in unserem Zeitraum nur wenige nennenswerte Leistungen hervorgebracht, ja daß sie im wesentlichen von dem gelebt habe, was die Karolingerzeit geschaffen hatte. Ein Musterbeispiel geradezu für diesen merkwürdigen Zustand bietet das einzige Werk des Abtes Gezo von Tortona, der wahrscheinlich in der Zeit Ottos des Großen geschrieben hat. Über seinen früheren Lebensgang berichtet er selbst. Gezo wollte die Welt verlassen und in Stille und Abgeschiedenheit ein Leben der Buße und Askese führen. Als er um die Genehmigung des Bischofs nachsuchte – er war offensichtlich Priester und an einem nicht näher bezeichneten Orte als Seelsorger ordiniert – widersprach Bischof Giseprand von Tortona energisch: Gezos Vorhaben stehe im Widerspruch zum kanonischen Recht; er, der Bischof, werde dazu niemals die Erlaubnis geben, umso mehr, als er die Absicht habe, in seiner eigenen Diözese ein Kloster zu Ehren des heiligen Marcianus zu gründen, der in Tortona begraben sei; ihn, den Gezo, werde er zum Oberen einsetzen, wenn er schon die Absicht habe, Mönch zu werden. Als Abt sodann des neu errichteten, der Benediktregel folgenden Klosters bei Tortona faßte Gezo den Entschluß, für seine Mönche ein Werk *de corpore et sanguine Christi* zu verfassen, das angenehm zu lesen wäre und eine Blütenlese aus den Vätern enthalten sollte: aus Cyprianus, Hilarius, Ambrosius, Augustinus, Gregorius Magnus, Johannes (Chrysostomus), Isidor, „Isicius" (d.h. Hesychius von Jerusalem), Hieronymus und Beda. Grundlage des Ganzen sollte das Werk des Paschasius Radbertus über die Eucharistie bilden. Ein deutlicher Hinweis darauf aber, daß es dem Verfasser nicht um eine theologische Erörterung der Eucharistielehre geht, sondern daß er seine Mönche in erbaulicher Weise über den Gegenstand belehren will, liegt in den lehrhaften und zugleich unterhaltsamen Beispielen von Begebenheiten, die in irgendeiner Weise mit der Eucharistie zusammenhängen. Sie nehmen nahezu die Hälfte des ganzen Werkes ein und sind zumeist wie die theologischen Texte aus älteren Schriftstellern wie den dialogi Gregors des Großen, aus den vitae patrum, aber auch einmal aus Wolfhards von Herrieden vita sanctae Walburgis (cap. 58) entnommen; einmal erscheint ein Bericht, den Gezo selbst erhalten hat, die Geschichte der Konversion eines Juden, der bei wiederholtem Versuch, sich taufen zu lassen, von Dämonen „pechschwarz wie Aethiopier" (*turba daemonum valde nigrorum, Aethiopibus par existens*[22]) daran gehindert wird.

Das Werk ist, wiewohl inhaltlich unselbständig, eine im Hinblick auf das Ziel, das sich Gezo gesetzt hat, wohlgelungene Darstellung. Die Belesenheit des Verfassers auf dem Gebiet, das er behandelt, ist beachtlich, und er hat den allein die Aufmerksamkeit des Theologen fesselnden Gegenstand so geschickt mit erzählenden, unterhaltenden Geschichten untermischt, daß er der Aufmerksamkeit seiner Mönche gewiß sein durfte. Als einem Zeugnis für das Vordringen des erzählenden, des unterhaltsam erbaulichen Elements selbst in Darlegungen rein theologischen Inhalts kommt der Schrift des Gezo auch in literarhistorischer Hinsicht Bedeutung zu. Ihre Verbreitung scheint sich auf Oberitalien beschränkt zu haben.

Der Blick auf die allgemeine Entwicklung der Literatur, zumal derjenigen in Italien, mag den Eindruck erwecken, als seien bei einem starken Absinken des Bildungsniveaus die Italiener mehr Individuen als man dies in Frankreich oder in Deutschland zu jener Zeit bemerken kann. Vielleicht hat das geringere Erfaßtwerden Italiens von der karolingischen Erneuerung dazu beigetragen, daß sich das ausgleichende, mitunter sogar nivellierende Moment, das in jener Bewegung zweifellos *auch* enthalten war, in geringerem Maße geltend machte als anderswo.

Als eine Gestalt von besonders ausgeprägter Individualität erscheint in dieser Zeit R a t h e r i u s v o n V e r o n a. Allerdings, er ist nicht Italiener, sondern stammt aus dem niederlothringisch-belgischen Gebiet. Geboren um 890 in der Gegend von Lüttich, im Kloster Lobbes erzogen, ist er erst im Laufe seines weiteren Lebens und eines in seltenem Maße bewegten Schicksals mit Italien verknüpft worden. Als Geistlicher kennt er ebensoviel von der Bibel und der christlichen Literatur wie hundert Jahre vor ihm Alkuin oder Hraban von Augustinus und Hieronymus, von Gregorius und Ambrosius und einigen andern. Er lernt außer der theologischen Literatur, die ihn auch mit dem Kirchenrecht in Berührung bringt, so manches an antiken Autoren kennen, zitiert auch in seinem vorwiegend theologischen Schrifttum manches von profanantiker Literatur, wiewohl nicht alles aus erster Hand. Durch sein Geschick nach Italien, nach Verona verschlagen, lernt er – man nimmt gewöhnlich an, in der Heimat des Dichters, was so gewiß nun auch nicht ist – die Gedichte des Catullus kennen, die bis ins vierzehnte Jahrhundert, bis in die Zeit der italienischen Hu-

---

[22] Migne PL 137, 394 B.

manisten, außerordentlich selten gewesen sind. Das Faktum ist, wenn auch nicht in jeder Hinsicht klar, so doch überlieferungsgeschichtlich höchst bemerkenswert, auch dann, wenn man sich die Dinge vielleicht nicht so einfach vorstellen darf, als gehe unsere Catull-Überlieferung auf das von Rather benützte Exemplar zurück. Aber nicht die Belesenheit ist für Rather charakteristisch, sondern seine Ziele und sein Streben. Er schrieb in erster Linie für den Tag, im Kampf um Positionen, an denen ihm gelegen war, im Kampf für seine eigene Person, im Kampf für Ansprüche und Rechte der Kirche, und er entwickelt sich in diesem unaufhörlichen Kampf, der sein Leben durchzieht, zu der eigenartigen Persönlichkeit, die wir kennen, kennen wie wenig andere.

Rathers Leben ist außerordentlich bewegt verlaufen. Als Oblate im Kindesalter den Mönchen von Lobbes übergeben und dort gebildet, verläßt er mit seinem Abt und Bischof Hilduin, den man vertrieben hatte, die Enge des lotharingischen Heimatklosters, begleitet jenen zu König Hugo von der Provence, Hilduins Vetter, und, als Hilduin zum Erzbischof von Mailand erhoben wurde, holte er diesem aus Rom das Pallium. Ihn selbst aber bestellte auf Empfehlung des Papstes König Hugo – widerstrebend, weil dieser wohl eine andere Besetzung im Sinne trug – zum Bischof von Verona (931). Rather indes, voll des Eifers, die in seiner Diözese wie anderwärts herrschenden Mißstände zu beseitigen, stieß allenthalben auf Ablehnung, ja Haß und Verfolgung, wurde bereits 934 unter dem Vorwand, an einem von den Veronesern geübten Verrat beteiligt gewesen zu sein – Herzog Arnulf von Bayern versuchte damals, König Hugo die Lombardei streitig zu machen –, von Hugo abgesetzt und zu Pavia gefangen gehalten. Als man ihn nach zweieinhalb Jahren aus dem Gefängnis entließ, saß zu Verona Manasses, Graf von Arles, ein Neffe König Hugos, als Bischof; Rather, unter die Aufsicht des Bischofs Azo von Como gestellt, erträgt dieses Dasein nicht lange, zieht nach einem vergeblichen Versuch, die Unterstützung seiner bischöflichen Amtsgenossen zu gewinnen, über die Alpen, fristet in der Provence sein Leben als Wanderlehrer und kehrt schließlich wieder in sein Heimatkloster Lobbes zurück. Da ermöglicht ihm König Hugo die Rückkehr an seinen alten Bischofssitz; wiederum zieht Rather über die Alpen, wird vom Markgrafen Berengar von Ivrea gefangen, dann aber in Verona restituiert, überwirft sich, in seinem Eifer wie seinem Ungestüm nicht müde geworden, mit seinem Klerus, kommt in Streit mit dem Markgrafen Milo und sieht sich nach kaum zwei Jahren abermals zur Flucht gezwungen. Das Scheitern eines Versuches, mit Hilfe Ottos I. sein Bistum Verona wiederzugewinnen, treibt ihn enttäuscht in sein Heimatkloster Lobbes zurück. Von Otto dem Großen nach der Rückkehr aus Italien an den Hof nach Aachen gerufen, unterrichtet Rather zeitweise des Königs jüngsten Bruder Brun, nachmaligen Erzbischof von Köln, und Ebrachar, den späteren Bischof von Lüttich, erhält durch Vermittlung Bruns das Bistum Lüttich (953), kann sich aber auch hier nicht lange halten, entfremdet sich den Klerus und das Volk, muß schon nach ein paar Jahren wiederum seine Bistumsstadt verlassen, findet Zuflucht – er steht mittlerweile in der Mitte der Sechziger – bei Erzbischof Wilhelm von Mainz, dem es zusammen mit Bruno von Köln gelingt, ihn zum Verzicht auf Lüttich zu überreden. Von einer Synode für Verona restituiert, zieht Rather 961 mit Otto dem Großen noch einmal nach Italien, wird in sein altes Bistum Verona (962) wieder eingesetzt, erlebt bald wiederum dieselben Widerstände, wird beim Papst wie beim Kaiser verklagt und resigniert schließlich 968 endgültig. Nach Lobbes zurückgekehrt, erhält er durch Vermittlung Bischof Ebrachars von Lüttich, seines eigenen Nachfolgers und ehemaligen Schülers, von König Lothar von Frankreich mehrere Abteien – Saint Amand, wo man ihn sogleich wieder vertreibt, Aulne (Alna) und Hautmont, wo er vergeblich die Klosterreform einzuführen sucht – und wird, nachdem er in Lobbes seinerseits gegen Abt Folkuin intrigiert zu haben scheint, von Bischof Ebrachars Nachfolger Notker dazu gezwungen, sich nach Aulne zurückzuziehen. So muß er als ganz alter Mann noch einmal weiterziehen und stirbt schließlich verlassen in Namur. Man schreibt das Jahr 974.

Es ist gelegentlich die Meinung vertreten worden, dieses unruhige Leben bedeute nichts für die Literatur[23]. Aber gerade Rathers Schrifttum kann ohne das Wissen um die Unruhe seiner Person und seines Lebens nicht verstanden werden, ja es gehört geradezu zu seiner Eigenart, auf bestimmte Lebenslagen mit einem literarischen Werk zu reagieren. Sein Werk erhält dadurch insgesamt einen stark autobiographischen Charakter.

Wir besitzen nicht mehr das gesamte schriftstellerische und gelehrte Werk Rathers, wohl aber den größten Teil desselben. Erhalten haben sich neben einer großen Zahl selbständiger Schriften etwa drei Dutzend *Briefe*. Schon die Art, wie diese 33 bzw. 34 Stücke auf uns gekommen sind, mag man bis zu einem gewissen Grade als charakteristisch ansehen. Es hat nie ein Corpus der Rather-Briefe gegeben; soweit die Briefe nicht verstreut in einzelnen Handschriften erhalten geblieben sind, finden sie sich – und das ist der größere Teil – in den von Rather selbst hergestellten Teilsammlungen seiner Schriften, planmäßig nach chronologischen Gesichtspunkten unter diese eingeordnet. Die Briefe tragen durchaus persönlichen Charakter und haben daher für das Verständnis

---

[23] Albert Hauck, Kirchengeschichte Deutschlands, Bd. 3⁶ 284ff., der im übrigen eine vorzügliche Charakteristik bietet.

der Eigenart ihres Verfassers, aber auch als biographisch-historische Quelle großen Wert. Der Ton der Briefe wechselt stark, je nach der Situation, in der sie geschrieben sind, Rather selbst bezeichnet sich bald als *peccator* und *poenitens,* bald als *quondam monachulus nunc vero episcopus,* und es ist nicht wenig von seiner unruhig drängenden, leidenschaftlich bewegten, bald über sich selber und über die Welt nachsinnenden, bald kämpferisch auftretenden, bald über dem Erleben des Mißerfolgs und der eigenen Schwäche und Sündhaftigkeit bedrückten, aber immer wieder ringenden Seele in diese Briefe eingegangen. Allenthalben trifft man auf die Spuren der Belesenheit dieses gebildeten Mannes, dessen sichere, aber doch auch recht eigenwillige Ausdrucksweise den Briefen ihr eigenes Gepräge verleiht. Indes bleibt das eigentlich Bedeutende, das wesentliche Merkmal dieser Briefe doch der ungewöhnlich persönliche Gehalt. Es gibt wohl wenige Menschen des Mittelalters, in die wir so hineinsehen wie in Rather, der unablässig von sich, nicht nur von seinen äußeren Schicksalen, sondern auch von seinem Innenleben spricht.

In diesem Betracht gehört zu den bemerkenswertesten und interessantesten Schriften Rathers, ja vielleicht der ganzen Epoche, sein *dialogus confessionalis.* Was man so oft vergeblich sucht oder nicht klar genug erkennt, findet man hier: eine scharf ausgeprägte Individualität, die sich gibt, wie sie ist. Man hat da wohl gelegentlich an Gottschalk den Sachsen gedacht, den Mann, den ein starkes religiöses Empfinden und eine zum Grübeln neigende Veranlagung und der Drang, einen Gedanken bis zu seiner äußersten Konsequenz zu verfolgen, in Konflikt mit der kirchlichen Lehre gebracht und zur Entfachung des ersten Prädestinationsstreites geführt hat. Aber während Gottschalk in seinem Grübeln mehr und mehr sich verhärtend und verbohrend bis zur Zersetzung eines Gedankens oder einer Lehre getrieben wird, ist das Bezeichnende bei Rather das äußerste Zergliedern, ja das Zerfasern der eigenen Person, des eigenen Denkens und Wollens bis in die tiefsten und letzten Beweggründe und Regungen seiner Seele hinein. So enthält der dialogus confessionalis, der in Rathers späte Jahre gehört – er scheint nicht allzu lange vor dem dritten Veroneser Episkopat, also von dem tief in den Sechzigern Stehenden abgefaßt zu sein –, gewissermaßen Rathers Lebensbeichte. Man könnte bei einem Manne seines Alters einen im ganzen ruhigen, wenn auch da und dort, ja vielleicht oft das eigene Verhalten kritisierenden, tadelnden, bereuenden Rückblick auf das eigene Leben mit all seinen Unzulänglichkeiten, seinen Schwächen und Fehlern, aber eben doch aus der Perspektive heraus, wie sie die Jahre zu geben pflegen, erwarten. Nicht so bei Rather. Den dialogus durchzieht, durchpulst, durchbebt von Anfang an eine eigentümliche Bewegtheit, ja leidenschaftliche Erregung. Er wendet sich an ein gedachtes Gegenüber, einen Priester, einen Beichtvater, dem er bekennt, und er beschwört ihn im Namen des lebendigen Gottes, sein Bekenntnis g a n z zu lesen. Seine, Rathers nämlich, Verfehlungen wögen – dies ist der Grundgedanke – besonders schwer, denn er sei als Kind bereits Gott dargebracht worden, und er selbst habe im angemessenen Alter Gehorsam nach der Regel St. Benedikts gelobt. Von Kindheit an wolle er daher sein Leben bekennen. Wir besitzen zahlreiche Beichten aus dem Mittelalter, und sie enthalten gewöhnlich einen allgemein gehaltenen umfangreichen Sündenkatalog, Ausdruck eines Sündenbewußtseins schlechthin und einer Bußbereitschaft im Sinne des Psalmworts *ab occultis meis munda me* (reinige mich von den Sünden, von denen ich nichts weiß), die einer späteren und selbstbewußteren Zeit fremd geworden sind. Für Rather ist selbst dies nur ein Ausgangspunkt. Sein wacher und bohrender Geist dringt in die letzten Tiefen und geheimsten Regungen, ihm selbst vielleicht gar nicht bewußt, und er fühlt sich allenthalben schuldig, schuldig und sündig, weil auf ihm, dem Geweihten, die Verantwortung zur Treue mit besonderem Gewicht laste, und er nennt sich sündig und fühlt sich schuldig, weil er der Sünde der Selbstüberhebung, der Wurzel allen Übels, nicht widerstanden und zum Eidbrüchigen, zum Meineidigen geworden sei.

Wer imstande ist, am Ende eines Lebens, das nach dem kurzen äußeren Erfolg des Anfangs, der Erlangung des Bischofsamtes in Verona, von einer Kette von Mißerfolgen bestimmt war, wer die Kraft besitzt, nach drei gescheiterten, mit der Vertreibung beendeten Episkopaten – den vierten, den letzten Veroneser, hatte Rather noch vor sich – ohne Verbitterung auf sein Leben zurückzublicken, allein die Schuld auf sich zu laden, vor dessen Lebensbeichte ziemt es sich zu schweigen. Aber Rather selber, und das zeigt eben doch den zum wahren Schriftsteller Berufenen, dem ein Gott gab, zu sagen, was er leidet, hat diese Lebensbeichte unter seine literarischen Werke eingereiht, und sie ist ein Schlüssel zu ihrem Verständnis. Der Mann, der da nach sechs Lebensjahrzehnten Rückschau hält und dies mit einer inneren Bewegung, mit der unnachsichtigen Strenge gegen sich selber tut wie Rather, der ist im Grunde doch immer der Mönch geblieben, dem das siebte Kapitel der Benediktregel als die zu erstrebende Stufe der Demut die Forderung vor Augen stellte, sich als den geringsten der Menschen nicht nur mit dem Munde zu bezeichnen, sondern dies auch im Herzen zu glauben.

Das erste literarische Werk Rathers, von dem wir Kunde haben, entstand, man könnte sagen, als eine Gelegenheitsschrift, in der Zeit, da der Verfasser als Gefangener König Hugos zu Pavia lebte, also zwischen Frühjahr 934 und August 936. Die *praeloquia*, vom Verfasser selber auch agonisticum genannt, gewähren einen tiefen Einblick in das Denken Rathers und die Verhältnisse seiner Zeit. Er wolle, so schreibt er, da er – der Gefangene – Zeit und Gelegenheit habe, aus der Fülle der Arzneimittel der divina auctoritas, der Heiligen Schrift, eine kleine Auswahl zusammenstellen, damit der Streiter Gottes, der hier auf Erden mit dem Feinde zu ringen habe, von diesen Mitteln täglich gestärkt und gesalbt in den Kampf zu gehen und den Siegeskranz zu erringen vermöchte. Für einen jeden und für alle Lebenslagen seien die Mittel in der Heiligen Schrift zu finden. Rather – den beliebten paulinischen Vergleich des irdischen Lebens mit einem Wettkampf, im ersten Korintherbrief (9, 24–27); im zweiten Brief an Timotheus (2, 4), auch Hebräer (2, 2) variierend – ruft dazu auf, den Lauf zu beginnen und selbst zu erproben, wie es sich mit jenen Mitteln verhalte. Die praeloquia sind sonach ein geistliches Lehrbuch, vom Verfasser selbst als ein solches konzipiert. Geistliche Lehrbücher hat es im Mittelalter zu Hunderten gegeben, aber die praeloquia Rathers sind nicht irgendeines von ihnen. Schon wie er mit dem Bibeltext umgeht, zeigt seine eigenartige, eigenwillige Individualität. Er behauptet zwar – übrigens eine bezeichnende Äußerung hinsichtlich der Einschätzung der Originalität eines Autors zur Zeit des Rather – der Leser werde fast keine selbständigen Gedanken antreffen, die ihn zurückstoßen müßten, es sei alles aus den Werken der Kirchenväter genommen: *nil pene meum quod fastidium gignere debeat invenies, cuncta ex sanctorum patrum dictis deflorata reperies* (praef., p. 4, 42–44). Aber Rather, der seine praeloquia bezeichnenderweise als *meditationes cordis in exilio* bezeichnet hat, grübelt über jeden Satz, keine der bisherigen Auslegungen will ihm genügen, und seine Gedanken gehen immer über die Anregungen hinaus, die ihm das Bibelwort bietet. Und nun richtet er, von Worten der Schrift ausgehend, Weckrufe an die Menschen, die er, der Gefangene, draußen in der Welt weiß. Und nachdem er ihnen allen das rechte Verhalten und die guten Werke, die ein Christ verrichten soll, vor Augen gestellt hat, wendet er sich an die einzelnen Stände: an die Soldaten und Handwerker, an die Ärzte: sie sollten nicht zu hohes Honorar fordern, die Armen unentgeltlich kurieren; der Arzt solle kein Quacksalber sein, die Heilung bringe Gott, nicht der Arzt; es ist dies wohl eine der frühesten Erwähnungen eines ärztlichen Standes überhaupt. Er spricht zu Kaufleuten, Anwälten, Richtern und Zeugen, richtet seinen Aufruf an die öffentlichen Bediensteten, an die Adligen, aber auch alle diejenigen, welche in Abhängigkeit von einem Patron stehen, sodann an die Räte, das heißt alle, die als Berater eines Fürsten tätig sind, an freie Herren und an die Leibeigenen; er gedenkt in seinem Mahnruf der Lehrer, von

denen er wohl annimmt, daß sie ihre Pflichten selber kennen, in aller
Kürze, und in ausführlicher Darstellung der Schüler; den Reichen stellt
er ihre Pflicht vor Augen wie denjenigen, die nur mäßigen Besitz ihr
eigen nennen, und weist am Ende des ersten Buches auch dem Bettler
seinen Platz und seine Pflicht in der menschlichen Gesellschaft zu. War
das erste Buch den Berufen gewidmet, so befaßt sich das zweite mit
den Menschen nach Geschlecht und persönlichem Stande. Rather
belehrt nacheinander über ihre Pflichten, den Mann und die Frau,
sodann noch einmal den Ehemann und die Ehefrau, aber auch den
Unverheirateten, ruft gesondert auf zur Erfüllung ihrer christlichen
Pflichten den Vater und die Mutter, den Sohn und die Tochter, die
Jungfrau und die Witwe, und widmet schließlich seine seelsorgerliche
Aufmerksamkeit den Lebensstufen des Kindes, des Jünglings, des Mannes und des Greises. Denjenigen, welche hohe Würden tragen, wenden
sich die folgenden Bücher zu. Im dritten und vierten richtet Rather
seinen Weckruf an die Könige; die beiden Bücher bilden einen der
zahlreichen Fürstenspiegel des Mittelalters. Der deutliche Unterschied
gegenüber den karolingischen Fürstenspiegeln liegt zum einen in der
Selbständigkeit der Wahl und der Anordnung der einzelnen Gedanken,
wobei insgesamt die geforderte Ausrichtung des Herrschers auf Gott
und seine Verantwortung vor dem höchsten Herrn, also der religiöse
Kerngedanke des mittelalterlichen Herrschertums, zumeist entschiedener betont erscheint als in den älteren Fürstenspiegeln. Dazu kommt,
daß auch diese beiden Bücher als Weckrufe konzipiert sind, daß Rather
den gleichsam als Zuhörer vor ihm, dem Prediger, sitzenden Herrscher
unmittelbar anredet, auch wenn er zuweilen dem Ton der Abhandlung
sich nicht ganz entziehen kann und das Werk trotz der Ausführlichkeit,
mit welcher die einzelnen Stücke behandelt werden, an Lebhaftigkeit
gewinnt. Den Trägern höchster weltlicher Würden folgen die der geistlichen: Buch fünf richtet den Weckruf an geistliche Fürsten, an die
Bischöfe, zu denen Rather selber gehört, und an die Äbte und andere
Prälaten; hier klingen wiederum mehr persönliche Töne auf. Und noch
einmal kehrt der Verfasser zu seinem ursprünglichen Anliegen zurück,
die Christenheit insgesamt aufzurufen, und er tut dies im sechsten
Buch, indem er seinen Weckruf richtet an die Menschen nach ihrer
inneren Haltung, ihren verschiedenen Fähigkeiten und Verhaltensweisen: an die Gerechten und die sich dafür halten, an die Büßer oder
diejenigen, die es sein wollen, an die Klugen und Weisen und so fort.

Niemand wird dem Werk die Größe der Konzeption absprechen
können. Der Wirkung aber, welche dieser Weck- und Mahnruf an die
gesamte Christenheit hätte ausüben können, hat sich Rather doch wohl
selbst beraubt: es ist zum einen nicht so sehr die Kompromißlosigkeit

der Forderungen als die Maßlosigkeit der Kritik, zu welcher Rather neigt, und die ihn gelegentlich an die Grenze des Gehässigen führt, zum anderen der Mangel im Formalen, der in einem Werk dieser Art besonders schwer ins Gewicht fällt; es fehlt Rather schlichtweg an der Kraft zur Bewältigung eines umfangreichen Stoffes. Rather war offenbar ein zu unruhiger, nervöser, zerfahrener Mensch, als daß er die Kraft aufgebracht hätte, bei seinem Gegenstand zu bleiben, und versucht hätte, einem Thema, das er so meisterhaft zu setzen wußte, in Ruhe und Gelassenheit die Form zu verleihen, der es bedurfte. Die Gedanken und Einfälle sprudeln gleichsam nur so hervor, aber Rather versteht sie nicht zu bändigen, ihnen ihren rechten Platz und Raum zuzuweisen, und so enteilen sie immer wieder dem ordnenden Bemühen. Schon in der sprachlichen Form, für die Geschichte des Lateins interessant, wird die mangelnde Bestimmtheit offenbar. Sie entbehrt der Ruhe, der Klarheit und der Festigkeit, und so ist Rather nie zu der erstrebten Ausgewogenheit und Harmonie gelangt. Er selbst freilich scheint von dem Werk nicht wenig gehalten zu haben. Zu wiederholten Malen sandte er ihm bekannten Bischöfen, bei denen er Unterstützung in einem seiner Anliegen erhoffte, ein Exemplar der praeloquia[24]. Stärkere Verbreitung haben die praeloquia nicht gewonnen, und die insgesamt geringe Aufmerksamkeit, die sie gefunden haben, scheint die Lebenszeit des Verfassers nur wenig oder gar nicht überdauert zu haben.

Rather war bereits aus Italien entwichen und hielt sich in der Provence auf, als er den Mitbrüdern in Lobbes seine *vita Ursmari* übersandte. Der beigefügte Brief[25] gibt nicht nur eingehend Auskunft über Rathers Arbeit, sondern wirft auch ein Schlaglicht auf die Situation des geistlichen Lebens in Lobbes zu jener Zeit: Rather spricht von der vita des ersten Abtes von Lobbes und ihrem Verfasser, der doch hundertachtzig Jahre früher ebenfalls Abt im eigenen Kloster gewesen war, so als hätte er selbst nie davon gehört und denke dasselbe auch von seinen Mitbrüdern. Er fand Ansos vita inhaltlich wertvoll, aber höchst fehlerhaft in ihrer sprachlichen Form. Rather hat seine Aufgabe in erster Linie in der Korrektur der grammatischen Verstöße – wobei er übrigens offenläßt, ob sie dem Schreiber der ihm vorliegenden Hand-

---

[24] Direkt bezeugt ist uns die Übersendung eines Exemplars aus Como an die zum Konzil versammelten Erzbischöfe und Bischöfe (zwischen 936 und Anfang 939; epist. 2), die Sendung eines leihweise überlassenen Exemplars an Erzbischof Rotbert von Trier aus der Zeit des Aufenthalts in der Provence (also zwischen 939 und 944, epist. 5) und an Brun, den Bruder Ottos des Großen und späteren Erzbischof von Köln, vielleicht noch aus derselben Zeit oder auch erst aus Lobbes (zwischen 942 und 946, epist. 6).

[25] Er ist wegen *nuper* am Anfang (epist. 4, Weigle S. 28, 4) wohl nicht lange nach März 939 anzusetzen.

schrift oder dem Autor selber zur Last zu legen seien – sowie in der Verbesserung derjenigen Stellen, an denen ihm ein Mißverständnis möglich zu sein schien, gesehen; darüber hinaus hat er an der von ihm als *sermo pene rusticus* bezeichneten Sprache des Anso nichts ändern wollen; wisse man doch, daß die Verfasser der Bücher der Heiligen Schrift sich um die Zuchtrute der Grammatiker nicht gekümmert hätten und bei der Bekehrung und Erlösung der Menschheit die Lehre einfältiger Fischer vor Gott mehr Gefallen gefunden habe als die scharfsinnigen Beweisführungen der Philosophen. Lediglich den fast unverständlichen Einleitungsbrief des Anso zur vita Ursmari habe er ganz weggelassen. Man wird die Ausführungen Rathers, die ein recht getreues Bild seines Vorgehens bei der Bearbeitung der vita des Anso geben, über den konkreten Fall hinaus als ein bemerkenswertes Zeugnis der Weise der Betrachtung und Umarbeitung älterer hagiographischer Denkmäler, wie man sie vielfach im zehnten Jahrhundert antrifft, betrachten dürfen.

Es folgt eine stattliche Reihe von Schriften zumeist recht geringen Umfangs, die hier nicht im einzelnen betrachtet werden können. In die Zeit des Aufenthalts in der Provence, da Rather als Wanderlehrer sein Brot zu verdienen genötigt war, gehört eine lateinische Schulgrammatik *sparadorsum*, „Rückenschoner". Das Werk ist verloren; wenn man aus dem Titel schließen darf, hat Rather den grammatischen Stoff vermutlich in einer Form dargeboten, die origineller war als die der üblichen Grammatiken, die sich an Donat und Priscian orientierten[26]. Vielleicht hat gerade das Persönliche, von dem sicher auch das sparadorsum geprägt war, dazu beigetragen, daß das Werk verlorenging.

Mancher der kleinen Traktate erhellt schlaglichtartig die Verhältnisse: In der Schrift *de contemptu canonum* geißelt Rather Verstöße des Klerus gegen die kirchlichen Gesetze, brandmarkt Ausschweifungen und Verfehlungen der Geistlichkeit. Er bietet auch hier außerordentlich viel, führt den Leser hinein in das Leben der Zeit, aber wir dürfen nicht übersehen: Rather kann immer nur kämpfen, und was er sieht und sagt, ist mit den Augen des Kämpfenden gesehen, er gibt keine sachlich ruhige Darstellung der wirklichen Verhältnisse, sondern hält eine Strafpredigt, er legt nicht die Schwächen seiner Zeitgenossen dar, sondern er übt Kritik, tadelt, greift an.

In der kurzen Schrift *de nuptu illicito* bekämpft er vor allem die Verheiratung von Priestern und verurteilt scharf die Eheschließung in der Fastenzeit; und so hat er unermüdlich streitend und kämpfend zu

---

[26] Zum Titel Paul Lehmann, Mittelalterliche Büchertitel. Sitzungsber. d. Bayer. Akademie d. Wiss. 1948. Heft 4 und 1953. Heft 3. Wiederabdruck in P. L., Erforschung des Mittelalters V (1962) S. 1ff., hier S. 50.

allen Fragen, die ihm begegneten und ihn bewegten, auch literarisch Stellung genommen.

Zu einem größeren Werk kam es erst wieder zwanzig Jahre nach den praeloquia in der Zeit des Mainzer Exils. Wir haben aus dieser Zeit nicht nur das umfangreiche Bruchstück eines Briefes an den Bischof Baldrich von Lüttich, der Rather verdrängt hatte (epist. 10 von 955/56), einen Brief, in dem sich Rather über seine Vertreibung aus dem Bistum beklagt, dabei aber auch die wirren Verhältnisse andeutet, die um die Mitte der fünfziger Jahre in Lüttich geherrscht haben müssen. Das bedeutendste ist die *Frenesis*[27]. Schon der Titel ist Ausdruck des Hohnes auf diejenigen, die ihn, Rather, einen Wahnsinnigen nannten. Wahnsinn, so bemerkt er etwas später im Prolog, nenne er sein Werk und sich selber einen Wahnsinnigen nach der Meinung der anderen, weil er in seiner Lage nicht zu Geld seine Zuflucht genommen, nicht zu den Waffen gegriffen, sich nicht auf die Hilfe von Freunden verlassen, sondern sich zu den Büchern gewandt und altüberkommene Rechte für sich in Anspruch genommen habe[28]. Das Werk ist Ausdruck der äußersten Erbitterung und der stärksten Vorwürfe darüber, daß er, nachdem er schon aus seinem Bistum Verona wiederholt vertrieben worden, dann, als er noch einmal in Lüttich inthronisiert worden sei, und zwar durch Fürsprache des Bruders des Königs, Brun, mit Zustimmung nicht nur der zuständigen Bischöfe, sondern von Kirchenfürsten und Grafen aus verschiedensten Teilen des Reiches, auch von dort wiederum vertrieben worden sei. Das Werk insgesamt stellt sich dar als eine Verbindung von Rechtfertigung des eigenen Verhaltens und Invektive gegen seine Feinde. Nach der umfänglichen praefatio, in welcher u.a. auch ein Inhaltsverzeichnis des ganzen Werkes geboten wird, enthält das erste Buch, die eigentliche frenesis, eine neuerliche polemische Behandlung von Rathers wiederholter Vertreibung, seiner berechtigten Ansprüche und seiner Bemühungen, sich gegen die immer wieder erneuten Anfeindungen und Widerstände zu behaupten. Indes, Rathers Streitsache hatte im Lauf der langen Jahre doch einiges an Aktualität eingebüßt, und er selbst stand mittlerweile in einem Alter, das dazu neigt, auch ein hartes Schicksal in milderem Lichte zu sehen. Darf man in dem Umstand, daß Rather das erste Buch des großen Werkes, die eigentliche frenesis, gegen Ende in zwei umfangreichere Gedichte (*Quid teneant intus nostri si forte libelli*, 70 Hexameter; das zweite inc. *Parce deus famulo miserens miserere redempto*, 60 Verse, Distichen) übergehen läßt, einen Ausdruck dafür sehen, daß er, der

---

[27] So wohl Rather selbst statt des üblichen *Phrenesis*.
[28] S. 57f. Weigle = cap. 2 der Ballerini.

Schriftsteller, nunmehr die Kraft gefunden hatte, sein eigenes Leben gleichsam zum literarischen Sujet werden zu lassen? Oder ist das neuerliche Hervorholen alter Mißhelligkeiten am Ende nur ein trotziges Aufbäumen eines starr Gewordenen? Die Antwort fällt schwer, und inwieweit das religiöse Moment, das in beiden Fällen vorhanden ist, mitgewirkt hat bei der Wahl der „höheren" Form, muß einstweilen offenbleiben. Im übrigen enthält das Werk in dem erhaltenen Teil eine Reihe literarischer Beispiele und Zitate, auch aus profanantikem Schrifttum, ehe es mit einem nochmaligen Rückblick schließt. Nur bis hieher ist das Werk auf uns gekommen. Die folgenden elf Bücher, von denen wir aus der vorhin erwähnten Inhaltsangabe Rathers Kenntnis haben, bildeten eine Briefsammlung, in der Rather die auf seinen Fall bezüglichen Schriftstücke noch einmal zusammenstellte.

Wenige Jahre nach dem dialogus confessionalis, vermutlich bald nach der Mitte der sechziger Jahre, verfaßte Rather wiederum ein Werk, in dem er auf seine Person und seine persönlichen Anliegen unmittelbar einging, die *qualitatis coniectura*. Es ist charakteristisch für ihn, daß zwei einander so nah verwandte und doch so gegensätzliche Werke auch hinsichtlich ihrer Entstehungszeit nicht weit voneinander getrennt sind. Zeigte ihn der dialogus confessionalis in tiefster Zerknirschung, als einen Mann, der in Selbstanklage und Vorwürfen über die eigene Schwäche und Mangelhaftigkeit und Sündhaftigkeit sich nicht genug tun kann, so erschiene er in der coniectura qualitatis, wäre sie das einzige von ihm erhaltene Werk, als ein Mann, den die Enttäuschung des Lebens in die äußerste Erbitterung und Verhärtung, ja Gehässigkeit gegenüber seinen Gegnern getrieben hat. Aber auch dies gehört zum Wesen dieses Mannes, daß er sein Leben lang, noch bis tief in die Siebziger hinein, niemals zur Klarheit, nie zu jener Festigkeit und Sicherheit gefunden hat, welche doch ein Zeichen der reiferen Jahre und des Alters ist oder sein sollte. Wiederum sind es Angriffe der Gegner und Vorwürfe, die sein schriftstellerisches Bemühen wachrufen, ja ihn herausfordern, die ihn, so empfindet er, gleichsam außerhalb der menschlichen Gemeinschaft stellen, als sei ihm allein es nicht vergönnt, sich vor dem Richter zu verantworten, sondern als sei er allen Menschen Rechenschaft schuldig über jeden seiner Schritte. Er hätte schweigen und sein gewiß oft schweres Schicksal still ertragen können. Aber eben dies vermochte Rather nicht. Seine nervöse Empfindlichkeit, Verletzbarkeit ist aufs äußerste gestiegen, grenzt ans Psychopathische, und vielleicht ist es die Last wie die befreiende Gabe des literarischen Menschen, daß er in einer Lage wie derjenigen des Rather zur Feder greifen muß. So ist ein Werk entstanden, das wiederum sehr stark von autobiographischen Zügen geprägt, aber doch weniger auf das eigene Ich des

Autors als gegen diejenigen gerichtet ist, von denen er sich angegriffen fühlt.

Als Rather im Jahre 974 in Namur starb, war er schon fast vergessen. Er schrieb für den Tag, und die Zeit ging über ihn hinweg. Er war ein Tagesschriftsteller von ungewöhnlicher Begabung, ein Mann, dem nur eines fehlte, was ihn zu einem Großen der Literatur hätte machen können: die Zucht. Was ihm im Wege stand, war wie im Leben so in der Schriftstellerei zu nicht geringstem Teil die eigene Maßlosigkeit, die Maßlosigkeit des Anspruchs und der Forderung, die er an andere wie an sich selber stellte, auf der einen Seite, die Empfindlichkeit, Verletzlichkeit und das gereizte Reagieren auf der anderen Seite, wenn er einen Vorwurf zu hören meinte oder einen Angriff fühlte. Zu diesen Eigenschaften, die in Rathers innerstem Wesen angelegt waren, treten äußere Umstände. Rather war der Geburt nach kein Italiener und wirkte auch nur zeitweise in Italien. Aber manches in seinem Leben und in seinen Werken erklärt sich aus der Zerrissenheit des damaligen Italien und der Verflechtung mit den Tagesinteressen, und so ist es kein Zufall, daß von den Zeitgenossen gerade Liudprand von Cremona von Rathers Hauptwerk, den praeloquia, lobend gesprochen hat.

Unter den italienischen Zeitgenossen Rathers ragen zwei Bischöfe durch ihre literarischen Leistungen hervor: Atto von Vercelli und Liudprand von Cremona.

Vom Leben des Atto vor Übernahme des Episkopats weiß man wenig Zuverlässiges. Er scheint Langobarde gewesen zu sein; daß er dem Mailänder Domklerus angehörte, ist eine plausible, doch nicht bewiesene Vermutung. Seine Schriften zeugen von einer vortrefflichen Bildung; wo er sie empfing, ist unbekannt. Im Jahr 924 ist er zum Bischof von Vercelli erhoben worden, und er stand zumindest in früheren Jahren seines Episkopats dem König Hugo von Italien nahe, ohne jedoch, was man auch gemeint hat, dessen Kanzler gewesen zu sein. Später erscheint er auf der Seite Berengars, stand jedoch auch diesem nicht kritiklos gegenüber. Atto regierte sein Bistum ein ganzes Menschenalter lang, und er ist in jenen wirren, von Fehden, von Zerfall der gesellschaftlichen Ordnung, vom allgemeinen geistigen und sittlichen Niedergang gekennzeichneten Jahrzehnten einer jener Männer gewesen, die sich mit ernstem Eifer um eine Erneuerung von innen her bemühten. Daß er 960/61 gestorben sei, wie die Überlieferung will, ist wiederum unbewiesen; feststeht lediglich, daß 964 bereits ein Nachfolger den Bischofssitz von Vercelli innehat.

Attos literarischer Nachlaß ist von mäßigem Umfang; die Werke, deren Chronologie im einzelnen ziemlich unsicher ist, stehen alle im

Zusammenhang mit dem Amt des Mannes. Dem Umfang nach steht an erster Stelle ein *Kommentar zu den Paulinischen Briefen*, über den sich vorerst in Ermangelung einer Untersuchung noch wenig sagen läßt. Erscheint das Werk als solches in der Gesamtheit der zeitgenössischen Literatur fast wie ein Nachzügler karolingischer Gelehrsamkeit, so erweckt, was die äußere Anlage betrifft, der Umstand, daß Atto jedem der einzelnen Kommentare ein argumentum vorangestellt hat, in dem er die Fragen und Aspekte darlegt, unter welchen er den betreffenden Apostelbrief auszulegen beabsichtigt, den Eindruck der Selbständigkeit und Eigenwilligkeit. Daß er sich im übrigen auf eine breite Kenntnis patristischer Literatur stützen kann, stellen die wiederholten Bezugnahmen auf zumeist ungenannte Autoren außer Zweifel. Auf der anderen Seite wird man schon jetzt sagen können, daß die Lösung einzelner Fragen, auch wenn ihre Erörterung großenteils auf patristischen Auslegern beruhen dürfte, doch weithin selbständig zu erfolgen scheint und das Werk jedenfalls nicht als eine bloße Kompilation nach Art der Mehrzahl karolingischer Bibelkommentare anzusehen ist. Dazu kommt, daß sich Atto einer lebendigen Ausdrucks- und Darstellungsweise bedient, die vor Rückgriffen auf eigene Bemerkungen an früherer Stelle, vor Fragen an einen gedachten Zuhörer und anderen Elementen, welche das Werk aus dem Rahmen nur gelehrt-theologischen Erörterns in den Raum des lebendigen Unterrichts hineinzustellen scheinen, nicht zurückschreckt. Es ließe sich denken, daß Atto vor Übernahme des Bischofsamtes als Lehrer der Theologie tätig gewesen ist.

Vermutlich in die früheren Bischofsjahre gehört ein *capitulare*, eine – hier nicht näher zu behandelnde – Sammlung von hundert Titeln, eine vorzugsweise auf den capitula des Theodulf von Orléans beruhende, aber auch Konzilscanones enthaltende Sammlung von Vorschriften für den Klerus. Das wichtigste Werk aber aus der Zeit der Bischofsjahre ist Attos Schrift *de pressuris ecclesiasticis*. In drei Teilen behandelt er darin die Bedrängnisse, welchen er Kirche und Geistlichkeit zu seiner Zeit ausgesetzt sah: einmal dadurch, daß die kirchlichen Gesetze durch Laien mißachtet würden, wenn Geistliche unter Umgehung des kirchlichen Gerichts vor den weltlichen Richter gestellt würden. Unter ausgiebiger Heranziehung von Stellen aus dem Alten und Neuen Testament sowie aus Kirchenvätern versucht er den Nachweis, daß solches Verfahren dem Recht zuwiderlaufe, führt auch konkrete Beispiele dafür an, zu welchen Verzerrungen des Rechts es komme, wenn etwa Priester, denen der Gebrauch der Waffe untersagt sei, zum Zweikampf gezwungen würden und entweder zu Schaden kämen, oder auf der anderen Seite ein Schuldiger infolge der Unterlegenheit des Klerikers im Kampf mit der Waffe als gerechtfertigt hervorginge. Der zweite Teil betrifft die Besetzung kirchlicher Ämter, insbesondere der Bischofssitze durch die weltliche Macht, wodurch oftmals nicht ausreichend gebildete oder durch ihre Lebensführung ungeeignete Personen ins bischöfliche Amt gelangten und den Fürsten und dem Adel ein unseliger Einfluß auf die Kirche und ihre Aufgaben ermöglicht werde; auch von simonistischen Akten in diesem Zusammenhang ist die Rede. Es sind dies Vorgänge, welche in der Tat gerade im Jahrhundert Attos in Italien zu den schlimmsten Mißständen führen sollten und ein Jahrhundert später im Kampf zwischen dem Kaisertum und dem Papsttum zur tiefsten Erschütterung der mittelalterlichen Welt geführt haben. Der dritte Teil von Attos Schrift betrifft das kirchliche Vermögen und die mannigfachen Eingriffe und Übergriffe auf das Eigentum von Kirchen und Klöstern und deren Schädigungen und Beraubung, zumal durch den Adel. Wiewohl das ganze Werk dadurch, daß sich Atto um den Nachweis des Unrechts und seine Begründung aus Bibel, Kirchenvätern und kirchlichen Rechtsvorschriften bemüht, eine stark theoretische Ausrichtung erhält, bietet es doch insgesamt einen deutlichen Einblick in die Verhältnisse der Zeit und stellt eine wichtige Quelle für die Erkenntnis der kirchlichen Zustände dar. Welchen Einfluß die gewandt und sicher, mit großer Entschiedenheit, aber doch immer maßvoll und ohne Gehässigkeit abgefaßte Schrift tatsächlich ausgeübt hat, und inwieweit die literarischen Waffen zur Zeit Attos überhaupt geeignet waren als Mittel des Kampfes um die Unabhängigkeit der Kirche, die doch Attos eigentliches Ziel war, läßt sich schwer abschätzen; merkbare Einflüsse sind nicht nachzuweisen, die handschriftliche Überlieferung ist dünn, und insgesamt scheint Atto mehr als ein Vorläufer der späterhin so starken publizistischen, zeitkritischen und satirischen Literatur denn als einer, dem ein wirklicher Eingriff vergönnt gewesen wäre.

Daß ein Auftreten wie das des Atto nicht ganz ungefährlich war und Mut erforderte, zeigt eine weitere, gelegentlich für unecht gehaltene Schrift, das sogenannte *polipticum quod appellatur perpendiculum*. Polipticum (d.i. πολύπτυχον), das „Vielblätterbuch", kann angesichts des verhältnismäßig geringen Umfangs sich nur auf den Inhalt beziehen und etwa bedeuten, daß das Werk von mannigfachen Gegenständen handle; man hat vermutet, daß bei dem gelehrten Autor die Bedeutung der alten *satura* nachgewirkt haben könnte. Da nun der zweite Titel zu besagen scheint, daß der Autor ein Lot (perpendiculum) anzulegen beabsichtigt, um zu zeigen, wie sehr die Dinge „aus dem Lot" geraten seien, so ist im voraus das Werk als eine satirische, kritische, d.h. zeitkritische Schrift gekennzeichnet. Überliefert ist sie in einer Handschrift des zehnten Jahrhunderts, also einem dem Verfasser noch recht nahestehenden Exemplar, in zwei Fassungen. Während die zweite, der zahlreichen entlegenen, gräzisierenden und Glossenwörter wegen zwar nicht einfach, aber doch einigermaßen glatt zu lesen ist, darüber hinaus zahlreiche Marginal- und Interlinearscholien aufweist, ist die erste durch gewaltsame Verzerrung der Wortstellung, bei welcher man an das Prinzip der scinderatio fonorum des famosen Virgilius Maro grammaticus gedacht hat, überaus schwierig, ja beinah unverständlich geworden. Daß hiefür jedoch nicht ein wunderliches Stilideal maßgebend gewesen ist, zeigt wiederum der Inhalt, der es dem Verfasser nahegelegt haben mochte, das Verständnis seiner Schrift so zu verdunkeln, daß es Unbefugten fast unmöglich war, herauszulesen, was der Autor wirklich meinte. Nach der ohne Nennung des Verfassers erfolgenden Widmung der Schrift an einen ungenannten Bischof – wobei man sich denken mag, daß Atto die Zusendung an eine Reihe von italienischen Bischöfen gleicher Gesinnung im Auge haben konnte – erklärt er in einem kurzen argumentum seine Absicht, an den Verkehrtheiten der Welt Kritik zu üben und sich auch durch formale Erwägungen und stilistische Kunstmittel nicht davon abbringen zu lassen, das Tadelnswerte auch als solches zu bezeichnen. Und nun beginnt er, fast im Ton einer Strafpredigt, im eigentlichen perpendiculum die Verhältnisse in Italien zu schildern, doch immer so, daß keine Personen genannt, für die Kenner der Verhältnisse aber doch die Dinge so vorgetragen werden, daß ein jeder wußte, wen der Verfasser mit diesem oder jenem meinte. Die Vorwürfe, die er erhebt, die Kritik, die er übt, die Invektiven, mit denen er die Mißstände anprangert, betreffen zum Teil dieselben Vorgänge und Zustände, von denen in der Schrift über die Bedrückungen der Kirche gesprochen worden war, erweitern sich jedoch zu einem allgemeinen düsteren Gemälde der Zeit des Verfassers. Atto übt Kritik, scharfe Kritik, an dem Verfall der guten Sitten, an der um sich greifenden Habsucht und Besitzgier, prangert an den Wortbruch und Verrat, Gewalt jeglicher Art und die Zerrüttung aller Ordnungen, das Chaos, von dem er einleitend bemerkt, daß auch die Weisen es nicht zu erklären vermöchten: *non chaos explicant sophistae*[29]. Er trifft und versucht zu treffen vor allem jene, denen er die Schuld an dem allgemeinen Niedergang in erster Linie zuschreibt: den Fürsten, den Großvasallen, den Rittern, aber auch dem besonderen Umstand – und hier ist Atto ganz und gar Italiener – der Fremdherrschaft, der er einen Teil der Schuld an der Zerrüttung der Verhältnisse in Italien beimißt. Und hier liegt wohl auch einer der ihm am gefährlichsten erscheinenden Gedankengänge, die es ihm geraten erscheinen ließen, sein Versteckspiel zu trei-

---

[29] S. 14, 10 Goetz.

ben, wenn er aus der Heiligen Schrift, aus den Büchern des Alten Testaments die Begründung, die Rechtfertigung, aber auch gegebenenfalls die Ablehnung eines Königtums herzuleiten sucht: daß niemand sich unterstehen dürfe, ohne die göttliche Berufung durch Abkunft und dergleichen – Atto spricht von der Salbung Davids – das Königtum zu begehren, und daß keiner sich erdreisten dürfte, den Namen des Augustus, des Kaisers, für sich zu beanspruchen, wenn er nicht wisse, daß auch das Volk sich ihn als Herrscher wünsche, und dergleichen. Solche und ähnliche Gedankengänge, die in der Erörterung mittelalterlicher Herrschaftsverhältnisse wohl gern übersehen werden, waren deutlich genug in einer Zeit, da Hugo die Krone Italiens trug, der zuvor Graf von der Provence gewesen. Das perpendiculum bleibt trotz der erklärenden Fassung und der zahlreichen Glossen in manchen Einzelheiten doch noch recht dunkel; außer Zweifel aber steht das hohe geistige Niveau des Verfassers und seine vortreffliche Bildung. Was die zweite Fassung des perpendiculum angeht, so ist es sehr unsicher, ob sie überhaupt von Atto selbst oder von einem anderen herrührt; wahrscheinlicher ist das letztere. Man wird angesichts der Bedenklichkeit des Inhalts kaum damit rechnen dürfen, daß die Zahl der Abschriften jemals groß gewesen ist, und so ist es wohl dem Zufall zu verdanken, daß sich die Schrift überhaupt erhalten hat.

Der literarische Nachlaß Attos läßt den Bischof von Vercelli als einen ebenso gelehrten wie geistreichen und originellen Schriftsteller erscheinen. Der Mann, der – soferne die angenommene innere chronologische Abfolge seiner Werke richtig gesehen ist – mit kompilatorischen und doch schon selbständigen Schriften begonnen, dann sich verstärkt dem Geschehen seiner Zeit zugewandt hat, gehört mit der Schrift de pressuris ecclesiasticis und dem perpendiculum zu den frühesten Vertretern der Tagesschriftstellerei Italiens, ja der lateinischen Literatur überhaupt, und er ist mit den letzteren gewissermaßen ein Vorläufer einer Art des Schrifttums, das erst ein Jahrhundert später, im Zeitalter des Investiturstreits mit seiner politischen, polemischen und satirischen Literatur in vielem dem lateinischen Geistesleben neue Züge verleihen sollte. Nächst dem allgemeinen Interesse für die Geschehnisse des Tages und dem Bemühen, in dieses mit literarischen Mitteln einzugreifen, was eine nicht geringe Zunahme an Lebendigkeit, Lebhaftigkeit zur Folge hat, gehört dazu auch das Versteckspiel, wie es im perpendiculum geübt wurde und das auch in jener späteren Literatur in verschiedener Weise wieder angewandt werden wird.

Die Gabe der scharfsichtigen kritischen Beobachtung, die ein Rather besaß, die in einem Atto mit größerer Vorsicht gepaart, aber nicht minder kräftig steckte, und sich fast schon zur Satire steigerte, eignete vor allem einem dritten italienischen Bischof der ottonischen Zeit, L i u d p r a n d v o n C r e m o n a. Er stammte aus einer angesehenen langobardischen Familie, der Vater, den er früh verlor, war im Jahre 927 im Dienste König Hugos als Gesandter in Konstantinopel gewesen. Auch der Stiefvater, der sich des Knaben aufs sorglichste annahm, stand in Hugos Diensten und unternahm 942 ebenfalls im Auftrag des Königs eine Gesandtschaftsreise nach Konstantinopel. So ist Liudprand schon durch seine Familie mit dem Hof in Verbindung gekommen. Er selber war seit 931, d.h. als Knabe von elf, zwölf Jahren an der Hofschule zu Pavia; dort empfing er die später in seinen Werken zu Tage tretende umfangreiche, vorzüglich weltlich gerichtete Bildung. Dort, am Hof, eignete er sich aber auch eine ganz auf äußeres Ansehen und Karriere gerichtete Einstellung an. Man muß annehmen, daß er darin auch von seinem Stiefvater nachhaltig unterstützt wurde: Als nämlich König Hugo seinem Gegenspieler, dem Markgrafen Berengar von Ivrea, nachdem dieser aus Deutschland, wo er bei Otto dem Großen Schutz gesucht hatte, nach Italien zurückgekehrt war, weichen und sich fortan mit dem bloßen Namen eines Königs begnügen mußte, hielt es Liudprands Stiefvater für geraten, alsbald sich und seinen Stiefsohn dem neuen Herrscher durch reiche Geschenke zu empfehlen. Liudprand wurde in die Kanzlei Berengars aufgenommen und im Jahr 949 von diesem mit einer Gesandtschaft nach Konstantinopel betraut, deren Kosten der wohlhabende Stiefvater übernahm. Nach der Rückkehr kam es zum Zerwürfnis mit Berengar – die Gründe hiefür sind nicht bekannt – und Liudprand suchte Zuflucht am Hof des deutschen Königs. Durch seine Geschicklichkeit und seine Sprachkenntnis leistete er diesem wertvolle Dienste; der König honorierte ihn, indem er ihn wohl gegen Ende 961 zum Bischof von Cremona erhob. Im Frühjahr 968, kurz nachdem Otto I. seinen Sohn hatte zum Kaiser krönen lassen, reiste Liudprand wiederum in diplomatischer Mission nach Konstantinopel, diesmal als Brautwerber für Otto II., kehrte jedoch im Oktober desselben Jahres wieder zurück, unverrichteter Dinge. Daß er noch einmal, 971, nach Byzanz gereist sei, als Teilnehmer einer von dem Markgrafen Gero geführten Gesandtschaft, welche die für Otto II. bestimmte Prinzessin Theophanu abholte, ist nicht sicher bezeugt; er ist etwa im Jahre 972 gestorben.

Liudprand ist der größte politische Schriftsteller seiner Zeit, ein hochgebildeter Mann, klug, aber von unglaublich starkem Selbstbewußtsein erfüllt, das äußerst empfindlich war und sich zu Haß und Rachsucht steigern konnte, wenn er sich gekränkt fühlte. Er war bewandert in der profanantiken und in der christlichen Literatur, eine ausgeprägte schriftstellerische Persönlichkeit, und er führt mit großer Gewandtheit eine spitze Feder. Er verstand es vortrefflich, zu unterhalten, aber auch satirisch und polemisch seinen Gegner zu treffen.

In diesem Betracht ist vergleichsweise harmlos die sogenannte *historia Ottonis*, eine kleine Schrift, abgefaßt etwa 965. Der übliche Titel ist modern und schlecht, nur eine Handschrift, in welcher das Werk als siebentes Buch der (bald zu behandelnden) antapodosis gezählt wird, hat *de Ottone rege* als Überschrift[30]. Es handelt sich nicht um die Geschichte Ottos I. und seiner Zeit, sondern lediglich um eine Darstellung der Ereignisse der Jahre 960 bis 964, ein dunkles Kapitel der Kirchengeschichte: die Jahre Johannes XII. Der Sohn des römischen princeps Alberichs II., der von Haus aus Octavianus hieß – er war der erste Papst, der bei Übernahme des Amtes seinen Namen änderte – war als Repräsentant der angesehensten Adelsfamilie auf Grund eines Eides, den die römischen Großen dem Alberich hatten schwören müssen, nach dem Tod seines Vaters als achtzehnjähriger Jüngling zum Papst gewählt worden. Unreif an Jahren, für das Amt in keiner Weise befähigt, wurde er von dem Streben eines jungen Fürsten, der seine Macht zu mehren sucht, und seinen jugendlichen Ausschweifungen hin und her gerissen. Um der wachsenden Macht Berengars II. und seines Sohnes Adalbert entgegenzutreten, welche die Abwesenheit des deutschen Königs und dessen Beschäftigung mit der Empörung der eigenen Söhne benützten, ihre Stellung in Oberitalien weiter auszubauen, rief Johannes im Jahr 960 Otto I. zu Hilfe. Mit dem Hilferuf des Papstes an den deutschen König, dessen Italienzug, seinem prunkvollen Empfang in Rom und der Kaiserkrönung Ottos und seiner Gemahlin Adelheid durch Johannes XII. im Februar 962 setzt die historia Ottonis ein. Breiten Raum nimmt sodann der Bericht über den alsbald nach dem Abzug des Kaisers erfolgenden Treuebruch Johannes ein, seinen Schwur zugunsten Adalberts und die Vorgänge, welche zur Rückkehr Ottos nach Italien führten, bis hin zu der ausführlich behandelten römischen Synode vom Spätherbst 963, die schließlich zur Absetzung Johannes XII. und der Wahl eines neuen Papstes führte. Liudprand, der ganz im Sinne des Kaisers schreibt, so daß sein Bericht geradezu als Hofhistoriographie aufgefaßt werden könnte, setzt sich bei dieser Gelegenheit sehr deutlich in den Vordergrund als Vertrauten des Kaisers, dem dieser die Übersetzung seiner im heimischen Sächsisch vorgetragenen Rede ins Lateinische anvertraut und anderes mehr. Bestimmte Mittel der Darstellung, die auch in den andern Werken Liudprands

---

[30] Auch der vom Herausgeber der kritischen Edition gewählte Titel *liber de rebus gestis Ottonis magni imperatoris* ist frei erfunden.

eine Rolle spielen und bis zu einem gewissen Grade charakteristisch sind, treten in Erscheinung: etwa die raffinierte Art, den Charakter einer bestimmten Person dadurch zu beschreiben, daß man sie selber handeln und reden läßt, wodurch zunächst der Eindruck der Objektivität entsteht, während der Schriftsteller in Wahrheit durch einen kleinen Kunstgriff die erwünschte Schattierung sichtbar macht. So wird Johannes XII. unter anderem dadurch gekennzeichnet, daß ihn Liudprand erst dem Kaiser den Eid der Treue, kurz darauf, zwei Sätze später, ihn dem Haupt der Gegenpartei, Adalbert, denselben Eid schwören läßt: ein darstellerischer Kunstgriff, durch den die Wankelmütigkeit des schwachen Papstes als eine beinahe unmittelbare Abfolge von Meineiden erscheint. Die mangelhafte Bildung Johannes stellt Liudprand dem Leser vor Augen, indem er den kurzen Brief, mit dem der in der Campagna sich versteckt haltende Papst auf die erste Vorladung durch die Synode antwortete, einfach zitiert: „Johannes, Knecht der Knechte Gottes, an die Bischöfe. Wir haben gehört, daß Ihr einen andern Papst machen wollt. Wenn Ihr das macht, exkommunizier' ich Euch, daß Ihr niemand ordinieren und keine Messe nicht halten dürft.": *Iohannes episcopus servus servorum Dei omnibus episcopis. Nos audivimus dicere quia vos vultis alium papam facere. Si hoc facitis, excommunico vos da Deum omnipotentem, ut non habeatis licentiam nullum ordinare et missam celebrare*[31]. Die in der Peterskirche versammelten Bischöfe antworteten mit Hohn: er habe einen kindischen Brief geschrieben; sie, die Bischöfe, seien bisher der Meinung gewesen, daß doppelte Verneinung eigentlich eine Bejahung ergebe, aber das könne er natürlich kraft seiner päpstlichen Autorität ändern. Im übrigen wollten sie ihm auf das antworten, was er gemeint, nicht was er gesagt habe. Solche Anspielungen auf die Unbildung des Johannes wirken um so stärker, als Liudprand bei anderer Gelegenheit selbst Personen, von denen man höhere Bildung eigentlich gar nicht erwartet, klassische Reminiszenzen in den Mund legt. So läßt er beispielsweise die Abgesandten des Kaisers bei ihrem Bericht über das skandalöse Leben Johannes XII. im Lateran mit Worten reden, die an Terenz, Juvenal und Horaz anklingen[32]. Der Raffinesse, mit der Liudprand einen Gegner zu treffen, ja zu vernichten weiß, entspricht die Meisterschaft diskreten Lobens und Rühmens. Auf den erwähnten Bericht der Gesandten, der Unerhörtes an Vorwürfen gegen den jungen Papst enthielt, antwortet der Kaiser mit schlechterdings nicht zu übertreffender Hoheit und Würde: *Puer est; facile bonorum immutabitur exemplo virorum*[33].

---

[31] Liudprandi historia 13 (169, 14 sqq. Becker).
[32] Liudprandi historia 4 (161, 12 sqq. Becker).
[33] Liudprandi historia 5 (162, 10 Becker).

Im Vergleich mit anderen Werken Liudprands erscheint die sogenannte historia Ottonis als maßvoll. Der Verfasser befleißigt sich eines ruhigen, sachlichen Tones, vermeidet offene persönliche Polemik und trägt auch dadurch, daß er von sich selbst nur in der dritten Person redet, zur Herstellung eines scheinbar objektiven Berichtes bei. Tatsächlich läßt sich, was er sagt, zumeist aus anderen Quellen bestätigen. Aber es gibt eben auch Dinge, von denen er wußte, weil er daran beteiligt war, und von denen er nichts sagt. Dazu gehört etwa, daß Johannes XII., was immer man gegen ihn vorbringen konnte, eben doch rechtmäßig gewählt, daß er zu der Zeit, da er über die Bischöfe den Bann verhängte, sich noch im Amt befand, daß er nach herkömmlichem Recht von der Synode eigentlich hätte dreimal geladen werden müssen, und daß die in der Peterskirche versammelten Bischöfe, nicht zuletzt Liudprand selber, doch eigentlich wissen mußten, daß das Verfahren der Absetzung – es mochte sachlich so berechtigt sein wie immer – so wie sie es betrieben, ohne ordentliches Gerichtsverfahren, in Abwesenheit des Beschuldigten, im Grunde doch ein Akt der Willkür und der Insubordination war, und die Bischöfe für die Durchführung die Macht des rechtlich denkenden Kaisers mißbrauchten, dessen Wunsch diesmal ihren Vorstellungen entsprach. Da der Kaiser im Vordergrund steht und fast nur als *sanctissimus imperator* erscheint, gilt das Werk als eine Parteischrift im Sinne der Politik Ottos des Großen. Aber es ist nicht zu übersehen: in der Mitte steht das Ereignis der Absetzung eines Papstes und der Erhebung einer Synode gegen ihn. Liudprand, der Autor des Berichts, hat an diesen Vorgängen an maßgeblicher Stelle teilgenommen. Er war es, der gebildete Bischof, von dem man wußte, daß er Griechisch konnte, und der nun auch des Sächsischen sich mächtig zeigte, er war es, der die Worte des Kaisers dem versammelten Episkopat verständlich machte, und an ihm hing es, wie die Versammlung entschied. Es war der Höhepunkt im Leben des selbstbewußten Mannes:

Surgens itaque Liudprandus episcopus ...

Die sogenannte historia Ottonis war, wie gesagt, nicht Liudprands Erstlingswerk. Es ist merkwürdig, daß dieser Mann, dem es an Selbstbewußtsein doch wahrlich nicht gebrach, erst durch Anregung von außen zur Schriftstellerei gelangt ist. Es war der Spanier Rekemund, Bischof von Elvira, der im Jahre 956 als Haupt der zweiten Gesandtschaft des Kalifen ʿAbdarraḥmān III. bei Otto dem Großen weilend, den damals etwa dreißigjährigen Diakon dazu ermunterte, die Geschichte seiner Zeit zu schreiben. Das Werk, das Liudprand zwei Jahre später dem längst in die Heimat zurückgekehrten Rekemund widmete, sind die sechs Bücher *antapodosis*. Den Titel Antapodosis (in der Überschrift zu Beginn des Gesamtwerkes *liber antapodoseos*), retributio, „Die Vergeltung", erklärt Liudprand, der sich auf seine Griechischkenntnisse nicht wenig zugute tat, zu Beginn des dritten Buches. Er bezeichnet es als eine Absicht, die Taten des Berengar, der gegenwärtig in Italien als König oder vielmehr als Tyrann herrsche, und seiner Gemahlin Willa, die eine zweite Jezabel sei (nach 1 Reg.16, 31ff.; besonders 18, 4 u.a.) wegen ihrer maßlosen Herrschsucht und ihrer unersättlichen Raubgier und eigentlich Lamia, die Hexe oder Blutsaugerin, heißen müsse, darstellen und brandmarken zu wollen; denn diese beiden hätten gegen ihn und seine ganze Verwandtschaft grundlos mit solcher Verlogenheit, Habgier und Niedertracht gehandelt, daß er durch sein Buch vor Zeitgenossen und Nachwelt für ihre Gottlosigkeit Vergeltung üben müsse. Daß ein solchermaßen von Feindseligkeit, Haß und Rachsucht – sie mochten berechtigt sein wie immer – getragenes Werk zumindest in großen Teilen nicht zu einer objektiven Geschichtsdarstellung geraten kann, liegt auf der Hand. Aber eben der Umstand, daß der Verfasser bewußt Partei ergreift und seinen einseitigen Standpunkt rückhaltlos bekennt, macht einen Wesenszug der Antapodosis aus, kennzeichnet das Neue, das durch sie in die Geschichtschreibung gekommen ist und bedingt zu einem nicht geringen Teil auch ihre literarische Eigenart und ihren Rang.

Tatsächlich bietet das Werk weit mehr, als was der Ausbruch des Hasses – es ist nicht der einzige – vermuten ließe. Die Darstellung setzt schon im Jahre 888 ein und berichtet von den Ereignissen in Italien, in Burgund, in Deutschland, aber auch manches aus der Geschichte des byzantinischen Reiches und schließt – unvollständig – etwa 950. Eine ausgewogene Darstellung wird man schon der Nähe zu den Ereignissen wegen nicht erwarten dürfen; doch geht Liudprand weder insgesamt streng chronologisch vor noch gelingt es ihm, größere Zusammenhänge zu erfassen. Er versucht das ihm Mögliche in der Gliederung des Werkes zu erreichen, indem er nach bewährten Vorbildern die einzelnen Bücher mit bemerkenswerten Ereignissen beginnt und schließt. Während das erste Buch mit dem Jahr des Regierungsantritts Berengars I. als König von Italien einsetzt und mit einer Würdigung des Königs Lambert endet, hebt das zweite mit dem Übergang der Krone des Reichs von Arnulf an Ludwig das Kind an und endet mit der Darstellung der Ereignisse um die Ermordung Berengars I. (924). Buch III, mit der bereits erwähnten abfälligen Äußerung über Berengar I. beginnend, setzt die Darstellung mit dem Einfall der Ungarn in Italien fort; Buch IV beginnt mit dem Hinweis des Autors, daß er von nun an aus eigenem Erleben berichte (etwa ab 931); die Abgrenzung der übrigen Bücher V und VI wirkt recht willkürlich. Eine Hauptquelle für Liudprand scheint die mündliche Überlieferung gewesen zu sein. Namentlich für die ersten Bücher glaubt man, daß ihm ein verlorenes lothringisches Annalenwerk als wichtigste Quelle gedient habe; doch ist dies nicht hinlänglich gesichert. Indes wäre nicht die Anlehnung an das Annalenwerk das Charakteristische, sondern das Subjektive der Darstellung, das in einem eigenen, rhetorisch ausgeschmückten Stil vorgetragen wird. Man kann nicht sagen, daß das Werk eigentlich mit besonderer Gewandtheit geschrieben, daß Liudprand ein Meister des lateinischen Stiles sei. Im Gegenteil, manchmal klingt seine Sprache ausgesprochen hölzern, manche Wendungen wirken ungeschickt und wie gequält. Daß dahinter die lebende Sprache steht und der Verfasser sich davon zu distanzieren sucht, ist kaum zu übersehen. Aber ebenso deutlich zeigt jede Seite, daß der Autor, der da redet, ein gebildeter, belesener und nicht zuletzt in der antiken Literatur bewanderter Mann gewesen ist. Liudprand gefällt sich gelegentlich darin, antike Autoren zu zitieren, nicht allein die Bibel, aus der er häufig Stellen anführt, aber er hat nie ein bestimmtes Stilmuster, nie einen bestimmten Schriftsteller vor Augen gehabt, dessen Art zu schreiben er gefolgt wäre, und er setzt auch nicht, wie viele andere, Lesefrüchte mehr oder minder kunstvoll zusammen, er sagt vielmehr alles, was er zu bieten hat, mit eigenen Worten in der ihm gemäßen persönlichen Ausdrucksweise. Die Antapodosis, die Vergeltung, rückt wie bereits angedeutet, vom dritten Buch an stärker in den Vordergrund. Der eitle, sich gekränkt fühlende Mann will Rache nehmen an Berengar I., in dessen Dienst er gestanden war, und er tut das zum Teil memoirenhaft erzählend, teils in boshaft schmähsüchtigem Ton. In den letzten Abschnitten des Werkes, das bis gegen 950 reicht, scheint sich Liudprand vornehmlich auf Informationen zu stützen, die er am Hofe Ottos des Großen erhalten hatte.

Beachtung verdient vor allem die Art der Darstellung. Eines ihrer wesentlichen Elemente bildet die Anekdote; dabei wahrt sich Liudprand volle Freiheit. So etwa, wenn er im ersten Buch, nachdem er von Sarazeneneinfällen in Italien berichtet, dann auf die Verhältnisse im byzantinischen Reich eingegangen ist, zwei Geschichten von Kaiser Leon (VI.) dem Weisen (886–911) einflicht, die fast wie orientalische Märchen klingen, zugleich aber ein Licht auf die Lebensverhältnisse in Konstantinopel werfen und die Person des Kaisers charakterisieren. Da wird erzählt, wie der Kaiser des Nachts, da es allen Bürgern verboten ist, sich außer Haus zu bewegen, heimlich und in unauffälliger Kleidung den Palast verläßt, und wie einer, der etwas zu verbergen hat, durch die Straßen streift, um die Zuverlässigkeit und Wachsamkeit der Trupps bewaffneter Soldaten, die zum Schutze der Hauptstadt vor feindlichen

Überfällen an Straßenkreuzungen über die ganze Stadt hin verteilt waren, auf die Probe zu stellen; wie dann der erste Posten ihn gegen eine Ausrede und um einige Goldstücke laufen läßt, der zweite desgleichen, bis er beim dritten Versuch an eine pflichttreue Wache gerät, die ihn festnimmt, mit Fäusten und Geißelhieben halbtot schlägt, an Händen und Füßen scharf gefesselt die Nacht über als Gefangenen festhält, so daß der Kaiser nur mit Mühe und Not am andern Morgen der ihm bevorstehenden öffentlichen Prügelstrafe entgeht, indem er den Gefängniswärter überredet, ihn zum kaiserlichen Palast zu begleiten, wo Leon natürlich zum Entsetzen des Gefängniswärters mit dem üblichen Respekt empfangen wird. Den Abschluß bildet die Bestrafung der nachlässigen Wachen und die Belohnung der pflichtgetreuen. In der anderen, nicht minder reizvoll erzählten Geschichte, schleicht Leon, wie er es nicht ungern zu tun pflegte, zur Zeit der größten Mittagshitze heimlich durch den kaiserlichen Palast, öffnet den Riegel zur Wachstube, trifft die zwölf Leibwächter schlafend und stellt, um sich nachher an ihrem Erstaunen zu weiden, einem jeden der Schläfer ein Pfund Goldes auf die Brust, nicht ahnend, daß einer ihn beobachtet. Dieser nimmt, sobald der Kaiser sich entfernt, das Gold der Kameraden an sich und schläft nun ebenfalls. Als die Leibwächter, vor den Kaiser gerufen, auf dessen Frage nach einem besonderen Vorkommnis nichts zu sagen wissen, erzählt jener eine, der die Kameraden bestohlen hat, dem Kaiser von einem angeblichen Traum und seiner Sehergabe, eine Geschichte, die den Kaiser so ergötzt, daß er den Dieb nicht nur straflos ausgehen läßt, sondern ihm auch das gestohlene Geld schenkt.

Liudprand entwickelt geradezu eine Meisterschaft darin, den Gegner bloßzustellen, indem er einfach von ihm erzählt. Solches kann sich in scheinbar beiläufigem Bericht zu höchster Dichte steigern. Er erzählt von der übelbeleumdeten Marozia, der Tochter des römischen Senators und Stadtpräfekten Theophylaktos, nennt ihre Mutter eine schamlose Hure, zählt die berühmtesten Liebhaber und Ehemänner der Marozia auf und versetzt auf solche Weise in einem einzigen Satz fünf berühmten Persönlichkeiten einen Hieb: zwei Päpsten, von denen der eine ihr Buhle, der andere ihr Sohn war, zwei Markgrafen und einem König von Italien.

Wie in dem angeführten Beispiel erzählt Liudprand kaum je ohne Absicht, stets verfolgt er eine bestimmte Tendenz. Oft genug schiebt er seine eigenen Absichten und Ansichten in den Vordergrund. In dieser Subjektivität liegt die Schwäche des Werkes, aber auch der Reiz und der literarische Rang der Darstellung. Überall spürt der Leser, daß der Geistliche, der da schreibt, im Grunde immer ein Weltmann geblieben ist, der leidenschaftlich Anteil nimmt an dem Geschehen, dessen

Erzählung gefärbt wird von persönlichem Haß, von maßlosem lombardischem Nationalstolz und von ungezügelter Eitelkeit. So ist aus dem Geschichtswerk der Form nach ein Memoirenwerk geworden. Liudprand bedient sich einer vielfach gekünstelten Sprache, glänzt mit seltenen Wörtern, prunkt mit seinen Griechischkenntnissen, und, was sehr bezeichnend ist, er unterbricht die Prosa mit Versen, die er selbst fabriziert hat und mit denen er das Vorhergesagte zusammenzufassen und zuzuspitzen versucht. Obwohl er immer wieder von anderen entlehnt, bleibt sein Stil stets selbständig, eigenwillig und originell. Liudprand erzählt im sechsten, nicht zu Ende geführten Buch seiner Antapodosis die Geschichte seiner ersten Gesandtschaftsreise nach Konstantinopel, die er im Auftrag Berengars II. unternommen hatte. Damals war er noch jung, etwa knapp dreißig Jahre alt, und er hatte die ihm fremde Welt des byzantinischen Reiches mit den Augen des Abendländers gesehen, staunend und voll Bewunderung. Als er zwanzig Jahre später in Amt und Würden und zudem als Gesandter des Kaisers abermals nach Konstantinopel reiste, um für Otto II. um die Hand der Theophanou zu werben, kam er als ein ganz anderer. In der *relatio de legatione Constantinopolitana* – gewöhnlich kurz als *legatio* zitiert – berichtet er dem Kaiser Otto dem Großen selbst, Otto II. und der Kaiserin Adelheid seine Erlebnisse von der Ankunft in Konstantinopel bis zur Rückkehr nach Italien. Aber aus diesem Bericht, der sich als historisch gibt, ist ein Pamphlet geworden, ein Pamphlet, das sich gegen die Byzantiner im allgemeinen und gegen den Kaiser Nikephoros Phokas im besonderen richtet, eine Propagandaschrift, die geradezu geeignet war, Kriegsstimmung gegen Byzanz zu erzeugen. Gleich zu Beginn beklagt er sich darüber, daß man ihn vier Tage auf die Audienz beim Kaiser habe warten lassen, und dann schildert er diesen selbst – er nennt ihn immer nur „den Nikephoros" – als eine höchst abstoßende Erscheinung, einen Schweinskopf mit Maulwurfsaugen, Kugelbauch, kurzen Beinen und großen Füßen, in prächtigem, doch abgenütztem und von allzu langem Tragen übelriechendem Gewand. Er beschreibt die Verhandlungen, die er führte, das Gastmahl, bei dem er nur den fünfzehnten Platz eingenommen und an dessen mit Öl und einer Fischbrühe zubereiteten Speisen er sich den Magen verdorben habe, schildert die Pfingstprozession, bei welcher der Kaiser wie ein kriechendes Ungeheuer sich unter den zerlumpten Massen bewegt habe, spricht von dem endlosen Warten von einer Verhandlung zur andern, erzählt, wie er in seiner zugigen Unterkunft, von Soldaten wie ein Gefangener bewacht, krank geworden sei, und so fort. Nun scheint die Aufnahme, die Liudprand am byzantinischen Hof gefunden hat, in der Tat nicht die herzlichste gewesen zu sein. Man hat ihn geradezu als Spion behandelt, ungebührlich lange festgehalten und ihm die Gelegenheit eines Berichtes an Kaiser Otto solange es nur irgend möglich war, vorenthalten. Das hatte politische Gründe, von denen hier nicht des näheren zu reden ist. Aber es kann als sicher gelten, daß Liudprand das Bild, das er von Byzanz und vom byzantinischen Hof zeichnet, stark verzerrt hat, daß sein Gesandtschaftsbericht nicht in allem für bare Münze genommen werden darf. Trotzdem wäre der Verlust eines solchen Werkes bedauerlich; denn zum einen würden wir ohne die Wut, die Liudprand erfüllte, weil er am byzantinischen Hof mit seinem strengen Zeremoniell nicht die von ihm erwartete Aufnahme fand, nichts erfahren von manchen Einzelheiten über das Leben in Byzanz, über den kaiserlichen Hof und dergleichen. Und zum andern würde sich Liudprand ohne seinen persönlichen Haß, den seine gekränkte Eitelkeit in ihm weckte, sich nicht als der Meister der Publizistik erwiesen haben, der er tatsächlich ist. Er w o l l t e ein Zerrbild liefern, und seine Angaben sind mit Vorsicht aufzunehmen, aber man kann seinen Bereich nicht fortlassen aus der Geschichte der abendländischen Beziehungen zu Byzanz, auch nicht aus der Geschichte der Publizistik. Es hat lange gedauert, bis andere Schriftsteller es gelernt haben, mit literarischen Mitteln so in den politischen Tagesstreit einzugreifen, wie es Liudprand getan hat.

Man pflegt Liudprand unter die Geschichtschreiber zu rechnen. Das ist nur bedingt richtig. Denn Liudprand hat mit der Geschichtschreibung nur den Gegenstand gemein, nicht aber die Absicht und das Ziel der Darstellung. Sein Interesse an der Geschichte der Zeit – er geht ohnedies nie weit über die selbsterlebte zurück – ist weder wissenschaftlich oder didaktisch, noch denkt er, wenigstens in erster Linie nicht, an die Nachwelt, der er ein bestimmtes Geschichtsbild vermitteln wollte. Er schreibt auf Grund eigener Erlebnisse, schreibt aus der Situation, dem politischen Geschehen seiner Zeit heraus mit der Absicht, in diese Situation, in dieses Geschehen einzugreifen, welches auch seine Motive sein mögen: und er setzt für seine Ziele die Fülle seiner Belesenheit und Bildung, seine Darstellungskraft und literarische Kunst ein. Liutprand ist nicht Historiker, er ist Tagesschriftsteller, Publizist.

Trotzdem verfielen seine Werke nicht der Vergessenheit, wenngleich die Zahl der Abschriften niemals groß und ihre Verbreitung auch geographisch beschränkt war. In Italien hat das Werk, wie es scheint, bis in die Neuzeit überhaupt keine erkennbare Wirkung ausgeübt; in Cremona selbst war schon zur Zeit von Bischof Odelrich, Liudprands unmittelbarem Nachfolger (984), kein Exemplar der Werke mehr vorhanden. Aber ungefähr um dieselbe Zeit ist von einer der verlorenen italienischen Handschriften ein Kopie wahrscheinlich durch Bischof

Abraham von Freising in dessen Dombibliothek gelangt[34]; von dort aus ist das Werk dann außer in Bayern im elften und zwölften Jahrhundert in Lothringen und im Gebiet des heutigen Niederösterreich bekannt geworden. Vermutlich war der Grund für dieses partielle Nachleben des Werkes das Anekdotische wie überhaupt das unterhaltsame Element, das in allen Schriften Liudprands eine so große Rolle spielte.

Wenn uns in den Werken der Bischöfe Rather von Verona, Atto von Vercelli, Liudprand von Cremona vorwiegend das Interesse für das Geschehen der eigenen Zeit begegnet, so besagt das nicht, daß sich im Italien jener Zeit das Interesse für Geschichte in der Tagesschriftstellerei erschöpft habe, auch wenn es die bedeutendsten Geister der Zeit gewesen sind, die sich den Ereignissen der Gegenwart zugewandt haben. Man hat sich da und dort auch historiographisch versucht, doch ist man über kümmerliche annalistische Aufzeichnungen nur selten hinausgekommen. Zu den wenigen größeren Geschichtsdarstellungen gehört die Chronik des Mönches B e n e d i c t u s vom Kloster S. Andrea auf dem Soracte. Er lebte zur Zeit Johannes XII. (955–963), aber auch noch bis in die Zeit Johannes XVI. (997–998) und verfaßte seine *Chronik* gegen Ende des zehnten Jahrhunderts. Das offenbar nur in der originalen Handschrift[35] erhaltene Werk, ohne Incipit und ohne Titel, beginnt mitten in der passio des römischen Martyrers Pimenius zur Zeit des Kaisers Julian (oder mit Christi Geburt?) und endet unvollständig (und ohne Explicit) etwa im Jahr 967. Man hat die Chronik ein wahres Monstrum nach Inhalt und Form genannt. Das ist eine Übertreibung. Richtiger wohl und jedenfalls gerechter wäre es zu sagen, daß das Werk den tiefen Niedergang, den Verfall des geistigen Lebens in vielen italienischen Klöstern der Zeit, zumal in Rom und dessen näherer und weiterer Umgebung widerspiegelt.

Das geschieht bereits in der Sprache. Es fehlt in ihr nicht an Erscheinungen, die man als vulgär verstehen kann; insgesamt aber hat sie mit Vulgärlatein wenig zu tun, und die Mehrzahl der mitunter grotesken Verunstaltungen, die Benedikt zustande bringt, beruht schlichtweg auf Unkenntnis, Unsicherheit sowohl in der Morphologie wie ganz besonders auf syntaktischem Gebiet, Erscheinungen, die – weil die Sprache nun einmal der unmittelbarste Ausdruck des Denkens ist – eindeutiger, genauer und zuverlässiger als irgendwelche anderen Hinweise das gei-

---

[34] Heute clm 6388 (die Regino-Handschrift, siehe oben S. 86ff.).
[35] Vatic. Chigi lat. F. IV. 75.

stige Niveau kennzeichnen. Benedikt ist der einzige „römische"
Geschichtschreiber des zehnten Jahrhunderts, der einzige jedenfalls,
der mit einiger Kenntnis auch über die Ereignisse in Rom selber berichtet, und hieran vor allem mag es liegen, daß das Urteil von historischer
Seite heute etwas günstiger ausfällt als ehedem. Das Werk, das vielleicht
einmal bei Christi Geburt begonnen hat, in dem heutigen, verstümmelten Zustand in der Zeit des Kaisers Julianus apostata beginnt, ist in
seinem ersten Teil, d.h. bis etwa in die Zeit Ludwigs des Frommen,
eine Kompilation; Benedikt benützte außer einigen Heiligenleben – der
schon genannten vita s. Pimenii, der vita s. Martini des Sulpicius Severus
und etlichen anderen – die Chronik des Beda, die Reichsannalen sehr
weitgehend, und den liber pontificalis. Wenn man gerügt hat, daß
Benedikt ausgelassene Partien in der annalistischen Vorlage nicht wahrgenommen oder gekennzeichnet und wiederholt so weitergeschrieben
habe, als handle es sich noch um dieselben Personen, so wäre zu bedenken, daß möglicherweise das benützte Exemplar unvollständig oder
durch Blattausfall lückenhaft geworden war. Das ändert freilich nichts
daran, daß er doch gerade für die ältere Zeit ein ziemlich wirres Bild
der Geschichte zeichnet. Später werden zwar seine Quellen trüber, aber
er bringt doch über die selbsterlebte Zeit, etwa von der Mitte des
zehnten Jahrhunderts an, manche Nachrichten über die Geschichte
Roms, der Päpste, der Adelsfamilien, die wertvoll sind, weil wir andere
Quellen für Italien aus der Zeit nicht besitzen. Mit Vorsicht aufzunehmen sind auch sie, zumal Benedikt Otto I. gegenüber eine feindselige
Haltung an den Tag legt. In freundlicherem Gedächtnis dagegen leben
die Karolinger, zumal Karl der Große, der als ein Wohltäter des
Andreasklosters u.a. bezeichnet wird. Im übrigen zeigt, was in diesem
Sammelsurium von Geschichten über Karl erzählt wird, nicht die
Geschichte des Kaisers, wie sie wirklich war, sondern läßt uns einen
Blick tun in die Entwicklung der Sagen und Legenden, die sich schon
damals in üppigem Kranz um seine Person rankten. Zum ersten Mal
erscheint hier auch der Bericht von Karls angeblicher Pilgerfahrt ins
Heilige Land. Er habe eine gewaltige Flotte ausgerüstet, sei auch nach
Ägypten, nach Alexandria gekommen, habe in Palästina die Krippe
und das Grab des Herrn, aber auch andere heilige Stätten reich
beschenkt. Aaron, der König der Agarener[36], habe ihm seine Bewunderung bezeigt. Auf der Heimkehr aber habe Karl mit den Byzantinern
einen Vertrag geschlossen, um ihnen ihre Angst vor den Franken zu
nehmen[37].

---

[36] Gemeint ist Hārūn-ar-Rašīd. – Die Agarener (nach Ps 82, 7; 1 Par 5, 10), die Söhne
der Hagar (Gen 16, 21): häufige Bezeichnung der Anhänger des Islam.
[37] In diesem Zusammenhang wird das bekannte Wort zitiert ΤΟΝ ΦΡΑΝΚΟΝ

Wir wissen, daß Karl in Verbindung trat mit Jerusalem, daß er die Kirche dort unterstützte, aber nach Palästina kam er nie. Die spätere Überlieferung, die aus der Verbindung einen wirklichen Besuch des Kaisers an den heiligen Stätten gemacht hat, wird zuerst bei Benedikt von St. Andreae faßbar.

Nachgewirkt hat die Chronik Benedikts offenbar sehr wenig oder gar nicht; die einzige am Anfang und Ende verstümmelte Handschrift, die das Werk erhalten hat, scheint das Original zu sein.

Historisch glaubwürdiger als die Chronik Benedikts ist die auch literarisch auf höherem Niveau stehende, besser gegliederte sogenannte Chronik von Salerno (*chronicon Salernitanum,* der Titel ist modern). Das Werk, dem für die langobardisch-beneventanische und überhaupt süditalienische Geschichte Bedeutung zukommt, beginnt im Jahre 574 mit dem Eindringen der Langobarden in Italien unter ihrem König Alboin und führt die Geschichte bis ins Jahr 974, wo die Darstellung offenbar ohne eigentlichen Abschluß endet. Da der Verfasser gelegentlich seines Berichts über die Ermordung des Herzogs Adelchis von Benevent 878 bemerkt, seit dem Ereignis sei ein Jahrhundert vergangen, so wird die Chronik nicht allzu lange nach dem vorerwähnten Jahr 974 entstanden sein. Außer Zweifel steht, daß der unbekannte Verfasser Salernitaner war. Er hatte Zugang zu den dortigen Archiven[38] und rückt Gedichte des Paulus Diaconus, die sich auf Salerno beziehen (*Lugentum lacrimis populorum roscida tellus* und *Alta ruit subito Beneventi gloria tristis* sowie *Magnus erat princeps Arichis lux vestra salusque*), ein; dazu kommen einige wenige Epitaphien von Fürsten und Bischofsgräbern in Salerno. Der Umstand, daß er den Kommentar des Paulus Diaconus zur Benediktregel näher zu kennen scheint[39], könnte dafür sprechen, daß er einem Benediktinerkloster in oder bei Salerno angehörte. Den Grad seiner Bildung zeigt die zwar deutlich vulgär gefärbte, aber doch im Vergleich zu Benedikt von St. Andreae weit gepflegtere Sprache, zeigt auch die benützte Literatur, wobei allerdings eine eigentümliche Unausgewogenheit oder Zufälligkeit des benützten Schrifttums recht deutlich darauf hinweist, daß in jenem Gebiet eben doch die karolingische Erneuerung und der in ihrem Gefolge sonst in der lateinischen Welt einsetzende Vorgang des inneren Ausgleichs den Süden Italiens nicht erfaßt hat. Daß der um Objektivität bemühte Verfasser urkundliche Quellen herangezogen (und zuweilen auch

---

ΦΙΛΟΝ ΕΧΙC ΓΙΤΟΝΑ ΟΥΚ ΕΧΙC (Bened. Andr. chron. 23).
[38] 62, 7 ff.; 85, 29 ff.; 86, 3 ff. Westebergh.
[39] 38, 5 ff. Westebergh.

genannt) hat, ist oben erwähnt; von sonstigen Geschichtsquellen steht vor allem Paulus Diaconus in hoher Wertschätzung, dessen Langobardengeschichte von der Salernitaner Chronik geradezu fortgesetzt wird; dazu kommen einige Heiligenleben, der liber pontificalis und das chronicon s. Benedicti Casinensis. An sonstiger Literatur sind außer der Bibel einige sermones Augustins, die Etymologien Isidors und gelegentlich ein Schulautor wie Vergil oder die disticha Catonis angeführt, wobei zu beachten ist, daß der Verfasser, sofern er nicht ausdrücklich eine Stelle wörtlich einrückt, mit der benützten Literatur verhältnismäßig frei und gewandt umzugehen versteht. Trotz dieser Vorzüge hat die Chronik offenbar wenig gewirkt, ihre Verbreitung scheint über den beneventanischen Raum nicht hinausgelangt zu sein. Auch die Chronik von Salerno ist wichtig für die Geschichte des Nachlebens Karls des Großen in der Literatur. Dabei ist es interessant zu beobachten, wie der Kaiser hier von der Seite der von ihm Unterworfenen her gesehen wird. Was wir aus der zeitgenössischen Literatur über Karl den Großen hören, ist ja sehr einseitig orientiert, wir wissen beispielsweise nicht, wie Sachsen, Bayern, Langobarden über Karl den Großen gedacht haben. Der Mönch von Salerno, gut anderthalb Jahrhunderte später, erklärt seinen Lesern zwar mit Entschiedenheit, es gebe nach den Römern nur einen Kaiser, und das sei der von Byzanz, die Franken hätten das Kaisertum zu Unrecht usurpiert. Von Karl aber spricht er mit großem Respekt als einem gewaltigen, aber milden, gütigen und frommen Herrscher. Als er mit starkem Heere heranrückt, um die Städte des Herzogs Arichis von Benevent mit Macht (*cum ingenti ira*) zu berennen, ergreift den Herzog solcher Schrecken, daß er nicht nur die Mauern von Salerno erhöhen, sondern auch die Bischöfe seines Herzogtums zu sich rufen läßt, um ihre Hilfe zu erbitten.

Im Büßergewand, einzeln, und jeder auf einem Esel reitend, ziehen sie dem Kaiser entgegen, ihn um Schonung des christlichen Volkes anzuflehen. Weil aber Karl einen Eid geschworen hat, die Brust des Herzogs mit seinem Zepter zu durchbohren, helfen die Bischöfe sich und ihm durch eine List: Sie geleiten den Herrscher zu einer Kirche, worin sich das Bild des Arichis befindet, daß er an ihm seinen Eid erfülle, und beschwichtigen den Zorn des sich getäuscht fühlenden Herrschers durch kniefällige Huldigung. – In einem fingierten Briefwechsel zwischen dem Kaiser von Byzanz und Karl verspricht jener für den Fall, daß ihn Karl in Konstantinopel aufsuche, tausend mal tausend Goldmünzen und ganz Asien, nennt ihn aber Konsul. Karl seinerseits antwortet, die Hauptstadt der Welt sei Rom, das er in Händen habe; besuchen aber werde er den Kaiser von Konstantinopel, wenn die Toten auferstünden, und dann werde er ihm hundert Hunde schenken. – Nach langen Jahren der Regierung übergibt Karl Herrschaft und Reich seinem Sohne Pippin, zieht sich selber ins Kloster Monte Cassino zurück und zeichnet sich dort in einem Maße durch die Tugenden der Demut und des Gehorsams aus, daß er es auch ohne Murren erträgt, als ihn der Abt zum Hüter der Schafe des Klosters bestellt, und stirbt schließlich eines seligen Todes.

In der kräftig vulgär gefärbten Sprache der Chronik spiegeln sich Freude am Erzählen und warme Liebe des Verfassers zu seiner Heimat wider.

Von den bisher genannten Chroniken unterscheidet sich als Geschichtswerk sowohl wie hinsichtlich der sprachlichen Fähigkeit des Verfassers sehr zu ihrem Vorteil die älteste bekannte Chronik von Venedig, das sogenannte c h r o n i c o n   V e n e t u m. Als Verfasser gilt ein Diakon Johannes, von dem man gewöhnlich annimmt, er sei identisch mit dem in der Chronik selber mehrfach (in der dritten Person) Genannten, der ein enger Vertrauter des Dogen Petrus II. Orseolus gewesen ist. Der Autor beginnt mit einem Blick auf die alte Provinz Venetia, das Land der Veneter, und die Stadt, die von ihnen ihren Namen habe; berichtet sodann die älteste Geschichte des Gebietes, vorzugsweise nach Paulus Diaconus mit gelegentlichen Zusätzen aus Beda de sex aetatibus mundi, von 727 an nach unbekannten, aber offenbar guten Quellen, auf Grund derer er sich vortrefflich über die Geschichte Venedigs und der benachbarten Gebiete unterrichtet zeigt. Von besonderem Wert aber ist die Chronik in den die letzten Jahrzehnte behandelnden Partien, für welche Abschnitte sie überhaupt die einzige Quelle unserer Kenntnis ist. Manche Ereignisse, wie etwa der nächtliche Besuch des Kaisers Otto III. beim Dogen Petrus Orseolus sind mit solcher Kenntnis der Details dargestellt, daß man in der Tat annehmen muß, die Vorgänge seien von einem Augenzeugen aufgeschrieben worden. Die Chronik wird von ruhiger Sachlichkeit nicht minder geprägt als vom begreiflichen Stolz des Venezianers der Zeit des zweiten Orseolus-Dogen und zeichnet sich durch klare, von gelegentlichen Vulgarismen nicht freie, doch gepflegte, auf gelehrte Anspielungen weithin verzichtende Sprache aus. Daß das Werk im venezianischen Raum hohes Ansehen genoß, liegt nahe. Wie weit tatsächlich die spätere Historiographie von ihm beeinflußt wurde, ist hier nicht zu erörtern. Aber auch im zwölften Jahrhundert scheint die Chronik vom sogenannten Annalista Saxo benützt worden zu sein, und noch bis ins 13. Jahrhundert lassen sich die Wirkungen dieses Werkes feststellen, das als Geschichtsdarstellung alle späteren und verwandten Versuche auf diesem Gebiet übertrifft.

3. Kapitel: Italien

Ein Werk von ganz anderer Art begegnet uns im sogenannten c h r o - n i c o n N o v a l i c i e n s e. Das Kloster Novalese, unweit von Susa am Fuße des Mont Cenis gelegen, war im Jahre 726 gegründet, 906 (oder 916) von den Sarazenen verwüstet worden; ums Jahr 1000 erfolgte die Wiederbesiedelung von Bremetum (an der Mündung des Sesio in den Po) aus. Der unbekannte Verfasser der Chronik, von dem man annimmt, daß er ein Mönch von Bremetum gewesen sei, und der von sich sagt, daß er einer Familie ritterlichen Standes aus Vercelli angehörte, schrieb das Werk gegen die Mitte des elften Jahrhunderts. Zum Historiker fehlten ihm so gut wie alle Voraussetzungen, am meisten wohl der Sinn für Kritik. Aber seine Darstellung gewinnt eben dadurch den ihr eigentümlichen Wert, daß der Verfasser, dem neben Redseligkeit und – soweit es Novalese betrifft – Ruhmredigkeit das natürliche Erzähltalent nicht fehlt, aus der volkstümlichen Überlieferung eine ganze Reihe von Sagen und auch Legenden erzählt, von denen uns anderwärts nichts berichtet ist. Einiges davon gehört dem Sagenkreis um Karl den Großen an, so die visio Karoli, oder die Geschichte von Karls Gemahlin Bertha, die, fürwitzig wie die Frauen nun einmal sind, das alte Novaleser Gebot, daß Frauen sich dem Kloster nur bis zu der Entfernung eines Pfeilschusses nahen durften, übertreten habe und auf der Stelle gestorben und darum auch in Novalese begraben sei, vom Kaiser Karl aufs tiefste betrauert. Hier steht auch die Geschichte von dem Waltharius manufortis, der auf der Suche nach einem Kloster mit besonders strenger Zucht nach Novalese kam. Seiner Gewohnheit gemäß die Kirche betretend, traf er die Mönche mit den Klosterschülern zum Stundengebet versammelt; als er seinen Wanderstab, an dessen oberem Ende er Glöckchen befestigt hatte, kräftig auf den Boden stieß, wandte nur ein einziger von den Schülern neugierig den Kopf und empfing sogleich von dem hinzuspringenden Präfekten die Züchtigung. Bei so viel Disziplin müsse er wohl bleiben, seufzte der alte Haudegen, bat um Aufnahme in den Konvent und erhielt in der milden Tätigkeit des Klostergärtners Gelegenheit, auf seine alten Tage die Tugenden der Sanftmut und Geduld zu lernen. Unterbrochen, so heißt es, habe er sein sanftes Leben nur noch einmal, als Räuber dem Kloster die Fahrzeuge mit dem Jahreszins entführten und Waltharius vom Abt beauftragt wird, sie zurückzuholen, jedoch ohne dabei Gewalt anzuwenden. Gehorsam tut Waltharius, wie ihm geheißen; als die Räuber ihm aber auch noch die Hosen wegnehmen wollten, da habe er mit blanker Faust dreingeschlagen und das Gesindel verjagt. Daß der Verfasser der Chronik das Waltharius-Epos kannte, das mit dem alten Haudegen von Novalese natürlich nichts zu tun hat, und aus ihm eine stattliche Reihe von Versen zitierte, hat zu mancher gelehrten Verwirrung beigetragen. Die vom Inhalt her so ungewöhnliche Chronik von Novalese ist auch hinsichtlich ihres Äußeren ein Kuriosum: Das verstümmelt erhaltene Original ist ein elf Meter langer Rotulus aus aneinandergenähten Pergamentblättern.

Unter den Geschichtsdarstellungen Italiens, welche den für die Epoche seit dem Ausgang der Karolingerzeit charakteristischen verengten Blick auf die Lokalgeschichte zu erkennen geben, sind besonders diejenigen hervorzuheben, die in der Darstellung der Begebenheiten ihres verengten Raumes die allgemeine Situation der Zeit sich widerspiegeln lassen. Ein Beispiel hiefür findet sich in der Geschichtschreibung des Klosters Farfa in den Sabinerbergen am Nordrand des Kirchenstaates. Das Kloster, im sechsten Jahrhundert von dem Bischof Laurentius von Spoleto gegründet und der Benediktregel folgend, war bald von den Langobarden zerstört, dann 681 von einem Priester namens Thomas wiedererrichtet worden und in der Folgezeit, zumal unter den Karolingern, infolge großzügiger Schenkungen zu beträchtlichem Reichtum, aber auch zu innerer, monastischer Blüte gelangt und galt wohl neben Monte Cassino als das bedeutendste Kloster Italiens. Als aber im späten neunten Jahrhundert die Sarazenen einfielen und es ihnen schließlich, nachdem das turmbewehrte Kloster unter Abt Petrus die wiederholten Einfälle sieben Jahre hindurch immer wieder abgewehrt hatte, doch gelang, die Mönche zu vertreiben, und der Abt gezwungen war, den großen Konvent auf drei verschiedene Stätten zu verteilen, gerieten Zucht und Ordnung in Verfall. 48 Jahre, so wußte man sich später zu erzählen, seien die Sarazenen im Land gewesen. Durch Herzog Alberich II. von Spoleto wurde das heruntergekommene Kloster an Odo von Cluny übergeben. Aber erst unter Abt H u g o (998 – 1036) nahm das wiedererstandene Farfa die consuetudines von Cluny an, und nun vollzog sich eine großartige neue Entfaltung des monastischen Lebens. Nachdem es schon vorher Aufzeichnungen über Abschnitte der Geschichte von Farfa und einzelner Äbte gegeben hatte, war es vor allem der genannte Abt Hugo, der – neben einigen anderen kleinen Schriften – eine *destructio monasterii Farfensis* verfaßte, die er auf Drängen seiner Mitbrüder sozusagen als zweites Buch an eine anonyme ältere constructio monasterii Farfensis anschloß. Der mit größter persönlicher Zurückhaltung und Demut auftretende Abt beschreibt den Zustand des Klosters in der Zeit der Blüte am Anfang der Regierung des Abtes Petrus, unter dem dann die Sarazeneneinfälle begannen. Die in schlichten Worten gegebene Beschreibung der gewaltigen Klosteranlage, der bleigedeckten Hauptbasilika, der weiteren fünf Kirchen – einer *ad usum canonicorum*, zweier für kranke Mönche, davon der einen für die Genesenden, der anderen für die auf den Tod Kranken, mit Bädern daneben, einer vierten für den Kaiser bei eventuellem Besuch des Klosters, und einer fünften außerhalb der Mauern für Frauen, gehört zu den eindrucksvollsten, die wir von einem frühmittelalterlichen Kloster besitzen; desgleichen der beherrscht und mit nüchterner Schlichtheit gebotene Bericht über die Einfälle der Sarazenen, die Flucht der Mönche, wobei man noch in letzter Stunde den aus Onyx gefertigten Tabernakel des Hochaltars zerschlug, den durch die Räuber verursachten Brand des Klosters, die fortschreitende Verwahrlosung des Konvents in den folgenden Jahrzehnten bis zum Wiederaufbau: ein ungewöhnliches Denkmal, in dem sich die innerste Anteilnahme an dem Geschehen mit der zuchtvollen Zurückhaltung und Schlichtheit verbindet, zu welcher das monastische Leben den wahren Mönch befähigt. Ein aus tiefster Seele hervordringender Aufruf des Abtes an seine Mitbrüder, sich ganz ihrer Aufgabe zu weihen und die Regel treu zu befolgen, beschließt das ungewöhnliche Dokument, das in sachlichem Ton abgefaßt ist und eine schlichte, aber bemerkenswert reine, bei gewissen provinziellen Eigenheiten doch von Vulgarismen fast völlig freie Latinität aufweist.

Rom selber hat nach dem neunten Jahrhundert auch literarisch viel von seinem Glanz verloren. Freilich entsteht noch kurz vor der Jahrtausendwende auf dem Aventin im Kloster des heiligen Bonifatius und Alexius ein ausgezeichnetes Heiligenleben. In dieses Kloster, in welchem seit alters Griechen und Lateiner nebeneinander nach der Basiliusregel und nach der Benediktregel lebten, hatte sich im Jahre 988 Bischof Adalbert von Prag, nachdem er auf die Ausübung seines Amtes verzichtet hatte, zurückgezogen und war auch später, da er schon nach drei Jahren auf Betreiben seines Metropoliten, des Erzbischofs Willegis, das Kleid St. Benedikts hatte ablegen und wiederum den Prager Hirtenstab hatte übernehmen müssen, noch wiederholt zu Gesprächen mit Kaiser Otto III. zurückgekehrt, ehe er endgültig in die Mission zu den heidnischen Preußen zog, wo er im April des Jahres 979 den Tod als Martyrer fand. Im Kloster St. Bonifatius und Alexius zu Rom wurde zwei oder drei Jahre nach Adalberts Tod sein Leben, die älteste vita Adalberti, verfaßt; ihr Autor war, wie man annimmt, der Mönch J o h a n n e s C a n a p a r i u s, der im Jahre 1002 Abt wurde und 1004 starb. Er hatte Adalbert in der Zeit kennengelernt, als dieser ins Kloster auf dem Aventin eingetreten war, und schrieb auf Veranlassung Kaiser Ottos III. die Lebensgeschichte, in klarer, doch gehobener Prosa und fast poetischer Ausdrucksweise ein inhaltsreiches, von persönlichen Erinnerungen geprägtes Lebensbild des Missionars entwerfend.

Die *passio sancti Adalberti martiris Christi*, wie der originale Titel gelautet zu haben scheint, ist eines der frühesten Denkmäler, in denen von Vorgängen die Rede ist, die zur nachmaligen Eingliederung Böhmens, Ungarns und Polens in den Raum der lateinischen Kultur geführt haben. Daß Johannes Canaparius – sofern er wirklich der Verfasser war – seine Aufgabe von vornherein als eine hagiographische angesehen hat, tut seiner Wahrheitsliebe und der Glaubwürdigkeit seines Berichtes ebenso wenig Abbruch wie der Umstand, daß er sein Werk recht bewußt komponiert zu haben scheint. Es klingt wie einer jener Verweise auf späteres Geschehen und nachher zu Erzählendes, wie man sie in epischer Dichtung antreffen kann, wenn der Verfasser, von Adalberts Heimat berichtend, mit dem Heidentum der Böhmen anhebt, als sei dies die Ursache für Adalberts irdisches Ende gewesen: „Es liegt in Germanien ein Gebiet, reich an Gaben der Natur, gar mächtig durch seine waffengeübten, wilden Männer, das die Bewohner Sclavonia nennen. Sie sind zum größten Teil noch vom Irrtum des Unglaubens befangen, verehren Geschöpfe statt des Schöpfers und beten Holz und Stein an Stelle Gottes als Gottheit an"[40]. Die alsbald erfolgende Einschränkung, daß das Land obenhin christianisiert sei, wiewohl die Bevölkerung noch vielfach an heidnischen Bräuchen festhalte, leitet korrigierend über zu dem Bericht über Adalberts sehr wohlhabenden Vater und seine fromme Mutter, die – nach hagiographischer Interpretation – für ihren Entschluß, den schönen Knaben und künftigen Heiligen für ein Leben in der Welt zu bestimmen, mit einer schweren Erkrankung des Kindes bestraft werden. Als die Eltern das Kind der Gottesmutter weihen, bessert sich die Krankheit alsbald. Der auf den Namen Voitech getaufte Knabe wird dem Erzbischof Adalbert von Magdeburg übergeben, empfängt von ihm die Firmung und den Namen Adalbert und wird in der Magdeburger Domschule von dem berühmten Philosophen Otric unterrichtet. Nach dem Tod des erzbischöflichen Paten und Otrics Berufung an den kaiserlichen Hof in die böhmische Heimat zurückgekehrt und in den Prager Domklerus aufgenommen, erlebt Adalbert den Tod des Bischofs mit; in der reuevollen Selbstanklage des Sterbenden erreicht die rhetorische Kunst des Hagiographen einen ersten Höhepunkt. Unter den weiterhin berichteten Ereignissen verdienen das Gespräch Adalberts mit Otto III. in Mainz, das in einer Art Fürstenspiegel gegeben wird, und namentlich die Schilderung der letzten Ereignisse bis zu Adalberts Tod besondere Hervorhebung. Das Werk unterscheidet sich in der Reinheit und Gepflegtheit der Sprache von der Mehrzahl der es umgebenden Denkmäler; der Verfasser, der neben biblischen Wendungen zuweilen einen Vergilvers oder eine

---

[40] *Est locus in partibus Germaniae, dives opibus, praepotens armis ferocibusque viris, quem incolae Sclavoniam cognomine dicunt. Huius pars maxima infidelitatis errore praeventa creaturam pro Creatore, lignum vel lapidem pro Deo colunt.* Pertz, MGH Script. IV (1841) 581.

Anspielung auf Horaz einfließen läßt, erreicht das durch rhetorische Kunst erstrebte hohe Stilniveau, ohne in Schwulst zu geraten, was besonders deutlich in den zumeist nur kurzen fingierten Reden – auch Adalbert richtet, gleich einem antiken Feldherrn vor der Schlacht an seine Soldaten, an seine Gefährten vor dem Überfall der Heiden eine zur Standhaftigkeit ermutigende Ansprache – hervortritt. So erweist sich die passio sancti Adalberti, die für alle späteren Lebensbeschreibungen Adalberts als Grundlage gedient hat, insgesamt als ein Werk von beachtlichem Rang. Als Zeugnis für den Stand des literarischen Lebens in Rom selber kann sie, da wir den Verfasser nicht mit Sicherheit kennen und auch von seiner Herkunft nichts wissen, freilich nur sehr bedingt in Anspruch genommen werden.

Im Jahre 881 war das altehrwürdige Kloster Monte Cassino von den Sarazenen zerstört worden. Die Mönche waren nach Teano geflohen, später nach Capua. Wenige Jahre nach der Zerstörung hatte der Wiederaufbau begonnen, aber erst unter Abt Aligern zu Beginn des zehnten Jahrhunderts waren die Mönche wieder zurückgekehrt. Einer von ihnen, E r c h e m p e r t, Sohn einer adeligen langobardischen Familie aus Benevent, schrieb in der Zeit des Exils, wahrscheinlich in Capua, eine *Historia Langobardorum Beneventanorum* (oder *Historia Langobardorum Beneventum degentium*[41]), ein Werk, dem als Zeugnis eines die Ereignisse zum Teil Miterlebenden einige Bedeutung als Quelle für jene trüben Jahrzehnte zukommt. Erchempert hat sein Werk zwar nicht geradezu als Bestandteil der ihm vorliegenden, bereits durch eine Fortsetzung, die (kurze) sogenannte continuatio Casinensis, erweiterte Historia Langobardorum des Paulus Diaconus aufgefaßt, auf die er im Anfang Bezug nimmt und von der er bemerkt, daß der gelehrte Verfasser eben deshalb vor dem Ende des Langobardenreichs seine Darstellung abgeschlossen habe, weil es die Gewohnheit der Geschichtschreiber sei, die großen Taten ihres Volkes zu rühmen. Ihm, dem Erchempert, sei die schmerzliche Aufgabe verblieben, an Stelle des Erfolges und der glücklichen Zeiten seines Volkes nur dessen Elend und Untergang zur Belehrung aufzuzeichnen. Er werde dies nach dem Vorgang der Evangelisten Marcus und Lucas mehr auf Grund des von anderen Gehörten als des Selbsterlebten tun. Darauf setzt die Darstellung ein im Jahre 774 mit der Herrschaft des Arichis, des Schwiegersohns des Desiderius, in Benevent. Erfüllt von Patriotismus, doch um Objektivität bemüht, erzählt der Verfasser die Geschichte der Fürsten von Benevent, wobei er von der Mitte des neunten Jahrhunderts an

---

[41] Er selbst spricht in der Einleitung von einer *ystoriola Langobardorum Beneventum degentium* (235,1 Waitz).

zusehends ausführlicher wird. War es seine Absicht, die Darstellung bis in die eigene Zeit zu führen, woran kaum zu zweifeln ist, so bricht das Werk doch in dem einzigen erhaltenen Textzeugen mit Beginn des Jahres 889 ab. Die Sprache ist schlicht und insgesamt, wenn auch nicht ganz frei von Vulgarismen, doch gepflegt und klar, und der Verfasser führt nicht nur häufiger Bibelstellen als etwa solche aus antiker Literatur an, er zeigt sich auch stärker, als dies sonst in Geschichtswerken üblich ist, von biblischen Vorstellungen bestimmt. Einige wenige Male sind Verse in die Darstellung eingefügt; es fehlt ihnen nicht an Humor. Einmal fährt der Teufel heulend um die Mauern des heiligen Klosters und jammert, für viele vernehmlich, in reinlichem Distichon über den heiligen Benedikt, der ihn vertrieben habe und jetzt noch aus seinen Gliedern Gewinn ziehe – weil der Mörder des Fürsten im Kloster Buße tut:

> *Heu Benedicte mihi, cur me undique rodis, inique?*
> *me prius hinc pulso nunc mea membra lucras!*

Die eingelegten Verse sind sicherster Hinweis darauf, daß Erchempert auch gedichtet hat, sicherer jedenfalls als die außerhalb überlieferten und zuweilen unter seinen Namen gestellten *Dichtungen*. Zu ihnen gehört ein Widmungsgedicht inc. *Vir bone dulcis amans mitis serenissime princeps*. Die 34 Verse, Distichen, enthalten die Widmung einer historiola an einen beneventanischen princeps Aio[42]; an der Identifizierung seiner Person entscheidet sich, ob das Gedicht für die Langobardengeschichte des Erchempert gedient hat[43]. Die Zuweisung einiger Epitaphien an Erchempert ist durchaus unsicher. Als hinlänglich gesichert dagegen darf das sogenannte *martyrologium Erchemperti* gelten, inc. *Presbiteri Bede martyrlogium incipit acri* (117 Hexameter). Es handelt sich um nichts anderes als um eine Versifizierung des Martyrologiums des Beda nebst den in Monte Cassino für die dortigen Verhältnisse vorgenommenen Zusätzen in der Weise, daß jedem Fest ein Hexameter gewidmet ist.

Erchempert, der als Geschichtschreiber der beneventanischen Langobarden Schätzenswertes geleistet hat, erweist sich in den Proben seiner poetischen Kunst als ein Verseschmied von durchschnittlicher Qualität. Abgesehen von der Zulassung gewisser prosodischer Freiheiten (Hiat in der Diärese des Pentameters) unterlaufen ihm nur wenige metrische Verstöße. Poetisch ist wenig oder nichts, aber der Autor ist ein Zeuge für das Fortleben der lateinischen Verskunst in Monte Cassino auch

---

[42] So mit Recht U. Westerbergh, Beneventan Poetry S. 8; vorher las man, auch Strecker, der das Gedicht in den Poetae V 413f. als Widmung zum Chronicon Salernitanum anonym druckte, *aio* als Verbum.

[43] Dafür spräche, daß in Vers 3 von einer *ystoriola* die Rede ist, wie Erchempert selber sein Werk genannt hat (siehe Anm. 41).

in den dunkelsten Zeiten. Es gelang dem Kloster im Laufe des zehnten Jahrhunderts, nach der Wiederbesiedelung, seine alte Kultur wieder zu gewinnen, ja sie zu heben. Zu Beginn des elften Jahrhunderts treffen wir hier den Mönch L a u r e n t i u s (von Monte Cassino) als tüchtigen Hagiographen an. Man hat erst in neuester Zeit mit Hilfe stilistischer Beobachtungen erkannt oder doch wahrscheinlich gemacht, daß der Mönch kein anderer ist als jener Laurentius, der seit 1030 Erzbischof von Amalfi war, 1039 im Zusammenhang mit politischen Wirren abgesetzt wurde und das letzte Jahrzehnt seines Lebens im Exil verleben mußte, zuerst in Florenz, dann seit 1046 in Rom, woselbst er den jungen Hildebrand, den späteren Papst Gregor VII., unterrichtet hat.

Wahrscheinlich gehört noch in die Casinenser Zeit die *passio sancti Wenzeslai regis*, die Geschichte vom Leben und Sterben Herzog Wenzels I. von Böhmen (921–929), der ebenso die Christianisierung seines Landes wie dessen Anschluß an das Deutsche Reich gefördert hatte; er wurde von einer Bande unter Anführung seines Bruders Boleslaw I. ermordet, als Opfer, wie man heute gewöhnlich annimmt, einer national-heidnischen Opposition. Der älteste Bericht, die älteste passio sancti Wenzeslai, war von dem Bischof Gumpold von Mantua (966–981?) verfaßt worden, ein Werk, dessen überladener schwülstiger Stil zwar eine beachtliche Beherrschung der lateinischen Sprache zeigt, das Verständnis jedoch – bewußt – so erschwert, daß es sich für den praktischen Gebrauch schlechterdings nicht eignete.

Diesem Mangel trug die passio des Laurentius Rechnung. Den Gegenstand von vornherein hagiographisch auffassend, erzählt Laurentius die Lebensgeschichte Wenzels so treu er auf Grund der Überlieferung konnte von Geburt bis zu dessen Ermordung und der unter seinem Bruder und Nachfolger Boleslaw I. erfolgten Übertragung der Gebeine von der Todesstätte Jungbunzlau in den Veitsdom nach Prag. Die im Vergleich zu anderen Werken der Zeit klare und einfache, doch gepflegte und keineswegs anspruchslose Sprache weist neben den üblichen Reminiszenzen an biblische und liturgische Stellen Zitate und Anklänge an profanantike Literatur, vorzugsweise Sentenzen aus Vergil, Ovid, Terenz und anderen auf; durch häufigen Einschub kurzer, meist nur wenige Verse enthaltender metrischer Partien, die vom Autor selbst herrühren, erhält das ganze Werk ein ungewöhnliches Gepräge. Die Darstellung scheint übrigens namentlich für die Jugendzeit Wenzels von der passio sancti Adalberti des Johannes Canaparius manche Anregung empfangen zu haben. Die passio fand liturgische Verwendung und hat wohl in diesem Rahmen die stärkste Wirkung ausgeübt.

In die Zeit des Florentiner Exils gehört die *vita sancti Zenobii episcopi*. Es ist die älteste vita des im späten vierten Jahrhundert wirkenden

Bischofs von Florenz. Die weitgehende Auffüllung mit Tugendbeschreibungen und stereotypen hagiographischen Zügen verdeutlicht die inhaltliche Dürftigkeit der lange Zeit nur mündlichen Überlieferung. Als zeitbedingt wird man wiederholte Anspielungen auf Lehrsätze der Dialektik anzusehen haben.

Das geistige Leben in Italien hat in dem behandelten Zeitraum in mancher Hinsicht eigene Züge aufzuweisen, die auch in der Literatur ihre prägende Wirkung ausgeübt haben. Sie hängen auf der einen Seite zusammen mit der eigenartigen politischen Entwicklung nach dem Ende der Karolingerherrschaft, der weitgehenden Auflösung ehedem zusammenhängender Herrschaftsgebiete in mehr oder minder voneinander unabhängige geistige und kulturelle Zentren. Auf der anderen Seite aber gibt es auch Erscheinungen, die in Italien deutlicher zu beobachten oder überhaupt stärker hervorgetreten sind als in anderen Gebieten der lateinischen Welt. Unsere Erkenntnisse sind auf diesem Gebiete noch nicht weit genug fortgeschritten, daß wir mit Sicherheit zu sagen vermöchten, wie weit gewisse Eindrücke auf tatsächlichen Entwicklungen beruhen. Einstweilen hat es wohl den Anschein, als sei in Italien im Vergleich etwa zu Frankreich oder den deutschen Kerngebieten der ehemaligen karolingischen Erneuerung die patristische Tradition insgesamt etwas weniger stark, dafür das antike Element im Vergleich zu jenem stärker betont gewesen. Dieser Eindruck braucht keineswegs, ja er wird wahrscheinlich auch nicht dem objektiven Verhältnis entsprechen. Aber soviel ist doch ziemlich sicher, daß Disziplinen wie Rhetorik und Dialektik in Italien, vor allem in Oberitalien eine stärkere Pflege gefunden haben als in anderen Gebieten der lateinischen Welt, und damit mag es zusammenhängen, daß in Deutschland ein gewisses Bedürfnis bestanden zu haben scheint, Lehrer aus Italien zu gewinnen, die neben der Grammatik auch die anderen Fächer des Triviums zu unterrichten vermöchten. So hat Otto der Große einen Diakon namens Stephanus, der als Lehrer in Novara sich einen Namen gemacht hatte, nach Deutschland berufen, wo er dann in Würzburg eine Zeitlang mit großem Erfolge den Martianus Capella auslegte; er ist dann freilich wieder nach Italien zurückgekehrt, um fürderhin in Pavia zu unterrichten, wo man ihn noch bis 985 nachweisen kann.

Ein anderer Italiener, Gunzo mit Namen, kam mit Otto dem Großen im Winter 964/65 über die Alpen und machte in St. Gallen Station. Da widerfuhr ihm jenes Mißgeschick, das ihn eigentlich erst bekannt gemacht hat. Bei der lateinisch geführten Unterhaltung mit den Mönchen entschlüpfte dem bildungsstolzen Gelehrten ein falscher Casus, er setzte anstelle eines Ablativs einen Akkusativ und bekam

3. Kapitel: Italien 393

dafür prompt einen Spottvers von einem jungen Mönch zu hören. Das kränkte den eitlen Italiener über die Maßen, und nachdem er an seinem nächsten Aufenthaltsort, nämlich bei den Mönchen auf der Reichenau, offenbar die erwartete Hochschätzung und jedenfalls keinen Spott erfahren hatte, schrieb er an diese einen *Brief*, der nichts anderes ist als eine bitterböse Invektive gegen die Mönche des heiligen Gallus, insbesondere gegen Achar, wie er – nach dem Frevler im Buche Josue 7,18ff. – den Lehrer des jungen Mönchs oder Klosterschülers nennt, in dem er den eigentlich Schuldigen, den Anstifter zu jener Schandtat erblickt. Daß Gunzo die Gelegenheit wahrnimmt, nun vor den Reichenauern seine ganze Gelehrsamkeit auszubreiten, seine Kenntnisse antiker Literatur, seine Beherrschung nicht nur der Grammatik, sondern auch der Dialektik und der Rhetorik in helles Licht zu setzen, daß er auf jede Weise zu brillieren versucht, liegt auf der Hand.

Die handschriftliche Überlieferung wirkt zufällig: man kennt eine Handschrift noch aus dem zehnten Jahrhundert aus Tegernsee, eine zweite aus dem späten elften aus St-Amand, aus unbekannter Stätte vermutlich im Nordosten Frankreichs, verkürzte Auszüge, die einen Plan nicht erkennen lassen, aus dem 13. Jahrhundert.

Der sehr ernst gemeinte, heute freilich eher etwas komisch wirkende Brief des Gunzo zeigt die in Italien blühenden Studien der Rhetorik wie der Dialektik mehr beiläufig oder zufällig, deutlicher offenbaren sich die genannten Studien im Werk eines Mannes, der wie Stephan von Novara und Gunzo eine Verbindung herstellt zwischen den Ländern nördlich und südlich der Alpen, zwischen Italien und Deutschland: im Werk des A n s e l m v o n B e s a t e. Er stammt aus dem Geschlecht der Herren von Besate, zwischen Mailand und Pavia am linken Ufer des Ticino, gehörte dem Mailänder Klerus an, studierte unter anderem bei dem berühmten Rhetoriklehrer Drogo in Pavia Dialektik, zog jahrelang lernend und lehrend in Italien umher, kam nach Deutschland und wurde in den vierziger Jahren des elften Jahrhunderts – sofern die heute übliche Identifizierung mit einem aus Urkunden bekannten Notar Heinrichs III. zutrifft – in die königliche Kanzlei aufgenommen. Ein unsteter Mensch, tat er sich auf seine Bildung viel zugute und nannte sich in seiner Eitelkeit gern *Anselmus peripateticus*. Wie es scheint, ist er noch verhältnismäßig jung in den fünfziger Jahren, vielleicht in Hildesheim gestorben.

Das einzige auf uns gekommene selbständige Werk Anselms neben einigen *Briefen* ist die *rhetorimachia*, „der Rednerkampf". Besteht die angenommene Gleichsetzung Anselms mit dem Notar Heinrichs III. zu Recht, so hat er das Werk in Pavia zwischen 1046 und 1048 verfaßt.

Ein eigenartiges Werk, und wiederum sehr charakteristisch für das geistige Leben Italiens zu jener Zeit. Der in drei Bücher gegliederte Rednerkampf ist fingiert. Wörtlich genommen enthält das Ganze eine scharfe Satire oder vielmehr eine bitterböse Invektive Anselms gegen seinen Vetter Rotiland. Dem Inhalt wie dem Aufbau nach verschieden, ähneln die drei Bücher einander doch insofern, als ein jedes mit einer novellistischen Erzählung beginnt: das erste mit der auf Rotiland gemünzten Geschichte von einem Betrüger, wogegen sich Rotiland zur Wehr setzt, von Anselm aber zunächst wegen seiner Verstöße gegen die Lehren der Rhetorik, die er in seiner Erwiderung begangen, kritisiert, darauf aber wegen seiner Charakterfehler scharf gerügt wird. Wie Anselm sich selber einschätzte, verrät das zweite Buch: er sieht sich in den Himmel versetzt, in den Kreis der Seligen, wo ihn der Anblick von Rotilands Vater Robert nicht nur dazu veranlaßt, die ruhmreiche Geschichte derer von Besate zu erzählen, um dann, sogleich zum Angriff übergehend, von der Zauberei und dem Teufelsbündnis Rotilands zu berichten, sondern wo er auch erlebt, wie die Seligen auf der einen Seite und die Jungfrauen Dialectica, Rhetorica und Grammatica auf der anderen sich um seines, Anselms Besitzes willen in die Haare geraten – worauf er aus dem Traum erwacht. Nach Zurückweisung angeblicher Angriffe Rotilands gegen seine Person und Lebensführung sowie einem Lobpreis des Mailänder Klerus (dem Anselm selber angehörte) beschuldigt er seinerseits den Gegner schwerer sittlicher Vergehen, was ihm so trefflich gelingt, daß das Buch mit einem triumphierenden Ausdruck endet. Im dritten Buch erreicht der Angriff seinen Höhepunkt mit dem Ziel, den Gegner zu vernichten. Anselm erzählt von den Liebesabenteuern Rotilands, die für diesen höchst peinlich endigen, er beschreibt ihn als einen Dieb und beschuldigt ihn der Zauberei und des Mordes, nennt ihn einen Diener des Teufels, der die freie Willensentscheidung verloren habe und aus Notwendigkeit sündige. In alle diese Angriffe sind nicht nur Geschichten, sondern auch gelehrte Erörterungen und andere beiläufige Bemerkungen, etwa über die Priesterehe, eingeflochten, so daß das Werk insgesamt einen sehr reichen, kulturhistorisch interessanten Inhalt aufweist. Aber nicht im Dargelegten selbst liegt das Bemerkenswerte dieses Werkes. Anselm hat, wiederholt die Form wechselnd, an manchen Stellen rhythmische Verse eingelegt, so daß streckenweise das Werk die Form eines Prosimetrums annimmt. Insgesamt aber geht es um die Darstellung der rhetorischen Künste des Autors, und er hat denn auch nicht versäumt, an den betreffenden Stellen jeweils den rhetorischen Terminus am Rande zu vermerken (*insinuatio, reprehensio, confutatio* usf.). Das ganze Werk ist, neben seinem kulturhistorischen Interesse und der bemerkenswerten sprachlichen, rhetorischen und dialektischen Kunst, die der Autor aufzuwenden wußte, ein Zeugnis dafür, daß und wie in Italien die antike Tradition der Rhetorik und der Dialektik als Lehre, wenn auch wohl oft genug nur in der Theorie fortgelebt hat, anders als in der übrigen lateinischen Welt. Daß die rhetorimachia nicht eigentlich für das stille Lesen, sondern für den öffentlichen Vortrag, zumindest im Rhetorikunterricht bestimmt war, beweisen neumierte Partien, die offensichtlich dazu bestimmt waren, den durch rhythmische Prosa und rhythmische Verse ohnehin gehobenen sprachlichen Ausdruck noch um eine Stufe weiter zu erhöhen.

Bemerkenswert ist das komische Element, das an verschiedenen Stellen zutage tritt: einmal in der Szene im Himmel, wo die Seligen mit den Jungfrauen Dialectica, Rhetorica, Grammatica um Anselm streiten, während die Erzählung von Rotilands unglücklich verlaufenem Liebesabenteuer zu Anfang des III. Buches insgesamt den Stoff einer Komödie abgeben könnte, der nur noch der Versifizierung bedürfte, ein gutes Jahrhundert bevor in Frankreich die ersten Elegienkomödien gedichtet werden. Es scheint, als sei Italien, das die karolingische Erneuerung weniger tief in sich aufgenommen hat als die Kerngebiete des Karolingerreiches, auf dem Wege der Säkularisierung des Denkens um ein gutes Stück vorangegangen.

Das Werk hat wenig nachgewirkt, die Überlieferung ist dünn. Von einer zeitlich dem Verfasser noch ziemlich nahestehenden[44] italienischen Handschrift scheint abzustammen eine Handschrift aus St. Eucharius – St. Matthias in Trier aus dem zwölften Jahrhundert (es ist der bekannte Cusanus C 52, der unter anderem das collectaneum des Sedulius Scottus enthält).

Die Intensität der Studien der trivialen Disziplinen, insbesondere auch der Rhetorik und der Dialektik, wie sie mehrfach in Italien beobachtet werden konnten, läßt es als naheliegend erscheinen, daß gerade hier auch ein um die Mitte des elften Jahrhunderts alphabetisch angelegtes Lexikon entstand, das unter dem Namen eines P a p i a s geht und den Titel *elementarium doctrinae rudimentum* geführt hat. Über den Verfasser weiß man nicht mehr, als daß er aller Wahrscheinlichkeit nach Italiener war; ob Papias sein wirklicher Name war oder als Herkunftsbezeichnung aufgefaßt werden muß, ist unbestimmt. Das Werk, das in den folgenden Jahrhunderten sich großer Beliebtheit erfreute, beruht vorzugsweise auf dem liber glossarum sowie auf Priscian und

---

[44] aber nicht autographen Handschrift, wie Dümmler, Anselm der Peripatetiker, Halle 1872, S. 3 meinte.

ist alphabetisch angelegt; die einzelnen Vokabeln werden nach Art der Glossare in der Regel mit wenigen Worten oder einem kurzen Satz erklärt.

Die Reihe der Schrifsteller Italiens, die in dem hier behandelten Zeitabschnitt besprochen worden sind, mag ein Autor beschließen, dessen Werk nur mit einer gewissen Einschränkung der Literatur in dem hier gemeinten Sinne zugerechnet werden kann, der aber doch wegen seiner großen Bedeutung für das geistige Leben in unserer Betrachtung nicht fehlen darf: G u i d o v o n A r e z z o. Die Lebensgeschichte des Mannes liegt trotz seiner Berühmtheit nicht in allen Teilen klar vor uns. Daß er in Arezzo geboren sei, steht keineswegs fest; möglicherweise ist Guido Franzose gewesen, der jedoch lange Zeit in Italien gelebt hat. Unbestritten ist, daß er Mönch im Benediktinerkloster zu Pomposa war, von wo er, offenbar aus Mißgunst verdrängt, ins Kloster zu Arezzo ging. Auch ein zeitweiliger Aufenthalt in Rom und das Interesse Papst Johannes XIX. für seine Kunst ist kaum zu bezweifeln. Nicht eindeutig geklärt dagegen ist, ob er, von seinem Abt zurückgeholt, die letzten Jahre wiederum in Pomposa verbrachte (wie man einen Brief Guidos deuten kann) oder, wie zumeist angenommen wird, dann weiterhin in Arezzo lebte, wo er um das Jahr 1050 starb.

Die Leistung des Mannes liegt, wiewohl man ihn einen der bedeutendsten Musiktheoretiker des Mittelalters zu nennen pflegt, auf dem Gebiet der musikalischen Praxis. Man muß sich die Schwierigkeiten vor Augen stellen, welche mit dem Erlernen und Einüben des gregorianischen Chorals, vor allem reicher, mit Melismen ausgestatteter Partien allein durch Vor- und Nachsingen verbunden waren, um den Wert der von Guido eingeführten Neuerungen zu erkennen. Er förderte den Gesangsunterricht durch die Einübung eines tonbewußten Hörens, des Treffens der Töne und der Intervalle mit Hilfe der von ihm eingeführten Tonsilben *ut re mi fa sol la*, die er aus den Anfangstönen und -silben der Kola des wohlbekannten Hymnus auf Johannes den Täufer gewann:

> *Ut* queant laxis   *re*sonare fibris
> *Mi*ra gestorum   *fa*muli tuorum
> *Sol*ve polluti   *la*bii reatum
>   Sancte Iohannes.

Neben dieser sogenannten Solmisation bedeutete auch das Schreiben der Noten auf mehreren Linien mit Schlüssel eine wesentliche Hilfe des Unterrichts. Weitere Neuerungen in der musikalischen Praxis, die man Guido zugeschrieben hat, sind ihm zu Unrecht zugeschrieben worden.

Sein schriftstellerisches Hauptwerk ist die Darstellung der Musiklehre, die er *micrologus* nannte, ein Werk, das sich weniger durch die Neuheit des Gesagten als durch die Ausrichtung auf die Praxis der Musikübung auszeichnet; eben aus diesem Grunde ist die Schrift für die folgende Zeit maßgebend geworden. Auch die anderen Schriften Guidos sind praktisch gerichtet: sein Brief zum Beispiel an den Mönch Michael von Pomposa, die *epistola de ignoto cantu*, worin Guido neben anderem jene praktische Hilfe der Tonsilben darlegt und empfiehlt. Das als *musicae regulae rhythmicae*, überschriebene Lehrgedicht von circa 330 Fünfzehnsilblern (in Nachbildung des trochäischen Septenars, inc. *musicorum et cantorum magna est distantia*; metr. Prolog inc. *gliscunt corda meis hominum mollita camenis*) handelt von den Intervallen als der Grundlage seiner Notenschrift sowie über die Einrichtung des Antiphonars.

Guido ist kein genialer Neuerer gewesen. Und dennoch hat er zutiefst die Entwicklung der Musik beeinflußt. Die hier nur beiläufig zu erwähnende Bedeutung des Mönches von Pomposa und Arezzo liegt letzten Endes darin, daß er, der Praktiker, sich von den an Boethius anschließenden Spekulationen über die Musik löste und auch die Musiklehre ganz und gar in den Dienst der Praxis des kirchlichen Gesanges zu stellen sich bemühte. In diesem Bestreben ist er der Lehrmeister der folgenden Jahrhunderte geworden.

Dem Blick auf das geistige und literarische Leben Italiens vom Ausgang der Karolingerzeit bis in die Mitte des elften Jahrhunderts bietet sich ein anderes Bild als im alten Lothringen oder in Frankreich. Erscheinungen hoher literarischer Kunst zeigt die Epoche auch hier nur wenig, aber an Leben fehlt es ihr wahrlich nicht, und ihre Physiognomie ist unverkennbar. Schon daß man hier nicht allenthalben von der prägenden, in vielem aber auch vereinheitlichenden karolingischen Kultur ausgeht, ja daß man deren Wirkung eigentlich nur in Teilen und bei wenigen Schriftstellern erkennt, macht einen wesentlichen Zug dieser Epoche aus, in der das ungebrochene Weiterleben jener Kräfte, die im lateinischen Raum in die Volkssprachen führen, weit stärker zur Geltung kommt als in den Kerngebieten des Karolingerreiches. Das Nebeneinander und oft genug Gegeneinander der Kräfte geringeren Maßes und begrenzteren Einflusses engt das Interesse auf einen näheren Horizont ein, und man möchte meinen, die wohlbekannte Erscheinung, daß etwa die Geschichtschreiber nur noch sehen, was ihr eigenes Leben und das der Stätte, an welcher sie tätig sind, betrifft, sei hier noch mehr das Übliche als anderswo. Jedes Kloster, das überhaupt literarisch hervortritt, hat s e i n e Geschichte und oft auch seine eigene Sage, und wenn eine Stadt von der inneren Kraft eines aufsteigenden

Venedig zuweilen hineinwirkt in die Geschichte des Reiches, so erscheint dies in den Augen der Zeitgenossen, die die Ereignisse aufschreiben, als ein Zeichen der eigenen Größe und des eigenen Glanzes, wie denn überhaupt das Individuelle eine größere Rolle spielt, weit stärker hervortritt als anderswo. Einen Liudprand, der vom römischen Kaiser in Sachen des Reichs wie dessen eigenen zum Kaiser von Byzanz geht, der zu seinem kaiserlichen Herrn fast in vertrautem Tone redet und doch alles unter dem Blickwinkel seiner eigenen Person, der eigenen Wertschätzung sieht, gibt es eben in Italien, so wie es auch kein Zufall gewesen ist, daß jener Anselm, der im Traum die Heiligen und die Damen Artes um sich streiten sah, im Lande südlich der Alpen geboren war. Ein gesundes Vertrauen in die eigenen Fähigkeiten und Kräfte und eine hohe Wertschätzung der eigenen Person hat in Italien früher als anderswo zur Ausbildung auch der literarischen Persönlichkeit geführt. Stärker ist hier auch die Bindung an die Antike, nicht in dem Sinne, wie an vielen Stätten Frankreichs oder Deutschlands infolge der karolingischen Erneuerung auch ein stärkerer Einfluß antiker Autoren Platz gegriffen hat – ein solcher ist hier insgesamt vielleicht sogar weniger zu spüren als anderswo. Man gewinnt vielmehr aus verschiedenen Beobachtungen den Eindruck eines natürlicheren, weil selbstverständlichen Nachwirkens der antiken Kultur oder, richtiger, mancher Erscheinungen der antiken Kultur. Von dieser natürlicheren, nicht durch literarische Mittel hergestellten Verbindung zum Antiken rührt wahrscheinlich auch die im Vergleich zu anderen Teilen der lateinischen Welt stärkere Pflege der Rhetorik und der Dialektik her. Die genannten Erscheinungen insgesamt sind zugleich Ausdruck und Folge einer mehr säkularisierten Haltung oder vielleicht einer niemals so weit gegangenen Vergeistlichung des Lebens, wie sie anderwärts in erster Linie als Ergebnis der monastischen Reformen nach Karl dem Großen und dann wieder im zehnten Jahrhundert zustande gekommen war. Wichtig ist schließlich die Vermittlerrolle, die Italien schon seit dem neunten Jahrhundert gespielt hat. Sind es vorerst – mit Ausnahme des Pseudo-Kallisthenes – kirchliche Werke und Legendenstoffe, die der abendländischen Welt vermittelt werden, so stehen wir am Ende des behandelten Zeitraums zugleich an der Schwelle einer Epoche, in der durch Übersetzungen großen Ausmaßes, sei es aus dem Griechischen, sei es aus dem Arabischen, den verschiedensten Gebieten des geistigen Lebens mannigfache Bereicherung und Anregungen zukommen werden.

VIERTES KAPITEL

DEUTSCHLAND.
ANFÄNGE DER LATEINISCHEN KULTUR IM OSTEN

Die Verbindungen zwischen Italien und Deutschland sind niemals unterbrochen gewesen; und doch könnten in Anbetracht der stets vorhandenen und auch immer wieder genutzten Möglichkeiten des Austausches die Unterschiede in der Entwicklung des geistigen Lebens nördlich und südlich der Alpen im gleichen Zeitraum kaum größer sein. Das hängt zu einem nicht geringen Teil mit den politischen und sonstigen äußeren Gegebenheiten zusammen. Um im Süden zu beginnen: Nach der Ungarnschlacht bei Preßburg im Jahre 907 lag das Land offen und schutzlos den Ungarn preisgegeben. Durch ihre Raubzüge wurde die Mehrzahl der alten Kulturzentren wie Niederaltaich, Benediktbeuern, Tegernsee und viele andere zerstört oder aufs schwerste geschädigt; die gut überschaubare handschriftliche Überlieferung zeigt in den kümmerlichen Resten des alten Bestandes das hohe Niveau, das bis zum Ausgang der Karolingerzeit erreicht war, und die furchtbare Zäsur der Jahrzehnte der Angst und Bedrängnis umso deutlicher, als an den Bischofsstätten Regensburg und Freising – welch letzteres beim Vorüberziehen eines ungarischen Heeres in dichten Nebel gehüllt lag, was die Bewohner der Fürbitte ihres nachmals als Heiligen verehrten Bischofs Lantpert zugeschrieben haben – Büchersammlungen von einem Reichtum und einer Geschlossenheit des Bestandes bis zum Ende des neunten Jahrhunderts erhalten geblieben sind, die derjenigen von St. Gallen kaum nachstehen, aber von keiner bischöflichen Bibliothek der Zeit erreicht werden. Hinsichtlich des literarischen Lebens ist Süddeutschland – den Bodenseeraum ausgenommen – in der ersten Hälfte des zehnten Jahrhunderts nahezu stumm. Besonders Bayern leidet unter der Ungarnnot.

Nach dem denkwürdigen 10. August des Jahres 955 regen sich allenthalben bald wieder die Kräfte des Wiederaufbaus, aber es vergehen Jahrzehnte, bis die Folgen der Verheerungen überwunden, sind und die Schulen von St. Emmeram, von Freising, von Tegernsee den Anschluß an die geistige Entwicklung der Zeit gewinnen und ein Niveau erreichen, das sie mit den Kathedralschulen des Westen wetteifern läßt.

Ein schätzenswertes Denkmal seines Gegenstandes wegen ist in der zweiten Hälfte des zehnten Jahrhunderts im Süden die *vita sancti Udalrici (Oudalrici) episcopi*, die der Augsburger Dompropst G e r h a r d verfaßte. Bischof Ulrich von Augsburg, der Held der Ungarnschlacht auf dem Lechfeld, war im Jahre 973 im Alter von 83 Jahren verstorben. Schon bald nach dem Tod des großen Bischofs setzte die Verehrung des Volkes ein, und als der Dompropst Gerhard immer wieder nach den Wundern gefragt wurde, die sich am Grabe Ulrichs zugetragen, entschloß er sich – es mag etwa ein Jahrzehnt nach Ulrichs Tod gewesen sein – das Leben des Mannes aufzuzeichnen, an dessen Seite er jahrelang gelebt hatte. Seine vita war das Dokument, das dem Laterankonzil des Jahres 993 als Grundlage diente für die Eintragung Ulrichs in den Katalog der Heiligen, für die erste feierliche Kanonisation der Kirchengeschichte. An der Zuverlässigkeit von Gerhards Berichterstattung ist, von einigen Irrtümern abgesehen, nie gezweifelt worden, wiewohl der hagiographische Charakter des Werkes nicht nur in der vom Verfasser im Prolog ausdrücklich betonten Absicht, sondern auch in der Erzählung einzelner Visionen und gelegentlicher, wiewohl mit Takt geübter hagiographischer Interpretation klar zum Ausdruck kommt. Tatsächlich unterscheidet sich die vita von vielen zeitgenössischen Heiligenleben in wesentlichen Merkmalen: zum einen weist sie kaum stereotype Züge auf. Gerhard schreibt nicht über einen Heiligen, der Bischof gewesen ist; er berichtet von seinem großen und von ihm hochverehrten Bischof, was er selbst erlebt hat, wozu er nur weniges, um das Leben nur in etwa abzurunden, über seine Herkunft und seinen Bildungsgang an den Anfang stellt, so daß in der Tat das Biographische zu überwiegen scheint. Das zweite charakteristische Merkmal aber liegt darin, daß Gerhard nicht eigentlich Begebenheiten erzählt, obwohl auch solche nicht fehlen, als vielmehr danach strebt, seinen Bischof aus seinem Verhalten in den verschiedenen Lebenslagen zu beschreiben und zu charakterisieren. Weil dies nicht in der beliebten Weise des Aufzählens von Eigenschaften oder von Tugenden geschieht, sondern durch einfaches, natürliches Erzählen, so gelingt ihm trotz einer gewissen Neigung zur Weitschweifigkeit ein ungemein einprägsames und lebendiges Bild des Bischofs, des Kirchenfürsten und des Menschen, sei es, daß Gerhard anekdotenartige Begebenheiten berichtet, wie gleich zu Anfang die frühzeitige Entwöhnung des schwächlichen Kindes schon nach zwölf Wochen, worauf der Knabe aufs prächtigste gedeiht, sei es durch die Beschreibung von Ulrichs Verhalten in bestimmten Situationen, zum Beispiel während der Karwoche, in der er am Karfreitag ausschließlich Brot und Bier zu sich nimmt und auch allen, die zu ihm kommen, dasselbe verabreichen läßt, während er den Gläubigen mit solcher inneren Bewegtheit vom Leiden Christi predigt, daß die Zuhörer zu schluchzen beginnen, und er selbst fast zu Tränen gerührt wird. Einen Höhepunkt, wenn auch nicht den einzigen, bildet die Verteidigung Augsburgs 955. Als das ungarische Heer mit einer schier unübersehbaren Zahl von Reitern heranrückt und es kaum möglich scheint, die zu schwach befestigte Stadt mit ihren niedrigen, nicht durch Türme gesicherten Mauern zu halten, da sind es die Unbeugsamkeit und Umsicht des Bischofs, an denen sich die Verteidigung festigt. Er hält seine kampfbegierigen Mannen von einem unbedachten Ausfall ab, läßt ein unmittelbar bedrohtes Tor, das dem Feind den leichtesten Zugang zu bieten scheint, verbarrikadieren, und als der Feind zum Sturm ansetzt, harrt er inmitten der Verteidiger hoch zu Roß, mit der Stola angetan, ohne Helm, ohne Rüstung und ohne Schild im Hagel der Pfeile und Steine unerschütterlich aus, bis die an Zahl weit überlegenen Feinde am Ende doch, als ihr Vornehmster im Kampfe fällt, sich in ihr Lager zurückziehen. In Erwartung eines neuen Angriffs ordnet Ulrich noch einmal die Verteidigung, läßt die Klosterfrauen teils in Prozession durch die Stadt ziehen, teils in den Kirchen beten und verbringt selber den größten Teil der Nacht im Gebet. Nachdem der Bischof Matutin und Messe gefeiert und die Verteidiger noch einmal ermutigt hat, greifen die Ungarn an, aber man sieht, wie manche von ihnen mit Peitschenhieben von eigenen Antreibern in den Kampf gezwungen werden. Von der Schlacht selber, die durch das heranrückende Heer des Königs entschieden wird, ist wenig gesagt. Der König verbringt die Nacht als Gast am bischöflichen Hofe. Am andern Tag aber begibt sich der Bischof auf das Schlachtfeld, unter den Gefallenen seinen Bruder Dietpald zu suchen, dessen Umsicht und Tapferkeit wesentlichen Anteil am Sieg hatte, und bereitet ihm im Dom die letzte Ruhestätte.

Gerhard erzählt naiv und ungekünstelt, mit lebhafter Anteilnahme. So gelingen ihm Bilder von einprägsamer Kraft. Aber er versteht es nicht, den Ablauf einer Handlung, eines Geschehens so darzustellen, daß eine innerlich geschlossene Erzählung daraus würde; die Aufmerksamkeit gilt Bildern, in denen sich einzelne Szenen konzentrieren, deren Abfolge aber ist ohne festen Plan. Er schreibt ohne Schwulst und Künstelei; auf dieser Einfachheit beruht nächst der Kraft der Bilder die Wirkung, welche die vita noch heute auszuüben vermag. Das Werk scheint besonders im elften Jahrhundert geschätzt worden zu sein; aus dieser Zeit stammen mehrere, vornehmlich süddeutsche Handschriften, aber auch Zeugnisse der Benützung durch Geschichtschreiber wie Hermann von Reichenau und Thietmar von Merseburg. Darüber hinaus bildet es die Grundlage aller Ulrichsleben durch die folgenden Jahrhunderte.

Aber auf dem Felde der Nachwirkung dominierte das inhaltliche und historische Interesse. Daß Gerhards vita nicht schon deshalb auch dem literarischen Geschmack der Zeit entsprechen mußte, lehrt das Beispiel des Bischofs G e b h a r d v o n A u g s b u r g, Ulrichs zweiten Nachfolgers (996–999), der sich daran machte, die vita Gerhards neu zu bearbeiten. Er ist über den Anfang nicht hinausgekommen; aber was er beabsichtigte, wird deutlich genug. Die vita des Domprobstes, so meint er, sei eine kindliche Spielerei, der es erst Form zu geben gelte. Vor allem nahm er daran Anstoß, daß, wie er meinte, zuviel von Kriegen und von Reichsgeschichte die Rede sei. Er habe daher Überflüssiges entfernt, dunkle Stellen aufgehellt und große Längen gekürzt. Das ist beinahe wörtlich die Formulierung, deren sich die Bearbeiter von Heiligenleben in unserer Zeit, aber auch gelehrte Kommentatoren, welche das Werk eines anderen auslegen, zu bedienen pflegen.

Es wäre ein recht bemerkenswertes Zeugnis, weniger der poetischen Kunst als literarischen Bemühens, wenn die – allerdings nicht unbedingt überzeugende – Ansicht mancher Gelehrter richtig wäre, daß die anonymen g e s t a A p o l l o n i i im zehnten Jahrhundert in Süddeutschland, vielleicht in Tegernsee, entstanden seien. Es handelt sich um den Torso einer Versbearbeitung des üblicherweise *historia Apollonii regis Tyri* genannten Abenteuer- und Liebesromans, den man als die bereits leicht christlich gefärbte Bearbeitung eines griechischen Originals etwa des dritten Jahrhunderts nach Christus anzusehen pflegt. Die abenteuerliche Geschichte des Apollonius aus Tyros, der die Hand der schönen Tochter des Königs von Kyrene gewinnt, seine Gemahlin verliert und nach langen wunderbaren Abenteuern sie wiederfindet und schließlich selber König von Antiochia wird, ist schon im Mittelalter durch viele Sprachen gewandert und eines der beliebtesten Volksbücher geworden. Die allmähliche Verbreitung im Abendland scheint seit der Karolingerzeit eingesetzt zu haben[1]; doch sind die Zeugnisse zunächst noch ziemlich selten. Die sogenannten gesta Apollonii enthalten in rund 750 einsilbig leoninisch gereimten Hexametern nach einer umständlichen Einleitung nur den Anfang des Romans und brechen mitten in der Verfolgung des Apollonius durch den König von Kyrene ab. Die in

---

[1] Ein Zeugnis dafür könnte die von Lupus von Ferrières behandelte quaestio *quid sit ceroma* (siehe Bd. I, S. 480) enthalten; die Frage dürfte auf die Erwähnung des beim Ringkampf verwendeten Öl-Wachs-Gemisches (Hist. Apoll. 13 rec. A et B), eben das ceroma, zurückgehen, soferne sie nicht aus einem Grammatiker wie Charisius (gramm. I 42, 33, Keil) oder, was näher läge, aus Hieron. epist. 57, 12 geschöpft ist. Die anderen im ThLL III 877, 6 sqq. angeführten Autoren kommen in karolingischer Zeit weniger in Betracht.

der Handschrift angegebenen Dialogpartner Saxo und Strabus – die Bezeichnungen erinnern natürlich an Gottschalk und Walahfried – kennzeichnen keinen echten Dialog; es scheint sich vielmehr, ähnlich wie bei Notkers und Hartmanns vita sancti Galli[2], um den Versuch einer gemeinsam im Wechsel vorgenommenen poetischen Bearbeitung eines vorliegenden Gegenstandes zu handeln. Im übrigen schmeckt das Gedicht stark nach der Schule, die Unbeholfenheit läßt den fragmentarischen Zustand nicht als bedauernswert erscheinen. Interessant aber ist die Tatsache, daß hier in monastischen Kreisen, wo immer der Versuch entstanden sein mag, der alte orientalisch-hellenistische Stoff aufgegriffen und als Gegenstand poetischer Bearbeitung gewählt worden ist.

Auch im nördlichen und westlichen Deutschland ist verstärkte literarische Tätigkeit erst wieder nach der Mitte des zehnten Jahrhunderts zu beobachten. Wie im Süden Bischof Ulrich, so hat im Rheinland die Gestalt des Erzbischofs Bruno von Köln ein bedeutendes literarisches Werk hervorgerufen. Bruno war der jüngste Bruder Ottos des Großen, in Utrecht gebildet, mit fünfzehn Jahren am Hof des Königs, mit 28 Erzbischof von Köln, ein hochbegabter, auch für das wissenschaftliche Leben aufgeschlossener Mann, als Kirchenfürst eine der stärksten Stützen des Königs und des Kaisers, und dazu ein vortrefflicher Bischof. Er starb, kaum vierzigjährig, im Jahre 965. Seine Lebensbeschreibung verfaßte einige Jahre später, 967/68, R u o t g e r, der wahrscheinlich Mönch und Lehrer im Kloster St. Pantaleon zu Köln gewesen ist. Seine *vita Brunonis* ist für das deutsche Sprachgebiet wohl die berühmteste vita des zehnten Jahrhunderts und erfreut sich vor allem als historische Quelle hoher Wertschätzung. Dazu hat nicht zuletzt der Umstand beigetragen, daß Ruotger auch auf die Verhältnisse im sächsischen Herrscherhaus eingeht, dem Bruno ja entstammte. Der Verfasser zeichnet ein klares und eindrucksvolles Bild der Persönlichkeit des Erzbischofs und berücksichtigt dabei, was in unserem Zusammenhang von besonderem Interesse ist, auch die geistigen und wissenschaftlichen Neigungen Brunos. Für das Werk insgesamt scheint das literarische Vorbild die vita sancti Martini des Sulpicius Severus gewesen zu sein. Daß für eingelegte Reden Sallust anregend gewirkt hat, mag man annehmen, doch ist dessen Einfluß nicht zu tief gegangen. Stärker prägend in sprachlich-formaler Hinsicht ist wohl die regula sancti Benedicti gewesen, ein Hinweis auf die Herkunft Ruotgers. Doch ist hervorzuheben, daß Ruotger seine Sprache in starkem Maße mit Anklängen und Anspielungen auf antike Prosaiker wie auch, ein Zeichen wohl für das

---

[2] Siehe oben S. 43f.

gesunkene Stilgefühl, aus Dichtern zu schmücken strebt. Was Ruotger da – zum großen Teil wohl aus zweiter Hand – an Wendungen aus Cicero (den er vielleicht doch direkt kennt), aus Terenz und Horaz, aus Plautus, Juvenal und Persius, auch aus Martial, aus Sueton, Justin und Curtius zum Aufputz seiner Sprache verwendet, verleiht dieser nicht einen (möglicherweise erstrebten) antikischen Schimmer, sondern macht seine Sprache geziert, geschraubt und gesucht, offenbart den Verfasser als einen Mann von tüchtiger Belesenheit, aber von mäßigem Geschmack. Es ist indes bezeichnend für die Anschauung Ruotgers und seiner Zeit, daß er in der Widmungsepistel an Brunos Nachfolger Erzbischof Folkmar bittet, wenn dem Buch etwa *in pompa ornatuque sermonis* fehlen, so möge der Mangel durch die Empfehlung des verehrten Mannes, dessen Leben er schreibe, ersetzt werden. Es ist die Form und der hochgespannte Stil, worauf es dem Verfasser vor allem ankommt.

Man neigt heute dazu, der vita Brunonis eine besondere Stellung in der Vitenliteratur, d.h. dem hagiographischen Schrifttum des zehnten Jahrhunderts einzuräumen. Der Historiker vermerkt mit Genugtuung, daß Ruotger nicht nach Wundergeschichten hascht. In der Tat, nur ein einziges Mal, am Ende der vita, erzählt er eine wunderbare Begebenheit, die durch den Eid der Beteiligten bekräftigt werde: daß nämlich trotz des weiten Weges von Brunos Sterbestätte in die Bischofsstadt keiner der Leichenträger Ermüdung verspürt habe. Aber es wäre unrichtig, was gelegentlich behauptet wird, Ruotger habe einen besonders hohen Begriff von Heiligkeit besessen. Es verhält sich vielmehr so, daß Ruotger überhaupt nicht als Hagiograph an seine Aufgabe herangetreten ist. Er zeichnet Bruno als einen großen, verehrungswürdigen Bischof, schreibt aber seine vita von vornherein als Biographie, und so ist es nur folgerichtig, daß er weder eine erbauliche Tendenz zum Ausdruck bringt, noch, was das sicherste Zeichen hagiographischer Auffassung wäre, der hagiographischen Interpretation für die Erklärung einzelner Begebenheiten Raum gewährt. In der vita Brunonis liegt der interessante Fall vor, daß aus einem hagiographischen Vorbild eine im Grunde rein weltliche Biographie erwachsen ist, ein wichtiger Vorgang in der Geschichte der mittelalterlichen Lebensbeschreibung.

Historisches und Hagiographisches mischen sich mitunter recht merkwürdig in literarischen Werken. Ein Beispiel dafür bietet das schriftstellerische Werk des Walther von Speyer. Er war noch recht jung als er im Jahre 982/83 seine *vita et passio sancti Christopheri* verfaßte. Er tat dies in zweifacher Fassung, in Versen und in Prosa, folgte also dem alten Beispiel, das seit dem carmen paschale und dem opus paschale des Sedulius im fünften Jahrhundert immer wieder in der Hagiographie geübt worden ist. Die Aufmerksamkeit der Literaturgeschichte richtet sich weniger auf das Werk aus dem Grunde, weil Walter ein bedeutender Dichter oder großer Hagiograph gewesen wäre, im Gegenteil, er schreibt ausgesprochen künstlich und gespreizt und hat mit seinem gelehrten Gehabe den an sich reizvollen Stoff recht eigentlich abgewürgt. Das Werk ist vielmehr in seiner Art ein Kuriosum. Im ersten Buch, dem längsten von allen fünf Büchern, hat der Verfasser nicht das Leben seines Heiligen dargestellt oder dessen Bildungsgang, sondern seinen eigenen. Dieser *libellus primus de studio poetae qui et scholasticus* beschreibt sehr eingehend die Ausbildung Walthers, vom Erlernen der Buchstaben noch an der Hand der Eltern durch alle Stadien des Unterrichts, den er an der Domschule zu Speyer empfangen hatte. Die Verse sind für uns eine interessante Quelle kultur- und bildungsgeschichtlicher Erkenntnis (daneben, da der Verfasser es nicht versäumt, mit seiner Gelehrsamkeit zu prunken, auch eine lexikographische Fundgrube); in literarischer Hinsicht freilich, im ganzen des Werkes, kann das erste Buch nur als eine Abgeschmacktheit bezeichnet werden, die gerade das Gegenteil dessen bewirkt, was der Verfasser eigentlich hatte zeigen wollen, und sein Bildungsdünkel verrät den Mangel an literarischem Verständnis.

Die Kenntnis und Nachwirkung des Werkes blieb gering und beschränkte sich auf einen engen Kreis. Kleriker aus Salzburg hatten von Walther ein Exemplar erbeten; über St. Emmeram, wohin dieses später gelangte, ist der Text auf uns gekommen. Nur zwei unvollständige Kopien des zwölften Jahrhunderts aus derselben Gegend bezeugen noch ein gewisses weiteres Interesse[3].

Die Schule von Speyer behielt ihren Rang, ihre Neigung für eine antikisierende, formale Bildung – und ihre Langweiligkeit noch wenigstens bis in die Mitte des elften Jahrhunderts. Das etwa ist die Lebenszeit eines O n u l f v o n S p e y e r, der etwa zwei Menschenalter nach Walther an der Domschule lehrte. Was wir von ihm besitzen, ist ein ohne Titel überliefertes kleines Werk über *colores rhetorici*, in welchem zweimal, einmal in Reimprosa, sodann in leoninischen Hexametern, derselbe Gegenstand auf Grund der Rhetorik ad Herennium behandelt wird. Das Auffallendste liegt hier in der Anwendung des formalen Elements der Doppelfassung, das seinen angestammten Platz in erzählenden Wer-

---

[3] Ob eine vornehme Dame namens Hazecha, die eine Schülerin des Bischofs Balderich von Speyer (970–986/87) gewesen war und von diesem eine Christophorus-Vita erbeten hatte, das Werk Walthers, als sie nachmals Äbtissin im Damenstift Quedlinburg geworden war, zu sehen bekam, wissen wir nicht.

ken, vor allem in der Hagiographie hat, ferner im Lehrbuch, daß man solche formalen Elemente nicht nur kennt, lernt und übt, sondern daß sie auch angewendet werden, wo es nicht üblich ist und wo sie folglich nur als ein Zurschaustellen des Könnens, der Kunstfertigkeit aufgefaßt werden können. Es entspricht solches ziemlich genau dem, was Walther von Speyer tut, wenn er in der vita Christophori zuerst von sich und von seiner Schulbildung, dann von dem Heiligen redet, den er zu behandeln sich vorgenommen.

Wahrscheinlich gehört demselben Onulf noch ein zweites kleines Werk, das sogenannte *poema biblicum*. Es besteht aus zwei Gruppen von Versen zum Alten und Neuen Testament, die jeweils eine biblische Szene in Dialogform behandeln: die Schlange redet mit Eva, Gratia mit Misericordia und Veritas, und dergleichen. Jeder der Dialogabschnitte ist mit einem argumentum eingeleitet, die ganze Reihe von einem prooemium und einem epilogus umrahmt. Ebenso war ein nur unvollständig erhaltener zweiter Teil aufgebaut, der mit einem Dialog zwischen dem Stern von Bethlehem und den Gaben der Weisen (Aureolus, Thureolus und Myrreolus) begann. Das ganze Werkchen hindurch sind besonders Vergil und Horaz imitiert.

Daß es sich nicht um ein geistliches Spiel handelt, wie man gemeint hat[4], lehrt die Unabhängigkeit der Abschnitte voneinander. Das Ganze mag ein Übungsstück oder eher vielleicht ein Mustergedicht sein, gefertigt zu dem Zweck, darzulegen, wie ein bestimmter Gegenstand in kunstvoller Form behandelt werden könnte. Klar aber ist hier der stark antikisierende, wahrscheinlich darf man auch sagen: humanistische Zug der Domschule von Speyer im elften Jahrhundert, Zeugnis einer Richtung, die freilich einstweilen nur Schulmäßiges hervorzubringen vermochte.

Es mag sein, daß der Übergang des Königtums auf das sächsische Herrscherhaus auch die schon im späteren neunten Jahrhundert zu beobachtende literarische Tätigkeit im Stamm der Sachsen günstig beeinflußt hat; gerade im zehnten Jahrhundert trifft man auf eine Reihe sehr bedeutender Werke im sächsischen Raum.

Das Frauenkloster Gandersheim, dessen erste Äbtissin Hathumod seinerzeit durch das epicedium des Agius ein Denkmal erhalten hatte, brachte im zehnten Jahrhundert eine der berühmtesten Frauen des Mittelalters hervor, die man später als die erste deutsche Dichterin feiern sollte: H r o t s v i t   v o n   G a n d e r s h e i m. Sie stammte aus sächsischem Adel und hat um 937 gelebt. Von ihren Lehrerinnen im

---

[4] Vgl. K. Strecker MGH Poetae V 1, 5.

Kloster hat Gerberg, die nachmals Äbtissin wurde, das früh erwachte poetische Talent der jungen Nonne erkannt und gefördert.

Der Name Hrotsvit erinnert zuerst an die rührend naiven Dramen, mit denen die Dichterin den Terenz nachzuahmen suchte, um von der Lektüre seiner verderblichen Stücke abzuhalten. Aber die Dramen bilden nur einen Teil, weniger als die Hälfte des poetischen Schaffens dieser Frau. Ihr Gesamtwerk umfaßt drei Teile oder Bücher: *Verslegenden*, die Dramen und historische Epen.

Hrotsvit begann mit der poetischen Bearbeitung zweier neutestamentlicher Apokryphen. Das erste bezeichnet sie als *historia nativitatis laudabilisque conversationis intactae Dei genitricis quam scriptam repperi sub nomine sancti Iacobi fratris Domini*. Es ist eine Versifizierung des Pseudo-Matthäus-Evangeliums, in dem das Leben Mariens von ihrer Geburt an über ihre Weihe als Tempeljungfrau und schließlich ihre Verlobung mit Josef bis zur Flucht der Familie nach Ägypten erzählt wird. Den allgemein bekannten Stoff hat Hrotsvit zu einem kleinen Epos von etwas über 900 Hexametern geformt.

Ein zweites kürzeres Stück, die *historia ascensionis Domini* ist ebenfalls die Versifizierung eines ursprünglich griechischen Apokryphons über die Himmelfahrt Christi, das ein unbekannter Johannes ins Lateinische übersetzt hatte. Den Hauptinhalt bilden die Abschiedsreden Jesu an seine Jünger und an seine Mutter und das Geschehen der eigentlichen Himmelfahrt, die mit einem reichen Apparat von Heiligen, unter ihnen den harfenspielenden König David dargestellt wird. Es folgen Heiligenlegenden. Als erstes die *passio sancti Gongolfi martiris* in 582 Versen (Distichen), die Versbearbeitung einer alten merowingischen passio von Gongolf, der auf Anstiften seiner ehebrecherischen Frau von deren Liebhaber bei der Jagd ermordet wird. Beide erleiden für ihre Untat die verdiente Strafe: der Liebhaber wird bei einem Streit getötet, die Frau aber, die sich über die Wunder, welche man von dem als Martyrer verehrten Gongolf an dessen Grabe zu berichten wußte, lustig macht, wird damit bestraft, daß sie nicht sprechen kann, ohne bei jedem Wort einen unanständigen Ton von sich zu geben.

Mit der *passio sancti Pelagii pretiosissimi martiris* wagt sich Hrotsvit an die Darstellung eines Ereignisses der jüngsten Vergangenheit, aus dem arabischen Spanien, da der Kalif ʿAbdarraḥmān III. zu Cordoba regierte (911–961). Der junge Pelagius ist für seinen Vater als Geisel ins Gefängnis gegangen. Der Kalif findet an ihm Gefallen und bietet ihm die Freiheit an unter der Bedingung, daß er ihm als Lustknabe zu dienen bereit sei. Als Antwort aber schlägt Pelagius dem Kalifen die Faust ins Gesicht, worauf dieser ihn mit einer Schleudermaschine über die Stadtmauern werfen läßt. Der Knabe aber bleibt auf wunderbare

Weise unverletzt; darauf läßt ihn der Kalif enthaupten und den Leichnam in den Fluß werfen. Die Christen finden den Toten und bestatten ihn mit allen Ehren. Die passio ist insofern das interessanteste Stück unter den hagiographischen Gedichten der Hrotsvit, als sie sich hier allem Anschein nach nicht auf eine schriftliche Vorlage stützen konnte; jedenfalls geht der ihr vorliegende Bericht zweifelsfrei nicht auf die uns bekannte einzige passio (außer derjenigen der Hrotsvit) zurück und weist dieser gegenüber auch mehrfach sachliche Abweichungen auf[5]. Das Ereignis, das etwa im Jahre 925 stattgefunden hat, ist zwar bald danach aufgezeichnet worden; aber wie Hrotsvit im Epilog zu den Legenden schreibt, bekam sie die passio nicht zu Gesicht, sondern verdankt ihre Kenntnis der mündlichen Erzählung eines Cordobensers, der selbst noch den Pelagius gekannt und dessen Martyrium miterlebt hat[6]. Es zeigt sich, daß Hrotsvit sich bereits eine recht beachtliche Gewandtheit im Erzählen hagiographischer Stoffe in epischer Form angeeignet hatte. Der mündliche Bericht machte die freie Gestaltung des ihr vorliegenden Gegenstandes ohnedies notwendig; Hrotsvit erzählt schlicht und natürlich, mit sparsamer Anwendung epischer Kunstmittel.

Lapsus et conversio Theophili vicedomni nennt sie die fünfte ihrer Verslegenden. Sie ist nichts anderes als die poetische Umformung der bereits an früherer Stelle behandelten Legende von jenem Theophilus aus Adana in Kilikien, der, von brennender Begierde nach dem zunächst abgelehnten Bischofsamt erfüllt, einen Bund mit dem Teufel schließt, von dem er, im nachhinein von Reue ergriffen, auf die Fürsprache der Muttergottes hin befreit wird, also die ursprünglich griechische Legende, die wenige Jahrzehnte vor Hrotsvit der Neapolitaner Diakon Paulus ins Lateinische übertragen hat. Die 450 Hexameter der Hrotsvit stellen sonach die erste poetische Bearbeitung des Stoffes dar, der zur Grundlage der spätmittelalterlichen Faustsage geworden ist. Daß gerade sie es nicht gewesen ist, von der aus die Anregung zu weiterer poetischer Durchformung des Stoffes ausgehen sollte, wird alsbald zu erklären sein.

Die fünf kurz besprochenen Legenden bilden den ersten Zyklus hagiographischer Gedichte, die Hrotsvit ihrer Äbtissin Gerberg widmete. Ein zweiter Zyklus ähnlicher Art umfaßt nur drei Stücke. Den Anfang dieses Zyklus bildet die von Hrotsvit selber ohne Bezeichnung gelassene, gewöhnlich *Basilius* genannte Verserzählung. Auch hier steht in der Mitte ein Teufelsbündnis. Ein Bürger von Caesarea namens

---

[5] Vgl. dazu unten S. 541 f. und H. Homeyer, Hrotsvithae opera S. 123 ff.
[6] Vgl. a.a.O. S. 227.

Proterius hat seine schöne Tochter Gott geweiht. Einer der Diener des Proterius aber wird von solcher Liebe zu dem Mädchen ergriffen, daß er sein Verlangen durch Vermittlung eines Zauberers zu erfüllen hofft, der ihm ein Bündnis mit dem Teufel verschafft. Tatsächlich gelangt der Diener durch Satans Hilfe ans Ziel seiner Wünsche: er gewinnt die Liebe und die Hand der Tochter des Proterius, allerdings, wie sich versteht, um den Preis seiner Seele. Als die junge Frau erfährt, wie es in Wahrheit um ihren Gatten steht, ruft sie die Hilfe des heiligen Basilius an und gewinnt durch seine Fürbitte die dem Teufel übergebene Verschreibungsurkunde zurück und bewahrt so ihren Gatten vor dem ewigen Verderben.

Das zweite Stück ist die *passio sancti Dionysii egregii martiris*, gedichtet auf Grund der vita des Hilduin von Saint-Denis[7], also der ältesten erhaltenen vita, in welcher der Paulusschüler vom Areopag, der Verfasser der mystischen Schriften und der Missionar und Bischof von Paris, dessen Lebenszeit man ins vierte Jahrhundert zu setzen pflegt, als ein und dieselbe Person betrachtet werden. Es ist die berühmte Legende der Gründung von Saint-Denis, die den Abschluß der passio bildet: Der Bischof, mit seinen beiden Gefährten enthauptet, erhebt sich und trägt, von Engeln begleitet, sein eigenes Haupt den Berg hinab, zwei Meilen weit – in der Vorlage sind es *leucae* – dorthin, wo er sein Martyrium beenden will, an die Stätte, wo dann an seinem Grabe Kirche und Kloster zu seinen Ehren errichtet wurden. – An die dritte Stelle fügte Hrotsvit eine metrische *passio sanctae Agnetis*; die Vorlage bildete eine spätantike, fälschlich unter dem Namen des Ambrosius von Mailand gehende passio.

Mit all diesen Legenden, von denen allein die passio sancti Gongolfi in elegischen Distichen mit einsilbigem Zäsurreim, die übrigen in einsilbig gereimten leoninischen Hexametern abgefaßt sind, steht Hrotsvit scheinbar in karolingischer Tradition. Aber traditionell ist eigentlich nur die Form, richtiger das Genos des versifizierten Heiligenlebens. Schon die Wahl der Stoffe weist daraufhin, daß Hrotsvit aus anderen Motiven heraus zu ihrer Legendendichtung gekommen, daß sie unter anderem Gesichtspunkt an sie herangetreten ist, als dies bei den Hagiographen der Karolingerzeit die Regel war. Es ist kein Lokalkult oder kein von außen an sie herangetragener Anlaß, der Hrotsvit zur Legendendichtung geführt hat. Bei ihr dominiert der Stoff, der anziehende, die Aufmerksamkeit fesselnde und doch auch erbauliche Stoff; es sind durchweg echte hagiographische Legenden oder im Falle des Pelagius, ein gutbezeugtes geschichtliches Ereignis mit bewegtem, für eine mit

---
[7] Siehe oben Band I, S. 412f.

Sensationen noch nicht überladene Zeit fesselndem, ja spannendem Inhalt; mehr noch, es sind Stoffe, die ein dramatisches Element enthalten. Schon in diesen frühen Stücken, die zu unrecht von den Dramen in den Schatten gestellt werden, offenbart sich die Neigung der Dichterin zu dramatischen oder dramatisierbaren Sujets. Hrotsvit dichtet, weil sie dichten m u ß. Heimlich zunächst, denn sie fürchtet Spott und Tadel, bis Gerberg das Talent erkennt und die Schüchterne ermutigt. Und sie übt sich an vorgeformten Stoffen, lernt durch Versifizieren, bis sie im Pelagius eine schriftlich nicht fixierte Geschichte frei zu gestalten vermag.

Zwar sieht die Fromme auch in ihren Legenden das Erbauliche, zwar will auch sie erbaulich wirken, aber nicht weniger geht es ihr hier darum, ihre Leser zu unterhalten, und sie schreibt ihre Verslegenden mit naiver Freude an den reizvollen Geschichten. So widmet sie schon den ersten Zyklus ihrer Äbtissin mit der Bitte:

ludens dignare hos modulos legere.

Man kann somit die *Dramen,* die das zweite Buch der Werke bilden, als eine Weiterentwicklung, gleichsam als eine vorgerückte Stufe in der Entwicklung der Legendendichtung betrachten. Fast will es scheinen, als sei in den Dramen das eigentlich Hagiographische, das erbauliche Anliegen bestimmter verfolgt als in den Verslegenden.

In geistlichen Kreisen gebe man gern, so schreibt Hrotsvit in der Vorrede zum Buch der Dramen, den heidnischen Schriften ob ihrer gepflegten Form den Vorzug vor den christlichen, und manche, die die heidnischen Autoren im Ganzen ablehnten, läsen doch gern im Terenz. Deshalb habe sie, der *clamor validus Gandeshemensis,* wie sie ihren Namen latinisiert, den Versuch unternommen, den Terenz in seiner Dichtungsart nachzuahmen und, während dieser die abscheuliche Unzucht lüsterner Weiber schildere, die Keuschheit heiliger Jungfrauen zu verherrlichen. Bei diesem Bemühen sei sie oft vor Scham errötet, wenn die Dichtungsart sie gezwungen habe, den verabscheuungswerten Wahn sündiger Liebe darzustellen und die verführerischen Reden nachzuahmen. Doch könne sie ihr Ziel, den Sieg der Unschuld zu preisen, anders nicht erreichen. Im übrigen vermesse sie sich keineswegs, es denjenigen gleichzutun, die besser gebildet seien als sie. Und wenn es denn geschehe, daß sie bei niemandem Gefallen finden sollte, sei es wegen ihrer Person, sei es wegen der Ungeschicklichkeit und Unbeholfenheit ihrer Ausdrucksweise, so habe sie doch ihre Freude an dem, was sie geschaffen: *memet ipsam tamen iuvat quod feci.*

Den Terenz also will sie verdrängen, indem sie ihn nachahmt. Aber worin ahmt sie ihn nach, inwieweit hat sie ihn verstanden, verstehen

4. Kapitel: Deutschland

können? Imitation hängt schließlich immer vom Maß des Verständnisses des Vorbilds ab. Als wesentlich sah Hrotsvit einmal den Dialog, und sie erkannte, daß das Geschehen nicht beschrieben werden durfte, sondern in Rede und Gegenrede zum Ausdruck gebracht werden mußte. Auch daß es vor allem auf Handlung ankam, hat sie gesehen (weit deutlicher als im zwölften Jahrhundert die Verfasser von Elegienkomödien es zu sehen pflegten). Freilich, einen eigentlich dramatischen Aufbau der Handlung, die Schürzung eines Knotens und seine Lösung und was dergleichen noch antike Kunst und Theorie gefunden haben mochten, darf man bei der Dichterin des zehnten Jahrhunderts nicht erwarten, und an eine Aufführung hat sie gewiß nicht gedacht, das war ihrer Zeit völlig fremd. Ihre Stücke sind Lesedramen. Hrotsvit schrieb nicht Verse wie Terenz, sondern bediente sich der gehobenen Form der Reimprosa. Das tat sie nicht, weil ihr die Versmaße des Terenz zu schwierig waren, wie man gelegentlich lesen kann, sondern weil sie die Verse des Terenz für Prosa hielt und dies um so eher annehmen mußte, als seit langem die Handschriften den Text fortlaufend, nicht in Verse abgeteilt, zu bieten pflegten.

Hrotsvits Antiterenz umfaßte wie der echte sechs Stücke. Sie behandeln alle hagiographische Stoffe, die zum Teil aus selbständigen Viten stammen, zum Teil den unterhaltsamen erbaulichen Geschichten der vitae patrum entnommen sind. Hinsichtlich des Grades des dramatischen wie sonstiger Elemente weisen die Stücke im einzelnen starke Unterschiede auf.

Die ungewöhnliche Begabung, die Schärfe des Blickes für das Dramatische zeigt trotz aller Schwächen schon Hrotsvits Erstling auf diesem Gebiete, der sogenannte Gallicanus (I und II), oder, wie die Dichterin selbst das Stück nannte, die *conversio Gallicani principis militiae*. Den Gegenstand bildet ein Abschnitt aus der passio sanctorum Iohannis et Pauli, die unter Julian für ihren Glauben starben. Die Begebenheit ist schon in der Vorlage in die Zeit Konstantins verlegt. Gallicanus soll auf Befehl des Kaisers gegen die Skythen ins Feld ziehen, die als einziges Volk auf Erden noch der Macht des römischen Reiches Widerstand leisten. Auf Bitten des Gallicanus verspricht der Kaiser diesem für den Fall des nicht bezweifelten Sieges die Hand seiner Tochter Constantia. Constantia indessen hat jungfräuliches Leben gelobt und lehnt den ihr mitgeteilten Antrag des Heiden Gallicanus entschieden ab, rät jedoch ihrem Vater, zunächst einmal die Entwicklung der Dinge abzuwarten, erbittet von Gallicanus als Pfand seiner Liebe dessen zwei Töchter und gibt ihm dafür ihre beiden Kammerherren *(primicerii)* Johannes und Paulus als Begleiter auf den Feldzug mit in der Absicht, den Feldherrn für den christlichen Glauben zu gewinnen. Tatsächlich verläuft der

Feldzug ganz anders als erwartet. Die Skythen sind mit einem so riesigen Heere angerückt, daß die Tribunen des Gallicanus jede Hoffnung auf ein Bestehen des Kampfes aufgeben und ihren Feldherrn zur sofortigen Kapitulation drängen. Als nun aber der verzweifelte Gallicanus, dem Rat der beiden primicerii folgend, zum Gott der Christen betet, wendet sich das Blatt: die Skythen mit ihrem König Bradan verlieren Kraft und Mut, und die Römer kehren nach unverhofft errungenem Siege im Triumph zurück. Gallicanus aber hält Wort, wird Christ, versteht und achtet nun auch das Gelübde Constantias, die mittlerweile bereits die beiden Töchter des Gallicanus für denselben Entschluß gewonnen hat, und alles findet ein gutes Ende. In dem kurzen zweiten Teil stirbt Gallicanus selbst als Martyrer. – So glücklich die Wahl des Stoffes war und so gut einige Szenen gelangen, werden doch dort, wo der Dichterin jede Möglichkeit der Anschauung fehlte, nämlich bei der Vorstellung des Feldzugs gegen die Skythen, und wo ihr auch noch die menschliche Erfahrung fehlte, nämlich den tiefgreifenden Wandel eines Menschen erlebt zu haben oder zu verstehen, auch die Schwächen der Darstellung offenkundig.

So ist denn schon das zweite Stück, das solche Anforderungen an Lebenserfahrung nicht stellte, ungleich besser gelungen, ja es ist dies vielleicht ihr reizvollstes Stück geworden. Der Dulcitius oder mit dem originalen Titel *passio sanctarum virginum Agapes Chioniae et Hirenae*, hat zum Gegenstand eine Episode aus der passio der drei genannten Christinnen, die in der diocletianischen Verfolgung den Tod erlitten. Die passio war bereits von Aldhelm in seinem Epos wie in der Prosa de virginitate behandelt worden, doch steht Hrotsvit damit in keinem Zusammenhang. Wie stark bei ihr gerade das dramatische und literarische Interesse wirksam war, zeigt am deutlichsten wohl der Umstand, daß die eigentliche Hauptperson nicht die drei christlichen Jungfrauen sind, sondern eben jener (in der heute üblichen kurzen Bezeichnung des Stückes genannte) heidnische Richter Dulcitius. Dennoch bleibt noch genug des Hagiographischen. Die Geschichte spielt, wie man aus dem vorangestellten argumentum erfährt, in Thessalonike. Zu Beginn werden die drei vornehmen christlichen Schwestern Agape, Chionia und Hirene vom Kaiser Diocletian persönlich verhört; da sie weder auf Grund von Versprechungen, mit hochgestellten Römern am Hofe vermählt zu werden, noch durch Drohungen sich vom christlichen Glauben abzuwenden bereit sind, werden sie dem Statthalter *(praeses)* Dulcitius übergeben, daß er sie durch die Folter zwinge. Dieser aber, von der Schönheit der drei Schwestern hingerissen, sinnt vorzüglich darauf, wie er sie zu besitzen vermöchte (in der alten passio verspricht er ihnen ausdrücklich die Freiheit, sofern sie ihm zu Willen seien;

Hrotsvit hat dieses Motiv weggelassen), und läßt sie statt im Gefängnis in seinem eigenen Hause in einem Gesinderaum neben der Küche einsperren und bewachen. Als nun des Nachts der lüsterne Dulcitius bei den drei Gefangenen eindringen will, wird er von Verwirrung geschlagen, gerät statt zu den Gefangenen in die Küche und umarmt die rußigen Töpfe und Pfannen; die drei Christinnen beobachten den Verblendeten durch eine Ritze in der Wand. Als er am Morgen herauskommt, Gesicht und Gewand mit Ruß beschmiert, glauben die Wächter erst ein Gespenst zu sehen und rennen davon, bis sich das peinliche Mißgeschick des Dulcitius aufklärt. Die Erzählung wird sodann weitergeführt bis zu dem von wunderbaren Erscheinungen begleiteten Martertod der drei Jungfrauen.

Im Calimachus oder, mit Hrotsvits Titel, der *resuscitatio Drusianae et Calimachi*, wird eine Episode aus den acta Iohannis, einer der apokryphen Apostelgeschichten, die als volkstümliche Erzählungen seit dem zweiten Jahrhundert entstanden sind, behandelt. Wann die ursprünglich griechischen Johannesakten, die unter anderem die Zerstörung des Dianatempels zu Ephesus durch den Apostel enthalten und gnostische Züge aufweisen, ins Lateinische übersetzt worden sind, steht nicht fest. Der Inhalt des Stückes der Hrotsvit ist kurz folgender: Calimachus begehrt die Christin Drusiana, die sich, um seiner Zudringlichkeit zu entgehen, schließlich den Tod wünscht, der ihr tatsächlich zuteil wird. Das Begehren des Calimachus ist damit mitnichten erloschen. Er dringt in die Grabkammer ein und sucht sich des Leichnams zu bemächtigen, wird aber bei seiner Untat samt seinem Gehilfen von einer Schlange erwürgt. Auf die Fürbitte des Apostels Johannes aber und der Drusiana erwacht Calimachus wieder zum Leben und bereut seine Schuld. Auch Drusiana wird vom Apostel Johannes wieder ins irdische Leben zurückgerufen.

Die beiden folgenden Stücke, nämlich der Abraham, mit vollem Titel *lapsus et conversio Mariae neptis Habrahae heremicolae*, und der Pafnutius oder mit der genauen Bezeichnung *conversio Thaidis meretricis* behandeln beide recht ähnliche Stoffe, nämlich die Bekehrung von Dirnen durch einen Eremiten, der sich als Liebhaber ausgibt, wobei der Pafnutius eigentlich nur wie ein schwacher Abklatsch des Abraham wirkt.

Im letzten Stück, der Sapientia oder *passio sanctarum virginum Fidei Spei et Karitatis* werden die drei so genannten Töchter der Sapientia vor den Augen der Mutter nach grausamen Martern, die jedoch an Stelle der standhaften Töchter nicht diese, sondern die Folterknechte selber verspüren, enthauptet. Die Mutter bestattet sie und stirbt nach langem Gebet am Grabe ihrer Kinder. Auch hier hat als Quelle für den Stoff eine alte passio sanctarum Fidei Spei et Karitatis gedient.

Sieht man von den zwei letzten Stücken, dem Pafnutius und der Sapientia ab, die in dramatischer Hinsicht doch als ziemlich schwach bezeichnet werden müssen, so läßt sich eine Entwicklung auf das Dramatische hin erkennen. Hrotsvit hat einen sicheren Blick für den Gegenstand, versteht es, mit wenigen Worten die Situation zu verdeutlichen, die einzelnen Szenen rollen meist frisch und sehr lebendig ab, und vor allem weiß sie die auftretenden Personen trefflich zu charakterisieren. Darin vor allem liegt der Reiz der Stücke. Was ihr nicht gelingt und was sie vielleicht gar nicht erkannt und darum auch nicht gesucht hat, ist die durchgehende Formung des Stoffes auf einen Höhepunkt und auf eine Lösung hin. Aber das hätte ein weiteres Abgehen von den hagiographischen Vorlagen, die ihr den Stoff boten, bedurft, und eine innere Distanz von dem Gegenstand erfordert, die überhaupt nicht in ihren Möglichkeiten lag. Es bleibt bei allen Mängeln, die man da und dort feststellen mag, der ungewöhnliche, ja einmalige und doch bis zu einem hohen Grade gelungene Versuch der niedersächsischen Nonne, eine Dichtungsart wiederaufzugreifen, die seit der frühen römischen Kaiserzeit nicht mehr gepflegt worden war.

Das dritte Buch der Werke umfaßt zwei *historische Epen* oder weitgehend der historischen Darstellung sich nähernde epische Gedichte. Das erste sind die *gesta Oddonis* in 1537 einsilbig gereimten leoninischen Hexametern. Sie behandeln nach kurzem Blick auf die Zeit Heinrichs I. das Leben, die Persönlichkeit und die Taten Ottos des Großen. Merkwürdig berührt die Darstellung der Familienzwistigkeiten und inneren Kriege, bei denen nach hagiographischer Manier alle Schuld dem Teufel gegeben wird. Besonders ausführlich werden die Schicksale der Kaiserin Adelheid behandelt, nämlich die Ereignisse aus der Zeit vor der Vermählung Adelheids mit Otto dem Großen (im Spätherbst 959). Damals war König Lothars II. von Italien († 950) kaum neunzehnjährige Witwe Adelheid durch Berengar von Ivrea, der ihren Anspruch auf die Krone Italiens befürchtete, gefangen und in grausamer Kerkerhaft gehalten worden. Die abenteuerliche Flucht durch einen unterirdischen Gang, durch welchen sich die junge Königin zusammen mit der ihr belassenen einzigen Dienerin mit Hilfe eines Geistlichen aus der Gefangenschaft König Berengars befreit, ist nicht nur eines der ungewöhnlichsten Geschehnisse aus Adelheids ereignisreichem Leben, sondern bildet auch als Darstellung einen der fesselndsten Abschnitte in Hrotsvits gesta, worin die Erzählergabe der Dichterin zu ihrem vollen Rechte kommt. Bei der Würdigung des Gedichtes ist zu bedenken, daß Hrotsvit natürlich nicht als Historikerin schreibt und dichtet. Hrotsvit hatte persönliche Verbindungen zum Hof und zum Herrscherhaus; sie war über die Ereignisse, von denen sie erzählt, sicher gut unterrichtet. Auch die Anregung zur Dichtung selber ist aller Wahrscheinlichkeit nach vom Hofe ausgegangen, und so haftet ihrem Epos auch etwas von dem an, was man als Hofgeschichtschreibung bezeichnen mag. Aber es steht auch außer Zweifel, daß für Hrotsvit selber Otto der Große der große Herrscher war, der Kaiser, den sie zu vollem Recht mit der höchsten Würde bekleidet sah, und die Kaiserin genoß nicht minder ihre tiefe Verehrung. So tritt zu dem, was vorhin höfisch genannt wurde, auch ein ungesucht wirkender, weil aus persönlicher Ergebenheit, Treue und Verehrung für das Herrscherpaar entsprungener, leicht panegyrischer Zug.

Im Hinblick auf das Erzählen von Ereignissen zeigt mit den gesta Oddonis manche Verwandtschaft die letzte Dichtung Hrotsvits, die man *primordia coenobii Gandeshemensis* zu nennen pflegt; ein Titel ist nicht überliefert. In 594 wiederum einsilbig gereimten leoninischen Hexametern – das Gedicht endet unvollständig – besingt Hrotsvit die Gründungs- und Frühgeschichte ihres Klosters Gandersheim. Sie rühmt das Stifterpaar, den Sachsenherzog Liudolf mit seiner Gemahlin Oda, das das zunächst in dem von Fulda abhängigen Brunshausen gegründete Kanonissenstift für adlige Damen 856 nach Gandersheim verlegt hatte, und berichtet die weitere Geschichte des stets unter Leitung fürstlicher Damen stehenden Stiftes, unter dessen Äbtissinnen die früher genannte Hathumod und Gerberg einen besonderen Platz einnehmen, bis 919, mit welchem Jahre die Darstellung abbricht. Als Geschichtsquelle kommt dem Gedicht eine gewisse Bedeutung zu, doch ist wie bei den gesta zu beachten, daß Hrotsvit nicht als Historikerin gedichtet hat. Am besten gelingen ihr auch hier wieder einzelne exkursartige Episoden.

Hrotsvit gehört, daran läßt das Gesamtwerk keinen Zweifel, unstreitig zu den besten dichterischen Begabungen des frühen Mittelalters. Mit ihren Dramen hatte sie sich auf einem Gebiet versucht, das seit nahezu einem Jahrtausend brachgelegen war. Aber auch in den Dichtungen, mit denen Hrotsvit scheinbar ganz in der Tradition steht, in ihren versifizierten Heiligenleben, in ihren kleinen historischen Epen, spürt der Leser etwas von der unmittelbaren Auffassung der Dinge, von denen Hrotsvit redet, von der trotz der Bändigung durch die klösterliche Disziplin so lebensvollen, frischen Natürlichkeit und Liebenswürdigkeit dieser Frau, daß er ihr gerne die Schwächen nachsieht, an denen es nicht mangelt.

Es war keine gespielte Bescheidenheit, es war kein bloßer Topos, wenn Hrotsvit immer wieder auf ihre mäßige Bildung hinweist. Für eine Frau der damaligen Zeit kannte sie erstaunlich viel; aber aufs Ganze gesehen hält sich ihre Belesenheit doch in recht engen Grenzen. Außer ein paar Schulautoren, ihrem Vergil und natürlich Terenz, außer einigem von Prudentius, Sedulius, einigem wenigen von Boethius hat sie wohl nur eine Reihe von Heiligenleben und Apokryphen über den selbstverständlichen Raum der biblischen und liturgischen Texte hinaus gelesen. Vor allem sind ihre sprachlichen Fertigkeiten trotz eines beachtlichen Wortschatzes über ein gewisses Maß niemals hinausgelangt. Ihrer Latinität haftet eigentlich immer etwas Schulmäßiges an, ihre Dichtungen überwinden, rein sprachlich-stilistisch gesehen, niemals ihre Unbeholfenheit, und gerade der häufige Gebrauch entlegener Wendungen und auch seltener Vokabeln ist das deutliche Zeichen dafür, daß sie die volle Freiheit der Beherrschung des Lateinischen niemals erreichte.

Abgesehen von den Zufälligkeiten, von denen das Schicksal eines jeden literarischen Werkes abhängt, mögen es die sprachlichen Schwächen gewesen sein, die dazu beitrugen, daß Hrotsvits Werk nahezu ohne Wirkung geblieben ist. Vor allem stehen ihre dramatischen Versuche völlig isoliert in der Geschichte des abendländischen Dramas. Gerberga, ihre Äbtissin, war eine Tochter Herzog Heinrichs (I.) von Bayern und in Regensburg gebildet worden; sie wird es gewesen sein, die ein Exemplar von Hrotsvits Dichtungen zu ihrem alten Lehrer nach St. Emmeram schickte, und nur durch dieses Exemplar sind sie der Nachwelt erhalten geblieben.

Niedersachsen ist auch sonst zu jener Zeit literarisch nicht unfruchtbar gewesen. Als eine führende Stätte im geistigen Leben trat zu dieser Zeit das Kloster Corvey an der Weser hervor, das im Jahre 822 von Corbie aus als *Corbeia nova* gegründet worden war. Schon im späteren neunten Jahrhundert hatte sich das Kloster im Sachsenlande mit literarischen Schöpfungen hervorgetan[8]. In der Folgezeit verdankte es wohl manches den Beziehungen zu Fulda und ist im zehnten Jahrhundert für Niedersachsen wohl das geworden, was jenes in seinem südlicheren Raum gewesen ist. Als Zeuge der eingehenden und eindringenden Beschäftigung mit überkommenen literarischen Gütern begegnet uns im frühen zehnten Jahrhundert Abt B o v o (II.) v o n C o r v e y. Er war ein gelehrter Mann und muß vor seiner Amtszeit 900–916 in der Welt gelebt haben. Noch zur Zeit seines Urenkels, der den gleichen Namen trug und ebenfalls Abt in Corvey war, erzählte man sich, Bovo habe so gut Griechisch gekonnt, daß er vor König Konrad einen griechischen Brief habe vorlesen können. Wir besitzen von ihm einen *Kom-*

---

[8] Siehe Band I, S. 386ff.

mentar zu dem berühmten Carmen 9 des III. Buches der *consolatio philosophiae* des Boethius, jenem Gedicht, in welchem die in den ersten drei Büchern der *consolatio* entwickelte Wertelehre und der Gedanke des Aufstiegs und der Selbstfindung des Menschen seinen Höhepunkt, der damit angedeutete Gedanke der *consolatio* seine Vollendung findet. Das Werk, von dem Abt für den anscheinend mit ihm verwandten Bischof Bovo von Châlon-sur-Marne verfaßt auf Grund mündlicher Erörterung des Gegenstandes, sucht besonders den platonischen Gehalt des Gedichtes herauszuheben und macht deutlich, daß Bovo mehr als die meisten anderen das Nichtchristliche oder richtiger vielleicht die starke Hinneigung zur antiken Philosophie gerade in diesem Gedicht gesehen hat. Der geistige Fortschritt, die Vertiefung, aber auch die eigene Sicherheit im Vergleich zu dem, was ein Jahrhundert vorher, ohne ausdrücklich Boethius zu kommentieren, Alkuin mit dem Werk versucht hat, ist augenscheinlich. Die Verbreitung des Boethius-Kommentars des Bovo war, wie es scheint, gering; immerhin haben ihn einige Stätten in Frankreich im elften und zwölften Jahrhundert besessen.

Am eindrucksvollsten erscheint die Corbeia im Weserlande als Stätte der Geschichtschreibung, eines Schrifttums, das allerdings auch sonst im zehnten und elften Jahrhundert besondere Pflege erfahren hat. Der berühmteste Corbeienser Schriftsteller, einer der besten Geschichtschreiber des frühen Mittelalters überhaupt, ist W i d u k i n d v o n C o r v e y gewesen.

Wir wissen wenig vom Leben dieses Mannes. Widukind steht deutlich im Gegensatz zu den früher betrachteten italienischen Literaten seiner Zeit. Er tritt mit seiner Person völlig zurück. Daß die Geschichtsquellen nichts von ihm zu berichten wissen, ist ein Unglück, das er mit vielen Schriftstellern teilt. Aber auch er selbst berichtet kaum etwas von sich. In ihm lebt noch die alte benediktinische Tradition, die in der Karolingerzeit so sehr gepflegte Zurückhaltung, das Zurücktreten des Autors hinter sein Werk. Widukinds Lebenszeit fällt in die Jahrzehnte von etwa 925 bis in die Regierungszeit Ottos II. Er ist wenig im Land herumgekommen und darum fest mit seinem Kloster, aber auch mit seinem Stamm verbunden. Mit natürlichem Stolz betrachtet er seine Sachsen, und in dieser Haltung schreibt er seine *rerum Saxonicarum libri tres*. Nach den einleitenden Worten des ersten Buches war die Sachsengeschichte nicht Widukinds erster literarischer Versuch. Die vom Autor gewählte Formulierung läßt darauf schließen, daß Heiligenleben vorausgegangen waren. In der Tat wird eine *vita Theclae et Pauli* schon bei Sigebert von Gembloux in dessen Schriftstellerkatalog erwähnt; erhalten hat sich davon nichts. Eine weitere historische Arbeit über Otto I. ist von alten Literarhistorikern wohl nur aus den Anfangsworten der Sachsengeschichte zu Unrecht herausgelesen worden.

Jedem der drei Bücher der Sachsengeschichte geht eine Widmung an Mathilde, die Tochter Ottos des Großen und spätere Äbtissin von Quedlinburg voraus. Ob daraus auf einen Aufenthalt Widukinds am Hofe geschlossen werden darf, ist fraglich; ebenso müssen Spekulationen darüber, ob Widukind etwa dem Hause des alten Sachsenherzogs zu Zeiten Karls des Großen, der sich taufen ließ, angehört und von daher eine entfernte verwandtschaftliche Beziehung zum sächsischen Herrscherhaus und der Prinzessin Mathilde bestanden habe, als unbegründete Mutmaßungen gelten. Das Werk behandelt die Geschichte der Sachsen von ihrem Ursprung an und berichtet über die Zeit Heinrichs I. und Ottos des Großen bis in den Anfang der siebziger Jahre.

Es klingt recht merkwürdig im Munde eines Mönchs, wenn Widukind mit der Bemerkung anhebt: man möge sich nicht wundern, wenn er, nachdem er zunächst den Triumph der Krieger seines höchsten Feldherrn (*summi imperatoris*) dargelegt habe – er meint damit Christus und seine Heiligen, eine in solcher Verbindung höchst ungewöhnliche Ausdrucksweise –, nunmehr auch die Taten s e i n e r Fürsten aufzuzeichnen sich vorgenommen und demzufolge sich entschlossen habe, fürderhin die Geschichte seines Stammes, seines Volkes aufzuschreiben, da er ja die Aufgaben, zu denen ihn sein Beruf verpflichte, nach bestem Vermögen erfüllt habe. Die ungewöhnliche Begründung oder Rechtfertigung der Abfassung des Geschichtswerkes, die so, wie sie formuliert ist, eigentlich ein gründliches Mißverständnis dessen, was von einem Mönch erwartet und gefordert werden mochte, auszudrücken scheint in dem Sinne, als bestehe das monastische Leben in der Erfüllung einer Reihe von Verpflichtungen, die es nur abzudienen gelte, um dem einzelnen im übrigen die völlige Freiheit zu gewähren, berührt umso merkwürdiger, je weniger das Werk als solches einer Rechtfertigung bedurfte. Verständlich freilich werden die seltsamen Worte, wenn man im folgenden wahrnimmt, in welchem Maße Widukind, von der Liebe zu seinem Stamm zutiefst durchdrungen, seine Zeit und die christlich gewordene Welt, in der er lebte, zu vergessen imstande war.

Wie Cassiodor, der die Herrschaft der Goten in Italien zu rechtfertigen suchte, wie Gregor von Tours, wie Beda oder Paulus Diaconus in seiner Langobardengeschichte greift Widukind zurück bis zu dem sagenhaften Ursprung seines Stammes; er berichtet von den verschiedenen Meinungen, die es darüber gebe: daß sie, die Sachsen, nach den einen von den Wikingern (*Dani*) oder Normannen abstammten, nach den anderen von den Griechen, nämlich den Resten des makedonischen

Heeres, das nach Alexanders des Großen frühem Tod sich in alle Welt zerstreut habe. Jedenfalls seien sie ein altes und ruhmreiches Volk, was schon eine Bemerkung des Agrippa in einer Rede an seine Soldaten beim Josephus und eine Stelle im Lucan bezeuge[9]. Widukind selber hält dafür, daß die Sachsen auf jeden Fall von der See her in ihr Land gekommen seien – also gerade das Gegenteil des historischen Verlaufes – und nun folgen die alten Sagen von der Landnahme: von der Niederlassung der Sachsen zuerst in Hadolaun (d.i. Hadeln südlich der Elbmündung), von ihren ersten Zusammenstößen mit den Thüringern, die das Land besitzen, und von der List eines jungen Sachsen, der gegen seinen ganzen Goldschmuck von einem Thüringer soviel Erde eintauscht, als der aufgeraffte Bausch seines Gewandes zu fassen vermag, und den Spott der Thüringer wie der eigenen Landsleute hier in Bewunderung, dort in Bestürzung verwandelnd mit der fein verstreuten Erde soviel Land als zu Recht erworben in Anspruch nimmt, daß die Sachsen ein festes Lager als Stützpunkt errichten können. Man liest, wie es im Verlauf der folgenden Auseinandersetzungen zu einem als waffenlos vereinbarten Zusammentreffen kommt, bei dem die Sachsen plötzlich die unter dem Gewand versteckten Schwerter ziehen und die ahnungslosen Thüringer bis auf den letzten Mann niedermachen, eine Untat, von der sie nach ihren „Sachs" genannten Schwertern, mit denen sie soviele Feinde erschlugen, ihren Namen erhalten hätten. Und Widukind weiß zu berichten, wie auf ein Hilfgesuch der Briten hin die Sachsen mit einem starken Heere nach Britannien gekommen und ihre Freunde gegen Pikten und Schotten geschützt und Ordnung hergestellt, dann freilich, als sie die Fruchtbarkeit des Landes erkannten, mit Pikten und Schotten Frieden geschlossen, zusammen mit ihnen die Briten vertrieben und das Land unter sich aufgeteilt hätten. Und weil jene Insel in einer Meeresecke liege (*in angulo quodam maris*), so würden sie bis zum heutigen Tage Angelsachsen genannt. Über weitere Einzelheiten sowie über die Christianisierung des Landes durch den heiligsten Mann jener Zeit, den Papst Gregorius, möge man in der Geschichte des Volkes der Angelsachsen nachlesen.

---

[9] Bei Josephus im bellum Iudaicum 2, 16, wie in der entsprechenden Stelle der lateinischen Bearbeitung des Hegesippus 2, 9 ist von Germanen, aber nicht von den Sachsen die Rede. Vermutlich hat Widukind Hegesippus 5, 15 (p. 319 sq. Ussani) im Auge, wo es heißt *Saxonia inaccessa paludibus ... validissimum genus hominum perhibetur et praestans ceteris*, aber das steht in einer Rede des Josephus an die Juden, nicht in derjenigen des Agrippa. Da im griechischen Original an der betreffenden Stelle 5, 9 (VI p. 484–86 Niese) und, wie es scheint, auch in der lateinischen Übersetzung der Passus fehlt, kannte Widukind offenbar den Hegesippus und zitierte ihn aus dem Gedächtnis. Nachweis der Stellen von Köpke und Wattenbach, vgl. Hirsch in der Monumenta-Ausgabe S. 5 Anm. 1. – Bei Lucan. 1, 423 steht statt *Suessones* gelegentlich *Saxones* (z.B. in der Hs. Brüssel, Bibl. Roy. 5330, 10. oder 11. Jhd., aus Gembloux).

Auch die Beziehungen der Sachsen zu den Franken werden in eine sehr frühe Zeit – in die ersten Jahrzehnte des sechsten Jahrhunderts, ohne daß Jahreszahlen genannt würden – zurückverlegt. Sie werden von Anfang an in freundlichem Lichte gesehen, mit deutlicher Wendung gegen die Thüringer; auch hier mischen sich Sage und Geschichte. Thiadricus (d.i. Theuderich I., 511–534), nach Chlodwigs Tod zum König der Franken gewählt, bietet dem König des Nachbarvolkes, der Thüringer, Irminfrid, Frieden und gut nachbarliche Beziehungen an. Der Thüringer geht ohne Zögern darauf ein, läßt sich jedoch gegen den Rat aller Großen durch seine Gemahlin Amalberga und deren Vertrauten Iring dazu bewegen, die Nachfolge Chlodwigs für sich in Anspruch zu nehmen, da seine Gemahlin eine legitime Tochter desselben, jener aber, Thiadric, ein Unfreier sei. Der Krieg ist unvermeidlich. Als die Franken heranrücken, stoßen sie auf das gewaltige Heer, das ihnen Irminfrid entgegenstellt. Zwei Tage tobt unentschieden der Kampf, am dritten wird Irminfrid geschlagen und flieht mit den Resten seines Heeres in die Stadt Scithin (heute Scheidungen an der Unstrut). Als nun aber Thiadric, da die Mehrzahl der fränkischen Großen zur Umkehr rät der eigenen Verluste wegen, die Sachsen sich zu verbünden sucht und diese eine Abordnung ihrer Führer mit ihren Hundertschaften zu den Franken entsenden, da werden diese von tiefer Bewunderung ergriffen über dieses Kriegervolk mit seinen fremdartigen Waffen und seinem Todesmut. Denn siegen wollen sie oder sterben für Thiadric, der ihnen das Land der Thüringer auf ewige Zeiten zu eigen verspricht. Und wiederum sind es nicht Mut und Kampfkraft der Sachsen, – an denen es ihnen nicht gebricht – sondern die unbedenkliche Ausnützung der Schwäche des Gegners. Durch einen Verräter gewarnt – ein merkwürdiges Motiv von einem entflogenen Raubvogel spielt hier herein – überfallen sie mitten in der Nacht die schlafende Stadt, alles erschlagend, was sich ihnen in den Weg stellt. Unverhältnismäßig kurz erscheinen die Sachsenkriege Karls des Großen: Kriege gewiß, aber doch nur solche, wie sie dieses Volk von Kriegern unablässig führte, und ihr Gewinn war der neue Glaube an den Gott der Christen. So erscheint denn auch Karl der Große als mächtiger Herrscher und Kaiser der Sachsen. Man hat früher wohl zuweilen beklagt, daß für die Zeit Heinrichs I. zu wenig geschichtliche Nachrichten zur Verfügung stünden, nicht wenig aus der Regierungszeit dieses Herrschers unsicher bleiben müsse; für Widukind ist es geradezu charakteristisch, daß er auch noch aus den Jahren Heinrichs I. sagenhafte Begebenheiten erzählt. So findet sich bei ihm die Geschichte von Erzbischof Hatto (I.) von Mainz, der, um König Konrad gefällig zu sein und den diesem gefährlich erscheinenden Sachsenherzog Heinrich, den späteren König, aus dem Weg zu räumen, eine jener goldenen Ketten habe anfertigen lassen, welche die geheime Kraft besaßen, demjenigen, der sie trug, die Kehle abzuschnüren; das eigene schlechte Gewissen habe den Erzbischof verraten, als er beim Goldschmied nach dem Rechten gesehen; von diesem gewarnt, habe Heinrich, wütend über die Tücke des Erzbischofs, dessen Einladung ausgeschlagen.

Buch II beginnt mit der Wahl Ottos I. zum König und endet mit dem Tod seiner ersten Gemahlin Editha. Buch III hebt mit der Designierung Liudolfs zum Nachfolger im Königtum an und führt bis ins Jahr 973. Die Ereignisse gaben Anlaß genug, das Werk zur Reichsgeschichte werden zu lassen; aber nicht darum ging es dem sächsischen Geschichtschreiber. Wie er sein Werk als Stammesgeschichte begonnen hatte, führte er es zu Ende, und Otto ist ihm immer der Herzog der Sachsen, auch wo er ihn rex nennt oder imperator. Im Verlauf des dritten Buches spielen neben dem über längere Abschnitte verteilten Bericht von der Empörung Liudolfs die sonstigen Kämpfe des Königs um die Sicherung seiner Herrschaft, seine Italienzüge und besonders die Vorgänge im Osten eine wichtige Rolle. An sich lagen dem im Sachsenlande schreibenden Widukind die Ereignisse an der Ostgrenze nicht eben nahe. Aber er ist doch für das seinem Bericht fast gleichzeitige Geschehen unser wichtigster Gewährsmann: der erste Schriftsteller, von dem ein polnischer Herrscher erwähnt wird; und das von ihm Berichtete sind die ersten durch eine schriftliche Quelle bezeugten Ereignisse der polnischen Geschichte; alles Frühere ist sagenhaft oder nur mit mehr oder weniger Sicherheit zu erschließen. Die Erwähnung des Mieszko (*Misaca*) geschieht in dem Bericht über zwei Siege des Markgrafen Gero über die Slaven, als Mieszko an die mittlere und untere Oder vorzustoßen versucht hatte. Später erscheint der Polenherzog als Verbündeter des Kaisers (*amicus imperatoris* III 69).

Aber eigentlich entfaltet Widukind die Kunst der Darstellung gar nicht im Geschichtlichen. Was seine Aufmerksamkeit fesselt, sind Dinge, welche man die Umgebung, zuweilen auch den Hintergrund der Ereignisse nennen könnte. So wird etwa die Empörung Liudolfs gegen Otto I. in der Weise dargestellt, daß jede Stufe des Konfliktes mit einem andeutenden Hinweis auf die künftige tragische Entwicklung verbunden und damit die Ahnung des Verhängnisses zunächst hervorgerufen, dann mit knappen Worten immer wieder dem Leser vor Augen gestellt wird. Ähnlich wie Liudolf verstrickt sich letztlich durch eigene Schuld ins Unheil jener jüngere Wichmann, der – eigentlich nicht aus politischem Kalkül oder militärischer Überlegung, sondern letztlich aus gekränktem Stolz – sich mit den heidnischen Wenden verbindet; der, nach Aussöhnung mit dem König, einen furchtbaren Eid schwört, sich niemals wieder gegen ihn zu wenden, bedenkenlos den Eid bricht und sich abermals auf die Seite des Feindes stellt; der, nach einem Tag des hitzigsten Kampfes, zu Tod erschöpft, von einem Haufen polnischer Krieger überfallen, sich tapfer zur Wehr setzt und schließlich, aus vielen Wunden blutend, sein Schwert dem übergibt, den er für den Vornehmsten hält: er möge die Waffe seinem Herrn, dem Herzog Mieszko, überbringen, daß dieser sie dem König übergäbe, seinem Freunde, dann, gen Osten sich kehrend, in seiner Muttersprache ein Gebet spricht und tot niedersinkt.

Es sind vorzugsweise – auch wenn Liudolf nach Unterwerfung unter den königlichen Vater zu dessen Getreuen zählt und schon in jungen Jahren stirbt, beklagt vom König wie von allem Volk – Gestalten im Zwielicht, für welche dieser merkwürdige Mönch besondere Sympathie empfindet, Gestalten, die im Grunde durch ihren Stolz schuldig werden und dann mehr oder minder tragisch scheitern wie die Helden einer germanisch-heidnischen Vorzeit. Aus der Verbindung des im christlichen Raum verändert, aber in den wesentlichen Zügen doch fortlebenden germanisch-heidnischen Elements mit dem Antiken entsteht jene eigentümliche, von Spannung und Hintergründigkeit belebte und doch wieder so knappe und dichte Darstellung.

Man hat dem Widukind gelegentlich vorgehalten, daß ihm die Beschreibung von einzelnen Vorgängen, z.B. einer Schlacht, wichtiger gewesen sei als die Darstellung des Zusammenhanges, daß bei ihm etwa die Ereignisse um die Ungarnschlacht vom Sommer 955 völlig zerrissen seien. Schwächen dieser Art in historiographischer Hinsicht sind ohne Zweifel vorhanden. Ihnen gegenüber steht eine ungewöhnliche Selbständigkeit und Originalität in der Auffassung des Gegenstandes wie in der Darstellung. Fernab von allem, was an eine Kompilation erinnern könnte, benützt er an Quellen nur das sozusagen Unvermeidliche: ein weniges aus Bedas historia ecclesiastica gentis Anglorum, wenn ihn die Frühzeit in seinem Englandkapitel darauf führt, oder die Beschreibung der Ungarn, die, wie meist im Mittelalter, mit den Hunnen gleichgesetzt werden, wie üblich nach Jordanes, und man glaubt wohl auch für die jüngere Zeit Benützung eines nicht näher faßbaren Annalenwerkes annehmen zu dürfen, das den Hildesheimer Annalen nahe gestanden zu haben scheint.

Eine andere Frage ist es, inwieweit etwa in den älteren Partien alte germanische Lieder benützt sind, woran man gedacht hat. In der Tat klingen die von Widukind erzählten Sagen oder doch Teile daraus wie Stücke einer im Liede geronnenen Tradition: der Landkauf mit den goldenen Spangen und Ringen; der Sagenkreis um Iring, die seltsame Geschichte von dem entflogenen Raubvogel, der zum Anlaß des Verrats und zum Siege der Sachsen wird, oder das schaurige Ende, da Iring die beiden Könige, den einen, den er verriet, und den der Franken, der ihn in die Acht tut, erschlägt und dann durch den Kreis der entsetzensstarren Großen hindurchschreitet wie einer, den diese Welt nicht trägt, hinaus ins Nichts; oder etwa die Sage vom bösen Hatto und der goldenen Halskette. Die Verlockung ist groß, an solchen Stellen hinter Widukinds Wort das alte Lied zu hören und gar noch dessen germanische Sprache und Rhythmus. Doch hier endet das Licht des Erkennens, verschwimmen im Ungewissen die klaren Konturen.

Widukind schreibt keineswegs schmuck- und anspruchslos. Er hat für seine Darstellung starke Anregungen von antiker Geschichtschreibung empfangen, insbesondere von Sallust gelernt. Das antike Vorbild äußert sich nicht nur darin, daß Widukind für Dinge und Einrichtungen seiner Zeit antike Termini zu gebrauchen pflegt, daß er etwa von imperator auch dann redet, wenn es nicht um einen Kaiser geht und Otto der Große schon längst vor der Kaiserkrönung so genannt wird, daß er von senatus, legiones, tribuni und dergleichen redet, und damit die Anschauung in mancher Hinsicht unklar macht, weil die Bezeichnungen nicht den Verhältnissen der Zeit, die dargestellt wird, entsprechen. Stärker geprägt wird das Werk durch die Nachahmung des sallustischen Vorbilds, das immer wieder wirksam wird, und zwar nicht nur, soweit es um die Darstellung geht. Wenn König Thiadric mit seinen Großen sich berät, ob der Kampf noch weiter geführt werden oder das Heer umkehren solle, dann gibt nicht nur ein jeder wie ein senator sententiam rogatus seine Stellungnahme ab; es erinnert auch derjenige, der zur Weiterführung des Kampfes rät, an die Väter, die es immer so gehalten hätten, die den Kampf gegen einen vielleicht überlegenen Feind sich zur Ehre angerechnet und so zu Größe und Ruhm gelangt seien. Auch die Sachsen erhalten auf solche Weise Züge und Eigenschaften, die eigentlich aus der römischen Geschichtschreibung stammen.

Obwohl solche Art von Imitation einen recht beachtlichen Grad von Vertrautheit und innerer Nähe zu einem antiken Vorbild voraussetzt, hat man an der Sprache Widukinds manches auszusetzen gefunden. Unrichtig wäre es, von einem Verfall der grammatischen Bildung zu reden; ein solches Urteil würde irrige Vorstellungen wecken. Aber es trifft zu, daß Widukinds Stil, bei dem neben dem üblichen mittellateinischen Sprachcharakter das bewußte Antikisieren deutlich hervortritt, gewisse syntaktische Eigenheiten aufweist, die auf Mißverständnis oder Irrtum beruhen, wie beispielsweise der auch nach mittelalterlichem Sprachgebrauch unrichtig angewandte ablativus absolutus und Ähnliches mehr; im übrigen aber ist Widukinds Sprache durchaus in dem

Maße als gepflegt anzusehen, wie es dem Niveau der Imitation in der Darstellung entspricht.

In den Handschriften von Widukinds Geschichte sind verschiedene Redaktionen erkennbar, die sich jedoch nur auf ganz wenige Stellen beziehen (insbesondere I 22 die Geschichte von Hatto; III 2 Ottos Feldzug nach Frankreich; ferner die Schlußkapitel). Entgegen älterer Auffassung scheint es sich doch um Eingriffe des Verfassers selber zu handeln.

Die Sachsengeschichte des Widukind von Corvey ist mit all ihren Vorzügen, aber auch ihren Schwächen eines der bedeutendsten Werke des zehnten Jahrhunderts, und doch scheint es außerhalb Sachsens nicht allzuviel gelesen worden zu sein. Dagegen hat sie seit dem zwölften Jahrhundert mittelbar eine Wirkung ausgeübt: einmal dadurch, daß es in der Kompilation des sogenannten Annalista Saxo benützt und daß das Werk nahezu vollständig in die Weltchronik des Frutolf von Michelsberg aufgenommen wurde. Zum andern ist Widukinds sagenhafte Erzählung von der Teilnahme der Sachsen am Kampf der Franken gegen die Thüringer ebenfalls im zwölften Jahrhundert und, wie es scheint, auf dem Umweg über Frutolf benützt worden für die anonyme Schrift de origine gentis Swevorum, qualiter Swevi terram quam nunc incolunt primum obtinuissent; hier sind an die Stelle der Sachsen die Schwaben gesetzt, die wegen einer Hungersnot aus Schweden ausgewandert seien. Widukind selber scheint von da an erst wieder im fünfzehnten Jahrhundert benützt worden zu sein.

Geschichte, Hagiographie und eigenes Erleben verbinden sich auf die seltsamste Weise bei einem Autor, der wie Widukind dem sächsischen Stamme angehört, aber weit mehr als dieser seinen Blick über den Raum seines Stammes hinausgelenkt hat: B r u n v o n Q u e r f u r t.

Brun, latinisiert Bruno, auch Bonifatius (nach seinem Firmungsnamen), stammte aus sächsischem Adel, war mit dem Kaiserhaus verwandt, etwa 974 geboren und an der Domschule zu Magdeburg ausgebildet, wo er schon in jungen Jahren ein Kanonikat erhielt. Er begleitete 996 Otto III., anscheinend als Hofkaplan, nach Rom und trat, ein stark vom Religiösen her bestimmter Mensch, 998 ins Kloster St. Alexius und Bonifatius auf dem Aventin ein, jenes Kloster, von wo aus wenige Jahre zuvor Adalbert, der Apostel der Preußen, seine letzte Missionsreise angetreten hatte. Wie stark er gerade von diesem beeindruckt und bestimmt war, sollte sein weiteres Leben erweisen. 1001 finden wir Brun in einer Eremitengemeinde unter Leitung Romualds in der Nähe von Ravenna. Im Einvernehmen mit Romuald und von Silvester II.

regelrecht entsandt, begab sich Brun nach Deutschland zurück, um sich auf die Arbeit in der Mission, die Fortsetzung des Werkes Adalberts vorzubereiten. Obwohl er sich dazu des Einverständnisses des Kaisers und auch des Herzogs Boleslaw versichert hatte, wurde er an der Aufnahme seiner Glaubenspredigt zunächst durch den Krieg zwischen Boleslaw und Heinrich II. gehindert. So wirkt er seit 1003 in Ungarn. Er traf mit König Stephan zusammen und lernte Anastasius, den Erzbischof von Gran, der ersten von Stephan gegründeten Metropole Ungarns, kennen, einen Schüler Adalberts. Auf solche Weise mit dem König und der kirchlichen Obrigkeit des Landes im Einvernehmen, missionierte er bei den Szeklern, den „Schwarzen Ungarn" in Siebenbürgen. Inzwischen von Erzbischof Tagino von Magdeburg zum Missions-Erzbischof geweiht, beginnt er im Jahre 1008 die Glaubenspredigt bei den Petschenegen am unteren Dnjepr, nachdem er die Unterstützung des Großfürsten von Kiew, Wladimirs I. des Heiligen, gewonnen hatte, obwohl dieser mit einer byzantinischen Prinzessin vermählt war und auch kirchlich sich an Byzanz gebunden hatte. Noch im selben Jahr ging Brun in die Mission nach Polen, zunächst in verschiedenen Klöstern sich aufhaltend. Zu dieser Zeit entsandte er einen Bischof auch nach Schweden. Dann nahm er, im folgenden Jahre, die Glaubenspredigt bei den heidnischen Preußen auf, wo er gleich seinem großen Vorbild Adalbert von Prag den Tod als Martyrer fand (wohl am 9. März 1009).

Bruns Leben war erfüllt vom Gedanken der Mission. Aus ihm heraus ist auch sein literarisches Werk entstanden. Außer einem Brief an Heinrich II. besitzen wir von ihm zwei Heiligenleben. Beide sind Lebensbeschreibungen von Missionaren der jüngsten Vergangenheit, von Männern, die kurz zuvor in Bruns eigenem Missionsgebiet den christlichen Glauben verbreitet und für ihn gestorben waren.

Die *passio sancti Adalberti episcopi et martyris*, von Brun wohl in der ersten Zeit seines Aufenthalts in Polen geschrieben, konnte sich bereits auf das Werk des Johannes Canaparius stützen. Aber was Brun bietet, ist nicht wie so oft in der Hagiographie eine einfache formale, vielleicht nur stilistische Umarbeitung eines älteren Werkes. Wohl zeigt er sich mit des Johannes Canaparius passio sancti Adalberti vertraut, übernimmt auch gelegentlich eine Wendung; aber im ganzen hat er doch eine neue, selbständige Lebensbeschreibung verfaßt. Während Brun auf der einen Seite die Darstellung seines Vorgängers strafft und manche Einzelheiten übergeht, bereichert er sie auf der anderen durch neue Züge von geschichtlichem Wert: Nachrichten des Prager Domprobstes Williko über Adalbert, Nachrichten aus dem Kloster Sankt Alexius und Bonifatius, Nachrichten aus Deutschland geben ihm die

Möglichkeit sachlicher Bereicherung. Die Jugend- und Studienzeit Adalberts schildert Brun viel ausführlicher als Johannes Canaparius. In stolzer Begeisterung rühmt er die Domschule von Magdeburg, wo Otric lehrte, ein „zweiter Cicero" – es ist derselbe Philosoph, mit dem 980 Gerbert in Ravenna die berühmte Disputation über das System der Wissenschaften hielt. An Ottos III. Kirchenpolitik übt Brun scharfe Kritik, indem er Ottos des Großen und seiner Maßnahmen gedenkt. Er berichtet ferner von Adalberts Aufenthalt in Rom und im Sankt Bonifatius-Kloster, spricht von seiner Reise nach Frankreich, nach Tours, Paris und Saint-Denis, wobei er die Geschichte des (Pseudo-)Dionysios Areopagites erzählt. Er schiebt bei der Darstellung von Adalberts Wirken in Prag die Geschichte des heiligen Wenzeslaus und seiner Ermordung durch Boleslaw ein und schildert ausführlich das Martyrium Adalberts. Und an dieser Stelle wird vielleicht am deutlichsten, wie menschlich und wahr Brun seinen Heiligen gesehen hat, sein glühend verehrtes, geradezu schwärmerisch geliebtes Vorbild. Die Martyrer der Legende gehen meist gern und freudig in den Tod, sehnen sich gar nach ihm, und auch bei Johannes Canaparius, der sonst recht natürlich und zuverlässig berichtet, erscheint Adalbert als der Sichere, Unerschrockene, Unerschütterliche, der, als sie sich auf einer Rast, Adalbert selbst war in Schlaf gesunken, von einer übermächtigen Schar heidnischer Preußen überfallen und gefesselt sehen, die Seinigen ermutigt: *Brüder, seid ohne Furcht! Ihr wißt, daß wir dies leiden müssen, um Christi willen* und so fort. Brun aber scheut sich nicht, bei der Schilderung des Überfalls zu sagen: *Nunc magnus Adalbertus timuit: da fürchtete sich der große Adalbert* (c.30), ja er verweilt bei dem Bilde seines angstvoll verzagten Helden und sieht gerade in dessen Angst etwas von der Größe des Martyriums, indem er die Angst des Glaubenszeugen mit der Todesangst Christi vergleicht. Es ist, als ahnte Brun, der Missionar, der wenige Jahre später den gleichen Tod erleiden sollte, sein eigenes Geschick voraus: die Not des Menschen, der in ferne Länder zieht, den Glauben zu verkünden, der sogar den Tod für sich ersehnen kann, und der dann doch im Augenblick der äußersten Bedrängnis die Einsamkeit und die Angst des Todes bis zuletzt durchleidet, ein schwacher, gequälter Mensch wie jeder andere.

Brun ist kein Schönfärber. Er stellt die Gestalt seines Helden und die Geschehnisse wahrheitsgetreu dar, so gut er kann. Aber der Ton seiner passio ist nicht der des sachlich ruhigen Berichtes, wie weithin bei seinem Vorgänger Johannes Canaparius. Immer wieder bricht die leidenschaftliche, ja fast fanatische Persönlichkeit des Autors durch, und so nimmt die Darstellung zuweilen etwas Gespanntes, Erregtes an, als sei sie nicht Lebensbeschreibung, sondern rühmende, mahnende, beschwörende Rede. Dazu kommt, daß Brun sich einer rhetorisch überhöhten Ausdrucksweise bedient, daß er die Bilder und Metaphern liebt und seiner Rede mit rhetorischen Fragen und unruhig drängenden Ausrufen noch mehr an Eindringlichkeit zu verleihen sucht. Manchem mag die schlichtere, eher nüchtern wirkende Darstellung eines Johannes Canaparius mehr zusagen. Dem Geschmack der Zeit, den Erfordernissen, die man dazumal an die gehobene Form der Rede stellte, ist Brun ohne Zweifel besser gerecht geworden, und er hat darüber hinaus, das dürfte von einer genaueren Untersuchung seiner Sprache zu erwarten sein, wohl seinen ganz persönlichen Stil im Rahmen seiner Zeit gefunden.

1008, im Jahr vor seinem Tod, stellt Brun eine verkürzte Fassung seiner passio sancti Adalberti her; aber ihr blieb breitere Wirkung versagt. Dagegen ist die erste Rezension in einer Reihe sächsischer Geschichtsquellen vom zehnten bis dreizehnten Jahrhundert benützt worden.

Der Gedanke der Mission, in der Gestalt des heiligen Adalbert von Prag ideal und doch so menschlich verkörpert, beherrscht gleichermaßen Brunos zweites hagiographisches Werk, die *vita quinque fratrum*; sie behandelt das Leben und den Martertod des ehemaligen Beneventaner Domherrn Benedictus, der sich der Eremitengemeinschaft um Romuald, die man später nach ihrem Stammkloster (Camaldoli, nördlich Arezzo) die Camaldulenser nannte, angeschlossen hatte und dann mit einem neuen Gesinnungsgenossen namens Johannes nach Polen gegangen war, um dort durch Gründung eines Klosters die Mission zu unterstützen. Beide Männer wurden zusammen mit drei polnischen Novizen im Jahre 1003 von den Heiden erschlagen. Bruns vita stellt nach kurzem Blick auf Herkunft und Lebensgang die Vorbereitung zur Heidenmission und die Vorgänge in Polen selbst in rhetorisch gehobener, sehr lebendiger, ja leidenschaftlich gespannter Sprache dar, wobei er besonders eindrucksvoll das mit Ungeduld und Befürchtungen zugleich gemischte Warten auf die eigentliche Tätigkeit und sodann die eigentlich immer bedrohliche Atmosphäre in der heidnischen Umgebung zeichnet. Es ist zuweilen, als schreibe Brun ein Stück Autobiographie, als sei das Werk durchzittert von der bebenden Erregung eines Mannes, der in voller Klarheit, aus freiem Willen und mit der so gut wie sicheren Aussicht, daß auch seine Tätigkeit nur von kurzer Dauer sein werde, das Leben und Sterben dieser Glaubensboten beschreibt.

Wir besitzen noch einen einzigen *Brief* von Brun. Er ist an König Heinrich II. geschrieben, als Brun bereits Erzbischof und schon zum zweitenmal in Ungarn gewesen war, Ende 1008. Das Kernstück des

Briefes enthält eine offene Kritik an Heinrich, daß er mit dem christlichen Herzog der Polen, mit Boleslaw, Krieg führe, der alles daran gesetzt habe, die Mission zu unterstützen, während er sich gegen diesen mit den heidnischen Liutizen verbünde, statt diese mit Gewalt zum Glauben zu führen.

Außer dem Brief an Heinrich kennen wir von Brun nur die beiden besprochenen hagiographischen Schriften. Beide haben Missionare und Martyrer zum Gegenstand, Männer, die erst wenige Jahre zuvor für ihren Glauben gestorben waren und die in derselben Gegend gewirkt hatten, wo Brun seine missionarische Tätigkeit aufzunehmen im Begriffe stand. So lebt seine hagiographische Schriftstellerei nicht nur aus dem Gedanken der Mission, sie steht darüber hinaus in einer besonderen und eigenartigen Verbindung zum Leben ihres Verfassers, der in der Darstellung des Lebens und Sterbens dieser Glaubensboten gleichsam Vorschau hielt auf das, was ihn selber, wenn er ihren Fußstapfen folgte, erwartete. Von daher empfangen sie ihre Eigenart und ihren besonderen Wert.

Das Interesse für geschichtliche Dinge ist im sächsischen Stamm offenbar besonders stark gewesen. Freilich, neben historisch zuverlässigen Denkmälern, wie den Schriften Bruns von Querfurt, stehen auch ganz andere, und da kommt mitunter der literarische Gesichtspunkt stärker zur Geltung. Ein Beispiel dafür bieten die Lebensbeschreibungen der Königin Mathilde, der Mutter Ottos des Großen. Wir besitzen ihrer zwei, die zeitlich etwa dreißig Jahre auseinanderliegen.

Mathilde war von ihrem Sohn von den Regierungsgeschäften ziemlich fern gehalten worden. Sie gründete mehrere Klöster, unter ihnen im Jahr 962 das Nonnenkloster Nordhausen am Südrand des Harzes, das sie vor allem liebte. Hier entstanden auch ihre beiden Lebensbeschreibungen: die ältere vita Mathildis im Auftrag Ottos II. wohl um 975, also etwa sieben Jahre nach dem Tod der Königin († 968). Das Urteil von Seiten der Historiker fällt ganz negativ aus: die vita Mathildis sei eine panegyrische Schrift, sie preise die Frömmigkeit und gar die Wunder der Königin. Gewiß, der unmittelbare Quellenwert ist manchmal gering, manchmal zweifelhaft, in jedem Falle abzuwägen und zu prüfen. Aber die Frage nach dem Quellenwert trifft nicht das Wesen der älteren vita Mathildis. Das Charakteristische an ihr ist die eigenartige Verquickung der Geschichte des sächsischen Hauses mit sagenhafter Volksüberlieferung auf der einen Seite, des Biographischen mit dem Hagiographischen auf der anderen. Der unbekannte Autor geht zurück auf die Zeit Karls des Großen, läßt ihn mit Widukind im Zweikampf um die Herrschaft ringen, berichtet von Otto dem Erlauchten, Heinrichs I. Vater, dann von diesem selbst, schildert sehr anziehend dessen Werbung um Mathilde, erzählt von seinen Taten, und dann stehen mehr und mehr Mathilde selbst in ihrem frommen Wirken sowie ihre Lieblingsgründung, das Kloster Nordhausen, im Vordergrund. Am Ende tritt auch noch Otto der Große auf den Plan, und von ihm wird unter anderem berichtet, daß er durch einen Soldatenaufstand zur Herrschaft gelangt sei. Das stammt aus den dialogi des Sulpicius Severus, wo dasselbe von der Erhebung des Kaisers Maximus im Jahre 383 erzählt wird. Aber auch sonst hat der unbekannte Autor vieles aus Heiligenleben entnommen und übernommen: aus der vita Radegundis des Venantius Fortunatus, anderes vor allem aus der vita sancti Martini des Sulpicius Severus. Der junge König Heinrich wird mit Worten aus der Andria des Terenz charakterisiert, und der Prolog ist eine Klitterung aus Sulpicius Severus mit Zusätzen aus der consolatio philosophiae des Boethius. Aber der Verfasser hat doch aus seiner literarisch-hagiographischen Bildung und aus dem unmittelbaren Erleben heraus es verstanden, seine Darstellung mit Leben und Wärme zu erfüllen, die auftretenden Personen gewinnen plastische Gestalt, wenn sie auch nicht immer der geschichtlichen Wirklichkeit entsprechen, und das Ganze ist so munter und frisch erzählt, daß die vita als literarische Schöpfung durchaus anspricht. Die Nachwirkung des Werkes war gering; erhalten hat sich die Schrift nur dadurch, daß sie im zwölften Jahrhundert so, wie sie war, in die Pöhlder Chronik aufgenommen wurde, und mit dieser wurde sie vor gut hundert Jahren erst entdeckt[10].

Bis dahin kannte man nur die jüngere vita Mathildis. Sie stammt aus dem ersten Jahrzehnt der Regierung Heinrichs II. und wurde auf dessen Wunsch wohl ebenfalls im Kloster Nordhausen verfaßt. Die Schrift ist im wesentlichen eine Umarbeitung der älteren vita nach drei Richtungen hin: erstens sollte hier die Verbindung Heinrichs II. mit Otto dem Großen über Herzog Heinrich I. von Bayern, den Bruder Ottos des Großen und Großvater Kaiser Heinrichs II., gebührend hervorgehoben werden; daß dies auf Wunsch des Königs geschehen sei, ist allerdings bloße Vermutung. Zweitens ist die Gestalt der Königin Mathilde noch mehr vergeistlicht worden; sie ist beinah zur Nonne geworden, und drittens gefiel auch die schlichte, schmucklose Sprache der älteren vita nicht mehr; der Bearbeiter walzte die einzelnen Geschichten und Geschichtchen aus und setzte das Ganze in Reimprosa um. Auch hier mischen sich Hagiographie und Biographie, aber das

---

[10] Das Werk scheint über den engsten Kreis der Mathilde nahestehenden Klöster nicht hinausgelangt zu sein, und so ist möglicherweise der Auftrag Heinrichs II. zur Abfassung der vita nur deshalb ergangen, weil er gar nicht wußte, daß bereits eine Lebensbeschreibung existierte.

ist, weil schon in der älteren vita gegeben, nicht das wesentliche Merkmal der jüngeren vita Mathildis, so wenig wie der Umstand, daß der historische Kern der vita nicht zuletzt durch die Nachlässigkeit des Bearbeiters noch schwächer geworden ist als in der älteren vita. Bezeichnend für die literarische Situation, in welche die jüngere vita Mathildis hineingehört, ist vielmehr die Vergeistlichung auf der einen Seite, die Beeinflussung des Inhalts von der Form, vom literarischen Geschmack der Zeit her auf der anderen.

Der sächsische Stamm ist, wie gesagt, vor allem auf dem Gebiete der Geschichtschreibung literarisch tätig gewesen, und seine große Zeit ist die Epoche der Ottonen und der Salier. Bleiben wir zunächst bei den Ottonen, so beobachten wir, daß diese Geschichtschreibung mit stammeskundlichen und stammesgeschichtlichen Arbeiten in Corvey, in Gandersheim, in Nordhausen begonnen hatte; annalistische Aufzeichnungen, besonders in Hildesheim, bezeugen das historische Interesse sozusagen im vorliterarischen Raum. Einen Höhepunkt erreicht die sächsische Geschichtschreibung in Merseburg, der Gründung Ottos des Großen, durch dessen vierten Bischof T h i e t m a r. Sein Werk ist ebenso bedeutend als Geschichtsquelle wie als literarische Leistung.

Thietmar war der Sohn eines sächsischen Grafen; verwandtschaftliche Bande verknüpfen ihn mit gräflichen Häusern im bayerischen Nordgau, mit den Babenbergern, mit Köln, aber auch mit den Herzögen von Sachsen und Schwaben. So war der Gesichtskreis des Mannes von vornherein weit über die Enge seines sächsischen Grenzlandes hinausgeschoben und umspannte das ganze Reich. Geboren im Jahre 975, wurde Thietmar zuerst von einer Tante in Quedlinburg erzogen, dann in der Domschule zu Magdeburg unterrichtet, wo er übrigens mit Brun von Querfurt, einem Verwandten, bekannt wurde. Später wurde er Domherr in Magdeburg, 1002 Probst des Familienklosters Walbeck an der oberen Aller, 1009 Bischof von Merseburg. Er stand in engen Beziehungen zu Heinrich II., der sich oft in Merseburg aufhielt, und hat bis 1018 gelebt. In der Zeit seines Bischofsamtes, zwischen 1012 und 1018, verfaßte er sein großes Werk, die *Chronik* in acht Büchern. Sie ist straff gegliedert, wie sich Thietmar auch im einzelnen sehr bestimmt und entschieden auszudrücken pflegt. Das erste Buch beginnt nach einem kurzen Blick auf Thietmars Bischofsstadt Merseburg, deren Ursprung er auf römische Zeit zurückführt, mit Heinrich I., über den er nicht allzuviel weiß. Buch II behandelt die Zeit Ottos des Großen, Buch III Otto II., Buch IV Otto III., Buch V und VI die Königszeit Heinrichs II., Buch VII und VIII die Jahre der Kaiserzeit Heinrichs II. Thietmars Tod verhinderte den Abschluß des Werkes. Den einzelnen Büchern, das vierte und achte ausgenommen, gehen Prologe in Hexametern voraus, die mit Ausnahme desjenigen zum ersten Buch einsilbig leoninisch gereimt sind.

Der weitaus größte Teil der Chronik behandelt also Thietmars eigene Zeit, für die ihm außer urkundlichem Material Annalen, Totenbücher und dergleichen, vor allem seine verwandtschaftlichen Beziehungen und die Verbindung mit dem Herrscherhaus die besten Dienste leisteten. Als Hauptquelle für die beiden ersten Bücher, welche die voraufgegangene Zeit behandeln, lag ihm Widukinds Sachsengeschichte vor. Aber Thietmar wollte keine Stammesgeschichte schreiben, wie es Widukind bewußt getan hat. Drei Wesensmerkmale bestimmen die Eigenart und den literarischen Rang seines Werkes.

Erstens: Thietmar hatte zum Ziel eine Bistumschronik, die Geschichte seines Bistums Merseburg. Aber diese scheinbar regional, ja lokal begrenzte Darstellung hat sich im Verlauf der Arbeit beträchtlich erweitert. Wenngleich Ausgangs- und Endpunkt immer wieder das Bistum Merseburg war, so ist doch die ursprüngliche Bistumschronik zu einer allgemeinen Reichs-, ja Weltgeschichte vom ostsächsischen Standpunkt aus geworden. Hierin liegt die Bedeutung der Chronik als geschichtlicher Darstellung.

Einen bestimmten Reiz erhält zum zweiten das Werk dadurch, daß die Universalchronik nicht einfach eine Kompilation aus verschiedenen Quellen darstellt, die mehr oder weniger geschickt ausgewählt und miteinander verwoben sind, sondern daß es getragen ist von Erinnerungen und Kenntnissen, die der Autor selbst als Miterlebender der sächsischen Geschichte an einflußreicher Stelle gewonnen hat. So erhält die Chronik zugleich den Charakter eines Memoirenwerkes, das aber doch Ziel, Richtung und Bändigung erfahren hat durch die größeren politischen und kulturhistorischen Auffassungen.

Drittens hat die Chronik nicht zum wenigsten Bedeutung gewonnen durch die Ausblicke auf die Mission, die vom Bistum Merseburg aus über die Elbe zu den Slawen vorgetragen worden ist. Und damit hängt noch eines zusammen: Thietmar war ein weitblickender Mann. Seine Position an der Grenze des deutschen Reiches, ja der christlichen Welt gab ihm ein Bewußtsein seiner Deutschheit, richtiger vielleicht ein Bewußtsein der abendländischen Aufgaben, die dem Deutschtum damals durch die Verbindung des Christentums mit der abendländischen Kultur im Hinblick auf die slawischen Völker des Ostens nicht nur an den Grenzen, sondern bis in ihre Kerngebiete hinein zugefallen waren.

Thietmar hat eine sehr bestimmte, eigenwillige Art zu schreiben. Dem Herrscherhaus treu ergeben, wird er doch keineswegs zum Lobredner der sächsischen Kaiser und ihrer Taten. Mitnichten scheut er

Kritik, wo sie ihm angebracht erscheint. Selbst gegenüber manchen Maßnahmen Heinrichs II., den er hoch verehrte, mit dem er befreundet war und dessen Regierungszeit mehr als die Hälfte seines Werkes gewidmet ist, wagt er, wo er es für nötig hält, Bedenken zu äußern. Von seinen reichhaltigen Nachrichten sind diejenigen über die slawischen Völker jenseits der Elbe von besonderem Wert.

Thietmar erweist sich in seiner Chronik als Mann bemerkenswerter Bildung und Belesenheit. Außer den vergleichsweise wenigen Werken, die er als Quellen benützte – wie bemerkt, für die zwei ersten Bücher Widukinds Sachsengeschichte, ferner eine Anzahl von Heiligenleben und Annalen –, weist seine Darstellung neben der selbstverständlichen Vertrautheit mit den biblischen Büchern des Alten und Neuen Testaments und der bei einem Bischof ebenfalls nicht überraschenden Kenntnis des Prudentius, auch Benützung von Schriften Augustins und Gregors des Großen auf, daneben verdienen Zitate und Anspielungen auf profanantike Literatur hervorgehoben zu werden: in erster Linie solche aus Vergil und Horaz, weniger häufig, aber doch nicht nur vereinzelt begegnen Ovid, Persius, Lucan, gelegentlich Terenz, Statius, Juvenalis und Martialis, Macrobius und die disticha Catonis, wobei weniger die Autoren als solche, als die Leichtigkeit und Natürlichkeit, mit der Thietmar seine Darstellung mit Früchten seiner Belesenheit zu schmücken versteht, beachtet werden mag. An mittelalterlichen Autoren hat man außer den genannten, als Quelle dienenden Schriften, wie sich fast von selbst versteht, Isidor nachweisen können, aber auch Kenntnis der Totenklage auf Karl den Großen (VIII,30) und, was wichtiger ist, der Fabel vom entlaufenen Kälbchen, die in der ecbasis captivi als Außenfabel dient (VII,30)[11]. Im übrigen schreibt Thietmar klar und gepflegt, wenn auch nicht ganz ohne sprachliche Eigenheiten, gemeinen Ausdruck ebenso vermeidend wie jene Richtung in die rhetorische Übersteigerung nach Art eines Ruotger.

Erhalten hat sich die Chronik in der originalen Fassung, woran man die Entstehung des Werkes und die Arbeitsweise des Verfassers beobachten kann. Thietmar pflegte zu diktieren, man sieht, wie er immer

---

[11] Ließe sich Benützung der ecbasis (wie R. Holtzmann und K. Strecker annehmen), beweisen, so wäre die Frage der Entstehung der ecbasis captivi zugunsten des 10. Jhs. entschieden. Es muß indes damit gerechnet werden, daß die in der ecbasis als Außenfabel dienende Erzählung vom Kälbchen weithin, zumal in Süd- und Mitteldeutschland, bekannt und vielleicht auch in einer poetischen Fassung von nur einigen wenigen Versen als eine jener typisch mittelalterlichen Schul- und Lebensweisheiten auch im Unterricht in Gebrauch war. Dadurch würde sich nicht nur die Verwendung des Anfangsverses als Schreibervers (B. Bischoff, Mittelalterliche Studien 2, 1966, S. 79), sondern auch die vielerörterte Frage nach dem Sinn der ecbasis auf die einfachste Weise erklären; siehe oben S. 313 ff.

wieder überarbeitete und feilte, gelegentlich auch selber Zusätze im Manuskript anbrachte. Wichtig ist ferner eine frühe Corveyer Fassung der Chronik, die an einer Reihe von Stellen vom originalen Text Thietmars abweicht. Benützt hat die Chronik zuerst und schon bald nach dem Tod des Verfassers Adalbold von Utrecht für seine vita Heinrichs II., die indessen, wie oben bereits gesagt, nicht den Herrscher, sondern den Heiligen darzustellen sucht. Was Thietmars Chronik selber anlangt, so ist sie nie sehr häufig und im wesentlichen auf den sächsischen Raum beschränkt gewesen, für diesen allerdings von Bedeutung dadurch geworden, daß alle späteren Darstellungen sächsischer Geschichte auf ihr beruhen.

Im späten zehnten Jahrhundert hatte sich Hildesheim zu einem bedeutenden Zentrum des kulturellen und geistigen Lebens entwickelt. Während der Sachsenkriege Karls des Großen und bis zu dessen Tod Teil des Missionsgebietes der Erzdiözese Reims, war Hildesheim von Ludwig dem Frommen 815 als Bistum errichtet und dann dem Erzbistum Mainz unterstellt worden. Im geistigen Leben tritt Hildesheim seit der Mitte des zehnten Jahrhunderts hervor. Man hört von einer Domschule und vom Aufblühen des Kunsthandwerks; beides erreicht gegen die Jahrtausendwende und danach seine höchste Blüte. Das Verdienst daran kommt besonders zwei hervorragenden Bischöfen zu: Bernward, der aus sächsischem Hochadel stammte und von 993–1022 regierte, und Godehard, der ein Bayer war und aus der Gegend von Niederaltaich stammte, dort und vorübergehend auch in Tegernsee als Abt, von 1022–1038 als Bischof von Hildesheim wirkte. Bernward fand einen Biographen in seinem Lehrer Thangmar, der dem großen Bischof und tatkräftigen Förderer der Kunst in seiner *vita Bernwardi* ein würdiges Denkmal setzte. So jedenfalls, als sei sie von Anfang bis Ende von Thangmar verfaßt, der sich im Prolog selber als den Lehrer Bernwards bezeichnet, liegt uns die vita vor; da sie jedoch zu Lebzeiten Bernwards begonnen ist und die Ansichten darüber, ob Thangmar seinen Schüler wirklich überlebt und so überhaupt die Möglichkeit gehabt hat, das Werk zu Ende zu führen, ziemlich weit auseinandergehen, auch bezüglich der Quellen noch manche Frage ungeklärt ist, kann einstweilen eine Würdigung nur mit Vorbehalt versucht werden. Ein eventueller Fortsetzer Thangmars, der dann die letzten Kapitel hinzugefügt haben müßte, hätte sich jedenfalls recht geschickt an seinen Vorgänger auch in der Form angepaßt. Die vita zeichnet ein eindrucksvolles, in Hochachtung und Verehrung, doch ohne Überschwang entworfenes Lebensbild Bernwards, angefangen von einem Blick auf seine Familie, über die Ausbildung an der Domschule zu Hildesheim in den artes liberales und der Medizin, wozu Bernward jedoch auch Malerei und Buchmalerei, Architektur sowie das Handwerk des Kunst- und Goldschmieds erlernte; seine Priesterweihe in Mainz durch Erzbischof Willigis und die gleichwohl erfolgte Übernahme des Erbes nicht nur seines Oheims, des Pfalzgrafen Adalbero, sondern wohl auch des Amtes, bis hin zur Berufung an den Hof, wo Bernward als Erzieher Ottos III. tätig war. Man liest nicht nur von dem tatkräftigen Wirken des Bischofs, seinem Einsatz für den Schutz des ihm anvertrauten Volkes vor den Einfällen der Normannen, sondern auch von den täglichen Lebensgewohnheiten, wozu u.a. der Besuch der Kunstwerkstätten auf dem Domhügel gehörte, und man erlebt den Reichsfürsten, der ebenso Heinrich II. auf seinem Feldzug nach Flandern begleitet, wie er seinerzeit beim Aufstand der Römer gegen Otto III. den kaiserlichen Truppen, die Heilige Lanze als Banner tragend, vorangeschritten war. Die Rede des Kaisers stimmte die Römer völlig um, so daß die Menge die zwei Rädelsführer des Aufstandes ergriff, schlug, halb zu Tode schleifte und schließlich in den Tiber warf. Bernward aber, so fügt Thangmar an, habe die Kirche des heiligen Paulus aufgesucht um zu beten, darauf habe er sich den Sarkophag des heiligen Timotheus öffnen lassen, einen Armknochen entnommen und auch der ihn begleitende Priester habe einen großen Teil der Reliquien in einen Sack gesteckt und mitgenommen – all dies vor den Augen des Wächters, den der Kaiser eigens an den Sarkophag hatte stellen lassen, und der natürlich gegen den bischöflichen Reliquienentführer keinen Widerstand zu leisten wagte (c. 26). Das Werk ist, wiewohl zuweilen, etwa in der Beschreibung der Tugenden Bernwards, in den hagiographischen Stil hinüberspielend, als eine echte Biographie anzusehen, in der die Anregung zur Erwähnung persönlicher Züge wohl von Einhards vita Karoli Magni ausgegangen sein dürfte. Der Einfluß des Sallust auf die Darstellung ist kaum zu übersehen, zumal in den längeren, eingelegten Reden, in denen der Verfasser, gelegentlich auch in Anspielungen auf Stellen aus den Catilinarischen Reden Ciceros, eine beachtliche Kunst entwickelt. – Das Werk, seit seiner Entstehung durch alle Jahrhunderte des Mittelalters bekannt, jedoch, wie es scheint, im wesentlichen auf Sachsen und das Erzbistum Mainz beschränkt, erfreut sich heute als wichtige und zuverlässige Quelle biographischer und historischer, kultur- und besonders kunstgeschichtlicher Erkenntnis hoher Wertschätzung; es steht auch als literarische Schöpfung auf recht beachtlicher Höhe.

Weniger gut ist Bernwards Nachfolger Godehard weggekommen. Sein Leben wurde beschrieben von seinem Schüler, dem Sachsen W o l f h e r. Er hatte schon vorher an die vita Bernwardi des Thangmar einen *Zusatz über Godehard* angefügt, in dem er von der Wahl des neuen Bischofs, der an verschiedenen Orten Abt gewesen sei und durch sein vorbildliches monastisches Verhalten die Hochachtung aller, durch seine anziehende Art die Zuneigung der Menschen gewonnen habe, berichtet und in Kürze auch von seinem Wirken erzählt: all dies in einer Sprache, die, offensichtlich in dem Bemühen, es dem Vorbild Thangmar gleichzutun und die angemessene stilistische Höhe zu erreichen, umständlich und etwas geziert wirkt. Dieselben Merkmale, die man als Ergebnis der Leistung eines begabten und tüchtigen, aber eben doch über das Niveau des Schülers nicht hinausgelangten Autors deuten mag, bestimmen auch die *vita* selbst, in der als formale Ausdrucksmittel noch die Reimprosa (einsilbig) sowie das Hinübergehen in die gebundene Rede am Ende des Prologs hinzukommen. Aber eben in dieser Umständlichkeit und Unsicherheit liegt auch der Vorzug des Werkes, das durch eine fast ängstlich zu nennende Sorgfalt im Bericht über einzelne Vorgänge aus dem Leben Godehards entschädigt und somit als historische Quelle ebenfalls großen Wert besitzt, so daß man die literarische Schwäche nachsieht. In der Auffassung, aus der heraus Wolfher an seine Aufgabe herangetreten ist, verbindet sich wiederum der Standpunkt des Hagiographen, der in seinem Helden eigentlich den Heiligen sieht, mit dem des gewissenhaften Biographen, der sich bemüht, das sichtbare Leben und Wirken so getreu wie möglich nachzuzeichnen. – Die vita Godehardi ist der Zugehörigkeit ihres Helden zum Benediktinerorden zufolge insgesamt wohl mehr gelesen worden als die vita Bernwardi, ihre Verbreitung scheint vorzüglich hier stattgefunden zu haben.

Um dieselbe Zeit wirkte als eine der großen Bischofsgestalten der ausgehenden Ottonenzeit neben Männern wie dem Erzbischof Willigis, dessen Nachfolger Aribo von Mainz und Erzbischof Pilgrim von Köln, der auch als Schriftsteller bedeutende B u r c h a r d v o n W o r m s. Aus gräflichem Geschlecht in Hessen stammend, von Willigis, der zugleich das Amt des Erzkanzlers und des Erzbischofs von Mainz innehatte, in der Verwaltung des Bistums herangezogen und in die Hofkapelle eingereiht, wurde Burchard von Otto III. im Jahre 1000 zum Bischof von Worms erhoben. In dem Vierteljahrhundert seines Wirkens – er hat bis 1025 gelebt – stand Burchard treu auf Seiten Heinrichs II., den er auf dessen vierten Italienzug 1013/14 begleitete. Er war als Bischof vornehmlich um die Wiederherstellung der Ordnung in der noch von den Nachwirkungen der Ungarnzeit geschädigten Diözese und um die Seelsorge bemüht.

Aus der Praxis und Erfahrung der Seelsorge ist in den Jahren 1007 und 1014 Burchards Hauptwerk, das schlicht so genannte *decretum* entstanden: eine kirchenrechtliche Sammlung, die umfangreichste, die es zu jener Zeit gab, und eine der letzten vor dem decretum Gratiani des zwölften Jahrhunderts, mit welchem eine entscheidende Wende im Kirchenrecht eingeleitet wurde. In einem gewandt und elegant formulierten, mit Reimprosa gezierten, aber bei aller Neigung zu *pompa ornatusque sermonis* doch sehr klar und bestimmt gehaltenen Widmungsbrief an den Wormser Domprobst Bruno nennt Burchard Anlaß, Aufgabe und Hauptquellen seines Sammelwerkes. Demnach scheint es der Wormser Domprobst Bruno gewesen zu sein, von dem die Anregung zu der Abfassung des decretum ausgegangen war. Als Quelle werden Konzilskanones (auf Grund verschiedener Sammlungen), die Evangelien, das Alte Testament, die Werke Gregors des Großen, des Hieronymus, Augustinus, Ambrosius, Benedikts und Basilius des Großen, ferner Poenitentialien (das römische, das sogenannte poenitentiale Theodori[12] und das des Beda) benützt. Der Aufbau, der hier nicht in allen Einzelheiten zu betrachten ist, zeigt, wie weit damals, als es eine regelrechte Kanonistik eigentlich noch gar nicht gab, das kirchliche Recht tatsächlich schon entwickelt und gefestigt war. Am Anfang steht die hierarchische Ordnung: vom Primat des Papstes, von Patriarchen, Metropoliten und Bischöfen, von Priestern und den niedrigeren Rängen in der Kirche ist die Rede (Buch I und II), von den Kirchengebäuden und allem, was damit zusammenhängt (dies in recht willkürlicher Anordnung, hierunter auch ein Verzeichnis der kanonischen Bücher, III); es wird gesprochen von den Sakramenten der Taufe und der Eucharistie (IV und V), von Totschlag und Mord (VI), von Verwandtenehen und Inzest (VII); Vorschriften für bestimmte Stände werden gegeben in den folgenden Büchern, nämlich für Männer und Frauen im Ordensstand (VIII), nicht verheiratete Frauen, Jungfrauen, Witwen und in Trennung Lebende (IX); Rechtsbestimmungen über Zauberei, Beschwörung und dergleichen (X), über den Vorgang der Exkommunikation (XI) und über den Meineid (XII) enthalten die sich anschließenden Bücher; Fasten (XIII), Trunkenheit (XIV) erhalten eigene Abschnitte. Allgemeine Bestimmungen für Laien sowie für Gerichtspersonen, Ankläger und Zeugen folgen (XV und XVI), sodann ein eigener Abschnitt über Unzucht und Unsittlichkeit (XVII), und schließlich erhalten die kirchlichen Visitationen ein eigenes Buch (XVIII). Die zwei letzten Bücher weisen eigene Bezeichnungen auf: der *correctorius* enthält ein poenitentiale, aus alten Bußbüchern zusammengestellt, und der *speculatorius* (XX) eine Reihe theologischer Erör-

---

[12] P. W. Finsterwalder, Die Canones Theodori Cantuariensis. Weimar 1929.

terungen: Gedanken über die Seele, über das Verhältnis des Menschen zu den irdischen Dingen, über die Ewigkeit Gottes und eine Reihe von anderen, das religiöse und sittliche Leben betreffende Gedanken. So wenig von innen her eine das Ganze bestimmende Ordnung durchgehalten ist, so ist doch ein zweifaches Bemühen erkennbar: einmal der Versuch, möglichst viele der verstreuten Rechtsbestimmungen zu sammeln und sie wenigstens in einigermaßen übersichtlicher Weise zusammenzustellen; zum andern, auch wenn das Formalrechtliche im Großteil der Bücher überwiegt, durch die Einfügung in die Gesamtheit des religiösen Lebens, wozu doch die letzten beiden Bücher, vor allem das letzte, dienen, dem kirchlichen Recht den eigentlichen Sinn zu verleihen. Bedeutend ist Burchards Sammlung dadurch geworden, daß ein großer Teil ihrer Rechtssätze vor der Mitte des 12. Jahrhunderts in das decretum Gratiani einging, jene kirchliche Rechtssammlung, von der das Studium des kanonischen Rechts seinen Ausgang nahm und die selber nachmals den ersten Teil des corpus iuris canonici bildete, der maßgeblichen Sammlung des kirchlichen Rechts, die ihre Gültigkeit durchs ganze Mittelalter hindurch und die folgende Zeit bis zum Beginn des 20. Jahrhunderts behielt, da sie von dem knappen codex iuris canonici abgelöst wurde.

Während sich im Norden Deutschlands die Dinge in der dargestellten Weise entwickelten, trug auch im Süden, den wir um die Jahrtausendwende verlassen haben, das literarische Leben neue Früchte. Da blühen noch immer geistige Kultur und schriftstellerisches Bemühen in den alten Zentren am Bodensee. In St. Gallen wirkt seit Jahrzehnten N o t - k e r L a b e o (der mit der großen Lippe) oder der Deutsche genannt, als Leiter der Schule. Nach dem Sequenzendichter Notker Balbulus, der bis 912 gelebt hat, nach Notker dem Arzt, Notkerus physicus oder Piperisgranum, Pfefferkorn, der im Jahre 975 starb und außer dem Ruhm, den er zu seiner Zeit als Arzt genoß, auch einiges an kleinen Dichtungen hinterlassen hat, ist unser Teutonicus der dritte in der Reihe der berühmten Träger jenes Namens in St. Gallen, die in der Literatur eine Rolle gespielt haben. Ein weiterer Notker, Neffe des Arztes, ist 971 bis 975 Abt gewesen, doch sind uns keine literarischen Werke von ihm bekannt. Notker Labeo also genießt den Ruf eines vortrefflichen Gelehrten, dessen Werk freilich mehr auf dem Gebiet der deutschen Sprache und Literatur liegt als dem Lateinischen. Als er im Jahre 1022 etwa siebzigjährig starb, hinterließ er, der es als erster gewagt, barbarische Sprache schmackhaft zu machen, das staunenswerte Werk seiner *Übersetzungen*: Boethius de trinitate (verloren), ferner moralia in Iob Gregors des Großen (verloren), die Psalmen nebst cantica, des Boethius consolatio philosophiae, Martianus Capella und die pseudo-augustinischen Kategorien sowie ein paar lateinische *Schulschriften* aus seiner Feder.

So groß und bedeutend Notker der Deutsche als Vermittler geistigen Gutes, aber auch als Lehrer gewesen ist, so hat für die Geschichte der lateinischen Literatur doch größere Bedeutung einer seiner Schüler, E k k e h a r t IV.

Ekkehart wurde wohl um 980 in der Nähe von St. Gallen geboren. Frühzeitig kam er ins Kloster, wo er den Unterricht des großen Notker Labeo empfing. Nach des Meisters Tod (1022) folgte er dem Ruf des Erzbischof Aribo von Mainz, der ihn mit der Leitung seiner Mainzer Domschule betraute. Die Mainzer Jahre bedeuteten den äußeren Höhepunkt im Leben des St. Galler Mönchs und trugen ihm manche Ehren ein. Als Aribo 1031 starb, kehrte Ekkehart in sein Heimatkloster zurück. Er erlebte, wie im Jahre 1034 mit Abt Nortpert (aus Stablo) der neue Geist der Reform einzog, und fügte sich mit anderen Sanktgallern nur ungern den neuen Formen, die ihnen als eine Verletzung der althergebrachten Tradition erscheinen mußten. Über Ekkeharts weiteres Leben wissen wir nichts; es wird sich in den ruhigen Bahnen der monastischen Gemeinschaft abgespielt haben. Als Todestag verzeichnete man den 21. Oktober eines unbestimmten Jahres; es mag um 1060 gewesen sein.

Ekkehart war ein hochgebildeter, vor allem auch in der antiken Literatur sehr belesener Mann. Wir kennen noch etwa dreißig Handschriften, größtenteils von antiken Autoren, in denen er eigenhändig Bemerkungen angebracht hat. Sein literarisches Lebenswerk umfaßt eine große Zahl zumeist kürzerer und kurzer *Gedichte* sowie die Fortsetzung der Klosterchronik, der casus sancti Galli. Die Gedichte sind uns autograph in mehreren Handschriften erhalten, vor allem füllen sie den codex Sangallensis 393, das Buch der Segnungen, den liber benedictionum. Ihr ästhetischer Wert ist nicht eben hoch. Ekkehart war ein mäßiger Dichter, stofflich aber, zumal kulturhistorisch sind sie von Bedeutung, vor allem sehr charakteristisch für das literarische Leben St. Gallens in ottonischer Zeit. Chronologisch lassen sich die Gedichte nur sehr schwer ordnen, weil Ekkehart sie immer wieder zu überarbeiten pflegte und im Grunde nie damit fertig geworden ist.

Den Großteil der Gedichte hat er, wie gesagt, im liber benedictionum vereinigt, wie man sich gewöhnt hat, den codex 393 der St. Galler Stiftsbibliothek zu nennen. Die Bezeichnung trifft indessen nur auf die ersten beiden großen Abschnitte zu. Der Grundstock der Sammlung geht schon auf Ekkeharts Schülerzeit zurück. Notker hatte ihm solche

Gedichte als Aufgabe gegeben, die Stücke aufgehoben, und Ekkehart hat nach dem Tod des Lehrers diese dictamina magistri wiederbekommen, an ihnen weitergearbeitet und sie schließlich zu der uns vorliegenden Sammlung vereinigt. An den Anfang stellte er zwei Vorreden, eine in Prosa, eine in Versen. Die erste in Prosa enthält eine Erklärung des Segensspruches *iube domne benedicere*, die Ekkehart auf Befragen des Erzbischofs Aribo von Mainz abgegeben hatte. Die zweite eigentliche prefatio in Versen richtet sich an Ekkeharts Freund, den Mönch, Diakon und späteren Abt von St. Maximin in Trier, Johannes. Sie ist insofern interessant, als Ekkehart hier über die Grundlagen und Grundsätze seines Dichtens spricht. Er wolle nicht, sagt er, (nach Persius) mit den alten Dichtern wetteifern, denn er sei weder im Traum auf den Parnaß geführt worden, noch habe die kastalische Quelle seine Lippen benetzt. Vom mythologischen Beiwerk hält er nichts, es führt nur – die Stelle ist als bewußte Polemik gegen die antike Mythologie zu werten – zum Niedrigen. Originalität und poetischen Schwung dürfe man von ihm nicht erwarten; auch Gleichnisse und Metaphern, die er ein andermal als Rüstzeug des Dichters empfiehlt, will er nicht verwenden. Ihm kommt es vor allem auf den guten Bau der Verse an, deren Binnenreim ihm ohnedies enge Grenzen ziehe. Der Stoff aber, den er gewählt, sei unerschöpflich: das Kirchenjahr mit seinen Festen und Gestalten. Darauf wendet er sich gegen etwaige Kritiker und läßt schließlich Johannes selber die Gründe darlegen, weshalb er den Dichter zu seinem Werk veranlaßt habe. Dann folgen die einzelnen Gedichte, alle in leoninischen Hexametern mit gewöhnlich zweisilbigem Reim. Die *benedictiones*, bestimmt, wie schon der erste Prolog über das *iube domne benedicere* erkennen läßt, für den liturgischen Gebrauch im Stundengebet an den Stellen, wo der Lektor vor der durch ihn vorzutragenden Lesung um den Segen des Offizianten bittet, umfassen im einzelnen meist nur wenige Verse, gewöhnlich vier, selten bis zu acht, und sind nach liturgischen Gruppen, insgesamt 59, zusammengefaßt: für den Advent, hier wiederum beginnend mit der ersten Nokturn, der zweiten und so fort; für den Aschermittwoch; für die Freitage in der Fastenzeit und so weiter. Häufig wird eine kurze Fassung von vier Versen oder eine ausführlichere von acht oder mehr Versen zur Wahl gestellt. Manche Feste werden besonders reich mit Versen bedacht; so hat Ostern nicht nur für das Fest selber und natürlich die Oktav Benediktionen erhalten, sondern auch noch eine besondere Reihe, zum Teil Einzeiler, von *testimonia resurrectionis utriusque testamenti*.

Das ist der erste und umfangreichste Teil der Sammlung. Den zweiten bilden *benedictiones ad mensas*, Tischgebete und Segenssprüche über die verschiedenen Speisen und Getränke. Der schon aufs Alte Testament zurückgehende, von der frühen Christenheit übernommene Brauch der Segnung, hat im Mittelalter eine ungewöhnliche Ausweitung erfahren, und so wurden für liturgische und außerliturgische Benediktionen Formeln geschaffen, die den jeweiligen Stand theologischen Wissens und Denkens widerspiegeln, oft genug aber auch abergläubische und halbheidnische Elemente enthalten. Man segnete Mensch und Tier, Salz und Wasser, Haus und Hof, Samen und Früchte, Bäume, Gärten und Gemüse, Quellen und Brunnen, Wasser, Feuer, Eisen, die verschiedenen Speisen, Wein und Brot, kurzum alle Gegenstände des täglichen Lebens. Die Geschichte der Frömmigkeit, des Aberglaubens, die Volkskunde und Kulturgeschichte gewinnen reiche Erkenntnisse aus der Fülle von Benediktionen, die aus dem Mittelalter auf uns gekommen sind. In diese reiche Literatur der Segnungsformeln, die erst zu Beginn der Neuzeit von offizieller kirchlicher Seite eine radikale Beschränkung erfuhr, gehören die benedictiones Ekkeharts hinein. Waren die Benediktionsformeln in der Regel in Prosa abgefaßt, so wählte Ekkehart die gebundene Rede, näherhin den damals modernen zweisilbig gereimten leoninischen Hexameter. Die kurzen Segenssprüche, in der Regel nur ein Vers, betreffen eine große Zahl von Gerichten, mehrere Sorten Brot, das Salz, eine ganze Menge von Fischen, Geflügel, Fleisch von Haustieren, Wildbret, Milch und Käse, Wein, gewürzt und ungewürzt, Brei, Mehlspeisen, Obst, Salate, Pilze, Obstweine und Bier. Man darf indessen nicht annehmen, daß alle diese Herrlichkeiten auf den Tisch der St. Galler Mönche gekommen seien, auch wenn uns berichtet wird, daß der Abt Nortpert den Küchenzettel verbessert habe, vermutlich um die Durchführung der unbeliebten Reform etwas schmackhafter zu machen. Ekkehart hat einen Teil der Benediktionen schon als Schülerarbeit unter Notker Labeo verfaßt, eine ganze Menge der benedizierten Lebensmittel kannte er und entnahm er aus der Fundgrube für alles und jedes im Mittelalter, aus den Etymologien des Isidor von Sevilla, und so ist das Werk zum guten Teil nichts anderes als versifizierte Lexikographie.

Der dritte Teil der Sammlung besteht aus *tituli* von gewöhnlich zwei Versen, die dazu bestimmt waren, als Inschriften zu den Wandmalereien im Mainzer Dom zu dienen. Aribo hatte, nachdem die alte Kathedralkirche im Jahr 1000 abgebrannt war, in den zwanziger Jahren mit einem Neubau begonnen und beabsichtigte, den Dom mit einem Bilderzyklus zu schmücken.

Ekkehart, der Leiter der Domschule, sollte die Inschriften dazu beitragen, beziehungsweise das Programm für die Ausschmückung entwerfen. Das ganze Werk umfaßt 867 leoninische Hexameter und behandelt die Geschichte des Alten und Neuen Testamentes. Die Auswahl der geeigneten Inschriften überließ Ekkehart dem Auftraggeber oder vielmehr dem ausführenden Künstler. Wie er sich selbst die Verteilung vorstellte, ist schwer zu sagen; lediglich für die Darstellung des Jüngsten Gerichts macht er nähere Angaben. Indessen ist es zur Ausführung des Bilderzyklus nie gekommen: Aribo starb bereits vor der Vollendung des Baues und der Nachfolger ließ die Wände einfach tünchen.

Schon früher hatte Ekkehart ein solches *Textbuch für einen Gemäldezyklus* verfaßt, wahrscheinlich für den Kreuzgang von St. Gallen. Auftraggeber war Abt Burkhart II. gewesen, der im Jahr 1022 starb. Der Zyklus behandelt das Leben des heiligen Gallus, die Beschreibung ist mit Benutzung von Ratperts Gallushymnus, den Gallusviten des Wetti und des Walahfried Strabo gearbeitet. Dies ist das vierte Stück der Sammlung. Als fünftes folgt die Übersetzung des ebengenannten *Prozessionsliedes*, das Ratpert, der Altersgenosse Notkers des Sequenzendichters, in deutschen Versen, als carmen barbaricum verfaßt hatte. Nur durch Ekkeharts Übertragung ist uns Ratperts Hymnus erhalten. Von der Melodie gezwungen, brachte Ekkehart seine lateinische Fassung in rhythmische Langzeilen, die aus zwei reimenden Halbversen zu je vier Hebungen bestehen. Von germanistischer Seite hat man sich von jeher für diesen Hymnus interessiert, weil man nach dem dahinterstehenden deutschen Text und seiner Verstechnik forschte: Jakob Grimm versuchte seinerzeit probeweise sogar eine Rückübersetzung. Ekkehart selbst nahm das Gedicht so ernst, daß er es eigenhändig in drei Handschriften jeweils mit einigen Varianten eintrug. Auch hier handelt es sich wohl um eine Jugendarbeit; die Beschäftigung mit Ratperts Gallushymnus dürfte vor die Abfassung der Bildbeschreibungen des Galluszyklus fallen.

Außerdem verfaßte Ekkehart noch eine Anzahl von *Gelegenheitsgedichten* und *Epitaphien*. Eines dieser Stücke ist hervorzuheben: das Gedicht an Ekkeharts Bruder Ymmo, der Abt von St. Gregor im Münstertal war, *de lege dictamen ornandi* (inc. *Dictamen verbis assuesce polire superbis*), ein Lehrgedicht über poetische Technik. Der Umfang ist gering (31, die zwei späteren Nachträge hinzugerechnet 47 Hexameter), der Inhalt einfach. Ekkehart empfiehlt Abwechslung in der Wortwahl, Anwendung poetischer Worte statt der alltäglich gebrauchten, Meidung von Germanismen und Anpassung des Ausdrucks an die Situation, Bildhaftigkeit der Sprache, wo sie erwünscht, Schlichtheit, wo sie nötig ist. Man kann also noch nicht von einer vollentwickelten Theorie der Poetik sprechen, aber die Ansätze sind vorhanden, Ansätze zu einer Theorie der Dichtkunst, die sich dann im späteren zwölften und im dreizehnten Jahrhundert voll entfalten wird.

Dabei ist Ekkehart selber wohl mehr Schulmeister als Dichter gewesen. Seine Verse sind, darauf legt er großen Wert, korrekt gebaut, aber sie klingen doch meist recht hölzern. Es ist für seine und seiner Zeitgenossen Auffassung von der Dichtkunst bezeichnend, daß er seine alten Schulaufgaben hervorholte und aus ihnen ein größeres Werk zurechtschmiedete. Echt schulmeisterlich ist auch der Einfall, den er freilich nicht als erster und nicht als letzter gehabt hat, seine eigenen Gedichte zu glossieren und sie zum Teil selbst wieder für den Unterricht zu verwenden. Schulmeisterlich nennen wir das heute, vielleicht gar abgeschmackt. Aber so zu urteilen oder zu verurteilen, hieße doch, sich die Sache zu leicht machen. Drei Punkte sind zu beachten: erstens, daß Ekkehart seine Dichtung ernst, sehr ernst genommen hat; das beweist die Tatsache, daß er immer und immer wieder an seinen Versen gebessert hat, und gerade er war alles andere als ein verknöcherter, vertrockneter Schulmeister. Wie hätte er sonst ein Werk wie die casus sancti Galli zu schreiben vermocht? Und er war alles andere als rückständig. In den mehrfachen Versuchen einer poetischen Theorie zum Beispiel eilt er seiner Zeit um Generationen voraus, und den zweisilbigen Reim hat er zwei, drei Menschenalter früher angewandt, als er Mode wurde. Nächst und nach Notker Labeo ist er der bedeutendste Vertreter des geistigen Lebens im St. Gallen seiner Zeit gewesen. Er war keine lokale Größe, und der kluge Aribo von Mainz wußte sehr wohl, wen er sich als Domscholaster holte. Dieser Ekkehart, der nicht zu den gelehrtesten, aber ohne Zweifel zu den gebildetsten Persönlichkeiten seiner Zeit gehörte, dieser Ekkehart – und das ist das zweite – sah in der Dichtung zuerst und vor allem die Form. Nicht daß er – um mit des Persius Worten zu reden – den Traum auf dem Parnaß verachtet hätte. Er weiß, daß ein begnadeter Dichter Größeres hätte schaffen können, und ist neidlos bereit, dem Besseren den Vorrang einzuräumen. Er bekennt in seltener Offenheit, daß er nicht vom kastalischen Quell getrunken habe, und erhebt trotzdem den Anspruch des Dichters und zeiht leichtfertige Kritiker der Unkenntnis. Denn – das kann nicht oft genug gesagt werden – Dichtung ist zuerst und ihrem Wesen nach Kunst der Form; das ist eine dem Mittelalter in allen Jahrhunderten und in allen Ländern gemeinsame und unbestrittene Auffassung. Gewiß muß die Form dem Gegenstande angemessen, vom Gedanken her bestimmt sein. Sie darf kein Eigendasein führen, das hieße insanire. Was sonst noch hinzukommen mag, und das ist genau dasjenige, was wir als das Wesentliche anzusehen pflegen und was Ekkehart die Gabe Gottes nennt, die ihm nicht zuteil geworden sei: dieses andere macht nicht erst, macht überhaupt nicht den Dichter aus oder die Dichtung, es kann sie nur besser oder wertvoller machen. Aus dieser Auffassung ergibt sich drittens und letztens die einfache Folgerung, die Ekkehart nicht ausgesprochen, aber

praktisch geübt hat, daß nämlich die Dichtung ihrem Wesen nach eine
Fertigkeit, ein Können sei und somit erlernbar, erlernbar freilich nur
für denjenigen, der sprachliche Begabung besitzt.

Es ist notwendig, sich solche einfachen Gedankengänge immer und
immer wieder vor Augen zu stellen, weil ihre Vernachlässigung zu
einem Mißverständnis mittelalterlicher Literatur und Dichtung führen
müßte. Die Theorie hinkt immer hinter der Praxis her, und Ekkehart
ist einer der frühesten Theoretiker der Dichtkunst im Mittelalter gewesen; vor ihm pflegte man von ihr nur die metrischen und rhythmischen
Formen zu beachten. Von Ekkehart aus aber führt die Entwicklung,
ohne daß eine unmittelbare Verbindung der Werke nachzuweisen wäre,
geradewegs hin zu den Theoretikern der poetischen Kunst in der zweiten Hälfte des zwölften und im dreizehnten Jahrhundert, hin zu Matthäus von Vendôme und denen, die ihm gefolgt sind; wieviel darin
tatsächlich nichts anderes als Wiederaufnahme der klassischen antiken
Ästhetik ist, ist hier nicht im einzelnen zu erörtern. Es genügt darauf
hinzuweisen, daß auf der Linie, welche die genannten Theoretiker vorgezeichnet haben, auch der berühmte siebente Brief des Dante Alighieri
an den Cangrande liegt, worin der Dichter seine Gedanken über die
Dichtkunst dargelegt hat.

Bekannter als die schulmäßigen Dichtungen Ekkeharts – wir dürfen
sie nunmehr getrost ohne geringschätzenden Nebensinn so nennen –,
weit bekannter als diese Dichtungen ist sein Prosawerk, die Fortsetzung
der St. Galler Hauschronik, der *casus sancti Galli*, die seinerzeit Ratpert
begonnen hatte, für die Jahre 883–971. Ein anspruchsloses Buch, so
will es zunächst scheinen, die Hauschronik eines Klosters mit seinen
kleinen, alltäglichen Begebenheiten, und doch gehören die casus Ekkeharts zu den köstlichsten erzählenden Schriften des Mittelalters. Das
liegt nicht am Gegenstand, nicht am Inhalt, es ist vielmehr die Kunst
des Erzählens, die sich in diesem Werk aufs trefflichste entfaltet.

Ekkehart beginnt seine Darstellung, als handle es sich um ein völlig
selbständiges Werk mit einer Vorrede, in der er sich auf die Aufforderung durch seine Mitbrüder, das Werk zu verfassen, bezieht, aber auch
Ratpert als seinen Vorgänger erwähnt und als zeitlichen Rahmen die
Jahrzehnte von der Regierung Salomos (III.), des späteren Bischofs von
Konstanz, über dessen vierzehn (genannte) Nachfolger bis auf den
regierenden Abt Nortpert absteckt. Er wolle, so versichert er, von
Glück und Unglück seines Klosters wahrheitsgemäß und ohne Beschönigung berichten, was er von den Vätern gehört habe. Daß dies nicht
eine nüchterne Aufzählung von Tatsachen und Sachverhalten sein
würde, Stück für Stück gleichsam urkundenmäßig belegt, deutet Ekkehart schon durch die Bemerkung in der Vorrede an, daß man zur Zeit

ja unter Abt Nortpert lebe, nicht wie er, der Abt, es wolle, sondern so gut man könne.

Die Darstellung selbst beginnt ohne weitere Einleitung wie mitten in einer Geschichte: die Eltern Salomos seien von Adel und höchst angesehen gewesen, aber daß er, nachdem man ihn zum Unterricht und zur Erziehung dem Mönch Iso übergeben, von diesem nicht nur persönlich und feiner, mehr nach der Art eines Kanonikers oder eines Weltgeistlichen denn als Mönch erzogen, und obendrein in allem von Iso ihm der Vorzug gegeben worden vor den gleichaltrigen, nicht minder begabten und nicht weniger edel geborenen jungen Mönchen, Notker (Balbulus), Tuotilo, Ratpert, Hartmann, das habe bei diesen Mißgunst erregt, was man bei jungen Leuten ja wohl verstehen könne. Es folgt ein Überblick über das Leben Salomos, das sich zumeist außerhalb des Klosters abgespielt hat, ehe Ekkehart in seiner Darstellung wieder nach St. Gallen selbst zurückkehrt. Ein merkwürdiger Beginn für eine Geschichtsquelle, als welche man die casus anzusehen und unter die man sie einzureihen pflegt. Tatsächlich darf man die casus als geschichtliche Quelle für bestimmte Ereignisse oder Personen nicht oder nur mit Vorsicht betrachten. Ekkehart ist im einzelnen oft recht ungenau. Zeiten und Personen bringt er durcheinander, setzt er gleich, und man muß sich in dieser Hinsicht sozusagen auf alles gefaßt machen. Ungleich wertvoller sind seine casus als kulturgeschichtliche Quelle; denn Ekkehart schildert die Verhältnisse und Lebensgewohnheiten im Kloster so unmittelbar, so anschaulich, so lebendig, wie man es anderswo höchst selten antrifft. Aber auch der kulturgeschichtliche Gehalt macht noch nicht den Kern des Werkes aus, so wie Ekkehart es geschrieben und wie er es gemeint hat. Im Grunde ging es ihm gar nicht darum, Geschichte zu schreiben. Als er das Werk begann, war mit Abt Nortpert eben die Reform eingezogen, und Ekkehart gehörte zu jenen älteren Mönchen, die von der neuen Richtung nicht viel hielten, die mit ganzem Herzen an ihrem liebgewordenen St. Gallen hingen mit seiner großen Tradition, die sie nun schier verraten glaubten. Aus dieser Situation und Haltung heraus wendet sich Ekkehart der Vergangenheit seines Klosters zu, der guten alten Zeit, der großen Zeit St. Gallens, deren letzten Glanz er selber noch erlebt hat. Aber er schreibt nicht eine Chronik, wie man sie auch schreiben könnte: Jahr für Jahr, soviel die Quellen hergeben, die Ereignisse buchen, und Interessen, wie sie Ratpert, sein Vorgänger vertreten hatte, den Besitzstand des Klosters, seine Rechte gegenüber dem Bischof von Konstanz, die wirtschaftliche Bedeutung, solches liegt ihm völlig fern. Er erzählt die Geschichte seines Klosters, oder vielmehr, er erzählt von den Männern, deren Erinnerung noch lebendig war zu seiner Zeit, er schreibt nicht

Geschichte, sondern erzählt Geschichten. Da werden sie alle lebendig, die berühmten Namen und die unbekannten, Grimalt, der Abt und Erzkaplan am Hof des Königs, Salomo, der Ungebärdige, der Weltmann, der die Dinge doch immer wieder zu seinen Gunsten zu lenken weiß; die Iren, die aus Rom gekommen waren, um ihren Landsmann Gallus zu besuchen, Marcus, der Bischof, und sein Neffe Moengal, den man den kleinen Marcus, Marcellus nannte und der nachmals ein ausgezeichneter Lehrer im Kloster wurde; Iso, der treffliche Lehrer an der äußeren Schule; man lernt sie kennen in ihrer Jugend, aber auch als Männer, die zum Ruhme des Klosters wirkten: die drei Freunde Notker, Tuotilo und Ratpert, wie sie, schon als junge Mönche unzertrennlich, dem roten Sindolf, der ein mißgünstiger Mensch war und alles dem Bischof hinterbrachte, doch einmal seine Ränke heimzahlten, oder wie Notker, der zarte Dichter, einmal im Dämmer der Klosterkirche den Leibhaftigen sieht und, da er sich nicht auf sein Gebot sogleich von dannen hebt, mutig einen Leuchter vom Altare packt und damit kräftig auf den Bösen eindrischt, worauf dieser in biederem Schweizerdeutsch „au weh!" schreit. Man liest von Hartmann, dem früh verstorbenen feinsinnigen Dichter, vom ersten Ekkehart, von der Herzogin Hadwig, die, früh verwitwet, auf dem Hohentwiel lebt, wohin sie sich in einem ihrer unbekümmerten Einfälle den jungen Ekkehart (II.) kommen läßt, der neben der Gunst, die Herzogin unterrichten zu dürfen – bei stets geöffneten Türen, so will sie's, auf daß keiner Unschickliches rede – auch ihre Launen zu ertragen hat. Als sie eines Tages seinen Neffen Purchard, den späteren Abt, fragt, was er denn hier wolle, und er, ohne zu zögern, mit einem zierlichen Vers antwortet:

Esse velim Graecus, cum vix sim, domna, Latinus!
„Griech' möcht ich werden, Herzogin, wo ich doch kaum Lateiner bin!"

da zieht sie ihn entzückt an sich, küßt ihn und begehrt weitere Verse zu hören, worauf er schlagfertig wie zuvor erwidert:

Non possum prorsus dignos componere versus
nam nimis expavi duce me libante suavi.

„Ich kann partout keine rechten Verse mehr machen, die Herzogin hat mich so erschreckt mit ihrem Kuß."

Diese und alle anderen reizvollen, unvergeßlichen Geschichten, die man von St. Gallen kennt und nennt, natürlich auch Ernstes, sie stehen hier in den casus Ekkeharts IV. vermischt mit wertvollsten Nachrichten über das geistige Leben, über des Notker Balbulus Sequenzendichtung und andere poetische Schöpfungen des Klosters. Die Kunst der schlichten, ungemein lebendigen Erzählung und das Anekdotische bestimmen und beherrschen das Werk, das Ekkehart, man weiß nicht warum, vielleicht weil er die ihm dunkel erscheinende Gegenwart nicht mehr darstellen wollte, vorzeitig abgebrochen hat.

Auch das Nachbarkloster auf der Reichenau, das so oft mit den Mönchen von St. Gallen rivalisierte, entbehrte nicht der großen Männer in jener Zeit. Der besten einer war der Abt selber, B e r n (oder Berno) v o n d e r R e i c h e n a u. Man kennt ihn als einen der wenigen Theologen des frühen elften Jahrhunderts. Über seine Herkunft weiß man nichts. Mönch in Prüm, dort und zeitweise (vor 999) in Fleury ausgebildet, stand er den Reformbewegungen von Cluny und Gorze aufgeschlossen gegenüber. Heinrich II. berief ihn im Jahr 1008 zum Abt der Reichenau, wo er den ebenfalls aus Prüm kommenden Immo ablöste, der 984–1006 Abt in Gorze gewesen war, dann in offenbar allzu despotischer Weise die Reform auf dem Inselkloster hatte einführen wollen. Im Februar 1014 war Bern bei der Kaiserkrönung Heinrichs zugegen, den er auch auf dem dritten Romzug begleitete. Ein angesehener Reichsfürst, ein Abt, der seine Aufgaben aus wahrhaft religiöser Gesinnung zu erfüllen bestrebt war, dazu ein tüchtiger Gelehrter, hat Bern in den vier Jahrzehnten seiner Regierung durch sein kluges und maßvolles Verhalten die Reform des monastischen Lebens erreicht und sein Kloster zu einer neuen Blüte geführt. Er starb im Sommer des Jahres 1048.

Berns wissenschaftliches schriftstellerisches Werk ist zeitbedingt. Es galt vorwiegend Gegenständen der Liturgie und der Kirchenmusik, die Bern in verschiedenen Traktaten behandelte. In seiner wohl wichtigsten liturgischen Schrift, dem *libellus de quibusdam rebus ad missae officium pertinentibus*, erörterte er eine Reihe von Verschiedenheiten, die zu seiner Zeit in der Begehung des Kirchenjahres und in den einzelnen Festtagsoffizien zu beobachten waren. Es ist bemerkenswert und für Berns Art, die Dinge zu betrachten, charakteristisch, daß er mit einer historischen Übersicht über die Entwicklung des Kanons bis auf seine Zeit beginnt, die im wesentlichen nach Walahfrieds Buch de exordiis et incrementis gegeben wird. Im folgenden Abschnitt tritt Bern in langer historischer Darlegung dafür ein, daß in der Messe das Gloria nicht nur an Ostern, wie es zu seiner Zeit offenbar weithin üblich gewesen ist, sondern das ganze Jahr hindurch gesprochen oder gesungen werden dürfe; unter Berufung auf den früheren Gebrauch der gallikanischen Liturgie in Alemannien sowie auf die Autorität Gregors des Großen spricht er sich dabei für die Erlaubtheit lokaler Abweichungen vom tenor romanus aus[13].

---

[13] Der Hinweis ist köstlich: Wenn man das Gloria nicht erlaube nur, weil es die römischen Priester nicht sängen, so könne man ja auch das Credo in der Messe weglassen,

Auch die folgenden Kapitel behandeln spezielle liturgische Fragen: über die Pfingstoktav, über die Dauer des Advents; über die Verschiedenheit der Zahl der Sonntage nach Pfingsten (23 im Missale, 25 im Offizium), und über das Quatemberfasten. Daß sich Bern, ohne dies ausdrücklich zu sagen, an die allegorische und rememorative Auslegung der Liturgie, wie sie vor allem Amalarius im neunten Jahrhundert vertreten hatte, hielt, ergibt sich deutlich aus seiner Begründung der Festlegung des Advents auf drei Wochen[14] und seiner Begründung des Quatemberfastens[15]. Man erkennt: Bern betont die Berechtigung liturgischer Eigenständigkeit gegenüber dem römischen Usus, sofern sie nur geschichtlich gewachsen sei. Er fußt auf der karolingischen Überlieferung, bleibt aber stets kritisch und um eigenes Urteil bemüht.

Dabei verfügt er über erstaunliche Fachkenntnisse. So haben sich des öfteren Bischöfe anderer Diözesen an ihn gewandt. Dem Erzbischof Aribo von Mainz zum Beispiel liefert er ein Gutachten *qualiter adventus Domini celebretur quando nativitas Domini feria secunda evenerit*, worin Bern sich auf Grund von Stellen in der patristischen Literatur und älterer Liturgiker für eine maximale Ausdehnung des Advents auf vier Sonntage ausspricht. Ein andermal beantwortet er Aribos Frage nach Zeitpunkt und Dauer der Quatemberfasten mit einer Abhandlung, die er, das ist bemerkenswert im Hinblick auf die Wertung des formalen Elements, in die Gestalt eines Dialogs zwischen ihm selbst und einem Mönch namens Gerungus gekleidet hat *(dialogus qualiter quattuor temporum ieiunia per sua sabbata sint observanda)*. Nach Art karolingischer Gelehrter versichert Bern, er wolle nichts anderes vorbringen, als was er bei den Vätern gefunden habe; doch was er auf Grund patristischer Quellen und des gewichtigsten unter den karolingischen Liturgikern, des Amalarius, vorträgt, ist verarbeitet, selbständig disponiert und mit kritischem Urteil dargeboten.

Als Liturgiker zeigt Bern wo nicht partikularistische Neigungen, so doch eine deutliche Abneigung gegenüber allem Streben nach Vereinheitlichung auch dort, wo historisch Gewachsenes zu Recht besteht.

---

das ja in Rom auch erst auf ausdrücklichen Wunsch Kaisers Heinrich II. vom Papst eingeführt worden sei. Bern hatte das den Anlaß gebende Ereignis, nämlich Heinrichs Kaiserkrönung, miterlebt; die Römer hatten ihren bequemen Usus, das die Messe doch merklich verlängernde Credo wegzulassen, natürlich zu begründen gewußt: in Rom habe man das Symbolum nicht nötig, hier habe es nie eine Häresie gegeben. Heinrich II. bestand jedoch darauf, und Benedikt VIII. machte auch für Rom das Credo im Hochamt (publica missa) obligatorisch. Migne PL 142, 1060 D/1061 A.

[14] Nach der dreifachen Ankunft des Erlösers: *ante legem, sub lege, post legem* mit weiterer Auslegung; Migne PL 142, 1066 A/B.

[15] Es wird in Verbindung gebracht mit den vier Jahreszeiten, den vier Qualitäten und anderem, Migne PL 142, 1074.

Daß er damit keineswegs einer allgemeinen Neigung seiner Zeit folgt, lehren zeitgenössische Meßauslegungen und nicht zuletzt der bald nach seinem Tod einsetzende, von der Kraft der Reform genährte Uniformierungswille, dem unter anderem der altehrwürdige mozarabische Ritus zum Opfer gefallen ist. Berns eigene liturgische Schriften sind historisch fundiert und auf aktuelle, praktische Fragen hin orientiert. In der Gepflegtheit seiner anspruchsvollen, jedoch keineswegs überladenen oder künstlichen Sprache sowie der mindestens teilweisen Anwendung des (einsilbigen) Prosareims offenbart sich literarisches Wollen auch dort, wo es nicht schon (wie im dialogus) die Darstellungsform bestimmt.

Ähnliche Züge weisen Berns musikalische Schriften auf. Dem Erzbischof Pilgrim von Köln, einem Vetter Aribos, widmete er seinen *tonarius*, das heißt eine Anleitung zur musikalischen Praxis. Vorangestellt ist dem eigentlichen Tonar als Prolog eine theoretische Einführung, die auf der einen Seite zwar Vertrautheit mit der dem Mittelalter durch Boethius vermittelten antiken Theorie, auf der andern Seite aber eine beachtliche Selbständigkeit und Klarheit des Urteils aufweist. Gegenüber der hemmungslosen Sucht mancher anderer zu allegorisieren, hat Bern beispielsweise wie schon Regino[16] in sehr nüchterner Weise Apollo und die neun Musen als ein Bild für die an der Erzeugung der menschlichen Stimme mitwirkenden Artikulationswerkzeuge gedeutet (die Zunge, die vier oberen Zähne, die zwei Lippen, die Mundhöhle und die Lunge) und sie zugleich mit den neun Modi in Verbindung gebracht[17]. Die Bedeutung des Tetrachords in der Musik wird nach antikem Vorgang auf die Eigentümlichkeit der Vierzahl, daß es sich zweimal in gleiche Hälften zerlegen lasse, wodurch die Mitte enger mit dem Ende verbunden werde, zurückgeführt; da auch die kunstvoll schaffende Natur sich die besondere Eigenschaft der Vierzahl zunutze gemacht und durch sie die einander widerstreitenden Elemente zu einer Einheit verbunden hat, so soll auch die Musik in ihren drei Gattungen, der kosmischen- oder Sphärenmusik (mundana), der durch die menschliche Stimme erzeugten (humana) und der durch Instrumente hervorgebrachten Musik (instrumentalis) die Harmonie verwirklichen[18]. Wie ernst solche Spekulationen gemeint, wie wichtig sie für das musikalische Denken der Zeit sind, erhellt sich aus dem Grundsatz, den Bern gegen Ende des umfangreichen Prologs aufstellt. Für die praktische Ausübung der Musik ist die Kenntnis der Theorie unerläßlich. Wer beim Gesang

---

[16] Kann man hier von einer Prümer Schule sprechen?
[17] Prologus in tonarium 2 (II 64 a Gerbert).
[18] Prologus in tonarium 4 (II 66 a Gerbert).

sich allein auf sein Gehör verlasse, von Rhythmus, Intervallen und dergleichen nichts wisse, der sei wie eine Nachtigall, wenn sie ihr Frühlingslied singe; als Musiker oder Sänger könne man ihn nimmermehr bezeichnen. Alle liturgische Musik – *nostrae musicae cantilena* sagt Bern – habe in Ausgewogenheit von Rhythmus und Melodie maßvoll, schlicht und männlich, nicht verweichlicht *(modesta, simplex et mascula, non effeminata)* zu sein: nur so werde das Gebot des Herrn *psallite sapienter*[19] erfüllt.

Über Einzelheiten des Psalmengesangs nach verschiedenen Fassungen des Textes handelt ein Traktat *de ratione psallendi*.

Aus Berns späteren Lebensjahren besitzen wir eine *vita sancti Udalrici episcopi*, die dem Abt Fridebold von St. Afra in Augsburg gewidmet ist, von dem sie erbeten worden war. Bern sucht zwischen der als allzu schlicht und schmucklos empfundenen vita des Gerhard und dem über die Anfänge nicht hinausgekommenen Ulrichsleben des Bischofs Gebhard, dessen Versuch er als allzu schwülstig und eigentlich nicht mehr verständlich beurteilt, einen Mittelweg einzuschlagen. Was er schuf, war ein für das elfte Jahrhundert wahrscheinlich mustergültiges Heiligenleben. Hagiographisch aufgefaßt von Anfang bis Ende, wird die Lebensgeschichte Ulrichs nach Gerhard erzählt, aber so, daß die einzelnen Begebenheiten selbst unter weitgehender Anlehnung an den ursprünglichen Wortlaut nur stilistisch dem Geschmack der Zeit entsprechend leicht verändert erscheinen, dazwischen jedoch immer wieder die mehr oder minder ausführlich gegebenen hagiographischen Interpretationen eben dieser Begebenheiten eingefügt werden; dabei gewinnt der Gedanke der Nachahmung des Lebens Christi durch den Heiligen eine gewisse Bedeutung[20], ein Element, das in der späteren Hagiographie eine noch größere Rolle spielen wird.

Eine theologische Abhandlung über Johannes Cassianus und seine dogmatisch anfechtbaren Vorstellungen von der Willensfreiheit sowie über einige andere theologische Gegenstände, die einem nicht näher bekannten Fridericus gewidmet ist, der Bern freundschaftlich verbunden gewesen sein muß, hat sich zufällig unter dem knappen Dutzend von *Briefen* Berns erhalten. Die letzteren zeigen Bern in Verbindung mit einer Reihe von Prälaten; ein Brief an Heinrich III. enthält den Dank für die Bestellung zum Abt der Reichenau, die andern sind gewöhnlich an Bischöfe oder Äbte gerichtet. In allen erweist sich Bern

---

[19] Prologus in tonarium 14 (II 78 a Gerbert).
[20] Die Verschiebung der Motive ist ähnlich derjenigen der einfachen hagiographischen Interpretation: bei Gerhard verläßt Ulrich die Stadt Rom auf die Nachricht vom Tod seines Bischofs Adalbero hin, bei Bern ahmt er Christus nach, der sich in die Einsamkeit zurückzieht, als ihn die Menge zum König machen will.

als ein klarer, nüchtern denkender Kopf, ein Mann, dessen vortreffliche Bildung eine gepflegte, den Geschmack der Zeit zur Fülle des Wortes zeigende, aber niemals in Schwulst oder sonstige Übertreibung geratende Sprache erlaubt.

War Bern, der Abt, als Schriftsteller in erster Linie Gelehrter, der auf dem Boden der Tradition stehend, doch auch schon manches Neue zu bieten wußte, so lebte in seinem Konvent und zu seiner Zeit ein Mönch, der ihn an Gelehrsamkeit womöglich noch übertraf und der dazu noch Dichter und Komponist gewesen ist: Hermann von Reichenau oder, nach seinem Gebrechen, Hermannus Contractus, Hermann der Lahme genannt. Er ist eine der großartigsten und menschlich bewegendsten Erscheinungen, mit denen sich die Literaturgeschichte im früheren Mittelalter zu beschäftigen hat. Geboren im Jahre 1013 als Sohn des schwäbischen Grafen Wolferad von Alshausen, wurde Hermann im Alter von sieben Jahren dem Unterricht übergeben. Der Ort ist unbekannt; man hat an Reichenau, St. Gallen, aber auch an Augsburg gedacht. Hermann war von frühester Kindheit an völlig gelähmt und konnte sich nie ohne fremde Hilfe bewegen. Dreißigjährig legte er auf der Reichenau unter Abt Bern Profeß ab. Ob seiner tiefen Frömmigkeit und seines liebenswerten Wesens von allen verehrt und geliebt, wurde er trotz seines Leidens, das ihn zeitlebens an den Tragstuhl fesselte und das ihm nur unter beschwerlicher, gekrümmter Haltung zu lesen und zu schreiben erlaubte und selbst das Sprechen zur Plage werden ließ, ein gefeierter Lehrer und einer der größten Gelehrten seines Jahrhunderts. Er starb am 24. September des Jahres 1054. Sein Schüler Berthold schrieb in liebevoller Verehrung die vita seines großen Meisters.

Von Hermanns zahlreichen Schriften ist am bekanntesten seine *Weltchronik*, das erste auf uns gekommene Werk dieser Art in ottonischer Zeit, das die seit mehr als einem Jahrhundert unterbrochene Tradition der karolingischen Weltchroniken wiederaufnahm. Wie seinerzeit Regino von Prüm beginnt Hermann seine Darstellung mit der Geburt Christi und führt die Geschichte herab bis ins letzte Jahr seines Lebens, Mitte 1054. Das Werk ist in annalistischer Form abgefaßt und zeichnet sich durch besonders sorgfältige Beachtung der Chronologie sowie durch die kritische Auswahl und Verarbeitung der Quellen aus. Während man nun früher glaubte, Hermann habe eine stattliche Reihe von Quellenwerken benützt, so geht seit längerem die allgemeine Ansicht in andere Richtung. Aus dem Umstand nämlich, daß die Chronik Hermanns und gewisse Partien in den St. Galler Annalen und den gesta

Chuonradi des Wipo[21] inhaltlich wie formal in auffälliger Weise übereinstimmen, dabei aber doch solche Abweichungen voneinander aufweisen, daß gegenseitige Beeinflussung kaum möglich scheint, hat man auf Abhängigkeit der drei Werke von einer gemeinsamen, offenbar nicht erhaltenen Quelle geschlossen. Man denkt sich dieses letztgenannte Werk, das als schwäbische Weltchronik (chronicon Suebicum universale) bezeichnet zu werden pflegt, gewöhnlich auf der Reichenau entstanden, und sieht in ihm das erste große Werk, mit dem die schwäbische Geschichtschreibung über das Stadium der Annalen – nicht näher lokalisierbaren, im alemannischen Raum entstandenen annales Alamannici, Reichenauer, Weingartner, kleine und große St. Galler Annalen – erstmals hinausgelangt sei. Trifft diese Vorstellung das Richtige, so gebührt das Verdienst, die erste Weltchronik seit Regino verfaßt zu haben, nicht Hermann, sondern eben dem Verfasser jener schwäbischen Weltchronik; Hermanns Anteil an der unter seinem Namen gehenden Chronik würde sich sonach auf eine kritische Überprüfung des aus der Quelle Übernommenen – was immerhin schon eine beachtliche Leistung wäre – sowie die Fortsetzung für die letzten Jahre bis 1054 reduzieren. Es ist nun sehr merkwürdig, daß in zwei benachbarten Klöstern oder, wenn man an Reichenau als den Ursprungsort der sogenannten schwäbischen Weltchronik denkt, gar in ein und demselben Kloster zwei gelehrte Mönche im Abstand von nur wenigen Jahren der seit einem und einem Vierteljahrhundert, seit Regino, sozusagen vergessenen Gattung der Weltchronik sich wieder zugewandt, und der etwas später arbeitende, also Hermann, das Werk seines unmittelbaren Vorgängers ausgeschrieben und für ein rundes Dutzend Jahre fortgesetzt haben sollte, ohne seines ihm doch zeitlich so nahestehenden Vorgängers auch nur mit einer Silbe Erwähnung zu tun. Der Vorgang wäre so ungewöhnlich, daß er, um glaubwürdig zu erscheinen, eines besonderen Beweises bedürfte. So lange dieser fehlt, muß daher angenommen werden, daß mit der postulierten schwäbischen Chronik nicht das Werk eines großen unbekannten Schriftstellers, sondern lediglich eine frühe Fassung der Chronik des Hermannus Contractus selbst erschlossen ist. Tatsächlich hat dieser sich in seinem Werk genannt; demnach ist für die Chronik, so wie sie uns vorliegt, folgende innere Anlage zu erkennen: das Werk ist im ersten Teil von Christi Geburt bis 376 im wesentlichen aus der Chronik des Hieronymus entnommen, der einige Zusätze aus Beda beigefügt worden sind[22]. Das Folgende ist Kompilation aus zahlreichen Quellen, angefangen mit der Chronik des Prosper, mit

---
[21] Siehe unten S. 490f..
[22] An dieser Stelle vermerkt der Autor: *hucusque chronica Eusebii Hieronimus perduxit. Hinc Herimannus.*

Beda, der historia tripartita, dem liber pontificalis, der Fredegarchronik, dann treten Gregor von Tours und Paulus Diaconus hinzu, seit der frühen Karolingerzeit Annalenwerke, die sich für uns mit dem Namen bestimmter Stätten verbinden, wie die Lorscher Annalen, die Fuldaer, dann die annales Alamannorum, die St. Galler und die Reichenauer, später auch die Hersfelder, Abtslisten für die Bodenseeklöster, fürs späte neunte Jahrhundert Regino und dessen Fortsetzung ins zehnte Jahrhundert hinein, nur ausnahmsweise ein Heiligenleben wie Gerhards so streng historische vita sancti Udalrici; wieweit er sich auch noch auf Wipo stützt, oder in welchem Maße hier doch noch eine gemeinsame Quelle benützt ist, ist nicht in allen Fällen klar. Charakteristisch ist, daß Hermann kaum je einer einzigen Quelle über eine längere Strecke hin folgt. In der Regel entnimmt er seine Nachrichten abwechselnd und mit kluger Auswahl und Kritik aus den ihm jeweils zu Gebote stehenden Quellen. Den letzten Abschnitt, für die Zeit von etwa 1040 an bis zum Ende, der viel ausführlicher gehalten ist, verfaßte er auf Grund mündlicher Überlieferung und durchaus selbständig. Die Zuverlässigkeit, mit der Hermann, der doch nie den Krankenstuhl verlassen hat, berichtet, als sei er mitten in der Welt gestanden, hat von jeher Bewunderung erregt. Was den Inhalt angeht, so steht im Vordergrund die politische Geschichte, dazu kommen Nachrichten aus der Kirchengeschichte und vereinzelt auch literarhistorische Notizen. Mit diesen steht Hermann in einer Tradition, die über Ado von Vienne, Frechulf von Lisieux, Paulus Diaconus bis auf Hieronymus zurückgeht, auf der anderen Seite fortgesetzt wird von den Geschichtschreibern des elften und zwölften Jahrhunderts bis zur breiten Berücksichtigung der Literaturgeschichte und Literaturkunde bei Vinzenz von Beauvais im dreizehnten Jahrhundert und seinen Nachfolgern bis hin zu den Orts- und Weltchroniken am Ausgang des Mittelalters. Zurückhaltend im Urteil, läßt Hermann meist die Tatsachen für sich selber sprechen; wo seine eigene Ansicht durchschimmert, ist sie weder höfisch noch mönchisch. Besondere Erwähnung verdienen einige wenige persönliche Nachrichten, beginnend mit der Vermählung seiner Eltern, Wolferad und Hiltrudis, aus deren Ehe fünfzehn Kinder hervorgegangen seien. Das Schönste aber ist die Notiz über den Tod seiner Mutter, der er einen rühmenden Nachruf und ein poetisches Epitaph – das einzige der Chronik – widmet (zum Jahre 1052).

Die sachliche Darstellung und der klare, aller gelehrten Anspielungen sich enthaltende Stil haben dem Werk zu allen Zeiten hohe Wertschätzung erworben. Hermanns Schüler Berthold setzte die Weltchronik fort, spätere Geschichtschreiber haben sie vielfach benützt; ihre Verbreitung freilich blieb auf Süddeutschland beschränkt.

So war denn Hermann, wenn die sogenannte schwäbische Weltchronik wirklich seine erste Fassung war, etwa die letzten zwanzig Jahre, also die Hälfte seines kurzen Lebens und eigentlich sein ganzes Gelehrtenleben hindurch mit dem großen Werk beschäftigt, an dem er offenbar immer wieder gearbeitet hat, einem Werk, das für sich allein ausgereicht hätte, ihm einen ehrenvollen Namen in der Geschichte der Historiographie wie der allgemeinen lateinischen Literatur zu sichern. Ungewiß ist, ob er zwischenhinein auch ein anderes historisches Werk verfaßt hat, das ihm von dem ebengenannten Berthold zugeschrieben wird, die *gesta Heinrici et Chuonradi imperatorum*. Dasselbe meldete im zwölften Jahrhundert Otto von Freising in seiner Weltchronik[23] und der Literaturkatalog des Wolfger von Prüfening (der früher sogenannte Anonymus Mellicensis). Das Werk selber ist nicht erhalten, und die Meinungen gehen darüber auseinander, ob Berthold eine selbständige Schrift im Auge hat oder sich nur auf die Darstellung der Geschichte Konrads II. und Heinrichs III. innerhalb der Chronik bezieht. Nach dem Wortlaut der Stelle möchte man eher an eine selbständige Arbeit denken[24].

Wann Hermann sein *martyrologium* abgefaßt hat, läßt sich nicht genauer bestimmen. Es handelt sich um ein sogenanntes historisches martyrologium, also einen jener Heiligenkalender, die über den bloßen Namen und das Datum hinaus auch noch kurze, vielfach natürlich legendäre Angaben aus Viten und sonstigen Quellen über das Leben der betreffenden Heiligen mitteilen. Der erste, der ein solches martyrologium verfaßt hatte, war Beda Venerabilis; mit Florus von Lyon, Ado von Vienne und Usuard haben sie, wie schon früher bemerkt, im neun-

---

[23] VI 33.
[24] Berthold schreibt, Hermann habe die Chronik *usque ad annum suum* geführt; Wattenbach und die nach ihm deuten das *bis auf seine Zeit,* es heißt aber doch wohl *bis in sein Todesjahr* (so auch das Mittellateinische Wörterbuch s.v. *annus*). Dann freilich wird der Zusatz *gesta quoque Chounradi et Heinrici imperatorum pulcherrime descripsit* eigentlich sinnlos, wenn er nicht ein selbständiges Werk bezeichnete. Es fragt sich überhaupt, warum Berthold diese Abschnitte der Chronik so hervorgehoben haben sollte; gehört doch der Abschnitt über Konrad II. noch zu dem aus bereits schriftlichen Quellen geschöpften Teil der Weltchronik. Die Notiz freilich des Wolfger dürfte oder kann auf Berthold zurückgehen, und bei der Angabe Ottos von Freising ist natürlich die Möglichkeit einer Verwechslung mit den gesta des Wipo nicht auszuschließen.
Eine andere Möglichkeit wäre, daß es sich bei dem genannten Werk in der Tat um eine zunächst selbständig geplante und verfaßte Arbeit über die beiden Herrscher gehandelt hat, die dann, als Hermann sich entschloß, die erste Fassung der Weltchronik (die sogenannte schwäbische Weltchronik) bis zu seinem eigenen Lebensende weiterzuführen, an diese angeschlossen wurde, so daß wir also das Werk nicht als selbständiges, wohl aber als den Teil der uns erhaltenen Chronik letzter Hand besäßen.

ten Jahrhundert ihre Blüte erreicht; mit Hermann von Reichenau strebt die Reihe ihrem Ende zu. Sein martyrologium beruht im wesentlichen auf dem des Notker Balbulus, das er durch Zusätze vorwiegend aus Ado von Vienne erweiterte.

Hermanns Ansehen bei den Zeitgenossen gründet sich zu einem nicht geringen Teil auf seine Kenntnisse in den Fächern des quadrivium und die Pflege, die er diesen Disziplinen zuteil werden ließ. Hier auch offenbart sich die Vielseitigkeit des gelehrten Mannes. Auf wiederholtes Drängen von Freunden, wie er in dem Widmungsbrief an *seinen B* (wohl seinen Schüler Berthold) bemerkt, verfaßte er eine Schrift *de mensura astrolabii*, worin er genauer und klarer, als es in den bisherigen Schriften zu finden war, die Berechnung und Herstellung eines Astrolabs zu beschreiben sucht. Mit dieser Schrift gehört eine zweite *de utilitatibus astrolabii liber I* aufs engste zusammen; hier spricht Hermann über die Anwendungsmöglichkeiten und den Gebrauch des Astrolabs für astronomische Beobachtungen und Berechnungen, ausgehend von den verhältnismäßig einfachen Bestimmungen des Standes der Sonne in einem bestimmten Sternbild bis hin zu schwierigen Beobachtungen und Messungen. Mehrere Skizzen und Tabellen unterstützen die Darstellung; auch eine Liste der lateinischen und arabischen Namen der wichtigsten Sternbilder ist enthalten. Astronomische Fragen werden ferner behandelt in dem kurzen Traktat *de mense lunari* sowie in den (ungedruckten) *prognostica de defectu solis et lunae*, während er in dem gleichfalls ungedruckten *computus* die kirchliche Osterfestberechnung behandelt. Die Schrift *regulae qualiter multiplicationes fiant in abaco* stellt das Verfahren der Multiplikation und der Division mit Hilfe des Rechenbrettes, des abacus, dar, und in dem Traktat *de conflictu rithmimachiae* stellte er ein nicht lange zuvor aufgekommenes, zuerst von dem Kleriker Asilo in Würzburg im frühen elften Jahrhundert beschriebenes Brettspiel dar, das, auf einem Spielbrett mit verschiedenen Steinen gespielt, ebenfalls des Einübens komplizierter Rechenverfahren, der Multiplikation und der Division, insbesondere aber des Rechnens mit Brüchen diente. Die Rithmimachie (eigentlich arithmomachia „der Zahlenkampf") hat sich von Süddeutschland seit dem elften und zwölften Jahrhundert über fast die ganze lateinische Welt verbreitet. Sie ist als ein für das Mittelalter charakteristisches, eine besondere Art des Denkens und der Geisteshaltung widerspiegelndes Spiel erst in jüngster Zeit erkannt und dargestellt worden.

Der Musiktheorie widmet sich Hermann in dem Traktat *de musica*. Er bietet eine übersichtliche und systematische Zusammenfassung der herrschenden Musiklehre. Vielleicht ist am meisten für ihn charakteristisch das besondere Gewicht, das Hermann auf die Tonarten legt, die er – nach der Lage der Halbtöne – mit den Wochentagen und deren regelmäßiger Wiederkehr vergleicht; auch schreibt er den einzelnen Tonarten gewisse Qualitäten zu, die ihnen von Natur aus eigen seien: der dorischen Tonart das Ernste und Edle, der phrygischen das Aufgeregte oder Hüpfende, der lydischen das Wollüstige, der mixolydischen das Geschwätzige oder Plappernde, der hypodorischen das Liebliche, der hypophrygischen das Zurückhaltende oder Mürrische, der hypomixolydischen Tonart das Klagende oder Weinerliche; dabei betont er, daß es sich nicht um die Melodien als solche handle, sondern um die Richtung, zu welcher die betreffenden Tonarten eine Neigung von Natur hätten. Ferner ersann Hermann eine Notenschrift, welche die einzelnen Intervalle mittels des Anfangsbuchstabens der Intervallnamen bezeichnete. Doch hat das System kaum Verbreitung erlangt, und gegenüber dem ungefähr zur gleichen Zeit von Guido von Arezzo eingeführten System, die nichtfixierten Neumen auf Linien zu setzen, hätte es sich wohl auch kaum durchzusetzen vermocht.

Die bisher genannten Arbeiten zeigen Hermann als Lehrer und vielseitigen, auch schöpferischen Gelehrten. Der Künstler Hermann stellt seine poetische und musikalische Begabung vorwiegend in den Dienst der Aufgaben, welche die ureigenen des Mönches waren: der Liturgie und mit ihr verwandten Gegenständen. Wie so oft bei *Dichtungen* dieser Art ist Hermann als Verfasser nicht durchweg gesichert, der Umfang dessen, was ihm zugehört, nicht in allen Fällen genau bestimmt.

So wissen wir aus Bertholds Lebensbild, daß Hermann eine Anzahl von *cantus historiales* gedichtet und vertont hat. Historia in dem hier gemeinten Sinn bezeichnet nicht die Geschichte eines Heiligen oder Ähnliches, sondern die Teile des kirchlichen Stundengebetes, des Offiziums, außer den Psalmen und den Lesungen, also vorzugsweise Antiphonen, Versikel und Responsorien. Im späteren Mittelalter werden sie von der um sich greifenden Neigung zum Reim erfaßt und zum Reimoffizium, der historia rithmica oder ricmata, sich entwickeln. Von den historiae des Hermann von Reichenau, die mehreren in Süddeutschland verehrten Heiligen gewidmet waren, kennen wir nur die auf die heilige Afra, die Augsburger Martyrin aus frühchristlicher Zeit, die als wohlhabende Dirne zum Christentum bekehrt, in der Verfolgung den Feuertod starb (wahrscheinlich um 304). Die historia ist mit Ausnahme eines aus zweisilbig gereimten leoninischen Hexametern bestehenden Responsoriums in Prosa abgefaßt.

Für einige Feste des Kirchenjahrs dichtete Hermann *Sequenzen*: für die Karwoche oder den Karfreitag eine Sequenz auf das Kreuz Christi und die Kreuzigung inc. *Grates honos hierarchia*, in acht zum Teil recht ausgedehnten Strophenpaaren mit Anfangs- und Schlußversikel;

mit dem Preise des Gekreuzigten verbindet sich im letzten Drittel die Bitte um Barmherzigkeit und Hilfe. Eine Ostersequenz, inc. *Rex regum dei agne*, sechs Strophenpaare mit Einleitungsversikel, besingt die Auferstehung als Krönung des Erlösungswerkes, Überwindung des Todes und der Mächte der Finsternis. Die Sequenz in assumptione beate Mariae, inc. *Ave praeclara maris stella in lucem*, acht Strophenpaare mit Anfangs- und Schlußversikel, preist mit Hinweisen auf heilsgeschichtliche Bilder und Vorhersagen Maria als die Helferin der Erlösung und ruft ihre Fürbitte an. Von den zwei weiteren Sequenzen, die unter den Namen Hermanns gestellt sind, ist eine für das Dreifaltigkeitsfest bestimmt, inc. *Benedictio trinae unitati*, acht Strophenpaare mit Einleitungs- und Schlußversikel, die andere für das Fest der heiligen Maria Magdalena, inc. *Exsurgat totus almiphonus*. Die Sequenzen Hermanns weisen im wesentlichen die Form der klassischen Sequenz auf, sind jedoch in der Regel weit umfänglicher als die Notkerschen, sind fast durchweg sehr streng gebaut und auch im gedanklichen Aufbau wohl gegliedert. Daß die betrachtende Haltung in einer Form erscheint, die durch Hermanns Neigung, in verhältnismäßig reichem Maß griechische Worte einzuflechten, einen gelehrten Anstrich erhält, hat der Dichter, haben wohl auch seine Zeitgenossen als einen Vorzug empfunden.

Von den *Antiphonen*, die Hermann zugeschrieben werden, scheint er einige wie *O gloriosum lumen* oder *Simon Bariona* nur vertont zu haben, andere sind hinsichtlich ihrer Echtheit umstritten oder Hermann in neuerer Zeit abgesprochen worden. Hiezu gehören vor allem die beiden berühmten marianischen Antiphonen *Salve regina misericordie*[25], deren Bezeugung für Hermann auf recht schwachen Füßen steht, und *Alma redemptoris mater*, die schon im späten neunten Jahrhundert nachweisbar und vermutlich nicht allzulange davor entstanden ist.

Von den nichtliturgischen Dichtungen Hermanns ist das epitaphium auf seine Mutter Hiltrudis, das er in die Chronik eingefügt hat, bereits erwähnt. Vermutlich würden manche gelehrte Auseinandersetzungen hervorgerufen durch eine Dichtung, die man schwerlich dem gelähmten Mönch zutrauen würde, wäre sie nicht so gut durch Berthold von Reichenau bezeugt, die Verse *de octo vitiis principalibus*[26], inc. *Musa mi dilecta, surge*. Das *opusculum Herimanni*, wie der Verfasser selber geschrieben zu haben scheint, richtet sich an die Nonnen eines uns nicht bekannten Frauenklosters, mit denen Hermann in freundschaft-

---

[25] Die übliche Form *Salve regina mater misericordiae* ist erst seit dem sechzehnten Jahrhundert nachzuweisen.
[26] Später kommt auch die Benennung *de contemptu mundi* vor: Wolfger von Prüfening (Anonymus Mellicensis) c. 91 (S. 85 Ettlinger).

lich-heiterer Verbindung stand. Was als ein Werk über die acht Hauptsünden erscheint, ist weder eine trockene moraltheologische Abhandlung noch eine mit mahnend erhobenem Finger erteilte Sittenpredigt, auch wenn die belehrende Absicht keineswegs zu verkennen ist. Schon die Einkleidung in ein Zwiegespräch zwischen Hermann und der Muse auf der einen Seite, der Muse und den Schwestern[27] auf der anderen, dazu die ungewöhnliche poetische Form der über siebzehnhundert Verse in wechselnden lyrischen Maßen, vor allem aber die liebenswürdig heitere, humorvolle Stimmung, von der das ganze getragen scheint, heben das Werk in eine Sphäre, die den lehrhaften Charakter fast verschwinden macht, so daß erst im weiteren Verlauf, in den späteren Partien des Gedichts, das erbauliche Anliegen des Verfassers als der eigentliche Kern wahrnehmbar wird. In der launigen Einleitung wird Hermanns Muse zu den Nonnen entsandt, sie mit einem heiteren Lied zu erfreuen. Der Damen Vermutung, sie sei dem *liup Herimannulus* innig verbunden, genieße wohl gar heimliche Freuden mit ihm, die ihnen, den Nonnen versagt seien, weist die Muse – die Stelle ist wichtig im Hinblick auf das Verhältnis zur antiken Mythologie und ihre Stellung in der Dichtung – entschieden zurück: den Heiden sei sie mit ihren Schwestern wohl Jupiters Tochter gewesen und Junos; doch nun sei sie Christin geworden und liebe die Reinheit. Der Nonnen Verdacht gegen sie wie gegen Hermann werde vergeben; er sei wohl aus dem eigenen Schuldbewußtsein der klösterlichen Damen entstanden. Hermann, der oft von der Wankelmütigkeit des Weibes gelesen, habe auch von ihnen manches gehört und besorge, sie möchten, statt dem himmlischen Bräutigam die Treue zu halten, mehr nach den Freuden heimlicher Liebe suchen und so ins Verderben geraten. Über die eigene Kühnheit erschreckt, kehrt die Muse zu Hermann zurück, um ihm zu berichten, der sie ihrer Offenheit wegen tadelt und seinerseits befürchtet, die ihm teuren Nonnen gekränkt zu haben; nach mehrfachem Hin und Her kommt es schließlich dazu, daß die Muse den Nonnen, die ihr die deutliche Sprache keineswegs verübelt haben, das verheißene Lied vorträgt, wofür sie Hermann um Anrufung des Heiligen Geistes gebeten hat. Bis hieher erstreckt sich die ausgedehnte (fast 500 Verse zählende) Einleitung, die auf dem Hintergrund der Verhältnisse der Zeit zu sehen ist, in der sich die Disziplin in den Frauenklöstern oft wohl arg gelockert hatte – es gibt hiefür manches mehr oder minder beiläufig eingefügtes Zeugnis. Der folgende Hauptteil, das Lied der

---

[27] Es ist wohl einer der frühesten Belege für den Gebrauch von *sorores* nicht nur als Anrede, sondern auch als Selbstbezeichnung der Nonnen, gleichbedeutend mit *moniales*.

Muse (Vers 493–1666) hat die Lockungen der Welt und ihre Überwindung zum Gegenstand, behandelt also ein Thema, das in der Folgezeit, seit dem zwölften Jahrhundert, vorzugsweise unter dem Titel *de contemptu mundi* in Vers wie in Prosa wiederholt literarische Gestalt gefunden hat, wie denn das Thema als solches zu den Kernstücken einer Richtung des geistigen Lebens zählt, die bald als eine mehr monastische, bald als eine weit darüber hinaus greifende Bewegung der Verinnerlichung zu betrachten ist, die gegenüber der zunehmenden Säkularisierung zu den bestimmenden Kräften der hoch- und spätmittelalterlichen Welt gehört. Das von Hermanns Muse vorgetragene Lehrgedicht handelt in einem ersten Abschnitt von der Vergänglichkeit alles Irdischen, insbesondere der Vergänglichkeit und Wertlosigkeit der irdischen Güter, wobei sich der Verfasser im wesentlichen an das Schema der Güter anschließt, das Boethius in den ersten Büchern der consolatio seiner Güterlehre zugrunde gelegt hat. Aber wenn auch alles Irdische der Vergänglichkeit unterliegt und vom Tode bedroht ist, so ist doch nicht der Tod des Leibes zu fürchten, ungleich furchtbarer und grausamer ist der zweite Tod (*mors altera*, Vers 912), der Tod der Seele. Ihn sucht der Teufel herbeizuführen durch seine Verlockungen, es sind – und damit beginnt der zweite Teil – die Hauptsünden. Ihre böse Königin ist die Superbia, jene Haltung des Menschen, der sich selbst zum höchsten Wert erhebt; sie ist die Mutter der sieben Hauptsünden, die aus ihr hervorgehen: Vana Gloria, Invidia, Ira, Tristitia, Avaritia, Gula und Luxuria. Wer der Superbia und ihren Töchtern verfällt, gerät unaufhaltsam in sein Verderben; denn sie folgen einander, und groß sind ihre Lockungen, da sie allesamt irdische Freuden und Genüsse verheißen. Aber wer ihnen dient, gibt seine Seele Satan und dessen Helfern, den Dämonen preis, die ihn nie wieder freigeben werden. In diesem Zustand geht er dem furchtbaren Tag des Weltgerichts entgegen.

Dem Gesang der Muse, der am Ende Gedanken und Formulierungen aufklingen läßt, die zwei Jahrhunderte später im *dies irae* ihre vollendete Form finden werden, haben die Schwestern aufmerksam und schließlich angstvoll gelauscht. Wie sie sich vor solchem Ende zu bewahren vermöchten, fragen sie die Muse; die aber vertröstet sie auf ein andermal. Damit schließt das Gedicht.

Es ist bisher kein überzeugendes Argument dafür vorgebracht worden, daß Hermann dem Werk einen zweiten Teil *de virtutibus* habe folgen lassen[28]. Es ist längst beobachtet, daß das Werk und die Art,

---

[28] Die verheißenden Worte der Muse sind, für sich betrachtet, kein solches. Sie dienen dem formalen Abschluß des Werkes. Weitere Gründe, die Dümmler S. 432f. und nach ihm Manitius I S. 767ff. angeführt haben, gehen über den Grad der Vermutung

wie der Gegenstand von Hermann behandelt wurde, nicht zwar einen
konkreten Anlaß, wohl aber triftige Gründe der Entstehung hatte. Die
Disziplin in den Frauenklöstern muß zu jener Zeit vielfach im argen
gelegen haben, und es hat seinen Grund, wenn Hermann in seiner
humorvoll-ernsten Mahnung durch den Mund der Muse gerade die
Sünde der luxuria hervorhob; auf hieher zu beziehende Vorgänge haben
Zeitgenossen wie auch Hermann selbst in der Chronik hingewiesen[29].
Man hat den Wert des Gedichtes vor allem darin gesehen, daß es in
einer Zeit der Armut der Literatur in Deutschland deren Stand bezeuge.
Aber es ist auch, und vielleicht gerade als Lehrgedicht originell und
von besonderem Rang, wegen der metrisch-lyrischen Formen an sich,
die in Gedichten solcher Art ungewöhnlich sind; wegen der gewandten
Handhabung dieser immer nur von Wenigen gebrauchten Formen und
ihrer Verbindung mit dem zur Zeit Hermanns modernen einsilbigen
Reim, wodurch sie gewissermaßen in Konkurrenz zu den Rhythmen
treten; und nicht zuletzt wegen seiner eigenartigen und durchaus selbständigen Behandlung und Darbietung des Stoffes. Daß das Werk
gleichwohl nur sehr wenig Verbreitung gefunden zu haben scheint,
und überhaupt nur in einer einzigen St. Emmeramer Handschrift des
zwölften Jahrhunderts mit grammatischen Texten, welche auf das
besondere Interesse des Sammelnden wohl in diesem Fall schließen
läßt, erhalten ist, gehört zu den Merkwürdigkeiten, die man in der
Geschichte der Überlieferung immer wieder beobachtet.

Nach Angaben Ottos von Freising hat Hermann auf die Ungarnsiege
Heinrichs III. von 1040 einen *rhythmus* gedichtet, der bis auf den
Anfang *Vox haec melos pangat* verloren gegangen ist. Die wenigen
Worte lassen nicht erkennen, ob es sich wirklich um einen rhythmus
oder, trotz der Angabe, die nicht unbedingt eine genaue Bezeichnung
enthalten muß, um eine jener weltlichen Sequenzen gehandelt hat, von
denen demnächst noch zu sprechen sein wird. Nicht von Hermann
stammt dagegen der ihm vom sogenannten Anonymus Mellicensis
(Wolfger von Prüfening) und älteren Ausgaben zugeschriebene *conflictus ovis et lini*, ein Streitgedicht, in dem Schaf und Flachs miteinander
um ihren jeweils höheren Wert streiten; es ist etliche Jahrzehnte jünger

---

nicht hinaus. Ungewöhnlich und dem mittelalterlichen Denken widersprechend wäre
übrigens auch die dann anzunehmende Abfolge, durch welche das Laster an den
bevorzugten Platz, die Tugend gewissermaßen als Anhängsel nachgefügt würde.

[29] Herimanni chronicon ad a. 1021. 1051 über die schwäbischen Klöster Buchau und
Lindau; Bern von Reichenau in dem oben S. 449 erwähnten Brief an Heinrich III.
tritt für die ihres liederlichen Lebenswandels wegen abgesetzte Äbtissin Hermingarta
von Zürich ein, die nunmehr ernsthaft Buße tue; Thietmar. chron. VIII 3 handelt
allgemein über die Sittenlosigkeit der Frauen zu seiner Zeit.

und stammt von einem Trierer Schulmeister namens Winrich im späteren elften Jahrhundert.

Zu Lebzeiten vornehmlich als großer Gelehrter angesehen, gilt Hermann auch als Dichter und Komponist jener beiden marianischen Antiphonen, von denen ihm die eine wahrscheinlich, die andere sicher nicht gehört: des *Salve regina*, des Grußes an die Königin der Barmherzigkeit, Leben, Hoffnung und Schützerin der Menschen, die zu ihr rufen im Tale der Tränen, und des *Alma redemptoris mater*, des Rufes an die Mutter des Erlösers, die ihrem darnieder liegenden Volk helfen möge, da sie, die Jungfrau, der Welt ihren Schöpfer geboren; mit diesen beliebten, den Abschluß des kirchlichen Stundengebets bildenden Antiphonen verband sich, man weiß nicht seit wann, die seit dem dreizehnten Jahrhundert nachweisbare Legende von dem lahmen Mönch, der in Rom – wo er natürlich nie gewesen ist – von Kirche zu Kirche pilgernd, jene Lieder gedichtet habe.

Die Chronik Hermanns ist von manchen Späteren benützt und in ihre eigenen Werke aufgenommen worden. Zu ihnen gehörte Berthold von Reichenau, Hermanns eigener Schüler und jüngerer Mitbruder, der nach der vita seines Meisters, die er nicht allzu lange nach dessen Tod verfaßte, auch dessen Lebenswerk zunächst in Annalenform fortgesetzt zu haben scheint; sein in verschiedener Hinsicht heute noch nicht klar erkennbares Werk führt bereits hinein in die Zeit Heinrichs IV. und die Literatur einer neuen Zeit.

Während so im Bodenseegebiet in den Klöstern St. Gallen und Reichenau die traditionellen Studien weitergepflegt wurden und Männer wie Notker Labeo und Ekkehart IV., Bern und Hermann von Reichenau bedeutende Leistungen schufen, zeigte sich auch an anderen Stätten Süddeutschlands geistiges Leben. Eichstätt, das seinerzeit unter Bischof Erchanbald mit dem tüchtigen Hagiographen Wolfhard von Herrieden hervorgetreten war, erlebte nach anderthalb Jahrhunderten eine erste Blüte, die sich u.a. darin spiegelt, daß eine ungewöhnlich hohe Zahl von Domkanonikern – man zählt nicht weniger als vierzehn allein aus diesem Jahrhundert – auf Bischofssitze in Deutschland und Italien erhoben wurden. Ein Eichstätter Bischof, nämlich H e r i b e r t, Graf von Rottenburg ob der Tauber, der bis 1042 gelebt hat, ist als Dichter hervorgetreten. Ein Verwandter des gleichnamigen Bischofs von Köln, studierte er in Würzburg, wurde Domherr und im Jahre 1021 Bischof von Eichstätt. Es wird von ihm berichtet, daß er eine rege Bautätigkeit entfaltet und sich darum bemüht habe, die Verluste, die seiner Diözese durch die Errichtung des Bistums Bamberg zugefügt wurden, auszugleichen; doch schlug der Versuch, das Kloster Neuburg an der Donau, dessen Übertragung bereits in Aussicht gestellt war, infolge einer Sinnesänderung des Kaisers, Konrads II., fehl, und Heribert starb auf der Rückreise vom Hof in Freising eines frühen Todes. Der anonyme, in Herrieden lebende Verfasser der Eichstätter Bischofsgeschichte (der um 1075 schreibende sogenannte Anonymus Haserensis de episcopis Eystetensibus) weiß eine Anzahl von *Hymnen* zu nennen, die Heribert gedichtet habe. Es sind die folgenden: ein Hymnus auf das Kreuz Christi, bestimmt vermutlich für das Fest der Kreuzerhöhung, inc. *Salve crux sancta, salve mundi gloria,* fünf Strophen zu je vier rhythmischen Senaren mit einsilbigem Reim zwischen Zäsur (fünfte Silbe) und Versschluß. Den Diözesanpatron Willibald besingt der Hymnus *Mare fons ostium atque terrarum,* sieben Strophen zu je drei rhythmischen Elfsilblern nach dem Muster des katalektischen daktylischen Tetrameters mit einsilbigem Reim zwischen Zäsur und Versschluß; dieselbe Form weist der Hymnus auf die heilige Walburga *Ave flos virginum soror magnorum* auf. Ein Hymnus *in inventione sancti Stephani,* inc. *Deus deorum domine rex sempiternae gloriae,* bestimmt für das am dritten August gefeierte Fest der Auffindung der Reliquien des Protomartyrs durch den Priester Lucian in Kaphar Gamala zu Jerusalem im Jahre 415, auf welches Ereignis nur beiläufig in der siebten Strophe angespielt wird, besteht aus acht rhythmischen ambrosianischen Strophen, deren Zeilen jeweils paarweise durch einsilbigen Endreim gebunden sind. Auch ein in der vorliegenden Fassung fünf Strophen zählender Hymnus auf den heiligen Laurentius, inc. *Conscendat usque sidera,* sowie ein Allerheiligenhymnus, inc. *Omnes superni ordines* in dreizehn Strophen, sind nach demselben Schema gedichtet. Alle diese geistlichen Lieder Heriberts zeichnen sich durch klare und gepflegte Sprache sowie eine beachtliche Sicherheit und Gewandtheit im Gebrauch der an sich nicht seltenen, aber durch die individuellen Reimbindungen noch anspruchsvoller gewordenen Formen aus, und man versteht, daß der Geschichtschreiber der Eichstätter Bischöfe ihn als einen Mann *egregia dictandi dulcedine,* der keinem Zeitgenossen nachgestanden sei, rühmte. Heriberts Hymnen waren im süddeutschen Raum, vom Bodensee bis ins heutige Niederösterreich, aber auch in Böhmen bis ins späte Mittelalter bekannt, der erste (*de sancta cruce*) auch in Italien bis ins beneventanische Gebiet verbreitet.

Dieselbe Quelle, aus der wir Kenntnis der Hymnen Heriberts erhalten, der Anonymus Haserensis, berichtet von weiteren Dichtungen Heriberts mit den Worten: *Fecit etiam duas has initiatas modulationes 'Advertite omnes populi', et, 'Peccatores peccatrices quandam'*[30]. Es ist

---

[30] oder *quondam?,* MGH Script. VII 261.

ziemlich sicher, daß mit den beiden Initien *Sequenzen* oder sequenzähnliche Dichtungen, jedenfalls keine Hymnen gemeint sind, und wenn Sequenzen, dann offensichtlich keine von der Art der bisher behandelten, rein geistlichen Dichtungen. Das Bild Heriberts würde um einen wichtigen Zug bereichert, ließe sich eine seit langem bestehende, in jüngster Zeit mit neuen Argumenten versehene Vermutung bestätigen, daß Heribert einer der ersten gewesen, die es gewagt haben, die im sakralen Raum erwachsene und für diesen bestimmte Form der Sequenz auch für weltliche Stoffe anzuwenden. Das nämlich träfe zu, wenn sich hinter dem ersten initium das wohlbekannte Gedicht vom *Schneekind* verbärge. Schon dieses eine Lied zeigt, welche Möglichkeiten sich aus der neuen Form für die poetische Gestaltung humorvoll-heiter und scherzhaft-witzig erzählter Stoffe bieten konnten, die in den frühen Jahrhunderten des Mittelalters (vor dem zwölften) in selbständigen literarischen Äußerungen verhältnismäßig selten zu Worte kamen.

Advertite
omnes populi
ridiculum,
et audite, quomodo
Suevum mulier
et ipse illam
defraudaret.

Nun merket auf,
ihr Leute alle,
und hört den Schwank,
wie einst ein Schwab' von seinem Weib
und sie von ihm hereingelegt ward.

So beginnt das Lied, man möchte meinen, für einen Spielmann gedichtet; einer der ältesten Schwänke des Mittelalters und der erste Schwabenstreich dazu, von dem uns die Geschichte berichtet: von dem Schwaben, dem, als er von langer Seefahrt zurückkehrt, sein Weib weiszumachen sucht, das Kind an ihrer Hand habe sie auf der Alm empfangen, als sie mit Schnee den Durst gestillt, und der bei neuerlicher Seefahrt das Kind verkauft und der Frau erzählt, das Schneekind sei ihm in fremdem Land unter der großen Hitze – ach! – zerschmolzen. – Die Umgebung, in der der Schwank erscheint, führt in der Tat in ein Spielmannsmilieu; es wird davon bei späterer Gelegenheit die Rede sein[31].

Auch bei dem zweiten vom Anonymus Haserensis genannten initium

---

[31] Siehe unten S. 500.

Peccatores peccatrices quandam dürfte es sich um eine weltliche Dichtung handeln; einstweilen aber hat sich ein entsprechendes Lied noch nicht gefunden.

Im übrigen ist es recht bezeichnend für die Situation zur Zeit des Bischofs Heribert, daß die älteste Überlieferung seiner Hymnen in Böhmen erscheint: ein sichtbares Zeichen dafür, wie eng damals sich die junge böhmische Kirche noch mit den deutschen Bistümern, die einst den Glauben gebracht, verbunden fühlte.

Die Jahrzehnte nach der Ungarnschlacht von 955 waren eine Zeit des Wiederaufbaus und der Erneuerung auf verschiedenen Gebieten des geistigen Lebens, getragen vom Wirken großer Bischöfe und geprägt von dem Bemühen der allmählich sich erholenden und zu neuen Kräften erwachenden alten Klöster, die in den Ungarnstürmen aufs schwerste geschädigt worden waren, bezeichnet aber auch durch Vorgänge, welche für die Zukunft der Länder im Osten Europas von größter Bedeutung werden sollten.

Regensburg, das in der Zeit der Bedrohung von feindlichen Überfällen verschont geblieben war, erhielt Ende 972 in dem Schwaben Wolfgang einen Oberhirten, der als einer der würdigsten in der imponierenden Reihe der ottonischen Reichsbischöfe stand. Der Sohn freier, doch nichtadliger Eltern, auf der Reichenau gebildet, bei seinem Freunde Heinrich nach dessen Erhebung zum Erzbischof von Trier Kanzler und Leiter der Domschule, favorisiert von Ulrich von Augsburg und Brun von Köln, die ihm – allerdings vergeblich – die Nachfolge des 964 verstorbenen Metropoliten Heinrich hatten sichern wollen, war Wolfgang zu Einsiedeln in den Orden St. Benedikts eingetreten, nach Empfang der Priesterweihe durch Ulrich von Augsburg in die Mission nach Ungarn gegangen, wo ihn schon nach wenigen Monaten die Rückberufung durch Bischof Pilgrim von Passau traf, der Wolfgangs Erhebung zum Bischof von Regensburg betrieben hatte. Konnte die in den ersten Jahren von Wolfgangs Episkopat erteilte Zustimmung zur Abtrennung des böhmischen Missionsgebietes von der Diözese Regensburg als eine letzten Endes unvermeidliche erscheinen, so war mit der Lösung der Personalunion des Bischofs und des Abtes von St. Emmeram, die seit Bonifatius bestanden hatte, und der Berufung des siebzigjährigen Ramwold aus St. Maximin in Trier zum Abt die Reform dieses Klosters und zugleich der Beginn von dessen erster Blüte auf religiösmonastischem wie wissenschaftlichem und künstlerischem Gebiet eingeleitet worden, dazu aber auch der Anstoß gegeben für die geistige Erneuerung weiterer Klöster in Bayern, in Salzburg, Niederaltaich und Tegernsee. – Zur gleichen Zeit wie Wolfgang, der im Jahre 994 starb, wirkte in Freising Bischof Abraham (957–993/94), mit dessen Namen sich nicht nur Missionen in Kärnten, sondern auch, als direkt erhaltenes Zeugnis der Verkündigung des christlichen Glaubens in slawischem Gebiet, die sogenannten Freisinger Denkmäler, eine Handschrift unmittelbar aus der Praxis der Mission mit den ältesten Resten zusammenhängender Texte in altkirchenslawischer Sprache verbinden.

Im einzelnen läßt sich das Bemühen um den Wiederaufbau der alten geistigen Zentren in einer regen Schreibtätigkeit der verschiedenen Skriptorien erkennen. Von Kloster zu Kloster herrscht ein lebhafter Austausch von Büchern. Wir besitzen eine Reihe von Zeugnissen für diese regen geistigen Bemühungen, und es macht sich dabei an manchen Orten eine auffallend starke Hinneigung zu profanantiker Literatur bemerkbar. Für die Bischofssitze in Augsburg und Regensburg, in Freising, Passau und Salzburg beginnt eine große Zeit, und alte Klöster wie St. Emmeram, Wessobrunn, Tegernsee, Niederaltaich treten in eine neue Phase ihrer Tätigkeit ein. Vor allem ist es Tegernsee, das um die Jahrtausendwende und bis zur Mitte des elften Jahrhunderts mit namhaften Zeugnissen geistig-literarischen Lebens hervortritt.

Mitten in die lebhaften Verbindungen und Bemühungen der bayerischen Klöster, die sich gegenseitig aushelfen, führt uns hinein die ältere Tegernseer Briefsammlung, die zum großen Teil von der Hand des Leiters der Tegernseer Klosterschule, des Froumund, herrührt und in der Münchner Handschrift clm 19412 erhalten ist.

F r o u m u n d, der vermutlich im Bistum Regensburg geboren ist, wurde in Füssen (St. Mang) und in Würzburg gebildet, lernte in Köln auch etwas Griechisch kennen; man mußte den Verhältnissen entsprechend damals schon fremde Schulen aufsuchen; zuviel war in den vergangenen Jahrzehnten zerschlagen worden. 990–995 wirkte Froumund mit an der Erneuerung von Feuchtwangen in Mittelfranken, das seit dem Jahre 1000 als Tochterkloster von Tegernsee erscheint, und war dann als Lehrer in Tegernsee tätig. Wir treffen ihn in Verbindung mit Otto III., mit Kaiserin Adelheid, dem Bischof Liutold von Augsburg und verschiedenen Gelehrten. Er starb im Jahre 1008 oder bald danach.

Froumund war ein überaus rühriger Lehrer, ein fleißiger Sammler von Büchern für sein Kloster, und unermüdlich bemühte er sich um neue Texte und um Vervollständigung der schon vorhandenen, ließ abschreiben und kopierte selber. Seine *Briefe*, die nachmals als Musterbeispiele gebraucht wurden, sind für uns, gerade wegen ihrer vielen Nachrichten über die literarischen Interessen und Beziehungen in und zwischen den bayerischen Klöstern von hohem Wert. Da bittet Froumund von Füssen aus seinen Abt um ein paar Bogen Pergament, um einen Text zu kopieren, verschwört sich beim Leib und Blute Christi, daß er ein Buch, das man in der heimischen Bibliothek vermißt, bestimmt weder mitgenommen noch heimlich für sich habe entwenden lassen. Da schickt ihm der Mönch Reginald von St. Emmeram einen Persius zu; er seinerseits bittet um ein Exemplar des Horaz, das er sogleich nach der Abschrift wieder zurückzustellen verspricht, ein andermal um einen Statius. Oder er beklagt sich, daß man den Tegernseern ein nach St. Emmeram entliehenes Buch in schauderhaftem Zustand zurückgegeben habe: verdreckt und zerknittert, und dazu fehlten ein paar Blätter, deren Inhalt er genau angibt, weil ihm gerade daran liegt und so fort. Er selber kopiert den Priscian, die consolatio des Boethius, eine griechische Grammatik und anderes. Aber auch Briefe, die aus anderen Anlässen geschrieben sind, finden sich in seiner Sammlung: bald handelt es sich um wirtschaftliche Angelegenheiten seines Klosters, bald bittet er seinen Regensburger Freund Reginald, er möge seine dem Erblinden nahe Nichte an den Altar des heiligen Emmeram führen, damit sie vielleicht ihr Gesicht wieder erlange, bald schreibt er um warme Kleider oder Handschuhe für den Winter. Es ist eine ebenso lehrreiche wie lebendige Korrespondenz, für uns in ihrem Wert nur dadurch gemindert, daß Froumund offenbar, um einem Stilideal seiner Zeit nachzueifern, sich einer seltsam geschraubten und verkünstelten Schreibweise befleißigt, einer Schreibweise, die doch nicht darüber hinwegtäuschen kann, welch schmerzliche Spuren die bitteren Jahrzehnte der Ungarnnot, der tiefe Bruch des zehnten Jahrhunderts in der allgemeinen Bildung hinterlassen haben. Denn das wunderlich verklausulierte Latein Froumunds ist nichts anderes als Ausdruck der Unsicherheit, der mangelnden Sprachbeherrschung, die durch Künstelei zu ersetzen sucht, was ihr an wirklicher Kunst der Sprache mangelt.

Und ähnlich verhält es sich mit Froumunds *Gedichten*, die an verschiedenen Stellen in die Briefsammlung eingeschoben sind. Froumund war nicht ohne poetische Begabung, und sein stetes Bemühen, immer wieder einmal eine Nachricht, einen Brief, den Bericht von einem Erlebnis oder was sonst ihn bewegen mag, in Verse zu kleiden, ist ein schätzbares Zeugnis des Verlangens nicht nur nach Kultiviertheit der Form, sondern nach dem, wovon die Dichtung lebt: dem unstillbaren Bedürfnis, das kleine Geschehen, die alltäglichen Dinge über ihre unmittelbare Zweckgebundenheit hinauszuheben in die Freiheit der unvergänglichen Schöpfung des Geistes. Ein solches Streben ist umso bemerkenswerter in einer Situation, da das Kloster Froumunds, während man alle Kräfte auf den Wiederaufbau im Geistigen wie im Wirtschaftlichen verwendete, offenbar noch so beschränkt war in seinen Mitteln, daß die Mönche im Winter nicht genug warme Kleidung besaßen und es in mannigfacher Hinsicht am Nötigsten fehlte. Insgesamt handelt es sich um 42 Gedichte von einigen wenigen bis zu 280 Versen. Bunt ist ihr Inhalt. Der Dichter behandelt religiöse Gegenstände, kirchliche Feste, schreibt Versepisteln, kurze Gedichte zu Handschriften, die er kopierte, er verfaßte mehrere Begrüßungsgedichte für den Empfang des Herzogs, des späteren Kaisers Heinrich II., eine umfangreiche Verteidigung der Würzburger Schule, wo er unterrichtet worden war, gegen einen literarischen Angriff (die sogenannte *apologia pro schola Wirceburgensi*), beschreibt gelegentlich kleine Erlebnisse in Versen, dichtet aber auch Epitaphien auf Bestellung und dergleichen. Daß Froumund ein Dichter war, ist bereits angedeutet, und doch tritt das Schulmäßige stark hervor, oft klingen die Verse hart und gequält, sind überladen mit Gelehrsamkeit, seltenen Vokabeln, Gräzismen, daneben kommen regelrechte Fehler vor. Ganz zweifellos sind das Spuren der noch nicht wiedergewonnenen Fertigkeit, die gerade bei dem an sich belesenen Froumund so ins Auge fallen. Was dennoch so manches Stück heraushebt aus der Menge dessen, was in jenen Jahrhunderten an Versen produziert wurde, ist eine köstliche Unbekümmertheit, wie man sie selten antrifft, eine frische Natürlichkeit, die gelegentlich wohl etwas derb wirkt, so wenn er an den Cellerar des Klosters schreibt:

Tempus enim nunc est ‚hu! hu!' quo dicimus omnes.
Sed tamen hoc verbo nunquam sus prenditur ullus.

Aber hinter dieser Derbheit verbirgt sich ein geistiger, ein zutiefst dem Geistigen verpflichteter Mensch. Nichts vermöchte dies deutlicher auszusprechen als ein Gedicht, in dem Froumund einem fingierten Gegenüber Antwort gibt auf die Frage, weshalb er, der doch lange genug Mönch gewesen, das gebührende Alter erreicht, auch die angemessene Bildung besitze und was hinzu gehört, sich noch immer nicht habe zum Priester weihen lassen und als letzter gleichsam hinter den Mönchen einhergehe. Nach Hinweisen auf die Würde und die verschiedenen Verpflichtungen des priesterlichen Amtes nennt Froumund, und das ist ein ungewöhnliches, beinah einmaliges Zeugnis für die Hochschätzung der geistigen Bildung neben alledem, was dem Mönch an geistlichen und monastischen Verpflichtungen seinem Gelübde gemäß auferlegt ist: die völlige, den ganzen Menschen erfordernde Hingabe an die Bewahrung und Vermittlung eben dieser geistigen Werte, zu deren Lehre und Weitergabe er, Froumund, sich berufen und darum verpflichtet fühlt, einer Aufgabe, der gegenüber er alles zurückstellt, um deren Erfüllung willen er alles erträgt, was man ihm im Kloster an lästigen Fragen, Kritik und Vorwürfen mag entgegengehalten haben. So ist auch die apologia pro schola Wirceburgensi, die Verteidigung seiner ehemaligen Bildungsstätte gegen Vorwürfe aus Worms, ein Denkmal von hohem kulturhistorischem Wert und zeigt wiederum die Erfülltheit Froumunds von dem, was er als seinen eigentlichen und letzten Beruf immer vor Augen hatte: den Dienst an der Bildung der Mitbrüder und all derer, auf die er durch sein Bemühen Einfluß zu gewinnen hoffen durfte.

Froumund legt gerade durch seine Hingabe an den Beruf des Lehrers ein Zeugnis von seltener Eindringlichkeit dafür ab, was durch Brüche und Unterbrechungen in der Pflege des geistigen Lebens bewirkt werden kann, wie lange es unter Umständen währt, bis über das, was der einzelne zu leisten vermag, das nötige Niveau der geistigen Gemeinschaft der Bildungsträger wiederum erreicht wird. Aber schon in der folgenden Generation, in der Zeit des Abtes Ellinger scheinen sich die Verhältnisse wesentlich gebessert zu haben.

Gegen die Mitte des elften Jahrhunderts lebte aller Wahrscheinlichkeit nach in Tegernsee ein Mann, dem wir eine der berühmtesten Dichtungen des Mittelalters verdanken, den R u o d l i e b. So pflegt man nach dem Haupthelden die Dichtung zu nennen, die nur in Bruchstükken auf uns gekommen ist. Unbekannt und nur aus der Stelle, wo sich die eigenhändige Niederschrift oder vielmehr die Reste des Autographs gefunden haben, können wir mit einiger Wahrscheinlichkeit erschließen, daß der Verfasser Mönch in Tegernsee gewesen ist. Ihn mit Froumund zu identifizieren, was man früher gelegentlich versucht hat, verbietet die Entstehungszeit des Gedichtes. Was man von dem Werk besitzt, sind achtzehn Doppelblätter, bzw. die Reste von solchen, die zu Anfang des vorigen Jahrhunderts aus den Einbänden ehemals Tegernseer Handschriften in der Königlichen Hof- und Staatsbibliothek zu München ausgelöst wurden. Später haben sich noch zwei weitere Fragmente in der Stiftsbibliothek zu St. Florian gefunden; es handelt sich um Bruchstücke einer wenig später hergestellten Abschrift des Originals. Daß der Verfasser in Tegernsee tätig war, kann auf Grund der Provenienz der Fragmente mit einiger Wahrscheinlichkeit geschlossen werden, jedoch nicht als erwiesen gelten; zweifelsfrei fest steht allein der bayerische Ursprung des Werkes. Über die Anordnung der Bruchstücke besteht weitgehende, wenn auch nicht in allem volle Übereinstimmung. Erhalten haben sich insgesamt etwa 1700 vollständige Verse (einige weitere Hundert glaubt man aus den erhaltenen Versresten ergänzen zu können); der Gesamtumfang des Werkes läßt sich nur höchst unsicher abschätzen. Es ist überhaupt fraglich, ob der Autor je das Werk vollendet hat. In den uns vorliegenden Fragmenten jedenfalls bricht auf der letzten Seite der Text mitten in der Erzählung ab. Als Entstehungszeit gilt die Mitte des elften Jahrhunderts[32].

Nach Inhalt und Konzeption ist der Ruodlieb ein für die Zeit ganz und gar ungewöhnliches Werk, dem nichts Vergleichbares an die Seite gestellt werden kann, eine Abenteuer- und Ritterdichtung mit märchenhaften Zügen, den man den ältesten Roman des Mittelalters genannt hat, abgefaßt in einsilbig gereimten leoninischen Hexametern.

Es ist die Geschichte eines Ritters, der, da er in der Heimat im Dienste fremder Herren immer nur Undank und leere Versprechungen, niemals den verheißenen Lohn und die Ehre, die er glaubte verdient zu haben, empfangen hat, in die Fremde zieht und im Dienst eines großen Königs sich nicht nur als Jäger und in allen ritterlichen Tugenden auszeichnet, sondern, als es zum Krieg mit dem Nachbarreich kommt, als Führer des Heeres den Sieg erringt. Da ihn nun aber ein Brief der Mutter, die Witwe ist, um Rückkehr bittet, und der König ihn vor die Wahl stellt, ob er zum Lohn für seine treuen Dienste Reichtum oder Weisheit empfangen wolle, wählt der Ritter Ruodlieb das letztere. Er erhält vom König zwei Brote, die er erst nach seiner Vermählung anschneiden darf, die aber in Wahrheit nichts anderes sind als mit Teig überbackene, bis zum Rande mit Goldstücken sowie mit goldenen Spangen und Ringen gefüllte Schüsseln, dazu aber zwölf Weisheitslehren, die sich auf der Heimfahrt des Ritters eine nach der anderen bewähren. Nachdem er, nach Hause zurückgekehrt, eine auf Wunsch der Mutter unternommene Werbung als verfehlt erkannt, die Mutter aber in einem Traumgesicht von seinen weiteren Taten erfahren hat, scheint er noch einmal auf Abenteuer auszuziehen, doch hier bricht das Epos ab. Es ist aber nicht der weitgespannte Bogen eines Jahrzehnts der Ereignisse und Erlebnisse eines Ritters, der dem Ruodlieb von Anfang an alle Aufmerksamkeit gesichert hat. Seine ganze Kunst hat der Dichter auf die einzelnen Episoden, Szenen oder auch, wie man sagen möchte, lebenden Bilder gelenkt, welche sich in das Ganze einfügen. Das beginnt schon mit der Schilderung des Aufbruchs des Ritters, wenn er auf seinem Schecken, nur von einem einzigen Knappen und seinem treuen Spürhund begleitet, von dannen reitet, während ihm Mutter und Gesinde nachblicken, setzt sich fort in der Begegnung mit dem Jäger des andern Königs, der ihm zum Freunde wird, und vor allem in der eingehenden Beschreibung von mancherlei Jagdkunststük-

---

[32] Gerade der mehr auf Konvention als auf Beweisen ruhende Ansatz ist im ganzen sicher richtig. Aber da er letzten Endes nur ein paläographischer ist und eine sichere Einordnung der Schrift in das Tegernseer Skriptorium nicht gelingt, so wäre eine geringfügige Verschiebung um einige Jahrzehnte nach oben wie nach unten nicht ausgeschlossen, weil der Schreiber sich nicht in ein bekanntes Skriptorium einreihen läßt.

ken, mit denen sich der fremde Ritter am Hof des Königs bekannt macht. Die sehr eingehende Beschreibung des Zusammentreffens der beiden Könige nach der Beendigung des Kampfes und die mannigfachen Zurüstungen, die dabei getroffen werden, vermitteln ein anschauliches Bild vom Ablauf solcher Vorgänge; namentlich aber lassen die Erzählungen von der Befolgung der Weisheitslehren durch den Ritter und ihre Mißachtung durch andere vieles vom Leben der Zeit lebendig werden, vorab durch einen Rotkopf, der durchaus auf dem Hof eines alten Bauern und dessen junger Frau nächtigen will, dann, als seine Begehrlichkeit und die Willfährigkeit der Frau zu tätlicher Auseinandersetzung mit dem Bauern führt, diesen erschlägt und selber dafür am andern Tag vor Gericht verurteilt wird. Ein eindrucksvolles und anziehendes Bild vom ritterlich-höfischen Leben vermittelt die Schilderung der Vorgänge, die zur Verheiratung des Neffen führen. Wie hier zuweilen Heiterkeit und Scherz aufklingen, so nimmt Ruodliebs eigene, von der Mutter gewünschte Brautwerbung fast schwankhafte Züge an, wenn er einen Freund für sich werben läßt und die Dame dabei mit dem berühmten Liebesgruß antwortet:

> ... dic illi nunc de me corde fideli
> tantum liebes, veniat quantum modo loubes
> et volucrum wunna quot sint, tot dic sibi minna,
> graminis et florum quantum sit, dic et honorum
> (XVII 11–14),

worauf ihr der ahnungslose Bote als Präsent Ruodliebs ein wohlverschnürtes und versiegeltes Päckchen überreicht, in dem sich das Schapel (*cydaris* XVII 29) und die Beinbinden der Dame befinden, die ihr gelegentlich des traulichen Beisammenseins mit einem Kleriker abhanden gekommen sind. In der letzten erhaltenen Szene fängt Ruodlieb einen Zwerg, der ihm zum Dank dafür, daß er wieder freigelassen wird, für alle Zeiten Unterstützung und Hilfe verspricht. Die Szene scheint am Anfang einer weiteren Reihe von Erlebnissen und Abenteuern Ruodliebs zu stehen, die durch den Traum der Mutter, daß ihrem Sohn noch Großes in der Welt beschieden sei, eingeleitet wird; doch ist das Autograph über die zuletzt genannte Szene hinaus nicht weitergeführt worden; die folgende (Verso-)Seite war ursprünglich freigelassen und ist mit Epigrammen von derselben Hand wie das Epos gefüllt, so daß es überhaupt fraglich bleibt, ob der Autor, der ja, wie sich aus den erhaltenen Fragmenten ergibt, offenbar die auf Täfelchen konzipierten Verse abschnittsweise in Reinschrift zu übertragen pflegte, das Werk je zu Ende geführt hat. Es erübrigt sich daher auch jede Spekulation über den ursprünglichen Umfang des Gesamtwerkes und seinen Aufbau über das Erhaltene hinaus; ist es doch durchaus möglich, daß der Verfasser selbst noch nicht wußte, wie er seinen Torso, den dann die Überlieferung auch noch zum Fragment gemacht hat, zu Ende bringen würde.

Der Versuch eines Überblickes ergibt nun freilich keine rechte Vorstellung von der Eigenart dieses Werkes. Der eigentliche Wert und eigentümliche Reiz der Dichtung liegt nicht im Aufbau der Handlung, im Ablauf der aufeinander folgenden Ereignisse, sondern in der Darstellung einzelner Begebenheiten und der Beschreibung von Personen, Gegenständen, Situationen, und beruht auf einer ungewöhnlichen Lebendigkeit und Frische des Erzählens, auf einer Unmittelbarkeit und Kraft der Anschauung, wie man sie zu jener Zeit kaum irgendwo sonst antrifft. Im Gegensatz zu den allermeisten Autoren seiner Zeit hat der Verfasser des Ruodlieb wenig, fast nichts aus literarischen Quellen geschöpft, er schildert vielmehr die Welt seiner Zeit, Personen, Gegenstände, Verhältnisse und Gewohnheiten, wie er sie selber gesehen und erlebt hat. Weil der Autor des Ruodlieb die Welt, die er schildert, nicht oder nur in ganz unbedeutendem Maße durch die Brille der Gelehrsamkeit sieht und danach beschreibt, so ist sein Werk natürlich auch ein Denkmal von höchstem Wert für kulturgeschichtliche Erkenntnis. Man darf nun freilich nicht, wie es oft geschehen ist und immer wieder geschieht, aus der Tatsache, daß hier ein Mensch des elften Jahrhunderts einmal nicht mit Hilfe literarischer Quellen ein Bild von Lebensgewohnheiten und Dingen einer längst vergangenen Zeit reproduziert, sondern die Welt seiner Gegenwart lebendig zu machen sucht, ohne weiteres folgern, der Autor habe seinen viel gerühmten Realismus so weit getrieben, daß er bestimmte historische Ereignisse seiner Zeit hätte darstellen wollen. Die bis in die allerjüngste Zeit fortgesetzten Versuche, z.B. in der Schilderung der Begegnung der beiden Könige im ersten Teil ein bestimmtes geschichtliches Ereignis widergespiegelt zu finden, etwa die Begegnung Kaiser Heinrichs II. mit König Robert von Frankreich 1023 an der Maas oder irgendeine spätere Königsbegegnung, solche Versuche sind mit größter Vorsicht aufzunehmen, wenn auch nicht zu leugnen ist, daß ein wirkliches Geschehen den Autor angeregt haben kann und er etwa das Zeremoniell so geschildert hat, wie es den Gepflogenheiten der Zeit bei solchen Anlässen entsprach.

Aber das sind Fragen, die für den Historiker oder Kulturhistoriker im Vordergrund des Interesses stehen mögen, die literarische Seite des Werkes wird von solchen Überlegungen wenig berührt. Wichtiger sind die stoffgeschichtlichen Fragen, die sich an die Novellen im Ruodlieb oder an die Weisheitslehren knüpfen, und man hat auf diesem Gebiete viel gesucht und viele Parallelen gefunden, auch die Entwicklung einzelner Motive verfolgen können. Entscheidend aber für die literarische Würdigung bleibt hier wie sonst auch, was der Autor gewollt, wie er sein Vorhaben ausgeführt hat und welche Stellung sein Werk in der Entwicklung der Literatur und der Dichtung im besonderen einnimmt.

Seit dem Bekanntwerden der Fragmente und ihrer ersten annähernd vollständigen Veröffentlichung ertönt fast einstimmig, mitunter geradezu enthusiastisch im gelehrten Schrifttum das Lob des Ruodlieb als einer einmaligen Dichtung, eines „literarischen Wunders" (K. Burdach). In der Tat, wer gewisse Eigenheiten nicht wahrnimmt oder sich an sie gewöhnt hat oder wer das Bild, das er sich vom Ruodlieb gemacht hat, mehr von einer gewandten oder lebendigen Nachdichtung von der Art, wie sie Paul von Winterfeld verdankt wird, hat bestimmen lassen, wird gefesselt von der Freude am Erzählen und Schildern, von der unerschöpflich blühenden Phantasie und der für die Zeit überraschenden Anschauungskraft.[33] Nüchterne Betrachtung wird von folgenden Tatsachen auszugehen haben: der Ruodlieb ist eine lateinische Dichtung, ist folglich als eine solche zu betrachten und zu würdigen; er ist nicht die Übersetzung eines deutschen Werkes ins Lateinische. Der vorwiegend erzählende Charakter, die Zuordnung der Handlungen zu einem Haupthelden, der beträchtliche Umfang und nicht zuletzt die Wahl des Hexameters reihen den Ruodlieb eindeutig in die Gattung des Epos ein. Der Autor stellt sich damit einer alten und hohen Tradition, er mag dies wollen oder nicht. Sie war nicht eng und kleinlich, und es galt ihr gleich, ob einer zu den alten Göttern flehte oder dem Gott der Christen diente. Sie sang von ernsten und gewaltigen Ereignissen und scheute sich nicht, gelegentlich auch dem Scherz und der Heiterkeit ihre Form zu leihen. Gelegentlich trat sogar das Erzählende so weit zurück, daß es die Kenntnis des Zusammenhangs wie der einzelnen Begebenheiten beim Leser voraussetzte und nur noch über diese sprach. Zu allen Zeiten aber zählte die epische Poesie zur hohen Dichtung, auch in der Randzone der versifizierten Heiligenleben. Niemals wäre eine Sprache wie die des Ruodlieb als dieser hohen Poesie angemessen betrachtet worden. Das liegt gewiß nicht daran, daß das Werk im Vergleich zu mancher anderen Dichtung nicht allzu viele Imitationen aufweist. In der Tat wird man bei nüchterner Betrachtung festzustellen haben, daß der Autor wahrscheinlich nicht sonderlich belesen war, und daß das einzige Werk, das er gut genug kannte, um sich Imitationen erlauben zu können, die Aeneis war. Es liegt auch nicht daran, daß die

---

[33] Neuere Ruodlieb-Literatur nährt sich zum Teil von der folgenden Vorstellung: Weil man im Ruodlieb nur wenige nachweisbare literarische Muster oder Parallelen findet, der Autor aber nach üblicher Ansicht in Tegernsee gelebt hat, woraus gern geschlossen wird, daß er eine größere Literaturkenntnis gehabt haben müsse, so habe er bewußt auf stärkere Benutzung älterer Literatur verzichtet, um etwas Neues zu schaffen; aber eben diese Absicht ist nicht beweisbar.

Sprache des Ruodlieb Eigenheiten aufweist, die man als individuelle betrachten oder als irgendwo sonst vorkommend nachweisen kann. Die insgesamt geringe Belesenheit des Autors ist mit ein Grund für seine mangelhafte Sprachbeherrschung. Es hat in der Geschichte der Betrachtung des Ruodlieb seit einem guten Jahrhundert wohl manches Fehlurteil gegeben, man hat als persönlichen Stil oder vielfach als allgemein mittellateinisch angesehen, was in Wahrheit nur Ungeschicklichkeit und Zeichen unzulänglicher Sicherheit im sprachlichen Ausdruck gewesen ist. Je deutlicher die Konturen mittelalterlicher Latinität erkannt werden, je mehr man sich dessen bewußt wird, daß in einer Traditionssprache nicht jedes auf uns gekommene Denkmal von gleicher Bedeutung für die Kenntnis dieser Sprache ist, weil jedes Denkmal vom Grad der persönlichen Bildung des Autors abhängt, umso deutlicher wird man auch als hervorstechenden Charakterzug der Sprache des Ruodlieb eine im Verhältnis zum Anspruch nicht ausreichende Vertrautheit mit der Sprache feststellen müssen. Das sprachliche Niveau geht insgesamt nicht über eine bescheidene, oft genug nur eben radebrechende Prosa hinaus, und nicht weniges, was als mittellateinisch ins Bewußtsein eingedrungen ist, ist in Wahrheit nichts anderes als ein Fehler.

Aber das Ungenügen beschränkt sich nicht auf die sprachliche Form allein. Auch die vielgerühmte Kunst der Darstellung weist schwere Mängel auf. Es ist hier nicht die Rede von dem bilderbogenartigen Aneinanderreihen der einzelnen Szenen; das findet sich auch sonst in mittelalterlicher Dichtung. Aber die Darstellung der Einzelszenen ist ganz kunstlos, ja sprunghaft wechselnd in der Vorstellung zwischen Bild und Handlung, Schilderung und Erzählung. Der Dichter beherrscht nicht den Stoff, der Stoff beherrscht ihn. Worauf seine Aufmerksamkeit fällt, davon redet er, und es gibt nur wenige Szenen, in denen einigermaßen durchgehend Einheitlichkeit der Sehweise und infolgedessen der Darstellung gewahrt sind. Er besaß, das steht zweifelsfrei fest, die Gaben des Dichters, und sein Anschauen ist von einer Intensität, von einer unmittelbaren Kraft und seine Vorstellungen von einer Bildhaftigkeit, die Bewunderung verdienen. Aber es fehlt ihm die Zucht des Geistes und die Fähigkeit, den Geschöpfen seiner Phantasie die Form zu geben, die aus dem guten Einfall und dem schönen Bilde erst die Dichtung und das Kunstwerk macht.

Kann der Ruodlieb sonach nicht als Dichtung bestehen, so bleibt er doch nach wie vor ein kulturgeschichtliches Denkmal von einzigartiger Bedeutung. Der Lebensgang des Verfassers, so scheint es, hat ihm das große Werk verwehrt. Er lebte in der Welt, war vielleicht selbst ritterlichen Standes. Denn er kannte die Welt und kannte die ritterlichen Gepflogenheiten; er ging vermutlich ins Kloster und lernte dort Latein, aber in einem Alter, das nicht mehr fähig war, sich Sprache, Wissen, geistige Bildung anzueignen wie die Kindheit, wie die Jugend.

In dem behandelten Zeitraum tritt, wie eingangs bemerkt, die Theologie, Dogmatik und Exegese im Vergleich zur Karolingerzeit stark zurück. Man könnte O t l o h v o n S t. E m m e r a m als eine Ausnahme ansehen; aber bei ihm steht nicht so sehr das Theologische als das Religiöse im Vordergrund. Aus seinem Leben sind uns viele Einzelheiten bekannt, fast alle durch ihn selber, doch lassen sich nur sehr wenige zeitlich genauer festlegen. Geboren um 1010, vielleicht etwas vorher, als Sohn einer begüterten Familie in der Diözese Freising, vielleicht in der Nähe von Tegernsee, wurde er als Knabe dorthin dem Unterricht übergeben. Das Schreiben lernte er vorzeitig ohne fremde Hilfe und nahm dabei eine falsche Federhaltung an, die er sein Leben lang behielt. Sie verhinderte indessen nicht, daß seine Schreibkunst bald eine hohe Wertschätzung errang. Noch in jugendlichem Alter wurde er nach Franken geschickt, eben des Schreibens wegen, weilte um 1024 in dem wegen seiner Schule berühmten Kloster Hersfeld. Auch für den Bischof Meginfried von Würzburg hat er geschrieben. Später lebte er als Weltgeistlicher in der Freisinger Diözese, und als er mit dem Erzpriester Werinher in Konflikt geriet, begab er sich nach Regensburg, zunächst als Gast in St. Emmeram, bis ihn eine zweimalige schwere Krankheit veranlaßte, als Mönch in St. Emmeram einzutreten. Schwere Seelenkämpfe, die Otloh als Versuchungen des Teufels erlebte, prägen die folgenden Jahre. Bald nach seinem Eintritt in das Kloster war er mit der Leitung der Schule betraut worden. Damals wohl schloß er Freundschaft mit dem Mönch Wilhelm, dem späteren Reformabt von Hirsau (seit 1071, gestorben 1091). Eine Reise nach Italien führte Otloh unter anderem nach Monte Cassino. Auf einer anderen Reise gelangte er 1054 nach Fulda. Als Dekan in St. Emmeram kämpfte er für die Unabhängigkeit des Klosters, geriet in Konflikt mit dem nachgiebigen Abt und mit dem Bischof Otto, wodurch er sich auch auf Grund der feindseligen Haltung jüngerer Mitbrüder veranlaßt fühlte, nach Fulda zu gehen. Vier Jahre hatte er dort zugebracht, als ihn der Ruf erreichte, in sein Heimatkloster zurückzukehren. Schweren Herzens folgte ihm Otloh, hielt sich zwischenhinein noch ein Jahr in Amorbach auf, ehe er in St. Emmeram anlangte. Er verbrachte dort schreibend und schriftstellernd die letzten Jahre seines Lebens und verstarb bald nach 1070.

In Otlohs Leben ist das Religiöse eine bestimmende Kraft gewesen. Aus rein religiösem Streben heraus wird ihm die Beschäftigung mit der antiken Literatur verwerflich. Die Krankheit, die zu seiner Abkehr von der Welt führte, befiel ihn gerade bei der Lektüre seines geliebten Lucan, und das erinnerte ihn an den bekannten Traum des Hieronymus. Es ist kennzeichnend für ihn, daß er religiöse Erlebnisse, die er in der Zeit vor dem Eintritt ins Kloster gehabt zu haben glaubte, aufzeichnete, und religiöse Gedanken, die zuweilen hypochondrisch anmuten, durchziehen sein ganzes reichhaltiges Schrifttum.

Otlohs frühestes Werk ist das umfangreiche Lehrgedicht *de doctrina spirituali* (inc. prol. *O quicumque cupis cognoscere dicta salutis*, inc. cap. I *Sicut ait Paulus divina lege probatus*; etwa 2900 einsilbig gereimte leoninische Hexameter). Das Werk stellt im wesentlichen einen Abriß der christlichen Glaubens- und Sittenlehre dar. Aber die Art, wie Otloh seinen Gegenstand behandelt, zeigt, daß es ihm im Grunde nicht um die theologische Aufgabe geht, sondern um die Darstellung eines ganz persönlichen religiösen Anliegens. Bei aller Bindung nämlich an die Kirche, die für Otloh stets bestand, ist ein wesentlicher Zug aller seiner Schriften das starke Hervortreten des Persönlichen, auch in seinen religiösen Äußerungen. Schon in der doctrina spiritualis tritt dieser Zug deutlich hervor: Otloh fühlt sich für das Heil der Menschen verantwortlich, er will sie bessern, indem er das Nachdenken über religiöse Dinge in ihnen wachruft, und er glaubt dies nicht besser tun zu können als in der Darstellung der Grundgedanken der christlichen Glaubens- und Sittenlehre, insoweit diese in der Heiligen Schrift enthalten ist. Er beginnt mit der Lehre von der göttlichen Dreifaltigkeit, spricht von der Unaussprechbarkeit des Göttlichen, das doch mit menschlichen Worten, Begriffen, Bildern angedeutet werden müsse, redet vom Glauben, der ohne die Werke nicht bestehen könne, von Tugenden und so fort, und schließt mit einer Ermahnung zur Beständigkeit im religiösen Leben. Daß das Ganze an Geistliche, insbesondere an Seelsorger gerichtet ist, versteht sich eigentlich schon von der Form her; überdies hat Otloh später in das Gedicht noch die Kapitel 13–19 eingefügt, in denen er sich speziell an Seelsorger wendet, denen er die Gefahren eines zu weltlich gerichteten Studiums für das religiöse Leben vor Augen stellt. Zur Bekräftigung fügt er einen Bericht über seinen eigenen Lebensweg, zumal seine inneren Erlebnisse bis zu seiner conversio, bis zu seinem Eintritt ins Kloster an, wobei er besonders auf seine persönliche Neigung für die profanantike Literatur hinweist[34].

Merkwürdig ist, daß sich Otloh selber für die Wahl der poetischen Form an Stelle der Prosa entschuldigt: er wolle, so sagt er, deshalb nicht der Eitelkeit geziehen werden, vielmehr habe er Verse geschrieben,

---

[34] Migne PL 146, 279 B/C erwähnt er ausdrücklich Platon, Aristoteles, Cicero, Vergil und Lucan.

weil er sich in dieser Form besser auszudrücken vermöge. In Prosa sei er zu wenig geübt, als daß er dem Gegenstand die angemessene Form zuteil werden lassen könnte, und die Gelehrten schätzten eben den Vers höher als die Prosa. Den an sich überflüssigen Schmuck des leoninischen Reimes aber habe er angewandt, weil er modern sei. Tatsächlich bedient sich Otloh der poetischen Form mit beachtlicher Sicherheit und Gewandtheit (selbstverständlich unter Gebrauch der im Mittelalter völlig legitimen Freiheiten wie etwa syllaba anceps in der Zäsur), und seine Äußerungen über das Verhältnis von Poesie und Prosa entsprechen jenem wichtigen Grundsatz mittelalterlicher Ästhetik, nach welchem die poetische Form den höchsten Rang einnimmt, und jenem zweiten, genau genommen schon der antiken Ästhetik entnommenen Grundsatz, daß die Form dem Gegenstand angemessen sein müsse. Und doch wird man nicht umhin können, in den Versen, mit denen der wohl noch ziemlich junge Geistliche seine Standesgenossen belehrt, ein nicht gewöhnliches Selbstbewußtsein, um nicht zu sagen Arroganz, festzustellen.

Ein Gespräch Otlohs mit einem Reichenauer Mönch namens Heinrich, der um 1053 in St. Emmeram weilte, regte ihn zu seinem zweiten größeren Werk an, dem *dialogus de tribus quaestionibus*, der sich als Rekapitulation jenes Gespräches zwischen den beiden Mönchen gibt, wie solches ja häufig in der Literatur seit dem Altertum vorkommt. Wenn Otloh in der Geschichte der Philosophie und Theologie zusammen mit Petrus Damiani und Manegold von Lautenbach zu den Gegnern der Dialektik gerechnet wird, so gibt der Prolog zur Schrift de tribus quaestionibus den stärksten Anlaß; er enthält die schärfste Verurteilung derjenigen, die sich anhand von Boethius mit der Dialektik befassen und diese auf das Studium der Heiligen Schrift anwenden; Otloh spricht ihnen rundweg den Sachverstand ab. Den Inhalt der Schrift bildet eine im einzelnen recht bunte, fast diffuse Erörterung der folgenden Fragen: erstens wie man die Güte und Liebe Gottes zu erkennen vermöge; zweitens über die verschiedenen Weisen, nach denen Gott Gerechtigkeit übt, und drittens über die Möglichkeiten, Gutes zu tun. In den späteren Partien spielen Zahlensymbolik und Zahlenmystik eine wichtige Rolle. Überall aber schreibt Otloh in gläubigem Vertrauen auf die Güte Gottes, überall in der Welt sieht er das Übel, und er sucht den Menschen zu erziehen.

Von derselben Haltung wird ein drittes größeres Werk bestimmt, das Otloh freilich erst später verfaßt hat, das Buch *de cursu spirituali*. Das ist ein Lehrgang oder, wie Otloh selber den Titel in Anlehnung an 1 Cor 9,24 erklärt, ein *Wettlauf* durch die Bücher der Bibel, insbesondere die Psalmen und die Evangelien; als Siegespreis winke denen, die ihn üben, die Erlösung und Erhebung durch Gott. Anlaß zu der Schrift gab Otloh, wie er schreibt, die Beobachtung jener Zeichen des Irrtums und der Verneinung, die nach dem Evangelium dem Ende der Welt vorausgingen, und die Gleichgültigkeit der Menschen gegenüber diesen Zeichen. Das Studium der Heiligen Schrift sollte ihnen die Augen öffnen, und dazu will Otloh anregen. Als Beispiel gleichsam für die heilsame Wirkung der Schrift fügt er am Schluß – wie sollte es anders sein – einen Bericht über seine eigene Bekehrung, seine entschiedene Hinwendung auf ein religiös geformtes Leben *(conversio)* an, eine Rückschau auf sein Leben, zumal auf die Anfechtungen in der ersten Zeit seines Mönchtums und die Hilfe, die ihm die Lesung der Schrift gegeben habe. So wendet er sich an alle Stände, sucht ihnen Hinweise zu geben, wie sie ihren Weg zu Gott finden könnten und welche Teile oder Stellen der Bibel dazu geeignet seien. Er zeigt dem Mönch als Weg die Betrachtung, dem Laien die Treue, in der Ehe, im Dienst dem Herrn gegenüber, die Treue in der Arbeit, wobei Otloh, der durchaus nicht weltabgewandt ist, immer darauf hinweist, daß der Mensch zweierlei zu vermeiden habe, den Aberglauben, der sich zu seiner Zeit breitmachte, und die Modesucht, die allem und jedem Neuen hinterherlaufe. Den Bischof erinnert er in seinem *Wettlauf* an die große Verantwortung, die er als Hirt der Seelen trage, und er zeigt den Fürsten die Pflichten, die sie gegen Gott und ihre Untertanen hätten. Man denkt bei dieser Anrede, diesem Anruf an alle Stände an Gregors des Großen regula pastoralis, die natürlich jeder kannte; ob Otloh gerade durch diese Schrift angeregt wurde, ist eine andere Frage.

Der liber de cursu spirituali entstand in den Fuldaer Jahren. Noch in die St. Emmeramer Zeit gehören einige hagiographische Schriften Otlohs. Die *vita sancti Nicolai* ist eine Kompilation aus zwei ganz anderen Heiligenleben. Eine wichtige Geschichtsquelle dagegen ist die *vita sancti Wolfkangi*. Auch dieses auf Wunsch von Mitbrüdern Otlohs verfaßte Werk über den großen Regensburger Bischof (972–994), der unter anderem als erster die Würde des Abtes von St. Emmeram vom Amte des Bischofs trennte und damit den entscheidenden Schritt zur Selbständigkeit des Klosters getan hatte, beruhte auf zwei bereits vorliegenden schriftlichen Darstellungen, nämlich einer anonymen fränkischen vita und den Bemerkungen, die vor noch nicht zwei Jahrzehnten Arnold von St. Emmeram in seine miracula sancti Emmerami eingefügt hatte. Otlohs Anliegen war auch hier in erster Linie die sprachliche und stilistische Besserung. Daß er sich bei sachlichen Divergenzen der beiden Quellen für die Regensburger Überlieferung entscheidet, hebt er ausdrücklich hervor. Bei grundsätzlich hagiographischer Auffassung erweckt die vita doch einen zuverlässigen Eindruck; die mit reichlichen

Bibelstellen durchwebte Kunstprosa weist einsilbigen Reim auf, enthält sich jedoch im übrigen aller übertriebenen Mittel, so daß das Werk insgesamt den besonders schätzenswerten Heiligenleben zuzurechnen ist. Verbreitung erlangte es vorwiegend in Süddeutschland, im bayerischen und heute österreichischen Raum.

Für das Leben und Wirken des um die Mitte des achten Jahrhunderts in Bayern tätigen Missionars und Klostergründers Alto ist Otlohs *vita sancti Altonis* unsere einzige Quelle. Welcher Art die Überlieferung war, auf die er sich stützen konnte, steht nicht fest, möglicherweise handelt es sich auch hier um die Bearbeitung einer mittlerweile verlorenen älteren Darstellung. Im ganzen mag es wohl sachlich zutreffen, wenn Otloh von dem jungen Iren – richtiger wohl: Angelsachsen – erzählt, er sei dem Beispiel Abrahams folgend in die Ferne gezogen, habe sich in Bayern, in der Gegend von Dachau, zuerst als Einsiedler niedergelassen, dann dort ein Kloster (das später nach ihm benannte Kloster Altomünster) gegründet, dessen Kirche von Bonifatius geweiht worden sei, und von König Pippin das umliegende, von Urwald bedeckte Land zu eigen erhalten.

Vielleicht ist Otlohs beste hagiographische Leistung seine *vita sancti Bonifatii*. Mehrere Darstellungen des Bonifatiuslebens waren bereits vorausgegangen, zumeist nach Kürze strebend, die ausführlichste war immer noch die alte vita des Willibald, die in Fulda noch in Gebrauch war, aber doch vor allem wegen der Schwierigkeit der Sprache manchen Anstoß erregt hatte. Die Fuldenser hatten sich in dieser Angelegenheit sogar an Papst Leo IX., der ein hochgebildeter Mann war und zu dem exemten Fulda in besonderer Verbindung stand, mit der Bitte gewandt, die Neubearbeitung der vita selbst in die Hand zu nehmen; Abt Egbert hatte ihm sogar einen Schreiber und Bücher aus der Bibliothek gesandt. Das war Anfang der fünfziger Jahre. Aber der Papst starb im Jahre 1054 und hinterließ das Werk unvollendet. Ein Jahrzehnt später weilte Otloh in Fulda, und schließlich gelang es seinen Mitbrüdern, den eifrigen Schreiber und angesehenen Schriftsteller endlich auch zu einer Bearbeitung der vita sancti Bonifatii zu bewegen. Die wichtigste Aufgabe Otlohs bestand also in einer sprachlichen Vereinfachung. Im übrigen aber ließ er den Wortlaut Willibalds, soweit es anging, bestehen, verzichtete auch auf Ausschmückungen. Aber er berücksichtigte spätere Werke und nahm aus ihnen inhaltliche Ergänzungen vor: so benützte er die vita Sturmi des Eigil für die Frühgeschichte von Fulda und an einer Reihe von Stellen die sogenannte Mainzer Bonifatiusvita (die vierte in der historischen Abfolge), wobei er gelegentlich auch einen Irrtum der letzteren beseitigte. Dazu kommt eine ganze Reihe von Briefen des Bonifatius und anderer an ihn, die Otloh im originalen

Wortlaut einrückt. Otlohs vita gliedert sich in zwei Bücher, von denen das erste das Leben des Bonifatius bis zur Erhebung zum Mainzer Erzbischof, das zweite die Ereignisse von diesem Zeitpunkt an behandelt. In der Folgezeit erfreute sich das Werk großer Verbreitung, benützt wurde es zum ersten Mal schon vor 1073 von Lampert von Hersfeld bei der Abfassung seiner vita Lulli, im zwölften Jahrhundert vom sogenannten Annalista Saxo und anderen Werken, und die Benützung läßt sich weiterhin bis ins späte Mittelalter verfolgen.

In Otlohs erste Emmeramer Zeit gehören auch seine *proverbia*. In ihnen kommt das Moralisch-Lehrhafte, das immer zu Otlohs Zielen gehörte, besonders deutlich zur Geltung. Die Sprüche, die er hier zusammengetragen hat, stammen teils aus der Bibel, teils aus Seneca und anderen antiken Autoren, die er vermutlich bereits in einer älteren Sammlung vorfand; und Otloh vermehrte diesen Bestand um eigene Sprüche in Prosa wie in Versen. Die Sammlung ist alphabetisch angelegt und sollte nach des Autors Absicht allgemein zur Erbauung dienen. Später freilich meinte er, sie könnte auch im Elementarunterricht an Stelle des Avianus und der disticha Catonis, deren Lektüre auf den Psalter folgte, Verwendung finden, damit die empfindsamen Seelen der Jugend mit christlicher statt mit heidnischer Weisheit gespeist würden. Die Absicht ist sonach eine ähnliche wie des Egbert von Lüttich in der fecunda ratis. In literarhistorischer Hinsicht gehören Otlohs Proverbien in das Aufleben der Spruchdichtung, das seit dem späteren zehnten Jahrhundert zu beobachten ist.

Otloh muß von einem für ihn selber schier unwiderstehlichen Verlangen, die andern sittlich und religiös zu belehren, erfüllt gewesen sein, einem Verlangen, das gewiß auch für seine Mitbrüder oft nicht leicht zu ertragen war und wohl manche der Schwierigkeiten, die Otloh in seinem Leben gehabt hat, erklärt. Es drängt ihn, so schrieb er einmal, der Kirche ein Geschenk zu machen, aber er habe nichts in Händen als die Kunst des Schreibens und die Fähigkeit zur Schriftstellerei, und so wolle er ein Büchlein schreiben zur Belehrung aller Gläubigen, die er in zwei Personenkreise teile, die Kleriker und die Laien, und so ist der *libellus manualis* entstanden. Ein wunderlicher, um nicht zu sagen absonderlicher Einfall, und man fragt sich, wo und unter welchen Umständen angesichts der verschiedenen Bildungsvoraussetzungen eigentlich der Fall eintreten konnte, daß Kleriker und Laien gemeinsam durch dieselbe Schrift sollten unterrichtet werden.

Literarisch sind am bedeutendsten der liber visionum und der liber de temptationibus. Beide Schriften haben autobiographischen Charakter und in beiden steht das Religiöse stark im Vordergrund, bildet das eigentliche Anliegen des Verfassers.

Der *liber visionum*, das Buch der Gesichte, ist aus dem bei Otloh stets wachen Bedürfnis, andere religiös zu belehren, zu erbauen und dadurch zu bessern, entstanden, diesem Ziel dienen auch die Visionen. Als Erfahrener und Kenner auf diesem Gebiet bemerkt Otloh, daß es verschiedene Visionen gebe: solche, die man im Traum, bei ruhiger oder verworrener Gemütsverfassung erlebe, aber auch solche, die man in wachem Zustand erfahre, und schließlich Gesichte, die vor allem häufig bei Menschen, die im Sterben lägen, beobachtet würden. Zahlreiche Beispiele von Visionen der verschiedenen Arten findet er in den Büchern der Heiligen Schrift, vor allem aber im vierten Buch der dialogi Gregors des Großen. Namentlich von dem letzteren angeregt, wolle er berichten, was er über Visionen gelesen, von glaubwürdigen Personen gehört und was er selber erlebt habe. Und so erzählt er denn in schlichter, fast kunstloser Sprache vierundzwanzig Visionen, beginnend mit selbsterlebten Gesichten aus der Zeit vor dem Eintritt ins Kloster. Man sollte hier nicht gleich von literarischer Fiktion oder gar von Schwindel reden. Otloh ist, das läßt sich in fast allen seinen Werken eindeutig erkennen, zu gewissenhaft, ja zu skrupulös, als daß man die von ihm erzählten Visionen einfach als Erfindungen abtun könnte. Es ist gar nicht zu bezweifeln, daß Otloh die Tatsächlichkeit dieser Gesichte geglaubt, daß er sie selbst als solche erlebt, als göttliche Mahnungen aufgefaßt und in lauterer Absicht aufgezeichnet hat. Es sind zum Teil recht merkwürdige Visionen, die da erzählt werden. Nicht eine von denen, die Otloh von sich selbst berichtet, ist so beschaffen, daß sie sich nicht lückenlos in das einfügte, was wir über Otlohs Wesen, seinen geistigen Horizont, seine Bildung, seine besonderen Neigungen aus seinen Werken erkennen, und so fehlt eigentlich das, was bei echten Visionären beobachtet wird. Voraussetzung für ein Verhalten, das wir bei Otloh antreffen, ist wohl jenes eigenartige Selbstbewußtsein, das ihn zeitlebens nicht an der Bedeutung und Einzigartigkeit der eigenen Person zweifeln läßt, daß Gott sie von Fall zu Fall über die notwendige oder richtige Entscheidung durch eine eigene Vision oder private Offenbarung unterrichte. Dazu gehört vielleicht aber auch ein gewisses Maß an humorloser Naivität, die es mit ebenso großer Selbstverständlichkeit als gut verbürgt berichtet, wenn Abt Ellinger von Tegernsee eines Tages mit einem Hexenschuß erwacht und denen, die es hören wollen, mitteilt, es sei ihm der unlängst verstorbene Priester During, mit dem er sich nie so recht vertragen habe, in einer Vision erschienen und habe ihm einen Stoß in die Seite versetzt, den er noch länger spüren werde – und dennoch nicht daran denkt, sein von jenem During schon zu Lebzeiten gerügtes Verhalten zu ändern. Gelegentlich hat Otloh selber daran gezweifelt, ob eine bestimmte Vision von Gott oder vom Teufel gekommen oder am Ende gar nur ein Traum gewesen sei. So in der zweiten Vision, wo der ihm erschienene Greis – wie er sich zu erinnern meinte, in roter Kasel – den die Vesper nachlässig singenden Geistlichen eine Strafpredigt gehalten hatte. Auf Otlohs an ihn gerichtete Bitte, er möchte ihn doch zur Bestrafung seiner eigenen Nachlässigkeit mit dem schweren Holzleuchter der großen Osterkerze vor dem Altar gehörig verprügeln, war er nicht eingegangen mit der Begründung, er wolle sich jetzt zur Ruhe begeben, ermahnte dann allerdings zuvor noch die Laien, sich nicht an das schlechte Vorbild ihrer geistlichen Seelsorger zu halten. Aber Otloh, dessen tiefernste Frömmigkeit eines Zuges zur Bigotterie nicht entbehrte, nahm auch solche Traumgesichte ernst, sah in ihnen persönliche Ermahnungen Gottes und handelte danach.

Es ist bezeichnend für die Auffassung, die Otloh von seinen Visionen hatte, und für die ungewöhnlich starke Neigung zum Autobiographischen, wenn er, scheinbar nur zur Erklärung, in Wahrheit aber doch, weil es sich für ihn um Wesentliches handelt, die dritte der von ihm erzählten Visionen in ein recht ausführlich dargestelltes Stück seiner eigenen Lebensgeschichte, nämlich seiner conversio, der Geschichte seines Eintritts in den Orden St. Benedikts, hineinstellt.

Man erkennt hier auch, wie wichtig das Selbstbewußtsein des Autors im Hinblick auf das Autobiographische ist, oder zumindest für Otloh gewesen ist, ein Selbstbewußtsein, um nicht zu sagen eine Eitelkeit, die man nicht leicht bei einem frühmittelalterlichen Schriftsteller, schon gar bei einem Mönch antreffen wird. Wie sollte man es sonst verstehen, daß noch der alternde Mönch nicht nur seinen Streit mit dem Freisinger Erzpriester Werinher mit offensichtlicher Genugtuung noch nach Jahrzehnten berichtet, sondern auch den Anfang jenes Spottgedichts, das er gegen den Erzpriester gerichtet hatte, mitzuteilen für angezeigt hält? Und es gibt eine Reihe von Äußerungen eines Selbstbewußtseins dieser Art. Aber neben ihm steht eine nicht minder ungewöhnliche Ängstlichkeit, die durch Otlohs gesteigerte, um nicht zu sagen übersteigerte Religiosität in einer Weise beeinflußt wird, die ihn immer wieder, auch vor den natürlichsten und nächstliegenden Vorgängen die Frage stellen läßt, ob es sich nicht am Ende doch um eine ihm persönlich geltende Begebenheit handle, die für belanglos zu halten Mißachtung einer speziellen und persönlichen Ermahnung Gottes bedeuten würde. Ein paar scharfe Windstöße – er meint später, es seien drei gewesen – treiben den im ersten Frühling, fast noch im Winter unter freiem Himmel Lesenden ins Haus und werden ihm zum Zeichen; und als er erkrankt und in der dritten Nacht eine wilde Gestalt an seinem Bette sitzen und sich von ihr geschlagen, grausam geschlagen fühlt, denkt er an den Traum des Hieronymus, auch wenn er nicht gleich glauben will, daß er, der Sünder, gleich einem heiligen Kirchenvater auf solche Weise von der Lektüre seines Lucan abgebracht werden sollte. Später ist ihm dann freilich doch der Gedanke, daß gerade bei der Lektüre des Lucan ihn die Krankheit angefallen habe, zum Anlaß geworden, sich von der antiken Literatur abzuwenden, und man sieht, wie wenig begründet, ja eigentlich wie oberflächlich bei einem Otloh die Ablehnung des Antiken geschehen konnte, wenn ein in jeder Hinsicht so unbedenklicher Lucan ihm zum Zeichen wurde. Aber es geht hier nicht um die Gesichte oder Träume eines nervösen und überreizten Gemütes, um die zumeist als Bedrängnisse erlebten Begebenheiten im Leben eines von seiner Bedeutung überzeugten und dann doch wieder so rührend naiven Mannes, sondern um die ungewöhnliche Erscheinung, daß uns ein Mensch des elften Jahrhunderts einen Blick tun läßt in sein Inneres, daß er sich selbst in einer Weise beobachtet, über sich selber nachdenkt und dies offen ausspricht, wie man es sonst erst um viele Jahrhunderte später antrifft. Insofern es sich aber wirklich um Visionen handelt, gehört das Buch hinein in die Entwicklung einer Literaturgattung, die seit dem elften und zwölften Jahrhundert in zunehmendem Maße von erschütternden inneren Erlebnissen bestimmt worden ist.

Ähnlich im Hinblick auf die literarischen Verbindungen und das eigene Erleben ist der *liber de temptationibus cuiusdam monachi. monachus quidam* ist Otloh selbst. Er schreibt also eine Autobiographie. Wir lesen von dem Herumziehen eines Mönchs, von seinem kalligraphischen Fleiß und von seiner literarischen Tätigkeit. Dabei handelt es sich nicht um selbstquälerische Auseinandersetzungen mit der eigenen Person, auch nicht um so leicht aus purer Eitelkeit kommende Auseinandersetzung mit den Widersachern, die einer im Leben findet, nicht also um eine Darstellung, wie man sie bei Rather von Verona ein Jahrhundert früher antrifft. Otlohs Autobiographie ist vielmehr vergleichbar dem großen Vorbild aller mittelalterlichen Autobiographie, die confessiones Augustins. Nicht als ob es sich um eine Nachahmung des berühmten Werkes des großen Kirchenvaters handelte, nicht, als ob Otloh die in dankbarer Demut sich offenbarende Überlegenheit eines großen Menschen, der durch Irrungen zur Sicherheit und Ruhe gelangt ist, nachgeahmt oder gar erreicht hätte. Otloh schreibt ganz selbständig eine autobiographische Bekenntnisschrift, schreibt über seinen frühen Eintritt ins Kloster, über die Anforderungen, denen er anfangs nicht gewachsen war, von seinen Anfechtungen und Versuchungen, die er auf den Teufel zurückführt, von seinem Reden mit Gott, von der Überwindung der eigenen Schwäche mit Hilfe der Heiligen Schrift bis zu dem Zeitpunkt, wo er dies alles in dem Buch der Versuchungen berichtet. Man mag es als berechtigten Stolz betrachten, wenn er von seiner Schreibkunst redet und von den Büchern, die er da- und dorthin verschenkt hat. Aber gerade solch eine Stelle wirft auch ein bezeichnendes Licht auf das Verhältnis Otlohs zum Buch: unter den rund sechzig Büchern, die er nach seinem eigenen Verzeichnis im Lauf seines Lebens geschrieben hat, bezeichnet er näher nur die liturgischen, von den übrigen nicht eines; was ihn im Hinblick auf die geschriebenen Bücher interessiert, ist einzig und allein ihre Zahl und ausnahmsweise ihre Ausstattung, nicht aber Verfasser und Inhalt.

Es ist merkwürdig: Otlohs Sprache zeigt flüssige Gewandtheit, wennschon mit gewissen Eigenheiten. Außer der Bibel zitiert er so gut wie nichts. Wohl aber nennt er gelegentlich, ohne aus den Werken zu zitieren, die Namen von Aristoteles und Boethius, von Cicero und einigen anderen antiken Autoren, unter ihnen neben Plato auch Sokrates als Schriftsteller. Da Otloh die in den proverbia zitierten Sprüche zum Teil aus schon vorliegenden Sammlungen entnommen haben kann, fehlt einstweilen ein Nachweis des Umfangs unmittelbarer Kenntnis antiker Literatur. Es ist im allgemeinen nicht Otlohs Art, mit seinen Kenntnissen und Fähigkeiten hinterm Berg zu halten, und er versäumt nicht, auf seine früh zu Tage getretene Begabung hinzuweisen. Kann man bei solchen Voraussetzungen der üblichen Meinung, Otloh habe eine vorzügliche Literaturkenntnis besessen, zustimmen allein deshalb, weil er viele Bücher kopiert hat? In der Regel sind die Schreiber nicht die Gelehrten (und umgekehrt), auch wenn es Ausnahmen gibt. Merkwürdig bleibt dennoch die kaum zu bestreitende Einseitigkeit und Enge in Otlohs Schriften, die doch eigentlich immer um dieselben Gegenstände kreisen. Seiner Lebenszeit nach ist er eine Gestalt des Übergangs, einer von denen, die hinüberweisen in eine kommende Epoche, und er erscheint als ein solcher noch in höherem Grade, wenn man ihn zu den Antidialektikern rechnet, wie es zuweilen geschieht. Tatsächlich ist Otlohs gelegentlich impulsive und heftige Ablehnung der vornehmlich im Westen zutage tretenden neuen Studien weniger auf ausreichende Kenntnis und Prüfung gegründet als auf seine biblisch geprägte Religiosität. Das schriftstellerische Werk des vielschreibenden Mannes ist insgesamt nicht von einem Rang, der den Verfasser unter die wahrhaft großen Gestalten der mittelalterlichen Literatur einreihte. Bedeutung hat es vor allem dadurch erlangt, daß es infolge seiner stark autobiographischen Züge einen tieferen Einblick in die Person und Eigenart seines Verfassers gewährt als das Werk irgendeines anderen Autors seines Jahrhunderts. Otloh war kein Theolog, und wissenschaftliches Interesse ist ihm zeitlebens fremd gewesen, auch wenn er sich zuweilen nicht ungern das Ansehen eines Gelehrten gibt. Doch er war ein religiöser Mensch, und er hat alles, was mit diesem Gebiete zusammenhängt, überaus ernst genommen. Aber seine Religiosität war von einer skrupulösen und grämlichen Art, die jeden Anflug von Helligkeit, jeden Hauch von Humor aus seinen Schriften verbannte.

Von besonderer Art ist eine hagiographische Schrift, die man mit Otloh in Verbindung gebracht hat. Im Jahre 1049 erklärten die Mönche von St. Emmeram ohne einen älteren Hinweis, der Leib des heiligen Dionysius Areopagita, der auch als Bischof von Paris galt, sei von Arnulf von Kärnten aus Saint-Denis entführt und nunmehr in St. Emmeram wiedergefunden worden. Zum Beweis legte man einen Bericht über die gut anderthalb Jahrhunderte zurückliegende, bis zur Stunde völlig verschwiegene Übertragung der Gebeine vor. Der Inhalt der translatio sancti Dionysii ist folgender.

Es begab sich, daß Kaiser Arnulf mit einem Heere gen Westfranken zog und, nachdem er alle Feinde besiegt, unweit der Stadt Paris sein Lager aufschlug. Er wollte aber Reliquien erwerben, besonders solche des heiligen Dionysius. Ein Geistlicher aus der Gegend namens Gisilbert erbot sich, den Wunsch des Kaisers zu erfüllen, wenn dieser ihm eine große Menge Goldes gäbe. Darauf begab er sich unter dem Vorwand, daß er bei dem Herrscher in Ungnade gefallen sei und dem heiligen Dionysius viel Gold darbringen wolle, nach Saint-Denis, gewann das Vertrauen des Abtes und stahl in der dritten Nacht mit zwei Gehilfen die Gebeine des Heiligen aus dem Ort, wo sie bewahrt wurden, und brachte sie in zwei Säcken dem Kaiser, der sogleich in die Heimat aufbrach. Der Abt von Saint-Denis, wo man mittlerweile den Diebstahl entdeckt hatte, eilte ihm nach, um die Rückgabe der Reliquien zu erbitten – deren wahren Entführer er sogleich geahnt hat –, erlangte aber vom Kaiser nur das Versprechen absoluten Schweigens über den Vorgang, kehrte in sein Kloster zurück mit einem Sack, der angeblich die zurückgegebenen Reliquien enthielt, und setzte sie an Stelle des entführten Heiligen feierlich bei. In St. Emmeram aber erfuhr man den Hergang durch einen Inklusen, der – offensichtlich vor seiner Einmauerung – nach Saint-Denis gereist war und vom Abt selber alles erzählt bekommen hatte. Es folgen sodann Berichte über die Auffindung der Dionysius-Reliquien in St. Emmeram und die Auseinandersetzungen im Konvent, die darüber entstanden, sowie eine Erörterung über die Person des Dionysius vom Areopag und seine Unterscheidung von anderen Dionysii.

Nach herrschender Ansicht ist die translatio sancti Dionysii eine Fälschung – wobei der Begriff der Fälschung kurzerhand von demjenigen der gefälschten Urkunde auf die Darstellung von Vorgängen übertragen zu werden pflegt, die komplizierter sein können und deren

Darstellung anderen Gesetzen folgt. Als Verfasser wird fast allgemein der Mönch Otloh angesehen. Das ist in hohem Grade unwahrscheinlich, und es bedürfte erst noch des Beweises, wie es einem Menschen von der Verkrampftheit und in übersteigertem Maße auf das eigene Ich bezogenen überreizten Religiosität eines Otloh überhaupt möglich gewesen sein sollte, ein Werk von der Art der translatio zustande zu bringen. Erzählt nämlich wird nicht der einfache Vorgang einer Reliquienübertragung von einem Ort an einen anderen, vielmehr wird das Geschehen in fast abenteuerlicher Weise mit Motiven ausgeschmückt, die so sehr in den Vordergrund treten, daß sie als das Wichtigere erscheinen: der Kaiser, der von vornherein die Absicht hat, sich die Reliquien heimlich anzueignen; der pfiffige Geistliche, der den Kaiser zum Mitspielen bei der Inszenierung des Diebstahls veranlaßt; der Abt, der des Goldes wegen vertrauensselig dem Fremden Zugang verschafft; der nächtliche Diebstahl der Säcke mit den Reliquien; die Schläue des Abtes, der sogleich den wahren Entführer ahnt, den Kaiser seinerseits zum Mitspielen durch Schweigen bewegt und für die gestohlenen Reliquien Ersatz zu schaffen weiß, und schließlich die Geschichte von dem Inklusen, durch den der wahre Sachverhalt ans Licht kommt. Die Erzählung hat manche Schwächen, es fehlen notwendige Begründungen und Verbindungen; und doch ist sie von solcher Anmut, mit Spannung durchzogen und von stillem Humor durchleuchtet, Züge, die einem Otloh zutiefst fremd geblieben sind. Man muß in der Zeit, in der wir uns mit der translatio sancti Dionysii befinden, mit einem Stande der Kunst des Erzählens rechnen, dem eine rein historische Betrachtungsweise schlechterdings nicht angemessen ist.

Er war übrigens nicht der einzige in der Zeit seiner Emmeramer Jahre, der in Regensburg literarisch tätig war, und Otloh selbst hat das Werk eines älteren Mitbruders, des A r n o l d v o n S t. E m m e r a m benützen können. Arnold stammte aus einem (vermutlich im bayerischen Nordgau) ansässigen adligen Geschlecht, lehrte in St. Emmeram die artes, worauf er sich einiges zugute tat, und war ein Mann, der es mit seiner eigensinnig eitlen Rechthaberei den Mitbrüdern oft nicht leicht machte. So war es ihm unerträglich, daß man in seinem Konvent ausgerechnet die vita des Klosterpatrons, des heiligen Emmeram, noch immer in der urtümlichen Form las, die ihr vor über zweieinhalb Jahrhunderten Arbeo von Freising gegeben hatte. Arnold hielt eben diese Form für korrupt, *maiorum negligentia depravata*, und wollte sie verbessern, womit er jedoch bei einem Teil seiner Mitbrüder auf entschiedene Ablehnung stieß. Der Abt schickte ihn daraufhin nach Magdeburg, offensichtlich, um den Unruhestifter loszuwerden. Arnold aber gab nicht auf. Es gelang ihm, in Magdeburg den Domscholasticus Meginfrid für seine Idee zu gewinnen und ihm das Versprechen einer Neubearbeitung der vita sancti Emmerami abzuringen. Arnold war nach mehrjähriger Abwesenheit in die Heimat zurückgekehrt und lebte bereits wieder einige Zeit in St. Emmeram, als ihm Meginfrid, der die Aufgabe offenbar mit wenig Freude übernommen hatte, endlich die versprochene vita übersandte. Nun schrieb Arnold selbst ein Buch *de miraculis sancti Emmerami* und widmete beides zusammen dem neuen Abt Burchard (1036–1037). Es ist schon bezeichnend für das gespreizte Gehabe des Arnold, daß er dabei den Abt *provisor sancti Emmerami* nennt[35]. Die miracula reichen bis in die Zeit des Bonifatius zurück und werden bis ins späte zehnte Jahrhundert geführt. Wichtiger ist, daß Arnold wenig später ein zweites Buch zu Ehren des heiligen Emmeram verfaßte, *de memoria beati Emmerami et eius cultorum*. Dieses zweite Buch bietet auf den ersten Seiten einen Lebensabriß des Bischofs Wolfgang (der seinen Namen gelegentlich mit *Lupambulus* latinisierte) sowie der von ihm vorgenommenen, für das Kloster St. Emmeram besonders wichtigen Lösung aus der Abhängigkeit vom Regensburger Bischof, der bis dahin zugleich die Abtswürde von St. Emmeram innegehabt hatte; mit der Berufung des damals bereits siebzigjährigen Ramwold aus St. Maximin in Trier setzte zugleich die Reform in St. Emmeram ein. Nach Behandlung dieses für die Kloster- und Kulturgeschichte besonders wichtigen Abschnitts wechselt Arnold eigentlich ohne ersichtlichen Grund die Form der Darstellung und geht für den Hauptteil des Buches in einen Dialog zwischen Ammonicius, den Decknamen für einen nicht genannten Mitbruder, und Collecticius, womit er sich selbst bezeichnet, über. Es folgt ein ziemlich locker gefügtes Nacheinander von Geschichten, die in sehr loser Verbindung mit Regensburg und St. Emmeram stehen, und dazwischengeschoben Erörterungen und Betrachtungen erbaulichen oder auch theologischen Inhalts. Unter den zumindest kulturhistorisch immer interessanten Begebenheiten, die Arnold zu erzählen weiß, findet sich beispielsweise die Geschichte des heiligen Gunther von Niederaltaich *(Guntharius)*, der nach einem Leben in der Welt – er stammte aus thüringischem Grafengeschlecht – im Bayerischen Wald im Rachelgebiet Einsiedler wurde, wobei sich ihm eine Anzahl Gleichgesinnter anschloß. Hier gelingen Arnold zuweilen recht eindrucksvolle Schilderungen, wenn er etwa das Ausharren des Eremiten im mannstief verschneiten Bergwald berichtet und erzählt, wie Gunther, von aller Welt abgeschnitten, aus Kräutern und vertrockneten

---

[35] *quid debeat ei vel rationi* heißt doch wohl, was er (Arnold) dem heiligen Emmeram und seiner Pflicht, ihm Rechenschaft abzulegen, schuldet. Also er hat sein Ziel endlich erreicht, seinen Kopf durchgesetzt.

Buchenblättern ein Gericht zu bereiten sucht, wobei ihm die Erinnerung an frühere Tafelfreuden, Bären- und Wildschweinbraten, Pfauen und Fasanen in köstlicher Zubereitung mit edlem Wein dazu, als Inbegriff seines einst so diesseitsfreudigen Lebens vor Augen treten – bis am zehnten Tage Männer auf Schneeschuhen *(semicirculi)* sich mühsam den Weg zu ihm bahnen und ihn mit Brot versorgen. Aber solche Stellen bilden doch eine Ausnahme in einem Buch, in dem immer wieder eine begonnene Erzählung – gewiß nicht zur reinen Freude des Lesers – mit erbaulichen und belehrenden Partien fortgesetzt wird und die Einfälle des Verfassers zumeist nur assoziativ aneinandergereiht werden. Auf solche Weise wirkt der Dialog ungeordnet, ja oft wirr und sprunghaft. Es entspricht Arnolds kaum verhohlenem Bildungsdünkel, daß er in der Einleitung zum ersten Buch der miracula mit einer merkwürdig unklar wirkenden Geschichte vom Tod eines Jugendfreundes, der gar so gern antike Literatur gelesen habe, den Grund für seine Abwendung von der Lektüre der heidnischen Schriftsteller begründet. Er selbst, der vorher das Studium der Heiligen Schrift vernachlässigt, habe erst daraufhin die Vorzüge der christlichen Väter schätzen gelernt: einen Hilarius und Ambrosius, Johannes von Konstantinopel und Gregor von Nazianz, den Hieronymus und Augustinus, Gregor den römischen Papst und Isidor von Sevilla, und er fügt jedem eine trefflich knappe Charakteristik bei[36]. Daß die Geschichte von dem in der Todesangst durch Gebärden die Bestrafung im Jenseits andeutenden Mitbruder ohne Erinnerung an die berühmte Vision des Hieronymus entstanden sei, ist kaum anzunehmen.

Arnold bedient sich eines gepflegten, zuweilen freilich unsicheren und in gewisser Weise nach einem Antikisieren strebenden Stils, nicht ohne nach seltenen und entlegenen Wörtern zu suchen; er liebt griechische und gräzisierende Eigennamen und Vokabeln, offensichtlich mit der Absicht, seine Rede damit zu schmücken[37]. Reimprosa findet sich häufig, aber nicht durchgehend.

In späteren Jahren ist Arnold Propst (oder wie er sich ausdrückt *praepositus rerum monasterii*) geworden. In dieser Eigenschaft wurde er – wahrscheinlich doch erst nach Abfassung der miracula – in einer

---

[36] *beatissimum Christi confessorem Hilarium, alti cordis virum ... Ambrosium quam disertus et orthodoxus; Iohannem Constantinopolitanum, quam iocundus et aureus* (scil. Chrysostomum), *Gregorium Nazazenum doctor quam mirificus et anastasificus; Hieronimum quam brevis et rectus, Augustinum quam facundus et profundus; Gregorium papam Romanum quam dulcis et clarus; Ysidorum Hispanum quam succinctus et distinctus.* Arnoldi miraculorum sancti Emmerami prefatio I (MGH Script. IV 456, 38 sqq).

[37] Hieher gehört *Hiatospolis* (für Regensburg), *Nova Parthenopolis* (Magdeburg) und eine Reihe von Vokabeln wie *anastasificus, symmista* (auch sonst häufig), *ministeriarchis* (Gen.), *cauma,* sogar *Henricus hypatos* (für *dux*) und anderes mehr.

nicht näher bezeichneten Angelegenheit nach Ungarn zum Erzbischof von Gran geschickt, bei dem er sich mehrere Wochen aufhielt. Vermutlich fällt in diese Zeit die Abfassung von *Antiphonen* und *Responsorien* zum Feste des heiligen Emmeram, womit Arnold ein altes Offizium erneuerte. Wann eine unter Arnolds Namen gehende Homilie *de octo beatitudinibus* entstanden ist, bleibt offen.

Arnold, dessen gesamte Schriftstellerei dem Patron seines Klosters gewidmet ist, scheint nicht sehr alt geworden zu sein; allem Anschein nach starb er noch vor 1050.

Seine Schriften sind nur wenig verbreitet worden; außer in seinem Heimatkloster kannte man sie in Salzburg, und wie es scheint, hat Bischof Heribert von Eichstätt ein Exemplar zur Prüfung erhalten[38].

Arnolds Reise nach Ungarn und überhaupt die Ausrichtung der bayerischen Diözesen nach dem Osten lenken den Blick auf den Raum im großen Karpatenbogen, auf den sich die Magyaren nach der Schlacht auf dem Lechfeld zurückgeworfen sahen. Großfürst Géza (971–997) aus dem Hause Arpad hatte mit starker Hand das Reitervolk seßhaft gemacht und mit der Errichtung einer fürstlichen Zentralgewalt den ersten Staat der Ungarn geschaffen. Durch seine Verbindung mit Otto dem Großen wie auch dadurch, daß er seinen Sohn Stephan christlich erziehen ließ und für ihn als Gemahlin Gisela, die Schwester des Bayernherzogs Heinrich, des späteren Kaisers, gewann, legte er das Fundament eines christlichen, dem Abendland zugeordneten Königreichs Ungarn. Stephan, seit dem Jahr 1000 König, setzte, wie bereits bemerkt, zielbewußt und energisch die Politik seines Vaters fort, führte die Christianisierung des Landes vollends durch, wobei er sich gegen mannigfachen Widerstand rivalisierender Stammesfürsten, heidnischer Bevölkerungsteile und derjenigen unter den Fürsten, die auf Grund ihrer Taufe sich an Byzanz gebunden fühlten, durchzusetzen wußte. Durch die Gründung der Erzbistümer Gran und Kalocsa und acht Bistümern gab er dem Land eine kirchliche Organisation, welche das Vorbild der weltlichen wurde. Und vor allem war die bleibende Verbindung mit dem Abendland sein Werk.

In die Jahre König Stephans des Heiligen fällt auch noch der Beginn des lateinischen Schrifttums in Ungarn, das sichtbare Zeichen für den Eintritt Ungarns in die lateinische Welt auch dann, wenn am Anfang noch kein gebürtiger Ungar steht, sondern einer, der von draußen kam

---

[38] Wie sorgsam Heribert seine Aufgabe erfüllte, zeigen seine schalkhaften Verse: *Diversis horis laudandi scripta laboris legi, perlegi, crebro perlecta relegi et nihil inveni vitium quod possit haberi. Hoc tantum dico: tua tuque placetis amico.* MGH Script. IV 556a.

und an seiner Wirkungsstätte den Tod gefunden hat. Es ist G e r h a r d der erste Bischof von Csanád.

Von dem, was über ihn berichtet wird, mag manches legendäre Ausschmückung sein; als sicher darf gelten, daß Gerhard aus Oberitalien kam, vielleicht aus Venetien. Zugehörigkeit zum Benediktinerorden wird zumeist angenommen. Zeitweiliger Aufenthalt in Frankreich läßt sich aus dem Werk erschließen. Möglicherweise war es eine Pilgerreise ins Heilige Land, die ihn nach Ungarn führte. König Stephan veranlaßte ihn, im Lande zu bleiben. Wie zuverlässig die Nachricht ist, daß Gerhard den Sohn Stephans, den Prinzen Emmrich, erzogen habe, steht dahin; dafür spricht der spätere Rang Gerhards. Zeitweise scheint er als Einsiedler gelebt zu haben. Im Jahre 1030 setzte ihn der König zum ersten Bischof von Csanád ein. Wie weit die ihm zugeschriebene Organisation des Bistums und die Tätigkeit des Benediktinerordens unter ihm auf ihn zurückgeht, ist hier nicht zu erörtern. Bei einem Aufstand heidnischer Kräfte wurde Gerhard 1046 ermordet; als Ort seines Todes wird der nachmals nach ihm benannte Gerhardsberg bei Ofen angegeben.

Von Gerhard selbst erfahren wir, daß er einen offenbar ziemlich ausführlichen *Kommentar zum Hebräerbrief* verfaßt hat und, anscheinend nachher, eine Schrift *de divino patrimonio*, die an einen Mitbruder namens Andreas gerichtet war. Über den Inhalt ist nichts bekannt, beide Werke haben sich nicht erhalten. Auf uns gekommen ist allein die merkwürdige *deliberatio super hymnum trium puerorum*, ein exegetisch-erbauliches Werk, das Gerhard schon als Bischof an einen Isingrimus gerichtet hat. Über die Person dieses Isingrimus (der bei der ersten Erwähnung liberalis genannt wird) lassen sich nur Vermutungen anstellen, von denen angesichts der Häufigkeit des Namens keine überzeugen kann. Die deliberatio gliedert sich in acht Bücher, in denen ein Teil des Gesangs der Jünglinge im Feuerofen (Dn 3, 58–65) besprochen wird, und zwar so, daß (in der Regel) jedes Buch einen Vers behandelt. Der Gegenstand wird vorwiegend allegorisch-moralisch erörtert in einer Art der Gedankenführung, die man am ehesten wohl als assoziativ kennzeichnen kann. So gut wie nirgends wird eine bestimmte, über mehrere Sätze hinweg festgehaltene Linie der Gedanken beobachtet; ein neuer Begriff, eine neue Vorstellung wird in der Regel sogleich aufgenommen und eine Zeitlang festgehalten, bis sich dasselbe wiederholt. Dadurch entsteht insgesamt der Eindruck weitschweifiger Umständlichkeit. Häufig werden Bibelstellen angeführt, und nicht gering ist die Zahl nachgewiesener Stellen aus Kirchenvätern und älteren mittelalterlichen Schriftstellern bis herab ins neunte Jahrhundert, die gern mit Namen zitiert werden: neben einigen wenigen aus Ambrosius und

4. Kapitel: Deutschland 489

Augustinus, vergleichsweise vielen aus Hieronymus; besonders auffällig eine Reihe von Anspielungen auf Schriften des Pseudo-Dionysius (in der Übersetzung des Johannes Scottus, wie es scheint), gelegentlich mit den Scholien des Maximus Confessor, von Späteren aus Cassiodor vereinzelt, etliches Exegetisches aus Beda. Die Mehrzahl der Realien ist aus Isidor geschöpft. Völlig fremd scheint Gerhard die antike Literatur geblieben zu sein; das einzige Terenzzitat ist aus Isidor mitübernommen. Indes führt die Häufigkeit der benützten älteren Literatur nicht in die Nähe einer Kompilation; immer bleibt genug für Gerhards eigene, wenngleich nicht immer sehr tiefe Worte.

Gering blieb die Wirkung, überhaupt die Kenntnis des Werkes. Erhalten hat sich nur eine einzige, dem elften Jahrhundert entstammende Handschrift, die sich im Mittelalter in der Freisinger Dombibliothek befunden hat, wohin sie vielleicht durch einen Missionar gekommen ist. Von vereinzelter Benützung eben an diesem Ort im 15. Jahrhundert abgesehen, ist kein einziger Hinweis auf Kenntnis oder Benützung aufgefunden worden. Soviel zu Ungarn.

Geschichtschreibung in der Art, wie sie Hermann von Reichenau sein Leben hindurch betrieben hat, ist im zehnten und elften Jahrhundert höchst ungewöhnlich gewesen. Weit mehr entspricht W i p o dem allgemeinen Bilde der Geschichtschreibung der ersten Hälfte des elften Jahrhunderts. Was wir von Wipos Leben wissen, muß alles aus seinem Werk erschlossen werden. Daß der Name, eine Koseform, wenn nicht eben häufig, doch allein im bayerischen und alemannischen Raum belegt ist, spricht für oberdeutsche Herkunft; das wiederholt zum Ausdruck kommende Interesse für Begebenheiten und Angelegenheiten im Königreich Burgund könnte an dessen deutschsprachigen Teil, etwa die Westschweiz als Heimat denken lassen. Über Ort und Zeit von Wipos Ausbildung wissen wir nichts; sie muß in jedem Fall sehr gut gewesen sein. Er ist dann Hofkaplan gewesen; ob bereits in den späteren Jahren Heinrichs II. ist ungewiß. Jedenfalls ist er schon bei der Wahl Konrads II. zugegen gewesen und unter diesem und dessen Sohn Heinrich III. im gleichen Amte verblieben. Die Kaiserkrönung Heinrichs III. zu Weihnachten 1046 hat er noch erlebt; über die Zeit seines Todes ist nichts bekannt.

Wipo hat, soviel wir wissen, die für sein schriftstellerisches Werk wesentlichen Jahre am Hof des Königs, in unmittelbarer Nähe des Zentrums der Macht erlebt. Das öffnete den Blick und ließ ihn manches erfahren, wovon er an anderer Stätte nichts gewußt hätte. Von dem, was eigentlich geschah, scheint er in der Regel nicht mehr erfahren zu haben, als was eigentlich jeder am Hof wußte und was einer, der sich um nähere Unterrichtung bemühte, erfahren konnte; zu den eigentlich Eingeweihten gehörte er zweifellos nicht, und von seinen großen Herrschern hat ihn keiner zu einer näheren Vertrauensstellung herangezogen. Es ist wohl charakteristisch, wie er über den Tod des hochverehrten Königs Konrad II. berichtet: er hat den Bischof Heinrich von Lausanne befragt, der auf Grund seines Amtes und Ranges noch einiges an Einzelheiten wußte, nennt ihn als seinen Gewährsmann und berichtet treulich, was er von ihm gehört. Von dieser Art wohl waren die Möglichkeiten der Unterrichtung, hier lagen auch seine Grenzen.

Das große Werk sind die *gesta Chuonradi imperatoris*, die Geschichte der Regierungszeit und der Herrschertaten des ersten Saliers, Konrad II. Das Werk ist nach 1046 Heinrich III. überreicht worden mit einem recht selbstbewußten Widmungsbrief, in dem Wipo den neuen Herrscher ermahnt, sich das Beispiel des Vaters vor Augen zu halten, und ihm in Aussicht stellt, daß er so, wie er jetzt die Herrscherjahre Konrads behandelt habe, später seine, Heinrichs, darstellen werde[39].

Nach einem umfangreichen Prolog, der neben Gemeinplätzen den Gedanken der Notwendigkeit und des Sinnes literarischer Darstellung, insbesondere der Geschichte auf Grund von Beispielen aus der Bibel, vornehmlich des Alten Testaments, und der Antike dem Leser vor Augen stellt, beginnt das Werk mit dem Bericht von der Königswahl des Jahres 1024, mit jener Situation, da nach dem Tode des kinderlosen Heinrich II. das sächsische Herrscherhaus erloschen war. Wipo behandelt die Ereignisse der folgenden anderthalb Jahrzehnte bis zum Tod und Begräbnis Konrads. Inwieweit er sich, der vorherrschenden Ansicht zufolge, in den früheren Partien an die erste Fassung der Chronik Hermanns von Reichenau, der sogenannten schwäbischen Weltchronik, anlehnen, in welchem Maße er sich später auf eigenes Erleben stützen konnte oder sich auf die Angaben von Augenzeugen verlassen mußte, steht im Einzelfall zumeist dahin. Insgesamt erfreut sich das Werk von jeher des besten Rufes als einer vorzüglichen, sehr zuverlässigen Geschichtsquelle, die auch als Darstellung hohes Lob verdient. Es muß allerdings bezweifelt werden, ob die gewöhnlich von historischer Seite aus erfolgte Beurteilung den Charakter des Werkes im wesentlichen zutreffend bestimmt hat. Die Frage richtet sich nicht so sehr auf die Beurteilung einzelner Regierungshandlungen Konrads, etwa den Grad des Einflusses der Kirchenpolitik auf seine Entscheidungen, durch Wipo. Sicher unrichtig aber und ein Zeichen tiefgreifenden Mißverständnisses ist es, wenn in einer Gegenüberstellung der gesta Chuonradi

---

[39] Von der Änderung eines Planes oder der Vereinigung der beiden Viten zu einem Werk wie Robert Holtzmann bei Wattenbach-Holtzmann I, Heft 1, S. 79f. glaubt, steht nichts da.

mit dem Karlsleben des Einhard behauptet wird, während dieser seinen
Nachfolger an Kunst der Darstellung und Reinheit der Sprache übertreffe, so zeichne sich Wipo vor ihm durch frische Natürlichkeit aus[40].
Gewiß ist die vita Karoli des Einhard, das ergab schon die antike
Vorlage, im Aufbau kunstvoller, während bei den gesta Chuonradi
nicht erst ein moderner Herausgeber, sondern schon der Autor selbst
den Unterschied seines Anliegens von dem eines Biographen unmißverständlich zum Ausdruck bringt und in Übereinstimmung mit seiner
Absicht die schlichte chronologische Anordnung der berichteten Begebenheiten gewählt hatte. Aber man wird nicht viele Autoren finden,
die in ihren Werken dem eventuellen Wunsch nach einer frischen
Natürlichkeit strengere Grenzen gezogen, den literarischen Anspruch
deutlicher betont und die erstrebte Stilisierung entschiedener durchgeführt hätten als Wipo. Neben der Durchführung des Prosareims, durch
welche das Werk insgesamt in den Raum der Kunstprosa gestellt wird,
verdeutlichen zahlreiche Anklänge einzelner Stellen an Sallust und nicht
zuletzt die fingierten Reden den stilistischen Einfluß dieses Historikers.
Auch das unverkennbare Streben nach einer Verdichtung und Straffung
des Berichts deutet auf ein antikes Vorbild, sei es Sallust oder Caesar,
und führt zu einer antikisierenden Darstellungsweise, die, wenn man
so will, als ein Vorzug erscheinen kann, jedenfalls aber ein dem Zeitalter
nicht fremdes Stilideal andeutet, das man beispielsweise einer bei Ruotger im *pompa ornatusque sermonis* ausgedrückten Stilrichtung gegenüberstellen mag. Es geht hier, das sei ausdrücklich betont, mitnichten
darum, die Glaubwürdigkeit oder Wahrheitsliebe Wipos in Frage zu
stellen, was völlig unsinnig wäre. Was zu erkennen und zu bedenken
bleibt, ist die Tatsache, daß die literarische Kunst und die Fähigkeit
und Möglichkeit ihrer Anwendung einen Grad erreicht hat, der dazu
nötigt, behutsamer zu scheiden zwischen dem, was mit den nackten
Worten gesagt ist und dem, was sie meinen[41].

---

[40] So Robert Holtzmann bei Wattenbach-Holtzmann I S. 78.
[41] Es ist gelegentlich behauptet worden, Wipo habe den König und Kaiser als Stellvertreter Christi auf Erden bezeichnet. Davon ist nicht die Rede. Er nennt den König den zweiten an Macht auf Erden, nicht mehr.
Was die Gesamtauffassung betrifft, so wird man wohl auch im Auge behalten müssen, daß Wipo in dem Widmungsbrief an Heinrich III., den er mit Respekt, aber doch mit einer gewissen abwartenden Reserviertheit betrachtet, ein weiteres Werk, nämlich die gesta Heinrici in Aussicht stellt (die dann nicht mehr zur Ausführung gelangten), wobei er die Regierungszeit Konrads II. als einen heilsamen Schnitt ins Römische Reich bezeichnet, auf welchen Heinrich die vernünftige Heilung: *alterum rem publicam, utpote Romanum imperium salubriter incidisse, alterum eandem rationabiliter sanavisse* (Wiponis epistola ad Heinricum regem, p. 3 Bresslau) habe folgen lassen (was sich vermutlich auf die von Heinrich durchgeführte *treuga dei* bezieht): eine merkwürdige Auffassung, von der sich schwer sagen läßt, wieweit es sich um ein

Zu den Ereignissen, die Wipo berichtet, gehört die Empörung, die Herzog Ernst II. von Schwaben, Königin Giselas Sohn aus erster Ehe, gegen Konrad unternommen hatte. Nachdem er vom Kaiser auf die Burg Gibichenstein in Haft gegeben, dann freigelassen und wieder in sein Herzogtum eingesetzt worden war, weigerte er sich nachher doch, dem kaiserlichen Befehl gemäß die Reichsacht an seinem Freunde Werner von Kyburg zu vollziehen, wurde selbst, nun sogar von der eigenen Mutter aufgegeben, in Acht und Bann getan und fiel, nachdem er im Schwarzwald zeitweise Schutz gesucht, in tapferem Kampf gegen eine an Zahl den Seinen überlegene Streitmacht der Kaiserlichen. „Tollwütige Hunde haben selten Junge", soll der Kaiser gesagt haben:

Raro canes rabidi foeturam multiplicabunt.

Es ist das historische Kernstück der nachmals mit dem Aufstand Liudolfs gegen Otto den Großen verbundenen und reich mit abenteuerlichen Geschichten und orientalischen Motiven ausgestalteten Sage vom Herzog Ernst.

Der streng im historischen Raum verharrenden Geschichtschreibung Wipos sind Motive solcher Art fremd. Es ist schon eine Seltenheit, wenn er sich im Zusammenhang eines an sich historischen Berichts eine Annäherung an anekdotenhaftes Erzählen erlaubt wie bei der vergnüglichen Geschichte von jenem Straßburger Bischof Werinher, der, in kaiserlichem Auftrag nach Konstantinopel reisend, unter dem Vorwand, er wolle dann ins Heilige Land pilgern, einen riesigen Vorrat an Schlachtvieh mitgenommen hatte, um unterwegs mit seinen Leuten keinen Mangel zu leiden; von König Stephan am Durchzug durch ungarisches Gebiet gehindert, hatte er den Weg durch Oberitalien genommen, dann in Konstantinopel immer wieder einen Grund gefunden, der ihn an der geplanten Pilgerreise hinderte, bis er schließlich starb, ohne den Fuß ins Heilige Land gesetzt zu haben.

In ungewöhnlich geschlossener, durchsichtiger und inhaltlich dichter Weise werden die Vorgänge um die Eingliederung Burgunds in das Reich berichtet: die Übersendung der Krone und Lanze des heiligen Mauritius durch die burgundischen Großen an Konrad II. nach dem Tod Rudolfs des Trägen; die Krönung Konrads zu Peterlingen an Lichtmeß 1033; sein Feldzug gegen Odo von der Champagne und die ihm zugeneigten Teile Burgunds in jenem eisigen Winter 1033 und dann der großräumig angelegte Plan des Angriffs in zwei Heeressäulen

---

tatsächliches Geschichtsbild des Wipo oder vielleicht nur um eine wirkungsvolle Gegenüberstellung handelt, die aus rein literarischen Gründen erfolgt ist.

von der Westschweiz und zugleich von Italien aus und schließlich das Bündnis Konrads mit König Robert II. von Frankreich und sein Einfall in Odos Stammlande, wodurch er den Grafen, der nach eigenen Worten nicht König von Burgund sein, sondern diesem gebieten wollte, in die Knie zwang. Das Zusammensehen und die innerlich geschlossene Darstellung einer solchen Kette von weiträumiger strategischer Planung, zielbewußter und energischer militärischer Durchführung und kluger politischer Maßnahmen durch einen Zeitgenossen ist ungewöhnlich und bester antiker Geschichtschreibung würdig. Die Spannung, die in den Ereignissen selbst liegt, wird erhöht dadurch, daß der sonst nicht eben redselige Geschichtschreiber sich als Miterlebenden zu erkennen gibt mit der Schilderung des grausam kalten Winters von 1033, da die Pferde, wenn sie des Nachts schutzlos im Freien standen, buchstäblich am Boden festfroren und mit Beilen aus dem Eis befreit werden mußten; einer, dem niemand half – damit meint Wipo wohl sich selbst – mußte sein Pferd töten, worauf er ihm das Fell abzog, sich darein zu hüllen; den geschundenen Kadaver ließ er im Eise stehen. Der unbeugsame Wille des Königs kannte keine Rücksicht, und doch mußte er jenen Feldzug abbrechen. Am Ende der burgundischen Unternehmung aber, als die Bischöfe von Arles und von Vienne und der Erzbischof von Lyon, die lieber einen Romanen auf dem Thron von Burgund gesehen hätten, sich dem Kaiser beugten und selbst Odo von der Champagne ihm huldigte, da starb im Kindesalter Mathilde, Konrads und Giselas Töchterlein, zu Worms und wurde dort begraben. Es ist ein Beispiel der historiographischen Meisterschaft Wipos, wie er hier, am Ende des Berichtes über die Gewinnung von Burgund für das Reich in schlichtem Annalistenstil das Ereignis notiert, durch Hinzufügung weniger Worte aber, nämlich durch den Hinweis auf die außerordentliche Schönheit des kaiserlichen Kindes (*puella nimiae formositatis*) die Empfindungen der kaiserlichen Eltern ahnen läßt, ohne sie auszusprechen. In demselben Satz aber, der die Bemerkung enthält, das Kind sei mit dem König von Frankreich verlobt gewesen, sind unausgesprochen die weitreichenden Pläne des Kaisers enthalten, ein Reich zu erbauen, wie es die Welt seit Karl dem Kahlen nicht geschaut. Daß solche Pläne mit dem Tod des Kindes in Nichts zerrannen, daß vom Kaiser mit dem Leben der Tochter auch der Verzicht auf die höheren Ziele gefordert wird, rückt Wipos Historiographie in die Nähe taciteischer Darstellungskunst.

Ans Ende der gesta Chuonradi hat Wipo die „von einem der unsrigen" – womit er wieder sich selber meint – gedichtete Totenklage auf Konrad II. angefügt (inc. *Qui vocem habet serenam hanc proferat cantilenam*). Der planctus, von Wipo selbst als *versus pro obitu Chuon-*

radi imperatoris bezeichnet, besteht aus neun vierzeiligen rhythmischen Strophen von je zwei in der Regel fallend schließenden, durch einsilbigen Reim gebundenen Achtsilblern, auf die jeweils der Refrain

Rex Deus, vivos tuere et defunctis miserere

folgt; er beklagt den Tod des großen Königs, der ein Freund des Rechtes gewesen sei, beklagt auch den Tod der Königin und zweier Fürsten im gleichen Jahre, drückt die Hoffnung auf einen guten neuen Herrscher aus und schließt eine rühmende Aufzählung der Taten des verstorbenen Königs an.

Die gesta Chuonradi, in deren Prosa Wipo gelegentlich einen selbstverfaßten Vers eingerückt hat, sind mit dem abschließenden planctus das umfangreichste und gewichtigste Werk Wipos. Daneben steht eine Reihe zumeist poetischer Werke, deren Abfolge sich nur zum Teil ungefähr bestimmen läßt und die wir nicht mehr vollständig besitzen. In der Überlieferung sind sie nur teilweise miteinander verbunden; eine Sammlung scheint nie existiert zu haben.

Aus den *proverbia*, die Wipo verfaßt und an den jungen Heinrich gerichtet hat, ist geschlossen worden, daß der Geschichtschreiber an der Erziehung des Kaisersohnes beteiligt gewesen sei. Man scheint eben zu jener Zeit nicht ungern Spruchsammlungen mit der ausdrücklichen Absicht verfaßt zu haben, daß in ihnen neben der Kenntnis und Einübung des Lateinischen Lebensweisheiten vermittelt würden; Egbert von Lüttich hat das deutlich ausgesprochen. Im übrigen sind die proverbia wohl im Zusammenhang mit dem seit dem zehnten Jahrhundert beobachteten Aufleben der Spruchdichtung zu sehen. Wipos proverbia umfassen hundert Sprüche.

Ebenfalls an Heinrich, und zwar den König, also wohl zwischen 1039 und vor Weihnachten 1046, ist der *tetralogus* gerichtet, die *Viererrede*, eine Dichtung von 326 einsilbig gereimten leoninischen Hexametern, in welcher der Dichter, die Muse sowie die personifizierten Gestalten der Lex und der Gratia, des Gesetzes und der Gnade, auftreten und den König rühmen; eingeleitet ist das Ganze von einer praefatio in Reimprosa.

Von weiteren Dichtungen erfahren wir durch Wipo selbst, einige von ihnen sind bereits zu Lebzeiten Konrads II. verfaßt.

Offenbar nicht erhalten ist ein *Gedicht* Wipos – er sagt wieder, daß es *quidam de nostris* verfaßt habe – auf den Winterfeldzug des Jahres 1033. Den Gegenstand bildet, wie es scheint, nicht so sehr das Ereignis als vielmehr die strenge Kälte jenes Winters und wie sie Wipo selbst erlebte. Das 30. Kapitel der Chronik dürfte im wesentlichen den Inhalt jenes Gedichts wiedergeben[42] Ob die als *gallinarius* bezeichnete Dichtung, die offenbar aus mehreren satirae bestand, die Einverleibung Burgunds ins Reich als Ganzes behandelte, wie man gemeint hat, steht dahin. In einem dritten von ihm erwähnten, aber nicht erhaltenen Gedicht hat Wipo den Feldzug des Jahres 1034 gegen die Liutizen besungen. Einiges andere hat sich auf verschiedene Weise erhalten. Von dem planctus auf den Tod Konrads II. war bereits die Rede. Es ist nicht ausgeschlossen, aber auch nicht mit Sicherheit zu erweisen, daß Wipo eine *cantilena in Chuonradum II factum imperatorem*, inc. *Voces laudis humane curis carneis rauce* gedichtet hat. Das nach Art einer Sequenz oder richtiger wohl als Leich gebildete Lied rühmt den soeben gekrönten Kaiser ob seiner Taten, wünscht Rom Glück ob eines solchen Herrschers und schließt mit einem Preis auf Christus. Darf man dieses Lied dem Wipo zuschreiben, ihm also sozusagen die Rolle des Hofdichters zuweisen, so hat er möglicherweise auch das Lied aus Anlaß der Königskrönung Heinrichs III. 1028 verfaßt (*cantilena in Heinricum III. anno MXXVIII regem coronatum*, inc. *O rex regum qui solus in evum* und *Quem voluisti tibi benedici*). Es ist ein Strophenlied von zwölf bzw. dreizehn Strophen zu je drei Versen, die aus Halbversen von (zumeist) fünf plus fünf (oder sechs) Silben im Rhythmus des Adoneus bestehen; in der Regel sind die Halbverse einsilbig aufeinander gereimt. Die erste Strophe wird als Refrain hinter jeder Strophe wiederholt. Die Form ist derjenigen des oben erwähnten planctus auf Konrad II. nah verwandt.

Allgemein gilt Wipo als Verfasser der berühmten Ostersequenz *Victimae paschali laudes immolent christiani*. Die herkömmliche Zuweisung mag richtig sein, ist jedenfalls nicht widerlegbar. Die Sequenz weist die typische Form des Übergangs auf: aus einem Eingangsversikel und drei Strophenpaaren bestehend und in sorgfältig durchgegliederter Prosa gebildet, geht die Sequenz über die sonst bemerkenswert streng befolgten Notkerschen Bauprinzipien insofern hinaus, als die Teile der einzelnen Strophen durch paarweisen oder überkreuzenden einsilbigen Reim geschmückt sind. Der Aufforderung zum Preise des Auferstandenen und einem mit Paradoxa und Oxymora ausgestatteten Umspielen des Ostergedankens folgt als Kernstück ein kurzes Zwiegespräch zwischen den fragenden Jüngern des Herrn und der vom Besuch des Grabes zurückkehrenden Maria Magdalena; die Feststellung, daß sie mehr Glauben verdiene als die Juden und Christus wahrhaft auferstan-

---

[42] Man darf es als ziemlich sicher annehmen, daß der Hexameter *Vix haec causa fuit, quod caesar bella reliquit* hieraus stammt (gesta Chuonradi 30).

sei, schließt mit einer Bitte um Barmherzigkeit an den Auferstandenen das Gedicht ab.

Die Sequenz zeichnet sich durch Tiefe und Klarheit der Gedanken, durch gepflegte, trotz eindeutig mittelalterlicher Färbung fast klassisch zu nennende Latinität und Schönheit der Sprache wie der Melodie aus. In Handschriften schon mehrfach seit dem zwölften Jahrhundert belegt, ist sie vermutlich schon früh in die Liturgie eingegangen, hat als d i e Ostersequenz schlechthin und als die einzige Sequenz der frühen Stufe den humanistisch bestimmten Purismus des Konzils von Trient überdauert und ist auch durch die folgenden Jahrhunderte im lebendigen Gebrauch geblieben, bis sie in der Mitte des zwanzigsten Jahrhunderts das II. Vatikanische Konzil achtlos beiseite warf. Daß von ihr wichtige Anregungen für die Entwicklung des geistlichen Spiels ausgegangen sind, durch welches die dramatische Kunst nach einem Jahrtausend des Schweigens wiederbelebt wurde, wird an anderer Stelle zu zeigen sein. Wipo gehört zu den nicht häufigen Erscheinungen, die an Größe gewinnen, je mehr man sich ihnen nähert. Der einfache Hofkaplan, der, soviel wir wissen, nie ein höheres Amt bekleidete, dessen schwache Gesundheit oder lang sich hinziehendes Kränkeln ihn nicht für besondere Aufgaben empfahl, der schwerlich von den Ereignissen der Zeit, die er beschreibt, mehr wußte als man am Hof sich erzählte, der jedenfalls keine besonderen Möglichkeiten erhielt, über die tieferen Zusammenhänge oder Hintergründe der Ereignisse, die er erlebte, nähere Kunde zu erhalten, hat mit den gesta Chuonradi ein Werk geschaffen, das zu den besten seiner Art gehört. Aber auch von den Dichtungen ist wenigstens ein Teil so wohl gelungen, daß Wipo unter die schätzenswertesten Poeten seiner Zeit gerechnet werden muß. Allenthalben erkennt man die gute und gründliche Bildung des Mannes. Daß er als Geistlicher in der Bibel wohlbewandert und in der Liturgie zu Hause war, versteht sich für jene Zeit von selber, daß er auch eine gewisse Kenntnis von Apokryphen, mindestens der sogenannten vindicta Salvatoris, besaß, nimmt nicht Wunder. Wichtig ist für Wipo seine Kenntnis profanantiker Autoren gewesen. Fragt man nur nach greifbaren Vorbildern, nach Zitaten und Anspielungen, so steht vermutlich, wie bemerkt, Sallust an der Spitze der imitierten Autoren. Nicht als Quelle bestimmter Zitate, wohl aber als Muster einer gestrafften, das Erzählen in den historischen Bericht hinüberführenden Darstellung, aber wahrscheinlich auch bestimmter stilistischer Eigentümlichkeiten könnte Caesar gedient haben, was noch näherer Prüfung bedürfte. Die Art, wie er – sofern die Beobachtung zutrifft – auf Wipo gewirkt hat, deutet auf eine schon etwas zurückliegende, aber mit tiefen Eindrücken verbundene Lektüre. Im übrigen handelt es sich in der Regel um Zitate und Anspielungen; von Prosaikern sind neben Cicero und Macrobius auch Sueton, von Dichtern in erster Linie Vergil, Horaz und Ovid, aber auch Persius, Lucan und Statius zu nennen; von christlichen Autoren haben nur Sulpicius Severus und Boethius einzelne Formulierungen beigesteuert.

Von den Werken des Wipo – die Ostersequenz, deren Verfasserschaft nicht voll gesichert ist, ausgenommen – sind nur die proverbia im deutschen Sprachraum und an einigen Stätten Frankreichs wie auch Oberitaliens seit dem späteren elften Jahrhundert, vorzugsweise im zwölften und früheren dreizehnten Jahrhundert verbreitet gewesen; doch hat man einzelne Verse, wie es scheint, nur selten in andere Sammlungen aufgenommen, wie denn auch im späteren Mittelalter Wipos proverbia nur noch vereinzelt abgeschrieben worden sind. Alle übrigen Werke, also das Bedeutendste von Wipos Schaffen, haben eine äußerst geringe oder gar keine Wirkung im Mittelalter ausgeübt. Der tetralogus scheint eine nennenswerte Verbreitung überhaupt nicht gefunden zu haben; unsere Kenntnis beruht allein auf dem Druck des Canisius von 1602. Auch die gesta Chuonradi müssen weithin unbeachtet durchs Mittelalter gegangen sein; erhalten ist uns nur eine einzige Handschrift des sechzehnten Jahrhunderts.

Im tetralogus des Wipo, mehr noch in seinen proverbia, in den proverbia des Otloh und in anderer Weise in vielen seiner Schriften, in der fecuna ratis des Egbert von Lüttich und bei so manchem anderen Autor kommt das Erbaulich-Belehrende als ein besonderes Anliegen der Zeit aufs deutlichste zum Ausdruck. Die Spruchdichtung insgesamt verdankt dieser Neigung ihr Aufblühen seit etwa der Jahrtausendwende und danach. Es ist, als habe sich die dem Mittelalter zu allen Zeiten eigene Vorliebe für das Lehrhafte, auf allen Gebieten, besonders für das Moralisch-Erbauliche, in unserem Zeitabschnitt mehr verstärkt als je zuvor und vielleicht je nachher.

Auf besondere Weise hat das Belehrende mit mannigfachem Schulwissen verbunden ein unbekannter Dichter, der, wie wohl mit Recht vermutet wurde, mit dem Hof in Verbindung stand. Man hat ihn lange Zeit mit Hildebert von Le Mans identifiziert, weil man nur einen Teil des Werkes (eben den *Hildebertus de nummo*) kannte oder beachtete. Eine andere irrige Gleichsetzung ist vor einigen Jahrzehnten mit dem Abt Theodoricus von Saint-Trond († 1107) vorgenommen worden, den man als Verfasser eines Gedichts *de fratre suo nummo* (inc. *Frater plus fratre plus numine numme colende*) kennt. In den Handschriften wird der Dichter bald Mamutius, bald Calphurnius genannt, welche Namen sich jedoch mit keiner historischen Person verbinden lassen. Sein einziges Werk, das im Mittelalter offenbar gern als *Quid suum virtutis* oder

Suum quid virtutis zitiert worden ist, handelt in nicht ganz 1200 Versen (inc. *Destituit terras decus orbis gloria rerum*) – meist einsilbig gereimten Distichen – vom Wesen der Tugend. Dabei geht der Dichter so vor, daß er zunächst den Verfall von Freundschaft, Treu und Glauben beklagt, dann die beiden Hauptsünden der Habsucht und des Neides ausführlich beschreibt. Als Beispiele dafür, daß immer schon Böses mit Bösem vergolten worden sei, führt er Caesar an, den Sklaven des Sulpicius – der seinen Herrn dem Marius verraten hatte, nach Orosius 5,19,6 –, Phalaris, der den Erfinder und Schöpfer des ehernen Stieres selber darin umkommen läßt, Busiris, den grausamen König von Ägypten, der seine Gäste als Opfer schlachtete. Das eigentliche Thema ist die virtus. Worin sie besteht, zeigen zwei Beispiele: Tithys, der treffliche Steuermann der Argonauten, bringt durch sein Bemühen die Argo glücklich durch die Symplegaden und alle anderen Fährnisse; Orpheus der kunstreiche Sänger überwindet mit Hilfe seines Gesanges, indem er all sein Können einsetzt, die Mächte der Unterwelt. Es folgt eine Aufzählung von Lebensregeln und Ratschlägen für ein sittlich gutes Leben, wobei zumeist auf mythologische Beispiele aus der Antike hingewiesen wird. Daß das Büchlein belehren und erziehen will, steht außer Zweifel; die Art, wie das geschieht, setzt allerdings einen gebildeten und mit recht guten Kenntnissen der antiken Mythologie ausgestatteten Leser voraus. Das Gedicht ist besonders im zwölften Jahrhundert in Nordostfrankreich und in Süddeutschland beliebt gewesen.

Einige der Gedichte, die im Zusammenhang mit Heribert von Eichstätt und Wipo genannt wurden, finden sich auch in einer Sammlung, die nach ihrem gegenwärtigen Aufbewahrungsort als Cambridger Lieder (carmina Cantabrigiensia) bezeichnet wird, im übrigen mit England nichts zu tun hat. Die Handschrift Gg. 5.35 der Universitätsbibliothek von Cambridge, ein starker Sammelband, enthält neben Stücken mannigfachen Inhalts auf fol. 432ʳ–441ᵛ eine Liedersammlung von 49 Stücken, die bedeutendste ihrer Art zwischen der Karolingerzeit und den großen Sammlungen des zwölften und dreizehnten Jahrhunderts. Geschrieben ist der betreffende Teil der Cambridger Handschrift um die Mitte des elften Jahrhunderts, und sehr viel früher kann auch die Sammlung selber, die er repräsentiert, nicht entstanden sein. Was die Entstehungszeit der enthaltenen Gedichte betrifft, so umspannt sie, abgesehen von einigen Exzerpten aus profanantiken Autoren, namentlich aus Statius, an die dreieinhalb Jahrhunderte von der späteren Merowingerzeit bis in die Jahre Kaiser Heinrichs III. Ihrem Ursprung nach ist sie zweifellos deutsch, und zwar sowohl die Cambridger Handschrift, deren Entstehung man wegen der in den aufgenommenen Gedichten genannten Personen (darunter der Erzbischöfe von Mainz,

von Köln, von Trier) und anderer Hinweise am ehesten in den mittel-
oder niederrheinischen Raum wird legen dürfen, als auch die nicht sehr
viel ältere Sammlung, die den Kern der Cambridger Liedersammlung
gebildet hat. Daß ein solcher Kern, daß eine, wenn auch nicht sehr viel
ältere *Ursammlung* (U) existiert hat, ergibt sich einerseits aus der Beobachtung, daß sich aus der im ganzen recht buntscheckigen Cambridger
Sammlung eine relativ geschlossene Gruppe von Sequenzen heraushebt
(die Nummern II–XV bei Strecker), andererseits ein Teil dieser Gruppe
sich auch sonst handschriftlich nachweisen läßt. An der selbst nicht
erhaltenen Ursammlung fällt auf, daß in ihr alle Kaiser des letzten
Jahrhunderts, von 950–1050, vorkommen; man hat aus diesem Umstand
wohl mit Recht auf eine Beziehung des Herstellers der Ursammlung
zum deutschen Königshof geschlossen.

Über diese hinaus ist ein einigermaßen klares Prinzip der Auswahl
oder eine bestimmte mit ihr verbundene Absicht nicht zu erkennen.
In der Cambridger Sammlung steht am Beginn der Anfang eines alten,
vermutlich ins achte Jahrhundert gehörenden, recht verbreiteten Weihnachtshymnus, inc. *Gratuletur omnis caro Christo nato Domino*. Darauf
folgen die erwähnten Sequenzen, die schon der Ursammlung angehört
haben. Unter ihnen heben sich besonders jene Stücke heraus, die sich
auf die Kaiser des letzten Jahrhunderts beziehen: *Voces laudis humane
curis carneis rauce* auf die Kaiserkrönung Konrads II. (im März 1027),
als *cantilena in Conradum factum imperatorem* bezeichnet, eine Sequenz, bestehend aus sieben ungleichen Strophenpaaren mit Anfangs-
und Schlußversikel, in welcher Konrad als der von Gott gesandte Schützer des Friedens, Erbe des römischen Reichs und Nachfolger Heinrichs,
als der starke und in mannigfachen Kämpfen bewährte Herrscher
gerühmt wird (nr. 3). Die Totenklage auf Konrads Vorgänger, Heinrich
II., *nenia in funebrem pompam Heinrici II imperatoris* (nr. 9), inc.
Iudex summe medie rationis et infimae, erscheint in der merkwürdigen
Form einer Sequenz mit Refrain nach jeder Strophe und eingeschobe-
nem Strophenlied; was den Inhalt angeht, so tritt im Verhältnis zu dem
bisher üblichen planctus das Motiv der eigentlichen Klage fast zurück
gegenüber dem Rühmen des verstorbenen Kaisers ob seiner Rechtgläu-
bigkeit und seiner guten Taten willen, wobei freilich immer wieder das
Gebet an den höchsten Richter aufklingt, daß er dem verstorbenen
Kaiser das ewige Heil gewähren möge. Am merkwürdigsten ist unter
den Kaiserhymnen der mit dem Melodietitel so genannte *modus Ottinc*
(nr. 11), inc. *Magnus cesar Otto quem hic modus refert*, eine Sequenz
in sechs Strophenpaaren mit Schlußversikel, worin Otto der Große
besungen und vor allem wegen seines Sieges über die Ungarn gerühmt,
aber auch (von der Gegenstrophe des fünften Strophenpaares an) des

zweiten und namentlich des dritten Otto als eines Friedensfürsten rühmend gedacht wird. Noch zu Lebzeiten des letzteren scheint der modus entstanden zu sein. Recht genau nach Zeit und Ort der Entstehung läßt sich die *cantilena in Heribertum archiepiscopum Coloniensem* (nr. 7), inc. *Qui principium constas rerum* bestimmen: die als Sequenz aus fünf ziemlich umfänglichen Doppelstrophen mit Schlußversikel gebildete Totenklage auf den Erzbischof Heribert von Köln ist sicher nicht lange nach seinem Tod 1021 (am 6. März) und in Köln entstanden. In formaler Hinsicht ist zu bemerken, daß auch hier nach jeder Strophe offensichtlich der Refrain gesungen worden ist, vermutlich eine Eigenheit des planctus, auch wenn dieser die Form der Sequenz aufweist. Zu dem Bestand der erschlossenen Ursammlung gehören ferner etliche Stücke, die – wie der modus Ottinc – Melodietitel aufweisen. Das gilt unter anderem von dem *modus qui et Carelmanninc,* einer ziemlich umfänglichen typischen Sequenz des Übergangsstils, inc. *Inclito celorum laus sit digna deo* (nr. 5) mit einsilbigem Reim bzw. Assonanz. Die Bestimmung der Sequenz, in der Christus in seinen Wundertaten gepriesen wird, läßt sich nicht genau festlegen[43]. Auch zwei Schwänke finden sich im Bestand der alten Sammlung, beide mit Melodietitel: als *modus Liebinc,* der bereits behandelte, vermutlich von Heribert von Eichstätt gedichtete Schwank vom Schneekind, inc. *Advertite omnes populi ridiculum*[44], und, wohl ebenfalls als Sequenz aufzufassen, aber der Form nach schwer zu erkennen, der *modus florum,* inc. *Mendosam quam cantilenam,* das übermütige Lied von dem König, der seine Tochter dem zu geben versprach, der so gewaltig aufzuschneiden verstünde, daß der König selber ihn einen Lügner nennt. Der letztgenannte Schwank steht dem unmittelbar voraufgehenden vom Schneekind hinsichtlich der verwendeten Elemente wie dem inneren Aufbau nach überaus nahe: nicht nur, daß beide Gedichte Sequenzen sind, sie werden hier wie dort einem Spielmann in den Mund gelegt, der mit einem Vorspruch an seine Zuhörer beginnt und seinen Vortrag mit einer zusammenfassenden Bemerkung endet; hier wie dort spielt ein Schwabe die Hauptrolle, erzählt eine faustdicke Lüge und legt in sie die Pointe des Ganzen. Es ist nicht ausgeschlossen, daß die beiden Lieder denselben Urheber haben.

---

[43] Die Ähnlichkeit des Melodietitels mit dem von Ekkehart IV. (casus c. 80)) genannten *lidius Charlomannicus* hat zu manchen Spekulationen Anlaß gegeben, unter anderem der Vermutung (Müllenhoff und Scherer, Denkmäler Nr. XIX mit Bd. II S. 107ff.), beide Sequenzen hätten eine deutsche Vorlage gehabt. Der Vergleich (zu Ekkeharts Sequenz siehe oben S. 64) macht deutlich, daß die Herstellung einer Verbindung nicht ohne Gewaltsamkeit möglich ist.

[44] Siehe oben S. 462f.

4. Kapitel: Deutschland 501

Was man hier vor allem bemerken wird, ist neben dem Auftreten des Spielmanns der unbekümmert weltliche Sinn, der nicht nur aus den beiden Schwänken, sondern auch aus einer ganzen Reihe von Gedichten der Sammlung spricht. Bedeutsamer ist das Gedicht *de Lantfrido et Cobbone* (nr. 6), inc. *Omnis sonus cantilene trifariam fit*, eine recht unregelmäßig gebaute Sequenz, das Lied von der Freundestreue. Über alles setzen Lantfrid und Cobbo ihre Freundschaft, bis dieser, des Königsdienstes im fremden Lande müde, sich anschickt, übers Meer in seine Heimat zurückzukehren. Lantfrid möchte ihn begleiten. Cobbo weist ihn schroff zurück und fordert, daß nur Lantfrids Frau ihn begleite – der andere habe sie lang genug besessen. Lantfrid, in Freundestreue, willigt in diese Forderung ein, mahnt den Scheidenden, der Treue zu gedenken, und, als das Schiff mit Cobbo und der Frau seinen Blicken entschwindet, zerschlägt er seine Harfe am Felsgestein. Cobbo aber kehrt zurück: es bedürfe keiner weiteren Probe der Freundestreue. – Das Gedicht, das so, wie es uns vorliegt, kaum verständlich ist, hat verschiedene Deutungen erfahren. Man hat an orientalischen Einfluß gedacht, an Freundschaftsgeschichten wie im Athis und Profilias, und hat damit unterstellt, daß die Geschichte, die in unserer Sequenz erzählt wird, von zwei Freunden handelt, die einander an Großmut zu übertreffen suchen. Doch zu den – was die Freunde selbst betrifft – zumeist lichten Farben will das Zerschlagen des Saitenspiels nicht passen, so wenig wie des Cobbo unverschämte Forderung und das Zurückweisen der Begleitung durch den Freund. Der christliche Dichter, dem schon Lantfrids Verzicht auf die Frau unverständlich oder anstößig sein mußte, formte den ihm vermutlich in einem Liede vorliegenden Stoff um und suchte ihm auch noch durch Cobbos Versicherung, daß er die Frau unberührt zurückbringe, das Anstößige zu nehmen. Denkt man an düstere Geschichten, wie zwei Jahrhunderte später Saxo Grammaticus aus dem Norden sie überliefern wird, so öffnet sich der Hintergrund nach einer anderen Seite, und man meint ein Lied aus heidnisch-germanischer Zeit zu vernehmen: die dunkle Gestalt des Cobbo, der im Begehren nach der Frau, deren Besitz er dem Freund zum Vorwurf macht (*quam tibi solam propriam vendicasti*), die unbedingte Treue des Freundes schmählich mißbraucht, der die Begleitung des Freundes gar nicht haben *will* und der gar nicht daran denkt, zurückzukehren, nachdem er des Freundes Weib in Besitz genommen. Das Lied schloß tragisch mit der Vernichtung des Lantfrid, der seinen Schmerz hinaussingt in die endlose Weite des Meeres, wohl wissend, daß er mit dem entschwindenden Schiff alles, alles verlor, was ihm teuer war, und darum das Saitenspiel, das nie mehr klingen soll, am Felsen zerschmettert. Die Sequenz wird durch einen vom Dichter dem vortragenden

Spielmann in den Mund gelegten Vorspruch von zwei Strophen eingeleitet, worin von den drei Arten der Musik gesprochen wird: dem Saitenspiel, dem Blasen der Flöte und dem Gesang. Quelle können Isidors Etymologien gewesen sein, die Zusammenstellung findet sich aber auch sonst gelegentlich in mittelalterlichen Musiktraktaten. Was die hier vorgeschlagene Deutung des Lantfrid-Cobbo-Stoffes angeht, so ist es nicht unwichtig zu bemerken, daß es eine Bearbeitung in rhythmischen Fünfzehnsilblern gibt; in ihr wird der Gedanke der Freundschaftsprobe noch stärker betont, und es ist kaum zu zweifeln, daß dem Verfasser dieser Bearbeitung bereits die Sequenz bekannt gewesen ist[45]. In einem zur älteren Sammlung gehörenden Gedicht (nr. 12), inc. *Vite dator omnifactor*, einer Sequenz aus vier umfänglichen Doppelstrophen und einem Schlußversikel, worin Pythagoras als einer der Alten, denen Gott die Weisheit anvertraut habe vor der Offenbarung, gerühmt wird, daß er an einer Schmiede vorübergehend am verschiedenen Klang des Metalles die Musik erfunden habe; aber auch die Y graeca, welcher Buchstabe den zweifachen Weg andeute, den die Jugend einzuschlagen habe, zum Laster oder zur Tugend. Mit einer Erinnerung an das Musiksystem und die musikalischen Begriffe der Zeit, die im wesentlichen von Boethius bestimmt waren, beginnt ein Nachtigallenlied (nr. 10), *de luscinia* überschrieben, inc. *Aurea personet lira clara modulamina*, ein Strophenlied in Fünfzehnsilblern, von denen je drei zu einer Strophe verbunden sind, worin der Gesang der Nachtigall im Frühling, zur Zeit der erwachenden Natur, besungen wird; eine Doxologie beschließt gleich einem Hymnus das Gedicht.

Zu den Stücken, die nicht in der Ursammlung enthalten waren, gehört das Lied, das aus Anlaß der Krönung Heinrichs III. zum deutschen König gesungen wurde: *O rex regum qui solus in evum* (nr. 16); die Krönung erfolgte zu Ostern 1028 durch Erzbischof Pilgrim von Köln. Das Krönungslied ist ein Hymnus in dreizehn rhythmischen Strophen zu je drei siebzehnsilbigen Langzeilen, mit Wiederholung der ersten Strophe als Refrain. Formal merkwürdig und inhaltlich in mancher Hinsicht problematisch ist das Gedicht *de Heinrico* (nr. 19), inc. *Nunc almus thero evvigero*, das sich vermutlich auf die Aussöhnung zwischen Otto III. und Heinrich II. im Jahre 983 bezieht; die Form ist in mancher Hinsicht ungewöhnlich, insofern zwei ambrosianische Zeilen, je eine

---

[45] Daß die Handschrift des Fünfzehnsilbler-Gedichts anscheinend älter ist als die der Sequenz, besagt natürlich für die Entstehungszeit der Gedichte gar nichts. Mit Recht betont Vollmann in ²Verfasserlexikon, 5. Bd., 610f., daß das Fünfzehnsilbler-Gedicht als Erzählung einen jüngeren Typ bezeichne als die Sequenz.

lateinische und eine althochdeutsche, zu einer Langzeile verbunden sind, die sich ihrerseits wieder in Strophen von drei oder vier Versen zusammenschließen.

Mehrere Stücke sind wiederum schwankhaften Inhaltes. Hier findet sich das früher schon erwähnte, möglicherweise von Fulbert von Chartres stammende Liedchen von dem kleinen Mönch Johannes, der ein Engel sein wollte und dann doch wie ein Mensch leben mußte (nr. 42), inc. *In gestis patrum veterum.* Hier steht die Geschichte von Alfrad und ihrer Eselin, die ein Wolf zerriß und von Alfrad und ihren Freunden in komischer Weise betrauert wird, und das Schelmenlied von Erzbischof Heriger von Mainz (913–927), in dem sich das Andenken an einen lebensfrohen, humorvollen und schlagfertigen Kirchenfürsten widerspiegelt (nr. 24), inc. *Heriger urbis Maguntiacensis antistes,* der auch dann, als ein Prophet vor ihm behauptet, er sei in die Hölle entführt und in den Himmel entrückt worden, auf eine jede der Schwindelgeschichten eine treffend witzige Antwort zu geben weiß. Ferner findet man etliche Naturlieder (z.B. nr. 40 *Levis exsurgit Zephirus*) und eine Anzahl von Liebesliedern.

Verbreitet war das gelegentlich als *invitatio amicae* bezeichnete Gedicht, inc. *Iam dulcis amica venito* (nr. 27), ein Strophenlied, in der vorliegenden Fassung zehn vierzeilige Strophen rhythmischer Neunsilbler mit paarweisem einsilbigem Endreim (oder Assonanz) aufweisend; das in rhythmischer Form seltene Maß scheint den katalektischen anapaestischen Dimeter zum Vorbild gehabt zu haben. Der Dichter stellt den Empfang der sehnlich erwarteten Geliebten mit allen Zurüstungen dar. Am Ende sind einige Strophen radiert. Radiert sind übrigens auch an späteren Stellen der Handschrift ganze Gedichte (in der Reihenfolge der maßgebenden Ausgabe nr. 28, 39, 49a); der Anlaß der Rasur ist vermutlich der kräftig erotische Inhalt der betreffenden Stücke gewesen. Mit etlichen Beispielen sind auch Inschriften und verwandte Texte in der Sammlung vertreten, beispielsweise als Nummer 26 (*Emicat o quanta,* 12 Hexameter) auf die Nonnen des Klosters St. Caecilia in Köln.

Über Anlaß und Zweck der Sammlung sind verschiedene Ansichten geäußert worden, die hier nicht im einzelnen zu erörtern sind. Gewiß war es eine allzu schwärmerische Vorstellung, genährt von dem alten Bilde einer Vagantenpoesie, die daran denken ließ, man habe in der Cambridger Sammlung das Textbuch eines *Goliarden* vor sich, der da von Ort zu Ort ziehend, seine Lieder zum Saitenspiel vorgetragen habe, und alle Beobachtungen und Überlegungen führen fast unausweichlich zu dem Schluß, daß die Sammlung, so wie sie uns in der Cambridger Handschrift vorliegt, als eine Blütenlese, als eine Anthologie lateinischer Dichtung zu betrachten ist, die ihre Herstellung einem gelehrten Liebhaber dieser Dichtung verdankt[46].

---

[46] Daß von den vier Liedern, die der Satiriker Amarcius einem Spielmann in den Mund legt, drei in der Cambridger Sammlung oder vielmehr in der Ursammlung wiederkehren, darf als Zeugnis dafür angesehen werden, daß man sich solche Lieder auch von Spielleuten vorgetragen zu denken hat, ist aber kein Hinweis darauf, daß man in der das mehr als Zwölffache an Stücken enthaltenden Cambridger Sammlung das Repertoire eines Spielmanns zu sehen habe, wie G. Bernt nach B. Bischoff im Lexikon des Mittelalters, 2. Bd. (1983) Sp. 1517f. andeutet.
Von geringerer Bedeutung ist die Frage, wie die Sammlung, die in der Cambridger Handschrift natürlich bereits in Abschrift vorliegt, nach England, nach St. Augustin in Canterbury zuerst, gelangt ist. P. Dronke u.a. haben im Mittellateinischen Jahrbuch 17, 1982, 58f. einige Spekulationen angestellt. Sicheres wird man nicht erfahren können.

Fünftes Kapitel

ENGLAND UND IRLAND

Es ist kein Wunder, daß im Vergleich zu dem, was die Völker des Kontinents seit dem Ausgang der Karolingerzeit bis in die Mitte des elften Jahrhunderts an Schöpfungen der lateinischen Literatur hervorgebracht haben, das gleichzeitige Schrifttum in England und Irland aufs Ganze gesehen dünn und schwach erscheint; waren die Inseln doch der Beutegier und den Raubzügen der Nordleute schon ihrer Lage wegen mindestens ebenso ausgesetzt wie die Küsten des Kontinents bis tief hinein ins Binnenland, und die Widerstandskraft der Bevölkerung scheint oft nicht sehr groß gewesen zu sein. Hatten die heidnischen Dänen schon im ausgehenden achten Jahrhundert im Norden Schottlands und Irlands Fuß fassen können, so richteten sich im Laufe des neunten Jahrhunderts ihre Einfälle gegen Nordengland und den Osten der Insel, wo das vornehmlich von monastischen Zentren geprägte geistige Leben weitgehend zum Erliegen kam; altberühmte Bildungsstätten wie Wearmouth und Jarrow sind damals (867/70) geplündert und zerstört oder wie Lindisfarne, das schon einmal hundert Jahre früher (793) geplündert und in Brand gesteckt worden war, zum zweiten Mal (875) in Schutt und Asche gelegt worden. Politisch ging die Stellung von Mercien, das zumal unter König Offa (757–96) die Vormacht unter den Angelsachsen ausgeübt hatte, und sogar dessen Selbständigkeit durch König Egbert von Wessex (802–839) verloren, und das Westsächsische Reich war fortan das führende unter den Königreichen der Angelsachsen. Als bedeutendsten Herrscher nennt die Geschichte Alfred den Großen (871–899). Jüngster Sohn des Königs Aethelwulf der Westsachsen (838–858) war er im zarten Alter von fünf Jahren auf die beschwerliche Romreise mitgenommen worden, die sein Vater im Jahr 853 unternahm; damals sei Alfred, wie die angelsächsische Chronik berichtet, von Papst Leo IV. zum König geweiht worden, ein Vorgang, der verschiedene Deutungen gefunden hat. Das erste Jahrzehnt der Regierung Alfreds war gezeichnet von fortwährenden Kämpfen gegen die Wikinger oder Dänen, die sich im Osten Englands niedergelassen hatten; nach einem ihrer überraschenden Angriffe hatte Alfred sogar fliehen müssen, bis er bei Edington einen entscheidenden Sieg errang. Guthrum, der König der im Osten Englands angesiedelten Wikinger, ließ sich taufen. Obwohl Alfred seine Macht in den folgenden Jahren auszudehnen wußte und schließlich von allen Angelsachsen als ihr König anerkannt wurde, kam es in den neunziger Jahren wiederum zu Kämpfen mit den Wikingern, die schließlich zum Friedensschluß gezwungen wurden.

Aber nicht nur in den äußeren Erfolgen liegt die Größe des ersten Königs der Engländer. Allein seine Gesetzgebung bedeutet schon dadurch, daß sie an die Stelle der verschiedenen Rechtsordnungen in Wessex, in Mercia und anderen Teilen Englands, die Alfred in seinem Reich vereinigte, ein einziges Recht setzte, einen wesentlichen Schritt auf dem Wege zum englischen Recht. Ähnlich wie einst Alfreds Vater durch die Erlangung der päpstlichen Salbung und Weihe eine Erhöhung seines und seines Sohnes erhofften Königtums nach karolingischem Vorbild erstrebt hatte, wird man eine bewußte Nachahmung Karls des Großen auch darin sehen dürfen, daß sich Alfred in späteren Jahren (nach 882) etwas wie einen geistigen Hofstaat schuf, indem er gelehrte Männer, von denen wir immerhin einige mit Namen kennen, um sich zu sammeln suchte. Mögen diese Maßnahmen zum Teil wenigstens den Anspruch zum Ausdruck bringen, der in der Nachahmung Karls des Großen lag, so verbanden sie sich doch auch mit dem Willen, die gesunkene Bildung im Lande wieder zu heben. Alfred glaubte dies nicht besser tun zu können, als durch Übersetzungen einer Reihe wichtiger lateinischer Werke ins Altenglische, die er zum großen Teil selbst, unterstützt von seinen Gelehrten, vornahm: es war die regula pastoralis Gregors des Großen, in deren Einleitung über den Niedergang des geistigen Lebens in Alfreds Reich gesprochen und die Gründe für seine Übersetzungen dargelegt werden; sodann die consolatio philosophiae des Boethius, Bedas Kirchengeschichte von England, ferner die historia adversum paganos des Orosius, das erste Buch von Augustins soliloquia und die dialogi Gregors des Großen. Alles also Werke in Prosa, insgesamt eine bewundernswerte Leistung, umso mehr, als – ungeachtet des Anteils, den die im Auftrag Alfreds beteiligten Gelehrten daran genommen haben – doch der eigentliche Schöpfer ein weltlicher Herrscher gewesen war. Man erkennt freilich auch den Unterschied vom kontinentalen, dem fränkischen Vorbild, insbesondere dem Karls des Großen. Dieser zumal hatte dem Rat Alkuins und seiner anderen Gelehrten folgend, durch Ermahnungen und Mandate in erster Linie die Klöster und die Bischofskirchen zur inneren Erneuerung und zur vertieften Pflege des geistigen Lebens ermahnt und ermuntert und damit eine allmähliche, von innen her und an vielen Stellen wachsende Erneuerung bewirkt. Er hatte ferner den an seinen Hof gezogenen Gelehrten und Dichtern die Möglichkeit einer relativ freien und ungehinderten Entfaltung ihrer geistigen Bestrebungen und ihrer Kunst gewährt und auch damit in der Mitte des Reichs das Urbild einer universalen, von christlichem Geist getragenen und antiker Tradition mitgeprägten Kultur und Bildung geschaffen, das geeignet war, als Grundlage einer neuen, der werdenden abendländischen Kultur zu dienen. Alfred, so will es scheinen, handelte nach eigenen Vorstellungen, und als Praktiker, als Soldat und Staatsmann ging er den, wie er meinte, kürzesten Weg zum Erfolg. Im Vergleich zum karolingischen Vorbild fehlen den Bemühungen Alfreds zwei Dinge: einmal der universale Gedanke, der für Karls Reich wesentlich war; an seiner Stelle nahm sich Alfred von vornherein die Beschränkung auf ein angelsächsisches Königtum zum Ziel. Zum andern mangelte der Konzeption Alfreds das – zu Karls Zeit noch in engen Grenzen sich haltende, aber doch wesentliche – antike, und zwar unmittelbar in der lateinischen Sprache sich ausdrückende Bildungselement. Die karolingische Erneuerung war in Ansehung ihres Zieles, ihrer Methoden und ihres Grundcharakters eine *humanistische*; demgegenüber war die von Alfred eingeleitete, den möglichst raschen, hindernislosen Zugang zum Inhalt der ausgewählten Werke durch ihre Übertragung in die Volkssprache erstrebende Reform eine *realistische*. So hat denn Alfred wohl eine schätzenswerte Reihe von Übersetzungen geschaffen und er ist der Schöpfer der altenglischen Prosa geworden. Was freilich das überlieferte lateinische Bildungsgut betrifft, ist eine dem fränkischen Vorbild vergleichbare Wirkung von seinem Werk nicht ausgegangen und hat ihm nicht ausgehen können. So stand England am Beginn seiner Geschichte in dem Maße, in dem es sich eine neue Grundlage der geistigen Bildung zu schaffen suchte, im Begriff, aus der lateinischen Welt hinauszuwachsen.

Von den gelehrten Männern, die mit zum Kreise Alfreds gehörten, ist wohl der bedeutendste und am besten bekannte der Mönch A s s e r gewesen. In den Jahren 883/86 kam er zum ersten Mal in Berührung mit König Alfred, dem es später gelang, ihn für dauernd an seinen Hof zu ziehen, und der ihn später zum Bischof von Sherborne (um 892) bestellte. Von Asser erlernte der König die Kunst des Lesens, und man darf annehmen, daß es der gelehrte Mönch war, der vor anderen den König bei seinen Übersetzungsbemühungen unterstützte.

In den neunziger Jahren, noch zu Lebzeiten König Alfreds, schrieb Asser *de rebus gestis Alfredi*. Als Biographie eines Herrschers hat man das Werk insofern mit der vita Hludovici des Thegan verglichen, als beide zu Lebzeiten ihrer Helden abgefaßt wurden, beide unvollendet geblieben, jene von einem politischen Anhänger des Kaisers, die gesta Alfredi von einem ihm persönlich nahestehenden Autor verfaßt sind; direkte Abhängigkeit von Thegan ist damit keineswegs erforderlich. Asser beginnt mit der Geburt Alfreds (849) in Uuananting (Wantage) in der Landschaft Berrocscire (Berkshire), die ihren Namen von einem an Buchsbäumen besonders reichen Wald erhalten habe. In einem Geschlechtsregister legt Asser die königliche Abstammung Alfreds dar, das in siebenundzwanzig Generationen Geata erreicht, den die Heiden als Gott verehren (und andere Völker, wie z.B. die Goten, unter dem Namen Geta als ihren Stammvater rühmen), und in weiteren siebzehn Generationen über Seth und Noe bis auf Adam zurückgeführt wird. Die Ereignisse werden sodann in chronologischer Ordnung in einer zumeist dem Annalenstil angenäherten schlichten, nur in gewissen Partien nach Gewähltheit strebenden Sprache berichtet, angefangen mit König Aethelwulfs erster Romreise zusammen mit dem fünfjährigen Alfred, dessen Salbung, dem Widerstand und der Verschwörung seines Sohnes, die zur Teilung der Herrschaft mit Eanbald führt, und namentlich die endlosen Kämpfe gegen die in England eingedrungenen Wikinger. Schon bei erster Gelegenheit versucht Asser den – damals noch achtzehnjährigen – späteren König Alfred zu charakterisieren, wobei er vor allem auf dessen Bildungshunger und Interesse für geistige Dinge Wert legt. So erzählt er gegen seine sonstige Gewohnheit, nur sachlich und einfach von Ereignissen zu sprechen, die Anekdote von des Königs Mutter Osburh, die ihren Kindern ein Buch mit altsächsischer Dichtung vor Augen hält und verspricht, es demjenigen zu schenken, der es zu lesen vermöchte, worauf der kleine Alfred, der Jüngste, sich von einem Geistlichen den Inhalt erzählen läßt, den er dann der Mutter *vorliest*. In den späteren Partien, wo Asser von den Bemühungen Alfreds spricht, Gelehrte – auch solche vom Festland – an seinen Hof zu holen, wird das Bemühen Alfreds um Hebung der offenbar in jammervollem Zustande befindlichen geistigen Bildung in seinem Reich mit Nachdruck hervorgehoben, indem der Biograph darauf hinweist, daß zu jener Zeit in Wessex überhaupt niemand zu finden gewesen sei, der zu lesen vermocht habe, und daß der König von allen in staatlichen Ämtern befindlichen Personen, auch solchen höheren Alters, bei Strafe der Enthebung von ihren Ämtern verlangt habe, daß sie das Lesen zu lernen hätten. Es ist der Höfling, der nun dem ersten Leser seiner Biographie, dem König selber, versichert, daß alle mit größtem Eifer diese ihnen gebotene Möglichkeit wahrgenommen hätten. Das Werk bricht unvermittelt im Jahr 895 ab.

An einer Reihe von Stellen scheinen Interpolationen vorzuliegen, doch ist ihr Umfang nicht in allem gesichert. Man hat ferner manche

Widersprüche zu anderen Quellen gefunden und die Zuverlässigkeit Assers ist nicht in allen Teilen gesichert, worauf indes an dieser Stelle nicht näher eingegangen zu werden braucht. Was den literarischen Rang der gesta angeht, so erreichen sie insgesamt nur ein recht bescheidenes Niveau; zwischen Zeitgeschichte und Herrscherbiographie stehend, erfüllt das Werk eigentlich keine der beiden Anforderungen. Von innerer Einheit und Geschlossenheit kann nicht die Rede sein (vereinzelt finden sich Floskeln, die eigentlich nur in der Hagiographie ihren Platz haben), die Sprache hebt sich kaum je über bescheidene stilistische Ansprüche hinaus, und ob die vermuteten Waliser Eigenheiten wirklich solche sind oder schlichtweg Fehler, bedürfte noch einmal der Prüfung. Kenntnis und Benützung des Werkes in späterer Zeit ist gelegentlich vermutet, aber nirgends bewiesen worden. Daß die Seltenheit der gesta, von denen wir keine mittelalterliche Handschrift mehr besitzen, allein auf die Mängel des Werkes zurückzuführen sei, braucht nicht angenommen zu werden.

Zunächst nämlich sind die Verhältnisse einer Wiederherstellung des geistigen Lebens, wie es bis gegen Ende des achten Jahrhunderts bestanden hatte, alles andere als günstig gewesen, und im Raum des Lateinischen ist das zehnte Jahrhundert in England bis weit über die Mitte hinaus so gut wie stumm gewesen. Die Bemühungen König Alfreds blieben de facto auf den Umkreis seiner unmittelbaren Wirkung beschränkt, und längere Dauer scheint ihnen nicht beschieden gewesen zu sein. Nach Alfreds Tod tritt in England eine Zeit völliger Stagnation, ja der äußersten Armut auf geistigem Gebiete ein, ein Zeitabschnitt von zwei, drei Generationen, aus dem uns nicht ein Werk in lateinischer Sprache bekannt ist. Das änderte sich, als mit der Wiederherstellung des Mönchtums auch die Voraussetzungen für ein geistiges Leben andere wurden. Es war die monastische Reform des zehnten und elften Jahrhunderts, die England von neuem an den Kontinent band, es mit diesem geistig verknüpfte, lange bevor die Normannen auf ihre Weise eine Brücke schlugen.

Als erste große Gestalt steht am Beginn der Erneuerung Dunstan, Erzbischof von Canterbury 960 bis 988. Aus einer wohlhabenden, in Wessex begüterten Familie stammend, kam er als Oblate ins Kloster Glastonbury, das als eines der ältesten englischen Klöster – seine Gründung geht ins frühe achte Jahrhundert zurück – bei den Wikingereinfällen zerstört, dann Kanonikerstift gewesen war. Seit 943/44 nahm Dunstan die Erneuerung von Glastonbury als Benediktinerabtei in Angriff, wurde 945 von König Edgar als Abt eingesetzt, als welcher er das Kloster zu einem Zentrum des monastischen, aber auch des geistigwissenschaftlichen Lebens ausbaute. Spuren seiner Tätigkeit in dieser Zeit haben sich erhalten. Später ist Dunstan in kurzer Folge hintereinander Bischof von Worcester (957) und im folgenden Jahr dazu auch Bischof von London geworden; seit 959/60 bekleidete er fast drei Jahrzehnte lang das Amt des Erzbischofs von Canterbury.

Mit Dunstan stand in Verbindung A e t h e l w o l d, der annähernd gleichaltrig mit jenem war und bis 984 gelebt hat. Er scheint adliger Abstammung gewesen zu sein, da er seine Erziehung zum Teil am Hof Königs Aethelstans († 939) empfing; er hat später seine Studien in Glastonbury unter Dunstan fortgesetzt. Vom König mit der Wiederherstellung der verlassenen Abtei Abingdon betraut, nahm er Beziehungen zu den Klöstern Fleury und Corbie auf und stellte damit eine Verbindung her, die nicht nur Bedeutung für den Anschluß englischer Klöster an die monastischen Reformen auf dem Kontinent, sondern auch für die kulturelle und bildungsmäßige Wiedereingliederung Englands in die Gesamtheit der lateinischen Welt Bedeutung gewinnen sollte. Im Jahr 963 wurde Aethelwold zum Bischof von Winchester erhoben. Auch hier wirkte er im Sinne der Reform. Er entfernte den Weltklerus aus dem Dienst an der Domkirche – die Vertreibung einer verwahrlosten Geistlichkeit (*clericorum spurcitiae*)[1], deren Lebenswandel die Kritik herausforderte, ist hier wie anderwärts oft der erste Schritt zur Erneuerung gewesen – und stellte eine Reihe von Klöstern in Ostengland, darunter New Minster in Winchester selbst und Ely, wieder her.

Sehr wichtig war Aethelwolds Anteil an der Abfassung der *regularis concordia*, worin er in Verbindung mit Dunstan nach dem Muster der festländischen consuetudines die Statuten für die neuerrichteten Klöster zusammenstellte. Ungeachtet der großen Bedeutung, die einem Werk wie der regularis concordia für die Durchformung der Lebenshaltung in den wiedererrichteten englischen Klöstern zukam, hat das Werk die Aufmerksamkeit auch insofern auf sich gelenkt, als es im Zusammenhang der Anweisungen für die liturgischen Besonderheiten der Karwoche und von Ostern eine Beschreibung der szenischen Darstellung der Kreuzesverehrung und der Grablegung sowie einer frühen Stufe des Osterspiels, der *visitatio sepulchri*, enthält (c. 46f. und 51). Obwohl die Kreuzesverehrung des Karfreitags schon aus frühchristlicher Zeit in der peregrinatio Egeriae für Jerusalem im fünften Jahrhundert und durch Ecce lignum crucis mindestens seit der Karolingerzeit auch für die römische Liturgie bezeugt ist, halten es die Verfasser offenbar für nötig, ausdrücklich zu betonen, daß solche augenfälligen Darbietungen

---

[1] vgl. regularis concordia 2 (S. 2 Symons und weitere Hinweise ebenda Anm. 2).

dazu bestimmt seien, den Glauben des analphabetischen Volkes sowie der Neubekehrten zu stärken. Weitere Schlüsse für Ursprung und Entwicklung des geistlichen Spiels in England kann man aus der regularis concordia natürlich nicht entnehmen, die fraglichen Texte sind allesamt festländischer Herkunft.

Aethelwold gilt als ein besonders entschiedener Vertreter einer strengen Durchführung der Reform. Sie ist sein Motiv und bestimmt sein Handeln auch dort, wo seine Bemühungen sich auf das Gebiet der geistigen Bildung erstrecken. Er sah sie nicht als eine lateinische, die es auf dem Wege über die lateinische Sprache zu erwerben galt, wozu nur ein begrenzter Teil der Bevölkerung befähigt war; Aethelwold war es von vornherein, um nicht zu sagen in erster Linie, um Wirkung auch durch die Volkssprache zu tun. Erinnert man sich an König Alfred und seine Nachahmung karolingischer Gepflogenheiten, die sich indes gerade im Hinblick auf das volkssprachliche Element von jenen unterschieden zu haben scheinen, und denkt man daran, daß schon Beda am Ende seines Lebens noch eine Übersetzung des Johannesevangeliums ins Angelsächsische unternommen hatte, so gewinnt man den Eindruck, im angelsächsischen Raum habe schon sehr früh die Volkssprache eine größere Rolle gespielt, und es sei das Lateinische mehr als ein notwendiges Übel denn als der Ausdruck einer geistigen Welt verstanden worden, nach deren Aneignung man strebte. Auch der Verlauf der Erneuerungsbewegung zeigt im Vergleich zur karolingischen auf dem Festland, daß man in England die lateinische Bildungswelt sich anzueignen bemüht, daß man sie als notwendig akzeptiert, aber doch eigentlich nie mit der Selbstverständlichkeit sich zu eigen zu machen versucht hat, wie es auf dem Kontinent zu beobachten ist. Wir besitzen von Aethelwold eine *Übersetzung der Benediktregel* ins Altenglische; inwieweit er an der Einführung des neuen Hymnars[2], die in seine Zeit fällt, beteiligt war, ist ungewiß.

Die dritte führende Gestalt bei der Erneuerung des monastischen Lebens in England war Oswald, der seit 961 Bischof von Worcester, seit 972 bis zu seinem Tod im Jahr 992 zugleich Erzbischof von York war. Er war einer der ersten englischen Kirchenfürsten dänischer Abkunft. Sein Oheim Odo, Erzbischof von Canterbury 942 bis 959, war noch der Sohn heidnischer Wikinger. Diesem Odo kommt für die Mönchsreform insofern mittelbar Bedeutung zu, als durch ihn eine Verbindung mit dem Kontinent hergestellt wurde, die sich einige Jahrzehnte später als sehr fruchtbar erwies. Odo hatte bei der Inbesitznahme seines Erzbistums Widerstand vom eigenen Domklerus erfahren, der

---

[2] s. Gneuss, Hymnar und Hymnen, S. 55 ff.

durchweg aus Benediktinern bestand, und er hat diesen Widerstand erst zu überwinden vermocht, als er selber in Fleury die Ordensgelübde nach der Benediktregel ablegte. Seit seiner Profeß ist eine kontinuierliche Verbindung englischer Klöster speziell mit Fleury zu beobachten; mag sein, daß dem Geist der monastischen Erneuerung die ungewöhnlich strengen und harten consuetudines von Fleury besonders entsprachen. Oswald also hatte als junger Mensch dem Domkapitel von Winchester angehört, dann wie sein Oheim in Fleury das Kleid St. Benedikts genommen. 961 wurde er Bischof von Worcester, dazu Erzbischof von York. In die Kirchengeschichte Englands ist er vor allem als Klostergründer und Erneuerer des monastischen Lebens eingegangen. Unter anderem gründete er in Worcester selbst das Kloster St. Maria; das auf seine Anregung hin gegründete Ramsey entwickelte sich zu einem neuen Zentrum der Reform; hier wirkte in der Mitte der achtziger Jahre Abbo von Fleury als Lehrer an der Klosterschule; in seiner Person verdichtet sich gleichsam die Übertragung des festländisch-karolingischen Bildungsgutes und der karolingischen Minuskel auf die Insel.

Ein Schüler Aethelwolds ist W u l f s t a n (oder Wolstan), der aus vornehmer angelsächsischer Familie stammte und als Mönch in Winchester bis gegen Ende des Jahrtausends gelebt hat. In die lateinische Literatur ist er als Hagiograph und Hymnendichter eingegangen. Wulfstan verfaßte eine *vita beati Aethelwoldi* auf der Grundlage eigener Erinnerung und, wie er sagt, des Berichtes älterer Mitbrüder. Er beginnt mit Angaben über die Herkunft Aethelwolds, spricht ausführlich von den Gesichten, welche die Mutter vor der Geburt des Kindes hatte, und deren Deutung, erzählt sodann Aethelwolds Leben in chronologischer Folge bis zum Tod und fügt daran den Bericht von einigen Wundern. Das Werk ist von persönlicher Verehrung getragen und in hagiographischem Stil, jedoch ohne Schwulst und Übertreibung abgefaßt.

Als *narratio metrica de Swithuno* pflegt man eine Dichtung Wulfstans in zwei Büchern zu bezeichnen, in denen die Wundertaten des heiligen Swithun erzählt werden. Dieser war Kanzler des Königs Egbert von Wessex und Erzieher von dessen Sohn Ethelwulf gewesen; letzterer ernannte ihn, nachdem er selber König geworden, 852 zum Bischof von Winchester, bediente sich jedoch nach wie vor seines bewährten Rates. Swithun, der bis 863 gelebt hat, erwarb sich schon zu Lebzeiten hohe Verehrung, die sich nach seinem Tod über ganz England verbreitete. Das neu errichtete Kloster in Winchester, dessen Bau von Swithun begonnen worden war und das sich die Apostel Petrus und Paulus, später dann auch den eigenen Bischof Swithun zu Patronen erwählt hatte, bildet den Hauptgegenstand einer umfänglichen Versepistel (348

Verse, Distichen) an den Bischof Elphegus. Hier offenbart sich Wulfstan als Dichter von Rang, der mit der souveränen Beherrschung der Sprache und der poetischen Form eine Art der Darstellung verbindet, in der die nüchterne Aufzählung von Dingen mit ihren Eigenschaften und die schlichte Schilderung von Vorgängen immer wieder hinübergleitet in trockenen Humor und feine Ironie. Da findet sich die vielgenannte Beschreibung der großen Orgel zu Winchester, von der gesagt wird, daß sie 400 Pfeifen besessen habe, je zehn einem Ton zugeordnet. Daß er dann siebzig Männer im Schweiße ihres Angesichts die Bälge bedienen läßt — was man so wörtlich nicht zu nehmen braucht — und dabei mit Rafinesse an die Darstellung der Kyklopen im Vergil (Georg.4,171ff. und Aen.8,449ff.) erinnert; daß er die Wirkung jenes Instruments nicht besser anzudeuten weiß als dadurch, daß sich die Kirchenbesucher ob des gewaltigen Dröhnens die Ohren zuhalten:

> *inque modum tonitrus vox ferrea verberat aures,*
> *preter ut hunc solum nil capiant sonitum,*
> *concrepat in tantum sonus hinc illincque resultans*
> *quisque manu patulas claudat ut auriculas*[3];

daß er sich dann in der gemütvollen Schilderung des goldenen Turmhahns ergeht, der auf seinem Szepter sitzend ganz Wessex (*occiduum imperium* v. 196) beherrscht und bis ins Meer hinausblickt; daß er mit Wohlbehagen bei den Festlichkeiten der Kirchweihe mit dem anschließenden Mahl für Klerus und Volk verweilt: das ist in einem Widmungsbrief zu einer Sammlung von Wundererzählungen durchaus ungewöhnlich und erweist sich als beste literarische Kunst. — Die übrigen Teile des Werkes, eine Vorrede an die Mitbrüder des Dichters und eine kurze allgemeine Einleitung und dann die beiden Bücher der miracula sind in Hexametern abgefaßt, die wie die Distichen des Briefes an Elphegus meist einsilbigen Reim aufweisen.

Es war kein üblicherweise poetisch behandelter Gegenstand, aber doch auch wiederum nicht so fernliegend, daß sich Wulfstan den Grundgedanken des Festes Allerheiligen zum Vorwurf einer Dichtung wählte. Das *breviloquium de omnibus sanctis,* das erst in jüngster Zeit bekannt geworden ist, (inc. *Vota serena tibi Ihesu bone reddere vovi* der Prolog in Distichen; *Aecclesie gestis hoc quondam legimus actum* der Hauptteil in 696 Hexametern) knüpft an den im liber pontificalis erzählten Bericht von der Schenkung des Pantheon durch den Kaiser Phokas und dessen Weihe als christliche Kirche durch Bonifatius IV. im Jahre 609 an und besingt sodann die Heiligen, angefangen von Maria der Gottesmutter über die neun Chöre der Engel die Patriarchen und Propheten des Alten Testaments, Johannes den Täufer, die Apostel,

---
[3] Swith. 163ff. ed. Campbell.

Martyrer, Kirchenlehrer, Bekenner, Jungfrauen, Anachoreten, und schließt mit Versen, die sich an liturgische Texte des Allerheiligenfestes (insbesondere die Postcommunio) anlehnen. Das gewandt geschriebene Gedicht benützt bereits die narratio s. Swithuni und ist vermutlich nach 994/996 entstanden; seine Verbreitung scheint gering gewesen zu sein.

Da sich Wulfstan in der Einleitung zur narratio metrica de Swithuno als *ultimus Anglorum servulus hymnicinum* bezeichnet, so verdient die Ansicht Glauben, nach welcher ihm einige *Hymnen* auf Wintonienser Lokalheilige gehören: einer auf Aethelwold (inc. *Alma lucerna micat*; 46 bzw. 54 Verse), ein abecedarisches Preislied in Distichen, die als leoninische caudati gebildet sind. Ein zweiter (inc. *Agmina sacra poli*; 46 Verse) besingt den heiligen Birin, dessen Gebeine man in Winchester besaß, seitdem der Sitz des Bistums von Dorchester dorthin verlegt worden ist. Birin, zunächst Benediktiner im Kloster St. Andreas zu Rom, war im Auftrag des Papstes als Missionar nach Britannien gezogen, hatte als Glaubensbote in Wessex gewirkt, 635 den König Cynegil getauft und hatte das Bistum Dorchester bis zu seinem Tod um 648/650 inne. Zu Ehren des vorhin schon genannten Swithun dichtete Wulfstan den Hymnus *Aurea lux patriae Wentana* und einen zweiten *Auxilium domine qui te rogitantibus*. Alle vier Stücke, mehr Preislieder und Bittgedichte als inhaltsreich, weisen dieselbe Form auf: sie bestehen aus epanaleptischen Distichen, deren Hexameter und Pentameter, jeweils durch einsilbigen Endreim gebunden, so gebildet sind, daß die ersten 46 Verse ein Abecedar (A–Z), die abschließenden vier Distichen das Akrostichon *Amen* ergeben. Wulfstan scheint größtes Gewicht auf die Form gelegt zu haben, und er ist offenbar auf die von ihm selbst erfundene Kombination formaler Elemente nicht wenig stolz gewesen, da er sie immerhin viermal hintereinander angewandt hat.

Sein dichterisches Werk erführe eine bemerkenswerte Bereicherung, wenn ihm tatsächlich die sechs *Sequenzen* gehörten, die man ihm zugeschrieben hat, weil sie drei in Winchester und nur dort gemeinsam verehrte Heilige besingen und in einem (oder zwei) Troparen aus Winchester[4] enthalten sind. Es handelt sich um die folgenden: auf Aethelwold die Sequenzen *Dies sacra dies ista* und *Laude celebret vox quoque Deum*; die letztgenannte weist im fünften und neunten Strophenpaar denjenigen Einschub alter Alleluia-Tropen auf, den man gelegentlich Prosellen genannt hat[5], und zeigt damit Verwandtschaft mit einer

---

[4] Oxford, Bodleian Library, Bodl. 775 (2558) saec. XI und Cambridge, Corpus Christi College 473 B saec. XI.

[5] W. von den Steinen, Anfänge der Sequenzendichtung. Zeitschrift f. Schweizerische

sonst nur aus Frankreich bekannten Übung der älteren Sequenz. Dem Swithun gelten die Sequenzen *Gaudens Christi praesentia iucunda* und *Psallat ecclesia mater decora;* auf Birinus bezieht sich *Caelum mare tellus*, auf Birinus und Swithunus zusammen die Prose *Laude resonet te Christe devote.*

Sicherheit bezüglich der Verfasserschaft läßt sich, wie gesagt, bei den genannten Sequenzen nicht erreichen. Wie dem auch sei, die Kunstfertigkeit Wulfstans ist auch dann, wenn nur die wirklich gesicherten Werke ihm gehören sollten, sehr beachtlich und umso höher einzuschätzen, wenn man sich des Niveaus erinnert, auf dem sich das lateinische Schrifttum noch in der Zeit König Alfreds des Großen befunden hat.

Der bekannteste unter den Schülern Aethelwolds ist der Mönch Aelfric gewesen, den man zuweilen mit der Bezeichnung Grammaticus von gleichnamigen Zeitgenossen unterscheidet: in erster Linie von dem ursprünglich Abingdoner M ö n c h A e l f r i c, der später Abt in St. Alban's, Bischof von Wilton und schließlich (als zweiter Nachfolger Dunstans) von 995 bis zu seinem Tode 1005 Erzbischof von Canterbury gewesen ist. Wahrscheinlich stammen von ihm die *canones Aelfrici ad Wulfinum episcopum*, eine Zusammenstellung der Aufgaben und Pflichten der Grade der Kirche (unter Umgehung des Bischofsamtes, dessen Inhabern der bescheidene Verfasser ihre Pflichten nur andeutend in der Einleitung vor Augen zu stellen wagt). Von Zeitgenossen kennen wir außerdem einen Aelfricus Bata, der Scholastikus in Winchester zu jener Zeit war, sowie den etwas jüngeren Aelfricus Puttoc, Erzbischof von York († 1051).

Der G r a m m a t i k e r A e l f r i c, dessen Lebenszeit zwischen ungefähr 955 und 1020 liegt, war im Kloster Winchester unter Abt Aethelwold erzogen worden; über seinen Eintritt ins Kloster fehlen sichere Angaben. Seit 1005 ist er erster Abt des Klosters Eynsham gewesen. Aelfric war in erster Linie Übersetzer, und er gilt in dieser Eigenschaft als der vielleicht bedeutendste altenglische Prosaschriftsteller. Man rühmt von ihm, daß er, im Unterschied zu König Alfred und seinem Kreis, in dessen Übersetzungen doch das lateinische Vorbild noch sehr stark zu erkennen sei, zu einer wirklich freien, ja dem Poetischen sich nähernden Prosa gefunden habe. Was wir von ihm besitzen, ist eine große Zahl von *Homilien* (Catholic Homilies, 80 Stücke), *kommentie-*

Kirchengeschichte 40 (1946) 205ff. – Der oben erwähnte Einschub (d.h. die sogenannte Prosella) findet sich als selbständiger Tropus in französischen Troparen (Analecta hymnica 49,276 (no. 529) mit Nennung der Handschriften.)

rende Übersetzungen des Alten und Neuen Testaments, darunter insbesondere über das Sechstagewerk, sodann *Briefe* und *Heiligenleben*.

Es ist nicht ungewöhnlich in der Zeit, daß Übersetzungen aus dem Lateinischen in eine Volkssprache hergestellt wurden. Alle europäischen Sprachen haben so begonnen, haben mit der Erschließung lateinischer Werke auch für Volkssprachen ihr geistiges Leben bereichert, alle haben sich am Vorbild des lateinischen Schrifttums allmählich zu eigener Literaturfähigkeit emporgerankt. Und dennoch scheint es, als sei das Verhältnis der Angelsachsen zur Übersetzung von Anfang an ein anderes gewesen als bei der Mehrzahl der übrigen europäischen Völker. Es ist etwas anderes, wenn Karl der Große Sagen und Lieder des eigenen Volkes sammeln läßt, und wenn König Alfred der Große, während er ganz bewußt an das karolingische Vorbild anknüpft, von sich aus und in seinem Kreis den unmittelbaren Zugang zum lateinischen Bildungsgut durch Übersetzung in die Volkssprache zu eröffnen strebt; Aelfric steht in derselben Linie. Sei es, daß man sich in England, nachdem einmal die kleinen Königtümer der von Wessex aus begründeten höheren Macht zugeordnet und zu einem Königreich vereinigt waren, eher der eigenen werdenden Nation bewußt wurde, sei es, daß es dem vielgenannten praktischen Sinn der Engländer nicht einleuchten wollte, weshalb man erst den Umweg über das Lateinische suchen sollte. Es ist wohl nicht zu übersehen, daß sich in England früher als in der Mehrzahl der Länder und Völker auf dem Kontinent eine besondere Vorliebe für die Volkssprache entwickelte. Ob gerade hieraus oder inwieweit die auch in der späteren Literatur etwa des zwölften Jahrhunderts im Lateinischen erkennbaren englischen Eigenheiten zu erklären sind, wäre der Untersuchung wert.

Im übrigen herrschen in der vergleichsweise nach wie vor nicht eben reichhaltigen lateinischen Literatur die hagiographischen Schriften vor. Dabei gibt es sowohl Bearbeitungen älterer Viten wie auch Lebensbeschreibungen von Zeitgenossen, die als Heilige verehrt wurden. So veranlaßte Erzbischof Odo von Canterbury († 959)[6] in einem nach Aldhelmscher Manier künstlich verklausulierten Brief den Mönch F r i t h e g o d, das Leben des Yorker Bischofs Wilfred († 709/710) neu zu bearbeiten. Was Frithegod vorlag, war neben den Berichten über Wilfred in Bedas Kirchengeschichte die vita Wilfredi des Aeddi (Eddius Stephanus). In engem Anschluß an diese schuf er sein *breviloquium vitae beati Wilfredi* als poetische Bearbeitung in 1296 Hexametern, die teilweise der Mode der Zeit entsprechend als einsilbig gereimte

---

[6] Siehe oben S. 511.

Leoniner gebaut sind. Ob der Umstand, daß die Anregung zur Wiederbelebung der Verehrung des Yorker Bischofs, der seinerzeit der entschiedenste Verfechter des engeren Anschlusses der angelsächsischen Kirche an die römische gewesen war, etwas mit der Erneuerungsbewegung zu tun hat, die doch auch eine stärkere Verbindung mit dem Kontinent erforderte und zur Folge hatte, steht dahin. In formaler Hinsicht beobachtet man einen merkwürdigen Unterschied: Während die Autoren des Kreises um Dunstan oder aus der Schule Aethelwolds offenbar sich der schlichten, klassizistischen Stilrichtung, die sich auf Beda als ihren namhaftesten Vertreter zurückführen läßt, verpflichtet fühlten, schreibt nicht nur Odo in seiner Prosa, sondern auch Frithegod in seinen Hexametern jenes gespreizte, künstliche, in Gräzismen und anderen fremden Bestandteilen der Sprache sich gefallende Latein, das man als der Richtung Aldhelms zugehörig bezeichnen kann[7]. Gewonnen hat seine vita Wilfredi auf solche Weise gewiß nicht[8]. Starke Verbreitung scheint Frithegods Werk nicht gefunden zu haben; seine Kenntnis ist jedenfalls im Mittelalter, soviel wir sehen, kaum über England hinausgedrungen.

Bearbeitung einer älteren vita, auch wenn eine solche weder erhalten noch bezeugt ist, möchte man auch vermuten von der anonymen, ohne zureichenden Grund dem Bischof Brightwald von Worcester († 1045) zugeschriebenen vita sancti Egwini. Egwin wurde im Jahr 693 Bischof von Worcester, erhielt gelegentlich einer Pilgerfahrt nach Rom vom Papst die Erlaubnis, als Bischof zu resignieren und als Abt des neugegründeten Klosters Evesham (in Worcestershire) zu leben; als Todesjahr wird 717 angegeben.

Einen nicht unwichtigen Platz im Schrifttum der Zeit nehmen die Viten von Zeitgenossen ein, die dann als Heilige verehrt wurden. Von Dunstan handelt die vita eines Unbekannten, der sich selber nur mit *B.* bezeichnet. Daß der Autor dem von Aldhelm geprägten Stilideal anhängt, zeigt der Widmungsbrief; die Darstellung selbst, stilistisch betont einfacher gehalten, vermittelt bei grundsätzlich hagiographischer Auffassung ein im ganzen wohl zutreffendes Lebensbild, und wäre,

---

[7] Die der Künstelei nahestehende Neigung zum Übertreiben tritt schon im Prolog hervor, wenn Frithegod gleich in den ersten Zeilen dem Wunsche Ausdruck verleiht, es möchte – wie dem Propheten des alten Bundes – der *calculus ignis forcipe vatidicum ... purgare labellum* (Vers. 3f.) (nach Jesaias 6,6 oder vielmehr direkt aus dem *Munda cor meum* der römischen Messe).

[8] Man sieht hier wieder einmal, wieviel oder wie wenig originale Titel über die Gattung eines Werkes aussagen: daß Frithegod nicht einfach von *vita* sprach, sondern *breviloquium vitae* sagte, hat seinen Grund wohl nur in seiner allgemeinen Neigung zur Künstelei.

sucht man nach einer näheren Bestimmung ihres Charakters, wohl der *historischen Hagiographie* zuzurechnen. Hierher gehören auch die bereits erwähnten Viten Aethelwolds von Aelfric und Wolstan oder zeitgenössische Translations- und Wunderberichte, wie diejenigen des Landfrid von Worcester über die Übertragung der Reliquien des heiligen Swithun von 971 nebst den zugehörigen miracula.

Früher als sonst irgendwo in der lateinischen Welt hat man in England damit begonnen, geschichtliche Aufzeichnungen in der Volkssprache niederzuschreiben. Dabei entstanden schon in sehr früher Zeit neben Annalen auch Geschichtswerke wie die Angelsächsische Chronik (das sogenannte c h r o n i c o n S a x o n i c u m), die, noch in Annalenform gehalten, als die wichtigste Quelle der Geschichte des angelsächsischen England betrachtet wird; sie ist zudem ein hervorragendes Zeugnis der Entwicklung der englischen Sprache. Der Ursprung des Werkes steht nicht fest; man denkt an Alfred den Großen als Initiator. Durch verschiedene Zusätze und Fortsetzungen teils regionaler Art ist das Werk bis ins zwölfte Jahrhundert weitergeführt worden. Das ungewöhnlich große Gewicht, das in England von jeher der Volkssprache beigemessen wurde, führte zu einer eigentümlichen Wechselbeziehung zum Lateinischen, wie sie andernorts zu derselben Zeit undenkbar wäre: Hatte schon Asser die Angelsächsische Chronik benützt, so baute Aethelweard sein lateinisches Werk regelrecht auf dem chronicon Saxonicum auf.

A e t h e l w e a r d ist nach üblicher Ansicht identisch mit dem Ealdorman, der in der Zeit Aethelreds des Zauderers auftritt und in Urkunden von 973 bis 998 belegt ist. Diese Identität vorausgesetzt, hätte er im Jahre 994 (oder 997) einen Waffenstillstand zwischen Aethelred und den Dänen vermittelt. Auch literarische Interessen werden diesem Ealdorman zugeschrieben. Die *Chronik* auf die es hier ankommt, widmete Aethelweard der Äbtissin Mathilda von Essen, einer Enkelin Kaiser Ottos I. von seiner ersten Gemahlin Editha; die angelsächsische Herkunft der kaiserlichen Großmutter mag den Anknüpfungspunkt für Aethelweard geboten haben. Das Werk ist in vier Bücher gegliedert und endet mit dem Jahr 975, was offensichtlich nicht die Absicht des Verfassers war, der die Darstellung hatte weiterführen wollen. Nach dem Vorbild der kontinentalen Weltchronik aber beginnt Aethelweard mit der Erschaffung der Welt. Für die Geschichte der Menschheit in den Anfangspartien seines Werkes scheint er eine Quelle ähnlich Isidors kurzer Chronik (etym. V 39) zu benützen. Von der Taufe Christi im Jahre 30 an wird die Altenglische Chronik Hauptquelle, unterbrochen von Beda, aus dem die Geschichte der römischen Herrschaft in Britannien entnommen ist (hist. eccl. 1,12,13), Buch I endet mit dem Tode König Aethelfreds 593; Buch II behandelt die Missionierung Englands unter Gregor dem Großen, die Entsendung der Glaubensboten bis zur Vermählung König Beorthrics 787, ebenfalls nach der Altenglischen Chronik. Das dritte Buch folgt dieser Chronik vom ersten Wikingereinfall 787 bis zum Tode (und zur Genealogie) Aethelwulfs 855. Buch IV folgt wieder der Altenglischen Chronik vom Tode Aethelwalds 855 bis zum Besuch der Iren bei Alfred 891, womit die erste Fassung endet. Von da an ist Aethelweard mindestens teilweise unabhängig, vor allem in den Teilen, die über Alfreds Tod hinaus, die Regierungszeit von Edward, Aethelstan und Admund behandeln, wo wieder der Anschluß an die Altenglische Chronik erfolgt und bis zum Ende des Buches fortgesetzt wird. Es geht in unserem Zusammenhang nicht um die Frage, wie weit und in welcher Fassung die Altenglische Chronik benützt ist. Wichtig ist vielmehr die Tatsache als solche, in der sich der vorhin genannte Vorrang der volkssprachlichen Historiographie aufs deutlichste spiegelt. Es gibt sonst in keinem Gebiete der lateinischen Kultur eine vergleichbare Entwicklung der Volkssprache oder vielmehr der volkssprachlichen Literatur in so früher Zeit.

Die vergleichsweise geringe Bedeutung des Lateinischen in England wird auch in der Wirkung der Chronik Aethelweards sichtbar: in einer einzigen Handschrift des frühen elften Jahrhunderts hat sich das Werk erhalten, und allein der belesene Wilhelm von Malmesbury im frühen zwölften Jahrhundert verrät eine Kenntnis der Chronik, deren Form ihm im übrigen durchaus nicht zusagt[9].

Außer einer insgesamt nicht eben mannigfaltigen und reichhaltigen hagiographischen Literatur, einigen wenigen in die Vergangenheit zurückgreifenden geschichtlichen Aufzeichnungen hat sich im wesentlichen nur noch einiges wenige an zweckbestimmtem Schrifttum erhalten; kirchenrechtliche Konstitutionen einzelner Bischöfe oder Bestimmungen, die in das angelsächsische Recht einschlagen, kurzum Texte, die von kulturhistorischem Interesse, aber literarisch ohne Bedeutung sind. Das neuerliche Eindringen der Dänen nach 1002 und die Eroberung Englands unter König Sven Gabelbart führten zwar zu einer Änderung der Machtverhältnisse und stellten England zum letzten Mal unter skandinavischen Einfluß. Aber die Eroberung war nicht wie die alten Wikingerraubzüge mit einer Vernichtung all der vorhandenen Einrich-

---

[9] *Nam de Elwardo, illustri et magnifico viro, qui chronica illa Latine aggressus est digerere, praestat silere; cuius mihi esset intentio animo, si non essent verba fastidio.* Wilhelmi Malmesburensis de gestis regum Anglorum prologus.

tungen der Kultur verbunden, und als nach Svens Tod 1016 sein Sohn Knut der Große die Regierung antrat und der junge Däne das Reich seiner Väter mit Norwegen und mit England in einer Hand vereinigte, da stand die britische Insel für anderthalb Jahrzehnte unter einem Herrscher, der klug genug war, die kirchlichen Einrichtungen, an denen auch in England die Bildung und das geistige Leben vor allem hingen, nicht zu zerstören, sondern vor allen Dingen zu fördern. So ist Knuts Königtum den Engländern auf ihrem Wege zur Nation keineswegs hinderlich gewesen, und die Eigenart des englischen Geisteslebens tritt im elften Jahrhundert unverhüllt zutage.

Mit der kirchlichen, insbesondere der monastischen Erneuerung war ein entscheidender Schritt geschehen, und die Engländer hatten vom Festland genommen, wessen sie für ihr eigenes geistiges Leben bedurften. Abbo von Fleury hatte sich in Ramsey noch als Verbannter wie unter Halbwilden gefühlt und hatte mit dem Hochmut des Galliers auch gar kein Hehl daraus gemacht. In der Stille wuchs jene eigenartige Bildung, mit der sich England zwar dem Kontinent in manchem anschloß, etwa indem es die karolingische Minuskel übernahm; aber die Aufnahme des karolingischen Bildungsgutes war doch nur eine partielle, und indem die Träger des geistigen Lebens in der werdenden englischen Nation von Anfang an die Volkssprache als praktisch gleichberechtigt mit dem Lateinischen anerkannten, ja ihr auf manchen Gebieten, wie dem der geschichtlichen Aufzeichnung, den Vorzug gegeben zu haben scheinen, bewirkten sie, daß England eigentlich niemals eine Phase ausschließlich lateinischer Bildung erlebte und demzufolge auch niemals in solchem Maße mit der lateinischen Bildungswelt sich verbunden zeigte, wie es bei den anderen Völkern des Kontinents der Fall gewesen ist. Das gibt England, vom Lateinischen aus gesehen, in jener Zeit vor der normannischen Eroberung eine Stellung am Rande, erlaubt ihm aber auch in der Folgezeit eine Eigenart, die nicht nur von der Insellage her bestimmt gewesen ist.

Auch in Irland hat sich im Laufe des neunten Jahrhunderts manches verändert. Noch finden sich Berichte von Iren, die aufs Festland zogen, zumeist als Pilger, und dann zuweilen nicht mehr in ihre von Einfällen der Wikinger ebenfalls bedrohte Heimat zurückkehrten, wie jener Moengal Marcellus, der dann in St. Gallen ein geschätzter Lehrer wurde[10].

Ein anderer Ire namens D o n a t u s langte, wie seine vita berichtet, auf der Rückkehr von seiner Pilgerfahrt nach Rom, gerade zu der Zeit

---

[10] Siehe oben S. 30.

5. Kapitel: England und Irland

in Fiesole (bei Florenz) an, als der dortige Bischof gestorben war. Die Bewohner sahen in dem Fremden einen Abgesandten des Himmels und erwählten ihn trotz seines Widerstrebens zum Bischof, in welchem Amte Donatus fast ein halbes Jahrhundert, bis zu seinem Tod etwa 876 verblieb. Es wird von ihm berichtet, daß er Grammatik und Metrik gelehrt habe. Im übrigen besitzen wir von ihm eine metrische *vita sancte Brigidae*, als deren Autor sich Donatus in einem Vorspruch selber nennt (inc. *Has ego Donatus virtutes sanguine Scottus*; Verse, Distichen) und in dem er zugleich das Werk seinem Lehrer widmet; daß dieser der Ire Dungal, zur fraglichen Zeit Bischof von Pavia, gewesen sei, ist eine ansprechende, wenn auch unbewiesene Vermutung[11]. Die vita selbst (inc. prol. *Finibus occiduis describitur optima tellus*, 11 Hexameter; und *Quadam namque die genetrix dum forte sedebat*) ist das erste versifizierte Heiligenleben, das wir von einem Iren besitzen. Am sachlichen Gehalt wie an der Auffassung hat sich gegenüber älteren Brigida-Viten kaum etwas geändert. So wie Donatus an älteren Autoren, die über Brigida geschrieben haben, Ultan und Aidan nennt, so hat er wohl auch im wesentlichen das Bild, das von den älteren gezeichnet worden ist, beibehalten. Auch bei ihm ist Brigida weniger eine christliche Heilige als eine Gestalt des keltischen Mythos. Was von der Heiligen von Kildare berichtet wird, ist wenig mehr als das Gelübde der Jungfräulichkeit, ihr Eintritt ins Kloster und ihre gebietende Stellung über viele Nonnen. Ihr übriges Leben wird bestimmt von einer Kette von außergewöhnlichen Begebenheiten, von Handlungen und Vorgängen, die mit dem Sinn des christlich aufgefaßten Wunders überhaupt nichts zu tun haben. Das beginnt mit der auch sonst in der Hagiographie vorkommenden Vision der Mutter vor der Geburt, setzt sich in Wundertaten schon des Kindes fort, wenn Brigida an einer Quelle Wasser holt und der kranken Amme es verwandelt als Bier überreicht und sie damit heilt, setzt sich fort in den Erzählungen von ihrer Hilfsbereitschaft, die den Armen mehr als genug verschafft, die den Lahmen, Blinden und Tauben heilt, läßt aber auch etwas von den düsteren Zügen einer zaubermächtigen Fee wach werden, wenn Brigida ihrem Bruder, der sie an ihrem Gelübde zu hindern sucht und sie schlägt, das Auge mit einem Blutstrom aus dem Kopf springen läßt und ihn mit all seiner Nachkommenschaft verflucht, ihn dann freilich auch wieder heilt, oder

---

[11] Die an dem magister gerühmte Kenntnis von Theokrit und Hesiod beruht auf der Angabe in der Vergilvita des Donatus, daß die bucolica eine Imitation des Theokrit, die georgica Nachahmung des Hesiod seien (Suetonii reliquae ed. Reifferscheidt p. 53, 9). *Aratus* (Vers 23) bezeichnet eher die Aratea des Avienus als die des Cicero oder des Germanicus.

wenn bei ihrem Gelübde vor dem Bischof geheimnisvolles Feuer auf dem Dach aufleuchtet und eine Flamme von ihrem Haupt gen Himmel fährt, oder wenn ihre Macht bewirkt, daß ein Bauer, der einem Eremiten die Niederlassung auf einer ihm gehörenden Insel verweigert, vom Sturm durch die Lüfte übers Meer gerissen und halb tot auf einen Berg niedergesetzt, bei abermaliger Verweigerung ihm das Kind von einem Raubvogel entführt wird. Es ist freilich vorzugsweise ihre helfende Kraft, die immer wieder aus allen Nöten rettet, wenn sie verlorenes Gepäck wieder verschafft, wenn sie zur Überwindung eines Flusses Pferde aus dem Walde herbeizaubert, die nach getaner Hilfe spurlos verschwinden, wie sie überhaupt eine geheime Macht besitzt über die Tiere des Waldes. So erscheint Brigida auf der einen Seite als Helferin in allen Nöten, auf der anderen Seite wendet sich aber die der Äbtissin eigene Aufgabe der Sorge um das Seelenheil der ihr anvertrauten Nonnen in unheimliche, schreckenerregende Bilder: Sie sieht den Teufel leibhaftig unter ihren Nonnen mit seinen schwarzen Füssen, den schaurig rollenden Augen und dem feuerspeienden Rachen, und erlebt, wie er, von ihr zur Rede gestellt, trotzig auf das Recht seiner Anwesenheit pocht, da doch eine der Nonnen jede Nacht ihm gehöre, und das Schreckliche wird mitnichten dadurch gemildert, daß nach dem Bekenntnis jener Nonne und ihrer Bereitschaft zur Buße der böse Feind unter Hinterlassung üblen Gestankes von dannen fährt. So bleiben denn die charakteristischen Züge der älteren Viten erhalten, ja sie wirken in der poetischen Form, die Donatus der vita gegeben hat, womöglich noch dichter und wirkungsvoller, hinzugekommen aber ist, und hierin wird man die Frucht des langjährigen Aufenthalts in Fiesole und der grammatischen Studien des Autors zu sehen haben, Kenntnis antiker Dichtung, die das Gedicht empfangen hat; nicht nur die mit geringen Ausnahmen fast rein karolingische Latinität, sondern auch poetische Kunstmittel, wie der wohl am Vergil gelernte epische Vergleich, zeigen die eigenartige Verschmelzung des genuin Irisch-Keltischen mit dem antikisierenden karolingischen Bildungsgut. Die Verbreitung der vita scheint sich im Mittelalter auf die nähere Umgebung des Autors, Fiesole, Florenz beschränkt zu haben.

Insgesamt ist das irische Schrifttum im späten neunten und vor allem im zehnten Saeculum deutlich ärmer geworden. Abgesehen von gelegentlich erhaltenen Versen von der Art wie jene hübsche Denkaufgabe von Dub und Candidus, von Schwarz und Weiß (inc. *Quadam nocte niger Dub nomine Candidus alter*), das aus der Schule stammt, haben sich im wesentlichen Heiligenleben und verwandte Texte erhalten. Nur zum Teil läßt sich mit einiger Wahrscheinlichkeit sagen, ob sie in Irland

selbst oder auf dem Kontinent entstanden sind. Das letztere trifft mit
Sicherheit zu für die vita sancti Findani, die wohl in Rheinau
oder nicht weit davon bald nach dem Tode ihres Helden (im Spätherbst
878) verfaßt wurde; daß ihr Autor Ire war, pflegt man aus den an
einigen Stellen im Texte vorkommenden irischen Wörtern zu schließen.
Es ist eine recht abenteuerliche Geschichte aus der Zeit, da ein großer
Teil Irlands von den Wikingern in Besitz gehalten wurde. Die Erzählung von dem jungen Findan, der, vom Vater ausgesandt, die von den
Wikingern geraubte Schwester loszukaufen, selber zeitweise gefangen
und festgehalten wird; zuhaus in Leinster in den Streit zweier feindli-
cher Clans gerät, in dessen Verlauf sein Vater einen Mann der Gegenseite erschlägt, worauf die andern des Nachts das Haus von Findans
Vater und das der beiden Söhne in Brand stecken, den Vater und
Findans Bruder umbringen, an ihm selbst aber, der sich kräftig zur
Wehr setzt, erst durch Verrat mit Hilfe der Wikinger Rache zu nehmen
vermögen, die ihn mitten aus einem eigens zu diesem Zweck veranstalte-
ten Gastmahl entführen und auf eine unbewohnte Orkney-Insel ver-
schleppen, wo es ihm gelingt, sich in einer bei Flut vom Meer verschlos-
senen Felsenhöhle zu verstecken. Nach Abzug der ihn vergeblich
suchenden Wikinger, als ihm zu Bewußtsein kommt, daß er sich auf
einer Insel befindet, umgeben vom Weltmeer auf der einen Seite, von
einer weiten Bucht auf der andern, geängstigt von den monstra des
Meeres, die zuweilen ans Land steigen, erschöpft und fast verhungert,
erlebt er, was andere Hagiographen seine conversio genannt hätten:
die Wende im Leben des bis dahin recht weltlich gesinnten Mannes.
Er gelobt für den Fall seiner Rettung eine Wallfahrt nach Rom, und
da geschieht das Wunderbare: allein auf Gottes Hilfe vertrauend, wirft
sich der Entkräftete ins Meer, und siehe da, sein Gewand wird steif,
trägt ihn und schwimmend erreicht er die ferne Küste, findet Menschen,
die ihn zu ihrem Bischof führen, der zufällig bei Iren gelernt hat und
ihn versteht und zwei Jahre lang bei sich behält, bis Findan sich ent-
schließt, sein Gelübde zu erfüllen. Von Rom zurückgekehrt, läßt er
sich auf der Rheinau – wo seit etwa 800 ein Benediktinerkloster existierte – zunächst als Einsiedler nieder und lebt dann, nachdem er sich
hatte einmauern lassen, noch achtzehn Jahre als Incluse.
   Die vita ist, literarisch gesehen, nicht sonderlich bedeutend, und auch
ihre Sprache erhebt sich kaum jemals über das Niveau einer schlichten
Erzählung. Was sie dennoch anziehend macht, ist ihr lebendiger Inhalt.
Eine naiv wirkende Erzählung kann aller im eigentlichen Sinne hagiographischen Elemente entraten; nicht einmal der innere Wandel, der
sich in dem auf der Insel verlassenen jungen Mann vollzogen haben
muß, wird angedeutet, und eigentlich ist Findan immer schon der mit

Verehrung betrachtete Asket und Incluse, als den ihn sein Biograph wahrscheinlich kennengelernt hat.

Eines der merkwürdigsten und am meisten charakteristischen Denkmäler der irischen Literatur ist die navigatio sancti Brendani. Der Held der Geschichte, der heilige Brendan (Brandan), einer der bekannten Klostergründer, lebte im sechsten Jahrhundert, zuletzt als Abt in dem von ihm gegründeten Clúain-Ferta (Clonfert) in Galway, im Westen Irlands; als Todesjahr wird 577 oder 583 angegeben. Wir wissen, daß er nach Schottland gereist ist und dabei auch den älteren Columba besucht hat[12].

Sankt Brendan, Sohn einer alten irischen Familie, Abt von dreitausend Mönchen, lebte im *Tal der Wunder* (Clúain-Ferta?), als er von dem Abte Barinthus, seinem Neffen, aufgesucht wird, der ihm von einem seiner Jünger namens Mernoc erzählt, der auf der Insel der Wonnen (Deliciosa) Mönche um sich versammelt habe; als er, Barinthus, jenen aufgesucht, seien sie zusammen zu dem Gelobten Land der Heiligen (*in terram repromissionis sanctorum*) weit im Westen gefahren, von wo sie nach vierzehn Tagen, wie sie meinten, in Wahrheit nach einem Jahr, das sie ohne Nahrung verbracht hätten, auf die Insel Deliciosa zurückgekehrt seien. Ein geheimnisvoller lichtdurchstrahlter Mann habe ihnen die Wahrheit über ihre Reise gesagt. Von des Barinthus Erzählung tief bewegt, bricht eines Tages auch Brendan mit vierzehn Gefährten in einem Schiff, das sie sich selbst gebaut[13], von der äußersten Spitze im Westen zu seiner Meerfahrt auf.

Charakteristisch für den Verlauf der ganzen Seefahrt ist bereits der erste Abschnitt: Nachdem noch drei Mitbrüder zu den Reisenden gestoßen sind, stechen sie unter dem Segen des Abtes in See in nordwestlicher Richtung (*contra solstitium aestivale*) segelnd, dann rudernd, bis die Kräfte erlahmen, und wieder dem Wind sich vertrauend, nicht wissend, wohin Gott sie führen werde, bis nach vierzig Tagen der Vorrat an

---

[12] Adamnani vita Columbae 118 a.
[13] Von dem Schiff (cap. 4) wird gesagt, daß es sehr leicht gewesen, daß der Kielbalken und die Spanten von Holz gefertigt waren und das Ganze von *Rindshäuten, die in Eichenrinde rot gefärbt*, das heißt also doch: gerbt waren, überzogen wurde; um es wasserdicht zu machen, hätten sie außen die Fugen mit Butter oder Schmalz (*butyrum*) verschmiert. Natürlich gehörte zur Ausrüstung auch der Mastbaum und ein Segel. In das Schiff brachten sie die Ausrüstung für zwei weitere Schiffe mit Lederhaut: *duas alias paraturas navis de aliis coriis* (das heißt doch wohl zur Reserve, wenn die erste Lederhaut undicht würde oder notfalls ein neues Schiff gebaut werden müßte), dazu Proviant für vierzig Tage. Die Bauart ist im wesentlichen die der heute noch in Galway bekannten Fischerboote, der Currach. Man sieht an solchen Stellen die Erfahrung eines nicht mediterranen seefahrenden Volkes, zugleich aber den Hintergrund der Erzählung von der navigatio.

Nahrung und Wasser aufgebraucht ist und die Mönche im Norden eine große Insel mit gewaltigen steilaufragenden Felsen erblicken. Als sie gemäß der Vorhersage ihres Abtes am dritten Tag einen Platz zum Anlegen des Schiffes entdecken, an Land gehen und da einem Hund, der dem Abt wie seinem Herrn zuläuft, folgen, gelangen sie in eine Stadt ohne Menschen und finden in einem Haus ein Mahl für sie bereitet und Ruhelager. Aber während die Erschöpften schlafen, sieht der Abt ein Teufelswerk, einen schwarzen Äthiophier vor einem der drei nachgekommenen Mönche spielen, und er wirft sich zu Boden und betet für die Seele des Bruders. Wie sie nach drei Tagen, immer auf dieselbe geheimnisvolle Weise gespeist, sich zur Abfahrt rüsten, schleudert jener Mönch das heimlich aus dem Haus entwendete silberne Zaumzeug von sich und wirft sich reumütig dem Abt zu Füssen, indes der Äthiophier unter grausigem Geheul und Geschrei aus der Brust des Mönchs fährt, worin er sieben Jahre lang gehaust. Sankt Brendan aber, dem Mönch seinen bevorstehenden Tod anzeigend, reicht ihm das Sakrament, indes die andern die Seele ihres Mitbruders gen Himmel schweben sehen. Gelassen nehmen sie es hin, daß wiederum ein Wunder ihren Weg begleitet, daß ein unbekannter Jüngling Brot in einem Korb aufs Schiff bringt und einen Krug Wasser, daß er ihnen versichert, sie würden bis zu Ostern keinen Mangel leiden. Als sie zu einer anderen Insel gelangen, finden sie dort eine riesige Menge von Schafen vor, so groß, wie anderswo die Rinder sind. Zu Ostern landen sie an einer niedrigen, baumlosen Insel mit flachem Strand; Brendanus, wohl wissend, um welche Insel es sich handelt, bleibt im Schiff und heißt die Gefährten durchs flache Wasser ans Trockene waten. Als die Messe gesungen ist und die Mönche sich anschicken, Fleisch in einem Topf zu kochen, da beginnt sich die Insel zu bewegen, erschreckt eilen sie zum Schiff zurück und erfahren vom Vater Abt, daß die Insel nichts anderes war als Jasconius, das erste und größte von allen im Wasser geschaffenen Tieren, das so ungeheuer groß sei, daß es seinen Schwanz suchend, ihn nimmermehr erreichen könne. Noch zwei Meilen weit sahen sie das Feuer auf dem Rücken des Seeungeheuers. Und während sie weiter fahren auf ihrer Suche nach dem Gelobten Land, legen sie an einer Insel bei der Mündung eines Flusses an, dem sie aufwärts folgen, das Schiff ziehend bis zu seinem Ursprung, wo ein gewaltiger Baum steht, über und über mit weißen Vögeln bedeckt. Brendan aber, der als echter Ire es nicht ertragen kann, etwas nicht zu wissen, fleht unter Tränen zu Gott, er möge ihm offenbaren, was dies Geheimnis wohl bedeute. Und einer von den Vögeln fliegt mit klingenden Schwingen auf ihn zu, setzt sich auf den Bug des Schiffes, sie beginnen miteinander zu reden, und der Vogel berichtet, wie sie einstmals beim Sturz der Engel mitgefallen seien, doch ohne eigene Schuld; daß sie sich als Geister in den Lüften bewegten, an Sonn- und Festtagen ihre Vogelgestalt empfingen und so die Gegenwart ihres Schöpfers erlebten. Er, Brendan, habe ein Jahr seiner Reise hinter sich, es blieben ihm noch weitere sechs bis zum Ziele, und er müsse alle Jahre mit seinen Brüdern das Osterfest bei den Vögeln feiern. Diese singen täglich die Horen, und Brendan bleibt bei ihnen bis zur Oktav nach Pfingsten. Eine procurator genannte Gestalt versorgt sie mit Brot und Wasser. Unter den Abenteuern, die sie erleben, könnte eines nach antikem[14] Vorbild erzählt sein: Die Mönche erblicken vor sich eine Insel, von welcher Rauch aufsteigt, beim Näherkommen erblicken sie dunkle Gestalten wie Schmiede, einer holt mit einer Zange eine glühende Masse aus einer Esse und wirft sie nach dem Schiff, andere folgen seinem Beispiel, und die Seefahrer entgehen mit knapper Not ihrem Verderben. Auf der Weiterfahrt erreichen sie einen in Rauch gehüllten hohen Berg, der aus dem Meere ragt; einer der Mönche wird von Dämonen dorthin entführt. Nach Süden segelnd, treffen die Reisenden auf einem einsamen Felsen sitzend den Judas Ischarioth, der an bestimmten Tagen – Weihnachten, in der Osterzeit und an zwei Marienfesten, Lichtmeß und Himmelfahrt – dort von seinen Höllenqualen sich erholen darf. Vor ihrem Ziel gelangen sie in dichte Finsternis, von der ihnen gesagt wird, daß sie sieben Jahre währe, dann wieder in helles Licht sich kehre, und gehen schließlich an Land, wo sie Früchte aller Art in Fülle, edle Steine sehen, und wo ein Jüngling sie begrüßt, der sie auf das verheißene Land jenseits des Flusses weist, auf das sie jedoch noch nicht ihren Fuß setzen dürfen. Dann treten sie die Rückkehr in ihr Heimatkloster an, wo Brendan bald darauf stirbt.

Hinsichtlich der Beurteilung des Werkes, der Zeit und des Ortes seiner Entstehung gehen die Ansichten auseinander. Die früher fast ausschließlich, auch heute zum Teil mit guten Gründen bevorzugte Auffassung, die Erzählung sei durchweg erfunden, knüpfe nicht an wirkliche Begebenheiten an, sondern entspringe ganz und gar der Phantasie des Verfassers, hat den Nachteil, daß sie einem Umstand vielleicht zu wenig Rechnung trägt: daß nämlich in der navigatio sicherlich viel an irischer Überlieferung seinen Niederschlag gefunden hat, über dessen Gehalt an wirklich Erlebtem wir keine Kunde habe. Auf der anderen Seite ist die Art des Erzählens, die in der navigatio zutage tritt, doch nicht so beschaffen, daß man ohne weiteres auf bestimmte Vorgänge und Umstände schließen dürfte, die wir verhältnismäßig exakt zu erklären vermöchten, etwa die Wirkung von Meeresströmungen, welche die

---

[14] Vgl. Verg. Aen. 8, 416ff. (die Cyclopen auf den Liparischen Inseln) verquickt mit 3,641ff. (Polyphem).

5. Kapitel: England und Irland 527

irischen Currachs sehr wohl mit überraschender Geschwindigkeit über weiteste Entfernungen führen konnten, und anderes mehr. Auch ist zu bedenken, daß der Abstand der Erzählung vom Leben Brendans, der in jedem Fall einige Jahrhunderte beträgt, beinahe zwangsläufig zur Folge hat, daß Personen und Ereignisse in anderem Licht erscheinen, als wenn ein unmittelbarer Bericht vorläge. Was sodann die Frage betrifft, ob der Verfasser – mit Sicherheit ein Ire und vertraut mit der Geographie und den Gewohnheiten seiner Heimat – das Werk in Irland selbst oder irgendwo auf dem Kontinent abgefaßt hat, als er, gemäß der Gewohnheit vieler seiner Landsleute, sich aufs Festland begab, ist die handschriftliche Überlieferung von Bedeutung, die auf Lothringen oder Süddeutschland weist. Desgleichen bleibt die Datierung schwierig. Legte der Blick auf festländische Verhältnisse eher eine Abfassung im zehnten Jahrhundert nahe, in dem das erzählerische Moment insgesamt größere Bedeutung gewinnt, so gibt es auf der anderen Seite – nachdem der Verfasser Ire war – auch keinen gewichtigen Grund, der gegen eine Entstehung des Werkes schon im letzten karolingischen Saeculum spräche.

Aber das ist vielleicht nicht die wichtigste Frage. Die navigatio sancti Brendani ist ein Werk der hagiographischen Literatur, und zwar eines von besonderer Art. Sein eigentümlicher Reiz liegt in der unentwirrbaren Verknüpfung der verschiedensten Elemente: der Darstellung eines Abtes, der von grenzenlosem Gottvertrauen getragen und von unsäglicher Neugier erfüllt ist, der die Geduld und Güte eines Vaters psallierender Mönche mit den Fähigkeiten des kühnen Entdeckers verbindet, der das Vorauswissen des mit Prophetengabe ausgestatteten heiligen Mannes mit pfiffiger Schläue zu vereinen weiß; der Schilderung eines Mönchtums, in dem sich das Ideal des peregrinari pro Christo mit der dumpfen Ergebenheit willenloser Kreaturen paart; des zum Seemannsgarn gesponnenen Erzählens längst vergangener Ereignisse, die, ins Reich des Märchens und der Phantasie entrückt erscheinen, wo die Grenzen von Diesseits und Jenseits aufgehoben sind, dem Erzählenden am Ende selber nicht bewußt. Ihm fließen Erinnerungen an irische Seefahrergeschichten mit den Bildern und Gestalten, die seiner Einbildungskraft entsprangen oder in seiner Vorstellung sich zu dem veränderten, was ein fabulierender Ire eben daraus macht, in eins zusammen.

Die Sprache, deren sich der Verfasser bedient, ist einfach, seine Art zu erzählen schlicht, naiv; sein Wortschatz und überhaupt seine Ausdrucksweise sind in erster Linie von der lateinischen Bibel und Liturgie, und hier wiederum von den Psalmen bestimmt sind.

Das Werk, das im zehnten Jahrhundert offenbar noch recht selten war, ist seit dem elften Saeculum im alten Lothringen und in Süddeutschland häufiger anzutreffen gewesen; in der Folgezeit hat es sich über die ganze lateinische Welt verbreitet. Im zwölften Jahrhundert bereits begann man die navigatio in Volkssprachen zu übersetzen; die Reihe der mittelalterlichen Übertragungen ist stattlich. Darüber hinaus finden sich mannigfache volkssprachliche Bearbeitungen des Stoffes, deren Verhältnis zur lateinischen navigatio recht unterschiedlich ist. Auf mittelalterlichen Weltkarten erscheinen einzelne Örtlichkeiten aus der Brendanus-Legende, und eine Insula Brendani verzeichneten Seekarten noch in der frühen Neuzeit.

Vielleicht ist ungefähr ein Jahrhundert nach des Donatus von Fiesole metrischer Bearbeitung des Birgit-Lebens eine *vita Brigidae* in Prosa entstanden, deren Verfasser A n i m o s u s genannt wird. Diese ungefähre Datierung würde zutreffen, wenn Animosus die lateinische Form des Namens eines Bischofs Anmchad von Kildare sein sollte, dessen Tod um 980 angesetzt wird. Aber diese Identifizierung beruht auf bloßer Vermutung, und es steht nicht einmal soviel fest, ob Animosus wirklich jünger war als die metrische vita[15]. Das Werk ist mit Abstand die umfangreichste unter den älteren Brigida-Viten, nicht nur, weil der Verfasser zu einer gewissen Weitschweifigkeit und zum Erzählen des Details neigt, sondern auch, weil ihm in der Tat die inhaltsreichste Darstellung verdankt wird. Besonders stark treten hier die heidnischen Züge im Leben Brigidas hervor, und es ist bezeichnend, daß dem Kinde nicht nur vor einem Bischof und Begleiter Sankt Patricks, nicht nur von einem fili (poeta) eine große Zukunft geweissagt wird, sondern auch, und zwar sogar an erster Stelle, dem noch ungeborenen Kinde des Königs von einer Konkubine durch einen Zauberer. Stilistisch ist die vita des Animosus nicht ohne Gepflegtheit, ihre Verbreitung scheint sich in engen Grenzen gehalten zu haben.

Im übrigen sind gelehrte Iren auch im späten neunten und in den folgenden Jahrhunderten auf dem Festland tätig gewesen, begegnen

---

[15] Tatsächlich wissen wir von Animosus überhaupt nichts. Aber das Problem ist etwas verwickelter. Die von Traube, MGH Poetae III 691 als IX 1 gedruckten Verse des Donatus sind eindeutig Fragment und nur als solche hat sie der Anonymus Faesulanus (vita Donati 2, AA SS Oct. IX 656) zitiert; unzutreffend ist Traubes Bemerkung am angegebenem Ort, auf Grund der Angaben in der anonymen Donatus-Vita brauche man nicht weiter nach dessen Gedichten zu suchen. Die fragliche Stelle im Prolog (Verse 149–152) zur metrischen vita Brigidae nennt nicht Quellen, sondern Verfasser älterer Viten, und auch diese nicht korrekt: Aileran findet sich nicht unter ihnen und Animosus mag in der Tat eine Verwechslung mit Cogitosus sein, die aber bereits dem Autor selber unterlief. Liegt aber eine solche Verwechslung nicht vor, und einstweilen läßt sich der Beweis nicht erbringen, dann wäre der sogenannte Animosus möglicherweise ein Werk des frühen neunten Jahrhunderts, noch früher würde man es kaum ansetzen dürfen.

5. Kapitel: England und Irland

uns gelegentlich als Lehrer, Gelehrte oder auch in kirchlichen Ämtern tätige Männer. So hören wir, daß Erzbischof Bruno von Köln, der Bruder Ottos des Großen, Unterricht von einem irischen Bischof namens I s r a e l empfangen hatte, der vordem, wie es scheint, als Mönch in St. Maximin in Trier gelebt hat. Bruno weiß nur Lobenswertes über ihn zu berichten. Aus anderen Quellen erfahren wir, daß man ihn für einen Briten oder Bretonen hielt[16], daß er an der von Erzbischof Rotbert von Trier geleiteten Synode zu Verdun 947 teilnahm und wahrscheinlich in späteren Lebensjahren sich nach St. Maximin in Trier zurückzog. Von seiner gelehrten Schriftstellerei, die offenbar Grammatik und Metrik betraf, besitzen wir noch ein einem Rotbertus, vermutlich dem soeben genannten Erzbischof von Trier, gewidmetes *Lehrgedicht* (inc. *Rotbertum salvere iubent preconia metri*; 65 Hexameter) über die Prosodie der Endsilben. Der Autor schließt sich dabei, wie er selbst bemerkt, an Servius (Centimeter) und Beda an. Daß sich das kleine Gedicht in drei Handschriften des elften Jahrhunderts erhalten hat, spricht immerhin für einige Wertschätzung des Autors zu seiner Zeit.

Anders als die meisten Iren, die entweder als Asketen oder als Gelehrte auf dem Kontinent ins Gedächtnis der Nachwelt eingegangen sind, hat der aus Schottland stammende, in Irland gebildete Kaddroe (Cadroë) vor allem im Dienste der monastischen Erneuerung gewirkt. Er war Mönch in Fleury, dann Abt im belgischen Waulsort, und ist in späteren Jahren Abt zu St. Clemens in Metz gewesen, wo er die monastische Erneuerung im Sinne der Gorzer Reform durchführte; er starb um 975. Daß die v i t a K a d d r o a e, deren unbekannter Verfasser zuweilen als Ousmannus oder als Reimarus erscheint, irischen Ursprungs sei, wie früher angenommen wurde, ist irrig; der Autor, ein Zeitgenosse Kaddroes, der etwa 980, also bald nach Kaddroes Tod, das Werk verfaßte, ist aller Wahrscheinlichkeit nach Mönch in Metz, nicht in Waulsort, gewesen, und in dem Immo, dem er die vita gewidmet hat, wird man am ehesten den gleichnamigen Abt von Gorze zu sehen haben. Das Werk ist in erster Linie von historischem Interesse; doch ergeben sich gewisse Schwierigkeiten daraus, daß man als Quelle des Autors die vita sancti Eloquii, Abtes von Latiniacum (Lagny), ermittelt hat. Latiniacum war eine Gründung des Iren Fursa (Furseus), eines der Glaubensboten, von denen bereits Beda berichtet hat. Er starb in den späten sechshundertvierziger Jahren in Latiniacum, wurde aber bei

---

[16] Wenn er, wie üblicherweise angenommen, identisch ist mit dem in der Reimser Überlieferung als Israhel Brito (so bei Flodoard in den annales ad a. 947, MGH Script. III, 394) bzw. Israhel Brittigena (Richer hist. II 66) bezeichneten Bischof.

Peronna (Péronne an der Somme) in der zu seinen Ehren errichteten Kirche beigesetzt, woselbst sich dann jenes Kloster entwickelte, das über zweihundert Jahre das Zentrum irischen Mönchtums und irischer Kultur in Nordostfrankreich wurde und wahrscheinlich bis zu seiner Zerstörung durch die Normannen 880 fest in irischer Hand geblieben ist. Nachfolger des Furseus in Latiniacum also war jener Eloquius, dessen vita, kaum vor dem zehnten Jahrhundert entstanden, eine Quelle der vita Kaddroae gewesen zu sein scheint.

Die nicht allzu stark vertretene Hagiographie in dem uns beschäftigenden Zeitraum zeigt eine besondere Vorliebe für Gestalten einer ferneren Vergangenheit. So führt denn auch ein sonst völlig unbekannter Conchubranus, dessen Tätigkeit wohl ins elfte Jahrhundert zu setzen ist, mit seiner *vita sanctae Monennae* in die Frühzeit des Christentums in Irland hinauf. Monenna soll bis 517 oder 518 gelebt haben, aber wir wissen sehr wenig über ihr Leben. Außer der vita des Conchubranus gibt es noch andere Viten, welche dieselbe Person behandeln, sei es unter dem Titel vita Darercae, sei es als vita Moduennae in verschiedenen Fassungen, deren Verhältnis zueinander nur zum Teil bekannt ist. Monenna, die Tochter eines irischen Kleinkönigs, wird vom heiligen Patrick selbst in der christlichen Religion unterwiesen, empfängt mit fünfzehn Jahren aus seiner Hand den Schleier, lebt zeitweise in Gemeinschaft mit Brigida, wird selber zur Klostergründerin und Wundertäterin. Die vita, die wie manche irischen Heiligenleben seit Adamnan mit hörbarem Anklang an den Beginn von Sankt Benedikts Leben in Gregors des Großen dialogi anhebt, ist durchaus hagiographisch aufgefaßt und angelegt. Das geht so weit, daß man zuweilen den Eindruck gewinnt, es sei Conchubran weniger auf den Bericht angekommen als auf die auslegende und ermahnende Belehrung, auf die Predigt, zu deren Sujet ihm das Leben Monennas wird. Dennoch bleibt genug an Erzähltem, das hineinführt in die Anfänge des irischen Mönchtums, etwa wenn mit einem aus Anlaß der Einkleidung Monennas eingefügten, das übliche Maß weit übersteigenden Lobpreis der Jungfräulichkeit als der höchsten aller Tugenden Patrick auch als Initiator der Gründung von Frauenklöstern erscheint, denen er Töchter aus dem Adel, Töchter von irischen Kleinkönigen wie die als besonders schön und klug gerühmte Athea und Brigida zuführt, wie er Sorge trägt, indem er ihnen einen Geistlichen zuweist, der sie im Psalmengesang unterrichten soll, und anderes mehr. Von eigenartiger Beschaffenheit sind die Wundergeschichten, die hier erzählt werden: als Monenna mit ihren Nonnen wegen des ausgelassenen Treibens und der weltlichen Gesänge bei einem Hochzeitsfest ihre klösterliche Stille gestört fühlen und sich eine andere Bleibe suchen und die von Monenna als Behüterin des alten Platzes ausersehene Nonne sich ihrer Jugend und Schönheit wegen fürchtet, werden durch Monennas Wunderkraft ihre Haare schneeweiß und ihre Gestalt in die einer Greisin verwandelt; einem Schweinehirten, der den Nonnen seine Dankbarkeit für die Behütung seiner Herde vor wilden Tieren mit gekochtem Schweinefleisch bezeigen will und über die Ablehnung des Geschenkes zutiefst betrübt ist, erweckt Monenna, nachdem sie die Teile des Tieres zusammengesetzt hat, dieses wieder zum Leben. Diebe können gestohlene Rinder nicht über den Fluß setzen, weil dieser kochend heiß geworden ist, und bringen das Diebesgut von selber zurück mit dem Gelöbnis, sich für immer zu bessern. Monenna verwandelt Wasser in Wein, ein andermal auch in Bier und dergleichen. Das Werk, stilistisch doch auch schon von einer Mode erfaßt, die man zur selben Zeit auf dem Festland beobachten kann, ist nicht zuletzt in kulturhistorischer Hinsicht recht bemerkenswert. Vor allem bleibt ein charakteristischer Wesenszug der irischen Hagiographie erhalten, der umso deutlicher zutage tritt, wenn man sich erinnert, wie zurückhaltend man in Kreisen des Reformmönchtums gegenüber der maßlosen Wundersucht der Zeit gewesen ist[17]. Hatte man zwar die Möglichkeit eines Eingreifens des Schöpfers in die Ordnung der von ihm geschaffenen Welt keineswegs in Abrede gestellt, aber das Wunder nicht als Nachweis der Heiligkeit eines Menschen betrachtet, so wird in den irischen Heiligenleben und den zu ihnen gehörenden Erzählungen eine Welt des Wunderbaren lebendig. Wunderbar ist dabei nicht bloß das Merkwürdige, Seltsame, Geheimnisvolle, es gibt ebenso, und eines geht ins andere über, die Welt, in der Unvorhergesehenes, Unwirkliches, ja eigentlich ganz Unmögliches geschieht. „Sagt mir, welche Wunder Gott durch euch geoffenbart hat", fragt Brendan seinen Mitbruder, als sei es das Selbstverständlichste von der Welt, daß Tag um Tag sich Wunderbares ereignet und daß vor allem der Heilige sich eigentlich nur von einem Wunder zum andern bewegt.

Insgesamt ist das literarische Schaffen der Iren im zehnten und elften Jahrhundert sowohl in der Heimat als auch auf dem Kontinent stark zurückgegangen. Man kann nicht von einem Abfall des Niveaus deshalb sprechen, weil die Hagiographie, aufs Ganze gesehen, den breitesten Raum einnimmt und andere Gattungen der Literatur, vorab die Dichtung, wenig oder gar nicht gepflegt wurden. Die Hagiographie ihrerseits hat sich wohl im wesentlichen auf dem Stande gehalten, den sie im achten Jahrhundert bereits errungen hatte, und wo sich etwa festländische Einflüsse bemerkbar machen, scheinen sie sich fast durchweg auf

---

[17] Siehe oben bes. S. 213f., 217f.

Vordergründiges zu beschränken. Neu ist, sofern wir wenigstens von allem Wesentlichen eine Probe besitzen, bei einem irischen Schriftsteller das versifizierte Heiligenleben, wie man es bei Donatus von Fiesole antrifft; aber hier war eindeutig der festländische Einfluß bestimmend.

Festländischer Einfluß: das bedeutet zu dieser Zeit die Wirkung, welche das karolingische Bildungsgut, die durch die karolingische Erneuerung gewonnene Bildung ausgeübt hat. An dieser Erneuerung hatten seinerzeit gelehrte Iren den ihrer Eigenart gemäßen Anteil; sie teilten das ihnen eigene Wissen, vor allem ihre grammatischen Kenntnisse schreibend und lehrend den Festländern mit, und sie haben – wie der Kreis um Sedulius Scottus, wie die Iren um Martin von Laon und mancher andere weniger Bekannte – antike Autoren in festländischen Bibliotheken aufgespürt und durch ihr gelehrtes Bemühen den geistigen Besitz der Zeit vermehrt und zur Aufnahme des antiken Erbes wesentlich beigetragen. Irland selbst hat von dem, was seine wandernden Gelehrten im Frankenreich und in Italien fanden, kaum nennenswerten Gewinn gezogen. Die karolingische Erneuerung ging an Irland vorüber, und so ist auch die Epoche nach ihr, anders als auf dem Kontinent, nicht vom karolingischen Erbe bestimmt gewesen.

Sechstes Kapitel

SPANIEN

Spanien ist in den anderthalb Jahrhunderten, vom Ausgang des neunten bis in die Mitte des elften, an literarischen Schöpfungen nicht reich gewesen. Abgeschnürt von der übrigen lateinischen Welt durch den Islam, zum Teil sich selbst isolierend, entbehrt die Pyrenäenhalbinsel in einer Zeit schwerer Bedrängnis nahezu aller Impulse von außen. Inzwischen vollzogen sich Entwicklungen, in deren Verlauf die unmittelbaren Voraussetzungen geschaffen wurden, auf Grund deren Spanien ein, zwei Jahrhunderte später eine wichtige Aufgabe als Vermittler von geistigen Gütern aus der arabischen Welt, sei es auf dem Gebiet der Philosophie oder der Medizin, der Astronomie und anderer Naturwissenschaften oder auch der Literatur, an das Abendland zufallen sollte.

War für das Kalifat als Inbegriff der geistigen Einheit des Islam und als Zentrum der Macht schon die Errichtung eines Emirats in Cordoba unter dem einzigen Omaijaden, der sich der Ausrottung seines Hauses durch die Flucht nach Spanien hatte entziehen können, auch Ausdruck des Zerbrechens der islamischen Einheit gewesen, so trug die Festigung des Emirats von Cordoba mit dem wachsenden Selbstbewußtsein und der bald sich entwickelnden materiellen und geistigen Blüte des Maurenstaats vollends dazu bei, die Macht des Kalifen ein für alle Mal auf eine rein religiöse Oberhoheit zu beschränken und die Auflösung des einstigen islamischen Großreichs in eine Reihe von neuen Staaten, die einander zuweilen aufs heftigste befehdeten, zu besiegeln. Wie kräftig und selbstbewußt das Maurenreich auf spanischem Boden zweihundert Jahre nach seiner Begründung geworden war, erhellt schon daraus, daß 'Abdarraḥmān III., der seit 912 als Emir regiert hatte, im Jahr 929 auch Titel und Rang eines Kalifen in Anspruch nahm. Es ist dies derselbe Herrscher, von dem uns der Reisebericht des Johannes von Gorze einen so unmittelbaren Eindruck vermittelt. Aber die wirtschaftliche und kulturelle Blüte, die unter dem trefflichen 'Abdarraḥmān geherrscht hatte, welkte unter seinen schwächeren Nachfolgern bald dahin. Kaum zwei Menschenalter nach 'Abdarraḥmāns Tod wurde auch der letzte Omaijade, der noch den Titel eines Kalifen von Cordoba geführt, gestürzt (1031); das Maurenreich, damals schon im wesentlichen beschränkt auf Andalusien, zerfiel in Teilfürstentümer, die in ihrer Zersplitterung nicht mehr stark genug waren, der fortschreitenden Reconquista zu widerstehen.

Seit dem Sieg bei Covadonga hatte das junge Königreich Asturien den Anspruch erhoben, das Erbe des Westgotenreiches zu übernehmen und seine Vorrangstellung unter den christlichen Staaten im Norden der Pyrenäenhalbinsel zu behaupten: neben Galicien, das im Lauf des achten Jahrhunderts von den Mauren freigeworden war und neben der von Basken und Westgoten bewohnten Grafschaft Navarra – erst recht, als Alfons III. (866–910) seine Macht bis zum Duero ausdehnte und die Hauptstadt von Oviedo nach León verlegte. Ein Menschenalter nach Alfons III. verschoben sich die Machtverhältnisse: unter Sancho (III.) dem Älteren gewann Navarra Kastilien hinzu und von León baskische Gebiete; sein Reich erstreckte sich über die Pyrenäen bis nach Südfrankreich hinein, und selbst der Graf von Barcelona erkannte die Oberhoheit Navarras an. Aber Sancho teilte sein Reich unter seine vier Söhne, wobei Ferdinand (I.) zunächst als Graf Kastilien erhielt (seit 1035 König). Er besiegte 1037 den König von León und vereinigte das Königreich León mit Kastilien, kämpfte siegreich gegen seinen Bruder, den König von Navarra, dem er einen Teil seines Reiches abnahm, und dehnte die Grenzen Kastiliens bis zum oberen Ebro aus. Er leitete die Unterwerfung der maurischen Teilreiche ein, die als einzelne wenig Widerstand zu leisten vermochten, eroberte Teile von Portugal und Coimbra (1064) und begründete durch seine Erfolge die kastilische Vorherrschaft in Spanien. 1065 starb Ferdinand I.; zwanzig Jahre später fiel Toledo, womit der letzte und entscheidende Abschnitt der Reconquista begann.

Was die lateinische Literatur angeht, so waren im islamisch besetzten Teil Spaniens die Bedingungen und Voraussetzungen, die eine Kontinuität ermöglicht hätten, gründlich zerstört, und wo noch solche bestanden, zumindest stark reduziert worden. Eine ganze Reihe von Bischofssitzen wurde nach der arabischen Eroberung von ihren Inhabern verlassen und ging ein, andere wurden nach dem Tod ihrer Inhaber nicht wieder besetzt; über die Zahl der Klöster, die verlassen wurden oder einfach ausstarben, besteht kaum auch nur eine ungefähre Vorstellung. So verbleiben denn insgesamt nur wenig Orte, für die Spuren lateinischer Kultur bezeugt sind.

Die Reconquista und ihr kräftiges Voranschreiten ist auch im Hinblick auf die Entwicklung der lateinischen Literatur das wichtigste Geschehen in dem behandelten Zeitraum. Allerdings wird man nicht sagen können, daß in demselben Maße, in dem die einzelnen Teile der

6. Kapitel: Spanien

Pyrenäenhalbinsel von der Fremdherrschaft befreit wurden, sogleich auch der Raum der lateinischen Kultur gewachsen und sogleich das im eigentlichen Sinne Mozarabische in die lateinische Welt wieder eingegliedert worden wäre. Ganz gewiß ist der Neubeginn oft sehr schwierig gewesen, und insgesamt wird festzustellen sein, daß sich noch lange Zeit eigentlich literarische Traditionen, wo sie überhaupt zustande kommen, auf recht wenige Orte oder Kulturmittelpunkte beschränken.

Aus dem arabisch besetzten Spanien sind uns einige Namen bekannt, die in der Literatur eine Rolle gespielt haben. Als solcher begegnet im späten neunten Jahrhundert Samson von Cordoba, Abt im Kloster Pinnamelaria, der bis ungefähr 890 gelebt hat. Wichtig und auch als Zeuge des geistigen Lebens seiner Zeit bedeutsam ist Samson durch seinen *apologeticus* geworden. Das nach 862 entstandene Werk zerfällt in zwei ungleiche Bücher – das zweite hat den mehr als dreifachen Umfang des ersten – und ist in seiner dogmatisch-apologetischen Tendenz streckenweise sehr polemisch und in diesen Teilen auch so persönlich gehalten, wie man derlei sonst erst in der Zeit des Investiturstreits antrifft. Man muß sich, um den eigentümlichen Charakter des Werkes zu verstehen, vor Augen halten, daß es in einer Zeit und einer Situation entstanden ist, in der der unter der Fremdherrschaft christlich gebliebene Teil der Bevölkerung (eben der mozarabische), auch wenn den Mauren in Spanien besondere Toleranz nachgerühmt wird, doch mannigfache Nachteile und Schwierigkeiten zu ertragen hatte und begreiflicherweise nicht jeder von solchem Drange des Bekennertums erfüllt war, daß er danach gestrebt hätte, um seines Glaubens willen die von vornherein für ihn vorhandene Benachteiligung noch zu vergrößern. Daß zumal in Kreisen des Episkopats die Versuchung groß war, sich mit den fremden Herren zu arrangieren, liegt auf der Hand, und daß unter der höheren Geistlichkeit sich immer wieder einmal Opportunisten bereit fanden, um des persönlichen Vorteils willen die eigenen Landsleute und Glaubensgenossen zu schädigen, zeigen nicht allein die Lebensschicksale und der Tod des Eulogius. Im Leben des Abtes Samson von Pinnamelaria bei Cordoba war es vor allem der Bischof Hostegesis von Malaga, der mit seiner Bereitschaft zur völligen Anpassung auch ein Maß an Skrupellosigkeit verband, das ihn befähigte, zum eigenen Vorteil Landsleuten und Glaubensgenossen unmittelbar zu schaden. Wie es zu dem Konflikt kam, wird uns nicht berichtet; jedenfalls war Hostegesis der maßgebende Vertreter einer anthropomorphitischen Richtung in der mozarabischen Kirche. Er muß sich auch bei der Beschaffung oder vielmehr Beitreibung der Abgaben für die Geistlichkeit in Cordoba besonders rücksichtslos erwiesen haben, und aus dieser Zeit kannte ihn Samson. Hostegesis suchte den temperamentvoll und mit Leidenschaft für seine Überzeugung eintretenden Abt Samson dadurch zum Schweigen zu bringen, daß er ihn auf einer eigens zu diesem Zweck nach Cordoba einberufenen Synode der Häresie bezichtigte. Das Ergebnis spiegelt die Verwirrung wider. Die Synode befand zwar das Glaubensbekenntis des Samson für übereinstimmend mit der kirchlichen Lehre, enthob ihn jedoch seines Amtes, worauf ihm Bischof Valentius von Cordoba die Kirche St. Zoilus in Cordoba übertrug. Ein neuerlicher Versuch des Hostegesis, Samson zu schädigen, diesmal durch die Verdächtigung des Landesverrats beim Emir – Samson hatte wiederholt Übersetzungen aus dem Arabischen ins Lateinische angefertigt, zuletzt des Briefes, welcher der maurischen Gesandtschaft an Karl den Kahlen 863 mitgegeben wurde – schlug fehl, Hostegesis berief noch im selben Jahre eine Synode nach Cordoba ein, durch welche er die Absetzung des Bischofs Valentius, durch den Samson gestützt worden war, erreichte, mußte aber dann einlenken. Vor diesem Hintergrund ist Samsons apologeticus zu sehen. Das erste, rein dogmatische Buch, in dem vorzugsweise von der Trinität und damit zusammenhängenden Fragen die Rede ist, ohne daß der Autor besondere Tiefe oder Eigenständigkeit der Spekulation verriete, indem er sich vorzugsweise auf Bibelstellen stützt, läßt vom eigentlichen Inhalt noch verhältnismäßig wenig ahnen. An die Spitze des zweiten Buches stellt Samson sein eigenes Glaubensbekenntnis, wie er es auf der Cordobenser Synode von 862 vorgetragen hatte, und beginnt dann den eigentlichen Text des zweiten Buches mit einem ausführlich gehaltenen Angriff gegen seinen Hauptgegner, den Bischof Hostegesis, während die übrigen Teile des zweiten Buches wiederum dogmatische Themen aufweisen, vor allem im Hinblick auf die anthropomorphitischen Ansichten eben des Hostegesis und seiner insgesamt wohl nicht zahlreichen Anhängerschaft. Das Bemerkenswerteste an dem theologisch sonst nicht sonderlich bedeutenden Werk ist jener gegen Hostegesis gerichtete Teil zu Beginn des zweiten Buchs. Samson, der sich von Anfang an einer stark bewegten, leidenschaftlichen Sprache bedient, läßt sich in dem genannten Teil zu einer ungewöhnlichen Heftigkeit und Schärfe des Angriffs fortreißen. Er begnügt sich nicht damit, seinen Gegner, von dem er als dem Haupt der Anthropomorphiten sagt, er müsse eigentlich nicht Hostegesis, sondern *hostis Iesu* genannt werden, selbst der Simonie, der maßlosen Habgier, der Rücksichtslosigkeit und Gewalttätigkeit gegenüber seinen Glaubensgenossen, der Tücke und der Sittenlosigkeit zu bezichtigen, sondern greift den gewiß nicht ohne Grund Geschmähten auch damit an, daß er die Laster des Hostegesis als Erbgut seiner Familie darstellt: habe doch schon der Vater das Bischofsamt an sich zu reißen verstanden, den Glaubensgenossen die den Bischöfen geschuldeten Abgaben oft genug mit Gewalt abgepreßt, dann aber, als man ihn zur Rechenschaft habe ziehen wollen, sich der zu erwartenden Strafe entzogen, indem er seinen alsbaldigen Übertritt zum Islam erklärte und noch in vorgerückten Jahren sich beschneiden ließ; und dieselben Verfehlungen wie auch derselbe Abfall vom Glauben wird dem Oheim der Mutter zur Last gelegt.

Es geht hier nicht nur darum, daß der apologeticus des Samson weit über seine eigentliche Bedeutung hinaus für uns zu einer wichtigen Quelle der Kenntnis der Verhältnisse im mozarabischen Spanien wird. Nicht minder wichtig ist der Umstand, daß der Verfasser, durch Glaubenseifer, aber auch durch eigenes, über Jahre sich hinziehendes schmerzliches Erleben aufgewühlt, zu einer Form des schriftstellerischen Engagements, zu einer für seine Zeit ungewöhnlichen literarischen Parteinahme und, das ist wichtig, zu einer persönlichen Polemik getrieben wird, die dem Schrifttum des neunten Jahrhunderts eigentlich noch fremd gewesen ist.

Es hieße dem trefflichen Abte Unrecht tun, vergäße man, unter welchen Verhältnissen zu schreiben er genötigt war, und mäße man den apologeticus allein nach dem Maßstab, den man an spätkarolingische Literatur etwa aus dem Frankenreich anzulegen pflegt. Der apologeticus ist eines der umfangreichsten Werke des mozarabischen Schrifttums, und die Klarheit und Bestimmtheit, mit welcher der Verfasser theologische Fragen eines Gebietes, das doch zu den schwierigen zählt, und wie er die traditionelle Lehre der Kirche gegenüber den Anthropomorphiten darlegt, das verdient Bewunderung auch dann, wenn seine Gedanken nicht die originellsten sind. Was aber die streckenweise erregte und heftige Darstellung betrifft, so setzt ihr rechtes Verstehen wohl das Erleben der Enttäuschung, der Bitterkeit und Empörung voraus, welche das Verhalten von Verrätern, die um des eigenen Vorteils willen sich bei der fremden Macht andienen und zu diesem Zwecke vor keinem Schaden ihrer Landsleute zurückscheuen, in den Herzen derer erzeugt, die sich nicht zu wehren vermögen. In sprachlicher und stilistischer Hinsicht sind Verwandtschaft, aber auch Unterschiede gegenüber jenen späteren literarischen polemischen Werken deutlich wahrzunehmen: es findet sich die leidenschaftliche, selbst vor Verunglimpfung des Gegners nicht zurückscheuende Invektive, wozu auch das Spiel mit den Namen gehört; auf der anderen Seite lassen Sprache und Stil die innere Bewegtheit des Autors und sein Streben nach einer kunstvollen, rhetorisch gehobenen Prosa erkennen; dabei spiegelt freilich die große Zahl von Hispanismen oder auch nur vulgären Formen nebst der insgesamt über die Schriften des Alten und Neuen Testaments sowie wahrscheinlich einer Blütenlese patristischer Autoren (mit Exzerpten aus Augustinus, Hieronymus, Ambrosius) nicht hinausgehende Literaturkenntnis einen Bildungsgrad wider, wie man ihn zu jener Zeit der Unterdrückung lateinischer Kultur von einem gebildeten Mann erwarten konnte.

Die Wirkung des an den gesamten Klerus gerichteten Werkes scheint im übrigen nicht groß gewesen zu sein; der erhaltene Text beruht auf einer einzigen, dem Autor mindestens zeitlich sehr nahestehenden Handschrift.

Herkömmlicherweise betrachtet man Samson auch als Verfasser einer kleinen Schrift *de gradibus consanguinitatis*. Inhaltlich stammt das meiste wohl aus Isidor; der Traktat als solcher, ins kirchliche Eherecht einschlägig, mag wohl in erster Linie dem Wunsch oder der Notwendigkeit nach einer Klarstellung der im christlichen Raum erforderlichen Beachtung der Verwandtschaftsverhältnisse insbesondere im Blick auf die Nachbarschaft zum Islam seine Entstehung verdanken. Viel Verbreitung hat allem Anschein nach auch dieser Text nicht gefunden.

Von demselben Samson besitzen wir einige wenige *Epitaphien*, die als Zeugnis der Dichtkunst in Cordoba Beachtung verdienen, zwei Grabschriften auf die Äbte Offilo und Athanagild und eines auf den Priester Valentinianus. Die Inschriften sind als Hexameter abgefaßt und lassen erkennen, daß elementare Regeln quantitierender Verskunst wie die der Vermeidung des Hiats durch Synaloephe ebenso unbekannt gewesen oder Schwierigkeiten bereitet zu haben scheinen wie – begreiflicherweise – manche Quantitäten.

Ein etwas jüngerer Zeitgenosse Samsons war der Archipresbyter Ciprianus von Cordoba, der jenen noch um etliche Jahre überlebte. Was wir von Ciprian kennen, sind poetische Kleinigkeiten, *epigrammata*, wie die Zeit sie nannte und wie es auch die einzige Cordubenser Handschrift des zehnten Jahrhunderts[1] tut, die sie bewahrt hat. Neben Epitaphien, darunter einem auf Samson von Cordoba, ferner Versen auf Bibelhandschriften finden sich in dem kleinen Corpus auch zwei hexametrische Gedichte auf ein flabellum. In den letzteren wird, wie es scheint, ein höfisches Milieu sichtbar: Während der Dichter in dem einen (inc. *Renidet in manu flabellum*) den Grafen Guifredus anredet, er möge das flabellum seiner Gemahlin reichen, spricht er im zweiten (inc. *Guisindis dextram illustris ado:na*) den Fächer selbst an, daß er der edlen Guisindis Kühlung gewähre. Man würde diesen Versen wohl nicht ganz gerecht, sähe man in ihnen nur Zeugnisse einer immer

---

[1] Madrid, B.N. 10029.

noch bestehenden Tradition der aenigmata nach Art des Symphosius und seiner Nachahmer; etwas von höfischer Galanterie liegt in ihnen, vielleicht auch maurischer Einfluß. Unmittelbares Empfinden drückt sich in den schmucklosen, unbeholfenen und doch so reizvollen Versen *Terge luctum merens* aus, die vielleicht doch nicht Fragment, eher die zufällig erhaltene Probe einer lateinischen Dichtung sind, die auch dann noch zu leben vermochte, als die Übermacht des Fremden ihr fast den Atem nahm.

Es kennzeichnet die Lage, wenn ein anderer Zeitgenosse, der Priester L e u b e g i l d u s in Cordoba – es ist vielleicht derselbe, der im apologeticus des Samson genannt wird – eine Schrift *de habitu clericorum* verfaßt, die sich von verwandten Texten der Karolingerzeit, etwa Walahfrids de exordiis et incrementis, schon äußerlich dadurch unterscheidet, daß eigentlich nur von der Kleidung der Geistlichen beim Gottesdienst und von der Tonsur gesprochen wird. Der offenbar schon in vorgerückteren Jahren stehende und auf Aufforderung von geistlichen Mitbrüdern hin schreibende Autor, deutet die Schwierigkeit an, welche die Unterdrückung durch die Muslim für die Geistlichen bedeutet, und will auf Grund dessen, was ihm aus der Kenntnis der patristischen Literatur im Gedächtnis ist, die Gründe für eine besondere Tracht der Geistlichen darlegen, durch welche sich diese von den Laien unterscheiden sollten und welche in der Besonderheit des Amtes und der Aufgabe des Geistlichen, des Priesters und Statthalters der Apostel lägen. Auch die besonderen liturgischen Gewänder der Subdiakone und Diakone sowie der Bischöfe werden erklärt, wobei auf gewisse Unterschiede der westlichen Kirche gegenüber der des Ostens, zum Beispiel die Forderung der Bartlosigkeit sowie des Zölibats schon vom Subdiakon an, hingewiesen wird. Reichliche Anführung von Bibelversen, Hispanismen in der durch die Aussprache bedingten Schreibung sowie im Gebrauch bestimmter Wörter und eine gewisse Neigung zum Preziösen in der gepflegten Sprache sind die typischen Kennzeichen dieses mozarabischen Denkmals.

Im zehnten Jahrhundert, vielleicht schon etwas früher, mag in Cordoba das einzige Bußbuch entstanden sein, das wir aus dem mozarabischen Raum besitzen, das sogenannte p o e n i t e n t i a l e C o r d u b e n s e. Das Schriftstück selbst bezeichnet sich als *incidium penitentie*[2] und als *excerpta canonum a beato Gregorio pape Romensis edita de*

---

[2] Vermutlich für *indicium*, etwa gleichbedeutend mit dem in merowingischer Zeit gebräuchlichen *indiculum* für Brief, Anzeige.

diversis criminibus. Es beginnt nicht, wie sonst in Poenitentialien üblich, mit einer Aufzählung einzelner Sünden und der hiefür vorgesehenen Bußen, sondern, nach einer allgemeinen Erörterung über Sünde und Buße, mit einer Darlegung von zwölf Arten der Sündenvergebung (mit biblischen Belegen und Agrapha); darauf wird unter Berufung auf das *vetus proverbium*, das *contraria contrariis sane<n>tur* der Grundsatz aufgestellt, daß die Buße für Unerlaubtes, das heißt für die Sünde, in der Enthaltung des entsprechenden Erlaubten bestehen solle und daß die Dauer der Buße dem Zeitraum des Verharrens in der Sünde entsprechen müsse. Für die Grundform der Buße – das Fasten – das heißt Nüchternheit bis zur Non, dann sind Brot und Wasser erlaubt – werden Ersatzleistungen in bestimmter Höhe gestattet, und zwar Almosen oder Psalmengebet (z.B. an Stelle eines Tages Fasten sechzig Psalmen) bis zu mehreren Tausend für den entsprechenden Zeitraum der Buße. Daran schließt sich der Beichtspiegel wie in den Bußbüchern üblich. Bemerkenswert sind die auf die besonderen Verhältnisse bezüglichen Sünden: für Polygamie, für Abfall zum Islam mit darauffolgender Rückkehr, lebenslängliche Buße, oder für den Fall, daß die Kinder zum Islam übertreten, mehrjährige Buße für die Eltern; die Priesterehe scheint als selbstverständlich oder wenigstens erlaubt zu gelten; denn für den Fall des Übertritts der Kinder eines Priesters zum Islam ist ebenfalls lebenslängliche Buße für den Vater vorgesehen.

Man muß sich die Lage vergegenwärtigen, die mannigfachen Schwierigkeiten und Behinderungen, mit denen die Christen Gebliebenen unter der Herrschaft des Islam zu leben hatten, um ein Bußbuch solcher Härte recht zu verstehen. Denn was es forderte, war nicht unter äußerem Zwang abzuleisten, sondern der Entscheidung des einzelnen und seines Gewissens anheimgegeben.

Im übrigen gibt es im mozarabischen Spanien keine nennenswerte theologische Literatur. Was in das Gebiet einschlägt, sind allenfalls kurze Traktate von der Art der **quaestiones de nominibus divinis** eines Cordubenser Anonymus, von denen sich nicht mehr sagen läßt, als daß sie nach dem Abte Speraindeo, das heißt nach der Mitte des neunten Jahrhunderts, abgefaßt worden sein müssen, oder der zu Unrecht ehemals dem Julianus von Toledo zugeschriebenen Schrift **de trinitatis (!) divinitatis quaestionibus**[3]. Man darf wohl – und das stimmt mit dem in Samsons Traktat de habitu clericorum Beobachteten zusammen – keine allzu hohen Vorstellungen von mozarabischer Theologie hegen: hier ging es nicht um irgendwelche

---

[3] Díaz y Díaz nr. 562 glaubt die Schrift für die Schule hergestellt, was zu der fraglichen Zeit nicht unbedingt als nötig angenommen werden muß.

Spekulationen, an denen nicht das Leben hängt, sondern um die Bewahrung der wichtigsten Aussagen des christlichen Glaubens und das Wachhalten der Erinnerung an bestimmte elementare christliche Lebensformen.

Zuweilen wird angenommen, ein Priester R a g u e l aus Cordoba sei der Verfasser der berühmtesten passio aus dem maurischen Spanien, der *passio sancti Pelagii martyris* gewesen. Das ist indessen wenig wahrscheinlich; der Stil unterscheidet sich so deutlich von allem, was wir sonst aus mozarabischer Gegend kennen, daß man annehmen muß, entweder sei der Verfasser eine andere Person als Raguel, der den Bericht von den Ereignissen überbrachte, oder Raguel kein Cordobenser gewesen. Selbst wenn die alte Ausgabe das Kolorit seiner Latinität nicht richtig wiedergäbe, ließe sich mit ziemlicher Sicherheit sagen, daß der Verfasser aus einer Gegend kam und eine Bildung in sich aufgenommen hatte, die in engem Zusammenhang stand mit dem, was wir sonst als charakteristische Erscheinungen des zehnten Jahrhunderts auf dem Kontinent außerhalb Spaniens kennengelernt haben. Die passio ist wohl nicht allzu lange nach den Ereignissen, das heißt 925 oder bald danach, abgefaßt worden.

Als zehnjähriger Knabe war Pelagius für seinen Oheim, der als Bischof bei einem Kampf mit den Arabern gefangen genommen worden war, nach Cordoba in maurische Gefangenschaft übergeben worden. Nach drei Jahren Kerkers, seiner Schönheit wegen bei einem Mahl dem Kalifen vorgestellt – es ist ʿAbdarraḥmān III. – weigert sich Pelagius, auf die Versprechungen des Herrschers einzugehen und ihm unter Annahme des Islam als Lustknabe zu dienen, worauf er auf Befehl des Kalifen gefoltert, gliedweise verstümmelt, die Leiche in den Fluß geworfen, später von den Christen bestattet wird. Das Ereignis muß weithin großes Aufsehen erregt haben; Hrotsvit von Gandersheim behandelte die passio in einer ihrer Verslegenden, aber offenbar auf Grund einer anderen Quelle; ob ihre in manchen Punkten abweichende Erzählung – sie läßt unter anderem den Knaben von einer Schleudermaschine über die Mauern der Stadt geschossen werden – auf der anderen Quelle beruhen oder Hrotsvits dichterischer Phantasie entsprungen sind, muß unentschieden bleiben[4].

Die passio ist durchaus im Stil der Zeit gehalten, der Bericht von Anfang bis Ende hagiographisch aufgefaßt, etwa indem Pelagius von früh an bereits als der auf das Martyrium sich vorbereitende Zeuge seines Glaubens erscheint und die – katalogartig aufgezählten – Tugen-

---
[4] Siehe oben S. 407f.

den übt, und der Verfasser wiederum durch wiederholte Einschübe und allgemeinere erbauliche Bemerkungen jenem Zug zur Typisierung des Heiligenlebens Ausdruck gibt, der für die Zeit so charakteristisch ist. Vielleicht gehört er doch in den nichtislamischen Teil Spaniens, etwa in die Grafschaft Barcelona; Raguel wäre dann der Berichterstatter gewesen. Die Unterschiede sind jedenfalls kaum zu übersehen.

Nach León[5] gehört wahrscheinlich eine von einem Unbekannten verfaßte v i t a s a n c t i I l d e f o n s i, die man früher dem achten Jahrhundert und dem Bischof Cixila (auch Helladius) zugeschrieben hat. Man wird der Auffassung zustimmen können, daß das Werk stilistisch nicht ins Jahrhundert Julians von Toledo oder kurz danach, sondern weit eher ins zehnte oder vielleicht gar erst ins elfte Jahrhundert paßt.

Im Gegensatz zu der nüchternen, sachlichen vita aus der Feder des Julian von Toledo ist die jüngere vita Ildefonsi stark legendär und von Wundersucht gekennzeichnet. So läßt Ildefons durch sein Gebet die Martyrin Leocadia (aus frühchristlicher Zeit) aus ihrem Grabe steigen, dessen Platte kaum dreißig Männer zu heben vermögen, er schneidet ein Stück ihres Schleiers mit dem Schwerte des Königs Reccesvinth, das dieser ihm reicht, ab und fügt es zur Bezeugung der Erscheinung den Reliquien bei. Ein andermal erscheint ihm Maria, auf dem bischöflichen Thron sitzend, von einer Schar Psalmen singender Jungfrauen umgeben. Die Sprache des sogenannten Cixila ist von Hispanismen geprägt.

Es ist eine naheliegende Vermutung, in den christlich gebliebenen oder wiedergewonnenen Teilen der Pyrenäenhalbinsel, wo dem lateinischen Schrifttum nicht jene äußeren Schranken gesetzt waren wie im maurischen Spanien, habe sich die Literatur im Genusse der Freiheit in den gewohnten Bahnen zu entwickeln vermocht. Das trifft indessen nur in sehr begrenztem Maße zu. Es ist nicht zu vergessen, daß die Bevölkerung stark dezimiert, das Land dünn besiedelt war und die immer wieder neu aufflammenden Kämpfe alle Kräfte absorbierten. Des weiteren ist nicht zu übersehen, daß schon in der Blütezeit der westgotischen Kultur des siebten Jahrhunderts als die eigentlichen Träger des literarischen und geistigen Lebens der hohe Klerus erschienen war und neben ihm auch Laien, Könige sich für geistige Dinge offengehalten hatten, während das Mönchtum, das sonst in der lateinischen Welt *der* Träger des geistigen Lebens schlechthin war, eine merkwürdig geringe Rolle gespielt hatte. Wie viele Klöster zwei, drei Jahrhunderte

---

[5] M.C. Díaz y Díaz in Rivista española de teología 17, 1957, 44f.

später, in der Zeit der Reconquista, in den zurückgewonnenen Gebieten überhaupt noch vorhanden waren, darüber hat man einstweilen noch keine klare Übersicht. Mancherorts sind nach dem Freiwerden alte Klöster neu gegründet oder wiederbesiedelt worden, andere verdanken ihren Ursprung jener Zeit, da die Reiche von Asturien-León und von Navarra ihre Macht ausdehnten. In der Rioja beispielsweise, über die man jetzt am besten unterrichtet ist[6], ist San Martin zu Albelda im Jahre 923 von Sancho Garcés von Navarra gegründet, einige Generationen später als namhaftes Scriptorium hervorgetreten. San Millán de la Cogolla, dessen Gründung in westgotische Zeit hinaufreicht – man erinnere sich an Braulios vita sancti Aemiliani –, ist im dritten Jahrzehnt des zehnten Jahrhunderts neu begründet worden, aber nicht einmal aus dieser Zeit werden uns die näheren Umstände berichtet. Was man von den Bibliotheken dieser und anderer Klöster weiß, beschränkt sich auf eine Anzahl von Handschriften, die zum Teil ein sehr bemerkenswertes Niveau des Scriptoriums verraten; was den Inhalt betrifft, handelt es sich vorzugsweise um patristische Autoren: ein Schrifttum, das in besonderer Weise den religiösen und im eigentlichen Sinne monastischen Zielen dienlich war. Von dieser Ausrichtung mag es herrühren, daß in unserem Zeitraum in den spanischen Klöstern, soweit diese wieder ein geregeltes Leben zu führen vermochten, lateinische Literatur offenbar kaum entstanden ist, ausgenommen die geistliche Poesie, die liturgische Dichtung. Es gibt keinen Hinweis darauf, daß das Mönchtum vor dem elften Jahrhundert eine annähernd einflußreiche, das geistige Leben prägende Rolle gespielt hätte wie in der übrigen lateinischen Welt.

Es ist kein Ersatz für die bildende und im geistigen Leben schöpferische Tätigkeit des Mönchtums, daß seit dem späteren neunten Jahrhundert der Hof oder vielmehr einzelne Personen, die mit dem Hof in Verbindung standen, literarisch tätig geworden sind. Das gilt zumal für León und das Königreich Asturien.

In die Zeit Alfons III., ins späte neunte Jahrhundert, gehört eine Gruppe, oder wie man angesichts der Zusammengehörigkeit der Texte zuweilen sich auszudrücken vorzieht, ein Zyklus von drei asturischen Chroniken, die allem Anschein nach am Hofe von León entstanden sind: die Chronik Alfons III., die sogenannte Prophetische Chronik und das chronicon Albeldense.

---

[6] Dank der vortrefflichen, bahnbrechenden Studie von M.C. Díaz y Díaz, Libros y librerias en la Rioja altomedieval. Logrono 1979.

In literarischer Hinsicht auf niedriger Stufe stehend, haben sie – und das betrifft vor allem die Chronik Alfons III. als einzige zusammenhängende Darstellung der letzten Jahrzehnte des westgotischen Reiches, der arabischen Eroberung Spaniens und der Anfänge der Reconquista von Asturien aus bis ins späte neunte Jahrhundert – hohe Bedeutung, auch dann, wenn die historische Zuverlässigkeit im einzelnen durch gewisse Umstände gemindert wird. Zu diesen gehört u.a., daß die Chronik Alfons III., die chronica Visegotorum, wie vielleicht der ursprüngliche Titel lautet, nicht auf einer um etwa achtzig Jahre älteren geheimnisvollen Chronik beruhte, wie man gemeint hat, sondern tatsächlich die erste im christlich gebliebenen Spanien abgefaßte historische Darstellung seit mehr als zweihundert Jahren gewesen ist. Sie war in der Tat ein Neubeginn, der es unter den gegebenen Umständen dem Verfasser nicht erlaubte, an schon vorhandene Vorbilder anzuknüpfen und im Besitze der hiefür nötigen Bildung die Gattung auf dem ihr angemessenen Niveau weiterzuführen oder wieder einzuführen. Es ist nicht nur das maurisch besetzte Spanien, sondern, wie man an den erhaltenen Denkmälern erkennt, auch der christlich gebliebene kleine Teil der Pyrenäenhalbinsel in jenen von unaufhörlichen Kämpfen um die Wiedergewinnung des Vaterlandes geprägten Jahrhunderten weitgehend von den Kernländern der lateinischen Kultur abgeschnitten gewesen. Man kann sich nicht eindringlich genug die Lage und die außerordentlichen Schwierigkeiten vor Augen stellen, welche in den weithin entvölkerten und erst mühsam wieder besiedelten Landstrichen Asturiens und in den anderen kleinen Reichen im Norden angesichts der gewaltigen Macht des Maurenstaates zu überwinden waren, wenn man die literarischen Versuche aus dem Spanien jener Zeit im Vergleich mit den übrigen Ländern der lateinischen Welt recht würdigen und verstehen will. Die Chronik Alfons III. war gewiß ein recht bescheidenes Werk, sprachlich stark vulgär gefärbt und auch in stilistischer Hinsicht mit mancherlei Mängeln behaftet: wir besitzen sie nicht mehr. Auch die bald nach dem Tod Alfons III. wohl im zweiten Jahrzehnt des zehnten Jahrhunderts erfolgte Bearbeitung seiner Chronik ist nicht auf uns gekommen. Was wir besitzen, sind allein mehrere spätere Redaktionen dieser Bearbeitung des zehnten Jahrhunderts, so daß eine Vorstellung von dem originalen Werk nur über mehrere Zwischenstufen aus dem ihnen allen gemeinsamen ursprünglichen Gut erschlossen werden kann. Die Chronik begann mit dem Tod des Königs Reccesvinth 672, berichtete über die Regierung des trefflichen Königs Wamba (672–680), behandelte die Zeit der letzten Gotenkönige und die arabische Eroberung der Pyrenäenhalbinsel. Auch Normanneneinfälle in Spanien und Nordafrika werden gegen Ende erwähnt. Da der Verfasser die Geschichte unter heilsgeschichtlichem Aspekt sieht, so wird die Vernichtung des Gotenreiches und das Unheil der Eroberung als Strafe für die Sünden des Volkes und der Könige, allen voran des Vitiza (702–710), gesehen. Umgekehrt erhält später der mit den Arabern kollaborierende Bischof Oppa von Sevilla, der den Pelayo zur Aufgabe des Widerstandes zu bewegen sucht, von diesem die Belehrung, daß die Kirche, die den Namen des Mondes führe *(luna)*, wie dieser abnehmen und Schaden leiden müsse, um dann wiederum zu wachsen[7]. Im nämlichen Sinn erfolgt sodann der Bericht über Pelayos Sieg und die Vernichtung des arabischen Heeres bei der *Höhle des Herrn* (*cova dominica*, das ist Covadonga). Nicht der heilsgeschichtliche Aspekt als solcher, der eine Grundlage aller mittelalterlichen Historiographie und Geschichtsauffassung bildet, ist auffällig; das dem Werk eigentümliche Gepräge kommt vielmehr dadurch zustande, daß wie selbstverständlich alle geschichtlichen Vorgänge in diese Deutung miteinbezogen werden, wozu die als göttliches Strafgericht erlebte oder verstandene Eroberung durch die feindliche Macht des Islam ebenso gehört wie das Festhalten des Glaubens an die Wiedergewinnung des Vaterlandes und der Tradition des eigenen Volkes über Jahrhunderte hinweg. Zu den Vorstellungen und Haltungen, die in der Chronik zum Ausdruck kommen, gehört auch etwas wie ein Neogotizismus, das bewußte oder vielleicht gar selbstverständliche Anknüpfen an die Geschichte des westgotischen Reiches, so daß man sich offensichtlich bemühte, eine dynastische Verbindung des Pelayo und seiner Nachfolger mit den westgotischen Königen herzustellen oder nachzuweisen. Solche Gedanken spielen vor allem auch in den beiden anderen zum sogenannten Zyklus Alfons III. gerechneten Schriften eine wichtige Rolle.

Im chronicon Albeldense, das aufs engste mit der chronica Adelfonsi regis zusammenhängt und zu einem Großteil aus Herrscherlisten besteht (darunter auch solchen der Omaijaden), wozu dann eine knappe Chronik von Christi Geburt an tritt, werden solche Verbindungen sichtbar.

Der merkwürdigste der drei Texte ist die sogenannte Prophetische Chronik, die allerdings von manchen Gelehrten nur als ein Teil des chronicon Albeldense angesehen wird. Die übliche Bezeichnung rührt davon her, daß sie *de dicta Ezecielis profete*, das heißt mit einer angeblichen, in Wahrheit erfundenen Prophetie über die Ismaeliten, das heißt die Mauren, und ihren begrenzten Aufenthalt in Spanien sowie ihre erfolgreiche Vertreibung und der hiezu gehörigen Auslegung

---

[7] Chronicon Adefonsi (redactio A Ovetensis, Prolog S. 22). – *luna* ist seit des Eucherius von Lyon form. 2 (p. 10, 9 Wotke) geläufige allegorische Bezeichnung für die Kirche.

beginnt. Nach einer Genealogie der Sarazenen, von denen es heißt, daß sie sich zu Unrecht nach Sarah, dem Weibe Abrahams, benennten, richtiger aber Agareni, nach Agar, der Kebse Abrahams, oder Ismaeliten, nach deren Sohn, genannt würden, folgt eine *historia de Mahmeth pseudo prophetae* (!). Daß sein Bild nicht in den freundlichsten Farben gemalt wird, versteht sich von selbst; was man ihm außer der Stiftung einer neuen Religion vorhält, ist vor allem seine unbeherrschte sexuelle Triebhaftigkeit und die Anstiftung seiner Anhänger, alle Andersgläubigen zu töten. Es folgt eine Darlegung der Vorgeschichte der islamischen Invasion in Spanien sowie der Eroberung selbst. Die Sprache ist stark vulgär gefärbt, zeigt deutlich die Spuren spanischer Aussprache des Lateinischen, es finden sich zahlreiche Metaplasmen und Hyperurbanismen, vielfach Vertauschung der genera verbi und der Kasus sowie in bestimmten Fällen der Gebrauch sonst nur in anderem Sinne üblicher Vokabeln.

Es ist im übrigen bemerkenswert, daß geschichtliche Darstellungen nur in den unabhängigen kleinen christlichen Reichen verfaßt wurden, während die Gefahr, die gerade bei Rückblicken in die Vergangenheit sich einstellen konnte, im mozarabischen Raum Werke solcher Art nicht zustande kommen ließ. Zu bedeutenden Leistungen ist allerdings auch im freien Spanien die Historiographie der Zeit nicht gelangt.

Ein Jahrhundert nach den zwei oder drei Chroniken aus der Zeit Alfons III. ist in León eine Chronik entstanden, als deren Verfasser S a m p i r u s v o n A s t o r g a genannt wird. Er scheint Asturier gewesen zu sein, war am Hof zu León als Notar tätig – man kennt noch einige von ihm stammende Urkunden – und ist gegen Ende seines Lebens noch Bischof von Astorga geworden (1045–1050). Seine *Chronik*, die von Alfons III. (866–910) bis in die Zeit Ranimirs III., näherhin bis 982 geführt ist und für die fragliche Zeit wiederum unsere einzige zusammenhängende Darstellung bildet, erweist den Autor als einen Mann von mäßiger Bildung und recht beschränktem geschichtlichen Horizont. Was ihn interessiert, scheinen vorwiegend die Familien- und Eheverhältnisse seiner Herrscher gewesen zu sein sowie die Errichtung und Weihe von Kirchen; so berichtet er beispielsweise über den Neubau der Basilika von Santiago de Compostela, die bis dahin ein Lehmbau gewesen war, als Steingebäude durch Alfons III. recht eingehend. Im übrigen nehmen unter den Ereignissen zur Zeit der jeweiligen Herrscher den ersten Rang ihre Kämpfe ein, wobei die Auseinandersetzungen mit anderen christlichen Staaten oder rivalisierenden Fürsten zuweilen ebenso viel Raum einnehmen wie die Kämpfe gegen die Mauren, bei denen freilich immer das religiöse Moment das Entscheidende ist. Unter den besonderen Begebenheiten gedenkt er der Gefangennahme des *Prokonsuls* Abohalid, der sich um hunderttausend Gulden loskaufte. Daneben spielen kirchengeschichtliche Ereignisse eine Rolle wie die Erhebung des Bistums Oviedo zum Erzbistum – das päpstliche Dekret vom Juli 871 (Aera 909) wird wörtlich eingelegt[8] – und die Weihe der Metropolitankirche, über die im nämlichen Jahr zu Oviedo unter dem Vorsitz des Königs stattfindende Synode, bei welcher die Bischöfe das Recht, auch für die unter maurischer Herrschaft lebenden Bischöfe Spaniens zu sprechen, in Anspruch nahmen, wird ausführlich berichtet. Manche der erzählten Begebenheiten haben anekdotischen Charakter, ohne daß in der Darstellung solches zu erkennen wäre, so etwa die Nachricht, daß König Sancho III. von Oviedo durch sarazenische Hilfe (Agareni), also wohl durch maurische Ärzte, von seiner Fettleibigkeit befreit worden sei. Die Sprache, durch zahlreiche Anspielungen auf Bibelstellen gekennzeichnet, ist allem Anschein nach stärker vulgär gefärbt gewesen als die der Chronik Alfons III. Allem Anschein nach: denn auch die Chronik des Sampirus besitzen wir nicht mehr in der originalen Fassung; erhalten hat sich das Werk lediglich als Bestandteil zweier späterer Geschichtswerke, in die es nahezu vollständig aufgenommen, dabei jedoch einer Überarbeitung unterzogen wurde, so daß man zwei Fassungen unterscheidet, aus denen sich das originale Werk im wesentlichen wieder herstellen läßt: die sogenannte pelagianische Fassung, das heißt diejenige, in welcher sich das Werk in der historia des Bischofs Pelagius von Oviedo (nach 1121) befindet, und die Fassung der sogenannten historia Silensis, die in Wahrheit wohl von einem unbekannten Mönch ebenfalls in Oviedo um 1115 hergestellt wurde.

In einer Situation, in welcher das lateinische Schrifttum wie ein dem Schicksal abgetrotztes Gut erscheint, in der die lateinische Kultur als einer der kostbarsten Schätze nationaler Überlieferung erlebt wird und der Kreis, in dem sich die Literatur zu halten vermag, sich verengt: in solcher Situation gewinnt in literarhistorischer Hinsicht jegliches Ringen um das sprachliche Kunstwerk an Gewicht. Es ist ein fast einmaliger Vorgang, daß in Spanien noch Jahrhunderte nach der Eroberung des größten Teils der Pyrenäenhalbinsel durch die Araber das Bemühen um das Festhalten der lateinischen Kultur wachgeblieben und über das neunte Saeculum hinaus auch in den folgenden Jahrhunderten Dichtungen entstanden sind.

---

[8] Das päpstliche Schreiben ist *Adefonso regi christianissimo* zugedacht. – Der spätere Titel der spanischen Könige als *reges catholici* erscheint zum ersten Mal bei Sampirus in Zusammenhang mit König Alfons' III. Sohn und Nachfolger Garcias (910–914), von dem es zum Jahre 912 (Aera 951) heißt: *dedit Dominus catholico regi triumphum* (cap. 17, S. 310 Perez de Urbel).

Schon um die Mitte des neunten Jahrhunderts ist die metrische Dichtung weithin vergessen gewesen, wie das Beispiel des Eulogius lehrt, der während des Aufenthalts im Gefängnis sich die Grundregeln metrischer Dichtung anzueignen suchte[9]. Ob seine Bemühungen irgendeine Nachwirkung hatten, ist unbekannt. Möglicherweise ist es aber schon bald danach zu eigenartigen Versuchen der Imitation gekommen.

In dem berühmten Codex von Roda aus dem zehnten Jahrhundert, der, nachdem er jahrhundertelang verschollen war, im Jahre 1927 wiederaufgefunden wurde und der unter anderem eine Fassung der Chronik Alfons III. enthält, ist ein merkwürdiges Gedicht d e   f a b r i c a   m u n d i überliefert, das in der Handschrift fälschlich dem Isidor von Sevilla zugeschrieben wird, in Wahrheit von einem unbekannten Verfasser vielleicht noch des neunten Jahrhunderts herrührt (inc. *Creator mundi divinus*). Es behandelt die Schöpfungsgeschichte mit Einschluß der Erschaffung der Eva, weicht aber insofern von dem Buche Genesis ab, als auch von einem für den Teufel vorbereiteten Ort der Verdammnis gesprochen wird. Die schlichten, mit liebenswürdiger Naivität erzählenden Verse wird man, was den Gegenstand betrifft, am ehesten mit jenen Traktaten theologischen Inhalts des neunten und zehnten Jahrhunderts verbinden dürfen, welche in der Zeit der Bedrängnis die Grundwahrheiten der christlichen Lehre so eindrucksvoll veranschaulichten. Das Seltsamste an dem Gedicht ist die Form: Die Verse können als Langzeilen mit hexametrischem Schluß aufgefaßt werden. Vom üblichen Hexameter aber unterscheiden sie sich in dem nicht unwesentlichen Punkte, daß sie alle sechzehn Silben aufweisen[10] (jedenfalls diese Zahl vom Dichter erstrebt wird). Die Zäsur liegt jeweils in der Mitte, nach der achten Silbe, so daß das erste Hemistich als Nachbildung eines trochäischen Dimeters sich auffassen ließe; der im zweiten Hemistich aber offenbar allgemein angestrebte regelmäßige Hexameterschluß läßt eine andere Deutung als die vorgeschlagene kaum zu.

Die merkwürdige Form der Imitation des Hexameters scheint auf der Vorstellung des Dichters zu beruhen, daß Verse immer die gleiche Silbenzahl, mindestens aber eine bestimmte und dann unveränderliche aufweisen müßten. Deutlicher könnte das Mißverstehen des Hexameters kaum noch sichtbar werden. Häufiger findet sich eine andere Form der Nachbildung des Hexameters, der in seiner ursprünglichen, sonst im abendländischen Mittelalter ungemein beliebten Gestalt in Spanien

---

[9] Siehe oben Band I, S. 503.
[10] Die relativ wenigen Ausnahmen lassen sich zumeist durch geringen Eingriff in den Text heilen: Ausfall eines *-que* oder ähnliches; Vers 37 ist wahrscheinlich *remigiisque armavit* zu lesen, *pinnarum* als Glosse zu tilgen.

nach dem neunten Jahrhundert überhaupt in Vergessenheit geraten zu sein scheint. Ein Beispiel dafür bietet das sogenannte antiphonarium mozarabicum, richtiger das Antiphonar der Kathedrale von León[11]. Es besitzt vor dem eigentlichen Inhalt – den Antiphonen, Responsorien, Hymnen (die letzteren nur als Initium angegeben) – wie ein literarisches Werk zwei Vorreden (*Incipit praefatio libri antiphonarii sub eroicum elegiacum dictatus ... O quam du‹l›citer promes armonias suavia panges;* ca. 66 Verse und *Item admonitio cantoris sub metro eroico elegiacum dictatam: qualiter letiferam pestem vane glorie refugiat ... Quisquis doctor ille es qui hunc codicem perlustras;* 63 Verse), die auf den Inhalt und die Verwendung des Buches Bezug nehmen: eine Erscheinung, die in einem liturgischen Buch ganz ungewöhnlich ist. Diese beiden Vorreden sind in rhythmischen Hexametern bzw. ebensolchen Distichen abgefaßt. Diese Hexameter zählen vierzehn bis siebzehn Silben, haben also durchschnittlichen Umfang, und schließen mit dem üblichen Tonfall des Hexameters; die Zäsur findet sich nach der fünften bis siebten Silbe (der üblichen Stelle der Penthemimeres). Die Form ist ähnlich den im langobardischen Italien auftretenden sogenannten rhythmischen Hexametern, mit denen indes kaum ein Zusammenhang besteht. Neu ist, daß es auch Pentameter dieser Art gibt. In León sind sie als Zwölf- bis Vierzehnsilbler gebildet; die Zäsur ist so gelegt, daß das zweite Hemistich in jedem Fall aus sieben Silben besteht: das heißt, man hat in dem als Vorbild gewählten quantitierenden Pentameter die Regel erkannt, daß im zweiten Halbvers Spondeus nicht erlaubt war. Für den Pentameterschluß ist keine bestimmte Regel zu beobachten.

Auch die mozarabische Hymnendichtung hat Werke aus dem hier zu behandelnden Zeitraum aufzuweisen; es mögen insgesamt einige Dutzend Hymnen sein. Eine Bestimmung der Gegend oder des Ortes, wo sie entstanden sind, ist schwierig und nur zum Teil mit einiger Wahrscheinlichkeit zu ermitteln.

Einige wenige sind wahrscheinlich im eigentlich mozarabischen Gebiet entstanden. Zu ihnen gehört vermutlich ein Hymnus auf die heiligen Cyriacus und Paula, zwei Martyrer aus diokletianischer Zeit, die besonders in Malaga verehrt wurden (inc. *Sacrum tempus in calculo*, elf ambrosianische Strophen); bemerkenswert ist die ungeschliffene Form, die sich fast nur noch an der Silbenzahl zu orien-

---

[11] Antiphonarium mozarabicum de la Catedral de León editado por los PP. Benedictinos de Silos, bajo los auspicios de ... José Alvarez Miranda. León 1928.

tieren scheint, und eine weitgehend der Auflösung sich nähernde Syntax: der deutlichste Ausdruck einer natürlich besonders in den arabisch besetzten Gebieten darniederliegenden lateinischen Bildung. Ins islamisch besetzte Gebiet führt der Inhalt eines H y m n u s z u m F e s t e d e r T r a n s l a t i o d e s J ü n g e r e n J a c o b u s[12], inc. *Clara sanctorum una Ierusalem*. Er enthält als Kern einen Hilferuf des bedrängten und unterdrückten Volkes. Die Form der rhythmisch imitierten sapphischen Strophen verdient besondere Hervorhebung. Zu Ehren des Martyrers Pelagius, der im Jahre 925 den Tod erlitt, wurde ein H y m n u s geschaffen (inc. *Inmense caeli conditor haec*, ambrosianische Strophen), dessen Ursprung ebensowenig feststeht wie derjenige der passio: könnte man diese mit Sicherheit dem Raguel zuschreiben (oder vielmehr, ließe sich mit einiger Gewißheit sagen, daß Raguel nicht nur der Berichterstatter war)[13], so dürfte man mit einiger Wahrscheinlichkeit auch den Hymnus als in Cordoba entstanden sich denken.

Die Mehrzahl der erhaltenen Hymnen freilich dürfte doch außerhalb des eigentlich mozarabischen Spanien entstanden sein. Zu ihnen gehörte ein H y m n u s a u f d i e M a r t y r i n n e n N u n i l o u n d A l o d i a, die, Töchter eines Muslims und einer Christin, im Jahre 851 in Huesca enthauptet worden waren. Der Hymnus (inc. *Restant nunc ad Christi fidem virtutis insignia*, mit Doxologie dreizehn Strophen) läßt auf eine Beschreibung der Passio eine Bitte um Fürsprache der Heiligen folgen und ist in Fünfzehnsilblern (nach dem Vorbild des katalektischen trochäischen Tetrameters), von denen je drei zu einer Strophe verbunden sind, abgefaßt; daß der Abt Salvus von Albelda im zehnten Jahrhundert der Dichter sei, ist allerdings nur eine Vermutung. Demselben Salvus wird, ebenfalls vermutungsweise, ein M a r t i n s h y m n u s (inc. *Martinus magnus pontifex apostolorum socius*, zehn ambrosianische Strophen) zugeschrieben, der in schlichter Sprache die Lebensgeschichte des Tourser Bischofs erzählt. Z w e i H y m n e n a u f d e n h e i l i g e n A e m i l i a n u s (inc. *Christe caput fidelium hospes* und *Cuncti caelestis curiae cives*, beide in ambrosianischen Strophen) wird man sich am ehesten in der vornehmsten Stätte der Verehrung des beliebten spanischen Wundertäters, in San Millán de la Cogolla entstanden zu denken haben –, was freilich nicht bewiesen ist. Einen gewissen Hinweis auf die Provenienz aus dem nichtislamischen Spanien könnte die Überlieferung eines H y m n u s a u f H i e r o n y m u s[14] enthalten (inc. *Christus*

---

[12] 2, 1 *Jacobus ob hoc vocitatus Iustus:* also nicht der Heilige von Compostela.
[13] Siehe oben S. 541f.
[14] Er ist in demselben Psalterium aus Silos, London BL Add. 30851, aus dem elften Jahrhundert und in Madrid BN 10001, wie der älteste Hymnus auf Jacobus den Älteren, inc. *O dei verbum paris ore providum*, den M.C. Díaz y Díaz in: Los himnos

est virtus patris sapientia), der den Kirchenvater vor allem ob seiner monastischen Tugenden und als Verteidiger der christlichen Lehren gegen die haeretici preist und unter anderem die berühmte Vision (*Tullianumque veraciter protulit* 8,5) schildert. Es sind fünfzeilige Strophen von rhythmischen Zwölfsilblern mit kurzer Paenultima, also der Nachbildung des iambischen Senars. Demselben Gebiet mag einer der in der mozarabischen Liturgie vergleichsweise seltenen Marienhymnen, ein Laudes-Hymnus für das Fest Mariae Himmelfahrt entstammen (inc. *En pater gloriae rutilum gaudium*), der in rhythmischen Zwölfsilblern, je vier zu einer Strophe gebündelt, abgefaßt ist; die Verse imitieren das metrische Vorbild der asklepiadeischen Strophe[15].

Die Hymnendichtung des behandelten Zeitraums weist insgesamt einen in Anbetracht der Umstände sehr bemerkenswerten Reichtum an Formen auf. Rhythmisch sind sie alle, und alle lassen sie das antike Vorbild erkennen. Es ist, als habe man mit besonderer Zähigkeit an den überkommenen Formen festgehalten, die man doch eigentlich gar nicht mehr verstand. Auf der anderen Seite zeigt sich vielleicht nirgends so deutlich, wie stark noch immer die Abschnürung vom übrigen Kontinent wirksam war: es findet sich vorerst keine Spur der so fruchtbaren neuen Form der Sequenz.

Ein ungewöhnliches Denkmal lateinischer Kultur an einer Stelle, wo man eher ein Zeugnis der Volkssprache erwarten würde, ist uns durch den berühmten Codex von Roda, der die Chronik Alfons III. enthält, bewahrt worden: ein Hochzeitslied, eines der seltenen Epithalamien aus dem Mittelalter, die Versi domna Leodegundia regina, inc. *Laudes dulces fluant tibiali modo*. Die neunundzwanzig dreizeiligen Strophen des Liedes, deren Anfänge das Akrostichon *Leodegundia pulcra Ordonii filia* ergeben, bestehen aus je einem Zwölf-, einem Vierzehn- und einem Fünfzehnsilbler; ihr bemerkenswert sorgfältiger regelmäßiger Bau[16] deutet auf eine Schule von nicht gewöhnlichem Niveau. Der Dichter rühmt die Braut ob ihrer edlen Abkunft, ihrer Schönheit, ihrer Tugend und – ein Gedanke, der vermerkt zu werden verdient – ob ihrer Klugheit und Bildung: *eloquiis claram, eruditam litteris sacris-*

---

en honor de Santiago. Compostelanum 11 (1966) 457ff. = De Isidoro al siglo XI. Barcelona 1976, S. 235ff. behandelt.

[15] Unter den gängigen Lobpreisungen auf Maria erscheint die in diesem Zusammenhang auffällige Vorstellung vom Erzengel Michael als Seelenführer (5, 2ff).

[16] Zwölfsilbler: 2 x 6 –⌣; Vierzehnsilbler: 7 ⌣– + 7 –⌣, außer Str. 23, 2; 27, 2 ist *piissime* zu lesen; Fünfzehnsilbler: 8 –⌣ + 7 ⌣–, einige Male –⌣ (1, 3; 2, 3; 11, 3; 17, 3). *Leo-* ist immer Diphthong.

que misteriis (3,1 sq.); er erinnert sie an die Pflichten einer christlichen Herrscherin: Frömmigkeit, Mildtätigkeit gegenüber den Armen und Waisen. Nach dieser fürstenspiegelartigen Aufzählung werden die Gäste aufgerufen, das Hochzeitsmahl in festlicher Freude zu begehen; Sänger und Musikanten werden aufgefordert, ihre Kunst zu zeigen und für die Königin wird der Wunsch ausgesprochen, daß sie Söhne und Enkel erleben, die Zeit ihrer Regierung friedlich sein und kein Feind über sie siegen möge und sie nach einem frommen Leben die ewige Seligkeit erlangen möge. Es bleibt manches merkwürdig an dem Gedicht. Leodegundia ist offenbar einer gewissen Bildung teilhaftig geworden. Sollte es ihr geistlicher Lehrer gewesen sein, der aus Anlaß ihrer Vermählung ein lateinisches Hochzeitslied mit dem fast zärtlichen Akrostichon und den wehmutsvollen Abschiedsworten gedichtet hat:

>   *Ave, semper vale   in domino deo,*
>   *domna Leodegundia,   et post longa tempora*
>   *regnum Christi consequeris   cum electis omnibus.*

Man hat die früher wohl etwas unbedacht vorgenommene Identifizierung der Leodegundia mit einer – sonst nicht bekannten – Tochter des Königs Ordonius I. von Asturien (851–866) in jüngster Zeit mit gutem Grund aufgegeben; aus allgemeinen Erwägungen glaubt man das Lied in die Rioja und ins späte zehnte Jahrhundert setzen zu können.

Man weiß im allgemeinen wenig oder gar nichts darüber, wie sich in den Gebieten, welche den Mauren abgerungen wurden, die lateinische Kultur neu entwickelt oder wieder gefestigt hat. Seit jüngster Zeit besitzt man nähere Kenntnis, die freilich nicht verallgemeinert werden darf, von einem Gebiet am Ebro, näherhin der Rioja, einer Landschaft, die dank einer vergleichsweise noch günstigen Überlieferung Einsichten erlaubt, wo bisher jede Vorstellung fehlte.

Nicht lange, nachdem gegen Ende des ersten Viertels des zehnten Jahrhunderts unter Sancho Garcés I. das junge Königreich Navarra – seit 905 führten die Grafen von Navarra den Königstitel – seine Macht auf das rechte Ufer des Ebro vorgeschoben hatte, gewinnen mehrere monastische Kommunitäten dieser Gegend auch als Pflegestätten des geistigen und literarischen Lebens einigermaßen klare Konturen. An dem Ort, der seinen Ursprung auf den heiligen Aemilianus – denselben, dessen Leben Braulio von Saragossa beschrieben hat[17] – zurückführte, in San Millán de la Cogolla, treffen wir im frühen zehnten Jahrhundert eine Klostergemeinschaft, die möglicherweise bereits damals (spätestens seit 971) der Benediktregel folgte. Schon im zehnten Jahrhundert muß das nachmals zu einem berühmten Wallfahrtsort gewordene San Millán

---
[17] Siehe Band I, S. 92 f.

eine stattliche Bibliothek besessen haben, der vor allem patristische Literatur und einige wenige karolingische Werke das Gepräge gaben. Auch ein tüchtiges Scriptorium ist wahrscheinlich gemacht worden. Offenbleiben muß die Frage, woher die älteren Bestände gekommen sind und welche Kräfte zu dem offensichtlichen Aufblühen beigetragen haben.

Mit einem weiteren Mittelpunkt des geistigen Lebens in der Rioja, mit Najera lassen sich nur einige kleinere theologische Texte und eine Nonnenregel verbinden.

Ganz anders wiederum liegen die Verhältnisse in St. Martin zu Albelda. Gegründet um 924 von Sancho Garcés I. von Navarra, vielleicht in Anknüpfung an ein älteres Kloster, hat sich der Konvent innerhalb weniger Jahrzehnte zu bedeutender Größe – gelegentlich ist von zweihundert Mönchen die Rede – entwickelt. Um die Mitte des zehnten Jahrhunderts ist ein eigenes Scriptorium nachzuweisen; von einer Bibliothek aber erfahren wir wenig. Dafür haben wir Zeugnisse literarischer Tätigkeit von ungewöhnlicher Art. Zwei Männer erscheinen in enger Zusammenarbeit: V i g i l a   v o n   A l b e l d a , der von 950 an als Schreiber von Urkunden bezeugt, seit 976 Abt gewesen ist, und ein Priestermönch desselben Klosters namens S a r r a c i n u s . Was wir von ihnen besitzen, ist eine Reihe von poetischen Kompositionen, teils Figurengedichten, teils solchen, die nur mit Akrostichis und Telestichis gebildet sind. Die *Gedichte*, deren Verfasser sich mehrmals im Text selber nennen, sind durchweg religiös-geistlichen Inhalts, einige sind Gebete oder haben hymnischen Charakter. Sie setzen außer den allgemein bekannten liturgischen Texten keine nennenswerte Literaturkenntnis voraus. Trotz merklicher Unterschiede zwischen den beiden Autoren – Vigila ist eindeutig der gewandtere und beherrscht die Sprache besser als Sarracinus – ist das Ringen um den sprachlich richtigen Ausdruck unverkennbar. Die metrische Form der Werke, die als Muster gedient haben, ist nur teilweise verstanden, gewöhnlich nur die Silbenzahl als das wesentliche Element eines Verses aufgefaßt und nachgebildet. So ist gleich in carmen 1 (inc. *Divina virtus Christe lux luminis*) von dem katalektischen trochäischen Tetrameter, der als Muster gedient hat – in der am Rande beigefügten Erklärung der Metren ist der Auferstehungshymnus des Prudentius *Psallat altitudo caeli psallant omnes angeli* (Prud. cath. 9,22sqq.) als Muster genannt –, oder richtiger der rhythmischen Nachahmung als Fünfzehnsilbler (8 –∪ + 7 ∪–) als einziges konstitutives Element des Verses nur die Silbenzahl übernommen. Objektiv gesehen ist der Rang der Dichtungen nicht eben hoch; als Zeugnis aber des allmählichen Wiedergewinnens poetischer Kunstfertigkeit nach den langen Generationen des Schweigens kommt ihnen großer Wert zu.

Es ist wahrscheinlich auch eine Folge der allgemeinen Lage, daß Schriften aus dem Gebiet der artes, wie man sie sonst allenthalben in der lateinischen Welt häufig antrifft, im mozarabischen Raum fast völlig fehlen, ein deutliches Zeichen dafür, wie gefährdet die lateinische Kultur unter der Herrschaft des Islam tatsächlich gewesen ist. Die nahezu einzige Ausnahme – und auch hier ist es zweifelhaft, wieviel davon auf eigentlich mozarabischem Boden entstanden ist – bilden einige wenige Traktate aus dem Gebiet der Arithmetik und der Astronomie. Namen von Verfassern kennen wir nur selten, und diese führen ins nichtarabische Gebiet. So gehört in die spanische Mark der um 980 lebende L u p i t u s, der wahrscheinlich Archipresbyter von Barcelona gewesen und uns als Verfasser von *Schriften zum Astrolabium* bekannt ist; er ist einer der Männer gewesen, mit denen der junge Gerbert von Aurillac in Verbindung getreten war.

Auf dem Boden der spanischen Mark waren mehr oder minder unabhängige Grafschaften entstanden: neben Barcelona, das schon in den späteren Jahren Ludwigs des Frommen durch den rücksichtslosen Markgrafen Bernhard besonderes Gewicht erlangt hatte, nördlich davon angrenzend an der Küste die Grafschaft Ampurias und etwas weiter nach Westen Besalú. In der letzteren Grafschaft gründete um 880 Graf Wifred (Guifredus) der Behaarte das Kloster Sancta Maria zu Ripoll, das der Benediktregel folgte und, mit Gütern reich beschenkt, nicht nur zur Grablege der Grafen wurde, sondern auch zu einem kulturellen Mittelpunkt in der spanischen Mark sich entwickelte. Von Anfang an stand das Kloster in Verbindung mit Frankreich und empfing von dort her die durch und durch *karolingische* Richtung seines Geisteslebens. Zeugnisse dafür sind außer einem Bücherverzeichnis des späten zehnten Jahrhunderts (979 und einem ebensolchen von etwa 1046)[18] einige wenige erhaltene Handschriften. So findet sich im c o d e x R i v i p u l l e n s i s 7 4 unter anderem ein Glossar *(abdicare: alienare)*, das seine Herleitung aus einer Glossierung des Martianus Capella deutlich zu erkennen gibt.

Wie es scheint, hat man schon recht früh damit begonnen, auch die Verskunst schulmäßig zu üben; und hier, in Ripoll, trifft man erstmals wieder *metrische* Dichtung, die im übrigen Spanien seit dem neunten Jahrhundert in Vergessenheit geraten war. Epitaphien und verwandte Kleindichtung, die sich erhalten hat, reichen bis an den Anfang des zehnten Jahrhunderts, bis nahe an die Gründungszeit zurück. Selbst F i g u r e n g e d i c h t e sind damals versucht worden. Beachtung ver-

---

[18] Gottlieb Nr. 745 S. 270 und Anm. 1.

dient eines über die metrische Verskunst und ihren Nutzen (inc. *Metra suit certa si visat rectius artem;* 33 Hexameter), das neben Anklängen an Vergils Eclogen stärkere Benützung von Grammatikern vermuten läßt[19], während ein anderes, ein hymnisches Gedicht an Christus (inc. *Sancte puer claro qui signas lumine olimpum;* in 37 Hexametern) das Ringen um den sprachlichen Ausdruck deutlich erkennen läßt[20]. Eine erste Blüte erlebte Ripoll unter seinem sechsten Abt O l i b a, der dem Hause der Grafen von Cerdaña-Besalú angehörte und von 1008 bis 1046 regierte, seit 1018 auch Bischof von Vich war. Ripoll verdankt ihm nicht nur eine Erweiterung der Klostergebäude und den Neubau der Kirche, sondern auch Förderung des wissenschaftlichen Lebens in der Abtei. Oliba selbst ist uns durch einige wenige von ihm verfaßte *Gedichte* bekannt. Sie sind insgesamt zu gewandt, als daß man glauben möchte, es seien die einzigen gewesen. In einem kurzen hexametrischen Gedicht grüßt er den Bischof Gauzlin von Bourges, dessen Name als Akrostichon erscheint (inc. *Germine conspicuos pulchro decorando clientes*). Ein Gedicht *de monasterio* (inc. *Hoc adiens templum genitricis virginis almum;* der Titel *in laudem monasterii Rivipullensis* ist modern) besingt die gottgeweihte Stätte, die Oliba reich beschenkt und deren Kirche der Abt neu erbaut habe, worauf Olibas sechs Vorgänger in der Abtswürde gerühmt werden.

Ein mit dem genannten nicht zusammenhängendes Gedicht d e c o m i t i b u s (inc. *Conditor hic primus Guifredus marchio celsus,* fünfzehn Distichen), das gewöhnlich ebenfalls dem Oliba zugeschrieben wird, ist in Wahrheit oder war gedacht als Epitaphium für die in Ripoll bestatteten Grafen von Barcelona. Es besteht aus einer Folge von kurzen Grabinschriften in Distichen und bildet, als historisches Zeugnis gesehen, eine erschütternde Reihe: jeder zweite von ihnen ist im Kampf gegen die Mauren gefallen. Was den Verfasser betrifft, so kann er natürlich ebenso gut wie Oliba selbst einer der im Kloster unterrichtenden Mönche gewesen sein.

In dieselbe Zeit gehört oder wenig älter ist ein wohl im Jahr 1018 entstandener p l a n c t u s d e o b i t u R a i m u n d i c o m i t i s (inc. *Ad carmen populi flebile cuncti*), der in abecedarischer Form in dreiundzwanzig Strophen (A–Z) aus je vier Zeilen des ambrosianischen Metrums (katalektische Asklepiadeen) den Tod des Markgrafen Rai-

---

[19] z.B. v. 11 *sub pacis tegmine stare* vgl. Verg.ecl. 1,1; v. 19 *cirnea taxus* vgl. ecl. 9,30: dies mehrmals bei Priscian.
[20] Der Text bei d'Olwer ist z.T. korrupt. V. 6 lies *periclum;* 22 *Perses sapit et Garamanta;* 29 *sterelis = steriles;* für *trudacas* muß etwas wie *crudas* dagestanden sein, ich lese *steriles confortas munere crudas;* 30 konnte *festibant* (= – *vant*) stehen bleiben.

mund von Barcelona († 1018) beklagt, den Verstorbenen als Sohn des Grafen Borell und ob seiner eigenen Taten rühmt sowie das Volk zum Gebet für das ewige Heil des Verstorbenen aufruft. Der würdige, edle Ton, auf den der Klagegesang gestimmt ist, die ruhige und doch gewandte Sprache, die hiezu erforderlich war, und nicht zuletzt der bemerkenswert sichere, nur relativ wenige Verstöße gegen die Prosodie aufweisende Gebrauch eines immerhin nicht ganz einfachen, in Spanien frühzeitig beliebten Versmaßes lassen eine Stätte hohen kulturellen Ranges als Entstehungsort vermuten; man mag auch hier an Ripoll als Ort des Ursprungs denken.

Die kulturell-geistigen Beziehungen zum westfränkischen Raum werden greifbar in der Gestalt eines Mannes, der große Teile seines Lebens in der spanischen Mark und im Westfrankenreich verbracht hat: ein J o h a n n e s, der aus Barcelona stammte, in Ripoll Mönch wurde und später im Kloster Saint-Benoît-sur-Loire in Fleury gelebt hat. Wir besitzen von ihm ein *Briefgedicht* an den Abt Oliba, *inc. Laudibus egregiis veneraris climate cuncto*, acht epanaleptische Distichen, in denen der Abt wegen seiner Vorzüge gerühmt und ihm das dereinstige ewige Heil gewünscht wird. Es steht dahin, ob es sich um einen Gruß des in Fleury weilenden Johannes an Oliba handelt oder um den Abschiedsgruß des Mönches, als er in die Ferne zog.

Es ist klar, daß der kluge Oliba nicht den sozusagen nächstbesten Mönch in das ferne Kloster an der Loire entsandte. Johannes der Barcinonenser, der Katalane, wird gewußt haben, was es bedeutete, an der Grenze zu einer Macht zu leben, die, auch wenn sie nun schon seit drei Jahrhunderten im Lande seiner Väter herrschte, doch nie etwas von dem scharfen, wesensgemäßen Gegensatz verloren hatte, in dem sie zur abendländischen Welt stand. Und er wird gewußt haben wie sein Abt, wieviel die stete Verbindung mit dieser für ein Ripoll bedeutete, das den Anspruch erhob und niemals aufgab, auch kultureller Mittelpunkt, nicht nur eine Stätte des geistlichen Lebens zu sein. Fleury hat den Katalanen in der Folgezeit vergessen. Wir hören von dort nichts mehr über Johannes. Aber Männer wie er sind es gewesen, die maßgeblich dazu beigetragen haben, daß das geistige Leben in Ripoll nicht infolge einer Abschnürung verdorrte, sondern daß es auch nach Olibas Tod kräftig weiterlebte, daß gerade in Ripoll sich wenige Menschenalter später eine Dichtung wird entwickeln können, die, wie man heute weiß, in fester Verbindung und nur in dieser Verbindung mit der übrigen lateinischen Welt auf der vollen Höhe ihrer Zeit stand. Aber dies führt bereits in eine neue Epoche der lateinischen Literatur, an deren Heraufziehen Vorgänge beteiligt waren, welche die lateinische Welt im Innersten ergriffen und zutiefst erschüttert haben.

BIBLIOGRAPHISCHER ANHANG

A. ALLGEMEINER TEIL

(Ergänzungen zu Band I S. 508-510)

Nachschlagewerke, Handbücher und dgl.

BHL (oder Bibl. hag. lat.) das angekündigte Supplement ist erschienen: Bibliotheca hagiographica latina antiquae et mediae aetatis. Novum supplementum edidit Henricus Fros. Bruxellis 1986 (Subsidia hagiographica 70). Verzeichnet die Neueditionen bis 1982; ältere Supplemente sind eingearbeitet. NB: Bei Zitat einer BHL-Nummer wird nicht eigens auf das Novum supplementum verwiesen.

Medioevo latino. Bollettino bibliografico della cultura europea dal secolo VI al XIII, a cura di Claudio Leonardi et al. I. Band Spoleto 1980 ff. Jahresbibliographie über alle Veröffentlichungen, welche das lateinische Mittelalter betreffen. Auch alle Rezensionen werden verzeichnet; als erste Orientierung besonders wertvoll.

Schaller/Könsgen = Initia carminum Latinorum saeculo undecimo antiquiorum. Bearbeitet von Dieter Schaller und Ewald Könsgen. Göttingen 1977. Sehr zuverlässiges Initienverzeichnis (antiker und) mittelalterlicher lateinischer Dichtungen bis zum Jahr 1000, mit Angabe der Entstehungszeit oder des Verfassers, der Zahl der Verse, der Editionen und sonstigen bibliographischen Hinweisen. Zitiert nach Nummern.

Verfasserlexikon (und Verfasserlexikon^2) = Die deutsche Literatur des Mittelalters. Verfasserlexikon. Herausgegeben [ab Band 3: Begründet] von Wolfgang Stammler [ab Band 3: unter Mitarbeit zahlreicher Fachgenossen herausgegeben von Karl Langosch]. 5 Bände. Berlin - Leipzig [ab Band 3: Berlin] 1933-1955. - Zweite, völlig neubearbeitete Auflage unter Mitarbeit zahlreicher Fachgelehrter herausgegeben von Kurt Ruh zusammen mit Gundolf Keil, Werner Schröder, Burghart Wachinger, Franz-Josef Worstbrock. Berlin - New York 1978 ff. Behandelte nach der ursprünglichen Konzeption nebst den deutschen auch diejenigen lateinischen Autoren und Werke, die im deutschen Sprachraum gelebt haben oder entstanden sind. In der Neubearbeitung wird von lateinischem Schrifttum grundsätzlich aufgenommen, was im deutschen Sprachraum irgendwie gewirkt hat. Die einschlägigen Artikel zeichnen sich zumeist durch große Zuverlässigkeit und Reichhaltigkeit aus.

Wattenbach-Holtzmann = Wilhelm Wattenbach, Deutschlands Geschichtsquellen im Mittelalter. Deutsche Kaiserzeit. Herausgegeben von Robert Holtzmann. Band I, 1.-4. Heft. Berlin 1938-1943. (2. [Heft 1: 3.] unveränderte Auflage Tübingen 1948) = I. Abschnitt. Das Zeitalter des Ottonischen Staates (900-1050). II. Abschnitt. Das Zeitalter des Investiturstreites (1050-1125). Dritter Teil [= Abschnitt]. Italien (1050-1125). England (900-1135). Nachträge zum ersten und zweiten Teil. Neuausgabe, besorgt von Franz-Josef

Schmale. Darmstadt 1971. Anders als Wattenbach-Levison (siehe Band I S. 510), der eine behutsame, so weit wie möglich an den Wortlaut des originalen Werkes sich anschließende Neubearbeitung des ersten Bandes von Wattenbachs „Geschichtsquellen" darstellt, handelt es sich bei der von Robert Holtzmann († 1946) mit einer Reihe von Mitarbeitern unternommenen Erneuerung des zweiten Bandes des alten „Wattenbach" um ein völlig neues Werk, das den Namen Wattenbachs nur noch ehrenhalber führt. Infolge des Krieges und des Todes mehrerer Mitarbeiter wie des Herausgebers jahrzehntelang verwaist, ist das Werk erst durch den abschließenden Teil und wichtige Nachträge von F.- J. Schmale vollendet worden.

B. SPEZIELLER TEIL

(zu den einzelnen Autoren und Werken in der Abfolge der Behandlung im Text)

DRITTES BUCH: DIE ZWISCHENZEIT VOM AUSGANG DES KAROLINGISCHEN ZEITALTERS BIS ZUR MITTE DES ELFTEN JAHRHUNDERTS.
ERSTER ABSCHNITT: VON DER KAROLINGERZEIT INS ZEHNTE JAHRHUNDERT

Iso, Mönch zu St. Gallen (S. 29f.).
 de miraculis sancti Otmari herausgegeben von Ildefons von Arx, MGH Script. II (1829) 47-54. - BHL 6387. - Nützliche Anmerkungen zu den Auszügen der miracula s. Otmari von Gerold Meyer von Knonau, St. Gallische Geschichtsquellen. Mittheilungen zur vaterländischen Geschichte 12 (Neue Folge 2) 1870, I-150, hier 114-139 (im Anschluß an die vita Otmari Walahfrids). W. von den Steinen, Notker der Dichter und seine geistige Welt. Darstellungsband. Bern 1948, 521sq. (und öfters). Neueste umfassende Erörterung aller Iso betreffenden Fragen von J. Duft, Iso monachus - doctor nominatissimus. Churrätisches und st. gallisches Mittelalter. FS für O.P. Clavadetscher hrsg. von H. Maurer. Sigmaringen 1984, 129-171. Hier auch kritische Bemerkungen zu den seit Melchior Goldast von Heiminsfeld, Alamannicarum rerum scriptores aliquot vetusti ...tomus unus in duas partes tributus ... Francofurti 1606 p.230 dem Iso zugeschriebenen Werken, insbesondere dem angeblichen lexikon Latinum und den chartarum formulae (170 f.) sowie dem ebenso erfundenen Prudentius-Kommentar (169 f.), den M. Goldast in seinem anonym erschienen Manuale biblicum seu enchiridium ss. scripturae ... . Francofurti 1610 p.10-12 [nicht gesehen] herausgegeben hatte.

Notker Balbulus (S. 28-58).
 Ein *Brief* Notkers an einen Mitbruder Lantbert zuerst gedruckt bei H. Canisius, Antiquae lectionis tomus V. Ingolstadii 1604 p.739, hienach Migne PL 87, 37 sq.; dann bei Martin Gerbert, Scriptores ecclesiastici de musica sacra potissimum ... tomus I. Typis Sanblasianis 1784 p.95 und öfters; letzte krit. Ausgabe von J. Froger, L'épitre de Notker sur les „lettres significatives". Édition critique. Études Grégoriennes 5 (1962) 23-71, enthält die sog. Romanus-Buch-

staben. Man bezeichnet als Romanusbuchstaben die in der Neumenschrift vor allem in Handschriften aus St. Gallen und Metz vom IX. bis XI. Jahrhundert sowie im Winchester-Tropar (Anfang XI. Jahrhundert: der frühesten vollständig erhaltenen Quelle der englischen mehrstimmign Musik) häufig auftretenden zusätzlichen Zeichen, die den Melodienverlauf und die Vortragsweise verdeutlichen, e.g. A ut altius elevetur admonet; C ut cito vel celeriter dicatur certificat; S susum vel sursum scandere sibilat; T trahere vel tenere debere testatur. Der Name wird zurückgeführt auf den einen der beiden Mönche, die angeblich um 790 von Papst Hadrian zu Karl dem Großen geschickt wurden, um die römische Tradition des Choralgesanges im Frankenreich einzuführen, wie Ekkehart IV. in den casus s. Galli, cap. 47 berichtet. Die in den Handschriften vorkommende Gruppe von Romanusbuchstaben ist in dem Brief Notkers zu einem vollständigen Alphabet erweitert. Noch immer wertvoll (mit Reproduktion fast aller Handschriften) J. Smits van Waesberghe S.J., Muziekgeschiedenis der middeleeuwen. II. Verklaring der letterteekens (litterae significativae) in het Gregoriaansche neumenschrift van Sint Gallen. Tilburg 1939-1942.

Anfänge der Sequenzendichtung: Handschrift von Saint-Èvre (Sancti Apri) in Toul, heute in München, Bayerische Staatsbibliothek clm 14843. W. von den Steinen, Die Anfänge der Sequenzendichtung. Zeitschrift für Schweizerische Kirchengeschichte 40 (1946) 190-212, 241-268, besonders 195-202; 41 (1947) 19-48, 122-162.

liber ymnorum: Editio princeps von Bernhard Pez, Thesaurus anecdotorum novissimus ... tomus I. Augustae Vindelicorum 1721 col. 17-42; danach Migne PL 131, 1003-1026. - Cl. Blume und H. Bannister, Analecta hymnica 53 (1911): die einzelnen Sequenzen (fünfzig dem Notker zugeschrieben) verstreut und nach inhaltlichen Gruppen geordnet unter 250 Sequenzen der älteren Periode. - W. von den Steinen, Notker der Dichter und seine geistige Welt. Editionsband und Darstellungsband. Bern 1948: die heute zu benützende Ausgabe. Über einen liber sequentiarum (aus Nin?, jetzt in Šibenik, Franziskanerkloster) mit starkem Anteil an Notker-Sequenzen M. Demović, Eine unbekannte Quelle aus Šibenik (Kroatien) zur Erforschung der Sequenzen von Notker Balbulus. Heiliger Dienst 35 (1981) 84-89.

Die älteren Vorstellungen bestimmte weitgehend P. Anselm Schubiger, Die Sängerschule St. Gallens vom achten bis zwölften Jahrhundert. Einsiedeln, New York u.a. 1858, 39-43. Die neuere Forschung beginnt mit Jakob Werner, Notkers Sequenzen. Beiträge zur Geschichte der lateinischen Sequenzendichtung. Aarau 1901. P.von Winterfeld, Rhythmen- und Sequenzenstudien VII: Welche Sequenzen hat Notker verfaßt? Zeitschrift für deutsches Altertum 47 (1904) 321-399 (fordert eine völlig neue Grundlegung, betont die Notwendigkeit der Erkenntnis des geschichtlichen Werdegangs, hält nur fünfzehn Sequenzen für notkerianisch). Erwiderung und neuerliche, behutsamere Erörterung u.a. der Frage „Limoges" in der Einleitung von Cl. Blume zum Bd. 53 der Analecta hymnica (1911) V-XXX. - W. von den Steinen, Notker der Dichter (l.c.) bestechend, ja faszinierend, aber sehr stark von reiner Intuition bestimmt. Zur Sequenz *Rex caeli domine* P. Dronke, The Beginnings of the Sequence. Beiträge zur Geschichte der deutschen Sprache und Literatur 87 (Tübingen 1965) 43-73 (mit Text); Schaller/Könsgen 14249. - Vom musikalischen Standpunkt aus zusammenfassend: B. Stäblein, Notkeriana. Archiv für Musikwissenschaft 19-20 (1962-3) 84-99; ders. s.v. Sequenz in: Die Musik in Geschichte und Gegenwart XII (1965) 522-549. - R. van Doren, Étude sur l'influence musicale de l'abbaye de Saint- Gall (VIIIe au XIe siècle). Louvain 1925 (Recueil de travaux publ. par les membres des conférences d'histoire et de philologie. 2me série, 6me fascicule).

Hymnen zu Ehren des Protomartyrs Stephanus: 1. *Ymnus de passione sancti Stephani*, inc. *Primus ex septem niveis columnis*; 2. *Alius de revelatione corporis eius*, inc. *Cum sanctus Stephanus necis petrinae*; 3. *Item alius de miraculis ipsius in Africa ostensis*, inc. *Ut revelatus Stephanus micabat*; 4. *Item de miraculis eiusdem in cismarinis partibus*, inc. *Ordinis sacri Stephanus honore*: P.v. Winterfeld, MGH Poetae IV,1 (1899) 337-339; Cl. Blume, Analecta hymnica 51 (1908) 229-234; W. von den Steinen, Notker der Dichter (l.c.) Editionsband 148-150 (Text), 190 (Anmerkungen), Darstellungsband 365-373 (Interpretationen), 493 (Anmerkungen).

vita sancti Galli: Beste Ausgabe von K. Strecker, MGH Poetae IV, 3 (1906) 1097-1108; die Verse auch bei W. von den Steinen, Notker der Dichter (l.c.) Editionsband 142-147. Text auch bei W. Berschin, Notkers Metrum de vita S. Galli. Einleitung und Edition, in: Florilegium Sangallense. FS für Johannes Duft hrsg. von O.P. Clavadetscher u.a. St. Gallen - Sigmaringen 1980, 71-121: fügt u.a. den sermo s. Galli (siehe unten) der vita ein. Begründung der (sonst geringfügigen) Abweichungen von K. Strecker bei W. Berschin, Zur Textgestalt von Notkers Metrum de vita S. Galli. Deutsches Archiv für Erforschung des Mittelalters 27 (1971) 525-530.

Hiezu möglicherweise der *sermo sancti Galli* (der früher Gallus selbst zugeschrieben wurde), Migne PL 87, 13-26: W.E. Willwoll, Ist Notker Balbulus der Verfasser des Sermo Galli?, Zeitschrift für Schweizerische Kirchengeschichte 35 (1941) 4-28, 114-208, der Text des sermo 7-9. Auch als selbständige Ausgabe: W.E. Willwoll, Die Konstanzer Predigt des heiligen Gallus. Ein Werk des Notker Balbulus. Freiburg/Schweiz 1942.

Formelbuch: Zuerst unter dem Namen Salomos III. von Konstanz hrsg. von E. Dümmler, Das Formelbuch des Bischofs Salomo III von Konstanz aus dem neunten Jahrhundert. Leipzig 1857. Die Urkunden nochmals (und mit Verbesserungen) hrsg. von K. Zeumer, MGH Formulae (1886) 390-437. - Die Urheberschaft Notkers wies mit überzeugenden Gründen nach W. von den Steinen, Notkers des Dichters Formelbuch. Zeitschrift für schweizerische Geschichte 25 (1945) 449-490, auch in: ders., Menschen im Mittelalter. Hrsg. von Peter von Moos. Bern-München 1967, 88-120. Zu Brief 43 (K. Zeumer; = 44 E. Dümmler) über die Mahnung Notkers an Salomo und Waldo, nicht in die Welt zurückzukehren wegen der ihnen von den Frauen drohenden Gefahren Ch. Gschwind-Gisiger, Die böse Schwägerin. Variorum munera florum. FS für H.F. Haefele hrsg. von A. Reinle u.a. Sigmaringen 1985, 211-218.

Exkurs über Formelbücher: Die oben im Darstellungsteil S. 46 erwähnten *formulae Marculfi* sind herausgegeben von Alf Uddholm, Marculfi formularum libri duo. Upsaliae 1962 (Collectio scriptorum veterum Upsaliensis). Dazu die (voraus erschienenen) Abhandlungen desselben: Formulae Marculfi. Etudes sur la langue et le style. Uppsala 1953. Ders., Les traits dialectaux de la langue des actes mérovingiens et le formulaire de Marculf. Archivum latinitatis medii aevi 25 (1955) 47-69.

Formelsammlungen aus Bern: B. Bischoff, Salzburger Formelbücher und Briefe aus Tassilonischer und Karolingischer Zeit. Sitzungsberichte der Bayerischen Akademie der Wissenschaften. Philos.-Hist. Klasse. 1973, 4. München 1973.

Sammlung des Erzbischofs Arn von Salzburg: Formulae Salisburgenses, ed. K. Zeumer, MGH Formulae (1886) 439-455. Alemannische Sammlungen sind zuerst hrsg. von F.J. Mone, Reichenauer Formeln aus dem 8. Jahrhundert. Zeitschrift für die Geschichte des Oberrheins 3 (1852) 385-397, dann bei K. Zeumer, MGH Formulae (1886) 342-377, 724-725.

In Notkers Formelbuch enthalten ist die *notatio de illustribus viris:* zuerst hrsg. von Bernhard Pez, Thesaurus anecdotorum novissimus ... tomus I. Augustae Vindelicorum 1721 col. 1-14; Abdruck bei Migne PL 131, 993-1004. Bei Dümmler, Formelbuch (l.c.) 64-78. Neu hrsg. von E. Rauner, Notkers des Stammlers 'Notatio de illustribus viris'. Teil I: Kritische Edition. Mittellateinisches Jahrbuch 21 (1986) 34-69 (folgt Teil II: Kommentar).

Notker ohne zureichenden Grund zugewiesen ist das Gedicht über die artes liberales - *versiculi de septem liberalibus artibus* - inc. *Cogor amore tuo* (52 Distichen), hrsg. von P. von Winterfeld, MGH Poetae IV, 1 (1899) 339-343. - Hiezu W.von den Steinen, Notker der Dichter (l.c.) Editionsband 151sq. und 190sq., Darstellungsband 495.

Unechtes
Fabeln und Scherzgedichte:
Der *Wunschbock,* inc. *Tres iuvenes fratres,* ed. E. Dümmler, MGH Poetae II (1884) 474 sq. (= Carmina Sangallensia I); Schaller/Könsgen 16458.
Der kranke Löwe (oder *Der Fuchs und der Bär*), inc. *Aegrum fama fuit,* ed. E. Dümmler, MGH Poetae I (1881) 62-64 unter den Gedichten des Paulus Diaconus; K. Neff, Die Gedichte des Paulus Diaconus. München 1908 (Quellen und Untersuchungen zur lateinischen Philologie des Mittelalters III. 4) 191-196 (im Anhang zu den Gedichten des Paulus); Schaller/Könsgen 342. D. Schaller, Lateinische Tierdichtung in frühkarolingischer Zeit, in: Das Tier in der Dichtung, hrsg. von U. Schwab. Heidelberg 1970, 91-105.
Das Kalb und der Storch, inc. *Quaerebat merens matrem,* ed. E. Dümmler, MGH Poetae I (1881) 64 unter den Gedichten des Paulus Diaconus; K. Neff l.c. 196 f.; Schaller/Könsgen 12918.
Das Podagra und der Floh, inc. *Temporibus priscis pulix,* ed. E. Dümmler, MGH Poetae I (1881) 64 sq. unter den Gedichten des Paulus Diaconus; K. Neff l.c. 197 f.; Schaller/Könsgen 16209.
Media vita in morte sumus: Cl. Blume, Analecta hymnica 49 (1906) 386-388 (bester Text). Peter Wagner, Schweizer Jahrbuch für Musikwissenschaft 1 (1924) 18-40. - Die Musik in Geschichte und Gegenwart VIII (1960) 783-796, hier 792 (W. Lipphardt). - Als besonders wirkungsvolles Gebet in Drangsal betrachtet und in der missa pro pace nach dem Agnus Dei eingefügt: A. Franz, Die Messe im deutschen Mittelalter. Freiburg i.Br. 1902, 208. Über Verwendung als kirchlicher Volksgesang J.A. Jungmann S.J., Missarum sollemnia. Eine genetische Erklärung der römischen Messe I. Wien 1948, 187 Anm. 33.

Über die bei M. Gerbert, Scriptores ecclesiastici de musica sacra potissimum ... tomus I. Typis Sanblasianis 1784 p. 95-102 stehende Abhandlung *Notkeri de musica* siehe unter Notker Labeo, unten S. 622

gesta Karoli Magni: Erstausgabe H. Canisius, Antiquae lectiones tomus I. Ingolstadii 1601 p. 360-428; seitdem unter dem Namen eines „monachus Sangallensis" hrsg. z.B. von G.H. Pertz, MGH Script. II (1829) 731-763 und Ph. Jaffé, Bibliotheca rerum Germanicarum. IV. Monumenta Carolina. Berolini 1867, 631-700. Maßgebende krit. Ausgabe mit reichhaltigen Anmerkungen: Hans F. Haefele, Notkeri Balbuli gesta Karoli Magni imperatoris. Berolini 1959

(MGH Script. rerum Germanicarum. Nova series 12). Verfasserschaft Notkers wiesen unabhängig voneinander nach K. Zeumer, Der Mönch von Sanct Gallen. Historische Aufsätze dem Andenken an Georg Waitz gewidmet. Hannover 1886, 97-118 und E. Graf Zeppelin, Wer ist der „Monachus Sangallensis"? Schriften des Vereins für Geschichte des Bodensees und seiner Umgebung 19 (1890) 33-47. H.-W. Goetz, Strukturen der spätkarolingischen Epoche im Spiegel der Vorstellungen eines zeitgenössischen Mönchs. Eine Interpretation der „Gesta Karoli" Notkers von Sankt Gallen. Bonn 1981.

Fortsetzung des breviarium Erchanberti hrsg. von G.H. Pertz, MGH Script. II (1829) 329-330.

martyrologium: H. Canisius, Antiquae lectionis tomus VI. Ingolstadii 1604 p. 761-932; bei Migne PL 131, 1029-1164. - J. McCulloh, Das Martyrologium Notkers als geistesgeschichtliches Dokument. Protokoll über die Arbeitssitzung des Konstanzer Arbeitskreises für mittelalterliche Geschichte 246 (1981) 2-7.

Briefgedichte an Salomo hrsg. von P.von Winterfeld, MGH Poetae IV, 1 (1899) 343-347. Abbildung z.B. des Psalterium quadrupartitum im Ausstellungskatalog Bayerns Kirche im Mittelalter. München 1960, Abb. 12, Katalognr. 217; P.E. Schramm - F. Mütherich, Denkmale der deutschen Könige und Kaiser. I. ²München 1981 (Veröffentlichungen des Zentralinstituts für Kunstgeschichte in München 2) Katalog- und Abbildungsnr. 94. Ein mit Salomo III. zusammenhängendes Passionale im lat. 5563 (Paris, Bibliothèque Nationale) fand F. Dolbeau (Typologie et formation des collections hagiographiques d'après les recueils de l'abbaye de Saint-Thierry, in: Saint-Thierry, une abbaye du VIᵉ au XXᵉ siècle. Actes du colloque international d'Histoire monastique. Saint-Thierry 1979, 159-182, hier Anm. 17; vgl. G. Philippart, Les légendiers latins et autres manuscrits hagiographiques. Turnhout 1977 (Typologie des sources du moyen âge occidental 24- 25), 88 Anm. 127 und ders., Mise à jour du fascicule n° 24-25. Turnhout 1985, 21); über die zugehörigen Widmungsverse handelt R. Düchting, Wiedergefundene Versus Salomos III., in: Lateinische Dichtungen des X. und XI. Jahrhunderts. FS für W. Bulst. Heidelberg 1981, 118-128 (mit Text).

Lebendige Charakterisierung von G. Vinay, Momenti di una rinascita: La rivincita dell'immaginazione: Giovanni Diacono e Notkero Balbulo, in: Alto medioevo latino. Conversazioni e no. Napoli 1978 (Esperienze 42) 337-378. Beste Gesamtübersicht von H. Haefele im Verfasserlexikon² 6 (1987) 1187-1210, s.v. Notker I. von St. Gallen

R a t p e r t v o n   S t. G a l l e n (S. 58-61).
Gedichte:
Prozessionshymnus für die Sonntage, inc. *Ardua spes mundi*, hrsg. von G.M. Dreves, Analecta hymnica 50 (1907) 237- 239. W. von den Steinen, Notker der Dichter und seine geistige Welt. Darstellungsband. Bern 1948, 523.

Hymnus auf den hl. Gallus, inc. (Refrain) *Annua, sancte dei, celebramus festa diei*, (Text) *Ecce dies populis micat haec sanctissima nostris*, hrsg. von G.M. Dreves, Analecta hymnica 50 (1907) 241.

Das *Prozessionslied auf den hl. Gallus*, inc. *Nunc incipiendum est* wurde nach Teiledition (Strophe 1 und 2) von G.H. Pertz in den MGH Script. II (1829) 33 erstmals vollständig hrsg. von J. Grimm und A. Schmeller, Lateinische Gedichte des X. und XI. Jh. Göttingen 1838, XXXI-XXXIII. Neben weiteren Ausgaben besonders K. Müllenhoff - W. Scherer, Denkmäler deutscher Poesie und Prosa aus dem VIII-XII Jahrhundert. 3. Ausg. von E. Steinmeyer. I. Texte. Berlin 1892, 27-31 (Nr. 12), Erläuterungen dazu II. Berlin 1892, 78-85 (Nr. 12); K. Strecker, MGH Poetae V (1937) 536-540. Dazu G. Ehrismann, Geschichte der deutschen Literatur bis zum Ausgang des Mittelalters. I. München 1918, 208- 212. W. von den Steinen l.c. 523 sq. Als „Umdichtungen" oder „Umdichtungsversuche" setzt die stellenweise voneinander abweichenden lateinischen Wiedergaben des Ratpertschen Liedes in drei St. Galler Handschriften (Stiftsbibliothek, codd. 393, 174, 168) nebeneinander P. Osterwalder, Das althochdeutsche Galluslied Ratperts und seine lateinischen Übersetzungen durch Ekkehart IV.: Einordnung und kritische Edition. Berlin - New York 1982 (Das Althochdeutsche in St. Gallen 6).

Kommunionslied, inc. *Laudes omnipotens ferimus*, hrsg. von G.M. Dreves, Analecta hymnica 50 (1907) 239 sq. Neue Ausgabe aller Gedichte Ratperts mit krit. Apparat und Erläuterungen von P. Stotz, Ardua spes mundi. Studien zu lateinischen Gedichten aus Sankt Gallen. Frankfurt a.M. 1972.

casus sancti Galli: Erste Ausgabe von Ildefons von Arx in den MGH Script. II (1829) 59-74. Maßgebend die sorgfältige und mit wertvollen Erklärungen versehene Edition von Gerold Meyer von Knonau, St. Gallische Geschichtsquellen. II. Ratperti casus s. Galli. St. Gallen 1872 (Mittheilungen zur vaterländischen Geschichte 13 [Neue Folge 3]). - Dazu W. von den Steinen l.c. 523 sq.

T u o t i l o   v o n   S t.   G a l l e n (S. 61f.).

Eine Sammlung der Tropen hat sich in Stockholm seit 1970 zum Ziel gesetzt das Corpus troporum; erschienen bisher Bd. I: Tropes du propre de la messe 1: Cycle de Noël, par Ritva Jonsson. 1975; Bd. II: Prosules de la messe 1: Tropes de l'alleluia, par Olof Marcusson. 1976; Bd. III: Tropes du propre de la messe 2: Cycle de Pâques, par Gunilla Björkvall, Gunilla Iversen, Ritva Jonsson. 1982; Bd. IV: Tropes de l'Agnus Dei, par Gunilla Iversen. 1980; Bd. V: Les deux tropaires d'Apt, mss. 17 et 18. Inventaire analytique des mss. et édition des textes uniques, par Gunilla Björkvall. 1986; Bd. VI: Prosules de la messe 2: Les prosules limousines de Wolfenbüttel, par Eva Odelman. 1986. Bd. VII: Tropes du Sanctus, par Gunilla Iversen. 1990.

Von den erhaltenen *Tropen* sind *Hodie cantandus est* und *Omnium virtutum* gedruckt bei Léon Gautier, Histoire de la poésie liturgique au moyen âge. Les tropes I. Paris 1886, 61-66. - *Hodie cantandus est* auch bei von Cl. Blume, Analecta hymnica 49 (1906) 7 sq. - *Quoniam Dominus* ibid. 19. - *Omnipotens genitor* gedruckt von Cl. Blume und H.M. Bannister, Analecta hymnica 47 (1905) 50. - *Omnium virtutum* gedruckt von G.M. Dreves, Analecta hymnica 50 (1907) 283. - *Gaudete* ungedruckt. -

Zum Autor: W. von den Steinen, Notker der Dichter und seine geistige Welt. Darstellungsband. Bern 1948, 42-47 und 524 sq.

E k k e h a r t   I. (S. 62-66).

Die *Sequenzen* und der *Hymnus* (inc. *O martyr aeterni patris*) bei G.M. Dreves, Analecta hymnica 50 (1907) 271-279. W. von den Steinen, Notker der Dichter und seine geistige Welt. Editionsband. Bern 1948 (Register s.v. Ekkehart I.) und Darstellungsband. Bern 1948, 439-457 und 604-608. Die *Paulus - Sequenz*, inc. *Concurrite huc*, krit. ediert von D. Schaller, Die Paulus-Sequenz Ekkeharts I. von St. Gallen, in: Lateinische Dichtungen des X. und XI. Jahrhunderts. FS für W. Bulst. Heidelberg 1981, 186-220.

Die Frage nach dem Verfasser der älteren *vita Wiboradae virginis et martyris* (BHL 8866) - Hartmann oder Ekkehart I. - ist erörtert worden von P. Stotz, Verfasserlexikon² II (1980) 451. Erstausgabe von Gottfried Henschen, Acta SS Maii I (1680) 284-293. Neuedition von W. Berschin, Vitae Sanctae Wiboradae. Die ältesten Lebensbeschreibungen der heiligen Wiborada. St. Gallen 1983 (Mitteilungen zur vaterländischen Geschichte 51) nach der Hs. Stuttgart, Württembergische Landesbibliothek Bibl. 2° 58, eigenwilligen Editionsgrundsätzen folgend.

E k k e h a r t   II. (S. 66-68).
Ausgaben der Sequenzen:
Summis conatibus: Cl. Blume - H. Bannister, Analecta hymnica 53 (1911) 232-234; W. von den Steinen, Notker der Dichter und seine geistige Welt. Editionsband. Bern 1948, 113 sq. und 180; *Laudes Deo perenni*: G.M. Dreves, Analecta hymnica 50 (1907) 278 sq.; W. von den Steinen l.c. 116 sq. und 181; *Gaudendum nobis suadent*: G.M. Dreves, Analecta hymnica 9 (1890) 167; W. von den Steinen l.c. 112 und 180.

Die *Antiphonen* auf die hl. Afra, von Ekkehart IV. casus s. Galli cap. 80 dem ersten Ekkehart zugeschrieben, wahrscheinlich aber von Ekkehart II. verfaßt, sind verloren oder verschollen.

Die *versus* inc. (praef.) *Christe qui caput es sacrae* und inc. (textus) *Rex Salomon, summa qui* über Prov. 31, 10-31 (de muliere forti) im Cod. Vat. Reg. lat. 421 saec. XI (ed. von G. Silagi in MGH Poetae V,3 [1979] 602-610) stammen wahrscheinlich nicht, wie zeitweise angenommen wurde, von Ekkehart II. mit Beziehung auf die Herzogin Hadwig, sondern sind wohl von einem Unbekannten an die Äbtissin Hadwig des Kanonissenstiftes Lindau gerichtet: N. Fikkermann, Ein Werk Ekkehards II.? Beiträge zur Geschichte der deutschen Sprache und Literatur 79 (1957) 351-354.

W a l t h a r i u s (S. 68-71).
Erster vollständiger Text von Jacob Grimm und Andreas Schmeller, Lateinische Gedichte des X. und XI. Jh. Göttingen 1838, 1-53 (54-126 Kommentar). Maßgebend die Edition von K. Strecker, MGH Poetae VI, 1 (1951) 1-85 ohne den Geraldus-Prolog; dieser hrsg. von demselben, MGH Poetae V (1937) 407 sq. Sehr nützlich die kleine Ausgabe: Waltharius. Hrsg. von K. Strecker, deutsche Übersetzung von Peter Vossen. Berlin 1947 (mit knappem krit. Apparat und Parallelen). - Den älteren Forschungsstand gibt wieder H. Bork im Verfasserlexikon I (1933) s.v. Ekkehard I.; Nachtrag von Karl Langosch, ibid. V (1955) s.v. Ekkehard I. und ders., ibid. IV (1953) s.v. Waltharius. Die überaus reichhaltige Literatur um Waltharius ist verzeichnet in folgenden Forschungsberichten: W. Berschin, Ergebnisse der Waltharius- Forschung seit 1951. Deutsches Archiv für Erforschung des Mittelalters 24 (1968) 16-45. Emil E. Ploss, Waltharius und Walthersage. Eine Dokumentation der Forschung. Hildesheim 1969. K. Langosch, „Waltharius". Die Dichtung und die Forschung. Darmstadt 1973 (Erträge der Forschung 21) - mit Bibliographie. A. Önnerfors, Die Verfasserschaft des Waltharius-Epos aus sprachlicher Sicht. Opladen 1979. Referate eines „Kolloquium über den 'Waltharius'" in Göttingen am 1. und 2.2.1985 im Mittellateinischen Jahrbuch 21 (1986) 70-100. A. Bisanti, Un decennio di studi sul „Waltharius". Schede medievali 11 (1986) 345-363. - A. Önnerfors, Das Waltharius-Epos. Probleme und Hypothesen. Stockholm 1988.

Die im Text vertretene Auffassung ist begründet von Franz Brunhölzl, Waltharius und kein Ende? FS für P. Klopsch hrsg. von U. Kindermann u.a. Göppingen 1988, 46-55; überarbeitet in: Was ist der Waltharius? Abhandlungen der Marburger Gelehrten Gesellschaft 21 (1988) 5-20.

Zu E r k a n b a l d v o n   S t r a ß b u r g (965-991), der als Empfänger des *Geraldusprologs* (bzw. des Waltharius selbst) in Betracht gezogen worden ist, K. Strecker, MGH Poetae V (1937) 507-517 (die Gedichte nebst wichtigen bibliographischen Angaben), Nachträge in MGH Poetae V, 3 (1979) 687. - H. Zimmermann im Lexikon des Mittelalters III (1986) 2122 sq.

Für Identität des im Geraldusprolog genannten Erkanbaldus mit dem Bischof Erchanbald von Eichstätt († 912) trat vor allem K. Hauck, Das Walthariusepos des Bruders Gerald von Eichstätt. Germanisch-romanische Monatsschrift 35 (1954) 1-27 ein. Über diesen Erchanbald zuletzt A. Wendehorst im Lexikon des Mittelalters II (1986) 2121 sq.

T h e o d u l u s (S. 71-74).

Die *ecloga* ist seit der editio princeps von 1481 sehr oft - im XV. und bis Mitte des XVI. Jahrhunderts an die hundertmal - selbständig oder in der damals beliebten Sammlung der „Auctores octo" (d.h. Catonis disticha, Facetus „Cum nihil utilius", Theodulus, de contemptu mundi „Cartula nostra", Floretus, Alani parabolae, Aesopi fabulae, d.i. der Anonymus Neveleti, Tobias des Matthäus von Vendôme) gedruckt.

Erste krit. Edition: Theoduli eclogam recensuit et prolegomenis instruxit prof. Dr. Joannes Osternacher. Fünfter Jahresbericht des bischöflichen Privat-Gymnasiums am Kollegium Petrinum in Urfahr für das Schuljahr 1901/02. Urfahr 1902, 3-59 (ohne Quellenangaben). Derselbe Text leicht verändert ohne krit. Apparat, jedoch mit Angabe der Quellen und Parallelen von demselben, Quos auctores Latinos et sacrorum Bibliorum locos Theodulus imitatus esse videatur. Jahresbericht des bischöflichen Privat-Gymnasiums am Kollegium Petrinum in Urfahr für das Schuljahr 1906/07. Urfahr 1907. Text im wesentlichen nach J. Osternacher wiederholt: R.B.C. Huygens, Bernard d'Utrecht, Commentum in Theodolum (1076-1099). Spoleto 1977 (Biblioteca degli „Studi Medievali" 8) 7-18. - Veröffentlichung eines *anonymen Kommentars* durch A.P. Orbán, Anonymi Teutonici commentum in Theodoli eclogam e codice Utrecht, U.B. 292 editum. Vivarium 11 (1973) 1-42; 12 (1974) 133-145; 13 (1975) 77-88; 14 (1976) 50-61; 15 (1977) 143-158; 17 (1979) 116-133; 19 (1981) 56-69. Abhängigkeit der ecloga vom Mythographus Vaticanus I konstatiert Winfried Bühler, Theodulus' „Ecloga" and „Mythographus Vaticanus 1". California Studies in Classical Antiquity 1 (1968) 65-71. - Noch einmal über die Quellen (sehr breit) R.P.H. Green, The Genesis of a Medieval Textbook: The Models and Sources of the Ecloga Theoduli. Viator 13 (1982) 49-106 mit Ergänzungen von H. Vredeveld, Pagan and Christian Echoes in the „Ecloga Theoduli". A Supplement. Mittellateinisches Jahrbuch 22 (1987) 101-113.

Gegen die (von P. von Winterfeld aufgestellte) These, Gottschalk der Sachse sei der Dichter der ecloga: K. Strecker, Studien zu karolingischen Dichtern. Neues Archiv der Gesellschaft für ältere dt. Geschichtskunde 45 (1924) 14-31, hier 18-23.

Im Zusammenhang der theologisch-dogmatischen Streitgedichte des Mittelalters als deren ältestes behandelt von Hans Walther, Das Streitgedicht in der lateinischen Literatur des Mittelalters. München 1920 (Quellen und Untersuchungen zur lateinischen Philologie des Mittelalters V, 2) in zweiter, mit wichtigen Nachträgen versehener Ausgabe von P.G. Schmidt, Hildesheim u.a. 1984, 93 sq. Winfried Bühler l.c. 65-71.

Über Handschriften und Drucke J. Osternacher, Die Ueberlieferung der Ecloga Theoduli. Neues Archiv der Gesellschaft für ältere dt. Geschichtskunde 40 (1916) 329-376 (verzeichnet 176 Handschriften des XI.-XV. Jahrhunderts), sowie von demselben, Rekonstruktion der Theodulhandschrift Bernhards von Utrecht. Jahresbericht des ... bischöflichen Privatgymnasiums am Kollegium Petrinum derzeit in Gleink und Schlierbach veröffentlicht am Schlusse des Schuljahres 1914/15. Gleink 1915, 7-36 und R.B.C. Huygens in der Ausgabe des für die Auffassung der ecloga im späten XI. Jahrhunderts wichtigen Kommentars des Bernhard von Utrecht (l.c.).

Lexikon des Mittelalters 3 (1986) 1552 (R. Düchting).

p a s s i o   s a n c t i   Q u i r i n i (S. 74).
Erstausgabe von Theodor Mayer, Acta S. Quirini Martyris. Archiv für Kunde österreichischer Geschichts-Quellen 3 (1849) 281-351. Maßgebend die Edition von B. Krusch, MGH Script. rer. Merov. III (1896) 11-20, die indessen erneuerungsbedürftig ist. - BHL 7029.

Zum historiographischen Zusammenhang, insbesondere für eine Datierung schon ins ausgehende IX. Jahrhundert: B. Schmeidler, Studien zur Geschichtschreibung des Klosters Tegernsee vom 11. bis zum 16. Jahrhundert. München 1935 (Schriftenreihe zur bayerischen Landesgeschichte 20) hier bes. 77-85, 96-100. - W. Wattenbach, Geschichtsquellen ⁷I (1904) 288.

g e o g r a p h u s   B a v a r u s (S. 74f.).
Erstausgabe von [B.J. Docen - J. Hormayr - J. Dobrovský], Die slavischen Stämme von der Nordsee bis an die Donau. - Aus einer Handschrift des XI. Jahrhunderts der Münchner Hofbibliothek. Archiv für Geschichte, Statistik, Literatur und Kunst 18 (1827) 282 sq. Nach einer Reihe weiterer Editionen (zum Teil mit Glättung des Textes) in engem Anschluß an die einzige Handschrift (München, Bayerische Staatsbibliothek clm 560 f.149v-150r) nochmals ediert von Erwin Herrmann, Slawisch-germanische Beziehungen im südostdeutschen Raum von der Spätantike bis zum Ungarnsturm. Ein Quellenbuch mit Erläuterungen. München 1965 (Veröffentlichungen des Collegium Carolinum 17) 212-221, Text 220 sq. Faksimile 222. Ebenda Verzeichnis der älteren Editionen, 219 sq. - Zu den historischen Zusammenhängen W.H. Fritze, Die Datierung des Geographus Bavarus und die Stammesverfassung der Abotriten. Zeitschrift für slavische Philologie 21 (1952) 326-342, ders. im Jahrbuch für die Geschichte Mittel- und Ostdeutschlands 9/10 (1961) 428 sq., beide abgedruckt W.H. Fritze, Frühzeit zwischen Ostsee und Donau. Ausgewählte Beiträge zum geschichtlichen Werden im östlichen Mitteleuropa vom 6. bis zum 13. Jahrhundert hrsg. von L. Kuchenbuch - W. Schich. Berlin 1982 (Berliner historische Studien 6. Germania Slavica 3) 111-126, 127-129; ders., Lexikon des Mittelalters IV (1988) 1269f. - Vom slavistischen Standpunkt aus H. Kunstmann, Beiträge zur Geschichte der Besiedlung Nord- und Mitteldeutschlands mit Balkanslaven. München 1987 (Slavistische Beiträge 217) Register s.v. - W. Wattenbach, Geschichtsquellen ⁷I (1904) 289.

c o n v e r s i o   B a g o a r i o r u m   e t   C a r a n t a n o r u m (S. 75).
Erstausgabe: durch Matija Vlasić Franković (Mathias Flacius Illyricus), Catalogus testium veritatis ... Postrema hac editione emendatior ... videri possit [cur. S‹imone› G‹oulart›]. Lugduni 1597. Tom. II, p. 121-129. W. Wattenbach in MGH Scriptores XI (1854) 4-15. Neuere Ausgaben von Milko Kos, Conversio Bagoariorum et Carantanorum. V Ljubljani 1936 (Razprave znanstvenega društva v Ljubljani 11. Historični odsek 3) 126-140 (Text) und H. Wolfram, Conversio Bagoariorum et Carantanorum. Das Weissbuch der Salzburger Kirche über die erfolgreiche Mission in Karantanien und Pannonien. Wien u.a. 1979 (Böhlau Quellenbücher).

Über die historischen Fragen, die sich an das Rupert-Leben in der conversio Bagoariorum et Carantanorum und in den älteren (ins späte achte Jahrhundert gehörenden) gesta Hrodberti knüpfen, vor allem H. Beumann, Zur Textgeschichte der Vita Ruperti. FS für H. Heimpel hrsg. von den Mitarbeitern des Max-Plank-Instituts für Geschichte III. Göttingen 1972 (Veröffentlichungen des Max- Planck-Instituts für Geschichte 36, 3) 166-196; ders., Zur Vita Ruperti. Mitteilungen der Gesellschaft für Salzburgische Landeskunde 115 (1975 [1976]) 81 sq. Vgl. K. Reindel im Handbuch der bayerischen Geschichte hrsg. von Max Spindler. I. Das alte Bayern. Das Stammesherzogtum bis zum Ausgang des 12. Jahrhunderts. ²München 1981, 199 sq.

H.-D. Kahl, Zwischen Aquileja und Salzburg. Beobachtungen und Thesen zur Frage romanischen Restchristentums im nachvölkerwanderungszeitlichen Binnen-Noricum (7.-8. Jahrhundert), in: H. Wolfram - F. Daim, Die Völker an der mittleren und unteren Donau im fünften und sechsten Jahrhundert. Wien 1980 (Denkschriften der Österreichischen Akademie der Wissenschaften. Phil.-hist. Klasse 145) 33-81, besonders 61-73. - Repertorium fontium historiae medii aevi III (1970) 647. Lexikon des Mittelalters III (1986) 208 (H.-D. Kahl).

W o l f h a r d   v o n   H e r r i e d e n (S. 75-77).
vita et miracula sanctae Waldpurgis abbatissae: einzige vollständige Ausgabe von G. Henschen in den Acta SS. Februarii III (1658) 523-542; etwas gekürzt von O. Holder-Egger, MGH Script. XV, 1 (1887) 538-555. Neuausgabe von A. Bauch, Quellen zur Geschichte der Diözese Eichstätt. II. Regensburg 1979 (Eichstätter Studien. Neue Folge 12) 142-338. BHL 8765. - Bearbeitung von A d a l b o l d u s in den Acta SS. l.c. 542-546. - Rhythmische vita des M e d i b a r d u s in den Acta SS. l.c. 551-553. - Erwähnung eines miraculum bei G e z o   v o n   T o r t o n a in: Migne PL 137, 402 B/C.

Vom *martyrologium* (*liber passionalis*, originaler Titel vermutlich *de actis sanctorum*) sind die Vorreden gedruckt bei Bernhard Pez, Thesaurus anecdotorum novissimus ... tomus VI, 1. Augustae Vindelicorum 1729 col. 90-92 und (unvollständig) von B.J. Docen, Anzeige eines ungedruckten Martyrologium's aus dem neunten oder zehnten Jahrhundert. Archiv der Gesellschaft für ältere deutsche Geschichtskunde 5 (1824) 559-566, hier 565. Älteste Handschrift des Werkes: München, Bayerische Staatsbibliothek clm 18100 (saec. XI, aus Tegernsee). Socii Bollandiani, De martyrologio Wolfhardi Haserensis. Analecta Bollandiana 17 (1898) 5-23.

A n n a l i s t i s c h e   A u f z e i c h n u n g e n   v o n P r ü m (S. 78).
Gründlich bearbeitet von Lothar Boschen, Die Annales Prumienses. Ihre

nähere und ihre weitere Verwandtschaft. Düsseldorf 1972 (Phil. Diss. Marburg 1968).

W a n d a l b e r t   v o n   P r ü m (S. 78-82).
Ältere Gesamtausgabe Migne PL 121, 573-674.
vita s. Goaris: die beste und einzige selbständige, den Text vollständig bietende Edition war bis vor kurzem die von J. Mabillon, Acta sanctorum ord. s. Benedicti ... saec.II. Lutetiae Parisiorum 1669 p. 281-299; abgedruckt bei Migne PL 121, 639-674; lib. II. (*miracula*) krit. hrsg. von O. Holder- Egger, MGH Script. XV, 1 (1887) 362-372 des historischen Wertes wegen. Die von Wandalbert bearbeitete *anonyme vita s. Goaris des VIII. Jahrhunderts* hrsg. von B. Krusch, MGH Script. rer. Merov. IV (1902) 411-423. Neue kritische Edition des gesamten Werkes mit Kommentar in der Kölner Dissertation von H.E. Stiene, Wandalbert von Prüm. Vita et Miracula sancti Goaris. Frankfurt am Main u.a. 1981. (Lateinische Sprache und Literatur des Mittelalters 11).

Das *martyrologium* samt den dazugehörigen *Gedichten* hrsg. von E. Dümmler, MGH Poetae II (1884) 567- 622; darin *epistola ad Otricum* 569-571 (Prosa); *martyrologium* 578-603; *de mensium nominibus* 604-616; *horologium* 616 sq.; *de creatione mundi* 619-622.

B. Bischoff im Verfasserlexikon IV (1953) 830-835 und V (1955) 1118.

R e g i n o   v o n   P r ü m (S. 82-89).
Migne PL 132, 1-400 enthält alle Schriften nach heute veralteten Ausgaben.
liber tonarius: E. de Coussemaker, Scriptorum de musica medii aevi novam seriem ... II. Parisiis 1867 p.1-73 mit Faksimile des gesamten Tonars.
Epistola de armonica institutione erstmals herausgegeben von M. Gerbert, Scriptores ecclesiastici de musica sacra potissimum ... tomus I. Typis Sanblasianis 1784 p.230-247. Neue krit. Edition: M. Bernhard, Clavis Gerberti. Eine Revision von Martin Gerberts Scriptores ecclesiastici de musica sacra potissimum (St. Blasien 1784). Teil 1. München 1989 (Bayerische Akademie der Wissenschaften. Veröffentlichungen der Musikhistorischen Kommission 7) 37-73. - Eine Untersuchung der handschriftlichen Überlieferung, der Quellen und der Lehre Reginos bietet M. Bernhard, Studien zur Epistola de armonica institutione des Regino von Prüm. München 1979 (Bayerische Akademie der Wissenschaften. Veröffentlichungen der Musikhistorischen Kommission 5). Ders., Zwei bayerische Exzerpte der „Epistola de armonica institutione" des Regino von Prüm. Musik in Bayern 17 (1978) 57-60.

de synodalibus causis et disciplinis ecclesiasticis: Noch immer zu benützen Reginonis libri duo de synodalibus causis et disciplinis ecclesiasticis, rec. F.G.A. Wasserschleben, Lipsiae 1840. - Auf Fragmente (s. X[1]) weist hin Petrus Becker, Neu gefundene Fragmente zu Reginos Werk „De synodalibus causis". Revue bénédictine 93 (1983) 126 sq. Übersicht über Aufbau, Quellen und Nachwirkung bei P. Fournier - G. Le Bras, Histoire des collections canoniques en occident depuis les fausses décrétales jusqu'au décret de Gratien. I. Paris 1931, 244-268 (sehr wertvolle Darstellung, im einzelnen jedoch stets nachzuprüfen).

chronica (*libellus de temporibus dominicae incarnationis*): Nach der ersten krit. Edition von G.H. Pertz in den MGH, Script. I (1826) 537-612 maßgebender Text von F. Kurze, Reginonis abbatis Prumiensis chronicon cum continuatione Treverensi. Hannover 1890.

W.-R. Schleidgen, Die Überlieferungsgeschichte der Chronik des Regino von Prüm. Mainz 1977 (bringt außer den sechs von F. Kurze berücksichtigten 23 weitere Handschriften in ein Stemma). Eine Untersuchung der Quellen Reginos für die Geschichte des neunten Jahrhunderts (abgesehen von den genannten Briefen und Aktenstücken) fehlt. Sie war begonnen in den vorzüglichen, weit in das Gebiet der sog. kleinen, mit Ostertafeln verbundenen Annalen ausgreifenden Untersuchungen von L. Boschen, Die Annales Prumienses. Ihre nähere und ihre weitere Verwandtschaft. Düsseldorf 1972 (Phil. Diss. Marburg 1968); der frühe Tod des Verfassers unterbrach einen hoffnungsvollen Ansatz. O. Prinz, Die Überarbeitung der Chronik Reginos aus sprachlicher Sicht, in: Literatur und Sprache im europäischen Mittelalter. FS für K. Langosch hrsg. von A. Önnerfors u.a. Darmstadt 1973, 122-141. Zur Sprache nützlich, wiewohl etwas schematisch und nicht sehr tiefgehend O.N. Dorman, A Study of the Latinity of the „Chronica" of Regino of Prüm. Archivum latinitatis medii aevi 8 (1933) 173-216.

W. Wattenbach, Geschichtsquellen ^{7}I (1904) 311-314. - Manitius I 695-701. - K.F. Werner, Zur Arbeitsweise des Regino von Prüm. Die Welt als Geschichte 19 (1959) 96-116. - E. Hlawitschka, Regino von Prüm (gest. 915). Rheinische Lebensbilder 6 (1975) 7-27 (mit Bibliographie).

Über A d a l b e r t und seine *Fortsetzung der Chronik Reginos* P. Kirn bei Wattenbach-Holtzmann I 166-170, 830 und Nachträge bei Wattenbach-Holtzmann(-Schmale) 56*.

m u s i c a   e n c h i r i a d i s (S. 90-92).
Erste Ausgabe von dem Fürstabt Martin Gerbert O.S.B. von St. Blasien in seinen Scriptores ecclesiastici de musica sacra potissimum ... tomus I. Typis Sanblasianis 1784 p. 152-173 (unter Hucbalds Namen); Abdruck bei Migne PL 132, 957-982. Jetzt allein maßgebend die vorzügliche, auf umfassender Benützung des gesamten handschriftlichen Materials beruhende krit. Edition von Hans Schmid, Musica et Scolica Enchiriadis una cum aliquibus tractatulis adiunctis. München 1981 (Bayerische Akademie der Wissenschaften. Veröffentlichungen der Musikhistorischen Kommission 3). Dazu M. Bernhard, Clavis Gerberti. Eine Revision von Martin Gerberts Scriptores ecclesiastici de musica sacra potissimum (St. Blasien 1784). Teil 1. München 1989 (Bayerische Akademie der Wissenschaften. Veröffentlichungen der Musikhistorischen Kommission 7) 35-37. - Als nachträglich zusammengeschriebenes Zettelmaterial zur musica enchiriadis deutet den sog. Pariser Organum-Traktat (zuletzt hrsg. von H. Schmid l.c. 187-213) H. Schmid, Zur sogenannten Pariser Bearbeitung der Musica enchiriadis, in: Tradition und Wertung. FS für F. Brunhölzl hrsg. von G. Bernt u.a. Sigmaringen 1989, 211- 218. Über die Quellen N.C. Phillips, Musica et Scolica Enchiriadis. The literary, theoretical and musical sources. Ph. Diss. New York 1984.

Daß nicht Hucbald von St. Amand, unter dessen Namen Martin Gerbert das Werk veröffentlicht hatte, der Verfasser ist, wies nach Hans Müller, Hucbalds echte und unechte Schriften über Musik. Leipzig 1884 (hierin auch eingehende Inhaltsangabe). Abt Hoger von Werden wurde (nach anderem, vom Verfasser selbst wieder zurückgezogenen Identifizierungsvorschlag) als Autor genannt von Dom Germain Morin, Un essai d'autocritique. Revue bénédictine 12 (1895) 385-396, hier 394. - Zusammenfassende Darstellung zu erwarten vom Herausgeber Hans Schmid.

Manitius I 449-451 (s.v. Hoger).

scolica enchiriadis (S. 92).
Martin Gerbert, Scriptores ecclesiastici de musica sacra potissimum ... tomus I. Typis Sanblasianis 1784 p. 173-212 (unter Hucbalds Namen); zu benützen jetzt in der Ausgabe von Hans Schmid, Musica et scolica enchiriadis. München 1981 (Bayerische Akademie der Wissenschaften. Veröffentlichungen der Musikhistorischen Kommission 3) 60-156. Dazu M. Bernhard, Clavis Gerberti. Eine Revision von Martin Gerberts Scriptores ecclesiastici de musica sacra potissimum (St. Blasien 1784). Teil 1. München 1989 (Bayerische Akademie der Wissenschaften. Veröffentlichungen der Musikhistorischen Kommission 7) 35-37. - Über die Quellen N.C. Phillips, Musica et Scolica Enchiriadis. The literary, theoretical, and musical sources. Ph. Diss. New York 1984.
Mit musica enchiriadis und scolica enchiriadis sind folgende Traktate in einigen Handschriften verbunden:
commemoratio brevis de tonis et psalmis modulandis (inc. *Debitum servitutis nostrae*) in zahlreichen Handschriften; bei M. Gerbert l.c. p. 213-229; ed. H. Schmid l.c. 157-178; zweite Ausgabe von T. Bailey, Commemoratio brevis de tonis et psalmis modulandis. Introduction, Critical Edition, Translation. Ottawa 1979;
de dimensione monocordi (inc. *Super unum concavum lignum*): ed. H. Schmid l.c. 179-181, ersetzt R. Schlecht, Hucbald. Musica Enchiriadis deutsch und mit kritischen Anmerkungen begleitet. Monatshefte für Musik-Geschichte 6 (1874) und 7 (1875), hier 6 (1874) 45-47;
modorum sive tonorum ordo (inc. *Primus tropus habet tetrachorda III*): bei M. Gerbert l.c. p. 124 sq.; ed. H. Schmid l.c. 182-184;
Von weiteren in der Appendix bei H. Schmid edierten Texten ist in literarischer Hinsicht bemerkenswert der *dialogus de organo* aus der Handschrift Var. 1 (HJ. IV. 20), saec. X (Bamberg, Staatl. Bibl.): H. Schmid l.c. 214-221 mit der Sequenz *Rex caeli domine squalidique soli* 218sq. Hiezu E.L. Waeltner, Der Bamberger Dialog über das Organum. Archiv für Musikwissenschaft 14 (1957) 175-183.

Radbod von Utrecht (S. 93-102).
Die autobiographische Notiz von 899 als *breve chronicum* bei J. Mabillon, Acta sanctorum ord. s. Benedicti ... saec. V. Luteciae Parisiorum 1685 p. 26; danach Migne PL 132, 547. P. von Winterfeld, MGH Poetae IV (1899) 161 sq.
Nicht ganz vollständige Textsammlung bei Migne PL 132, 547- 560.
Der *sermo de gemina felicitate confessoris et episcopi Christi Servatii* nur bei den Socii Bollandiani, Sancti Servatii Tungrensis episcopi vitae antiquiores tres. Analecta Bollandiana 1 (1882) 85-111, hier 104-111; zu den Handschriften Socii Bollandiani, Catalogus codicum hagiographicorum bibliothecae publicae civitatis Namurcensis. l.c. 485-530, hier 488sq. und 509.
sermo de sancto Suitberto: Beste Ausgabe von Gottfried Henschen und Daniel Papebroch in den Acta SS. Martii I (1668) 84sq.; danach Migne PL 132, 547-550. - BHL 7939.
sermo de vita s. virginis Christi Amelbergae: Acta SS. Iulii III (1723) 88-90, wonach Migne PL 132, 549-554. - BHL 322. - Quellenuntersuchung: N. Huyghebaert, La Translation de sainte Amelberge à Gand. FS für B. de Gaiffier - F. Halkin = Analecta Bollandiana 100 (1982) 443-458.
homilia de sancto Lebuino: Migne PL 132, 553-558. - BHL 4814.

vita sancti Bonifatii hrsg. von W. Levison, Vitae sancti Bonifatii archiepiscopi Moguntini. Hannoverae-Lipsiae 1905 (Scriptores rerum Germanicarum in usum scholarum ex MGH separatim editi [57]) 62-78. - BHL 1401.

Die dem hl. Martin gewidmeten Werke: *miraculum sancti Martini episcopi* ed. O. Holder-Egger, MGH Script. XV, 2 (1888) 1240-1244; alle *Dichtungen* (nebst dem *officium in translatione s. Martini*) ed. P. von Winterfeld, MGH Poetae IV (1899) 160-173. Zum Offizium F. Lochner, Un évêque musicien au Xe siècle: Radbod d'Utrecht († 971). Tijdschrift van de vereniging voor Nederlandse Muziek Geschiedenis 38 (1988) 3-25.

versus de hirundine hrsg. von P. von Winterfeld l.c. 172 sq. Biographisches und sonstige Daten am besten bei P. von Winterfeld, MGH Poetae IV, 1 (1899) 160-161. - H. Sproemberg bei Wattenbach-Holtzmann I 99sq. (unter ausschließlich historischem Aspekt) und Nachträge bei Wattenbach-Holtzmann (-Schmale) 39*.

M i l o v o n S t - A m a n d (S. 103-105).

vita sancti Amandi confessoris erstmals hrsg. von Godfried Henschen, Acta SS. Februarii I (1658) 873-888; nachgedruckt bei Migne PL 121, 927-968. Maßgebende Ausgabe von L. Traube, MGH Poetae III (1906) 561-610 mit den beiden vorausgehenden Figurengedichten (inc. *Accipe, Karle, precor* und *Salve, rector ovans*; Schaller/Könsgen 103 und 14570). Auf Amandus bezügliche Anhänge hiezu BHL 339-343b, darunter zwei *sermones* von Milo ed. B. Krusch, MGH Script. rer. Merov. V (1910) 459-476.

de sobrietate hrsg. von L. Traube, MGH Poetae III (1906) 613-675.

Der unter Milos Namen bei Migne PL 121, 983 abgedruckte *conflictus veris et hiemis* (inc. *Conveniunt subito cuncti*) wird zumeist Alkuin zugeschrieben; vgl. Hans Walther, Das Streitgedicht in der lateinischen Literatur des Mittelalters. München 1920 (Quellen und Untersuchungen zur lateinischen Philologie des Mittelalters V, 2). Mit einem Vorwort, Nachträgen und Registern von P.G. Schmidt. Hildesheim u.a. 1984, 35 sq.

Zur Person: E. Ewig, Milo et eiusmodi similes, in: Sankt Bonifatius. Gedenkausgabe zum 1200. Todestag. Fulda 1953, 412- 440; wiederabgedruckt in: E. Ewig, Spätantikes und fränkisches Gallien. Gesammelte Schriften (1952-1973) hrsg. von H. Atsma. II. München 1979 (Beihefte der Francia 3/2) 189-219.

H u c b a l d v o n S t - A m a n d (S. 105-112).

Hucbalds Bücherlegat ist in dem Katalog der Bibliothek von St. Amand aus dem XII. Jahrhundert in Paris, Bibliothèque Nationale Lat. 1850 verzeichnet: L. Delisle, Le cabinet des manuscrits de la Bibliothèque Nationale. II. Paris 1874, 454sq.; J. Desilve, De schola Elnonensi Sancti Amandi a saeculo IX ad XII usque. Lovanii 1890, 167; vgl. Th. Gottlieb, Über mittelalterliche Bibliotheken. Leipzig 1890 Nr. 394. Zu den erhaltenen Handschriften dieser Schenkung gehören Valenciennes 293 (Calcidius, vgl. die Ausgabe von J.H. Waszink, Plato latinus. IV. Timaeus a Calcidio translatus commentarioque instructus. Londini - Leidae 1962 (Corpus Platonicum medii aevi) CXXVI sq.) und 411 (proverbia Senecae, apocolocyntosis, vgl. die Ausgabe von C.F. Russo, ^{2}Firenze 1955 [^{1}1948] (Biblioteca di studi superiori. Filologia latina 3) 21).

Gesamtausgabe bei Migne PL 132, 815-1050. Hievon ist als unecht auszuscheiden die *vita s. Aldegundis* col. 857-876, was Abdruck der Edition von J. Bolland, Acta SS. Ianuarii II (1643) 1040-1047 ist. - Zu der ebenfalls nicht hieher gehörenden *musica enchiriadis* col. 957-1042 nebst Begleittexten siehe oben S. 569f.

vita sanctae Rictrudis: die einzige vollständige Ausgabe ist die gute alte (vornehmlich auf Handschriften aus Marchiennes beruhende) Edition in den Acta SS. Maii III (1680) 81-89, abgedruckt bei Migne PL 132, 830-848. W. Levison in den MGH Script. rer. Merov. VI (1913) 93-94 bietet nur Auszüge.

Hucbalds *vita sancti Lebwini* (BHL 4812. 4812 a-b) vollständig nur bei Migne PL 132, 877-894, ein Abdruck aus dem Hauptwerk des Hagiographen, Kirchenhistorikers, Humanisten und Kartäusers Laurentius Surius, De probatis sanctorum historiis ... tomus VI. Coloniae 1575 p. 277-286. Die praefatio allein hrsg. von A. Hofmeister in: Geschichtl. Studien Albert Hauck zum 70. Geburtstag dargebracht. Leipzig 1916, 89sq., Anm. 1. - G.H. Pertz, MGH Script. II (1829) 361-364 gibt nur Exzerpte.

Zeitgenössische Urteile über Hucbalds vita Lebwini: Der *Brief* des P e t r u s   a r c h i d i a c o n u s   C a m e r a c e n s i s an Hucbald bei Migne PL 132, 875-877 nach E. Martène - U. Durand, Veterum scriptorum et monumentorum historicorum dogmaticorum moraliumq amplissima collectio. Tomus I. Parisiis 1724 col. 265 sq. - *Brief* des O d i l o v o n S t - M e d a r d an Hucbald: Migne PL 132, 627-630 nach E. Martène - U. Durand l.c. col. 266. - Gedicht des I u d i o über Hucbalds Werke (*versus Iudionis in confirmatione operum magistri sui Hucbaldi Baldrico praesuli destinati*) ed. P.von Winterfeld, MGH Poetae IV, 1 (1899) 274 sq.

Die anonyme Werdener *vita sancti Lebuini* (Mitte des IX. Jahrhunderts) hrsg. von A. Hofmeister, MGH Script. XXX, 2 (1934) 791-795.

passio sancti Cassiani: krit. Edition mit Erläuterungen von F. Dolbeau, Passion de s. Cassien d'Imola composée d'après Prudence par Hucbald de Saint-Amand. Revue bénédictine 87 (1977) 238-256.

Die bisher als anonym geltende *vita sancti Amati* (BHL 363 sq.) wird von F. Dolbeau, Le dossier hagiographique de s. Amé, vénéré à Douai. Analecta Bollandiana 97 (1979) 89-110 dem Hucbald zugeschrieben; ferner berichtigt er: Amatus von Sion (nicht von Sens).

passio et translatio ss. Cyrici et Iulittae BHL 1809 und 1811.

de harmonica institutione: Erstausgabe von Martin Gerbert, Scriptores ecclesiastici de musica sacra potissimum ... tomus I. Typis Sanblasianis 1784 p.103-152; danach bei Migne PL 132, 905-958. Neuedition von Y. Chartier, L'œuvre musicale d'Hucbald de Saint-Amand: les compositions et le traité de musique. Montréal, Paris 1990 (Cahiers d'Études médiévales. Cahier spécial 5), was die Überarbeitung seiner bisher fast unzugänglichern Thèse, Université de Paris-Sorbonne 1973 ist. A. Traub, Hucbald von Saint-Amand „De harmonica institutione". Regensburg 1989 (Beiträge zur Gregorianik 7) auf Grund willkürlicher Auswahl der Handschrift. Dazu M. Huglo, Les instruments de musique chez Hucbald, in: Hommages à A. Boutemy ed. G. Cambier. Bruxelles 1976, 178-196.

Die *Gedichte* einschließlich der *Hymnen* hrsg. von P. von Winterfeld, MGH Poetae IV, 1 (1899) 261-275; die *egloga de calvis* l.c. 267-271. Einen Hymnus auf Cyricus (inc. *Corde sincero resonemus ymnum*, mit Doxologie elf sapphische Strophen), der mit Hucbalds Bearbeitung der passio näher zusammenhängt als mit deren älterer Fassung (BHL 1802), ediert und kommentiert P. Stotz, „Corde sincero resonemus ymnum" - ein sapphischer Märtyrerhymnus. Variorum munera florum. FS für Hans F. Haefele hrsg. von A. Reinle u.a. Sigmaringen 1985, 45-58.

ZWEITER ABSCHNITT: DIE ZWISCHENZEIT IN DEN VERSCHIEDENEN TEILEN DER LATEINISCHEN WELT
ERSTES KAPITEL: FRANKREICH

H a a g e r   F r a g m e n t (S. 115f.).
    Das *Fragment in Haag*, Koninklijke Bibliotheek 921 (saec. X) fol. 48r-50v wurde entdeckt von G.H. Pertz und als Prosa von ihm zuerst hrsg. in der Fußnote zu seiner Edition der Chronik des Benedictus de S. Andrea in Soracte, MGH Script. III (1839) 708-710. Die Wiederherstellung der lateinischen Versfassung versuchte K. Hofmann, Über das Haager Fragment. Sitzungsberichte der philosophisch-philologischen und historischen Classe der k.b. Akademie der Wissenschaften zu München 1. München 1871, 328-342. Lange Zeit war maßgebende Ausgabe H. Suchier, Les Narbonnais. Chanson de geste, publiée pour la première fois. II. Paris 1898, 167-192 (mit Faksimile). Jetzt zu benützen O. Schumann, Über das Haager Fragment. Zeitschrift für romanische Philologie 67 (1951) 131-146 mit Berichtigungen sowie neuer, überzeugender Scheidung der (hier nicht unwichtigen) Hände und in neuer zuverlässiger Textausgabe (so, daß nur die einwandfrei erkennbaren Verse als solche gegeben, alles übrige als Prosa belassen wird, und mit Faksimile des ganzen Fragments).

U s u a r d   v o n   S t - G e r m a i n (S. 116f.).
    Der *grammatikalische Traktat* ist erstmals hrsg. von J.M. Casas Homs, Una gramàtica inèdita d'Usuard. Analecta Montserratensia 10 (1964) 77-129 (= Miscellània Anselm M. Albareda. II).
    Von den älteren Ausgaben des Usuardschen *martyrologium* sind die besten die von J.B. Du Sollier S.J. in den Acta SS. Iunii VI Supplementum (1714) und VII (1717) 373-779 und die des Mauriners J. Bouillart, Usuardi San-Germanensis monachi martyrologium sincerum ... Parisiis 1718. Beide zusammen, mit dem Kommentar, nachgedruckt bei Migne PL 123, 453-992 und 124, 9-860. Die neue Ausgabe von Jacques Dubois, Le martyrologe d'Usuard. Texte et commentaire. Brüssel 1965 (Subsidia hagiographica 40) auf Grund des „Originals" Paris, Bibliothèque Nationale Lat. 13745; einschließlich des Widmungsbriefes an Karl den Kahlen. Über weitere Entwicklungsstufen des martyrologium noch zu Lebzeiten Usuards Jacques Dubois, A la recherche de l'état primitif du martyrologe d'Usuard. Le manuscrit de Fécamp. Analecta Bollandiana 95 (1977) 43-71.
    Von der Überlieferung und Wirkung des Usuardschen martyrologium, von der man gesagt hat, sie sei ebenso komplex und variiert wie diejenige des martyrologium Hieronymianum (H. Rochais, siehe unten), sind immerhin einige Zweige untersucht: M. Coens - J. van der Straeten, Un martyrologe du XIIe siècle à l'usage de Saint-Bavon de Gand (Brit. Mus. Egerton 2796). Analecta Bollandiana 84 (1966) 128-160; Jacques Dubois, Le martyrologe de l'abbaye du Mont-Saint-Michel. Millénaire monastique du Mont-Saint-Michel: I. Histoire et vie monastique. Paris 1967, 489-499; H. Rochais, Le martyrologe de Saint-Ouen au XIIIe siècle (Paris, B.N. lat. 15025). Recherches Augustiniennes 11 (1976) 215-284; I.W. Frank OP, Das Retzer Martyrologium, in: Xenia medii aevi historiam illustrantia oblata Thomae Kaeppeli O.P. edd. R. Creytens - P. Künzle. Roma 1978, 269-297 (mit dominikanischen Eigenheiten). Das

martyrologium ist durchweg den örtlichen Bedürfnissen adaptiert worden. Vgl. auch C. Vleeschouwers, Het oudst bewaarde Martyrologium-Necrologium van het Kathedraal Kapittel van O.-L.-Vrouw-Doornik (Rijksarchief Doornik, Obituaires, nr. 52). Archives et Bibliothèques de Belgique 49 (1978) 573-614. H. Rochais, Analyse critique de martyrologes manuscrits latins. [Abbaye de Notre-Dame de S. Rémy, Rochefort] 1972 (Documentation Cistercienne 7,1).

A i m o i n   v o n   S t - G e r m a i n (S. 117f.).
miracula sancti Germani bei Migne PL 126, 1027-1050 nach J. Mabillon, Acta sanctorum ord. s. Benedicti ... saec. III, 2. Luteciae Parisiorum 1672 p. 104-118. - BHL 3480.

inventio sive translatio beati Vincentii levitae et martyris bei Migne PL 126, 1011-1024 nach J. Mabillon l.c. IV, 1. Luteciae Parisiorum 1677 p. 644-651. - BHL 8644.

Das *carmen de translatione sancti Vincentii* hrsg. von P. von Winterfeld, MGH Poetae IV,1 (1899) 138-140.

Ferner gibt es von Aimoin eine *translatio sanctorum Cordubensium martyrum Georgii atque Aurelii*: Migne PL 115, 939-960 nach J. Mabillon l.c. IV, 2. Luteciae Parisiorum 1680 p. 46-58. - BHL 3409.

Dictionnaire d'histoire et de géographie ecclesiastiques I (1912) 1184sq. (P. Fournier). - Lexikon des Mittelalters I (1980) 242 (G. Silagi).

A b b o   v o n   S t - G e r m a i n (S. 118-121).
bella Parisiacae urbis hrsg. von P. von Winterfeld, MGH Poetae IV, 1 (1899) 77-122; nur Buch I und II hrsg. von H. Waquet, Abbon: Le siège de Paris par les Normands. Paris 1942, ²1964 (Les classiques de l'histoire de France au moyen-âge 20). Nur Buch I mit sprachlichen Erläuterungen: A. Pauels, Abbo von Saint-Germain-des-Prés, Bella Parisiacae urbis, Buch I. Frankfurt am Main u.a. 1984 (Lateinische Sprache und Literatur des Mittelalters 15). J. Soubiran, Prosodie et métrique des Bella Parisiacae urbis d'Abbon. Journal des Savants 1965, 204-331. - Benützung der scholica Graecarum glossarum aus der Schule des Martin von Laon sucht nachzuweisen M.L.W. Laistner, Abbo of St-Germain-des-Prés. Archivum latinitatis medii aevi 1 (1924) 27-31. B. Löfstedt, Zu den Glossen von Abbos „Bella Parisiacae Vrbis". Studi medievali. Serie terza 22 (1981) 261-266. Über die Behandlung des dritten Buches in England - Umformung in Prosa sowie altenglische Glossen - P. Lendinara, The third book of the „Bella Parisiacae Urbis" by Abbo of Saint-Germain-des-Prés and its Old English gloss. Anglo-Saxon England 15 (1986) 73-89.

Die *Predigtsammlung* steht (unter anderem) in Paris, Bibliothèque Nationale Lat. 13203, saec. XII aus Saint-Germain-des-Prés; es ist die von L. d'Achery (Dacherius), Veterum aliquot scriptorum qui in Galliae bibliothecis maxime Benedictinorum latuerant spicilegium ... tomus IX. Parisiis 1669 p.79-110 für seinen Auszug benützte Handschrift. Abdruck von L. d'Achérys Ausgabe bei Migne PL 132, 761-778. Auf Grund der erwähnten und weiterer Handschriften ist die Sammlung ediert und kommentiert von Ute Önnerfors, Abbo von Saint-Germain-des-Prés. 22 Predigten. Frankfurt am Main u.a. 1985 (Lateinische Sprache und Literatur des Mittelalters 16). - Zu dieser Sammlung J. Leclercq, Le florilège d'Abbon de Saint-Germain. Revue du moyen âge latin 3 (1947) 113-140.

Biographische Daten im Dictionnaire d'histoire et de géographie ecclésiastiques I (1912) 51sq. (U. Rouziès). - Wattenbach-Levison V (1973) 580-582. Lexikon des Mittelalters I (1980) 15sq. (J. Prelog).

Anonyme Dichtungen aus St-Germain (S. 121f.).
de vita et miraculis beatissimi Germani antistitis (rithmice) ed. P. von Winterfeld, MGH Poetae IV,1 (1899) 123-130. - BHL 3470.
de certis praetermissis miraculis (inc. *Fortunatus vitam scripsit ipsius clarissimam*) ed. P. von Winterfeld l.c. 130-132. Schaller/Könsgen 5330. BHL 3471.
translatio beatissimi Germani praesulis (inc. *De sancti translatione prosequamur brevibus*) ed. P. von Winterfeld l.c. 132-135. Schaller/Könsgen 3384. BHL 3477.
carmen ad regem (inc. *Deum semper rex amate*) - an König Odo gerichtet - ed. P. von Winterfeld l.c. 136; vermutlich von demselben anonymen Verfasser wie die Germanus-Vita. Schaller/Könsgen 3537. BHL 3477.
rhythmus in Odonem regem (inc. *Odo princeps altissime regumque potentissime*) ed. P. von Winterfeld l.c. 137sq. und Addenda 1130. - Schaller/Könsgen 11171.

Ado von Vienne (S. 122-127).
Beste biographische Übersicht bei W. Kremers (siehe unten). - Der Brief des Lupus an den Grafen Gerard von Vienne: Lupi epist. 122 ed. E. Dümmler, MGH Epist. VI (1925) 102-103; L. Levillain, Loup de Ferrières. Correspondance II. Paris 1935 (Les classiques de l'histoire de France 16) 150-153 mit Anmerkungen.
Die Gesamtausgabe bei Migne PL 123, 23-450 (vereinigt Abdrucke verschiedener alter Einzelausgaben, ist jedoch erst teilweise durch bessere Editionen ersetzt).
Vom *vetus* oder *parvum romanum* wie von Ados *martyrologium* liegen mehrere alte Ausgaben vor; am wichtigsten wurde die von dem Jesuiten H. Rosweyde, Martyrologium Romanum ... accedit Vetus Romanum Martyrologium ... una cum Martyrologio Adonis ... Antverpiae 1613 (und öfters), die abgedruckt ist bei Migne PL 123, 139-436. Hiezu vor allem H. Quentin, Les martyrologes historiques du moyen âge. Paris 1908, 409-464 und 465-681, dessen scharfe Kritik die jahrzehntelangen Kontroversen um das parvum romanum zweifelsfrei entschied, in der Deutung des Sachverhalts aber dem mangelnden Einfühlungsvermögen des eigenen Rationalismus erlag. Jetzt zu benützen J. Dubois - G. Renaud, Le martyrologe d'Adon. Ses deux familles, ses trois récensions. Texte et commentaire. Paris 1984 (Sources d'histoire médiévale).- Eine verkürzende Bearbeitung der zweiten Fassung des Adonischen martyrologium in Paris, Bibliothèque Nationale Lat. 5544, die vermutlich in einem Benediktinerkloster in der Gegend von Narbonne entstanden ist, wies nach und bearbeitete H. Rochais, Un abrégé du martyrologe d'Adon (Paris B.N. lat. 5544, XIe s.). Revue bénédictine 89 (1979) 58-109. Auf eine spezielle Fassung des Adonischen martyrologium für Auxerre weist hin B. de Gaiffier, Martyrologes d'Auxerre. Note bibliographique. Analecta Bollandiana 93 (1975) 249-259.
chronicon de sex aetatibus mundi vollständig (in jüngerer Fassung, über den Tod Ados hinausgeführt) bei Migne PL 123, 23-138 nach dem Text der Maxima bibliotheca veterum Patrum ... tomus XVI. Lugduni 1677 p. 768-810 des M.

de La Bigne. - Neuere krit. Ausgabe nur in Auszügen durch G.H. Pertz, MGH Script. II (1829) 315-323.

vita sancti Theudarii abbatis et confessoris Christi krit. hrsg. von B. Krusch, MGH Script. rer. Merov. III (1896) 526-530 (maßgebend). Migne PL 123, 443-450 nach der bis dahin einzigen selbständigen Edition von J. Mabillon, Acta sanctorum ord. s. Benedicti ... saec. I. Lutetiae Parisiorum 1668 p. 678- 681.

passio sancti Desiderii episcopi Viennensis: maßgebend die krit. Edition von B. Krusch, MGH Script. rer. Merov. III (1896) 646-648. Migne PL 123, 435-442 ist Abdruck der editio princeps von H. Canisius, Antiquae lectionis tomus VI. ... Ingolstadii 1604 p. 444-451. - Die von Ado bearbeitete anonyme alte passio Desiderii war BHL 2149; Text bei den Socii Bollandiani, Passio sancti Desiderii episcopi Viennensis scriptore anonymo coaevo. Analecta Bollandiana 9 (1890) 250-262; vgl. hiezu B. Krusch, MGH Script. rer. Merov. III (1911) 626-628.

An sich gute und verständige, aber bezüglich der Quellen und ihrer Bearbeitung zu knappe Analyse von W. Kremers, Ado von Vienne. Sein Leben und seine Schriften. Steyl 1911 (Phil. Diss. Bonn 1911). - Wattenbach-Levison V (1973) 622-624.

F l o d o a r d v o n R e i m s (S. 128-136).

annales: beste Ausgabe, vor allem der nützlichen Anmerkungen wegen, von Ph. Lauer, Les Annales de Flodoard publiées d'après les manuscrits, avec une introduction et des notes. Paris 1905 (Collection de textes pour servir à l'étude et à l'enseignement de l'histoire [39]). Als krit. Edition noch immer wertvoll G.H. Pertz in den MGH Script. III (1839) 363-407, nachgedruckt bei Migne PL 135, 417-490.

historia Remensis ecclesiae edd. J. Heller - G. Waitz, MGH Script. XIII (1881) 405-599 ist die maßgebende krit. Edition. Kleine Bruchstücke (Karlsruhe, Badische Landesbibl., Einbandmakulatur aus der Handschrift St. Peter perg. 38, saec. XI, bisher ältester Textzeuge) aus Bamberg: F. Heinzer in: Deutsches Archiv für Erforschung des Mittelalters 38 (1982) 551- 554. - P. Lejeune, Flodoardi Historia Remensis Ecclesiae. Histoire de l'Eglise de Reims par Flodoard, publiée par l'Académie Impériale de Reims. I. II. Paris 1854. Nach der Erstausgabe von I. Sirmond S.J., Flodoardi presbyteri ecclesiae Remensis canonici historiarum eiusdem ecclesiae libri IV. ... Parisiis 1611 ist am häufigsten die von G. Colvenerius, Douai 1617, geworden: ihr Text ging in die Maxima Bibliotheca veterum Patrum ... tomus XVII. Lugduni 1677 p. 504-619 des M. de La Bigne ein und ist aus dieser von Migne PL 135, 23-328 übernommen.

de triumphis Christi sanctorumque Palaestinae libri III; de triumphis Christi Antiochiae gestis libri duo; de Christi triumphis apud Italiam libri XIIII. vollständig nur bei Migne PL 135, 491-886. Krit. Edition von P.Ch. Jacobsen l.c. angekündigt. Teilausgabe von de triumphis Christi Antiochiae gestis von J.-P. Rothschild - A. Strubel, Sainte Pélagie dans le „De triumphis Christi Antiochiae gestis" de Flodoard, in: P. Petitmengin, Pélagie la pénitente. Métamorphoses d'une légende II: La survie dans les littératures européennes. Paris 1984, 67-99. Zu den triumphi, zu denen u.a. eine Analyse mit Quellennachweisung geboten wird, P.Ch. Jacobsen l.c. 88-199.

Die von Flodoard selbst erwähnten *miracula sub honore beatae virginis Mariae in ecclesia Remensi patrata* sind in Prosafassung in die historia Remensis ecclesiae III 6 eingereiht; vgl. P.Ch. Jacobsen l.c. 54sq.

Ungewiß bleibt, ob die Prosaaufzeichnungen über die *Visionen des Mädchens Flothildis* aus dem Dorfe Lavenna bei Reims, die in die Jahre 940/41 gehören und in einer Handschrift der Annalen, Montpellier H 151, saec. XII[in] diesen vorangestellt sind - gedruckt bei Ph. Lauer l.c. 168-176 und dems., Le règne de Louis IV d'Outre-Mer. Paris 1900 (Bibliothèque de l'École des Hautes Études 127) 315-319 - von Flodoard verfaßt sind. Vgl. P.Ch. Jacobsen l.c. 56sq.

P.Ch. Jacobsen, Flodoard von Reims. Sein Leben und seine Dichtung „De triumphis Christi". Leiden u.a. 1978 (Mittellateinische Studien und Texte 10) - überlegt und sehr sorgfältig. R. Holtzmann bei Wattenbach-Holtzmann I 290-294 und Nachträge bei Wattenbach-Holtzmann(-Schmale) 87[*].

R i c h e r   v o n   R e i m s (S. 136-144).
historiae erstmals ediert von G.H. Pertz, MGH Script. III (1839) 561-657. Maßgebend die in Kleinigkeiten verbesserte, insbesondere die von G.H. Pertz vielfach übergangenen Schreibungen vor der Überarbeitung grundsätzlich notierende editio altera von G. Waitz, Richeri historiarum libri IIII. Hannoverae 1877 (Scriptores rerum Germanicarum in usum scholarum ex MGH recusi [51]). - Die neuere lat.-franz. Ausgabe von R. Latouche, Richer, Histoire de France (888-995). I. II. Paris 1930, 1937 (Les classiques de l'histoire de France au Moyen Age 12. 17) ist vor allem der beigefügten Quellennachweise wegen wertvoll. - Abbildungen des Autographs in der Staatl. Bibl. Bamberg, Hist. 5 (E. III. 3) bei G.H.Pertz l.c. zwischen 566 und 567; W. Arndt - M. Tangl, Schrifttafeln zur Erlernung der lateinischen Paläographie. [4]Berlin 1904-1907 Tafel 53; A. Chroust, Monumenta palaeographica. Denkmäler der Schreibkunst des Mittelalters. Serie 1. Band III. München 1902, Lieferung 23, Tafel 6. Zum Autograph P. Lehmann, Autographe und Originale namhafter lateinischer Schriftsteller des Mittelalters. Zeitschrift des Deutschen Vereins für Buchwesen und Schrifttum 3 (1920) 6-16, besonders 10, wieder abgedruckt bei P. Lehmann, Erforschung des Mittelalters. Ausgewählte Abhandlungen und Aufsätze. I. Leipzig 1941, 359-381, besonders 367sq. - W. Giese, „Genus" und „Virtus". Studien zum Geschichtswerk des Richer von St. Remi. Augsburg 1969 (Phil. Diss. München; Betrachtung des Werkes vorwiegend aus historiographischer Sicht). Gute Gesamtdarstellung von H.-H. Kortüm, Richer von Saint-Remi. Studien zu einem Geschichtsschreiber des 10. Jahrhunderts. Stuttgart 1985 (Historische Forschungen im Auftrag der Hist. Kommission der Akademie der Literatur 8). Über Richers medizinische Kenntnisse L.C. MacKinney, Tenth-Century Medicine as Seen in the Historia of Richer of Rheims. Bulletin of the Institute of the History of Medicine. The Johns Hopkins University 2 (1934) 347-375.

R. Holtzmann bei Wattenbach-Holtzmann I 297-300, 835 und Nachträge bei Wattenbach-Holtzmann(-Schmale) 89[*].

G e r b e r t   v o n   A u r i l l a c (Papst Silvester II.) (S. 144-153).
A. Olleris, Oeuvres de Gerbert, pape sous le nom de Sylvestre II. Clermont - Paris 1867 (damals vollständige Ausgabe). Migne PL 139, 57-350 (Nachdrucke nach verschiedenen Editionen).

Die *mathematischen Schriften* am vollständigsten bei N. Bubnov, Gerberti postea Silvestri II papae Opera Mathematica (973-1003). Berolini 1899. Textkritische Bemerkungen zur Ausgabe der Geometrie von N. Bubnov bei H.-V. Friedrich, Zur Textgestaltung der Geometrie des Gerbert von Aurillac. Archivum latinitatis medii aevi 39 (1974) 113-120. - K. Vogel, Gerbert von Aurillac als Mathematiker. Acta Historica Leopoldina 16 (1985) 9- 23 (Wiederabdruck in: Gerberto: Scienza, storia e mito l.c. 577- 596). Lehrreich die Abhandlung von W. Bergmann, Innovationen im Quadrivium des 10. und 11. Jahrhunderts. Studien zur Einführung von Astrolab und Abakus im lateinischen Mittelalter. Wiesbaden 1985 (Sudhoffs Archiv. Beihefte 26) besonders 185-198, 199-207 über Gerberts Rechnen mit dem Abacus und die Frage der gebrauchten Zahlzeichen, vor Überschätzung warnend.

Briefe bei Olleris l.c. 3-154, besser: J. Havet, Lettres de Gerbert (983-997). Paris 1889 (Collection de textes pour servir à l'étude et à l'enseignement de l'histoire [6]). Jetzt maßgebende Edition von F. Weigle, Die Briefsammlung Gerberts von Reims. Weimar 1966 (MGH. Die Briefe der deutschen Kaiserzeit 2) mit wertvoller Einleitung und Bibliographie; hier ist der Brief Nr.217 nicht neu ediert (vgl. hiezu S. 5 und 258), bei J. Havet, Nr.217, 203-230. K.F. Werner, Zur Überlieferung der Briefe Gerberts von Aurillac. Deutsches Archiv für Erforschung des Mittelalters 17 (1961) 91-144. P. Riché, Nouvelles Recherches sur les Lettres de Gerbert d'Aurillac. Comptes-Rendus de l'Académie des inscriptions et belles-lettres (Paris 1987) 575- 585. P. Riché, Gerbert d'Aurillac (l.c.)

Über die Einführung der arabischen Zahlen sowie der Pendeluhren A. Nagl, Gerbert und die Rechenkunst des 10. Jahrhunderts. Sitzungsberichte der phil.-hist. Classe der kais. Akademie der Wissenschaften in Wien 116. Wien 1888, 861-923 (auch als Sonderabdruck selbständig erschienen).

Der Gerbert fälschlich zugeschriebene *Eucharistietraktat* siehe unten S. 596 unter Heriger von Lobbes. - Eine Vorstellung seiner Bibliothek versucht zu ermitteln P. Riché, La bibliothèque de Gerbert d'Aurillac. Mélanges de la Bibliothèque de la Sorbonne 8 (1988) 94-103.

Ein Gesamtbild versucht der Sammelband Gerberto: scienza, storia e mito. Atti del „Gerberti Symposium" (Bobbio, 25-27 luglio 1983). Bobbio 1985 (Archivum Bobiense. Studia 2). Über die Gestalt Gerberts in Geschichte und Sage M. Oldoni, Gerberto e la sua storia. Studi medievali. Serie terza 18 (1977) 1195-1270 (= FS für G. Vinay); „A fantasia dicitur fantasma". (Gerberto e la sua storia, II). Studi medievali. Serie terza 21 (1980) 493-622 und 24 (1983) 167-245. P. Riché, Gerbert d'Aurillac, le pape de l'an mil. Paris 1987 (Lebensbild und geistige Welt Gerberts vor allem auf Grund der Briefe).

A d s o v o n M o n t i e r - e n - D e r (S. 153-165).

Das Verzeichnis der von Adso in Montier-en-Der zurückgelassenen Bücher hrsg. von H. Omont, Bibliothèque de l'École des Chartes 42 (1881) 159sq., erneut abgedruckt bei G. Becker, Catalogi bibliothecarum antiqui. Bonnae 1885, 126sq. (no. 41) sowie erläutert bei D. Verhelst (1990 l.c.) 29sq.

Brief an die Königin Gerberga *de ortu et tempore antichristi* zuerst gedruckt bei A. Duchesne (Quercetanus), B. Flacci Albini sivi Alchuuini abbatis ... opera ... Lutetiae Parisorum 1617 p.1209-1216 unter Alkuins Namen als Brief an Karl den Großen; hienach bei Migne PL 101, 1289-1298. In abweichender Fassung unter den Werken des Hrabanus Maurus gedruckt: Rabanus De institutione clericorum ... De ortu, vita et moribus Antichristi. [Phorçe impressit Th. Anshelmus, mense ... Augusto V CI. Septembris Anno MDV ...] fol. sign. X IIr - [X IIIv], ebenso bei G. Colvenerius, Hrabani Mauri ... operum ... tomus VI. Coloniae 1626 p.177-179. Eine dritte Rezension zuerst auf den beiden letzten folia der Augustinusausgabe des Conventus Ratisbonensis Carmelitorum Discalciatorum, tomus IX, Basileae 1526 [fol. non num.], sodann unter dem Titel de agone christiano liber unus in der Augustinusausgabe der Mauriner: Sancti Aurelii Augustini Hipponensis episcopi operum tomus VI. ... opera et studio monachorum Ordinis S. Benedicti e Congregatione S. Mauri. Parisiis 1685 col.243-262; hienach bei Migne PL 40, 1131-1134. - Die erste zitierbare neuere Ausgabe von E. Sackur, Sibyllinische Texte und Forschungen. Halle 1898, 97-113 (mit wertvoller, auch heute noch nicht überholter Abhandlung). Jetzt auch von D. Verhelst im Corpus Christianorum CM 45. Turnholti 1976 (Text mit krit. Apparat und den verschiedenen Bearbeitungen). Hiezu R. Konrad, De ortu et tempore Antichristi. Antichristvorstellungen und Geschichtsbild des Abtes Adso von Montier-en-Der. Kallmünz 1964 (Münchner historische Studien. Mittelalterliche Geschichte 1).

vita s. Frodoberti zuerst vollständig ediert von N. Camozatus, Promptuarium sacrarum antiquitatum Tricassinae diocesis ... Augustae Trecarum 1610 fol.1-18, hienach und nach Acta SS. Ianuarii I (Antverpiae 1643) 506-513 auch J. Mabillon, Acta sanctorum ord. s. Benedicti ... saec. II. Lutetiae Parisiorum 1669 p.626-639; Abdruck bei Migne PL 137, 601-620. Zu benützen die krit. Edition von W. Levison in den MGH Script. rer. Merov. V (1910) 72-88, soweit der hier unvollständige Text reicht. Bei W. Levison auch der metrische Prolog, inc. *Qui cupis in paucis*, der noch von Adso herrührt, vgl. Socii Bollandiani, Carmen de elevatione corporis s. Frodoberti primi abbatis Cellensis. Analecta Bollandiana 5 (1886) 59-66. - BHL 3177m, 3178, 3179.

vita s. Basoli zuerst hrsg. von J. Mabillon, Acta sanctorum ord. s. Benedicti ... saec. II. Lutetiae Parisiorum 1669 p.67-75; danach Migne PL 137, 643-658.

translatio et miracula s. Basoli zuerst bei J. Mabillon, Acta sanctorum ord. s. Benedicti ... IV, 2. Luteciae 1680 p.137-142; abgedruckt bei Migne PL 137, 659-668. Nur ein Exzerpt bei G. Waitz, MGH Script. IV (1841) 517. - BHL 1034.1035.

vita s. Bercharii nur in alten Ausgaben; am besten von J. van Hecke, Acta SS. Octobris VII (1845) 1010-1018, danach Migne PL 137, 669-686. - BHL 1178.

miracula s. Waldeberti: erste Ausgabe von J. Mabillon, Acta sanctorum ord. s. Benedicti .... III, 2. Luteciae 1672 p.452-460. - G. Henschen, Acta SS. Maii I (1680) 277-282. Mit Auslassungen hrsg. von O. Holder-Egger, MGH Script. XV,2 (1888) 1171-1176. - BHL 8775.

Columbinus (die sogenannte *vita Mansueti*) ed. J. Limpen, Acta SS. Septembris I (1746) 637-651. Migne PL 137, 619- 644 ist Nachdruck von A. Calmet, Histoire ecclésiastique et civile de Lorraine ... I. Nancy 1728 p.86-104. - Exzerpte nur aus Buch II (miracula) bei G. Waitz, MGH Script. IV (1841) 509-514. - BHL 5209. 5210. Hiezu F. Brunhölzl, „Adsonis Columbinus" oder Von der Wahrheit, vom Schwindel und von der Literatur. Fälschungen im Mittelalter I (MGH Schriften 33, 1). Hannover 1988, 153-163.

P. Kirn bei Wattenbach-Holtzmann I 187-189, 831 und Nachträge bei Wattenbach-Holtzmann(-Schmale) 63*. Lexikon des Mittelalters I (1980) 169sq. (K.F. Werner). Die biographischen Spekulationen von D. Verhelst, Adson de Montier-en-Der, in: D. Iogna-Prat - J.- Ch. Picard, Religion et culture autour de l'an mil. Actes du colloque Hugues Capet 987-1987. La France de l'an Mil. Paris 1990, 25-30, zwei gleichnamige Zeitgenossen festzustellen, beruhen auf völlig unzutreffenden Argumenten.

Saint-Benoît-sur-Loire (Fleury) (S. 165-168).
Die älteste *translatio sancti Benedicti*, inc. *In Christi nomine. Fuit in Frantia* wurde zuerst nach einer heute verschollenen Handschrift aus St. Emmeram hrsg. von J. Mabillon, Veterum analectorum tomus IV. Luteciae 1685 p.451-452. Die Aufmerksamkeit wurde erneut auf den Text gelenkt durch die Entdekkung der translatio als untere Schrift in dem Palimpsest clm 6333; hierüber A. Dold - E. Munding, Palimpsesttexte aus dem clm 6333. Beuron 1930. (Texte und Arbeiten hrsg. durch die Erzabtei Beuron I, 15-18). Auch der Rest einer dritten Handschrift, clm 2980/B1 (früher 29060) stammt aus Südbayern. - Krit. Ausgabe der translatio von R. Weber, Revue bénédictine 62 (1952) 140-142. - Für Entstehung des Werkes in Benediktbeuern sprach sich aus R. Bauerreiss, Studien und Mitteilungen des Benediktiner-Ordens und seiner Zweige 62 (1950) 8-12, vgl. Clavis 1853. Entstehung des kleinen Werkes in Fleury ist durch W. Goffart, Revue bénédictine 77 (1967) 121sq. einleuchtend gemacht, aber nicht bewiesen. Träfe sie zu, so ließe sich die ausschließlich auf Bayern beschränkte Verbreitung vielleicht mit einer ähnlichen Verbindung nach dem Westen erklären, wie sie in der (wohl zu Unrecht bestrittenen) Schenkung unter anderem von Büchern durch eine fränkische Prinzessin Kisyla an das mit Benediktbeuern als Doppelkloster verbundene Kochel zum Ausdruck kommt; vgl. Mittelalterliche Bibliothekskataloge Deutschlands und der Schweiz. III. Bearbeitet von Paul Ruf. München 1932, 146sq.

historia translationis ss. Benedicti et Scholasticae in Galliam, früher fälschlich dem Adrevald zugeschrieben, wahrscheinlich von einem Adalbert von Fleury, ist zuerst hrsg. von Johannes a Bosco (Du Bois-Olivier), Floriacensis vetus bibliotheca ... Lugduni 1605 p.1-12; Acta SS. Martii III (1668) 302-305, hievon Abdruck bei Migne PL 124, 901-910. Nur Auszüge bei O. Holder-Egger, MGH Script. XV,1 (1887) 480-482. - BHL 1117- 1117b. Vgl. A. Vidier (siehe unten) 141-149. Einen bisher unbekannten späteren Prolog (inc. *Si quis forte requirit quo tempore*, BHL 1117 c) und ein ebensolches argumentum (inc. *Quoniam auditu comperimus a nonnullis*, BHL 1117 d) veröffentlicht E. Pellegrin, Un prologue et un argument inédits à l'„Historia translationis sancti Benedicti". Analecta Bollandiana 100 (1982) 365-372 (Wiederabdruck in: E. Pellegrin, Bibliothèques retrouvées. Manuscrits, Bibliothèques et Bibliophiles du Moyen Age et de la Renaissance. Paris 1988, 517- 524), und als Verfasser vermutet sie Theodoricus von Fleury.

Frühere Ansichten über die älteste Literatur aus Fleury sind berichtigt worden durch die unter historiographischem Aspekt abgefaßte wertvolle Arbeit von A. Vidier, L'historiographie à Saint-Benoît-sur-Loire et les miracles de Saint Benoît. Paris 1965, die als Thèse der École des Chartes 1898 entstanden ist und nach dem Tod des Verfassers († 1927) von Mönchen der Abtei Saint-Benoît überarbeitet wurde.

Adrevald von Fleury (S. 168-172).
Der *Eucharistietraktat* ist unter dem Titel *de corpore et sanguine Christi contra ineptias Iohannis Scotti* zuerst gedruckt bei L. d'Achery (Dacherius), Veterum aliquot scriptorum qui in bibliothecis maxime Benedictinorum latuerant spicilegium ... tomus XII. Parisiis 1675 p.30-37; danach Migne PL 124, 947-954.

expositio in benedictiones Iacob patriarchae früher fälschlich dem Paulinus von Mailand zugeschrieben (Migne PL 20, 715-732), nun dem Adrevald zugewiesen von A. Wilmart, Le commentaire des bénédictions de Jacob attribué à Paulin de Milan. Revue bénédictine 32 (1920) 57-63.

Die ältere (anonyme) *vita Aigulfi* gedruckt von J. Stiltinck, Acta SS. Septembris I (1746) 743-747. - *vita Aigulfi* des Adrevald ed. J. Mabillon, Acta sanctorum ord. s. Benedicti .... II. Lutetiae 1669 p.656-665; danach Migne PL 124, 953-968; auch Acta SS. Septembris I (1746) 747-755.

Die *miracula sancti Benedicti* sind erstmals gedruckt von J. a Bosco (Du Bois-Olivier), Floriacensis vetus bibliotheca ... Lugduni 1605 p.13-78. Mehrere alte Ausgaben, keine vollständig. Das erste Buch vollständig bei E. de Certain, Les miracles de Saint-Benoît écrits par Adrevald, Aimoin, André, Raoul Tortaire et Hugues de Sainte Marie, moines de Fleury. Réunis et publieés pour la Société de l'Histoire de France. Paris 1858, 15-89. Migne PL 124, 909-948 (nach dem Auszug von J. Mabillon, Acta sanctorum ord. s. Benedicti ... saec. II. Lutetiae Parisiorum 1669 p.369-392). Das erste Buch mit Auslassungen krit. hrsg. von O. Holder-Egger, MGH Script. XV,1 (1887) 478-500. - BHL 1123. Näheres bei A. Vidier, L'Historiographie (siehe oben unter Saint-Benoît-sur-Loire S. 580) 52sq. Lexikon des Mittelalters I (1980) 165sq. (G. Glauche).

A b b o   v o n   F l e u r y (S. 172-180).

Fast vollständige Textsammlung bei Migne PL 139, 417-578 *quaestiones grammaticales* zuerst bei A. Mai, Classicorum auctorum e Vaticanis codicibus editorum tomus V. Romae 1833 p.329-349; danach Migne PL 139, 521-534. Zu benützen jetzt A. Guerreau-Jalabert, Abbon de Fleury „Questions grammaticales". Paris 1982 (mit nützlicher Einleitung über die Bibliothek von Fleury, Text und französische Übersetzung).

Mathematische Schriften sind hrsg. von N. Bubnov, Gerberti postea Silvestri II papae Opera Mathematica (972-1003). Berolini 1899, 197-203, 299. - Vorzugsweise über mathematisch-naturwissenschaftliche Schriften Abbos handelt A. van de Vyver, Les oeuvres inédits d'Abbon de Fleury. Revue bénédictine 47 (1935) 125-169. Zum Victoriuskommentar G.R. Evans - A.M. Peden, Natural Science and the Liberal Arts in Abbo of Fleury's Commentary on the Calculus of Victorius of Aquitaine. Viator 16 (1985) 109-127. Bei dem früher als de cursu VII planetarum bezeichneten Traktat handelt es sich um zwei Schriften: *sententiae de ratione spere* und *de cursu VII planetarum*. Beide jetzt hrsg. von R.B. Thomson, Two Astronomical Tractates of Abbo of Fleury, in: The Light of Nature: Essays in the History and Philosophy of Science presented to A.C. Crombie ed. by J.D. North - J.J. Roche. Dordrecht u.a. 1985 (International Archives of the History of Ideas 110) 113-133 (mit Einleitung).

passio s. Eadmundi Migne PL 139, 507-520 nach der Erstausgabe des L. Surius, De probatis sanctorum historiis ... tomus VI. Coloniae Agrippinae 1575 p.465-472. Zu zitieren ist die Edition von Th. Arnold in den Memorials of St. Edmund's Abbey I. London 1890 (Rerum Britannicarum medii aevi scriptores 96,1) 3- 25. - Text auch bei M. Winterbottom, Three Lives of English Saints. Toronto 1972 (Medieval Latin Texts 1) 67-87. - BHL 2392.

apologeticus: Editio princeps von P. Pithou im Anhang zum Codex canonum vetus ecclesiae Romanae des F. Pithou, Parisiis 1687 p.395-402. Migne PL 139, 417 und 461-472.

capitula ex canonum legumve libris („*collectio canonum*") zuerst bei J. Mabillon, Veterum analectorum tomus II. Luteciae 1676 p.248-348 (²Parisiis 1723 p.133-148); danach Migne PL 139, 471-508. - Hiezu P. Fournier - G. Le Bras,

Histoire des collections canoniques en occident depuis les fausses décrétales jusqu'au décret de Gratien. I. Paris 1931, 320-330.

Briefe zuerst ediert von A. Gallandius in seiner Bibliotheca veterum patrum antiquorumque scriptorum ecclesiasticorum ... tomus XIV. Venetiis 1781 p. 142-159; danach Migne PL 139, 419-460. Lexikon des Mittelalters I (1980) 15 (K.F. Werner). Dictionnaire d'histoire et de géographie ecclésiastiques I (1912) 49-51 (U. Berlière; gute und reichhaltige Übersicht). Über Abbo in England D. Knowles, The Monastic Order in England. Cambridge ²1950 (Register, s.v.). J. Verdier, Une lettre d'Abbon, abbé de Saint-Benoit, au pape Grégoire V, 997. Bulletin de la Société d'Emulation de Montargis 36 (1976) 11-13.

A i m o i n   v o n   F l e u r y (S. 180-189).
Vollständige Textsammlung: Migne PL 139, 617-870.

res geste gentis sive regum („historia Francorum"): Erstausgabe bei J. Badius Ascensius, [Paris] 1514 unter dem Titel Annonii monachi Benedictini ... de Regum procerumque Francorum origine gestisque ... . Dann in M. Freher, Corpus Francicae historiae veteris et sincerae. Hanau 1613 p.247-380. Die am leichtesten zugängliche Ausgabe bei Migne PL 139, 627-798 ist Nachdruck des (nicht selbständigen) Druckes von F. Duchesne, Historiae Francorum scriptores coaetanei ... tomus III. Lutetiae Parisiorum 1641 p.51-124; bisher beste gedruckte Ausgabe bei M. Bouquet, Recueil des Historiens des Gaules et de la France III. Paris 1741 p.21-143 (Neuauflage durch L. Delisle, Paris 1869, 21- 143); ferner Neuausgabe von Chr. Le Stum[-Constant], L'„Historia Francorum" d'Aimoin de Fleury. Étude et Édition critique. Thèse. Paris, École des Chartes 1976; vgl. Chr. Le Stum, Positions des thèses. Paris, École des Chartes 1976, 89-93.

K.F. Werner, Die literarischen Vorbilder des Aimoin von Fleury und die Entstehung seiner Gesta Francorum. Medium aevum vivum. FS für W. Bulst. Heidelberg 1960, 69-103.

Die den Abschluß der historia Francorum bildende Versifizierung der *translatio s. Benedicti* (Migne PL 139, 797-802) ist von den Bollandisten als „narratio metrica" gesondert verzeichnet: BHL 1119. Vgl. A. Vidier, L'Historiographie (siehe oben unter Saint-Benoît-sur-Loire S. 580) 148, der den Text auch nur aus F. Duchesne und Migne kennt.

In der Floriacenser Reihe der *miracula sancti Benedicti* verfaßte Aimoin die Bücher II und III, gedruckt bei Migne PL 139, 801-852 nach J. Mabillon, Acta sanctorum ord. s. Benedicti ... saec. IV,2. Luteciae Parisiorum 1680 p.356-390; ferner bei E. de Certain, Les miracles de Saint-Benoît écrits par Adrevald, Aimoin, André, Raoul Tortaire et Hugues de Sainte Marie, moines de Fleury. Réunis et publiés pour la Société de l'Histoire de France. Paris 1858, 90-172; vgl. A. Vidier, L'Historiographie (siehe oben unter Saint-Benoît-sur-Loire S. 580) 181-195 und 227sq.

sermo in festivitatibus sancti patris Benedicti bei Migne PL 139, 851-870 nach Johannes a Bosco (Du Bois-Olivier), Floriacensis vetus bibliotheca ... Lugduni 1605 p.270-298.

vita vel martyrium sancti Abbonis abbatis (sowie die *miracula*) zuerst gedruckt von J. a Bosco l.c. p.299-308, 316-346 (und 346-348); Migne PL 139, 375-414 (413sq.) nach J. Mabillon, Acta sanctorum ord. s. Benedicti ... saec. VI, 1. Luteciae Parisiorum 1701 p.37-57 (57sq.). Neuausgabe von R.-H. Bautier angekündigt. - BHL 3, 4.

Odo von Glanfeuil (S. 186).

Die *vita sancti Mauri* des Pseudo-Faustus von Monte Cassino (das ist Odo von Glanfeuil) gedruckt von G. Henschen, Acta SS. Ianuarii I (1643) 1039-1050, 1051-1052; Auszug von O. Holder-Egger, MGH Script. XV,1 (1887) 462-463. - BHL 5772. 5773.

miracula sancti Mauri: Acta SS. Ianuarii I (1643) 1052-1060; Auszüge von O. Holder-Egger, MGH Script. XV,1 (1887) 462-472. BHL 5775.

Daß der Verfasser der vita s. Mauri nicht ein Faustus von Monte Cassino war, sondern Odo von Glanfeuil, wiesen nach A. Malnory, Quid Luxovienses monachi ... ad regulam monasteriorum atque ad communem ecclesiae profectum contulerint. Thèse, Paris 1894, 20-26 und A. Giry, La vie de Saint Maur du Pseudo-Faustus. Bibliothèque de l' École des Chartes 57 (Paris 1896) 149-152. Seither glaubt man gewöhnlich, Odo habe die vita s. Mauri bewußt gefälscht und unter den Namen des Faustus von Monte Cassino gestellt, um seinem Kloster in der Not aufzuhelfen; so auch H. Löwe in: Wattenbach-Levison V (1973) 577sq.; eine etwas andere Bedeutung des Vorgangs siehe oben im Text S. 186. Mittelalterliche Hagiographen unterlagen eben gar oft demselben Herzenszwang, den unbekannten Träger eines bekannten Namens mit dem berühmteren zu identifizieren, unter dem heutzutage Philologen und Historiker so gerne die Zuweisung anonymer Werke an bekannte Autoren vorzunehmen pflegen.

Theodoricus von Fleury oder von Amorbach (S. 189).

Die *consuetudines* für Fleury sind hrsg. von A. Davril - L. Donnat im Corpus Consuetudinum monasticarum. VII, 3. Consuetudinum saeculi X/XI/XII. Monumenta non-Cluniacensia ed. K. Hallinger. Siegburg 1984, 1-60 (mit Anmerkungen von K. Hallinger).

Von der *illatio sancti Benedicti* steht der erste Teil (nach J. a Bosco (Du Bois-Olivier) in der Floriacensis vetus bibliotheca ... Lugduni 1605 p.219-231) bei J. Mabillon, Acta sanctorum ord. s. Benedicti ... saec. IV, 2. Luteciae Parisiorum 1680 p.350-355; der zweite Teil im Catalogus codicum hagiographicorum bibliothecae regiae Bruxellensis. II. Bruxellis 1889, 258-264. - BHL 1122, cf. 1122 b-e; vgl. A. Vidier, L'Historiographie (siehe oben unter Saint-Benoît-sur-Loire S. 580) 170-180. E. Dümmler l.c. 23-28 (Vorrede und Auszüge).

Die in Italien verfaßten Heiligenleben: *vita beati Firmani* - BHL 3001; *vita s. Martini pape* - BHL 5596; *passio ss. martyrum Triphonis et Respitii* - BHL 8340. 8340 a. Zu einem vielleicht von Theodoricus verfaßten *prologus* und *argumentum* zur historia translationis s. Benedicti siehe oben S. 580.

Wichtigste Abhandlung: E. Dümmler, Über Leben und Schriften des Mönches Theoderich (von Amorbach). Philosophische und historische Abhandlungen der königlichen Akademie der Wissenschaften zu Berlin. Aus dem Jahre 1894. Berlin 1894. A. Poncelet, La vie de s. Firmanus abbé au diocèse de Fermo par Thierry d'Amorbach. Analecta Bollandiana 18 (1899) 22-33; La vie et les Œuvres de Thierry de Fleury. Analecta Bollandiana 27 (1908) 5-27. Manitius II 449-457. R. Holtzmann bei Wattenbach- Holtzmann I 309 und Nachträge bei Wattenbach-Holtzmann(-Schmale) 98*sq.

Helgaudus von Fleury (S. 189-191).
epitoma vite regis Rotberti Pii. Die erste und bis in neuere Zeit einzige selbständige Edition von P. Pithou, Historiae Francorum ab anno Christi DCCCC. ad annum MCCLXXXV. scriptores veteres XI... Francofurti 1596 p.59-79, übernommen von A. und F. Duchesne, Historiae Francorum scriptores coaetanei ... tomus IV. Lutetiae Parisiorum 1641 p.59-79, danach nachgedruckt bei Migne PL 141, 909-936, ist nunmehr ersetzt durch die mit franz. Übersetzung, ausführlicher Einleitung und erläuternden Anmerkungen versehene Ausgabe von R.-H. Bautier und G. Labory, Helgaud de Fleury, „Vie de Robert le Pieux". Epitoma vitae regis Rotberti Pii. Paris 1965 (Sources d'histoire médiévale publiées par l'Institut de Recherche et d'Histoire des Textes 1).
Manitius II 367-370. Dictionnaire d'histoire et de géographie ecclésiastiques XXIII (1990) 897 (G. Michiels). R. Holtzmann bei Wattenbach-Holtzmann I 309 und Nachträge bei Wattenbach- Holtzmann(-Schmale) 99[*].

Andreas von Fleury (S. 191-193).
miracula sancti Benedicti (vier Bücher, d.h. in der gesamten Reihe der Floriacenser miracula lib. IV-VII) vollständig nur bei E. de Certain, Les miracles de Saint-Benoît écrits par Adrevald, Aimoin, André, Raoul Tortaire et Hugues de Sainte Marie, moines de Fleury. Réunis et publiés pour la Société de l'Histoire de France. Paris 1858, 173-276, dazu XXsq.
Die *vita Gauzlini abbatis,* wiewohl schon von den Maurinern (u.a. für ihre Ausgabe des DuCange) benützt, wurde erst ediert von L. Delisle, Vie de Gauzlin, abbé de Fleuri et archevêque de Bourges, par André de Fleuri. Mémoires de la société archéologique de l'Orléanais 2 (1853) 257-322 auf Grund zweier Handschriften des XVII. Jahrhunderts, aber mit nützlichen, vorzugsweise geographischen Anmerkungen. Letztere übernommen (und ergänzt) in der erstmals vollständigen, auf der originalen Handschrift des Verfassers (Vatic. Reg. lat. 592 saec. XI) beruhenden krit. Ausgabe von P. Ewald in: Neues Archiv der Gesellschaft für ältere dt. Geschichtskunde 3 (1878) 349-383. Jetzt maßgebend die wertvolle, mit inhaltsreicher Einleitung, franz. Übersetzung und reichhaltigen Anmerkungen versehene Edition von R.-H. Bautier - G. Labory, Vie de Gauzlin, abbé de Fleury. Paris 1969. (Sources de l'histoire médiévale publ. par l'Institut de recherche et d' histoire des textes 2).
Repertorium fontium historiae medii aevi II 227sq. - A. Vidier, L'Historiographie (siehe oben unter Saint-Benoît-sur-Loire S. 580) 94sq., 197-207. - Lexikon des Mittelalters I (1980) 608 (K.F. Werner).

vita sancti Maximini Miciacensis (S. 194).
Die anonyme *vita sancti Maximini Miciacensis* bei J. Mabillon, Acta sanctorum ord. s. Benedicti ... saec. I. Lutetiae Parisiorum 1668 p.580-591 mit dem Widmungsgedicht, inc. *Rex genus egregium*; Schaller/Könsgen 14272 (nicht in Poetae IV, 1060 n. 9). BHL 5814-5816.

Berthold von Micy (S. 194).
vita sancti Maximini Miciacensis bei J. Mabillon, Acta sanctorum ord. s. Benedicti ... saec. I. Lutetiae Parisiorum 1668 p.591-597. Das Widmungsgedicht *Hoc reverende sacer Iona* auch bei K. Strecker, MGH Poetae IV (1923) 1060. - Schaller/Könsgen 7088.

L e t a l d u s   v o n   M i c y (S. 194-201).
miracula sancti Maximini Miciacensis ed. J. Mabillon, Acta sanctorum ord. s. Benedicti ... saec. I. Lutetiae Parisiorum 1668 p.598-613, nachgedruckt bei Migne PL 137, 795-824. Den Text verbesserte stellenweise A. Poncelet, La bibliothèque de l'abbaye de Micy au IXe et au Xe siècle. Analecta Bollandiana 23 (1904) 76-84, hier 77, vgl. 80 Anm. 2; 24 (1905) 46. - BHL 5820.

Die sog. *delatio corporis sancti Iuniani in synodum Karoffensem* (a. 988), das ist der Brief Letalds an Abt Constantius von Noaillé (Nobiliacum) gedruckt in: Acta SS. Augusti III (1737) 37, nr. 25-27; J. Mabillon, Acta sanctorum ord. s. Benedicti ... saec. IV, 1. Luteciae Parisiorum 1677 p.434sq.; letzterem nachgedruckt bei Migne PL 137, 823-826. - BHL 4565.

vita sancti Iuliani: der wichtige Widmungsbrief an Avesgaud in: Acta SS. Ianuarii II (1643) 1152; Text der vita l.c. 762-767; beides nachgedruckt bei Migne PL 137, 781-796. - BHL 4544.

vita sancti Martini zuerst ed. von J. Mabillon, Acta sanctorum ord. s. Benedicti ... saec. I. Lutetiae Parisiorum 1668 p.681-687. - BHL 5667. Die *miracula* bei J. Mabillon l.c. p.375-378, 687-692; der prologus hiezu bei den Hagiographi Bollandiani, Catalogus codicum hagiographicorum latinorum antiquiorum saeculo XVI qui asservantur in bibliotheca nationali Parisiensi. III. Bruxellis 1893, 316sq. Auszüge bei B. Krusch, MGH Script. rer. Merov. III (1896) 567-575; IV (1902) 772-774. - BHL 5668.

Die *versus de Within* oder *versus de quodam piscatore, quem ballena absorbuit* sind, nach der Erstausgabe von B. Hauréau im Bulletin des Comités historiques institué près du Ministre de l'Instruction publique 1 (1849) 178-183, neu ediert von A. Wilmart, Le poème héroïque de Létald sur Within le pêcheur. Studi medievali. Nuova serie 9 (1936) 188-203, dann auch (mit etlichen Versehen im Text) von J.-P. Bonnes, Un lettré du Xe siècle. Introduction au poème de Létald. Revue Mabillon 33 (1943) 23-47 (mit gutem Kommentar).

C l u n y (S. 201f.).
Zu Cluny und der Reform im allgemeinen noch immmer grundlegend E. Sackur, Die Cluniazenser in ihrer kirchlichen und allgemeingeschichtlichen Wirksamkeit bis zur Mitte des 11. Jahrhunderts. I. II. Halle 1892-94 (besonders auch für die Biographien). Speziell zur monastischen Reformbewegung K. Hallinger, Gorze - Kluny. Studien zu den monastischen Lebensformen und ihren Gegensätzen im Hochmittelalter. I. II. Rom 1950, 1951 (Studia Anselmiana 22-25).

O d o   v o n   C l u n y (S. 202-210).
Die erste und bisher einzige selbständige Gesamtausgabe (ohne die *occupatio*) von M. Marrier - A. Duchesne (Quercetanus), Bibliotheca Cluniacensis ... Lutetiae Parisorum 1614 col.65-268 ist mehrfach abgedruckt worden. Migne PL 133, 107-752 enthält in der Regel die Texte von M. Marrier und A. Duchesne mittelbar auf Grund der Abdrucke in der Maxima Bibliotheca veterum Patrum ... tomus XVII. Lugduni 1677 des M. de La Bigne p.253-456.

Im einzelnen:
Auszüge aus den *moralia in Iob*: Migne PL 133, 107-512 mit praefatio in Prosa und in Hexametern *(Gregorii sancti nitidos)*: Echtheit bestritten auf Grund der Datierung der ältesten Handschrift Sangall. 205 (erste Hälfte des IX. Jahrhun-

derts) durch B. Bischoff, übernommen von F. Rädle, Smaragd von St. Mihiel. München 1974, 45-49. Den Auszug Odos sucht in Paris Bibliothèque Nationale Lat. 2455 nachzuweisen G. Braga, Problemi di autenticità per Oddone di Cluny: l'Epitome dei „Moralia" di Gregorio Magno. Studi medievali. Serie terza 18 (1977) 45-121 und 122-145.

Die *collationes* Migne PL 133, 517-638. Daß das Werk verschiedentlich *occupationes* genannt wird (auch in der alten Handschrift Leningrad Q. v. I. 51, saec. XI) bemerkt Manitius II 26. Bisher einzige Ausgabe der *occupatio*: Odonis abbatis Cluniacensis occupatio. Primum edidit A. Swoboda. Lipsiae 1900 (Bibliotheca Teubneriana) (gut; nur eine Handschrift in zwei Teilen: Paris Ars. 903, fol. 1-52 und Paris S. Genov. 2410, fol. 174-229; saec. X/XI).

vita sancti Geraldi confessoris: einzige selbständige Edition von M. Marrier-A. Duchesne (Quercetanus) in der Bibliotheca Cluniacensis ... Lutetiae Parisorum 1614 col.65-114; Migne PL 133, 639-704 ist Abdruck davon. - BHL 3411. 3411 b.

Hymnen hrsg. von G.M. Dreves, Analecta hymnica 50 (1907) 264-270.

sermones (fünf) nach M. Marrier-A. Duchesne (Quercetanus), Bibliotheca Cluniacensis ... Lutetiae Parisorum 1614 col.127-160, jedoch ohne Sermo V in festo s. Martini (dieser nach E. Martène - U. Durand, Thesaurus novus anecdotorum ... tomus V. Lutetiae 1717 col.617-620) bei Migne PL 133, 709-752.

Unecht sind die *Musiktraktate* bei Migne PL 133, 751- 814.

Dictionnaire de spiritualité, ascétique et mystique 11 (1982) 620-624 (J. Hourlier).

J o h a n n e s v o n C l u n y (S. 210-212).

vita sancti Odonis abbatis: Erstausgabe von M. Marrier-A. Duchesne (Quercetanus) in der Bibliotheca Cluniacensis ... Lutetiae Parisorum 1614 col.13-56. Danach bei J. Mabillon, Acta sanctorum ord. s. Benedicti ... saec. V. Luteciae Parisiorum 1685 p.150-186, davon Abdruck in Migne PL 133, 43-86. Nur Auszüge L. von Heinemann, MGH Script. XV,2 (1888) 587-588. - Noch immer wichtig ist E. Sackur, Die Cluniacenser in ihrer kirchlichen und allgemeingeschichtlichen Wirksamkeit bis zur Mitte des elften Jahrhunderts. I. Halle 1892, 107-109, 359-363; II. Halle 1894, 336sq.

Einen Auszug aus Gregors des Großen moralia unter der Bezeichnung *sententie moralium* weist mit einleuchtenden Gründen dem Verfasser der vita Odonis zu G. Braga, Le „Sententie morales super Job Ioannis abbatis". Ricerche sulle epitomi altomedievali dei „Moralia", in: Studi sul medioevo cristiano offerti a R. Morghen. I. Roma 1974 (Studi storici 83-87) 153-231.

Manitius II 130-136. R. Holtzmann bei Wattenbach-Holtzmann I 301 und Nachträge bei Wattenbach-Holtzmann(-Schmale) 91[*], 109[*].

S y r u s (S. 212-215).

Die *vita Maioli* des Syrus liegt in drei Fassungen vor:

1. die von J. Mabillon für die originale des Syrus gehaltene und von ihm in den Acta sanctorum ord. s. Benedicti .. saec. V. Luteciae Parisiorum 1685 p.786-810 edierte Fassung mit dem vorausgehenden Widmungsbrief des Syrus an Odilo. Hienach abgedruckt bei Migne PL 137, 745-778. Auszugsweise krit. Edition von G. Waitz in den MGH Script. IV (1841) 650-655. - BHL 5177. - Nach L. Traube (siehe unten) ist bereits diese Fassung von Aldebald überarbeitet, das Original des Syrus selbst nicht erhalten.

2. die von G. Waitz, MGH Script. IV p. 650 erwähnte Fassung, ebenfalls mit dem Widmungsbrief des Syrus: BHL 5178.

3. die zweite Überarbeitung des Syrus-Textes durch Aldebald mit der in einsilbig gereimten Leoninern abgefaßten Vorrede des Reimbaldus. Nach mehreren Handschriften hrsg. von G. Henschen, Acta SS. Maii II (1680) 668-684. - BHL 5179.

Bestimmung des jetzt wohl allgemein akzeptierten Verhältnisses durch L. Traube, Abermals die Biographien des Maiolus. Neues Archiv der Gesellschaft für ältere deutsche Geschichtskunde 17 (1892) 402-407 (= Vorlesungen und Abhandlungen III. München 1920, 180-185).

R. Holtzmann bei Wattenbach-Holtzmann I 301 und Wattenbach- Holtzmann(-Schmale) 921.

Odilo von Cluny (S. 215-222).

vita Maioli: Nach der editio princeps von M. Marrier - A. Duchesne (Quercetanus) in der Bibliotheca Cluniacensis ..., Lutetiae Parisorum 1614 col.279-290 bisher einzige selbständige Ausgabe durch G. Henschen, Acta SS. Maii II (1680) 684-690. Migne PL 142, 943-962 ist Abdruck der Ausgabe von Marrier-Duchesne. - BHL 5182-5183.

epitaphium Adalheidae imperatricis liegt in zwei geringfügig voneinander abweichenden Fassungen in mehreren Editionen vor. Die für San Salvatore in Pavia bestimmte, von einem Widmungsbrief begleitete Fassung wurde zuerst ediert von M. Marrier und A. Duchesne (Quercetanus) in der Bibliotheca Cluniacensis ..., Lutetiae Parisorum 1614 col.353-361. Die krit. Edition von G.H. Pertz, MGH Script. IV (1841) 637-645 - Abdruck bei Migne PL 142, 967-982 - ist überholt durch H. Paulhart, Die Lebensbeschreibung der Kaiserin Adelheid von Abt Odilo von Cluny (Odilonis Cluniacensis abbatis Epitaphium domine Adelheide auguste). Graz- Köln 1962 (Mitteilungen des Instituts für Österreichische Geschichtsforschung. Ergänzungsband 20, 2). - BHL 63. - In der Edition von H. Paulhart auch die nicht von Odilo stammenden miracula s. Adalheidae, 45-54. - BHL 65.

Die zweite, für Selz bestimmte Fassung ist zuerst ediert von H. Canisius, Antiquae lectionis tomus V. Ingolstadii 1604 p.398- 410; hier fehlt der Widmungsbrief. Vgl. hiezu G.H. Pertz l.c. 635sq. BHL 64.

Die *Hymnen* sind herausgegeben von G.M. Dreves, Analecta hymnica 50 (1907) 297-301. Zum ersten *Adest dies laetitiae iucundus* siehe J. Mearns, Early Latin Hymnaries. Cambridge 1913, 92.

Eine gelegentlich unter den opuscula Odilos genannte *medicina spiritualis contra temptacionem concupiscentiae carnalis missa a domino Odilone Cluniacensi abbate ad patriarcham Aquilei* ist nichts anderes als ein Gebetsformular, das mit Psalmen (53,3sqq.; 66,2sqq.; 69,2sqq.) nebst einem antiphonartigen Text beginnt und darauf fünf Orationen zur Wahl stellt; hrsg. von G. Morin, Un opuscule inédit de saint Odilon de Cluny. Revue bénédictine 16 (1899) 477-478 aus Vatic. lat. 517 saec. XIII/XIV: der Titel läßt jedoch eher an spätmittelalterlichen Ursprung denken.

Bezüglich einer Sammlung von Texten in Paris, Bibliothèque Nationale nouv. acq. lat. 1455 (saec. XI), die J. Hourlier, Saint Odilon, abbé de Cluny. Louvain 1964 (Bibliothèque de la Revue d'histoire ecclésiastique 40) mit Odilo in Verbindung bringt, mit Recht einschränkend M.-C. Garand, Une collection personelle de Saint Odilon de Cluny et ses compléments. Scriptorium 33 (1979) 163-180.

Fraglich bleibt, ob die angeführten Argumente überhaupt für eine Verbindung mit Odilo ausreichen.

R. Holtzmann bei Wattenbach-Holtzmann I 301sq., 835 und Nachträge bei Wattenbach-Holtzmann(-Schmale) 91*sq. Dictionnaire de spiritualité, ascétique et mystique 11 (1982) 608-613 (J. Hourlier).

Jotsaldus von Cluny (S. 222-227).
Die *vita Odilonis abbatis* ist bisher nirgends vollständig gedruckt. Vollständiger als die Edition der Bollandisten Acta SS. Ianuarii I (1643) 65-71 ist J. Mabillon, Acta sanctorum ord. s. Benedicti ... saec. VI, 1. Luteciae Parisiorum 1701 p.679-710, wonach Migne PL 142, 897-940. Auch hier fehlten zwei wichtige Kapitel, die nach einem der beiden Überlieferungszweige (aus Paris, Bibliothèque Nationale Lat. 18304, saec. XI) ergänzt wurden von E. Sackur (siehe unten) 118-121. - Auszüge hrsg. von G. Waitz, MGH Script. XV,2 (1888) 813-820. - BHL 6281. Kritische Edition wäre wünschenswert.

Von den Gedichten des Jotsald steht der *planctus de transitu domni Odilonis abbatis* bei Migne PL 142, 1043-46. Die hier fehlenden Schlußverse bei E. Sackur (siehe unten) 122. Vollständig von F. Ermini in den Studi medievali. Nuova serie 1 (1928) 392-405. Die übrigen Gedichte Jotsalds, nämlich: *ad villam Silviniacam; epitaphium ad sepulcrum domni Odilonis* und der Klagesang *Ad te namque, mi dilecte* sind hrsg. von E. Sackur (siehe unten) 122-126.

E. Sackur, Handschriftliches aus Frankreich. II: Zu Iotsaldi Vita Odilonis und Verse auf Odilo. Neues Archiv der Gesellschaft für ältere deutsche Geschichtskunde 15 (1890) 117- 126. - Manitius II 142-146. R. Holtzmann bei Wattenbach-Holtzmann I 302 und Wattenbach-Holtzmann(-Schmale) 864.

Rodulfus Glaber (S. 227-234).
historiae: Die editio princeps besorgte Pierre Pithou, Historiae Francorum ab anno Christi DCCCC ad annum MCCLXXXV scriptores veteres XI ... Francofurti 1596 p.1-59. Danach, mit Kollation einer weiteren Handschrift, bei A. und F. Duchesne, Historiae Francorum scriptores coaetanei ... tomus IV. Lutetiae Parisiorum 1641 p.1-58. Letztere Edition nachgedruckt bei Migne PL 142, 611-698. Krit. Teilausgabe von G. Waitz, MGH Script. VII (1846) 48-72 (liber I. und von den übrigen die auf die deutsche Geschichte bezüglichen Stücke). Fast gleichzeitig erschienen zwei krit. Editionen von J. France, Rodulfi Glabri historiarum libri quinque. Ed. and transl. by J. France. Eiusdem auctoris vita domni Willelmi abbatis. Ed. by N. Bulst, transl. by J. France - P. Reynolds. Oxford 1989 (Oxford Medieval Texts) und - zuverlässiger - von G. Cavallo - G. Orlandi, Rodolfo il Glabro. Cronache dell'anno mille (Storie). Milano, Fondazione Lorenzo Valla 1989 (Scrittori greci e latini) mit Kommentar. - Paris, Bibliothèque Nationale lat. 10912 ist höchstwahrscheinlich originale Handschrift Rodulfs: M.-C. Garand, Un manuscrit d'auteur de Raoul Glaber? Observations codicologiques et paléographiques sur le ms. Paris, B.N., Latin 10912. Scriptorium 37 (1983) 5-28.

Von älteren Arbeiten ist am wichtigsten die (unter Ernst Bernheim entstandene) Greifswalder Diss. von K. Grund, Die Anschauungen des Rodulfus Glaber in seinen Historien. Greifswald 1910; gibt eine gute Vorstellung, ist nur zu stark in der Ansicht befangen, Rodulfus müsse bestimmte Apokalypsenkommentare und andere exegetische Werke gekannt haben oder vielmehr, sie seien ihm „als Cluniazenser" selbstverständlich vertraut gewesen. M. Vogelsang,

Der cluniacensische Chronist Rodulfus Glaber. Studien und Mitteilungen zur Geschichte des Benediktiner-Ordens und seiner Zweige 67 (1956) 25-38, 277-297; 71 (1960) 151-185, betont sicher zu Recht den theologischen Grundcharakter des Werkes, berücksichtigt indes nicht die Quellen.

Über die Vierergruppen im ersten Kapitel J. France, The Divine Quaternity of Rodulfus Glaber. Studia monastica 17 (1975) 283-294, der u.a. auf Abhängigkeit von Ambrosius de sacramentis hinweist; P.E. Dutton, Raoul Glaber's „De divina quaternitate": An Unnoticed Reading of Eriugena's Translation of the „Ambigua" of Maximus the Confessor. Mediaeval Studies 42 (1980) 431-453, hält eine bisher ungedruckte Passage in den ambigua des Maximos Homologetes in der Übersetzung des Johannes Scottus für die Quelle, was indes wegen der stark abweichenden Formulierung nicht als gesichert gelten kann. - R. Holtzmann bei Wattenbach- Holtzmann I 302-304, 835 und Nachträge bei Wattenbach-Holtzmann(- Schmale) 92*sq.

vita domni Willelmi abbatis: Bis vor kurzem waren die einzigen Ausgaben die von D. Papebroch, Acta SS. Ianuarii I (1643) 58-64, sowie die von J. Mabillon, Acta sanctorum ord. s. Benedicti ... saec. VI, 1. Luteciae Parisiorum 1701 p.322-334. Erste neue krit. Edition von N. Bulst, Rodulfus Glabers Vita domni Willelmi abbatis. Deutsches Archiv für Erforschung des Mittelalters 30 (1974) 450-487 (nach einer Handschrift des XI. Jahrhunderts, Paris Bibliothèque Nationale Lat. 5390), Wiederabdruck in der obengenannten Ausgabe von J. France 254-299.

Zu Wilhelm: E. Sackur, Die Cluniacenser. I. Halle 1892, 257- 269; II. 1894, 207-213 und vor allem N. Bulst, Untersuchungen zu den Klosterreformen Wilhelms von Dijon (962-1031). Bonn 1973 (Pariser Historische Studien 11).

Wattenbach-Holtzmann wie oben.

Odorannus von Sens (S. 235-238).

Bisher vollständige Gesamtausgabe bei Migne PL 142, 769-828 (ohne den Musiktraktat und den Tonar). Die jetzt allein zu benützende Gesamtausgabe von R.H. Bautier - M. Gilles - M.-E. Duchez - M. Huglo, Odorannus de Sens. Opera omnia. Paris 1972 (Sources d'histoire médiévale publ. par l'Institut de recherche et d'histoire des textes 4) enthält erstmals auch die musikwissenschaftlich bemerkenswerten Texte, bearbeitet von M.-E. Duchez und M. Huglo; Texte mit franz. Übersetzung, krit. Apparat und reichhaltigen Anmerkungen und Einleitungen.

Fulbert von Chartres (S. 238-253).
Theologisches:
tractatus super illud actorum XII,1: Misit Herodes rex manus, ut affligeret quosdam de ecclesia bei A. Gallandius, Bibliotheca veterum patrum antiquorumque scriptorum ecclesiasticorum ... tomus XIV. ... Venetiis 1781 p. 177-189, hienach Migne PL 141, 277-306, nicht von Fulbert, sondern von Richard von St. Viktor.

Die Echtheit der *vita Autperti* ist nicht zweifelsfrei bewiesen. Text vollständig nur Acta sanctorum Belgii ... tomus III. Bruxellis 1785 p.538-564. Bei Migne PL 141, 355-368 nur Auszüge; desgleichen in den Acta SS. Februarii I (1658) 801, wo nur die translatio s. Vedasti exzerpiert ist. - BHL 861. - Literatur H. Sproemberg bei Wattenbach-Holtzmann I 153 Anm. 235 und 830.

contra Iudaeos: Migne PL 141, 305-318 nach der Maxima Bibliotheca (siehe unten) p.42-46. B. Blumenkranz, A propos du (ou des) „Tractatus contra Iudaeos" de Fulbert de Chartres. Revue du Moyen Age latin 8 (1952) 51-54 sowie desselben Les auteurs chrétiens latins du moyen âge sur les juifs et le judaïsme. Paris u.a. 1963, 237-243.

sermones: Migne PL 141, 317-336, 339sq. [Maxima ... p.37-42, 46-48]. J.-M. Canal, Los sermones marianos de San Fulberto de Chartres († 1028). Recherches de Théologie ancienne et médiévale 29 (1962) 33-51; 30 (1963) 55-87, 329-333; 33 (1966) 139-147. Hiezu unerläßlich H. Barré, Pro Fulberto. s.o. 31 (1964) 324- 330.

Nach älterer Teilausgabe der *Briefe* erste Gesamtausgabe von C. de Villiers, D. Fulberti Carnotensis episcopi antiquissimi opera varia ... Parisiis 1608; abgedruckt auch in der Maxima Bibliotheca veterum patrum et antiquorum scriptorum ecclesiasticorum ... tomus XVIII. Lugduni 1677 p.3-36 des M. de La Bigne. - Migne PL 141 163-374 vornehmlich hienach.

Hymnen hrsg. von G.M. Dreves, Analecta hymnica 50 (1907) 280-289. - Vgl. J. Szövérffy, Die Annalen der lateinischen Hymnendichtung. Bd. 1. Berlin 1964 (Register).

Sonstige *Dichtungen*: Nach wie vor ist die Frage nach dem Umfang des echten Werkes nicht befriedigend beantwortet. Paris, Bibliothèque Nationale Lat. 14167 (vor saec. XI^m) aus Chartres enthält hinter der Briefsammlung Fulberts eine Reihe von Gedichten sowie sermones; eine zweite Handschrift, Paris, Bibliothèque Nationale Lat. 2872 (saec. XI²) bietet die Briefe, den Traktat contra Iudaeos sowie eine weitere Gruppe von Gedichten, offenbar ebenfalls von Fulbert; beide Handschriften zuerst bekannt gemacht von A. Wilmart, hrsg. von M.-Th. Vernet, Notes de Dom André Wilmart (†) sur quelques manuscrits de la Bibliothèque Nationale de Paris ... Bulletin d'information de l'Institut de recherche et d'histoire des textes 6 (1957) 22-25.

Neue krit. Edition der Briefe und Gedichte: The Letters and Poems of Fulbert of Chartres, ed. F. Behrends. Oxford 1976: insgesamt ungeschickt; überdies die Gedichte offensichtlich nur als Anhang behandelt.

C.Y. Delaporte, Fulbert de Chartres et l'école chartraine de chant liturgique au XIe siècle. Études Grégoriennes 2 (1957) 51-81, behandelt im Anhang 79-81 auch die Fulbert zu Unrecht oder mit unzureichenden Gründen zugeschriebenen Dichtungen bzw. Gesänge, dazu auch die nichtliturgischen. L.C. MacKinney, Bishop Fulbert and Education at The School of Chartres. Notre Dame, Ind. 1957 (Texts and Studies in the History of Mediaeval Education 6) sucht Fulberts bildungsgeschichtliche Bedeutung zu bestimmen, zugleich aber sie auf ein engeres Maß einzugrenzen. C. Pfister, De Fulberti Carnotensis episcopi vita et operibus. Thèse Nancy 1885 (im einzelnen überholt, als Ganzes noch immer unentbehrlich). Dictionnaire d'histoire et de géographie ecclésiastiques XIX (1981) 333-336 (F. Behrends).

Anonymus Gemmeticensis (S. 255f.).

carmen de monasterio Gemmeticensi (inc. *Siste gradum stabilem*) hrsg. von A. du Monstier, Neustria pia ... Rouen 1663 p. 263-264; danach Migne PL 138, 393-398. - B. Leblond, L'accession des Normands de Neustrie à la culture occidentale (Xème-XIème Siècles). Paris 1966, 175-177 und 272sq. - Schaller/Könsgen 15422.

Warnerius von Rouen (S. 256f.).
Das *Gedicht gegen Moriuht* ist zuerst veröffentlicht von H. Omont, Satire de Garnier de Rouen contre le poète Moriuht (X^e-XIe siècle). Annuaire-Bulletin de la Société de l'histoire de France 31 (1894) 192-210.

Die *zweite Satire* mit Einleitung hrsg. von L. Musset, Le Satiriste Garnier de Rouen et son milieu (Début du XIe siècle). Revue du moyen âge latin 10 (1954) 237-266.

Die *dritte (und vierte) Satire* bei B. Leblond, L'accession des Normands de Neustrie à la culture occidentale (Xème-XIème Siècles). Paris 1966, 281-291 und bei P. Dronke, Poetic Individuality in the Middle Ages. New Departures in Poetry 1000-1500. Oxford 1970, 66-113. Vgl. hiezu sowie zu den ersten beiden Satiren B. Leblond l.c. 179-187, 279sq.

Grundlegend für alles Normannische, nach vielfach polemischer und einseitiger älterer Literatur erstmals Versuch einer objektiven Darstellung: J. Lair, De moribus et actis primorum Normanniae ducum auctore Dudone Sancti Quintini decano. Caen 1865 (Mémoires de la Société des Antiquaires de Normandie 23) in der vorzüglichen Einleitung.

Dictionnaire d'histoire et de géographie ecclésiastiques XIX (1981) 1292sq. (H. Silvestre).

chronicon de gestis Normannorum in Francia (S. 258).

Das sogenannte *chronicon de gestis Normannorum in Francia* ist ediert von G.H. Pertz, MGH Script. I (1826) 532- 536. Abdruck nach der Handschrift des liber floridus (Gent, Univ.bibl. Hs 92, fol. 212r-215v) bei A. Derolez, Lamberti S. Audomari canonici Liber Floridus. Codex autographus Bibl. Univ. Gandavensis. Gandavi 1968, 423-430. Über die durch einen Zusatz des 12. Jahrhunderts veränderte Fassung von St. Omer H. van Werveke, A-t-il existé des fortifications à Saint-Omer antérieurement à 878-881 ?, Revue belge de philologie et d'histoire 41 (1963) 1065-1090. - R. Holtzmann bei Wattenbach-Holtzmann I 305 Anm. 50, 709 Anm. 216 und Nachträge bei Wattenbach-Holtzmann(-Schmale) 94*, 185*.

Dudo von Saint-Quentin (S. 258-267).

de moribus et actis primorum Normanniae ducum zuerst ediert von A. Duchesne, Historiae Normannorum scriptores antiqui ... Lutetiae Parisiorum 1619 p.49-160; danach bei Migne PL 141, 607-758 (schlechter Text). Zu benützen ist allein die krit. Edition von J. Lair, De moribus et actis primorum Normanniae ducum auctore Dudone sancti Quintini decano. Caen 1865 (Mémoires de la Société des Antiquaires de Normandie 23). Die Einleitung zur Ausgabe war für fast ein Jahrhundert das Beste, was über die Wiederbelebung des geistigen Lebens und der Literatur in der Normandie nach den Normanneneinfällen gesagt wurde. - G.C. Huisman, Notes on the Manuscript Tradition of Dudo of St. Quentin's „Gesta Normannorum", in: Anglo-Norman Studies 6. Proceedings of the Battle Conference 1983, ed. R.A. Brown. Woodbridge-Dover 1984, 122-135 (oberflächlich). R. Holtzmann bei Wattenbach-Holtzmann I 305sq. und Wattenbach-Holtzmann(-Schmale) 997, 94*sq.

Gesta Cnutonis regis (S. 267f.)

Erstausgabe unter dem sicher nicht originalen Titel „Encomium Emmae reginae" von A. Duchesne, Historiae Normannorum Scriptores antiqui ... Lutetiae Parisiorum 1619, p. 163-177; die übrigen, z.B. Migne PL 141, 1373-1398, sind Nachdrucke dieser Ausgabe.

Erste kritische Edition, u.a. der wiederaufgefundenen Handschrift von A. Duchesne, London, Brit. Libr. Add. 33241 (s. XI^m) durch G.H. Pertz, MGH Script. XIX (1866) 510-525; Ausgabe mit Kommentar und englischer Übersetzung von A. Campbell als „Encomium Emmae reginae". London 1949 (Royal Historical Society. Camden Third Series 72), mit eingehender Sprachbetrachtung und Behandlung der historischen Zusammenhänge.

Adalbero von Laon (S. 268-274).

Grundlegende, nach wie vor einzige Ausgabe aller drei Gedichte: der *summa fidei*, des *carmen ad Rotbertum regem* und des *rhythmus satiricus* gegen Landry von G.-A. Hückel, Les poèmes satiriques d'Adalbéron. Paris 1901 (Bibliothèque de la Faculté des Lettres de l'Université de Paris XIII. Mélanges d'histoire du moyen âge 3) 49-185 mit wichtigem historischem Kommentar und franz. Übersetzung. Die neue Sonderausgabe des carmen ad Rotbertum von C. Carozzi: Adalbéron de Laon. Poème au roi Robert. Paris 1979 (Les classiques de l'histoire de France au moyen âge 32) bringt Verbesserungen des Textes, in der Einleitung manch fragwürdige Thesen; ersetzt G.-A. Hückel nicht. Vgl. auch die deutlichen Bedenken von O.G. Oexle, Adalbero von Laon und sein „Carmen ad Rotbertum regem". Bemerkungen zu einer neuen Edition. Francia 8 (1980, 1981 erschienen) 629-638.

Von C. Erdmann, Die Entstehung des Kreuzzugsgedankens. Stuttgart 1935, 62-64 und besonders 338-347 unter dem Gesichtspunkt, daß von den Cluniazensern mittelbar der Gedanke der Kreuzzüge vorbereitet worden sei, gedeutet. Im Rahmen der Entwicklung höfischer Dichtung gesehen von R.R. Bezzola (siehe unten) 309-316; unter vorwiegend soziologischem Aspekt behandelt von O.G. Oexle, Die funktionale Dreiteilung der „Gesellschaft" bei Adalbero von Laon. Frühmittelalterliche Studien 12 (1978) 1- 54; leicht veränderter Wiederabdruck in: Ideologie und Herrschaft im Mittelalter. Hrsg. von M. Kerner. Darmstadt 1982 (Wege der Forschung 530) 421-474. Lexikon des Mittelalters I (1980) 93 (O.G. Oexle).

Zu allen drei Gedichten R.R. Bezzola, Les origines et la formation de la littérature courtoise en occident (500-1200). I. Paris 1958 (Bibliothèque de l'école des hautes études 286) 309- 314 und 314-316.

R. Holtzmann bei Wattenbach-Holtzmann I 306 und Wattenbach-Holtzmann(-Schmale) 997, 95*.

Aquitanische Sequenzen und St. Martial zu Limoges (S. 274-278).

Erstveröffentlichung des „Limousiner" Repertoires von G.M. Dreves, Prosarium Lemovicense. Die Prosen der Abtei St. Martial zu Limoges, aus Troparien des 10., 11. und 12. Jahrhunderts. Analecta hymnica 7 (1889).

Die allmähliche Berichtigung der zu stark auf Limoges selbst beschränkten Vorstellungen von G.M. Dreves erfolgte vornehmlich durch Cl. Blume und H. Bannister, Analecta hymnica 53 (1911) V- XXX; H.M. Bannister, The earliest French Troper and its Date. The Journal of Theological Studies 2 (1901) 420-429; W. von den Steinen, Die Anfänge der Sequenzendichtung. Zeitschrift für Schweizerische Kirchengeschichte 40 (1946) 190-212 und 241-268; 41 (1947) 19-48 und 122-162; auf diesen aufbauend und zusammenfassend J. Chailley,

L'école musicale de Saint Martial de Limoges jusqu'à la fin du XIe siècle. Paris 1960.
Für weitere Zusammenhänge wichtig H. Spanke, Beziehungen zwischen romanischer und mittellateinischer Lyrik mit besonderer Berücksichtigung der Metrik und Musik. Berlin 1936 (Abhandlungen der Gesellschaft für Wissenschaften zu Göttingen. Phil.-hist. Klasse. Dritte Folge. Nr. 18).
L. Elfving, Étude lexicographique sur les séquences limousines. Stockholm 1962 (Studia Latina Stockholmiensia 7).
Zu den „lyrischen Sequenzen":
Stans a longe („Zöllnersequenz") hrsg. von G.M. Dreves, Analecta hymnica 7 (1889) 254 und besser Cl. Blume, Analecta hymnica 53 (1911) 158-160 (mit weiteren Fassungen). Schaller/Könsgen 15653.
Clangam filii ploratione una (nicht *Plangant filii*; „Schwanenklage") hrsg. von G.M. Dreves, Analecta hymnica 7 (1889) 253. Cl. Blume, Analecta hymnica 53 (1911) 155 ist diesmal keine Verbesserung. - Schaller/Könsgen 2330.

Ademar von Chabannes (S. 278-283).
Über Autographe bzw. Handschriften mit eigenhändigen Einträgen Ademars handelt L. Delisle, Notice sur les manuscrits originaux d'Adémar de Chabannes. Notices et extraits des manuscrits de la Bibliothèque Nationale et autres bibliothèques 35, 1. Paris 1896, 241-358 mit 6 Tafeln. Starke Einschränkungen nahm vor J. Lair, Études critiques sur divers textes des Xe et XIe siècles. II. Paris 1899, 277-284. Über eine illustrierte Handschrift des lateinischen Aesop (d.i. der Romulus-Fabeln) im Besitze des Ademar: G. Thiele, Der illustrierte lateinische Aesop in der Handschrift des Ademar. Codex Vossianus lat. oct. 15, fol. 195-205. Leiden 1905 (mit vollständiger Reproduktion). Siehe ferner P. Lehmann, Autographe und Originale namhafter lateinischer Schriftsteller des Mittelalters. Zeitschrift des Deutschen Vereins für Buchwesen und Schrifttum 3 (1920) 6-16, wiederabgedruckt bei P. Lehmann, Erforschung des Mittelalters. Ausgewählte Abhandlungen und Aufsätze. I. Leipzig 1941, 359-381, hier besonders 369.
commemoratio abbatum Lemovicensium basilicae sancti Martialis apostoli ed. H. Duplès-Agier, Chroniques de Saint- Martial de Limoges. Paris 1874, 1-27; der Text bei Migne PL 141, 79-86 ist Nachdruck der Ausgabe bei Ph. Labbe, Novae Bibliothecae manuscriptorum librorum tomus II. Parisiis 1657 p.271-274.
Das *chronicon sive historia Francorum* wurde zuerst vollständig ediert von Ph. Labbe, Novae Bibliothecae manuscriptorum librorum tomus II. Parisiis 1657 p.151-175; krit. Edition von G. Waitz, MGH Script. IV (1841) 106-148, der die aus bekannten Quellen übernommenen Abschnitte unter Angabe derselben fortläßt (d.h. die größten Teile von lib. I. und II.). Die beste Ausgabe ist J. Chavanon, Adémar de Chabannes. Chronique publiée d'après les manuscrits. Paris 1897 (Collection de textes pour servir à l'étude et à l'enseignement de l'histoire [20]). Auf eine unvollständige Handschrift der Chronik weist hin P. Bourgain, in: Bibliothèque de l'École des Chartes 143 (1985) 153-159.
epistola de apostolatu Martialis zuerst hrsg. von J. Mabillon, Annales ord. s. Benedicti ... tomus IV. Luteciae 1707 p.717-728; danach Migne PL 141, 87-112. - BHL 5584.
Ein *sermo zur translatio des hl. Martialis* hrsg. von M.-M. Gauthier, in: Bulletin de la Société Archéologique et Historique du Limousin 88 (1961) 72–83.

Einen von Ademar gefälschten *Brief des Papstes Johannes XIX.*, der den Apostolat des hl. Martialis bekräftigt, druckt und erörtert R. Landes, A Libellus from St. Martial of Limoges written in the Time of Ademar of Chabannes (989-1034). Scriptorium 37 (1983) 187-204. Über Ademars Arbeitsweise im Zusammenhang mit dem hl. Martial H. Schneider, Ademar von Chabannes und Pseudoisidor - der „Mythomane" und der Erzfälscher, in: Fälschungen im Mittelalter. II. Hannover 1988 (MGH Schriften 33/II) 129-150.

Ein *sermo* auf den hl. *Martialis* (im Auszug) bei Migne PL 141, 111-112. - BHL 5585.

Hymnen und andere *Gedichte* erstmals veröffentlicht von L. Delisle l.c. 323-332 (im Sonderdruck 83- 92); danach G.M. Dreves, Analecta hymnica 48 (1905) 19-28.

Der seit langem bekannten *Fabelsammlung*, die in der von Ademar geschriebenen Handschrift Leiden, Universitätsbibl. Voss. Lat. Oct. 15, fol. 195r-203v (1023-1025) enthalten ist und über die zuerst L. Hervieux, Les fabulistes latins II. ²Paris 1894, 131-145 gehandelt hat, hat man in jüngster Zeit vermehrte Aufmerksamkeit zugewandt. Es hat sich ergeben, daß von der genannten Sammlung von 67 Fabeln, die sämtlich in Prosa vorliegen, wohl ein Teil auf Phaedrus beruht, andere auf dem sogenannten Romulus, für einige aber keine Vorlage ermittelt werden konnte und diese von Ademar stammen können. Zuletzt F. Bertini - P. Gatti, Ademaro di Chabannes, Favole. Genua 1988 (Favolisti latini medievali III).

R. Holtzmann bei Wattenbach-Holtzmann I 310-312 und Nachträge bei Wattenbach-Holtzmann(-Schmale) 99*sq. Lexikon des Mittelalters I (1980) 148sq. (K.F. Werner).

ZWEITES KAPITEL: DAS ALTE LOTHRINGEN

S t e p h a n v o n L ü t t i c h (S. 285-287).

Bearbeitung der *vita sancti Lamberti* hrsg. von C. Suysken, Acta SS. Septembris V (1755) 581-588; danach Migne PL 132, 643-660. Ohne den Prolog hrsg. von J. Demarteau, Saint-Théodard et Saint Lambert, Vies anciennes. Liège 1886-1890 (Société des bibliophiles liégeois. Publication 30) 70-112. - BHL 4683.

Text des *officium s. Lamberti* nachzulesen Analecta hymnica 26 (1897) 230-233 (ohne Responsorien), das *officium de inventione s. Stephani* bei R.-J. Hesbert, Corpus antiphonalium officii. II. Manuscripti „Cursus monasticus". Roma 1965 (Rerum ecclesiasticarum documenta. Series maior. Fontes 8) Nr.102[13], das *officium de s. trinitate* l.c. I. Manuscripti „Cursus monasticus" Roma 1963 Nr.97 und 139, II Nr.97, 127³, 43²; alle Texte auch bei A. Auda, Etienne de Liège: L'école musicale liégeoise au 10e siècle. Mémoire présenté à la classe des beaux- arts, dans la séance du 1er juin 1922. Bruxelles 1923, 187-197, 58-66, 113-121.

Das wahrscheinlich in Stephans Auftrag entstandene *Lütticher Lektionar* (Brüssel, Bibl. Roy. 14650-59) ist im Vollfaksimile hrsg. von F. Masai und L. Gilissen, Lectionarium sancti Lamberti Leodiensis tempore Stephani episcopi paratum (901-920). Amsterdam 1963 (Umbrae codicum occidentalium 8). Hiezu D. Misonne, Etienne de Liège, le Psautier de Lothaire et le Légendier de Saint-Lambert, in: Miscellanea codicologica F. Masai dicata 1979. I. ed. P. Cockshaw - M.C. Garand - P. Jodogne. Gand 1979 (erschienen 1980) 123-130.

Notker von Lüttich (Heriger von Lobbes) (S. 287-292).
In der gelehrten Literatur erscheint Notker seit langem nicht mehr als Schriftsteller, seine Werke gelten als von Heriger verfaßt. Dagegen siehe oben im Text S. 287f. Die Frage bedarf gründlicher Überprüfung.
    vita Landoaldi hrsg. von G. Henschen und D. Papebroch, Acta SS. Martii III (1668) 35-41. - BHL 4700-4703, 4705-4706; hievon Abdruck Migne PL 139, 1109-1122. Krit. Text, aber mit Auslassungen, von O. Holder-Egger, MGH Script. XV, 2 (1888) 601- 607, cap. III = miracula in Wintershoven facta (BHL 4705) ist von H e r i g e r verfaßt.
    Der *vita s. Remacli* ging eine *ältere anonyme vita* voraus; diese nach J. Mabillon, Acta sanctorum ord. s. Benedicti ... saec. II. Lutetiae Parisiorum 1669 p.489-494 und durch weitere Kollationen verbessert von den Bollandisten in den Acta SS. Septembris I (1746) 692-695. - BHL 7113; erste krit. Edition von B. Krusch, MGH Script. rer. Merov. V (1910) 104-108.
    Die *vita s. Remacli* Notkers liegt sowohl innerhalb der gesta episcoporum Leodiensium (BHL 7115) als auch in selbständiger Überlieferung (BHL 7116) vor. Einzige relativ vollständige, alte Ausgabe von dem aus Lübeck stammenden Kölner Kartäuser Laurentius Surius, De probatis sanctorum historiis ... tomus V. Coloniae 1574 p.17-29; Abdruck bei Migne PL 139, 1147- 68. Innerhalb der gesta episcoporum - und daher ohne den Widmungsbrief Notkers - unter dem Namen Herigers hrsg. von R. Koepke, MGH Script. VII (1846) 180-189; Nachdruck hievon Migne PL 139, 1043-46.
    Der *Brief* Notkers *(*inc. *Notkerus quem acsi indignum ... Omnis antiquitas, ut ait oratorum maximus)* erstmals krit. ed. von B. Krusch, MGH Script. rer. Merov. V (1910) 109-111; erste krit. Gesamtedition von R. Babcock (Mississippi State University) angekündigt.
    gesta pontificum Tungrensium Traiectensium Leodiensium: erstmals ed. von dem Lütticher Kanoniker Johannes Chapeaville, Gesta pontificum ... scripserunt auctores praecipui ... tomus I. Leodii 1612 p.1-98, unter Herigers Namen, unter dem das Werk seither verblieben ist. Maßgebende krit. Edition von R. Koepke in den MGH Script. VII (1846) 134-161; 164-189. - R. Koepkes Einleitung enthüllt ungewollt die Gewaltsamkeit der Argumente, mit denen man den ersten Teil der gesta dem Heriger zugeschrieben hat. Als einziger unbekümmert für Notker als Verfasser der vita Remacli (was seine Verfasserschaft auch für die gesta zur Folge hat) B. Krusch, MGH Script. rer. Merov. V (1910) 109; H. Sproemberg, Die Bischöfe von Lüttich im elften Jahrhundert. (Teildruck: Die Quellen.) Phil. Diss. Berlin 1914, 14-53 (bei Wattenbach-Holtzmann I 143) ist wieder dahinter zurückgegangen.

Heriger von Lobbes (S. 292-296).
    Mathematische Schriften: *regulae de numerorum abaci rationibus* ed. N. Bubnov, Gerberti postea Silvestri II papae Opera Mathematica (972-1003). Berolini 1899, 205-221. - *ratio numerorum abaci secundum Herigerum* ed. N. Bubnov l.c. 221-224. Dazu gehören *excerpta e ratione numerorum abaci secundum Herigerum* ed. N. Bubnov l.c. 224-225. Die *epistula ad Hugonem* vollständig nur bei E. Martène - U. Durand, Thesaurus novus anecdotorum ... tomus I. Lutetiae 1717 col.112-118; danach Migne PL 139, 1129-1136. Hiezu A. Cordoliani, Abbon de Fleury, Hériger de Lobbes et Gerland de Besançon sur l'ère

de l'incarnation de Denys le Petit. Revue d'histoire ecclésiastique 44 (1949) 463-487, hier besonders 480- 484 (nach E. Martène - U. Durand l.c.).

Hagiographische Schriften (zumeist unsicher oder unecht): Die hexametrische *vita s. Ursmari*, lange nur durch Textproben zugänglich bei J. Mabillon, Acta sanctorum ord. s. Benedicti ... saec. III. Luteciae Parisiorum 1677 p.608-611 und den Acta SS. Aprilis II (1675) 558, siehe BHL 8419, ist erstmals vollständig krit. ediert von K. Strecker, MGH Poetae V (1937/1979) 178-208; der *abecedarische Hymnus auf Ursmar* bei K. Strecker l.c. 208-210. Statt der von K. Strecker angenommenen Benützung von Ovids Fasti verweist auf Dracontius R. Babcock, On the „Vita Ursmari" of Heriger of Lobbes. Mittellateinisches Jahrbuch 18 (1983) 105sq.; hiezu schon vorher H. Silvestre, Hériger de Lobbes († 1007) avait lu Dracontius. Le moyen âge 69 (1963) 121-127. Zu diesen Werken zögernde Einleitung K. Streckers, MGH Poetae V, 1 (1937) 174-178. Benutzung des carmen contra paganos erörtert F. Dolbeau, Damase, le „Carmen contra paganos" et Hériger de Lobbes. Revue des études augustiniennes 27 (1981) 38-43.

Die bisher nur gelegentlich erwähnte *vita Landelini (metrica)*, als möglicherweise Heriger gehörendes Werk bezeichnet: BHL 4698 a, ist ebenfalls erstmals von K. Strecker krit. ediert, MGH Poetae V (1937) 211-225, dazu die Einleitung, besonders 177sq. - Verfasser ist am ehesten ein unbekannter Laubacher Mönch des XI. Jahrhunderts, wahrscheinlich nicht identisch mit dem Autor der vita Ursmari metrica.

de corpore et sanguine Domini, inc. *Sicut ante nos dixit quidam sapiens* (Anonymus Cellotianus nach der Erstveröffentlichung durch den Jesuiten L. Cellot in seiner Historia Gottescalci Praedestinatiani ... Parisiis 1655 p.541-548), von dem Melker Benediktiner Hieronymus Pez auf Grund der Angabe einer Göttweiger Handschrift saec. XI Gerbert zugeschrieben und von seinem Bruder Bernhard Pez in dessen Thesaurus anecdotorum novissimus ... tomus I, 2. Augustae Vindelic. 1721 col.133-146 unter Gerberts Namen gedruckt; danach Migne PL 139, 177-188. Zuschreibung an Heriger erfolgte auf Grund der Mitteilung bei Sigebert von Gembloux, daß Heriger eine solche Schrift verfaßt habe, sowie auf Grund des Eintrags im Bibliothekskatalog von Lobbes a. 1049 *exaggeratio plurimorum auctorum de corpore et sanguine Domini* (ed. H. Omont, Catalogue des manuscrits de l'abbaye de Lobbes (1049). Revue des bibliothèques 1 (1891) 3-14). Heriger als Verfasser: O. Hirzel, Abt Heriger von Lobbes 990-1007. Leipzig-Berlin 1910 (Beiträge zur Kulturgeschichte des Mittelalters und der Renaissance 8) 29; vgl. G. Morin, Revue bénédictine 25 (1908) 1-18. Noch einmal C.R. Shrader, The False Attribution of an Eucharistic Tract to Gerbert of Aurillac. Mediaeval Studies 35 (1973) 178-204. C. Braga, La fortuna di un errore: la „Definitio brevis de Eucharistia". Bulletino dell'Istituto Storico Italiano per il Medio Evo e Archivio Muratoriano 89 (1980-1981) 393-412; dies., Gezone di Tortona tra Pascasio Radberto e Oddone di Cluny. Studi medievali. Serie Terza 26 (1985) 611-666.

Zum Inhalt J. Geiselmann, Studien zu frühmittelalterlichen Abendmahlsschriften. Paderborn 1926; ders., Die Abendmahlslehre an der Wende der christlichen Spätantike zum Frühmittelalter. München 1933 (Register).

Exzerpte de corpore et sanguine Domini in Gent, Universitätsbibliohek 909, saec. XI. - Inhaltsangabe bei E. Dümmler, Neues Archiv der Gesellschaft für ältere deutsche Geschichtskunde 26 (1901) 755-759; Nachtrag 27 (1902) 325. O. Hirzel l.c. zeichnet Heriger als eine für das X. Jahrhundert charakteristische

Gestalt (bezüglich der Schriften unkritisch). Verbindung des Freisinger Florilegiums (München, Bayerische Staatsbibliothek clm 6292) mit Lobbes in der Zeit Herigers: R.G. Babcock, Heriger of Lobbes and the Freising Florilegium. A Study of the Influence of Classical Latin Poetry in the Middle Ages. Frankfurt a.M. u.a. 1984 (Lateinische Sprache und Literatur des Mittelalters 18) gut kombinierend, aber mit der Neigung, Heriger (z.B. gegenüber Notker) zu überschätzen. R.G. Babcock, Heriger and the Study of Philosophy at Lobbes in the Tenth Century. Traditio 40 (1984) 307-317.

A n s o v o n L o b b e s (S. 296).
vita s. Ursmari ed. J. Mabillon in den Acta sanctorum ord. s. Benedicti ... saec. III, 1. Luteciae Parisiorum 1672 p.248-250; G. Henschen, Acta SS. Aprilis II (1675) 560-562. Maßgebend die krit. Edition von W. Levison in den MGH Script. rer. Merov. VI (1913) 445-461. - BHL 8416.
vita Ermini ed. J. Mabillon, Acta sanctorum ord. s. Benedicti ... III, 1. Luteciae 1672 p.564-568; G. Henschen, Acta SS. Aprilis III (1675) 375sq.. Maßgebend W. Levison l.c. 461-470. - BHL 2614, 2614 a.
Wattenbach-Levison II (1953) 167 zu beiden Viten. Lexikon für Theologie und Kirche I (^{2}1957) 599 (E. Ewig).

F o l c u i n v o n L o b b e s (S. 296f.).
gesta abbatum s. Bertini Sithiensium ed. O. Holder- Egger, MGH Script. XIII (1881) 607-634 (ohne die Urkunden). - Zu ergänzen durch B. Guérard, Cartulaire de l'abbaye de Saint- Bertin. Paris 1840 (Collection des cartulaires de France 3) 15- 168.
gesta abbatum Lobiensium ed. G. Waitz, MGH Script. IV (1841) 52-74.
vita s. Folcuini episcopi Tarvennensis ed. J. Mabillon, Acta sanctorum ord. s. Benedicti ... saec. IV, 1. Luteciae Parisiorum 1677 p.624-629 mit kleineren Auslassungen; danach Migne PL 137, 533-542. - Zu zitieren ist (diesmal ausnahmsweise vollständig) O. Holder-Egger, MGH Script. XV,1 (1887) 423-430.
miracula sancti Ursmari (oder *historia miraculorum*) ed. G. Henschen, Acta SS. Aprilis II (1675) 563- 568. - BHL 8420. S. Balau, Étude critique des sources de l'histoire du pays de Liège au moyen âge. Bruxelles 1902-1903 (Académie Royale des Sciences des Lettres et des Beaux-Arts de Belgique. Mémoires couronnés et mémoires des savants étranges et autres mémoires 61) 102-114. H. Sproemberg bei Wattenbach-Holtzmann I 109sq., 136- 139, 147 Anm. 217, 828sq. und Nachträge bei Wattenbach- Holtzmann(-Schmale) 42*, 50*sq. - A. Dierkens, La production hagiographique à Lobbes au Xe siècle. Revue bénédictine 93 (1983) 245-259. - Lexikon des Mittelalters IV (1989) 608 (J.-L. Kupper).

E g b e r t v o n L ü t t i c h (S. 297-303).
fecunda ratis: Egberts von Lüttich Fecunda ratis. Zum ersten Mal herausgegeben, auf ihre Quellen zurückgeführt und erklärt von Ernst Voigt. Halle a.S. 1889 (eine vorzügliche, ungemindert wertvolle Leistung, die durch neueren Wortreichtum nicht in den Schatten gestellt worden ist).
Verfasserlexikon^2 II (1980) 361-363 (F. Brunhölzl - F.J. Worstbrock). Lexikon des Mittelalters III (1985) 1602 (W. Maaz).

A d a l b o l d v o n U t r e c h t (S. 301-303).
epistola Adalboldi ad Silvestrum papam (libellus de ratione inveniendi crassi-

tudinem spaere) bei N. Bubnov, Gerberti postea Silvestri II papae Opera Mathematica (972-1003). Berolini 1899, 300-309.

Der *Kommentar zu Boethii consolatio philosophiae III m.9: O qui perpetua mundum ratione gubernas* wurde von W. Moll entdeckt und hrsg.: Bisschop Adelbolds commentaar op een metrum van Boethius. Bisschop Radbouds officie voor St. Maartens- translatie. Kerkhistorisch Archief 3 (1862) 161-213 (auch als selbständiger Sonderabdruck erschienen). Zu benützen die neue krit. Edition von R.B.C. Huygens, in: Sacris erudiri 6 (1954) 373-427.

Die sogenannte *musica Adelboldi Traiectensis*, die Martin Gerbert in den Scriptores ecclesiastici de musica sacra potissimum ... tomus I. Typis Sanblasianis 1784 p.303-312 als zwei Traktate veröffentlichte - Abdruck bei Migne PL 140, 1109- 1120 -, ist lediglich ein Auszug aus der musica des Boethius, hiezu Hans Schmid, Acta musicologica 2 (1956) 69-73. Den Widmungsbrief dazu veröffentlichte J. Smits van Waesberghe, De „Ars rhetorica" toegepast in een muziektraktaat van Adelbold van Utrecht. Tijdschrift van de vereniging voor Nederlandse muziekgeschiedenis 32 (1982) 10-23.

Unter den Namen des Adalbold stellt der Hrsg. einen in der einzigen bisher bekannten Handschrift Vatic. Barb. lat. 283 (saec. XIII) anonym überlieferten *tractatus de musica instrumentali humanaque ac mundana*: J. Smits van Waesberghe, Adalboldi episcopi Ultraiectensis epistola cum tractatu de musica instrumentali humanaque ac mundana. Buren 1981 (Divitiae Musicae Artis. A II).

Die *vita Heinrici II imperatoris* wurde zuerst hrsg. von dem Ingolstädter Jesuiten Jacob Gretser, Divi Bambergenses. S. Henricus Imperator ... Ingolstadii 1611 p.430-454 (= J. Gretseri ...opera omnia ... tomus X. Ratisbonae 1737 p.540-550). Krit. Ausgabe von G. Waitz, MGH Script. IV (1841) 679-695. Mit Heranziehung einer weiteren Handschrift hrsg. von H. van Rij, De „Vita Heinrici II imperatoris" van bisschop Adelbold van Utrecht. Amsterdam 1983 (Nederlandse Historische Bronnen 3) 7-95, 307-9. - BHL 3811.

H. Sproemberg bei Wattenbach-Holtzmann I 101-103, 827 und Nachträge bei Wattenbach-Holtzmann(-Schmale) 40*sq. Dazu S. Balau, Étude critique (siehe oben unter Folcuin von Lobbes S. 597) 149 Anm. 4 und 5.

Lexikon des Mittelalters I (1980) 103sq. (G. Glauche). Verfasserlexikon[2] I (1978) 41sq. (F. Rädle).

A d e l m a n n   v o n   L ü t t i c h (S. 303f.).

Der *Brief an Berengar von Tours* ist erwähnt bei H. Sudendorf, Berengarius Turonensis oder eine Sammlung ihn betreffender Briefe. Hamburg und Gotha 1850, 7-9; vollständig gedruckt bei C.A. Schmid, Adelmanni Brixiae episcopi de veritate corporis et sanguinis domini ad Berengarium epistola nunc primum e codice Guelpherbytano emendata et ultra tertiam partem suppleta. Brunovici 1770 p.1-33; auch Migne PL 143, 1289-1296.

Adelmann ist wohl auch Verfasser eines *Briefes an H.* = Erzbischof Hermann II. von Köln (1036-1056) gegen die Generalabsolutionen. Text bei E. Martène - U. Durand, Thesaurus novus anecdotorum ... tomus I. Lutetiae 1717 col.357; Migne PL 151, 693-698 nach E. Martène - U. Durand, Veterum scriptorum et monumentorum historicorum dogmaticorum moralium amplissima collectio. Tomus I. Parisiis 1724 col.357-359. - Die Zuweisung an Adelmann erfolgte durch K. Hampe, Neues Archiv der Gesellschaft für ältere deutsche Geschichtskunde 22 (1897) 379sq.

Zu einem *Brief an Adelmann* siehe C. Erdmann, Studien zur Briefliteratur Deutschlands im elften Jahrhundert. Leipzig 1938, 37, 39.

Adelmann als den eigentlichen Verfasser eines *Briefes des Dietwin von Lüttich* (Bischof 1048-1075) an Heinrich I. von Frankreich gegen Berengar von Tours, der gedruckt ist bei J. Mabillon, Veterum analectorum tomus IV. Luteciae 1685 p.396-399, weist nach: S. Balau, Étude critique (siehe oben unter Folcuin von Lobbes S. 597) 176 Anm. 1.

Der *akrostichische Rhythmus über Fulbert* und die Schule von Chartres, inc. *Armoricae facultatis aspirante gratia* liegt in zwei Fassungen vor, einer kürzeren (von etwa 1033?) in Kopenhagen, Gl. Kgl. Saml. 1905, 4°, fol. 60v-61v, und einer längeren (von etwa 1048?) in Brüssel, Bibliothèque Royale 5595 [5576-5604], fol.163; zuerst veröffentlicht von J. Mabillon, Veterum analectorum tomus I. Luteciae 1675 p.420-422; danach Migne PL 143, 1295-1298, und öfter, s. H. Walther, Initia carminum 1498 mit Nachträgen. Letzte Edition von L.C. MacKinney, Bishop Fulbert and Education at The School of Chartres. Notre Dame, Ind. 1957 (Texts and Studies in the History of Mediaeval Education 6) Appendix I 49-51. Hiezu Chr. Pfister, De Fulberti Carnotensis episcopi vita et operibus. Nancy 1885, 41-46. - Zur Erläuterung L.C.MacKinney l.c. bes. 12-36.

Neue Deutsche Biographie I (1953) 60 (P. Lehmann). H. Silvestre, Notice sur Adelmann de Liège, évêque de Brescia († 1061). Revue d'histoire ecclésiastique 56 (1961) 855-871. J. Geiselmann, Studien zu frühmittelalterlichen Abendmahlsschriften. Paderborn 1926; ders., Die Abendmahlslehre an der Wende der christlichen Spätantike zum Frühmittelalter. München 1933 (Register).

U n i b o s (S. 304).

versus de unibove (so der überlieferte Titel) erstmals gedruckt von Jacob Grimm: Lateinische Gedichte des X. und XI. Jh. Herausgegeben von Jac. Grimm und Andr. Schmeller. Göttingen 1838, 354-383 (mit kurzen Anmerkungen). - Neuausgabe mit niederländischer Übersetzung, Kommentar und verkleinertem Faksimile von A. Welkenhuysen, Het lied van boer eenos (versus de unibove). Kluchtig versverhaal uit de elfde eeuw. Leuven 1975 (Syrinx-reeks). - G. Ehrismann, Geschichte der deutschen Literatur bis zum Ausgang des Mittelalters I. München ²1932, 373sq. K. Langosch im Verfasserlexikon IV (1953) 634-638; ders., Die deutsche Literatur des lateinischen Mittelalters in ihrer geschichtlichen Entwicklung. Berlin 1964, 69 und 88.

G a l l u s e t v u l p e s (S. 305f.).

Erstmals bekannt gemacht und hrsg. von J. Grimm und A. Schmeller, Lateinische Gedichte des X. und XI. Jh. Göttingen 1838, 343-354. Neue Edition mit etlichen Emendationen und französischer Übersetzung von Léon Herrmann, Gallus et Vulpes. Scriptorium 1 (1946-1947) 260-266 aus derselben Brüsseler Handschrift 10708 [10615-10729] (saec. XI) fol. 172. Hiezu D. Schaller, Lateinische Tierdichtung in frühkarolingischer Zeit, in: Das Tier in der Dichtung hrsg. von U. Schwab. Heidelberg 1970, 91-105, bes. 97sq.

J o h a n n e s, A b t v o n S t . A r n u l f i n M e t z (S. 307f.).

vita s. Glodesindis nach der Editio princeps von P. Labbe, Novae Bibliothecae manuscriptorum librorum tomus I. Parisiis 1657 p.724-727 abgedruckt von J.

Mabillon, Acta sanctorum ord. s. Benedicti ... saec. II. Lutetiae Parisiorum 1669 p.1087-1090 und hrsg. von P. Bosch, Acta SS. Iulii VI (1729) 210-212 (hier mit etlichen Handschriften kollationiert). Migne PL 137, 211-218 nach J. Mabillon. - BHL 3563.

vita Iohannis abbatis Gorziensis zuerst hrsg. von J. Bollandus, Acta SS. Februarii III (1658) 690-715; maßgebend G.H. Pertz, MGH Script. IV (1841) 337-377. - BHL 4396.

W. von Giesebrecht, Geschichte der deutschen Kaiserzeit. II. ⁵Leipzig 1885. - Manitius II 189-195. P. Kirn bei Wattenbach-Holtzmann I 179-181, 831 und Nachträge bei Wattenbach-Holtzmann(-Schmale) 60*. Verfasserlexikon² IV (1983) 537-539 (F.J. Worstbrock).

St-Aper (Saint-Evre) (S. 308f.).
Zu der Sequenzenhandschrift aus Saint-Èvre siehe oben S. 559.

Ecbasis cuiusdam captivi (S. 309-318).
Editio princeps von J. Grimm und A. Schmeller, Lateinische Gedichte des X. und XI. Jh. Göttingen 1838, 243-330 mit knappen Anmerkungen. Die nachfolgende Ausgabe von E. Voigt, Ecbasis captivi, das älteste Thierepos des Mittelalters. Straßburg 1875 (Quellen und Forschungen zur Sprach- und Culturgeschichte der germanischen Völker 8) hat durch zahlreiche Parallelen und Nachweise viel zum Verständnis beigetragen, allerdings durch kuriose Mißdeutungen zählebige Irrtümer initiiert. Maßgebend die (ursprünglich nur als vorläufige Handausgabe gemeinte) krit. Edition von K. Strecker, Ecbasis cuiusdam captivi per tropologiam. Hannover 1935 (Scriptores rerum Germanicarum in usum scholarum ex MGH separatim editi [24]).

Die Datierung, von J. Grimm und A. Voigt früh (in die Zeit Heinrichs I. und Konrads I.) angesetzt - wofür auch noch K. Strecker -, wurde von C. Erdmann, Konrad II. und Heinrich III. in der Ecbasis captivi. Deutsches Archiv für Geschichte des Mittelalters 4 (1941) 382-393 zugunsten der Mitte des XI. Jahrhunderts verschoben. Neuerliche Umdatierung ins späte XI. Jahrhundert und Lokalisierung nach Trier zuerst von H. Thomas, Zur Datierung und Interpretation von zwei mittellateinischen Dichtungen aus Trier - Querela magistri Paulini und Ecbasis cuiusdam captivi. Jahrbuch für westdeutsche Landesgeschichte 2 (1976) 109 -144. Für 1039 als terminus ante quem (auf Grund von versus 1148) F.P. Knapp, Bemerkungen zur „Ecbasis captivi". Mittellateinisches Jahrbuch 14 (1979) 89-92. Die Frage der Datierung ist untrennbar mit der Auffassung des Werkes verbunden; die meisten Datierungsvorschläge kranken wahrscheinlich daran, daß die Dichtung immer wieder als historische Quelle angesehen und der gerade hier durch und durch literarische Charakter zu wenig berücksichtigt wird. Erwägenswert L. Gompf, Die „Ecbasis cuiusdam captivi" und ihr Publikum. Mittellateinisches Jahrbuch 8 (1973) 30-42.

Verfasserlexikon² II (1980) 315-321 (U. Kindermann) mit reichhaltigen Nachweisen. Lexikon des Mittelalters 3 (1986) 1536 (R. Düchting).

Arnulf (S. 318f.).
delicie cleri: Einzige vollständige Edition von I. Huemer, Zur Geschichte der mittellateinischen Dichtung. Arnulfi delicie cleri. Romanische Forschungen 2 (1886) 211-246. Neue krit. Edition von P.G. Schmidt in Vorbereitung.
Manitius II 588-592.

Constantinus von St. Symphorian
(S. 320f.).
 vita Adalberonis II. Mettensis episcopi ed. G.H. Pertz, MGH Script. IV (1841) 659-672. - P. Kirn bei Wattenbach- Holtzmann I 184, 831 und Nachträge bei Wattenbach-Holtzmann(-Schmale) 61[*].

Konrad von St. Avold (S. 321).
 Die kleinen *Gedichte* des Konrad (Chuonradus) von St. Avold (St. Nabor) in Metz, nämlich: das Epitaphium auf Bischof Adalbero, inc. *Lector fige gradum qui voto tendis in altum* (H. Walther, Initia carminum 10219a; Schaller/Könsgen 8826), ferner die Hexameter an Abt Ratramnus von St. Nabor, inc. *O Ratramne pater venerabilis ore magister* (H. Walther, Initia carminum 12936a; Schaller/Könsgen 11014) und die Verse auf das Kloster St. Nabor inc. *Cum iuvenis splendens fueram* (H. Walther, Initia carminum 3650; Schaller/Könsgen 3042) sind zuerst gedruckt von G.H. Pertz, MGH Script. IV (1849) 672sq., Abdruck danach bei Migne PL 139, 1575sq.; neu hrsg. von K. Strecker, MGH Poetae V, 1 (1937) 378-380; Nachtrag hiezu in dem von G. Silagi edierten 3. Faszikel desselben Bandes, 681.
 P. Kirn bei Wattenbach-Holtzmann(-Schmale) 184sq.

Alpert von Metz (S. 321-323).
 Die Metzer Bischofsgeschichte, gewöhnlich unter der Bezeichnung *de episcopis Mettensibus libellus* zitiert, ist zuerst von G.H. Pertz, MGH Script. IV (1841) 697-700 als Werk des Alpert von St. Symphorian herausgegeben worden. Seit der Einleitung von C. Pijnacker Hordijk zur Edition von A. Hulshof (siehe unten) wird wohl allgemein Alpert nur als der Verfasser des Teils über Dietrich I. angesehen, die Fortsetzung einem Unbekannten zugeschrieben. Demnach ist das - irreführend - als *fragmentum de Deoderico primo episcopo Mettensi* bezeichnete, von Alpert verfaßte Stück allein hrsg. von H. van Rij zusammen mit dem Werk de diversitate temporum.
 de diversitate temporum: Zuerst veröffentlicht waren cap. 11-15 als Teil der vita s. Ansfridi in den Acta SS. Maii I (1680) 431sq. (BHL 543. 543 a, b). Nach Abdrucken erstmals vollständig (soweit erhalten) hrsg. von J.G. von Eckard (Eccardus) im Corpus historicum medii aevi ... tomus I. Lipsiae 1723 col.91-132; neue Edition G.H. Pertz, MGH Script. IV (1841) 700-723, wonach Migne PL 140, 451-490. Am besten ist A. Hulshof, Alperti Mettensis de diversitate temporum. Met eene inleiding van wijlen C. Pijnacker Hordijk. Amsterdam 1916 (Werken uitgegeven door het Historisch Genootschap gevestigd te Utrecht. 3[e] serie 37), mit Benützung einer dritten Handschrift. Hiezu das Facsimile: Alpertus Mettensis. De diversitate temporum und De Theoderico I, episcopo Mettensi. Codex Hannoveranus 712 [A] in phototypischer Reproduction. Einleitung von Dr. C. Pijnacker Hordijk. Leiden 1908 (Codices Graeci et Latini photographice depicti. Supplementum V). Neue Ausgabe mit gut unterrichtender Einleitung (und niederländischer Übersetzung): Alpertus Mettensis De diversitate temporum et Fragmentum de Deoderico primo episcopo Mettensi e codicibus ed. H. van Rij adiuvante A.S. Abulafia. Amsterdam 1980.
 Die *Verse*, inc. *O bona Traiectum, mater preelecta locorum* (26 leoninische Hexameter), als vita sancti Ansfridi bei K. Strecker, MGH Poetae V, 1 (1937) 251sq.

F.W.N. Hugenholtz, Alpertus Mettensis als „biograaf". Tijdschrift voor geschiedenis 79 (1966) 249-259. P. Kirn bei Wattenbach-Holtzmann I 185, 831 und bei Wattenbach-Holtzmann(- Schmale) 40*sq., 61*sq. Lexikon des Mittelalters I (1980) 289 (K.F. Werner).

DRITTES KAPITEL: ITALIEN

Anastasius Bibliothecarius (S. 325-331).
Über das Leben des Anastasius (und des Iohannes Diaconus) grundlegend J. Hergenröther, Photius, Patriarch von Constantinopel. II. Regensburg 1867, 228-241, worin vor allem die früher bestehende Unklarheit über zwei Anastasii, den Bibliothekar und den Gegenpapst gegen Benedikt III. von 855, zugunsten der Einheit beider Personen beseitigt wird.

Umfangreichste, nicht vollständige, aber auch Unechtes enthaltende, aus verschiedenen alten Editionen zusammengestellte Textsammlung bei Migne PL 127-129. Unecht vor allem der Band 128 und zum Teil 129 füllende *liber pontificalis*. Die mutmaßlich von Anastasius verfaßte *vita Nicolai I.* im liber pontificalis ist zu lesen nach L. Duchesne, Le liber pontificalis. II. ²Paris 1955, 151-172, dazu die wichtigen Erörterungen p.Vsq. - BHL 6095.

Übersetzungen des VIII. und VII. ökumenischen Konzils nachgedruckt bei Migne PL 129, 9-196 und 195-512; die Begleitschreiben bei E. Perels - G. Laehr, MGH Epist. VII (1928) 403-415 und 415-418. Hiezu C. Leonardi, Anastasio Bibliotecario e l'ottavo concilio ecumenico. Studi medievali. Serie terza 8 (1967) 59-192. Die *collectanea* nach A. Gallandius, Bibliotheca veterum patrum antiquorumque scriptorum ecclesiasticorum ... tomus XIII. ... Venetiis 1779 p.30-90 bei Migne PL 129, 557-690. Das Begleitschreiben an Iohannes diaconus Romanus bei E. Perels - G. Laehr l.c. 422-426.

Die *chronographia tripertita* liegt vor in guter krit. Edition der Hauptquelle des Anastasius, der chronographia des Theophanes: Theophanis Chronographia. Rec. Carolus de Boor. II. ²Lipsiae 1885, 31-346. Das Begleitschreiben an Iohannes diaconus Romanus bei E. Perels - G. Laehr l.c. 418-421. *Übersetzung der pseudo-dionysianischen Schriften*: als eine der Übersetzungen bei Ph. Chevallier, Dionysiaca I und II. Bruges 1937 (ins Schema nach bzw. unterhalb von Johannes Scottus eingereiht). Hiezu H.F. Dondaine O.P., Le Corpus dionysien de l'Université de Paris au XIIIe siècle. Roma 1953, 35-66 (zeigt die ungewöhnlich hohe Bedeutung, die der oberflächlichen Bearbeitung des Anastasius zukam).

passio s. Dionysii erstmals hrsg. durch P.F. Chifflet, Dissertationes tres: De uno Dionysio ... Parisiis 1676 p.7-35; zuletzt nachgedruckt von J.C. Westerbrink, Passio S. Dionysii Areopagitae Rustici et Eleutherii. Uitgegeven naar het Leidse handschrift Vulcanianus 52 ... [Leidener Phil. Diss.] Alphen 1937, besonders 45-63. Das Begleitschreiben hiezu ed. E. Perels - G. Laehr l.c. 439-441. - BHL 2184; die ursprünglich lateinische passio inc. *Post beatam et gloriosam* ist BHL 2178, hiezu P.G. Théry, Scot Erigène traducteur de Denys. Archivum Latinitatis Medii Aevi 6 (1931) 185-278, bes. 209 und D. Luscombe, Denis the Pseudo-Areopagite in the Middle Ages from Hilduin to Lorenzo Valla. Fälschungen im Mittelalter. Internationaler Kongress der Monumenta Germaniae Historica, München, 16.-19. September 1988. Teil 1: Kongreßdaten und Festvorträge; Literatur und Fälschung. Hannover 1988, 133–152 (Schriften der

MGH Schriften 33,1). Die *vita Iohannis Elemosinarii* ist zuerst gedruckt von H. Rosweydus, Vitae patrum ... Antverpiae 1615 p.178-205, hienach Migne, PL 73, 337-384. Der Widmungsbrief bei E. Perels - G. Laehr l.c. 395-398. - BHL 4388-4391.

Weitere Übertragungen hagiographischer Texte: *passio s. Accacii primicerii* - BHL 20. 20 a, b. Begleitschreiben hiezu bei E. Perels - G. Laehr l.c. 428-430; *Theodori Studitae sermo de vita et translatione s. Bartholomaei apostoli in Liparim* - BHL 1004. 1004 b, d. Begleitschreiben hiezu bei E. Perels - G. Laehr l.c. 441sq. sowie bei U. Westerbergh (siehe unten) 19sq. - BHL 1003 t; *translatio s. Bartholomaei Beneventum* - BHL 1006. praefatio hiezu bei U. Westerbergh (siehe unten) 71. - BHL 1003 v. z; *vita Basilii ep. Caesareae* des Pseudo-Amphilochius - BHL 1022. Begleitschreiben hiezu bei E. Perels - G. Laehr l.c. 398- 400; *inventio reliquiarum s. Clementis I. papae* bei E. Perels - G. Laehr l.c. 435-438. - BHL 2072; *miracula tria Cosmae et Damiani in synodo Nicaena II. recitata* - BHL 1978; *passio sanctae Crispinae* - BHL 1989; *passio Cyri et Iohannis* - BHL 2077. Begleitschreiben hiezu bei E. Perels - G. Laehr l.c. 426sq; *miracula LXX Cyri et Iohannis* des Sophronios von Jerusalem - BHL 2080; *passio et miracula sancti Demetrii* - BHL 2122. 2122 a. 2123. Begleitschreiben hiezu bei E. Perels - G. Laehr l.c. 438sq; *laudatio Euphemiae virginis martyris* - BHL 2714; *miracula in imagine Berytensi Christi crucifixi* - BHL 4227; *vita Iohannis Calybitae* - BHL 4358. Begleitschreiben hiezu bei E. Perels - G. Laehr l.c. 402; *vita Mariae Aegyptiacae* - BHL 5416; *vitae Martini I. papae* - BHL 5592-5594. Begleitschreiben hiezu bei E. Perels - G. Laehr l.c. 421sq; *documenta Maximi abbatis, Anastasii monachi et alii Anastasii presbyteris et apocrisiarii Romani, confessorum Constantinopoli* - BHL 5841-5844; *passio Petri Alexandrini* - BHL 6698 f, g; *passio Petri Balsami martyris* BHL 6702. 6702 a; *passio Procopii lectoris martyris Caesareae* BHL 6951; *translatio Stephani diaconi protomartyris* BHL 7857, 7858. Begleitschreiben hiezu bei E. Perels - G. Laehr l.c. 427sq. Vgl. allgemein BHL Novum Supplementum, Index auctorum s.v. Anastasii. Unentbehrlich A. Siegmund O.S.B., Die Überlieferung der griechischen christlichen Literatur in der lateinischen Kirche bis zum zwölften Jahrhundert. München 1949 (Abhandlungen der Bayerischen Benediktiner-Akademie 5) Verzeichnis der Übersetzer s.v.

Daß Anastasius eine *vita Amphilochii* übersetzt habe, macht wahrscheinlich P. Chiesa, Una traduzione inedita di Anastasio Bibliotecario? Le „vitae" latine di sant'Anfilochio. Studi Medievali. Serie terza 28 (1987) 879-903 (mit Edition).

epistolae et praefationes rec. E. Perels - G. Laehr, MGH Epist. VII (1928) 395-442.

U. Westerbergh, Anastasius Bibliothecarius, Sermo Theodori Studitae de sancto Bartholomeo apostolo. Stockholm 1963 (Studia Latina Stockholmiensia 9) knüpft an die griech. und lat. krit. Edition des genannten Textes eine vorwiegend sprachliche Studie, die mit beinahe vernichtendem Urteil über des Anastasius Sprachkenntnisse endigt. Repertorium fontium historiae medii aevi II (1967) 221-223.

Iohannes diaconus Romanus (S. 331-336).

Zu den von Anastasius gelieferten Vorarbeiten zur geplanten Kirchengeschichte siehe unter diesem.

Von der *vita Gregorii Magni* existieren zwei alte Editionen: von G. Henschen - D. Papebroch, Acta SS. Martii II (1668) 137-210 (dahinter, p.211, die Verse, inc. *Suscipe Romuleos, pastor venerande, triumphos*) und J. Mabillon, Acta sanctorum ord. s. Benedicti ... saec. I. Lutetiae Parisiorum 1668 p.398-496; danach Migne PL 75, 59-242 (in den beiden letztgenannten die Verse vor der vita). Die Verse allein zuletzt hrsg. von K. Strecker, MGH Poetae IV, 3 (1906) 1068. - BHL 3641. 3642. 3642 b. Zu den Versen Schaller/Könsgen 15933.

Von der durch Gaudericus von Velletri abgeschlossenen *vita Clementis (papae I.) Romani* waren lange Zeit nur Auszüge gedruckt: Die Acta SS. Martii II (1668) p.*15 nr. 15 enthalten die Widmungsepistel des Gaudericus. Umfangreichster Auszug (nach dem in Monte Cassino befindlichen Codex) in der Bibliotheca Casinensis seu codicum manuscriptorum qui in tabulario Casinensi asservantur series ... IV. Ex typogr. Casinensi 1888 p.267-272, hiezu im angehängten Florilegium Casinense p.373-390. Jetzt ed. von G. Orlandi, Iohannis Hymmonidis et Gauderici Veliterni - Leonis Ostiensis. Excerpta ex Clementinis recognitionibus a Tyrannio Rufino translatis. Milano - Varese 1968 (Testi e documenti per lo studio dell'antichità 24). - BHL 1851.

versiculi de cena Cypriani hrsg. von K. Strecker, MGH Poetae IV, 2 (1906) 870-898 (mit wichtiger Einleitung 857-869). Die originale Fassung der cena Cypriani (Prosa) ist jeweils unter der Versbearbeitung des Johannes gedruckt. - P. Lehmann, Die Parodie im Mittelalter. ²Stuttgart 1963 [¹München 1922] 12-16. Und besonders G. Vinay, Momenti di una rinascita: La rivincita dell'immaginazione: Giovanni Diacono e Notkero Balbulo, in: Alto medioevo latino. Conversazioni e no. Napoli 1978 (Esperienze 42) 337-374. Lexikon des Mittelalters III (1986) 402 (E. Rauner).

Über den Kommentar des Hervé de Bourgdieu zur cena Cypriani mit Abdruck der Vorrede A. Wilmart in: Revue bénédictine 35 (1923) 255-263.

P a u l u s   d i a c o n u s   N e a p o l i t a n u s (S. 336-339).
Der *Brief an Karl den Kahlen* ist hrsg. von E. Dümmler, MGH Epist. VI (1925) 193sq.

vita Mariae Aegyptiacae in den Vitae patrum ... ed. H. Rosweyde. Antverpiae 1615 p.381-392; Nachdruck bei Migne PL 73, 671-690. - BHL 5415. - *Widmungsbrief* zur vita Mariae an Karl den Kahlen von 876/77 bei E. Dümmler l.c.

historia Theophili vicedomini ed. G. Henschen, Acta SS. Februarii I (1658) 483-487; G.G. Meersseman, Kritische Glossen op de griekse Theophilus-Legende (7ᵉ eeuw) en haar latijnse vertaling (9ᵉ eeuw). Brussel 1963 (Mededelingen van de koninklijke Vlaamse Academie voor wetenschappen, letteren en schone kunsten van België. Klasse der letteren 25, 4). - BHL 8121.

Über die späteren Bearbeitungen Wilh. Meyer aus Speyer, Radewin's Gedicht über Theophilus. Nebst Untersuchungen über die Theophilussage und die Arten der gereimten Hexameter. Sitzungsberichte der k. Bayerischen Akademie der Wissenschaften, philos.-philol. Cl. 1873, 1. München 1873, 49-120 (= Gesammelte Abhandlungen zur mittellateinischen Rythmik. I. Berlin 1905, 59-135). Auf die verschiedenen Fassungen der Theophiluslegende (mit reichhaltigem Handschriftenverzeichnis im Anhang I) geht ein A. Gier, Der Sünder als Beispiel. Zu Gestalt und Funktion hagiographischer Gebrauchstexte anhand der Theophiluslegende. Frankfurt am Main u.a. 1977 (Bonner Romanistische Arbeiten 1). Zur Einordnung in die Übersetzungsliteratur A. Siegmund, Die Überlieferung der griechischen christlichen Literatur in der lateinischen Kirche bis zum zwölften Jahrhundert. München 1949 (Abhandlungen der Bayerischen Benediktiner-Akademie 5) 269sq., 275sq.

Lexikon für Theologie und Kirche ²VIII (1963) 232 (A. Manser).

I o h a n n e s   d i a c o n u s   N e a p o l i t a n u s (S. 339f.).
gestorum episcoporum Neapolitanorum continuatio (moderner Titel) ed. G. Waitz, MGH Script. rer. Langobard. (1878) 424-435. Hiezu D. Mallardo, Storia antica della Chiesa di Napoli: le fonti. Napoli 1943 (Nachdruck mit Vorwort besorgt von D. Ambrasi - U. Dovere, Napoli 1987 [Storie e testi 5]); Giovanni Diacono napoletano. I. La vita. Rivista di storia della chiesa in Italia 2 (1948) 317-337; Giovanni Diacono napoletano. La continuazione del „Liber Pontificalis". ibid. 4 (1950) 325-358. - BHL 734, 4416.

passio sancti Ianuarii, translatio Sosii Neapolim et miracula in den Acta SS. Septembris VI (1757) 874-882. - BHL 4134, 4135.

translatio sancti Severini Neapolim a.902: Erstausgabe in den Acta SS. Ianuarii I (1643) 1098-1103; B. Capasso, Monumenta ad Neapolitani ducatus historiam pertinentia. I. Napoli 1881 p.291-300. Auszüge bei Waitz, MGH Script. rer. Langobard. (1878) 452-459. - BHL 7658.

Übersetzung der passio sanctae Febroniae der Thomais: Acta SS. Iunii V (1709) 17-35 (mit parallelem griechischen Text). - BHL 2843.

Übersetzung der griechischen passio XL martyrum Sebastenorum: Acta SS. Martii II (1668) 22-25. - BHL 7540. 7540 a, d, f. Hiezu Näheres bei A. Siegmund, Die Überlieferung der griechischen christlichen Literatur in der lateinischen Kirche bis zum zwölften Jahrhundert. München 1949 (Abhandlungen der Bayerischen Benediktiner-Akademie 5) 210 Anm. 1, 249sq. und 275.

Erstausgabe der *Übersetzung der vita sancti Nicolai* durch N.C. Falconius, Sancti confessoris pontificis et celeberrimi thaumaturgi Nicolai acta primigenia. Neapoli 1751 pars II p.112-122, 126. Jetzt P. Corsi, La „Vita" di san Nicola e un codice della versione di Giovanni diacono. Nicolaus 2 (1979) 359-380, der den Berolin. lat. 794 - nicht 741 wie bei P. Corsi l.c. 360 - (Berlin, Staatsbibliothek Preußischer Kulturbesitz) hinzukollationiert. - BHL 6104-6117. A. Siegmund l.c. 243sq.

Die *Übersetzung der vita sancti Euthymii* durch Johannes sucht zu erweisen F. Dolbeau, La vie latine de saint Euthyme: une traduction inédite de Jean, diacre napolitain. Mélanges de l'École française de Rome 94,1 (1982) 315-335 (mit teilweiser Edition). - BHL 2778 d.

A. Siegmund l.c. Verzeichnis der Übersetzer s.v. Lexikon des Mittelalters V (1990) 569 (A. Menniti Ippolito).

P e t r u s   s u b d i a c o n u s   N e a p o l i t a n u s (S. 341).

Viten von Neapolitaner Heiligen: *miracula Agnelli abbatis Neapoli, epitome metrica et epilogus metricus* - BHL 150-152. Einen *libellus miraculorum s. Agnelli* gibt - nach älteren, durchweg nicht vollständigen Ausgaben - jetzt heraus A. Vuolo, Una testimonianza agiografica napoletana: il „Libellus miraculorum s. Agnelli" (sec. X). Napoli 1987 (Pubblicazioni dell'Università degli studi di Salerno. Sezione di studi storici 4); *miracula Agrippini episcopi Neapolitani* - BHL 175-177, unsicher; *passio Artemae pueri martyris Puteolis* - BHL 717; *vita et translatio Canionis episcopi Afri* - BHL 1541 d, e.

Übersetzungen und Bearbeitungen übersetzter Viten: *passio s. Catharinae Alexandrinae* - BHL 1661. A. Siegmund (siehe unten) 231; *passio s. Cirici et*

Iulittae - BHL 1814 b; *passio Claudii, Nicostrati, Symphoriani, Castorii et Simplicii* - BHL 1838, 1839; *passio Cyri et Iohannis* - BHL 2078. A. Siegmund (siehe unten) 260sq; *passio s. Georgii* - BHL 3393. 3393 b; *vita Gregorii thaumaturgi* - BHL 3677 m, 3678, 3678 d. A. Siegmund (siehe unten) 264sq; *passio Iulianae Nicomediae* - BHL 4526; *passio s. Christophori martyris in Lycia* - BHL 1778 a. b. d. f.

F. Savio, Pietro suddiacono Napoletano. Agiografo del secolo X. Torino 1912 (Atti della R. Accademia delle Scienze di Torino 47) 947-957. - A. Siegmund, Die Überlieferung der griechischen christlichen Literatur. München 1949 (Abhandlungen der Bayerischen Benediktiner-Akademie 5) Verzeichnis der Übersetzer s.v.

B o n i t u s   s u b d i a c o n u s   N e a p o l i t a n u s (S. 341).

passio Theodori ducis (tironis) vollständig einzig in den Acta SS. Februarii II (1658) 30-37. - BHL 8086. A. Siegmund l.c. 273, 276.

U r s u s   p r e s b y t e r   N e a p o l i t a n u s (S. 341).

vita Basilii episcopi Caesareensis in dem der Bibliotheca Casinensis seu codicum manuscriptorum qui in tabulario Casinensi asservantur series ... III. Ex typogr. Casinensi 1877 angehängten Florilegium Casinense p.205-219. - BHL 1024. 1024 e. - A. Siegmund l.c. 228 Anm.1, 259sq. und 276.

G r e g o r i u s   c l e r i c u s   N e a p o l i t a n u s (S. 341f.).

passio Anastasii Persae im Florilegium Casinense l.c. p.102-109; der prologus hiezu ed. A. Mai, Spicilegium Romanum. IV. Romae 1840 p.283-285. - BHL 411. A. Siegmund l.c. 228 und 276.

J o h a n n e s   v o n   A m a l f i (S. 342-344).

vita vel passio sancte Herinis virginis et martiris: Ausgabe des Prologs aus dem Neapolitaner Codex, Biblioteca Nazionale Ex Vindobonense lat. 15 von A. Hofmeister, Zur griechisch-lateinischen Uebersetzungsliteratur des früheren Mittelalters. Münchener Museum für Philologie des Mittelalters und der Renaissance 4 (1924) 129-153, hier 138-141. A. Siegmund l.c. 268sq.

Erste und einzige Ausgabe des *liber de miraculis*: Johannes Monachus. Liber de Miraculis. Ein neuer Beitrag zur mittelalterlichen Mönchsliteratur von P. Michael Huber O.S.B. Heidelberg 1913 (Sammlung mittellateinischer Texte herausgegeben von Alfons Hilka 7). A. Siegmund l.c. 193sq. - Manitius II 422-424.

Über das vermutlich von Johannes übersetzte *Drachenwunder des hl. Georg* M. Huber l.c. 124-132 (Text) sowie XXXI. Vgl. J.B. Aufhauser, Das Drachenwunder des heiligen Georg in der griechischen und lateinischen Überlieferung. Leipzig 1911 (Byzantinisches Archiv 5). A. Siegmund l.c. 218sq. - BHL 3396 m, n.

de obitu sancti Nicolai in Rom, Biblioteca Vallicelliana, tomus I, f.21r-v; A. Poncelet, Catalogus codicum hagiographicorum latinorum bibliothecarum Romanarum praeter quam Vaticanae. Bruxellis 1909 (Subsidia hagiographica 9) 290[5]. M. Huber l.c. XVII. Auszüge aus dem Neapolitaner Codex, Biblioteca Nazionale Ex Vindobonense lat. 15 A. Hofmeister l.c. 135-138. A. Siegmund l.c. 243sq. - BHL 6156 h. Mit Johannes bringt vermutungsweise in Verbindung die erste lateinische *Übersetzung des Barlaam und Josaphat* P. Chiesa, Ambiente e tradizioni nella prima redazione latina della leggenda di Barlaam e Josaphat. Studi medievali. Serie terza 24 (1983) 521-544.

Leo von Neapel (S. 344-346).
nativitas et victoria Alexandri Magni regis, das ist die Übersetzung des Pseudo-Kallisthenes durch den Archipresbyter Leo von Neapel, wurde nach Bamberg, Staatliche Bibliothek, Msc. Hist. 3 (E. III. 14) erstmals ed. von F. Pfister, Der Alexanderroman des Archipresbyters Leo. Heidelberg 1913 (Sammlung mittellateinischer Texte herausgegeben von Alfons Hilka 6) mit wertvoller Einleitung. Von derselben Fassung wurde ein Teil des Textes einer weiteren Handschrift (London, Lambeth Palace Ms. 342) hrsg. von D.J.A. Ross, in: Classica et Mediaevalia 20 (1959) 98-158. Die unter dem Titel *historia de preliis* bekannte Fassung ist in ihren drei Rezensionen (J1, J2, J3) - nach den Vorarbeiten von A. Hilka - ediert: 1.) von A. Hilka - K. Steffens, Historia Alexandri Magni (Historia de preliis). Rezension J^1. Meisenheim am Glan 1979 (Beiträge zur Klassischen Philologie 107); 2.) von A. Hilka, Historia Alexandri Magni (Historia de Preliis). Rezension J^2 (Orosius-Rezension). Erster Teil. Zum Druck besorgt durch H.-J. Bergmeister. Meisenheim am Glan 1976 (Beiträge zur Klassischen Philologie 79); Zweiter Teil. Zum Druck besorgt durch R. Grossmann. Meisenheim am Glan 1977 (Beiträge zur Klassischen Philologie 89); 3.) von K. Steffens, Die Historia de preliis Alexandri Magni. Rezension J^3. Meisenheim am Glan 1975 (Beiträge zur Klassischen Philologie 73). - Zur Unterrichtung über die sehr verwickelten Zusammenhänge des Alexanderromans noch immer wertvoll: F. Pfister, Untersuchungen zum Alexanderroman des Archipresbyters Leo. Habilitationsschrift zur Erlangung der venia legendi der Hohen Philosophischen Fakultät der Universität Heidelberg. Heidelberg 1912; sowie desselben: Studien zum Alexanderroman. Würzburger Jahrbücher für die Altertumswissenschaft 1 (1946) 29-66 (eine Bestandsaufnahme nach jahrzehntelanger Erfahrung, besonders wertvoll, weil der Verfasser die Texteditionen aus der Arbeit mit ihnen kennt). An Gründlichkeit mit den Arbeiten F. Pfisters nicht zu vergleichen, doch als bequem orientierende, geschickte Kompilation nützlich der Überblick eines früh verstorbenen jungen Gelehrten: G. Cary, The medieval Alexander. Cambridge 1956 (Register). Viel ist seither nicht hinzugekommen.

Auxilius (S. 348-350).
de ordinationibus a Formoso papa factis vollständig gedruckt nur in der Erstausgabe bei J. Morin (siehe unten) p.348- 358 (hienach u.a. Migne PL 129, 1059-1074) und teilweise bei E. Dümmler (siehe unten) 107-116.
Die Schrift *infensor et defensor* einstweilen nur in der ersten vollständigen Ausgabe bei J. Morin, Commentarius de sacris ecclesiae ordinationibus ... Parisiis 1655 p.360-378, hienach u.a. Migne PL 129, 1075-1102. Vorneweg gedruckt ist die *praefatiuncula ad modum interrogationis et responsionis*: J. Morin l.c. p.359sq. (Migne PL 129, 1073-1076).
in defensionem sacrae ordinationis papae Formosi libri duo und der *libellus in defensionem Stephani episcopi et praefatae ordinationis* zuerst und einzig gedruckt bei E. Dümmler, Auxilius und Vulgarius. Quellen und Forschungen

zur Geschichte des Papstthums im Anfange des zehnten Jahrhunderts. Leipzig 1866, 59-95 und 96-106.

Der früher dem Auxilius zugeschriebene *Genesiskommentar* (Stegmüller Nr. 1558) scheint nicht von ihm zu stammen: M.M. Gorman, The Commentary on Genesis Attributed to Auxilius in ms. Monte Cassino 29[*]. Revue bénédictine 93 (1983) 302-313, der weitere vier Handschriften nachweist.

Manitius I 437-439. Wattenbach-Levison IV (1963) 445-447. Repertorium fontium historiae medii aevi II (1967) 426sq.

E u g e n i u s   V u l g a r i u s (S. 350-352).

Von Eugenius Vulgarius die Schrift *de causa Formosiana* bei E. Dümmler, Auxilius und Vulgarius. Quellen und Forschungen zur Geschichte des Papstthums im Anfange des zehnten Jahrhunderts. Leipzig 1866, 117-139.

de Formosiana calamitate als *liber cuiusdam requirentis et respondentis seu Auxilii libellus super causa et negotio Formosi papae* (inc. *Petis a me responderi [tibi] super Formosiana calamitate*) gedruckt bei J. Mabillon, Veterum analectorum tomus IV. Luteciae 1685 p.610-624 (in der Zweitauflage Vetera analecta sive collectio veterum aliquot operum ... nova editio ... [cur. L.Fr.I. de La Barre]. Parisiis 1723 p.28-31), danach bei Migne PL 129, 1103-1112; hiezu P. Meyvaert (siehe unten) 350 Anm.1.

Die *Gedichte* bei E. Dümmler l.c. 139-156, und P. von Winterfeld, MGH Poetae IV (1899) 406-444. Benützung der Tragödien des Seneca stellte zuerst fest R. Peiper, Vermischte Bemerkungen und Mittheilungen zu römischen Dichtern zum Theil aus Handschriften. Rheinisches Museum für Philologie 32 (1877) 516- 537, hier 536 sq. sowie De Senecae tragoediarum uulgari lectione (A) constituenda. Festschrift zur 250jährigen Jubelfeier des Gymnasiums zu St. Maria Magdalena zu Breslau am 30. April 1893. Breslau 1893 [auch als selbständige Veröffentlichung erschienen], besonders 138-140. Vgl. L. Annaei Senecae tragoediae. Rec. R. Peiper - G. Richter. Lipsiae [2]1902 p.XXIX. W. Trillitzsch, Seneca tragicus - Nachleben und Beurteilung im lateinischen Mittelalter von der Spätantike bis zum Renaissancehumanismus. Philologus 122 (1978) 120-136, hier besonders 125. P. Stotz, Sonderformen der sapphischen Dichtung. Ein Beitrag zur Erforschung der sapphischen Dichtung des lateinischen Mittelalters. München 1982 (Medium Aevum 37) Register.

Ein metrischer *Heiligenkalender* hrsg. von P. Meyvaert, A metrical calendar by Eugenius Vulgarius. Analecta Bollandiana 84 (1966) 349-376.

Manitius I 433-437. Wattenbach-Levison IV (1963) 446sq. H. Fuhrmann, Einfluß und Verbreitung der pseudoisidorischen Fälschungen II. Stuttgart 1973 (Schriften der MGH 24, 2) 309sq.

g e s t a   B e r e n g a r i i   i m p e r a t o r i s (S. 352- 354).

Über die seltene Erstausgabe von Hadrianus Valesius, Carmen panegyricum de laudibus Berengarii aug. et Adalberonis episcopi Laudunensis ad Rotbertum regem Francorum carmen ... Parisiis 1663 p.19-56, und deren Nachdrucke P.von Winterfeld; maßgebend dessen Edition MGH Poetae IV, 1 (1899) 354-401 mit Appendix 402sq.

W. Holtzmann bei Wattenbach-Holtzmann I 316. Manitius I 632- 635.

G e z o   v o n   T o r t o n a (S. 354f.).

Der Traktat *de corpore et sanguine Christi* wurde erstmals ediert von L.A. Muratori in seinen Anecdota quae ex Ambrosianae bibliothecae codicibus ...

tomus III. Patavii 1713 p.242-303; danach Abdruck bei Migne PL 137, 371-406. Zur Verbreitung D. Mazzuconi, La diffusione dell'opera di Gezone da Tortona in Italia settentrionale. Aevum 57 (1983) 189-214.

G. Braga, La fortuna di un errore: la „Definitio brevis de Eucharistia". Bulletino dell'Istituto Storico Italiano per il Medio Evo e Archivio Muratoriano 89 (1980-1981) 393-412; ders., Gezone di Tortona tra Pascasio Radberto e Oddone di Cluny. Studi medievali. Serie terza 26 (1985) 611-666.

Dictionnaire du theologie catholique VI^2 (1947) 1340sq. P. Browe S.J., Die eucharistischen Wunder des Mittelalters. Breslau 1938 (Breslauer Studien zur historischen Theologie. N.F. 4).

R a t h e r v o n V e r o n a (S. 355-366).

Krit. Ausgabe ohne die Briefe im Corpus Christianorum CM 46 und 46 A, Turnhout 1976 und 1984 von P.D.L. Reid, mit Beiträgen von F. Dolbeau, B. Bischoff und C. Leonardi (Versuch P.D.L. Reids eines chronologischen Verzeichnisses der Schriften Rathers in Bd. 46, XXVI). *Briefe* zu benützen in der krit. Ausgabe von F. Weigle, Die Briefe des Bischofs Rather von Verona (MGH Die Briefe der deutschen Kaiserzeit 1) Weimar 1949. Nach erstmaliger Sammlung der meisten Werke durch L.F.J. de la Barre in der 2. Aufl. von L. d'Acherys (Dacherius) Veterum aliquot scriptorum qui in Galliae bibliothecis maxime Benedictinorum latuerant spicilegium ... tomus I. Parisiis 1723, 345-400 bisher beste Gesamtausgabe durch die Veroneser Geistlichen (und Brüder) Pietro und Girolamo Ballerini (Herausgeber auch u.a. der Werke des Zeno von Verona und Leos des Großen), Ratherii episcopi Veronensis opera nunc primum collecta, pluribus in locis emendata, et ineditis aucta ... Veronae 1765. Hievon (nachlässiger) Abdruck bei Migne PL 136, 9-758.

Der *Widmungsbrief* Rathers zu seiner Bearbeitung der *vita Ursmari* (BHL 8417, 8418; ed. J. Mabillon, Acta sanctorum ord. s. Benedicti ... III, 1. Luteciae 1672 p.250-255, 255sq.) des Anso (BHL 8416; ed. W. Levison, MGH Script. rer. Merov. 6 (1913) 445-461) ist Nr. 4, seine Schrift *de contemptu canonum* ist Nr. 16 der Edition F. Weigles.

Die handschriftliche Überlieferung führt meist sehr nahe, zum Teil unmittelbar an den Autor heran. Von manchen Briefen sind echte (autographe) Konzepte und Einträge von der Hand des Verfassers erhalten. Hiezu P. Lehmann, Autographe und Originale namhafter lateinischer Schriftsteller des Mittelalters. Zeitschrift des Deutschen Vereins für Buchwesen und Schrifttum 3 (1920) 6-16, wiederabgedruckt bei P. Lehmann, Erforschung des Mittelalters. Ausgewählte Aufsätze und Abhandlungen. I. Leipzig 1941, 359-381, hier besonders 367. Zuletzt, mit vollständiger Liste der Autographe, B. Bischoff, Ratheriana (968), in: Anecdota novissima. Texte des vierten bis sechzehnten Jahrhunderts. Stuttgart 1984 (Quellen und Untersuchungen zur lateinischen Philologie des Mittelalters 7) 10-19. - Über die Handschriften, über die Quellen der praeloquia und über patristische Autoren bei Rather F. Dolbeau, in: Sacris eruditi 27 (1984) 373-431; 28 (1985) 511-556; 29 (1986) 151-221. Über Beschäftigung Rathers mit antiken Autoren auch in der lothringischen Heimat: zur Hs. Leiden, Voss. lat. F. 48, C. Leonardi in: Italia medioevale e umanistica 2 (1959) 73-102. Gegen vermutete Benützung des Ennius im liber confessionalis 33 (Migne PL 136, 425 A) O. Skutsch, A new fragment of Ennius? Liverpool Classical Monthly 10 (1985) 15; aber auch die vorgeschlagene Benützung von Senecas naturales quaestiones (1,5,6) trifft nicht zu. Benützt ist Charisius I 98 K. - Zur Sprache

B. Löfstedt, in: Italia medioevale e umanistica 16 (1973) 309-315. Eine Beschreibung der Sprache versucht P.L.D. Reid, Tenth-Century Latinity: Rather of Verone. Malibu 1981 (Humana Civilitas 6). - Über Rathers Glossen zum Vatic. lat. 4979 C. Leonardi, Von Pacificus zu Rather. Zur Veroneser Kulturgeschichte im neunten und zehnten Jahrhundert. Deutsches Archiv für Erforschung des Mittelalters 41 (1985) 390-417.

Gute Würdigung: A. Hauck, Kirchengeschichte Deutschlands. III. [9]Berlin u.a. 1958, 284-295. Farbenkräftiges Gesamtbild von G. Vinay, Arrabbiati e sognatori aspetti del secolo X: La confessione sdoppiata di Raterio, in: Alto medioevo latino. Conversazioni e no. Napoli 1978 (Esperienze 42) 377-389. Verfasserlexikon[2] VII (1989) 1013-1032 (P.Ch. Jacobsen).

Atto von Vercelli (S. 366-370).

Erste Edition der Mehrzahl der Werke (ohne perpendiculum) von L. d'Achery (Dacherius), Veterum aliquot scriptorum qui in Galliae bibliothecis maxime Benedictinorum latuerant spicilegium ... tomus VIII. Parisiis 1668, p. 1-137; danach C. Burontius del Signore, Attonis sanctae Vercellarum ecclesiae episcopi opera ... Pars I. Pars II. Vercellis 1768; Abdruck hievon ist die meistbenützte Gesamtausgabe bei Migne PL 134 9-894.

Die *expositio in epistulas Pauli* - Migne PL 134, 125- 834 - ist autograph erhalten in Vercelli, Biblioteca Capitolare Cod. XXXIX. (Arab. 40). Vgl. Stegmüller Nr. 3126-3138.

In Einzelausgaben liegen vor:

de pressuris ecclesiasticis: J. Bauer, Die Schrift „De pressuris ecclesiasticis" des Bischofs Atto von Vercelli. Untersuchung und Edition. Phil. Diss. Tübingen 1975. Als Autograph wird angesehen Vercelli, Biblioteca Capitolare LXXVI. (Arab. 46) fol. 292v-294r.

poli[y]pticum quod appellatur perpendiculum: Nach Veröffentlichung durch den Kardinal Angelo Mai in seiner Scriptorum veterum nova collectio e Vaticanis codicibus edita, tomus VI. Romae 1832 p.42-59 ist maßgebend geworden und allein zu benützen die Ausgabe beider Fassungen mit Glossen und Übersetzung von G. Goetz, Attonis qui fertur polipticum quod appellatur perpendiculum. Leipzig 1922 (Abhandlungen der philol.-hist. Klasse der sächsischen Akademie der Wissenschaften 37/2).

Reichhaltige Monographie von S. Fonay Wemple, Atto of Vercelli. Church, State and Christian Society in Tenth Century Italy. Roma 1979 (Temi e testi 27).

Liudprand von Cremona (S. 371-380).

Die älteren Editionen in den MGH von G.H. Pertz, Script. III (1839; in usum scholarum 1839) 264-363 und überarbeitet von E. Dümmler in den Scriptores rerum Germanicarum in usum scholarum von 1877 betrachteten die Münchner Handschrift (clm 6388 aus Freising) als Autograph. Anders die heute maßgebende krit. Edition von Joseph Becker, Die Werke Liudprands von Cremona. Hannover und Leipzig 1915 (Scriptores rerum Germanicarum in usum scholarum ex MGH separatim editi [41]). Voraus ging J. Becker, Textgeschichte Liudprands von Cremona. München 1908 (Quellen und Untersuchungen zur lateinischen Philologie des Mittelalters III, 2). Edition einer Osterpredigt Liudprands aus der Zeit seines Diakonats bei B. Bischoff, in: Anecdota novissima. Texte des vierten bis sechzehnten Jahrhunderts. Stuttgart 1984 (Quellen und Untersuchungen zur lateinischen Philologie des Mittelalters 7)

20-34. Über den Bibeltext darin H.J. Frede in: Revue bénédictine 96 (1986) 94-99. J. Koder, Liutprand von Cremona und die griechische Sprache, in: J. Koder - Th. Weber, Liutprand von Cremona in Konstantinopel. Wien 1980 (Byzantina Vindobonensia 13) 15-70. Die den von Liudprand eingefügten griechischen Wörtern beigegebenen lateinischen Transkriptionen hält für Glossen W. Berschin, Liudprands Griechisch und das Problem einer überlieferungsgerechten Edition. Mittellateinisches Jahrbuch 20 (1985) 112-115.

M. Lintzel, Studien über Liudprand von Cremona. Berlin 1933 (Historische Studien 233) = Ausgewählte Schriften. II. Berlin 1961, 351-398 (unter historischem Aspekt betrachtet). Liudprands schriftstellerische Eigenart stellt dar G. Vinay, Arrabbiati e sognatori del secolo X: La „commedia" di Liutprando, in: Alto medioevo latino. Conversazioni et no. Napoli 1978 (Esperienze 42) 391-432. M. Lintzel, Die Mathildenviten und das Wahrheitsproblem in der Überlieferung der Ottonenzeit. Archiv für Kulturgeschichte 38 (1956) 152-166 = Ausgewählte Schriften. II. Berlin 1961, 407- 418. W. Ohnsorge, Konstantinopel im politischen Denken der Ottonenzeit, in: Polychronion. FS für F. Dölger hrsg. von P. Wirth. Heidelberg 1966, 388-412, besonders 402-409. J.N. Sutherland, Liudprand of Cremona, Bishop, Diplomat, Historian. Studies of the Man and his Age. Spoleto 1988 (Biblioteca degli „Studi medievali" 14).

W. Holtzmann bei Wattenbach-Holtzmann I 318-321, 835 und Wattenbach-Holtzmann(-Schmale) 102*sq.

Benedictus von S. Andreae auf dem Soracte (S. 380-382).

Erste Edition des *chronicon* von G.H. Pertz, MGH Script. III (1839) 696-719 unvollständig (es fehlen namentlich die aus bekannten Quellen wie annales Laurissenses entnommenen Partien). Allein vollständig G. Zucchetti, Il „Chronicon" di Benedetto monaco di S. Andrea del Soratte. Roma 1920 (Fonti per la storia d'Italia [55]) 1-187. - Manitius II 179-181. J. Kunsemüller, Die Chronik des Benedikt von S. Andrea. Phil. Diss. Erlangen 1961.

W. Holtzmann bei Wattenbach-Holtzmann I 336sq. und Nachträge bei Wattenbach-Holtzmann(-Schmale) 109*.

Unter anderem wird hier erstmals die Sage von der angeblichen Palästinafahrt Karls des Großen erzählt, der bei dieser Gelegenheit auch nach Ägypten, nach Alexandria gekommen sei, das Grab und die Krippe des Herrn, aber auch andere Stätten des heiligen Landes reich beschenkt habe. Aron, der König der Orientalen - d.i. Hārūn ar-Rašid - habe ihn bewundert. Über die angebliche Pilgerfahrt Karls des Großen nach Palästina P. Aebischer, Les versions noroises du „Voyage de Charlemagne en Orient". Leurs sources. Paris 1956 (Bibliothèque de la Faculté de Philosophie et Lettres de l'Université de Liège 140) 107-125. G. Musca, Carlo Magno ed Harun al Rashid. Bari 1963 ([Università degli Studi di Bari. Istituto di Storia Medievale e Moderna] Saggi 1).

chronicon Salernitanum (S. 382-384).

Die krit. Edition von G.H. Pertz in den MGH Script. III (1839) 467-559 weist viele Nachlässigkeiten auf, ist jedoch wegen der historischen Anmerkungen nach wie vor wertvoll. Als Edition jetzt vorzuziehen: U. Westerbergh, Chronicon Salernitanum. A Critical Edition with Studies on Literary and Historical Sources and on Language. Stockholm 1956 (Acta universitatis Stockholmiensis. Studia Latina Stockholmiensia 3) - Schwergewicht und Wert liegen eindeutig auf der sprachlichen Seite.

Über das zumeist hieher bezogene Widmungsgedicht *Vir bone, dulcis, amans, mitis, serenissime princeps* siehe unter Erchempert von Monte Cassino, S. 613.

c h r o n i c o n   V e n e t u m (S. 384).

Als älteste venezianische Chronik erscheint in Drucken seit dem 16. Jhd. unter der Bezeichnung *chronicon Venetum*, in Drucken seit dem 18. Jhd. zumeist fälschlich unter dem Titel Chronicon Altinate im wesentlichen übereinstimmend mit der handschriftlichen Überlieferung - s. H. Simonsfeld in den MGH Script. XIV (1883) 1sq. - ein Konglomerat von Schriften verschiedenen Ursprungs. Der erste Schritt zur Klärung erfolgte durch die kritische Edition des umfangreichsten und wichtigsten Bestandteils jenes Konglomerats, nämlich der Chronik des Iohannes diaconus, durch G.H. Pertz in den MGH Script. VII (1846) 1-38, woselbst die nicht überlieferte Benennung chronicon Venetum allein für Johannes vindiziert wird (weitere Bestandteile der genannten Sammlung, wie das sog. chronicon Gradense (MGH Script. VII 39-47 sowie MGH Script. XIV 1-69, bleiben hier außer Betracht).

Zu benützen ist G. Monticolo, La cronaca veneziana del Diacono Giovanni. Cronache Veneziane antichissime. I. Roma 1890 (Fonti per la storia d'Italia [59]) 57-187; die Edition beruht auf der eingehenden und gründlichen Untersuchung dess., I manoscritti e le fonti della cronaca del diacono Giovanni. Bulletino dell'Istituto storico Italiano 9 (1890) 37-328. Ergänzend hiezu B. Schmeidler, Zum Chronicon Venetum. Neues Archiv der Gesellschaft für ältere deutsche Geschichtskunde 31 (1906) 457-467.

W. Holtzmann bei Wattenbach-Holtzmann I 331sq.

c h r o n i c o n   N o v a l i c i e n s e (S. 385f.).

chronicon Novaliciense ed. L.C. Bethmann, MGH Script. VII (1846) 79-133; Abdruck in den Script. rer. Germanicarum in usum scholarum [21]. Ex MGH recudi fecit G.H. Pertz. Hannoverae 1846. Besser C. Cipolla, Monumenta Novaliciensia vetustiora. Vol. 2. Rom 1901 (Fonti per la storia d'Italia. 32) 1-305. Neue Ausgabe (nach C. Cipolla) mit italienischer Übersetzung von G.C. Alessio, Cronaca di Novalesa. Torino 1982 (I millenni).

W. Holtzmann bei Wattenbach-Holtzmann I 327sq., 835 und Nachträge bei Wattenbach-Holtzmann(-Schmale) 106*sq.

H u g o   v o n   F a r f a (S. 386f.).

destructio monasterii Farfensis ed. L.C. Bethmann, MGH Script. XI (1854) 532-539. Die von Hugo genannte anonyme *constructio monasterii Farfensis* ed. L.C. Bethmann l.c. 520-530.

Von Hugo des weiteren die kleinen Schriften:

exceptio brevis relationum domni Hugonis abbatis ed. L.C. Bethmann l.c. 539-543; *querimonium domni Hugonis abbatis ad imperatorem de castro Tribuco et Bucciniano* ed. L.C. Bethmann l.c. 543sq.

W. Holtzmann bei Wattenbach-Holtzmann I 339 und Nachträge bei Wattenbach-Holtzmann(-Schmale) 110*.

Der sogenannte *liber tramitis* ist erstmals vollständig hrsg. von M. Herrgott, Vetus disciplina monastica ... Parisiis 1726 p.37-132, unter dem Titel Guidonis disciplina Farfensis et monasterii s. Pauli Romae, davon Abdruck bei Migne

PL 150, 1193-1300, sowie B. Albers, Consuetudines monasticae I: Consuetudines Farfenses. Stuttgart 1900. Über die Bedeutung des Cluniazenser liber tramitis für Farfa siehe die Einleitung zur kritischen Edition von P. Dinter, Liber tramitis aevi Odilonis abbatis. Siegburg 1980 (Corpus consuetudinum monasticarum 10), der die Schrift in die Zeit des Wirkens Abt Odilos von Cluny zu datieren sucht.

I o h a n n e s   C a n a p a r i u s (S. 387-389).
Das Werk des Johannes Canaparius ist durchweg anonym überliefert. Auf G.H. Pertz, MGH Script. IV (1841) 581 geht die Zuschreibung an Iohannes Canaparius als Verfasser zurück. Die handschriftliche Überlieferung ist erst in der neuen krit. Edition in ausreichendem Umfang durchleuchtet worden: J. Karwasińska, siehe unten. Demnach ist die *vita Adalberti* in drei Fassungen auf uns gekommen, nicht jedoch in der originalen. Am häufigsten hat sich eine Fassung A, ausschließlich nördlich der Alpen, erhalten; sie ist durch eine relativ große Zahl von Handschriften saec. XI-XV vertreten; die beiden anderen Redaktionen beschränken sich auf Italien und sind insgesamt durch nur wenige Handschriften belegt, wobei die erste (B) auf eine verkürzte Bearbeitung der transalpinen Klasse zurückzugehen scheint. Iohannes Canaparius selbst ist jedenfalls nur der Verfasser der nicht erhaltenen Redaktion (so F.J. Worstbrock, siehe unten).
Erste Edition der *passio sancti Adalberti episcopi et martyris* von H. Canisius, Antiquae lectionis tomus V. Ingolstadii 1604 p.332-354. Krit. hrsg. von G.H. Pertz, MGH Script. IV (1841) 581-595. Zuletzt mit Abdruck der verschiedenen Fassungen J. Karwasińska in den Monumenta Poloniae Historica. Series nova IV, 1. Warszawa 1962. - BHL 37, 37 a. b.
Verfasserlexikon² IV (1983) 559-561 (F.J. Worstbrock).

E r c h e m p e r t   v o n   M o n t e   C a s s i n o (S. 389-391).
historia Langobardorum Beneventanorum (die heute meistgebrauchte Form; aus der Einleitung ist *ystoriola Langobardorum Beneventum degentium* als möglicherweise vom Autor gebrauchte Bezeichnung zu entnehmen) aus dem einzigen, unvollständig abbrechenden Codex Vat. lat. 5001 erstmals krit. hrsg. von G. Waitz, MGH Script. rer. Lang. (1878) 231-264.
Widmungsgedicht an Aio (der Name des Empfängers erst bei U. Westerbergh), inc. *Vir bone, dulcis, amans, mitis, serenissime princeps*, als anonyme Widmung des chronicon Salernitanum hrsg. von K. Strecker, MGH Poetae V (1937) 413sq.; vgl. Schaller/Könsgen 17260. Neu hrsg. und dem Erchempert zugeschrieben von U. Westerbergh, Beneventan ninth century poetry. Stockholm 1957 (Studia latina Stockholmiensia 4) 8-29 (mit englischer Übersetzung und Kommentar).
Ungewißheit besteht bezüglich der Verfasserschaft der drei Epitaphien: a) auf Dauferanda, inc. *Nobilis a veteri proavorum femina stirpe*: Schaller/Könsgen 10241; b) auf Adelfer, inc. *Clausus in hoc tumulo iuvenis requiescit humatus*: Schaller/Könsgen 2402; c) auf Rofrit, inc. *Bardorum fulsit magno de germine Rofrit*: Schaller/Könsgen 1604. Alle drei als anonym hrsg. von K. Strecker, MGH Poetae V (1937) 346sq., vgl. die Fußnote zu Nr. 81, 413. Dem Erchempert von Monte Cassino zugesprochen von U. Westerbergh l.c. 30-44 (mit neuer Edition und - vorzugsweise sprachlichem - Kommentar).

Das sogenannte *martyrologium Erchemperti* hrsg. von U. Westerbergh l.c. 74-90; vgl. Schaller/Könsgen 12473, 12488.

Gumpold von Mantua (S. 391).
Erste Veröffentlichung der *passio Wenceslai ducis* von J. Dobrowsky, Kritische Versuche, die ältere böhmische Geschichte von spätern Erdichtungen zu reinigen. III. Prag 1819, 53-115. - G.H. Pertz, MGH Script. IV (1841) 213-223. - J. Emler, Fontes rerum Bohemicarum. Prameny dějin českých, vydávané z nadání Palackého. I. Vitae sanctorum et aliorum quorundam pietate insignium. V. Praze 1873, XVsq., 146-166. - BHL 8821, 8822.
D. Třeštík, Miscellanea k I. staroslovanské legendě o sv. Václavu: „Každý kdo povstává proti pánu svému, podoben jest Jidáši". Československý Časopis Historický 15 (1967) 337-343. Zum vermuteten Einfluß auf Altrussisches D. Čyževśkyj, Anklänge an die Gumpoldslegende des hl. Václav in der altrussischen Legende des hl. Feodosij und das Problem der „Originalität" der slavischen mittelalterlichen Werke. Wiener slavistisches Jahrbuch 1 (1950) 71-86 (= Festschrift zur Hundertjahrfeier der Lehrkanzel für slavische Philologie an der Universität Wien 1849-1949).
Manitius II 182-184.

Laurentius von Monte Cassino (S. 391f.).
Gesamtausgabe von Francis Newton, Laurentius monachus Casinensis archiepiscopus Amalfitanus. Opera. Weimar 1973 (MGH Quellen zur Geistesgeschichte des Mittelalters 7) - mit Spuren der Unerfahrenheit. Vereinigt unter anderem erstmals die *passio s. Wenceslai regis* (scheint original statt des üblichen *ducis*), BHL 8824 und die *vita s. Zenobii*, BHL 9014, dazu das bisher unveröffentlichte *Gedicht auf den hl. Maurus* (inc. *Maure beate nimis, Benedicti patris alumne*; 38 Distichen). Der Verfasser nannte sich v. 73 Laurentius; W. Holtzmann (s.u.) identifiziert ihn mit Laurentius von Monte Cassino bzw. von Amalfi. Dafür sprechen könnte der Gebrauch von almificus, v.72, das Laurentius auch sonst gebraucht (e.g. passio s. Wenceslai S.35, 16 ed. F. Newton; sermo in vigilia s. Benedicti S.44, 2 und 10; Wort- und Sachindex s.v.). Hiezu F. Newton, A newly-discovered poem on st. Maur by Lawrence of Amalfi. Benedictina 20 (1973) 91-107 (= Studi in onore di D.Tom. Leccisotti. II). Auf einige Quellen der vita Wenceslai weist hin J. Veselský, Diskuse k tajemstvím Laurentiovy legendy. Pribislawa, ave nomine Prisbisl, mulier aevi plena. Listy filologické 107 (1984) 77-84 (mit lateinischer Zusammenfassung). - BHL 5776 m.
Klarheit über die Person des Laurentius brachte erstmals W. Holtzmann, Laurentius von Amalfi, ein Lehrer Hildebrands. Studi Gregoriani 1 (1947) 207-236; wiederabgedruckt in: W. Holtzmann, Beiträge zur Reichs- und Papstgeschichte des hohen Mittelalters. Bonn 1957 (Bonner historische Forschungen 8) 9-33. Hiezu ergänzend D. Třeštík, Miscellanea zu den St. Wenzelslegenden II: Laurentius aus Monte Cassino und Laurentius aus Amalfi. Mediaevalia Bohemica 1 (1969) 73-92.

Stephanus von Novara (S. 392).
Zu Stephan von Novara sind die Zeugnisse größtenteils vereinigt von K. Strecker, MGH Poetae V (1937) 554. Hinzuzufügen ist Otlohi vita s. Wolfkangi cap. I, 4 sq. (H. Delehaye in den Acta SS. Novembris II, 1 (1894), 565-583, hier 568).

Bei Strecker l.c. p.555sq. die *drei Gedichte* Stephans. Verbesserter Text des *Abschiedsgedichtes* bei B. Bischoff - J. Hofmann, Libri sancti Kyliani. Die Würzburger Schreibschule und die Dombibliothek im VIII. und IX. Jahrhundert. Würzburg 1952, 114 Anm. 185.

Zur Person Stephans noch immer A. Dresdner, Kultur- und Sittengeschichte der italienischen Geistlichkeit im 10. und 11. Jahrhundert. Breslau 1890 (s.v.).

G u n z o (S. 392f.).

Die *epistola ad Augienses* bei Migne PL 136, 1283-1302 nach der einzigen damals vorhandenen Ausgabe von E. Martène und U. Durand, Veterum scriptorum et monumentorum historicorum dogmaticorum moralium amplissima collectio. Tomus I. Parisiis 1724 col.294-314, fehlerhaft. Zu benützen jetzt allein die Ausgabe von K. Manitius, Gunzo, Epistola ad Augienses und Anselm von Besate, Rhetorimachia. Weimar 1958 (MGH Quellen zur Geistesgeschichte des Mittelalters 2) - vollständige Literaturangaben. - L.D. Reynolds, Revue d'histoire des textes 14-15 (1984-1985) 59-69.

Die bisher übliche Identifizierung mit einem Diakon Gunzo aus Novara, von dem sich ein Brief kirchenrechtlichen Inhalts (über unerlaubte Ehen) an Bischof Atto von Vercelli erhalten hat (bei L. d'Achery (Dacherius), Veterum aliquot scriptorum qui in Galliae bibliothecis maxime Benedictinorum latuerant spicilegium ... tomus I. 2. Aufl. Parisiis 1723 p.437), wird von K. Manitius l.c. 4 mit Recht als unzureichend begründet aufgegeben.

A n s e l m v o n B e s a t e (S. 393-395).

Zuerst bekanntgemacht wurde Anselm durch E. Dümmler, Anselm der Peripatetiker nebst andern Beitragen zur Literaturgeschichte Italiens im eilften Jahrhundert. Halle 1872; hierin auch die Erstausgabe aller Texte (auch der Briefe an Kaiser Heinrich II. und Anselms Lehrer Drogo von Pavia).

Die *rhetorimachia* neu hrsg. mit wertvoller Einleitung von K. Manitius, Gunzo, Epistola ad Augienses und Anselm von Besate, Rhetorimachia. Weimar 1958 (MGH Quellen zur Geistesgeschichte des Mittelalters 2) 59-183.

P a p i a s (S. 395f.).

elementarium doctrinae rudimentum liegt vollständig bisher nur in alten Drucken vor: Boninus Mombritius, Vocabularium. Impressum Mediolani per Dominicum de Vespolate 1476 (Hain 12378) und öfters, siehe V. de Angelis (siehe unten) Faszikel 1, S.VI Anm. 41. Die praefatio mit englischer Übersetzung: L.W. Daly - B.A. Daly, Some Techniques in Mediaeval Latin Lexicography. Speculum 39 (1964) 229-239. Neue Edition begonnen von V. de Angelis, Papiae elementarium. Littera A. I (A- Aequus). II (Aequus-Anniferme). III (Ani-Azoni). Milano 1977, 1978, 1980 (Testi e documenti per lo studio dell'antichità 58, 1.2.3). - Zur Nachwirkung: Benützung z.B. bei dem Lexikographen Iohannes de Mera in seinem Puericius und Brachylogus: G. Powitz, Johannes de Mera, ein Brabanter Lexikograph des 14. Jahrhunderts. Mittellateinisches Jahrbuch 13 (1978) 204-216; in einem anonymen Persius-Kommentar des XV. Jahrhunderts: M. Donnini, Sul commento a Persio del „Perusinus H 63". Giornale italiano di filologia 33 (1981) 255-260. Eine verkürzte Bearbeitung des Papias: M. Donnini, Nota sull' „Excerptio de libro Papie" del cod. Vat. Reg. lat. 1392. Studi medievali. Serie terza 24 (1983) 717-724.

In den Schlußbemerkungen zum Lexikon weist der Verfasser auf einen Abriß der *Grammatik* hin, den er seinem Werk angefügt habe. Teilweiser Abdruck bei H. Hagen, Anecdota Helvetica quae ad grammaticam latinam spectant ex bibliothecis Turicensi Einsidlensi Bernensi. Lipsiae 1870 (Grammatici Latini ex recensione Henrici Keilii. Supplementum) CLXXIX-CLXXXIV. Es handelt sich um einen Auszug aus Priscian. Die handschriftliche Überlieferung stellt dar R. Cervani, La tradizione manoscritta dell' „Ars grammatica" di Papias. [Università degli studi di Lecce] Annali del dipartimento di scienze storiche e sociali 2 (1983) 5-40; 3 (1984) 5-27; In margine alla tradizione manoscritta dell' „Ars grammatica" di Papias: il codice „Remensis" 1091. [Università degli studi di Genova. Facoltà di Magistero. Istituto di civiltà classica cristiana medievale.] Studi e ricerche 7 (Genova 1986) 51-54; über die Verbreitung im späten Mittelalter dies., Considerazioni sulla diffusione dei testi grammaticali: la tradizione di Donato, Prisciano, Papias nei secoli XII-XV. Bullettino dell'Istituto Storico Italiano per il Medio Evo e Archivio Muratoriano 91 (1984) 397-421.

G u i d o v o n A r e z z o (S. 396-398).
Die bisher einzige, für ihre Zeit vortreffliche Gesamtausgabe von Martin Gerbert (Fürstabt von St. Blasien), Scriptores ecclesiastici de musica sacra potissimum ... tomus II. Typis Sanblasianis 1784 p.1-61 ist noch nicht in allen Teilen ersetzt. Nur hier stehen die *regulae musicae de ignoto cantu*: p.34-42.
Neuere Editionen sind zu benützen: Zum Texte M. Gerberts kollationierte der Trierer Dom- Musikdirektor M. Hermesdorff in seiner Ausgabe des *Micrologus de disciplina artis musicae*, Trier 1876, drei Münchner Handschriften hinzu; danach ed. A.M. Amelli, Guidonis monachi Aretini Micrologus ad praestantiores codices mss. exactus. Romae 1904 [sehr selten]; neue krit. Edition von J. Smits van Waesberghe, Guidonis Aretini micrologus. Rome 1955 (Corpus scriptorum de musica 4). - Auf eine übersehene Handschrift aus Hartmann Schedels Besitz macht aufmerksam R. Wiesend, Die Guido- Handschrift Hartmann Schedels. Die Musikforschung 32 (1979) 52- 58. - Der dem micrologus beigefügte Widmungsbrief, die *epistula ad Theudaldum episcopum*, wird in der musikwissenschaftlichen Literatur zuweilen wie eine selbständige Schrift zitiert. Hiezu erläuternd H. Wolking, Guidos „Micrologus de disciplina artis musicae" und seine Quellen. Phil. Diss. Münster 1930. Ein mittelalterlicher Kommentar zum micrologus hrsg. von C. Vivell OSB, Commentarius anonymus in Micrologum Guidonis Aretini. Sitzungsberichte der kais. Akademie der Wissenschaften in Wien. Phil.-hist. Klasse. 185, 5. Wien 1917. Ders., Ein anonymer Kommentar zum Mikrologus des Guido d'Arezzo. Studien und Mitteilungen zur Geschichte des Benediktiner-Ordens und seiner Zweige 35 (1914) 56-80. Weitere anonyme Kommentare zum Micrologus: liber argumentorum (inc. *Musica a quo inventa? A Pythagora*), nur wenige Handschriften des XII., XIII. und XV. Jahrhunderts; liber specierum (inc. *Quid est musica? Musica est species in motus vocum*), Handschriften wie zuvor; metrologus (inc. metrologus *Magister historiarum dicit quod Thubal pater canentium*), etliche Handschriften saec. XIV/XV, zum Teil gegen Guido gerichtet, erklärt nur die ersten Kapitel; dazu der von C. Vivell edierte Commentarius anonymus in Micrologum Guidonis Aretini (inc. *Micros graece, brevis latine, logos sermo, inde micrologus*), drei Handschriften saec. XII-XIV bekannt. Alle ediert von J. Smits van Waesberghe, Expositiones in Micrologum Guidonis Aretini. Amsterdam 1957 (brauchbar, aber alles etwas oberflächlich).

Die zumeist mit dem micrologus verbundenen *regulae rhythmicae* (inc. prol. *Gliscunt corda meis hominum mollita camenis;* inc. regulae *Musicorum et cantorum magna est distantia*) bei M. Gerbert l.c. p.25-34, sind jetzt hrsg. von J. Smits van Waesberghe und E. Vetter, Guidonis Aretini „Regulae rhythmicae". Buren 1985 (Divitiae musicae artis. A IV), kommentiert von Peter Wagner, Einführung in die gregorianischen Melodien. II: Neumenkunde. ²Leipzig 1912, 281-286.

prologus in antiphonarium (inc. prol. *Temporibus nostris super omnes homines,* inc. *Et quod super omnia mala magis est*) M. Gerbert l.c. p.34-37 ist jetzt hrsg. von J. Smits van Waesberghe, Guidonis „Prologus in Antiphonarium". Buren 1975 (Divitiae Musicae Artis. A III).

epistola ad Michaelem (*epistula Guidonis Michaeli monacho de ignoto cantu*) inc. *Beatissimo atque dulcissimo Fratri Michaeli Guido* bei M. Gerbert l.c. p.43-50; Wiederabdruck mit Übersetzung und Erklärung von M. Hermesdorff zunächst in: Cäcilia. Organ für katholische Kirchen-Musik 12 (Trier 1873) 17-20, 27-29, 33-35, 43-45, 49-52, 57-60, 65-67; dann selbständig Trier 1884): Die von J. Smits van Waesberghe († 1986) angekündigte Ausgabe der „Guidonis Aretini Epistula ad Michaelem" in der Reihe der Divitiae Musicae Artis. A V ist nicht mehr erschienen, sie wird von Eddie Vetter vorbereitet.

de modorum formulis et cantuum qualitatibus ed. E. de Coussemaker, Scriptorum de musica medii aevi novam seriem ... II. Parisiis 1867 p.78-115, mit dem rhythmischen Epilogus (inc. *Ars<que> humanas instruit loquelas en grammatica*) l.c. p.110-115; hiezu gehören ferner die Guido zugeschriebenen Versgruppen: *de sex motibus vocum ad se invicem et dimensione earum* (inc. *Omnibus ecce modis descripta relatio vocis*), E. de Coussemaker l.c. 115-116.

Über Guidos *Lehre vom Organum:* H. Riemann, Geschichte der Musiktheorie im IX. - XIX. Jahrhundert. ²Berlin 1920, 73-85. Ein gelegentlich Guido von Arezzo zugeschriebener *antisimonistischer Brief* (ed. F. Thaner, MGH Libelli de lite I (1891) 5-7; hiezu A. Hauck, Kirchengeschichte Deutschlands. III. ⁶Berlin 1952, 594) stammt möglicherweise von G u i d o (Wido) v o n F e r r a r a.

Gesamtwürdigung bei J. Smits van Waesberghe in: Die Musik in Geschichte und Gegenwart V (1956) 1071-1078. E.L. Waeltner - M. Bernhard, Wortindex zu den echten Schriften Guidos von Arezzo. München 1976 (Bayerische Akademie der Wissenschaften. Veröffentlichungen der Musikhistorischen Kommission 2). J. Smits van Waesberghe, Wie Wortwahl und Terminologie bei Guido von Arezzo entstanden und überliefert wurden. Archiv für Musikwissenschaft 31 (1974) 73-86.

VIERTES KAPITEL: DEUTSCHLAND

G e r h a r d   v o n   A u g s b u r g (S. 400f.).
Krit. Edition der *vita sancti Oudalrici episcopi* von G. Waitz, MGH Script. IV (1841) 377-425. - BHL 8359, 8360.
G. Tangl bei Wattenbach-Holtzmann 257 und Nachträge bei Wattenbach-Holtzmann-(Schmale) 79*. Lexikon des Mittelalters IV (1989) 1315 (K. Schnith).

G e b h a r d   v o n   A u g s b u r g (S. 402).
Bisher einzige, den ganzen (unvollendeten) Text der *vita sancti Oudalrici episcopi* enthaltende Ausgabe in [M. Welser], De vita s. Udalrici Augustanorum

Vindelicorum episcopi quae extant. Pleraque antehac nunquam edita. Augustae Vindelicorum 1595 p.177-188, wieder abgedruckt in M. Velseri ... opera historica et philologica, sacra et profana ... Norimbergae 1682 p.591-595. G. Waitz, MGH Script. IV (1841) 381 druckt nur den Prolog. - BHL 8361. G. Tangl bei Wattenbach-Holtzmann 258, 278.

gesta Apollonii regis Tyri (S. 402f.)
Das Gedicht *Auribus intentis, toto moderamine mentis* nach der einzigen bekannten Handschrift Gent, Universitätsbibl. Hs 169, saec. XI (aus Tegernsee?) hrsg. von E. Dümmler, MGH Poetae II (1884) 483-506. Neuere Ausgabe von F. Ermini, Poeti epici latini del secolo X. Roma 1920 (Scrittori latini del medio evo. Collezione Monaci [1]) 109-125.
Literatur bei Schaller/Könsgen 1487. Lexikon des Mittelalters I (1980) 771sq. (J. Gruber).

Ruotger von Köln (S. 403f.).
Die *vita Brunonis* ist erstmals hrsg. von dem Kölner Hagiographen und Kartäuser Laurentius Surius in seiner Sammlung De probatis sanctorum historiis ... tomus V. Coloniae 1574 p.701- 722; weitere alte Ausgaben bei I. Ott, S. XXV. Maßgebend: Ruotgeri vita Brunonis archiepiscopi Coloniensis. Ruotgers Lebensbeschreibung des Erzbischofs Bruno von Köln, hrsg. von I. Ott. Weimar 1951. (MGH Script. rer. Germ. nova series X); sorgfältige Ausgabe, in der Nachweisung von benützter Literatur eher etwas zu weit gehend. - BHL 1468.
Zu Israel, dem Lehrer des Ruotger, siehe unten S. 639. H. Sproemberg bei Wattenbach-Holtzmann 88-92 und Nachträge bei Wattenbach-Holtzmann-(Schmale) 34*sq.

Walther von Speyer (S. 404f.).
Krit. Edition der *vita et passio sancti Christophori martyris* von K. Strecker, MGH Poetae V (1937) 1-79 (10-63 die poetische Fassung, 63-78 die Prosafassung). - BHL 1776, 1777. Nur Buch I der poetischen Fassung: P. Vossen, Der Libellus Scolasticus des Walther von Speyer. Ein Schulbericht aus dem Jahre 984. Berlin 1962 (Text nach K. Strecker mit deutscher Übersetzung, Einleitung und sehr ausführlichem Kommentar). Zu der darin behandelten Musikerziehung s. auch K. Finkel, Musikerziehung am Mittelrhein um die Jahrtausendwende. Der „libellus scolasticus" des Walther von Speyer als älteste Quelle zum mittelalterlichen Musikunterricht. Archiv für Kulturgeschichte 58 (1976) 371-380. Zur Einordnung in die Geschichte des Christopheruskultes Hans-Friedrich Rosenfeld, Der hl. Christophorus. Seine Verehrung und seine Legende. Eine Untersuchung zur Kultgeographie und Legendenbildung des Mittelalters. Leipzig 1937 (Acta Academiae Aboensis. Humaniora X, 3), besonders 108. - Schaller/Könsgen 15519.

Onulf von Speyer (S. 405f.).
colores rhetorici erstmals hrsg. von W. Wattenbach, Magister Onulf von Speyer. Sitzungsberichte der königlich Preussischen Akademie der Wissenschaften zu Berlin 1894. Berlin 1894, 361-386.
Das sogenannte *poema biblicum* zuerst hrsg. von K. Young, The Poema Biblicum of Onulphus. Publications of the Modern Language Association 20

(1915) 25-41, der es irrtümlich als geistliches Spiel deutete wegen des Dialogs; vgl. K. Young, The Drama of the Medieval Church. II. Oxford 1933, 451. Gute Quellenuntersuchung und Deutung von L. Wallach, Onulf of Speyer, a Humanist of the eleventh century. Medievalia et Humanistica 6 (1950) 35-56.

H r o t s v i t h a   v o n   G a n d e r s h e i m (S. 406-416).
Grundlegend die erste krit. Edition: *Hrotsvitae opera.* Recensuit et emendavit Paulus de Winterfeld. Berolini 1903 (Scriptores rerum Germanicarum in usum scholarum ex MGH separatim editi [34]) - mit ausführlichem Index verborum. Der Text ist von neuem selbständig durchgearbeitet in den beiden krit. Editionen von K. Strecker, Lipsiae 1906 und 1930 (in der Bibliotheca Teubneriana); Abdruck des Streckerschen Textes ohne Apparat, mit Einleitungen und Kommentar in der Art eher einer Schul- als wissensschaftlichen Ausgabe von H. Homeyer, München u.a. 1970 (viele nützliche Angaben aus Sekundärliteratur, aber auch einfache Übersetzungshilfen).
Zur Nachwirkung F. Rädle (siehe unten) 208; ferner a) des Pelagius auf der iberischen Halbinsel, H. Walz in: Iberoromania 4 (1976) 19-40; b) der Dramen: F. Wagner, Johann Christoph Gottsched und Hrotsvit von Gandersheim. Mittellateinisches Jahrbuch 13 (1978) 253-266 und K.A. Zaenker, „Eyn hübsche Comedia Abraham genant". Hrotsvits von Gandersheim „Abraham" in der Übersetzung des Adam Werner von Themar. Mittellateinisches Jahrbuch 17 (1982) 217-229; c) der primordia: H. Goetting, Das Überlieferungsschicksal von Hrotsvits Primordia, in: FS für H. Heimpel hrsg. von den Mitarbeitern des Max-Planck-Instituts für Geschichte III. Göttingen 1972 (Veröffentlichungen des Max-Planck-Instituts für Geschichte 36, 3) 61-108.
Verfasserlexikon² IV (1988) 196-210 (F. Rädle).

B o v o   I I .   v o n   C o r v e y (S. 416f.).
Kommentar zu Boethii consolatio philosophiae III m.9 zuerst hrsg. von A. Mai, Classicorum auctorum e Vaticanis codicibus editorum tomus III. Romae 1831 p.331-345; danach bei Migne PL 64, 1239-1246. Neue krit. Edition von R.B.C. Huygens, Mittelalterliche Kommentare zum „O qui perpetua...". Sacris Eruditi 6 (1954) 373-427.
Zu den Griechischkenntnissen Bovos W. Ohnsorge, Drei deperdita der byzantinischen Kaiserkanzlei und die Frankenadresse im Zeremonienbuch des Konstantinos Porphyrogennetos. Byzantinische Zeitschrift 45 (1952) 320-339 (= ders., Abendland und Byzanz. 1965, 227-254. Über Bovos Grundeinstellung J.A. Endres, Studien zur Geschichte der Frühscholastik. Bovo II. von Corvey. Philosophisches Jahrbuch 25 (1912) 364-367.
Verfasserlexikon² I (1978) 976sq. (F. Rädle); P. Courcelle, La consolation de philosophie dans la tradition littéraire. Paris 1967, 292-295.

W i d u k i n d   v o n   C o r v e y (S. 417-424).
rerum Saxonicarum libri tres: maßgebende krit. Edition Widukindi monachi Corbeiensis rerum gestarum Saxonicarum libri tres. Editio quinta post G. Waitz et K.A. Kehr recognovit Paulus Hirsch adiuvante H.-E. Lohmann. Hannoverae 1935 (Scriptores rerum Germanicarum in usum scholarum ex MGH separatim editi [60]).
Wichtige Monographie: H. Beumann, Widukind von Korvei, Untersuchungen zur Geschichtschreibung und zur Ideengeschichte des 10. Jahrhunderts.

1950 (Abhandlungen über Korveier Geschichtschreibung 3). Ders., Historiographische Konzeption und politische Ziele Widukinds von Corvey, in: La storiografia altomedievale. II. Spoleto 1970 (Settimane di studio del Centro italiano di studi sull'alto medioevo 17) 857-894. - R. Holtzmann bei Wattenbach-Holtzmann 24-33 und Nachträge bei Wattenbach- Holtzmann-(Schmale) 11*-14*.

B r u n   v o n   Q u e r f u r t (S. 424-428).
Der *Brief an Heinrich II.* vom Winter 1008 bei W. von Giesebrecht, Geschichte der deutschen Kaiserzeit. II. ⁵Leipzig 1885, 702-705.

Von der *passio sancti Adelberti episcopi et martyris* ist die längere Fassung vollständig zuerst gedruckt von A. Bielowski, Monumenta Poloniae Historica. I. Lwów 1864, 184-222. A. Bielowski berücksichtigt den Text der kürzeren Fassung in der Edition von G.H. Pertz (siehe unten). Die jetzt maßgebende Edition ist die von J. Karwasińska, Monumenta Poloniae Historica. Series nova. IV, 2. Warszawa 1969, 3-41. - BHL 38.

Die kürzere Fassung war zuerst ediert worden von G. Henschen, Acta SS. Aprilis III (1675) 187-198. Krit. ediert von G.H. Pertz, MGH Script. IV (1841) 596-612. Jetzt zu zitieren J. Karwasińska l.c. 43-69. - J. Karwasińska (mit G.H. Pertz) hält die ausführliche Fassung für die ältere; umgekehrt O. Králík in: Listy filologické 93 (1970) 249-261 (mit deutschem Resumé). - BHL 39.

Die *passio sanctorum Benedicti et Iohannis ac sociorum eorundem (quinque fratrum)* ist zuerst ediert worden von R. Kade in den MGH Script. XV, 2 (1888) 716-738. Ferner W. Kętrzyński, Monumenta Poloniae Historica. VI. Kraków 1893, 388- 429. Jetzt J. Karwasińska, Monumenta Poloniae Historica. Series nova. IV, 3. Warszawa 1973, 27-84; hiezu die Rezension von P. Devos, Analecta Bollandiana 92 (1974) 234-237. - BHL 1147.

L e b e n   d e r   K ö n i g i n   M a t h i l d e (S. 428-430).
Die ältere *vita Mathildis reginae* (anonym, Nordhausen um 975) lag, ohne irgendwo sonst eine Spur hinterlassen zu haben, verborgen in der einzigen Handschrift des sog. chronicon Palidense oder Pöhlder Annalen, in Göttingen, Universitätsbibliothek cod. Histor. 333, fol. 65-69, welche ihrerseits Abschrift (Anfang 18. Jhd.) einer damals verloren geglaubten Handschrift des XII. Jahrhunderts aus Pöhlde am Harz war, bis die vita durch Zufall von R. Köpke entdeckt und veröffentlicht wurde: MGH Script. X (1852) 573-582. Diese Vorlage wiederaufgefunden von G. Waitz in Oxford, Bodleian Library, Cod. Laud. Misc. 633 (olim G.85) saec. XII: Neues Archiv der Gesellschaft für ältere dt. Geschichtskunde 4 (1879) 9-42, hier 28-30. - BHL 5683.

Die von jeher bekannte jüngere *vita Mathildis reginae* ist hrsg. von G.H. Pertz, MGH Script. IV (1841) 282-302. - BHL 5684. R. Holtzmann bei Wattenbach-Holtzmann 38-40 und Nachträge bei Wattenbach-Holtzmann-(Schmale) 17*.

T h i e t m a r   v o n   M e r s e b u r g (S. 430-433).
Gute krit. Ausgabe der *Chronik* von F. Kurze, Thietmari Merseburgensis episcopi chronicon. Hannoverae 1889 (Scriptores rerum Germanicarum in usum scholarum ex MGH recusi [54]). Maßgebend jetzt die krit. Edition von R. Holtzmann, Die Chronik des Bischofs Thietmar von Merseburg und ihre Korveier Überarbeitung. Berlin 1935 [2. unveränd. Aufl. 1956] (MGH Script. rer. Germ. nova series IX).

Vollständiges Faksimile der Originalhandschrift: Die Dresdner Handschrift der Chronik des Bischofs Thietmar von Merseburg. Eingeleitet von L. Schmidt. Dresden 1909. Über diesen Codex (Dresden, Sächsische Landesbibl. R 147 aus dem Merseburger Petersstift, im Krieg zerstört) P. Lehmann, Autographe und Originale namhafter lateinischer Schriftsteller des Mittelalters. Zeitschrift des Deutschen Vereins für Buchwesen und Schrifttum 3 (1920) 6-16, wiederabgedruckt bei P. Lehmann, Erforschung d. Mittelalters. Ausgewählte Aufsätze und Abhandlungen. I. Leipzig 1941, 359-381, hier 368. K. Manitius, Die Bibliothek des Petersklosters in Merseburg. Deutsches Archiv für Erforschung des Mittelalters 20 (1964) 203sq.

Bemerkungen zur Sprache Thietmars von N. Fickermann, Thietmar v. Merseburg in der lateinischen Sprachtradition. Jahrbuch für die Geschichte Mittel- und Ostdeutschlands 6 (1957) 21-76 (mit Kritik an der Edition Holtzmanns in sprachlicher Hinsicht).

R. Holtzmann bei Wattenbach-Holtzmann 52-56 und Nachträge bei Wattenbach-Holtzmann-(Schmale) 21* - 23*.

T h a n g m a r   v o n   H i l d e s h e i m (S. 433f.).
vita Bernwardi episcopi hrsg. von G.H. Pertz, MGH Script. IV (1841) 754-782. - BHL 1253.

R. Holtzmann bei Wattenbach-Holtzmann 58-64 und Nachträge bei Wattenbach-Holtzmann-(Schmale) 24*sq. Über Bernward selbst zusammenfassend Lexikon des Mittelalters I (1980) 2012sq. (F. Lotter - historisch), 1213sq. (V.H. Elbern - kunsthistorisch).

W o l f h e r   v o n   H i l d e s h e i m (S. 434f.).
Die erste Aufzeichnung über Godehard am Ende der vita Bernwardi: G.H. Pertz, MGH Script. IV (1841) 757-82. - BHL 1254. Die *erste Fassung der vita Godehardi* des Wolfher allein bei G.H. Pertz, MGH Script. XI (1854) 167-196. - BHL 3581. Die zweite vita (*vita posterior*) nach erster Ausgabe, Vita beatissimi patris Godehardi Hildeshemensis ecclesie Antistitis Confessorisque ... 1518 [Lipsi impressit Vuolfgangus Monacensis 1518] fol. sign. [A i^v] - D^v; Acta SS. Maii I (1680) 502-518, krit. von G.H. Pertz, MGH Script. XI (1854) 196-218. - BHL 3582.

Über Person und schriftstellerische Tätigkeit B. Gerlach, Wolfher, der Biograph des hl. Godehard. Unsere Diözese in Vergangenheit und Gegenwart 12 (1938) 73-88. E. Landers, Die deutschen Klöster vom Ausgang Karls des Großen bis zum Wormser Konkordat und ihr Verhältnis zu den Reformen. Berlin 1938, 36sq. R. Holtzmann bei Wattenbach-Holtzmann 43, 61 Anm. 172, 63-65 und Nachträge bei Wattenbach-Holtzmann-(Schmale) 25*.

B u r c h a r d   v o n   W o r m s (S. 435-437).
Das *decretum* wurde zuerst hrsg. von Barthold de Questenburg [Bartoldus Questenburgh], D. Burchardi Wormaciensis ecclesiae episcopi, decretorum Libri XX. ... Coloniae 1548, im wesentlichen davon abgedruckt ohne Nennung des Herausgebers Parisiis 1549 (und weitere alte Ausgaben, vgl. E. van Balberghe, Recherches de Théologie ancienne et médiévale 37 (1970) 5-22); davon Nachruck bei Migne PL 140, 491-1090. G. Fransen, Le Décret de Burchard de Worms. Valeur du texte de l'édition. Essai de classement des manuscrits. Zeitschrift der Savigny-Stiftung für Rechtsgeschichte. Kanonistische Abteilung

63 (1977) 1-19. Eingehende Behandlung bei P. Fournier, Études critiques sur le Décret de Burchard de Worms. Nouvelle Revue historique de Droit français et étranger 34 (1910) 41-112, 213-221, 289-331, 564-584 (= Mélanges de droit canonique. I. Aalen 1983, 247-391) sowie bei P. Fournier - G. Le Bras, Histoire des collections canoniques en occident depuis les fausses décrétales jusqu'au le décret de Gratien. I. Paris 1931, 364-421. Zu den Quellen M. Kerner - F. Kerff - R. Pokorny - K.G. Schon - H. Tills, Textidentifikation und Provenienzanalyse im Decretum Burchardi, in: Studia Gratiana 20 (1976) 17-63 (= FS für G. Fransen. II). Über mittelalterliche Auszüge aus dem decretum P. Brommer, in: Jahrbuch für westdeutsche Landesgeschichte 1 (1975) 19-45.

Das älteste Dienstrecht für Hörige, die *lex familiae Wormatiensis ecclesiae*, ist krit. hrsg. von L. Weiland, MGH Constiutiones I (1893) 639-544.

Verfasserlexikon² I (1978) 1121-1127 (M. Kerner). Lexikon des Mittelalters 2 (1983) 946-951 (R. Kaiser - M. Kerner).

N o t k e r u s   p i p e r i s   g r a n u m (S. 437).
J. Duft, Notker der Arzt. Klostermedizin und Mönchsarzt im frühmittelalterlichen St. Gallen. St. Gallen 1972, 39-61. J. Autenrieth, Medicus - vir iustus et bonus. Zu einer lateinischen Version des hippokratischen Prognostikon im Codex Sangallensis 44. Florilegium Sangallense. FS für Johannes Duft hrsg. von O.P. Clavadetscher u.a. St. Gallen - Sigmaringen 1980, 1-13.

Verfasserlexikon² VI (1987) 1210-1212 (J. Duft).

N o t k e r   L a b e o (S. 437f.).
In der Altdeutschen Textbibliothek wurde von E.H. Sehrt und T. Starck eine Neuausgabe der Werke Notkers des Deutschen begonnen, von J.C. King und P.W. Tax fortgesetzt. Bisher ist ediert die *Übersetzung* des Boethius, de consolatione philosophiae im wesentlichen nach der einzigen vollständigen Handschrift St. Gallen Stiftsbibliothek cod. 825 von P.W. Tax (ATB 94, Tübingen 1986; 100, 1988; 101, 1990), drei Kommentarbände dazu sind geplant. Des Boethius Bearbeitung der Schriften „Categoriae" (ATB 73, 1972) und „De interpretatione" (ATB 81, 1975) des Aristoteles sowie des Martianus Capella de nuptiis Philologiae et Mercurii (ATB 87, 1979) in der Verdeutschung Notkers mit den lateinischen Quellen, aus denen er seine Übersetzung angereichert hat (ATB 98, 1986), wurden hrsg. von J.C. King; von P.W. Tax der Psalter, die cantica und katechetischen Texte (ATB 84, 1979; ATB 91, 1981; ATB 93, 1983) sowie die Quellen hiezu (ATB 74, 1972; ATB 75, 1973; ATB 80, 1975).

E k k e h a r t   I V .   v o n   S t . G a l l e n (S. 438-446).
Der *liber benedictionum* und die sonstigen in St. Gallen, Stiftsbibliothek cod. 393 enthaltenen *Gedichte* sind gut herausgegeben von J. Egli, Der Liber benedictionum Ekkeharts IV. nebst den kleinern Dichtungen aus dem Codex Sangallensis 393 zum ersten Mal vollständig herausgegeben und erläutert von J.Egli. St. Gallen 1909. - P. Osterwalder, „Ekkehardus glossator". Zu den Glossierungen Ekkeharts IV. im „Liber benedictionum", in: Variorum munera florum. FS für H.F. Haefele hrsg. von A. Reinle u.a. Sigmaringen 1985, 73-82.

P. Osterwalder, Das althochdeutsche Galluslied Ratperts und seine lateinischen Übersetzungen durch Ekkehart IV. Einordnung und kritische Edition. Berlin u.a. 1982 (Das Althochdeutsche in St. Gallen 6).

Der *Brief an Ymmo* hrsg. von K. Strecker, MGH Poetae V (1937) 532sq. Der Text (fehlerhaft) auch bei E. Faral, Les arts poétiques du XIIe et du XIIIe siècle. Paris 1924, 104sq. als unmittelbare Vorstufe der artes poeticae (des Matthaeus von Vendôme und der Folgenden). Weitere Gedichte K. Strecker l.c.
casus sancti Galli: Nach der Erstveröffentlichung durch Melchior Goldast, Alamannicarum rerum scriptores ... I, 1. Francofurti 1606 p.35-109, und der berühmten Edition durch den (letzten dem Benediktinerorden angehörenden) St. Galler Stiftsarchivar und -bibliothekar Ildefons von Arx, MGH Script. II (1829) 77-147 ist jetzt noch zu benützen die sorgfältige, mit reichen Anmerkungen versehene Ausgabe von Gerold Mayer von Knonau, St. Gallische Geschichtsquellen. III. Ekkeharti (IV.) Casus sancti Galli. St. Gallen 1877 (Mittheilungen zur vaterländischen Geschichte 15. 16 [Neue Folge 5. 6]). Neue Edition zu erwarten von Hans F. Haefele für die MGH; einstweilen von demselben, Ekkehardus IV. Casus sancti Galli. Ekkehard IV. St. Galler Klostergeschichten. Darmstadt 1980 (Ausgewählte Quellen zur deutschen Geschichte des Mittelalters. Freiherr vom Stein-Gedächtnisausgabe 10) - lateinischer Text und die Übersetzung mit knappen Anmerkungen, hier auch alle wichtige Literatur. H.F. Haefele, Zum Aufbau der Casus sancti Galli Ekkhards IV., in: Typologia litterarum. FS für Max Wehrli hrsg. von S. Sonderegger u.a. Zürich 1969, 155-166. Ders., Tu dixisti. Zitate und Reminiszenzen in Ekkehards Casus sancti Galli, in: Florilegium Sangallense. FS für Johannes Duft. Hrsg. von O.P. Clavadetscher u.a. St. Gallen - Sigmaringen 1980, 181-198. Einfühlende und feinsinnige Charakterisierung von demselben, Wolo cecidit. Zur Deutung einer Ekkehard-Erzählung. Deutsches Archiv für Erforschung des Mittelalters 35 (1979) 17-32.
Eingehende Gesamtdarstellung von H.F. Haefele im Verfasserlexikon² I (1978) 45-65. J. Duft, „Ekkehardus - Ekkehart". Wie Ekkehart IV. seinen Namen geschrieben hat, in: Variorum munera florum l.c. 83-90.

B e r n   v o n   R e i c h e n a u (S. 446-450).
Die einzige (nicht ganz vollständige) Gesamtausgabe bei Migne PL 142, 1055-1210 ist aus mehreren älteren Editionen zusammengestellt, jedoch noch nicht in allen Teilen überholt.
de quibusdam rebus ad missae officium pertinentibus (gelegentlich unrichtig *de officiis ecclesiasticis* genannt): Migne PL 142, 1055-1080, nach der M. de La Bigne, Maxima Bibliotheca veterum patrum et antiquorum scriptorum ecclesiasticorum ... tomus XVIII. Lugduni 1677 p.56-64. Vgl. A. Franz, Die Messe im deutschen Mittelalter. Freiburg i.Br. 1902, 413. J.A. Jungmann S.J., Missarum sollemnia. Eine genetische Erklärung der römischen Messe. ⁵Freiburg 1962 [¹Wien 1948] (Register).
Die weiteren liturgischen Traktate: *qualiter adventus Domini celebretur quando nativitas Domini feria secunda evenerit* bei Migne PL 142, 1079-1086, sowie *ratio generalis de initio adventus Domini secundum auctoritatem Hilarii episcopi* l.c. 1085-1088, und der *dialogus qualiter quattuor temporum ieiunia per sua sabbata sint celebranda* l.c. 1087- 1098 sind Abdrucke von Bernhard Pez, Thesaurus anecdotorum novissimus ... tomus IV, 2. Augustae Vindelicorum et Graecii 1729 col.39-68.
Musiktheoretische Schriften:
Bern hat, nach gegenwärtig herrschender Vorstellung nicht in jeder Hinsicht gesichert, die folgenden verfaßt:

I. *de mensurando monochordo*
II. *prologus in tonarium* (mit dem *tonarius*)
III. *de consona tonorum diversitate*
IV. *de varia psalmorum atque cantuum modulatione.*

Von diesen sind (in dieser Reihenfolge) II, IV, III gedruckt bei Martin Gerbert, Scriptores de musica sacra potissimum ... tomus II. Typis Sanblasianis 1789 p.62-124; Migne PL 142, 1097-1158 ist Abdruck hievon. Krit. Edition der gesamten theoretischen Schriften Berns war begonnen von J. Smits van Waesberghe unter dem Titel: Bernonis Augiensis abbatis de arte musica disputationes traditae; hievon sind erschienen: Pars A. Bernonis Augiensis de mensurando monochordo. Buren 1978 (= oben Traktat I); Pars B. Quae ratio est inter tria opera de arte musica Bernonis Augiensis. Buren 1979 (Divitiae musicae artis. A VIa, b), mit Abbildungen der benützten Handschriften, an sich nützlich, weil auf Handschriften gegründet und kommentiert, doch gehen Text, Einleitungen, Kommentar wirr durcheinander. Die wichtigste der musiktheoretischen Schriften Berns, der *prologus in tonarium* (häufig Bernonis musica genannt) ist noch immer nur bei M. Gerbert l.c. p.62-79 (bzw. Abdruck bei Migne, PL 142, 1097-1116) zu lesen. Eine Kollation der Hs. Trier, Stadtbibliothek LX (saec. XII?) mit dem Gerbertschem Text bietet P. Bohn, Musica Bernonis seu Prologus in Tonarium. Monatshefte für Musikgeschichte 8 (1876) 223-226.

Die seinerzeit verdienstliche Ausgabe der *Briefe* Berns von Bernhard Pez, Thesaurus anecdotorum novissimus ... tomus VI, 1. Augustae Vindelicorum et Graecii 1729 col.201-222 (Abdruck bei Migne PL 142, 1157-1176) ist gänzlich überholt durch die neue Edition von F.-J. Schmale, Die Briefe des Abtes Bern von Reichenau. Stuttgart 1961 (Veröffentlichungen der Kommission für geschichtliche Landeskunde in Baden-Württemberg. Reihe A. Quellen 6), statt 11 und etlicher Fragmente über 30 Nummern; mit Regesten, krit. Apparat, biographischer Einleitung und Register - sehr nützliche Sammlung.

Die editio princeps der *vita Udalrici* in Augsburg 1516 [Imprimebat ... Silvanus Otmar] anonym [ed. Veit Bild ?]: Gloriosorum christi confessorum Vldarici et Symperti necnon beatissimę martyris Aphrę ... historię fol. sign. a.ii^v-D.5^v. Aus Marci Velseri ... opera historica et philosphica sacra et profana. Norimbergae 1682 p.596-617, nachgedruckt bei Migne PL 142, 1183-1204. - BHL 8362. - Die deutsche (Übersetzung und) Versbearbeitung des Albert von Augsburg um 1200 ist nach dem Abdruck des Textes aus cgm 94 der Bayerischen Staatsbibliothek München hrsg. durch J.A. Schmeller, St. Ulrichs Leben, lateinisch beschrieben durch Berno v. Reichenau, und um das Jahr 1200 in deutsche Reime gebracht von Albertus, München 1844, neu hrsg. von K.-E. Geith, Albert von Augsburg. Das Leben des Heiligen Ulrich. Berlin u.a. 1971 (Quellen und Forschungen zur Sprach- und Kulturgeschichte der germanischen Völker 39/163).

Biographie und Übersicht über die Werke: H. Oesch, Berno und Hermann von Reichenau als Musiktheoretiker. Mit einem Überblick über ihr Leben und die handschriftliche Überlieferung ihrer Werke. Beigabe „Das Geschichtswerk Hermanns des Lahmen in seiner Überlieferung" von Arno Duch. Bern 1961 (Publikationen der schweizerischen musikforschenden Gesellschaft. Serie II. 9). F.-J. Schmale l.c. und im Lexikon des Mittelalters I (1980) 1970sq.

Unecht ist die zuweilen - so der Nachdruck bei J. Mabillon, Acta sanctorum ord. s. Benedicti ... IV,2. Luteciae Parisiorum 1680 p.63-68, hienach Migne PL 142, 1175-1184 - dem Bern beigelegte *vita s. Meginradi* (BHL 5878); das Migne

PL 142, 1205-1210 gedruckte Gedicht *de bello Troiano* ist das verbreitete anonyme *Pergama flere volo*, am besten bei A. Hilka - Otto Schumann, Carmina Burana. Mit Benutzung der Vorarbeiten Wilhelm Meyers. I. Band: Text. 2. Die Liebeslieder. Heidelberg 1941, cb 101 S.139-160. H. Walther, Initia carminum 13985 mit Nachträgen.

Hermann von Reichenau (S. 450-460).
Die originale lateinische Namensform ist Herimannus, nicht Hermannus. Der häufige Beiname Contractus ist nachmittelalterlichen Ursprungs.

Die *Weltchronik* (*chronica* [fem.sing.!], nicht chronicon, wie meist gedruckt) ist krit. ediert von G.H. Pertz, MGH Script. V (1844) 74-133; hier auch marginale Quellenhinweise. - Als Lesetext (aber nicht zitierbar) ist noch immer wertvoll der bei Migne PL 143, 55-270 nachgedruckte Text der Ausgabe des St. Blasianer Benediktiners A. Ussermann († 1798), Chronicon Hermanni Contracti ... unacum eius vita et continuatione a Bertholdo eius discipulo scripta. Typis San. Blasianis 1790 (Germaniae Sacrae Prodromus. I) p.1-235.

G. Tangl bei Wattenbach-Holtzmann 232-239 und Nachträge bei Wattenbach-Holtzmann-(Schmale) 76*.

Über die „Schwäbische Weltchronik" H. Breßlau, Neues Archiv der Gesellschaft für ältere dt. Geschichtskunde 2 (1877) besonders 566-586; zusammenfassend G. Tangl bei Wattenbach- Holtzmann 229-232 und Nachträge bei Wattenbach-Holtzmann- (Schmale) 75*.

Astronomische Schriften:
Bernhard Pez, Thesaurus anecdotorum novissimus ... tomus III, 2. Augustae Vindelicorum 1721 col.95-140, nachgedruckt bei Migne PL 143, 379-412.

de mensura astrolabii: Migne PL 143, 381-390. Edition nach München, Bayerische Staatsbibliothek clm 14836, saec. XI (unter Beiziehung weiterer handschriftlicher Quellen, jedoch nicht philologisch-kritisch) von J. Drecker, Hermannus Contractus über das Astrolab. Isis 16 (1931) 200-219 mit inhaltlichen Erklärungen. - Zu de mensura astrolabii vgl. A. van de Vyver, Les premières traductions latines (X^e-XIe s.) de traités arabes sur l'astrolabe. 1er Congrès International de Géographie Historique. II: Mémoires. Bruxelles 1931, 266-290. Über Quellen und Verbreitung W. Bergmann, Der Traktat „De mensura astrolabii" des Hermann von Reichenau. Francia 8 (1980) 65-103.

Seit B. Pez l.c. sind mit dem Traktat de mensura astrolabii dem Hermann zugeschrieben *de utilitatibus astrolabii libri duo*. Von diesen scheint neben der von B. Pez als erstes Buch abgeteilten Astrolabschrift (Migne PL 143, 389-404) nur der erste Teil des zweiten Buches *de quodam horologio* (so nach Paris, Bibliothèque Nationale, Nouv. acq. lat. 229) von Hermann zu stammen (Migne PL 143, 405-408), das Weitere (Migne PL 143, 408-412) sind Exzerpte aus dem Kreis um Gerbert. Hierüber H. Oesch (siehe unten) 165-173; berichtigend hiezu A. Borst 1984 (siehe unten) 452sq., Anm. 168.

Der bei B. Pez nicht gedruckte kurze Traktat *de mense lunari* (Titel vom Herausgeber hinzugefügt) bei Gabriel Meier OSB, Die sieben freien Künste im Mittelalter. II. Einsiedeln, Waldshut, New York u.a. 1887 (Jahresbericht über die Lehr- und Erziehungs-Anstalt des Benediktiner-Stiftes Maria-Einsiedeln im Studienjahre 1886/87) 34-36. Jetzt in einer kritischen Neuausgabe (nach Paris, Bibliothèque Nationale, Nouv. acq. lat. 229, saec. XII) von A. Borst 1984 (siehe unten) 474-477 sowie 395, Anm. 28.

Von den *prognostica de defectu solis et lune* und dem *computus* liegt eine Teiledition vor von A. Cordoliani, Le computiste Hermann de Reichenau, in: Miscellanea storica ligure III. Milano 1963 (Università degli Studi di Genova. Istituto di Storia Medievale e Moderna. Fonti e Studi 7) 165-190. Hiezu A. Borst 1984 (siehe unten) 437-441 sowie 426-431.

Mathematische Schriften:

regulę qualiter multiplicationes fiant in abbaco (vielfach als *de divisione* bezeichnet) hrsg. von P. Treutlein, Intorno ad alcuni scritti inediti relativi al calcolo dell'abaco. Bullettino di bibliografia e di storia delle scienze matematiche e fisiche pubblicato da B. Boncompagni 10 (1877) 589- 647, hier 643-647.

de conflictu rithmimachie hrsg. von E. Wappler, Bemerkungen zur Rhythmomachie. Zeitschrift für Mathematik und Physik. Historisch-literarische Abtheilung 37 (1892) 1-17. Jetzt zur rithmimachia insgesamt die umfassende Darstellung von A. Borst, Das mittelalterliche Zahlenkampfspiel. Heidelberg 1986 (Supplemente zu den Sitzungsberichten der Heidelberger Akademie der Wissenschaften. Phil.-hist. Klasse 5) mit neuer kritischer Edition der rithmimachia Hermanns, S. 335-339.

Die neueren Arbeiten über Hermanns naturwissenschaftliche Leistungen faßt kritisch zusammen A. Borst, Ein Forschungsbericht Hermanns des Lahmen. Deutsches Archiv für Erforschung des Mittelalters 40 (1984) 379-477. Demnächst neue kritische Ausgabe seiner mathematischen Werke.

Zur Musik:

musica Herimanni bei Martin Gerbert, Scriptores ecclesiastici de musica sacra potissimum ... tomus II. Typis Sanblasianis 1784 p.124-153; Abdruck bei Migne 143, 413-444. Neue krit. Edition von L. Ellinwood, Musica Hermanni Contracti. Presented from an unedited source and collated with the Vienna MS. No. 51 and the editions of Gerbert and Brambach, with parallel English translation. University of Rochester 1952 (Eastmann School of Music Studies 2). - Vgl. H. Abert, Die Musikanschauung des Mittelalters und ihre Grundlagen. Halle 1905 (Unveränd. Nachdruck mit einem Geleitwort von H. Hüschen, Tutzing 1964) Register. Zur Notenschrift: J. Wolf, Handbuch der Notationskunde. I. Leipzig 1913 (Kleine Handbücher der Musikgeschichte nach Gattungen 8) 143-145.

Dichtungen:

Die *Sequenzen, Antiphonen* und das *responsorium de s. Afra* hrsg. von G.M. Dreves, Analecta hymnica 50 (1907) 308- 319. Zum *Afra-Officium:* W. Brambach, Die verloren geglaubte Historia de s. Afra martyre und das Salve Regina des Hermannus Contractus. Karlsruhe 1892.

Die Antiphon *Alma redemptoris mater* G.M. Dreves l.c. 318 (erstmals zitiert von Abbo von Saint-Germain, bella Parisiacae urbis I, 314-315, 337, 344) ist sicher unecht; hiezu F. Brunhölzl, Zur Antiphon „Alma redemptoris mater". Studien und Mitteilungen zur Geschichte der Benediktiner-Ordens und seiner Zweige 78 (1967) 321-324.

Vermutlich unecht ist auch das *Salve regina* (*mater* erst Zusatz des XVI. Jahrhunderts) *misericordiae*: beste Übersicht von W. Irtenkauf im Lexikon für Theologie und Kirche ^{2}IX (1964) 281sq.

Das von Berthold von Reichenau (ed. G.H. Pertz, MGH Script. V (1844) 268) als *libellus de octo vitiis principalibus* bezeichnete, bei Wolfger von Prüfening (ed. E. Ettlinger, Der sog. Anonymus Mellicensis de scriptoribus ecclesiasticis. Karlsruhe 1896, c.91 p.85) *de contemptu mundi* genannte Lehrgedicht, originale Bezeichnung vermutlich *opusculum Herimanni diverso metro compositum ad amiculas suas quasdam sanctimoniales feminas*, inc. *Musa mi dilecta surge dulce quiddam concinne* ist erstmals vollständig hrsg. von E. Dümmler, Zeitschrift für Deutsches Altertum 13 (1887) 385-434 (mit kurzer Erörterung der Entstehungsumstände und dergleichen am Ende). - Manitius II 767-771.

Das früher Hermann zugeschriebene Gedicht *de conflictu ovis et lini*, inc. *Tempore quo campi linum* ist von Winrich von Trier saec. XII, vgl. Hans Walther, Das Streitgedicht in der lateinischen Literatur des Mittelalters. München 1920 (Quellen und Untersuchungen zur lateinischen Philologie des Mittelalters V, 2). Mit einem Vorwort, Nachträgen und Registern von P.G. Schmidt. Hildesheim u.a. 1984, 55. Verfasserlexikon V (1955) 374-377 (F. Brunhölzl).

Über exegetische Bemühungen Hermanns in Glossenform, die in St. Gallen, Stiftsbibliothek cod. 64 erhalten sind, B. Bischoff, Glossen Hermanns des Lahmen und Metrische Glossen zu den Paulinischen Briefen (vor 1054). Anecdota novissima. Texte des vierten bis sechzehnten Jahrhunderts. Stuttgart 1984 (Quellen und Untersuchungen zur lateinischen Philologie des Mittelalters 7) 35-48.

Wertvolles Handschriftenmaterial bietet H. Oesch, Berno und Hermann von Reichenau als Musiktheoretiker. Mit einem Überblick über ihr Leben und die handschriftliche Überlieferung ihrer Werke. Beigabe „Das Geschichtswerk Hermanns des Lahmen in seiner Überlieferung" von Arno Duch. Bern 1961 (Publikationen der schweizerischen musikforschenden Gesellschaft. Serie II. 9). Repertorium fontium historiae medii aevi V (1984) 460-463.

Berthold von Reichenau (S. 450, 452).

Die *vita Hermanni* ist in der Fortsetzung der *chronica* Hermanns durch Berthold, ed. G.H. Pertz, MGH Script. V (1844) 264-326 (Fassung bis 1079-1080) sowie Script. XIII (1881) 730-732 (Fassung bis 1066), enthalten. Neuausgabe von Ian S. Robinson, Die Chroniken Bertholds von Reichenau und Bernolds von St. Blasien 1054-1100. (MGH Script. rer. Germ. nova series 14) [im Druck].

A. Duch, Das Geschichtswerk Hermanns des Lahmen in seiner Überlieferung, in: H. Oesch (siehe unter Hermann) 184-203. F.-J. Schmale im Verfasserlexikon² I (1978) 823sq. und im Lexikon des Mittelalters I (1980) 2036.

Heribert von Eichstätt (S. 460-463).

Die *Hymnen* sind hrsg. von G.M. Drewes, Analecta hymnica 50 (1907) 290-296.

Zu dem Initium *Advertite omnes populi* vgl. die Bemerkung K. Streckers in seiner Edition der Cambridger Lieder, Berlin 1926 (MGH) 41 Anm. zu 14,1 a. Die Vermutung, Heribert könne der Autor des Schwanks vom Schneekind (in der Form, wie ihn die Cambridger Lieder enthalten) sein, sucht zur Sicherheit zu erheben V. Schupp, Der Dichter des „Modus Liebinc". Mittellateinisches Jahrbuch 5 (1968) 29-41.

Anonymus Haserensis (S. 461).

de episcopis Eystetensibus vollständig hrsg. von L.C. Bethmann, MGH Script. VII (1846) 254-266. - Den Anonymus versuchte mit dem Eichstätter Propst und Archidiakon Heysso zu identifizieren M. Adamski, Herrieden. Kloster, Stift und Stadt im Mittelalter. Kallmünz 1954 (Schriften des Instituts für fränkische Landesforschung an der Universität Erlangen. Historische Reihe 5) 53-55; Bischof Udalrich von Eichstätt (1075-1099) wird vorgeschlagen von E.M. Werner, Anonymus Haserensis von Eichstätt. Studien zur Biographie im Hochmittelalter. Phil. Diss. München 1966, 16sq. - Neuausgabe von S. Weinfurter, Die Geschichte der Eichstätter Bischöfe des Anonymus Haserensis. Edition - Übersetzung - Kommentar. Regensburg 1987 (Eichstätter Studien. N.F. 25).

R. Holtzmann bei Wattenbach-Holtzmann 474 und Nachtrag bei Wattenbach-Holtzmann-(Schmale) 142*.

F r o m u n d   v o n   T e g e r n s e e (S. 464-467).
Auf die *Briefsammlung* im clm 19412, München, Bayerische Staatsbibliothek machte zuerst J. Mabillon aufmerksam, der in Veterum analectorum tomus IV. Luteciae 1685 p.343-399 zunächst 22 Stücke abdruckte. Carolus Meichelbeck in seiner Historiae Frisingensis I, 2. Augustae Vindelicorum 1724, druckte weitere 12 Briefe. Den verbleibenden größeren Rest veröffentlichte Bernhard Pez in seinem Thesaurus anecdotorum novissimus ... tomus VI, 1. Augustae Vindelicorum 1729 col.158- 199.

S. Günthner, Geschichte der litterarischen Anstalten in Baiern I. München 1810, druckte das im dritten Teil der Handschrift enthaltene *Rezept für Metallguß*, 397sq. Die noch nicht bekannt gemachten Stücke veröffentlichte Friedrich Seiler, Froumunds briefcodex und die gedichte desselben. Zeitschrift für deutsche Philologie 14 (1882) 385-442, mit genauer Übersicht über den Inhalt des Codex.

Erste vollständige und maßgebende Edition der Briefsammlung mit den vom Verfasser selbst eingestreuten Gedichten von K. Strecker, Die Tegernseer Briefsammlung (Froumund). Berlin 1925 (MGH Epistolae selectae 3).

Verfasserlexikon[2] II (1980) 978-982 (Ch. E. Ineichen-Eder). Ch. E. [Ineichen-] Eder, Die Schule des Klosters Tegernsee im frühen Mittelalter im Spiegel der Tegernseer Handschriften. Studien und Mitteilungen zur Geschichte des Benediktiner-Ordens und seiner Zweige 83 (1972) = Münchener Beiträge zur Mediävistik und Renaissance-Forschung. Beiheft 1972. Lexikon des Mittelalters IV (1989) 994sq.

R u o d l i e b (S. 467-473).
Erste Nachricht von Fragmenten eines lateinischen Epos, in dem der Name Ruodlieb vorkommt, gab der Münchner Bibliothekar B. J. Docen, Miscellaneen zur Geschichte der teutschen Literatur, neu-aufgefundene Denkmäler der Sprache, Poesie und Philosophie unsrer Vorfahren enthaltend. I. München 1807, 69. Erste Edition aller bis dahin bekannten Fragmente (I-XIX numeriert) von B.J. Docens Nachfolger J.A. Schmeller in der (auch die erste vollständige Ausgabe des Waltharius und der ecbasis captivi enthaltenden) wertvollen Sammlung: Lateinische Gedichte des X. und XI. Jh. Herausgegeben von Jac. Grimm und Andr. Schmeller. Göttingen 1838. - Erstmals philologisch behandelt wurde der Ruodlieb von dem Pfälzer Gymnasiallehrer F. Seiler, Ruodlieb, der älteste Roman des Mittelalters, nebst Epigrammen. Halle 1882. Diese auf sorgfältiger Lesung der Fragmente beruhende und vortrefflich kommentierte Ausgabe ist bis in die letzten Jahre maßgebend und die einzige selbständige Edition geblieben. - Wichtig die Rezension von Ludwig Laistner zu F. Seilers Ruodlieb in: Anzeiger für deutsches Altertum und deutsche Literatur 9 (1883) 70-106, dessen Vorschlag einer anderen Anordnung der Fragmente seither allgemein akzeptiert

worden ist (man pflegt die Nummer der Fragmente nach L. Laistner zu Grunde zu legen und die Seilersche in Klammer beizufügen).

Soweit erschienen und für die Zukunft maßgebend: Ruodlieb. Faksimile-Ausgabe des Codex Latinus Monacensis 19486 der Bayerischen Staatsbibliothek München und der Fragmente von St. Florian. I, 1. 2. Einleitung von W. Haug. Tafeln. II, 1. Kritischer Text von B.K. Vollmann. Wiesbaden 1974, 1985. Zweiter Teil mit dem Kommentar von demselben in Vorbereitung. Zu Fragment VIII und XII B.K. Vollmann, Der Strafprozeß im VIII. Fragment des „Ruodlieb", in: Befund und Deutung. FS für H. Fromm hrsg. von K. Grubmüller u.a. Tübingen 1979, 193-227; „Ruodlieb", Fragment XII, in: Lateinische Dichtungen des X. und XI. Jahrhunderts. FS für W. Bulst. Heidelberg 1981, 227-248.

Übersicht über die ältere Ruodlieb-Forschung vor allem bei K. Langosch in: Verfasserlexikon IV (1939) 1137-1147, mit Nachtrag V (1955) 239. Gegen die herkömmliche hohe Einschätzung des Werkes F. Brunhölzl, Zum Ruodlieb. Deutsche Vierteljahrsschrift für Literaturwissenschaft und Geistesgeschichte 39 (1965) 506-522.

Die Ausgaben von J.A. Schmeller, F. Seiler und B.K. Vollmann fügen dem Ruodlieb auch die im clm 19486 den Fragmenten voraufgehenden und folgenden (insgesamt elf) *Epigramme* bei. Näheres hiezu bei F. Seiler und B.K. Vollmann.

Otloh von St. Emmeram (S. 473-483).

Die Mehrzahl der Schriften ist erstmals hrsg. von Bernhard Pez, Thesaurus anecdotorum novissimus ... tomus III, 2. Augustae Vindelicorum 1721 col.143-624. Vorzugsweise danach die bisher vollständigste Sammlung der Texte bei Migne PL 146, 27-434.

In Einzelausgaben liegen bisher vor:

Von der *vita s. Nicolai* veröffentlichte W. Wattenbach, Aus Handschriften. Neues Archiv der Gesellschaft für ältere deutsche Geschichtskunde 10 (1885) 407-411, hier 408sq. den prologus sowie das letzte Kapitel. - BHL 6126.

Die *vita s. Wolfkangi* schon Burgdorf 1475 (Hain *16221); dann bei J. Mabillon, Acta sanctorum ord. s. Benedicti ... saec. V. Luteciae Parisiorum 1685 p.812-833. Erste krit. Edition von G. Waitz, MGH Script. IV (1841) 525-542 (danach Migne PL 146, 391-422). Jetzt ist zu benützen, unter Berücksichtigung weiteren handschriftlichen Materials, Acta SS. Novembris II, 1 (1894) 565-583. - BHL 8990.

Otlohs *vita sancti Altonis* vollständig herausgegeben von W. Waitz, MGH Script. XV, 2 (1888) 843-846. - BHL 316.

Die *vita s. Bonifatii* ist hrsg. von W. Levison, Vitae sancti Bonifatii archiepiscopi Moguntini. Hannoverae et Lipsiae 1905 (Scriptores rerum Germanicarum in usum scholarum ex MGH separatim editi [57]) 111-217. - BHL 1403, 1403 b.

vita s. Magni ed. M. Coens, La vie de s. Magne de Füssen par Otloh de Saint-Emmeran. Analecta Bollandiana 81 (1963) 159-227. - BHL 5163, 5163 a, b, d.

Othlonis proverbia ed. by W.C. Korfmacher. Chicago 1936; vgl. hiezu die Rezension von B. Bischoff im Historischen Jahrbuch 57 (1937) 674sq.

Der *liber visionum* ist neu hrsg. von P.G. Schmidt: Otloh von St. Emmeram, Liber visionum. Weimar 1989 (MGH. Quellen zur Geistesgeschichte des Mittelalters 13).

Otlohs Einreihung unter die Antidialektiker bestreitet I.M. Resnick, „Scientia liberalis". Dialectics, and Otloh of St. Emmeram. Revue bénédictine 97 (1987)

241-252. - Über Otloh als Kalligraphen B. Bischoff, Paläographie des römischen Altertums und des abendländischen Mittelalters. 2., überarbeitete Auflage. Berlin 1986 (Grundlagen der Germanistik 24) 162sq., Register. Eine Probe von Otlohs größerer Schrift bei B. Bischoff, Kalligraphie in Bayern. Achtes bis zwölftes Jahrhundert. München 1981 (Bayerische Staatsbibliothek. Ausstellungskataloge 25) Taf. 25 (Nachweis weiterer Abbildungen bei B. Bischoff, Mittelalterliche Studien. II. Stuttgart 1967, 89-112; siehe unten unter der translatio sci Dionysii). Zupackend charakterisiert von G. Vinay, Otlone di Sant'Emmeram ovvero l'autobiografia di un nevrotico. La Storiografia altomedievale 1. Spoleto 1970 (Settimane di Studio del Centro Italiano sull'Alto Medioevo 17, 1) 15-37.

B. Bischoff im Verfasserlexikon III (1943) 658-669. - Otto Meyer bei Wattenbach-Holtzmann 270-275 und Nachträge bei Wattenbach-Holtzmann-(Schmale) 82*sq. G. Misch, Geschichte der Autobiographie III, 1. Frankfurt a.M. 1959, 57-107.

t r a n s l a t i o   s a n c t i   D i o n y s i i (S. 483f.).

Die *translatio s. Dionysii* („translatio I") ist zuerst hrsg. von L. von Heinemann in: Neues Archiv der Gesellschaft für ältere deutsche Geschichtskunde 15 (1890) 331-361, der sie dem Otloh von St. Emmeram zuschrieb. Neuere krit. Edition von A. Hofmeister in den MGH Script. XXX, 2 (1934) 823-836. - BHL 2194.

Die Frage der Verfasserschaft der translatio s. Dionysii ist wieder aufgenommen worden von B. Bischoff, Literarisches und künstlerisches Leben in St. Emmeram (Regensburg) während des frühen und hohen Mittelalters. Phil. Diss. München 1933 (= Studien und Mitteilungen zur Geschichte des Benediktiner-Ordens und seiner Zweige 51 (1933) 102-142; leicht überarbeitet in B.Bischoff, Mittelalterliche Studien. II. Stuttgart 1967, 77- 115). Der Hinweis auf Handschriften von der Hand Otlohs, die sich mit Pseudo-Dionysius beschäftigen - der vita Hilduins, des Dionysius-Officiums, des Hymnus *Audite fideles populi* (Schaller/Könsgen 1346) - ist schlechterdings kein Argument für die behauptete Verfasserschaft Otlohs. Zur Frage noch einmal A. Kraus, siehe unten.

Die *jüngere translatio s. Dionysii* („translatio II") war dem XVIII. Jahrhundert bekannt: J.B. [Kraus] De translatione corporis s. Dionysii Areopagitae seu Parisiensium apostoli e Gallia in Bavariam ad civitatem Ratisbonam dissertatio ... Ratisbonae 1750 p.66-67, 132-226. Nach weiteren Teilausgaben - so Migne PL 146, 387-390 - krit. von R. Koepke, MGH Script. XI (1854) 343-371. - BHL 2195, 2196.

Über die jüngere translatio s. Dionysii und ihre Datierung (zwischen 1080 und 1098) Andreas Kraus, Die Translatio S. Dionysii Areopagitae von St. Emmeram in Regensburg. Bayerische Akademie der Wissenschaften. Phil.-hist. Klasse. Sitzungsberichte 1972, 4. München 1972; ders., Saint-Denis und Regensburg: Zu den Motiven und zur Wirkung hochmittelalterlicher Fälschungen. Fälschungen im Mittelalter. Internationaler Kongreß der MGH München 16.-19. September 1986. Teil 3: Diplomatische Fälschungen. Hannover 1988 (MGH Schriften 33, 3) 535-549.

A r n o l d   v o n   S t.   E m m e r a m (S. 484-487).

Die von Meginfrid von Magdeburg bearbeitete *vita s. Emmerami* zuerst hrsg. von H. Canisius, Lectionis antiquae tomus II. Ingolstadii 1602 p.11-32 (Migne

PL 141, 971-986 nach der Zweitausgabe durch J. Basnage, Thesaurus monumentorum ecclesiasticorum et historicorum sive Henrici Canisii lectiones antiquae ... tomus III. Antverpiae 1725 p.92-101); danach Acta SS. Septembris VI (1757) 486-494. Der zugehörige Brief des Meginfrid an Arnold (außer in den genannten Gesamtausgaben) auch hrsg. von G. Waitz, MGH Script. IV (1841) 548 n.5. - BHL 2540. -

de miraculis s. Emmerami (= lib. I) erstmals ediert von H. Canisius l.c. p.35-69; *de memoria beati Emmerami et eius cultorum* (= lib. II der *miracula*): zuerst Canisius l.c. p.71-170, die einzige selbständige und vollständige Ausgabe. - Weitere: BHL 2542. - Beide Bücher neu krit. hrsg., aber mit Auslassungen (oft mitten in den Erzählungen) von G. Waitz, MGH Script. IV (1841) 546-574.

Hiezu das einleitende Widmungsgedicht, inc. *Emmerame tuis dignator adesse ministris* (22 leoninische Hexameter mit einsilbigem Reim), worin sich Arnold am Schlusse nennt, bei G. Waitz l.c. 445.

Das *Emmeramsoffizium*, Acta SS. Septembris VI (1757) 512-515, enthält u.a. die Hymnen: *Christe cui iustos hominum favores*, sechs sapphische Strophen, und *Ymnus te decet Domine*, zehn ambrosianische Strophen (mit Doxologie), paarweise einsilbig gereimte Zeilen.

Eine *homilia de octo beatitudinibus et sancto Emmeramo* zuerst ediert von Bernhard Pez, Thesaurus anecdotorum novissimus ... tomus IV, 2. Augustae Vindelicorum 1723 col.29-36, danach Migne PL 141, 1089.

B. Bischoff, Literarisches und künstlerisches Leben in St. Emmeram (siehe oben unter der translatio sci Dionysii), besonders 84-86. Verfasserlexikon[2] I (1978) 464-470 (K. Langosch).

G e r h a r d v o n C s a n á d (S. 487-489).

Nach der einzigen (seltenen) Erstausgabe von Sancti Gerardi episcopi Chanadiensis scripta, et acta hactenus inedita cum serie episcoporum Chanadiensium. Opera et studio Ignatii comitis de Batthyan. Albo-Carolinae [Karlsburg] 1790 allein brauchbar Gerardi Moresenae aecclesiae seu Csanadiensis episcopi deliberatio supra hymnum trium puerorum ed. G. Silagi. Turnholti 1978 (Corpus Christianorum CM 49). - Über einen Collophon einer möglicherweise von Gerhard stammenden Homiliensammlung F. Heinzer, Neues zu Gerhard von Csanád: die Schlußschrift einer Homiliensammlung. Südost-Forschungen 41 (1982) 1-7.

Wichtigste Monographie G. Silagi, Untersuchungen zur „Deliberatio supra hymnum trium puerorum" des Gerhard von Csanád. München 1967 (Münchener Beiträge zur Mediävistik und Renaissance- Forschung 1). Alle ältere Literatur in der oben genannten Edition von G. Silagi, XV-XVII.

W i p o (S. 489-497).

Maßgebend die kritische Gesamtausgabe von H. Bresslau, Wiponis opera. Die Werke Wipos. Hannover und Leipzig [3]1915. (MGH Scriptores rerum Germanicarum in usum scholarum separatim editi [61]). Es ist die Neubearbeitung der älteren Monumenta-Edition von G.H. Pertz, MGH Script. XI (1854) 243-275.

Vorangegangen waren nur Einzelausgaben der Werke:

Die *gesta Chuonradi* wurden erstmals herausgegeben als Vita Chunradi Salici imperatoris von I. Pistorius, Rerum Germanicarum veteres iam primum publicati scriptores VI. In quibus praeter reliquos, Wippo de Conradi Salici imp.

vita ... [Scriptores rerum Germanicarum III]. Francofurti 1607 p.421-444. Nach mehrfachen Abdrucken kritisch ediert von G.H. Pertz, MGH Script. XI (1854) 254-275.

Die *proverbia* sind erstmals ediert von Bernhard Pez, Thesaurus anecdotorum novissimus ... tomus VI, 2. Augustae Vindelicorum 1729 p.58sq. (ohne Angabe des Verfassernamens). Mit Angabe des Verfassers bei E. Martène - U. Durand, Veterum scriptorum et monumentorum historicorum dogmaticorum moralium amplissima collectio. Tomus IX. Parisiis 1733 col.1095-1100. Nachdruck bei Migne PL 142, 1259-1265. G.H. Pertz, MGH Script. XI (1854) 245-247. Eine Sammlung von über 700 Proverbien, in der ein großer Teil der proverbia des Wipo enthalten ist (Dublin, Library of Trinity College MS 604), veröffentlichte M.L. Colker, Proverbia non centum. Classical Folia 32 (1978) 169-200 sowie Proverbia non centum (Supplement). Scriptorium 35 (1981) 70sq.

Der *tetralogus* war unter dem Titel Panegyricus Wiponis, carmine scriptus ad Heinricum III. imperatorem ... nunc primum ex codice manuscripto Augustano editus erstmals ediert worden von H. Canisius, Antiquae lectionis tomus II ... Ingolstadii 1602 p.190-203. G.H. Pertz, MGH Script. XI (1854) 247-254 druckt mit Verbesserungen dessen Wiederholung durch J. Basnage, Thesaurus monumentorum ecclesiasticorum et historicorum sive Henrici Canisii lectiones antiquae ... tomus III. Antverpiae 1725 p.164-170.

Die Ostersequenz *Victimae paschali laudes* ist außer in den Ausgaben des Missale Romanum gedruckt von P. A. Schubiger, Die Sängerschule St. Gallens vom achten bis zwölften Jahrhundert. Einsiedeln und New York 1858, 90-95 (mit Faksimile aus Einsiedeln 378 saec. XI, Taf. VIII) und vor allem bei H. Bresslau l.c. 65. - Über die zahlreichen mittelalterlichen Nachdichtungen K. Bartsch, Die lateinischen Sequenzen des Mittelalters in musikalischer und rhythmischer Beziehung. Rostock 1868, 108-110. Vgl. auch Cl. Blume, Analecta hymnica 54 (1915) 24: *Collaudent devote patris filium christiani*; 27: *Virgini Mariae laudes intonent christiani*; 29: *Virginis Mariae laudes immolent christiani*. Die letztere wiederum wurde Vorbild für weitere Mariensequenzen zu verschiedenen Marienfesten: Cl. Blume l.c. 29- 34. Eine antilutherische Parodie: Pessimas Lutheri fraudes aus einer Handschrift des Basler Kartäuserklosters bei J. Handschin, Gesungene Apologetik. Miscellanea liturgica in honorem L. Cuniberti Mohlberg. II. Roma 1949 (Bibliotheca „Ephemerides Liturgicae" 23) 75-106; = Gedenkschrift Jacques Handschin. Aufsätze und Bibliographie. Bern - Stuttgart 1957 117-149 und J. Szövérffy, Annalen der lateinischen Hymnendichtung I. Berlin 1964, 372-375.

Q u i d   s u u m   v i r t u t i s (S. 497f.).
Zuerst unter den Werken Hildeberts von A. Beaugendre, Venerabilis Hildeberti ... opera ... Parisiis 1708 col.1329-1332, danach bei Migne PL 171, 1402-1406 unter dem Titel *Versus Cynomannensis Episcopi de Nummo seu Satyra adversus avaritiam* gedruckt (unvollständig, nur v. 1-200). Dann vollständig bei F.G. Otto, Commentarii critici in codices bibliothecae academicae Gissensis graecos et latinos. Gissae 1842, 98-108, 163-198 (vollständig). Jetzt krit. Edition nach allen Handschriften von A. Paravicini, Quid suum virtutis. Eine Lehrdichtung des XI. Jahrhunderts. Heidelberg 1980 (Editiones Heidelbergenses 21).

Die frühere Zuweisung an Hildebert ablehnend, hielt für den Verfasser den Abt Theodoricus von Saint-Trond J. Préaux, Thierry de Saint-Tront, auteur

du poème pseudo-ovidien 'De mirabilibus mundi'. Latomus 6 (1947) 353-366.
Gegen Hildebert als Verfasser auch A.B. Scott, The poems of Hildebert of Le Mans. Medieval and Renaissance Studies 6 (1968) 81-83. - H. Walther, Initia carminum 4293 mit Nachträgen.

Die Cambridger Lieder (S. 498-504).
In der Handschrift Gg. 5. 35 der Universitätsbibliothek von Cambridge, die eine Reihe mittelalterlicher Dichtungen und anderer Werke enthält, entdeckte G.H. Pertz im Jahre 1827 die später nach ihrem Aufbewahrungsort so benannte Sammlung von Liedern.
Nach mehreren Teilausgaben der Sammlung erste vollständige Edition von K. Breul, The Cambridge Songs. A Goliard's Song Book of the XIth Century edited from the unique Manuscript in the University Library. Cambridge 1915 (enthält vollständiges Faksimile, Transkription, Edition der Texte mit Anmerkungen; Anordnung und Zählung der Gedichte in der Edition von derjenigen der Handschrift und der Vorgänger abweichend). Maßgebend ist die vorzügliche, mit wichtiger Einleitung und ausführlichen Noten versehene Ausgabe von K. Strecker, Die Cambridger Lieder. Berlin 1926 (MGH), später in die Reihe der Scriptores rerum Germanicarum in usum scholarum separatim editi [40] aufgenommen.
Einen Nachtrag bisher unbekannter Gedichte aus derselben Cambridger Handschrift gaben heraus: P. Dronke - M. Lapidge - P. Stotz, Die unveröffentlichten Gedichte der Cambridger Liederhandschrift (CUL Gg. 5. 35). Mittellateinisches Jahrbuch 7 (1982) 54-95. Dazu kam ein Einzelblatt zum Vorschein in der Stadt- und Universitätsbibliothek Frankfurt a.M. (Fragm. Lat.I 56); veröffentlicht von M.T. Gibson - M. Lapidge - C. Page, Neumed Boethian „metra" from Canterbury: a newly recovered leaf of Cambridge, University Library, Gg. 5. 35 (the „Cambridge Songs" manuscript). Anglo-Saxon England 12 (1983) 141-152.
Zu carm. Cant. 23 (inc. *Vestiunt silve tenera ramorum*) D.R. Bradley, Carmina Cantabrigiensia 23: „Vestiunt silve tenera ramorum. Medium Aevum 54 (1985) 259-265. Zu carm. Cant. 27 (inc. *Iam dulcis amica venito*) W. Bulst, Hymnologica partim Hibernica, in: Latin Script and Letters a.d. 400-900. FS für L. Bieler hrsg. von J.J. O'Meara u.a. Leiden 1976, 83-100, besonders 96-100. D.R. Bradley, Iam dulcis amica uenito. Mittellateinisches Jahrbuch 19 (1984) 104-115. Zur Melodie M. Huglo, La chanson d'amour en latin à l'époque des troubadours et des trouvères. Cahiers de civilisation médiévale 25 (1982) 197-203 [L'amour et la musique: la chanson d'amour aux XIIe-XIIIe siècles. Troubadours et trouvères. IIes journées musicologiques de Poitiers, 7-8 mai 1982]. Zu carm. Cant. 48 (inc. *O admirabile Veneris idolum*) B.K. Vollmann, „O admirabile Veneris idolum" (Carmina Cantabrigiensia 48) - ein Mädchenlied?, in: FS für P. Klopsch hrsg. von U. Kindermann u.a. Göppingen 1988, 532-543. Zu carm. Cant. Anhang 1 D.R. Bradley, „Aurea frequenter lingua in sublimi hetera." A New Edition. Mittellateinisches Jahrbuch 22 (987) 114-135.
Verfasserlexikon[2] I (1978) 1186-1192 (K. Langosch). G. Bernt in: Die Musik in Geschichte und Gegenwart 15, Supplement (1973) 1326-1328 und im Lexikon des Mittelalters I (1980) 1517sq.

FÜNFTES KAPITEL: ENGLAND UND IRLAND

England hat in der uns beschäftigenden Zeit vor allem Übersetzungen aus dem Lateinischen hervorgebracht und dadurch die Entwicklung der Volkssprache in besonderem Maße gefördert. In der Bibliographie sind diese Übersetzungen nur ausnahmsweise genannt: der Anglist kann ihre Bedeutung und den Wert der einzelnen Arbeit richtiger beurteilen, als es hier geschehen könnte. Auf ein vielfach übersehenes und doch sehr wichtiges Gebiet der Übersetzungsliteratur sei generell hingewiesen, zum einen, weil die dieses Gebiet betreffende Arbeit als solche mustergültig ist, und zum anderen, weil sie von der handschriftlichen Überlieferung ausgeht (nicht nur von einer mehr oder minder zufälligen Beobachtung, die als solche geeignet ist, das Bild, das infolge der Überlieferung nur partiell ein zuverlässiges sein kann, noch mehr zu verschieben): Helmut Gneuss, Hymnar und Hymnen im englischen Mittelalter. Studien zur Überlieferung, Glossierung und Übersetzung lateinischer Hymnen in England. Mit einer Textausgabe der lateinisch-altenglischen Expositio Hymnorum. Tübingen 1968 (Buchreihe der Anglia 12). Ein nützliches Hilfsmittel für Irland: M. Lapidge - R. Sharpe, A bibliography of celtic-latin literature: 400-1200. Dublin 1985 (Royal Irish Academy. Dictionary of Medieval Latin from Celtic Sources. Ancillary publications 1).

A s s e r (S. 507-509).
Die erste Edition des Werkes *de rebus gestis Alfredi regis* stammt von dem Erzbischof M. Parker, Aelfredi regis res gestae. Londini 1574, der noch die einzige Handschrift benützte. Spätere Editionen (bei W.H. Stevenson - s.u. - CXXXII) beruhen auf M. Parker. 1731 ging die einzige Handschrift beim Brande der Cotton-Bibliothek in Ashburnham House (Westminster) zugrunde (Lexikon des gesamten Buchwesens ²II [1989] 189 [J.L. Flood]). Auf M. Parker und Abschriften des XVI. Jahrhunderts vom Cottonianus beruht die Ausgabe: W.H. Stevenson, The Life of King Alfred, together with the Annals of Saint Neots erroneously ascribed to Asser. Oxford 1904 (mit ausführlicher Einleitung und reichhaltigen Anmerkungen), 2. Aufl. von D. Whitelock 1959.

Über die im verlorenen Cottonianus dem Asser angefügten und ihm irrigerweise zugeschriebenen annales sancti Neoti siehe Repertorium fontium historiae medii aevi II (1967) 330. Eine neuere Zusammenfassung der gelehrten Bemühungen bietet A.L. Meaney, St. Neots, Aethelweard and the Compilation of the „Anglo- Saxon Chronicle: A Survey". P.E. Szarmach, Studies in Earlier Old English Prose. Albany 1986, 193-242.

D u n s t a n (S. 509f.).
Zur *regularis concordia* siehe unten S. 635 zu Aethelwold.
Eines der wichtigsten Denkmäler für die Bildung im Glastonbury Dunstans sowie im England des IX. und X. Jahrhunderts ist die Handschrift Oxford, Bodl. MS. Auct. F.4.32 (2176) aus Glastonbury, „Saint Dunstan's Classbook". Vollfaksimile mit Einleitung von R.W. Hunt, Saint Dunstan's Classbook from Glastonbury. Codex bibliothecae Bodleianae Oxon. Auct. F.4.32 Amsterdam 1961 (Umbrae Codicum Occidentalium 4). Noch immer nützlich J.A. Robinson, The times of saint Dunstan. The Ford lectures. Oxford 1923.

Darstellung des historischen Hintergrundes bei Dom D. Knowles, The Monastic Order in England. A History of its Development from the Times of

St Dunstan to the Fourth Lateran Council 940-1216. ²Cambridge 1963 (Register). Zur Geschichte der Bibliothek J.P. Carley, Two pre-Conquest manuscripts from Glastonbury Abbey. Anglo-Saxon England 16 (1987) 197-212.

Aethelwold, Bischof von Winchester (S. 510-512).
Die von Aethelwold wesentlich mitverfaßte *regularis concordia* ist zu benützen in der Ausgabe von T. Symons, Regularis concordia Anglicae nationis monachorum sancti monialiumque. London 1953 (Medieval Classics [Nelson's Medieval Texts]), mit engl. Übersetzung und kurzen Anmerkungen. - Hiezu T. Symons, „Regularis Concordia": History and Derivation, in dem von D. Parsons hrsg. Sammelband Tenth-Century Studies. Essays in Commemoration of the Millennium of the Council of Winchester and „Regularis Concordia". London - Chichester 1975, 37-59.
Drei - nach der nicht unbedingt überzeugenden Meinung des Herausgebers - aus der Schule Aethelwolds stammende, ziemlich ungeschlachte Gedichte, eine *altercatio magistri et discipuli* (Titel jeweils vom Herausgeber; inc. *Si torpens celeri tigrem superare fugacem*, 126 Hexameter); *responsio discipuli* (inc. *Gaudia dicto iure magistro necne salutem*, 90 Adonier); *carmen de libero arbitrio* (inc. *Cuncta creans natura triplex in usiade simpla*, 186 Verse, Distichen), sind veröffentlicht von M. Lapidge, Three Latin poems from Aethelwold's school at Winchester. Anglo-Saxon England 1 (1972) 85-137. Zu der sie überliefernden Handschrift Cambridge, University Library, Kk. 5. 34 (2076) J.P. Carley, Two pre-Conquest manuscripts from Glastonbury Abbey. Anglo-Saxon England 16 (1987) 197-212.

Wulfstan von Winchester (S. 512-515).
Die *vita beati Aethelwoldi* ist zuerst herausgegeben von J. Mabillon in den Acta sanctorum ord. s. Benedicti ... saec. V. Luteciae Parisiorum 1685 p.608-624, abgedruckt in den Acta SS. Augusti I (1733), p.88-98, hienach Migne PL 137, 81-104. Der Text bei M. Winterbottom, Three Lives of English Saints. Toronto 1972 (Toronto Medieval Latin Texts) 31-63, 89-91 nach London, British Libr., Cotton Tib. D.IV ist nicht wie M. Winterbottom annahm - Three Lives of Saint Ethelwold. Medium Aevum 41 (1972) 191-201 - eine bisher unbekannte, und zwar die originale Fassung, sondern dieselbe, nach der schon J. Mabillon auf Grund der einzigen ihm bekannten Handschrift (Alençon, Bibliothèque Municipale 14) das Werk ediert hatte, wo allerdings die auf Aethelwold bezüglichen Verse 41-110 aus Wulfstans Swithun-Vita (siehe unter *narratio metrica de Swithuno*) eingeschoben waren. Die von M. Winterbottom vorgeschlagene Verbindung der „Version" von Alençon 14 und folglich Mabillon mit Ordericus Vitalis (über diesen siehe Band III) entbehrt der Grundlage. Siehe im folgenden den Abschnitt zu den Hymnen Wulfstans. - BHL 2647.
Die *narratio metrica de Swithuno* (Titel modern) ist nach kürzeren Auszügen bei J. Mabillon, Acta sanctorum ord. s. Benedicti ... saec. IV, 2. Luteciae Parisiorum 1680 p.70-72 und öfters - BHL 7947, 7948 - erstmals vollständig herausgegeben von M. Huber O.S.B., S. Swithunus, Miracula Metrica auctore Wulfstano monacho. I. Text. Jahres-Bericht des humanistischen Gymnasiums im Benediktinerstifte Metten für das Studienjahr 1905/06. Beilage. Landshut 1906. Neue kritische Edition von A. Campbell, Frithegodi monachi breviloquium vitae beati Wilfredi et Wulfstani cantoris narratio metrica de sancto Swithuno. Turici

[1950] (Thesaurus mundi) 65-177. G. Frotscher, Geschichte des Orgelspiels und der Orgelkomposition. I. Berlin 1935, 18, 21 sq., 29.

breviloquium de omnibus sanctis erstmals hrsg. von F. Dolbeau, Un poème inconnu de Wulfstan chantre de Winchester. Analecta Bollandiana 106 (1988) 35-98.

Hymnen und Sequenzen: Hymnen auf Aethelwold, Birinus, Swithunus hrsg. von G. M. Dreves in den Analecta Hymnica 48 (1905) 9-18. Die Zuweisung dieser Hymnen an Wulfstan erfolgte durch Cl. Blume, Wolstan von Winchester und Vital von Saint- Evroult. Sitzungsberichte der K.K. Akademie der Wissenschaften in Wien. Phil.-hist. Klasse 146, 3. Wien 1903. Die Zuweisung einer Bearbeitung in Alençon 14 an Ordericus Vitalis durch Cl. Blume l.c. 23, danach Analecta Hymnica 48 (1905) 9 ist durch H. Gneuss, Hymnar und Hymnen im englischen Mittelalter. Tübingen 1968, 247 unter Hinweis auf zwei ältere englische Handschriften als widerlegt anzusehen.

Drei Hymnen auf St. Augustinus von Canterbury, inc. *Caelestis aulae nobiles* (sechs meist einsilbig, zum Teil zwei- und dreisilbig gereimte ambrosianische Strophen); *Summa Dei bonitas* (sechs epanaleptische Distichen) und *Aveto placidis praesul amabilis* (sieben Strophen von je drei Zwölfsilblern, d.h. rhythmische Asklepiadeen, und ein Achtsilbler), alle bei Cl. Blume, Analecta Hymnica 51 (1908) 164- 166, sind Wulfstan zugeschrieben worden, weil sie in Winchester überliefert sind und gewisse Ähnlichkeit in der Ausdrucksweise mit den oben genannten Hymnen auf Aethelwold, Birinus und Swithunus aufweisen; vgl. J. Szövérffy, Die Annalen der lateinischen Hymnendichtung. I. Berlin 1964, 339sq.

Die Sequenzen auf Aethelwold (Analecta Hymnica 40, 1902, 180sq.), Swithunus (Analecta Hymnica 40, 1902, 288sq. und 37, 1901, 265sq.), Birinus (Analecta Hymnica 40, 1902, 154sq.) sowie auf Birinus und Swithunus (Analecta Hymnica 37, 1901, 138sq.).

Ferner sind dem Wulfstan Tropen zugeschrieben: Analecta Hymnica 49 (1906) 81sq., 99 und 151sq.

A e l f r i c (S. 515).

Die *canones Aelfrici ad Wulfinum episcopum* ed. B. Fehr, Die Hirtenbriefe Aelfrics in altenglischer und lateinischer Fassung. Hamburg 1914 (Bibliothek der angelsächsischen Prosa 9); Reprint with a supplement to the introduction by Peter Clemoes. Darmstadt 1966. - Repertorium fontium historiae medii aevi II (1967) 137.

A e l f r i c (G r a m m a t i c u s) (S. 515f.).

L. M. Reinsma, Aelfric. An Annotated Bibliography. New York - London 1987 (Garland Reference Library of the Humanities 617). - W. Becker, Studien zu Aelfrics Homiliae Catholicae. Phil. Diss. Marburg 1969.

O d o v o n C a n t e r b u r y (S. 516).

Brief an Frithegodus bezüglich der vita Wilfredi bei Migne PL 133, 945sq. nach H. Wharton, Anglia sacra sive collectio historiarum partim antiquitus partim recenter scriptarum ... pars II. Londini 1691 p.50; besser als Widmungsbrief zu Frithegods breviloquium vitae beati Wilfredi ed. A. Campell (siehe unten unter Frithegod) 1-3. - BHL 8891.

constitutiones, die kirchliche Disziplin betreffend, Migne PL 133, 945-950.

Frithegod (Fridegodus), Mönch in
Canterbury (S. 516f.).
Das *breviloquium vitae beati Wilfredi* (BHL 8892) ist zuerst gedruckt von
J. Mabillon, Acta sanctorum ord. s. Benedicti ... saec. III, 1. Luteciae Parisiorum
1672 p.171-196; saec. IV, 1. 1677 p.722-726, ohne Vorrede bzw. den Brief des
Odo; zum Brief des Odo siehe unter diesem. Beides vereinigt in der allein zu
benützenden krit. Edition von A. Campbell, Frithegodi monachi breviloquium
vitae beati Wilfredi et Wulfstani cantoris narratio metrica de sancto Swithuno.
Turici [1950] (Thesaurus Mundi) 1-62.
Entstehung des - vielfach dem Marbod von Rennes zugeschriebenen - Hymnus *Cives celestis patrie* (Chevalier 3271. H. Walther, Initia Carminum 2812
mit Nachträgen) über die zwölf Edelsteine sucht in England im zehnten Jahrhundert P. Kitson, Lapidary traditions in Anglo-Saxon England: part II, Bede's
„Explanatio Apocalypsis" and related works. Anglo-Saxon England 12 (1983)
73-123, hier besonders 109-123, der Frithegod als Verfasser erwägt. Die Argumente überzeugen nicht.

vita sancti Egwini (S. 517).
Die *vita sancti Egwini* ed. zuerst im Auszug Franciscus Godwinus, De praesulibus Angliae Commentarius: omnium episcoporum, ... nomina, tempora, ...
Londini 1616 p.501sq.; mit teilweisem Abdruck des Epilogs bei J.A. Giles, Vita
quorundum Anglo-Saxonum ... London 1854 (Publications of the Caxton
Society 16) 349-396. Den epilogus ergänzt Th. D. Hardy, Descriptive Catalogue
of Materials Relating to the History of Great Britain and Ireland ... I, 1. London
1862 (Rerum Britannicarum medii aevi scriptores [Rolls Series] 26) 415-417,
hier 415 adn. - BHL 2432.

vita Dunstani (S. 517f.).
vita Dunstani des **B.** erstmals gedruckt von G. Henschen, Acta SS. Maii IV
(1685) 346-358; danach Migne PL 139, 1423-1456. Text auch bei W. Stubbs,
Memorials of Saint Dunstan Archbishop of Canterbury. London 1874 (Rerum
Britannicarum medii aevi scriptores [Rolls Series] 63) 3-52. - BHL 2342.

Landfrid von Worcester (S. 518).
translatio s. Swithuni a. 971 vollständig herausgegeben von E.P. Sauvage,
Sancti Swithuni Wintoniensis episcopi translatio et miracula auctore Lantfredo
monacho Wintoniensi. Analecta Bollandiana 4 (1885) 367-410, hier 372-395;
vgl. 5 (1886) 53-58 (siehe oben unter Wulfstan von Wincester S. 635). - BHL
7944.
Die *miracula* teilweise abgedruckt in den Acta SS. Iulii III (1719) 331-337
(hienach Migne PL 155, 65-80) und von E.P. Sauvage l.c. 396-410. - BHL 7945,
7946.

Aethelweard (Ethelwerdus) (S. 518f.).
Das sogenannte *chronicon* (Titel modern; überliefert ist nur die Bezeichnung
liber I. liber II. etc.) wurde zuerst herausgegeben von H. Petrie in den Monumenta Historica Britannica ... I. London 1848 p.499-521. Die einzige Handschrift wurde beim Brand der Cotton-Bibliothek 1731 zerstört (Lexikon des
gesamten Buchwesens[2] II, 1989, 189 [J.L. Flood]), eine Anzahl von Fragmenten
(achtzehn) im British Museum im 19. Jahrhundert wieder aufgefunden. Diese
Fragmente veröffentlichte E.E. Barker im Bulletin of the Institute of Historical

Research 24 (1951) 46- 62. Jetzt ist zu benützen die einzige vollständige kritische Ausgabe von A. Campbell, Chronicon Aethelweardi. The Chronicle of Aethelweard. London u.a. 1962 (Medieval Texts [Nelson's Medieval Texts]). Zum Stand der gelehrten Bemühungen A.L. Meaney, St. Neots, Aethelweard and the Compilation of the „Anglo-Saxon Chronicle: A Survey". P.E. Szarmach, Studies in Earlier Old English Prose. Albany 1986, 193-242.

Donatus von Fiesole (S. 520-522).
Die *vita sanctae Brigidae* wurde zuerst hrsg. von dem irischen Franziskaner John Colgan († 1658 in Löwen) in der Triadis Thaumaturgae seu divorum Patricii Columbae et Brigidae ... acta ... tomus II ... Lovanii 1647 p.582-586 [sehr selten] als vita tertia der Brigida-Viten unter dem Namen des Cöilan (Chilienus), danach (mit weiteren Handschriften, aber ohne prologi) von J. Bolland, Acta SS. Februarii I (1658) 141-155 (ebenfalls dem Chilienus zugeschrieben). Versuch einer krit. Edition D.N. Kissane, „Uita metrica sanctae Brigidae": a critical edition with introduction, commentary and indexes. Proceedings of the Royal Irish Academy 77 C 3 (Dublin 1977) 57-192. BHL 1458, 1459 b. - Der Prolog *Finibus occiduis describitur* allein ed. L. Traube, MGH Poetae III 691; D.N. Kissane l.c. 83sq.; dazu Schaller/Könsgen 5141. BHL 1458. - Weitere Prologe *Christe dei virtus splendor sapientia patris* Schaller/ Könsgen 2170. BHL 1458. J.F. Kenney 361. - *Has ego Donatus virtutes* bei D.N. Kissane l.c. 78sq. Schaller/Könsgen 6139. BHL 1459. J.F. Kenney 361sq. - *Quisquis in hoc hominum* Schaller/Könsgen 13807. BHL 1458. J.F. Kenney 361. -
Über die Verfasserschaft des Donatus E. Coccia, La cultura irlandese precarolingia. Miracolo o mito? Studi medievali. Serie terza 8 (1967) 257-420, hier 371sq. Dictionnaire d'histoire et de géographie ecclésiastiques XIV (1960) 651 (R. Aubert).

Denkaufgabe von Dub und Candidus (S. 522f.).
Die *Denkaufgabe von Dub und Candidus*, inc. *Quadam nocte niger Dub nomine Candidus alter* ist hrsg. von K. Strecker, MGH Poetae IV (1896) 1119-1124. - U. Winter, Ein neues Fragment einer karolingischen Sammelhandschrift. Philologus 123 (1979) 174-181. H. Walther, Initia carminum 14964. Schaller/ Könsgen 12816.

vita sancti Findani (S. 523f.).
Die *vita sancti Findani* zuerst bei Melchior Goldast, Alamannicarum rerum scriptores ... I, 1. Francofurti 1606 p.318- 322; nach mehreren Ausgaben ed. O. Holder-Egger, MGH Script. XV (1888) 503-506; zuletzt unkritisch nachgedruckt bei R.Th. Christiansen, The People of the North. Lochlann 2 (1962) 137-164, hier 148-155 (= Norsk tidsskrift for sprogvidenskap. Suppl. Bind 6). - BHL 2982.

navigatio sancti Brendani (S. 524-528).
Erste, sehr unzuverlässige Edition von A. Jubinal, La légende latine de S. Brandaines, avec une traduction inédite en prose et en poésie romanes. Paris 1836. Besser Carl Schröder, Sanct Brandan. Ein lateinischer und drei deutsche Texte. Erlangen 1871. Weitere Ausgaben - auch unvollständige - bei C. Selmer

1949, 102sq. Maßgebend ist heute C. Selmer, Navigatio sancti Brendani abbatis. Notre Dame (Indiana) 1959 (mit ausführlicher Einleitung). Nach der Handschrift Alençon 14 ed. G. Vincent, Recherches sur la navigation de Saint Brendan. Thèse, Université de Provence - Aix-Marseille I, 1982.

J.F. Kenney, The Sources For The Early History Of Ireland. New York 1929, 414-417 (Literaturnachweise). Wertvolle Prolegomena zu einer in Aussicht gestellten neuen Edition von G. Orlandi, Navigatio sancti Brendani. I: Introduzione. Milano-Varese 1968 (Testi e documenti per lo studio dell'antichità [38]). Zu einer Datierung vor das dritte Viertel des VIII. Jahrhunderts D.N. Dumville, Two approaches to the dating of „Nauigatio Sancti Brendani". Studi medievali. Serie terza 29 (1988) 87-102. Über die handschriftliche Verbreitung unterrichtet C. Selmer, A Study of the Latin Manuscripts of the „Navigatio sancti Brendani". Scriptorium 3 (1949) 177-182. Wirkung in den Volkssprachen: C. Selmer, The Vernacular Translations of the „Navigatio sancti Brendani": A Bibliographical Study. Mediaeval Studies 18 (1956) 145-157. Über die ungemein reiche Nachwirkung der navigatio siehe J.F. Kenney l.c. 415-417; darunter eine lateinische Satire des XI., XII. Jahrhunderts, inc. *Hic poeta qui Brendani vitam vult describere* (in rhythmischen Fünfzehnsilblern), hrsg. von Paul Meyer, Satire en vers rythmiques sur la légende de saint Brendan. Romania 31 (1902) 376-379. C. Plummer, der diese Satire für unveröffentlicht hielt, druckte sie in der Appendix I, B seiner Vitae Sanctorum Hiberniae II. Oxonii 1910, 293-294 sowie I, p. XLIII. Über Bearbeitungen speziell im deutschen Sprachraum Walter Haug im Verfasserlexikon[2] I (1978) 985-991. K.A. Zaenker, Sankt Brandans Meerfahrt. Ein lateinischer Text und seine drei deutschen Übertragungen aus dem 15. Jahrhundert. Stuttgart 1987 (Stuttgarter Arbeiten zur Germanistik 191). BHL 1436-1448. - Geographische Vorstellungen aus der navigatio (insula avium etc.) z.B. auf der Herefordkarte von ca. 1286: Konrad Miller, Mappae mundi. Die ältesten Weltkarten. IV. Heft. Stuttgart 1896. Über die insula Brendani, die z.B. auf dem Globus von Martin Behaim eingetragen war, und Verwandtes siehe R. Hennig, Terrae incognitae. II. [2]Leiden 1950, 106sq. und Register s.v. (St.) Brandan.

v i t a   s a n c t a e   B r i g i d a e (S. 528).

Die *vita sanctae Brigidae* (BHL 1460) ist zuerst ediert von John Colgan (siehe oben S. 638 unter Donatus von Fiesole) p.546-563; dann in den Acta SS. Februarii I (1658) 155-171.

I s r a h e l   (I s r a e l)   S c o t t u s (S. 529).

Das Gedicht über die Prosodie der Endsilben an Rotbert, inc. *Rotbertum salvere iubens preconia metri* ist erstmals hrsg. von K. Strecker, MGH Poetae V (1939) 501sq. Auch bei E. Jeauneau, Pour le dossier d'Israël Scot. Archives d'histoire doctrinale et littéraire du moyen âge 52 (1985) 7-71, hier 22-24.

Ein Fragment in der Handschrift des Kommentars zum Donatus minor von Remigius von Auxerre (siehe oben Band I 486-489, 572- 574) als Zusatz im clm 17209, fol. 2r (saec. XII-XIII) ed. W. Fox S.J., Remigii Autissiodorensis in artem Donati minorem commentum. Lipsiae 1902, 11, 10 adn. - C. Jeudy, Israël le grammairien et la tradition manuscrite du commentaire de Remi d'Auxerre à l' „Ars minor" de Donat. Studi medievali. Serie terza 18 (1977) 751- 814 (=FS für G. Vinay). - J.F. Kenney 610. Manitius II 178. Schaller/Könsgen 14392.

vita Kaddroae (S. 529f.).
Die *vita Cadroë* vollständig ed. nur von John Colgan (siehe oben S. 638 unter Donatus von Fiesole), Acta sanctorum veteris et maioris Scotiae seu Hiberniae sanctorum insulae ... tomus I ... Lovanii 1645 p.494-501. - BHL 1494. Die *vita sancti Eloquii* jetzt von D. Misonne, Les sources littéraires de la vie de saint Éloque et les amplifications Walciodoriennes de la translation. Revue bénédictine 71 (1961) 338-365, hier 358-365. - BHL 2525.

Conchubranus (S. 530f.).
Die *vita Darercae sive Monennae* wurde erstmals (unvollständig) ed. von J. Pinius, Acta SS. Iulii II (1721) 297- 312. Neuere und vollständige Edition von M. Esposito, Conchubrani vita sanctae Monennae. Proceedings of the Royal Irish Academy 28 C 12 (Dublin 1910) 202-251. Zuletzt hrsg. von der [Ulster Society for Medieval Latin Studies], The Life of Saint Monenna by Conchubranus. Seanchas Ard Mhacha 9, 2 (1979) 250-273; 10, 1 (1980-1981) 117-141; 10, 2 (1982) 426-454. - BHL 2096.
Andere Bearbeitungen BHL 2095, 2098, 2099, 2099 b, 2100, 2100 b sowie H. Fros, Inédits non recensés dans la BHL. Analecta Bollandiana 102 (1984) 163-196, 355-380, hier 179. - J.F. Kenney 367-370.

SECHSTES KAPITEL: SPANIEN

Für einige der im folgenden zu behandelnden Werke der mozarabischen Literatur kommt auch hier noch in Betracht das vorzugsweise Autoren des achten und neunten Jahrhunderts enthaltende Corpus scriptorum muzarabicorum I. II. ed. Ioannes Gil. Madrid 1973 (Consejo superior de investigaciones cientificas. Manuales y anejos de „Emerita" 28). Gute Darstellung von J.L. Moralejo, Literatura hispano-latina (siglos V-XVI), in: J.M. Díez Borque (Hrsg.), Historia de las literaturas hispánicas no castellanas. Madrid 1980, 13-137. - Eine allgemeine Charakteristik der Literatursprache (nicht der Urkundensprache) gibt, hauptsächlich auf Grund ebenfalls älterer, aber auch unter Heranziehung einiger der hier besprochenen Autoren B. Löfstedt, Zum spanischen Mittellatein. Glotta 54 (1976) 117-157.

Samson von Cordoba (S. 535-538).
Krit. Edition der *Gedichte* von L. Traube, MGH Poetae III (1896) 143-147, Nachtrag 749sq. - auch im Corpus scriptorum muzarabicorum II 665 ed. J. Gil. Erstausgabe des *liber apologeticus* von dem Augustiner- Eremiten Henrique Flórez in der España sagrada I. Madrid 1753 p.325-516; krit. Edition von J. Gil l.c. II 506-658. M.S. Gros, Citas litúrgicas del „Liber Apologeticus" del abad Sansón de Córdoba. Hispania sacra 26 (1973) 271-280 (= Miscelánea en memoria del P. Enrique Flórez ... I).
de gradibus consanguinitatis ed. J. Gil im Corpus scriptorum muzarabicorum II 659-664. J. Pérez de Urbel O.S.B., Origen de los himnos mozárabes. Bulletin hispanique 28 (1926) 5-21, 113-139, 209-245, 305-320 [Annales de la Faculté des Lettres de Bordeaux. 4e série. 49e année]. P.B. Gams O.S.B., Die Kirchengeschichte von Spanien. II, 2. Regensburg 1874, 331-333 (und Register in III, 2). Auf P. Gams vorzugsweise beruht M. Manitius I 429sq. - Die von M.C. Díaz y Díaz 508-510, dann J. Gil l.c. II 505sq. verzeichnete weitere Literatur bringt keine nennenswerten Einsichten über P. Gams hinaus.

Ciprianus von Cordoba (S. 538f.).
Die *Gedichte* krit. ediert von L. Traube, MGH Poetae III (1896) 143-147, Nachträge 750; von J. Gil im Corpus scriptorum muzarabicorum II 685-787, hier carm. II und III der Zählung Traubes (*Laudum vota tibi Zoilus* und *Terge luctum merens*) irrigerweise zusammengezogen. Gute Deutung (oben S. 538f. nicht in allem übernommen) von Günter Bernt, Das lateinische Epigramm im Übergang von der Spätantike zum frühen Mittelalter. München 1968 (Münchener Beiträge zur Mediävistik und Renaissance-Forschung 2) 309sq.
Lexikon des Mittelalters III (1984) 403 (J. Prelog).

Leubegildus von Cordoba (S. 539).
de habitu clericorum hrsg. von L. Serrano, Boletín de la Real Academia de la historia 54 (Madrid 1909) 500-518. - M.C. Díaz y Díaz 525.

paenitentiale Cordubense (S. 539f.).
Abhandlung mit vollständigem Text des *paenitentiale Cordubense* von J. Pérez de Urbel - L. Vázquez de Parga, Un nuevo penitencial español. Anuario de historia del derecho español 14 (1942-1943) 5-32.

Anonymus Cordubensis (S. 540f.).
quaestiones de nominibus divinis erstmals hrsg. von J. Leclercq, Un tratado sobre los nombres divinos en un manuscrito de Córdoba. Hispania sacra 2 (1949) 327-338. - M.C. Díaz y Díaz 534.

Raguel presbyter Cordubensis (?) (S. 541f.).
Die ihm vielleicht zu Unrecht zugeschriebene *passio Pelagii martyris* wurde erstmals gedruckt von Ambrosius Morales (dem Hofhistoriographen Philipps II.): Divi Eulogii Cordubensis ... opera. Compluti (Alcalá) 1574 f.112v-114v. - Acta SS. Iunii V (1709) 206-208. Neuere Ausgaben von M.C. Díaz y Díaz, La pasión de S. Pelayo y su difusión. Anuario de estudios medievales 6 (1969) 97-116 und J. Gil, La pasión de S. Pelayo. Habis 3 (1972) 161-200. - BHL 6617.
Ganz ungewiß ist, von wem der Pelagius-Hymnus *Inmense caeli conditor* (rhythmische ambrosianische Strophen) stammt: M.C. Díaz y Díaz 660.

Anonymus aus León (S. 542).
Die anonyme *vita Ildefonsi* wurde zuerst herausgegeben von Franciscus Feu-Ardentius, B. Hildephonsi archiepiscopi Toletani de virginitate sanctae Mariae liber. Parisiis 1576 fol. sign. ẽ.IIIIv-ẽ.7 [nicht gesehen], und öfters. Abdruck von Henrique Flórez, España sagrada V. Madrid 1750 p.504-509, bei Migne PL 96 43-48. Neue Ausgaben J.M. Canal, San Hildefonso de Toledo. Historia y leyenda. Ephemerides mariologicae 17 (1967) 437-462, hier 453-456 und im Corpus scriptorum muzarabicorum ed. I. Gil II 59-66. - Datiert ins XI. (oder XII.) Jahrhundert von B. de Gaiffier, Analecta Bollandiana 64 (1946) 298. M.C. Díaz y Díaz, De patristica española. Revista española de teología 17 (1957) 3-46, hier 44sq. - BHL 3919. M.C. Díaz y Díaz 595.

Asturische Chroniken (S. 543-546).
Von den asturischen Chroniken des späten neunten Jahrhunderts, der sogenannten *Prophetischen Chronik*, dem *chronicon Albeldense* und der *Chronik Alfons III.* fand zuerst Aufmerksamkeit die letztgenannte.

Die nur einen Teil, nämlich die asturische Geschichte betreffenden Abschnitte enthaltende editio princeps eben dieser sogenannten *cronica Adephonsi regis (III.)* besorgte 1615 in Pamplona Prudencio de Sandoval O.S.B., Bischof von Pamplona, Historias de Idacio Obispo ... De Sebastiano Obispo de Salamanca ... p.44-55 (Bischof Sebastian von Salamanca galt als Verfasser). Nach weiteren unzulänglichen Editionen erste relativ brauchbare und für die Zeit bemerkenswert gute Ausgabe von Henrique Flórez unter dem Titel chronicon Sebastiani in der España sagrada XIII, Madrid 1756 p.464-489. Über weitere Editionen und Untersuchungen J. Prelog (siehe unten) XLVI-LXIII. - Die verschiedenen Rezensionen, aus denen sich das verlorene Original ableiten läßt, sind A = Ovetensis, B = Rotensis, D = die in die chronica Naierensis eingeschobene. Sie werden neben- bzw. nacheinandergestellt, womit die kritische Grundlage des verlorenen originalen Textes gelegt wird von J. Prelog, Die Chronik Alfons' III. Untersuchung und kritische Edition der vier Redaktionen. Frankfurt a.M. u.a. 1980 (Europäische Hochschulschriften. Reihe III: Geschichte und ihre Hilfswissenschaften 134) - Phil. Diss. Marburg 1979, knappe, aber inhaltsreiche historische Anmerkungen. - Über die einige Jahre später erschienenen krit. Editionen siehe unten.

Die sogenannte *Prophetische Chronik* und das vermutlich von einem unbekannten Mönch in Oviedo verfaßte *chronicon Albeldense* wurden zuerst hrsg. von Henrique Flórez, España sagrada XIII. Madrid 1756 p.417-432.

Im Zusammenhang mit den asturischen Chroniken, aber auch anderen Werken der mozarabischen Literatur spielte eine wichtige Rolle der codex Rotensis - jetzt Madrid, Biblioteca de la Real Academia de la Historia cod. 78 - , der, im X. Jahrhundert in San Millán de la Cogolla geschrieben, im Mittelalter sich im Kathedralarchiv von Roda befunden hat und, nachdem er lange Zeit verschollen war, 1927 wieder aufgetaucht ist. Beschreibung von Zacarías García Villada, El códice de Roda recuperado. Revista de filología Española 15 (1928) 113-130.

Die Aufmerksamkeit auf die asturischen Geschichtsquellen als Beginn der Historiographie in den Anfängen der Reconquista lenkte M. Gómez-Moreno, Las primeras crónicas de la Reconquista: el ciclo de Alfonso III. Boletín de la Academia de la Historia 100 (Madrid 1932) 562-628; hievon 600-609: La crónica Albeldense, 609-621: La crónica Rotense und 622-628: La crónica profética (Textausgaben).

Die Prophetische Chronik und das chronicon Albeldense vereinigt und zusammen mit der Chronik Alfons III. krit. ediert in: Crónicas Asturianas. Crónica de Alfonso III (Rotense y „A Sebastián"). Crónica Albeldense (y „Profética"). Introducción y edición crítica de Juan Gil Fernandez. Traducción y notas de José L. Moralejo. Estudio Preliminar de Juan I. Ruiz de la Pea. Oviedo 1985 (Universidad de Oviedo. Publicaciones del Departamento de Historia Medieval 11). Dieselben Werke in wieder anderer Zusammenstellung: Y. Bonnaz, Chroniques Asturiennes (fin IXe siècle). Paris 1987 (Sources d'histoire médiévale. Publiées par l'Institut de Recherche et d'Histoire des Textes) - Edition, franz. Übersetzung und Kommentar. - M.C. Díaz y Díaz 514-522.

S a m p i r u s v o n A s t o r g a (S. 546f.).

Erste Ausgabe der *Chronik* (oder *historia* - beide Titel modern) von Prudencio de Sandoval, Historias de Idacio Obispo, ... De Sampiro Obispo de Astorga, ... Pamplona 1615 p.56- 70; über weitere ältere Ausgaben J. Pérez de Urbel

196-202. Einzige krit. Edition von J. Pérez de Urbel, Sampiro. Su crónica y la monarquia Leonesa en el siglo X. Madrid 1952 (Consejo superior de investigaciones científicas. Escuela de estudios medievales. Estudios 26) mit sehr eingehender Darstellung und reichen Anmerkungen. Über die Handschriften E. Fernández Vallina in: Helmantica 29 (1978) 51-60. J.M. Ruiz Asencio, La inclusión del „Chronicon" de Sampiro en la „Historia Silense". Archivos Leoneses 27 (1973) 279-286. - M.C. Díaz y Díaz 888, 889.

Pseudo-Isidorus de fabrica mundi (S. 548).
Das anonyme Gedicht *de fabrica mundi*, inc. *Creator mundi <divinus>*, ist erstmals hrsg. (mit Einleitung) von M.C. Díaz y Díaz, Un poema pseudoisidoriano sobre la creación. Studi medievali. Serie terza 11 (1970) 397-402.

antiphonarium mozarabicum (S. 549).
Das *antiphonarium mozarabicum* ist ediert von L. Serrano - G. Prado - C. Rojo, Antiphonarium mozarabicum de la Catedral de León. León 1927-1928 (mit Neumen). - M.C. Díaz y Díaz 638.

Mozarabische Hymnendichtung (S. 549-551).
Hymnus auf die hl. Cyriacus und Paula, inc. *Sacrum tempus in calculo* Analecta hymnica 27 (1897) 245. - M.C. Díaz y Díaz 669. Schaller/Könsgen 14473.
Hymnus zum Fest der translatio des Jüngeren Jacobus, inc. *Clara sanctorum una Iherusalem* Analecta hymnica 27 (1897) 189; J.P. Gilson, The Mozarabic Psalter (Ms. British Museum, Add. 30,851). London 1905 (Henry Bradshaw Society 30) 207sq. - M.C. Díaz y Díaz 655.
Hymnus auf den hl. Pelagius, inc. *Immense caeli conditor haec* Analecta hymnica 2 (1888) 29; 51 (1908) 35. - M.C. Díaz y Díaz 660. Schaller/Könsgen 7764.
Die wohl außerhalb des eigentlich mozarabischen Spanien entstandenen Hymnen:
Hymnus auf die Martyrinnen Nunilo und Alodia, inc. *Restant nunc ad Christi fidem virtutis insignia* Analecta hymnica 27 (1897) 227; J.P. Gilson l.c. 262sq. - M.C. Díaz y Díaz 667. Schaller/Könsgen 14218.
Martinshymnus, inc. *Martinus magnus pontifex apostolorum socius* Analecta hymnica 27 (1897) 218; J.P. Gilson l.c. 244sq. - M.C. Díaz y Díaz 663.
Zwei Hymnen auf den hl. Aemilianus: I. inc. *Christe caput fidelium hospes* ed. J. Leclercq, Textes et manuscrits de quelques bibliothèques d'Espagne. Hispania sacra 2 (1949) 91-118, hier 101. - M.C. Díaz y Díaz 651. Schaller/Könsgen 2164; II. inc. *Cuncti caelestis curiae cives* ed. J. Leclercq l.c. 102. - M.C. Díaz y Díaz 656. Schaller/Könsgen 3202.
Hymnus auf den hl. Hieronymus, inc. *Christus est virtus patris sapientia* Analecta hymnica 27 (1897) 180-183; J.P. Gilson l.c. 257-259. - M.C. Díaz y Díaz 654. Schaller/Könsgen 2288. Laudes-Hymnus auf das Fest Mariae Himmelfahrt, inc. *En pater glorie rutilum gaudiis* Analecta hymnica 27 (1897) 121sq.; J.P. Gilson l.c. 245sq. - M.C. Díaz y Díaz 658. Schaller/Könsgen 4438.
Zu den mozarabischen Hymnen vor allem J. Pérez de Urbel O.S.B., Origen de los himnos mozárabes. Bulletin hispanique 28 (1926) 5-21, 113-139, 209-245, 305-320 [Annales de la Faculté des Lettres de Bordeaux. 4e série. 49e année].

Epithalamium der Leodegundia (S. 551f.).
Die *versi domna Leodegundia regina*, inc. *Laudes dulces fluant tibiali modo* sind hrsg. von José M. Lacarra, Textos Navarros del códice de Roda. Estudios de edad media de la Corona de Aragón. Sección de Zaragoza 1 (1945) 193-283, hier 271- 275, nach dem codex von Roda (Madrid, Biblioteca de la Real Academia de la Historia cod. 78); Neuedition nach den drei bekannten Handschriften von M.C. Díaz y Díaz, Libros y librerias en la Rioja altomedieval. Logroño 1979 (Consejo superior de investigaciones cientificas. Biblioteca de Temas Riojanos [28]) 315-318. - M.C. Díaz y Díaz 592. - Erläuterungen bei M.C. Díaz y Díaz, Libros y librerias (l.c.) 38-42. Schaller/Könsgen 8752.

Über die Rioja M.C. Díaz y Díaz, Libros y librerias (l.c.); er versucht erstmals in Spanien, auf Grund der Bibliotheken die Entwicklung des geistigen Lebens eines größeren Gebietes zu erkennen, und ist insofern für Spanien beispielhaft.

Vigila von Albelda und Sarracinus (S. 553).
Nach Teilausgabe der Gedichte durch G. Antolín, Catálogo de los códices latinos de la Real Biblioteca del Escorial. I. Madrid 1910, 370sq. - M.C. Díaz y Díaz 602-607 - erstmals alle neun Gedichte ediert von M.C. Díaz y Díaz, Libros y librerias en la Rioja altomedieval. Logroño 1979, 351-370, dazu 62-67; ders., Vigilán y Sarracino. Sobre composiciones figurativas en la Rioja del siglo X. Lateinische Dichtungen des X. und XI. Jahrhunderts. FS für W. Bulst. Heidelberg 1981, 60-92 (Text und Erläuterungen).

Lupitus von Barcelona (S. 554).
de astrolabio, inc. *Quicumque astronomicae discere peritiam*, herausgegeben von N. Bubnov, Gerberti postea Silvestri II papae Opera Mathematica (972-1003). Berolini 1899, 114-147. Den Prolog dazu edierte J.M. Millás Vallicrosa, Assaig d'història de les idees físiques y matemàtiques a la Catalunya medieval. I. Barcelona 1931 (Estudis universitaris Catalans. Sèrie monogràfica 1) Apèndix I 271-275. - M.C. Díaz y Díaz 609 und 608. - L. Thorndike, A history of Magic and Experimental Science. I. New York 1947, 699sq.

Von einem Unbekannten, möglicherweise von Lupitus, stammen die folgenden Traktate:

sententie astrolabii (inc. *Quicumque vult scire certas*) erstmals hrsg. von J.M. Millás Vallicrosa l.c. 275- 293. - M.C. Díaz y Díaz 610.

de mensura astrolapsus (inc. *Philosophie qui sua sapientia*) hrsg. von J.M. Millás Vallicrosa l.c. 293-295. - M.C. Díaz y Díaz 611. *de mensura astrolabii* (inc. *Philosophi quorum sagaci studio*) hrsg. von J.M. Millás Vallicrosa l.c. 296-302. - M.C. Díaz y Díaz 612.

Ripoll (S. 554).
Über Ripoll unterrichtet zusammenfassend G.M.Colombas im Diccionario de historia de España III (²Madrid 1969) 1630sq. (s.v. Monasterios und Ripoll). - Über die Handschriften von Ripoll R. Beer, Die Handschriften des Klosters Santa María de Ripoll. I. II. Sitzungsberichte der philosophisch-historischen Klasse der Kaiserlichen Akademie der Wissenschaften 155, 3; 158, 2. Wien 1907, 1908. - Zur Einordnung ins literarische und geistige Leben J.L. Moralejo, Literatura hispano-latina (siglos V-XVI), in: J.M. Díez Borque (Hrsg.), Historia

de las literaturas hispánicas no castellanas. Madrid 1980, 13-137, besonders 58-63.

F i g u r e n g e d i c h t e (S. 554f.).
Das Figurengedicht, inc. *Metra suit certa si visat rectius artem* ist ediert von L. Nicolau d'Olwer, L'escola poètica de Ripoll en els segles X-XIII. [Institut d'Estudis Catalans. Secció històrico-arqueològica] Anuari MCMXV-XX. 6, 1 (1923) 3-84, hier 57 und von Zacharias García S.J., Bibliotheca Patrum Latinorum Hispaniensis. II. Nach den Aufzeichnungen Rudolf Beers. Sitzungsberichte der philosophisch-historischen Klasse der Kaiserlichen Akademie der Wissenschaften 169, 2. Wien 1915, 22- 26. - M.C. Díaz y Díaz 601. H. Walther, Initia carminum 10974. Schaller/Könsgen 9615.
Das Gedicht inc. *Sancte puer claro qui signas lumine olimpum* bei L. Nicolau d'Olwer l.c. 67sq. - M.C. Díaz y Díaz 567. H. Walther, Initia carminum 17231. Schaller/Könsgen 14637.

O l i b a v o n R i p o l l (S. 555).
Das Gedicht an Bischof Gauzlin von Bourges, inc. *Germine conspicuos pulcro decorando clientes* ist veröffentlicht bei L. Nicolau d'Olwer, L'escola poètica de Ripoll en els segles X-XIII. [Institut d'Estudis Catalans. Secció històrico-arqueològica] Anuari MCMXV-XX. 6, 1 (1923) 3-84, hier 31 und bei R.-H. Bautier - G. Labory (ed.), André de Fleury. Vie de Gauzlin, abbé de Fleury. Vita Gauzlini abbatis Floriacensis monasterii. Paris 1969 (Sources d'histoire médiévale 2) 178, 180. - M.C. Díaz y Díaz 727. H. Walther, Initia carminum 7187. Schaller/Könsgen 5588.
Das Gedicht *de monasterio*, inc. *Hoc adiens templum genitricis virginis almum* findet sich bei L. Nicolau d'Olwer l.c. 32 und G. Martínez Díez, Dos catálogos inéditos de la biblioteca del monasterio de Ripoll. Hispania Sacra 22 (1969) 333-423, hier 358. - M.C. Díaz y Díaz 733. H. Walther, Initia carminum 8235. Schaller/Könsgen 6886.
Das nicht dem Oliba gehörende Gedicht *de comitibus*, inc. *Conditur hic primus Guifredus marchio celsus* bei L. Nicolau d'Olwer l.c. 32-34 und G. Martínez Díez l.c. 359. M. Coll i Alentorn, La historiografia de Catalunya en el període primitiu. Estudis romànics 3 (1951-1952) 139-196, hier 148. - M.C. Díaz y Díaz 734. H. Walther, Initia carminum 3123. Schaller/Könsgen 2568.
A.M. Albareda, L'abat Oliba. Fundador de Montserrat (971? - 1046). Assaig biogràfic. Montserrat 1931 [Nachdruck mit einer Einleitung von J. Massot i Muntaner, Montserrat 1972].

p l a n c t u s d e o b i t u R a i m u n d i c o m i t i s (S. 555f.).
Der *planctus de obitu Raimundi comitis*, inc. *Ad carmen populi flebile cuncti* wurde zuerst hrsg. von E. Dümmler, Neues Archiv der Gesellschaft für ältere dt. Geschichtskunde 3 (1878) 405-410; dann von R. Beer, Die Handschriften des Klosters Santa María de Ripoll. II. Sitzungsberichte der philosophisch-historischen Klasse der Kaiserlichen Akademie der Wissenschaften 158, 2. Wien 1908, 7sq. Nochmals bei L. Nicolau d'Olwer, L'escola poètica de Ripoll en els segles X-XIII. [Institut d'Estudis Catalans. Secció històrico-arqueològica] Anuari MCMXV-XX. 6, 1 (1923) 3-84, hier 27-30. - Díaz y Díaz 711. H. Walther, Initia carminum 312. Schaller/Könsgen 154 mit Nachtrag.

Johannes von Ripoll (oder von Fleury) (S. 556).

Das Briefgedicht, inc. *Laudibus egregiis veneraris climate cuncto* ist ediert bei L. Nicolau d'Olwer, L'escola poètica de Ripoll en els segles X-XIII. [Institut d'Estudis Catalans. Secció històrico-arqueològica] Anuari MCMXV-XX. 6, 1 (1923) 3-84, hier 31. - M.C. Díaz y Díaz 713. H. Walther, Initia carminum 10171. Schaller/Könsgen 8767.

Nachtrag zu S. 446:

Nicht die eben erwähnte Herzogin (an die man gelegentlich gedacht hat), sondern die in den ersten Jahrzehnten des elften Jahrhunderts lebende Äbtissin Hadwig von Lindau ist es wahrscheinlich gewesen, die von einem Geistlichen ein Gedicht über den letzten Abschnitt der biblischen Proverbien *de muliere forti* (Prov. 31, 10-31) erbat. Der ungenannte Dichter entledigte sich seines Auftrags, indem er die betreffenden Kapitel von Bedas Proverbienkommentar versifizierte (inc. *Rex Salomon summa qui fulsit;* 287 Verse) und mit einem Segenswunsch für die Äbtissin abschloß. Die trocken, um nicht zu sagen hölzern wirkenden Verse mit ihren unschönen Elisionen werden nicht eleganter dadurch, daß der Verfasser sich des damals modernen einsilbigen leoninischen Reims bediente. In dreißig, dem exegetischen Gedicht vorangestellten Glykoneen, von denen je zwei oder drei durch einsilbigen Endreim bzw. ebensolche Assonanz gebunden sind, wird Christus um Beistand angerufen und das kleine Werk der Hadwig gewidmet; die mit Reim nicht eben häufige Form zeigt immerhin eine gewisse Originalität[1]. Indessen ist bemerkenswert an dem kleinen Gedicht weder der Gegenstand, der eben ein exegetischer ist und als solcher allenthalben angetroffen werden kann, noch die Versifizierung eines bereits vorliegenden Prosatextes, die seit alters her vorkommt und an keinen bestimmten Gegenstand gebunden ist. Auffällig aber und in der Tat neuartig ist der Umstand, daß der Anstoß zur Abfassung von einer Äbtissin ausging, auf die und deren Verhalten als Ordensobere sich das Gedicht letzten Endes selbst bezog.

Vielleicht darf als Zeugnis der ungestörten Weitergabe karolingischer Bildung bis zum routinemäßigen Gebrauch der sprachlichen Ausdrucksmittel und der poetischen Technik der älteren, karolingischen

---

[1] Offensichtlich ist Kürze in der zweiten Silbe des Glykoneus angestrebt wie Boeth. cons. IV, 3 (der sonst wie Prud. perist. 7 und c. Symm. II, praef. die horazische Form mit spondeischer Basis bevorzugt).

Art eine in mancher Hinsicht merkwürdige Dichtung verstanden werden, die gegen Ende des zehnten Jahrhunderts wohl in Reichenau selber entstanden ist. Über den Verfasser, der sich im Widmungsbrief P u r - c h a r d nennt und, wie aus seiner Vertrautheit mit den Verhältnissen gefolgert zu werden pflegt, Mönch von Reichenau war, weiß man sicher nur, daß er sein Werk im Auftrag des Reichenauer Konvents abgefaßt und 994/95 den Mönchen des Inselklosters gewidmet hat; die Versuche, ihn mit einem bekannten Träger dieses Namens zu identifizieren, sind allesamt nur Vermutungen. Das Werk, das vom ersten Herausgeber als carmen de gestis Witigowonis bezeichnet, heute kurz *gesta Witigowonis* genannt wird, zählte etwa 590 Verse, einsilbig gereimte leoninische Distichen; infolge Blattverlustes der einzigen, zeitgenössischen Handschrift sind nicht ganz zweihundert Verse verloren. Behandelt werden die Leistungen des Abtes Witigowo (995-997) im ersten Jahrzehnt seiner Regierung, insbesondere seine Bautätigkeit Jahr für Jahr beschrieben. Aber es geht hier wohl doch nicht nur und nicht in erster Linie um eine geschichtliche Aufzeichnung oder um einen Rechenschaftsbericht. Man mag es einen glücklichen Einfall nennen, daß der Dichter dem Ganzen die Form einer Ekloge, eines Dialogs zwischen der personifizierten Augia und dem Poeta, gegeben und durch eine poetische Szenerie dem trockenen Stoff Anmut verliehen hat. Die Form aber ist nicht nur Schmuck, sie ist wesentlicher Bestandteil dessen, was der Dichter zu sagen beabsichtigt. Gab die Feier der zehnjährigen Amtsübernahme des Abtes den Anlaß zur Abfassung, so mußten die Taten des Oberen gerühmt werden. Durchaus nicht nötig jedoch, ja der unverkennbare Ausdruck der Mißbilligung war es, daß die Augia, der personifizierte Konvent der Reichenau, trauernd und weinend erscheint am Tag der Freude und daß sie in dieser Haltung bis weit in die Mitte des Gedichts hinein verharrt, klagend über ihre Verlassenheit, habe sie doch nach ihrer Witwenschaft noch einmal gefreit, um Schutz und Hilfe zu finden, dann aber ihren Gemahl nur selten wie einen fremden Gast zu sehen bekommen. Erst als die Klagen schier bis zum Überdruß ausgespielt sind, läßt Augia sich vom Dichter durch den Hinweis auf die Mehrung des Besitzes, die Bauten des Abtes und sein Wirken am Königshof zugunsten des Klosters beschwichtigen und geht selbst dazu über, in langer Rede den Vater des Konvents zu rühmen. Die letzten fünfzig Verse, später hinzugefügt, verändern den ursprünglichen Charakter des Gedichts. Trifft die vorstehende Deutung zu, so wäre man nicht genötigt, die sogenannten gesta Witigowonis als die poetisch eingekleidete Abts- und Klostergeschichte zu sehen, innerhalb derer die bereits ausgesponnene Klage der Augia überflüssig oder geschmacklos wäre. Dann ist sie vielmehr das geschickt und höflich, aber doch sehr nachdrücklich die Rüge an dem Verhalten des Abtes, der in der Ferne weilt, ausdrückende Gedenken einer zehnjährigen Abtszeit, ein für den Raum des Klosters allein bestimmtes und als solches wohlgelungenes Gelegenheitsgedicht.

Nachtrag zu S. 559:

Die wertvolle Studie von P. Dronke wieder abgedruckt in: P.D., The Medieval Poet and His World, Rom 1984, 115-144

Nachtrag zu S. 564 (vitae Wiboradae):

Über den speziellen Gegenstand hinaus beherzigenswert O. Prinz, Zur lexikalischen Auswertung der beiden ältesten vitae Wiboradae, in: Deutsches Archiv 42 (1986) 206–212.

Nachtrag zu S. 623:

de muliere forti ed. G. Silagi in MGH Poetae V, 3 (1979) 601-610; auf die Verse (Im Vat. Regin. lat. 421) wies erstmals hin A. Wilmart, Codices Reginenses latini, Tom. II, 1945, 511. Gut begründeter Hinweis auf die Äbtissin von Lindau, wenn auch ohne sicheren Beweis, von N. Fickermann, Ein Werk Ekkehards II.?, Beiträge zur Geschichte der deutschen Sprache und Literatur 79 (1957) 351-354.

Purchards *gesta Witigowonis* zuerst hrsg. durch G. Waitz, MGH Script. IV (1841) 620-632 (Abdruck hievon Migne PL 139, 351-364); maßgebende Ausgabe von K. Strecker, MGH Poetae V (1937) 260-279. - A. Duch, Lücken in den Gesta Witigowonis, in: Liber floridus. Mittellateinische Studien Paul Lehmann zum 65. Geburtstag. Hrsg. von B. Bischoff und S. Brechter. St. Ottilien 1950, 241-252. J. Autenrieth, Purchards Gesta Witigowonis im Codex Augiensis CCV, in: FS für Florentine Mütherich, hg. von K. Bierbrauer u.a., München 1985, 101-106. K.B. Vollmann im Verfasserlexikon[2] VII (1989) 913ff.

REGISTER

Kursiv gesetzte Zahlen verweisen auf bibliographische Angaben im Anhang.

Aachen 82, 196
Abbo von Fleury 23, 154, 165, 172ff., 185, 194, 202, 210, 243, 512, 520, *581f.,* apologeticus 177f.; Briefe 179f., Kanones 178f., 271; mathemat.-astronom. Schriften 175, *581;* passio s. Eadmundi 175ff.; quaestiones grammaticales 174f.
Abbo von St-Germain 118ff., 259, *574f.;* bella Parisiacae urbis 119ff., *626;* (?) sermones 120
ʿAbdarrāḥmān III. 307f., 374, 407, 533, 541
Abingdon 510
Abraham von Freising 380, 464
acta Iohannis 413
Adalbero von Augsburg 86, 449A.
Adalbero von Laon 244, 259, 268ff., *592*
Adalbero I. von Metz 306, 320
Adalbero II. von Metz 321, *601*
Adalbero von Reims 136, 141, 142, 145, 146, 150, 152, 153, 268
Adalbert, Sohn Berengars II. 372, 373
Adalbert, Erzieher des Notker Balbulus 29, 52, 55
Adalbert von Fleury 167, 168, *580*
Adalbert von Magdeburg 89, 388, 452, *569*
Adalbert von Prag 387, 388, 424, 425
Adalbold: miracula Waldburgae 76, *567*
Adalbold von Utrecht 149, 298, 301ff., 322, *598;* commentarius in Boeth. cons. III. 9 302f.; quaestiones 302; mathemat.-astronom. Schriften 302; vita Heinrici II. 303; unecht: musica 303
Adalpert, Gründer von Tegernsee 74
Adam von Bremen 131
Adamnan 530
Adela, Gräfin 322
Adelchis, Herzog von Benevent 382
Adelheid, Kaiserin 150, 212, 218, 372, 378, 414, 464
Adelmann von Lüttich 303f., *598f.*
Ademar von Chabannes 278ff., *593f.;* commemoratio abbatum Lemovicensium 279; Eparchius-Offizium 283f.; Fabelsammlung *594;* historiae sive chronicon 279ff., 332A.; Hymnen und andere Gedichte 283, *594;* über den hl. Martial 281ff., *594*
Ado von Vienne 57, 122ff., 453, 452, *575f.;* Chronik 124ff.; martyrologium 123f.; passio s. Desiderii 127; vita s. Theodori 126f.; und Hermann von Reichenau 454; und Regino von Prüm 87; und Usuard von St-Germain 117
Adrevald von Fleury 167, 168ff., 184, 185, *580f.;* de corpore et sanguine Christi 168; expositio in benedictiones Iacob *580f.;* miracula s. Benedicti 169ff.; vita Aigulfi *581*
Adso von Montier-en-Der 153ff., 154 (seine Bücher). *578f.;* de ortu et tempore Antichristi 154ff.; Hagiographisches 158ff; „Columbinus" (= vita Mansueti) 161ff.
Aeddi (Eddius) Stephanus und Frithegod 516
Aegidius von Reims 159
Aelfricus Bata, Scholaster in Winchester 515
Aelfric, EB. von Canterburry 515, *636*
Aelfric grammaticus 515f., *636*
Aelfricus Putok von York 515
Aethelstan, engl. König 510, 519
Aethelweard 518, *637;* und Wilhelm von Malmesbury 519
Aethelwold von Winchester 510ff., 514, 515, 517, *635;* regularis concordia 510f.; Übersetzung der Benedikt-Regel 511
Aethelwulf, König von Wessex 505, 508, 512, 519
Aethicus Ister und Flodoard 132
Agapet II., Papst 129
Agius von Corvey 406
Agnellus 132
Agroecius von Sens 234
Aidan 521
Aigulf, Mönch von Fleury 167, 168, 184
Aimoin von Fleury 180ff., 202, 227, *582f.;* über den hl. Benedikt 167A., 170, 172,

184f., 185; Gedichte 185f.; historia Francorum 180ff., 185, 192; vita Abbonis 186ff.
Aimoin von St-Amand 103
Amoin von St-Germain 116, 117f., 121 A., *574;* miracula s. Germani 117; inventio et translatio b. Vincentii 118
Aimoin, Lehrer d. Milo 103
Aio, benev. Fürst 390, *613*
Alarich, König der Westgoten 347
Albelda, St. Martin 543, 553
Alberich, Mönch in Montier-en-Der 153
Alberich II., Herzog von Spoleto 372, 386
Albert von Augsburg *624*
Aldebald von Cluny 213, 214, *586*
Aldhelm 104, 186, 412, 516, 517; und Fulbert von Chartres 247; und Milo von St-Amand 104; und Stephan von Lüttich 286
Alexander Neckam 54 A.
Alexanderroman 344f.
Alfons III. 534, 543, 545, 546
Alfred der Große („Alstemus") 262, 505, 506, 507, 511, 515, 516, 518, 519
Aligern von Monte Cassino 389
Alkuin 17, 19, 55, 235, 247, 280 A., 355, 417, 506
Albert von Metz (oder von St. Symphorian) 321ff., *601f.;* de diversitate temporum 321ff.; de episcopis Mettensibus 321
Altomünster 477
Altrip 82
Amalarius von Metz 19; und Bern von Reichenau 447
Amalberga, Gemahlin des Irminfrid 420
Amarcius, Sextus 504 A.
Ambrosius von Mailand 48, 80 A., 355; und Arnold von St. Emmeram 486; und Burchard von Worms 436; und Egbert von Lüttich 300; und Gerbert von Aurillac 152; und Gerhard von Csanád 488; und Gezo von Tortona 354; und Heriger von Lobbes 295; und Odorannus von Sens 237; und Samson von Cordoba 538
Ps.-Ambrosius: passio Agnetis und Hrotsvit 409
Amelberga 95 f.
Amoena (Melodietitel) 38, 68
Amorbach 189, 473
Ps.-Amphilochius siehe Anastasius Bibliothecarius, siehe Ursus presb. Neapol.
Anastasius Bibliothecarius 324, 325 ff., 333, 335 (?), 341, 346, *602f.;* Übersetzungen: chronographia tripertita 327f.; pseudo-dionysische Schriften (Brief an Karl d. Kahlen) 328f.; Heiligenleben 329f.; Konzilsakten 326f.; (?) vita Nicolai 326
Anastasius von Gran 425
Andreas von Fleury 189, 191 ff., *584;* Forts. der miracula s. Benedicti 170, 191; vita Gauzlini 192 f.
Animosus 528
Anmchad von Kildare 528
Annalen:
Alamannici 451 f.; Augienses 451 f.; Einhardi 51; Fuldenses 432, 452; Hersfeldenses 452; Hildesheimenses 422, 430; Laureshamenses 87, 279, 452; Palidenses 429; Prumienses 78, 87, *567f.;* regni Francorum 51, 125, 130, 381; S. Amandi 125; S. Bertini 258; S. Columbae Senon. 235; Sangallenses 450, 451, 452; S. Neoti *634;* Tiliani 125; Vedastini 258; Weingartenses 451
Annalista Saxo 384
Anonymus Cellotianus siehe Heriger von Lobbes
Anonymus Cordubensis *641*
Anonymus Gemeticensis 255 f., *590*
Anonymus Haserensis 75 A., 461, *627*
Anonymus Mellicensis 210, 459, 453, *626*
Anonymus Neveleti *565*
Anselm von Besate 393ff., 398, *615*
Anselm von Lüttich 287
Ansfrid von Utrecht 322
Anso von Lobbes 294, 296, *597;* und Folcuin von Lobbes 197; und Rather von Verona 362, *609*
Anstignus siehe Hasting
Antiphonarium mozarabicum 549, *643*
Anthologia latina 300
Appolonius von Tyrus 402
Apuleius und Notker von Lüttich 291
Aquileia 12
Arator 315
Arras, St. Vaast 301
Arbeo 74; und Arnold von St. Emmeram 484
Aribo von Mainz 65, 435, 438, 439, 441, 442, 447, 448
Arichis, Herzog von Benevent 383, 389
Aristoteles und Adso von Montier-en-Der 154; und Fulbert von Chartres 250; und Gerbert von Aurillac 142; und Otloh von St. Emmeram 474 A., 482
Arn von Salzburg 46, *561*
Arnold von St. Emmeram 484ff., *630f.;* über den hl. Emmeram 476, 485 ff.; (?) de

octo beatitudinibus 487; und Heribert von Eichstätt 487
Arnulf: delicie cleri 298, 318f., *600*
Arnulf von Kärnten 75, 86, 347, 375, 483
Arnulf, Herzog von Bayern 356
Arnulfus von Fleury 192
Arnulf von Reims 146, 150, 173, 269
Artold von Reims 129, 133
Ascelin siehe Adalbero von Laon
Asilo von Würzburg 454
Asser von Sherborne 507ff., *634*
Athanagild, Abt 538
Athis und Profilias 501
Atto von Vercelli 19, 366ff., 380, *610, 615*; capitulare 367; in epistulas Pauli 367; polipticum 368ff.; de pressuris ecclesiasticis 367f., 370
Auctores octo morales 74, *565*
Audradus Modicus 234
Augsburg 12, 13, 401, 422, 464, 487
Augustinus 43, 48, 104, 355, 506; und Ado von Vienne 125; und Adrevald von Fleury 168; und Aimoin von Fleury 187; und Arnold von St. Emmeram 486; und Auxilius 349; und Burchard von Worms 436; und chonicon Salernitanum 383; und Egbert von Lüttich 300; und Fulbert von Chartres 250; und Gerbert von Aurillac 152; und Gerhard von Csanád 489; und Gezo von Tortona 354; und Heriger von Lobbes 295; und Notker von Lüttich 291; und Odo von Cluny 203; und Odorannus von Sens 237; und Otloh von St. Emmeram 481; und Samson von Cordoba 538; und Thietmar von Merseburg 432.
Ps.-Augustinus: categoriae und Notker Labeo (Übers.) 438; tractatus de assumptione b. Mariae 239; siehe auch Adso von Montier-en-Der
Aulne 357
Aurillac 144
Austremonius von Arvernum 198
Autbertus von Avranches 255
Auxerre, St-Germain 227
Auxilius 348ff., 350, *607f.*; zur causa Formosiana 348ff.; (?) Genesis-Kommentar *608*
Avesgaudus von Le Mans 195, 196, 197, *585*
Avianus und Egbert von Lüttich 299, 300; und Otloh von St. Emmeram 478
Avienus 521 A.
Avitus von Bracara 43, 48
Aymardus (Aimarus), Abt von Cluny 212

Aymo, Abt von St-Martial 206
Azo von Como 356
Azzelin siehe Adalbero von Laon

B., Verf. der vita Dunstani 517, *637*
Balconius von Bracara 43 A.
Balderich von Lüttich 364
Balderich von Speyer 405 A.
Baldericus von Utrecht 107
Bamberg 46, 460; Dombibliothek 143, 346
Barcelona 116, 149
Barinthus, Abt 524
Barlaam und Josaphat siehe Johannes von Amalfi
Basileios I., byz. Kaiser 326
Basilius d. Gr. und Burchard von Worms 436; und Heriger von Lobbes 296
Bathildis, Königin der Angelsachsen 254
Beatus von Liebana und Rodulfus Glaber 229 A.
Beaulieu am Soracte 301
Beda Venerabilis 19, 57, 60, 80 A., 131, 280 A., 418, 453, 506, 529; und Ado von Vienne 123, 125; und Aethelweard 518; und Alfred d. Gr. 511; und Benedictus von S. Andrea 381; und Frithegod 516; und Gerhard von Csanád 489; und Gezo von Tortona 354; und Heriger von Lobbes 293, 296; und Hermann von Reichenau 451; und Israel Scottus 529; und Johannes diaconus Neapolitanus 339; und Johannes diaconus Venetus 384; und Odorannus von Sens 235; und Radbod von Utrecht 95; und Regino von Prüm 86, 87; und Rodulfus Glaber 228; und Usuard 117; und Widukind 418
Belisar 183
Benedikt III., Papst 325
Benedikt VIII., Papst 447 A.
Benedikt von Aniane 194, 201
Benedikt von Benevent 427
Benedikt von Clusa 281
Benedikt von Nursia 166, 170, 203; und Burchard von Worms 436; regula 28, 359; und Ruotger 403
Benedictus von S. Andrea 380ff., *573, 611*
Benediktbeuern 166, 399
Benevent 324
Beorderiksworth (Bury St. Edmund's) 176
Berengar I. von Friaul 347, 352, 375, 376
Berengar II. von Ivrea 220, 356, 371, 372, 378, 414
Berengar von Tours 304; und Adelman von Lüttich *598, 599*
Bern(o) von Reichenau 180, 301, 446ff.,

450, 460, *623 ff.*;Briefe 449 f., *624;* Liturgisches 446 f., *623;* Musiktheoretisches 448 f., *624;* vita s. Udalrici 449, *624;* Unechtes *624*
Bernhard, Markgraf von Barcelona 554
Bernhard von Utrecht *566*
Berno, Abt von Baume 201, 202
Berno, Abt von Cluny 211
Bernward von Hildesheim 430
Bertha von Beuavais, Gemahlin Roberts II. 272
Berthold von Micy 194, *584*
Berthold von Reichenau 450, 452, 453, 454, 455, 456; Fortsetzung der Chronik Hermanns *627,* vita Hermanni 460; *627*
Birinus, Hl. 514, 515
Bobbio 145, 150, 153; Katalog saec. X 152 A.
Boethius 22, 45, 80 A., 90, 145 A., 152 A., 351, 417, 458, 475, 506; und Abbo von Fleury 175; und Adso von Montier-en-Der 154; und Alpert von Metz 322 A.; und Bern von Reichenau 448; und Burchard von Worms 322 A.; und carm. Cantabr.10 502; und Dudo von St-Quentin 264; und Froumund von Tegernsee 465; und Gerbert von Aurillac 142, 149, 152; und Guido von Arezzo 397; und Hrotsvit von Gandersheim 416; und Notker Labeo 437, 438; und Notker von Lüttich 291; und Odorannus von Sens 237; und Otloh von St. Emmeram 475, 482; und Regino von Prüm 83; und vita Mathildis (ält.) 429; und Wandalbert von Prüm 80, 82; und Wipo 497
Boleslav I., Herzog von Böhmen 391
Boleslaw Chrobry 15, 425, 428
Bonifatius IV., Papst 513
Bonifatius VI., Papst 347
Bonifatius (Winfrid) 97, 485; und Otloh von St. Emmeram 477
Bonifatius siehe Brun von Querfurt
Bonipertus, B. von Pecs 244
Bonitus von Neapel 340 f., *606*
Borell, Graf 115 (Im Haager Fragment), 556
Boris, Bulgarenfürst 346
Bovo II., Abt von Corvey 416 f., *619*
Bovo, B. von Chalons-sur-Marne 417
Braulio von Saragossa 543, 552
Brendanus (Brandanus) 524 ff., 531, *638 f.*
breviarium Erchanberti *562*
Bremetum 385
Brightwald von Worcester 517

Bruno von Köln 357, 362 A., 364, 403, 463, 529
Bruno von Langres 154
Brun von Querfurt (Bonifatius) 424 ff., 428, 430, *620;* Brief an Heinrich II. 427 ff.; passio Adalberti 425 ff.; vita V fratrum 427
Bruno, Dompropst von Worms 436
Burchard, Abt von St. Emmeram 485
Burchard II., Abt von St. Gallen 441
Burchard II., Herzog von Schwaben 67
Burchard von Worms 20, 322, 323, 435 ff., *621 f.;* decretum 436 f., *621 f.;* lex familiae Wormatiensis ecclesiae *622;* und decretum Gratiani 437; und Regino von Prüm 85
Bury St. Edmund's (Beoderiksworth) 176
Byzanz 371, 379, 398, 425, 487

Caesar und Adso von Montier-en-Der 153; und Aimoin von Fleury 181; und Alpert von Metz 323; und Flodoard von Reims 132; und Notker von Lüttich 292; und Radbod von Utrecht 100 A.; und Richer von Reims 139; und Wipo 491, 496
Caesarius von Heisterbach 343
Calcidius und Hucbald von St-Amand 106
Cambrai 107
Candidus siehe Dub
Canterburry, St. Augustin's *636*
cantilena in Cuonradum II. imp. 499
cantila in Heribertum archiepiscopum 500
cantus Gregorianus 332 A.
Cambridger Lieder siehe Carmina Cantabrigiensia
Capetinger 129
Captiva (Melodietitel) 38
Capua 389
carmen ad regem (d.i. Odo, Graf von Paris) *575*
carmen de Cassiano und Stephan von Lüttich 286
carmen de monasterio Gemeticensi 255
carmen de speciebus 312 A., 315
carmina Cantabrigiensia 64 A., 251, 498 ff., *633*
Cassiodor 46, 47, 48, 131, 418; und Ado von Vienne 125; und Anastasius Bibliothecarius 327; und Flodoard von Reims 135; und Gerhard von Cremona 489; und Johannes diaconus Romanus 331
Castres 118
Catonis disticha *565;* und Arnulfi delicie cleri 318; und chronicon Salernitanum

383; und Egbert von Lüttich 299, 300; und Otloh von St. Emmeram 478; und Thietmar von Merseburg 432
Catull und Hucbald von St-Amand 110; und Rather von Verona 355, 356
cena Cypriani 333 ff.
'centum quinquaginta qui in Epheso sunt congregati' und Heriger von Lobbes 296
Chalcidius siehe Calc-
Chansons de geste 116, ('Girart de Roussillon') 123 A.
Charisius 402 A.
chartae pagenses 47
Chartres 137, 238 ff., 304
Childebert I. 78
Chlodwig I. 106, 420
Chlodwig II. 167, 169 A.
Chrodegang von Metz 306
chronicon Albeldense 543, 545, *641 ff.*
Chronik Alfons III. 543, 544, 545, 547, 549, 551, *642*
Chroniken, asturische 543 ff., *641 f.*
chronicon de gestis Normannorum in Francia 258, 591
chronicon Novaliciense 65, 385 ff., *612*
prophetische Chronik 543, 545, *642*
chronicon s. Benedicti Casinensis und chronicon Salernitanum 383
chronocon Salernitanum 346, 382 ff., *611 f.*
chronicon Saxonicum (ags. Chronik) und Aethelward 518
„chronicon Suebicum universale" (Schwäb. Weltchronik) 451
chronicon Venetum 384, *612*
Chroniques de France und Aimoin von Fleury 184
Cicero 22, 292, 521 A.; und Abbo von Fleury 179; und Aldebald von Cluny 213; und Egbert von Lüttich 300; und Fulbert von Chartres 250; und gesta Berengarii 353 A.; und Gerbert von Reims 142, 151, 152; und Notker von Lüttich 290, 291; und Odilo von Cluny 219; und Otloh von St. Emmeram 475 A., 482; und Ruotger von Köln 404; und Thangmar von Hildesheim 434; und Wipo 497; siehe auch rhetorica ad Herennium
Cixila von Toledo 542
Claudius II. Gothicus 74
Claudius von Turin 196
Clemens, Ire 53
Clemens II. (Suidger, B. von Bamberg) 223
Clonfert 524
Cluny 60, 128, 142, 201 ff., 301, 306, 446, *585*; Katalog der Hss. 202

Cluniazenser 19, 271 f.
Gogolla, San Millán 552, 543, 550, *642*
Collectio Dionysiana und Abbo von Fleury 179; und Regino von Prüm 85
Collectio Hispana und Abbo von Fleury 179; und Regino von Prüm 85, 87
Columbanus 27, 28, 67, 161, 201, 215, 298
commemoratio brevis de tonis etc. 570
Como 362 A.
Conchubranus 530, *640*
conflictus veris et hiemis 571
Constantinus von Fleury, Abt zu Micy 147, 148, 192
Constantinus von Noaillé 197 A., *585*
constructio monasterii Farfensis (anon.) 386; und Hugo von Farfa *612*
de contemptu mundi „cartula nostra" *565*
conversio Bagoariorum et Carantanorum 75, *567*
Corbie 297, 416, 510
Cordoba 116, 533
Corvey 416
Covadonga 534
Craloh, Abt von St. Gallen 62
Crescentius (Nomentanus) 231
Curtius Rufus und Egbert von Lüttich 300; und Ruotger von Köln 404
Cynegil, König 514
Cyprianus von Cordoba 538 f., *641*
Cyprianus Gallus 333 A.
Cyprianus von Karthago 333; und Gezo von Tortona 354

Dauferanda *613*
Daniel, Pierre 191
Decretum Gratiani 436
delatio corporis s. Iuliani siehe Letaldus von Micy
Demosthenes, Augenarzt 152 A.
Desiderius von Cahors 289 A.
Desiderius, König der Langobarden 54, 389
Deventer 94, 96
Dialogus de organo 570
Dietpald, Bruder des B. Ulrich von Augsburg 401
Dietrich von Metz 321, *601*
Dietwin von Lüttich 599
Dijon, St-Bénigne 154, 225, 232, 233
De dimensione monocordi 570
Dionysius von Paris 198
Ps.-Dionysius Areopagita 426; und Adalbero von Laon 270; und Gerhard von Csanád 489; und Johannes, Herzog von Neapel 345

Dodo, Abt von St-Martial 279
Dominus in Syna (Melodietitel) 35, 36, 38
Donatus, Aelius 521 A.; und Abbo von Fleury 175; und Rather von Verona 363
Donatus von Fiesole 520 ff., 532, *638*
Dorchester 514
Dracontius und Heriger von Lobbes *596*
Drogo von Metz 154
Drogo von Pavia 393, *615*
Dub und Candidus 522, *638*
Dudo von St-Quentin 258 ff., *591*
Dungal 521
Dunstan von Canterbury 175, 509, 517, *634*
During, Priester in Tegernsee 479

Eadmund, Hl. (König von Ostanglien) und Abbo von Fleury 175
Eberhard, Abt von Tours 151
Ebo von Reims 128, 131
Ebroin, Abt von St-Germain 117
Ecbasis cuiusdam captivi 309 ff., *600;* und Thietmar von Merseburg 432
Edgar, König von Mercien 509
Editha, 1. Gemahlin Ottos d. Gr. 421, 518
Egbert, Abt von Fulda 477
Egbert von Lüttich 297 ff., 478, 494, 497, *597*
Egbert, König von Wessex 505, 512
Eichstätt 460
Eigil und Otloh von St. Emmeram 477
Einhard 21, 51; und Konstantin von St. Symphorian 320; und Thangmar von Hildesheim 434; und Wipo 491; sog. annales Einhardi 51
Einsiedeln 463
Ekkehard von Aura und Richer von Reims 143
Ekkehard I. 62 ff., 70, 445, *563 f.;* Hymnen und Sequenzen 63 ff.; vita Waltharii manufortis 63, 65; vita Wiboradae 66
Ekkehard II. (Palatinus) 66 ff., 445, *564;* Antiphonen und Sequenzen 67 f.; versus *564;* siehe de muliere forti
Ekkehard IV. 438 ff., 460, *622 f.;* Brief an Ymmo *623;* casus s. Galli 29, 38, 58, 61, 63, 67, 68, 70, 438, 443 ff., 500 A., *559, 564, 623;* de lege dictamen ornandi 441; liber benedictionum 438 ff., *622;* tituli 440 f.; Übersetzung von Ratperts Prozessionslied 441; zur vita Waltharii manufortis 65
Ekkehard V., vita Notkeri 29
Eleutherius, Vater d. Anastasius Bibliothecarius 325

Elias von Angoulême 280 A.
Eligius von Noyon 289
Ellinger, Abt von Tegernsee 479
Eloquius, Abt von Lagny 530
Elphegus von Winchester 513
Ely 510
Emma, Königin 267
Emrich; Sohn Stephans I. 488
Encomium Emmae siehe Gesta Cnutonis regis
Engelricus, Grammatiker 281
epithalamium Leodegundiae *644*
Erchempert von Monte Cassino 389 ff., *613;* Gedichte 390; historia Langobardorum Beneventum degentium 389 f.; martyrologium 390; (?) Epitaphien *613*
Erchanbert; breviarium *562*
Erkanbald von Eichstätt 70, 75, 76, 460, *565*
Erkanbald von Straßburg 70, *565*
Ernst II., Herzog von Schwaben 492
Ethelred II., engl. König 268
Ethelstan, engl. König 175
Eucharius von Trier 291
Eugenius von Toledo 248; und Egbert von Lüttich 300
Eugenius Vulgarius 350 ff., *608;* zur causa Formosiana 350; Gedichte 350 f.
Eulogius von Cordoba 535, 549
Eurydike 91
Eusebius-Hieronymus, Chronik 20, 48; und Ado von Vienne 125; und Heriger von Lobbes 295; und Letald von Micy 197
Euspicius, Gründer von Micy 194, 195
Eustasius, Jünger des Columbanus 161
Eutropius und Flodoard von Reims 132; und Hucbald von St-Amand 106
Evangelien, apokryphe
 Protevangelium Iacobi 241
 Ps.-Matthaei (Liber de ortu b. Mariae et infantia salvatoris) und Fulbert von Chartres 241; und Hrotsvit von Gandersheim 407
 Thomae 241
 Vindicta salvatoris 496
Everaclus von Lüttich 285
Evesham 517
excerpta canonum siehe poenitentiale Cordubense
Eynsham 515

de fabrica mundi siehe Ps.-Isidor
Facetus „Cum nihil utilius" *565*
Farabert, Abt von Prüm 82

Faramund, Frankenkönig 56
Faustus von Monte Cassino 185
Ps.-Faustus von Monte Cassino siehe Odo von Glanfeuil
Fécamp 233, 234, 254, 255, 264
Felix von Nantes 199
Ferdinand I. von Kastilien 534
Festus siehe Paulus ex Festo
Feuchtwangen 464
Fleury, St-Benôit-sur-Loire 60, 128, 166f., 191, 446, 510, 512, 556, *580;* consuetudines: siehe Theodoricus von Fleury (oder von Amorbach)
Flodoard von Reims 128ff., 137, 138, 141, 160, 181, *576f.;* annales 130; historia Remensis ecclesiae 130ff.; miracula b. Mariae 136; de triumphis Christi 133ff.; (?) visiones Flothildis *577*
Floretus 565
Florilegium von Freising *597*
Florilegium Gallicum 290 A.
Florus von Lyon 57, 433; und Ado von Vienne 123; und Usuard von St-Germain 117; und Wandalbert von Prüm 81
Flothildis visiones siehe Flodoard
Folcherius, Vater des Maiolus 217
Folcuin von Lobbes 296f., 357, *597,* gesta abbatum s. Bertini 296; gesta abbatum Lobiensium 296f., historia miraculorum (s. Ursmari) *597;* vita Folcuini *597*
Folkmar von Köln 401
Formosus, Papst 346
Formulae:
Bernenses *560;* Marculfi 46, *560;* Murbacenses 47; Salisburgenses *561*
Fortunatus 59; und Ecbasis 315; und Flodoard von Reims 132; und Odorannus von Sens 235; und vita s. Germani 122; und vita s. Mathildis (ält.) 429
Fragmentum de Theorderico I. *601*
Franbaldus von Mont-St-Michel 257
Frechulf von Lisieux 88, 452; und Ado von Vienne 125; und Adso von Montier-en-Der 154
Fredegar und Ademar von Chabannes 279; und Ado von Vienne 125; und Aimoin von Fleury 181; und Hermann von Reichenau 452
Freising 13, 399, 461, 464, 473; Dombibliothek 380, 489; siehe auch Florilegium von Freising
Fridebold, Abt von St. Ulrich und Afra 449
Friedrich I. Barbarossa 21, 158
Frigdora (Melodietitel) 38
Frithegod 516f., *637*

Froterius von Poitiers 120
Froumund von Tegernsee 464ff., *628;* apologia pro schola Wirceburgensi 466; Briefe 464f.; Gedichte 465f.
Frutolf von Michelsberg 143
Fruttuaria 234, 255
Fulbert von Chartres 238ff., 304, 503, *589f.;* Briefe 242ff.; Gedichte und Hymnen 245ff.; sermones 241ff.; theologische Traktate 239ff.; zugeschrieben: in gestis patrum veterum 231, 503; de tribus quae sunt necessaria 245 A.; vita Autperti *589*
Fulco von Reims 94, 105, 128, 347
Fulda 60, 302, 307, 415, 416, 473
Fuldaer Annalen siehe Annales Fuldenses
Fulgentius, Mythograph 91, 92 A.; und gesta Berengarii 353 A.
Fulrad von Paris 120
Furseus (Fursa) 529, 530

Gallikanische Liturgie 33
Gallus, Hl. 27, 29, 44, *560*
Gallus et vulpes 305, *599*
Garcías, Sohn Alfons' III. 547
Gaudericus von Velletri 332, 333, 335, *604*
Gautbertus, Grammatiker 280 A.
Gauzbertus, Mönch in Fleury 185, 189
Gauzlinus von Bourges 555
Gauzlinus, Abt von Fleury 184, 193
Gauzlinus, Abt von Glanfeuil 186
Gauzlinus von Toul 153
Gebhard von Augsburg 402, *617;* und Bern von Reichenau 449; und Hermann von Reichenau 401
Gelimer 183
Gennadius und Ado von Vienne 125
Geographus Bavarus 74, *566*
Georgios Synkellos und Anastasius Bibliothecarius 327
Georgslegende 343 A.
Geraldus, Graf von Aurillac 144, 206
Geraldus, Lehrer Ekkehards I. 62, 67
Geraldusprolog 70, *564, 565*
Gerannus, Archidiakon von Reims 145
Gerard von Amiens 141
Gerard von Toul 161, 162, 163
Gerard von Vienne (oder Roussillon) 123 A., 127 mit A.
Gerberg(a), Äbtissin von Gandersheim 407, 408, 410, 415, 416
Gerberga, Gemahling Ludwigs IV. von Frankreich 154, 156, 157, 158
Gerbert von Aurillac 13, 15, 23, 136, 138, 139, 141, 142, 144ff., 153, 165, 174, 190,

238, 269, 280, 288, 293, 295, 302, 424, 554, 577f., 596; mathemat.-naturwiss. Abhandlungen 147ff.; Briefe 150ff.; de rationali et ratione uti 149f.
Ps.-Gerbert, de corpore et sanguine domini 578
Gerbert von Reims siehe Gerbert von Aurillac
Gerhard von Augsburg 400f., 617; und Bern von Reichenau 449; und Hermann von Reichenau 452; und Thietmar von Merseburg 401
Gerhard I. von Cambrai 252
Gerhard von Csanád: deliberatio 488f., 631; verlorene Schriften 488
Germanicus: Aratea 521 A.
Germigny 196
Gero, Markgraf 15, 371, 421
gesta Appollonii 402, 618
gesta Berengarii imp. 352ff., 608
gesta Cnutonis 267f., 591
gesta Dagoberti und Aimoin von Fleury 181; und Regino von Prüm 87
gesta episcoporum Cameracensium 252 A.
„gesta Leucorum antistitum" 162
gesta Romanorum 54 A.
Geza, Großfürst der Magyaren 13, 487
Gezo von Tortona 76, 354f., 567, 608f.
Giraldus von Fleury und Andreas von Fleury 192
Girart de Roussillon (Chanson de geste) 123 A.; siehe Gerard von Vienne
Gisebrand von Tortona 354
Gisela, Gemahlin Konrads II. 492, 493
Gisela, Gemahlin Stephans I.
Gisilbert, Geistlicher 483
Glastonbury 509
Gnesen 15, 146
Godehard von Hildesheim 433
Goliarden 503
Gorze 136, 141, 301, 308, 446
Gotfrid, Graf von den Ardennen 142
Godescalc (Gottschalk) der Sachse 358, 403, 565
Gozlin, Abt von St-Germain 117, 120
Gran 146, 487
Gregor d. Gr. 64, 67, 104, 170A., 185A., 197, 236, 332, 355, 419, 437, 506, 519, 586; und Ademar von Chabannes 283; und Adrevald von Fleury 168; und Arnold von St. Emmeram 486; und Auxilius 349; und Bern von Reichenau 446; und Burchard von Worms 436; und Conchubranus 530; und Egbert von Lüttich 300; und Flodoard von Reims 132; und Gerbert von Aurillac 152; und Gezo von Tortona 354; und Heriger von Lobbes 295; und Johannes diaconus Romanus 331; und Odo von Cluny 202, 203; und Otloh von St. Emmeram 479; und Regino von Prüm 87; und Thietmar von Merseburg 432

Gregor V., Papst 146; und Abbo von Fleury 179
Gregor XIII., Papst 117
Gregor von Langres 233
Gregor von Tours 43, 56, 95, 274, 275, 281, 340, 418; und Aimoin von Fleury 181, 182; und Flodoard von Reims 132, 135; und Fulbert von Chartres 243; und Hermann von Reichenau 452; und Letald von Micy 197; und Odorannus von Sens 235
Gregorius clericus Neapolitanus 341, 606
Gregor von Nazianz und Arnold von St. Emmeram 486
Gregor II., Herzog von Neapel 341
Grimald, Abt von Weißenburg und St. Gallen 61, 75, 445
Guibert von Nogent 94
Guido von Arezzo 396ff., 455, 616f.; micrologus 397; sonstige musiktheoret. Schriften 397; Kommentare zu Guidos micrologus 616
Guido von Ferrara 617
Guifredus, Graf von Cordoba 538
Guisindis, Gem. des Grafen Guifredus 538
Gumpold von Mantua 391, 614
Gunther von Köln 93
Gunther von Niederaltaich 485
Gunzo 392f., 615
Gunzo, Diakon von Novara 615
Gundacer, Lehrer des Flodoard 128
Guthrum, König der Wikinger 506

Haager Fragment 115, 573
Hadeln (Hadolaun) 419
Hadrian I., Papst 38, 559
Hadrian II., Papst 325, 346
Hadwig, Äbtissin von Lindau 564
Hadwig, Herzogin von Schwaben 67, 445, 564
Haigrold, König von Skandinavien 263
Haiminus, Lehrer in St-Amand 103
Hartbert, Abt von Lobbes 297
Hartgar von Lüttich 285
Hartmann, Schüler des Notker Balbulus 44, 58, 403, 444, 445
Hartmann von St. Gallen siehe Ekkehard I.

Hartmut, Abt von St. Gallen 61
Hārūn ar-Raschīd *611*
Hasting, Normanne 260, 261
Hathumod, Äbtissin von Gandersheim 406, 415
Hatto I. von Mainz 86, 110, 420, 423
Hatto von Vich 145
Hautmont 357
Hazecha, Äbtissin von Quedlinburg 405 A.
Hegesippus und Notker Balbulus 48; und Widukind von Corvey 419 A.
Heinrich I., Herzog von Bayern 416, 429
Heinrich I., dt. König 138, 414, 418, 420, 430
Heinrich II., Kaiser 22, 46, 143, 166 A., 301, 346, 425, 429, 430, 432, 435, 446, 447 A., 466, 470, 487, 489, 499, 502
Heinrich III., Kaiser 11, 13, 393, 449, 453, 489, 490, 491 A., 494, 498, 502
Heinrich von Lausanne 490
Heinrich von Trier 463
„de Heinrico" 502
Heiric von Auxerre 29, 80, 105, 137, 148, 213, 259, 280 A., 353; und Aldebald von Cluny 213
Helgaudus von Fleury 189 ff., *584;* und Andreas von Fleury 192
Helladius von Toledo 542
Helmstädter Kanonessammlung 85
Helpericus 29
Herbadilla 199
Heribert von Eichstätt 460 ff., 498, 500, *627;* Hymnen 461; Sequenzen 462
Heribert von Köln 158, 460, 500
Heribert III., Graf von Vermandois 129, 133
Heribrandus, Kleriker in Chartres 137
Heriger von Lobbes 288, 292 ff., 301, *595 ff.;* de corpore et sanguine domini 295 f.; epistula ad Hugonem 293, 295; Hagiographisches und Hymnen 293 ff.; mathemat. Schriften 292
Heriger von Mainz 503
Herimann II. von Köln 286, *598*
Heriveus von Reims 128
Hermannus Contractus siehe Hermann von Reichenau
Hermann von Reichenau 21, 450 f., 489, *626 ff.;* Antiphonen 456; Chronik 450 ff., 459, 490; de conflictu ritmimachiae 454; epitaphium auf Hiltrudis 452, 456; (?) gesta Heinrici et Chuonradi impp. 453; martyrologium 453 f.; musica 454 f.; mathem. und astronomische Schriften 454;
Sequenzen und Verwandtes 455 f., 459; de octo vitiis 456 ff.; conflictus ovis et lini siehe Winrich von Trier 459
Herrieden 75
Hersfeld 189, 473
Herveus von Déols 336
Herveus von Fleury 186
Hesiod 521
Hesychius von Jerusalem und Gezo von Tortona 354
Hieronymus 20, 48, 104, 219, 313, 355, 402 A., 452, 474; und Ado von Vienne 125; und Adrevald von Fleury 168; und Aimoin von Fleury 186, 187; und Arnold von St. Emmeram 486; und Auxilius 349; und Burchard von Worms 436; und Egbert von Lüttich 300; und Flodoard von Reims 134; und Gerhard von Csanád 489; und Gezo von Tortona 354; und Heriger von Lobbes 295; und Hermann von Reichenau 451; und Johannes diac. Neapol. 339; und Konstantin von St. Symphorian 321; und Odilo von Cluny 219; und Odo von Cluny 203, 220; und Odorannus von Sens 237; und Otloh von St. Emmeram 474, 480; und Paulus diac. Neapol. 337; und Samson von Cordoba 538
Hilarius von Poitiers und Gezo von Tortona 354; und Heriger von Lobbes 295
Hildebert von Le Mans 247, 338, 497, *632;* siehe „quid suum virtutis"
Hildegard, Gemahlin Karls d. Gr. 53 A.
Hildegarius, scolasticus in Chartres 243
Hildesheim 433
Hilduin von St-Denis und Anastasius Bibliothecarius 329; und Hrotsvit von Gandersheim 409
Hilduin von Lobbes 356
Hilduin von Mailand 356
Hiltrudis, Gräfin von Alshausen 452, 456
Hincmar von Reims 105, 128, 130, 131, 132, 136, 138
Hippocrates 137
Historia Appolonii 402
Historia Francorum Senonensis und Odorannus von Sens 235
Historia de proeliis und Ekkehard von Aura 346
Historia Silensis 547
Historia translationis s. Benedicti siehe Adalbert von Fleury
Historia Iuliani Turonensis und Odo von Cluny 209
Hoger, Abt von Werden 90, *569*

Horaz und Abbo von Fleury 177; und Alpert von Metz 323; und Arnulfi delicie cleri 319; und Ecbasis 315; und Egbert von Lüttich 300; und Froumund von Tegernsee 465; und Fulbert von Chartres 246; und gesta Berengarii 353 A.; und Gerbert von Aurillac 142, 152; und Johannes Canaparius 389; und Liudprand von Cremona 373; und Notker von Lüttich 290, 291, 292; und Onulf von Speyer 406; und Ruotger von Köln 404; und Thietmar von Merseburg 432; und Wipo 497
Hostegesis von Malaga 535, 536
Hrabanus Maurus 17, 19, 48, 57, 158, 280A., 335, 355, *578;* und Egbert von Lüttich 300
Hrotsvit von Gandersheim 23, 406ff., 541, *619;* Dramen 410ff.; gesta Oddonis 22, 414f.; Legenden 407ff.; primordia coenobii Gandeshemensis 415
Hubaldus siehe Hucbald von St-Amand
Hubertus von Lüttich 285
Hubo, Dänenfürst 175
Hucbald von St-Amand 90A., 93, 103, 105ff., 128, 280A., 287, *569, 571f.;* Gedichte: ecloga de calvis 110f.; Hymnen 111; (?) de diebus Aegyptiacis 111; Heiligenleben 106ff.; zur Musiktheorie 109f.; siehe musica enchiriadis
Hugeburc und Wolfhard 76
Hugo Capet 139, 146, 147, 150, 177, 178, 268, 269
Hugo von Farfa 386f., *612f.;* destructio monasterii Farfensis 386; kleinere Schriften *612f.;* siehe liber tramitis
Hugo Abbas, Laienabt von Fleury 172
Hugo, König von Italien 356, 359, 366
Hugo von Reims 129, 133
Hugo, Abt von St-Martial 279
Hugo, Abt von St-Martin in Tours 93, 98, 347
Humana (Melodietitel) 68

Ibrachar von Lüttich 357
Ilias latina und gesta Berengarii 353
Immo, Abt von Gorze 529
Immo, Abt von Reichenau 446
Immo, Mönch von St. Symphorian 321
indicium poenitentiae siehe poenitentiale Cordubense
„incidium poenitentiae" siehe indicium Cordubense
Ingelheim, Synode von 129, 131
Ingo, Abt von Massay 237

Inguar, Dänenfürst 175, 176
Initia:
A solis occasu 64
Accipe, Karle, precor *571*
Ad carmen populi flebile cuncti 555, *645*
Ad te namque mi dilecte 226, *588*
Adest dies laetitiae 221, *587*
Ad fletus voces extendat 225
Advertite omnes populi 461, 500, *627*
Aegrum fama fuit 49, *561*
Aethiopum terras iam fervida 72
Agmina sacra poli 514
Alma lucerna micat 514
Alma redemptoris mater 456, 460, *626*
Alma sancta voce canora 34, 309A.
Almi perenni 284
Angele consilii magni 246
Anni voluto tempore 221
Annua festa vigent rutilo 283
Annua sancte dei celebramus 59, *562*
Annum sol duodena means 248
Ardua spes mundi 58, *562*
Armoricae facultatis aspirante gracia 304
Ars<que> humanas instruit loquelas *617*
Audite fideles populi 630
Aulam supernae patriae 192 A.
Aurea lux patriae Wentana 514
Aurea personet lira 502
Auribus intentis toto moderamine 618
Auxilium domine qui te rogantibus 514
Ave casta Christi sponsa 294
Ave flos virginum 461
Ave praeclara maris stella 456
Ave summa praesulum 98
Aveto placidis praesul amabilis *636*
Bardorum fulsit magno *613*
Beata tu virgo Maria 34, 309
Beatissimo atque dulcissimo *617*
Bene supra terminatis 121
Benedictio trinae unitati 456
Bis deni binique 111
Caeca profanatas coleret 186
Caelestis aulae nobiles *636*
Caelum mare tellus 515
Cartula nostra *565*
Christe caput fidelium 550, *643*
Christe cunctorum pariter 222
Christe cunctorum via 222
Christe cui iustos hominum *631*
Christe dei virtus splendor *638*
Christe qui caput es *564*
Christe tua agmina 34, 309A.

Christi hodiernae pangimini 34, 308
Christus est virtus patris 550f., *643*
Cives caelestis patriae *637*
Clangam filii ploratione 276, *593*
Clara sanctorum una 550, *643*
Clare sanctorum senatus 42
Clausus in hoc tumulo iuvenis *613*
Cogor amore tuo 49, *561*
Collaudent devote patris filium *632*
Coluber Adae deceptor 36
Concentu parili 67
Concurrite huc 64, *563*
Conditor hic primus Guifredus 555, *645*
Conscendat usque sidera 461
Conveniunt subito cuncti *571*
Corde sincero resonemus hymnum *572*
Creator mundi <divinus> *643*
Credimus te sacer Christi 284
Credo rex vos delectari 122
Cum iuvenis splendens 321 A., *601*
Cum nihil utilius *565*
Cum s. Stephanus necis petrinae *560*
Cuncta creans dee verbigena 284
Cunta creans natura triplex *635*
Cuncti caelestis curie cives 550, *643*
De sancti translatione prosequamur 122, *575*
Debitum servitutis nostrae *570*
Destituit terras decus orbis 498
Deum semper rex amate *575*
Deus deorum domine 461
Dictamen verbis assuesce 441
Dies irae 458
Dies sacra, dies ista 514
Divina virtus Christe 553
Ecce dies populis micat *562*
Ecce iam venit nostra 34
Ecce lignum crucis 510
Ecclesiae gestis hoc quondam 513
Egregio iuveni Salomoni 57
Emmerame tuis dignator *631*
Emicat o quanta 503
En pater gloriae rutilum 551, *643*
Est mihi corporeae 102
Et quod super omnia mala *617*
Exsurgat totus almiphonus 456
Exultet domino mente serena 111
Fert animus linguam 184
Festiva Christo cantica 111
Finibus occiduis describitur 521, *638*
Fortunatus vitam scripsit 122, *575*
Frater plus fratre 497
Fratres alacri pectore 186

Fuit in Frantia 166, *508*
Gaudendum nobis suadent 68, *564*
Gaudens Christi praesentia 515
Gaudete 62, *563*
Gaudia dicto iure *635*
Germine conspicuos pulchro 555, *645*
Germine doctrina meritis 185
Gliscunt corda meis 397, *617*
Gloria laus et honor 59, 309
Gloriosa dies adest 34, 309
Grates honos hierarchia 455
Gratuletur omnis caro 499
Guisindis dextram illustris 538
Haec est sancta solemnitas 34
Has ego Donatus virtutes 521, *639*
Heriger urbis Maguntiacensis 503
Hic poeta qui Brendani *639*
Hoc adiens templum genitricis 555, *645*
Hoc reverende sacer Iona 194, *584*
Hoc tegitur loculo divus 221
Hodie cantandus est 62, *563*
Iam dulcis amica venito 503, *633*
Iam redeunt gaudia 34, 309 A.
In gestis patrum veterum 251, 503
In laudibus Eparchii 284
In primis Baldrice 107
Inclita Mansueti clari 164
Inclita progenies regali 235
Inclito celorum laus sit 500
Incorporeae personae gratia 249
Infelix vitulus 315 A., 432
Inmense caeli conditor 550, *641, 643*
Ingenitus genitor per verbum 294
Inter cetera studia 328
Inter illa quae profani 249
Iste multorum usibus 318
Iudex summe mediae 499
Laude celebret vox 514
Laude resonet te 515
Laude deo perenni 68, *564*
Laudes deo concinat 36
Laudes dulces fluant 551, *644*
Laudes omnipotens ferimus 60, *563*
Laudibus egregiis veneraris 556, *646*
Laudum vota tibi Zoilus *641*
Lector fige gradum 321 A., *601*
Levis exsurgit zephyrus 503
Libra vel as ex unciolis 247
Magister historiarum dicit *616*
Magnus Caesar Otto 499
Maiole consors procerum 222
Mare fons ostium 461
Martine beate sacerdos 99
Martine iam consul poli 209

Martine par apostolis 209
Martini renitet en speciosa 209
Martinus magnus pontifex 550, *643*
Maure beate nimis *614*
Media vita in morte 50, *561*
Mendosam quam cantilenam 500
Metra suit certa 555, *645*
Misit Herodes rex 239
Micros graece, brevis latine *616*
Multi rhetores vocantur 250
Musa decus vatum 110
Musa mi dilecta surge 458, *627*
Musica a quo inventa *616*
Musicorum et cantorum 397, *617*
Nobilis a veteri *613*
Nostra tuba regatur 34, 309
Nunc almus thero evvigero 502
Nunc incipiendum est *562*
O admirabile Veneris idulum *633*
O bona Traiectum *601*
O dei verbum paris 550 A.
O gloriosum lumen 456
O martyr aeterni patris 63, *563*
O paedagoge sacer 119
O quam dulciter promes 549
O quicumque cupis cognoscere 474
O Ratramne pater 321 A., *601*
O rex regum qui solus 495
Odo princebs altissime *575*
Omnes superni ordines 461
Omnibus ecce modis descripta *617*
Omnipotens genitor 62, 70, *563*
Omnis sonus cantilene 501
Omnium virtutum 62, *563*
Orbis delicie Cesar 318
Orbis magni monarchiam 273
Ordiar unde tuos sacer 186
Ordinis sacri Stephanus honore *560*
Oritur sidus inclitum 221
Paraclite sancte veni 76
Pagus olim gemmam 121
Pange deo debitum 34, 309 A.
Parce deus famulo miserens 364
Peccatores peccatrices quandam 461, 463
Pergama flere volo *625*
Philosophiae qui sua sapientia *644*
Philosophi quorum sagaci studio *644*
Plangam filii siehe Clangam filii
Plangant filii siehe Clangam filii
Post beatam et gloriosam *602*
Presbyteri Bede martyrlogium 390
Prima diem primam Iani 111
Primus ex septem niveis columnis *560*
Primus tropus habet tetrachorda *570*

Probra cavet vel flagra pavens 247
Prompta mente trinitati 63
Psallat altitudo caeli 552
Psallat ecclesia mater decora 515
Psallat ecclesia mater illibata 38, 42
Quadam namque die genetrix 521
Quadam nocte niger Dub 522, *638*
Quaerebat maerens matrem 50, *561*
Quam pia digne deo praeconia 284
Quem voluisti tibi benedici 495
Quicumque astronomicae discere peritiam *644*
Quicumque vult scire certus *644*
Qui benedici cupitis 64
Qui cupis in paucis perpendere 159, *579*
Qui principium constas 500
Qui vocem habet serenam 493
Quid est musica? Musica est spiritus *616*
Quid teneant intus nostri 364
Quique cupitis saltantem 335
Quisquis ad aeternum mavult 186
Quisquis doctor ille 549
Quisquis in hoc hominum *638*
Quoniam auditu comperimus *580*
Quoniam dominus 62, *563*
Ratramne pater venerabilis 321 A.
Rebus conspectis seculi 304
Regi Roberto sic praesul 269, 270
Renidet in mare flabellum 538
Restant nunc ad Christi fidem 550, *643*
Rex caeli domine 34 A., 36, *559, 570*
Rex Christe Martini decus 209
Rex genus egregium 194, *584*
Rex nostras Christe laudes 34, 309
Rex Salomon summa qui *564*
Rex regum dei agne 456
Roberto domino subnixo 256
Rotberto doctis fulgenti 257
Rotbertum salvere iubent 529, *639*
Sacerdotem Christi Martinum 99 A.
Sacrum tempus in calculo 549, *643*
Salve crux sancta, salve 461
Salve rector ovans *571*
Salve regina misericordiae 456, 460, *626*
Sancte puer claro qui 555, *645*
Sancti spiritus assit nobis gratia 39, 42
Sanctum simpliciter patrem 247
Scandit ab R. Gerbertus 147
Semper regnans patris sinu 34, 309 A.
Sicut ait Paulus divina 474
Sicut ante nos dixit quidam 295, *596*
Silviniaca tuas cogor nunc 226
Si mihi Pindareae praestarent 200

Si quis forte requirit *580*
Siste gradum stabilem 255, *590*
Sis pius oro mihi 98
Si torpens celeri tigrem *635*
Simon Bariona 456
Sollemni iubare nitet dies 284
Sonent regi magno nova 250
Squalent arva soli 80 A.
Stans a longe 65, *593*
Stans apto consistorio 305
Summa dei bonitas *636*
Summi triumphum regis 63
Summis conatibus nunc 67, *564*
Summum praeconem Christi 63
Super unum concavum *570*
Suscipe Romuleos pastor venerande *604*
Te de pauperibus natum 246
Tempora prisca deus decorans 283
Tempora prisca deus sanctis 283
Tempore quo campi linum *627*
Temporibus nostris super omnes *617*
Temporibus priscis pulix 50, *561*
Terge luctum maerens 539, *641*
Tertia pars orbis 68
Tres causae faciunt 248
Tres iuvenes fratres 49, *561*
Trinus ab inlicitis 248
Verbum dei spiritumque 250
Vestiunt silvae tenera *633*
Vexillum regis venerabile 249
Victimae paschali laudes 495, *632*
Victoris agni sanguine 221
Vir bone dulcis amans 390, *612, 613*
Virgini Mariae laudes intonent *632*
Virginis Mariae laudes immolent *632*
Vita caelestis sacra 284
Vitae dator omnifactor 502
Voces laudis humanae 495, 499
Vota serena tibi Iesu 513
Vox haec melos pangat 459
Ut queant laxis resonare 396
Ut revelatus Stephanus *560*
Uncia viginti scripulos 247
Walpurgae sacrae tot signis 76
Ymnus te decet domine *631*
insula Brendani 528, *639*
invitatio amice 503
Iring, Thüringer 420, 422
Irminfrid, König der Thüringer 420
Isenbardus von Fleury 192
Isidor 19, 236, 549; und Abbo von Fleury 175; und Ado von Vienne 125; und Aethelweard 518; und Arnold von St. Emmeram 486; und chronicon Salernitanum 383; und Egbert von Lüttich 300; und Ekkehard IV. 440; und Gerhard von Csanád 489; und gesta Berengarii 353 A.; und Gezo von Tortona 354; und Johannes diaconus Neapolitanus 339; und Regino von Prüm 86; und Samson von Cordoba 538; und Thietmar von Merseburg 432
Ps.-Isidor, de fabrica mundi 549, *643*; Dekretalen und Flodoard von Reims 135; liber de numeris und Rodulfus Glaber 230 A.
Isingrimus *488*
Iso von St. Gallen 29 f., 35, 36, 37, 45, 47, 58, 61, 444, 445, *558*; Unechtes *558*
„isonische Regel" 37
Israel Brittigena (Brito) siehe Israel Scottus
Israel Scotus 529 mit A., *639*

Jacobus a Voragine 343
Joca monachorum 333 A.
Johanna, Päpstin 325 A.
Johannes VIII., Papst 326, 347
Johannes IX., Papst 348
Johannes X., Papst 350
Johannes XII., Papst 372, 373, 374, 380
Johannes XIII., Papst 145
Johannes XIX., Papst 282, 396; angeblicher Brief: siehe Ademar von Chabannes
Johannes der Barmherzige, EB. von Alexandria 329
Johannes von Amalfi 342 ff., *606 f.*; Heiligenleben 342 ff.; liber miraculorum 342; (?) Übers. d. Barlaam und Josaphat *607*
Johannes Canaparius 387 ff., *613*; und Brun von Querfurt 425; und Laurentius von Amalfi 391
Johannes Cassianus und Egbert von Lüttich 300; und Odo von Cluny 203
Johannes Chrysostomus und Arnold von St. Emmeram 486; und Gezo von Tortona 354; und Heriger von Lobbes 296
Johannes von Cluny, vita Odonis 202, 209, 210 ff., 213, *586*; (?) sententie moralium *586*
Johannes von Cremona 352 A.
Johannes, Abt von Gorze 307, 533
Johannes de Mera *615*
Johannes Monachus siehe Johannes von Amalfi
Johannes Moschos 330, 343
Johannes diaconus Neapolitanus 339 f., *605*; Heiligenleben (mit Übersetzungen) 339 f.; Neapol Bischofsgeschichte 339
Johannes, Herzog von Neapel 344 f., 345

Johannes, Mönch von Ripoll (oder Fleury) 556, *646*
Johannes diaconus Romanus (Hymmonides) 324, 328, 331 ff., *603 f.;* Heiligenleben 331 ff.; (?) cena Cypriani 333 ff.; und Anastasius Bibliothecarius 327, *602*
Johannes von St. Arnulf 307 f., *599 f.;* vita Iohannis Gorzensis 307 f.; (?) vita s. Glodesindis 307
Johannes, Abt von St. Maximin in Tier 439
Johannes Scottus 17, 91, 92 A.; und Aldebald von Fleury 213; und Anastasius Bibliothecarius 328
Ps.-Johannes Scottus: Eucharistietraktat siehe Adrevald von Fleury
Johannes von Skythopolis 328
Johannes Trithemius 143
Johannes, Übersetzer der historia ascensionis 407
Johannes diaconus Venetus 384
Jonas von Bobbio 161; und Ratpert von St. Gallen 60
Jonas von Orléans 194, 196
Jordanes und Notker von Lüttich 292; und Widukind von Corvey 422
Jordanus von Limoges 281
Josephus, Flavius 48, 344; siehe auch Hegesippus
Jotsaldus von Cluny 215, 222 ff., *588;* vita Odilonis 222 ff.; Gedichte 225 ff.
Joseph Hispanus („Sapiens") 145
Judio 107, *572*
Julianus von Le Mans 198
Julianus von Toledo 540, 542
Julius Africanus und Ado von Vienne 125
Julius Valerius 344
Jumièges 35, 36, 254, 255, 262, 278
Justinus und Regino von Prüm 87
Juvenalis und Ecbasis 315; und Egbert von Lüttich 300; und Gerbert von Aurillac 142; und gesta Berengarii 353; und Liudprand von Cremona 373; und Regino von Prüm 87, 88; und Ruotger von Köln 404; und Thietmar von Merseburg 432; und Warnerius von Rouen 257
Juvencus und Notker Balbulus 48

Kaddroe 154, 529
Ps.-Kallisthenes 344, 398; und Leo von Neapel 345, *607*
Kalocsa 487
„Kalphurnius" 497
Kanonessamlungen: fränkische 179; Helmstedter 85; Kölner 85; 98-Kapitel-Sammlung 85; Salzburger 85; siehe auch Abbo von Fleury, Burchard von Worms, collectio Dionysiana, collectio Hispana, Regino von Prüm
Karl d. Gr. 12, 14, 17, 29, 38, 47, 51, 52, 53, 54, 55, 56, 115, 154, 171, 332 A., 398, 428, 506, 507, *559*
Karlssage und Ademar von Chabannes 280; und Benedictus von S. Andrea 381; und Chronicon Novaliciense 385; und Chronicon Salernitanum 383 f.
Karl der Kahle 93, 103, 116, 117, 139, 184, 185, 194, 286, 328, 329, 336, 536, *604*
Karl III. 51, 56, 128, 254, 262
Karl (III.), der Einfältige, König von Westfranken 12, 129, 258, 261, 266
Karl Martell 51, 86, 171, 296
Karl von Niederlothringen 268
Knut d. Gr. 239, 242, 267, 520
Kochel 167 A.
Konrad I., König 416
Konrad II., Kaiser 215, 268, 282, 453, 461, 489, 490, 491 A., 493
Konrad von St. Avold 321, *601*
Konstantin d. Gr. 411
Konstantin, Abt von St. Symphorian 320, *601*
Konstantinopel 371, 378, 383; Kl. Panagioton 432
Konstanz 61
Konstanze, Gemahlin Roberts II. 235
Kisyla, fränk. Prinzessin 167 A., 580
Kunigunde, Kaiserin 282
Kyrillos (und Methodios) 333
Kyrillos von Alexandria und Heriger von Lobbes 296
Kyrillos von Skythopolis 336

Lactanius und Gerbert 152; und Egbert von Lüttich 399
Lactanius Placidus und gesta Berengarii 353 A.
Lagny, Kl. 529
Lambert von Lüttich 285, 289
Lambertus-Offizium 286
Lambert, Kaiser (Sohn des Wido von Spoleto) 347, 375
Lampert von Hersfeld 478
Landelin von Lobbes 296
Landfrid von Worcester 518, *637*
Landri, Graf von Nevers 273
Lantfred von St-Germain 122
Lantfrid und Cobbo 501
Laon 285
La Réole 173
Laubach siehe Lobbes (Etymologie)

Laurentius von Amalfi 391f.; *614;* passio Wenzeslai regis 391; vita s. Zenobii 391f.; Sonstiges *614*
Laurentius von Monte Cassino siehe L. von Amalfi
Laurentius von Spoleto 386
Lebuinus 96, 101
Le Mans 195
Leo I., Papst, und Auxilius 349; und Heriger von Lobbes 295
Leo III., Papst 53, 56
Leo IV., Papst 325, 505
Leo V., Papst 350
Leo VII., Papst 129
Leo IX., Papst 477
Leo archipresbyter Neapolitanus 344ff., *607*
Leo von Nola 349
Leo (Marsicanus) von Ostia 166A.
Leovigildus siehe Leubegildus
Leodebod, Abt von St-Pierre-aux-Boeufs 166f.
Leodegundia regina siehe Versi domna Leodegundia
Leon VI. d. Weise 376f.
Leontios von Neapolis 330
Leothericus (Leu-) von Sens 235, 242
Lérins 169
Letaldus von Micy 194ff., *585;* Brief an Constantinus, Abt v. Noaillé 197A.; miracula s. Maximini 195f.; vita s. Iuliani 195, 196f.; vita s. Martini Vertavensis 198f.; de Within (versus de quodam piscatore) 200f.
Leubegildus (Leovigildus) von Cordoba 116, 539, *641*
Liafwin siehe Lebuinus
Liber argumentorum (Kommentar z. Micrologus d. Guido von Arezzo) *616*
Liber glossarum und Papias 395
Liber historiae Francorum und Ado von Vienne 125; und Ademar von Chabannes 279; und Ado von Vienne 125; und Odorannus von Sens 235; und Regino von Prüm 87
Liber de ortu b. Mariae et infantia salvatoris und Fulbert von Chartres 241
Liber pontificalis 132, 326, *602;* und Benedictus von S. Andrea 381; und chronicon Salernitanum 383; und Flodoard von Reims 135; und Hermann von Reichenau 452; und Regino von Prüm 87; und Wulfstan von Winchester 513
Liber specierum (Kommentar z. Micrologus d. Guido von Arezzo) *616*

Liber tramitis *612*
Lidius Carlomannicus (Melodietitel) 64, 500A.
Limoges, St-Martial 202, 274ff., *559, 592f.*
Lindisfarne 505
Liudger, B. von Münster 90
Liudprand von Cremona 21, 366, 371ff., 398, *610f.;* Antapodosis 375ff.; historia Ottonis 372ff.; legatio Constantinopolitana 378f.
Liutbert von Mainz 46
Liutold von Augsburg 68A., 464
Liutward von Vercelli 31, 34, 41, 43
Livius und Flodoard von Reims 132; und Fulbert von Chartres 242; und Leo archipresbyter Neapol. 344
Lobbes 12, 252, 285, 286, 292f., 295, 297A., 355, *596*
Locedio, Kl. (Diözese Vercelli) 233
Lothar I., Kaiser 325
Lothar, König von Frankreich 146, 357
Lothar II., König von Lothringen 87, 123
Lothar II., König von Italien 220, 414
Lothar III. von Westfranken 139, 140, 141A., 268
Lucanus und Egbert von Lüttich 300; und Flodoard von Reims 132; und Folcuin von Lobbes 297A.; und Gerbert von Aurillac 142; und Otloh von St. Emmeram 474 und A., 481; und Thietmar von Merseburg 432; und Widukind von Corvey 419 und A.
Lucifer von Cagliari und Gerbert von Aurillac 152
Ludus de Antichristo 158
„Ludus de morte Neronis" und Hucbald von St-Amand 106
Ludwig d. Fromme 88, 433, 554
Ludwig d. Dt. 14, 75
Ludwig II., Kaiser 325; 326
Ludwig das Kind 86, 375
Ludwig IV., Kg. von Frankreich 129, 139, 141, 262
Ludwig V., Kg. von Frankreich 146, 236
Lüttich 285ff., 364; Lectionarium *594*
Lukian von Kaphar Gamala 43, 461
Luna 260
Lupambulus siehe Wolfgang von Regensburg
Lupitus von Barcelona 554, *644;* und Gerbert von Aurillac 149
Lupus von Ferrières 17, 57, 78, 80, 105, 122, 123, 127, 402A., *575*
Luxueil 27, 67, 153, 161, 215, 289

Maastricht 285
Macrobius und Abbo von Fleury 175; und Adalbold von Utrecht 302; und Regino von Prüm 83; und Thietmar von Merseburg 432; und Wipo 497
Magdeburg 15; Domschule 424, 430
Magenardus, Mönch in Chartres 243
Mainz 15, 61, 433; St. Alban 189
Maiolus, Abt von Cluny 201, 202, 212, 226, 233
Malmedy 82, 290, 302
„Mamucius" 497
Manasse, B. von Troyes 154
Manasses, Graf von Arles 356
Manegold von Lautenbach 475
Manilius und Gerbert von Aurillac 152
Manno, Lehrer des Radbod 93 A.
Marbod von Rennes 246, 247, 339; siehe cives caelestis patriae
Marcellinus comes und Johannes diaconus Neapol. 339
Marcellus und Ecbasis 312 A., 315
Marcellus (Moengal), Ire in St. Gallen 29, 30, 35, 36, 58, 445, 520
Marchiennes 106
Marculfi formulae 47, 560
Marcus, irischer B. 30, 445
Marcus von Monte Cassino 186
Marinus I., Papst 347
Marius Victorinus 152 A.; und Gerbert von Aurillac 142
Markward, Abt von Prüm 78, 80, 122
Marozia 350, 377
Martianus Capella 49, 554; und Abbo von Fleury 175; und Hucbald von St-Amand 106; und Notker Labeo 438; und Odorannus von Sens 237; und Regino von Prüm 83; und Stephanus von Novara 392
Martial und Notker von Lüttich 291; und Regino von Prüm 83; und Ruotger von Köln 404; und Thietmar von Merseburg 432
Martin von Laon 92 A., 120, 532, 574
Martin von Tours 162, 255
Martinus von Troppau 325 A.
Martinus, Abt von Vertou 198
Martyrologium Hieron. 573; und Usuard von St-Germain 117
Martyrologium Romanum parvum (vetus) 124, 575
Mater (Melodietitel) 35, 36
Maternus von Köln 291
Matthaeus von Vendôme 443, 565

Ps.-Matthaeus-Evangelium und Hrotsvit 407
Mathilde, Mutter Ottos I. 428
Mathilde, Äbtissin von Essen 518
Mathilde, Äbtissin von Quedlinburg 418
Maurus, Jünger Benedikts von Nursia 170, 185
Maurus, Abt von Glanfeuil 186
Maximinus von Micy 195
Maximos Homologetes und Anastasius Bibliothecarius 328; und Gerhard von Csanád 489
Maximus Victorinus und gesta Berengarii 353 A.
Medibardus 76, 567
Meginfrid von Würzburg 473
Meginfrid, Magdeburger Domscholaster, und Arnold von St. Emmeram 485
Meinhard von Bamberg 599
Melodietitel:
Amoena 38, 68; Captiva 38; Dominus in Syna 35 f., 38; Frigdora 38; Humana 68; Liddii Carlomannici 64, 500 A.; Mater 35, 36; Metensis 38; Metensis minor 64; Modus florum 316 A., 500; Modus Liebinc 500; Modus Ottinc 499, 500; Modus qui et Carelmanninc 64 A., 500; Occidentana 38; Romana 38; Symphonia 67
Methodios (Slavenapostel) 14
Methodios, Patriarch von Konstantinopel 329
Ps.-Methodios 155
Metrologus (Kommentar zu Guido von Arezzo) 616f.
Metz 38, 61, 132, 286, 306, 308; St. Avold 321, 601; St. Symphorian 154
Michael, Mönch von Pomposa 397
Micy, St-Mesmin 194, 195
Mieszko I., Herzog von Polen 15, 421, 422
Milo von St-Amand 103 ff., 110, 571; sermones 571; de sobrietate 103 ff.; vita s. Amandi 103; siehe conflictus veris et hiemis
Milo, Graf von Verona 456
Miracula s. Benedicti (Fleury) 186, 189
Modus florum (Melodietitel) 316 A., 500
Modus Liebinc (Melodietitel) 500
Modus Ottinc (Melodietitel) 499, 500
Modus qui et Carelmanninc (Melodietitel) 64 A., 500
Moengal siehe Marcellus
„monachus Sangallensis" siehe Notker Balbulus
Monte Cassino 12, 166, 167, 168, 170, 324, 384, 386, 389, 473

Montier-la-Celle 158
Mont-St-Michel 255
Moriuht, Ire 256, 257, *591*
Moutier-Grandval (Münster-Granfelden) 29
mozarab. Hymnen-Dichtung *643*
de muliere forti 646, *648*
Mummolus, Abt von Fleury 167, 169, 184
Mummolus, Adliger von Lérins 169
Muridach und Adso von Montier-en-Der 154
musica enchiriadis 34 A., 36, 90 ff., 92 A., 110, 112, *569, 570, 572;* siehe auch scolica enchiriadis
mythographus Vatic. I *565*

Nalgod von Cluny 218
Namur 93 A.
Narbonne 116
de nativitate b. Mariae et infantia salvatoris und Fulbert von Chartres 241
navigatio s. Brendani 524 ff., *638f.;* und Rodulfus Glaber 228
Neapel, San Severino 339
nenia in funebrem pompam Heinrici II. imp. 499
Neuburg a.D. 460
Niederaltaich 302, 307, 399, 463, 464
Nikolaus I., Papst 123, 325, 346
Nikephoros Phokas, Kaiser 378
Nikephoros I., Patriarch von Konstantinopel, und Anastasius Bibliothecarius 327
Nivardus von Reims 160
Nordhausen 428
Nortpert, Abt von St. Gallen 438, 440, 443, 444
Notker Balbulus 17, 28 ff., 31, 58, 61, 62, 65, 66, 75, 105, 112, 124, 275, 437, 441, 444, 445, *558ff., 561, 562;* breviarum Erchanberti (Forts. d.) 56, *562;* Briefgedichte an Salomo 57, *562;* epistola ad Lantbertum (Romanusbuchstaben) *558f.;* formulae Salomonis 46f., *560;* gesta Karoli 21, 31, 51 ff., 332 A., *561f.;* Hymnen auf Stephanus 43, 49, *560;* liber hymnorum siehe Sequenzen; martyrologium 57, 76, *562;* notatio de viris illustribus 47 ff., *561;* versiculi de septem liberalibus artibus 49, *562;* Sequenzen (= liber hymnorum) 31 ff., *559f.;* sermo s. Galli 45, *560;* vita Galli 31, 35, 43 ff., 403, *560;* Zweifelhaftes und Unechtes 49f., *561;* und Hermann von Reichenau 454

Notker Labeo der Deutsche 437 f., 440, 442, 460, *622*
Notker von Lüttich 287 ff., 301, 303, 357, *595;* Brief *595;* gesta episcoporum Tungrensium etc. 288, 291 f., 293; vita Landoaldi 288, 289 f.; (?) vita Remacli 288, 289 f., 291, 292
Notker Piperisgranum (= physicus) 437, *622*
Noyon 129

Occidentana (Melodietitel) 38
Odelrich von Cremona 379
Odalrich von Reims 136
Odilard, Mönch von St-Germain 116
Odilbald von Utrecht 93
Odilo von Cluny 202, 212, 213, 215 ff., 226, 228, 232, 234, 244, 270, 271, 301, *586f.;* epitaphium Adalheidae 218f., 226; Hymnen 221 f.; vita Maioli 214, 215 f., 223; unecht: medicina spiritualis *587f.*
Odilo von St-Medard 107, *572*
Odo II., Graf von Blois 272
Odo von Canterbury 511, 516, 517, *636*
Odo, Graf von der Champagne 215, 492, 493
Odo von Cluny 172, 201, 202 ff.; 210, 280, 386, *585f.;* Auszug aus den Moralia Gregors d. Gr. 202; collationes 203 f.; Hymnen und Antiphonen 209; occupatio 205 f.; 278; sermones *586;* vita Geraldi 187 A., 206 f., 211, 213; Unechtes 210, *586;* und Vinzenz von Beauvais 210
Odo von Fleury 192
Odo von Glanfeuil 186, *583*
Odo, Graf von Paris, König von Frankreich 88, 119, 121, 128, 139
Odolric, Abt von St-Martial 281, 282
Odorannus von Sens 235 ff.; Chronik von St-Pierre-le-Vif 235 f.; über Königin Teudechildis 235; opuscula (exeget., kanonist., liturg. und pastorale, musiktheoret.) 236 f., *589*
Offa, König von Mercien 505
Offilo, Abt 538
Oliba von Ripoll 555, 556, *645*
Onulf von Speyer 405 f., *618*
Oppa von Sevilla 545
Optatianus Porphyrius und Hucbald 110
Ordericus Vitalis *636*
Ordoño I., König von Asturien 552
de origine gentis Suevorum 424
Orléans, St-Pierre-aux-Boeufs später St-Aignan 166
Orosius 43 A., 506; und Ado von Vienne

125; und Aimoin von Fleury 181; und Flodoard von Reims 132, 135; und Fulbert von Chartres 243; und quid suum virtutis 498
Orpheus und Eurydike 91
Osburh, Mutter König Alfreds 508
Oswald von York 173, 511
Otari, Bruder des Notker Balbulus 35, 36
Otfrid von Weißenburg 29, 45, 59
Otkar, Gründer von Tegernsee 74
Otker, Franke 54
Otloh von St. Emmeram 473 ff., *629 f.;* de cursu spirituali 475 f.; de doctrina spirituali 474 f.; libellus manualis 478 f.; liber de temptationibus 481; liber visionum 479 ff.; proverbia 298, 318, 478, 482; dialogus de tribus quaestionibus 475; vita s. Altonis 477; vita s. Bonifatii 477 f.; vita s. Magni *629;* vita s. Nicolai 476; vita s. Wolfkangi 476, *614;* siehe translatio s. Dionysii 483; und Annalista Saxo 478; und Lampert von Hersfeld 478
Otmar 27
Otric, Kleriker in Köln 79, 143, 145, 149, 153, 388, 426, *568*
Otto I., der Große 13, 15, 21 f., 67, 145, 154, 212, 218, 220, 221, 297 A., 307, 338, 356, 371 f., 374, 376, 378, 381, 392, 403, 414, 418, 421, 428, 429, 430, 487, 499, 518, 529
Otto II. 145, 212, 220, 287, 371, 378, 417, 430
Otto III. 13, 15, 46, 143 f., 146, 149, 150, 280, 384, 387 f., 424, 426, 430, 434, 435, 464, 502
Otto der Erlauchte, Herzog von Sachsen 428
Otto von Freising 339, 459; und Hermann von Reichenau 453
Otto von Regensburg 473
Ovid 91; und Ecbasis 315; und Gerbert von Aurillac 152; und Heriger von Lobbes *596;* und Hucbald von St-Amand 110; und Laurentius von Amalfi 391; und Thietmar von Merseburg 432; und Wipo 497

Pantaleon, Graf von Amalfi 342
Papias 395 f., *615 f.*
Pascasius Radbertus und Gezo von Tortona 354; und Heriger von Lobbes 295, 296
Passau 13, 464
Ps.-Passecras 344 A.
passio Desiderii (anon.) *576*
passio ss. Fidei, Spei et Karitatis und Hrotsvit 413
passio Gongolfi (anon.) 407
passio s. Quirini mart. 74, *566*
Paulinus von Aquileia 324; und Egbert von Lüttich 300
Ps.-Paulinus von Mailand siehe Adrevald von Fleury
Paulus von Narbonne 198
Paulus Diaconus 49, 50, 56, 132, 166 A., 186, 314, 324, 331, 389, 418; und Adrevald von Fleury 170; und chronicon Salernitanum 382, 383; und gesta Berengarii 353 A.; und Hermann von Reichenau 452; und Johannes diaconus Venet. 384; und Regino von Prüm 87, 88; und Rodulfus Glaber 228; und translatio s. Benedicti 169
Paulus diaconus Neapolitanus 336 ff., *604 f.;* historia Theophili vicedomni 338 f., 408; vita Mariae Aegypt. 336 ff.
Pavia 145, 371, 392
Pelagius von Oviedo 547
Pelagius, Mart. 47, 541, 550
Pelayo 545
peregrinatio Egeriae 510
Persius und Ado von Vienne 165; und Egbert von Lüttich 308; und Froumund von Tegernsee 465; und Gerbert von Aurillac 142; und Ruotger von Köln 404; und Thietmar von Merseburg 432; und Wipo 497
Petronax, Abt von Monte Cassino 166, 171
Petrus, röm. Sänger 38
Petrus II. Urseolus 384
Petrus, Archidiakon von Cambrai 107, *572*
Petrus Damiani 475
Petrus, Abt von Farfa 386
Petrus subdiac. Neapolitanus 340, 341, *605 f.*
Petrus von Pisa 324
Phaedrus (Romulus-Fabeln) und Egbert von Lüttich 300, *594*
Phokas, Kaiser 513
Photios, Patriarch von Konstantinopel 198, 331, 326
Pilgrim von Köln 435, 448, 502
Pilgrim von Passau 13, 463
Pinnamelaria 116, 535
Pippin d. J. 27, 171, 477
planctus Karoli M. und Thietmar von Merseburg 432
planctus de obitu Raimundi comitis 555, *645*
Platon und Fulbert von Chartres 249; und

Hucbald von St-Amand 106; und Notker von Lüttich 291 A.; und Otloh von St. Emmeram 474 A., 482
Plautus und Egbert von Lüttich 300; und Ruotger von Köln 404
Plinius (maior) und Aimoin von Fleury 181; und Gerbert von Aurillac 152; und Notker von Lüttich 292
poenitentiale Bedae, Romanum, Theodori 436
poenitentiale Cordubense 539 f., *641*
Polycarp von Smyrna 232
Pomposa 396
Pompeius Trogus siehe Justinus
Poppo von Stablo 301
Porphyrius und Adso von Montier-en-Der 154; und Gerbert von Aurillac 142, 149
Poseidonios 291 A.
Prag 15
Priscianus 48; und Abbo von Fleury 175; und Froumund von Tegernsee 465; und Fulbert von Chartres 244; und gesta Berengarii 353 A.; und Hucbald von St-Amand 106; und Notker von Lüttich 291; und Odo von Cluny 211; und Papias 395, *616;* und Rather von Verona 363
Prosper von Aquitanien 48; und Egbert von Lüttich 300; und Hermann von Reichenau 451
Proverbia Heinrici 298
Proverbia Senecae und Hucbald von St-Amand 106
Prüm 302, 307, 446
Prümer Annalen siehe Annales
Prudentius 43 A., 48, 351, 553; und Ademar von Chabannes 284; und Ecbasis 315; und gesta Berengarii 353; und Hrotsvit 416; und Odorannus von Sens 237; und Thietmar von Merseburg 432; und Wandalbert von Prüm 80
Prudentius von Troyes 130
Přzemysl 14
Publilius Syrus und Egbert von Lüttich 300
Purchard von Reichenau 646 f., *648*
Purkhard I., Abt von St. Gallen 63, 445
Pythagoras 502

quaestiones de nominibus divinis 540
Quedlinburg 430
quid suum virtutis 497 f., *632 f.*

Radbod von Utrecht 93 ff., 106, 110, 159, *570 f.*

Radbodo, Friesenherzog 93
Radewin (Rah-) 339
Raho, Graf von Orléans 171
Radulfus siehe auch Rodulfus
Radulfus, Laienabt von St-Bertin 105
Radulfus Tortarius 170
Ragnegisil von Troyes 159
Raguel von Cordoba 541, *641;* (?) Hymnen auf Pelagius *641*
Raimund, Markgraf von Barcelona 555
Rainald von Vertou 199
Rainaldus, Archidiakon von Limoges 281
Rainardus von St-Pierre-le-Vif 234, 236
Ramsey 173, 512, 520
Ramwold von St. Emmeram 463, 485
Ranimir III., Kg. von Asturien 546
Rastislav 14
Ratbod von Trier 83
Rather von Verona 19, 285, 297, 353 ff., 370, 380, *609 f.;* Briefe 357 f.; qualitatis coniectura 365 f.; de contempu canonum 363; dialogus confessionalis 358 f., 365; Frenesis 364 f.; Glossen zum Vatican. lat. 4979 *610;* de nuptu illicito 363 f.; praeloquia 360 ff.; sparadorsum 363; vita s. Ursmari 294, 362 f.; und Egbert von Lüttich 300; und Liudprand 366
Ratpert von St. Gallen 28, 58 ff., 443, 444, 445, *562 f.;* casus s. Galli 60 f., 75; Gedichte und Hymnen 58 ff.; Lobgesang auf den Hl. Gallus 59; und Ekkehard IV. 441; und Jonas von Bobbio 60
Ratramus von St. Nabor 321 A., *601*
Ravenna 132
Reccesvinth, kg. 542, 544
Regensburg 14, 399, 416, 463, 464
Reginald von St. Emmeram 465
Reginard von Lüttich 303
Regino von Prüm 21, 82 ff., 112, 237, 347, 448, 450, 451, *568 f.;* de armonica institutione und tonarius 83 f., 90 A.; chronica 86 ff.; de synodalibus causis 84 f.; und Ado von Vienne 87; und Burchard von Worms 85; und Hermann von Reichenau 452; siehe Adalbert von Magdeburg
Regula s. Benedicti 28, 359; und Ruotger 403
regularis concordia siehe Aethelwold, siehe Dunstan
Reichenau 27, 47, 307
Reimarus 529
Reims 128, 131, 143, 172, 173, 187
Reims, Gründungssage 132
Reinald, Herzog der Normannen 172
Reinbaldus von Cluny 213

Reinardus, Mönch von Bobbio 152 A.
Rekkemund von Elvira 374
Remigius von Auxerre 105, 128, 137, 280 A., *639;* und Regino von Prüm 83
Rheinau 523
Rhetorica ad Herennium 22; und Egbert von Lüttich 300; und Onulf von Speyer 405
Rhythmus in Odonem regem *575*
Richard I., Herzog der Normandie 233, 242, 254, 255, 256, 258
Richard II., Herzog der Normandie 233, 255, 258, 259
Richard von St-Victor 239, *589*
Richard von St-Vannes 301
Richer von Reims 133, 136 ff., 144, 185, 268, 273, 293, *577;* und Ekkehard von Aura 143; und Frutholf von Michelsberg 143; und Gerbert von Aurillac 148 A.
Rioja 543, 552
Ripoll, S. Maria 554, *644*
Robert I. von Rouen 256, 257
Robert II., König von Frankreich 172, 173, 177, 178, 180, 189, 191, 235, 236, 238, 239, 242, 269, 272, 279, 470, 493
Robert von Volpiano 233
Rodbert, Abt von Micy 195
Rodulfus, Graf von der Normandie 259
Rodulfus Glaber 227 ff., *588 f.;* historiae 228 ff.; vita Wilhelmi 232 ff.
Rofrit *613*
Rollo, Normannenfürst 12, 213, 258, 261, 262, 266
Romana (Melodietitel) 38
Romanus, röm. Sänger 38
Romain-Moutier 215, 221
Romanusbuchstaben *558 f.*
Romuald, Gründer der Camaldulenser 424, 427
Romulusfabeln *594;* und Egbert von Lüttich 300
Rotbert von Trier 130, 362 A., 529
Rudolf von Burgund 129
Rudolf von Fulda 108 A.
Rudolf, Graf von Ivry 258, 264
Rudolf, Abt von St-Remi 142
Rudolf der Träge, König von Burgund 215, 492
Rufinus 20, 131; und Flodoard von Reims 135
Ruodbert von Metz 43
Ruotger von Köln 297 A., 403 f., 432, 491, *618*
Ruodlieb 467 ff., *628 f.*
Rupert von Salzburg 75, *567*

Sallust 292; und Abbo von Fleury 177; und Adso von Montier-en-Der 165; und Alpert von Metz 323; und Anso von Lobbes 296 A.; und Egbert von Lüttich 300; und Gerbert von Aurillac 152; und gesta Cnutonis 268; und Konstantin von St. Symphorian 320; und Notker von Lüttich 290; und Richer von Reims 138, 140; und Ruotger von Köln 403; und Thangmar von Hildesheim 434; und Widukind von Corvey 423; und Wipo 491, 496
Salomo I. von Konstanz 45
Salomo II. von Konstanz 47
Salomo III. von Konstanz 30, 35, 36, 45, 47, 48, 49, 57, 443, 444, 445, *560;* Psalterium quadrupartitum 46, *562*
Salzburg 13, 75, 464
Sampirus von Astorga 546, *643*
Samson von Cordoba 116, 535 ff., *640;* Epitaphien 538; liber apologeticus 535 ff.; kleinere Schriften 538, 540
Sancho III. von Navarra 534
Sancho II. von Oviedo 547
Sancho Garcés I. von Navarra 552, 553, 543
St-Aignan siehe Orléans
St. Alban siehe Mainz
St. Alexius und Bonifatius auf dem Aventin 387, 424, 425
St-Amand 103, 357, 393
St. Aper (= St-Evre) siehe Toul
St. Augustin's siehe Canterburry
St. Avold siehe Metz
St. Bavo (Gent) 289
St-Bénique siehe Dijon
St-Benoît-sur-Loire siehe Fleury
St-Bertin 296
St-Chef siehe Vienne
St-Clair-sur-Epte 254, 257, 262
St-Denis 483
St. Emmeram 34, 302, 307, 308, 399, 405, 463, 464, 473, 475, 483, 484
St-Evre siehe Toul
St. Florian 467
St. Gallen 27, 28, 29, 30, 34, 38, 42, 45, 47, 48, 51, 61, 288, 302, 307, 392, 399, 437, 441, 520
St-Gerald siehe Aurillac
St-Germain siehe Auxerre
St-Germain-des-Prés 116, 184, *575*
St-Ghislain 253
St-Julien siehe Tours
S. Maria siehe Ripoll
St-Martial siehe Limoges
St-Martin siehe Tours
St. Martin siehe Trier

St. Maximin siehe Trier
St-Maur-des-Fossés 186
St-Maur-sur-Loire 186
St-Médard siehe Soissons
St-Mesmin siehe Micy
St-Mihiel 286
San Millán siehe Gogolla
St. Nabor siehe Metz, St. Avold
St-Pierre-aux-Boeufs siehe Orléans
St-Pierre-le-Vif 234
St-Saturnin-du-Port (bei Avignon) 233
St-Savin (Gironde) 279
San Severino siehe Neapel
St. Symphorian siehe Metz
St-Vaast siehe Arras
St-Vannes siehe Verdun
Santiago de Compostela 546
Sarabertus 289
Sarracinus von Albelda 553; *644*
Saturninus von Toulouse 198
Saxo Grammaticus 266
Scholastica 166 A.
solica enchiriadis 92, *570*
scolica graecarum glossarum *574*
scholia in Lucanum und gesta Berengarii 353 A.
„Schwäbische Weltchronik" 490
Schwanenklage 276
Sedulius 48; und Ecbasis 315; und Egbert von Lüttich 300; und Ekkehard I. 64; und Hrotsvit 416; und Ruotger von Köln 405
Sedulius Scottus 34, 285, 395, 532
Seguinus von Sens 234, 236
Selz 218, 221, *587*
Seneca und Egbert von Lüttich 300 A.; und Eugenius Vulgarius 351; und Hucbald von St-Amand 106, *571*; und Otloh von St. Emmeram 478
Senior von Saragossa 116
Sens 122, 234
Sergius III., Papst 348, 350
Servatius von Tongern 95
Servius 91; und Abbo von Fleury 175; und Adso von Montier-en-Der 154; und Dudo von St-Quentin 260, 261 A.; und gesta Berengarii 353 A.; und Israel Scottus 529
Seulf von Reims 129
Sibylle, tiburtinische 158
Sidonius Apollinaris und gesta Berengarii 353 A.
Sigebert von Gembloux 133, 167, 209, 210, 295, 298, 417, *596*
Silvester II. siehe Gerbert von Aurillac

Sisebut 67; und Ado von Vienne 127
Smaragdus von St-Mihiel 186, 280 A.
Soissons 129
Soissons, St-Médard 107
Sophronios von Jerusalem 330, 336, *663*
Souvigny 226
Speraindeo, Abt 540
Stablo 290, 301
Statius 292; und Froumund von Tegernsee 465; und Gerbert von Aurillac 142; und gesta Berengarii 353; und Thietmar von Merseburg 432
Stephan V., Papst 346, 347
Stephan VI., Papst 347, 348
Stephan I., Kg. von Ungarn 13, 146, 239, 244, 425, 487, 488, 492
Stephan von Lüttich 285 ff., *594*
Stephan von Novara 392, *614 f.*
Sueton und Ruotger von Köln 404; und Wipo 497
Suidger von Bamberg siehe Clemens II., Papst
Sulpicius (II.) von Bourges 289
Sulpicius Severus und Benedictus von S. Andrea 381; und Ruotger von Köln 403; und vita Mathildis 429; und Wipo 497
Suum quid virtutis siehe quid suum virtutis
Svatopluk 14
Sven Gabelbart 267, 519
Symphonia (Melodietitel) 67
Symphosius und Cyprianus von Cordoba 539
Syrus von Cluny 212 f., 213, 214, 216, 228, *586*

Tagino von Magdeburg 425
Tassilo III., Herzog von Bayern 46
Teano 389
Tegernsee 74, 393, 399, 402, 463, 464, 467, 468 A., 471 A., 473
Tegernseer Briefsammlung *628*
Terentius und Adso von Montier-en-Der 154; und Alpert von Metz 323; und Ecbasis 315; und Egbert von Lüttich 300; und Gerbert von Aurillac 142; und Gerhard von Csanád 489; und gesta Berengarii 353 A.; und Hrotsvit 407, 410 f., 416; und Laurentius von Amalfi 391; und Liudprand von Cremona 373; und Notker von Lüttich 290, 291; und Ruotger von Köln 404; und Thietmar von Merseburg 432; und vita Mathildis 429
Teudechildis, Königin 235
Thangmar von Hildesheim 433 f., *621*

Thegan 507f.
Theordardus, Mönch von Le-Puy-en-Velay 281
Theodo, Herzog von Bayern 75
Theodor II., Papst 348
Theodora, Tochter d. Theophylaktos 350
Theodora, Gemahlin d. Theophylaktos 350
Theodoricus von Fleury (oder von Amorbach) 189, *583*
Theodericus von St-Trond 497, *632*
Theodulf von Orléans 59, 167, 194, 196, 280A., 309; und Atto von Vercelli 367
Theodulus, Vf. der ecloga 71 ff., *565f.*
Theokrit 521 A.
Theophanes Homologetes und Anastasius Bibliothecarius 327; *602*
Theophanu 220, 371, 378
Theuderich I. 420
Thietmar von Merseburg 15, 21, 383, 430ff., *620f.*
Thomais 340, *605*
Thomas 386
Tibull 290 und A., 292
Tiburtinische Sibylle 158
„Tifridus episcopus" 69A.
Tongern 95, 285
Toul, St-Evre 34, 153, 162, 164, 308, 318, *559*
Tours, St-Martin 55, 93, 98, 99, 100, 186, 202; St-Julien 209
translatio siehe auch delatio
  s. Benedicti 166, *580*
  s. Dionysii 483f., *630*
  b. Germani praesulis *575*
  s. Scholasticae 166, *580*
Trier, St. Martin 83; St. Maximin 529
de trinitatis divinitatis questionibus 540
Trophimus von Arles 198
Turpio von Limoges 202, 203, 278
Tuotilo, Mönch von St. Gallen 28, 61f., 75, 444, 445, *563*

Ulrich von Augsburg 400, 403, 463
Ultan 521
Unibos 304f., *599*
Ursus von Neapel 331, 341, *603, 606*
Usuard von St-Germain 116ff., 124, 453; Grammatik 116f.; Martyrologium 117; *573f.*
Utrecht 94, 102

Valencia 116
Valenciennes 105
Valentinianus, Priester 538
Valentinus von Cordoba 536
Valerius Maximus und Fulbert von Chartres 242
Venantius Fortunatus siehe Fortunatus
Verba seniorum und Fulbert von Chartres 251
Verdun, St. Vannes 301
Vergil und Abbo von Fleury 177; und Adso von Montier-en-Der 154, 161, 165; und Aimoin von Fleury 182, 185; und Arnulfi delicie cleri 319; und carmen de monasterio Gemmeticensi 255, 256; und chronicon Salernitanum 383; und Donatus von Fiesole 522; und Dudo von St-Quentin 261A.; und Ecbasis 315; und Egbert von Lüttich 300; und Gerbert von Aurillac 142, 152; und gesta Berengarii 353; und Hucbald von St-Amand 106, 110; und Hrotsvit 416; und Johannes Canaparius 388; und Laurentius von Amalfi 391; und metra suit certa 555; und navigatio Brendani 526A.; und Notker von Lüttich 290; und Odo von Cluny 211; und Onulf von Speyer 406; und Otloh von St. Emmeram 474A.; und Ruodlieb 471; und Stephan von Lüttich 286; und Thietmar von Merseburg 432; und Wipo 497; und Wulfstan 513
Verona 357, 364
versi domna Leodegundia 551f., *644*
versus de unibove 304f., *599*
Vertou 198
Victorii calculus und Abbo von Fleury 175
Viktor von Tunnuna und Ado von Vienne 125
Vienne, St-Chef 126
Vigila von Albelda 553, *644*
vindicta Salvatoris und Wipo 496
Virgilius Maro grammaticus und Abbo von Fleury 175; und Atto von Vercelli 369
visitatio sepulchri 23, 510
vita siehe auch passio
vita Aigulfi (anon.) *581;* und Adrevald von Fleury 169
vita Aldegundis *571*
vita s. Amati *572*
vita s. Autberti 252f., *589*
vita Bercharii 161
vitae Bonifatii 477
vitae Brigidae (anon.) *639*
vita Darercae 530
vita Dunstani des B. 517, *637*
vita s. Egwini 517, *637*

vita s. Eloquii 529
vita s. Findani (anon.) 523, *638*
vita Fursei und Letald von Micy 197
vita s. Galli 60; und Ratpert 60
De vita et miraculis et translatione s. Germani (anon.) 121f., *575*
vita Goaris (anon.) 78, *568*
vita Hrodberti 75, *567*
vita Ildefonsi 542, *641*
vita s. Iuliani (anon.) 196
vita Kaddroe (anon.) 529, *639*
vita s. Lamberti (anon.) 286
vita Landelini (anon.) 297
vita Lebuini (anon.) 107, *572*
vita s. Martini Vertavensis 199
vita Mathildis (ält.) 428f., *620*
vita Mathildis (jüng.) 429f., *584*
vita s. Maximini Miciacensis (anon.) 194, *584*
vita Moduennae 530
vita Otmari 60
vita s. Pimenii 381
vitae patrum und Egbert von Lüttich 300; und Gezo von Tortona 354; und Paulus diaconus Neapol. 337
vita Radbodi 98
vita s. Remacli (anon.) 290, *595*
vita s. Remigii (anon.) und Flodoard von Reims 132
vita Waltharii manufortis siehe Ekkehard I.
vita Wiboradae *564*
vita Wolfgangi (anon.) und Otloh von St. Emmeram 477
Vitalis von Fleury 192
Vitiza, König 545
Volpiano 227

Walahfrid Strabo 19, 30, 44, 59, 403, 441, 539, *558*
Walbeck 430
Waldburga 76
Waldebert von Luxueil 159
Waldo von Freising 45, 47, *560*
Waltharius 68ff., *564f.*
„Waltharius manufortis" siehe chronicon Novaliciense, siehe Ekkehard I.
Walther von Speyer 404f., 406, *618*
Waltram von Arbon 27
Wamba, König der Westgoten 544
Wandalbert von Prüm 78ff., *568;* martyrologium 79ff.; vita s. Goaris 78f.
Warnerius von Rouen 256ff., *591*
Wearmouth Yarrow 505
Wenzel I., Herzog von Böhmen 14, 391

Werden (Ruhr) 90
Werner von Kyburg 492
Werinbert von St. Gallen 29, 52, 54
Werinfrid von Stablo 289, 290
Werinher, Archipresbyter von Freising 473
Werinher von Straßburg 492
Wessobrunn 464
Wetti 441
Wido, Herzog von Spoleto 347, 352
Widukind von Corvey 15, 21, 108A., 417ff., *619f.;* Sachsengeschichte 417ff.; (?) vita Theclae et Pauli 417; und Annalista Saxo 424; und Frutolf von Michelsberg 424; und origo gentis Suevorum 424; und Thietmar von Merseburg 341
Widukind, Sachsenherzog 428
Wifred (Guifredus) der Behaarte 554
Wichmann, sächs. Graf 322
Wilfred von York 516
Wilhelm I., Herzog von Aquitanien 201, 202, 217, 242, 254, 274, 280, 282
Wilhelm von Dijon siehe Wilhelm von St-Bénique
Wilhelm von Hirsau 473
Wilhelm von Jumièges und Aimoin von St-Germain 118; und Dudo von St-Quentin 266
Wilhelm I., Herzog der Normandie 255, 262
Wilhelm von Mainz 357
Wilhelm von St-Bénigne 225, 227, 232, 255
Wilhelm, Abt von St-Denis 236
Wilhelm von Volpiano siehe Wilhelm von St-Bénigne
Willibald von Eichstätt 76
Willibald von Mainz 96, 477
Willibrord 95
Willigis von Mainz 67, 387, 434, 435
Williko, Dompropst in Prag 425
Winchester 510, 513; Tropare 514, *559*
Winithar 28
Winrich von Trier 460, *627*
Wipo 489ff., 498, *631f.;* gesta Chuonradi 451, 490ff., 496; Ostersequenz 495; proverbia 298, 318, 494; tetralogus 494; versus pro obitu Chuonradi 493; Gallinarius und andere verlorene sowie unsichere Gedichte 494f.; und Hermann von Reichenau 452
Witgar von Augsburg 46
Witigowo von Reichenau *646f.*
Witichinus 139
Wladimir, Großfürst von Kiew 425
Wolferad, Graf von Alshausen 450, 452

Wolfgang von Regensburg 15, 463, 485
Wolfger von Prüfening 459, *626*
Wolfhard von Herrieden 75ff., 460, *567;* liber passionalis 76f.; vita s. Walpurgis 76; und Gezo von Tortona 76, 354
Wolfher von Hildesheim 434f., *621*
Worms 467
Wulfhald von Fleury 187
Wulfstan von Winchester 512ff., *636;* Hagiographisches 512f., 513f., 518; Hymnen und Sequenzen 514f.

Wynnebald 76

Yarrow 505
Ymmo von St. Gregor im Münstertal 441
York 511

Zenobius von Florenz 392
Zöllnersequenz 276, *593*
Zosimas, Mönch 336
Zwentibold, König 94